教育部人文社會科學重點研究基地重大項目（14JJD740005）
國家社科基金重大項目（15ZDB096）

漢碑文字通釋

（上）

王立軍　著

中華書局

圖書在版編目(CIP)數據

漢碑文字通釋/王立軍著. —北京:中華書局,2020.8(2022.4重印)
ISBN 978-7-101-14683-7

Ⅰ.漢… Ⅱ.王… Ⅲ.碑刻-研究-中國 Ⅳ.K877.424

中國版本圖書館 CIP 數據核字(2020)第 138859 號

書　　名	漢碑文字通釋(全二册)
著　　者	王立軍
封面題簽	蘇士澍
責任編輯	秦淑華
出版發行	中華書局 (北京市豐臺區太平橋西里 38 號　100073) http://www.zhbc.com.cn E-mail:zhbc@zhbc.com.cn
印　　刷	北京新華印刷有限公司
版　　次	2020 年 8 月第 1 版 2022 年 4 月第 2 次印刷
規　　格	開本/787×1092 毫米　1/16 印張 58¼　插頁 4　字數 1320 千字
印　　數	2001-3000 册
國際書號	ISBN 978-7-101-14683-7
定　　價	260.00 元

目　録

序

王　寧

2000年,北師大古代漢語學科點與鍾敬文先生的民俗學、啟功先生的古代典籍研究,共同建立教育部人文社會科學重點研究基地"民俗典籍文字研究中心"。三個學科的關聯在於:以底層文化與上層文化的結合使中華傳統文化的全貌得到體現,使書面典籍文獻與口頭傳承文化的結合更加緊密,也使語言文字與文化的關係更加明確。這個結合使三個本來不該遠離的學科回歸到相互靠近。當有些人還在議論研究基地是否雜糅的時候,我們已經在鍾、啟兩位老師的帶領下,深入地思考三者結合的重大意義。在申報基地最開始的重大課題時,我們認真探討如何凝聚一個三個學科緊密結合的重大課題,進一步推動學科的交叉,那時我們想到了碑刻。鍾敬文先生在研究民俗史的時候,提出了"民間傳承文化"的概念,老師注意到古代文獻與民俗史的關係,其中也提到碑刻。後來北師大民俗學和法國遠東學院合作的水利碑研究,的確説明了碑刻是民俗研究一個不可忽略的資源。啟功先生是我國字畫文物鑒定的泰斗級人物,對碑銘、碑拓、碑字都有十分獨到的見解,他的幾篇關於碑的文章,給我們很多啟發。而碑刻文字的研究,對我們專業意義更爲重大。宋代金石文字興盛起來後,金文的研究在80年代新出土文物的帶動下,已經又上了一個臺階,但石刻文字的整理和研究,卻没有引起更多的注意。爲此,民俗典籍文字研究中心連續10年設計了"近世碑刻數字化典藏及碑刻文獻研究"的系列課題,三個學科共同完成。當時所説的"近世",指的是唐宋以後民國以前這個階段,也就是以楷體爲主用字體的階段。這個階段的碑刻在内容上文化内涵比較豐富,與現代的關係比較密切,在漢字研究對後世今文字有所忽略的時潮下,引入碑刻這個載體,意義更爲重大。在碑刻典藏數字化平臺的建設和碑刻文字的研究中,我們總結了碑刻具有的自然屬性、文化屬性、文獻屬性和文字屬性,深入瞭解了碑刻的研究價值。這一番話對立軍的這本書來説,似乎遠了一些;但是,唯有瞭解這個背景,才會知道他的研究與多學科發展的關係,也才會瞭解這個研究到了今天,有哪些學術上的突破。

對文字學來説,碑刻文字時代確定,易於進行斷代研究;字形存真,構形與字體風格都可坐實;就漢字書寫規則來説,刻與寫雖有不同,運筆難以全面觀察,但結字是完全能夠評判的。這是它在文字研究上比傳世文獻優越的地方，這個優越性與地下出土的甲金文字與簡帛文字是共同的。但是，它又具有出土古文字所没有的特殊價值，那就是時代、地域可以確考，真僞辨析更易準確。語料豐富，體裁多樣，文本内容廣闊，因而詞彙涉及諸多領域，自然也具有數量較多的常用詞，因此，有足夠的語境可以考察語義。漢字是表意文字，語境和意義對字形的解釋是至關緊要的。加上碑文出自不同人之手，字的重複率高，字樣衆多，文字現象大量存在，發現和歸納漢字規律也就有更充足的條件。這就決定了碑刻文字的研究不是純粹的字形研究，必須與文獻、文化、歷史結合，才可以有所成就。

"近世碑刻數字化典藏及碑刻文獻研究"系列課題中的民國碑刻部分是立軍主持完成的，後來他的研究又進展到漢碑，這是一個新的開端。在碑刻文字的整理和研究中，漢代碑刻比之我們之前確定的時段，大約早 800 年左右，不論從國家文化的發展還是漢字的發展來説，這個時代都具有獨特的研究價值。兩漢是一個政治大一統、思想教育獨尊儒術的時代，在漢字發展史上具有兩個很明顯的特點：第一是適應政治的發展和經學的正統地位，漢字的傳播範圍擴大，使用頻率提高，書寫快捷促使字體由古文字階段邁向今文字階段，於是隸書通行，成爲當時的主用字體。這在《説文解字》序裡已經説得非常清楚。漢碑中西漢碑刻爲數極少，大量是東漢碑刻，只要稍作瀏覽就可看出，作爲一種字體，不僅秦代古隸帶有明顯的篆意，漢代的隸書雖然已經看出向風格固定的獨立字體發展的趨勢，但仍然存留着篆體的部件，可以看出漢隸在漢字發展史上是一個重要的轉折點。石刻是準備永存的，具有較大的典型性，用形音義結合的方法，整理和描寫出漢隸的構形系統，梳理出它的總體面貌，是一件非常重要的工作。立軍這本書名曰"通釋"，就是對漢碑中每一個字都進行形音義的全面解釋。

立軍此前還整理研究過雕版印刷文字，那是漢字印刷楷體字的開端，意義也很重大。之後，又參加了《通用規範漢字表》的研製工作，又一次面向實用漢字的整理和優選的艱巨任務。通過這兩項實踐，他積纍了較爲豐富的整理漢字的經驗。從這項研究精細、嚴密的體例看，他是用漢字構形學的系統理念和操作程式來完成，但是由於面對的是真實的文本材料，文字現象極爲豐富，遇到的問題遠非既有理論所能涵蓋，他的這本書不論在理論的建構還是操作的規程上，都有新的補充和發展。

漢字構形的系統性是建立在表意文字形義統一的基礎上的，但漢字到了隸書階段，由於書寫漸趨便捷，圖畫性驟減，筆勢衝擊筆意，部件的省減和粘合現象大量產生，而東漢以後漢語詞彙雙音化加速，單音語素的職能也因此分化加速，這使得隸書形體變異不論是數量還是程度都很劇烈，形義關係變得非常複雜。漢字構形學在共時認同方面所設置的字際關係大類別僅有異構和異寫兩個方面，在處理實際的漢字文本時，須要細化規則應付上述這些複雜的問題。本書在處理認同關係時采取了有分寸的從寬原則,既保持了大原則,又實事求是地列出了許多補充條例,既使紛繁雜亂的字形逐漸規整,又不使有用信息遺漏,在梳理字與字之間的相關關係上,做得很到位。

漢碑文字屬於文獻文字的範圍,整理漢碑文字屬於共時的描寫。這本書不論是解讀字形還是處理關係,遵循了文獻文字學的重要原則,就是承認共時平面上具有歷時的積澱。文字發展與詞彙一樣,遵循纍積律的規則,漢碑文字這一點更爲突出、明顯。由於碑文涉及的歷史事件相當廣泛,典故眾多,舊聞抄引豐富,隸書又處在漢字由古文字走向今文字的轉折點上,在吸收前代詞語的同時,用字采用古文字隸定或前代文字局部仿寫必然成爲習慣。漢碑文字雖然刻寫於兩漢,但不同時代、不同體制的漢字構形,錯落地積澱在同一個平面上,就漢隸説漢隸的絶對共時研究,不顧歷史,往往會誤解字形,字際關係也會關聯錯誤。立軍很早就注意出土文字的學習、積纍,對已經在字體上隸變而字形并未隨漢隸系統轉化的單字,都找出來源加以關注。這種承認泛時現象的做法,可以成爲一種理論原則,使描寫、認同和解釋工作更爲符合實際,也更爲準確。

本書的釋詞部分,也是具有創新意義的。研究文獻文字不是只研究字形,同時關注語境中的意義,與訓詁結合,這是表意文字研究重要的理論原理,也是多次整理漢字文本積纍的寶貴經驗。前輩文字學家和當代古文字學家在這方面做出了很多成績。本書在整理漢字時,正確處理了字與詞的關係,關注了意義,正是貫徹了這個原則。本書的創新部分,是對雙音詞和多音詞語的處理。本書關於釋詞的體例説:"兩漢時期漢語詞彙處於從單音詞向複音詞演化的重要階段,有些複音詞的組合還不夠穩定。本書采用寬泛的複音詞概念,也包括部分詞組、典故、縮略語等。"漢碑與先秦古文字不同,是因爲詞彙發展也在這裡有一個轉折點。漢語構詞方式由單音孳生造詞轉變爲雙音合成造詞,是從東漢開始的,至魏晉爲烈。這以後,單音詞與雙音詞共同構成了統一的詞彙系統。過去的詞彙研究受西方語法的影響,一直在糾纏雙音詞與詞組的區别。在取消漢字實行拼音文字的主張占上風的時候,面對"詞的連寫"問題,詞和詞組不得不劃分出一個清晰的界限。之後進入數字化時代,漢語自然語言處理的第一個課題是詞的自動切分,同樣須要面對詞與詞組的劃分界限。只是漢語詞彙没有形態變化,詞與詞組的糾葛用西方語言學的方法是分不開的。兩次討論可以説是清者自清,混者仍混。要想在整理碑刻文字的同時也將詞彙整理出來,必然又要遇到這個問題,很難解決。所以,體例所説的"兩漢時期漢語詞彙處於從單音詞向複音詞演化的重要階段,有些複音詞的組合還不夠穩定",并非問題的本質。其本質是,漢語的雙音詞和詞組在書面語的情況下,本來就難以分清。不管這個問題怎麼看,"體例"説"本書采用寬泛的複音詞概念,也包括部分詞組、典故、縮略語等",確實是一個回避矛盾的好辦法。在漢字字頭下列雙音詞和多音詞語,在文獻書面語的語境中,使字與詞語相互印證,是非常必要的。這與詞典以字爲字頭是不一樣的。詞典使字詞脱離了一切語境,是一種概括和擬構。而在整理一批文本的情況下建立字詞關係,是一種語言事實的再現。我們可以把這批漢碑的全部文本看成一種話語體系。其中單獨的字義和詞語意義,只是屬於這個話語體系的意義真值。這就讓我們看到了很多新的現象,在辭書裡是看不到的。

立軍采用河南美術出版社出版的六卷本《漢碑全集》作爲主要基礎材料。這是一部收録漢碑比較全面的資料總匯,基本上囊括了存世的兩漢時期石刻拓本,共收録闕銘墓表、墳壇題記、祠廟碑、功德碑、畫像石、黄腸石等石刻拓本 285 種、360 件,著録也比較完整。2006 年,河南美術出版社將這套剛剛出版的全集贈送給我們,出版社在北京碑刻博物館開座談會時,知道我們正在做碑刻典藏和研究的大項目,曾對我表示,希望我們根據全集的資源整理出漢碑文字。我曾用兩年的時間,斷斷續續閱讀了其中熟悉的名碑和近三十年來有印象的新出土漢代石刻。通過閱讀我深知這批文字的可貴,也深知由於碑拓原始材料文體紛雜,不少文本語言也與我們熟悉的經、史、字書不盡相同,字形亦有漫漶,整理的難度已經很大,解釋起來更爲不易,何況“通釋”就意味着必須通讀,確實是要下苦功夫的。看到這本成型的書稿,我很有感觸。立軍完成這項研究大致有 12 年的時間,雖有學生協助做些基礎性工作,但全書的形音義需要系統的關聯,意義的歸納需要細細的打磨,疑難之處須要考證,體例須要一改再改,整理和解釋都需要理論的思考……這種研究要面對很多問題,與那些堆砌材料的短平快是完全不同的。這 10 年來,立軍擔任着較重的管理工作,牽頭完成了《歷代漢字字形信息資源平臺開發與應用》《漢字全息資源應用系統》《〈辭源〉(第三版)字形整理》等好幾個大型項目,現在又完成了這部上百萬字的書稿,其中的辛苦是可想而知的。

漢碑文字中還有更多現象可以挖掘,這些現象中蘊藏着文字和詞彙的規律值得探求,有了這批通釋材料,可以爲後續研究工作提供有力支撑,就這個意義來説,本書的完成又是一個新的開始,希望今後看到更多的研究成果。漢碑的時代也是許慎作《説文解字》的時代,本書的成果對進一步探究《説文》學,也是有啟發的。

2020 年 3 月 7 日于北師大

前　言

錢大昕在爲畢沅《關中金石記》作序時，充分肯定了金石文獻的重要價值："金石之學，與經史相表裡。側菑異本，任城辨於公羊；戞臭殊文，新安述於魯論；歐趙洪三家，涉獵正史，是正尤多。蓋以竹帛之文，久而易壞；手鈔板刻，輾轉失真。獨金石銘勒，出於千百載以前，猶見古人真面目，其文其事，信而有徵，故可寶也。"錢大昕特别强調了碑刻文獻的最大特點，就是"信而有徵"。金石文獻時代性强，地域性强，不受傳抄因素的影響，因而成爲研究其所在時代各方面問題最真實、最"可寶"的文獻資料。

漢碑文獻作爲我國金石文獻的重要組成部分，除了具備金石文獻的共同價值之外，還因其所處的特殊時代而具有更爲獨特的價值。漢代是碑刻文獻真正走向成熟的時代，也是社會文化發生深刻變革的關鍵時期。就語言文字來説，漢碑文獻所反映的漢字"篆隸之變"過程中的複雜現象，以及漢語詞彙由滋生造詞向複合造詞的重大轉向，都在漢語言文字發展史上占有極其重要的地位。

一

刻字上石，早已有之。但直到東漢時期，作爲石刻文獻最典型形製的"碑"才逐漸走向成熟。迄今爲止，還没有發現西漢以前以碑命名的石刻。有些被後人稱爲"碑"的石刻文字，只是按照後來的習慣賦予的名稱，而非當時就有此名，如秦《嶧山刻石》又稱《嶧山碑》。歐陽修《集古録》未收西漢石刻，他在序中説："至後漢以後，始有碑文。欲求前漢時碑碣，卒不可得。"孫星衍《寰宇訪碑録》僅載西漢石刻3件，均稱爲刻石：《魯孝王刻石》《祝其卿墳壇刻石》《上穀府卿墳壇刻石》。這三塊刻石現在都收藏在山東曲阜。山東曲阜所藏的《魯北陛石》是現存最古老的西漢刻石，刻於漢景帝中元元年（前149）。而刻於西漢河平三年（前26）的《麃孝禹刻石》，才初步具備了碑的形製。

刻石以碑爲名，始於東漢。東漢是碑刻發展的一個關鍵時期，此期不僅出現了真正意義的碑，而且迎來了中國碑刻史上的第一個興盛時期。在金文衰落近1000年以後，一種新的替代形式碑刻才開始興起，這是有一定的社會文化背景的。金文衰落之後，社會進入戰國時期，諸侯之間長期爭鬥，社會動蕩不安，經濟基礎比較薄弱；進入秦朝以後，秦始皇的高壓政策，没有給貴族階層留下自我發展的空間；而漢高祖劉邦“以匹夫起事，角群雄而定一尊，其君既起自布衣，其臣亦自多亡命無賴之徒”（趙翼《廿二史劄記》），他們所代表的庶族地主并没有形成炫耀標榜的階級風氣。東漢則不然，光武帝劉秀依靠豪强地主的支持中興漢朝，豪强地主也依靠朝廷的庇護得到迅速發展，形成了眾多勢力强大的豪門大宗。這些名門望族具有極高的社會地位，他們左右鄉里之譽，控制官位仕途，廣納門生屬吏，成爲官僚門閥。那些依靠府主得以飛黄騰達的門生、故吏，往往感恩戴德，涌泉相報，報答的一種重要方式就是爲府主刻銘頌德。歐陽修《集古録》：“漢公卿卒，故吏、門生各自立碑，以申感慕。”這種故吏、門生爲其府主立碑的社會風氣，是東漢社會文化的特殊產物，促成了以功德碑爲代表的東漢碑刻的興盛。到東漢後期，更是出現了“碑碣雲涌”的局面（劉勰《文心雕龍·碑碣》）。

從《後漢書》的有關記載，我們不難看出東漢功德碑的盛況。《崔駰列傳》：“初，寔父卒，剽賣田宅，起冢塋，立碑頌……（崔寔）建寧中病卒。家徒四壁立，無以殯斂，光禄勳楊賜、太僕袁逢、少府段熲爲備棺槨葬具，大鴻臚袁隗樹碑頌德。”《翟酺傳》：“酺免後，遂起太學，更開拓房室，學者爲酺立碑銘於學云。”《韓韶傳》：“（韓韶）以病卒官。同郡李膺、陳寔、杜密、荀淑等爲立碑頌焉。”《陳寔傳》：“何進遣使弔祭，海内赴者三萬餘人，製衰麻者以百數。共刊石立碑，謚爲文範先生。”《郭太傳》：“明年春，卒於家，時年四十二。四方之士千餘人，皆來會葬。同志者乃共刻石立碑。”甚至有些官吏活着的時候也有人爲之立碑頌德，如《循吏列傳·童恢傳》：“（童恢）乃就孝廉，除須昌長。化有異政，吏人生爲立碑。”唐陸龜蒙《野廟碑》也説：“自秦漢以降，生而有功德政事者，亦碑之。”可見當時的功德碑已經不只是墓碑了。

據朱傑勤《秦漢美術史》統計，見於各家著録的兩漢碑刻共計306通，其中屬於東漢且有具體年代的計157通，具體時間分布爲：建武2，永平4，建初1，元和1，章和1，永元3，元初2，永寧1，永建4，永和1，漢安2，建和7，和平1，元嘉8，永興3，永壽9，延熹25，永康1，建寧30，熹平15，光和21，中平9，初平2，建安4。從這些數字分布可見，東漢碑刻的真正興盛是在桓靈之後。

功德碑的興盛，促生了碑文這一新的文體。當時人們不僅重碑，而且重刻。不僅開始講究碑刻的造型，碑文的寫作和書寫上石也都十分講究。漢代碑文寫作水平最高者當推蔡邕。劉勰《文心雕龍》：“自後漢以來，碑碣雲起，才鋒所斷，莫高蔡邕。”蔡邕流傳至今的百餘篇作品中，碑文就有40餘篇，約占其全部文章的三分之一。在這眾多的碑文中，雖難免有諛墓之作，但也不乏精品。其中《郭泰碑》是蔡邕碑文中最爲得意之作，他自己曾親自對盧植説(《後漢書·郭太傳》):“吾爲碑銘多矣,皆有慙德,唯郭有道無愧色耳。”東漢時期功德碑碑文一般由兩大部分組成:一是散文形式的序,用以介紹碑主家世、生平事蹟;一是韻文形式的辭,用以歌頌碑主功德。第二部分的開頭往往用“其辭曰”作標識,“辭”又可作“詞”或“銘”。碑陰則詳列參與立碑的門生、故吏名録。這種結構模式幾乎成爲後世功德碑及墓誌文的定製。《後漢書》在列舉某人的着述時,往往把“碑”置於首位,如《桓榮傳》“(桓麟)所着碑、誄、贊、説、書凡二十一篇”,《崔駰傳》“(崔寔)所着碑、論、箴、銘、苔、七言、祠、文、表、記、書凡十五篇”等,這足以説明當時碑文已經成爲一種倍受重視的獨立文體。

功德碑發展到漢末,碑文往往極盡奉承溢美之能事,助長了當時妄譽虚誇的社會風氣。《洛陽伽藍記》曾記載東晉隱士趙逸的一段話:“生時中庸之人耳,及其死也,碑文墓誌,莫不窮天地之大德,生民之能事。爲君共堯舜連衡,爲臣與伊尹等跡。牧民之官,浮虎慕其清塵;執法之吏,埋輪謝其梗直。所謂生爲盜蹠,死爲夷齊,妄言傷正,華詞損實。”這段話雖然説的是東晉,但用來形容東漢末年的情形也十分貼切。碑文的這種虚飾之風,在一定程度上影響了漢碑文獻的史料價值,但從語言文字方面,這種奢華的追求卻給漢字漢語的研究帶來特殊的意義。鋪陳誇耀,使其詞彙和句式别具特色;恭敬莊重,又使其文字刻寫大多謹嚴規範。

除了功德碑之外,蔡邕奉敕主持刊立的《熹平石經》(又稱“漢石經”),也是東漢時期重要的石刻文獻。《後漢書·蔡邕列傳》:“邕以經籍去聖久遠,文字多謬,俗儒穿鑿,疑誤後學,熹平四年,乃與五官中郎將堂谿典,光禄大夫楊賜,諫議大夫馬日磾,議郎張馴、韓説,太史令單颺等,奏求正定六經文字。靈帝許之,邕乃自書丹於碑,使工鐫刻立於太學門外。於是後儒晚學,咸取正焉。及碑始立,其觀視及摹寫者,車乘日千餘兩,填塞街陌。”從這裡的記載可以看出,《熹平石經》的刊立,在當時引起了很大的轟動,對於校正儒家經典發揮了重要作用。《後漢書·儒林列傳》還説:“熹平四年,靈帝乃詔諸儒正定五經,刊於石碑,爲古文、篆、隸三體書法以相參檢,樹之學門,使天下咸取則焉。”按照這種説法,《熹平石經》似乎與魏《正始石經》一樣用古文、篆、隸三體寫成,但後來發現的實物證實,其上僅使用隸書一種字體。趙明誠《金石録》云:“漢石經遺字者,藏洛陽及長安人家,蓋靈帝熹平四年所立,其字則蔡邕小字八分書也。”關於何謂“八分書”,歷來聚訟紛紜。啟功先生《古代字體論稿》認爲,由於漢魏之際出現一種筆畫更加輕便的新隸書,爲了與具有蠶頭燕尾風格的典範隸書相區分,人們便賦予蠶頭燕尾的隸書以“八分書”的名稱。也就是説,“八分書”就是指的成熟時期的隸書,而《熹平石經》就是這一時期隸書的典型代表。由此可見《熹平石經》在漢字字體發展史上的重要地位。

此外,東漢還出現了一些重要的摩崖作品,除了《鄐君開通褒斜道摩崖刻石》之外,還有着名的"東漢三頌",即《石門頌》《西狹頌》《郙閣頌》。墓誌在東漢時也已出現,但數量還不太多,如漢延平元年(106)的《賈仲武妻馬姜墓記》等。石闕銘也是東漢碑刻的一種重要形式,如漢延光二年(123)的《漢嵩山少室石闕銘》等。

東漢碑刻雖然數量衆多,但正如洪适《隸釋》所説:"東漢到魏,其碑到今不毀者,十才一二。"確實令人惋惜。日本學者永田英正編纂的《漢代石刻集成》共收録現存漢代石刻 176 種,其中西漢 8 種,新莽時期 5 種,東漢 121 種,屬於漢代但具體年代不明者 42 種。徐玉立主編的《漢碑全集》增收至 285 種、360 件,包括功德碑、祠廟碑、闕銘墓表、墳壇題記、畫像石、黄腸石等,其中西漢 63 件,東漢 297 件,基本上囊括了兩漢時期存世的石刻拓本。儘管東漢碑刻多數已經亡佚,但就現存者來看,仍有不少上乘之作。如朱彝尊曾盛贊《華山廟碑》説(《金石文字跋尾》):"漢隸凡三種,一種方整,一種流麗,一種奇古。惟延熹《華嶽碑》正變乖合,靡所不有,兼三者之長,當爲漢隸第一品。"其他如《袁安碑》《乙瑛碑》《禮器碑》《華山廟碑》《鮮于璜碑》《衡方碑》《史晨碑》《曹全碑》《張遷碑》等,不論在文獻内容方面,還是在語言文字方面都堪稱珍寶。

本書所用材料以東漢時期的功德碑爲主,也選取現存的漢石經殘石及部分其他形式的漢代刻石。爲了確保研究對象的真實性,本書所收録的漢碑字形及文本,均取自現在尚存的漢代碑刻及漢石經拓片。凡無拓片留存,或拓片中缺損與殘泐無法辨識者,即使其文本可據其他文獻補出,亦不予收録。本書共選取 293 種漢代碑刻及 527 塊漢石經拓片,詳見《凡例》説明。其中漢石經殘石的文本内容不屬於漢代,故本書只取其字形,而不取其文本。

二

從漢字發展的角度看,漢碑文獻中的字形,既反映了漢字在字體方面跨階段性的重大變革,也反映了由於漢字字體變革所帶來的構形上的大幅調整。

漢字發展的整個歷史進程可以畫分作兩大階段,即古文字階段和今文字階段。從表層看,古今兩大階段漢字最大的顯性差别,在於古文字階段的漢字以象形表意作爲其重要的構形手段,始終保持不同程度的象形特點;而今文字階段的漢字則轉化爲由筆畫構成,象形性已經徹底消失。從深層看,古今兩大階段漢字的根本差别,則在於其不同的發展主旋律。古文字階段漢字發展的主旋律是系統化,而今文字階段漢字發展的主旋律是便捷化。前者是朝着系統漸趨嚴整的方向努力追求,後者則采用多種方式使漢字字形滿足書寫便捷的需要。

漢字發展主旋律的變化，其内在原因是漢字發展主要矛盾的轉變。古文字階段漢字發展主要有兩大矛盾：一是漢字字符的數量與日益增長的記録語言需求的矛盾，二是漢字字符的個性化與漢字符號體系系統性的矛盾。漢字要想很好地滿足記録漢語的需求，首先必須具有足夠的字符數量，古文字階段始終在解決這個問題。甲骨文時代主要用表意的方式去造字，象形、會意是當時最重要的造字方法，這類造字方法局限性很大，能夠造出來的漢字數量是有限的，無法滿足人們日常生活的需要，只能靠大量使用假借作爲補充手段。但假借割裂了形義之間的聯繫，過多使用假借又會影響對字義的理解，於是人們逐漸摸索出一種更加能産的造字方法——形聲。形聲造字方法采取義符和聲符相結合的方式，再加上可以層層疊加，理論上可以造出無限多的漢字字符，有效解決了漢字數量少的問題。從甲骨文到金文，從戰國文字到小篆，漢字數量一直在增加，到小篆已經增加到一萬字左右了。到這個時候，漢字的數量問題已不再是漢字發展的主要矛盾了，一萬字的數量完全可以滿足當時日常生活的用字需求了。

在解決漢字數量矛盾的過程中，另一個矛盾逐漸凸顯出來，那就是漢字字符的個性化與漢字符號體系系統性的矛盾。越早期的漢字象形性越强，象形性越强也就意味着它的個性化越强，個性化越强其可歸納性就越弱。當漢字數量較少時，個性化所帶來的問題還不突出。當漢字數量增長到上萬字的規模，如果仍停留在個性化的階段，字與字之間在形體上缺乏聯繫，無法歸納，就如同一盤散沙，不能形成一個有機的系統，超越了人們記憶的負荷，也就無法有效發揮記録漢字的職能。如“鳳”甲骨文作，本像鳳凰之形，後來增添聲符（凡），形聲化爲，但左邊仍然像鳳凰之形；“雞”甲骨文作，像公雞之形，後來增添聲符（奚），形聲化爲，但右邊仍然保留雞的輪廓。儘管兩個字都形聲化了，二者之間仍然無法歸納。因此，在解決漢字數量矛盾的同時，必須同時解決漢字字符的系統化問題。而解決後一個問題的有效手段同樣是形聲化。形聲化在解決造字能産性問題的過程中，逐漸將原來充當形聲字義符的表形構件轉化爲表義構件。表形構件是以自身的形象參與構字的，其鮮明的形象性必然造成强烈的個性化；而表義構件是以意義參與構字的，代表的是經過歸納的意義類别，表示同類事物的字可以采用相同的表義構件，這樣字與字之間就變得可以歸納了。如“鳳”小篆演變爲，“雞”籀文演變爲，二字的義符都變成从鳥了，它們之間的聯繫也就建立起來了。形聲字的義符和聲符形成縱横兩個維度，把數量龐大的漢字體系相互關聯起來，從而建構起漢字體系的内在系統。形聲字的比例越大，漢字體系的系統性就越强。因此，形聲化的造字方法不僅是最能産的，而且是最系統的，它不僅解決了漢字字符的數量與日益增長的記録語言需求的矛盾，而且解決了漢字字符的個性化與漢字符號體系系統性的矛盾。漢字發展的這一目標在古文字階段的

最後一站——小篆時期，就已經基本實現了。許慎的《説文解字》能夠用 540 個部首統繫上萬個正篆及或體，就是一個很好的證明。小篆的高度系統化，以及其書寫單位的線條化，爲漢字從古文字向今文字的轉變做好了準備，從此，儘管系統化一直是漢字體系所極力維持的，但漢字的主要矛盾卻發生了根本性的轉變，而解決新的主要矛盾的任務就由隸書來承擔了。

三

漢碑隸書是漢字進入今文字階段的第一站，此前的秦隸可以視爲從古文字向今文字演化的過渡階段。

在古文字階段，漢字體系的系統化是與漢字形體的規整化同步推進的。小篆雖然是在大篆的基礎上"或頗省改"而來，但由於要盡可能保持構意的清晰性，小篆的基礎構件無論在什麼位置，都要保持完整一致的寫法。而作爲漢字系統化基石的形聲字，其能產性在很大程度上是通過多層結構的方式實現的，有些小篆字形結構甚至多達 8 個層級。結構層次的繁複、基礎構件的完整性、整字格局的長圓與規整，再加上粗細均勻的圓轉線條，嚴重影響了小篆的書寫速度。隨着秦漢之際社會文化的急劇變革，漢字的書寫速度已無法有效滿足當時社會的實際需求，因此，此期漢字發展的主要矛盾，已經轉化爲日益增長的處理日常事務的需求與漢字書寫速度緩慢的矛盾。這種矛盾其實早已有之，只是到了秦漢之際才逐漸上升爲主要矛盾。解決這一矛盾的基本策略，就是將古文字階段爲滿足構形系統化目標所建構起來的舊秩序，調整爲能夠適應快速書寫需求的新秩序，從而使漢字演變的主旋律發生重大轉向，由系統化轉變爲便捷化。這一關鍵性的變革就叫"篆隸之變"。如果説小篆之前漢字的主要任務是在"建構"的話，那麼"篆隸之變"的主要任務就是通過"解構"而實現"重構"。

"篆隸之變"發端於戰國末期，完成於漢魏隸楷交替之際。漢碑文字處於"篆隸之變"後半程，既反映了"篆隸之變"的部分過程，也呈現了"篆隸之變"的最終結果。通過對漢碑文字構形的分析可以看到，"篆隸之變"實現"解構"與"重構"的手段，在書寫單位、構件、整字各個層面都有所體現。

在書寫單位層面，"篆隸之變"的重要手段是將古文字的線條轉化爲今文字的筆畫。早期以象形爲主要表意手段的漢字，是沒有真正意義的書寫單位可言的，一個字究竟由幾筆寫成，很難計量。發展到小篆階段，每個字都由粗細均勻的線條書寫而成，線條成爲最基本的書寫元素，漢字才算有了真正可以計量的書寫單位。王寧先生《漢字構形學導論》將小篆的線條歸納爲 10 種類型：—（横）、｜（竪）、／（斜）、⬮（點）、⌉（弧）、⌇（曲）、厂

(折)、⋂(框)、▯(封)、◯(圈)。這些類型除前 4 種之外,其他都屬於曲線,曲線與直線相比書寫的筆程長,實現的速度慢。因而要想提高書寫速度,就必須改曲爲直。王鳳陽《漢字學》通過對小篆線條改爲隸書筆畫的進程的考察,歸納出兩大原則,即“趨直性原則”和“反逆性原則”。所謂趨直性原則,就是要“把曲線變爲直線,不但縮短運筆的線路,而且合於書寫的求簡單、求迅速的要求,在書寫對線的選擇中,在保持字形區別的條件下,篆書的弧線或者折線往往拉直”。所謂反逆性原則,就是“在按書寫生理習慣改造篆書線條的過程中,往往在保持字間的區別的前提下,變逆筆爲順筆”。其實,這兩大原則都是與改曲爲直相關的,只是實現的方式和要解決的問題各有側重。趨直性原則主要通過將曲線拉成直筆,或轉爲折筆的方式來實現,如 中的曲線漢碑隸書拉成直筆作 , 中的曲線則轉爲折筆作 。而反逆性原則的實現,只靠拉成直筆或轉爲折筆就不夠了,還必須對曲線進行分解。如厂、⋂、▯、◯幾種類型的線條,都存在逆向書寫的情況,不符合書寫生理習慣,會影響書寫的流暢度,所以要想辦法消除這些逆筆,變爲順筆。其中厂須拆成横、撇兩筆,如 變爲 ;⋂須拆成竪、横折兩筆,如 變爲 ;▯須拆成竪、横折、横三筆,如 變爲 ;◯可拆成三筆,如 變爲 ,也可拆成兩筆,如 變爲 。從這些例子可以看出,趨直性原則和反逆性原則常常是綜合發揮作用的。

在改曲爲直的過程中,還必須考慮漢字發展的另一對矛盾,這就是簡易律和區别率。漢字形體的簡易度和字形之間的區别度是相互矛盾的,追求簡易的過程,同時也是損失區别度的過程。漢字體系發展的過程,就是要在自身規律的調節下,在簡易度和區别度之間尋求平衡。在簡易到不足以相互區别的情況下,一定會采取適當的措施來强化其區别。如 、 二字,如果簡單采取曲線拉直的方式,不僅二者之間會完全同形,而且也容易與 (才)相混淆。漢碑隸書采用不同方式强化它們之間的區别: 中的曲線轉寫爲折筆,寫作 ; 漢碑隸書中有 、 、 、 4 種寫法,都保持了跟 的區别,其中第一種寫法由於容易跟 (才)混淆,後來很少使用;而 在漢碑中也在盡量回避與 、 形近,多寫作 。這樣三者之間在隸變之後就仍然可以相互區别了。

經過書寫單位的改造,小篆的 10 種線條到漢碑隸書中基本上可以歸納爲横、竪、撇、點、捺、折 6 種筆畫。漢字的徹底筆畫化意味着古文字階段的象形性徹底消失,從而正式進入今文字階段。

在構件層面,“篆隸之變”采用的主要手段是對古文字構件進行離析和重組。漢隸不再追求篆書對構意的明細交代,開始通過對構件及其組合方式的調整達到簡化書寫的目的。離析和重組現象雖然在古文字階段已經出現,但在“篆隸之變”過程中則上升爲一種重要的變革方式。所謂離析,是指一個構件發生分裂,變成兩個或幾個部分。所謂重組,是指兩個或幾個構件在形體演變過程中重新組合,變成新的構件。離析和重組方向相反,但關係極爲密切。離析的結果常常導致重組,重組的過程往往伴隨離析(王立軍 2003)。例如,(綴)的右構件是個非字構件,象徵幾個東西相連綴之形。這個構件既不方便寫,也無法與其他構件相歸納,無論從方便書寫還是從系統化的角度都應該加以改造。通過對曲線的離析拆解,重新組合,漢碑隸書的右構件變成了四個“又”,寫作。“又”是個成字構件,既方便書寫,又可以歸納,很好地解決了古今文字的轉化問題。再如(佇)字,右構件本爲一個象形構件,像儲藏東西的封閉器皿。如此個性化的非字構件,同樣不便於書寫和歸納。漢碑隸書改造爲,右構件成了“宁”,其實這個構件跟“寧”的簡化字“宁”毫無關係,而是將封閉器皿的上下兩部分離析開來,然後將上部重組爲“宀”、下部重組爲“丁”的結果。

當然,“篆隸之變”過程中還經常發生構件的粘合和省簡。如(黑),本來上面構件像煙囱之形,下面的構件是“炎”,火熏煙囱,時間長了自然就黑了,用這種會意的方式來表示黑,非常容易理解。漢碑隸書將煙囱和“炎”上面的“火”粘合爲“里”,整字寫作,寫起來確實方便多了。再如(郭),左構件本像城郭之形,漢碑隸書省去了中間的部分,寫作,左構件與“享”混同,等等。這類現象漢碑隸書中也比較常見。

無論是離析與重組,還是粘合與省簡,漢字在追求書寫速度的過程中,必然會在理據表達的細膩程度上做出犧牲。如寫作之後,已無法看出火熏煙囱的構造意圖了,雖然通過下面的四點(“火”的變體)還可以看出黑色與火的關係,但其表意的直觀性相去甚遠。這説明,漢字爲了解決“篆隸之變”時期所面臨的主要矛盾,不得不在理據方面做出局部讓步,去换取書寫速度的提高。漢字畢竟不是爲理據而生的,而是爲記録語言而生,當理據性嚴重影響其作爲書寫工具的高效性時,就須要在理據性和高效性之間進行調和,以尋求新的平衡點。當然,漢字作爲表意體系的文字,決不可能完全拋棄理據性。儘管上部發生了粘合,但憑藉下面“火”的變體仍然能夠與火部字建立意義上的聯繫;雖然左邊的構件發生混同,無法表示城郭的形象,但右邊的構件“阝”(城邑的“邑”的變體)仍然可以體現出該字的意義與城邑有關。幾千年的發展歷史證明,漢字無論如何變革,始終没有改變表意文字的性質。

在整字層面,“篆隸之變”主要采用構件位置調整和形體變異的手段,來適應成熟隸書所形成的扁方格局。小篆的長圓格局縱向的空間大,隸書的扁方格局正好相反。所以,小篆字形中有些上下結構的字,在漢碑隸書中被調整爲左右結構。如(群)漢碑中或作,這種豎長的態勢明顯不適合成熟隸書的格局,所以逐漸調整爲。更多的漢字則是通過自身形體的變異,實現上下構件之間的相互讓就。讓就是指同一字符中不同構件

的筆畫之間的避讓與填補。某一構件爲了給另一構件騰出空間，往往通過形體變異收縮自身所占據的位置，叫做讓；某一構件爲填補另一構件所留出的空間，將自身形體延伸至空缺的位置上，叫做就（王立軍《宋代雕版楷書構形系統研究》）。讓就是壓縮漢字所占據的縱向或横向空間的重要手段。如（牛）、（羊）獨立成字時漢碑分别寫作、，但在作上構件時，爲了壓縮上下的空間不惜砍掉自己的尾巴，如、等；"火"字作下構件時，多變異爲四點，如、、等。在漢碑字形中，上下結構的字發生粘合的情況明顯多於左右結構的字，也與整字格局變化有很大的關係，如（暴）、（更）、（襄）漢碑隸書作、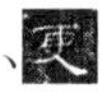、等。

趙平安（2009）將與表音表意無關的隸變歸納爲 9 種類型：直、減、連、拆、添、移、曲、延、縮；將與表音表意有關的隸變歸納爲 8 種類型：省形、省聲、换形、换聲、增形、繁聲、把象形表意部分改成聲符、把象形部分改成表意偏旁。這些複雜的變化，都可以放到書寫單位、構件和整字三個層面去理解。而且三個層面之間又不是各自獨立的，其中一個層面的變異往往可以波及到另外兩個層面。所以説，"篆隸之變"是漢字體系在便捷化主旋律作用下的系統性變革。當然，我們説古文字階段漢字發展的主旋律是系統化，今文字階段漢字發展的主旋律是便捷化，并不是説古文字階段就不追求書寫便捷，今文字階段就不考慮漢字的系統性，而是説在不同的歷史時期哪方面的問題上升爲主要矛盾，這種主要矛盾就會主導漢字的發展方向。

四

漢字的發展在任何時候都不可能是突變的，這是由漢字作爲交際工具的職能所決定的。即使對漢字體系影響極爲深刻的"篆隸之變"，也不是在短時間内完成的，而是經歷了一個漫長的演化過程。這突出表現在，"篆隸之變"過程中的一些文字現象往往具有顯著的泛時性特徵。

漢碑文字的泛時性特徵首先表現在字體方面。在漢碑字形中，從秦篆到漢篆，從秦隸到漢隸，呈現出多種字體并存的局面。從整篇碑文來看，刻於東漢永元四年（92）的《袁安碑》，通篇都用小篆，是漢代實用小篆字體不可多得的真跡。啟功先生（1964）評價此碑的字體説："字形并不寫得滚圓，而把它微微加方，便增加了穩重的效果。這種寫法，其實自秦代的刻石，即已透露出來，後來若干篆書的好作品，都具有這種特點。"秦篆多圓潤靈修，而此碑篆書微方而穩重，正體現了漢代篆書的隸化端倪。刻於漢永和二年（137）的《裴岑紀功碑》則呈現出古隸之風，隸法初備而兼有篆意，結構仍然縱向取勢，被康有爲評爲"古茂雄深，得秦相筆意"（《廣藝舟雙楫》），是由篆而隸演化過程中的代表之作。刻於永興元年(153)的《乙瑛碑》已經是成熟隸書的典範,被方朔譽爲“字字方正沉厚,亦足以稱宗廟之美”(《枕經堂金石書畫題跋》)。以上三碑在字體方面的差異,正體現了“篆隸之變”不同階段的演化結果在漢碑文字這一共時層面上的疊加和共現。即使同爲隸書字體,在不同的漢碑中也往往表現出不同的風格,這正如朱彝尊評價《華山廟碑》時所説(《金石文字跋尾》):“漢隸凡三種,一種方整,一種流麗,一種奇古。惟延熹《華嶽碑》正變乖合,靡所不有,兼三者之長,當爲漢隸第一品。”

從個體字符來看,這種泛時性特徵在漢碑文字中體現得也很明顯。這主要表現在以下三種現象的大量存在:(1)隸古定構件:用平直方折的筆畫,對小篆構件進行對應轉寫,即隸書的筆畫,古文字的結構。如(其)、(虚)的整字,(教)、(報)、(隊)中的構件“孝、卪、阜”,都屬於隸古定轉寫形體。(2)半篆半隸構件:構件的一半結構是篆體,一半是隸體。如:(斷)中的“幺”、(糾)中的“糸”、(所)中的“户”、(到)中的“至”、(歷)中的“秝”、(蘭)中的“艸”等,仍非常接近於小篆形體;而這些字中的其他構件則屬於隸書的寫法。(3)小篆或古文構件:無論是筆畫還是結構,都是對小篆或古文構件的摹寫,是小篆或古文構件的忠實遺留。如爲小篆“物”的摹寫、爲古文“坤”的摹寫、爲小篆“亥”的省寫。這些現象都説明,儘管漢代的主流字體是隸書,但小篆及古文對當時的字體還有重要影響,這也反映出漢字字體演變確實是以漸進方式進行的。

漢碑文字的泛時性特徵,還體現在漢碑字形的多源性,或者稱爲“篆隸之變”的廣義性。對於“篆隸之變”,人們往往以爲就是從小篆到隸書的變化,但越來越多的出土文字材料證明,隸書并不都是直接從小篆演變過來的。趙平安(2009)提出了“廣義小篆”的概念,認爲“大篆是春秋早期到戰國早期秦系文字的通用文字,它是就一個階段的文字而言。小篆是就一種字體特徵而言”,小篆早已在大篆的母體中孕育壯大,古隸正是從這種孕育在大篆中的小篆演化而來的。“因爲古隸産生時通用文字叫大篆,所以可以説古隸産生於大篆;因爲古隸是在大篆中小篆的基礎上産生的,也可以説産生於小篆。但從本質上講,古隸是在小篆的基礎上産生的”。趙平安的這些論述,深化了學界對隸書起源的認識,擴大了“篆隸之變”的時間範圍。基於這樣的認識,我們又對漢碑隸書的形體來源進行了全面考察,發現即使用“廣義小篆”的概念,仍然無法覆蓋“篆隸之變”的全部現象。

我們把漢碑隸書形體的主要來源歸納爲5種路線:

(1)晚期金文→秦大篆→小篆→秦隸→漢碑隸書。如:

“褱”西周金文作,从衣,眔聲。《説文》籀文(大篆)作,與金文結構相同。《説文》小篆省寫作。秦簡隸書據小篆字形草寫作（《睡·法》105）。漢碑隸書在秦隸的基礎上進一步筆畫化作（J438）。像這樣從金文沿着秦大篆、小篆、秦隸、漢隸的路線，一脈相承發展下來，是漢碑隸書産生的最主要方式。

（2）晚期金文→秦大篆→小篆→漢碑隸書。如：

"棄"甲骨文作（《合》8451），像以簸箕丟棄夭折嬰兒之狀。西周金文作（《散氏盤》），"子"改爲頭朝下，并省去旁邊的幾個點兒；《説文》小篆作，仍然保持帶點兒的寫法。秦簡隸書承襲金文省去點兒的形體，寫作（《睡·法》167）、（《睡·甲》2）等形。漢碑隸書作（Q128）、（Q178）等形，并没有承襲秦隸省去點兒的形體，而是由小篆字形隸定轉寫而成。

（3）晚期金文→秦大篆→秦隸→漢碑隸書。如：

"兵"甲骨文作（《合》7204），像雙手持斤，表示兵器、士兵之義。西周金文作（《輔伯戈》），基本承襲甲骨文的字形結構。籀文作，戰國秦兵器文字作（《新郪虎符》），構件"斤"下均添加一横筆。秦簡隸書亦承襲籀文作（《睡·秦》102）。《説文》小篆則沿襲西周金文并線條化作。漢碑隸書没有采用小篆簡便的構形，而是在秦簡隸書的基礎上將下面的雙手粘連形變似"六"，其上的"斤"仍保留多加一横的寫法，整字寫作（Q127）、（Q202）等。

（4）晚期金文→秦大篆→漢碑隸書。如：

"中"甲骨文作（《合》32500）、（《合》26700）等形，一説像古代測日中的旗子，字形繁簡不一，或有四條游帶，或有兩條。西周金文多沿襲四條游帶的寫法，如（《中伯簋》）；同時没有游帶的寫法也開始大量使用，如（《仲師父鼎》）。籀文承襲有四條游帶的字形，寫作。小篆和秦簡隸書都承襲了没有飄帶的字形，分别作、（《睡·甲》138）。但漢碑隸書中卻又出現了四條游帶的形體，如（Q144）、（Q201）等，這説明，漢隸的這種寫法是直接從籀文也就是秦大篆繼承而來的。

（5）晚期金文→六國古文→漢碑隸書。如：

圭"甲骨文作（《合》11006），像珪玉之形。金文變爲从二土，寫作（《多友鼎》）。小篆與金文相承作。戰國楚簡文字出現添加義符"玉"的形體，如（《郭·緇》35）、（《上〔1〕·紂》18）等，《説文》古文與之結構相同，寫作。《説文》小篆、或體及秦簡隸書均没有添加義符"玉"的，漢碑隸書則（Q129）、（Q125）兩種形體并存，説明後一種漢碑字形是承自六國古文的。

我們可以將上述5種路線圖示如下：

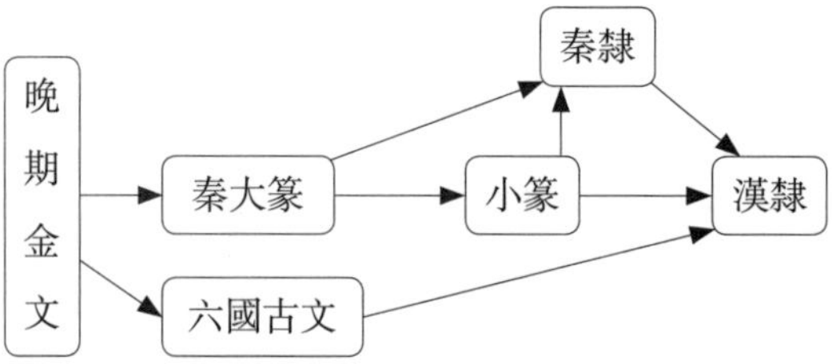

通過圖示，我們可以更爲直觀地看到漢碑隸書的多源性和“篆隸之變”的複雜性。

此外，漢碑文字還有不少同一個字内部多源并存的現象。如“明”字漢碑隸書中有（Q102）、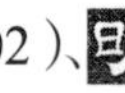（Q144）、（Q129）三種代表性字形結構，它們分别來自《説文》小篆、《説文》古文和秦簡隸書（《睡·日乙》206）等。“災”的三種漢碑隸書形體（Q175）、（Q174）、（Q117），分别與《説文》小篆、《説文》或體、《説文》籀文相對應。“豕”的漢碑隸書字形（Q126）是由小篆、秦簡隸書（《睡·乙》158）傳承而來，而其另一種漢碑隸書字形（Q102）則承自戰國楚簡字形（《包》211）。漢碑隸書字形的這種多源性，説明漢碑隸書其實是多個歷史層面漢字複雜構形現象纍積的結果，它們不是簡單的共時性問題，而是體現出鮮明的泛時性特徵。

五

漢碑隸書的泛時性也給部分文字的釋讀帶來一定困難。如東漢《肥致碑》碑首有兩句話：“孝章皇帝大歲在丙子。孝和皇帝大歲在己丑。”這兩個字，學界分歧很大，至今尚未達成一致意見。

1. 釋爲“崩”。《肥致碑》是1991年在河南省偃師縣南蔡莊鄉南蔡莊村的漢墓中發現的，刻寫的年代應該爲靈帝建寧二年（169）。，偃師縣文物管理委員會編寫的《偃師縣南蔡莊鄉漢肥致墓發掘簡報》釋讀爲“崩”，這是關於此字最早的釋讀。其後不少的漢碑出版物都采納了發掘簡報的釋讀結果，如何應輝主編《中國書法全集·秦漢編》（榮寶齋出版社1993年）、徐玉立主編《漢碑全集》和毛遠明《漢魏六朝碑刻校注》等。一些學者的論文也沿用這種釋讀，如王家葵等。但各家對爲什麼釋“崩”都没有進行論證。

2. 釋爲“芀”。王育成（1996）最早對發掘報告的釋讀提出不同觀點，改釋爲“芀”。其理由是，丙子、己丑分别爲章、和二帝改元後的元年干支字，“芀”有更生之意，如《逸周書·商誓解》“其有綴芀”孔晁注：“綴芀，謂若絲之絶而更續，草之割而更生也。”“芀”的這種意義可與章、和二帝於丙子、己丑年改元之事相合。

3. 釋爲“萠（篇、册）”。邢義田認爲此字上半是艸字頭，下半與漢代簡帛及石刻文字中的“册、朋”二字近似，而傳世漢代文獻中没有“萠”字，所以應該釋爲“萠”。“萠”實際上是“筛”的變異,漢隸中艸字頭與竹字頭經常互用,故“筛”字可寫作“茾”。“筛”即“册”字。但對於這裡爲什麽用“册”字,邢義田自己也感到可疑,丙子、己丑分别是章帝、和帝改元之年,其下各書一“茾”字,就相當於章帝、和帝即位時都“册立”肥致爲掖庭待詔,而待詔職位較低,兩漢文獻中没有“册立待詔”之事,所以他推測可能是待詔肥致身爲方士,立碑者想刻意抬高肥致身價,故不依漢碑通例,特將兩位皇帝之名用較大字體重複大書於碑額之上,以突顯章、和二帝與肥致之關係。黄展嶽同意邢義田的觀點。虞萬里直接將此字釋讀爲“册”,没有依原字形轉寫爲“茾”,釋讀理由與邢義田相似。但對於“册”在句中的意義理解不同。他認爲,孝章皇帝太歲在丙子册,孝和皇帝太歲在己丑册,是指二位皇帝分别在丙子、己丑年“進受於王”,即位爲帝。宋開羅(2008)的觀點與虞萬里相似,并明確把“册”解釋爲兩位皇帝被“册立”。

4. 釋爲“朔”。鄒德祥將此字釋讀爲正朔之“朔”,認爲是“朔”的一種特殊寫法,在兩句中表示紀日。

5. 釋爲“萠”。劉桓(2009)認爲依字形應該釋爲“萠”,“萠”通“堋”,“堋”又通“封”,表示授予官職之義,指兩任皇帝都封肥致爲掖庭待詔。還認爲碑首使用“封”的通假字“萠”,可能與書碑者故弄玄虚、炫耀博學有關。後來劉桓(2010)又將“萠”通“封”修改爲通“馮”,“馮”又通“憑”,義爲憑據,“分别以漢章帝改元之年和漢和帝改元之年爲憑據,也是指皇帝授肥致官職一事”。何崝也釋爲“萠”,不過他認爲“萠”通“朋”,即《尚書·洛誥》中周公祝福成王即位時所説的“孺子其朋”的“朋”,“朋”又通“逢”,即宏大興盛的意思。他將碑首兩句解釋爲效仿周公對章、和二帝即位的祝福。

6. 釋爲“萌”。李檣(2011)主張應該釋爲“萌”,其思路與王育成(1996)釋爲“艿”有些相似,認爲“萌”字含萌櫱開始之義,丙子、己丑分别是章帝、和帝的建元之年,與“萌”的開始義相合。

以上所列并非關於字釋讀的全部觀點,足見此字聚訟之紛紜。我們認爲,對一個字的考釋,要以“三安”爲基本原則,即字安、詞安、事安。字安是説該字的形體變異關係要可以追溯;詞安是説該字所代表的詞在語句中要能夠講得通;事安是説該字所在語句表達的内容要合乎事理。根據這樣的原則,綜合以上各家之説,我們認爲以釋爲“茾(筛、册)”的説法爲優,但對於“册”的具體意義還有進一步討論的必要。

從字安的角度看,無疑是上下結構的字,上部構件要麽是“艸”,要麽是“竹”。漢碑中“艸”字頭這樣寫是極其常見的,如(蓼)、(萇)、(苓)、(英)等;而“竹”字頭漢碑又經常與“艸”混同,這樣寫的“竹”字頭也很常見,如(節)、(笮)、(第)、(簿)等。所以,字上面是“艸”或“竹”的可能性都有。《説文》冊部(“册”《説文》隸

定作“冊”）云：“冊，符命也。諸侯進受於王也。象其札一長一短；中有二編之形。凡冊之屬皆从冊。，古文冊从竹。”據此可知，“冊”戰國時期六國古文可以从竹作“笧”，出土楚簡文字也證明了這一點，如（《新甲三》137）、（《新甲三》267）二形，都是从竹，形體變異近似於艸字頭。漢碑中也有類似的字形，如（Q060），雖字跡模糊，但仍然可以看出其與戰國楚簡文字的承繼關係。而的寫法只是在此基礎上求其變化，將下面的“冊”斜寫而已，其變異軌跡是可追溯的。其他幾種釋讀中形體最爲接近的是“萠”字，但該字在漢代以前的傳世文獻和出土文獻中都未見其用例，其下面的構件“朋”漢碑中寫作（Q166）、（Q263）、（Q084）等形，看起來與的下構件很相似，但仔細分辨，它們的區别還是非常明顯的。“朋”的漢碑字形左右構件中的兩短横決不貫通，而下面的兩横由於是編簡的線繩，必須是相連的。

再從詞安的角度來看，若釋讀爲“萠”，要輾轉通假才能找到所需要的“本字”，而這些“本字”在《漢書》《後漢書》都很常見，也没有必要找一個當時文獻中基本不用的“萠”來輾轉通假。若釋爲“朔”，正如劉桓（2009）所言，古代紀“朔”其前必須紀月，并標明朔日之干支，不可省略，如《漢書·五行志》：“武帝建元二年二月丙戌朔，日有食之。”《後漢書·章帝紀》：“（建初）四年二月乙亥朔，日有蝕之。”而“孝章皇帝大歲在丙子朔”的説法則直接將“朔”置於紀年的干支之後，史書絶無此文例。

再從事安的角度看，“崩”的説法明顯違背史實。東漢孝章皇帝於永平十八年（75）繼位，次年（76）就是丙子年；孝和帝於章和二年（88）繼位，次年（89）就是己丑年，如果碑首文字是“孝章皇帝大歲在丙子崩”“孝和皇帝大歲在己丑崩”的話，則兩位皇帝均在繼位的第二年都駕崩了，何其不幸！事實上他們分别於章和二年（88）、永元十七年（105）去世，都在帝位上坐了十多年呢！可見，釋爲“崩”字於事不安。此外，《肥致碑》的特殊之處在於，該碑爲暈首，碑額并没有像大多數漢碑那樣刻寫碑名，而是在暈紋中間并列刻寫“孝章皇帝、孝和皇帝”，再於其兩側分别刻寫“孝章皇帝大歲在丙子、孝和皇帝大歲在己丑”，在這麼醒目的位置刻寫這樣的内容，一定與碑主有重要的關聯，不然就難以解釋了。從這個角度看，解釋爲“萌、艿、逢”，以及將“冊”理解爲冊立、皇帝繼位，都是在説皇帝自己的事，似乎與碑主肥致不相干，這在事理上也是説不通的。而且，太后、皇后、太子可以冊立，皇帝即位決不能説“冊立”。所謂“進受於王”，是説諸侯接受王的冊封。而秦漢以後，皇帝是至高無上的，帝位是上天所授，而不是由誰來冊封的。所以，字應該是個動詞，而其賓語一定是肥致，而不是章、和二帝。

除了碑首内容應該與碑主密切相關之外，所記録的兩個年份“丙子”和“己丑”分别是兩位皇帝改元的年份，這不可能是巧合，而應該是事理上的關鍵點。《春秋左傳正義》

“經元年春王正月,公即位”杜預注:“嗣子位定於初喪,而改元必須踰年者,繼父之業,成父之志,不忍有變於中年也。諸侯每首歲必有禮於廟,諸遭喪繼位者因此而改元即位,百官以序,故國史亦書即位之事於策。”由此可知,繼位第二年改元,是古禮定製,這就解釋了章和二帝爲什麽都是在繼位的第二年改元。漢代皇帝改元,往往要大赦天下,賞賜民爵,并加賜貧困者糧食,加賜貞婦布帛等,這在《漢書》《後漢書》中多所記載,此不贅舉。在皇帝改元這樣重要的時刻,除了普惠性質的賜爵之外,還會與肥致發生什麽關聯呢?

據《肥致碑》的記述可知,肥致在當時是一位很有影響的道士,曾奉詔到宫中消除赤氣,除去災變,“拜掖庭待詔,賜錢千萬,君讓不受”。這裡的推辭不接受有兩種可能:一種是同意留在宫中做待詔,只是辭掉所賞賜的錢財;另一種是職位和錢財都不要。《漢書》《後漢書》中“讓不受”既可以表示辭官,也可以表示辭賞,可爲旁證。如《後漢書·馮緄傳》:“詔書賜錢一億,固讓不受。”《後漢書·桓榮傳》:“以焉前廷議守正,封陽平侯,固讓不受。”待詔相當於皇帝的顧問,都是某一領域傑出的人才,漢代始設。《漢書·天文志》:“其六月甲子,夏賀良等建言當改元易號,增漏刻。詔書改建平二年爲太初元年。”《漢書·眭兩夏侯京翼李列傳》:“尋遂白賀良等皆待詔黄門,數召見,陳説‘漢曆中衰,當更受命。成帝不應天命,故絶嗣。今陛下久疾,變異屢數,天所以譴告人也。宜急改元易號,乃得延年益壽,皇子生,災異息矣’。”擔任待詔的夏賀良也是精通讖緯的方術之士,漢安帝聽從其建議改元,説明漢代帝王是深信方術的。如果肥致留在宫中充任待詔,以其道術之高明,章、和二帝改元時向其諮詢,也在情理之中。

皇帝向臣下諮詢常稱“策問”。《後漢書·陳寵傳》:“天之降異,必有其故。所舉有道之士,可策問國典所務。”策問既可以指皇帝親自策試選拔賢才,也可以指皇帝就某些問題徵求臣下的意見。王兆芳《文章釋》:“策問者,‘策’本字作‘册’。着詞於策以諮問賢才也。主於詢言諮事,製詔試學。”“册者,古作‘笧’,借作‘策’,或作‘筴’,符命也,諸侯進受於王者也,天子之命編簡作符册也。”可見,策問之“策”本來就是簡册之“册”。皇帝通過將問題書之於簡册的方式向臣下諮詢,逐漸形成詔書的一種類别,叫“册書”或“策書”,或單稱“册、策”。查檢《漢書》《後漢書》,漢代“册書(策書)”的功用是多方面的。可以用於册封或罷免三公以上的職位名號,如《後漢書·禮儀志》:“拜皇太子之儀:百官會,位定,謁者引皇太子當御坐殿下,北面;司空當太子西北,東面立。讀策書畢,中常侍持皇太子璽綬東向授太子。”《漢書·佞幸傳》:“上寖重賢,欲極其位,而恨明如此,遂册免明。”可以用於皇帝與臣下的諮詢問答,如《漢書·公孫弘卜式兒寬列傳》:“書奏,天子以册書答曰:‘問:弘稱周公之治,弘之材能自視孰與周公賢?’”可以用於對臣下的慰問賞賜,如《漢書·王貢兩龔鮑列傳》:“自昭帝時,涿郡韓福以德行徵至京師,賜策書束帛遣歸。”《後漢書·寇恂傳》:"帝數策書勞問恂。"可以用於對賢能之士的徵召,如《後漢書·方術列傳·樊英傳》:"至建光元年,複詔公車賜策書,徵英及同郡孔喬、李昺、北海郎宗、陳留楊倫、東平王輔六人,唯郎宗、楊倫到洛陽,英等四人并不至。"這四種功能除了第一種不適合肥致之外,其他三種都有可能與肥致發生關係。如果肥致接受待詔職位留在宫中,章、和二帝即位改元時就很有可能册書諮詢;如果肥致辭讓待詔,仍然過他"與道逍遥"的道人生活,在改元這樣關鍵的時刻,以肥致的道術影響,二位皇帝也會册書徵召;或者在普惠天下時對肥致格外恩典,以册書厚賜。無論這三種情況中的哪一種,對肥致來説都是莫大的榮耀。立碑人爲了表示對肥致的敬仰,將其一生中兩個最榮光的時刻刻寫於碑額,於情於理都是説得通的。由於肥致的事蹟史書無載,我們只能根據這通碑刻的有限内容去推測最有可能的事理。這幾種事理上的可能性,都指向了兩位皇帝在改元之時曾賜與肥致册書,不管目的是哪一種,都不影響將碑首的釋讀爲"𦬊(笧、册)"。

六

"册書"與"策書"的問題,實際上已經進入了詞形的層面。漢碑文獻所處的特殊時代,以及漢碑文獻自身的文體特點,使得其中的詞彙現象十分複雜。除了大量出現新詞新義外,在詞形變異方面也表現得特别突出。

漢代處在漢語詞彙複音化的重要時期,複音詞數量急劇增加。漢碑文獻特殊的文體風格也使得漢碑複音詞明顯多於同期的其他文獻。漢碑主要是功德碑,帶有很强的諛墓色彩。爲了烘托碑主的"豐功偉業",以及後人對逝者的"極度哀思",往往刻意鋪陳詞藻,講究四六對仗,特别是在銘辭當中,更是講究句式和韻律,這些都爲意義相近或相關的單音詞創造了較多的組合機會,從而助推了單音詞的複音化進程。根據劉志生的統計,《漢語大詞典》以漢碑文獻用例作爲第一書證的就有 110 個;《漢語大詞典》收録該詞,但失收漢碑文獻首見用例的有 660 多個;《漢語大詞典》失收的漢碑文獻複音詞有 400 多個。三項合計多達 1100 多個,足見漢碑文獻新出複音詞數量之大,此不贅舉。

正因爲複音詞在此期的快速發展,很多複音詞的内部結構還處在磨合的階段,出現了大量"同指異素""同素異序"的現象。例如,漢碑在敘述碑主的任職經歷時,常常以官印代指官位,而指稱官印的方式又有多種方式。其中"銀艾"是以銀印和其上所繫的艾綬組合來指稱,"銀龜"是以銀印和其上的龜鈕組合來指稱,"銀符"是以銀印和符牌的組合來指稱,這樣它們之間實際上就構成"同指異素"關係。它們在文本中的指稱對象完全相同,只是選擇了不同的語素而已。如"子孫以銀艾相繼"(Q166);"莢書追下,銀龜史符"(Q128);"頎甫班爵,方授銀符,聞母氏疾病,孝烝内發"(Q134)等。而且,"銀符"又可作"符銀",如"精通晧穹,三納符銀"(Q150)等。這又是典型的"同素異序"現象。再如,出於渲染"極度哀思"氛圍的需要,漢碑表達悲痛、哀傷義的複合詞特别多,往往用幾個具有悲傷義的單音語素變换方式進行組合,從而構成數量眾多的"同指異素"詞,像"悲癔、悲哀、悲楚、忉悼、忉慟、忉怛、慘怛、惻怛、憤惻、慛傷、哀慛"等詞,在漢碑中所表達的意義幾無區别,都可以構成"同指異素"關係。此外像"剥摧、歎傷、嗟痛、痛惜、滑惜、創楚"等詞,儘管意義側重點與前面這組詞有微别,但如果按照"渾言則同"的原則,也可以視爲這組詞的"同指異素"詞。其中"痛惜"又可作"惜痛",如"皇上憀慄,痛惜欷歔"(Q128),"遂以毁滅,英彦惜痛"(Q202);"慛傷"又可作"傷摧",如"凡百隕涕,縉紳慛傷"(Q134),"咳孤憤泣,忉怛傷摧"(Q144)等,這些又是因字用問題或語素順序造成的詞形差異,從而進一步增加了這組"同指異素"詞的複雜性。其他如"席坐"又作"坐席",如"學優則仕,歷郡席坐,再辟司隸"(Q084),"坐席未竟,年卌二,不幸蚤終,不卒子道"(Q106);"兄弟"又作"弟兄",如"兄弟共居,甚於親在"(Q106),"時經有錢刀自足,思念父母弟兄"(Q080);"吉祥"又作"羊吉"(即"祥吉"),如"遏穰凶剳,揅斂吉祥"(Q129),"羊吉萬歲,子孫官貴"(Q070);"玄通"又作"通玄",如"庶仰箕首,微妙玄通"(Q093),"於休先生,明德通玄"等,也都是典型的"同素異序"現象。漢碑中數量如此眾多的"同指異素"和"同素異序"詞的存在,凸顯了漢碑詞彙複音化初始階段的不穩定特徵。

擅於用典是漢碑文體的另一個重要特點,由此而産生的大量典故詞,也是造成詞形變異的一個重要因素。典故可以分爲事典和語典兩大類,事典類典故詞由事件轉化而來,語典類典故詞由語句轉化而來。這兩種轉化過程中都須要對相關核心語素進行選擇,如果碑文作者選擇了不同對象、不同數量的核心語素,或者在語素順序安排上有差異,就會産生同一典故詞的不同詞形。例如,《易·乾》:"貞者,事之幹也。"孔穎達疏:"言天能以中正之氣,成就萬物,使物皆得幹濟。"宋代朱鑑《文公易説》等引作"貞者,事之榦"。漢碑化用此句爲"貞榦"一詞,喻指核心支柱以及能負重任、成大事的賢才,如"烏呼哀哉,邦喪貞榦"(Q145)等。又可作"幹楨、榦楨",如"宜參鼎鉶,堅榦楨兮"(Q088),"書載俊艾,股肱幹楨"(Q187)。再如,《詩·大雅·生民》:"誕實匍匐,克岐克嶷。"鄭玄箋:"能匍匐則岐岐然意有所知也,其貌嶷嶷然有所識别也,以此至於能就眾人口自食,謂六七歲時。"漢碑將"克岐克嶷"化爲"岐嶷"一詞,用以形容幼年聰慧,如"其在孩提,岐嶷發蹤"(Q093),"先生童孩多奇,岐嶷有志"(S110)等。又簡化作"克岐",如"紀行求本,蘭生有芬,克岐有兆,綏禦有勛"(Q179),這樣"岐嶷、克岐"就成爲同一典故詞的兩種不同詞形。有些典故詞與其語典原形在漢碑中同時存在,如"穆清"一詞語出《詩·大雅·烝民》"吉甫作誦,穆如清風",形容道德和美如清風,能滋養眾生。漢碑中既有典故詞的用例,如"播德二城，風曜穆清”（Q185）；也有語典原形的用例，如“民歌德惠，穆如清風”（Q146）。這除了出於音節韻律方面的考慮外，也反映了典故詞尚處在凝固定型的過程之中。

除了因語素選擇和順序造成的詞形變異之外，字用問題也是導致詞形變異的一個重要因素。如前面所討論的“册書”與“策書”的問題，就是因用字通假而産生的一組“同素異字”異形詞。漢碑喜用通假，前人早有論及。汪人秀爲《隸釋》作跋語時説：“漢人作隸，往往好假借通用。”吳玉搢《别雅》舉例説：“漢人書蹤字類多作縱。如《夏承碑》云‘紹縱先軌’，《郭仲奇碑》云‘有山甫之縱’，又云‘徽縱顯’，《魯峻碑》云‘比縱豹産’，《圉令趙君碑》云‘羡其縱’，《外黄令碑》云‘莫與比縱’，皆以縱爲蹤。是二字在漢人固自通用。”像這樣的通假現象漢碑中非常普遍，本書共提取了360多組通假字，此不詳舉。如果通假字出現在複音詞中，往往會形成異形詞。例如，“錢財”又作“錢材”，如“上有虎龍銜利來，百鳥共侍至錢財”（Q100），“給令還所斂民錢材”（Q141），後例中“材”通“財”；“魂靈”又作“魂零”，如“魂靈瑕顯，降垂嘉祐”（Q088），“魂零有知，柃哀子孫”（Q100），後例中“零”通“靈”，且“柃”通“憐”；“規矩”又作“規櫃”，如“政教稽古，若重規矩”“於是操繩墨以彈耶枉，援規櫃以分方員”（Q084），後例中“櫃”通“矩”，“耶”通“邪”，如此等等。

聯綿詞在這方面的表現就更突出了。王昶《金石萃編》“漢衛尉卿衡方碑”條下云：“按：此碑‘逶迤’作‘褘隋’……《容齋五筆》言‘委蛇’字凡十二變：一曰‘委蛇’，二曰‘委佗’，三曰‘逶迤’，四曰‘倭遲’，五曰‘倭夷’，六曰‘威夷’，七曰‘委移’，八曰‘逶移’，九曰‘逶虵’，十曰‘�蛇’，十一曰‘�π池’，十二曰‘威遲’。今此碑又作‘褘隋’，《唐扶碑》作‘逶隨’，《劉熊碑》作‘委邃’，枚乘《兔園賦》作‘崣𡼖’，《博雅》‘陙陝，險也’，《文選》薛注‘周道威夷，險也’，則‘陙陝’亦‘委蛇’之别體，而字書尚有‘蝺池’、‘螆池’、‘隝陭’之異。此二字固不止十二變，洪公尚考之未盡也。”方以智《通雅》在洪邁《容齋隨筆》的基礎上補充至32種，吳玉搢《别雅》則於32種之外又有所補充，可見聯綿詞“逶迤”的詞形何其複雜！其中不少寫法出自漢碑，如《衡方碑》作“褘隋”、《金鄉長侯成碑》作“委虵”、《唐扶碑》作“逶隨”、《劉熊碑》作“委隨”等。再如，漢碑中“奄忽”又作“奄曶、掩忽、闇忽”，如“珪璧之質，臨卒不回，歔欷賈絶，奄忽不起”（Q088），“八十有四，歲在汁洽，紀驗期臻，奄曶臧形”（Q187），“歲時加寅，五月中，卒得病，飯食衰少，遂至掩忽不起”（Q106），“闇忽離世，下歸黄湶”（Q114）等，都體現了聯綿詞重音不重字的特點。

“同素異字”異形詞産生的另一個重要原因是字的分化。雖然複音化在漢代已成爲漢語詞彙發展的主要方向，但在詞義引申推動下的單音詞孳乳現象仍然發揮着重要作用。單音節孳乳的結果往往反映爲字形的分化，例如，前面所舉“悲㾓”的“㾓”，首見於漢碑。《説文·疒部》：“痛，病也。”“痛”本義爲病痛，引申指傷痛。漢碑中受文體的影響，“痛”

多表示傷痛義，於是便在原字的基礎上添加義符“心”，産生了專門表示傷痛義的分化字“痛”，如“㥁哉於嗟！誰不辟世”（Q212）。於是，複音詞“悲痛”也就有了新的詞形“悲㥁”，如“悲㥁奈何，涕泣雙并”（Q114）等。還有些字往往受到語境的影響，而滋生出新的分化字形，如“鉅鹿”又作“鉅鏕”，“孤竹”又作“菰竹”，“殷勤”又作“慇懃”等，其中“鹿”受“鉅”的影響而添加義符“金”作“鏕”，“孤”受“竹”的影響而添加義符“艸”作“菰”，“殷勤”則是受其在文本中意義的影響雙雙添加義符“心”作“慇懃”。另外，漢代以前已經發生分化的字也往往與母字并存，從而也會導致“同素異字”異形詞的産生，如“珪璧”又作“圭璧”，“稼穡”又作“稼嗇”，“罔極”又作“网極”，其中“珪、穡、罔”漢代以前就已經從“圭、嗇、网”中分化出來了，但漢碑仍然將母字與分化字同時使用，從而造成兩種詞形并存的現象。

上述複雜的字詞現象説明，字、詞、義三者之間并不是各自獨立的，而是有着密切的互動關係。字的變易和孳乳必然導致詞形的變化，而詞義的發展和詞的派生又會推動字的分化。字形問題既能爲詞義解析提供依據，同時也會給文本釋讀帶來障礙。只有將字、詞、義三者貫通起來，才能對漢碑文獻中的特殊語言文字現象有更準確的把握和理解。正是基於這樣的思考，本書的主體内容設置了“釋形、釋義、釋詞”三個部分，各部分密切關聯，形中有義，義中有詞，互爲補足，相互溝通，這也正是本書名爲《漢碑文字通釋》的真正用意。

凡 例

一、編纂宗旨

漢碑文字處於古文字向今文字演化的重要階段，漢碑詞彙也處在漢語詞彙複音化的關鍵時期。本書旨在通過對漢碑文獻的全面整理，從文獻語言學和文獻文字學的視角對漢碑文獻的語言文字面貌進行系統描寫，對基於這一特殊時期、特殊載體、特殊文體所産生的特殊語言文字現象進行綜合解析。

本書名爲“通釋”，一方面强調對現存漢碑拓本文獻文本整理的全面性，另一方面强調對每個字頭之下音、形、義、詞各部分解析的相互溝通。

二、總體框架及收字範圍

全書共收録單字 2729 個（包括 178 個異體字），每個字頭下一般包含今讀、中古音、上古音、漢碑代表性字圖、《説文》訓釋、釋形、釋義、釋詞等八個方面的信息，其中釋形、釋義、釋詞三部分是本書的核心内容。

本書所收字頭均取自現存漢代碑刻及漢石經拓片，以確保其字形的真實性，以及字形演變過程及變異規律闡釋的可靠性。凡漢碑及漢石經拓片中缺失或殘泐無法辨識者，即使其文本可以據其他文獻補出，亦不予收録。

本書共選取 293 種碑刻及 527 塊漢石經拓片作爲基礎材料。其中碑刻拓片以徐玉立主編《漢碑全集》中的拓片爲主，少數補充自永田英正《漢代石刻集成》、毛遠明《漢魏六朝碑刻校注》和北京圖書館金石組編《北京圖書館藏中國歷代石刻拓本汇編》（第一册）；漢石經部分選自馬衡《漢石經集存》，少數補充自北京圖書館金石組編《北京圖書館藏中國歷代石刻拓本汇編》（第一册）。詳見《漢碑文獻及漢石經代碼表》。

三、字圖選取及編排原則

本書采用高清掃描的方式提取了漢碑拓片中全部字次的字形圖片，在此基礎上，按照是否能夠爲漢碑字形分析提供有價值信息的原則，歸納選取出每個字的代表性字圖，列於各字頭之下。僅有細微形體差異的字圖，無論出現多少次，均認同爲一個代表性字圖，如“德”字從所選材料中共提取出 188 個字圖，經過歸納認同，最後只保留以下 14 個代表性字圖：

① Q166　② Q134　③ Q083　④ Q084　⑤ Q083　⑥ Q144　⑦ Q152

⑧ Q175　⑨ Q179　⑩ Q065　⑪ Q117　⑫ Q088　⑬ Q123　⑭ Q070

各代表性字圖(以下簡稱“字圖”)按字形的近似度排列,與篆文字形結構最接近的字圖排在最前面。每個字圖前面以數字①②③④等標注序號,後面按《漢碑文獻題名及代碼表》中的代碼標明出處。如“① Q166”表示排在所有字圖中的第一位,該字圖出自《漢碑全集》的第 166 張碑刻拓片《豫州從事尹宙碑》。

四、字頭確立及編排原則

確立字頭時,首先按照漢字構形學關於異體字的分類原則,將一個字的所有代表性字圖歸納爲異寫字和異構字兩大類。如果所有字圖全部爲異寫字,原則上認同爲一個字頭;如果其中有異構字,則按異構字的數量分立爲不同字頭。如漢碑中“明”有 5 個字圖:

① Q102　② Q126　③ JB6　④ Q129　⑤ Q144

這 5 個字圖可分爲三組:①②爲一組,③④爲一組,⑤單獨爲一組。每組内部爲異寫字關係,各組之間爲異構字關係。三組分立爲“朙、眀、明”三個字頭,三者互爲異體關係。

在各組異體字之間選擇正字時,主要遵照尊重漢碑實際的原則,選取在使用頻度上占明顯優勢的字形作爲正字,而不考慮它們在《説文》中的身份。如上例中,“朙”爲《説文》正篆,“明”爲《説文》古文,漢碑中“明”的寫法出現次數最多(某一組的代表性字圖多,并不表示這組字圖的實際出現次數多),故以“明”爲正字,“朙、眀”爲其異體字。如幾種寫法在使用頻度上没有顯著差别,則考慮其在後世的通行程度。

爲了較真實地反映漢碑字形的實際情況,結構位置不同、構件發生改换、後世傳承的異寫字也單獨作爲異體字另立字頭,如:

① Q136　② Q142　③ Q125

“齋”的 3 個字圖可歸納爲兩組,其中前兩個認同爲“齋”,第三個單獨作“齌”。“齋”和“齌”屬於結構位置不同的異寫字,分立兩個字頭。再如:

① J388　② Q178　③ Q153　④ Q074

“蓋”的 4 個字圖可歸納爲兩組，前兩個字形結構接近於“蓋”，後兩個接近於“盖”。“蓋”和“盖”雖爲異寫關係，但後世皆傳承，故分立兩個字頭。再如：

① Q178　② Q066　③ Q113　④ Q153　⑤ Q169

“流”漢碑中構件“㐬”混同作“不”，但構形理據并没有發生變化，仍然屬於異寫字。這類異寫字對於研究漢字構形變異具有參考價值，所以“沶”另立異體字頭。

如確立爲字頭的字圖字形與後世通行的楷書已編碼字形之間存在細微差異，仍采用後世通行的楷書已編碼字形爲字頭形體，而不再另造新的嚴格隸定字形，如“瑶”在 CJK 編碼字符集中有“瑶、瑤”兩種形體，該字在漢碑字形中的三個字圖、、均更接近於“瑤”，故選取“瑤”爲其字頭字形，而不選取“瑶”。但嚴格來説，這三個字圖的字形結構均與“瑤”有細微差異，在確定字頭字形時，并不爲了體現其細微差異而另造嚴格隸定字形。

如果正字字形與《説文》正篆隸定字形有差異，或爲《説文》重文的隸定字形，則在引用《説文》訓釋之前加以説明，如：“群，《説文》作‘羣’。《説文·羊部》：‘，輩也。从羊，君聲。’”“明，《説文》爲‘朙’之古文。《説文·朙部》：‘，照也。从月从囧。凡朙之屬皆从朙。，古文朙从日。’”

兩個不同字種的字發生字形混同，根據其實際記詞職能確立字頭，如“麤絳大布之衣，糲荅蔬菜之食”（S110）中的，和“上順鬥極，下荅坤皇”（Q095）中的，雖然都寫作从艸合聲，但實際上（Q095）是“答”混同爲“荅”。“答”和“荅”屬於記詞職能不同的兩個字，二者雖然讀音完全形體，但“荅”義爲小豆，“答”義爲應合，二者應該分立爲兩個字頭。

爲了檢索方便，每個字頭均賦予一個 4 位數字或 5 位數字的編號，其中後 3 位數字是該字頭在本卷中的序號，前一位或兩位數字爲所在卷次，如“1116 蓍”表示“蓍”是卷一中的第 116 個字，“11001 水”表示“水”是卷十一中的第 1 個字。

字頭總體上按《説文》次序編排，并按《説文》分卷。如果《説文》正篆或重文只有一個對應的漢碑字頭，無論該字形對應的正篆還是重文，均置於《説文》正篆所在的位置。如果《説文》正篆或重文分别有各自對應的漢碑字頭，則與正篆對應者在前，與重文對應者依次排在其後。《説文》未收之字，列於所屬部首之末，與該部首所收録的異部異體字統一按筆畫多少順序排列。

五、異體字處理原則

説解部分采用通行字，與字頭字形略有不同。所有異體字均括注於正字之後，并另外獨立列爲字頭，如“僊”字下收録 4 個字圖：

① Q166

② Q129

③ Q142

④ Q100

其中圖①②對應正字字頭“僊”，圖③、圖④分别對應其異體字“仙”和“㑤”。正字字頭“僊”後括注異體字“仙、㑤”，作“僊(仙㑤)”。異體字“仙、㑤”分别另列字頭，其下簡單説明與正字及其字圖的對應關係，如：“仙，‘僊’的異體字(圖③)，見 8089 僊。”“㑤，‘僊’的異體字(圖④)，見 8089 僊。”

正字和異體字的音、形、義、詞相關信息均於正字字頭之下統一解析。其中釋義部分的例句要盡量照顧到正字及所有的異體字字形，如“僊”釋義部分所采用的例句“故立宫其下，宫曰集靈宫，壂曰存僊壂，門曰望僊門”“朱爵對游栗㑤人，中行白虎後鳳皇”“仙人唐君之碑”，分别反映了正字“僊”和異體字“仙、㑤”所出現的語境。

對於在漢碑中分化未遂的字，按異體字處理，例如，陳、敶、陣：“陳”的本義爲陳列，引申表示述説、軍隊的行列等義，後來爲軍隊的行列這一義位專門造了一個分化字“陣”。漢碑文獻中，“陣”和“陳”的用法有顯著區别，已經成功與“陳”字發生分化，故將“陣”和“陳”按兩個字處理。漢碑文獻中另有一個“敶”字，雖然是專門爲陳列義所造的分化字，但在漢碑文獻中二者混然不别，屬於分化未遂的分化字，將“敶”處理爲“陳”的異體字。

異體字在編排順序上按以下原則處理：

(1)如果某異體字屬於《说文》中的正篆或重文，無論其實際部首是什麽，均按《说文》中正篆和重文的實際順序排列，如“明、朙”爲一組正異字，《説文》中“朙”爲正篆、“明”爲古文，即使漢碑中以“明”爲正字、“朙”爲異體字，仍然按《説文》中正篆和重文的實際順序將“明”排在“朙”之後。

(2)如果正字和異體字都屬於《説文》正篆，則按它們各自在《説文》中的實際位置排列，如“僊”與其異體字“仙”在《説文》中均爲正篆字頭，按其在《説文》中的實際位置將“僊”排在 8089，“仙”排在 8090，二者并不緊隨。

(3)如果某異體字不屬於《说文》中的正篆或重文，但與正字部首相同，則緊隨正字之後排列，如“遅”爲“遲”的同部異體字，緊隨正字“遲”之後排列。

（4）如果某異體字不屬於《说文》中的正篆或重文，且與正字部首不同，則按其實際部首置於所屬部首末尾，與該部的《説文》未收字統一按筆畫多少順序排列，如“嗚”爲“歍”的異部異體字，二者分别歸屬於口部和欠部，“嗚”按筆畫多少在口部末尾排列。

（5）如果某異體字部首無法確定，亦緊隨正字之後排列，如“命”的異體字“㑇”，字形結構發生重大調整，無法根據構形理據判斷其部首，暫列於正字“命”之後。

六、注音體例

本書的古音信息主要參考郭錫良《漢字古音表稿》，其中中古音部分還參考了周祖謨《廣韻校本》的校勘結果。

多音字只給出漢碑中實際出現的義項所對應的音項。如果出現的義項對應多個音項，則按所屬音項分列義項，如“識”有 zhì、shí 兩個音項，分别統系各自的義項。

不同音項用“（一）（二）……”標識序號，與本義相關的音項排在前面，所有字圖和釋形部分均置於第一個音項下面，釋義和釋詞部分則分屬於不同的音項。

如果某字在漢碑文獻中只出現通假用法，仍標注其本音，而不標注其通假音，如“隧”在漢碑文獻中只有一種用法，通“墜”（zhuì。《集韻》直類切，澄至去。定物），釋音時仍標注“隧”的本音（suì。《廣韻》徐醉切，邪至去。邪物）。

七、釋形體例

釋形部分重點梳理各種漢碑隸書字形的來源及其演化過程。分析漢碑隸書字形時視具體需要上溯該字的秦隸、秦篆、戰國文字、金文及甲骨文形體，至於上溯到哪個時期，以能夠解釋清楚該隸書字形的來源及其演化過程爲準。

爲保證所使用古文字字形圖片的清晰度，釋形部分除直接從相關文字編掃描複製外，還參考了“漢字全息資源應用系統”（https://qxk.bnu.edu.cn/）、小學堂（http://xiaoxue.iis.sinica.edu.tw/）及國學大師（http://www.guoxuedashi.com/）等網絡資源平臺，所選經過處理的字形力求與原拓保持一致。

對於構件、筆畫層面比較典型的形體變異現象，盡可能給予説明，如“㐱”常混同作“尒”，屬於構件混同現象。

如果同部字所从的部首均發生同樣的形變，若形變過於複雜，爲節約篇幅，只在該部首獨立成字時，或在其所領屬的第一個字下解釋其變異過程，其他同部字下注明參見某字，如 11160“鮪”下注：“義符‘魚’的隸定情況參見 11159 魚。”

對六書的判斷，一般以《説文》描述爲準。如《説文》分析字形明顯有誤，則參照更早的古文字字形。凡《説文》分析構形理據合理者，表述爲“《説文》小篆爲……字”；當《説文》分析構形理據與漢字事實不符時，表述爲“《説文》以爲……字。按……”。如“單”：

"《説文》以爲會意兼形聲字,从吅、甲,吅亦聲,表示大。按'單'甲骨文作(《合》10615反)、(《合》21729)、(《前》7.26.4)等,金文作(《小臣單觶》)、(《蔡侯匜》)等,像一種捕獵的工具,兼做打仗的武器,爲'戰'字所从,象形字。"

《説文》省聲字統一描述爲"《説文》以爲形聲字",亦聲字描述爲"《説文》以爲會意兼形聲字",必要時在釋形中指出省聲、亦聲的说法是否合理;如"事":"《説文》以爲形聲字,从史,之省聲。按'事'甲骨文作(《合》5489),本與'吏、史'同字;西周時'事'開始從'史、吏'分化出來,寫作(《伯矩鼎》),字形上端與'之'的金文字形近似。《説文》小篆承襲金文,許慎根據小篆字形將'事'字分析爲从'之'得聲的省聲字,與原初構意不符。"

凡形聲字聲符與整字今音差别較大者,則在分析六書之後,説明聲符的上古聲紐和韻部,以便比較聲符與整字的上古聲韻關係,如"課":"《説文》小篆爲形聲字,从言,果聲。'果'上古音在見母歌部。"

漢碑中的篆文字形予以保留,并説明其爲碑額篆書或碑文篆書。

八、釋義體例

釋義部分所列義項盡可能覆蓋該字在漢碑文獻中的所有義項。每個義項下的例句數量一般爲 3 個左右。如果某義項的全部例句少於 3 個,則全部列出。屬於漢碑文獻特殊義項的例句盡量多舉,以突出漢碑文獻特色。

例句中的缺字以"□"表示;如不确定缺几个字,則在缺字處加"(闕)";如缺字可以參考其他文獻補出者,則以"〖　〗"表示。

義項按照本義、引申義、假借義、專名義的順序排列。其中姓氏義項表述爲"姓氏",人名、地名、職官名等義項則表述爲"用於人名、用於地名、用於官名"等。

爲了減少重複,并使釋義和釋詞兩部分有效呼應,在釋義和釋詞之間視需要采用互見的方式。如果某字在某義項上只構成詞或詞組,没有單獨使用的例句,則表述爲"見'某詞'";如果有單獨使用的例句,則在列舉單獨使用的例句之後表述爲"又見'某詞'";如果釋義中涉及包含其他字頭下的詞語的例句,也視需要采用互見方式注明"見'某詞'"。

釋義部分涉及字際關係時,采用"同"(異體字)、"通"(通假字)、"後作"(分化字)等不同術語予以區分。

對於虚詞,先標注詞性,再解釋意義和用法。同一詞性又有多種不同用法者,先統一標注詞性,再依次排列各種不同用法。

爲保證所釋義項確爲漢代實際使用的意義,對於漢石經材料只取其字形而不用其例句,因爲其字形的時代屬於漢代,但其文本則不屬於漢代。

九、釋詞體例

兩漢時期漢語詞彙處於從單音詞向複音詞演化的重要階段,有些複音詞的組合還不夠穩定。本書采用寬泛的複音詞概念,釋詞部分也包括部分詞組、典故、縮略語等。

所收詞語均按音序歸在各字頭之下,統一加"[ ]"。

同一詞語的不同詞形按一個詞條處理。其中以漢碑文獻中的常見詞形爲主形,其他詞形注明"又作'某某'",例如:[榦楨]漢碑中又作"幹楨、貞榦"。

卷　一

1001 **一**　yī　《廣韻》於悉切，影質入。
影質。

①Q202　②Q157　③Q142

《説文·一部》："一，惟初太始，道立於一，造分天地，化成萬物。凡一之屬皆从一。弌，古文一。"

【釋形】

《説文》小篆爲指事字，以一條横線表示數量"一"。戰國文字受（《郭·語》3.67）的影響而同化爲（《郭·窮》14），《説文》古文將構件"戈"省變爲"弋"。漢碑字形將線條轉寫爲筆畫，增加了隸書的波磔之勢，如圖①～③。

【釋義】

㊀數詞："祗慎慶祀，一年再至"（Q125）；"仲宗之世，重使使者持節祀焉，歲一禱而三祠"（Q129）；"建寧元年四月十一日戊子到官"（Q141）。㊁專一，始終如一：見"三義一"。㊂用於星宿名：見"大一"。

【釋詞】

［一廛］古指一户普通人家所居住的地方："於是遠人聆聲景附，樂受一廛"（Q172）。

［一朞］一周年："未能一朞，爲司空王暢所舉"（Q154）。

［一藝］指"六藝"之一，即經學的一種："經通一藝，雜試通利"（Q102）。

1002 **元**　yuán　《廣韻》愚袁切，疑元平。
疑元。

①Q038　②Q083　③Q129　④Q169

⑤Q178

《説文·一部》："，始也。从一从兀。"

【釋形】

《説文》以爲會意字，从一从兀，表示人的頭頂。按"元"甲骨文作（《合》16435）、（《合》4489）等形，是在人的頭部畫兩短横，指示頭部，應爲指事字。漢碑字形中，有的爲碑文篆書，如圖①；多數則已經發生隸變，下面像人之形的構件已經離析成撇（丿）和豎彎鉤（乚），實現了筆畫化，如圖②～⑤。

【釋義】

㊀年長的，排行居首的："有漢元舅，車騎將軍竇憲"（H26）；又見"元老"。㊁初始，第一："建武之元，事舉其中，禮從其省"（Q129）；"建寧元年三月癸丑遘疾而卒"（Q133）；"乾元以來，三九之載。八皇三代，至孔乃備"（Q112）。㊂哲學概念，謂天地萬物的本原："俱制元道，百王不改。孔子近聖，爲漢定道"（Q112）；"渾元垂象，岳瀆□□兮，金精火佐，寔生賢兮"（Q187）。㊃大："宏功乃伸，追録元勳，策書慰勞，賻賵有加"（Q066）；"昔殷王武丁，克伐鬼方，元功章炳，勳臧王府"（Q093）；又見"元戎"。㊄善："少以文塞，敦庬允元；長以欽明，躭詩悦書"（Q137）；"惇懿允元，叡其玄秀"（Q148）。㊅用於年號："元嘉元年三月廿日

藿”（Q099）。㊆用於人名：“尚書侍郎魯孔彪元上三千”（Q112）；“門生魏郡館陶文儉，字元節”（Q127）；“膠東君諱弘，字元譽”（Q128）。㊇用於地名：“元氏封龍山之頌”（Q126）；“三載考績，遷元城令”（Q127）；“流德元城，興利惠民”（Q088）。

【釋詞】

［元二］古代術數語，借指災年、厄運：“中遭元二，西夷虐殘。橋梁斷絶，子午復循”（Q095）；“更離元二，雍養孤寡，皆得相振”（Q106）。

［元服］指冠，古代行冠禮爲加元服：“孝和皇帝加元服，詔公爲賔”（Q038）。

［元老］天子的老臣，后稱輩份、資望皆高的大臣或政界人物：“咨疑元老，師臤作朋”（Q172）。

［元戎］大的兵車：“元戎輕武，長轂四分，雷輜蔽路，萬有三千餘乘”（H26）。

［元身］謂美德之身：“（闕）幸早殁，喪失元身”（Q158）。

［元嗣］謂長子：“漢膠東相之醇曜，而謁者君之曾，孝廉君之孫，從事君之元嗣也”（Q128）。

［元孝］謂《孝經》：“顔育空桒，孔制《元孝》”（Q112）。

［元兄］長兄：“奉我元兄，脩孝罔極”（Q117）。

［元元］百姓，庶民：“元元鰥寡，蒙祐㠯寧”（Q088）；“再命虎將，綏元元兮。規策桀謨，主忠信兮”（Q088）。

1003 **天** tiān 《廣韻》他前切，透先平。透真。

① Q037

② Q129

③ Q153

《説文·一部》：“，顛也。至高無上。从一、大。”

【釋形】

《説文》以爲會意字，从一、大。按“大”甲骨文作（《合》36542），金文作（《大盂鼎》），突出人頭之形，爲象形字；甲骨文或省寫作（《合》22097），金文或省寫作（《史頌簋》），以上面的一横或兩横標示人的頭頂，當演變爲指事字。小篆沿襲金文字形，仍應爲指事字。漢碑字形中，有的仍保留篆書寫法，如圖①。多數則已經發生隸變，將小篆的線條對應轉寫爲筆畫，如圖②③。

【釋義】

㊀天空：“天地清和，嘉祥昭格”（Q125）；“〖旌〗旗絳天，雷震電舉”（Q132）；“時有赤氣，著鐘連天”（Q142）。㊁自然，泛指事物發展的客觀必然性：“蓬户茅宇，棬樞甕牖，樂天知命，榷乎其不可拔也”（S110）。㊂自然的，天生的：“何意被天災，蚤離父母”（Q072）；又見“天命”。㊃天下：“竝天四海，莫不蒙恩”（Q061）；“秦兼天下，侵暴大族”（Q166）。㊄天上的神祇：“敬天之休，虔恭朙祀”（Q126）；“功參周、邵，受禄于天”（Q171）；“昊天上帝，降兹鞠凶”（Q093）。㊅君王：“發號施憲，每合天心”（Q148）；“自天王以下，至于初學，莫不驪思，嘆卬師鏡”（Q112）。㊆用於年號：“始建國天鳳三年二月十三日”（Q014）；“始建國天鳳五年十月十桼日癸巳葬”（Q016）。

【釋詞】

［天爵］朝廷官爵：“至德通洞，天爵不應”（Q066）。

［天命］指人的自然壽命：“力求天命，年壽非永，百身莫贖”（Q052）；“天命有終，不可復追”（Q114）。

［天年］自然的壽命：“蚤失天年，下歸蒿里，遠若舍陌，諸君看老，孰念蒿里”（Q120）。

［天師］指王師：“直南蠻蠢迪，天師出征”（Q133）。

［天歲］天上的歲星："永元二年，天歲在位"（Q037）。

［天姿］天賦，資質："天〖姿醇〗㫰，齊聖達道"（Q127）；"君天姿晭〖達〗，徹〖㫁〗有芳"（Q128）；"天姿明敏，敦《詩》悦《禮》，膺禄美厚，繼世郎吏"（Q146）。

［天子］指帝王："天子祭天地及山川，歲徧焉"（Q129）；"自三五迭興，其奉山川，或在天子，或在諸侯"（Q129）；"天子展義，巡狩省方"（Q129）。

1004 **吏** lì 《廣韻》力置切，來志去。來之。

① Q163

② Q060

③ Q181

④ Q179

⑤ Q074

⑥ Q141

《説文·一部》："吏，治人者也。从一从史，史亦聲。"

【釋形】

《説文》以爲會意兼形聲字，从一从史，史亦聲。按"吏"甲骨文作（《合》5557），本與"史、事"同字，後專門分化出來表示官吏，乃在"史"的甲骨文字形（《合》7660）上添加區别性符號而成，應爲區别性指事字。小篆將上面的區别性符號變爲一横。漢碑字形中，有的帶有明顯的篆書痕跡，如圖①～③。其中圖③下面的手形與中間的豎畫粘連，逐漸向圖④過渡。圖④則上下兩部分完全粘合爲一體，變得無法拆分，并成爲後來通行的寫法。也有的寫法又進一步離析爲"亠"和"史"，如⑤⑥。

【釋義】

㊀官吏："民誦其惠，吏懷其威"（Q128）；"吏無大小，空府竭寺，咸俾來觀"（Q141）；"吏樂政，民給足"（Q178）；又見"吏士"。㊁用於官名："家父主吏，年九十"（Q106）；"騎吏蓮勺任参六百"（Q123）；"允勑大吏郎巽等"（Q126）。

【釋詞】

［吏士］㊀官兵："斑到官之日，□癘吏士，哮虎之怒，薄伐□□"（Q093）。㊁官府屬吏："段復與吏士俱通利故道"（Q092）。

1005 **上** shàng 《廣韻》時亮切，禪漾去；又時掌切，禪養上。禪陽。

① Q001

② Q128

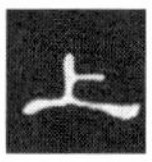
③ Q134

④ Q144

《説文·丄部》："丄，高也。此古文上。指事也。凡丄之屬皆从丄。丄，篆文丄。"

【釋形】

《説文》古文"上"爲指事字，横畫表示物體，豎畫表示在此物體之上。按"上"甲骨文作二（《甲》30388）、二（《合》102）等形，《説文》古文變上面短横爲一豎線，《説文》小篆則在豎向的曲線上又增添一短横。漢碑字形承襲《説文》小篆的結構，有的仍爲篆書，如圖①；有的嚴格據小篆形體隸定，如圖②；多數則將其豎向的曲折拉直爲豎畫，如圖③④。

【釋義】

㊀高處，上方："上則縣峻，屈曲流顛；下則入冥，廎寫輸淵"（Q095）；"上即聖鳥乘浮雲"（Q100）。㊁高於某一程度或範圍："書從事下當用者，選其年卌以上"（Q102）。㊂指天："上天不惠，不我慭遺，年五十有三，年十月廿八日壬寅卒"（Q134）；"矧乃孔子，玄德焕炳，〖光於〗上下"（Q140）；又見"上帝"。㊃顯貴之位："於穆肅廱，上下蒙福，長享利貞，與天無極"（Q141）；"惟居上，寬和貴"（Q045）。㊄君王："皇上頌德，羣黎慕涎"（Q128）；"上嘉其節，仍〖授命莢，匡其京輂〗"（Q135）；"上思生葵，君却入室，須臾之頃，抱兩束葵出"（Q142）。㊅位

分高的人："煇光篤實，升而上聞"（Q128）；又見"上司"。㊆物體的上面或表面："君常舍止棗樹上，三年不下"（Q142）；"得收田上毛物穀實自給"（Q029）；"草上之風，莫不嚮應"（Q193）；"此上人馬，皆食大倉"（Q106）。㊇等級高："蓋欲章明孔子葬母四尺之裔行上德"（S72）。㊈時間、順序在前的："熹平二年，仲春上旬，朐忍令梓潼雍君，諱陟，字伯曼，爲景君刊斯銘兮"（Q153）；"年十一，洽在熹平六年，十二月上旬，嗚乎悲夫"（Q167）；"惟中平三年，歲在攝提，二月震節，紀日上旬"（Q179）。㊉從低處升至高處，登："上陟皇燿，統御陰陽，騰清躡浮，命壽無疆"（Q199）。⑪上奏："七日己酉，魯相臣晨，長史臣謙，頓首死罪上尚書"（Q140）；"即上尚書，參以〖符〗驗"（Q141）；"於是明知故司隸校尉楗爲武陽楊君，厥字孟文，深執忠伉，數上奏請"（Q095）。⑫向上一級（匯報等）："郡上報曰：以十一月十五日平旦，赤車使者來發生葵兩束"（Q142）。⑬用於複姓："衙縣三老上官鳳季方三百"（Q123）。⑭用於人名："門生魏郡館陶張上，字仲舉"（Q127）；"河東大守孔彪元上"（Q141）。⑮用於地名："永壽二年，朔方太守上郡仇君，察孝，除郎中，大原陽曲長"（Q123）；"師事上黨鮑公，故郡掾史"（Q124）。

【釋詞】

［上德］盛德："蓋欲章明孔子葬母四尺之裔行上德"（S72）。

［上帝］天帝："〖聖〗漢所尊，受珪上帝"（Q125）；"昊天上帝，降兹鞠凶"（Q093）；"上帝棐諶，天秩未究"（Q148）。

［上林］古宮苑名："帝遊上林，問禽狩所有，苑令不對，更問嗇夫"（Q179）。

［上司］漢時對三公的稱呼："次秉，寔能纘脩，復登上司，陪陵京師"（Q066）。

1006 **帝** dì 《廣韻》都計切，端霽去。端錫。

① Q038

② Q066

③ Q129

④ Q174

《説文·丄部》："帝，諦也。王天下之號也。从丄，朿聲。帝，古文帝。古文諸丄字皆从一，篆文皆从二。二，古文上字。辛示辰龍童音章皆从古文丄。"

【釋形】

《説文》以爲形聲字，从丄，朿聲。按"帝"甲骨文作帝（《合》14129），金文作帝（《𠨘其卣》）、帝（《㝬簋》）等形，有學者認爲像花蒂之形，也有學者認爲像捆束柴火燎祭上帝之形，應爲象形字。小篆字形承襲金文字形并進一步線條化。《説文》據小篆字形解釋爲形聲字，與原本構形理據不符。漢碑字形中，有的爲碑文篆書，只是已經帶有明顯的隸書痕跡，如圖①；多數則依據小篆線條對應轉寫爲筆畫，只是筆畫化還不夠徹底，如圖②～④。

【釋義】

㊀天神，古人認爲的造物者和主宰者："昊天上帝，降兹鞠凶"（Q093）；"大帝所挺，顔母毓靈"（Q140）；"厥祖天皇大帝，垂精接感，篤生聖明"（Q193）。㊁君王："帝賴其勳，民斯是皇"（Q127）；"宜幹帝室，作國輔臣"（Q134）；"帝王有終，不可追還"（Q106）。

1007 **旁** páng 《廣韻》步光切，並唐平。並陽。

① J241

② Q003

③ Q003

《説文·丄部》："旁，溥也。从二，闕，方聲。旁，古文旁。旁，亦古文旁。旁，籀文。"

【釋形】

《説文》以爲形聲字，但對形體説解存闕。按"旁"甲骨文作旁（《合》8623），金文作旁（《旁父乙鼎》）、旁（《者減鐘》）、旁（《梁十九年亡智鼎》）等形，學者多認爲从门从方，“方”亦爲聲符。小篆字形發生訛變，故《説文》未能對構形理據作出明確説解。漢碑字形中，有的嚴格據小篆線條隸定，如圖①；有的則變異嚴重，如圖②③。尚未出現後來通行的寫法。

【釋義】

㊀廣，遍：“㫐芳旁布，尤愍縣□”（Q193）。㊁旁邊：“旁有真人，左右莫察”（Q199）；“上極華紫，旁伎皇代”（Q112）；“西宫東北旁第一三”（Q003）。

1008 **下** xià 《廣韻》胡駕切，匣禡去；又胡雅切，匣馬上。匣魚。

① Q065

② Q248

③ Q129

④ Q142

《説文·丄部》：“丅，底也。指事。𠄟，篆文下。”

【釋形】

《説文》古文“下”爲指事字，横畫表示物體，豎畫表示此物體之下。按“下”甲骨文作⼆（《甲》8493）、⼆（《合》11498）等形，《説文》古文變下面短横爲一豎線，《説文》小篆則在豎向的曲線上又增添一短横。漢碑字形承襲《説文》小篆的結構，有的爲碑文篆書，如圖①②；多數則發生隸變，將小篆的線條對應轉寫爲筆畫，如圖③④。

【釋義】

㊀下面，下部：“故立宫其下，宫曰集靈宫，壂曰存僊壂，門曰望僊門”（Q129）；“於昌平亭下立會市，因彼左右，咸所願樂”（Q141）；“上則縣峻，屈曲流顛；下則入冥，廎寫輸淵”（Q095）。㊁地位低的人，下級：“遷贛榆令，經國帥下，政以禮成”（Q128）；“威恩御下，持滿億盈”（Q187）。㊂時間、順序在後的：“七月下旬，臨乃喪慈父，嗚呼哀哉”（Q124）；“永元六年九月下旬，王文康不禄”（Q041）；“故上計史王暉伯昭，以建安拾六歲，在辛卯九月下旬卒”（Q191）。㊃從高處到低處：“去日日而下降兮，榮名絶而不信”（Q039）；“闇忽離世，下歸黄湶”（Q114）；“遂陵高闕，下雞簏，經磧鹵，絶大漠”（H26）。㊄特指由北方向南方去：“望等所立石書，南下水陽，死千佰上”（Q089）。㊅一定範圍、處所、條件内的所有人、事、物等：“及公卿百遼以下，無能消者”（Q142）；“自天王以下，至于初學，莫不驪思，嘆卬師鏡”（Q112）。㊆用於官名、身份：“衙門下功曹裴篤伯安三百”（Q123）；“故門下書佐營陵孫榮，字卋榮”（Q088）；“門下史吳訓”（Q172）。㊇用於地名：“門生安平下博張祺，字叔松”（Q127）；“故從事主簿下辨李遂，字子華”（Q146）；“故下邳令東平陸王褒文博千”（Q112）。

【釋詞】

［下車］喻指官員剛剛到任：“君下車之初，□五教以博□，削四凶以勝殘”（Q148）。

［下民］百姓：“初據百里，顯顯令聞，濟康下民”（Q137）。

［下學上達］學習日常生活中的人情事理，進而上升到認識自然与社会的法則：“栖迟衡門，下學上達”（S110）。

1009 **示** shì 《廣韻》神至切，船至去。船脂。

① Q128

② Q144

③ Q146

④ Q153

⑤ Q179

《説文·示部》：“示，天垂象，見吉凶，所以示人也。从二；三垂，日月星也。觀乎天文，以察時變。示，神事也。凡示之屬皆从示。𥘅，古文示。”

【釋形】

《説文》以爲會意字，从二；三垂，日月星也。按“示”甲骨文作丅（《合》7668）、

（《合》14887）、（《合》17528）、（《合》36514）等，像遠古時期簡易的祭壇之形，象形字。凡以“示”爲義符的字都與祭祀有關。小篆據之線條化。漢碑字形將小篆的線條對應轉寫筆畫，如圖①～⑤。

【釋義】

㊀把事物擺出來讓人知道給人看：“表章大聖之遺靈，以示來世之未生”（Q123）；“闡君靈兮示後萌，神有識兮營壇場”（Q128）。㊁揭發：“到官正席，流恩褒譱，糾姦示惡”（Q144）。㊂用於地名：“前換蘇示有秩馮佑，轉爲安斯有秩”（Q170）。

1010 **禮** lǐ 《廣韻》盧啟切，來薺上。來脂。

① Q129

② Q174

③ Q144

④ Q102

⑤ Q125

⑥ Q137

《説文·示部》：“，履也。所以事神致福也。从示从豊，豊亦聲。，古文禮。”

【釋形】

《説文》小篆爲形聲字，从示，豊聲；《説文》古文則从示，乙聲。邵瑛《説文解字羣經正字》：“古文‘礼’漢碑及唐徐浩等碑用之，經典無用之者。”按“禮”初文作“豊”，甲骨文作（《合》15818）、（《合》31047）等，本从壴、从二玉，“壴”像鼓之形，鼓與玉都是古代禮儀常用之物，故“豊”字从之。後“豊”添加義符“示”作“禮”，成爲形聲字。漢碑字形中，聲符“豊”的上部構件將小篆的兩横省寫作一横，混同作“曲”，如圖①②；有的則寫作“曲”上面不出頭，如圖③；也有的與“豐”的上部“曲”混同，如圖④⑤；下部的“豆”有時也發生形變，連筆近似“亞”的下部，如圖②～④。有的承襲《説文》古文結構并進行隸定轉寫，如圖⑥。

【釋義】

㊀敬祭鬼神，以求賜福：“虔恭禮祀，不愆其德”（Q125）；“復禮孔子宅，拜謁神坐”（Q140）。㊁禮節，禮儀：“皇上閔悼，兩宮賻贈，賜秘器，以禮殯”（Q056）；“户口既盈，禮樂皦如”（Q130）；“孝武皇帝修封禪之禮，思登假之道，巡省五嶽，禋祀豐備”（Q129）；“禮有五經，莫重於祭”（Q174）。㊂按照禮節對待：“而君獨進美瓜，又從而敬禮之”（Q199）；“郡縣禮請，終不回顧，高位厚禄，固不動心”（S110）。㊃我國古代社會等級制度以及與之相適應的行爲準則和道德規範：“遷贛榆令，經國帥下，政以禮成”（Q128）；“輔主匡君，循禮有常”（Q095）；“仁前在聞憙，經國以禮，刑政得中”（Q163）。㊄儒家經典名。《禮》，包括《周禮》《儀禮》和《禮記》，又統稱“三禮”：“治《禮》小戴，閨族孝友，温故知機”（Q128）；“天姿明敏，敦《詩》悦《禮》，膺禄美厚，繼世郎吏”（Q146）。㊅禮品：“於是國君備禮招請，濯冕題剛，傑立忠謇”（Q187）；“詔聞梁棗樹上有道人，遣使者以禮娉君”（Q142）。㊆用於人名：“處士孔褒文禮”（Q141）；“君諱褒，字文禮，孔子廿世之孫，泰山都尉之元子也”（Q177）；“故將軍令史董溥建禮三百”（Q178）。

【釋詞】

［禮器］祭祀所用之器：“君於是造立禮器，樂之音苻，鍾磬瑟皷”（Q112）；“廟有禮器，無常人掌領”（Q102）。

1011 **禄** lù 《廣韻》盧谷切，來屋入。來屋。

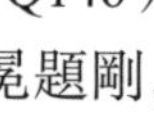
① Q202

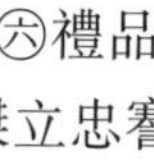
② Q146

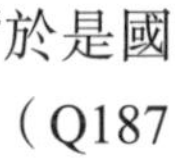
③ Q074

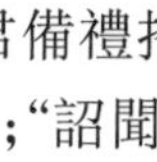
④ Q144

《説文·示部》：“，福也。从示，彔聲。”

【釋形】

《説文》小篆爲形聲字，从示，彔聲。其

中聲符“彔”金文作（《大保簋》）、（《彔簋》），本像轆轤之形。小篆字形變形嚴重，其上部在小篆中與“彖、彘”等字的上部混同，均作“彑”；漢碑中有的進一步形變作“王”，如圖①②；有的則省寫作倒三角形，如圖④。“彔”的下部小篆、隸書字形也都發生了較大的形變，完全看不出像轆轤之形了。

【釋義】

㊀禄位，爵禄：“是故寵禄傳于歷世，策薰著于王室”（Q144）；“朱紫繽紛，寵禄盈門，皆猶夫人”（Q056）“既定爾勳，福禄攸同”（Q178）；“干禄无彊，子子孫孫”（Q179）。㊁俸禄：“得在中州，尸素食禄”（Q171）。㊂用於官名：“除郎中，拜謁者，以能名爲光禄所上”（Q202）。㊃用於地名：“五官掾上禄張亢，字惠叔”（Q146）。

1012 **祥** xiáng 《廣韻》似羊切，邪陽平。邪陽。

① Q125

② Q137

③ Q129

《説文·示部》：“祥，福也。从示，羊聲。一云善。”

【釋形】

《説文》小篆爲形聲字，从示，羊聲。漢碑字形基本依據小篆線條進行對應轉寫隸定，只是聲符“羊”略有形變。小篆“羊”上像羊角之形，寫作“丫”；漢碑中則將兩邊的短横連成一長横，已不再像羊角之形，如圖①～③。

【釋義】

㊀善，好：“季世不祥，米巫凶虐”（Q187）。㊁吉兆：“貞祥符瑞，靈支挺生”（Q065）；“遏穰凶札，揫斂吉祥”（Q129）。㊂古喪祭名，有小祥、大祥之分。周年祭爲小祥，兩周年祭爲大祥：見“祥除”。㊃用於人名：“故從事主簿上禄石祥，字元祺”（Q146）。

【釋詞】

［祥除］指父母大祥期滿脱去喪服：“〖禮服〗祥除，徵拜議郎”（Q137）。

1013 **祉** zhǐ 《廣韻》敕里切，徹止上。透之。

① Q144

② Q088

③ Q179

④ Q142

《説文·示部》：“祉，福也。从示，止聲。”

【釋形】

《説文》小篆爲形聲字，从示，止聲。漢碑字形有的仍帶有明顯的篆意，如圖①；多數則依據小篆線條進行對應轉寫隸定。其中聲符“止”下面的曲線或隸定作折筆，如圖①～③；或離析爲竪和横兩筆，如圖④。

【釋義】

㊀福：“君之羣感，並時繁祉”（Q144）；“既多受祉，永享南山”（Q179）。㊁用於人名：“故賊曹史趙福文祉”（Q178）。

1014 **福** fú 《廣韻》方六切，幫屋入。幫職。

① Q125

② Q129

③ Q112

④ Q146

⑤ Q178

⑥ Q125

《説文·示部》：“福，祐也。从示，畐聲。”

【釋形】

《説文》小篆爲形聲字，从示，畐聲。按“福”初文作“畐”，甲骨文作（《摭續》312），像盛酒器之形。或繁化作（《合》49）、（《合》27861）等，像雙手捧着酒器向神求福之狀。小篆字形中像盛酒器的“畐”已被離析重組，不再象形。漢碑字形基本依據小篆線條進行對應轉寫隸定，如圖①②。有時聲符“畐”發生局部形變：有的在“畐”的横畫上加上一點，如圖③④；有的將横畫與“口”粘合訛寫近似於“白”，如圖⑤；有的下部的“田”訛寫爲“曰”，如圖⑥；這些形體變異使原有構形理據淡化。

【釋義】

㊀幸福，祥運：“爲民祈福，靈祇報祐”（Q125）；“肅肅其敬，靈祇降福”（Q125）；“於穆肅廱，上下蒙福，長享利貞，與天無極”（Q141）；又見“福禄”等。㊁用於人名：“户曹史翟福”（Q060）；“故吏都昌吕福，字孟□”（Q088）；“左尉北海劇趙福字仁直五百”（Q112）。㊂用於地名：“七年三月，除郎中，拜酒泉禄福長”（Q178）。

【釋詞】

［福禄］幸福與爵禄：“福禄來仮，相宥我君”（Q065）；“既定爾勳，福禄攸同”（Q178）。

［福祚］福禄，福分：“靈祇福祚，施之〖典〗册”（Q171）。

1015 **祐** yòu 《廣韻》于救切，雲宥去。匣之。

① Q060 ② Q082 ③ Q088

《説文·示部》：“祐，助也。从示，右聲。”

【釋形】

《説文》小篆爲形聲字，从示，右聲。邵瑛《説文解字羣經正字》：“祐，今經典多作佑。”漢碑字形體現了小篆向隸書的漸變過程，其聲符“右”上部手形的寫法，從像手之形到逐漸喪失象形特徵，如圖①～③。

【釋義】

㊀舊指神靈幫助、保護：“爲民祈福，靈祇報祐”（Q125）；“自念悲慮，不受天祐，少終”（Q082）；“魂靈瑕顯，降垂嘉祐”（Q088）。㊁用於人名：“五官掾閻祐”（Q060）；“故吏五官掾博陵南深澤程祚，字元祐”（Q148）。

1016 **祺** qí 《廣韻》渠之切，羣之平。羣之。

① Q178 ② Q065 ③ Q146

《説文·示部》：“祺，吉也。从示，其聲。禥，籀文从基。”

【釋形】

《説文》小篆爲形聲字，从示，其聲。漢碑字形中，聲符“其”有的嚴格依據小篆線條進行對應轉寫，寫作其，如圖①②。有的將上下兩部分粘合在一起，寫作“其”，成爲後世通行的寫法，如圖③。

【釋義】

㊀幸福：“神禋享而飴格，釐我后以萬祺”（Q065）。㊁用於人名：“門生魏郡〖清〗淵許祺，字升朙”（Q127）；“故從事主簿上禄石祥，字元祺”（Q146）；“故吏五官掾博陵南深澤程祺，字伯友”（Q148）。

1017 **祗** zhī 《廣韻》旨夷切，章脂平。章脂。

① Q141 ② Q125 ③ Q161 ④ Q127

《説文·示部》：“祗，敬也。从示，氐聲。”

【釋形】

《説文》小篆爲形聲字，从示，氐聲。漢碑字形中，聲符“氐”多依據小篆線條隸定，但轉寫結果有明顯差異；下面的横線仍寫作一長横，尚未演化爲點，如圖①～④。

【釋義】

㊀恭敬：“祗慎慶祀，一年再至”（Q125）；“祗傅五教，尊賢養老”（Q127）；又見“祗肅”。㊁用同“祇”，地神：“靈祇福祚，施之〖典〗册”（Q171）；“神祗可鑒，台姑弗許”（H144）。㊂用於人名：“西部道橋掾下辨李禔造”（Q161）。

【釋詞】

［祗肅］恭謹而嚴肅：“既至升堂，屏氣拜手，祗肅屑僾，髣髴若在”（Q141）。

1018 **神** shén 《廣韻》食鄰切,船真平。船真。

① Q060

② Q063

③ Q065

④ Q174

⑤ Q066

⑥ Q129

《説文·示部》:"神,天神,引出萬物者也。从示、申。"

【釋形】

《説文》小篆爲形聲字,从示,申聲。"申"甲骨文作申(《合》4035)、申(《合》5651),像閃電之形,乃"電"的初文。因古人視閃電爲神靈,故分化出"神"字。"申"在小篆"神"中的寫法與其獨立成字時的小篆寫法申不同,而與籀文申一致。漢碑字形中,聲符"申"有的承襲了小篆申的寫法,且局部仍帶有明顯篆意,如圖①~④。有的則完成了隸變,將表示雙手捧持義的"臼"左右兩部分連在一起,近似於"曰",豎向的曲線也拉直爲豎畫,如圖⑤⑥。

【釋義】

㊀神靈:"明神弗歆,灾害以生"(Q125);"闡君靈兮示後萌,神有識兮營壇場"(Q128);"神熹其位,甘雨屢降"(Q060)。㊁人死後的魂靈:"歍呼悢哉!魂神往兮"(Q187);"魂神超邁,家兮冥冥"(Q148)。㊂精神:"含憂憔顇,精傷神越"(Q202)。㊃神奇,神妙:"以三公德廣,其靈尤神"(Q060);"窮神知變,與聖同符"(Q066);"乃與君神藥,曰:服藥以後,當移意萬里,知鳥獸言語"(Q199)。

【釋詞】

[神靈]㊀神的總稱:"神靈祐誠,竭敬之報"(Q112)。㊁逝者的精魂,也代指逝者:"神靈獨處,下歸窈冥"(Q143);"幼子男建,字孝萇,心慈性孝,常思想神靈"(Q142)。

1019 **祇** (一)qí 《廣韻》巨支切,羣支平。羣支。

① Q066

② Q171

③ Q125

《説文·示部》:"祇,地祇,提出萬物者也。从示,氏聲。"

【釋形】

《説文》小篆爲形聲字,从示,氏聲。漢碑字形依據小篆線條隸定轉寫,其中聲符"氏"左邊的線條離析爲短撇(丿)和豎提"𠄌"兩筆,如圖①~③。

【釋義】

地神,也泛指神靈:"爲民祈福,靈祇報祐"(Q125);"是以神祇降祚,乃生于公"(Q066);"恭肅神祇,敬而不怠"(Q171);又見"靈祇"。

(二)zhī 《廣韻》章移切,章支平。章支。

【釋義】

通"祗",恭敬:"祇慎慶祀,一年再至"(Q125)。

1020 **祕(秘)** mì(舊讀 bì)《廣韻》兵媚切,幫至去。幫質。

① Q063

② Q065

③ Q175

④ JB2

《説文·示部》:"祕,神也。从示,必聲。"

【釋形】

《説文》小篆爲形聲字,从示,必聲。漢碑字形中,聲符"必"有的還帶有明顯的篆意,如圖①②;有的則發生隸變:與中心豎線相交的線條變成了一撇,其他幾個線條都省寫成了點,如圖③④。其中圖③義符"示"近似於"禾"形,整字寫作"秘",這類寫法後來成了通行字形。

【釋義】

㊀指古代宫庭秘藏書籍:"掌司古□,領校秘鄭,研□幽微"(Q093)。㊁通"毖",

告訴,告誡:“鐫茂伐,祕將來”(Q137)。㊂用於人名:“丞漢陽冀祕俊”(Q063)。

1021 **齋(齌)** zhāi 《廣韻》側皆切,莊皆平。莊脂。

① Q136 ② Q142 ③ Q125

《説文·示部》:“[篆],戒,潔也。从示,齊省聲。[篆],籒文齋,从𩞄省。”

【釋形】

《説文》小篆爲形聲字,从示,齊省聲。按“齊”與“示”呈上包圍結構時,各自的兩個横畫重疊,所以《説文》釋爲“齊”省聲。漢碑字形中,聲符“齊”上部像麥穗之形的符號,已經離析爲筆畫;義符“示”下方或省寫爲三點或四點,如圖①②。有的字形由小篆的上包圍結構變爲左右結構,聲符“齊”不省減,如圖③。

【釋義】

㊀古人在祭祀典禮前的齋戒儀式:“齋誠奉祀,戰慄盡懃”(Q061);“大常定甲,郡守奉祀,齌絜沈祭”(Q125)。㊁供祭祀祖先的廟堂:“食齋祠園”(Q018)。

1022 **齌**

“齋”的異體字(圖③),見1021齋。

1023 **禋** yīn 《廣韻》於真切,影真平。影文。

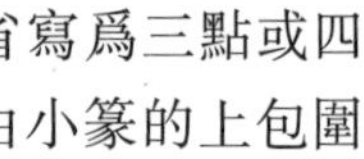

① Q129 ② Q174

《説文·示部》:“[篆],潔祀也。一曰:精意以享爲禋。从示,垔聲。[篆],籒文,从宀。”

【釋形】

《説文》小篆爲形聲字,从示,垔聲。漢碑字形中,聲符“垔”的構件[篆]上下粘合隸變作“覀”,如圖①~③。

【釋義】

古代祭祀名:“古先哲王,類帝禋宗,望于山川,徧于羣神”(Q174);又見“禋祀”“禋亨”。

【釋詞】

[禋祀]古代祭天的一種禮儀,後泛指祭祀:“孝武皇帝脩封禪之禮,思登假之道,巡省五嶽,禋祀豐備”(Q129);“四時禋祀,不愆不忘”(Q174)。

[禋亨]即“禋享”,義同“禋祀”:“聖漢禋亨,於玆馮神”(Q065)。

1024 **祭** jì 《廣韻》子例切,精祭去。精月。

① Q068 ② Q125 ③ Q129 ④ Q174

《説文·示部》:“[篆],祭祀也。从示,以手持肉。”

【釋形】

《説文》小篆爲會意字,从示、又、肉,表示以手持肉祭祀鬼神先祖。甲骨文作[甲骨文](《合》36530)、[甲骨文](《合》1051)、[甲骨文](《合》36507),或从示,或不从示。漢碑字形中,構件“肉”和“又”受所在位置的影響,發生了形變,使整個字的造字意圖隱晦,僅剩“示”字提示整個字的意義與鬼神祭祀有關,如圖①~④。

【釋義】

㊀祭祀:“徐養淩柏,朝莫祭祠”(Q114);“仲尼慎祭,常若神〖在〗”(Q125);“天子祭天地及山川,歲徧焉”(Q129)。㊁用於官名:見“祭酒、祭尊”。

【釋詞】

[祭酒]官名,東漢有博士祭酒、郡掾祭酒、京兆祭酒、東閤祭酒等,爲部門之長:“故門下祭酒姚之辛卿五百”(Q178)。

[祭尊]古時鄉官,大饗宴時酹酒祭神的長者,猶祭酒:“建初二年正月十五日,侍廷里父老僤祭尊于季、主疏左巨等廿五人

共爲約束石券”(Q029)。

1025 **祀** sì 《廣韻》詳里切,邪止上。
邪之。

① Q065 ② Q060 ③ Q129 ④ Q125

《説文·示部》:“祀,祭無已也。从示,巳聲。禩,祀或从異。”

【釋形】

《説文》小篆爲形聲字,从示,巳聲。漢碑字形中,有的爲碑文篆書,如圖①;有的發生隸變,逐漸向筆畫化發展,其中圖②隸變尚不徹底,“巳”的尾部還有小篆痕跡;圖③④則完全隸變成熟。

【釋義】

㊀祭祀:“祀以圭璧,樂奏六歌”(Q129);“吏民禱祀,興雲膚寸,徧雨四維”(Q060);“四時祭祀,煙火連延,萬歲不絶,勖于後人”(Q113);又見“禋祀、煙祀”。㊁世,代:“千秋萬祀,子子孫孫”(Q065);“景命不永,早即幽昏,名光來世,萬祀不泯”(Q166)。㊂年:“三祀有成,來臻我邦”(Q193)。㊃用於官名:“祠祀掾吴宜”(Q174)。

1026 **祖** zǔ 《廣韻》則古切,精姥上。
精魚。

① Q144 ② Q178 ③ Q129

《説文·示部》:“祖,始廟也。从示,且聲。”

【釋形】

《説文》小篆爲形聲字,从示,且聲。按“祖”甲骨文、金文多作“且”,寫作(《合》21106)、(《合》20576)、(《己且乙尊》)、(《大盂鼎》)等,其構意各家説法不一,或以爲像神主之形,故可分化出“祖”字。漢碑字形依據小篆線條進行對應轉寫隸定,將其中的圓轉線條方折化,如圖①~③。

【釋義】

㊀指祖輩:“祖母失諱,字宗君,癸未忌日”(Q021);“祖父鳳,孝廉”(Q178);“祖父大常博士,徵朱爵司馬”(S110);“君高祖父敏,舉孝廉,武威長史”(Q178)。㊁祖先:“其先祖出于殷箕子之苗裔”(Q128);“君之烈祖,少以濡術,安貧樂道”(Q137)。㊂開國之君:“高祖受命,興於漢中”(Q095);“高祖初興,改秦淫祀”(Q129)。㊃以……爲本源,效法:“乃求道要,本祖其原”(Q060);“俱祖紫宫,大一所授”(Q112)。㊄用於人名:“門生東郡東武陽梁淑,字〖元〗祖”(Q127);“府君諱方,字興祖”(Q137);“雲中沙南侯獲,字祖奮”(Q081)。

【釋詞】

[祖考]祖先:“祖考徠西,乃徙于滋,因處廣漢”(Q069);“其先周文公之碩胄,□□伯禽之懿緒,以載于祖考之銘也”(Q154)。

[祖述]效法承襲:“祖述家業,脩《春秋經》”(Q105)。

1027 **祠** cí 《廣韻》似兹切,邪之平。
邪之。

① Q129 ② Q102 ③ Q127

《説文·示部》:“祠,春祭曰祠。品物少,多文詞也。从示,司聲。仲春之月,祠,不用犧牲,用圭璧及皮幣。”

【釋形】

《説文》小篆爲形聲字,从示,司聲。漢碑字形依據小篆線條進行對應轉寫隸定,只是將其中的圓轉線條方折化,如聲符“司”右側線條寫作“𠃌”,如圖①~③。

【釋義】

㊀祭祀:“子孫奉祠,欣肅慎焉”(Q052);“仲宗之世,重使使者持節祀焉,歲一禱而三祠”(Q129);“吏民懷慕,户有祠祭”(Q153)。㊁供奉鬼神或祖先的廟堂:“奉見劉明府,

立祠刊石”（Q123）；“〖君淮則〗大聖，親之桐柏，奉見廟祠，崎嶇逼狹”（Q125）；“振威到此，立海祠以表萬世”（Q079）。㊂用於官名：“謹問大常祠曹掾馮牟，史郭玄”（Q102）。

1028 礿 yuè 《廣韻》以灼切，餘藥入。餘藥。

Q129

《説文·示部》：“，夏祭也。从示，勺聲。”

【釋形】

《説文》小篆爲形聲字，从示，勺聲。“勺”上古音在禪母藥部。漢碑字形中，聲符“勺”右邊像器物形的線條變成了“勹”，與“包”所从的“勹”混同，如圖。

【釋義】

古代祭祀名。夏、商時爲春祭，周代爲夏祭：“道□礿祠，蒸嘗魂靈”（Q124）。

1029 祝 zhù 《廣韻》之六切，章屋入。章覺。

① Q102

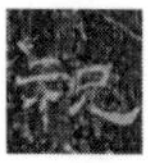
② Q102

《説文·示部》：“，祭主贊詞者。从示，从人、口。一曰：从兑省。《易》曰：兑爲口爲巫。”

【釋形】

《説文》小篆爲會意字，从示、人、口，表示祭祀的時候人説話禱告。甲骨文作（《合》30649）、（《合》15278），正像人跪在祭壇前禱告之狀。漢碑字形中，構件“人”形變爲“儿”，已看不出原有的造字意圖，如圖①。

【釋義】

㊀姓氏：“處士南鄭祝龜，字元靈”（Q199）；“大守史南鄭祝榮，字文華”（Q199）。㊁用於官名：“大宰、大祝令各一人”（Q102）。㊂用於地名：“祝其卿墳壇，居攝二年二月造”（Q012）；“□史，字叔德，東海祝基人”（Q103）。

1030 祈 qí 《廣韻》渠希切，羣微平。羣微。

① Q125

② Q129

③ Q174

④ Q174

《説文·示部》：“，求福也。从示，斤聲。”

【釋形】

《説文》小篆爲形聲字，从示，斤聲。聲符“斤”甲骨文作（《合》21954），像斧頭之形；小篆離析爲兩條曲線；漢碑字形進一步將小篆的兩個線條各自離析爲兩個筆畫，成爲後世通行的寫法，如圖①～④。

【釋義】

㊀向上天或神明求福佑：“爲民祈福，靈祇報祐”（Q125）；“前後國縣，屢有祈請”（Q174）；“其有風旱，禱請祈求，靡不報應”（Q129）；“祭有二義，或祈或報。報以章德，祈以弭害”（Q174）。㊁姓氏：“義士安平祈博季長二百”（Q178）。㊂用於人名：“故吏北海都昌逢祈，字伯〖憙〗”（Q127）。

1031 禱 dǎo 《廣韻》都晧切，端晧上。端幽。

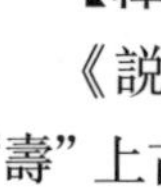
① Q134

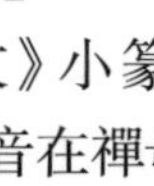
② Q129

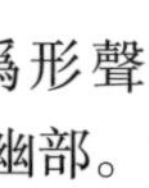
③ Q129

《説文·示部》：“，告事求福也。从示，壽聲。，禱或省，，籀文禱。”

【釋形】

《説文》小篆爲形聲字，从示，壽聲。“壽”上古音在禪母幽部。“禱”的聲符“壽”金文作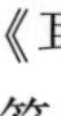（《瘐鐘》）、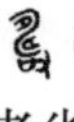（《吳王光鑑》），或作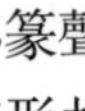（《耳尊》）、（《九年衛鼎》）等形。小篆聲符“壽”从老省，𠷎聲，與金文前一類字形相承。漢碑字形中，聲符“壽”有構件“寸”，與金文後一類字形相承，且構件“老”的省形與構件“𠷎”發生粘合，如圖①～③，

原有構形理據喪失。

【釋義】

祭祀神靈并表達訴求："仲宗之世，重使使者持節祀焉，歲一禱而三祠"（Q129）；"載馳□□，躬親嘗禱"（Q134）；又見"禱祀"。

【釋詞】

[禱請] 祈求神靈福祐等："其有風旱，禱請祈求，靡不報應"（Q129）。

[禱祀] 因事請求鬼神而祭祀："吏民禱祀，興雲膚寸，徧雨四維"（Q060）。

1032 **禳** ráng 《廣韻》汝陽切，日陽平。日陽。

① Q129

② Q129

《説文·示部》："，磔禳祀，除癘殃也。古者燧人禜子所造。从示，襄聲。"

【釋形】

《説文》小篆爲形聲字，从示，襄聲。漢碑字形中，聲符"襄"的構件"𠀎"發生形變，下面的部分粘合成"𡈼"，書寫更加便捷，但構形理據淡化，如圖①②。

【釋義】

除邪消災的祭祀名："遏禳凶札，揫斂吉祥"（Q129）。

1033 **禪** shàn 《廣韻》時戰切，禪線去。禪元。

① Q129

② Q129

《説文·示部》："，祭天也。从示，單聲。"

【釋形】

《説文》小篆爲形聲字，从示，單聲。漢碑字形依據小篆線條進行對應轉寫隸定，將其中部分圓轉線條方折化，如圖①②。

【釋義】

古代帝王祭祀山川土地的儀式："孝武皇帝脩封禪之禮，思登假之道，巡省五嶽，禋祀豐備"（Q129）。

1034 **社** shè 《廣韻》常者切，禪馬上。禪魚。

① Q166

② JB1

③ Q112

④ Q179

⑤ Q140

《説文·示部》："，地主也。从示、土。《春秋傳》曰：'共工之子句龍爲社神。'《周禮》：二十五家爲社，各樹其土所宜之木。，古文社。"

【釋形】

《説文》小篆爲會意字，从示、土，表示跟土地有關的祭祀。漢碑字形中，有的依據小篆線條進行對應轉寫隸定，如圖①②；有的在"土"上加上一點，如③～⑤。

【釋義】

㊀古代指土地神：見"社稷"。㊁祭祀土地神的地方："夫封土爲社，立稷而〖祀〗"（Q140）；"梧臺里石社碑"（Q165）。㊂用於地名："潁川長社王玄君真二百"（Q112）；"潁川長社王季孟三百"（Q112）；"君東平相之玄，會稽大守之曾，富波侯相之孫，守長社令之元子也"（Q166）。

【釋詞】

[社稷] 古代指土神和穀神，後代稱國家："臣輒依社稷，出王家〖穀，春秋〗行禮，以共煙祀"（Q140）；"述脩璧廱，社稷品制"（Q141）；"苑令有公卿之才，嗇夫喋喋小吏，非社稷之重"（Q179）。

1035 **禍** huò 《廣韻》胡果切，匣果上。匣歌。

① Q155

② Q155

③ Q150

《説文·示部》："，害也。神不福也。

从示,咼聲。"

【釋形】

《説文》小篆爲形聲字,从示,咼聲。漢碑字形中,有的依據小篆線條進行對應轉寫隸定,如圖①②;有的聲符"咼"發生形變,上部方框内的筆畫移至下部方框内,形成了類似"冋"或"禸"的寫法,如圖③。

【釋義】

災害,災難:"晏嬰即殿,留侯距齊,非辭福也,乃辟禍兮"(Q187);"東方青帝禹青龍患禍欲來"(Q155)。

1036 **禁** jìn 《廣韻》居蔭切,見沁去。見侵。

① Q169

② Q178

《説文·示部》:"禁,吉凶之忌也。从示,林聲。"

【釋形】

《説文》小篆爲形聲字,从示,林聲。漢碑字形依據小篆線條進行對應轉寫隸定,如圖①②。

【釋義】

㊀禁止:"折節清行,恭儉束脩,政崇無爲,聲教禁化,猷風之中"(Q128)。㊁禁令,法令:"而民知禁,順時而取"(Q171);"續遇禁冈,潛隱家巷七年"(Q178)。㊂祭祀時承放酒樽的禮器:"爵鹿柤梪,籩柉禁壺"(Q112)。

【釋詞】

[禁中] 指帝王所居宫内:"弟君宣,密靖内侍,報怨禁中,徙隴西上邽"(Q169)。

1037 **祚** zuò 《廣韻》昨誤切,從暮去。從鐸。

① Q066

② Q144

③ Q128

④ Q179

《説文·示部》(新附字):"祚,福也。从示,乍聲。"

【釋形】

《説文》小篆爲形聲字,从示,乍聲。聲符"乍"《説文》小篆"从亾从一",漢碑字形中隸變形體多樣,與小篆字形差異較大,結構已經無法進一步分析,如圖①~③;其中圖④義符"示"與"禾"形近混同。

【釋義】

㊀福:"夙世實祚,早喪懿寶"(Q144);"當遂功祚,究爵永年"(Q128);"共享天秨,億載萬年"(Q179);"是以神祇降祚,乃生于公"(Q066)。㊁用於人名:"故吏五官掾博陵南深澤程祚,字元祐"(Q148)。

1038 **三** sān 《廣韻》蘇甘切,心談平。心侵。

① Q038

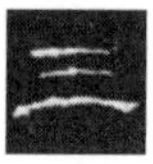
② Q066

③ Q129

④ Q134

《説文·三部》:"三,天地人之道也。从三數。凡三之屬皆从三。弎,古文三,从弋。"

【釋形】

《説文》小篆爲指事字,用三畫表示數目三。《説文》古文受"一、二"的古文字形弌、弍的影響,同化爲弎。漢碑字形將小篆的線條對應轉寫爲筆畫,如圖①~④。

【釋義】

㊀數詞:"衙縣三老上官鳳季方三百"(Q123);"臨兄弟四,兄長奠,年加伯仲,立子三人"(Q124);"陽嘉四年三月造作延年石室"(Q076)。㊁指三皇,傳説中的上古三帝王:"自三五迭興,其奉山川,或在天子,或在諸侯"(Q129)。㊂用於地名:"三增仗人,皆往弔親"(Q143)。

【釋詞】

[三邦] 原指雲夢附近,相當於現在长江中游一带。"寬猛惟中,五教時序。功洽三邦,聞于帝京"(Q066)。

[三成之義] 同"三義一":"感三成之

義,惟銘勒之制”(Q134)。

［三代］指夏、商、周三朝:“八皇三代,至孔乃備”(Q112)。

［三綱］我國古代儒家所推崇的倫理原則。君爲臣綱、父爲子綱、夫爲妻綱,合稱“三綱”:“三綱〖六紀〗……地理,印〖覽縣〗象,俯名山川,五常之貌,含氣庶品,非書〖不記〗”(Q123)。

［三公］㊀古代中央三種最高官銜的合稱:“喪父去官,服終禮闋,復應三公之招,辟大尉府,除西曹屬”(Q128)。㊁指三公山:“深惟三公御語山,三條別神,迥在領西”(Q060);“縣界有六名山,三公、封龍、靈山,先得法食去”(Q174)。

［三九之載］緯書《易·乾鑿度》認爲,自混沌初開至春秋魯哀公獲麟歷經二百七十六萬歲,分十紀。每紀約爲二十七萬年,二十七與三九相乘之數相合,故稱“三九之載”:“乾元以來,三九之載”(Q112)。

［三老］㊀掌教化之官,漢代鄉、縣、郡曾先後設置:“三老德業赫烈”(Q021);“崇高鄉三老嚴壽”(Q061);“縣三老商量伯祺五百”(Q178)。㊁指國三老,多以致仕三公任之:“以爲國三老”(Q035);“三老趙掾之碑”(Q169)。

［三梁］指古代公侯所戴之冠,因以三根竹梁襯裡而名:“〖即〗此龜艾,遂尹三梁”(Q172)。

［三靈］指天、地、人:“神歆感射,三靈合化,品物流形”(Q126)。

［三牲］一般指牛、羊、豕:“〖躬進三〗牲,執玉以沈”(Q125)。

［三事］一般指“正身之德,利民之用,厚民之生”三件治國爲民的大事:“宜乎三事,金鉉利貞”(Q148);“兄弟功德牟盛,當究三事,不幸早隕”(Q152)。

［三條］南條山、中條山、北條山的合稱:“惟封龍山者,北岳之英援,三條之別神”(Q126);“白石神君,居九山之數,參三條之壹”(Q174)。

［三望］祭祀名。望,謂不能親詣所在,遙望而祭:“國舊秩而祭〖之,以〗爲三望”(Q126)。

［三五之藉］指三墳五典。傳說中的古書名,後用作古代典籍的通稱:“該三五之藉,歆周孔之薁”(Q084)。

［三義一］語出《國語·晉語》:“民生於三,事之如一。父生之,師教之,君食之。非父不生,非食不長,非教不知。生之族也,故一事之。唯其所在,則致死焉”。後用以指孝親敬長、忠君愛國、尊師重教的三種美德:“統之門人汝南陳熾等,緣在三義一,頌有清廟,故敢慕奚斯之追述,樹玄石于墳道”(Q066)。

［三魚］東漢楊震居於湖城,有冠雀銜三條鱣魚飛至堂前,當時視爲吉兆:“貽我三魚,以章懿德”(Q066)。

1039 **王** wáng 《廣韻》雨方切,雲陽平。匣陽。

① Q074 ② Q084 ③ Q129 ④ Q178

《說文·王部》:“王,天下所歸往也。董仲舒曰:‘古之造文者,三畫而連其中謂之王。三者,天、地、人也。而參通之者王也。’孔子曰:‘一貫三爲王。’凡王之屬皆从王。𠙻,古文王。”

【釋形】

《說文》以爲會意字,以參通天、地、人之道者爲王。按“王”甲骨文作(《合》21471),本像斧鉞之形,象形字,表示以武力統治天下的首領。後來逐步簡寫爲(《合》10323)、(《合》25077)、(《合》37953)等形。小篆承襲後一種甲骨文的寫法,《說文》據小篆字形說解,與其原初構形理據不符。小篆“王”字的中畫略高,與三横畫等距的王(玉)相區別。漢碑字形中,二字的區别方式發生變化，即在“玉”字加上一點，以與“王”字區别，“王”字則三横畫接近等距，如圖①～④。

【釋義】

㊀古代最高統治者：“昔武王遭疾，賴有周公”（Q124）；“貢登王室，閽閣是虔”（Q127）；“此宜蹈鼎，善世令王”（Q128）。㊁漢代以後封建社會封爵的最高一級：“光武皇帝之玄，廣陵王之孫，俞鄉侯之季子也”（Q193）；“侯王君長之群，驍騎十萬”（H26）；又見“王公”。㊂朝見天子以示臣服：“□□□而慕化，咸來王而會朝”（Q065）。㊃姓氏：“主者掾華陰王萇，字德長”（Q129）；“故從事尉曹史武都王尼，字孔光”（Q146）；“永元六年九月下旬，王文康不禄”（Q041）。㊄用於人名：“都督掾南鄭巍整，字伯王”（Q095）。

【釋詞】

［王公］被封爲王爵和公爵者，亦泛指達官貴人：“德配五岳，王公所緒”（Q171）；“雖王公之尊，四海之富”（Q199）。

［王季］周文王之父，名季曆：“〖其〗先出自有周，王季之穆”（S97）。

［王母］神話傳説中一位地位崇高的女神，居住在西方昆侖山的瑶池上，故又稱西王母：“士仙者，大伍公見西王母崐崘之虚，受仙道”（Q142）。

［王室］王朝，朝廷：“王室感寤，姦佞伏辜”（Q066）；“得應廉選，貢名王室”（Q171）；“〖寅亮聖皇，登翼〗王室，納於大麓，惟清緝熙”（H26）。

［王制］政府的典章制度：“爲（闕）祀則祀之，王制之禮也”（Q163）。

1040 **閏** rùn 《廣韻》如順切，日稕去。日真。

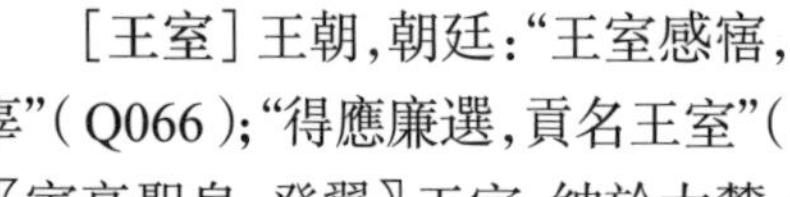

① Q038 ② Q179 ③ Q179 ④ Q139

《説文·王部》：“閏，餘分之月，五歲再閏，告朔之禮，天子居宗廟，閏月居門中。从王在門中。《周禮》曰：‘閏月，王居門中，終月也。’”

【釋形】

《説文》小篆爲會意字，从王在門中，其依據是《周禮》閏月時王要在宗廟門中舉行告朔之禮。漢碑字形中，有的帶有明顯的篆書痕跡，構件“王”訛寫作形近的“㞷”，如圖①；有的據小篆線條對應隸定轉寫，如圖②～④。

【釋義】

㊀曆法術語，一年中多出的一個月稱作閏月：“建寧元年，閏月戊申朔廿五日，都水掾尹龍長陳壹造”（Q139）；“永元四年〖三〗月癸丑薨。閏月庚午葬”（Q038）；“永元四年閏月，其日甲午卒上郡白土”（Q039）。㊁用於人名：“故吏韋閏德錢五百”（Q179）；“孝有小弟，字閏得，夭年俱去”（Q114）。

1041 **皇** huáng 《廣韻》胡光切，匣唐平。匣陽。

① Q038 ② Q128 ③ Q129 ④ Q259

《説文·王部》：“皇，大也。从自。自，始也。始皇者，三皇，大君也。自讀若鼻。今俗以始生子爲鼻子。”

【釋形】

《説文》“从自”，段玉裁《説文解字注》補爲“从自王”，均以爲會意字。按“皇”甲骨文作 [glyph]（《合》6961），本像長柄火炬之形，所以有光明盛大的意思，這個意義後來寫作“煌”。金文作 [glyph]（《作册大方鼎》），火炬下面增加了底座。後來底座逐漸演化爲成字構件“王”，寫作 [glyph]（《王孫鐘》）、[glyph]（《中山王壺》）等形，其中“王”，既是聲符，也兼有表意作用，此時的“皇”逐漸增加了君王的意思，理據重構。小篆字形上面本像火炬的部分演變爲“自”，原有構形理據淡化，《説文》據小篆形體進行説解。漢碑字形中，有的爲碑文篆書，與金文相承，如圖①；有的隸變，上方構件“自”隸定爲“白”，理據進一步重構，再次與光亮義建立聯繫，如圖②～④。

【釋義】

㊀大：見“皇極”。㊁天：“伊尹之休，格于皇天”（Q148）；又見“皇燿”。㊂君王：“皇上憀慄，痛惜欷歔”（Q128）；“赫赫休哉，故神君皇”（Q142）；“夫人馬姜，伏波將軍新息忠成侯之女，明德皇后之姊也”（Q056）。㊃對亡親尊敬的稱呼：“於穆皇祖，天挺應期”（Q144）。㊄古人對封建王朝的敬稱：“臣以爲素王稽古，德亞皇代”（Q140）；“上極華紫，旁伎皇代”（Q112）。㊅鳥名，傳説中的雌鳳，後作“凰”：“朱爵對游要仙人，中行白虎後鳳皇”（Q100）；“鳳皇”（Q284）。㊆通“匡”，糾正：“帝賴其勳，民斯是皇”（Q127）。㊇通“遑”，閒暇：“匪皇啟處，東撫西征”（Q161）。㊈通“黄”：“俱歸皇淚，何時復會，慎勿相忘，傳後子孫，令知之”（Q082）。㊉用於複姓：“下辨丞安定朝那皇甫彦，字子才”（Q146）。㊀姓氏：“南武陽平邑皇聖卿冢之大門”（Q034）。㊁用於人名：“女年九歲字皇女，大尉公玄孫之子，孝廉君之女，司空宗公之外孫也”（Q259）。

【釋詞】

［皇漢］漢朝的敬稱：“時皇漢之吉，武原縣屬彭城”（Q111）。

［皇皇］美盛、輝煌的樣子：“玄圖靈像，穆穆皇皇”（Q174）。

［皇極］㊀古代帝王統治天下的最高準則，即所謂中正之道：“□□□□時雝，皇極正而降休”（Q065）。㊁《尚書·洪範》：“五，皇極，皇建其有極。”“五”爲中數，因稱初五爲皇極之日：“霜月之靈，皇極之日”（Q112）。

［皇考］古代對父祖或亡父、已故曾祖的尊稱：“深惟皇考，懿德未伸，盖以爲垂聲罔極”（Q169）。

［皇靈］㊀祖先：“皇靈炳璧，郢令名矣”（Q153）；“皇靈稟氣，卓有純兮”（Q153）。㊁天帝：“皇靈□佑，風雨時節”（Q171）。㊂皇帝：“宜参鼎鉉，稽建皇靈”（Q187）。

［皇雄］傳説爲伏羲氏的别稱：“華胥生皇雄，顔□育孔寶”（Q112）。

［皇燿］日月星辰：“上陟皇燿，統御陰陽，騰清躡浮，命壽無疆”（Q199）。

1042 **玉**　yù 《廣韻》魚欲切，疑燭入。疑屋。

① Q083

② Q129

③ Q089

④ Q134

⑤ Q140

《説文·玉部》：“，石之美。有五德：潤澤以温，仁之方也；䚡理自外，可以知中，義之方也；其聲舒揚，尃以遠聞，智之方也；不撓而折，勇之方也；鋭廉而不忮，絜之方也。象三玉之連。丨，其貫也。凡玉之屬皆从玉。，古文玉。”

【釋形】

《説文》小篆爲象形字，像以繩穿玉之形。甲骨文作（《合》34148）、（《合》16086）等，更爲象形。漢碑字形中，“玉”字在小篆寫法的基礎上加了一點，以與“王”區别。點畫有的在中横右上方，如圖①②；有的在底部横畫右上方，如圖③～⑤，後來這種寫法固定下來，成爲通行字形。

【釋義】

㊀玉石：“犧牲玉帛，黍稷稻粮”（Q174）；“蹈規履榘，金玉其相”（Q137）；“感清英之處卑，傷美玉之不賈”（Q175）。㊁像玉一樣美好的：“玉女執尊杯桉柈”（Q100）；“左有玉女與仙人”（Q100）。㊂用於人名：“〖黄〗門同郡卞玉，字子珪”（Q152）。

【釋詞】

［玉燭］喻指四氣和、正光照，常用來形容太平盛世：“天應玉燭，於是紀功刊勒，以炤令問”（Q126）。

1043 **璠** fán 《廣韻》附袁切，並元平。並元。

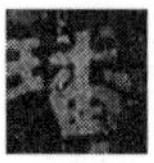

Q133

《説文·玉部》：“璠，璵璠。魯之寶玉。从玉，番聲。孔子曰：‘美哉，璵璠。遠而望之，奐若也；近而視之，瑟若也。一則理勝，二則孚勝。’”

【釋形】

《説文》小篆爲形聲字，从玉，番聲。聲符“番”本像走獸腳掌之形，上像其爪，下像其掌。漢碑字形中，“番”上部的“釆”隸變爲“米”形，下方像腳掌的部分隸定爲“田”，如圖。

【釋義】

美玉，多用以喻指品德高潔之人：“帝嘉其忠臣之苗，器其璵璠之質，詔拜郎中”（Q133）。

1044 **璵** yú 《廣韻》以諸切，餘魚平。餘魚。

Q133

《説文·玉部》：“璵，璵璠也。从玉，與聲。”

【釋形】

《説文》小篆爲形聲字，从玉，與聲。漢碑字形中“與”下部的兩個手形簡寫爲一横加左右兩點，已經看不出手的樣子，如圖。

【釋義】

見“璵璠”。

【釋詞】

［璵璠］美玉，多用以喻指品德高潔之人：“帝嘉其忠臣之苗，器其璵璠之質，詔拜郎中”（Q133）。

1045 **瑾** jǐn 《集韻》几隱切，見隱上。見文。

① Q146

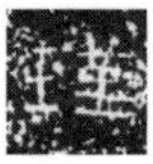

② Q146

《説文·玉部》：“瑾，瑾瑜，美玉也。从玉，堇聲。”

【釋形】

《説文》小篆爲形聲字，从玉，堇聲。漢碑字形中，聲符“堇”的構件“黄”（省形）和“土”粘合，省變爲一個整體構件，如圖①②。

【釋義】

用於人名：“衡官有秩下辨李瑾，字瑋甫”（Q146）。

1046 **琁** qióng 《廣韻》渠營切，羣清平。羣耕。

Q113

《説文·玉部》：“瓊，赤玉也。从玉，夐聲。璚，瓊或从矞。瓗，瓊或从巂。琁，瓊或从旋省。”

【釋形】

《説文》此字爲小篆或體，形聲字，从玉，旋省聲。漢碑字形與《説文》或體相承，聲符“旋”的省形，内部繁增一横，下部據小篆線條隸定爲“足”，與現在通行的寫法不同，如圖。

【釋義】

“琁”是個多音字，既是“瓊”的異體字，又是“璇”的異體字。漢碑文本中“琁”僅出現一次，用於人名：“□改名爲琁，字孝琚”（Q113）。先秦兩漢文獻常常“瓊琚”連用，據字“孝琚”可知，其人名“琁”應爲“瓊”之異體字，而非“璇”之異體字。

1047 **瑛** yīng 《廣韻》於驚切,影庚平。影陽。

① Q102 ② Q102 ③ Q138

《説文·玉部》:“,玉光也。从玉,英聲。”

【釋形】

《説文》小篆爲形聲字,从玉,英聲。漢碑字形中,聲符“英”的構件“艸”有的保留了小篆的寫法,如圖①②;有的簡化隸定爲“䒑”,如圖③。構件“央”所从的“大”在漢碑中也將下垂的線條拉直,寫成了横畫。義符“玉”或加一點,如圖①②;或寫爲“王”形,如圖③。

【釋義】

用於人名:“相乙瑛,字少卿,平原高唐人”(Q102)。

1048 **球(璆)** qiú 《廣韻》巨鳩切,羣尤平。羣幽。

① Q172 ② Q129

《説文·玉部》:“,玉聲也。从玉,求聲。,球或从翏。”

【釋形】

《説文》正篆爲形聲字,从玉,求聲。或體亦爲形聲字,从玉,翏聲。漢碑文本中兩種字形并存。漢碑中正篆字形的聲符“求”將小篆上部的曲線分解爲一横和一點,如圖①。或體字形構件“翏”下方的“㐱”隸變爲“尒”,如圖②。

【釋義】

用於人名:“門下史時球”(Q172);“孫府君諱璆,字山陵,安平信都人”(Q129)。

1049 **璆**

“球”的異體字(圖②),見 1048 球。

1050 **璧** bì 《廣韻》必益切,幫昔入。幫錫。

① Q126 ② Q129 ③ Q153 ④ Q174

《説文·玉部》:“,瑞玉圜也。从玉,辟聲。”

【釋形】

《説文》小篆爲形聲字,从玉,辟聲。漢碑字形中,下部的“玉”移至左下方,由上下結構變爲視覺上的左右結構;聲符“辟”構件“辛”下方的兩個線條寫爲三横畫,如圖①~④。

【釋義】

扁平、圓形、中心有孔的玉器:“宜蒙珪璧,七牲法食”(Q126);“皇靈炳璧,郢令名矣”(Q153);“四時珪璧,月醮酒脯”(Q171)。

【釋詞】

[璧廱]漢碑中又作“璧雍”,即“辟雍”,古代天子所設立的太學,後用作舉行鄉飲、大射或祭祀典禮之地:“以化未〖造〗,勸詣璧廱”(Q123);“臨璧雍日,祠孔子以大牢”(Q140);“述脩璧雍,社稷品制”(Q141)。

1051 **瑗** yuàn 《廣韻》王眷切,雲線去。匣元。

① Q074 ② Q123

《説文·玉部》:“,大孔璧。人君上除陛以相引。从玉,爰聲。《爾雅》曰:‘好倍肉謂之瑗,肉倍好謂之璧。’”

【釋形】

《説文》小篆爲形聲字,从玉,爰聲。漢碑字形中,聲符“爰”上部的構件“爪”寫作“爫”;義符“玉”或加一點,如圖①。

【釋義】

用於人名:“守左尉萬年長沙瑗字君平五百”(Q123);“馬瑗百”(Q074)。

1052 **璜** huáng 《廣韻》胡光切，匣唐平。匣陽。

① Q169 ② Q178

《説文·玉部》："璜，半璧也。从玉，黄聲。"

【釋形】

《説文》小篆爲形聲字，从玉，黄聲。漢碑字形中，聲符"黄"將小篆字形中豎筆兩邊的短線相連爲一個横畫，并與上部形體粘合爲"廿"；下部形體分解爲"田"和兩點，如圖②；"田"形中間的豎筆或出頭，如圖①。

【釋義】

用於人名："叔子諱璜，字文博"（Q169）；"故市掾程璜孔休"（Q178）；"門生濟南梁〖鄒〗徐璜，字〖幼〗文"（Q127）。

1053 **琮** cóng 《廣韻》藏宗切，從冬平。從冬。

① Q085 ② Q141

《説文·玉部》："琮，瑞玉。大八寸，似車釭。从玉，宗聲。"

【釋形】

《説文》小篆爲形聲字，从玉，宗聲。漢碑字形中，義符"玉"加一點，與"王"區别；聲符"宗"的構件"宀"兩側線條向上縮短，由包蘊"示"字變爲上下結構的關係，如圖。

【釋義】

用於人名："史文陽馬琮"（Q141）；"□都鄉安持里孫琮，字咸石"（Q085）。

1054 **璋** zhāng 《廣韻》諸良切，章陽平。章陽。

① Q157 ② Q127

《説文·玉部》："璋，剡上爲圭，半圭爲璋。从玉，章聲。《禮》：六幣：圭以馬，璋以皮，璧以帛，琮以錦，琥以繡，璜以黼。"

【釋形】

《説文》小篆爲形聲字，从玉，章聲。聲符"章"的構件"音"本从言含一，漢碑字形中，"音"發生重組，上部重組爲"立"，下部豎筆穿插進"日"形，原有構形理據喪失，如圖①②。

【釋義】

㈠玉器名，狀如半圭，多用以喻指人的美好品質："珪璋其質，芳麗其華"（Q157）。㈡用於人名："弟子魯國戴璋，字元珪"（Q127）。

1055 **瑞** ruì 《廣韻》是僞切，禪寘去。禪歌。

① Q065 ② Q146 ③ Q146

《説文·玉部》："瑞，以玉爲信也。从玉、耑。"

【釋形】

《説文》以爲會意字，从玉、耑。段玉裁《説文解字注》認爲"从王，耑聲"，可從。漢碑字形中，有的爲碑文篆書，如圖①；有的發生隸變，義符"玉"在小篆的基礎上加一點，與"王"區别；聲符"耑"上方形體據小篆線條隸定，似傾斜的"山"形，中間横畫省寫，"下象其根"之形隸變似"冖"和"巾"，尚保留弧形線條，未完全筆畫化，如圖②③。

【釋義】

祥瑞："有阿鄭之化，是以三葥符守，致黄龍、嘉禾、木連、甘露之瑞"（Q146）；"瑞降豐稔，民以貨稙"（Q146）；"致黄龍、白鹿之瑞，故圖畫其像"（Q147）；又見"符瑞"。

【釋詞】

［瑞應］古人認爲，帝王政治清明，天下太平，上天就會降下祥瑞的徵兆作爲回應，是爲瑞應："所歷垂勳，香風有隣。仍致瑞

應,豐稔□□”（Q150）。

1056 **珥** ěr 《廣韻》仍吏切,日志去。
日之。

Q277

《説文·玉部》:“珥,瑱也。从玉、耳,耳亦聲。”

【釋形】

《説文》小篆爲會意兼形聲字,“耳”既作聲符,也表示是耳部的玉飾。漢碑字形依據小篆線條進行對應轉寫隸定,將其中圓轉的線條分解爲平直的筆畫,如圖。

【釋義】

珠玉做的耳饰:“明月之珠玉璣珥,子孫萬代盡作吏”（Q277）。

1057 **瑱** tiàn 《廣韻》他甸切,透霰去。
透真。

① Q127 ② Q112

《説文·玉部》:“瑱,以玉充耳也。从玉,真聲。《詩》曰:‘玉之瑱兮。’䫥,瑱或从耳。”

【釋形】

《説文》小篆爲形聲字,从玉,真聲。“真”上古音在章母真部。漢碑字形中,聲符“真”上部的“匕”有的隸變作“亠”,如圖①;有的隸變似“上”,如圖②。下部的“乚”拉直爲横畫,如圖①②。

【釋義】

用於人名:“門生〖魏郡〗館陶鄉瑱,字仲雅”（Q127）;“趙國邯鄲宋瑱元世二百”（Q112）。

1058 **琫** běng 《廣韻》邊孔切,幫董上。
幫東。

Q178

《説文·玉部》:“琫,佩刀上飾。天子以玉,諸侯以金。从玉,奉聲。”

【釋形】

《説文》小篆爲形聲字,从玉,奉聲。漢碑字形中“奉”的構件“廾”和“丰”粘合爲“𡗗”,失去原有構意,與“春、奏”等字在形變後的上部構件混同;下部的“手”隸變作“干”形,如圖。

【釋義】

用於人名:“父琫,少貫名州郡,不幸早世,是以位不副德”（Q178）。

1059 **瑩** yíng 《廣韻》永兵切,雲庚平。
匣耕。

① Q134 ② Q083

《説文·玉部》:“瑩,玉色。从玉,熒省聲。一曰:石之次玉者。《逸論語》曰:‘如玉之瑩。’”

【釋形】

《説文》小篆爲形聲字,从玉,熒省聲。漢碑字形中,義符“玉”與小篆相承,不加點,如圖①②。中間的下框有的仍保留小篆的結構布局,如圖②;有的則縮短爲“冖”,如圖①。

【釋義】

光潔似玉的美石:“從事秉德,如玉如瑩”（Q134）;“其德伊何,如玉如瑩”（Q134）。

1060 **瑕** xiá 《廣韻》胡加切,匣麻平。
匣魚。

① JB4 ② Q112 ③ Q088 ④ Q127

《説文·玉部》:“瑕,玉小赤也。从玉,叚聲。”

【釋形】

《説文》小篆爲形聲字,从玉,叚聲。漢碑字形中,義符“玉”或加點,與“王”區别,如圖③。聲符“叚”隸變似“段”,如圖①～③。但右上角的構件形態各異,有的爲左框，如圖①；有的爲“口”形，如圖③；有的則爲“已”形，如圖②。

【釋義】

㊀通“遐”，久遠：“魂靈瑕顯，降垂嘉祐”（Q088）。㊁用於地名：“山陽瑕丘九百，元臺三百”（Q112）；“弟子山陽瑕丘丁瑤，字實堅”（Q127）。

1061 **琢** zhuó 《廣韻》竹角切，知覺入。端屋。

Q172

《說文·玉部》：“琢，治玉也。从玉，豕聲。”

【釋形】

《說文》小篆爲形聲字，从玉，豕聲。漢碑字形將部件“豕”中像尾巴的線條加以分解，形成右側的短撇和捺筆，如圖。

【釋義】

雕刻加工玉石：“脩學童冠，琢質繡章”（Q172）。

1062 **理** lǐ 《廣韻》良士切，來止上。來之。

① Q129 ② Q178 ③ Q234 ④ Q088

《說文·玉部》：“理，治玉也。从玉，里聲。”

【釋形】

《說文》小篆爲形聲字，从玉，里聲。漢碑字形依據小篆線條進行對應轉寫隸定，義符“玉”有的加上一點，與“王”區別，如圖④。

【釋義】

㊀紋理，脈絡：“咸曉地理，知世紀綱”（Q095）；“地理山川，所生殖也”（Q129）。㊁治理：“特受命，理殘圮。芟不臣，寧黔首”（Q178）；“理財正辭，束帛戔戔”（Q193）；“乃與執金吾耿秉，述職巡御，理兵于朔方”（H26）。㊂審理：“於是乃聽訟理怨，教誨後生百有餘人，皆成俊艾”（Q169）；“□□□□□下庚子詔書，即日理判也”（Q170）。㊃用於人名：“故脩行營陵顏理，字中理”（Q088）；“故市掾王理建和”（Q178）。

【釋詞】

［理物］管理統治人民：“神燿赫赫，理物含光”（Q126）；“佐時理物，紹蹤先軌”（Q144）。

1063 **珍** zhēn 《廣韻》陟鄰切，知真平。端文。

① Q128 ② Q117 ③ Q112

《說文·玉部》：“珍，寶也。从玉，㐱聲。”

【釋形】

《說文》小篆爲形聲字，从玉，㐱聲。漢碑字形中，聲符“㐱”寫作“尒”，下面的“彡”隸變作“小”，如圖①～③。同類變化的字還有从“㐱”的“參、軫、殄、膠”等字。

【釋義】

㊀寶貴的東西：“伊君遺德，〖亦〗孔之珍”（Q093）。㊁精美的食物：“甘珍嗞味嗛設，隨時進納，省定若生時”（Q114）。㊂珍視，重視：“聖上珍操，璽符追假”（Q128）。㊃獻，供給：“三神石人珍水萬世焉”（Q139）。㊄喻指美德：“身歿聲鬯，千載作珍”（Q063）。㊅用於人名：“門生勃海浮陽徐珍”（Q107）。

【釋詞】

［珍瑋］珍寶比喻賢良之才：“邦后珍瑋，以爲儲舉，先屈〖計掾〗，奉我□貢”（Q117）。

1064 **琚** jū 《廣韻》九魚切，見魚平。見魚。

Q113

《說文·玉部》：“琚，瓊琚。从玉，居聲。《詩》曰：‘報之以瓊琚。’”

【釋形】

《說文》小篆爲形聲字，从玉，居聲。聲

符“居”的構件“尸”本來由一個彎曲的線條構成，漢碑字形將其分解爲三個筆畫，成爲現在通行的寫法，如圖。

【釋義】

用於人名：“守善不報，自古有之，非獨孝琚，遭逢百離”（Q113）。

1065 **瑤** yáo 《廣韻》餘昭切，餘宵平。餘宵。

① Q129

② Q117

③ Q112

《説文·玉部》：“瑤，玉之美者。从玉，䍃聲。《詩》曰：‘報之以瓊瑤。’”

【釋形】

《説文》小篆爲形聲字，从玉，䍃聲。漢碑字形中，義符“玉”或加點，與“王”區別，如圖③。聲符“䍃”上方的構件“肉”據小篆線條隸定爲“月”形。構件“缶”有的上方線條拉直爲橫畫，如圖①；有的上面寫作三橫，下面“凵”形轉寫爲“口”，如圖②；有的“缶”訛寫似“言”字，如圖③。

【釋義】

用於人名：“琦、瑤、延以爲至〖德不紀，則〗鐘鼎奚銘”（Q117）；“弟子山陽瑕丘丁瑤，字〖實堅〗”（Q127）；“平原濕陰馬瑤元冀二百”（Q112）。

【釋詞】

[瑤光] 北斗七星的第七星，古人將其視爲祥瑞之兆：“資糧品物，亦相瑤光”（Q129）。

1066 **珠** zhū 《廣韻》章俱切，章虞平。章侯。

① Q123

② Q277

《説文·玉部》：“珠，蚌之陰精。从玉，朱聲。《春秋國語》曰：‘珠以禦火災。’是也。”

【釋形】

《説文》小篆爲形聲字，从玉，朱聲。漢碑字形中，聲符“朱”將小篆中彎曲的線條拉直，起筆處或仍保留彎筆，可以看作後來發展出“丿”（短撇）的雛形，如圖②。

【釋義】

似玉的寶石：“明月之珠玉璣珥，子孫萬代盡作吏”（Q277）。

1067 **璣** jī 《廣韻》居依切，見微平。見微。

Q277

《説文·玉部》：“璣，珠不圜也。从玉，幾聲。”

【釋形】

《説文》小篆爲形聲字，从玉，幾聲。漢碑字形的結構依據小篆線條進行對應轉寫隸定，聲符“幾”上面的“𢆶”仍保留較强的線條性，尚未完全筆畫化，如圖。

【釋義】

不圓的珠子：“明月之珠玉璣珥，子孫萬代盡作吏”（Q277）。

1068 **琅** láng 《廣韻》魯當切，來唐平。來陽。

① Q013

② Q074

《説文·玉部》：“琅，琅玕，似珠者。从玉，良聲。”

【釋形】

《説文》小篆爲形聲字，从玉，良聲。漢碑字形中，聲符“良”沿襲了小篆的結構，只是上部轉寫爲橫折，如圖①②，後來進一步簡化爲點。

【釋義】

㊀用於人名：“處士韋琅”（Q074）。㊁用於地名：“東海郡朐，與琅邪郡柜爲界”（Q013）；“無……時令琅邪開陽貴君，諱咸”（Q104）。

1069 **𤫊**

“𤫊”的異體字(圖①②③),見1070靈。

1070 **靈(𤫊)**　líng《廣韻》郎丁切,來青平。來耕。

① Q112

② JB2

③ Q095

④ Q125

⑤ Q141

⑥ Q153

⑦ Q129

⑧ Q088

《説文》爲“𤫊”之或體,《説文·玉部》:“𤫊,靈巫。以玉事神。从玉,霝聲。靈,靈或从巫。”

【釋形】

“靈”《説文》小篆及此前字形多从玉,霝聲,爲形聲字。漢碑字形中,有的與《説文》正篆相承,从玉,霝聲,如圖①~③,其中有的將義符“玉”寫作“王”;或訛寫作“壬”,如圖②;或訛寫爲“土”,如圖③。有的與《説文》或體相承,从巫,霝聲,爲理據重構,如圖④~⑧;其中義符“巫”中兩個“人”或省寫爲兩點,如圖⑦;或訛寫似“土”加兩點,如圖⑧。聲符“霝”的構件“吅”,有的全部省寫,如圖②;有的省寫爲兩個“口”形,如圖③⑧;構件“雨”内部的點畫或簡寫爲一横,如圖③⑤⑧。

【釋義】

㊀神靈:“山靈挺寶,匈灾乃平”(Q161);“其神伊何?靈不傷人”(Q193)。㊁靈驗:“以三公德廣,其靈尤神”(Q060)。㊂靈魂:“恐精靈而迷惑兮,歌歸來而自還”(Q039);“隱藏魂靈,悲癒奈何,涕泣雙并”(Q114);“蒸嘗魂靈,富貴無悉,傳於子孫,〖修〗之無竟”(Q124)。㊃借指靈柩:“魂靈既載,農夫慁結,行路撫涕,織婦喑咽”(Q153)。㊄靈秀之氣:“爲其辭曰:大造鍾靈,哭生□女”(H144)。㊅傑出之人:“昔在仲尼,汁光之精,大帝所挺,顔母毓靈”(Q140)。㊆神異:“蒼頡,天生德於大聖,四目靈光,爲百王作〖書〗”(Q123)。㊇通“令”,美好,謂吉日:“惟永壽二年,青龍在涒歎,霜月之靈,皇極之日”(Q112)。㊈用於謚號:“佐國十嗣,趙靈建號,因氏焉”(Q169)。㊉用於宫殿名:“故立宫其下,宫曰集靈宫,壂曰存僊壂,門曰望僊門”(Q129)。⑪用於人名:“處士南鄭祝龜,字元靈”(Q199)。⑫用於地名:“史九門張瑋,靈壽趙穎”(Q126)。

【釋詞】

[靈宫]用以供奉神靈的宫闕樓觀:“遂興靈宫,于山之陽”(Q174)。

[靈亮]明媚靈秀:“平地特起,靈亮上通”(Q126)。

[靈祇]天地之神:“肅肅其敬,靈祇降福”(Q125);“爲民祈福,靈祇報祐”(Q125)。

1071 **珮**　pèi《廣韻》蒲昧切,並隊去。並之。

Q179

《説文》無。

【釋形】

形聲字,从玉,佩省聲。義符“玉”漢碑字形在小篆基礎上加一點,與“王”區别;聲符“佩”小篆作佩,漢碑字形省去構件“人”,“凬”由上下結構變爲半包圍結構,且“巾”的中豎上不出頭,如圖。

【釋義】

通“佩”,佩戴:“晉陽珮瑋,西門帶弦”(Q179)。

1072 **琪**　qí《廣韻》渠之切,羣之平。羣之。

① T154

② Q123

《説文》無。

【釋形】

形聲字，从玉，其聲。其中聲符“其”甲骨文作⊌（《合》9810），本像簸箕形；金文在簸箕形下增加聲符“丌”，作[illegible]（《虢季子白盤》）；《説文》小篆有[illegible]，是一個添加義符的形聲字，“其”轉化爲聲符。漢碑字形中，上部“𠀠”中間交叉的兩畫變爲兩條平行的短横，并與下部的“丌”粘合爲一體，如圖①②。同類變化如“期、欺、祺”等。

【釋義】

用於人名：“夏陽候長馬琪千”（Q123）。

1073 **琦** qí 《廣韻》渠羈切，羣支平。羣歌。

① Q112　② Q127　③ Q128

《説文》無。

【釋形】

形聲字，从玉，奇聲。義符“玉”漢碑字形在小篆基礎上或加一點與“王”區别，如圖①③，圖③點畫與下方横畫連寫；聲符“奇”小篆作[illegible]，从大从可，漢碑字形中，構件“大”線條斷開，分解爲“六”形，如圖①～③。

【釋義】

㊀美好，珍貴：“众琦幼眇，爲淵爲林”（Q177）。㊁用於人名：“門生安平堂陽張琦，字子異”（Q127）；“琦、瑤延以爲至〖德不紀，則〗鐘鼎奚銘”（Q117）；“子諱琦，字瑋公，舉孝廉”（Q128）。

1074 **璲** dù 《廣韻》無，音切不詳，當與“度”同音。

Q178

《説文》無。

【釋形】

形聲字，从玉，度聲。

【釋義】

用於人名：“故市掾王璲季晦”（Q178）。

1075 **瑋** wěi 《廣韻》于鬼切，雲尾上。匣微。

① Q117　② Q128

《説文》無。

【釋形】

形聲字，从玉，韋聲。義符“玉”漢碑字形據小篆線條隸定；聲符“韋”，小篆作[illegible]，漢碑字形據小篆線條隸定，如圖①②。

【釋義】

㊀美玉：“邦后珍瑋，以爲儲舉，先屈計掾，奉我□貢”（Q117）；又見“珍瑋”。㊁通“緯”，“緯書”的簡稱，漢代以神學附會儒家經典的書：見“瑋圖”。㊂通“韋”，熟獸皮：“晉陽珮瑋，西門帶弦”（Q179）。㊃用於人名：“子諱琦，字瑋公，舉孝廉”（Q128）；“衡官有秩下辨李瑾，字瑋甫”（Q146）；“元氏左尉上郡白土樊瑋，字子儀”（Q171）。

【釋詞】

［瑋圖］“瑋”通“緯”，“瑋圖”即“圖緯”，圖讖和緯書：“體聖心叡，敦五經之瑋圖”（Q193）。

1076 **璉** liǎn 《廣韻》力展切，來獮上。來元。

Q178

《説文》無。

【釋形】

形聲字，从玉，連聲。義符“玉”漢碑字形據小篆線條隸定；聲符“連”小篆寫作[illegible]，漢碑字形中，構件“辵”隸定爲“辶”，其上爲三點;整個聲符“連”由小篆的左右結構變爲隸書的半包圍結構,如圖。

【釋義】

用於人名:“(闕)璉、故功曹王詡子弘”(Q178)。

1077 **班** bān 《廣韻》布還切,幫删平。幫元。

① Q133

② Q134

《説文·珏部》:“班,分瑞玉。从珏从刀。”

【釋形】

《説文》小篆爲會意字,从珏从刀,以用刀分玉表示切分之義。金文作班(《班簋》),更像以刀分玉之狀。漢碑字形中,義符“刀”隸變爲點(丶)和撇(丿)兩畫。

【釋義】

㊀賞賜,頒授:見“班爵”。㊁頒布:見“班化”。㊂用於人名:“弟子下邳下邳朱班,字宣□”(Q127)。

【釋詞】

[班化]通過頒布好的政令以化育風俗:“班化黎元,既清且寧”(Q133)。

[班爵]頒授爵位:“頎甫班爵,方授銀苻”(Q134)。

1078 **斑** bān 《廣韻》布還切,幫删平。幫元。

① Q169

② Q137

《説文》作“辬”,《説文·文部》:“辬,駁文也。从文,辡聲。”

【釋形】

“斑”爲《説文》“辬”的異體字,形聲字,从文,班省聲,本義爲玉上的紋路。段玉裁《説文解字注》:“辬之字多或體……班者,辬之俗,今乃斑行而辬廢矣。”漢碑文本中,“斑”常和“班”混用。

【釋義】

㊀通“班”,❶行列,位次:“登善濟可,登斑叙優”(Q135)。❷姓氏:“雖楊、賈、斑、杜,弗或过也”(Q169)。❸用於人名:“雖昔魯斑,亦莫儗象”(Q150)。㊁用於人名:“敦煌長史武君諱斑”(Q093)。

1079 **气(乞)** qǐ 《廣韻》去訖切,溪迄入。溪物。

① Q154

② Q187

③ Q119

《説文·气部》:“气,雲气也。象形。凡气之屬皆从气。”

【釋形】

《説文》小篆爲象形字,像雲氣層疊之形。“气”字在甲骨金文中有三(《合12532》)、三(《天亡簋》)、气(《洹子孟姜壺》)、气(《洹子孟姜壺》)等字形,因爲與數字“三”近似,所以“气”的上下兩線條逐漸彎曲以相區别。漢碑字形中,有的承自這類寫法,如圖①②;有的在此基礎上更加簡化,省掉一横,寫作“乞”,如圖③。“乞”“气”古本一字。

【釋義】

乞求,請求,今作“乞”:“遭母憂,自气,拜議郎”(Q154);“秋老气身,以助義都尉”(Q187);“乞不爲縣吏、列長、伍長徵發小繇”(Q119)。

1080 **乞**

“气”的異體字(圖③),見1079气。

1081 **氛** fēn 《廣韻》撫文切,滂文平。滂文。

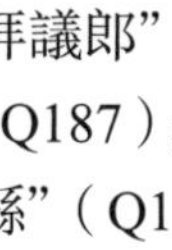
Q171

《説文·气部》:“氛,祥气也。从气,分聲。雰,氛或从雨。”

【釋形】

《説文》小篆爲形聲字,从气,分聲。漢碑字形與小篆結構基本一致,寫法上將線條轉爲筆畫,特别是將最上面的曲線分解成一短撇和一横,如圖。

【釋義】

凶氣:"除民氛厲,莫不□□"(Q171)。

1082 **士** shì 《廣韻》鉏里切,崇止上。崇之。

① Q178

② Q178

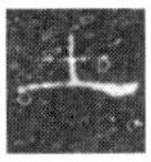
③ Q112

④ Q249

⑤ Q128

⑥ Q154

⑦ Q149

《説文·士部》:"士,事也。數始於一,終於十。从一从十。孔子曰:'推十合一爲士。'凡士之屬皆从士。"

【釋形】

《説文》以爲會意字,从一从十。按"士"金文作⊥(《臣辰卣》)等形,像斧鉞之形,爲象形字,指擁有兵器的人,進而引申爲仕人官吏。金文或作士(《趞簋》)、⊥(《獣簋》)等形,小篆繼承了後一種寫法,《説文》據小篆形體説解,與初形本義不符。漢碑字形中,有的與小篆一致,如圖①②;有的與"土"混同,如圖③;有的字形加上一點或兩點,如圖④~⑦。

【釋義】

㊀成年男子的通稱:"學夫喪師,士女凄愴"(Q093)。㊁泛指官吏:"群后卿士,凡百棃萌,靡不欷歔垂涕,悼其爲忠獲罪"(Q066);"《月令》祀百辟卿士有益於民"(Q140);"沮縣士民,或給州府"(Q150)。㊂儒生,亦泛稱知識階層:"國無人兮王庭空,士罔宗兮微言喪"(Q128)。㊃對品德好、有才學之人的美稱:"河東大守孔彪元上、處士孔褎文禮,皆會廟堂"(Q141);"學爲偄宗,行爲士表"(Q154);"義士侯褒文憲五百"(Q178);又見"處士、髦士"。㊄士兵:"稟壽卅四年,遭□泰山有劇賊,軍士被病,徊氣來西上"(Q114)。㊅用於官名:"淄丘戍守士史楊君德安,不幸遭疾"(Q026);又見"博士"。㊆用於人名:"次子士,曰元士"(Q021);"右扶風丞楗〖爲〗武〖陽〗李君,諱禹,字季士"(Q110)。

【釋詞】

[士女]古代指已成年而未婚的男女,后泛指成年男女:"被病夭没,苗秀不遂,嗚呼哀栽,士女痛傷"(Q094);"年豐歲稔,分我稷黍。倉府既盈,以穀士女"(Q171)。

[士史]漢代邊郡尉官下屬,主要職責爲巡邏邊塞:"淄丘戍守士史楊君德安"(Q026)。

1083 **壯** zhuàng 《廣韻》側亮切,莊漾去。莊陽。

① Q169

② JB1

《説文·士部》:"壯,大也。从士,爿聲。"

【釋形】

《説文》小篆爲形聲字,从士,爿聲。漢碑字形中,有的依據小篆線條進行對應轉寫隸定,如圖①,只是義符"士"的寫法與"土"近似;有的字形發生形變,聲符"爿"的左邊簡省作兩點,如圖②,成爲後世通行字形。

【釋義】

强健:"仁信明敏,壯勇果毅"(Q169)。

1084 **中** zhōng 《廣韻》陟弓切,知東平。端冬。

① Q129

② Q130

③ Q144

④ Q201

⑤ Q153

《説文·丨部》："中，内也。从口；丨，上下通。𠁧，古文中。𠁩，籀文中。"

【釋形】

《説文》以爲會意字，从口、丨。按"中"甲骨文作（《合》32500）、（《合》26700）等形，一説像古代測日中的旗子，字形繁簡不一，有的有四根飄帶，有的有兩根，有的没有。《説文》籀文承襲有兩根飄帶的字形，小篆則承襲没有飄帶的字形。《説文》據小篆形體説解，與初形構意不符。漢碑字形有的與小篆相承，如圖①②；有的與《説文》籀文相承，中豎上下有兩短横，或在同側，如圖③；或在左側，如圖④；或簡寫爲兩短横，如圖⑤。

【釋義】

㊀内，裡面："復顔氏并官氏邑中繇發，以尊孔心"（Q112）；"弸中獨斷，以效其節"（Q154）；"召鼠誅之，視其腹中，果有被具"（Q199）。㊁時空的中間，中央："中子諱黼，字景公，郡五官掾、功曹、守令，幽州别駕"（Q128）；"是以唐虞疇咨四嶽，五歲壹巡狩，皆以四時之中月，各省其方，親至其山，柴祭燔燎"（Q129）；"告中央黄帝主除北方黑氣之凶"（Q204）。㊂時空的兩端之間："何寤不遂，中年殀苓"（Q083）；"中遭元二，西夷虐殘"（Q095）；又見"中興"。㊃一個時期内："永壽元年中，荒旱無雨"（Q122）；"帝咨君謀，以延平中拜安邊節使"（Q128）。㊄中和，不偏不倚："子無隨殁，聖人折中"（Q128）；"寬猛惟中，五教時序"（Q066）；"體弘仁，蹈中庸，所臨歷，有休功，追景行，亦難雙"（Q185）；又見"中和"等。㊅通"忠"，忠誠："孝弟於家，中謇於朝"（Q179）。㊆用於年號："中平二年十月丙辰造"（Q178）；"惟中平三年，歲在攝提，二月震節，紀日上旬"（Q179）；"建武中元二年六月就"（Q022）。㊇用於官名："里治中迺以永平十五年六月中造起僤"（Q029）；"七年三月，除郎中，拜酒泉禄福長"（Q178）；"曾祖父，攸春秋，以大夫侍講，至五官中郎將"（S110）；又見"侍中"。㊈用於人名："故門下議史平昌蔡規，字中舉"（Q088）；"父老周偉、于中山、于中程、于季、于孝卿"（Q029）；"故脩行營陵顔理，字中理"（Q088）。㊉用於地名："延熹六年正月八日乙酉，南陽大守中山盧奴"（Q125）；"惟漢永和二年八月，敦煌大守雲中裴岑，將郡兵三千人"（Q079）；"高祖受命，興於漢中"（Q095）。

【釋詞】

［中和］㊀儒家中庸之道所追求的天地萬物高度和諧之境界："上合紫臺，稽之中和"。㊁中正平和："含中和之淑〖質，履上仁□□□，孝友著乎閨門〗，至行立乎鄉黨"（Q117）。

［中書］官職名，中書令的省稱。漢設中書令，掌傳宣詔令："蜀中書賈公之"（Q209）。

［中尉］秦漢時期武官名，掌管京師治安："東萊中尉河南偃師張表"（Q176）。

［中興］中途振興，轉衰爲盛："君之先出自有周，周宣王中興，有張仲，以孝友爲行"（Q179）。

［中夜］半夜："嗟命何辜，獨遭斯疾。中夜奄喪，□□□□"（Q113）。

1085 **屮**　chè　《廣韻》丑列切，徹薛入。透月。

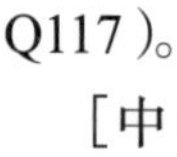
Q128

《説文·屮部》："屮，艸木初生也。象丨出形，有枝莖也。古文或以爲艸字。讀若徹。凡屮之屬皆从屮。尹彤説。"

【釋形】

《説文》小篆爲象形字，像草木初生之形。甲骨文作(《合》15884)，更爲象形。漢碑字形將小篆的曲線拆解成了筆畫，如圖。

【釋義】

同“艸”，草本植物總稱：“聲教禁化，猷風之屮”(Q128)。

1086 **屯** tún 《廣韻》徒渾切，定魂平。定文。

① Q154

② Q132

③ Q178

④ Q205

《説文·屮部》：“，難也。象艸木之初生，屯然而難。从屮貫一，一，地也；尾曲。《易》曰：屯，剛柔始交而難生。”

【釋形】

《説文》小篆爲會意字，从屮貫一。按“屯”甲骨文作(《合》6768)，像草木嫩芽剛剛鑽出地面之形。小篆將草木的嫩芽類化爲“屮”。漢碑字形中，構件“屮”中間彎曲的豎線隸變爲豎彎鉤(乚)，如圖①～④。“屮”的横向弧線有的據小篆線條隸定，如圖①③；有的拉直爲横畫，如圖②④。

【釋義】

㊀駐守，守衛：“〖遭〗孝桓大憂，屯守玄武”(Q132)。㊁用於官名：“服竟，還拜屯騎校尉”(Q154)。㊂用於人名：“故功曹曹屯定吉”(Q178)。㊃用於地名：“令鮑疊，字文公，上黨屯留人”(Q102)；“漢謁者北屯司馬左都侯沈府君神道”(Q205)。

1087 **每** měi 《廣韻》武罪切，明賄上。明之。

① Q084

② Q202

《説文·屮部》：“，艸盛上出也。从屮，母聲。”

【釋形】

《説文》以爲形聲字，从屮，母聲。按“每”甲骨文作(《合》27633)、(《合》29240)，金文作(《天亡簋》)、(《殈尊》)等形，像女性頭飾華麗的樣子。小篆沿襲了這種寫法，但由於像頭飾的部分與小篆屮形近，《説文》以“屮”解之，與原有構形理據不符。漢碑字形中，上面表示頭飾的部分變成了“亠”；下部轉寫成“毋”，中間兩點連成一短豎，如圖①②。

【釋義】

副詞，㊀每次，每每：“發號施憲，每合天心”(Q148)；“每在選舉，遜讓匪石，鑽前忍後”(Q173)。㊁常常：“每懷禹稷恤民飢溺之思，不忘百姓之病也”(Q084)。

1088 **毒** dú 《廣韻》徒沃切，定沃入。定覺。

① J009

② Q039

③ Q095

《説文·屮部》：“，厚也。害人之艸，往往而生。从屮从毐。，古文毒，从刀、嗇。”

【釋形】

《説文》小篆爲會意字，从屮从毐，表示對人有害的草木。漢碑字形中，義符“屮”與義符“毐”上方構件“士”粘合，有的隸變爲“㞢”，如圖①；有的則省去一横筆，寫作“土”，如圖②③。下方構件“毋”有的隸定近“毌”形，如圖①②；有的中豎斷開爲兩點，似“母”形，如圖③。

【釋義】

有毒的：“卒遭毒氣遇匈殃”(Q039)；“惡虫蔣狩，虵蛭毒蟃”(Q095)。

1089 **芬** fēn 《廣韻》撫文切，滂文平。滂文。

① Q065 ② Q174 ③ Q174 ④ 179

《説文·屮部》:“芬,艸初生,其香分布。从屮从分,分亦聲。芬,芬或从艸。”

【釋形】

《説文》小篆爲會意兼形聲字,从屮从分,分亦聲,用“屮”和“分”表示草木香氣四散之義。漢碑字形與小篆或體相承,有的爲碑文篆書,如圖①。有的發生隸變,義符“艸”或寫作兩個“艹”,如圖②③;或横畫連寫作“艹”,如圖④。

【釋義】

香:“旨酒欣欣,燔炙芬芬”(Q174);“紀行求本,蘭生有芬”(Q179)。

【釋詞】

[芬芳]香氣:“禽獸碩茂,草木芬〖芳〗”(Q125)。

1090 **艸** cǎo 《廣韻》采老切,清晧上。清幽。

Q119

《説文·艸部》:“艸,百芔也。从二屮。凡艸之屬皆从艸。”

【釋形】

《説文》小篆爲象形字,像草叢生的樣子。漢碑字形將小篆中的兩個彎曲線條拉直,分别與竪筆相交成“十”字形,如圖。

【釋義】

同“草”,草本植物總稱:“并土人、犁、耒、艸、蓎、屋”(Q119)。

1091 **芝** zhī 《廣韻》止而切,章之平。章之。

Q199

《説文·艸部》:“芝,神艸也。从艸从之。”

【釋形】

《説文》以爲會意字,从艸从之。徐鍇《説文解字繫傳》認爲“从艸,之聲”,可從。漢碑字形磨滅不清,大致保持小篆的寫法輪廓,如圖。

【釋義】

用於人名:“尚書丞沛國蕭曹芝□宣,成武令中山安熹曹種□□”(Q093);“漢中大守南陽郭君,諱芝,字公載”(Q199)。

1092 **荅** dá 《廣韻》都合切,端合入。端緝。

J418

《説文·艸部》:“荅,小尗也。从艸,合聲。”

【釋形】

《説文》小篆爲形聲字,从艸,合聲。“合”上古音在匣母緝部。漢碑字形依據小篆線條進行對應轉寫隸定,如圖。

【釋義】

小豆:“麁絺大布之衣,粝荅蔬菜之食”(S110)。

1093 **茡** zì 《廣韻》疾置切,從志去。從之。

Q171

《説文·艸部》:“茡,麻母也。从艸,子聲。一曰:茡即枲也。”

【釋形】

《説文》小篆爲形聲字,从艸,子聲。漢碑字形中,義符“艸”发生粘連寫成了“䒑”;聲符“子”小篆本像嬰兒雙臂上伸之狀,漢碑中上部頭形隸定爲倒三角形,像兩臂的曲線拉直爲横畫,如圖。

【釋義】

通“耔”,給禾苗根部培土:“農夫執耜,或耘或茡”(Q171)。

1094 **蘇** sū 《廣韻》素姑切,心模平。
心魚。

① Q267

② Q129

③ Q127

④ J237

《説文・艸部》:“蘇,桂荏也。从艸,穌聲。”

【釋形】

《説文》小篆爲形聲字,从艸,穌聲。漢碑字形中,義符“艸”大多變成“艹”形,如圖①②④;有的進一步粘連成“䒑”,如圖③。聲符“穌”的構件“魚”由小篆的像魚頭、魚身、魚尾之形變爲“⺈、田、灬”三部分,構件“禾”表禾穗下垂之形的線條隸變爲一短撇,上弧線拉直爲橫畫,下弧線寫作撇和捺,如圖①～④。

【釋義】

㊀姓氏:“門生安平下博蘇觀,字伯臺”(Q127);“崇高亭長蘇重時監之”(Q061);“蘇伯翔謁舍,買十七萬”(Q071)。㊁用於地名:“前換蘇示有秩馮佑,轉爲安斯有秩”(Q170)。

1095 **葵** kuí 《廣韻》渠追切,羣脂平。
羣脂。

Q142

《説文・艸部》:“葵,菜也。从艸,癸聲。”

【釋形】

《説文》小篆爲形聲字,从艸,癸聲。漢碑字形中,義符“艸”變成“艹”形;聲符“癸”沿襲了籀文𥁕的寫法,从址从矢;構件“址”到漢碑中形變作“癶”,“矢”分解爲“土”和“八”形,如圖,已看不出原本的構意。

【釋義】

菜名:“以十一月十五日平旦,赤車使者來發生葵兩束”(Q142)。

1096 **蓼** lù 《廣韻》力竹切,來屋入。
來覺。

① Q137

② Q154

《説文・艸部》:“蓼,辛菜,薔虞也。从艸,翏聲。”

【釋形】

《説文》小篆爲形聲字,从艸,翏聲。漢碑字形中,義符“艸”有的寫成“艹”形,如圖②;有的進一步粘連爲“䒑”形,如圖①;聲符“翏”,从羽从㐱,構件“羽”寫作兩“彐”形,構件“㐱”隸變爲“尒”,如圖①,圖②“㐱”下的“彡”似變爲三橫畫。

【釋義】

見“蓼莪”。

【釋詞】

[蓼莪]《詩・小雅・蓼莪》篇名。該詩表達了詩人因勞役所困,無法報效父母之恩的哀傷之情:“悲《蓼莪》之不報,痛昊天之靡嘉”(Q154)。

1097 **莒** jǔ 《廣韻》居許切,見語上。
見魚。

① Q024

② Q194

③ Q195

《説文・艸部》:“莒,齊謂芋爲莒。从艸,吕聲。”

【釋形】

《説文》小篆爲形聲字,从艸,吕聲。漢碑字形中,義符“艸”有的寫成“艹”形,如圖②③;有的進一步粘連寫成“䒑”形,如圖①。聲符“吕”,有的和小篆一樣中間連有一短畫,如圖①;有的短畫省略,寫作“吕”,如圖②③。

【釋義】

㊀用於人名:“丁莒少郎所爲”(Q024)。㊁用於地名:“平莒男子宋伯望、宋何”

（Q089）。

1098 **葷** xūn 《廣韻》許云切,曉文平。
曉文。

Q128

《説文·艸部》:“葷,臭菜也。从艸,軍聲。”

【釋形】

《説文》小篆爲形聲字,从艸,軍聲。漢碑字形中,義符“艸”寫成了“卄”形;聲符“軍”所从的“勹”寫成了“冖”,如圖。

【釋義】

見“葷育”。

【釋詞】

［葷育］同“獯鬻”,我國古代北方匈奴族的别稱:“蠢尒葷育,万邦作寇”（Q128）。

1099 **菁** jīng 《廣韻》子盈切,精清平。
精耕。

Q175

《説文·艸部》:“菁,韭華也。从艸,青聲。”

【釋形】

《説文》小篆爲形聲字,从艸,青聲。漢碑字形中,義符“艸”粘連寫成“䒑”形;聲符“青”所从之“丹”裡面的點,寫成了一横畫,與“月”混同,如圖。

【釋義】

華采:“喪菁光,形□襟”（Q175）。

1100 **藍** lán 《廣韻》魯甘切,來談平。
來談。

Q232

《説文·艸部》:“藍,染青艸也。从艸,監聲。”

【釋形】

《説文》小篆爲形聲字,从艸,監聲。漢碑字形中,義符“艸”中豎下不出頭,寫成兩個“山”形;聲符“監”由小篆的上下結構變成了左右結構,構件“臣”中間的兩短豎連成一長豎;構件“人”分化成了“亠”和“乁”;構件“皿”移至右下角,形變較多,如圖。

【釋義】

用於地名:“藍田令楊子輿所處穴”（Q232）。

1101 **蘭** lán 《廣韻》落干切,來寒平。
來元。

① Q144

② Q169

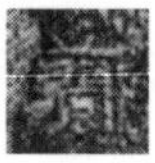
③ Q107

④ Q029

⑤ Q179

《説文·艸部》:“蘭,香艸也。从艸,闌聲。”

【釋形】

《説文》小篆爲形聲字,从艸,闌聲。漢碑字形中,義符“艸”隸變形體多樣,有的保留篆意,如圖①;有的將彎曲線條拉直,寫成“卄”形,如圖②;有的進一步粘連成“䒑”形,如圖③～⑤。聲符“闌”據小篆線條隸定爲平直筆畫,構件“柬”與“東”混同,如圖①～⑤。

【釋義】

㊀蘭草:“幼體蘭石自然之姿,長膺清少孝友之行”（Q105）;“庶同如蘭,意願未止”（Q144）;“紀行求本,蘭生有芬,克岐有兆,綏御有勛”（Q179）。㊁用於人名:“錡中都、周平、周蘭”（Q029）。

【釋詞】

［蘭石］用蘭之芳香、石之堅貞比喻節操高潔:“幼體蘭石自然之姿,長膺清少孝友之行”（Q105）。

［蘭臺］本爲漢代宫内藏書之處,隸屬

御史府。漢代置蘭臺令史，掌圖籍秘書，因東漢明帝時曾授此職於班固，故後世亦稱史官爲蘭臺：“掾史爲吏甚有寬，蘭臺令史于常侍”（Q277）。

1102 **薰**　xūn　《廣韻》許云切，曉文平。曉文。

Q144

《說文·艸部》：“ ，香艸也。从艸，熏聲。”

【釋形】

《說文》小篆爲形聲字，从艸，熏聲。漢碑字形中，義符“艸”仍保留篆意。聲符“熏”金文作 （《吴方彝蓋》），上畫四點以象熏染之意；或增添構件“火”作 （《番生簋蓋》），以强調與火有關；小篆形體變異爲从中从黑，理據重構；漢碑字形構件“中”與“黑”粘合重組，上方隸變似“童”而無點，下方“炎”所从之“火”隸變爲“灬”，如圖。

【釋義】

通“勳”，功勳：“是故寵禄傳于歷世，策薰著于王室”（Q144）。

1103 **萇**　cháng　《廣韻》直良切，澄陽平。定陽。

① Q129

② Q142

《說文·艸部》：“ ，萇楚，跳弋。一名羊桃。从艸，長聲。”

【釋形】

《說文》小篆爲形聲字，从艸，長聲。漢碑字形中，義符“艸”有的簡化爲“艹”形，如圖①；有的進一步粘連成“䒑”形，如圖②。聲符“長”與小篆差異較大，“長”甲骨文作 （《合》28195），金文作 （《長日戊鼎》）、 （《史牆盤》）、 （《長子沫臣簠》）等形，像老人拄杖之形。小篆改象形性爲線條化，原有構形理據淡化。漢碑字形將線條轉寫爲筆畫，理據進一步淡化，如圖①②。但從“萇”的整字角度看，聲符“長”的示音作用仍然是清晰的。

【釋義】

用於人名：“主者掾芒陰王萇，字德長”（Q129）；“漢故瓶庭待詔，君諱致，字萇華，梁縣人也”（Q142）；“幼子男建，字孝萇”（Q142）。

1104 **薛**　xuē　《廣韻》私列切，心薛入。心月。

① Q063

② Q088

③ Q141

④ Q112

《說文·艸部》：“ ，艸也。从艸，辥聲。”

【釋形】

《說文》小篆爲形聲字，从艸，辥聲。漢碑字形中，有的爲碑文篆書，如圖①；有的已經隸變，義符“艸”簡化成“艹”形，如圖②～④；聲符“辥”本从辛㠯聲，構件“㠯”上方的“屮”省寫，下方“𠂤”隸定爲“𠂤”；構件“辛”中間兩弧線分解成筆畫，隸定爲“辛”，如圖②～④。

【釋義】

㊀姓氏：“門生北海劇薛顗字勝輔”（Q127）；“丞零□陵泉陵薛政”（Q063）；“相主簿魯薛陶元方三百”（Q112）。㊁用於地名：“故薛令河内温朱熊伯珍五百”（Q112）；“户曹掾薛東門榮”（Q141）。

1105 **苦**　kǔ　《廣韻》康杜切，溪姥上。溪魚。

① Q060

② Q095

③ Q119

④ JB3

《說文·艸部》：“ ，大苦，苓也。从艸，古聲。”

【釋形】

《說文》小篆爲形聲字，从艸，古聲。漢碑字形中，有的據小篆線條嚴格隸定，如圖

①;有的發生隸變,義符“艸”隸變爲“⺿”形,聲符“古”圓轉線條隸定爲平直筆畫,如圖②～④。

【釋義】

㊀疾苦,困苦:“民無疾苦,永保其年”(Q060);“困苦,天下相感”(Q035)。㊁痛苦,憂傷:“愁苦之難,焉可具言”(Q095)。㊂辛勞,辛苦:“愍念烝民,勞苦不均”(Q193)。㊃爲某事所苦:“功費六七十萬,重勞人功,吏正患苦”(Q119);“行理咨嗟,郡縣所苦”(Q150)。㊄用於地名:“陳國苦虞崇伯宗二百”(Q112)。

1106 **茅** máo 《廣韻》莫交切,明肴平。明幽。

Q178

《説文·艸部》:“ ,菅也。从艸,矛聲。”

【釋形】

《説文》小篆爲形聲字,从艸,矛聲。漢碑字形中,義符“艸”粘連寫作“⺷”形。聲符“矛”金文作 (《𢦟簋》),本像矛之形;小篆變異嚴重,象形性盡失;漢碑字形仍保留部分篆書特徵,尚未完全筆畫化,如圖。

【釋義】

㊀茅草:“蓬户茅宇,棬樞甕牖”(S110)。㊁姓氏:“元氏令茅匡、丞吳音”(Q060)。㊂用於地名:“縣前以河平元年,遭白茅谷水灾”(Q178)。

1107 **苓** líng 《廣韻》郎丁切,來青平。來耕。

Q083

《説文·艸部》:“ ,卷耳也。从艸,令聲。”

【釋形】

《説文》小篆爲形聲字,从艸,令聲。漢碑字形中,義符“艸”粘連寫作“⺷”形,聲符“令”的構件“㔾”寫成了“卩”,如圖。

【釋義】

通“零”,凋落:“何寤不遂,中年殀苓”(Q083)。

1108 **薁** yù 《廣韻》於六切,影屋入。影覺。

① Q134 ② Q084

《説文·艸部》:“ ,嬰薁也。从艸,奥聲。”

【釋形】

《説文》小篆爲形聲字,从艸,奥聲。漢碑字形中,義符“艸”寫作“⺿”形,如圖①②。聲符“奥”的構件“𡩜”,上方“釆”隸定爲“米”,如圖①②;下方“廾”粘連寫成“六”形;構件“宀”或據小篆線條隸定,如圖①;或與“釆”粘合寫作“囷”形,變半包圍結構爲全包圍結構,如圖②。

【釋義】

通“奥”,奥妙,奥義:“該三五之藉,歌周孔之薁”(Q084);“□□□之情,窮七道之薁”(Q134)。

1109 **葴** zhēn 《廣韻》職深切,章侵平。章侵。

Q128

《説文·艸部》:“ ,馬藍也。从艸,咸聲。”

【釋形】

《説文》小篆爲形聲字,从艸,咸聲。“咸”上古音在匣母侵部。漢碑字形依據小篆線條進行對應轉寫隸定,部分線條轉寫爲筆畫;義符“艸”變曲線爲平直,寫作“⺿”形,如圖。

【釋義】

通“箴”,以勸諫爲主的文章:“葴謨屢

獻,使事日言”(Q128)。

1110 **藐** miǎo 《廣韻》亡沼切,明小上。明藥。

① J118 ② Q133 ③ Q061 ④ Q132

《説文·艸部》:“藐,茈艸也。从艸,貇聲。”

【釋形】

《説文》小篆爲形聲字,从艸,貇聲。漢碑字形中,義符“艸”有的寫作“艹”形,如圖①②;有的進一步粘連成“䒑”形,如圖③④。聲符“貇”的構件“豸”多據小篆線條隸定,如圖①~③;有的省寫上部形體,似“犭”形,如圖④。構件“頁”有的與小篆相承隸定,如圖③④;有的訛寫近“艮”形,如圖①②。

【釋義】

久遠:“商周遐藐,歷世壙遠,不隕其美”(Q093);“〖勳〗迹藐矣,莫與爭光”(Q133)。

1111 **苞** bāo 《廣韻》布交切,幫肴平。幫幽。

Q179

《説文·艸部》:“苞,艸也。南陽以爲麤履。从艸,包聲。”

【釋形】

《説文》小篆爲形聲字,从艸,包聲。漢碑字形中,義符“艸”粘連成“䒑”形,聲符“包”中的人形省寫爲“𠃌”,如圖。

【釋義】

通“包”,包括,包含:“孝武時有張騫,廣通風俗,開定畿寓,南苞八蠻,西羈六戎,北震五狄,東勤九夷,荒遠既殯,各貢所有”(Q179)。

1112 **艾** ài 《廣韻》五蓋切,疑泰去。疑月。

① Q150 ② Q153 ③ Q172 ④ Q166

⑤ Q178

《説文·艸部》:“艾,冰臺也。从艸,乂聲。”

【釋形】

《説文》小篆爲形聲字,从艸,乂聲。漢碑字形中,義符“艸”有的寫作“艹”形,如圖②~④;有的進一步粘連成“䒑”形,如圖①⑤。聲符“乂”有的與小篆相承,隸定爲“乂”如圖④⑤;有的訛寫爲“又”,如圖①~③。

【釋義】

㊀本爲拴繫印章的絲帶,借指官位:“州郡竝表,當亨符艾”(Q153);“子孫以銀艾相繼”(Q166);“〖即〗此龜艾,遂尹三梁”(Q172)。㊁老人:“髦艾究□兮,幼□□□”(Q150)。㊂用於人名:“□□時鄉嗇夫劉俊叔艾”(Q104)。㊃通“乂(yì)”,❶安定:“清涼調和,烝烝艾寧”(Q095);“經記厥續,艾康萬里”(Q150);又見“艾安”等。❷才德傑出的人:“於是乃聽訟理怨,教誨後生百有餘人,皆成俊艾”(Q169);“書載俊艾,股肱幹楨”(Q187);“遂訪故老商量、儁艾王敞、王畢等,恤民之要,存慰高年,撫育鰥寡”(Q178)。

【釋詞】

[艾安]艾,通“乂”,謂安定,太平:“除西域之疢,蠲四郡之害,邊境艾安”(Q079);“慰綏朔狄,邊宇艾安”(Q128)。

[艾康]艾,通“乂”,安樂:“經記厥續,艾康萬里”(Q150)。

[艾寧]艾,通“乂”,安寧:“清涼調和,烝烝艾寧”(Q095)。

1113 **蓳**

“堇”的異體字(圖③),見1114 堇。

1114 **董(蕫)** dǒng 《廣韻》多動切,端董上。端東。

① Q112 ② Q088 ③ Q178

《説文》作"蕫",《説文·艸部》:"蕫,鼎蕫也。从艸,童聲。杜林曰:藕根。"

【釋形】

《説文》小篆爲形聲字,从艸,童聲。漢碑字形中,義符"艸"寫作"艹"形,如圖①～③。聲符有的延續小篆寫法作"童",稍有形變,如圖③;有的聲符寫作"重",整字作"董",當時爲俗字,後世爲通行字,如圖①②。

【釋義】

㊀管理,監督:見"董督"。㊁姓氏:"左尉河内汲董並,字公房"(Q172);"故將軍令史董溥建禮三百"(Q178);"東郡武陽董元厚二百"(Q112)。㊂用於人名:"故午淳于董純,字元袓"(Q088)。

【釋詞】

[董督]管理,監督:"延熹七年二月丁卯,拜司隸校尉,董督京輦,掌察羣寮,蠲細舉大,権然疏發"(Q154)。

1115 **蓮** lián 《廣韻》落賢切,來先平。來元。

① Q123 ② Q200

《説文·艸部》:"蓮,芙蕖之實也。从艸,連聲。"

【釋形】

《説文》小篆爲形聲字,从艸,連聲。漢碑字形中,義符"艸"在"車"上,整字由小篆上"艸"下"連"的上下結構變爲視覺上的半包圍結構。義符"艸",有的寫作"艹"形,如圖②;有的進一步粘連成"䒑"形,如圖①。聲符"連",構件"辵"隸變近"辶",如圖①②。

【釋義】

用於地名:"蓮勺左鄉有秩杜〖衡〗千五百"(Q123);"故功曹司空掾蓮勺田巴叔鸞"(Q200)。

1116 **蓍** shī 《廣韻》式脂切,書脂平。書脂。

Q117

《説文·艸部》:"蓍,蒿屬。生十歲,百莖。《易》以爲數。天子蓍九尺,諸侯七尺,大夫五尺,士三尺。从艸,耆聲。"

【釋形】

《説文》小篆爲形聲字,从艸,耆聲。漢碑字形中,義符"艸"寫作"艹"形;聲符"耆"的構件"老"上部省變爲"耂",與"旨"共用一個構件"匕",如圖。

【釋義】

用於人名:"君諱固,字伯堅,蓍君元子也"(Q117)。

1117 **蕭** xiāo 《廣韻》蘇彫切,心蕭平。心幽。

Q127

《説文·艸部》:"蕭,艾蒿也。从艸,肅聲。"

【釋形】

《説文》小篆爲形聲字,从艸,肅聲。"肅"上古音在心母覺部。漢碑字形中,義符"艸"粘連成"䒑"形,"肅"下的"𣶏"省變作"冂"内"米"形,如圖。

【釋義】

㊀通"肅":見"蕭條"。㊁姓氏:"故吏泰山南武陽蕭誨,〖字伯謀〗"(Q127)。㊂用於地名:"尚書丞沛國蕭曹芝□宣"(Q093)。

【釋詞】

[蕭條]通"肅滌",肅清,滌除:"然後

四校横徂，星流彗埽，蕭條萬里，野無遺寇”（H26）。

1118 **蔓** màn 《廣韻》無販切，明願去。明元。

Q172

《説文·艸部》：“，葛屬。从艸，曼聲。”

【釋形】

《説文》小篆爲形聲字，从艸，曼聲。漢碑字形與小篆相承，義符“艸”寫作“艹”形；聲符“曼”的構件“冒”據小篆字形嚴格隸定，“又”訛寫作“万”，如圖。

【釋義】

用於人名：“丞沛國銍趙勳，字蔓伯”（Q172）。

1119 **蔣** jiǎng 《廣韻》即兩切，精養上。精陽。

Q112

《説文·艸部》：“，苽蔣也。从艸，將聲。”

【釋形】

《説文》小篆爲形聲字，从艸，將聲。漢碑字形與小篆相承，義符“艸”寫作“艹”形；聲符“將”的構件“寸”彎曲線條拉直，指示符號變爲一點，“肉”訛寫同“夕”，左邊的“爿”豎線變爲彎筆，如圖。

【釋義】

姓氏：“文陽蔣元道二百”（Q112）。

1120 **荊** jīng 《廣韻》舉卿切，見庚平。見耕。

① Q194

② Q178

《説文·艸部》：“，楚。木也。从艸，刑聲。，古文荊。”

【釋形】

《説文》小篆爲形聲字，从艸，刑聲。漢碑字形的結構依據小篆線條進行對應轉寫隸定，義符“艸”有的寫作“艹”形，如圖①；有的進一步粘連成“丷”形，如圖②。聲符“刑”左邊的“幵”連筆寫作“开”，右邊的“刀”寫成了立刀（刂）形，如圖①②。

【釋義】

荊州，行政區劃名：“大將軍辟舉茂才，除襄城令，遷荊州刺史、東萊涿郡太守”（Q066）；“訞賊張角，起兵幽冀，兖豫荊楊，同時竝動”（Q178）。

1121 **萌** méng 《廣韻》莫耕切，明耕上。明陽。

① Q154

② Q178

③ Q066

《説文·艸部》：“，艸芽也。从艸，明聲。”

【釋形】

《説文》小篆爲形聲字，从艸，明聲。漢碑字形中，義符“艸”有的寫作“艹”形，如圖①③；有的進一步粘連成“丷”形，如圖②。聲符“明”有的據小篆字形隸定，如圖①；有的則將左邊“囧”替换成“目”，如圖②③。

【釋義】

㊀開始發生：“爲堯種樹，舍潛于岐，天顧亶甫，乃萌昌發”（Q187）。㊁通“氓”，民：“闡君靈兮示後萌，神有識兮營壇場”（Q128）；“群后卿士，凡百棃萌，靡不欷歔垂涕，悼其爲忠獲罪”（Q066）。㊂用於人名：“沛園丁直，魏郡馬萌，勃海吕圖”（Q154）；“故吏韋萌等，僉然同聲，賃師孫興，刊石立表，以示後昆”（Q179）。

1122 **葉** yè 《廣韻》與涉切，餘葉入。餘葉。

① Q144 ② Q129 ③ Q194 ④ Q178

《説文·艸部》:“,艸木之葉也。从艸,枼聲。”

【釋形】

《説文》小篆爲形聲字,从艸,枼聲。初文作“枼”。漢碑字形中,義符“艸”有的保留篆意,如圖①;有的寫作“艹”形,如圖②③;有的進一步粘連寫作“䒑”形,如圖④。聲符“枼”的構件“世”在隸變過程中筆畫粘連,寫作“丗”形,如圖①～③;構件“木”的豎筆或與上方“世”中豎連寫,如圖③④。

【釋義】

㊀葉子:“枝分葉布,所在爲雄”(Q178);“分原而流,枝葉扶疏”(Q193)。㊁世,時期:“在漢中葉,建設宇堂”(Q129);“累葉牧守,印紱典據,十有餘人,皆德任其位,名豐其爵”(Q144)。

1123 **英** yīng 《廣韻》於驚切,影庚平。影陽。

① Q202 ② Q066 ③ Q194 ④ Q175

⑤ Q137 ⑥ Q153

《説文·艸部》:“,艸榮而不實者。一曰:黄英。从艸,央聲。”

【釋形】

《説文》小篆爲形聲字,从艸,央聲。漢碑字形中,義符“艸”有的據小篆線條嚴格隸定,如圖①;有的寫作“艹”形,如圖②③;有的進一步粘連寫作“䒑”形,如圖④～⑥。聲符“央”所从的“大”將“冂”下面封閉,構成新的字形“央”,如圖①②④⑤;有的“央”下的撇和捺與上部相離,寫作兩點,如圖③;有的“央”結構重組爲“内”和“大”,如圖⑥。

【釋義】

㊀華,常喻指事物的精華:“擥英接秀,踵跡晏平”(Q137);“惟封龍山者,北岳之英援,三條之别神”(Q126)。㊁才能出眾的人物:“高祖龍興,婁敬畫計,遷諸關東豪族英傑,都于咸陽,攘竟蕃衛”(Q153);“鴻漸衡門,群英雲集。咸共飲酌其流者,有踰三千”(Q066);“□□舍業憔悴,感清英之處卑,傷美玉之不賈”(Q175);又見“英彦”。㊂用於人名:“□尚書令弘農宜陽周嘉彦英”(Q173);“大守史南鄭趙英,字彦才”(Q199)。

【釋詞】

[英彦]英俊傑出之士:“國〖維〗□寶,英彦失疇”(Q088);“英彦惜痛,老小(闕)死而不朽,當在祀典者矣”(Q202)。

1124 **芒** máng 《廣韻》莫郎切,明唐平。明陽。

Q056

《説文·艸部》:“,艸耑。从艸,亾聲。”

【釋形】

《説文》小篆爲形聲字,从艸,亾聲。漢碑字形中,義符“艸”簡寫成“䒑”形,聲符“亾”所从的“入”變爲“亠”形,彎曲的線條變爲“𠃊”,且“亠”置於“𠃊”之内,如圖。

【釋義】

用於地名:“皇上閔悼,兩宫賻贈,賜秘器,以禮殯,以九月十日塟于芒門舊塋”(Q056)。

1125 **茂** mào 《廣韻》莫候切,明候去。明幽。

① Q066 ② Q125 ③ Q132 ④ Q200

《説文·艸部》:"茂,艸豐盛。从艸,戊聲。"

【釋形】

《説文》小篆爲形聲字,从艸,戊聲。"戊"上古音在明母幽部。漢碑字形與小篆相承,義符"艸"寫作"艹"形,聲符"戊"筆畫化,右上曲線變爲一點,如圖①～④。

【釋義】

㊀草木等繁多旺盛:"禽獸碩茂,草木芬〖芳〗"(Q125);"草木暢茂,巨仞不數"(Q171)。㊁優秀,卓越:"天〖降〗雄彦,〖資〗才卓茂"(Q132);"采嘉石,樹靈碑。鐫茂伐,祕將來"(Q137)。又見"茂才"。㊂姓氏:"處士河東皮氏岐茂孝才二百"(Q178)。㊃用於人名:"部掾冶級王弘、史荀茂、張宇、〖韓〗岑〖等典〗功作"(Q025);"功曹史安眾劉瑗、主簿蔡陽樂茂"(Q125)。㊄用於地名:"漢武都大守,右扶風茂陵耿君,諱勳,字伯瑋"(Q161);"梁離狐茂陵任君元升神門"(Q184)。

【釋詞】

[茂才]即"秀才",東漢時爲避光武帝劉秀名諱,將"秀才"改爲"茂才",後來有時也稱"秀才"爲"茂才":"故功曹司隸茂才司空掾池陽郭晊公休"(Q200);"大將軍辟舉茂才,除襄城令,遷荊州刺史、東萊涿郡太守"(Q066);"州察茂才,遷鮦陽侯相、金城太守"(Q133)。

1126 **蔭** yīn 《集韻》於金切,影侵平。影侵。

Q095

《説文·艸部》:"蔭,艸陰地。从艸,陰聲。"

【釋形】

《説文》小篆爲形聲字,从艸,陰聲。漢碑字形中,義符"艸"簡寫成"䒑"形;聲符"陰"的構件"𠂤"隸變爲"阝",構件"侌"省寫爲"会",如圖。

【釋義】

通"陰",陰暗:"平阿湶泥,常蔭鮮晏"(Q095)。

1127 **蒼** cāng 《廣韻》七岡切,清唐平。清陽。

① Q129　② Q210

《説文·艸部》:"蒼,艸色也。从艸,倉聲。"

【釋形】

《説文》小篆爲形聲字,从艸,倉聲。漢碑字形中,義符"艸"有的寫作"艹"形,如圖①;有的進一步將"艹"的横畫連成一筆,寫作"艹",如圖②。聲符"倉"圓轉線條隸定爲平直筆畫,如圖①②。

【釋義】

㊀指天:見"穹蒼"。㊁通"倉",泛指收藏糧食的地方:見"大蒼"。

【釋詞】

[蒼頡]皇帝的史官,古代傳説中創造漢字的人:"蒼頡,天生德於大聖,四目靈光,爲百王作〖書〗,以傳萬〖嗣〗"(Q123)。

1128 **苗** miáo 《廣韻》武瀌切,明宵平。明宵。

① Q178　② Q128　③ Q153　④ Q133

⑤ Q095

《説文·艸部》:"苗,艸生於田者。从艸从田。"

【釋形】

《説文》小篆爲會意字,从艸从田,表示田地裡長出的莊稼幼苗。漢碑字形與小篆相承,構件"艸"有的據小篆線條嚴格隸定,如圖①;有的寫作"艹"形,如圖②;有的進一步粘連寫作"䒑"形,如圖③～⑤;

構件"田"則由圓方形轉寫爲扁方形，如圖①②③⑤；有的訛寫作"由"，如圖④。

【釋義】

㊀植物的幼苗："被病夭没，苗秀不遂，嗚呼哀栽，士女痛傷"（Q094）；"嗟嗟孟子，苗而弗毓"（Q117）。㊁後代："帝嘉其忠臣之苗，器其璵璠之質，詔拜郎中"（Q133）；"於是君之孫魴、倉、九等，乃相與刊山取石，表謚定號，垂之億載，以示昆苗"（Q128）；"肇祖宓戲，遺苗后稷"（Q187）；又見"苗裔"。㊂用於人名："故塞曹史杜苗幼始、故塞曹史吴産孔才五百"（Q178）；"故功曹大尉掾池陽吉苗元裔"（Q200）。

【釋詞】

［苗裔］子孫後代："述神道，熹苗裔"（Q045）；"〖君〗諱璜，字伯謙。其先祖出于殷箕子之苗裔"（Q128）；"君帝高陽之苗裔，封兹楚熊，氏以國别"（Q153）。

1129 **苛** kē 《廣韻》胡歌切，匣歌平。匣歌。

Q171

《説文·艸部》："，小艸也。从艸，可聲。"

【釋形】

《説文》小篆爲形聲字，从艸，可聲。漢碑形體與小篆相承，義符"艸"粘連寫作"䒑"形；聲符"可"下面彎曲的線條變爲"亅"，如圖。

【釋義】

煩瑣，繁細："馬〖餼〗稂秀，不爲苛煩"（Q171）。

1130 **穢** huì 《廣韻》於廢切，影廢去。影月。

Q125

《説文》作"薉"，《説文·艸部》："，蕪也。从艸，歲聲。"

【釋形】

段玉裁《説文解字注》："今作穢。"漢碑字形中"薉"即寫作"穢"，義符"禾、艸"義近而换用；聲符"歲"本爲从步戌聲，構件"步"下面的反"止"訛寫成"小"，上面的"止"訛寫成"山"，且與構件"戌"的位置關係發生改變，如圖。

【釋義】

㊀荒蕪："疏穢濟遠，柔順其道"（Q125）。㊁邪惡之人："彈饕糾貪，務鉏民穢"（Q187）；"彈紬五卿，華夏祗肅，佞穢者遠"（Q154）。

1131 **荒** huāng 《廣韻》呼光切，曉唐平。曉陽。

① Q127

② Q129

③ Q169

④ Q095

⑤ Q179

《説文·艸部》："，蕪也。从艸，㠩聲。一曰：艸淹地也。"

【釋形】

《説文》小篆爲形聲字，从艸，㠩聲。漢碑字形中，義符"艸"有的據小篆線條嚴格隸定，如圖①；有的寫作"艹"形，如圖②③；有的進一步粘連寫作"䒑"形，如圖④⑤。聲符"㠩"从川亡聲，"亡"所从的"人"變爲"亠"形，下面的"川"有的右畫寫作"乚"，如圖①⑤；有的三畫均寫作"乚"形，與"鼠獵"等字的下面寫法混同，如圖②～④。

【釋義】

㊀田園荒蕪："發荒田耕種，賦與寡獨王佳小男楊孝等三百餘户"（Q161）；"田畯喜于荒圃，商旅交乎險路"（Q127）。㊁收成差，年成不好："永壽元年中，荒旱無雨"（Q122）。又見"荒饑"等。㊂荒廢，廢棄："遭離羌寇，蝗旱鬲并，民流道荒"（Q060）。㊃

嚴重缺少:“王機悵兮嘉謀荒,旌洪德兮表元功”(Q128)。㊄包有:“奄有河朔,遂荒畢陽”(Q129)。㊅邊遠地區:見“荒遠”等。

【釋詞】

[荒饑]饑荒:“〖綏薄〗賦,牧邦畿。黎烝殷,罔荒饑”(Q135)。

[荒饉]饑荒:“冀土荒饉,道殣相望”(Q128)。

[荒遠]遙遠的地區:“荒遠既殯,各貢所有”(Q179)。

1132 **落** luò 《廣韻》盧各切,來鐸入。來鐸。

JB2

《説文·艸部》:“,凡艸曰零,木曰落。从艸,洛聲。”

【釋形】

《説文》小篆爲形聲字,从艸,洛聲。漢碑字形與小篆相承,義符“艸”寫作“艹”形,聲符“洛”的構件“水”隸變爲“氵”,如圖。

【釋義】

㊀居處:見“虚落、區落”。㊁死亡:“究是台輔,三方共□,□□黯□,徂落不留”(Q173)。㊂用於“磥落”,形容錯落分明的樣子:“巖巖山岳,磥落彰較”(Q154)。

1133 **蔡** cài 《廣韻》倉大切,清泰去。清月。

① Q088 ② Q125 ③ Q263 ④ J282

⑤ Q152

《説文·艸部》:“,艸也。从艸,祭聲。”

【釋形】

《説文》小篆爲形聲字,从艸,祭聲。“祭”上古音在精母月部。漢碑字形與小篆相承,義符“艸”有的寫作“艹”形,如圖①~④;有的進一步粘連寫作“䒑”形,如圖⑤。聲符“祭”中的“肉”有時省寫作“夕”,如圖⑤。

【釋義】

㊀姓氏:“故門下議史平昌蔡規,字中舉”(Q088);“常山相汝南富波蔡〖日綸〗”(Q126);“故吏軍謀掾汝南蔡訓起宗”(Q285)。㊁用於地名:“主簿蔡陽樂茂、户曹史宛任巽”(Q125);“舉孝廉,尚書侍郎,上蔡雒陽令”(Q152)。

1134 **菜** cài 《廣韻》倉代切,清代去。清之。

Q114

《説文·艸部》:“,艸之可食者。从艸,采聲。”

【釋形】

《説文》小篆爲形聲字,从艸,采聲。漢碑字形中,義符“艸”粘連寫作“䒑”形。聲符“采”的構件“爪”省寫爲三個點,已經看不出手形;構件“木”訛寫似“不”,如圖。

【釋義】

㊀蔬菜:“麤絺大布之衣,粝笞蔬菜之食”(S110)。㊁用於地名:“菜石縣西南小山陽山”(Q114)。

1135 **薄** bó 《廣韻》傍各切,並鐸入。並鐸。

① Q135 ② Q122 ③ Q100 ④ Q188

《説文·艸部》:“,林薄也。一曰:蠶薄。从艸,溥聲。”

【釋形】

《説文》小篆爲形聲字,从艸,溥聲。“溥”上古音在幫母鐸部。漢碑字形中,義符“艸”寫作“艹”形，如圖①②④；有的進一步粘連寫作“䒑”形，如圖③。聲符“溥”的構件“水”隸變爲“氵”，如圖①～④。構件“尃”所从“甫”上方彎曲的線條被拉直爲一横，横畫右端上方或有一點，如圖④。下方“用”或隸變爲“申”形，如圖③④；或隸變爲“由”形，如圖①②。所从“寸”彎曲線條隸定爲平直筆畫，指示符號變爲提畫。

【釋義】

㊀輕，少：“聲重位薄，□眾〖嘆〗嘆”（Q122）；“緩薄賦，牧邦畿”（Q135）。㊁裝飾：“薄踈郭中，畫觀後當，朱爵對游栗扯人，中行白虎後鳳皇”（Q100）。㊂助詞，用於句首：“斑到官之日，□癘吏士，哮虎之怒，薄伐□□”（Q093）。

1136 **苑** yuàn 《廣韻》於阮切，影阮上。影元。

① Q179

② Q179

《説文·艸部》：“，所以養禽獸也。从艸，夗聲。”

【釋形】

《説文》小篆爲形聲字，从艸，夗聲。漢碑字形中，義符“艸”粘連寫作“䒑”形，聲符“夗”的構件“卪”隸變爲“巳”形，如圖①②。

【釋義】

古代用來種植林木、蓄養禽獸的地方，後來多指君王游獵之地：“苑令有公卿之才，嗇夫喋喋小吏，非社稷之重”（Q179）。

1137 **芳** fāng 《廣韻》敷方切，滂陽平。滂陽。

① Q169

② Q157

③ Q128

④ Q129

⑤ Q179

《説文·艸部》：“，香艸也。从艸，方聲。”

【釋形】

《説文》小篆爲形聲字，从艸，方聲。漢碑字形中，義符“艸”有的據小篆線條嚴格隸定，如圖①；有的已經隸變爲“艹”形，如圖②～④；有的進一步粘連寫作“䒑”形，如圖⑤。聲符“方”，在甲骨文中作（《合》8667）、（《合》6314），小篆在前一類字形的基礎上線條化；漢碑字形發生離析重組，上部離析出“亠”，下部隸定爲一撇和一折筆，如圖①～⑤。

【釋義】

㊀芳香：“明德惟馨，神歆其芳”（Q129）；“芭芳旁布，尤愍縣□”（Q193）。㊁喻指美好的品德名聲：“〖乃〗刊石以旌遺芳”（Q117）；“君天姿明〖達〗，徹〖曠〗有芳”（Q128）；又見“芳烈”等。㊂用於人名：“相守史薛王芳伯道三百”（Q112）；“徒占浩亹，時長蘭芳”（Q169）。

【釋詞】

［芳魂］志行高潔者的靈魂：“永保靡他，芳魂千古”（H144）。

［芳烈］盛美的功業：“□聲芳烈，作王臣，運天樞，釐三辰，擿裁吝，□□壯，道欽明”（Q175）。

1138 **藥** yào 《廣韻》以灼切，餘藥入。餘藥。

① Q114

② Q178

《説文·艸部》：“，治病艸。从艸，樂聲。”

【釋形】

《説文》小篆爲形聲字，从艸，樂聲。漢碑字形中，義符“艸”有的寫作“艹”形，如圖①；有的粘連寫作“䒑”形，如圖②。聲符“樂”發生較大形變：“䜌”形與“木”斷開，分爲上下兩部分，“䜌”形保留線條，尚未完全分解爲筆畫，中間的“白”形訛寫成了“日”，如圖①②。

【釋義】

㊀藥物：“卜問醫藥，不爲知閒”（Q114）；“大女桃婓等，合七首藥神明膏”（Q178）。㊁特指仙丹：“乃與君神藥，曰：‘服藥以後，當移意萬里，知鳥獸言語。’”（Q199）。

1139 **芟** shān 《廣韻》所銜切，山銜平。山談。

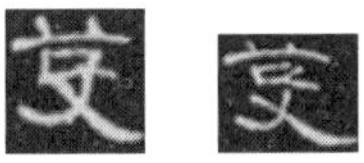

① Q178 ② Q178

《說文 · 艸部》：“，刈艸也。从艸从殳。”

【釋形】

《說文》小篆爲會意字，从艸从殳，表示割草之義。漢碑字形與小篆相承，構件“艸”粘連寫作“䒑”形，構件“殳”上面的部分訛寫作“口”，下面的部分轉寫作“乂”，如圖①②。

【釋義】

斬殺，清除：“芟不臣，寧黔首”（Q178）；又見“芟夷”。

【釋詞】

［芟夷］鏟除，削除：“轉拜郃陽令，收合餘燼，芟夷殘迸，絶其本根”（Q178）。

1140 **藉** jí 《廣韻》秦昔切，從昔入。從鐸。

① Q169 ② Q084 ③ Q134

《說文 · 艸部》：“，祭藉也。一曰：艸不編，狼藉。从艸，耤聲。”

【釋形】

《說文》小篆爲形聲字，从艸，耤聲。漢碑字形中，義符“艸”有的據小篆線條隸定，如圖①；有的已經隸變爲“⺾”形，如圖②③。聲符“耤”之構件“耒”所从的“木”和“丯”粘合在一起省寫了一横畫，“木”下弧線分解爲一撇一捺，隸定爲“耒”，如圖①～③。構件“昔”上方形體有的據小篆線條隸定爲兩個“仌”形，如圖①；有的發生形變，寫作“龷”，如圖②。

【釋義】

通“籍”，書籍：“由復研機篇藉，博貫史略”（Q169）；“該三五之藉，歇周孔之薁”（Q084）；“□綜書藉”（Q134）；“篇藉靡遺”（Q177）。

1141 **葢（盖）** gài 《廣韻》古太切，見泰去。見葉。

① J388 ② Q178 ③ Q153 ④ Q074

《說文 · 艸部》：“，苫也。从艸，盇聲。”

【釋形】

《說文》小篆爲形聲字，从艸，盇聲。漢碑字形中，義符“艸”有的寫作“⺾”形，如圖①；有的粘連寫作“䒑”形，如圖②。聲符“盇”的構件“大”有的與“䒑”粘合寫作“𦍌”，如圖③④；有的訛作“去”，如圖①②。構件“血”筆畫化，省變爲“皿”。現在通行的簡化字“盖”沿襲了漢碑③④的寫法。

【釋義】

㊀車蓋：見“冠盖”。㊁語氣詞，置於句首：“葢《春秋》義，言不及尊，翼上也”（Q021）；“葢漢三百八十有七載，□□□于□□□□銘功，著斯金石”（Q172）；“盖《雅》《頌》興而清廟肅，《中庸》起而祖宗□”（Q137）。㊂副詞，表示推測，大概：“官族分析，因以爲氏焉，武氏葢其後也”（Q093）；“溧陽長潘君諱乾，字元卓，陳國長平人，葢楚大傅潘崇之末緒也”（Q172）；“其先盖出自少皓，唐炎之隆，伯翳作虞”（Q169）。

1142 **盖**

“葢”的異體字（圖③④），見 1141 葢。

1143 **藩** fān 《廣韻》甫煩切，幫元平。
幫元。

① Q137

② Q019

《説文·艸部》："，屏也。从艸，潘聲。"

【釋形】

《説文》小篆爲形聲字，从艸，潘聲。漢碑字形中，義符"艸"寫作"艹"形；聲符"潘"的構件"番"所从之"釆"省寫成"米"，下方像獸類腳掌的部分隸定爲"田"形，如圖①②。

【釋義】

㊀籬笆：見"藩屏"。㊁地方州郡："〖參議〗帝室，剖符守藩"（Q137）。

【釋詞】

［藩屏］籬笆和屏障，多用來比喻捍衛、守衛："羽衛藩屏，撫萬民兮"（Q088）。

1144 **若** ruò 《廣韻》而灼切，日藥入。
日鐸。

① Q083

② Q142

③ Q114

④ Q146

⑤ Q120

⑥ Q129

⑦ Q084

⑧ Q134

《説文·艸部》："，擇菜也。从艸、右；右，手也。一曰：杜若，香艸。"

【釋形】

《説文》以爲會意字，从艸、右，表示用手擇菜之義。"若"甲骨文作（《合》6497），像跪坐之人雙手理順頭髮之狀，本義應爲柔順、順從。許諾之"諾"从之，即用其柔順、順從義。金文或承襲甲骨文作（《我方鼎》）；或人的形體發生變化，不再强調跪坐姿勢，寫作（《毛公鼎》）；或在此基礎上添加裝飾性構件"口"，寫作（《毛公鼎》）。戰國秦文字發生離析重組，寫作，兩隻手重組爲"艸"，頭髮混同爲"又"，《説文》小篆與之結構相同。《説文》據小篆字形釋爲"从艸、右"，并釋其義爲"擇菜"，應爲針對後起義的理據重構。漢碑字形中，構件"艸"多寫作"艹"形，如圖①②④⑥⑦⑧；有的將"艹"的横畫連寫成"艹"，如圖⑤；有的進一步粘連寫作"䒑"，如圖③。義符"右"所从的"又"有的仍保留篆意，如圖①～③；有的逐漸筆畫化，如圖④～⑧。

【釋義】

㊀順從："會遷京兆尹，孫府君到，欽若嘉業，遵而成之"（Q129.5）。㊁像，如……一樣："百姓號咷，若喪考妣"（Q144）；"甘珍嗞味嗛設，隨時進納，省定若生時"（Q114）；"春宣聖恩，秋貶若霜"（Q095）；又見"若指諸掌"。㊂連詞，假如，如果："若兹不刊，後哲曷聞"（Q134）。㊃副詞，表示承接，"乃"："政教稽古，若重規矩"（Q102）。

【釋詞】

［若指諸掌］語出《論語·八佾》："或問禘之説。子曰：'子知也；知其説者之於天下也，其如示諸斯乎！'指其掌。"比喻對事情非常熟悉、了解："治《尚書》歐陽，躭思□□□□若指諸掌"（Q175）。

1145 **茹** rú 《廣韻》人諸切，日魚平。
日魚。

① Q137

② Q187

《説文·艸部》："，飲馬也。从艸，如聲。"

【釋形】

《説文》小篆爲形聲字，从艸，如聲。漢碑字形與小篆相承，義符"艸"有的寫作"艹"形，如圖①；有的進一步粘連寫作"䒑"形，如圖②。聲符"如"的曲線轉寫爲筆畫，如圖①②。

【釋義】

吃,喝:"濱近聖禹,飲汶茹汸"(Q187)。

1146 **蒸** zhēng 《廣韻》煮仍切,章蒸平。章蒸。

Q124

《説文·艸部》:",折麻中榦也。从艸,烝聲。,蒸或省火。"

【釋形】

《説文》小篆爲形聲字,从艸,烝聲。漢碑字形中,義符"艸"粘連寫作"䒑"形;中間的構件"丞"與雙手變形嚴重,不過對應關係還算清晰;最下面的構件"火"隸定爲四點(灬),如圖。

【釋義】

㊀古代祭祀名,冬祭曰蒸:見"蒸嘗"。㊁通"烝",眾多,借指百姓:"翼翼聖慈,惠我黎蒸"(Q172)。

【釋詞】

[蒸嘗]以秋冬二祭泛指祭祀:"道□礿祠,蒸嘗魂靈"(Q124)。

1147 **折** zhé 《廣韻》旨熱切,章薛入。章月。

① Q128 ② Q130

《説文·艸部》:",斷也。从斤斷艸。譚長説。,籀文折从艸在仌中,仌寒,故折。,篆文折从手。"

【釋形】

《説文》小篆爲會意字,从斤斷艸,以用斧子斷草表示折斷之義。甲骨文作(《合》20594),更爲形象。籀文特意用兩短横表示斷草,但《説文》正篆字形已經將斷草連接在一起,構形理據已不及籀文清晰。由於《説文》正篆已无法明確表示折斷義,《説文》或體便將連在一起的草訛寫作"手",整字的構形理據發生重構。漢碑字形承襲《説文》或體的字形結構,構件"手"隸變爲"扌",構件"斤"由兩條彎曲的線條各自分解爲兩筆,徹底實現筆畫化,如圖①②。

【釋義】

㊀判斷,擇定:見"折中"。㊁減損,屈抑:"〖州郡聞知,旌弓禮招,復爲從事,覬〗覬虎視,不折〖其節〗"(Q135)。又見"折節"。

【釋詞】

[折節]委屈自己,以示謙遜:"折節清行,恭儉束脩,政崇無爲"(Q128)。

[折中]擇取最恰切的狀態、原則或標準:"子無隨殁,聖人折中"(Q128)。

1148 **菲** fěi 《廣韻》敷尾切,滂尾上。滂微。

① J009 ② Q185

《説文·艸部》:",芴也。从艸,非聲。"

【釋形】

《説文》小篆爲形聲字,从艸,非聲。漢碑字形中,義符"艸"粘連寫作"䒑"形;聲符"非"左右曲線拉直爲横畫,且中間兩豎畫與下方横畫的交接關係跟現在通行字形有明顯差異,如圖①②。

【釋義】

見"菲薄"。

【釋詞】

[菲薄]刻苦儉約:"〖君下車,崇尚儉節,躬〗自菲薄"(Q135);"纂脩其緒,温良恭儉,敦□詩□□□□□□積而能散,菲薄其身"(Q185)。

1149 **萊** lái 《廣韻》落哀切,來咍平。來之。

① Q144 ② J056 ③ Q066 ④ Q014

《説文·艸部》:“ ,蔓華也。从艸,來聲。”

【釋形】

《説文》小篆爲形聲字,从艸,來聲。漢碑字形中,義符“艸”有的保留篆意,如圖①;有的寫作“艹”形,如圖②③;有的進一步粘連寫作“䒑”形,如圖④。聲符“來”有的將兩側下垂的部分寫成兩個“人”形,如圖③;有的已經寫成現在的簡化字形“來”,如圖①②;有的則寫得近似於“耒”,且與上面的構件“䒑”相接,如圖④。

【釋義】

㊀姓氏:“萊子侯爲支人爲封,使偖子食等用百余人”(Q014)。㊁用於地名:“遷荊州刺史,東萊、涿郡太守”(Q066);“東萊中尉河南偃師張表,□□元光造作虎函”(Q176)。

1150 **蒙** méng 《廣韻》莫紅切,明東平。明東。

① Q088

② Q126

③ Q141

④ Q142

⑤ Q178

⑥ JB3

《説文·艸部》:“ ,王女也。从艸,冡聲。”

【釋形】

《説文》小篆爲形聲字,从艸,冡聲。漢碑字形中,義符“艸”有的寫作“艹”形,如圖①～③;有的形變爲“卝”,如圖④;有的進一步粘連寫作“䒑”形,如圖⑤⑥。聲符“冡”構件“冃”或省寫作“冖”,如圖①②④⑥;或訛寫作“宀”,使得構件“蒙”與“家”混同,如圖③⑤。

【釋義】

㊀蒙受,得到:“臣蒙厚恩,受任符守,得在奎婁,周孔舊寓”(Q140);“萬民懽喜,行人蒙福”(Q110);“百姓訢和,舉國蒙慶”(Q112)。㊁蒙昧,童蒙:“賴兹劉父,用説其蒙”(Q193);“表述前列,啟勸僮蒙”(Q142)。㊂用於人名:“故吏焦蒙”(Q074)。

1151 **范** fàn 《廣韻》防錽切,並范上。並談。

① Q134

② Q169

③ Q179

《説文·艸部》:“ ,艸也。从艸,氾聲。”

【釋形】

《説文》小篆爲形聲字,从艸,氾聲。漢碑字形中,義符“艸”寫作“艹”形;聲符“氾”的構件“水”隸變爲“氵”,構件“㔾”隸變作“已”形,如圖①～③。

【釋義】

㊀通“範”,榜様,楷模:“世丧模范”(Q083);“門徒小子,喪兹師范”(Q134);“立德流范,作式後昆”(Q169)。㊁姓氏:“故督郵范齊公錢五百”(Q179)。

1152 **蒿** hāo 《廣韻》呼毛切,曉豪平。曉宵。

① Q144

② Q240

③ Q120

④ Q120

《説文·艸部》:“ ,菣也。从艸,高聲。”

【釋形】

《説文》小篆爲形聲字,从艸,高聲。漢碑字形中,義符“艸”粘連寫作“䒑”形。聲符“高”有的與小篆結構基本一致,如圖①②;有的則省寫上方“亠”,如圖③④。

【釋義】

㊀用於地名:“緱氏蒿聚成奴作”(Q240)。㊁見“蒿里”。

【釋詞】

[蒿里]相傳原爲泰山南面的山名,是死者所葬之地,後泛指墓地、陰間:“蚤失天年,下歸蒿里,遠若舍陌,諸君看老,孰念蒿里”(Q120);“抱器幽潛,永歸蒿里”(Q144)。

1153 **蕃**　（一）fán《廣韻》附袁切，並元平。並元。

① Q112

② Q153

③ Q112

《説文·艸部》："蕃，艸茂也。从艸，番聲。"

【釋形】

《説文》小篆爲形聲字，从艸，番聲。漢碑字形中，義符"艸"寫作"艹"形；聲符"番"的構件"釆"省寫成"米"，下方像獸類腳掌的部分隸定爲"田"，如圖①～③。

【釋義】

滋生："四時不和，害氣蕃溢"（Q113）。

（二）fān《廣韻》甫煩切，幫元平。幫元。

【釋義】

通"藩"，㊀屏障：見"蕃衞"；㊁用於地名："蕃張尉"（Q049）；"故豫州從事蕃加進子高千"（Q112）；"中部督郵蕃郭尚"（Q269）。

【釋詞】

［蕃衞］即"藩衛"，屏障："高祖龍興，婁敬晝計，遷諸關東，豪族英傑，都于咸陽，攘竟蕃衞"（Q153）。

1154 **草**　cǎo《廣韻》采老切，清晧上。清幽。

① Q125

② Q148

③ Q171

《説文·艸部》："草，草斗，櫟實也。一曰：象斗子。从艸，早聲。"

【釋形】

《説文》小篆爲形聲字，从艸，早聲。漢碑字形中，義符"艸"寫作"艹"形，如圖①②；有的進一步連寫作"䒑"形，如圖③。聲符"早"下方構件由小篆的"甲"隸變爲"十"，如圖①～③。

【釋義】

㊀草本植物統稱："草廬因容，負土成墳"（Q114）；"草木暢茂，巨仞不數"（Q171）；"草上之風，莫不嚮應"（Q193）。㊁指草野：見"草竊"。㊂簿牒，文書："時簿下督郵李仁，邛都奉行。言到日見草"（Q170）。

【釋詞】

［草竊］草寇："郡阻山□，□□以飢饉，斯多草竊，罔不□賊"（Q148）。

［草止露宿］草地休息，露天睡覺，形容旅途艱辛："陟降山谷，經營拔涉，草止露宿，捄活食餐千有餘人"（Q161）。

1155 **蓄**　xù《廣韻》許竹切，曉屋入。曉覺。

① Q088

② Q146

《説文·艸部》："蓄，積也。从艸，畜聲。"

【釋形】

《説文》小篆爲形聲字，从艸，畜聲。漢碑字形中，義符"艸"有的寫作"艹"形，如圖①；有的進一步粘連寫作"䒑"形，如圖②。聲符"畜"所从的"玄"仍保留篆意，尚未完全分解爲筆畫，如圖①②。

【釋義】

積聚，儲藏："蓄道脩德，□祉旨榮"（Q088）；"年穀屢登，倉庾惟億，百姓有蓄，粟麥五錢"（Q146）。

1156 **春**　chūn《廣韻》昌脣切，昌諄平。昌文。

① Q105

② Q066

③ Q102

④ Q125

⑤ Q095

⑥ Q124

⑦ Q140

⑧ Q153

⑨ Q268

《説文·艸部》："萅，推也。从艸从日。

艸春時生也;屯聲。”

【釋形】

《説文》以爲形聲字,从艸从日,屯聲。按“春”甲骨文作(《合》29715)、(《合》11533)等形,爲會意兼形聲字,从艸或木,从日从屯(像草木破土而出的樣子),屯亦聲。漢碑字形形體變異較爲嚴重,構形理據淡化。義符“艸”,有的省寫爲“屮”,與小篆不同,如圖①;有的與聲符“屯”粘合成“𡗗”,如圖②～④;“𡗗”形有的分解爲“丰、八”兩部分,如圖⑤～⑨。隸變後的②～⑨字形中只有構件“日”還能表示其意義與太陽有關。

【釋義】

㊀春天,春季:“春生萬物,膚寸起雲,潤施源流,鴻濛沛宣”(Q061);“熹平二年,仲春上旬”(Q153);“故使聟鄉春夏毋蚊蚋,秋冬鮮繁霜”(Q199)。㊁用於姓名:“道史任雲、陳春主”(Q022)。

【釋詞】

[春秋]㊀編年體史書名:“《春秋》記異,今而紀功”(Q095);“《春秋傳》曰:山嶽則配天”(Q129);“治《公羊春秋經》,博通書傳”(Q166)。㊁以春季與秋季代指每年:“請置百石卒史一人,典主守廟,春秋饗禮”(Q102);“立廟桐柏,春秋宗奉”(Q125)。㊂年紀,歲數:“春秋七十三,延平元年七月四日薨”(Q056)。㊃指年壽:“叔明蚤失春秋,長子道士□立□□,直錢萬七”(Q090);“蚤離春秋,永歸長夜”(Q124)。

1157 **菿** dào 《廣韻》都導切,端号去。端宵。

Q201

《説文·艸部》:“,艸木倒。从艸,到聲。”

【釋形】

《説文》小篆爲形聲字,从艸,到聲。漢碑字形中,義符“艸”據小篆線條嚴格隸定;聲符“到”的構件“至”筆畫化還不徹底,構件“刀”則隸變爲相接的短横和豎鉤,如圖。

【釋義】

用於人名:“君諱菿,字子……”(Q201)。

1158 **荀** xún 《廣韻》相倫切,心諄平。心真。

① J321 ② Q025

《説文·艸部》(新附字):“,艸也。从艸,旬聲。”

【釋形】

《説文》小篆爲形聲字,从艸,旬聲。漢碑字形中,義符“艸”有的寫作“艹”形,如圖①;有的進一步粘連寫作“䒑”形,如圖②。聲符“旬”像包孕部分的構件分解成短撇和“𠃌”,如圖①②。

【釋義】

姓氏:“部掾冶級王弘、史荀茂、張宇、〖韓〗岑〖等典〗作”(Q025);“中賊曹史薛荀瑤”(Q269)。

1159 **薌** xiāng 《廣韻》許良切,曉陽平。曉陽。

① Q106 ② Q099

《説文·艸部》(新附字):“,穀气也。从艸,鄉聲。”

【釋形】

《説文》小篆爲形聲字,从艸,鄉聲。漢碑字形中,義符“艸”粘連寫作“䒑”形;聲符“鄉”所从的“𨛜”左右分别隸變爲“乡”和“阝”,構件“皀”上下部分粘合在一起,如圖①②。

【釋義】

㊀通“嚮”,傾慕,崇敬:“□告〖念〗,遠近敬薌”(Q099)。㊁姓氏:“孤子薌無患、

弟奉宗頓首”（Q106）;“東郡厥縣東阿,西鄉常吉里薌他君石祠堂”（Q106）。

1160 **藏**　（一）cáng　《廣韻》昨郎切,從唐平。從陽。

① Q085

② Q114

《説文·艸部》（新附字）:“藏,匿也。”

【釋形】

“藏” 爲形聲字,从艸,臧聲。漢碑字形中,義符 “艸” 粘連寫作 “䒑” 形,如圖①②。聲符 “臧” 的構件 “爿”,有的左側線條簡省作兩點,如圖②;有的省寫成一撇,如圖①;構件 “臣” 中間的兩個短豎連爲一筆,如圖①②。

【釋義】

㊀隱匿:“隱藏魂靈,悲癒奈何,涕泣雙并”（Q114）。㊁收藏,斂藏:“彝戎賓服,干戈戢藏”（Q173）。

（二）zàng　《廣韻》徂浪切。從宕去。從陽。

【釋義】

墓穴,墓室:“□都鄉安持里孫琮字咸石之郭藏”。

1161 **著**　zhù　《廣韻》陟慮切,知御去。定魚。

① Q144

② Q066

③ Q084

④ Q130

⑤ Q142

⑥ Q166

《説文》無。

【釋形】

形聲字,从艸,者聲。漢碑字形中,義符 “艸” 有的還保留篆意的寫法,如圖①;有的已簡寫成“艹”形,如圖②～⑥。聲符 “者” 基本完成隸變過程,只是有的撇筆没有貫通於横筆,如圖①。

【釋義】

㊀顯揚,顯著:“勳績著聞,百遼詠虞”（Q128）;“(闕)行成於内,名立聲著,當獲自天之祥□(闕)”（Q157）;“郡位既重,孔武赳著”（Q172）。㊁撰述,寫作:“乃著遺辭,目明厥意”（Q088）;“端門見徵,血書著紀,黄玉韻應”（Q140）;“二子著詩,列于風雅”（Q166）。㊂記載:“仁敷海岱,著《甘棠》兮”（Q088）;“是故寵禄傳于歷世,策薰著于王室”（Q144）;“蓋漢三百八十有七載,□□□于□□□□銘功,著斯金石”（Q172）。㊃刻畫,畫圖:“或著形像於列圖,或毄頌於管弦”（Q088）。㊄通 “貯” :見“著鐘”。㊅用於人名:“讓子著,高陽令”（Q066）;“中著石,廣三尺,厚二尺,長二尺九寸”（Q097）;“處士魯劉靜子著千”（Q112）。

【釋詞】

[著鐘] 聚集,匯聚:“時有赤氣,著鐘連天”（Q142）。

1162 **菰**　gū　《廣韻》古胡切,見模平。見魚。

Q172

《説文》無。

【釋形】

形聲字,从艸,孤聲。漢碑字形中,義符 “艸” 隸變爲 “艹” 形,聲符 “孤” 的構件 “瓜” 混同爲 “爪”,如圖。

【釋義】

一種多年生草本植物:“履菰竹之廉,蹈公儀之絜”（Q172）。

1163 **𦾔**

“塗” 的異體字(圖④),見第 13128 塗。

1164 **蕒**

“積” 的異體字(圖②),見 7089 積。

1165 **衟**

“衜” 的異體字(圖⑥),見 2209 衜。

1166 **莫** (一)mù 《集韻》莫故切,明暮去。明鐸。

① Q129 ② Q084 ③ Q106 ④ Q142

⑤ Q174 ⑥ Q196 ⑦ Q133

《説文·茻部》:“莫,日且冥也。从日在茻中。”

【釋形】

《説文》小篆爲會意字,从日在茻中,乃日暮之“暮”的初文。以太陽落在草叢中表示日暮之義。甲骨文作莫(《合》29788),更爲形象。小篆線條化,并將四個“屮”組合爲“茻”。漢碑字形中,義符“茻”的上半部分“艸”有的簡寫成“艹”形,如圖①②④⑤⑦;有的進一步粘連簡寫成“丷”形,如圖③⑥。下半部分的“艸”有的粘合成“大”形,如圖①③;有的將“大”割裂,寫成“六”形,如圖⑦;有的在“大”形的基礎上進一步簡寫成“丌”形,如圖②④⑤⑥。

【釋義】

㊀即日暮之“暮”:“朝莫侍師,不敢失懽心”(Q106);“徐養淩柏,朝莫祭祠”(Q114);“朝莫舉門,恂恂不敢解殆”(Q142)。㊁通“墓”,墓穴,墓室:“尹武孫莫”(Q215);“王誠興莫”(Q230)。

(二)mò 《廣韻》慕各切,明鐸入。明鐸。

【釋義】

㊀無指代詞,没有什麽,没有誰:“施舍廢置,莫非厥宜”(Q084);“萬民假爾,莫不隕涕”(Q133);“盖聞經國序民,莫急於禮;禮有五經,莫重於祭”(Q174);又見“莫匪”。㊁副詞,表示否定,不,不能:“力求天命,年壽非永,百身莫贖”(Q052);“然其所立碑石,刻紀時事,文字摩滅,莫能存識”(Q129);“雖昔魯斑,亦莫儗象”(Q150)。

【釋詞】

[莫匪]同“莫非”:“當享眉耇,莫匪爾極”(Q148);“四海之内,莫匪擢傷”(Q173)。

1167 **莽** mǎng 《廣韻》模朗切,明蕩上。明陽。

Q199

《説文·茻部》:“莽,南昌謂犬善逐菟艸中爲莽。从犬从茻,茻亦聲。”

【釋形】

《説文》小篆爲會意兼形聲字,从犬从茻,茻亦聲。小篆字形以“犬”在“茻”會追逐獵物於草莽之義,“茻”同時也作聲符。漢碑字形中,聲符“茻”的上半部分“艸”簡寫成“艹”形,下半部分的“艸”粘合寫成“大”形,如圖。

【釋義】

用於人名:“耆老相傳,以爲王莽居攝二年,君爲郡吏□□□□,土域啖瓜”(Q199)。

1168 **葬**(塟) zàng 《廣韻》則浪切,精宕去。精陽。

① Q059 ② Q038 ③ Q169 ④ J282

⑤ Q066 ⑥ Q191 ⑦ Q184 ⑧ Q039

⑨ Q160 ⑩ Q202

《説文·茻部》:“葬,藏也。从死在茻中;一其中,所以薦之。《易》曰:‘古之葬者,厚衣之以薪。’”

【釋形】

《説文》小篆爲會意字，从死从一，在茻中，表示人死後以草墊裹之埋葬在草叢中。按“葬”甲骨文或作（《粹》1247），从歺在棺槨之中，歺像殘骨，可表示死人；或作（《後》2.20.6），从歺从爿，爿亦聲，像死人躺在床上之狀；或添加棺槨作（《京津》1698）；或省作（《京津》1699）。小篆字形與上述字形構意無關，屬於理據重構。漢碑字形中，有的爲碑文篆書，只不過義符“茻”上部的“艸”線條彎曲向下，下部的“艸”寫法近似雙手形，如圖①②；有的字形上半部分構件“艸”還保留篆意，下面的部分已經完成隸定，如圖③；有的字形“艸”已簡寫成“卄”形，如圖④⑤⑥⑩；或進一步粘連簡寫成“䒑”形，如圖⑦～⑨。義符“死”在小篆中从歺从人，到漢碑中有的變形寫成了“歹”和“匕”，如圖③～⑤；有的又省掉了“歹”上面的横畫，與“䒑”共用横畫，如圖⑦；有的則變形寫成了“夕”和“又”，如圖⑥⑧⑨；有的换成了構件“巫”如圖⑩。下半部分構件“艸”粘合寫成了“廾”，如圖③④⑤⑩；有的换成了構件“土”（或“土”上加點），如圖⑥～⑨。

【釋義】

安葬：“乾監孔昭，神鳥送葬”（Q066）；“印陪葬杜陵”（Q169）；“西河大守掾圜陽榆里田文成萬年室，延平元年十月十七日葬”（Q055）。

卷　二

2001 小　xiǎo　《廣韻》私兆切，心小上。心宵。

① Q130

② Q141

③ Q202

《説文·小部》："，物之微也。从八，丨見而八分之。凡小之屬皆从小。"

【釋形】

《説文》以爲會意字，从八、从丨，用以八分丨來表示微小。按"小"甲骨文作（《合》23713）、（《合》4788）等形，以像微小之物的三點表示微小之義，爲象形字。小篆變爲从八从丨，應爲理據重構。漢碑字形和小篆結構相近，只是將兩側的線條變成了點畫，如圖①～③。

【釋義】

㊀與"大"相對："財立小堂，示有子道，差於路食"（Q106）；"不爲小威，以濟其仁"（Q154）；"不攸廉隅，不飭小行"（S110）。㊁年幼的："孝有小弟，字閏得，夭年俱去"（Q114）；"治《禮》小戴，閨族孝友，温故知機"（Q128）。㊂職務卑微："故小史都昌張亮，字元亮"（Q088）；"吏無大小，空府竭寺，咸俾來觀"（Q141）；"苑令有公卿之才，嗇夫喋喋小吏，非社稷之重"（Q179）。㊃卑鄙的人："除夷陵侯〖相〗，高唱寡和，爲俗所仇，君耻侉比，愠于羣小"（Q130）。㊄用於人名："三老諱通，字小父，庚午忌日"（Q021）。

【釋詞】

［小節］小的禮儀："脩上案食醊具，以叙小節，不敢空謁"（Q140）。

［小子］㊀弟子，晚輩："門徒小子，喪兹師范"（Q134）。㊁最年輕的儿子："小子諱晏，字魯公，舉孝廉，謁者，鴈門長史，九原令"（Q130）。

2002 少　（一）shǎo　《廣韻》書沼切，書小上。書宵。

① Q084

② Q142

③ Q178

《説文·小部》："，不多也。从小，丿聲。"

【釋形】

《説文》以爲形聲字，从小，丿聲。按"少"金文作（《鄦侯少子簋》），此字應爲在"小"的基礎上添加區別符號而成，因此，小篆中的"丿"不應理解爲聲符，而是區別性符號。漢碑字形與小篆基本一致，只是區別性符號"丿"在小篆中是彎曲的線條，到漢碑中被拉直爲撇筆，如圖①～③。

【釋義】

數量少："歲時加寅，五月中，卒得病，飯食衰少，遂至掩忽不起"（Q106）；"生日甚少，死日甚多"（Q120）。

（二）shào　《廣韻》失照切，書笑去。書宵。

【釋義】

㊀年輕，幼小："州郡貪其高賢〖幼〗少，請以□□歲舉"（Q093）。㊁幼年："少習〖家〗訓，治〖嚴〗氏《春秋》"（Q127）；"其少體自然之恣，長有殊俗之操"（Q142）；"少貫名州郡，不幸早世"（Q178）。㊂次序在後的："□諱博，字季智，司空公之少子也"（Q084）。㊃通"眇"，高遠：見"清少"。㊄用於山名："少室神道之闕"（Q063）。㊅用

於人名:"丁莒少郎所爲"(Q024);"相乙瑛,字少卿,平原高唐人"(Q102);"門生魏郡陰安張典字少高"(Q127)。

【釋詞】

［少府］官名,秦、西漢時爲九卿之一:"迄漢文、景,有仲況者,官至少府"(Q169)。

［少皓］即"少皞",傳説中古代東夷部落首領名:"其先蓋出自少皓,唐炎之隆,伯翳作虞"(Q169)。

［少窂］即"少牢",古代祭祀時的犧牲,牛、羊、豕俱用叫太牢,只用羊、豕二牲叫少牢:"書到郡遣吏以少窂祠"(Q163)。

［少息］少子:"嚴道君曾孫,武陽令之少息孟廣宗卒"(Q113)。

2003 **尐** jié 《廣韻》姊列切,精薛入。精月。

Q065

《説文·小部》:"尐,少也。从小,乀聲。讀若輟。"

【釋形】

《説文》以爲形聲字,从小,乀聲。按此字當爲"小"形變而來,非形聲字。漢碑字形爲碑文篆書,與小篆基本一致,如圖。

【釋義】

通"截",整齊的樣子:"□□□其清靜,九域尐其脩治"(Q065)。

2004 **八** bā 《廣韻》博拔切,幫黠入。幫質。

① Q038

② Q011

③ Q125

④ Q134

《説文·八部》:"八,别也。象分别相背之形。凡八之屬皆从八。"

【釋形】

《説文》以爲象形字,像分别相背離之形。按"八"當爲指事字。漢碑字形中,有的爲碑文篆書,如圖①;更多的則已經隸定爲筆畫,如圖②～④。

【釋義】

數詞:"延熹六年正月八日乙酉"(Q125);"浮游八極,休息仙庭"(Q142);又見"八方"等。

【釋詞】

［八方］四方和四隅的合稱:"八方所達,益域爲充"(Q095)。

［八卦］《周易》中的八種具有象徵意義的基本圖形:"《易》建八卦,揆肴毄辭,述而不作,彭祖賦詩"(Q148)。

［八荒］八方荒遠之地:"刜過拾遺,厲清八荒"(Q095)。

［八皇］三皇五帝的合稱:"八皇三代,至孔乃備"(Q112)。

［八極］八方極遠之地:"浮游八極,休息仙庭"(Q142)。

［八蠻］古代稱南方的八個部族:"南苞八蠻,西羈六戎,北震五狄,東勤九夷"(Q179)。

［八音］我國古代對樂器的統稱,後泛指音樂:"考之〖六〗律,八音克諧"(Q141);"遏勿八音,百姓流淚"(Q153)。

［八虞］周代八位掌管山澤的官員:"咸位〖南〗面,競德國家,猶昔八虞,文王是諮"(Q130)。

［八陣］古代作戰的八種陣法:"勒以八陣,蒞以威神"(H26)。

［八柱］古代神話傳説認爲地有八柱,用以承天:"天有九部,地有八柱"(Q171)。

2005 **分** (一)fēn 《廣韻》府文切,幫文平。幫文。

① Q084

② Q145

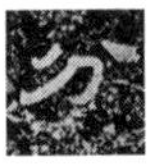
③ Q166

④ Q178

⑤ Q171

《説文·八部》:“,别也。从八从刀,刀以分别物也。”

【釋形】

《説文》小篆爲會意字,从八从刀,會切分、分别之義。漢碑字形中,構件“八”有時保持“八”字的寫法,如圖③④;有的寫成了向左和向右的兩點,如①②。有的構件“八”與“刀”粘合在一起,近似“不”字,如圖⑤。

【釋義】

㊀劃分,分出:“惟封龍山者,北岳之英援,三條之别神,分體異處,在於邦内”(Q126);“宗族條分,裔布諸華”(Q169);“邵伯分陜,君懿于棠”(Q179);又見“分析”。㊁分支:“子孫遷于雍州之郊,分止右扶風,或在安定,或處武都”(Q178);又見“分子”。㊂區分,區别:“於是操繩墨以彈耶枉,援規柜以分方員”(Q084);“陰陽變化,四時分兮”(Q124);“綱紀本朝,優劣殊分”(Q166);又見“分明”。㊃分配:“年豐歲稔,分我稷黍”(Q171);“君興師征討,有吮膿之仁,分醪之惠”(Q178);又見“分損”。㊄分别:“王府君閔谷道危難,分置六部道橋”(Q095)。㊅用於人名:“□賊曹掾吴分,長史蔡朔,望等古福□□”(Q089)。

【釋詞】

[分民]古代居民伴隨分封的土地歸受封者管轄:“古有分〚境〛,無分民”(Q089)。

[分明]㊀辨明:“分明好惡,先昌敬讓”(Q088)。㊁清楚,明白:“立名分明,千北行至俟阜,北東流水”(Q089)。

[分損]減少:“(闕)顯有德,分損奉禄”(Q074)。

[分析]分崩離析:“官族分析,因以爲氏焉,武氏蓋其後也”(Q093)。

[分銖]形容極少:“未學分銖”(Q265)。

[分子]嫡子以外旁支的子孫:“鴟梟不鳴,分子還養”(Q088)。

(二)fèn 《廣韻》扶問切,並問去。並文。

【釋義】

㊀本分,操守:“志樂季文粟帛之分,公儀徹織庖園之節”(Q173)。㊁命運:“惟倅刑傷,去留有分”(Q114)。㊂情分:“故吏戴條等,追在三之分”(Q133)。

2006 **尔** ěr 《集韻》兒氏切,日紙上。日脂。

① Q172

② Q174

《説文·八部》:“,詞之必然也。从入丨八;八象气之分散。”

【釋形】

《説文》以爲會意字,从入丨八,義爲虚詞中表示肯定語氣的助詞。按“尔”當爲“爾”的簡化字,“爾”在甲骨文中作(《合》3298),構意不詳。漢碑字形改變了小篆原本的字形結構,寫作上“人”下“小”,已經看不出原本的構意,如圖①②。

【釋義】

同“爾”,㊀第二人稱代詞,相當於“你、你們”:“子子孫孫,卑尔熾昌”(Q172);㊁指稱代詞,相當於“彼、此”:見“尔乃”。

【釋詞】

[尔乃]這才,於是:“尔乃陟景山,登峥嶸,采玄石,勒功名”(Q174)。

2007 **曾** zēng 《廣韻》作滕切,精登平。精蒸。

① Q113

② Q128

③ Q169

④ Q178

⑤ J015

《説文·八部》:“,詞之舒也。从八从曰,囮聲。”

【釋形】

《説文》以爲會意兼形聲字,从八从曰,

四聲。四像煙囱之形，八像氣出分散之形，曰爲説話。《説文》認爲“曾”的本義是語氣詞，所以就用煙囱出氣來比喻説話時氣從口出，其中“四”也兼作聲符。此説學者多不認同。按“曾”甲骨文作（《合》22294）、（《合》1012），金文作（《小臣鼎》），不少學者認爲像古代一種蒸煮器皿之形，即“甑”的初文。漢碑字形中，小篆的構件“八”有時與“八”的隸書寫法一致，如圖①⑤；有的則寫成了扁平的兩點，如圖②～④。構件“四”裡面的兩點有時寫成點狀，如圖①；有時連成横線，形似“田”，如圖②～⑤。構件“曰”將小篆上部彎曲的線條拉直爲一横，且與左豎相接，已經看不出原本的結構，如圖①～⑤。

【釋義】

㊀重，指隔兩代的親屬：“漢膠東相之醇曜，而謁者君之曾，孝廉君之孫，從事君之元嗣也”（Q128）；“君東平相之玄，會稽大守之曾”（Q166）；又見“曾孫、曾祖父”。㊁姓氏：“追𨓍曾參，繼迹樂正”（Q134）。㊂用於人名：“故書佐營陵徐曾，字曾華”（Q088）；“□嚴祺，字伯曾”（Q093）。

【釋詞】

［曾孫］孫子的兒子：“嚴道君曾孫，武陽令之少息孟廣宗卒”（Q113）；“元始二年復封曾孫纂爲侯”（Q169）。

［曾祖父］祖父的父親：“曾祖父，攸春秋，以大夫侍講，至五官中郎將”（S110）。

2008 **尚** shàng 《廣韻》時亮切，禪漾去。禪陽。

① Q084

② Q174

③ Q134

④ Q247

《説文·八部》：“，曾也；庶幾也。从八，向聲。”

【釋形】

《説文》小篆爲形聲字，从八，向聲。金文作（《尚方鼎》）、（《仲伐父甗》），構意不明。漢碑字形中，有的爲碑額篆書，如圖①。有的發生隸變，其中構件“八”或寫成左右分别的點形，如圖②；或寫成倒“八”字的兩點，如圖③④。聲符“向”的寫法則與小篆基本一致，如圖②～④。

【釋義】

㊀推崇，崇尚：“躬儉尚約，化流若神”（Q150）；“先人修質，尚約清兮”（H105）。㊁娶帝王之女爲妻：“印弟傳爵至孫欽，尚敬武主，無子，國除”（Q169）。㊂副詞，尚且：“惟烏惟烏，尚懷反報，何况〖於〗人”（Q052）。㊃通“掌”，掌管：“君故〖授〗益州從事，再舉孝廉，尚付〖璽〗印”（Q110）。㊄用於人名：“故脩行淳于趙尚，字上卿”（Q088）；“中部督郵蕃郭尚”（Q269）。又見“尚旦”。

【釋詞】

［尚旦］姜尚和周公旦的合稱。二人均曾輔佐周武王有功：“尚旦在昔，我君存今”（Q172）。

［尚書］㊀官名。戰國時初置，至秦仍位低權輕。漢武帝時尚書掌管文書奏章，漢成帝時設尚書五人，開始分曹辦事，地位漸高。東漢時正式成爲協助皇帝處理政務的官員，職權頗重。“徵爲尚書，肅恭國命，傅納以言”（Q084）；“尚書侍郎魯孔彪元上三千”（Q112）；“相縣以白石神君道德灼然，乃具載本末上尚書，求依無極爲比，即見聽許”（Q174）。㊁書名：“又明歐陽《尚書》，《河》《洛》緯度”（Q066）；“常以《易》《詩》《尚書》授，訓誨不倦”（Q084）；“治《詩》《尚書》，兼覽群藝，靡不尋暘”（Q144）。

［尚書丞］官名，西漢爲尚書令佐副職，位低於僕射。初置一人，成帝建始四年增置四人，東漢改置左、右丞各一人：“尚書丞沛國蕭曹芝□宣”（Q093）。

［尚書令］官名，西漢初爲少府屬官，掌管收發文書。武帝時用宦官，更名中書謁者令。成帝時罷免中書宦官，復用尚書令。

東漢爲尚書臺長官，掌管抉策出令，管理政務：“三爲尚書、尚書令”（Q152）；“尚書令弘農宜陽周嘉彦英”（Q173）；“故吏尚書令史□城劉欽公孝”（Q285）。

2009 **介** jiè 《廣韻》古拜切，見怪去。見月。

① Q202

② Q169

③ Q172

《説文·八部》：“，畫也。从八从人；人各有介。”

【釋形】

《説文》以爲會意字，从八从人，表示人與人之間的界限。一説像人在界畫之間。漢碑字形中，有的還能看出“介”爲“人”與“八”的組合，如圖①；有的“人”形有所變形成“亻”，又與“八”相交在一起，已經看不出是“人”與“八”的組合了，如圖②③。

【釋義】

㊀節操：“辭榮抗介，追迹前勳”（Q169）；“抱不測之謀，秉高世之介”（Q172）。㊁用於人名：“東部督郵成固左介字元術”（Q199）。

2010 **公** gōng 《廣韻》古紅切，見東平。見東。

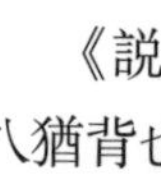
① Q038

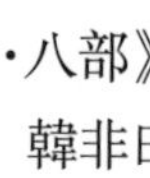
② Q208

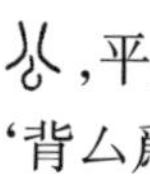
③ Q144

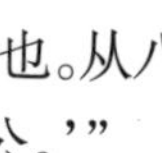
④ Q142

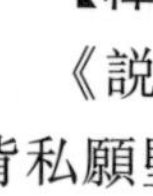
⑤ Q179

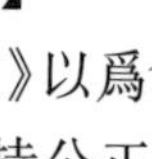
⑥ Q066

《説文·八部》：“，平分也。从八从厶。八猶背也。韓非曰：‘背厶爲公。’”

【釋形】

《説文》以爲會意字，从八从厶，表示違背私願堅持公正之義。按“公”甲骨文作（《合》30961），金文作（《沈子它簋蓋》），并非从八从厶，或曰“公”像器皿之形，爲“瓮”的初文。漢碑字形中，有的爲碑文篆書，只是構件“厶”寫成了閉合的三角形，如圖①。有的發生隸變，其中構件“八”或保留篆意，仍呈線條狀，如圖②；或隸定爲短撇、短捺，如圖③～⑥。構件“厶”多寫成閉合的三角形，如圖②～⑤；有的已經完全筆畫化，如圖⑥。

【釋義】

㊀與“私”相對：“抱不測之謀，秉高世之介，屈私趨公，即仕佐上”（Q172）。㊁國家，官府：“夙夜惟寅，褘隋在公，有單襄穆〖典謨之〗風”（Q137）；“而無公出酒脯之祠，臣即〖自〗以奉錢，脩上案食醊具”（Q140）；“《羔羊》在公，四府歸高，除淳于長”（Q144）。㊂古代五等爵位的第一等：“昔武王遭疾，賴有周公”（Q124）；“其先周文公之碩胄，□□伯禽之懿緒，以載于祖考之銘也”（Q154）；又見“王公”。㊃古代最高爵位的通稱：“司徒公汝南女陽袁安召公，授《易》孟氏〖學〗”（Q038）；“司空公蜀郡成都趙戒，字意伯”（Q102）；“復應三公之招，辟大尉府，除西曹屬”（Q128）。㊄春秋時代諸侯的通稱：“猶仲尼之相魯，悼公之入晉”（Q084）。㊅对人的尊稱：“孝和皇帝加元服，詔公爲賓”（Q038）；“穆穆楊公，命世而生”（Q066）；“路公治嚴氏春秋”（Q036）；又見“明公”。㊆用於山名：“三公山在西八十里”（Q092）；又見“三公㊁”。㊇用於複姓：“治《公羊春秋經》，博通書傳”（Q166）；“履菰竹之廉，蹈公儀之絜”（Q172）；“志樂季文粟帛之分，公儀徹織庖園之節”（Q173）；“石工公孫禮刊”（H144）。㊈用於人名：“府君怒，勑尉部吏收公房妻子”（Q199）；“門生東郡東武陽張表，字公方”（Q127）。

【釋詞】

［公侯］公爵和侯爵，後泛指高官：“公侯之胄，必復其始”（Q066）。

［公卿］三公九卿，亦泛指高官：“及公卿百遼以下，無能消者”（Q142）；“苑令有公卿

之才，嗇夫喋喋小史，非社稷之重”（Q179）。

［公乘］爵位名，爲二十等爵的第八級：“西河大守都集掾、圜陽當里公乘田鲂萬歲神室”（Q039）。

［公事］朝廷之事，公家之事：“以公事去官，休神家衖”（Q154）。

2011 **必**　bì 《廣韻》卑吉切，幫質入。幫質。

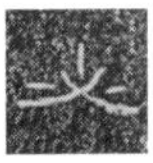
① Q095

② Q133

③ Q148

④ Q157

《説文·八部》：“，分極也。从八、弋，弋亦聲。”

【釋形】

《説文》以爲會意兼形聲字，从八、弋，弋亦聲，并以分判的標準釋之。按“必”甲骨文作 （《合》14034），一説像器物的長柄，爲“柲”的初文。漢碑字形中，構件“八”與構件“弋”上側的線條，都省變成了點，分處撇、捺交叉分割的空間裡，如圖①～④。

【釋義】

副詞，一定：“公侯之胄，必復其始”（Q066）；“仁必有勇，〚可〛以托六”（Q148）；“研機墳素，在國必聞”（Q169）；“言必忠義，匪石厥章”（Q095）。

2012 **余**　yú 《廣韻》以諸切，餘魚平。餘魚。

① Q169

② Q095

《説文·八部》：“，語之舒也。从八，舍省聲。，二余也。讀與余同。”

【釋形】

《説文》以爲形聲字，从八，舍省聲，用爲語助詞。按“余”甲骨文作 （《合》19910），學者多認爲像房舍之形，爲“舍”之初文。漢碑字形與小篆結構相近，只是將小篆中間彎曲的線條拉直，如圖①②。

【釋義】

㊀第一人稱，我：“猗余烈考，秉夷塞淵”（Q169）。㊁通“餘”，表示餘數：“萊子侯爲支人爲封，使偖子食等用百余人”（Q014）。㊂通“斜”，用於山谷名：“漢中郡以詔書受廣漢、蜀郡、巴郡徒二千六百九十人，開通褒余道”（Q025）；“余谷之川，其澤南隆”（Q095）；“詔書開余，鑿通石門”（Q095）。

2013 **釆**　biàn 《廣韻》蒲莧切，並襇去。並元。

Q113

《説文·釆部》：“，辨别也。象獸指爪分别也。凡釆之屬皆从釆。讀若辨。，古文釆。”

【釋形】

《説文》小篆爲象形字，像獸類的指爪形，爲“辨”的古文。甲骨文作 （《合》27582），更爲象形。古人特别重視辨别鳥獸的足跡，故凡是以“釆”爲義符的字其義往往與辨析有關。漢碑字形承襲小篆，但將小篆中的線條隸定爲筆畫，并將中間線條的彎曲部分分解爲短撇，如圖。

【釋義】

通“窆（biǎn）”，埋葬時下棺於墓穴：“□□□□□十月癸卯，於塋西起〚墳〛，十一月□卯釆”（Q113）。

2014 **番**　（一）fán 《廣韻》附袁切，並元平。並元。

Q174

《説文·釆部》：“，獸足謂之番。从釆；田，象其掌。，番或从足从煩。，古文番。”

【釋形】

《説文》小篆爲象形字，像獸類的腳掌

與指爪形。金文作(《番生簋蓋》),更爲象形。漢碑字形將小篆的線條轉寫成筆畫,上面的構件寫成了“米”形,下面的構件寫成了“田”形,如圖。

【釋義】

通“蕃”,茂盛:“神降嘉祉,萬壽無畺。子子孫孫,永永番昌”(Q174)。

(二)pān 《廣韻》普官切,滂桓平。滂元。

【釋義】

姓氏:“任城番君舉二百”(Q112)。

2015 **悉** xī 《廣韻》息七切,心質入。心質。

① Q084

② Q178

③ Q247

④ JB6

《説文·釆部》:“,詳、盡也。从心从釆。,古文悉。”

【釋形】

《説文》小篆爲會意字,从心从釆,表示了解詳盡、分得清楚。“釆”即古文“辯”字,在“悉”中具有辨析的構意。漢碑字形中,構件“釆”上與“米”同形;構件“心”將小篆彎曲的線條簡化爲臥鉤“㇃”及三點,其中兩點托於“㇃”之上,如圖①~④。

【釋義】

範圍副詞,相當於“全、都”:“還師振旅,諸國禮遺且二百萬,悉以簿官”(Q178);“□察孝廉平除,悉以病去”(Q084)。

2016 **釋** shì 《廣韻》施隻切,書昔入。書鐸。

① J449

② Q179

《説文·釆部》:“,解也。从釆;釆取其分別物也。从睪聲。”

【釋形】

《説文》小篆爲形聲字,从釆,睪聲。“釆”即古文“辯”字,故可充當“釋”的義符。漢碑字形中,義符“釆”上與“米”同形,如圖①②;聲符“睪”下所从的“幸”有時簡寫爲“羊”,如圖②。

【釋義】

用於人名:“文景之間,有張釋之,建忠弼之謨”(Q179);“嗇夫事對,於是進嗇夫爲令,令退爲嗇夫。釋之議爲不可”(Q179)。

2017 **半** bàn 《廣韻》博漫切,幫换去。幫元。

Q057

《説文·半部》:“,物中分也。从八从牛,牛爲物大,可以分也。凡半之屬皆从半。”

【釋形】

《説文》小篆爲會意字,从八从牛,表示中分牛身之義。本義爲物之半。漢碑字形依據小篆線條進行對應轉寫隸定,如圖。

【釋義】

特指一月之半,即每月之望日:“恐身不全,朝半祠祭”(Q057);又見“朝半”。

2018 **牛** niú 《廣韻》語求切,疑尤平。疑之。

① Q162

② JB6

③ Q071

④ Q114

《説文·牛部》:“,大牲也。牛,件也;件,事理也。象角頭三、封、尾之形。凡牛之屬皆从牛。”

【釋形】

《説文》小篆爲象形字,像牛角和牛身之形。甲骨文作(《合》7359),更爲象形。漢碑字形中,有的按小篆的寫法嚴格隸定,如圖①;更多的則是將原本像牛角的部分隸定爲豎折,如圖②~④。

【釋義】

㊀牲畜的一種:“牛一頭,萬五千”(Q071);“河南尹給牛羊豕鷄□□各一,大

司農給米祠”（Q102）；“牧馬牛羊諸僮，皆良家子”（Q114）。㊁姓氏：“漢故西河圜陽守令平周牛公產萬歲之宅兆”（Q162）。

2019 **特** tè 《廣韻》徒得切，定德入。定職。

① Q117 ② Q102 ③ Q140 ④ Q130

《説文·牛部》：“，朴特，牛父也。从牛，寺聲。”

【釋形】

《説文》小篆爲形聲字，从牛，寺聲。“寺”上古音在邪母之部。漢碑字形中，構件“牛”原像牛角形的線條隸定爲折筆，如圖①～③；有的進一步演變成“𠂉”，如圖④；有的出於結體的需要還將下面的横畫寫成稍向上傾斜的斜畫，如圖①。與小篆相比，聲符“寺”的構件“之（）”彎曲的線條在漢碑中被拉直，變得與“土”同形，如圖①～④。

【釋義】

㊀特地，特意：“特受命，理殘圮”（Q178）；“特遣行丞事西成韓朖，字顯公”（Q095）；“〖而〗本國舊居，復禮之日，闕而不祀，誠朝廷聖恩所宜特加”（Q140）；“孔子作《春秋》，制《孝經》，删述五經，演《易繫辭》，經緯天地，幽讚神朙，故特立廟”（Q102）。㊁挺立，聳立：見“特起”。㊂傑出的：見“特達”。

【釋詞】

［特拜］特授官職：“（闕）廷升績，特拜左丞”（Q173）。

［特達］特出，突出：“歷主簿□□理，左右攸宜，器有特達，計拜郎中”（Q130）。

［特進］官名，西漢末始置，授予列侯中有特殊地位的人，加此者朝會時班次可位在三公下，罷退或免職大臣加此者仍可參與國家政務：“〖惟〗〖永〗平七年七月廿一日，漢左將軍、特進、〖膠東侯〗第五子賈武仲卒，時年廿九”（Q056）。

［特起］挺立，聳立：“平地特起，靈亮上通”（Q126）。

2020 **犨** chōu 《廣韻》赤周切，昌尤平。昌幽。

Q107

《説文·牛部》：“，牛息聲。从牛，雔聲。一曰：牛名。”

【釋形】

《説文》小篆爲形聲字，从牛，雔聲。漢碑字形中，義符“牛”將小篆的上曲線轉寫爲折筆；聲符“雔”小篆所从的二“隹”，漢碑中上端像鳥頭的部分寫作“𠂊”，其象形性已不明晰，如圖。

【釋義】

姓氏：“故吏魯令南陽犨李”（Q107）。

2021 **牟** móu 《廣韻》莫浮切，明尤平。明幽。

① Q102 ② Q152 ③ Q178

《説文·牛部》：“，牛鳴也。从牛，象其聲气从口出。”

【釋形】

《説文》小篆爲指事字，从牛，上像其聲气從口出，表示牛叫。漢碑字形中，表示牛鳴叫聲的部分寫成了三角形，與小篆彎曲的線條有所不同；構件“牛”上面表示牛角的線條拉直爲横畫，與漢碑中“牛”獨立成字時的寫法也不相同，如圖①～③。

【釋義】

㊀盛大，高：見“牟盛、牟壽”。㊁通“侔”，等同：“攻城野戰，謀若涌泉，威牟諸賁，和德面縛歸死”（Q178）；“悔往脩令德，清越孤竹，德牟産奇”（Q193）；“道牟羣仙，

德潤故鄉”（Q199）。㊂用於人名：“謹問大常祠曹掾馮牟，史郭玄”（Q102）。

【釋詞】

［牟盛］顯赫：“兄弟功德牟盛，當究三事，不幸早隕”（Q152）。

［牟壽］高壽：“天與厥福，永享牟壽”（Q112）。

2022 **牲** shēng 《廣韻》所庚切，山庚平。山耕。

① J59 ② Q174 ③ Q126

《説文·牛部》：“ ，牛完全。从牛，生聲。”

【釋形】

《説文》小篆爲形聲字，从牛，生聲。漢碑字形中，構件“牛”上面原像牛角形的線條有的變爲折筆，如圖①；有的進一步演變成“𠂉”，如圖②③。聲符“生”則將上面原本彎曲的線條拉直，没有分解出短撇，如圖①～③。

【釋義】

供祭祀、盟誓用的牲畜：“卜擇吉土治東，就衡山起堂立壇，雙闕夾門，薦牲納禮，以寧其神”（Q060）；“祠用衆牲，長吏備爵”（Q102）；“〖躬進三〗牲，執玉以沈”（Q125）；又見“犧牲”。

2023 **牢**(窂) láo 《廣韻》魯刀切，來豪平。來幽。

① Q140 ② Q163 ③ J445

《説文·牛部》：“ ，閑。養牛馬圈也。从牛，冬省，取其四周帀也。”

【釋形】

《説文》小篆爲會意字，从牛、冬省，表示牢闌。按“牢”甲骨文作 （《合》33314）、 （《合》271）、 （《寧滬》1.522），金文作 （《宰爵》）、 （《貉子卣》）等形，表示牛羊等牲畜的圈。外部輪廓像牲口圈之形，而非《説文》所説的从“冬省”；内部牲畜可以是牛、羊、馬等，小篆才固定爲牛。漢碑中，像圍欄的構件或變形爲“宀”，如圖③；或變爲“穴”，如圖①②。構件“牛”上面原像牛角形的線條在漢碑中有的變爲折筆，如圖①②；有的進一步演變成“𠂉”，如圖③。

【釋義】

古代祭祀時所用的牲畜，牛、羊、豕俱用叫太牢，只用羊、豕二牲叫少牢：見“大牢、少牢”。

2024 **窂**

“牢”的異體字（圖①②），見2023牢。

2025 **犂** lí 《廣韻》郎奚切，來齊平。來脂。

① Q074 ② Q119 ③ Q179

《説文》作“犂”，《説文·牛部》：“ ，耕也。从牛，黎聲。”

【釋形】

《説文》小篆爲形聲字，从牛，黎聲。按“犂”或作“犁”（即今之“犁”字），初文作“利”。漢碑字形中“犁”从禾利聲，其中“利”承襲了从禾从勿的形體，如圖①～③。而義符“牛”上面原像牛角形的線條在漢碑中變爲横畫，如圖①～③。

【釋義】

㊀耕翻土地：“路無拾遺，犁種宿野”（Q179）。㊁耕地翻土所用的農具：“相賦斂作治，并土人、犁、耒、艸、蔖、屋，功費六七十萬”（Q119）。

2026 **犀** xī 《廣韻》先稽切，心齊平。心脂。

Q179

《説文·牛部》:"犀,南徼外牛。一角在鼻,一角在頂,似豕。从牛,尾聲。"

【釋形】

《説文》小篆爲形聲字,从牛,尾聲。"尾"上古音在明母微部。漢碑字形與小篆結構相近,像尾巴的部分分解爲一豎兩側各兩短橫,如圖。

【釋義】

用於人名:"故守令范伯犀"(Q179)。

2027 **物** wù 《廣韻》文弗切,明物入。明物。

① Q144

② Q119

③ Q129

④ Q153

《説文·牛部》:"物,萬物也,牛爲大物;天地之數,起於牽牛;故从牛。勿聲。"

【釋形】

《説文》小篆爲形聲字,从牛,勿聲。本義爲雜色牛,泛指所有牲畜。《説文》所釋爲引申義。漢碑字形有的還明顯保留篆意,如圖①;有的將小篆中原像牛角形的線條變爲折筆,如圖②;有的進一步演變成"𠂉",如圖③④。

【釋義】

㊀牲畜的統稱:"僤中其有訾次當給爲里父老者,共以客田借與,得收田上毛物穀實自給"(Q029)。㊁萬物,物體:"春生萬物,膚寸起雲,潤施源流,鴻濛沛宣"(Q061);"克明王道,辯物居方"(Q148);"乾爲物父,坤爲物母"(Q171);又見"品物、什物"。㊂事情:"博覽羣書,無物不栞"(Q154)。㊃人民:"善勸惡懼,物咸寧矣"(Q153);又見"理物"。㊄通"殁",死:見"物故"。

【釋詞】

[物故]亡故,去世:"其有物故,得傳後代户者一人"(Q029);"石門關段仲孟年八十一,以永和三年八月物故"(Q069);"永和一年三月一日,陳買德物故,作此冢"(Q077)。

2028 **犧** xī 《廣韻》許羈切,曉支平。曉歌。

① Q174

② Q126

《説文·牛部》:"犧,宗廟之牲也。从牛,羲聲。賈侍中説,此非古字。"

【釋形】

《説文》小篆爲形聲字,从牛,羲聲。漢碑字形中,義符"牛"上面原像牛角形的線條在漢碑字形中變爲折筆,如圖①;聲符"羲"所从的"羊"寫成了"𦍌",下面的部分則訛寫成"我",如圖①②。

【釋義】

古代供宗廟祭祀用的純色全體牲畜:"犧用握尺,□具□兮"(Q171);又見"犧牲"。

【釋詞】

[犧牲]古代供宗廟祭祀用的純色全體牲畜:"黍稷既馨,犧牲博碩"(Q126);"縣出經用,備其犧牲;奉其珪璧,絜其粢盛"(Q174);"犧牲玉帛,黍稷稻粮"(Q174)。

2029 **告** gào 《廣韻》古到切,見号去;又古沃切,見沃入。見覺。

① Q134

② JB7

③ Q125

④ Q144

⑤ Q119

《説文·牛部》:"告,牛觸人,角箸横木,所以告人也。从口从牛。《易》曰:'僮牛之告。'凡告之屬皆从告。"

【釋形】

《説文》小篆爲會意字,从口从牛,表示

告訴。按“告”甲骨文作(《合》1860)、(《合》27320)等,構意不確。漢碑字形中,構件“牛”原像牛角的部分有的按小篆的寫法嚴格隸定,如圖①;有的進一步變化爲折筆,如圖②~⑤。構件“牛”的豎畫一般不穿過下面的橫畫,如圖①③④⑤;但也有個别穿過的,如圖②。

【釋義】

㊀告知,訴説:“公房乃先歸,於谷□呼其師,告以厄急”(Q199);“悲將焉告,印叫穹倉”(Q134);“勒銘金石,惟以告哀”(Q144)。又見“告愬、昭告”。㊁諭告,告示:“天帝告除居巢劉君冢惡氣,告東方青帝主除黄氣之凶,告南方赤帝主除西方白氣之凶”(Q204)。㊂告誡,勸告:“傳告後生,勉脩孝義,無辱生生”(Q114);“忠告殷勤,屢省乃聽”(Q127);“告子屬孫,敢若此者,不入墓門,州里僉然”(Q187)。㊃告老,退休:“□□□稔,會遭篤病,告困致仕,得從所好”(Q127)。

【釋詞】

[告急]報告緊急情況,請求救援:“三郡告急,羽檄仍至”(Q178)。

[告愬]即“告訴”:“立廟桐柏,春秋宗奉,灾異告愬,水旱請求,位比諸侯”(Q125)。

2030 **口** kǒu 《廣韻》苦后切,溪厚上。
溪侯。

① Q125

② Q130

《説文·口部》:“,人所以言食也。象形。凡口之屬皆从口。”

【釋形】

《説文》小篆爲象形字,像人嘴之形。漢碑字形將小篆圓轉的線條變爲平直或方折的筆畫,如圖①②。

【釋義】

㊀人口:“户口既盈,禮樂皦如”(Q130);“〖視事年載,黔首〗樂化,户口增〖多,國寧民〗殷,功刊王府”(Q135)。㊁進出的通道:“以淮出〖平氏〗,始於大復,潛行地中,見于陽口”(Q125);“公房乃先歸,於谷口呼其師,告以厄急”(Q199)。

2031 **噣** zhuó 《廣韻》竹角切,知覺入。
端屋。

Q100

《説文·口部》:“,喙也。从口,蜀聲。”

【釋形】

《説文》小篆爲形聲字,从口,蜀聲。漢碑字形將小篆圓轉的線條隸定爲平直或方折筆畫,聲符“蜀”構件“虫”發生重組,如圖。

【釋義】

同“啄”,指鳥啄食:“生汙相和仳吹廬,龍爵除央鷗噣魚”(Q100)。

2032 **喙** huì 《廣韻》許穢切,曉廢去。
曉月。

Q171

《説文·口部》:“,口也。从口,彖聲。”

【釋形】

《説文》小篆爲形聲字,从口,彖聲。“彖”上古音在透母元部,月元對轉,故可充當聲符。漢碑中字形與小篆結構相近,其中圓轉的線條隸定爲平直筆畫,聲符“彖”的上部隸定爲“彑”,右下側“豕”的尾巴分解成一撇一捺,如圖。

【釋義】

嘴:“或有呼吸,求長存兮。跂行喙息,皆□恩兮”(Q171);又見“跂行喙息”。

2033 **咽** yè 《廣韻》烏結切,影屑入。
影質。

Q153

《説文·口部》:“,嗌也。从口,因聲。”

【釋形】

《説文》小篆爲形聲字,从口,因聲。聲符“因”在小篆中从囗、大,漢碑字形中構件“大”形變似“工”形,且左右兩側與“口”相接,如圖。

【釋義】

因悲哀而聲音滯澀:“遏勿八音,百姓流淚,魂靈既載,農夫恩結,行路撫涕,織婦喑咽”(Q153);又見“喑咽”。

2034 **咷** táo 《廣韻》徒刀切,定豪平。定宵。

① Q144 ② Q148

《説文·口部》:“,楚謂兒泣不止曰噭咷。从口,兆聲。”

【釋形】

《説文》小篆爲形聲字,从口,兆聲。在漢碑《西嶽華山廟碑》中“兆”字作、、等形,可以看出是小篆“兆”()字的簡化。在漢碑的“咷”字中,聲符“兆”發生了更嚴重的形變,在“丿”和“乚”兩邊分别變成了兩點,如圖①②。

【釋義】

用於“號咷”,放聲大哭:“百姓號咷,若喪考妣”(Q144);“羣臣號咷”(Q148)。

2035 **喑** yīn 《廣韻》於金切,影侵平。影侵。

Q153

《説文·口部》:“,宋齊謂兒泣不止曰喑。从口,音聲。”

【釋形】

《説文》小篆爲形聲字,从口,音聲。聲符“音”在小篆中从言含一,“一”爲指事符號,合起來表示説話的聲音。漢碑中,構件“言”所从的“辛”省去了下面豎畫,混同作“立”,構件“口”與内部的指事符號粘合寫作“日”,如圖。

【釋義】

過度悲痛哭不出聲音:見“喑咽”。

【釋詞】

[喑咽]悲傷哽咽:“遏勿八音,百姓流淚,魂靈既載,農夫恩結,行路撫涕,織婦喑咽”(Q153)。

2036 **咳** hái 《廣韻》户來切,匣咍平。匣之。

Q144

《説文·口部》:“,小兒笑也。从口,亥聲。,古文咳从子。”

【釋形】

《説文》小篆爲形聲字,从口,亥聲。邵瑛《説文解字羣經正字》:“今經典咳、孩似分爲二字……漢隸咳、孩作一字用。”漢碑字形部分保留了小篆字形線條化的特點,聲符“亥”下部發生重組,近似於“卯”,與現在通行字形差異較大,如圖。

【釋義】

同“孩”,小孩:“咳孤憤泣,忉怛傷摧”(Q144)。

2037 **嗛** xián 《廣韻》苦簟切,溪忝上。溪談。

Q114

《説文·口部》:“,口有所銜也。从口,兼聲。”

【釋形】

《説文》小篆爲形聲字,从口,兼聲。漢碑字形中,聲符“兼”所从兩“禾”下垂的頂端變成了兩點,彎曲向上的線條與手形的横畫重合在一起,彎曲向下的線條變成了一個横畫和四點,如圖。

【釋義】

㊀同“謙”,謙虚:“永元六年九月下旬,王文康不禄,師友門人閔其行正,來饗厥功,傳曰:嗛者章之”(Q041)。㊁通“兼”,副詞,都:“甘珍嗞味嗛設,隨時進納,省定若生時”(Q114)。

2038 **含** hán 《廣韻》胡男切,匣覃平。匣侵。

① Q126

② Q144

③ Q169

④ Q202

⑤ Q166

《説文·口部》:“,嗛也。从口,今聲。”

【釋形】

《説文》小篆爲形聲字,从口,今聲。“今”上古音在見母侵部。小篆字形中聲符“今”下彎曲的線條到漢碑中有的變成了一豎一横相交的筆畫,如圖①~④;有的更加簡省,變成兩點,如圖⑤。

【釋義】

㊀包藏未露:“次字子惠,護羌假司馬,含器早亡”(Q169)。㊁懷有美好的品德:“含中和之淑〖質〗”(Q117);“含純履軌,秉心惟常”(Q166);“含澤〖戴仁〗,□□休寧”(Q137);“神燿赫赫,理物含光”(Q126);又見“含和”。㊂崇尚:見“含好”。㊃忍受:“含憂憔顇,精傷神越”(Q202)。㊄用於人名:“君諱榮,字含和”(Q132)。

【釋詞】

[含好]崇尚,喜好:“岐齔謠是,含好箕常”(Q128)

[含和]藴藏祥和之氣,常喻仁德:“君鍾其美,受性淵懿,含和履仁”(Q144)。

[含氣]含有元氣:“印〖覽縣〗象,俯名山川,五常之貌,含氣庶品,非書〖不記〗”(Q123)。

2039 **味** wèi 《廣韻》無沸切,明未去。明物。

Q114

《説文·口部》:“,滋味也。从口,未聲。”

【釋形】

《説文》小篆爲形聲字,从口,未聲。漢碑字形將聲符“未”上部的兩曲線拉直成爲上短下長的兩横,下面的曲線分解爲一撇和一捺,如圖。

【釋義】

美味的食物:“甘珍嗞味嗛設,隨時進納,省定若生時”(Q114)。

2040 **呼(歑)** hū 《廣韻》荒烏切,曉模平。曉魚。

① Q145

② Q191

③ Q187

④ Q153

⑤ Q144

⑥ Q106

⑦ Q106

⑧ Q128

《説文·口部》:“,外息也。从口,乎聲。”

【釋形】

《説文》小篆爲形聲字,从口,乎聲。漢碑字形中,聲符“乎”下部有的保持着小篆中彎曲的寫法,只是將中間彎曲的線條向上延伸,與上面的短撇相接,如圖①~③;有的則是將彎曲回折的地方拉直,近似撇或豎鈎,如圖④~⑧。多數字形上部彎曲的兩個短線條簡寫成了點或長點,有的則將兩點連寫成一横,使得“乎”混同爲“手”,如圖⑦。還有的字形將構件“口”改换爲“欠”,可能是受鄰近“歍”的影響而同化,而且“欠”本身也與張口舒氣有關,可以與“口”義符互换,如圖⑧。

【釋義】

㊀吐氣:見“呼吸”。㊁大聲叫喊:“抱持啼呼,不可奈何”(Q106);又見“呼嗟”。㊂呼唤,招呼:“公房乃先歸,於谷口呼其師,告以厄急”(Q199)。㊃用於“嗚呼”,表示悲傷或慨歎:“嗚呼,匪愛力財,迫于制度”(S72);“嗚呼哀栽,士女痛傷”(Q094);“歍欨哀哉,奈何悲夫”(Q128)。㊄用於複姓,呼衍,匈奴貴族姓氏:“將郡兵三千人,誅呼衍王等,斬馘部眾,克敵全師”(Q079)。

【釋詞】

[呼嗟]呼號哀歎:“獄無呼嗟之冤,壄無叩匈之結”(Q172)。

[呼吸]道家導引吐納的養生術:“或有呼吸,求長存兮”(Q171)

2041 **吸** xī 《廣韻》許及切,曉緝入。曉緝。

Q171

《説文·口部》:“,内息也。从口,及聲。”

【釋形】

《説文》小篆爲形聲字,从口,及聲。聲符“及”在小篆中从又从人,漢碑字形中粘合爲不可分的“及”,如圖。

【釋義】

吸氣入内:見“呼吸”。

2042 **嘘** xū 《廣韻》朽居切,曉魚平。曉魚。

Q167

《説文·口部》:“,吹也。从口,虚聲。”

【釋形】

《説文》小篆爲形聲字,从口,虚聲。聲符“虚”在小篆中所从的“虍”本像虎紋之形,漢碑中形變爲“虍”;下面的“丘”基本保持小篆的寫法,如圖。

【釋義】

感歎聲:見“嘘噏”。

【釋詞】

[嘘噏]感歎聲:“嘘噏不反,大隕精晃”(Q167)。

2043 **吹** chuī 《廣韻》昌垂切,昌支平。昌歌。

① Q141 ② Q100

《説文·口部》:“,嘘也。从口从欠。”

【釋形】

《説文》小篆爲會意字,从口从欠,表示張口吹氣。聲符“欠”甲骨文作(《明》1880),金文作(《欠父丁爵》)等形,像人張大口呼氣的樣子;秦簡作(《睡·秦》31“欲”的義符),變跪坐的人爲站立的姿勢;小篆字形徹底線條化,結構也變成“儿”上三撇,三撇像出氣之形,理據發生重構。漢碑字形中,聲符“欠”將小篆字形上部像气之形變作“⺈”,理據喪失;下部所从的構件“儿”又隸變作“人”,如圖①②。

【釋義】

吹奏:“雅歌吹笙,考之〖六〗律,八音克諧”(Q141);“生汙相和仳吹廬,龍爵除央鷁噣魚”(Q100)。

2044 **名** míng 《廣韻》武并切,明清平。明耕。

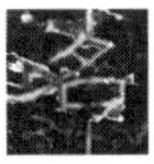   

① Q112 ② Q123 ③ Q142 ④ Q144

⑤ Q178 ⑥ Q134

《説文·口部》:“,自命也。从口从夕。夕者,冥也。冥不相見,故以口自名。”

【釋形】

《説文》以爲會意字,从口从夕,夜色昏暗時不可相見,故以聲音相稱。可備一説。漢碑字形中,構件“夕”按小篆輪廓隸定爲筆畫,有的沿續小篆寫法中間僅有一點,如圖①~④;有的寫成了兩點,如圖⑤;有的則缺省了點,如圖⑥。

【釋義】

㊀人的名字:“事親至孝,能奉先聖之禮,爲宗所歸,除龢補名狀如牒”(Q102);“改諱辟尊,字可□,□才不宜同名也”(Q111);“謹出錢千〖百〗□者,下行自紀姓名”(Q123)。㊁名字叫做:“韓明府名勑,字叔節”(Q112);“孟元子名寬,字伯然,即充國之孫也”(Q169)。㊂事物的名稱:“上有故千□紀冢,有北行車道,千封上下相屬,南北八千,石界□受,望□□□,立名分明,千北行至侯阜,北東流水”(Q089)。㊃命名:“印〖覽縣〗象,俯名山川”(Q123)。㊄稱述:“克命先己,汁稽履化,難名兮而右九孫”(Q021)。㊅名聲,聲譽:“清約節儉,進退應名”(Q070);“紹聖作儒,身立名彰”(Q127);“位淹名顯,敷聞于下”(Q134);又見“榮名、令名”。㊆著名的,有名的:“募使名工高平王叔、王堅、江胡戀石連車,菜石縣西南小山陽山,涿癘摩治,規柜施張”(Q114);“國喪名臣,州里失覆”(Q152);“縣界有六名山,三公、封龍、靈山,先得法食去”(Q174)。㊇用於人名:“子女曰无名,次女反,曰君明”(Q021)。

2045 **吾** wú 《廣韻》五乎切,疑模平。疑魚。

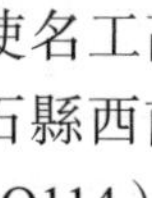
① Q179

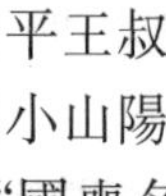
② Q166

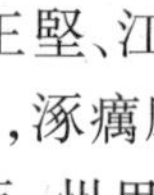
③ Q132

《説文·口部》:“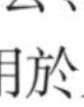,我,自稱也。从口,五聲。”

【釋形】

《説文》小篆爲形聲字,从口,五聲。聲符“五”的小篆中間是交叉的線條,到漢碑中這種寫法依然存在,如圖①②;也有的將交叉線條的右側一筆寫成横折,如圖③。

【釋義】

㊀通“禦”,抵禦,用於官名:見“執金吾、執金吾丞”。㊁用於人名:“君諱壽,字仲吾”(Q135)。㊂用於地名:“君諱遷,字公方,陳留已吾人也”(Q179)。

2046 **哲(喆)** zhé 《廣韻》陟列切,知薛入。端月。

① Q174

② Q125

③ Q153

④ Q130

⑤ Q179

《説文·口部》:“,知也。从口,折聲。,哲或从心。,古文哲从三吉。”

【釋形】

《説文》小篆爲形聲字,从口,折聲。漢碑字形中,“哲”有的保持着小篆字形的結構,如圖①②;有的構件“斤”和“口”的位置關係發生改變,如圖③;還有的承襲《説文》古文的寫法而省去一個構件,寫作“喆”,如圖④⑤。

【釋義】

㊀聰慧,明智:“體明性喆,寬裕博敏,孝友恭順”(Q130);“能〖悊〗能惠,剋亮天功”(Q137);“育兹令德,既喆且明”(Q161)。㊁賢明的人:“古先哲王,類帝禋宗,望于山川,徧于羣神”(Q174);“若兹不刊,後哲曷聞”(Q134);“君姿前喆,喬杋季文”(Q171)。

2047 **喆**

“哲“的異體字(圖④⑤),見 2046 哲。

2048 **君** jūn 《廣韻》舉云切,見文平。見文。

① Q084

② Q201

③ Q129

④ Q144

⑤ Q259

《説文·口部》:“,尊也。从尹;發號,故从口。,古文象君坐形。”

【釋形】

《説文》小篆爲會意字。从尹,表示長官;从口,表示發號施令;以此會合君王之義。漢碑字形中,有的爲碑額篆書,如圖①②;其他則是將彎曲的線條拉直變爲筆畫,結構布局有所變化,如圖③~⑤。

【釋義】

㊀天子、諸侯的通稱:“號治四靈,君臣父子”(Q052);“輔主匡君,循禮有常”(Q095);“有父子然後有君臣”(Q193)。㊁對神祇的敬稱:“前有白虎青龍車,後即被輪雷公君”(Q100);“赫赫休哉,故神君皇”(Q142);“封龍君三公之碑靈山君”(Q171)。㊂對人的敬稱:“大高平令郭君夫人室宅”(Q040);“君幼門顏閔之懋質,長敷旍夏之文學”(Q093);“故司隸校尉楗爲楊君頌”(Q095);又見“府君”。㊃用於人名:“祖母失諱,字宗君,癸未忌日”(Q021);“穎川長社王玄君真二百”(Q112);“門生東郡樂平靳京字君賢”(Q127)。㊄用於地名:“上君遷王岑鞠田,□牛一□,□□□□□舍六區,直卌四萬三千。屬叔長□田卅畝,質六萬。下君遷故□五人,直廿萬”(Q071)。

【釋詞】

[君子]㊀對統治者和貴族男子的通稱:“君子安樂,庶士悅雍”(Q095)。㊁才德出眾的人:“舉此□□,君子風也,未怒而懼,不令而從”(Q148);“凡百君子,欽謚嘉樂,永傳啬齡,晚矣旳旳”(Q154);“樂旨君子,□□無疆”(Q137);“魯無君子,斯焉取旃”(Q193)。

2049 **命**(⿱人丙)　mìng《廣韻》眉病切,明映去。明耕。

① Q066

② Q084

③ Q140

④ Q153

⑤ Q167

《説文·口部》:“,使也。从口从令。”

【釋形】

《説文》以爲會意字,从口从令,表示發號施令。一般認爲,“命”是在“令”的基礎上添加表義構件“口”分化而來。漢碑字形中,有的與小篆結構相近,只是將小篆的線條轉寫爲筆畫,像屈膝人形的構件隸定作“卩”,如圖①~④;有的整體結構發生變化,寫成从人丙聲的“⿱人丙”,理據重構,如圖⑤。

【釋義】

㊀命令,委任:“再命虎將,綏元元兮”(Q088);“宰府命,遂逡□”(Q135)。㊁政令,指令:“徵爲尚書,肅恭國命,傅納以言”(Q084);“故《〚孝〛經援神挈》曰:‘玄丘制命帝卯行。’”(Q140);“授命如毛,諾則不〚宿〛”(Q148);又見“休命”。㊂生命:“乃遭〚氛〛災,隕命顛沛”(Q117);“咨爾體之淑姣,嗟末命之何辜”(Q259);又見“隕命”。㊃壽命:“昔武王遭疾,賴有周公,爲王殘命,復得延年”(Q124);“景命不永,早即幽昏,名光來世,萬祀不泯”(Q166);“上陟皇燿,統御陰陽,騰清躡浮,命壽無疆”(Q199);又見“天命、壽命”。㊄天命,命運:“克命先己,汁稽履化,難名兮而右九孫”(Q021);“大命〚所〛期,寔惟天授”(Q088);“沛郡故吏吳岐子根,稟⿱人丙不長”(Q167);又見“遭命”等。

【釋詞】

[命世]著名於當世,多用以稱譽有治國之才者:“穆穆楊公,命世而生”(Q066)。

[命壽]即“壽命”:“上陟皇燿,統御陰

陽，騰清躡浮，命壽無疆”（Q199）。

2050 **㑹**

“命”的異體字（圖⑤），見2049命。

2051 **咨(諮)** zī 《廣韻》即夷切，精脂平。精脂。

① Q129

② Q259

③ Q130

《説文·口部》：“，謀事曰咨。从口，次聲。”

【釋形】

《説文》小篆爲形聲字，从口，次聲。與小篆字形相比，漢碑“咨”字的結構布局發生了變化，“口”由左下角變爲居於整字的下方，整字變成上下結構；其中基础構件“欠”將小篆字形上部的气之形變作“⺈”，失去理據，下部所从的構件“儿”隸變爲“人”，如圖①②。也有的字形在“咨”的基礎上加上構件“言”，以强調“咨”與説話有關，如圖③。

【釋義】

㊀商議，詢問：“帝咨君謀，以延平中拜安邊節使，銜命二州”（Q128）；“咸位〖南〗面，競德國家，猶昔八虞，文王是諮”（Q130）；“于時聖主諮諏，羣僚咸曰：‘君哉！’”（Q178）；又見“疇咨”等。㊁歎息：“咨爾體之淑姣，嗟末命之何辜，方齔毀而揔”（Q259）；又見“咨嗟”。㊂歎詞，表示讚賞，相當於“嘖”：“咨乎不朽，没而德存。伊尹之休，格于皇天”（Q148）。㊃用於人名：“蘇信君咨二百”（Q193）。

【釋詞】

［咨度］商量：“乃相與咨度諏詢，采摭謠言”（Q193）。

［咨嗟］歎息：“行理咨嗟，郡縣所苦”（Q150）。

2052 **召** （一）zhào 《廣韻》直照切，澄笑去。定宵。

① Q038

② Q106

③ Q133

④ Q169

《説文·口部》：“，評也。从口，刀聲。”

【釋形】

《説文》小篆爲形聲字，从口，刀聲。漢碑字形中，有的爲碑文篆書，如圖①；有的將構件“刀”變形寫成了“⺈”，如圖②～④。

【釋義】

㊀召喚：“鼠齧輀車被具，君乃畫地爲獄，召鼠誅之”（Q199）。㊁徵召：“召署督郵，辭疾遜退”（Q169）。㊂用於官名：“脩身仕宦，縣諸曹、市〖掾〗、主簿、廷掾、功曹、召府”（Q106）。

【釋詞】

［召見］君王或上司命臣民或下屬來晉見：“會孝順皇帝西巡，以掾史召見”（Q133）。

（二）shào 《廣韻》寔照切，禪笑去。禪宵。

【釋義】

㊀姓氏，同“邵”：“統政□載，穆若清風。有黄霸、召信臣在潁南之歌”（Q154）。㊁用於人名：“司徒公汝南女陽袁安召公，授《易》孟氏〖學〗”（Q038）。

2053 **問** wèn 《廣韻》亡運切，明問去。明文。

① Q102

② Q106

③ Q144

《説文·口部》：“，訊也。从口，門聲。”

【釋形】

《説文》小篆爲形聲字，从口，門聲。漢碑字形將小篆圓轉的線條隸定爲平直或方折的筆畫，如圖①～③。

【釋義】

㊀詢問：“謹問大常祠曹掾馮牟，史郭玄”（Q102）；“卜問奏解，不爲有差”（Q106）；“上問君於何所得之，對曰：‘從蜀郡大守取之。’”（Q142）。㊁舊時訂婚，男方向女方

下聘禮:"閔其敦仁,爲問蜀郡何彥珍女,未娶"(Q113)。㊂通"聞",名聲:"爰既且於君,盖其纏縺,纘戎鴻緒,牧守相係,不殞高問"(Q179);又見"令問"。

【釋詞】

[問索]求告:"問索三公御語山,當□□上黨界中"(Q092)。

2054 **唯** wéi 《廣韻》以追切,餘脂平。餘微。

① Q083

② Q106

③ Q169

④ Q185

《説文·口部》:",諾也。从口,隹聲。"

【釋形】

《説文》小篆爲形聲字,从口,隹聲。漢碑字形將小篆聲符"隹"像鳥頭的部分倒寫成了"⺈",且與左下的豎筆斷開,像鳥身體的部分也都轉寫成橫豎筆畫,完全失去了象形性,如圖①~④。

【釋義】

㊀範圍副詞,只有,僅限:"于時,四子孟長、仲賓、叔賓皆并覆没,唯寬存焉"(Q169);"乾道不繆,唯淑是親"(Q179);"天寔高,唯聖同"(Q185)。㊁助詞,置於句首,❶表示希望:"唯觀者諸君,願勿敗傷"(Q106);"唯諸觀者,深加哀憐,壽如金石,子孫萬年"(Q114);"明語賢仁四海士,唯省此書無忽矣"(Q114)。❷無義:"□始天道,唯德不朽"(Q083)。

2055 **唱** chàng 《廣韻》尺亮切,昌漾去。昌陽。

Q130

《説文·口部》:"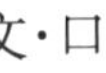,導也。从口,昌聲。"

【釋形】

《説文》小篆爲形聲字,从口,昌聲。漢碑字形將小篆圓轉的線條隸定爲平直方折的筆畫,構件"曰"由小篆的上部開口變爲封閉,如圖。

【釋義】

歌唱:"除夷陵侯〖相〗,高唱寡和,爲俗所仇,君耻侉比,愠于羣小"(Q130)。

2056 **和** (一)hè 《廣韻》胡臥切,匣過去。匣歌。

① Q038

② Q144

③ Q129

④ Q125

《説文·口部》:",相譍也。从口,禾聲。"

【釋形】

《説文》小篆爲形聲字,从口,禾聲。按"和、龢"的聲符"禾"應兼有表義功能,因爲禾苗的順利生長必須得陰陽六氣之正,具有和諧的特徵,故表示應和的"和"與表示和諧的"龢"皆从之。在字形結構上,漢碑"和"字構件的位置與小篆相反,爲左聲右形。在寫法上,有的爲碑文篆書,如圖①;有的發生隸變,將小篆字形圓轉的線條隸定爲平直方折的筆畫,如圖②~④。其中①~④的義符"口"反映了篆書隸變的過程。

(二)hé 《廣韻》户戈切,匣戈平。匣歌。

【釋義】

聲音相應:"生汙相和仳吹廬,龍爵除央鷸噣魚"(Q100)。

【釋義】

㊀和諧,和順:"清涼調和,烝烝艾寧"(Q095);"雍雍其和,民用悦服"(Q125);又見"大和、中和㊀"。㊁和悦:"百姓訢和,舉國蒙慶"(Q112)。㊂平和:"惟居上,寬和貴"(Q045);"至孝通洞,克勤和顏"(Q128);又見"中和㊁"。㊃和睦,融洽:"内和九親,外睦遠鄰"(Q128);又見"含和"。㊄調和:"和陰陽以興雨,假雨攸仰之典謨"(Q103);"颸雨時降,和其寒暑"(Q171)。

㊅和解,和平:見“清和、和戎”。㊆用於年號:“元和二年正月六日,孫仲陽仲升父物故”(Q032);“惟漢永和二年八月,敦煌大守雲中裴岑,將郡兵三千人,誅呼衍王等”(Q079);“光和四年十月己丑朔,廿一日己酉造”(Q172)。㊇用於謚號:“孝和皇帝加元服,詔公爲賓”(Q038);“孝和皇帝大歲在己丑卌”(Q142)。㊈姓氏:“時疏勒國王和德,弑父篡位,不供職貢”(Q178)。㊉用於人名:“君諱榮,字含和”(Q132);“故市掾高頁顯和千”(Q178)。

【釋詞】

[和民]使民和順安定:“深達和民事神之義,精通誠至礿祭之福”(Q129)。

[和睦]友好相處:“民殷和睦,朝無顧憂”(Q128)。

[和氣]祥瑞之氣:“由是之來,和氣不臻”(Q060)。

[和戎]與少數民族或别國媾和修好:“尋李廣之在〖邊〗,恢魏〖絳〗之和戎”(Q137);“壓難和戎,武慮慷慨,以得奉貢上計,廷陳惠康安遏之謀”(Q161)。

[和同]和睦同心:“内脩家,事親,順勑,兄弟和同相事”(Q114)。

[和顔]表情和藹的:“至孝通洞,克勤和顔”(Q128)。

2057 **哉** zāi 《廣韻》祖才切,精咍平。精之。

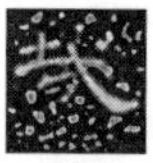
① Q178

② Q153

③ Q146

④ Q145

⑤ Q144

⑥ Q143

《説文·口部》:“,言之閒也。从口,𢦏聲。”

【釋形】

《説文》小篆爲形聲字,从口,𢦏聲。漢碑字形中,義符“口”與聲符“𢦏”中“戈”下面的撇合在一起,寫成類似“勹”的形狀,如圖①～⑤;有的則省略了義符,僅存聲符“𢦏”,如圖⑥。聲符“𢦏”的構件“才”漢碑中一般寫作“十”,如圖①②③④⑥;有時寫成“木”,如圖⑤。

【釋義】

㊀語氣詞,❶表示感歎,相當於“啊”,或用於句尾,或用於句中:“聞噩秏,悲哉哀哉”(Q026);“坐席未竟,年卌二,不幸蚤終,不卒子道。嗚呼悲哉”(Q106);“于時聖主諮諏,羣僚咸曰:‘君哉!’”(Q178);“序曰:明哉仁知,豫識難易”(Q095);“昭哉孝嗣,光流萬國”(Q128);“痛哉仁人,積德若滋”(Q113)。❷表示疑問或反問,相當於“呢”:“非夫盛德,惡可已哉”(Q128)。㊁句中語助詞:“朝無秕政,直哉惟清”(Q148)。

2058 **台** (一)yí 《廣韻》與之切,餘之平。餘之。

① Q066

② Q088

③ Q201

《説文·口部》:“,説也。从口,㠯聲。”

【釋形】

《説文》小篆爲形聲字,从口,㠯聲。漢碑字形中,聲符“㠯”有的由小篆彎曲的線條形變作“厶”,如圖①;有的寫成閉合的三角形,如圖②③。

【釋義】

㊀代詞,我:“歎曰:猗台我君”(Q201)。㊁喜悦貌,後作“怡”:“爰示後世,台台勿忘”(Q070)。㊂用於複姓:“故脩行都昌台丘暹,字𠀤德”(Q088);“故午都昌台丘遷,字孟堅”(Q088)。

(二)tái 《廣韻》土來切,透咍平。透之。

【釋義】

通“臺”,㊀三臺星:“乃台吐耀,乃嶽降精”(Q066)。㊁借喻三公:“遭泰夫人憂,服闕還台,拜尚書侍郎”(Q173);又見“台司、台輔”。

【釋詞】

［台輔］指三公宰輔之位:“台輔之任,明府宜之”(Q088);“不卒符宿,究是台輔”(Q173)。

［台緄］緄,通“衮”。猶“台輔”:“當窮台緄,松僑協軌”(Q187)。

［台司］指三公等宰輔大臣:“王人嘉德,台司側席”(Q128)。

2059 **咸** xián 《廣韻》胡讒切,匣咸平。匣侵。

① Q130

② Q141

③ Q153

④ Q095

⑤ Q178

《説文·口部》:“,皆也;悉也。从口从戌。戌,悉也。”

【釋形】

《説文》小篆爲會意字,从口从戌,表示全部、都。漢碑字形中,有的與小篆結構相近,如圖①②;有的少了“戌”右上的一點,如圖③④;有的在構件“口”上面又多了一横畫,如圖⑤。

【釋義】

㊀副詞,表示範圍,相當於“都、全”:“咸共飲酌其流者,有踰三千”(Q066);“百遼咸從,帝用是聽”(Q095);“凡百咸痛,士女涕泠”(Q187);“咸懷〚傷愴〛,遠近哀同,〚身没□□,萬世諷誦〛”(Q132)。㊁咸卦,六十四卦之一,艮下,兑上:“艮兑咸亨,爰居爰處”(H144)。㊂用於人名:“高密都鄉安持里孫琮字咸石之郭藏”(Q085);“無……時令琅邪開陽貴君,諱咸”(Q104)。㊃用於地名:“高祖龍興,婁敬畫計,遷諸關東豪族英傑,都于咸陽,攘竟蕃衛”(Q153)。

【釋詞】

［咸秩］謂皆得秩序:“九山甄旅,咸秩無文,爰納塗山,辛癸之間”(Q065)。

2060 **呈** chéng 《廣韻》直貞切,澄清平。定耕。

① Q137

② Q169

《説文·口部》:“,平也。从口,壬聲。”

【釋形】

《説文》小篆爲形聲字,从口,壬聲。漢碑字形結構與小篆相近,聲符“壬”小篆从人从土,漢碑字形“人”和“土”進一步粘合而無法拆分,與“壬”形近,差别在於中間一横“壬”長“王”短,如圖①②。

【釋義】

義同“程”,㊀法度,模範:“〚韜綜頤〛□,温故前呈”(Q137)。㊁效法:“博貫史略,彫篆六體,稽呈前人,吟咏成章”(Q169)。

2061 **右** yòu(一)《廣韻》云久切,雲有上。匣之。

① Q118

② Q153

③ Q021

④ Q119

⑤ Q178

⑥ Q128

《説文·口部》:“,助也。从口从又。”

【釋形】

《説文》小篆爲會意字,从口从又,表示用口和手相佑助。漢碑字形中,構件“又”反映了篆書隸變的過程,有的仍有篆意,還能看出手形,如圖①～④;有的則變形爲“ナ”,如圖⑤⑥。構件“口”有的寫作三角形,如圖④。“右”爲“佑”之本字,本義爲助佑。後借“右”來表示左右之“右”,另增加單人旁表示助佑之義,寫作“佑”。或增加示字旁强調神的福祐,寫作“祐”。

【釋義】

㊀與“左”相對：“堂三柱，中□□龍將非詳，左有玉女與仙人，右柱□□請丞卿，新婦主待給水將”（Q100）；又見“左右”㊃。㊁指西邊，西部地區：“惟斯析里，處漢之右”（Q150）；“是以綿駒在高唐，而齊右善謳”（Q158）。㊂古代以右爲尊：“家于梓潼，九族布列，裳絻相襲，名右冠蓋”（Q153）；“歷郡右職，上計掾史，仍辟涼州，常爲治中、別駕”（Q178）。㊃用於官名：“右尉九〖江〗浚遒唐安季興五百”（Q112）；“君諱承，字仲兖，東萊府君之孫，大尉掾之中子，右中郎將弟也”（Q144）；“元子卬，爲右曹中郎將”（Q169）；又見“右扶風”。㊄用於地名：見“右北平”。

（二）《廣韻》于救切，雲宥去。匣之。

【釋義】

保祐，後多作“祐”：“克命先己，汁稽履化，難名兮而右九孫”（Q021）。

【釋詞】

［右北平］郡名：“〖禮服〗祥除，徵拜議郎，右北平大守”（Q137）。

［右扶風］行政轄區名：“時府丞右扶風陳倉吕國，字文寶”（Q146）；“漢武都大守，右扶風茂陵耿君，諱勳，字伯瑋”（Q161）；“秦漢之際，曹參夾輔王室，世宗廓土厈竟，子孫遷于雍州之郊，分止右扶風”（Q178）。

2062 **吉** jí 《廣韻》居質切，見質入。見質。

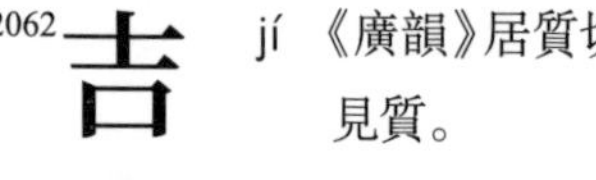

① Q106 ② Q129 ③ Q178

《說文·口部》：“，善也。从士、口。”

【釋形】

《說文》以爲會意字，从士、口，表示吉祥。按“吉”甲骨文作（《合》16329），上像勾兵之形，勾兵有堅固、鋒利的特點，所以“吉”原本是借勾兵的特點表示堅固、鋒利之義，引申爲吉善義。在字形上爲了與勾兵本身相區別，增添了下面的“口”形。甲骨文已經有簡化作（《合》38232）的寫法，上面已混同爲“士”，看不出勾兵的形象了。金文和小篆承襲甲骨文簡化的寫法，故《說文》以“从士、口”釋之。構件“士”在漢碑中下面的橫較長，與“土”混同，如圖①～③。

【釋義】

㊀吉祥，吉利：“徐無令樂君永元十年造作萬歲吉宅”（Q044）；“卜云其吉，終然允臧”（Q174）。㊁姓氏：“故功曹司空掾池陽吉華伯昉”（Q200）；“故功曹司空掾池陽吉充叔才”（Q200）。㊂用於人名：“吉甫相周宣，勛力有章”（Q166）；“故功曹曹屯定吉、故功曹王河孔達、故功曹王吉子僑、故功曹王時孔良五百”（Q178）。㊃用於地名：“西鄉常吉里薌他君石祠堂”（Q106）。

【釋詞】

［吉地］風水好的地方：“吉地既遷，良辰既卜”（H144）。

［吉土］同“吉地”：“卜擇吉土治東，就衡山起堂立壇”（Q060）。

［吉祥］吉利，祥瑞：“遏禳凶札，揫斂吉祥”（Q129）。又作“羊吉”，即“祥吉”：“羊吉萬歲，子孫官貴”（Q070）。

2063 **周** zhōu 《廣韻》職流切，章尤平。章幽。

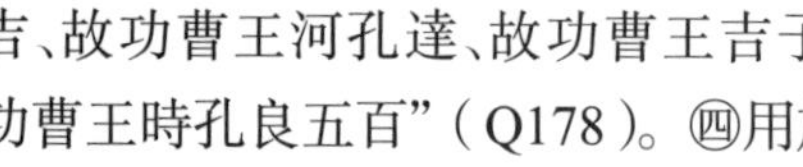

① Q125 ② Q084 ③ Q166 ④ Q179

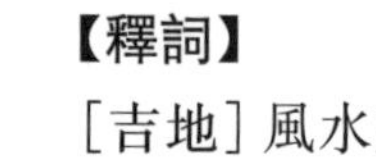

⑤ Q201 ⑥ Q141

《說文·口部》：“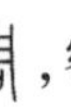，密也。从用、口。，古文周字从古文及。”

【釋形】

《說文》以爲會意字，从用、口，表示周

密。按“周”甲骨文作(《合》5634)、(《合》1086)等形,構意不明。金文或加“口”作(《獻侯鼎》),應爲姬周的“周”的區别字。小篆上面單獨構件混同爲“用”,《説文》據小篆釋之,與原有構形理據不符。漢碑字形重組爲“冂”和“吉”,構件“冂”上面有缺口,是小篆寫法的遺存,如圖①~③;有的將缺口封閉,如圖④~⑥。

【釋義】

㊀周圍:“瓦屋二閒,周欗楯拾尺”(Q119)。㊁親密:見“比周”。㊂最終:“幼聟州署郡仕,周竟徐州從事、武原長行事”(Q111)。㊃通“賙”,救濟:“周無振匱,亦古晏、臧之次矣”(Q128)。㊄用於朝代名:“周代造此冢,後子孫率來”(Q096);“周鑒於二代,十有二歲,王巡狩殷國,亦有事于方嶽”(Q129);“周室衰微,霸伯匡弼”(Q187);“《周禮·職方氏》:‘河南山鎮曰華’”(Q129)。㊅姓氏:“周平、周蘭、父老周偉”(Q029);“相史魯周乾伯德三百”(Q112);“弟子沛國【小】沛周升,字仲【甫】”(Q127)。㊆用於人名:“何廣周田八十畝”(Q071)。

【釋詞】

[周公]西周初期政治家,姓姬名旦:“昔武王遭疾,賴有周公,爲王殘命,復得延年”(Q124)。

[周孔]周公和孔子的并稱:“該三五之藉,歇周孔之薁”(Q084);“臣蒙厚恩,受任符守,得在奎婁,周孔舊寓”(Q140)。

2064 **唐** táng 《廣韻》徒郎切,定唐平。定陽。

① Q129

② Q102

③ Q084

④ Q083

⑤ Q285

《説文·口部》:“,大言也。从口,庚聲。,古文唐从口、昜。”

【釋形】

《説文》小篆爲形聲字,从口,庚聲。“庚”上古音在見母陽部。漢碑字形中,聲符“庚”所从的雙手形與“干”粘合爲一體,有的大致還能看出構件“干”,如圖①~③;有的則逐漸離析重組出構件“广”,如圖④⑤。

【釋義】

㊀傳説中上古帝堯政權的稱號:“三老諱寬,字伯然,金城浩亹人也。其先盖出自少皓,唐炎之降,伯翳作虞”(Q169);“脩北辰之政,馳周、邵之風,歆樂唐君神靈之美”(Q199)。㊁姓氏:“左尉唐佑,字君惠,河南密人”(Q129)。㊂用於人名:“東平薛唐子”(Q049)。㊃用於地名:“是以綿駒在高唐,而齊右善謌”(Q158)。

【釋詞】

[唐叔]周代晉國的始祖,周成王弟:“文武之盛,唐叔□世勳,則有官族,邑亦如之”(Q083)。

[唐虞]唐堯與虞舜的并稱:“疾讒讒比周,慍頻頻之黨,□唐虞之道”(Q084);“是以唐虞疇咨四嶽,五歲壹巡狩,皆以四時之中月,各省其方,親至其山,柴祭燔燎”(Q129)。

2065 **吐** tǔ 《廣韻》他魯切,透姥上。透魚。

① Q066

② Q112

③ Q112

《説文·口部》:“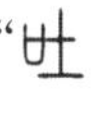,寫也。从口,土聲。”

【釋形】

《説文》小篆爲形聲字,从口,土聲。漢碑字形與小篆基本一致,只是將原本圓轉的線條轉寫爲筆畫,如圖①~③。有的字形中聲符“土”添加一點,如圖②。

【釋義】

㊀吐出,顯現:“泰華惟岳,神曜吐精”(Q066);“乃台吐耀,乃嶽降精”(Q066)。

㈡特指孔子誕生時麟吐玉書的傳説:“前闔九頭,以什言教;後制百王,獲麟來吐”(Q112)。

【釋詞】

[吐圖]指堯時龍馬銜圖出河的傳説:“三陽吐圖,二陰出讖”(Q112)。

2066 **啖** dàn 《廣韻》徒敢切,定敢上。定談。

Q199

《説文·口部》:“啖,噍啖也。从口,炎聲。一曰噉。”

【釋形】

《説文》小篆爲形聲字,从口,炎聲。漢碑字形將小篆圓轉的線條轉寫爲筆畫,如圖。

【釋義】

吃:“君爲郡吏□□□□,土域啖瓜,旁有真人,左右莫察”(Q199)。

2067 **吁** xū 《廣韻》况于切,曉虞平。曉魚。

Q122

《説文·口部》:“吁,驚也。从口,于聲。”

【釋形】

《説文》小篆爲形聲字,从口,于聲。漢碑字形與小篆結構不同,變左右結構爲上下結構,且將“亏”形寫作了“于”形,如圖。

【釋義】

爲某種要求而呼喊:“正色在朝,成吁九甫”(Q122)。

2068 **嘖** zé 《廣韻》士革切,崇麥入。崇錫。

Q175

《説文·口部》:“嘖,大呼也。从口,責聲。謮,嘖或从言。”

【釋形】

《説文》小篆爲形聲字,从口,責聲。小篆字形聲符“責”上面的“朿”,到漢碑中簡寫作“𡗗”,如圖。

【釋義】

通“賾”,深奧:“念在探嘖索隱,窮道極術”(Q175)。

2069 **吟** yín 《廣韻》魚金切,疑侵平。疑侵。

Q169

《説文·口部》:“吟,呻也。从口,今聲。䪩,吟或从音。訡,或从言。”

【釋形】

《説文》小篆爲形聲字,从口,今聲。漢碑字形中,聲符“今”下面的曲線隸定爲“丅”形,如圖。

【釋義】

口誦:見“吟咏成章”。

【釋詞】

[吟咏成章]出口成章:“博貫史略,彫篆六體,稽呈前人,吟咏成章,彈翰爲法”(Q169)。

2070 **叫** jiào 《廣韻》古弔切,見嘯去。見幽。

Q134

《説文·口部》:“叫,嘑也。从口,丩聲。”

【釋形】

《説文》小篆爲形聲字,从口,丩聲。聲符兩條相互糾纏的線條轉寫爲筆畫,寫作“丩”,如圖。

【釋義】

呼喊:“悲將焉告,印叫穹倉”(Q134)。

2071 **嘆** tàn 《廣韻》他干切,透寒平。透元。

①Q153 ②Q146 ③Q095

《説文·口部》:“,吞歎也。从口,歎省聲。一曰:太息也。”

【釋形】

《説文》小篆爲形聲字,从口,歎省聲。聲符“堇”(“歎”的省聲)在小篆中从土从黄省,漢碑字形中上面的“廿”形有的形變爲“艹”,如圖①②,有的變爲“卝”形,如圖③;向下的曲線分解爲“八”形,如圖①③;“八”字的左筆或與上面的豎筆相接,連成長撇,已接近後來的楷書寫法,如圖②。段玉裁《説文解字注》“嘆”下云:“嘆、歎二字今人通用,《毛詩》中兩體錯出,依《説文》則義異。歎近於喜,嘆近於哀,故嘆訓吞歎,吞其歎而不能發。”文獻中二字多通用無別。參見8206歎。

【釋義】

㊀感歎,歎息:“君踐其險,若涉淵冰。嘆曰:‘《詩》所謂如集于木,如臨于谷,斯其殆哉。’”(Q146);“承敝遭衰,黑不代倉,□〖流應聘〗,嘆鳳不〖臻〗”(Q140)。㊁讚歎:“追歌遺風,嘆績億世,刻石紀號,永永不滅”(Q153);“國人僉嘆,刊勒斯石,表示無窮”(Q161)。

2072 **吝** lìn 《廣韻》良刃切,來震去。來文。

J237

《説文·口部》:“,恨、惜也。从口,文聲。《易》曰:以往吝。,古文吝从彣。”

【釋形】

《説文》小篆爲形聲字,从口,文聲。漢碑字形中,聲符“文”寫成“爻”,與小篆寫法不同,如圖。

【釋義】

災難:見“裁吝”。

2073 **各** gè 《廣韻》古落切,見鐸入。見鐸。

①Q129 ②Q141 ③Q179 ④Q178

《説文·口部》:“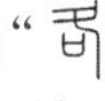,異辭也,从口、夊。夊者,有行而止之,不相聽也。”

【釋形】

《説文》以爲會意字,从口、夊,表示差異。按“各”甲骨文作(《合》20985)、(《合》27310)等形,金文作(《豆閉簋》)、(《秦公簋》)等形,上面是一隻腳,代表走路,下面的“凵”形或“口”形代表目的地,合起來表示走向或到達目的地。腳形到小篆字形發生形變,看不出原本的構意。漢碑字形將小篆圓轉的線條轉寫爲筆畫,如圖①~③;構件“夊”或訛寫似“父”,如圖④。

【釋義】

㊀指示代詞,各个,各自:“祠先聖師侍祠者,孔子子孫,大宰、大祝令各一人,皆備爵”(Q102);“是以唐虞疇咨四嶽,五歲壹巡狩,皆以四時之中月,各省其方,親至其山,柴祭燔燎”(Q129);“大宗承循,各詔有司,其山川在諸侯者,以時祠之”(Q129)。㊁副詞,皆:“朐與柜分高,□爲界東,各承無極”(Q013)。

2074 **否** pǐ 《廣韻》符鄙切,並旨上。並之。

①Q130 ②Q194 ③Q202 ④Q083

《説文·口部》:“,不也。从口从不。”

【釋形】

《説文》小篆爲會意字,从口从不,不亦

聲。表示否定。漢碑字形將小篆構件“不”向上單獨曲線分解爲兩點,將向下的曲線分解爲撇和捺兩個筆畫,如圖①～④。

【釋義】

㊀惡:“賞恭罰否,畀奧□流,其於統系,寵存贈亡,篤之至也”(Q161);“甚□是司三郡,糾明若否”(Q083)。㊁困厄,不順:“雖姜公樹迹,雚檀流稱,步騶愈否,君參其中”(Q130);“行篤言忠,否則獨善”(Q194)。

2075 **哀**(㥋) āi 《廣韻》烏開切,影咍平。影微。

① Q039

② Q100

③ Q143

④ Q144

⑤ Q145

⑥ Q263

⑦ Q191

⑧ Q238

《説文·口部》:“,閔也。从口,衣聲。”

【釋形】

《説文》小篆爲形聲字,从口,衣聲。小篆字形聲符“衣”上面像衣領的部分,漢碑字形有的隸定爲“十”字形,如圖①②③④⑦⑧;有的隸定爲“亠”,如圖⑤⑥。下面像衣襟相交的部分也分解爲多個筆畫,如圖①～⑧。有的還添加構件“忄”,以强調哀傷與心情有關,如圖⑦⑧。

【釋義】

㊀悲傷,哀痛:“哀賢明而不遂兮,嗟痛淑雅之夭年”(Q039);“其拾七年六月甲戌塟,嗚呼㥋哉!”(Q191);“煙火相望,四時不絶,深野曠澤,哀聲忉切”(Q153);“感秦人之哀,願從贖其無由,庶考斯之頌儀”(Q133)。㊁哀悼:“勒銘金石,惟以告哀”(Q144)。㊂憐憫,憐愛:“熹平二年三月癸酉郎官奉宣詔書,哀閔垂恩,猛不殘義,寬不宥姦,喜不縱慝,感不戮仁”(Q161);“魂零有知,柃哀子孫”(Q100)。

2076 **嗥** háo 《廣韻》胡刀切,匣豪平。匣幽。

Q114

《説文·口部》:“,咆也。从口,皋聲。,譚長説:嗥从犬。”

【釋形】

《説文》小篆爲形聲字,从口,皋聲。聲符“皋”在小篆中从夲从白,漢碑中上面的構件“白”形變爲“罒”形,下面的構件“夲”粘連爲“羊”形,如圖。

【釋義】

野獸吼叫:“調文刻畫,交龍委虵,猛虎延視,玄蝯登高,陑熊嗥戲,眾禽羣聚,萬狩雲布”(Q114)。

2077 **哮** xiào 《廣韻》許交切,曉肴平。曉宵。

Q132

《説文·口部》:“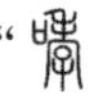,豕驚聲也。从口,孝聲。”

【釋形】

《説文》小篆爲形聲字,从口,孝聲。由於漢碑字形局部磨滅,僅能看出義符“口”和聲符“孝”下面的“子”,已經完全筆畫化,如圖。

【釋義】

吼叫:“斑到官之日,□癘吏士,哮虎之怒,薄伐□□”(Q093);“〖旌〗旗絳天,雷震電舉,敷燿赫〖然〗,陵惟哮〖虎〗”(Q132)。

2078 **局** jú 《廣韻》渠玉切,羣燭入。羣屋。

Q100

《説文·口部》:“,促也。从口在尺下,復局之。一曰:博,所以行棊。象形。”

【釋形】

《説文》以爲會意字，从口在尺下，表示偪促。季旭昇《説文新證》認爲从尸句聲，“尸”代表人，“句”兼表彎曲偪促之義，可備一説。漢碑字形將小篆圓轉的線條變爲平直方折的筆畫，如圖。

【釋義】

偪促，拘束：玉女執尊杯桉柈，局秫檼栝好弱皃”（Q100）。

2079 **叩** kòu《廣韻》苦后切，溪厚上。溪侯。

Q102

《説文》無。

【釋形】

本義爲叩擊，引申爲叩拜。甲骨文作（《合》32048）（《屯》1239）等形，左邊“口”爲聲符；右边邊像人跪坐之形，《説文》小篆作，後多隸定爲“卩”。漢碑字形中構件“卩”訛變混同作“阝”，如圖。

【釋義】

㊀擊，敲：“獄無呼嗟之冤，壄無叩匈之結”（Q172）。㊁叩頭，拜。舊時爲最鄭重的一種禮節，人伏身跪拜，以頭叩地：“平惶恐叩頭，死罪死罪”（Q102）；“長常叩頭死罪，敢言之”（Q170）。

2080 **喋** dié《廣韻》徒協切，定帖入。定葉。

Q179

《説文》無。

【釋形】

形聲字，从口，枼聲。聲符“枼”小篆作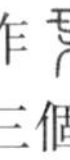，从木，世聲。漢碑中構件“世”中的三個“十”粘合成“丗”；構件“木”的上弧線拉直爲一横畫，下弧線斷開寫作一撇一捺，如圖。

【釋義】

説話多而煩瑣：“苑令有公卿之才，嗇夫喋喋小吏，非社稷之重”（Q179）。

2081 **啼** tí《廣韻》杜奚切，定齊平。定支。

① Q143

② Q106

《説文》無。

【釋形】

形聲字，从口，帝聲。漢碑字形聲符“帝”的構形發生離析與重組，并且實現了筆畫化，原有結構被打破，如圖①②。

【釋義】

放聲痛哭：“瞿不識之，啼泣東西”（Q143）；“抱持啼呼，不可奈何”（Q106）。

2082 **嗟** jiē《廣韻》子邪切，精麻平。精歌。

① Q172

② Q259

③ Q178

④ Q039

《説文》無。

【釋形】

形聲字，从口，差聲。“差”上古音在初母歌部。聲符“差”的小篆字形爲，从左从𠂹。漢碑中有的還保持這種寫法，如圖①；有的將構件“𠂹”與構件“左”的手形粘合寫成“𢀩”，如圖②④；有的撇筆只與下面的一横相接，而没有穿插構成“𢀩”形，如圖③。

【釋義】

㊀歎詞，❶表示感慨：見“嗟嗟”。❷表示悲痛：見“于嗟”。㊁感歎，歎息：“四時不和，害氣蕃溢。嗟命何辜，獨遭斯疾”（Q113）；“悲《蓼義》之不報，痛昊天之靡嘉，頫企有紀，能不號嗟，刊石叙哀”（Q154）；又見“嗟痛、呼嗟”等。

【釋詞】

［嗟嗟］歎詞，表示感慨："嗟嗟孟子，苗而弗毓"（Q117）。

［嗟痛］感歎痛惜："哀賢明而不遂兮，嗟痛淑雅之夭年"（Q039）。

2083 **嗚**

"歍"的異體字（圖⑤～⑧），見8205歍。

【釋詞】

［嗚呼］嘆詞，表示悲傷："嗚呼，匪愛力財，迫于制度"（S72）；"年五十有六，建寧三年，六月癸巳，淹疾卒官，嗚呼痛哉"（Q144）；"坐席未竟，年卌二，不幸蚤終，不卒子道。嗚呼悲哉"（Q106）。漢碑中又作"嗚乎"。"年十一，洽在熹平六年，十二月上旬，嗚乎悲夫"（Q167）。

2084 **噏** xī 《廣韻》許及切，曉緝入。曉緝。

Q167

《説文》無。

【釋形】

本義爲吸氣，形聲字，从口，翕聲。聲符"翕"的小篆字形爲，漢碑字形中構件"羽"左右各省去一筆，如圖。

【釋義】

吸氣：見"噓噏"。

2085 **噩** è 《廣韻》五各切，疑鐸入。疑鐸。

Q026

《説文》無。

【釋形】

金文作（《咢侯簋》）、（《咢侯鼎》）等形，楚簡作（《包》2.76）、（《包》2.193）等形，季旭昇《説文新證》引高鴻縉、聞一多等人説法認爲是"喪"字（如《合》28997、《禹鼎》的）的分化，表示不祥義，可備一説。漢碑字形中，"噩"的構件"吅"之間的交叉部分由金文、楚簡中的"卍"字形變成了"王"字形，如圖。

【釋義】

不祥的：見"噩秏"。

【釋詞】

［噩秏］不幸的消息，多指人去世的消息："聞噩秏，悲哉哀哉"（Q026）。

2086 **嚴** yán 《廣韻》語𩔰切，疑嚴平。疑談。

① Q063

② Q146

③ Q102

④ Q119

⑤ Q133

⑥ Q070

《説文·吅部》："，教命急也。从吅，厰聲。，古文。"

【釋形】

《説文》以爲形聲字，从吅，厰聲，釋爲教命急。按"嚴"字金文作（《多友鼎》），結構與《説文》古文相近。據《字源》陳英傑觀點，"嚴"字當爲从吅敢聲，而非从吅厰聲。"吅"甲骨文作（《合》17599反）、（《合》5574），爲"讘"的初文。而"嚴"是"譀"的初文，本義爲荒誕。可備一説。漢碑字形中，有的爲碑文篆書，如圖①。有的發生隸變，其中義符"吅"所从之"厂"有的其上加一短豎，近似於"广"，如圖②～④；聲符"敢"所从之"殳"有的訛寫作"攵"，如圖②③⑤，有的訛寫作"交"，如圖④，有的省寫爲"又"，如圖⑥。

【釋義】

㊀威嚴，嚴肅："示之以好惡，不肅而成，不嚴而治"（Q146）；"惟王孝淵，嚴重毅□，□懷慷慨"（Q070）。㊁嚴格："明檢匠所作，務令嚴事"（Q119）。㊂尊重："念高祖至九子未遠，所諱不列，言事觸忌，貴所

出，嚴及□焉”（Q021）。㈣姓氏：“崇高鄉三老嚴壽、長史蜀城佐石副垂、崇高亭長蘇重時監之”（Q061）；“総角好學，治《春秋》嚴氏經，貫究道度，無文不睹”（Q187）。㈤用於人名：“〖其〗先出自〖顓頊，與〗楚同姓，熊嚴之後也”（Q122）。㈥用於地名：“嚴道君曾孫，武陽令之少息孟廣宗卒”（Q113）。

2087 **單** （一）dān 《廣韻》都寒切，端寒平。端元。

① Q029

② Q029

③ Q128

④ Q137

《説文·吅部》：“，大也。从吅、甲，吅亦聲。闕。”

【釋形】

《説文》以爲會意兼形聲字，从吅、甲，吅亦聲，表示大。按“單”甲骨文作（《合》10615 反）、（《合》21729）、（《前》7.26.4）等形，金文作（《小臣單觶》）、（《蔡侯匜》）等形，像一種捕獵的工具，兼做打仗的武器，爲“戰”字所从，象形字。小篆字形上面的兩個圈已經與下面分離，《説文》據小篆字形説解，與原有構形理據不符。漢碑字形承襲小篆，構件“吅”有的與小篆一致，如圖①②；有的寫成兩個三角形，如圖③④。

【釋義】

通“殫”，盡，竭盡：“于是域滅區單，反旆而旋”（H26）。

（二）shàn 《廣韻》時戰切，禪線去。禪元。

【釋義】

㈠春秋時期諸侯國名：見“單襄穆”。㈡姓氏：“單侯、單子陽、尹伯通、錡中都、周平”（Q029）。

【釋詞】

［單襄穆］即春秋時期單國國君襄公和穆公，名旗，伯爵：“有單襄穆〖典謨之〗風”（Q137）。

（三）chán 《廣韻》市連切，禪先平。禪元。

【釋義】

用於匈奴君長名號：見“單于”。

【釋詞】

［單于］漢代匈奴的領袖：“螭虎之士，爰該六師，暨南單于、東胡烏桓、西戎氐羌、侯王君長之群，驍騎十萬”（H26）；“單于怖畏，四夷稽顙。皇上頌德，羣黎慕涎”（Q128）。

2088 **哭** kū 《廣韻》空谷切，溪屋入。溪屋。

① Q128

② Q117

③ Q113

《説文·吅部》：“，哀聲也。从吅，獄省聲。凡哭之屬皆从哭。”

【釋形】

《説文》以爲形聲字，从吅，獄省聲。按“哭”當爲从犬从吅，會意字，本義或爲犬嚎叫，引申指人嚎哭。《説文》以省聲解之，不妥。漢碑中“犬”有的省略了一點，寫作“大”形，如圖①②；有的在“大”的捺筆上添加一短撇，如圖③。

【釋義】

㈠哭泣：“俯哭誰訴，〖卬囗焉〗告”（Q117）；又見“哭泣”。㈡哭喪，古代的一種喪禮儀式：“孝子張文思哭父而禮”（Q031）；“顏路哭回孔尼魚，澹臺忿怒投流河，世所不閔如□□”（Q113）。

【釋詞】

［哭泣］有聲稱哭，無聲稱泣，後泛指哭：“擗踊哭泣，見星而行”（Q128）。

2089 **喪** （一）sàng 《廣韻》蘇浪切，心宕去。心陽。

① Q202

② Q144

③ Q154

④ Q134

⑤ Q145

⑥ Q196

⑦ Q128

⑧ Q153

⑨ Q178

《説文·哭部》：“，亾也。从哭从亾會意，亾亦聲。”

【釋形】

《説文》以爲會意兼形聲字，从哭从亾，亾亦聲，表示死亡。按“喪”甲骨文作（《合》58）、（《合》28997），在桑樹的“桑”上加數“口”，表示喪亡。小篆理據重構，演化爲从哭从亾，亾亦聲。漢碑字形中“喪”字形變化複雜，多數情況下構件“犬”與“亾”粘合在一起，這部分理據已喪失，只有構件“吅”還與哭喪的意義相關。也有的構件“犬”還相對獨立，如圖①；有的則形變似“土”，如圖②～⑥；有的形變似“干”，如圖⑦；有的形變似“十”，如圖⑧；有的甚至省減爲“亠”，如圖⑨。也有的構件“亡(亾)”相對獨立，或从人从𠃊，如圖①⑤⑥；或隸定作“𠃊”内加“亠”，如圖⑨。

【釋義】

㊀死去：“嗟命何辜，獨遭斯疾，中夜奄喪”（Q113）；“大命顛覆，中年徂歿。如喪考妣，三載泣怛”（Q153）；“舉孝廉，除郎中、謁者、河内大守丞。喪父，如禮”（Q154）。㊁失去，丟掉：“國無人兮王庭空，士罔宗兮微言喪”（Q128）；“烏呼哀哉，邦喪貞榦，邑失□涕，傷其暨終，位不副德，乃刊石立銘”（Q145）；“陰陽喪度，三罰離道”（Q109）。㊂滅亡的：“喪秦□益，功爍縱横”（Q070）。

（二）sāng 《廣韻》息郎切，心唐平。心陽。

【釋義】

㊀哀葬死者的禮儀：見“奉喪、居喪”等。㊁喪服：“五五之月，令丞解喪”（Q128）。

【釋詞】

［喪紀］喪事：“感孔懷，赴喪紀”（Q178）。

2090 **走** zǒu 《廣韻》子苟切，精厚上。精侯。

① Q125 ② JB1

《説文·走部》：“，趨也。从夭、止。夭止者屈也。凡走之屬皆从走。”

【釋形】

《説文》以爲會意字，从夭从止，本義爲奔跑。按其中“夭”非夭屈之夭，而是像人甩開手臂跑步的樣子。甲骨文作（《合》27939），非常形象；金文或增添構件“止”作（《大盂鼎》），即《説文》小篆之所承；或增添構件“辵”作（《㚇乍周公簋》）。漢碑字形中，構件“夭”寫成了“土”；構件“止”將小篆下面的曲線分解爲“人”形，如圖①②。

【釋義】

疾趨，奔跑：“慕君塵軌，奔走忘食。懷君惠賜，思君罔極”（Q125）。又見“奔走”。

2091 **趨(趋)** qū 《廣韻》七逾切，清虞平。清侯。

① Q172 ② Q161

《説文·走部》：“，走也。从走，芻聲。”

【釋形】

《説文》小篆爲形聲字，从走，芻聲。義符“走”在小篆中从夭、止，漢碑中有的已經隸變作“走”，如圖②；有的構件“夭”寫作“犬”，構件“止”寫作“𠃊”加兩點，如圖①。聲符“芻”有的按照小篆的寫法嚴格隸定，如圖①；有的寫作上下兩個“彐”，如圖②。

【釋義】

㊀遵循，遵守：“勸課趋時，百姓樂業”（Q161）。㊁投身，趨向：“抱不測之謀，秉高世之介，屈私趨公，即仕佐上”（Q172）。

2092 **趋**

“趨”的異體字(圖②),見 2091 趨。

2093 **赴** fù 《廣韻》芳遇切,滂遇去。滂屋。

① Q178

② Q124

《説文·走部》:“,趨也。从走,仆省聲。”

【釋形】

《説文》以爲形聲字,从走,仆省聲。按“赴”字當爲从走卜聲,非仆省聲。義符“走”在小篆中从夭、止,漢碑中構件“夭”形變似“土”,構件“止”形變似“之”,且“之”的捺筆延長以承托“卜”,從而由原來的左右結構變爲半包圍結構,如圖①②。

【釋義】

㊀前往:“悲〖傷永〗□,失壽年兮。升車下征,赴黄□兮”(Q124)。㊁特指奔喪:“還師旅,臨槐里。感孔懷,赴喪紀”(Q178)。

2094 **趣** qū 《集韻》逡須切,清虞平。清侯。

Q140

《説文·走部》:“,疾也。从走,取聲。”

【釋形】

《説文》小篆爲形聲字,从走,取聲。漢碑字形中義符“走”隸定爲上“土”下“止”,聲符“取”圓轉的線條也都轉寫爲筆畫,如圖。

【釋義】

迅速,疾速:“自衛反〖魯〗,養徒三千,獲麟趣作,端門見徵,血書著紀,黄玉韞應”(Q140)。

2095 **超** chāo 《廣韻》敕宵切,徹宵平。透宵。

① Q175

② Q285

③ Q127

《説文·走部》:“,跳也。从走,召聲。”

【釋形】

《説文》小篆爲形聲字,从走,召聲。漢碑字形中,義符“走”已接近現在通行的寫法,如圖①;有的近似於上“土”下“之”,如圖②。聲符“召”所从之“刀”有的寫成了“夕”,如圖①③;有的寫成了“ク”,如圖②。

【釋義】

㊀超出,勝出:“□位不超等,當升難老,輔國濟民”(Q175);又見“超邁”。㊁超越凡塵:“遂享神藥,超浮雲兮”(Q199)。㊂用於人名:“門生北海劇高冰,字季超”(Q127);“從掾位侯祖、主記史吴超、門下史吴訓、門下史吴翔、門下史時球”(Q172)。

【釋詞】

[超邁]超凡,卓越:“魂神超邁,家兮冥冥”(Q148)。

2096 **赳** jiū 《集韻》居虯切,見幽平。見幽。

Q172

《説文·走部》:“,輕勁有才力也。从走,丩聲。讀若鐈。”

【釋形】

《説文》小篆爲形聲字,从走,丩聲。聲符“丩”在小篆中是兩條相互糾纏的線條,漢碑中寫成了“㇄”和“丨”,如圖。

【釋義】

威武雄壯的樣子:“郡位既重,孔武赳著,疾惡義形,從風征暴,執訊獲首”(Q172);又見“赳武”。

【釋詞】

[赳武]語出《詩·周南·兔罝》:“赳赳武夫,公侯干城。”後用以形容威武雄壯:“彬文赳武,扶弱抑彊”(Q172)。

2097 **越** yuè 《廣韻》王伐切,雲月入。匣月。

① Q202　② JB6　③ Q141

《説文·走部》:“,度也。从走,戉聲。”

【釋形】

《説文》小篆爲形聲字,从走,戉聲。義符“走”在小篆中从夭、止。漢碑中,構件“夭”有的寫作“大”,如圖①;有的寫作“土”,如圖②③;構件“止”的末筆向右延伸,將聲符“戉”承托起來,從而使整字變爲半包圍結構,如圖①~③。

【釋義】

㊀越過,跨過:“姦□越竟,民移俗改”(Q171)。㊁卓越,出色:“於穆韓君,獨見天意。復聖二族,逴越絶思”(Q112);又見“清越”。㊂消散,耗散:“含憂憔領,精傷神越。終歿之日聲,形銷氣盡,遂以毀滅”(Q202)。㊃用於官名:見“越騎校尉”。㊄用於地名:“光和四年,正月甲午朔,十三日丙午,越巂大守張勃,知丞事大張□,使者益州治所下”(Q170)。

【釋詞】

[越騎校尉]官職名,負責掌管由内附的南越人組成的騎兵:“相河南史君諱晨,字伯時,從越騎校尉拜”(Q141)。

2098 **起**　qǐ 《廣韻》墟里切,溪止上。溪之。

① Q119　② Q129　③ Q179　④ Q174

⑤ Q106　⑥ Q178　⑦ J207　⑧ Q146

《説文·走部》:“,能立也。从走,巳聲。,古文起,从辵。”

【釋形】

《説文》小篆爲形聲字,从走,巳聲。義符“走”在小篆中从夭、止。漢碑中,構件“夭”有的寫作“大”,如圖①②;有的寫作“土”,如圖③~⑧。構件“止”將小篆右向的折線隸變似“人”形,其餘線條多有省變,如圖①~⑧。聲符“巳”將小篆彎曲的線條分解爲筆畫,有的寫作“巳”,如圖①~⑤;有的寫作“已”,如圖⑥~⑧。

【釋義】

㊀站起來:“歲時加寅,五月中,卒得病,飯食衰少,遂至掩忽不起”(Q106)。㊁聳立,豎立:“天作高山,寔惟封龍。平地特起,靈亮上通”(Q126)。㊂升起:“春生萬物,膚寸起雲,潤施源流,鴻濛沛宣”(Q061)。㊃興建,建造:“起石室,立墳,直萬五千泉,始得神道”(Q026);“起立石祠堂,冀二親魂零有所依止”(Q106)。㊄建立,設置:“里治中迺以永平十五年六月中造起僤,斂錢共有六萬一千五百,買田八十二畝”(Q029)。㊅發生,興起:“蝗賊不起,厲疾不行”(Q135);“濟濟俊乂,朝野充盈。灾害不起,五穀熟成”(Q174)。㊆起事,起義:見“起兵”。㊇用於人名:“下辨道長廣漢汁邡任詩,字幼起”(Q146);“君諱震,字伯起”(Q066)。

【釋詞】

[起兵]猶起事:“訞賊張角,起兵幽冀,兖豫荊楊,同時竝動”(Q178)。

2099 **趍**　chí 《廣韻》直離切,澄支平。定歌。

Q146

《説文·走部》:“,趍趙,久也。从走,多聲。”

【釋形】

《説文》小篆爲形聲字,从走,多聲。“多”上古音在端母歌部。漢碑字形中,義符“走”所从之“夭”寫成了“土”,聲符“多”隸定爲兩個重疊的“夕”,如圖。

【釋義】

通"趨",趨向:"屬縣趍教,無對會之事"(Q146)。

2100 **趙** zhào 《廣韻》治小切,澄小上。定宵。

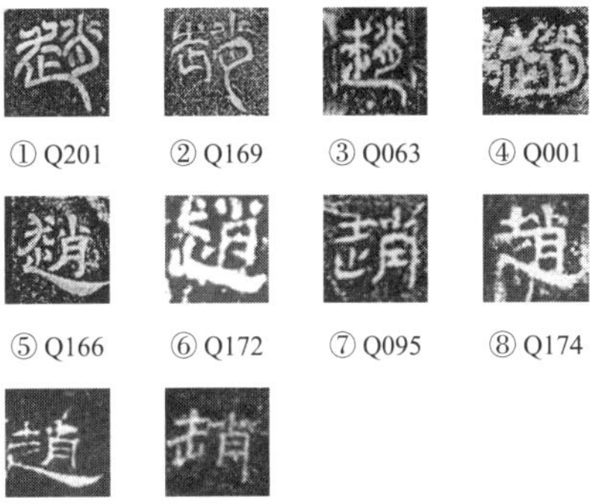

①Q201　②Q169　③Q063　④Q001
⑤Q166　⑥Q172　⑦Q095　⑧Q174
⑨Q112　⑩Q178

《説文·走部》:" ,趨趙也。从走,肖聲。"

【釋形】

《説文》小篆爲形聲字,从走,肖聲。漢碑字形中,有的爲篆書,其中圖①②爲碑額篆書,圖③④爲碑文篆書,只是稍有形變。圖⑤~⑩已發生明顯隸變,義符"走"所从之"夭"有的寫成"犬"形,如圖⑤⑥;有的寫成"土",如圖⑦~⑩。所从的"止",有的形變似"之",如圖⑧⑨;有的形變似"山",與上面的"土"粘合而形似"击",如圖⑩。

【釋義】

㊀姓氏:"門生鉅鹿瘿陶趙〖政〗,字元〖政〗"(Q127)。㊁用於古國名,戰國七雄之一:"秦兼天下,侵暴大族,支判流僊,或居三川,或徙趙地"(Q166);"漢故屬國都尉、楗爲屬國趙君,諱儀,字臺公"(Q188)。㊂用於古國名,漢諸侯王封國:"趙廿二年,八月丙寅,群臣上醻,此石北"(Q001)。

2101 **止** zhǐ 《廣韻》諸市切,章止上。章之。

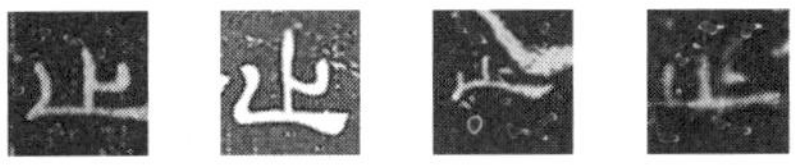

①Q142　②Q144　③Q178　④Q106

《説文·止部》:" ,下基也。象艸木出有址,故以止爲足。凡止之屬皆从止。"

【釋形】

《説文》以爲象形字,借草木生長的基址表示足。按"止"在甲骨文中作 (《合》34612)、 (《合》33193)等形,古陶文中作 (《古陶》1.6),像人腳之形,故爲腳趾之"趾"的初文。"止"在西周金文中作 (《琱生簋》),已經高度線條化,看不出腳趾的形狀了,小篆承之。漢碑字形中,有的基本沿襲小篆的寫法,如圖①②;有的則將曲線轉寫爲筆畫,如圖③④。

【釋義】

㊀停止:"高山景行,慕前賢列。庶同如蘭,意願未止"(Q144)。㊁居住:"君常舍止棗樹上,三年不下,與道逍遙,行成名立,聲布海内"(Q142);"陟降山谷,經營拔涉,草止露宿,捄活食餐千有餘人"(Q161);"秦漢之際,曹參夾輔王室,世宗廓土庌竟,子孫遷于雍州之郊,分止右扶風,或在安定,或處武都,或居隴西,或家敦煌"(Q178)。㊂依托,止息:"起立石祠堂,冀二親魂零有所依止"(Q106)。㊃留住,留宿:"解止幼舍,幼從君得度世而去"(Q142)。

【釋詞】

[止足]語出老子《道德經》:"知足不辱,知止不殆,可以長久。"後常用以表示知道滿足和止步:"服竟,還拜屯騎校尉,以病遜位,守疏廣止足之計,樂於陵灌園之契,閉門靜居,琴書自娛"(Q154)。

2102 **前** qián 《廣韻》昨先切,從先平。從元。

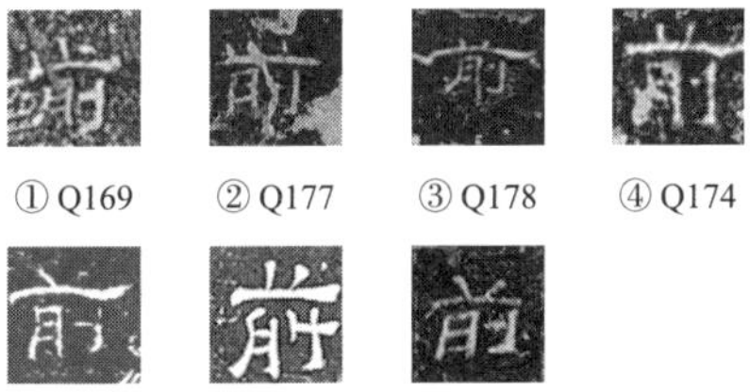

①Q169　②Q177　③Q178　④Q174
⑤Q163　⑥Q144　⑦Q142

《説文》作"歬",《説文·止部》:" ,不行而進謂之歬。从止在舟上。"

【釋形】

《説文》“歬”小篆爲會意字，从止在舟上，表示前進。而“前”爲形聲字，从刀歬聲，本義是剪斷，假借爲前後的“歬”。漢碑字形中，聲符“歬”所从之“止”有的將小篆彎曲的線條變爲平直的筆畫，如圖①②，有的形變作“䒑”，如圖③～⑦；所从之“舟”一般寫作“月”，如圖①～⑦。義符“刀”一般寫成相離的點與“亅”，如圖②③④⑦；有的寫成短横與“亅”相接，如圖①⑤；有的則寫成“𠃊”與“亅”相交，如圖⑥。

【釋義】

㊀前行：“空輿輕騎，遰导弗前”（Q095）。㊁表示方位，與“後”相對：“前有白虎青龍車，後即被輪雷公君”（Q100）；“堂砄外，君出游，車馬道從騎吏留，都督在前後賊曹”（Q100）。㊂表時間，與“後”相對：“後不承前，至于亡新，寖用丘虛，訖今垣趾營兆猶存”（Q129）；“辭榮抗介，追迹前勳”（Q169）；“長發其祥，誕降于君，天资純懿，昭前之美，少以文塞，敦庬允元，長以欽明，躭詩悦書”（Q137）；又見“前緒”。

【釋詞】

［前緒］前人的事業：“仕入州府，當膺福報，克述前緒”（Q169）。

2103 **歷** lì 《廣韻》郎擊切，來錫入。來錫。

① Q065

② Q144

③ Q134

④ Q130

⑤ Q178

《説文·止部》：“，過也。从止，厤聲。”

【釋形】

《説文》小篆爲形聲字，从止，厤聲。漢碑字形中，有的还保留明顯的篆意，如圖①②；其餘字形則完全筆畫化。聲符“厤”的構件“厂”均訛混成“广”；構件“秝”除圖③外多混同作“林”，其中圖②的写法近似於“𣏟”的小篆形體。

【釋義】

㊀經歷，經過：“刊石勒銘，并列本奏。大漢延期，彌歷億萬”（Q141）；“漢中大守楗爲武陽王升，字稚紀，涉歷山道，推序本原”（Q095）；“體弘仁，蹈中庸，所臨歷，有休功，追景行，亦難雙”（Q185）。㊁纍，幾：“夫人深守高節，劬勞歷載，育成幼媛，光耀祖先”(Q056)；又見“歷世”。㊂先後擔任官職：“仕郡，歷五官掾功曹、司隸從事，仍辟大尉，遷定頴侯相”（Q134）；“徵旋本朝，歷太僕、太常，遂究司徒、太尉”（Q066）。㊃用於人名：“錄事掾王畢、主簿王歷、户曹掾秦尚、功曹史王顓等”（Q178）。

【釋詞】

［歷世］纍世，幾代：“高朗神武，歷世忠孝，馮隆鴻軌，不忝前人”（Q137）；“是故寵禄傳于歷世，策薫著于王室”（Q144）。

2104 **歸** guī 《廣韻》舉韋切，見微平。見微。

① J282

② Q128

③ Q169

④ Q202

⑤ Q144

⑥ Q137

⑦ Q088

⑧ Q095

⑨ Q102

《説文·止部》：“，女嫁也。从止，从婦省，𠂤聲。，籀文省。”

【釋形】

《説文》以爲形聲字，引申爲返回。从止，从婦省，𠂤聲，本義是女子出嫁。按“歸”甲骨文作（《合》19513），金文作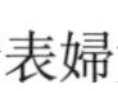（《令鼎》），从帚，𠂤聲，《説文》籀文與此相承。因“帚”甲骨文常借表婦女的婦，故其字从

帚。金文或添加構件“彳”作 （《𦿝簋》），或添加構件“辵”作 （《雁侯見工鐘》）。戰國秦文字作 （《睡·雜》35），《説文》小篆與之結構相同。漢碑字形中，有的與小篆結構基本一致，只是將原本彎曲的線條轉寫爲筆畫，如圖①～③；有的在此基礎上將構件“止”的末筆延長以承托構件“帚”，構成半包圍結構，如圖④⑨；有的左邊的構件“𠂤”和“止”粘合在一起發生了形變，近似於“㫑”，如圖⑤～⑨。

【釋義】

㊀返回，回來：“恐精靈而迷惑兮，歌歸來而自還。掾兮歸來無妄行，卒遭毒氣遇匈殃”（Q039）；“公房乃先歸，於谷□呼其師，告以厄急”（Q199）。㊁人去世的一種委婉的説法：“年踰九九，永歸幽廬”（Q128）；“蚤失天年，下歸蒿里”（Q120）；“俱歸皇湶，何時復會，慎勿相忘，傳後子孫，令知之”（Q082）。㊂歸向，歸附：“璽追嘉錫，據北海相。部城十九，鄰邦歸向”（Q088）；“猶百川之歸巨海，鱗〚介〛之宗龜龍也”（S97）。㊃稱許：“能奉弘先聖之禮，爲宗所歸者，如詔書”（Q102）；又見“歸稱、歸高”。

【釋詞】

［歸稱］稱譽，稱讚：“敬恪恭儉，州里歸稱”（Q154）。

［歸服］歸順：“授命如毛，諸則不〚宿。美之至〛也，莫不歸服”（Q148）；“貢計王庭，華夏歸服”（Q117）。

［歸高］稱許，推崇：“《羔羊》在公，四府歸高，除淳于長”（Q144）。

［歸死］受死，請死：“攻城野戰，謀若涌泉，威牟諸賁，和德面縛歸死”（Q178）。

2105 **歮** sè《廣韻》色立切，山緝入。山緝。

Q095

《説文》無。

【釋形】

會意字，从三止，表示行走艱難之意。漢碑字形構件“止”的寫法已基本實現筆畫化，如圖。

【釋義】

同“澀”，道路險阻：“後以子午，途路歮難。更隨圍谷，復通堂光”（Q095）。

2106 **𣦦** cuì《廣韻》秦醉切，從至去。

Q065

《説文》無。

【釋形】

形聲字，从止，卒聲，本義爲止息。聲符“卒”在小篆中作 ，漢碑中其上部形體隸定爲“亠”，下部形體離析爲兩個“人”形居於“十”上，如圖。

【釋義】

止息：“翩彼飛雉，𣦦於其庭”（Q065）。

2107 **登** dēng《廣韻》都滕切，端登平。端蒸。

① Q084

② Q083

③ Q066

④ Q088

⑤ Q095

⑥ Q129

《説文·癶部》：“ ，上車也。从癶、豆，象登車形。 ，籀文登，从収。”

【釋形】

《説文》小篆爲會意字，从癶、豆，豆是可以踩踏的工具，表示踩着東西上車。甲骨文作 （《合》8564），更爲形象。由於“登”可以引申爲升，故有些甲骨文字形增添雙手，寫作 （《合》4641），爲《説文》籀文之所承。漢碑字形中，構件“癶”多隸定作“癶”，如圖①～⑥；構件“豆”前兩個變異嚴重，後四個與小篆結構基本一致，只是將線條轉寫爲筆畫，將圓形隸定爲“口”。

【釋義】

㊀升，自下而上：“尔乃陟景山，登峥嶒，采玄石，勒功名”（Q174）；“調文刻畫，交龍委虵，猛虎延視，玄蝯登高，陏熊嗥戲，眾禽羣聚，萬狩雲布”（Q114）。㊁升遷，提拔：“貢登王室，閻閣是虔”（Q127）；“復登憲臺，遷兖州刺史”（Q084）；“次秉，寔能纘脩，復登上司，陪陵京師”（Q066）。㊂薦舉，選拔：“匡國達賢，登善濟可，登斑叙優”（Q135）。㊃穀物成熟：“年穀屢登，倉庾惟億，百姓有蓄，粟麥五錢”（Q146）；“終年不登，匱餧之患”（Q095）。㊄用於人名：“門生平原樂陵朱登，字仲希書”（Q137）；“故脩行營陵淳于登，字登成”（Q088）。

【釋詞】

［登假］即“登遐”，同“升遐”，指升僊：“孝武皇帝脩封禪之禮，思登假之道，巡省五嶽，禋祀豐備”（Q129）。

2108 **步** bù 《廣韻》蒲故切，並暮去。並鐸。

① Q059

② Q134

③ Q130

④ Q137

《説文·步部》：“，行也。从止少相背。凡步之屬皆从步。”

【釋形】

《説文》以爲會意字，从止少相背，像雙腳交替邁進，義爲行走。按“步”甲骨文作（《合》19249）、（《合》21242），正像雙腳交錯走路的樣子。小篆“步”的構件“止、少”正是由左右兩腳演變而來的。漢碑字形中，有的爲碑文篆書，如圖①；有的發生隸變，下面的反“止”寫作“少”，如圖②～④，上面的“止”有的訛變作“屮”形，如圖③④。

【釋義】

步行：“醳榮投黻，步出城寺。衣不暇帶，車不俟駕”（Q134）。

【釋詞】

［步兵校尉］官名，漢時始設：“建寧初政，朝用舊臣，留拜步兵校尉”（Q059）。

［步驟］緩行和疾走：“步驟愈否，君參其中”（Q130）。

2109 **歲** suì 《廣韻》相鋭切，心祭去。心月。

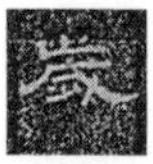
① Q119

② Q178

③ Q129

④ Q259

⑤ Q142

⑥ Q191

⑦ Q106

⑧ Q179

《説文·步部》：“，木星也。越歷二十八宿，宣徧陰陽，十二月一次。从步，戌聲。律歷書名五星爲五步。”

【釋形】

《説文》小篆爲形聲字，从步，戌聲。漢碑字形中，聲符“戌”結構與小篆基本一致，只是將原本圓轉的線條變爲筆畫，如圖①～⑧。義符“步”則變異複雜，其下的構件反“止”有的寫成“少”，如圖①；有的寫成“止”，如圖②；有的寫成“小”或三點，如圖③④⑤⑦；有的寫成“乚”上加兩點，如圖⑧。上部的構件“止”有的仍作“止”，如圖①③④；有的似横畫上有三點，如圖②⑤；有的似“山”，如圖⑦；有的近似於“𭕄”，如圖⑥；有的在“𭕄”的基礎上又與“戌”粘合，如圖⑧。“歲”字的形體變異集中體現了漢字隸變過程中的複雜程度。

【釋義】

㊀木星，又稱“太歲”，古代用以紀年：“惟漢永和二年，歲在丁丑，七月下旬，臨乃喪慈父，嗚呼哀哉”（Q124）；“建寧二年，大歲在己酉，五月十五日丙午直建”（Q142）；“母年八十六，歲移在卯，九月十九日被病，

卜問奏解,不爲有差”(Q106)。㊁一年,每年:“願以家錢,義作土牛、上瓦屋、欄楯什物,歲歲作治”(Q119);“是以唐虞疇咨四嶽,五歲壹巡狩,皆以四時之中月,各省其方,親至其山,柴祭燔燎”(Q129);“《禮記》曰:‘天子祭天地及山川,歲徧焉’。”(Q129);又見“萬歲”。㊂特指年終:見“歲臈”。㊃一年的農事收成:“年豐歲稔,分我稷黍。倉府既盈,以穀士女”(Q171)。㊄量詞,表示年齡的單位:“年甫五歲,去離世榮”(Q143);“國子男,字伯孝,年〖適〗六歲,在東道邊”(Q114)。

【釋詞】

[歲臈]即“歲臘”,指年終:“歲臈拜賀,子孫懽喜”(Q106)。

[歲其有年]語出《詩·魯頌·有駜》:“自今以始,歲其有。”或作“歲其有年”,指豐收年:“歲其有年,民說無疆”(Q129)。

2110 **此** cǐ 《廣韻》雌氏切,清紙上。清支。

① Q126

② Q128

③ Q144

④ JB1

⑤ Q157

⑥ Q054

⑦ Q082

⑧ Q175

⑨ Q027

⑩ Q069

《說文·此部》:“,止也。从止从匕。匕,相比次也。凡此之屬皆从此。”

【釋形】

《説文》以爲會意字,从止从匕,表示停止。按“此”在甲骨文中作(《合》27499)、(《明藏》425)等,金文中作(《亞此犧尊》)、(《此簋》)等,从人从止,本義不明,後借爲代詞。小篆字形的右邊仍像反向的人形,漢碑中形變作“匕”,如圖①~③。也有一些漢碑字形的構件“止”與“匕”粘合在一起,已經看不出原有的結構了,如圖④~⑩。

【釋義】

代詞,表近指,㊀相當於“這、這個”:“惠此邦域,以綏四方”(Q126);“晧天不弔,殲此良人”(Q144);“維明維允,燿此聲香”(Q137)。㊁相當於“這般、這樣”:“告子屬孫,敢若此者,不入墓門,州里僉然”(Q187);“有孫若此,孝及曾子”(Q101)。㊂相當於“這裡”:“其四年二月廿一日,戊午葬於此”(Q160);“振威到此,立海祠以表萬世”(Q079)。

2111 **正** (一)zhēng 《廣韻》諸盈切,章清平。章耕。

① Q065

② Q038

③ Q066

④ Q196

⑤ Q119

⑥ Q032

⑦ Q141

《説文·正部》:“,是也。从止,一以止。凡正之屬皆从正。,古文正。从二;二,古上字。,古文正。从一、足;足者亦止也。”

【釋形】

《説文》以爲會意字,从止从一,義爲是、直。按“正”在甲骨文中作(《合》22336)、(《合》36534)等,金文中作(《衛簋》)、(《中子化盤》)等,表示腳向某地行進之義,爲征伐的“征”的初文。小篆已經高度線條化,看不出原有的造字意圖了。漢碑字形有的爲碑文篆書,沿襲小篆的寫法,如圖①;有的發生嚴重變異,近似於“匹”,如圖②⑦,其中圖②的寫法有篆書味道,圖⑦則完全筆畫化;其他幾種隸變寫法還大致能夠看出由“一”和“止”構成,其中以圖③隸變最爲成熟。

【釋義】

農曆一年的第一個月:見“正月”。

【釋詞】

[正月]農曆一年的第一個月:“以建寧二年正月乙亥〖卒〗”(S97);“延熹六年正月八日乙酉,南陽大守中山盧奴”(Q125)。

(二)zhèng 《廣韻》之盛切,章勁去。章耕。

【釋義】

㊀合乎規範,使合乎規範:“君處正好禮,尊神敬祀,以淮出〖平氏〗,始於大復,潛行地中,見于陽口”(Q125)。㊁正道,與“邪”相對:“八音克諧,蕩邪反正,奉爵稱壽,相樂終日,於穆肅廱,上下蒙福”(Q141)。㊂正直,公正:“王文康不禄,師友門人閔其行正,來饗厥功”(Q041);“而青蠅嫉正,醜直實繁,擯共構譖,慷慨暴薨”(Q066);又見“方正”。㊃糾正,匡正:“平夷正曲,柙致土石”(Q146);“時戎□□,匡正一□”(Q093)。㊄治理:“同心濟⿰齒咠,百川是正”(Q065)。㊅正式的:“成是正服,以道德民”(Q193)。㊆嚴肅的:見“正色”。㊇官長:“并土人、犁、耒、艸、蓎、屋,功費六七十萬,重勞人功,吏正患苦”(Q119);又見“鄉正”。㊈用於複姓:見“樂正”。㊉用於人名:“門生郭正”(Q267)。

【釋詞】

[正色]神色莊重,態度嚴肅:“立朝正色,恪勤竭忠”(Q066);“正色在朝,成吁九甫”(Q122)。

[正席]整頓官員:“到官正席,流恩褒譱,糾姦示惡”(Q144)。

2112 **是** shì 《廣韻》承紙切,禪紙上。禪支。

① Q066 ② Q102 ③ Q129 ④ Q084

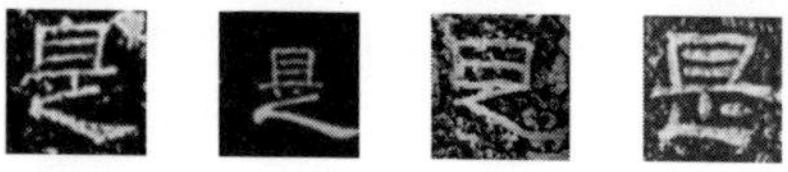

⑤ Q088 ⑥ Q178 ⑦ Q233 ⑧ Q083

《説文·是部》:“,直也。从日、正。凡是之屬皆从是。,籀文是从古文正。”

【釋形】

《説文》小篆爲會意字,从日、正,表示正直。漢碑字形中,有的按照上“日”下“正”隸定,如圖①～③;有的上下構件發生粘合,且下面單獨構件“止”變形嚴重,如圖④～⑧。

【釋義】

㊀正道:“岐齔謠是,含好箕常”(Q128)。㊁代詞,此,這:“於鑠我祖,膺是懿德”(Q128);又見“是以、於是”。㊂表示肯定判斷:“子,即君是也”(Q128)。㊃姓氏:“故脩行營陵是盛,字護宗”(Q088)。㊄助詞,用在動詞與賓語之間,提前賓語,以示强調:“泫泫淮源,聖禹所導,湯湯其逝,惟海是造”(Q125);“恂恂于鄉黨,交朋會友,貞賢是與”(Q166);“曜武南會,邊民是鎮”(Q137)。㊅用於人名:“張是輔漢,世載其德”(Q179)。

【釋詞】

[是以]連詞,因此,所以:“是以休聲播于遠近”(Q169);“是以神祇降祚,乃生于公”(Q066)。

2113 **迹**(速跡) jì《廣韻》資昔切,精昔入。精錫。

① Q130 ② Q146 ③ Q133 ④ Q070

《説文·辵部》:“,步處也。从辵,亦聲。,或从足、責。,籀文迹从束。”

【釋形】

《説文》小篆爲形聲字,从辵,亦聲。義符“辵”在小篆中从彳从止,漢碑字形中已演化爲“辶”(其上爲兩點),如圖①～③;聲符“亦”中間的人形發生分解,實現了徹底筆畫化,如圖①②。有的整字與《説文》籀文相承,將聲符置换爲“束”(中間多一短横),寫作“逨”,如圖③。也有將義符“辵”置换爲義近的“足”,寫作“跡”,如圖④。

【釋義】

㊀行跡:“惟君之軌迹兮,如列宿之錯置”(Q148)。㊁業績,事跡:“繼禹之迹,亦世賴福”(Q146);“〖勳〗逨藐矣,莫與爭光”(Q133)。

2114 **逨**

“迹”的異體字(圖③),見2113迹。

2115 **邁** mài 《廣韻》莫話切,明夬去。明月。

① Q138

② JB4

《説文·辵部》:“,遠行也。从辵,蠆省聲。,邁或不省。”

【釋形】

《説文》小篆爲形聲字,从辵,蠆省聲。義符“辵”在小篆中从彳从止,漢碑字形中已演化爲“辶”(其上爲兩點),如圖①②。聲符“萬”(“蠆”的省聲)發生了離析重組,上部像爪的部分與下部相分離,變成了近似“艸”簡寫形式的“艹”形;下部形體則隸定爲“禺”,下框内的折筆方向尚不固定,或左或右,如圖①②。

【釋義】

㊀通“勱”,勤勉:見“邁種”。㊁超凡不俗:“魂神超邁,家兮冥冥”(Q148)。

【釋詞】

[邁種]語出《書·大禹謨》:“臯陶邁種德。”勤勉樹德:“旋守中嶽,幽滯以榮。邁種舊京,□□□□”(Q137)。

2116 **巡** xún 《廣韻》詳遵切,邪諄平。邪文。

① Q129

② Q129

③ Q129

《説文·辵部》:“,延行皃。从辵,川聲。”

【釋形】

《説文》小篆爲形聲字,从辵,川聲。“川”上古音在昌母文部。義符“辵”在小篆中从彳从止,漢碑字形中已演化爲“辶”(其上爲兩點);聲符“川”的三條曲線均變爲近似於向右的豎鈎,如圖①~③。

【釋義】

㊀巡行,巡視:“會孝順皇帝西巡,以掾史召見”(Q133);又見“巡狩、巡行”等。㊁用於人名:“光和六年,常山相南陽馮巡,字季祖”(Q174);“舉將南陽冠軍君姓馮,諱巡,字季祖”(Q171)。

【釋詞】

[巡狩]謂天子出行,視察邦國州郡:“周鑒於二代,十有二歲,王巡狩殷國,亦有事于方嶽”(Q129);“是以唐虞疇咨四嶽,五歲壹巡狩,皆以四時之中月,各省其方,親至其山,柴祭燔燎”(Q129);“天子展義,巡狩省方”(Q129)。

[巡行]巡察,巡視:“身冒炎赫火星之熱,至屬縣,巡行窮匱”(Q161)。

[巡省]巡行視察:“孝武皇帝脩封禪之禮,思登假之道,巡省五嶽,禋祀豐備”(Q129)。

[巡御]巡防警戒:“乃與執金吾耿秉,述職巡御,理兵于朔方”(H26)。

2117 **徒** tú 《廣韻》同都切,定模平。定魚。

① Q038

② Q134

③ Q102

④ Q185

《説文·辵部》:“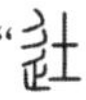,步行也。从辵,土聲。”

【釋形】

《説文》小篆爲形聲字,从辵,土聲。漢碑字形改變了小篆左形右聲的結構模式,義符“辵”下的“止”移至聲符“土”下面,在視覺上成了左“彳”右“走”,影響了構形理據的認知。有的字形由於是碑文篆書，寫法仍保持着小篆線條化的特點，如圖①。其餘字形均已經隸變，有的構件“止”形變近似於“之”，如圖③④。

【釋義】

㊀門人，弟子：“門徒小子，喪兹師范。悲將焉告，卬叫穹倉”（Q134）；“自衛反〖魯〗，養徒三千，獲麟趣作，端門見徵，血書著紀，黄玉韶應”（Q140）。㊁古代官府中供使役的人：“永平六年，漢中郡以詔書受廣漢、蜀郡、巴郡徒二千六百九十人，開通褒余道”（Q025）；“蜀郡大守平陵何君，遣掾臨邛舒鮪，將徒治道，造尊楗閣”（Q022）。㊂徒黨，同一類或同一派别的人：“群儒駿賢，朋徒自遠”（Q084）；“追惟在昔，游夏之徒，作謚宣尼”（Q154）；“追昔劉向、辨賈之徒，比□萬矣”（Q093）。㊃副詞，僅，只：見“匪徒”。㊄用於官名：見“司徒”。

2118 **征** zhēng 《廣韻》諸盈切，章清平。章耕。

① Q133

② Q178

③ J237

《説文·辵部》：“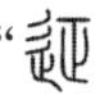，正行也。从辵，正聲。，征或从彳。”

【釋形】

《説文》小篆“延”爲正篆，形聲字，从辵，正聲。“征”是或體，也是形聲字，从彳，正聲。其本義應爲征伐。漢碑字形承襲《説文》或體字形進行隸定，如圖①；有的聲符“正”左邊的短豎延長與上面的横畫相連，如圖②③。

【釋義】

㊀征伐，出征：“勤恤民隱，拯厄捄傾。匪皇啟處，東撫西征”（Q161）；“甘棠遺愛，東征企皇”（Q133）；“時依郡烏桓，狂狡畔戾。君執以威權，征其後伏”（Q128）；“元子卬，爲右曹中郎將，與充國竝征，電震要荒，聝滅狂狡，讓不受封”（Q169）；又見“征討”。㊁遠行：“升車下征，赴黄□兮”（Q124）。

【釋詞】

［征討］討伐：“君興師征討，有吮膿之仁，分醪之惠”（Q178）。

2119 **隨** suí 《廣韻》旬爲切，邪支平。邪歌。

① JB3

② Q128

③ Q114

④ Q179

⑤ Q100

⑥ Q095

《説文·辵部》：“，从也。从辵，𡐦省聲。”

【釋形】

《説文》以爲形聲字，从辵，𡐦省聲。按“隨”乃从辵，隋聲，不必解釋爲𡐦省聲。漢碑字形中，義符“辵”均已隸變作“辶”，但有的其上爲兩點，如圖①⑥；有的則把點全部省去，如圖②～⑤。聲符的構件“𠂤”有的承襲小篆的寫法，簡寫形似“目”，如圖⑤；多數則隸定爲“阝”，如圖①②③④⑥。構件“左”有的只是據小篆進行隸定，如圖①；有的稍有簡省，如圖②③；有的則省掉了下面的“工”，與其下的“月”組合在一起，似“有”字，如圖⑤⑥。在整字的結構布局上，有的與小篆一致，如圖①；有的則將義符“辵”挪到了“隋”的中間，如圖②～⑥。

【釋義】

㊀跟從，跟隨：“子無隨殁，聖人折中。五五之月，令丞解喪”（Q128）；“流化八基，遷蕩陰令，吏民頡頏，隨逝如雲”（Q179）。㊁依據，按照：“位不福德，壽不隨仁”（Q166）；又見“隨時”。㊂順從，隨和：見“委隨”。

【釋詞】

［隨官］指跟隨父親到其任所：“廣四歲失母，十二隨官，受《韓詩》，兼通《孝經》二卷，

博覽”（Q113）。

［隨時］按時:“恐身不全,朝半祠祭。隨時進食,□□……”（Q057）;“甘珍嗞味嗛設,隨時進納,省定若生時”（Q114）。

2120 **逝** shì 《廣韻》時制切,禪祭去。禪月。

① Q125

② Q259

《説文・辵部》:“,往也。从辵,折聲。讀若誓。”

【釋形】

《説文》小篆爲形聲字,从辵,折聲。義符“辵”在小篆中从彳从止,漢碑字形中已演化爲“辶”（其上爲兩點）;聲符“折”在小篆中从手从斤,漢碑中,構件“手”隸變爲“扌”,構件“斤”的兩個線條也各分解爲兩筆,如圖①②。

【釋義】

㊀往,過去:見“逝往”。㊁水流走:“泫泫淮源,聖禹所導,湯湯其逝,惟海是造”（Q125）。㊂死亡,去世:“昊天上帝,降茲鞠凶。晻忽徂逝,□□□宫”（Q093）;“遭偶陽九,百六會兮,當讓遐年,今遂逝兮,歍呼悢哉”（Q187）。

【釋詞】

［逝往］猶往昔,过往:“夫逝往不可追兮,功□□□識”（Q148）。

2121 **徂** cú 《廣韻》昨胡切,從模平。從魚。

① Q158

② Q153

③ Q169

《説文・辵部》:“,往也。从辵,且聲。退,齊語。,退或从彳。,籀文从虘。”

【釋形】

《説文》小篆爲形聲字,从辵,且聲。漢碑字形中,有的承襲《説文》正篆,義符“辵”演化爲“辶”（其上爲兩點）,如圖①;有的則承襲《説文》或體,字从“彳”,如圖②③。

【釋義】

㊀前往:“自東徂西,再離隘勤”（Q169）;又見“横徂”。㊁通“殂”,死亡:“人命短長,徂不存兮”（Q124）;“以元嘉二年徂疾,二月己酉卒”（Q169）;又見“徂落、徂歿”等。

【釋詞】

［徂落］即“殂落”,亡故:“三方共□,□□黯□,徂落不留”（Q173）。

［徂歿］即“殂歿”,亡故:“大命顛覆,中年徂歿”（Q153）。

［徂逝］即“殂逝”,亡故:“昊天上帝,降茲鞠凶。晻忽徂逝,□□□宫”（Q093）。

2122 **述** shù 《廣韻》食聿切,船術入。船物。

① Q063

② Q066

③ Q127

④ Q178

⑤ Q142

《説文・辵部》:“,循也。从辵,术聲。,籀文从秫。”

【釋形】

《説文》小篆爲形聲字,从辵,术聲。漢碑字形中,有的爲碑文篆書,如圖①。有的發生隸變,其中義符“辵”已經演化爲“辶”。整字由小篆的左右結構變爲漢碑隸書的半包圍結構,如圖②～⑤;聲符“术”隸定似“木”右上角加一點,如圖②～④,有的進一步省簡似“木”,如圖⑤。

【釋義】

㊀遵循傳承:“欽因春饗,導物嘉會,述脩壁廱,社稷品制”（Q141）;“述神道,熹苗裔”（Q045）。㊁敘述,記述:“盖觀德於始,述行於終”（Q132）;“夫美政不紀,人無述焉”（Q161）;又見“述職”。㊂闡述,闡明:

“孔子作《春秋》,制《孝經》,删述五經,演《易·繫辭》”(Q101);“《易》建八卦,揆肴觳辭,述而不作,彭祖賦詩”(Q148)。㈣用於人名:“曾祖父述,孝廉、謁者、金城長史、夏陽令、蜀郡西部都尉”(Q178)。

【釋詞】

[述職]諸侯向天子陳述職守:“彈貶貪枉,清風流射,有邵伯述職之稱”(Q128)。

2123 **遵** zūn 《廣韻》將倫切,精諄平。精文。

① Q129

② Q066

③ Q114

《説文·辵部》:“,循也。从辵,尊聲。”

【釋形】

《説文》小篆爲形聲字,从辵,尊聲。漢碑字形中,義符“辵”已演化爲“辶”,有的其上爲兩點,如圖①②;有的省去了點,如圖③。聲符“尊”下面的雙手均替换爲“寸”,而上面的兩條短曲線或與“酉”粘合在一起,如圖①;或隸定作“丷”,如圖②③;構件“酉”有時簡寫過於嚴重,已經看不出原本的結構,如圖③。

【釋義】

㈠遵照,依照:“遵帥紀律,不忝厥緒,爲冠帶理義之宗”(Q135);“讓子著,高陽令,皆以宰府爲官,奉遵先訓,易世不替”(Q066)。㈡同“尊”,尊貴:“上有雲氣與仙人,下有孝友賢仁。遵者儼然,從者肅侍”(Q114)。㈢同“尊”,尊崇:“會遷京兆尹,孫府君到,欽若嘉業,遵而成之”(Q129);“崇禮讓,遵大雅”(Q045)。

2124 **適** shì 《廣韻》施隻切,書昔入。書錫。

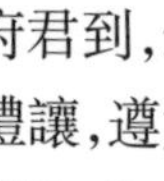
① JB4

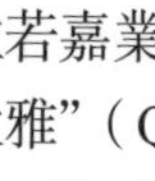
② Q201

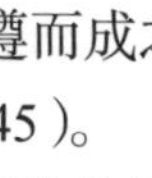
③ Q149

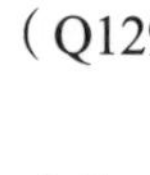
④ Q056

《説文·辵部》:“,之也。从辵,啻聲。適,宋魯語。”

【釋形】

《説文》小篆爲形聲字,从辵,啻聲。漢碑字形中,聲符“啻”在小篆中是上下結構,漢碑中變成了半包圍結構,構件“口”被包藴在“帝”中了,并與“帝”粘連,隸定簡寫作“啇”,如圖①;或混同作“商”,如圖②～④。義符“辵”演化爲“辶”,其上或兩點或三點,如圖①②④;有的則省去點,如圖③。整字由小篆的左右結構變爲半包圍結構。

【釋義】

㈠到,往:“去周適晉,厥……”(Q201)。㈡女子出嫁:“遂升二女爲顯節園貴人。其次適鬲侯朱氏,其次適陽泉侯劉氏”(Q056);“十六適配,教誨有成”(Q109)。

2125 **過** guò 《廣韻》古臥切,見過去。見歌。

① Q095

② Q122

③ Q129

④ Q169

⑤ Q152

⑥ Q146

《説文·辵部》:“,度也。从辵,咼聲。”

【釋形】

《説文》小篆爲形聲字,从辵,咼聲。漢碑字形中,聲符“咼”有的按小篆字形進行隸定,只是上部中間反向折線的位置稍有不同,如圖①～④;有的則將上半部分簡寫成“口”,如圖⑤;有的將“咼”混同作“局”,如圖⑥。義符“辵”演化爲“辶”,其上或兩點或三點,如圖①②③④⑥;有的則省去點,如圖⑤。整字由小篆的左右結構變爲半包圍結構。

【釋義】

㈠經過:“三過亡入,寔勤斯民”(Q065);“數有顛覆實隧之害,過者創楚,惴惴其慄”(Q146);“謁歸過此,追述勒銘,故財表紀”(Q152)。㈡順道前往:“自是以來,百有餘年，有事西巡，輙過亨祭”（Q129）。㊂超過，超越：“牧伯張君，開示坐席，顧視忘宦，位不副德，年過知命，遭疾掩忽”（Q212）；“吟咏成章，彈翰爲法，雖揚賈斑杜，弗或過也”（Q169）；“甘棠之愛，不是過矣”（Q161）。㊃過失，過錯：“以君爲首，郡請署主簿、督郵、五官掾（闕）否，好不廢過”（Q202）；“刔過拾遺，厲清八荒”（Q095）。

2126 **進** jìn 《廣韻》即刃切，精震去。精真。

① Q083

② Q088

③ Q146

④ Q100

⑤ Q112

⑥ Q229

《説文·辵部》：“，登也。从辵，閵省聲。”

【釋形】

《説文》小篆爲形聲字，从辵，閵省聲。漢碑字形中，聲符“隹”有的將上面像鳥頭的部分寫成“⺈”，如圖①～⑤；有的則寫成了兩個“隹”，如圖⑥。義符“辵”演化爲“⻍”，其上或兩點或三點，如圖①～③；有的則省去點，如圖④⑥。整字由小篆的左右結構變爲半包圍結構。

【釋義】

㊀前進，向前：“財容車騎，進不能濟，息不得駐，數有顛覆霣隧之害，過者創楚，惴惴其慄”（Q146）；“〖闢司〗徒府，進退以禮，〖含弘内光，頤□皓爾〗”（Q135）；“進退以禮，允道篤愛，先人後己，克讓有終”（Q144）。㊁舉薦，提拔：“獻善絀惡，寬猛□臨鄉登進，而遘凶袂”（Q083）；“親臤寶智，進直退慝。布政優優，令儀令色”（Q172）；“嗇夫事對，於是進嗇夫爲令，令退爲嗇夫”（Q179）。㊂上朝，進見：“州辟從事，立朝正色，進思盡忠”（Q166）。㊃傳授：“府君□賓燕，欲從學道，公房頃無所進”（Q199）。㊄奉獻，送上：“朝莫舉門恂恂不敢解殆，敬進肥君餟，順四時所有”（Q142）。㊅收入，進項：“學者高遷宜印綬，治生日進錢萬倍”（Q100）。㊆用於人名：“門生濟南東平陵吳進，字升臺”（Q127）；“門生甘陵貝丘賀曜，字升進”（Q127）。

2127 **造** zào 《廣韻》昨早切，從晧上；又七到切，清号去。從幽，又清幽。

① Q125

② Q146

③ Q069

④ Q112

⑤ Q070

⑥ Q083

⑦ Q095

⑧ Q027

《説文·辵部》：“，就也。从辵，告聲。譚長説：造，上士也。，古文造从舟。”

【釋形】

《説文》小篆爲形聲字，从辵，告聲。漢碑字形中，聲符“告”所从之“牛”的豎畫往下一般不出頭，原來像牛角形的曲線或隸定作豎折，如圖①②；或形變近似於“土”，如圖③～⑦。義符“辵”已經演化爲“⻍”，但形態各異，其上或三點或兩點，如圖①～⑥；有的則將點連寫，如圖⑦。整字由小篆的左右結構變爲半包圍結構。聲符“告”或省去構件“口”，使整字省變爲“进”，見圖⑧。

【釋義】

㊀到，至：“泫泫淮源，聖禹所導，湯湯其逝，惟海是造”（Q125）；“兩山壁立，隆崇造雲，下有不測之谿，阨笮促迫”（Q146）。㊁製作，建造：“蜀郡大守平陵何君，遣掾臨邛舒鮪，將徒治道，造尊楗閣”（Q022）；“遂采嘉石，造立觀闕”（Q126）；“脩造禮樂，胡輦器用，存古舊宇”（Q112）；“建初元年，进此冢地，直三萬錢”（Q027）。㊂成立：“里治中迺以永平十五年六月中造起僤，斂錢共有六萬一千五百，買田八十二畝”（Q029）。㊃吉祥，吉利：“意乎不造，早世而終”（Q128）；“遭家不造，艱難之運”（Q169）。

㊄通“促”，近，靠攏：“冢在□比南吉位造迫，故徙于兹”（Q111）；又見“造膝”。

【釋詞】

［造父］趙氏先祖，曾爲周穆王御，因功被封趙城：“胤自夏商，造父馭周。爰暨霸世，夙爲晉謀”（Q169）。

［造膝］猶促膝：“犯顔謇愕，造膝〖佹辭〗”（Q117）。

［造作］製造，製作：“永元十五年三月十九日造作，居圜陽西鄉榆里郭稚文萬年室宅”（Q051）；“元初五年四月，陽城縣長、左馮翊萬年吕常始造作此石闕，時監之”（Q061）。

2128 **迠**

“造”的異體字（圖⑧），見2127造。

2129 **速** sù 《廣韻》桑谷切，心屋入。心屋。

① Q137 ② Q127

《説文·辵部》：“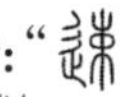，疾也。从辵，束聲。，籀文从欶。，古文从欶从言。”

【釋形】

《説文》小篆爲形聲字，从辵，束聲。漢碑字形承襲《説文》正篆，將原來圓轉的線條隸定爲筆畫。其中義符“辵”已經演化爲“辶”，整字由小篆的左右結構變爲半包圍結構，如圖①②。

【釋義】

迅速，快：“貴速朽之反真，慕寧儉之遺則”（Q127）；“保鄣二城，參國起按，斑叙□□，□本肇末，化速郵置”（Q137）。

2130 **逆** nì 《廣韻》宜戟切，疑陌入。疑鐸。

① J282 ② Q178 ③ Q174

《説文·辵部》：“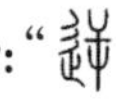，迎也。从辵，屰聲。關東曰逆，關西曰迎。”

【釋形】

《説文》小篆爲形聲字，从辵，屰聲。漢碑字形中，聲符“屰”上、下兩條彎曲的線條被拉直，隸定似“羊”，如圖①～③。義符“辵”已經演化爲“辶”。整字由小篆的左右結構變爲漢碑隸書的半包圍結構。

【釋義】

㊀倒逆，反向：“漢水逆讓，稽滯商旅”（Q150）；“水無沉氣，火無灾燀，時無逆數，物無害生”（Q174）。㊁背叛，作亂：見“逆亂、逆賊”。

【釋詞】

［逆亂］叛亂：“而縣民郭家等復造逆亂，燔燒城寺，萬民騷擾，人褱不安，三郡告急，羽檄仍至”（Q178）。

［逆賊］叛賊：“嗟逆賊，燔城市”（Q178）。

2131 **迎** yíng 《廣韻》語京切，疑庚平。疑陽。

① JB1 ② Q150

《説文·辵部》：“，逢也。从辵，卬聲。”

【釋形】

《説文》小篆爲形聲字，从辵，卬聲。“卬”上古音在疑母陽部。漢碑字形中，聲符“卬”小篆从匕、卩，到漢碑中隸變作“印”，如圖①②。義符“辵”已經演化爲“辶”，使整字由小篆的左右結構變爲半包圍結構。

【釋義】

迎接：“須臾，有大風玄雲來迎公房妻子”（Q199）；“常車迎布，歲數千兩，遭遇隤納，人物俱隋”（Q150）。

2132 **遇** yù 《廣韻》牛具切，疑遇去。疑侯。

① Q099 ② Q113 ③ Q178 ④ JB7

《説文·辵部》：“，逢也。从辵，禺聲。”

【釋形】

《説文》小篆爲形聲字,从辵,禺聲。漢碑字形中,聲符“禺”按小篆字形轉寫爲筆畫;義符“辵”已經演化爲“辶”,使整字由小篆的左右結構變爲漢碑隸書的半包圍結構,如圖①~④。

【釋義】

㊀遭受,遇到:“屯守玄武,〖戚〗哀悲恒,加遇害氣,遭疾〖隕靈〗”(Q132);“掾兮歸來無妄行,卒遭毒氣遇匈殃”(Q039);又見“遭遇”。㊁獲得職位或機會:“復遇坐席,要舞黑紼”(Q099)。

2133 **遭**　zāo 《廣韻》作曹切,精豪平。精幽。

① Q065

② Q060

③ Q127

④ Q095

⑤ Q259

⑥ Q128

⑦ Q113

⑧ Q134

⑨ Q144

⑩ Q114

《説文·辵部》:“,遇也。从辵,曹聲。一曰:邐行。”

【釋形】

《説文》小篆爲形聲字,从辵,曹聲。漢碑字形中,有的爲碑文篆書,如圖①。更多的已經發生隸變,其中聲符“曹”小篆字形上面的二“東”,在漢碑中有的寫成兩個“亩”,上面還保留小篆構件“木”上的彎曲形,如圖②;有的則將其拉直爲一横,如圖③④;有的兩個“亩”粘連在一起,如圖⑤⑥;有的只保留一個“亩”,如圖⑦~⑩。聲符“辵”已經演化爲“辶”,如圖②~⑨;有的則將點與下面的筆畫連寫,如圖⑩。整字由小篆的左右結構變爲半包圍結構。

【釋義】

㊀逢,遇到:“赤子遭慈,以活以生”(Q161)。㊁遭遇,遭受(多指不好的事情):“遭謝酉、張除反,爰傅碑在泥塗”(Q188);“昔武王遭疾,賴有周公,爲王殘命,復得延年”(Q124);“遭貴戚專權,不稱請求”(Q133);“杞繒漸替,又遭亂秦”(Q065);又見“遭命”。

【釋詞】

[遭命]指行善而遭凶的壞命運:“遭命隕身,痛如〖之何〗”(Q117)。

[遭遇]遇到,碰上:“常車迎布,歲數千兩,遭遇隤納,人物俱隋”(Q150)。

2134 **遘**　gòu 《廣韻》古候切,見候去。見侯。

① Q133

② Q083

③ Q117

《説文·辵部》:“,遇也。从辵,冓聲。”

【釋形】

《説文》小篆爲形聲字,从辵,冓聲。按“遘”初文作“冓”,甲骨文作(《合》23354)、(《合》18813),像兩條魚相遇之形。或添加構件“彳”作(《合》28745),或加“辵”作(《合》28038),後者爲小篆字形之所本。在漢碑字形中,義符“辵”已經演化爲“辶”,其上或兩點或三點,如圖①~③。聲符“冓”的小篆字形是一個整體,到漢碑中離析爲上下兩個部分:上部分有的隸變作“丠”,如圖①;有的寫成“𠀎”,如圖②③;下部則隸變似“冉”,如圖①~③。

【釋義】

遭遇,遭受:“獻善絀惡,寬猛□臨鄉登進,而遘凶祆”(Q083);“乃遘凶〖憫〗,年卌二”(Q117);“年五十六,建寧元年三月癸丑遘疾而卒”(Q133)。

2135 **逢**　(一)féng 《廣韻》符容切,並鍾平。並東。

① Q088 ② Q113 ③ Q129

《説文·辵部》:“,遇也。从辵,夆省聲。”

【釋形】

《説文》小篆爲形聲字,从辵,夆省聲。漢碑字形中,聲符“夆”的結構没有太大變化,義符“辵”則已演化爲“辶”,整字由小篆的左右結構變爲漢碑隸書的半包圍結構,如圖①~③。

【釋義】

㊀遭遇,遭受:“守善不報,自古有之,非獨孝琚,遭逢百離”(Q113)。㊁用於人名:“延熹四年七月甲子,弘農大守、安國亭侯、汝南袁逢掌華嶽之主,位應古制,脩癈起頓,閔其若兹”(Q129);“袁府君諱逢,字周陽,汝南女陽人”(Q129)。

(二)páng 《廣韻》薄江切,並江平。

【釋義】

姓氏:“故脩行都昌逢進,字𠮷安”(Q088);“故吏北海都昌逢祈,字伯〖意〗”(Q127)。

2136 **迪** dí 《廣韻》徒歷切,定錫入。定覺。

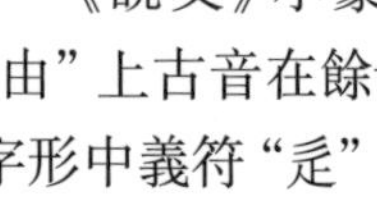

① JB6 ② Q133

《説文·辵部》:“,道也。从辵,由聲。”

【釋形】

《説文》小篆爲形聲字,从辵,由聲。“由”上古音在餘母幽部,幽覺對轉。漢碑字形中義符“辵”已經演化爲“辶”,整字由小篆的左右結構變爲漢碑隸書的半包圍結構,如圖①②。

【釋義】

騷動,萌動:“直南蠻蠢迪,王師出征,以君文武備兼,廟勝□戰,拜車騎將軍從事。”(Q133)。

2137 **通** tōng 《廣韻》他紅切,透東平。透東。

① Q129 ② Q066 ③ Q095 ④ Q102

⑤ Q130 ⑥ Q021 ⑦ Q147

《説文·辵部》:“,達也。从辵,甬聲。”

【釋形】

《説文》小篆爲形聲字,从辵,甬聲。漢碑字形中,聲符“甬”所从之“马”的上部有的寫作“マ”,如圖①~③;有的寫成個倒三角形,如圖④~⑦。義符“辵”已經演化爲“辶”,其上爲兩點或三點,如圖①~⑤;有的則將點省去,如圖⑥⑦。整字由小篆的左右結構變爲半包圍結構。

【釋義】

㊀至,達:“楚古尸王通於天”(Q006);“孝弟之至,通於神明”(Q052)。㊁通行,没有阻礙:“乾坤定位,山澤通氣,雲行雨施,既成萬物,易之義也”(Q129);“自南自北,四海攸通”(Q095);“□□泥淖,道不通”(Q043)。㊂暢達,順暢:“天作高山,寔惟封龍。平地特起,靈亮上通”(Q126);“寧靜烝庶,政與乾通”(Q095)。㊃開闢,疏通:“史君饗後,部史仇誧,縣吏劉耽等,補完里中道之周左廧垣壞決,作屋塗色,脩通大溝,西流里外,南注城池”(Q141);“永平六〖年〗,漢中郡以詔書受廣漢、蜀郡、巴郡徒二千六百九十人,開通襃余道”(Q025)。㊄通曉:“世□書悦樂,古今允通,聲稱爰發,牧守旌招”(Q130);“精通晧穹,三納苻銀。所歷垂勳,香風有隣”(Q150);又見“通洞”。㊅用於人名:“其辭曰:父通,本治白孟易丁君章句”(Q124);“三老諱通,字小父,庚午忌日”(Q021)。

【釋詞】

[通洞]通曉明察:“至孝通洞,克勤和

顔。烝烝慄慄，可移於官”（Q128）。

［通利］㊀通暢，無障礙：“選其年卌以上，經通一藝，雜試通利，能奉弘先聖之禮，爲宗所歸者”（Q102）。㊁疏通：“段復與吏士俱通利故道”（Q092）。

2138 **徙** xǐ 《廣韻》斯氏切，心紙上。心支。

① Q169

② Q069

③ Q095

④ Q169

《説文·辵部》：“，迻也。从辵，止聲。，徙或从彳。，古文徙。”

【釋形】

《説文》小篆爲形聲字，从辵，止聲。其字形演變與“徒”相同，漢碑字形改變了小篆中的結構關係，將義符“辵”下所从的“止”移至聲符“止”的下面，成爲上下二“止”，上面的“止”隸變似“光”字頭，下面的“止”則隸變似“之”，如圖①～④。

【釋義】

㊀遷移：“祖考徠西，乃徙于灥，因處廣漢”（Q069）；“郡縣殘破，吏民流散，乃徙家馮翊”（Q169）；“秦兼天下，侵暴大族，支判流僊，或居三川，或徙趙地”（Q166）。㊁調職：“伯王即日徙署行丞事，守安陽長”（Q095）；“白之府君，徙爲御史”（Q199）。

2139 **遷**（遷遷） qiān 《廣韻》七然切，清仙平。清元。

① Q038

② Q066

③ Q179

④ Q129

⑤ Q134

⑥ Q128

⑦ Q129

⑧ Q084

⑨ Q100

⑩ Q071

⑪ Q088

⑫ Q130

⑬ Q137

⑭ Q137

⑮ Q137

《説文·辵部》：“，登也。从辵，䙴聲。，古文遷从手、西。”

【釋形】

《説文》小篆爲形聲字，从辵，䙴聲。漢碑字形中，有的爲碑文篆書，如圖①。更多字形已經發生隸變，特别是聲符“䙴”變化非常複雜，其上部構件“臼”和“囟”均粘合作“覀”。下部所从之“廾”多隸定爲“大”，如圖②③④⑦⑧；或隸定作“丌”，如圖⑤；有的寫成一横畫下面加兩點，如圖⑥。構件“廾”有的寫作“巳”，如圖②③；有的寫成“卩”，如圖④～⑥；有的變成不圓的封閉形狀，如圖⑦⑧；有的直接省略掉，如圖⑨。也有的字形受“遷”的升遷義的影響，把“廾”和“卪”的組合訛寫作“升”，理據重構，如圖⑪⑫。義符“辵”已經演化爲“辶”，其上爲兩點或三點，如圖②～⑰。整字由小篆的左右結構變爲半包圍結構。

【釋義】

㊀登，上升：“瑋〖以〗要〖荒〗，〖戍〗陵側陋，出從幽谷，遷于喬木”（Q171）；“□佑樊瑋，出谷遷兮”（Q171）。㊁遷移：“秦漢之際，曹參夾輔王室，世宗廓土庥竟，子孫遷于雍州之郊，分止右扶風，或在安定，或處武都，或居隴西，或家敦煌”（Q178）；“吉地既遷，良辰既卜”（H144）；“高祖龍興，婁敬畫計，遷諸關東豪族英傑，都于咸陽，攘竟蕃衛”（Q153）。㊂晉升或調動：“延熹四年九月乙酉，詔書遷衙令，五年正月到官”（Q123）；“上郡王府君察孝，除郎中，遷度遼右部司馬”（Q128）；“五年正月乙□，遷東海陰平長”（Q038）。㊃變更，變動：見“更遷”。㊄用於樹名，又作“櫏”：見“君遷”。㊅用於人名：“京兆尹勑監都水掾霸陵杜遷市石”（Q129）；“故脩行都昌冀遷，字漢久”

（Q088）；“故午營陵是遷，字吉達”（Q088）。

2140 **遷**

“遷”的異體字（圖⑨），見 2139 遷。

2141 **遷**

“遷“的異體字（圖⑪⑫），見 2139 遷。

2142 **運** yùn 《廣韻》王問切，雲問去。匣文。

① Q175

② Q169

③ Q084

《說文·辵部》：“，迻徙也。从辵，軍聲。”

【釋形】

《說文》小篆爲形聲字，从辵，軍聲。漢碑字形中，聲符“軍”在小篆中从包省，漢碑中有的變成从“宀”，如圖①②；有的變成从“冖”，如圖③。義符“辵”已經演化爲“辶”，其上爲兩點或三點，如圖①～③。整字由小篆的左右結構變爲半包圍結構。

【釋義】

㊀運行，運轉：“作王臣，運天樞，釐三辰，擿裁吝”（Q175）；“歲在癸丑，厥運淫雨，傷害稼穡”（Q161）；“惟乾動運，坤道靜貞”（Q109）；“刊石表銘，與乾運燿”（Q112）。㊁命運，氣數：“遭家不造，艱難之運”（Q169）。

【釋詞】

［運度］指日月星辰運行的躔度：“墳典素丘，河雒運度”（Q084）。

2143 **遁** dùn 《廣韻》徒困切，定慁去。定文。

① Q171

② Q145

《說文·辵部》：“，遷也。一曰：逃也。从辵，盾聲。”

【釋形】

《說文》小篆爲形聲字，从辵，盾聲。漢碑字形中，義符“辵”已經演化爲“辶”，整字由小篆的左右結構變爲半包圍結構，如圖①②。

【釋義】

㊀隱匿，隱居：“或有隱遁，辟語言兮”（Q171）。㊁躲避，迴避：見“逡遁”。

2144 **遜** xùn 《廣韻》蘇困切，心慁去。心文。

① J253

② Q169

《說文·辵部》：“，遁也。从辵，孫聲。”

【釋形】

《說文》小篆爲形聲字，从辵，孫聲。漢碑字形與小篆相近，義符“辵”已經演化爲“辶”，整字由小篆的左右結構變爲半包圍結構，如圖①②。聲符“孫”所从的“子”在小篆中像在襁褓中的嬰兒的樣子，漢碑中彎曲的手臂拉直爲橫畫，隸定作“子”；所从之“系”的寫法與小篆中的線條寫法近似，部分線條已經分解成筆畫，如圖①②。

【釋義】

退，讓：見“遜讓、遜位”等。

【釋詞】

［遜讓］謙讓：“躬伯遜讓，夙宵朝廷”（Q088）；“特拜左丞，每在選舉，遜讓匪石，鑽前忍後”（Q173）。

［遜退］退位：“召署督郵，辭疾遜退”（Q169）。

［遜位］讓位：“服竟，還拜屯騎校尉，以病遜位，守疏廣止足之計，樂於陵灌園之契，閉門靜居，琴書自娛”（Q154）。

2145 **返（彶）** fǎn 《廣韻》府遠切，幫阮上。幫元。

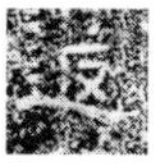
① Q107

② Q065

《説文·辵部》:"，還也。从辵从反，反亦聲。《商書》曰:'祖甲返。' ，《春秋傳》返从彳。"

【釋形】

《説文》小篆爲會意兼形聲字，从辵从反，反亦聲，表示折返之義。漢碑字形中，有的承襲《説文》正篆，以"辵"爲義符，只是"辵"已經演化爲"辶"，整字由小篆的左右結構變爲半包圍結構，如圖①；有的承襲《説文》或體，以"彳"爲義符，如圖②。聲符"反"有的仍保留小篆字形的特點，如圖②；有的已經將小篆中的手形隸定爲"又"，如圖①。

【釋義】

㊀返回:"上□□□□禮□返而□身拜□□□有東馬□以慕□□□竞拜"（Q107）。㊁回報，回饋:"福禄來彶，相宥我君"（Q065）。

2146 **彶**

"返"的異體字（圖②），見2145返。

2147 **還**　huán　《廣韻》户關切，匣删平。匣元。

① Q106

② Q029

③ Q178

④ Q266

《説文·辵部》:"，復也。从辵，瞏聲。"

【釋形】

《説文》小篆爲形聲字，从辵，瞏聲。漢碑字形中，聲符"瞏"有的按照小篆字形對應隸定，如圖①；有的則將構件"袁"最上面的部分省寫爲一横畫，中間的圓形寫成三角形，如圖②～④。義符"辵"已經演化爲"辶"，其上多爲三點，如圖②～④；有的則將點與下面的筆畫連寫，如圖①。整字由小篆的左右結構變爲漢碑隸書的半包圍結構。

【釋義】

㊀返回:"軍還策勳，復以疾辭"（Q133）；"久勞於外，當還本朝，以叙左右"（Q093）；"恐精靈而迷惑兮，歌歸來而自還"（Q039）；"服竟，還拜屯騎校尉，以病遜位"（Q154）；又見"還師"。㊁交還，歸還:"恐縣吏斂民，侵擾百姓，自以城池道濡麥，給令還所斂民錢材"（Q141）；"僤中其有訾次當給爲里父老者，共以客田借與，得收田上毛物穀實自給，即訾下不中，還田轉與當爲父老者，傳後子孫以爲常"（Q029）。

【釋詞】

［還師］回師:"還師振旅，諸國禮遺且二百萬，悉以簿官"（Q178）；"威布烈，安殊荒。還師旅，臨槐里"（Q178）。

2148 **選**　xuǎn　《廣韻》思兖切，心獮上。心元。

① Q074

② Q102

③ JB3

《説文·辵部》:"，遣也。从辵、巽，巽遣之；巽亦聲。一曰:選，擇也。"

【釋形】

《説文》小篆爲會意兼形聲字，从辵、巽，巽亦聲。漢碑字形中，構件"巽"承襲《説文》篆文，隸定作"巽"，如圖①～③；構件"辵"演化爲"辶"；整字由小篆的左右結構變爲半包圍結構。

【釋義】

㊀選拔，選舉:"詔選賢良，招先逸民"（Q137）；"書從事下當用者，選其年卌以上，經通一藝，雜試通利，能奉弘先聖之禮，爲宗所歸者，如詔書"（Q102）；"每在選舉，遜讓匪石"（Q173）；又見"廉選"。㊁用於人名:"故吏劉穆，故吏劉紆，故吏淳于選，故吏劉生，故吏韋毓"（Q074）。

2149 **送**　sòng　《廣韻》蘇弄切，心送去。心東。

① Q202

② J413

③ Q066

④ Q100

《説文·辵部》:“,遣也。从辵,倂省。,籒文不省。”

【釋形】

《説文》小篆爲會意字,从辵,佚省。《説文》:“佚,送也。”漢碑字形中,構件“灷”(“倂”的省形)所从之“廾”有的隸寫作“大”,如圖①;有的與“火”粘合寫作“关”,如圖②;有的進一步簡化,上撇不再出頭,寫作“关”,如圖③④。“灷”所从之“火”有的還保留着“火”形,如圖①;多數隸定爲“丷”加一横,并與下面的“大”相接或相交,如圖②~④。構件“辵”演化爲“辶”,其上多爲三點,如圖①~③;有的則將點與下面的筆畫連寫,如圖④。整字由小篆的左右結構變爲半包圍結構。

【釋義】

㊀送别,特指送喪、送葬:“元嘉元年八月廿四日,立郭畢成,以送貴親”(Q100);“乾監孔昭,神鳥送葬”(Q066)。㊁餽贈:“一介(闕)學中大主,晨以被抱,爲童冠講,遠近(闕)稱僚,贈送禮賻五百萬已上,君皆不受”(Q202)。

2150 **遣** qiǎn 《廣韻》去演切,溪獮上。溪元。

① Q095

② Q119

③ Q129

④ Q022

《説文·辵部》:“,縱也。从辵,𦥑聲。”

【釋形】

《説文》小篆爲形聲字,从辵,𦥑聲。漢碑字形中,聲符“𦥑”所从之“臾”有的隸定作“虫”,如圖①~③;有的連筆寫作“由”,如圖④。下部所从之“𠂤”有的簡寫作“目”,如圖①~③;有的進一步簡寫作“日”,如圖④。義符“辵”演化爲“辶”,其上爲兩點或三點,如圖①②③⑥;有的則將點與下面的筆畫連寫,如圖④。整字由小篆的左右結構變爲半包圍結構。

【釋義】

㊀派遣:“特遣行丞事西成韓脵,字顯公,都督掾南鄭巍整,字伯王”(Q095);“蜀郡大守平陵何君,遣掾臨邛舒鮪,將徒治道,造尊楗閣”(Q022)。㊁古指女子爲夫家所休:“㕣姑遣之去,翦髮明志,弗許。刎頸殉之”(H144)。

2151 **遲(迡)** chí 《廣韻》直尼切,澄脂平。定脂。

① Q112

② Q171

《説文·辵部》:“,徐行也。从辵,犀聲。《詩》曰:‘行道遲遲。’,遲或从𡰥,,籒文遲从屖。”

【釋形】

《説文》小篆爲形聲字,从辵,犀聲。漢碑字形中,聲符“犀”所从之“尾”的下部與“牛”粘合變異作“羊”,如圖①;有的與《説文》或體近似,聲符改换爲“尼”,如圖②。義符“辵”已經演化爲“辶”,整字由小篆的左右結構變爲半包圍結構,如圖①②。

【釋義】

㊀敗壞,衰敗:見“陵遲”。㊁游息:“遁世無悶,恬佚淨漠,栖迡衡門”(S110);“與世無爭,栖迡衡門”(S110)。

2152 **迡**

“遲”的異體字(圖②),見2151遲。

2153 **遰** dì 《廣韻》特計切,定霽去。定月。

① Q095

② Q153

《説文·辵部》:“,去也。从辵,帶聲。”

【釋形】

《説文》小篆爲形聲字,从辵,帶聲。漢碑字形中,聲符“帶”像腰帶之形的上下均加上一横畫,如圖①②;義符“辵”已經演化爲“辶”，整字由小篆的左右結構變爲半包圍結構。

【釋義】

通“滯(zhì)”，凝積，不流通：“空輿輕騎，遰导弗前”(Q095)；“幃屋甲帳，龜車留遰，家于梓湩，九族布列，裳絻相襲，名右冠盖”(Q153)。

2154 **違** wéi 《廣韻》雨非切，雲微平。匣微。

① JB6

② Q247

《説文·辵部》：“違，離也。从辵，韋聲。”

【釋形】

《説文》小篆爲形聲字，从辵，韋聲。漢碑字形中，聲符“韋”上部有的形變寫作“山”，如圖②；義符“辵”已經演化爲“辶”，整字由小篆的左右結構變爲半包圍結構，如圖①②。

【釋義】

邪行，不正：“違内平外，成舉興遺，慾遷戈杼軸”(Q247)。

2155 **逡** qūn 《廣韻》七倫切，清諄平。清文。

① JB1

② Q145

《説文·辵部》：“逡，復也。从辵，夋聲。”

【釋形】

《説文》小篆爲形聲字，从辵，夋聲。漢碑字形中，聲符“夋”變異嚴重，已很難看出由“夊、允”兩部分構成，如圖①②。義符“辵”已經演化爲“辶”，整字由小篆的左右結構變爲半包圍結構，如圖①②。

【釋義】

見“逡遁”。

【釋詞】

［逡遁］從容貌：“於穆我君，敦誠篤信，好樂施與，□□□族，果於主分，撫育孤稚，逡遁□□輩”(Q145)。

2156 **達** dá 《廣韻》唐割切，定曷入。定月。

① Q129

② Q178

③ Q174

④ Q125

⑤ Q130

⑥ Q216

⑦ Q142

⑧ J030

《説文·辵部》：“達，行不相遇也。从辵，羍聲。《詩》曰：‘挑兮達兮。’迖，達或从大。或曰迭。”

【釋形】

《説文》小篆爲形聲字，从辵，羍聲。聲符“羍”在小篆中本从羊大聲，漢碑中“羍”形變比較複雜：有的訛寫成“隹”，如圖⑦；有的訛變成“幸”，如圖⑧；有的寫作“大”下“羊”，如圖②；有的寫成上“土”下“羊”，如圖③～⑥；有的寫成上“十”下“羊”，且構件“羊”有的其上部還保持小篆的羊角形，如圖①。義符“辵”已經演化爲“辶”，其上爲三點或兩點，如圖①～⑧。整字由小篆的左右結構變爲半包圍結構。

【釋義】

㊀暢通，暢達：“開祏神門，立闕四達”(Q125)；“用行則達，以誘我邦”(Q193)。㊁達到，到達：“余谷之川，其澤南隆。八方所達，益域爲充”(Q095)。㊂通曉，明白：“天〖姿醇〗嘏，齊聖達道，少習〖家〗訓，治〖嚴〗氏《春秋》”(Q127)；“徲徥衡門，下學上達，有朋自遠，冕紳莘莘”(S110)；“深達和民事神之義，精通誠至礿祭之福”(Q129)。㊃表達：“子孫企予，慕仰靡恃。故刊兹石，達情理願”(Q142)。㊄舉薦：“匡國達賢，登善濟可，登斑叙優”(Q135)。㊅用於人名：“司徒掾南鄭祝楊，字孔達”(Q199)；“君諱敏，字升達”(Q187)。

2157 **迭** dié 《廣韻》徒結切，定屑入。定質。

① Q129 ② J241

《説文·辵部》："迭，更迭也。从辵，失聲。一曰达。"

【釋形】

《説文》小篆爲形聲字，从辵，失聲。"失"上古音在書母質部。聲符"失"《説文》小篆中从手乙聲，漢碑中，所有曲線均轉寫爲筆畫，有的將兩個構件粘合在一起，形近於"夫"，如圖①；有的發生離析重組，寫成上"土"下"八"形，如圖②；其中隸定後的第一筆均帶有短折，後來短折部分離析爲短撇。義符"辵"漢碑字形中已經演化爲"辶"，其上爲三點或兩點，如圖①②。整字由小篆的左右結構變爲半包圍結構。

【釋義】

輪流，交替："自三五迭興，其奉山川，或在天子，或在諸侯"（Q129）。

2158 **迷** mí 《廣韻》莫兮切，明齊平。明脂。

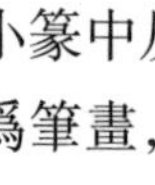

Q039

《説文·辵部》："迷，惑也。从辵，米聲。"

【釋形】

《説文》小篆爲形聲字，从辵，米聲。漢碑字形中，義符"辵"到漢碑中隸定簡省寫作"辶"；聲符"米"的四個短線轉寫爲四點，如圖。

【釋義】

迷亂，辨别不清：見"迷惑"。

【釋詞】

［迷惑］迷亂，辨别不清："恐精靈而迷惑兮，歌歸來而自還"（Q039）。

2159 **連** lián 《廣韻》力延切，來仙平。來元。

① Q065 ② Q113 ③ Q142 ④ Q114

《説文·辵部》："連，員連也。从辵从車。"

【釋形】

《説文》小篆爲會意字，从辵从車，本義爲人力拉的車。漢碑字形中，有的爲碑文篆書，只是已經有明顯的隸書痕跡，如圖①。有的已經完全隸變，由圓轉的線條變爲平直方折的筆畫，其中義符"辵"已經演化爲"辶"，其上爲三點或兩點，如圖①②。有的則將點與下面的筆畫連寫，如圖④。整字由小篆的左右結構變爲半包圍結構。

【釋義】

㊀連接："時有赤氣，著鐘連天"（Q142）；"體連封龍，氣通北嶽，幽讚天地，長育萬物"（Q174）；"北嶽之山，連□陘阻"（Q171）。㊁連續："作治連月，功扶無亟"（Q114）。㊂通"蓮"，蓮花："有阿鄭之化，是以三莂符守，致黄龍、嘉禾、木連、甘露之瑞"（Q146）。㊃見"連篇"。㊄姓氏："募使名工高平王叔、王堅、江胡戀石連車，菜石縣西南小山陽山，涿癘摩治，規柜施張"（Q114）。

【釋詞】

［連理］草木枝幹連生，古人以爲吉兆："木連理於芉條"（Q065）。

［連篇］即"聯翩"，連續不斷："羸劣瘦□，投財連篇"（Q143）。

［連延］連續，綿延："四時祭祀，煙火連延，萬歲不絕，勖于後人"（Q113）。

2160 **遺** （一）yí 《廣韻》以追切，餘脂平。餘微。

① Q127 ② Q095 ③ Q138 ④ Q178

⑤ Q114

⑥ Q112

《説文·辵部》:“,亡也。从辵,貴聲。”

【釋形】

《説文》小篆爲形聲字,从辵,貴聲。聲符“貴”在小篆中从貝臾聲,漢碑中,構件“臾”有的形變似“凷”,如圖①;有的隸定寫作“虫”,如圖②~⑤;有的在“虫”的基礎上省減作“中”,如圖⑥。義符“辵”漢碑字形中已經演化爲“辶”,其上爲三點或兩點,如圖①②③④⑥;有的則將點與下面的筆畫連寫,如圖⑤。整字由小篆的左右結構變爲半包圍結構。

【釋義】

㈠遺失:“收養季祖母,供事繼母,先意承志,存亡之敬,禮無遺闕”(Q178);“襲祖□風,行無遺闕。授政股肱,諫爭匡弼”(H105)。㈡丢失的東西:“路不拾遺,斯民以安”(Q148)。㈢遺留,留存:“豈夫仁哲,攸剋不遺”(Q088);“上天不惠,不我憖遺,年五十有三,年十月廿八日壬寅卒”(Q134);“乃著遺辭,目明厥意”(Q088);又見“遺風”。㈣缺失,失誤:“刈過拾遺,厲清八荒”(Q095);又見“遺愆”。㈤剩餘,未盡:“然後四校横徂,星流彗埽,蕭條萬里,野無遺寇”(H26)。㈥用於人名:“門生北海劇如盧浮,字遺伯”(Q127);“泰山費淳于鄰季遺二百”(Q112)。

【釋詞】

[遺愛]播撒仁愛:“守攝百里,遺愛在民”(Q166);“强弱匪傾,邁去遺愛,民有謠聲”(Q138);“甘棠遺愛,東征企皇”(Q133)。

[遺芳]比喻前人留下的美德盛名:“〖乃〗刊石以旌遺芳”(Q117)。

[遺風]餘風,指過去遺留下來的美好風氣或風尚:“追歌遺風,嘆績億世,刻石紀號,永永不滅”(Q153)。

[遺歌]古代流傳下來的詩歌:“所歷見慕,遺歌景形”(Q187)。

[遺苗]後裔:“肇祖宓戲,遺苗后稷”(Q187)。

[遺愆]失誤,過錯:“内平外成,舉無遺愆”(Q247)。

[遺則]前人遺留下來的法則:“貴速朽之反真,慕寧儉之遺則”(Q127)。

(二)wèi 《廣韻》以醉切,餘至去。餘微。

【釋義】

贈送,給予:“還師振旅,諸國禮遺且二百萬,悉以簿官”(Q178);又見“奉遺”。

2161 **遂** suì 《廣韻》徐醉切,邪至去。邪物。

① Q065

② Q083

③ Q128

④ Q129

⑤ Q113

⑥ Q178

⑦ Q039

⑧ Q106

《説文·辵部》:“,亡也。从辵,㒸聲。,古文遂。”

【釋形】

《説文》小篆爲形聲字,从辵,㒸聲。漢碑字形中,有的爲碑文篆書,只是“辵”上面彎曲的線條與《説文》小篆不同,如圖①。有的已經完全隸定爲筆畫,其中聲符“㒸”在小篆中从八豕聲,漢碑中,構件“八”有的隸定爲兩點,如圖②③⑦⑧;有的寫成羊角形,如圖④;有的形變似“小”,如圖⑤⑥。義符“辵”已經演化爲“辶”,其上爲三點或兩點,如圖②~⑥;有的則將點與下面的筆畫連寫,如圖⑦⑧。整字由小篆的左右結構變爲半包圍結構。

【釋義】

㈠薦舉,登進:“〖即〗此龜艾,遂尹三梁”(Q172);“當遂〖股肱〗,□之元〖輔,天何不弔,降此〗□〖咎〗”(Q132)。㈡得志，成就功名："哀賢明而不遂兮，嗟痛淑雅之夭年"（Q039）；"何寤不遂，中年殀苓"（Q083）；"被病夭没，苗秀不遂，嗚呼哀栽，士女痛傷"（Q094）；"當遂功祚，究爵永年"（Q128）。㊂養育：見"遂升"。㊃副詞，相當於"於是、就"："遂采嘉石，造立觀闕"（Q126）；"遂興靈宫，于山之陽"（Q174）；"遂訪故老商量、儁艾王敞、王畢等"（Q178）。㊄副詞，相當於"竟然、終於"："徽旋本朝，歷太僕、太常，遂究司徒、太尉"（Q066）；"當讓遐年，今遂逝兮，歍呼悇哉"（Q187）；"孝子憯懰，顛倒剥摧。遂不剋寤，永潛長歸"（Q088）。㊅用於人名："故從事主簿下辨李遂，字子華"（Q146）；"右尉豫章南昌程陽，字孝遂"（Q172）。

【釋詞】

［遂升］即"遂生"，撫養，養育："遂升二女爲顯節園貴人"（Q056）。

2162 **追**　zhuī　《廣韻》陟佳切，知脂平。端微。

① Q133

② Q066

③ Q066

④ Q128

⑤ Q106

⑥ Q114

《説文·辵部》："，逐也。从辵，𠂤聲。"

【釋形】

《説文》小篆爲形聲字，从辵，𠂤聲。漢碑字形中，聲符"𠂤"有的上面有短撇，如圖①～③；有的没有短撇，只寫作"巨"，如圖④～⑥。義符"辵"已經演化爲"辶"，其上爲三點或兩點，如圖①～④；有的則將點與下面的筆畫連寫，如圖⑤⑥。整字由小篆的左右結構變爲半包圍結構。

【釋義】

㊀追趕："追捕盗賊"（Q043）。㊁追從，效法："追蹤曾參，繼迹樂正。百行之主，於斯爲盛"（Q134）；"辭榮抗介，追迹前勳。立德流范，作式後昆"（Q169）；"體弘仁，蹈中庸，所臨歷，有休功，追景行，亦難雙"（Q185）。㊂回溯，回追："追歌遺風，嘆績億世，刻石紀號，永永不滅"（Q153）。㊃追回來："帝王有終，不可追還"（Q106）；"夫逝往不可追兮，功□□□識"（Q148）；"天命有終，不可復追"（Q114）。㊄追念："萬民假爾，莫不隕涕。故吏戴條等，追在三之分"（Q133）；"慎終追遠，諒闇沈思"（Q088）；又見"追念"。㊅用於官名："八月十九日丙戌，宛令右丞慴告追皷賊曹掾石梁寫移，□遣景作治五駕瓦屋二閒，周欗楯拾尺，於匠務令功堅"（Q119）。

【釋詞】

［追念］追憶懷念："追念父恩，不可稱陳"（Q124）。

［追述］追憶敘述："統之門人汝南陳熾等，緣在三義一，頌有清廟，故敢慕奚斯之追述，樹玄石于墳道"（Q066）。

［追惟］追憶："於是金鄉長河閒高陽史恢等，追惟昔日，同歲郎署"（Q093）；"追惟太古，華胥生皇雄，顔□育孔寶"（Q112）。

［追省］跟進省察："主簿司馬追省，府君教諾"（Q170）。

2163 **逐**　zhú　《廣韻》直六切，澄屋入。定覺。

① J237

② J240

《説文·辵部》："，追也。从辵，从豚省。"

【釋形】

《説文》以爲會意字，从辵，从豚省。按"逐"甲骨文作（《合》10365），从止从豕，表示追逐野獸之義，非从豚省。甲骨文又作（《合》10639）、（《合》10654）、（《合》8256），構形有别，但構意相同。金文作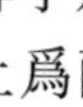，从辵从豕，爲小篆字形之所承。漢碑字形中，義符"辵"已經演化爲"辶"，其上爲兩點；整字由小篆的左右結構變爲半

包圍結構，如圖①②。

【釋義】

㊀隨，跟隨："瞿不識之，啼泣東西。久乃隨逐，當時復遺"（Q143）。㊁匈奴官名，尸逐骨都侯的省稱："斬昷禺以釁鼓，血尸逐以染鍔"（H26）。

2164 **逎** qiú 《廣韻》自秋切，從尤平。從幽。

Q112

《説文·辵部》："，迫也。从辵，酉聲。，逎或从酋。"

【釋形】

《説文》小篆爲形聲字，从辵，酉聲，或从酋聲。漢碑字形承襲《説文》或體，義符"辵"已經演化爲"辶"，其上爲兩點；整字由小篆的左右結構變爲半包圍結構，如圖。

【釋義】

用於地名："右尉九〖江〗浚逎唐安季興五百"（Q112）。

2165 **近** jìn 《廣韻》其謹切，羣隱上。羣文。

① Q066 ② Q112 ③ Q169 ④ Q099

《説文·辵部》："，附也。从辵，斤聲。，古文近。"

【釋形】

《説文》小篆爲形聲字，从辵，斤聲。在漢碑字形中，聲符"斤"兩個彎曲線條各自分解爲兩個筆畫；義符"辵"已經演化爲"辶"，其上爲兩點或三點，如圖①～④；整字由小篆的左右結構變爲半包圍結構。

【釋義】

㊀表示空間距離，與"遠"相對："咸懷〖傷愴〗，遠近哀同，〖身没□□，萬世諷誦〗"（Q132）；"遠近由是知爲亦世繼明而出者矣"（Q066）；"是以休聲播于遠近"（Q169）。㊁接近，靠近："君纘其緒，華南西畺。濱近聖禹，飲汝茹汸"（Q187）；"孔子近聖，爲漢定道"（Q112）。

2166 **迫** pò 《廣韻》博陌切，幫陌入。幫鐸。

① Q146 ② Q111 ③ Q114

《説文·辵部》："，近也。从辵，白聲。"

【釋形】

《説文》小篆爲形聲字，从辵，白聲。漢碑字形中，義符"辵"已經演化爲"辶"。如圖①②；有的則將點與下面的筆畫連寫，如圖③。整字由小篆的左右結構變爲半包圍結構。

【釋義】

㊀狹窄："郡西狹中道，危難阻峻，緣崖俾閣，兩山壁立，隆崇造雲，下有不測之谿，阨笮促迫"（Q146）。㊁迫近："冢在□比南吉位造迫，故徙于兹"（Q111）。㊂强迫，逼迫："嗚呼，匪愛力財，迫于制度"（Q052）；"恩情未及迫褾，有制財幣，霧隱藏魂靈"（Q114）。

2167 **邇** ěr 《集韻》兒氏切，日紙上。日脂。

① Q154 ② Q171

《説文·辵部》："，近也。从辵，爾聲。，古文邇。"

【釋形】

《説文》小篆爲形聲字，从辵，爾聲。漢碑字形中，義符"辵"已經演化爲"辶"，整字由小篆的左右結構變爲半包圍結構，如圖①②。

【釋義】

近："遐邇携負，來若雲兮"（Q171）；又見“遐邇”。

2168 **遏** è 《廣韻》烏葛切，影曷入。影月。

① Q129

② Q130

③ Q153

《説文·辵部》：“，微止也。从辵，曷聲。讀若桑蟲之蝎。”

【釋形】

《説文》小篆爲形聲字，从辵，曷聲。聲符“曷”在小篆中从曰匃聲，漢碑中，構件“匃”形變嚴重，已看不出原有的結構，如圖①～③。義符“辵”已經演化爲“辶”，其上爲三點或兩點；整字由小篆的左右結構變爲半包圍結構，如圖①～③。

【釋義】

㊀阻止：“遏禳凶札，揫斂吉祥”（Q129）；“壓難和戎，武慮慷慨，以得奉貢上計，廷陳惠康安遏之謀”（Q161）。㊁斷絶：“遏勿八音，百姓流淚，魂靈既載，農夫慇結，行路撫涕，織婦喑咽”（Q153）。

2169 **遼** liáo 《廣韻》落蕭切，來蕭平。來宵。

① Q037

② Q133

③ Q095

④ Q128

⑤ Q169

⑥ Q112

⑦ Q141

⑧ Q142

《説文·辵部》：“，遠也。从辵，尞聲。”

【釋形】

《説文》小篆爲形聲字，从辵，尞聲。聲符“尞”參見10069燎。漢碑中，構件“㕩”上部的“大”有的混同爲“木”，如圖③⑤⑥⑦⑧；有的近似於“爫”，如圖④。構件“㕩”下部的“日”有的寫成了“目”，如圖⑤～⑧。聲符“尞”下部的構件“火”有的形變作“小”，如圖②；有的寫成三點，如圖③④；有的寫成兩點，如圖⑤⑥；有的省略不寫，如圖⑦⑧。義符“辵”上所从的“彳”有的還有明顯的篆意，如圖①；更多的則已經演化爲“辶”，其上爲三點或兩點；整字由小篆的左右結構變爲半包圍結構，如圖②～⑧。

【釋義】

㊀遥遠：見“遼遠”。㊁通“僚”，官員，官吏：“勳績著聞，百遼詠虞”（Q128）；“朝廷愍惜，百遼歎傷。萬民假爾，莫不隕涕”（Q133）。㊂用於官名：“上郡王府君察孝，除郎中，遷度遼右部司馬”（Q128）。㊃用於地名：“遼東大守左宫”（Q037）；“遼西陽樂張普仲堅〖二〗百”（Q112）。

【釋詞】

［遼遠］遙遠：“史君念孔瀆顔母井去市遼遠，百姓酤買，不能得香酒美肉，於昌平亭下立會市，因彼左右，咸所願樂”（Q141）。

2170 **遠** （一）yuǎn 《廣韻》雲阮切，雲阮上。匣元。

① Q084

② Q169

③ Q202

④ Q088

⑤ Q113

⑥ Q146

⑦ Q112

⑧ Q125

⑨ Q120

⑩ Q179

《説文·辵部》：“，遼也。从辵，袁聲。，古文遠。”

【釋形】

《説文》小篆爲形聲字，从辵，袁聲。在漢碑字形中，聲符“袁”多隸定作“袁”，如圖①～⑥；或隸定作“表”，如圖⑦；也有的省變過於嚴重，已看不出原有的輪廓，如圖⑧～⑩。義符“辵”已經演化爲“辶”，其上爲三點或兩點，如圖①～⑧；有的則將點與下面的筆畫連寫，如圖⑨⑩。整字由小篆的左右結構變爲半包圍結構。

【釋義】

㊀表示空間距離,與“近”相對:“威恩竝隆,遠人賓服”(Q146);“群儒駿賢,朋徒自遠”(Q084);又見“遼遠”。㊁遠方的人:“疏穢濟遠,柔順其道”(Q125);“咸懷〘傷愴〙,遠近哀同,〘身没□□,萬世諷誦〙”(Q132);“孝武時有張騫,廣通風俗,開定畿寓,南苞八蠻,西羈六戎,北震五狄,東勤九夷,荒遠既殯,各貢所有”(Q179)。㊂久遠:“念高祖至九子未遠,所諱不列,言事觸忌,貴所出,嚴及□焉”(Q021);“商周遐邈,歷世壙遠,不隕其美”(Q093);又見“光遠”。㊃前人,先人:“慎終追遠,諒闇沈思”(Q088)。㊄用於人名:“故門下督盜賊劇騰頌,字叔遠”(Q088);“故守令韋叔遠錢五百”(Q179)。

(二)yuàn 《廣韻》于願切,雲願去。匣元。

【釋義】

遠離:“不爲小威,以濟其仁,弸中獨斷,以效其節,案奏□公,彈絀五卿,華夏祗肅,佞穢者遠”(Q154)。

2171 **迥** jiǒng 《廣韻》户頂切,匣迥上。匣耕。

Q060

《説文·辵部》:“,遠也。从辵,冋聲。”

【釋形】

《説文》小篆爲形聲字,从辵,冋聲。漢碑字形中,聲符“冋”已隸變爲“冂”内加“口”,義符“辵”已經演化爲“辶”,如圖。

【釋義】

遙遠:“〘元〙初四年,常山相隴西馮君到官,承饑衰之後,深惟三公御語山,三條别神,迥在領西”(Q060)。

2172 **逴** chuò 《廣韻》敕角切,徹覺入。透藥。

① Q112

② Q179

《説文·辵部》:“,遠也。从辵,卓聲。一曰:蹇也。讀若棹苕之棹。”

【釋形】

《説文》小篆爲形聲字,从辵,卓聲。聲符“卓”在小篆中从早、匕,漢碑中,構件“匕”形變似“卜”;構件“早”下所从的“甲”簡寫作“十”,如圖①②。義符“辵”已經演化爲“辶”,整字由小篆的左右結構變爲半包圍結構,如圖①②。

【釋義】

㊀久遠:“尊琦大人之意,逴彌之思,乃共立表石,紀傳億載”(Q112);又見“逴越”。㊁通“卓”,卓異:“允文允武,厥姿烈逴”(Q154)。㊂用於人名:“故吏韋公逴錢七百”(Q179)。

【釋詞】

[逴越]久遠:“復聖二族,逴越絶思。脩造禮樂,胡輦器用,存古舊宇”(Q112)。

2173 **道** (一)dào 《廣韻》徒晧切,定晧上。定幽。

① Q063

② Q144

③ Q084

④ Q083

⑤ Q142

⑥ Q045

⑦ Q043

⑧ Q039

⑨ Q106

⑩ Q052

《説文·辵部》:“,所行道也。从辵从𩠐。一達謂之道。,古文道从𩠐、寸。”

【釋形】

《説文》小篆爲會意字。其字金文作(《貉子卣》),从行从首;或在下面添加構件“止”,寫作(《散氏盤》);或添加

"又"，寫作，《説文》古文爲其省體。戰國文字作（《睡·法》196），《説文》小篆與之結構相同。漢碑字形中，有的爲碑文篆書，只不過義符"辵"下的"止"最後一筆拉長，使整字變爲半包圍結構，如圖①。更多的字形已經隸變，其中構件"首"的小篆字形本像人頭上有髮之形，漢碑中，人頭之形有的形變近似於"自"，如圖②③⑩；有的形變作"目"，如圖④～⑨。上面的頭髮之形有的還保留小篆的寫法，如圖②；有的則簡寫作"䒑"，如圖③～⑩。構件"辵"已經演化爲"辶"，其上爲三點或兩點或一點，如圖②～⑧；有的則將點與下面的筆畫連寫，如圖⑨⑩。整字由小篆的左右結構變爲半包圍結構。

【釋義】

㊀道路："冀土荒饉，道殣相望"（Q128）；"郡西狹中道，危難阻峻，緣崖俾閣，兩山壁立，隆崇造雲，下有不測之谿，阨笮促迫"（Q146）；"遭離羌寇，蝗旱鬲并，民流道荒"（Q060）。㊁取道："道由子午，出散入秦"（Q095）。㊂宇宙萬物的本原，自然規律："追惟大古，華胥生皇雄，顔□育孔寶，俱制元道，百王不改"（Q112）；"□始天道，唯德不朽"（Q083）；"原度天道，安危所歸"（Q095）；又見"道度"。㊃主張，學説："疏穢濟遠，柔順其道"（Q125）；"君之烈祖，少以濡術，安貧樂道"（Q137）；"疾讒讒比周，愠頻頻之黨，□唐虞之道"（Q084）；"念在探嘖索隱，窮道極術"（Q175）。㊄道德，道義："君三子：大子諱寬，字顔公，舉有道，辟大尉府掾"（Q128）；"成是正服，以道德民"（Q193）。㊅道術，仙術："府君□賓燕欲從學道"（Q199）；"士仙者，大伍公見西王母崐崘之虛，受仙道"（Q142）。㊆用於人名："故午朱虛炅詩，字孟道"（Q088）。㊇用於地名："□□□□西狄道司馬長元石門"（Q030）；"君追祖繼體，曆職五官功曹，守宕渠令"（H105）。

【釋詞】

［道德］品德，德行："相縣以白石神君道德灼然，乃具載本末上尚書，求依無極爲比，即見聽許"（Q174）。

［道人］道教徒："詔聞梁棗樹上有道人，遣使者以禮娉君"（Q142）。

［道術］學説，思想："仁義道術，明府膺之"（Q088）。

（二）dǎo 《集韻》大到切，定号去。定幽。

【釋義】

引導，後寫作"導"："謨兹英猶，道以經國"（Q133）；"法言稽古，道而後行"（Q137）。

2174 **邊** biān 《廣韻》布玄切，幫先平。幫元。

① Q128

② Q137

③ Q114

《説文·辵部》："，行垂崖也。从辵，臱聲。"

【釋形】

《説文》小篆爲形聲字，从辵，臱聲。按"邊"金文作（《大盂鼎》），與小篆字形結構或異，其聲符"臱"的最下面作"方"。漢碑字形多數承襲了金文"臱"的結構，如圖①②；有的則省去了"方"，如圖③。"臱"的中間構件有的寫作上"一"下"冖"，如圖①；有的省寫作"冖"，如圖②；有的則近似於"穴"，如圖③。漢碑字形中，義符"辵"已經演化爲"辶"，其上多爲三點，如圖①②；有的則將點與下面的筆畫連寫，如圖③。整字由小篆的左右結構變爲半包圍結構。

【釋義】

㊀邊境，邊界："出典邊戎，民用永安"（Q128）；"曜武南會，邊民是鎮"（Q137）；又見"邊宇、邊方"。㊁旁邊："國子男，字伯孝，年〖適〗六歲，在東道邊"（Q114）。㊂用於官名："以延平中拜安邊節使，銜命二州"（Q128）。

【釋詞】

［邊方］邊地，邊疆："遂登漢室，出司邊方"（Q128）。

［邊宇］邊地，邊疆："慰綏朔狄，邊宇艾安"（Q128）。

2175 **逼**　bī 《廣韻》彼側切，幫職入。幫職。

① Q125

② Q169

《説文·辵部》（新附字）："逼，近也。从辵，畐聲。"

【釋形】

《説文》小篆爲形聲字，从辵，畐聲。漢碑字形中，聲符"畐"按小篆字形隸定；義符"辵"演化爲"辶"，其上爲三點；整字由小篆的左右結構變爲半包圍結構，如圖①②。

【釋義】

㊀狹窄："〖君准則〗大聖，親之桐柏，奉見廟祠，崎嶇逼狹"（Q125）。㊁窘迫："窮逼不憫，淑慎其身"（Q169）。

2176 **邈**　miǎo 《廣韻》莫角切，明覺入。明藥。

Q154

《説文》新附字作"邈"，《説文·辵部》："邈，遠也。从辵，貌聲。"

【釋形】

《説文》小篆爲形聲字，从辵，貌聲。漢碑字形中，義符"辵"演化爲"辶"，聲符"貌"的構件"頁"形變似"艮"，如圖。

【釋義】

㊀遠：見"清邈"。㊁遠逝，死亡的委婉説法："當享眉耇，莫匪爾極。大□□□，邈矣不意"（Q148）。

2177 **遐**　xiá 《廣韻》胡加切，匣麻平。匣魚。

① Q142

② Q088

③ Q153

《説文·辵部》（新附字）："遐，遠也。从辵，叚聲。"

【釋形】

《説文》小篆爲形聲字，从辵，叚聲。漢碑字形中，聲符"叚"有的還保留小篆的基本結構，但形體變異嚴重，如圖①②；有的則多一"亻"旁，變爲从"假"聲，如圖③。義符"辵"演化爲"辶"，其上爲三點或兩點；整字由小篆的左右結構變爲半包圍結構，如圖①～③。

【釋義】

㊀遙遠，高遠："守郡益州，路遐攣親"（Q088）；又見"遐邇"。㊁久遠，長久："商周遐藐，歷世壙遠，不隕其美"（Q093）；"當讓遐年，今遂逝兮，歍呼悢哉"（Q187）。㊂特指僊界："又有鴻稱，升遐見紀"（Q142）。

【釋詞】

［遐邇］遠近："遐邇攜負，來若雲兮"（Q171）；"匪究南山，遐邇忉悼"（Q154）。

2178 **迄**　qì 《廣韻》許訖切，曉迄入。曉物。

① Q145

② Q166

② Q169

《説文·辵部》（新附字）："迄，至也。从辵，气聲。"

【釋形】

《説文》小篆爲形聲字，从辵，气聲。漢碑字形中，聲符"气"在漢碑中有的省掉了中間的一畫，寫作"乞"，如圖③。義符"辵"已經演化爲"辶"，整字由小篆的左右結構變爲半包圍結構，如圖①～③。

【釋義】

到，至："自古迄今，莫不創楚"（Q150）；"其先出自有殷，迺迄于周，世作師尹，赫赫之盛，因以爲氏”（Q166）；“迄漢文、景，有仲況者，官至少府，厥子聖，爲諫議大夫”（Q169）。

2179 **迸** bèng 《廣韻》北諍切，幫諍去。幫耕。

Q178

《説文·辵部》（新附字）：“，散走也。从辵，并聲。”

【釋形】

《説文》小篆爲形聲字，从辵，并聲。漢碑字形中，聲符“并”在小篆中从从幵聲，漢碑中，構件“从”簡省成了兩點，構件“幵”所从的二“干”粘連作“开”；義符“辵”已經演化爲“辶”；整字由小篆的左右結構變爲半包圍結構，如圖。

【釋義】

指四散逃竄的人：“轉拜郃陽令，收合餘燼，芟夷殘迸，絶其本根”（Q178）。

【釋詞】

［迸竄］四散逃竄：“姦耶迸竄，道無拾遺”（Q171）。

2180 **逍** xiāo 《廣韻》相邀切，心宵平。心宵。

Q142

《説文·辵部》（新附字）：“，逍遙，猶翱翔也。从辵，肖聲。”

【釋形】

《説文》小篆爲形聲字，从辵，肖聲。漢碑字形中，聲符“肖”根據小篆字形隸定，義符“辵”已經演化爲“辶”，整字由小篆的左右結構變爲半包圍結構，如圖。

【釋義】

見“逍遙”。

【釋詞】

［逍遙］形容安閒自在，悠然自得：“君常舍止棗樹上，三年不下，與道逍遙，行成名立，聲布海内”（Q142）。

2181 **遙** yáo 《廣韻》餘昭切，餘宵平。餘宵。

Q142

《説文·辵部》（新附字）：“，逍遙也。又，遠也。从辵，䍃聲。”

【釋形】

《説文》小篆爲形聲字，从辵，䍃聲。漢碑字形中，聲符“䍃”上所从之“肉”省減爲“夕”，下所从之“缶”訛變爲“音”；義符“辵”已經演化爲“辶”；整字由小篆的左右結構變爲半包圍結構，如圖。

【釋義】

用於“逍遙”，形容安閒自在，悠然自得：“君常舍止棗樹上，三年不下，與道逍遙，行成名立，聲布海内”（Q142）。

2182 **德（悳）** dé 《廣韻》多則切，端德入。端職。

① Q166

② Q134

③ Q083

④ Q083

⑤ Q084

⑥ Q144

⑦ Q152

⑧ Q175

⑨ Q179

⑩ Q065

⑪ Q117

⑫ Q088

⑬ Q123

⑭ Q070

《説文·彳部》：“，升也。从彳，㥁聲。”《説文·心部》：“，外得於人，内得於己也。从直从心。，古文。”

【釋形】

德,《説文》小篆有兩個字形:一爲形聲字,从彳,悳聲;一爲會意字,从直从心。按"德"甲骨文作 [glyph](《合》20547)、[glyph](《合》7254)等形,从行或彳,从 [glyph](即甲骨文的"直",像眼睛直視前方),表示沿着正道直行。發展到金文,有的加上義符"心"作 [glyph](《蔡姞簋》);有的在此基礎上省略了"彳",只作 [glyph](《季嬴霝德盤》)。《説文》小篆承襲金文二形,分列"德、悳"二字,并各説其義,實爲一字。漢碑中亦存"德、悳"二形,如圖①～⑨作"德",⑩～⑭作"悳"。其中圖⑩爲碑文篆書,其餘字形均已發生隸變。特别是其中的構件"直",形變非常複雜,多數已看不出原有構造意圖,如圖①～⑭。

【釋義】

㊀道德,品行:"於顯我君,懿德惟光"(Q127);"蓄道脩悳,□祉目榮"(Q088)。㊁恩惠,仁德:"流德元城,興利惠民"(Q088);"悳洋溢而溥優"(Q065)。"德以化圻民,威以懷殊俗"(Q133);"無德不搓,靡惡不形"(Q066);又見"德音、德政"。㊂教化:"成是正服,以道德民"(Q193)。㊃用於謚號:"夫人馬姜,伏波將軍新息忠成侯之女,明德皇后之姊也"(Q056)。㊄用於人名:"衙守丞臨晉張疇,字元悳,五百"(Q123);"門生東郡東武陽滕穆,字奉德"(Q127)。

【釋詞】

[德音]美好的名聲:"緝熙之業既就,而閨閾之行允恭,德音孔昭"(Q127)。

[德政]仁政:"不能闡弘德政,〖恢崇〗壹變,夙夜憂怖,累息屏營"(Q140)。

2183 **徑** jìng 《廣韻》古定切,見徑去。見耕。

Q142

《説文·彳部》:"[glyph],步道也。从彳,巠聲。"

【釋形】

《説文》小篆爲形聲字,从彳,巠聲。聲符"巠"金文作 [glyph](《大盂鼎》),像織布機上張設的經線之形。《説文》小篆承襲金文字形作 [glyph]。漢碑字形中,義符"彳"隸定爲一點(或一短横)加一横撇;聲符"巠"隸定爲 [glyph],如圖。

【釋義】

小路,亦指道路:"雖欲拜見,道徑無從"(Q142)。

2184 **復** fù 《廣韻》扶富切,並宥去;又房六切,並屋入。並覺。

① JB1　② Q134　③ Q100　④ Q125

⑤ Q066　⑥ Q130　⑦ Q120　⑧ Q084

⑨ Q095　⑩ Q133　⑪ Q178　⑫ Q178

《説文·彳部》:"[glyph],往來也。从彳,复聲。"

【釋形】

《説文》以爲形聲字,从彳,复聲。按聲符"复"甲骨文作 [glyph](《合》4174),上面的構件像古人居住的寝穴之形,下面的倒"止"表示走路,合起來表示回來之義。"复"金文作 [glyph](《㽙比盨》),構形理據已不清晰;小篆進一步訛變作 [glyph],故《説文》以从夊、畐省聲釋之,與其原有構形理據不符,但"行故道"的本義解釋還比較準確。漢碑字形中,聲符"复"形體變異更加複雜,但構件"夊"基本保留下來,只是多數寫成"夂",如圖①～⑫。

【釋義】

㊀返回,回到:"公侯之胄,必復其始"(Q066);"功顯不伐,委而復焉"(Q133)。㊁恢復:見"復禮"。㊂副詞,再,又:"元始二年復封曾孫纂爲侯"(Q169);"既來安

之，復役三年”（Q172）；“僉曰大平兮，文翁復存”（Q150）。㊃免除（賦税徭役）：“復顔氏并官氏邑中繇發，以尊孔心”（Q112）。㊄通“複”，重複：“長期蕩蕩，於盛復授”（Q112）。

【釋詞】

［復禮］恢復禮儀：“臣以建寧元年到官，行秋饗，飲酒畔宫，〖畢〗，復禮孔子宅，拜謁神坐”（Q140）。

2185 **往**　wǎng　《廣韻》于兩切，雲養上。匣陽。

① Q095

② Q129

③ J237

《説文·彳部》：“，之也。从彳，㞷聲。，古文从辵。”

【釋形】

《説文》小篆爲形聲字，从彳，㞷聲。聲符“㞷”的小篆字形从屮从土，漢碑中，構件“屮”上彎曲的線條被拉直爲一横，并與“土”粘合，且省去一横畫，如圖①～③。義符“彳”隸定爲一點（或一短横）加一横撇。

【釋義】

㊀向某處去：“三增仗人，皆往弔親”（Q143）；“休謁往還，恒失日晷”（Q150）；“棄離子孫，往而不反”（Q106）。㊁過去，從前：“揆往卓今，謀合朝情，醳艱即安，有勳有榮”（Q095）；又見“逝往”。㊂故去的：見“往人”。

【釋詞】

［往人］故去的人：“立起□□，以快往人”（Q143）。

2186 **彼**　bǐ　《廣韻》甫委切，幫紙上。幫歌。

① Q065

② Q141

③ Q127

④ Q175

⑤ Q133

《説文·彳部》：“，往、有所加也。从彳，皮聲。”

【釋形】

《説文》小篆爲形聲字，从彳，皮聲。漢碑字形中，有的爲碑文篆書，如圖①。更多地發生了隸變，義符“彳”隸定爲一點（或一短横）加一横撇，如圖②～⑤。聲符“皮”除“又”之外的部分發生粘連和重組，如圖②～⑤；構件“又”有的訛寫似“攴”，如圖⑤。

【釋義】

指示代詞，相當於“那”，與“此”相對：“念彼恭人，惄焉〖永〗傷”（Q133）；“豐年多黍，稱彼兕觥”（Q127）；“因彼左右，咸所願樂”（Q141）。

【釋詞】

［彼倉者天］語出《詩·秦風·黄鳥》：“彼蒼者天，殲我良人。”對上天發出的哀號和呼喊：“彼倉者天，殲我良人”（Q175）。

2187 **徼**　jiào　《集韻》吉弔切，見嘯去。見藥。

① Q089

② Q123

③ Q100

《説文·彳部》：“，循也。从彳，敫聲。”

【釋形】

《説文》小篆爲形聲字，从彳，敫聲。漢碑字形中，義符“彳”隸定爲一點（或一短横）加一横撇。聲符“敫”有的訛寫作“駇”，如圖③；其中的構件“攴”多隸定爲“攵”，如圖②。

【釋義】

用於官名：見“游徼”。

2188 **循**　xún　《廣韻》詳遵切，邪諄平。邪文。

① Q163

② Q129

③ Q095

《説文·彳部》：“，行順也。从彳，盾聲。”

【釋形】

《説文》小篆爲形聲字，从彳，盾聲。漢碑字形中，有的爲碑額篆書，如圖①。多數字形已發生隸變，其中義符“彳”隸定爲一點加一横撇；聲符“盾”將小篆圓轉的線條隸定爲平直方折的筆畫，如圖②③，其中圖③還將中間的“十”形變作“𠂇”。

【釋義】

㊀沿着走，順着走：“橋梁斷絶，子午復循”（Q095）。㊁依循，遵照：“大宗承循，各詔有司，其山川在諸侯者，以時祠之”（Q129）；“輔主匡君，循禮有常”（Q095）。㊂善：見“循吏”。㊃用於人名：“故吏五官掾博陵安平孟循，字敬節”（Q148）。

【釋詞】

［循吏］良吏：“視事四年，比縱豹、産，化行如流，遷九江大守，□殘酷之刑，行循吏之道”（Q154）；“漢循吏故聞憙長韓仁銘”（Q163）。

2189 **微**　wēi　《廣韻》無非切，明微平。明微。

① Q128

② Q169

③ Q174

④ Q066

⑤ Q088

⑥ Q132

《説文·彳部》：“，隱行也。从彳，敚聲。《春秋傳》曰：‘白公其徒微之。’”

【釋形】

《説文》小篆爲形聲字，从彳，敚聲。聲符“敚”甲骨文作（《京都》2146），左側像長髮人形，右側爲“攴”，構意不明。漢碑字形中像長髮人形的構件發生離析重組，已看不出原有結構，如圖①～⑥。

【釋義】

㊀精深，玄妙：“國無人兮王庭空，士罔宗兮微言喪”（Q128）；“廣學甄微，靡不貫綜”（Q128）；又見“微妙”。㊁衰弱，没落：“周室衰微，霸伯匡弼”（Q187）；又見“興微繼絶”。㊂指位卑力薄的人：“强衙改節，微弱蒙恩”（Q088）。㊃用於人名：“祠祀掾吳宜。史解微。石師王明”（Q174）。

【釋詞】

［微妙］精微深奧：“孳孳臨川，闚見〖宮〗廧，庶仰箕首，微妙玄通”（Q093）。

［微言］帶有諷諫意味的委婉言辭：“國無人兮王庭空，士罔宗兮微言喪”（Q128）；“〖收文〗武之將〖墜〗，拯微言之未絶”（S97）。

2190 **徐**　xú　《廣韻》似魚切，邪魚平。邪魚。

① Q044

② Q088

③ J148

④ Q112

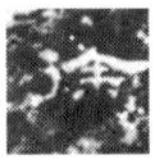
⑤ Q127

⑥ Q114

《説文·彳部》：“，安行也。从彳，余聲。”

【釋形】

《説文》小篆爲形聲字，从彳，余聲。漢碑字形有的爲碑額篆書，如圖①；其餘均發生了隸變。其中聲符“余”甲骨文作（《合》19910），學者多認爲像房舍之形，爲“舍”之初文。漢碑字形根據小篆進行隸定；義符“彳”隸定爲一點（或一短横）加一横撇，如圖①～⑥。

【釋義】

㊀通“蓄”，蓄養：“徐養淩柏，朝莫祭祠”（Q114）。㊁姓氏：“門生濟南梁〖鄒〗徐璜，字〖幼〗文”（Q127）；“徐無令樂君永元十年造作萬歲吉宅”（Q044）；“故書佐營陵徐曾，字曾華”（Q088）。㊂用於地名：“君者諱紆，字季高，幼聲州署郡仕，周竟徐州從事、武

原長行事,民四假望歿,年七十一”(Q111)。

2191 **待** dài 《廣韻》徒亥切,定海上。定之。

① Q142 ② Q100

《説文·彳部》:“,竢也。从彳,寺聲。”

【釋形】

《説文》小篆爲形聲字,从彳,寺聲。“寺”上古音在邪母之部。漢碑字形中,義符“彳”隸定爲一點(或一短横)加一横撇,如圖②;有的則已接近現在通行的寫法,如圖①。聲符“寺”的構件“㞢”有的上彎曲的線條被拉直形變爲“土”,如圖①;有的構件“㞢”與下面“寸”的横畫粘連似“王”字,如圖②。

【釋義】

㊀通“侍”,伺候:“堂三柱,中柱大龍將非詳,左有玉女與扯人,右柱□□請丞卿,新婦主待給水將”(Q100)。㊁用於人名:“門生魏郡魏〖孟忠〗,字待政”(Q127)。㊂用於官名:見“待詔”。

【釋詞】

[待詔]官職名:“漢故掖庭待詔,君諱致,字萇華,梁縣人也”(Q142)。

2192 **徧** biàn 《廣韻》方見切,幫霰去。幫真。

① Q129 ② Q174 ③ Q060

《説文·彳部》:“,帀也。从彳,扁聲。”

【釋形】

《説文》小篆爲形聲字,从彳,扁聲。漢碑字形中,義符“彳”隸定爲一點(或一短横)加一横撇;聲符“扁”的構件“户”隸定爲“戸”,構件“册”隸定爲“冊”,如圖①~③。

【釋義】

同“遍”,周遍:“《禮記》曰:天子祭天地及山川,歲徧焉”(Q129);“古先哲王,類帝禋宗,望于山川,徧于羣神”(Q174)。

2193 **假** jiǎ 《集韻》舉下切,見馬上。見魚。

① Q129 ② Q133

《説文·彳部》:“,至也。从彳,叚聲。”

【釋形】

《説文》小篆爲形聲字,从彳,叚聲。漢碑字形中,義符“彳”隸定爲一點(或一短横)加一横撇,如圖①②。聲符“叚”有的還部分保留小篆的特點,如圖②;有的將其左邊構件隸定似“段”的左旁,右邊的構件重新組合爲“彐”下“乂”,如圖①。

【釋義】

通“遐(xiá)”,遠:“萬民假爾,莫不隕涕”(Q133);“武稜攜貳,文懷假冥”(Q133);又見“登假”。

2194 **退** tuì 《廣韻》他内切,透隊去。透物。

① Q144 ② Q070 ③ Q099 ④ Q137

⑤ Q142

《説文·彳部》:“,卻也。一曰:行遲也。从彳从日从夊。,復或从内。,古文从辵。”

【釋形】

《説文》小篆爲會意字,正篆从彳从日从夊,古文从辵从日从夊。按从日、从夊構意不明,从彳、从辵均與走路有關,其本義應爲後退。漢碑字形承襲《説文》古文的寫法,構件“辵”隸定爲“辶”,其上兩點或一點，整字變爲半包圍結構，如圖①～⑤。構件“夂”有的在隸定後字形上方衍一横畫，如圖①；有的形變作“匕”，如圖④；有的與上面的“日”粘連，混同作“艮”，如圖②③⑤。

【釋義】

㊀後退，退卻：“進退以禮，允道篤愛，先人後己，克讓有終”（Q144）；“清約節儉，進退應名”（Q070）；“神仙退泰，穆若潛龍”（Q142）。㊁引退，離職：“召署督郵，辭疾遜退”（Q169）；又見“退身”。㊂排除，抵制：“親臤寶智，進直退慝”（Q172）。㊃降低職務：“嗇夫事對，於是進嗇夫爲令，令退爲嗇夫”（Q179）。

【釋詞】

［退身］引退，隱居：“惟□□□，憂及退身。參議帝室，剖符守藩”（Q137）。

2195 **後**　hòu　《廣韻》胡口切，匣厚上。匣侯。

① Q065

② Q060

③ Q024

④ Q083

⑤ Q082

⑥ Q129

⑦ Q066

《説文·彳部》：“，遲也。从彳、幺、夂者，後也。，古文後从辵。”

【釋形】

《説文》小篆爲會意字，从彳从幺从夂，表示行動遲緩。其中“幺”爲絲，“夂”爲倒止，以絲束止，故有後義。加“彳”是爲了强調與走路有關。漢碑字形中，有的爲碑文篆書，如圖①②。有的構件“幺”隸變還不夠徹底，帶有明顯篆意，如圖③～⑤；有的則已經完全筆畫化，如圖⑥⑦。構件“夂”或寫作“夊”，如圖⑥。

【釋義】

㊀時間相对較晚，與“先、前”相對：“後不承前，至于亡新，寖用丘虚，訖今垣趾營兆猶存”（Q129）；“進退以禮，允道篤愛，先人後己，克讓有終”（Q144）；“前闓九頭，以什言教；後制百王，獲麟來吐”（Q112）。㊁方位相对在後，與“前”相對：“前有白虎青龍車，後即被輪雷公君”（Q100）；“上衛橋，尉車馬，前者功曹後主簿，亭長騎佐胡便弩”（Q100）。㊂後世的：“還田轉與當爲父老者，傳後子孫以爲常”（Q029）；“周代造此冢，後子孫率來”（Q096）；“始建國天鳳三年二月十三日，莱子侯爲支人爲封，使偖子食等用百余人。後子孫毋壞敗”（Q014）。㊃後代，子孫：“官族分析，因以爲氏焉，武氏蓋其後也”（Q093）；“〖其〗先出自〖顓頊，與〗楚同姓，熊嚴之後也”（Q122）。

【釋詞】

［後昆］後嗣，子孫：“表碣銘功，昭眡後昆”（Q065）；“故吏韋萌等，僉然同聲，賃師孫興，刊石立表，以示後昆”（Q179）；“于胥德，流後昆”（Q135）。

［後來］指後人：“後來詠其烈，竹帛叙其勳”（Q088）。

［後生］後輩，後人：“傳告後生，勉脩孝義，無辱生＝”（Q114）；“有物有則，模楷後生”（Q187）。

［後世］某一時代以後的時代：“後世賢大夫幸視此書，目此也，仁者悲之”（Q006）。

［後學］後進的學者：“□濟濟之儀，孜孜之踰，帥厲後學，致之雍泮”（Q193）。

2196 **得(㝵)**　（一）dé　《廣韻》多則切，端德入。端職。

① Q084

② Q129

③ Q146

④ Q095

⑤ Q268

⑥ Q048

⑦ Q142

⑧ Q083

⑨ Q095

《説文·彳部》：“，行有所得也。从彳，

㝵聲。，古文省彳。”

【釋形】

《説文》以爲形聲字，从彳，㝵聲。按“㝵”爲“得”的初文，甲骨文作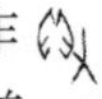（《合》527），从又从貝，會拾取東西之義。或增加義符“彳”作（《合》439），强調在路上拾取東西。《説文》古文和小篆均將“貝”替换作“見”，理據重構。漢碑字形大多承襲《説文》正篆，義符“彳”多數隸定爲一點（或一短横）加一横撇，如圖②～⑧；有的已與現在通行的寫法相近，如圖③④。聲符“㝵”在小篆中从寸从見，漢碑中，構件“見”有的隸定形變作“旦”，如圖①②；有的近似於“且”，如圖③④；有的簡省作“目”，如圖⑤⑥；有的則簡省作“日”，如圖⑦⑧。也有的字形承襲《説文》古文，省略義符“彳”，構件“見”也簡省變作“目”，如圖⑨。

【釋義】

㊀獲得，得到：“史君念孔瀆顔母井去市遼遠，百姓酤買，不能得香酒美肉，於昌平亭下立會市，因彼左右，咸所願樂”（Q141）；“上問君於何所得之，對曰：‘從蜀郡大守取之。’”（Q142）；“子尚叢撫業，世幼無親，賢者相之，□服喪如禮，起石室，立墳，直萬五千泉，始得神道”（Q026）。㊁遭受：“歲時加寅，五月中，卒得病，飯食衰少，遂至掩忽不起”（Q106）。㊂適合，恰到好處：“剛柔攸得，以和以平”（Q133）；又見“得中、攸得”。㊃放在動詞前，表示能夠：“昔武王遭疾，賴有周公，爲王殘命，復得延年”（Q124）；“更離元二，雍養孤寡，皆得相振”（Q106）；又見“得以”。㊄通“德”，感恩：“百姓歐歌，得我惠君”（Q171）。㊅用於人名：“時令朱頡，字宣得，甘陵鄃人”（Q129）；“永元十二年四月八日王得元室宅”（Q048）；“元初五年十一月廿七日楊得采藏”（Q062）。

【釋詞】

［得以］能夠，可以：“老者得終其壽，幼者得以全育”（Q161）。

［得中］適當，適度：“仁前在聞憙，經國以禮，刑政得中，有子産君子（闕）尉表上，遷槐里令”（Q163）。

（二）ài 《集韻》牛代切，疑代去。

㝵，同“礙”，阻礙，阻止：“空輿輕騎，遰㝵弗前”（Q095）。

2197 **㝵**

“得”的異體字（圖⑨），見 2196 得。

2198 **律** lǜ 《廣韻》吕卹切，來術入。來物。

① Q119 ② Q141 ③ Q187 ④ Q204

《説文·彳部》：“，均布也。从彳，聿聲。”

【釋形】

《説文》小篆爲形聲字，从彳，聿聲。漢碑字形中，義符“彳”多數隸定爲一點（或一短横）加一横撇，如圖①～④。聲符“聿”將小篆中彎曲的線條拉直，如圖①②；有的將手形放在兩個横畫之間，如圖③；有的將手形放到兩個横畫下面，如圖④。

【釋義】

㊀法律，法令：“遵帥紀律，不忝厥緒，爲冠帶理義之宗”（Q135）；“喜怒作律，案罪殺人，不顧倡儼”（Q187）；又見“律令”。㊁音律，樂律：“合九百七人，雅歌吹笙，考之〖六〗律，八音克諧”（Q141）。

【釋詞】

［律令］法令，法規：“會月廿五日，他如府記律令”（Q119）；“三石□足可以沙石應□□，以爲不信石羊爲真，如律令”（Q203）；“下刻五氣之要，主除刻去凶，子子孫孫壽老，如律令”（Q204）。

2199 **御（馭）** yù 《廣韻》牛倨切，疑御去。疑魚。

① Q060

② Q152

③ J221

④ JB6

⑤ Q148

⑥ Q154

⑦ Q020

⑧ Q169

《説文·彳部》："，使馬也。从彳从卸。，古文御从又从馬。"

【釋形】

《説文》以爲會意字，从彳从卸，表示驅使馬。按"御"甲骨文作（《合》6057）、（《合》34176），从卩从午(杵)，構意不確，一説从卩，午聲。或添加構件"彳"，寫作（《合》6158）、（《合》8189）等，以强化"御"的驅馳義。金文或添加構件"止"作（《御簋》），爲小篆字形之所承。金文或从支从馬會意，寫作（《大盂鼎》），爲《説文》古文之所本。漢碑字形大多數承襲《説文》正篆。有的爲碑文篆書，但聲符"卸"左邊的構件"止"和"午"粘連，訛寫作"先"，如圖①；漢碑隸書字形中也有這種寫法，如圖②。其他字形中構件"止"和"午"也多發生粘連，有的形似"缶"，如圖⑥；有的形似"击"，如圖⑦；有的則將"午"訛寫作"土"，如圖⑤。還有的漢碑字形承襲《説文》古文，从又从馬，如圖⑧。

【釋義】

㊀統治，管理："上陟皇燿，統御陰陽，騰清躡浮，命壽無疆"（Q199）；"胤自夏商，造父馭周"（Q169）。㊁同"禦"，抵擋："紀行求本，蘭生有芬，克岐有兆，綏御有勛"（Q179）。㊂用於官名：見"御史"。㊃用於山名："〖元〗初四年，常山相隴西馮君到官，承饑衰之後，深惟三公御語山，三條別神，迴在領西"（Q060）。

【釋詞】

［御吏］管理事務的小官："白之府君，徙爲御吏"（Q199）。

［御史］職官名，春秋戰國時期設立，爲國君親近之職，掌文書及記事，至漢御史職銜屢有變化，職責專司糾彈："辟司徒府，舉高第，侍御史"（Q154）；"故督郵魯趙煇彦臺二百。郎中魯孔宙季將千。御史魯孔翊元世千"（Q112）。

2200 **馭**

"御"的異體字(圖⑧)，見2199御。

2201 **廷** tíng 《廣韻》特丁切，定青平。定耕。

① Q063

② Q065

③ Q060

④ Q088

⑤ Q106

⑥ Q125

⑦ Q133
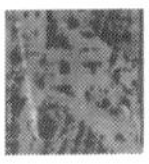
⑧ Q173

《説文·廴部》："，朝中也。从廴，壬聲。"

【釋形】

《説文》小篆爲形聲字，从廴，壬聲。漢碑字形中，有的爲碑文篆書，如圖①②；有的發生不完全隸變，如圖③聲符"壬"已經隸定爲筆畫，而"廴"還保留明顯的篆意。其餘字形都已經完全隸變，其中義符"廴"多數混同作"辶"，如圖④⑤⑥⑧；只有圖⑦隸定作"廴"。聲符"壬"隸定後有的下不出頭，如圖⑦；有的下面出頭，如圖④⑤⑥⑧。

【釋義】

㊀朝廷，古代君主接受朝拜和處理政務的地方："〖而〗本國舊居，復禮之日，闕而不祀，誠朝廷聖恩所宜特加"（Q140）；"躬伯遜讓，夙宵朝廷"（Q088）；"朝廷愍惜，百遼歎傷"（Q133）。㊁古時堂前的空地，後作"庭"："衢廷弘敞，官廟嵩峻"（Q125）。㊂用於官名："叔陽，故曹史、行亭市掾、鄉嗇夫、廷掾、功曹、府文學掾，有立子三人"（Q090）。㊃用於地名："建初二年，正月

十五日，侍廷里父老僤祭尊于季、主疏左巨等廿五人共爲約束石券”（Q029）。

【釋詞】

［廷掾］官名，縣令的屬吏：“丞吳音、廷掾郭洪、户曹史翟福、工宋高等刊石紀焉”（Q060）；“脩身仕宦，縣諸曹、市〚掾〛、主簿、廷掾、功曹、召府”（Q106）。

2202 **建** jiàn 《廣韻》居萬切，見願去。見元。

① Q028

② Q174

③ Q069

④ Q095

⑤ Q142

⑥ Q130

⑦ Q113

⑧ Q144

⑨ Q129

《説文·廴部》：“，立朝律也。从聿从廴。”

【釋形】

《説文》以爲會意字，从聿从廴，表示建立朝廷法律。按“建”甲骨文作（《合》36908），金文作（《小臣鼎》），像雙手於某處樹物之形，本義應爲建樹。金文或簡省作（《戎生鐘》），爲小篆字形所承，《説文》依據小篆字形進行説解。漢碑字形中，構件“廴”有的與小篆寫法基本一致，如圖①；有的寫成了“廴”，如圖②；而多數則混同作“辶”，如圖③⑨；其中圖⑧則介於“廴、辶”之間。構件“聿”隸變結果比較一致，如圖①～⑨。

【釋義】

㊀樹立，豎立：“豎建聿碁，惟故臣吏”（Q088）。㊁建造，建築：“建宅處業，汶山之陽”（Q070）；又見“建設”。㊂建立：“始建國天鳳三年二月十三日，萊子侯爲支人爲封，使偖子食等用百余人”（Q014）；“其先本自鉅鹿，世有令名，爲漢建功，俾侯三國”（Q161）；又見“建號”。㊃古代術數家認爲天文曆法中的十二辰，分别象徵人事上的建、除、滿、平、定、執、破、危、成、收、開、閉十二種情況，以此來確定某個時辰的宜忌和吉凶：“永壽四年八月甲戌朔，十二日□乙酉直建”（Q116）；“建寧二年，大歲在己酉，五月十五日丙午直建”（Q142）。㊄進獻，提出：“文景之間，有張釋之，建忠弼之謨”（Q179）；又見“建策”。㊅用於年號：“建武之元，事舉其中，禮從其省”（Q129）；“惟漢建寧，號政三年，三月戊午，甲寅中旬，痛哉可哀，許阿瞿〚身〛”（Q143）；“建初元年，造此冢地，直三萬錢”（Q027）。㊆用於人名：“幼子男建，字孝萇，心慈性孝，常思想神靈”（Q142）；“故將軍令史董溥建禮三百”（Q178）。

【釋詞】

［建荚］即“建策”，提出建議和策略：“建荚忠讜，辨秩東衍”（Q088）。

［建號］建立名號，指受封爲侯王：“佐國十嗣，趙靈建號，因氏焉”（Q169）。

［建設］建立，建造：“在漢中葉，建設宇堂”（Q129）。

2203 **延** yán 《廣韻》以然切，餘仙平。餘元。

① Q059

② Q126

③ Q113

④ Q178

⑤ Q119

⑥ Q125

⑦ Q114

⑧ Q118

⑨ Q115

《説文·延部》：“，長行也。从延，丿聲。”

【釋形】

《説文》以爲形聲字，从延，丿聲。按“延、延”古本一字。“延”甲骨文作（《合》

22336),从彳从止,本義按《説文》解釋爲緩步行走。小篆時代"延、延"開始分化,"延"表示延的引申義延伸,爲示區别,就在"延"的基礎上增添一撇。因此"延"爲區别字,而非形聲字。漢碑字形中,有的爲碑文篆書,如圖①。多數已經發生隸變,構件"廴"多混同作"辶",如圖③～⑥;有的則已隸定作"廴",如圖②。圖⑨的寫法比較特殊,非日常書寫字體。

【釋義】

㊀延長,延續:"昔武王遭疾,賴有周公,爲王殘命,復得延年"(Q124);"陽嘉四年三月造作延年石室"(Q076);又見"延期"。㊁蔓延:"四時祭祀,煙火連延,萬歲不絶,勖于後人"(Q113)。㊂遠遠地:"調文刻畫,交龍委蛇,猛虎延視,玄蝯登高,陟熊嗥戲,眾禽羣聚,萬狩雲布"(Q114)。㊃言:"琦、瑤延以爲至〚德不紀,則〛鐘鼎奚銘"(Q117)。㊄用於年號:"延熹四年九月乙酉,詔書遷衙令,五年正月到官"(Q123);"延光四年八月廿一日庚戌造"(Q067);"西河大守掾圜陽榆里田文成萬年室,延平元年十月十七日葬"(Q055)。㊅用於地名:"君高祖父敏,舉孝廉,武威長史、巴郡朐忍令、張掖居延都尉"(Q178)。

【釋詞】

[延期]猶"延年",國祚延長:"大漢延期,彌歷億萬"(Q141)。

2204 **行** (一)háng 《廣韻》胡郎切,匣唐平。匣陽。

① Q088

② Q095

③ Q118

④ Q127

《説文·行部》:"，人之步趨也。从彳从亍。凡行之屬皆从行。"

【釋形】

《説文》以爲會意字,从彳从亍,表示行走。按"行"甲骨文作(《合》25579),金文作(《行父辛觶》)、(《薛侯壺》)、(《孫叔師父壺》)等形,像十字路口之形,本義即大路,引申爲行走。漢碑字形承襲小篆,只是將彎曲的線條轉寫爲筆畫,如圖①～④。

【釋義】

㊀道路:"南畝孔饁,山有夷行"(Q127);又見"景行"。㊁量詞,用於成行的東西:"桐車馬於瀆上,東行道,〚表〛南北,各種一行梓"(Q141)。

(二)xíng 《廣韻》户庚切,匣庚平。匣陽。

【釋義】

㊀行走:"始於大復,潛行地中,見于陽口"(Q125);"擗踊哭泣,見星而行"(Q128);"行數萬里,不移日時。浮游八極,休息仙庭"(Q142)。㊁出行:"四方无雍,行人懽悀"(Q146);"政由其興,安平之處,萬民懽喜,行人蒙福"(Q110)。㊂運行,流動:"乾坤定位,山澤通氣,雲行雨施,既成萬物,易之義也"(Q129);"歸來洙泗,用行舍臧"(Q137)。㊃行動,舉行:"履該顔原,兼脩季由,聞斯行諸"(Q137);"臣以建寧元年到官,行秋饗,飲酒畔宫"(Q140)。㊄實行,施行:"法言稽古,道而後行"(Q137);"督郵部職,不出府門,政約令行,强不暴寡,知不詐愚"(Q146);"主爲漢制,道審可行"(Q140)。㊅流行,通行:"蝗賊不起,厲疾不行"(Q135)。㊆行爲,德行:"緝熙之業既就,而閨閾之行允恭,德音孔昭"(Q127);"蓋觀德於始,述行於終"(Q132);又見"行成"。㊇代理官職:"叔陽,故曹史、行亭市掾、鄉嗇夫、廷掾、功曹、府文學掾,有立子三人"(Q090);"永興元年六月甲辰朔,十八日辛酉,魯相平,行長史事卞守長擅,叩頭,死罪,敢言之司徒、司空府"(Q102);"特遣行丞事西城韓朖,字顯公"(Q095)。㊈用於官名:"故脩行都昌冀遷,字漢久"(Q088);又見"行事"。㊉用於人名:"故吏齊□博陵安平崔恢,字行孫"(Q148);"門下掾下辨李虔,字子行"(Q146)。

【釋詞】

［行成］德行修成："行成名立，聲布海内"（Q142）；"行成於内，名立聲著"（Q157）。

［行理］通"行李"，受命出使者："行理咨嗟，郡縣所苦"（Q150）。

［行路］行人，路人："魂靈既載，農夫恩結，行路撫涕，織婦喑咽"（Q153）。

［行事］官名："長子字子恭，爲郡行事"（Q169）；"故行事渡君之碑"（Q122）。

2205 **術** shù 《廣韻》食聿切，船術入。船物。

① Q153

② Q137

③ Q195

《説文·行部》："，邑中道也。从行，术聲。"

【釋形】

《説文》小篆爲形聲字，从行，术聲。漢碑字形將小篆彎曲的線條轉寫爲筆畫，其中聲符"术"有的仍寫作兩短豎，如圖②③；有的則已經隸定爲撇和捺，如圖①。

【釋義】

㊀學説，思想："仁義道術，明府膺之"（Q088）；"念在探嘖索隱，窮道極術"（Q175）；"包蘿術藝，貫洞聖□，博兼□□，耽綜典籍"（Q093）。㊁通"述"，述説："先人伯況，匪志慷慨，術禹石紐、汶川之會"（Q153）。㊂用於人名："東部督郵成固左介，字元術"（Q199）。

2206 **街** jiē 《廣韻》古膎切，見佳平。見支。

Q100

《説文·行部》："，四通道也。从行，圭聲。"

【釋形】

《説文》小篆爲形聲字，从行，圭聲。"圭"上古音在見母支部。此漢碑之"街"字爲"衙"字之誤，其字形依小篆結構進行隸定，如圖。

【釋義】

"衙"字之誤，口含："上有虎龍銜利來，百鳥共侍至錢財"（Q100）。

2207 **衢** qú 《廣韻》其俱切，羣虞平。羣魚。

Q125

《説文·行部》："，四達謂之衢。从行，瞿聲。"

【釋形】

《説文》小篆爲形聲字，从行，瞿聲。漢碑字形根據小篆構件進行對應隸定，如圖。

【釋義】

四通八達的道路："衢廷弘敞，官廟嵩峻"（Q125）。

2208 **衙** （一）yù 《廣韻》語居切，疑魚平。疑魚。

① Q088

② Q095

③ Q123

《説文·行部》："，行貌。从行，吾聲。"

【釋形】

《説文》小篆爲形聲字，从行，吾聲，本義爲行進的樣子。漢碑字形中，聲符"吾"所从"五"有的寫法與小篆一致，其中仍爲交叉線條，如圖①③；有的則與現在通行寫法相近，如圖②。義符"行"右邊的"亍"在有的字形中换成了"阝"，如圖③。

【釋義】

通"禦"，豪强，有權勢的人："强衙改節，微弱蒙恩"（Q088）；"奉魁承杓，綏億衙彊"（Q095）。

（二）yá 《廣韻》五加切，疑麻平。疑魚。

【釋義】

用於地名："衙縣三老上官鳳季方三百。衙鄉三老時勤伯秋三百"（Q123）；"衙守丞臨晉張疇字元德五百，守左尉萬年長沙瑗字君平五百"（Q123）；"衙門下功曹裴篤伯安三百"（Q123）。

2209 **衞**（衛衛） wèi 《廣韻》于歲切，雲祭去。匣月。

① HSJCQ282

② Q100

③ Q137

④ Q142

⑤ Q146

⑥ Q153

《説文·行部》："，宿衞也。从韋、帀，从行。行，列衞也。"

【釋形】

《説文》以爲會意字，从韋、帀、行，表示保衞。按"衞"金文作（《壺觚》）、（《班簋》）、（《衞鼎》）等形，或从行从韋，或又从方，會意字。小篆變"方"爲"帀"，"方"爲方國，"帀"爲環繞、周帀，理據重構。漢碑字形中，有的只从行从韋，如圖③～⑤；其中圖③"韋"中間的一豎貫通上下，圖⑤則進一步簡寫成一豎畫加上一條連續纏繞的折線。有的从行从韋而在整字上添加構件"艹"，如圖⑥。有的从行、韋、帀，如圖①②；其中圖①"韋"省去了下面的"牛"，圖②則將"韋"和"帀"粘合在一起。

【釋義】

㊀保衞，防守："羽衞藩屏，撫萬民兮"（Q088）；"守衞墳園，仁綱禮備"（Q088）；"君忠以衞上，翔然來臻"（Q142）；又見"蕃衞、贊衞、宿衞"。㊁春秋时諸侯國名："自衞反〖魯〗，養徒三千，獲麟趣作，端門見徵，血書著紀，黄玉韻應"（Q140）。㊂用於地名："門生東郡衞公國趙恭，字和乎"（Q127）；"上衞橋，尉車馬，前者功曹後主簿，亭長騎佐胡便弩"（Q100）。

2210 **衛**

"衞"的異體字（圖③～⑤），見2209衞。

【釋詞】

［衞鼎］春秋時衞國記載孔悝祖先功德的鼎："衞鼎之書，於是□……"（Q201）。

2211 **齔** chèn 《廣韻》初覲切，初震去。初真。

① Q259

② Q178

③ Q128

《説文·齒部》："，毀齒也。男八月生齒，八歲而齔。女七月生齒，七歲而齔。从齒从七。"

【釋形】

《説文》小篆爲會意字，从齒从七，會七歲换齒之義。漢碑字形中，構件"齒"有的按照小篆字形對應隸定，如圖①；有的則省去下面口形中的横畫，如圖②；還有的進一步與"止"粘合，看不出原有的結構了。

【釋義】

㊀孩童换齒："咨爾體之淑姣，嗟末命之何辜，方齔毀而揔"（Q259）。㊁幼年："岐齔謠是，含好箕常"（Q128）；"君童齔好學，甄極毖緯，無文不綜"（Q178）。

2212 **齡** líng 《廣韻》郎丁切，來青平。來耕。

Q154

《説文·齒部》（新附字）："，年也。从齒，令聲。"

【釋形】

《説文》小篆爲形聲字，从齒，令聲。漢碑字形按照小篆結構對應隸定，如圖。

【釋義】

年齡："凡百君子，欽謚嘉樂，永傳啇齡，晚矣昀昀"（Q154）。

2213 **牙**　yá 《廣韻》五加切，疑麻平。疑魚。

Q173

《説文·牙部》：“，牡齒也。象上下相錯之形。凡牙之屬皆从牙。，古文牙。”

【釋形】

《説文》小篆爲象形字，像上下交錯的臼齒之形。按“牙”金文作（《魯大宰遵父》），更爲形象。《説文》小篆線條化；古文則另外添加像齒之形的構件。漢碑字形按照小篆結構對應隸定，如圖。

【釋義】

㊀用於官名：“君諱□字元丕，京兆虎牙都尉之□有畢萬者，僊去仕晉，逄勛封魏”（Q173）。㊁用於人名：“平原樂陵宿伯牙霍巨孟”（Q005）。

2214 **足**　zú 《廣韻》即玉切，精燭入。精屋。

① Q154

② Q122

③ Q019

④ Q080

⑤ Q178

《説文·足部》：“，人之足也。在下。从止、口。凡足之屬皆从足。”

【釋形】

《説文》以爲會意字，从止、口，本義爲腳。按“足”甲骨文作（《甲》2878），像小腿及足之形，象形字。商代金文與甲骨文相似，寫作（《疋乍父丙鼎》）。西周金文則離析爲“口”和“止”，寫作（《元年師兑簋》），爲小篆字形之所承。楚簡文字變異作（《新甲》3.374）、（《包》2.79）、（《郭·老甲》28）等，失去象形性。《説文》依小篆字形分析爲从止、口，乃不明形源所致。漢碑字形中，構件“止”變異比較複雜，有的按照小篆字形對應隸定，如圖①～③；有的簡寫近似於“之”，如圖④⑤。

【釋義】

㊀腳，腳步：“王路阪險，鬼方不庭，恒戢節足，輕寵賤榮”（Q187）。㊁器物下方支撐的部分：“南號三公，厥體嵩厚，峻極于天，鼎足而□”（Q171）；“君高升，極鼎足”（Q178）。㊂富足，充足：“時經有錢刀自足，思念父母弟兄”（Q080）；“吏樂政，民給足”（Q178）。㊃滿足：“守疏廣止足之計，樂於陵灌園之契”（Q154）。㊄足以，能夠：“三石□足可以沙石應□□，以爲不信石羊爲真，如律令”（Q203）；“貞〖固〗足〖以〗幹事，隱括足以矯〖時〗”（S97）。

2215 **跽**　jì 《廣韻》暨几切，羣旨上。羣之。

Q141

《説文·足部》：“，長跪也。从足，忌聲。”

【釋形】

《説文》小篆爲形聲字，从足，忌聲。漢碑字形將小篆的線條轉寫爲筆畫，部分曲線被分解，如聲符“忌”所从之“己”被分解爲折、横、豎、横四筆，與現在通行寫法末筆作“乚”有異，如圖。

【釋義】

長跪，雙膝著地，上身挺直：“望見闕觀，式路虔跽”（Q141）。

2216 **踰**　yú 《廣韻》羊朱切，餘虞平。餘侯。

① Q202

② Q088

③ Q128

④ Q106

⑤ Q066

⑥ Q083

《説文·足部》:“踰,越也。从足,俞聲。”

【釋形】

《説文》小篆爲形聲字,从足,俞聲。漢碑字形中,義符“足”下面的“止”有的僅爲小篆的隸定,仍作“止”,如圖①②;有的“止”上多了一横,形變似“正”,如圖③;有的形變似“之”,且最後一撇拉長,使整字由左右結構變爲半包圍結構,如圖④⑤;有的形變似“七”,如圖⑥。聲符“俞”的小篆字形本从“舟”,漢碑字形中,有的完全根據“舟”的小篆寫法隸定,如圖①;有的隸變簡省後與“月”混同,如圖②~⑥。

【釋義】

㊀越過:“殘僞易心,輕黠踰竟,鴟梟不鳴,分子還養,元元鰥寡,蒙祐昌寧”(Q088);“遂踰涿邪,跨安侯,乘燕然”(S110)。㊁超過:“年踰九九,永歸幽廬”(Q128);“咸共飲酌其流者,有踰三千”(Q066)。㊂通“諭”,告誡,教導:“濟濟之儀,孜孜之踰,帥厲後學,致之雍泮”(Q193)。㊃用於人名:“故吏營陵薛逸,字佰踰”(Q088)。

2217 **踊**　yǒng　《廣韻》余隴切,餘腫上。餘東。

① J396

② Q144

③ Q128

《説文·足部》:“踊,跳也。从足,甬聲。”

【釋形】

《説文》小篆爲形聲字,从足,甬聲。漢碑字形中,有的承襲《説文》小篆字形仍以“足”爲義符,如圖①②;其中圖②“足”下的横撇拉長,使整字由左右結構變爲半包圍結構;有的則改换爲義近義符“辵”,如圖③。聲符“甬”在小篆中从马用聲,漢碑字形中構件“马”已省變作“マ”,如圖②,或寫成倒三角形,如圖①③。

【釋義】

向上跳:見“辟踊、擗踊”。

2218 **躍**　yuè　《廣韻》以灼切,餘藥入。餘藥。

① Q144

② J241

《説文·足部》:“躍,迅也。从足,翟聲。”

【釋形】

《説文》小篆爲形聲字,从足,翟聲。“翟”上古音在定母藥部。漢碑字形中還明顯帶有篆意,如圖①;有的將聲符“翟”所从之“羽”隸定爲兩個“彐”,如圖②。

【釋義】

跳躍:“輜軒六轡,飛躍臨津”(Q144)。

2219 **躡**　niè　《廣韻》尼輒切,娘葉入。泥葉。

Q173

《説文·足部》:“躡,蹈也。从足,聶聲。”

【釋形】

《説文》小篆爲形聲字,从足,聶聲。漢碑字形將小篆圓轉的線條隸定爲平直方折的筆畫,聲符“聶”下面的兩個“耳”各省去一横,如圖。

【釋義】

踏,踩:“於戲使君,既膺渘德,貢躡帝宇”(Q173);“上陟皇耀,統御陰陽,騰清躡浮,命壽無疆”(Q199);“躡冒頓之區落,熉老上之龍庭”(H26)。

2220 **蹈**　dǎo　《廣韻》徒到切,定号去。定幽。

① Q187

② Q185

③ Q088

《説文·足部》:“蹈,踐也。从足,舀聲。”

【釋形】

《説文》小篆爲形聲字,从足,舀聲。漢碑字形將聲符“舀”上面的“爪”隸定作

“⺤”,如圖①～③。“舀”所从之“臼”有的寫成閉合形,如圖③。

【釋義】

㊀踏,登:見“蹈鼎”。㊁遵循:“蹈規履榘,金玉其相”(Q137);“孝弟淵懿,帥禮蹈仁”(Q088);又見“蹈中庸”。

【釋詞】

[蹈鼎]登鼎,喻指位至三公,“鼎”是三公的代稱,即鼎輔的省稱:“此宜蹈鼎,善世令王”(Q128)。

[蹈中庸]語出《禮記·中庸》:“子曰:‘天下國家可均也,爵禄可辭也,白刃可蹈也,中庸不可能也。’”表示遵循和履行中庸的準則:“體弘仁,蹈中庸,所臨歷,有休功,追景行,亦難雙”(Q185)。

2221 **踐** jiàn 《廣韻》慈演切,從獮上。從元。

① J282

② Q146

《説文·足部》:“,履也。从足,戔聲。”

【釋形】

《説文》小篆爲形聲字,从足,戔聲。漢碑字形嚴格根據小篆對應隸定,如圖①②。

【釋義】

踩踏,親歷:“君踐其險,若涉淵冰”(Q146)。

2222 **距** jù 《廣韻》其吕切,羣語上。羣魚。

① Q095

② Q202

《説文·足部》:“,雞距也。从足,巨聲。”

【釋形】

《説文》小篆爲形聲字,从足,巨聲。漢碑字形基本根據小篆字形對應隸定,其中聲符“巨”下面的豎筆和横筆有的仍寫作兩筆,如圖①;有的則已組合成一個折筆,如圖②。

【釋義】

㊀通“拒”,抗拒:“晏嬰卹殿,留侯距齊,非辭福也,乃辟禍兮”(Q187)。㊁通“歫”,抵靠:“木石相距,利磨确胎”(Q095)。

2223 **路** lù 《廣韻》洛故切,來暮去。來鐸。

① JB5

② Q146

③ Q088

④ Q144

⑤ Q095

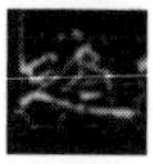
⑥ Q106

《説文·足部》:“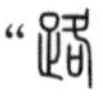,道也。从足,各聲。”

【釋形】

《説文》小篆爲形聲字,从足,各聲。“各”上古音在見母鐸部。漢碑字形多數已接近於小篆通行的寫法,如①～④;有的則將“足”字旁的最後一筆向右下延伸,使整字由左右結構變爲半包圍結構,如圖⑤⑥。

【釋義】

㊀道路:“田畯喜于荒圃,商旅交乎險路”(Q127);“痛矣如之,行路感動”(Q144);“路不拾遺,斯民以安”(Q148)。㊁通“輅”,大車:“建寧元年四月十一日戊子到官,乃以令日拜〖謁孔〗子,望見闕觀,式路虔跽,既至升堂,屏氣拜手”(Q141)。㊂姓氏:“路伯石,廣三尺,厚尺五寸,長二尺”(Q097)。㊃用於人名:“顔路哭回孔尼魚,澹臺忿怒投流河”(Q113)。

2224 **跂** qí 《廣韻》巨支切,羣支平。羣支。

Q171

《説文·足部》:“,足多指也。从足,

支聲。”

【釋形】

《説文》小篆爲形聲字，从足，支聲。漢碑字形基本根據小篆字形對應隸定，如圖。

【釋義】

通“蚑”，動物行走：見“跂行喙息”。

【釋詞】

［跂行喙息］跂，通“蚑”。本謂蟲豸爬行、呼吸，借指用腳爬行用嘴呼吸的動物或人：“或有呼吸，求長存兮。跂行喙息，皆□恩兮”（Q171）。

2225 **趾** zhǐ 《廣韻》諸市切，章止上。章之。

Q129

《説文》無。

【釋形】

形聲字，从足，止聲。“趾”本只作“止”，後加“足”旁予以分化。漢碑字形嚴格按照小篆字形對應隸定，如圖。

【釋義】

通“址”，基址，地基：“後不承前，至于亡新，寖用丘虛，訖今垣趾營兆猶存”（Q129）。

2226 **跡**

“迹”的異體字（圖④），見 2113 迹。

2227 **踈**

“疏”的異體字（圖④），見 14159 疏。

2228 **品** pǐn 《廣韻》丕飲切，滂寑上。滂侵。

① Q066

② Q153

③ Q129

《説文·品部》：“，衆庶也。从三口。凡品之屬皆从品。”

【釋形】

《説文》小篆爲會意字，以三“口”表示眾人之義。漢碑字形基本根據小篆字形對應隸定，只是改變了小篆三個“口”均匀分布的格局，上面的“口”横向跨度變大，甚至完全覆蓋了下面兩個“口”，如圖②③。

【釋義】

㊀眾多：見“品物”㊀。㊁事物的統稱：“俯名山川，五常之貌，含氣庶品，非書〖不記〗”（Q123）；又見“品物”㊁。㊂等級：見“品制”。

【釋詞】

［品流］品類，流別：“百工維時，品流刑矣”（Q153）。

［品物］㊀萬物：“神歆感射，三靈合化，品物流形，農寔嘉穀，粟至三錢，天應玉燭，於是紀功刊勒，以炤令問”（Q126）。㊁物品，東西：“資糧品物，亦相瑤光”（Q129）。

［品制］等級規定：“春秋〖復〗禮，稽度玄靈，而無公出享獻之薦，欽因春饗，導物嘉會，述脩璧廱，社稷品制”（Q141）。

2229 **龢** hé 《廣韻》户戈切，匣戈平。匣歌。

① Q102

② Q154

③ Q102

《説文·龠部》：“，調也。从龠，禾聲。讀與和同。”

【釋形】

《説文》小篆爲形聲字，从龠，禾聲，本義爲和諧。按“龢”甲骨文作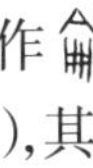（《合》1240），金文作（《虢叔旅鐘》），其中“龠”即後來的“籥”，爲管樂器，樂器重在音調和諧，故“龢”字从“龠”；禾苗的順利生長必須得陰陽六氣之正，具有和諧的特徵，故表示應和的“和”與表示和諧的“龢”皆从之。其中“禾”既表意義，也兼表讀音。漢碑字形基本根據小篆字形對應隸定，其中

聲符“龠”的下部本像編集在一起的樂管，漢碑隸定作“冊”，與書册之“冊”混同，如圖①～③。

【釋義】

㊀同“和”，平和，和順：“體純龢之德，秉仁義之操，治《魯詩》，兼通《顔氏春秋》，博覽羣書，無物不栞”（Q154）。㊁用於人名：“謹案文書，守文學掾魯孔龢，師孔憲、户曹史孔覽等”（Q102）。

2230 **册**（笧） cè 《廣韻》楚革切，初麥入。初錫。

① JB6　② Q060　③ Q142

舊字形作“冊”。《説文·册部》：“，符命也。諸侯進受於王也。象其札一長一短；中有二編之形。凡册之屬皆从册。，古文册从竹。”

【釋形】

《説文》小篆爲象形字，像用繩編集的竹簡形。漢碑字形中，有的承襲《説文》小篆作“冊（册）”，如圖①；有的承襲《説文》古文作“笧”，如圖②③，其中構件“竹”混同爲“艸（䒑）”。

【釋義】

㊀書簡，書册：“靈祇福祚，施之〖典〗册”（Q171）。㊁册封：“孝章皇帝大歲在丙子册，孝和皇帝大歲在己丑册”（Q142）。㊂用於人名：“長史魯國顔氾、五官掾閻祐、户曹史紀受、將作掾王笧”（Q060）。

2231 **笧**

“册”的異體字（圖②③），見 2230 册。

2232 **嗣** sì 《廣韻》祥吏切，邪志去。邪之。

① Q178　② Q169　③ Q153

《説文·册部》：“，諸侯嗣國也。从册从口，司聲。，古文嗣从子。”

【釋形】

《説文》小篆爲形聲字，从册从口，司聲，本義是諸侯嗣國承位。按“嗣”應爲會意兼形聲字，从册从口，表示以口宣讀册命；“司”既是聲符，又表示掌管義。漢碑字形基本根據小篆字形對應隸定，如圖①～③。

【釋義】

㊀繼承人，後代：“昭哉孝嗣，光流萬國”（Q128）；“冀勉來嗣，示後昆兮”（Q153）。㊁世，代：“佐國十嗣，趙靈建號，因氏焉”（Q169）；“蒼頡，天生德於大聖，四目靈光，爲百王作〖書〗，以傳萬〖嗣〗”（Q123）。㊂用於人名：“故從事功曹下辨姜納，字元嗣”（Q146）；“故督郵李謹伯嗣五百，故督郵楊動子豪千”（Q178）。

卷　三

3001 **器**　qì　《廣韻》去冀切，溪至去。溪質。

① Q102

② Q144

③ Q130

④ Q179

《説文·㗊部》：“，皿也。象器之口，犬所以守之。”

【釋形】

《説文》小篆爲會意字，从犬、㗊，以用犬看守東西來表示器物。漢碑字形有的基本根據小篆字形對應隸定，如圖①②；有的則將義符“犬”訛寫作“工”，如圖③④。

【釋義】

㊀器物，器具：“述葬棺郭，不布瓦鼎盛器，令群臣已葬，去服，毋金玉器”（Q006）；“又開故道銅，官鑄作錢器”（Q161）；“利器不覿，魚不出淵”（Q179）；又見“禮器”。㊁才能，才器：“抱器幽潛，永歸蒿里”（Q144）；“次字子惠，護羌假司馬，含器早亡”（Q169）；“歷主簿□□理，左右攸宜，器有特達，計拜郎中”（Q130）。㊂賞識，器重：“帝嘉其忠臣之苗，器其璵璠之質，詔拜郎中”（Q133）。

3002 **干**　gān　《廣韻》古寒切，見寒平。見元。

① Q172

② Q178

③ Q137

《説文·干部》：“，犯也。从反入，从一。凡干之屬皆从干。”

【釋形】

《説文》以爲會意字，从反入，从一。按“干”甲骨文作 （《鄴三下》39.11），金文作 （《豦簋》）、（《克盨》）等形，是古代的一種捕獸工具，爲“單”的初文，象形字。小篆線條化，《説文》據小篆形體説解，與原有構意不符。漢碑字形中，有的與《克盨》中的金文字形相承，如圖①；多數與小篆相承，上方曲線拉直爲横畫，如圖②③。

【釋義】

㊀盾牌：“彝戎賓服，干戈戢藏，施舍弗券，求善不厭”（Q173）。㊁求取：見“干禄”。㊂干擾，妨礙：見“干時”。㊃通“豻”，古代北方的一種野狗，似狐，黑嘴：見“干侯”。㊄姓氏：“於是門生汝南干□，沛園丁直，魏郡馬萌，勃海吕圖”（Q154）。㊅用於人名：“殷比干墓”（Q271）。

【釋詞】

［干侯］用豻皮製成的箭靶：“干侯用張，籩豆用敶”（Q172）。

［干禄］求取爵禄：“既多受祉，永享南山。干禄无彊，子子孫孫”（Q179）。

［干時］干擾農時：“費不出民，役不干時”（Q178）。

3003 **幹**

“榦”的異體字（圖②③），見 6041 榦。

3004 **商**　shāng　《廣韻》式羊切，書陽平。書陽。

① Q084

② Q095

③ Q169

④ Q178

⑤ Q129

《説文·㕯部》:“,从外知内也。从㕯,章省聲。,古文商。,亦古文商。,籀文商。”

【釋形】

《説文》以爲形聲字,从㕯,章省聲。按“商”甲骨文作(《合》33065)、(《合》24225)、(《合》33128)等形,構形不明。金文承襲甲骨文的第三個字形,寫作(《利簋》)。小篆進一步線條化,《説文》據小篆字形解釋爲从㕯,章省聲,乃强爲之解。漢碑字形中,上面似“辛”的部分隸定時有所簡省。構件“口”多數在下框之内,如圖①～③;有的則明顯在下框之外,使得整字近似於上下結構,如圖④⑤。

【釋義】

中國古代朝代名:“夏商則未聞所損益”(Q129);“武王秉乾之機,翦伐殷商”(Q178);“胤自夏商,造父馭周”(Q169)。

3005 **句** jù 《廣韻》九遇切,見遇去。見侯。

① J022 ② Q124 ③ JB4

《説文·句部》:“,曲也。从口,丩聲。凡句之屬皆从句。”

【釋形】

《説文》小篆爲形聲字,从口,丩聲。漢碑字形中,聲符“丩”兩條相互糾纏的線條隸定作“勹”,與“”的隸定形體“勹”混同,如圖①②;有的形變似“冂”,整字形似“可”,如圖③。

【釋義】

句子,語句:“父通,本治白孟易丁君章句,師事上黨鮑公,故郡掾史”(Q124);“治魯《詩經》韋君章句”(Q132)。

3006 **糾** jiū 《廣韻》居黝切,見黝上。見幽。

① Q083 ② Q144 ③ Q178

《説文·丩部》:“,繩三合也。从糸、丩。”

【釋形】

《説文》“从糸、丩”,一本作“从糸从丩,丩亦聲”,依前者爲會意字,依後者則爲會意兼形聲字。按“糾”當爲“丩”的分化字,“丩”本像二物糾纏之形,甲骨文作(《合》11018);增加義符“糸”之後變爲形聲字,專門表示合繩之義。漢碑字形中,聲符“丩”多與竪刀旁混同;義符“糸”上部像束絲之形的部分還帶有明顯的篆意,下部像線頭之形的部分則隸定形變似“小”,如圖①～③。

【釋義】

糾察,矯正:“到官正席,流恩褒譱,糾姦示惡”(Q144);“所在執憲,彈繩糾枉,忠絜清肅”(Q144);“出典諸郡,彈枉糾邪”(Q178);“舉直錯枉,譚思舊制;彈饕糾貪,務鉏民穢”(Q187)。

3007 **古** gǔ 《廣韻》公户切,見姥上。見魚。

① Q102 ② Q112 ③ Q129 ④ Q174

《説文·古部》:“,故也。从十、口。識前言者也。凡古之屬皆从古。,古文古。”

【釋形】

《説文》以爲會意字,从十、口。按“古”甲骨文作(《合》21242)、(《合》8912),李守奎認爲乃“固”的初文,上像盾牌之形,下面的“口”爲區别性符號,整字爲區别性指事字,其説可從(參見《字源》)。金文將盾牌之形填實,寫作(《大盂鼎》);或省簡作(《史牆盤》),上部盾牌形近似於“十”,爲小篆字形之所承。《説文》以“从十、口”釋之,乃是針對其後起義“故”的理據重構。漢碑字形基本按照小篆隸定，將其中圓轉的線條分解爲平直方折的筆畫，如圖①～④。

【釋義】

㊀古時，往昔："古先哲王，類帝禋宗，望于山川，徧于羣神"（Q174）；"守善不報，自古有之，非獨孝琚遭逢百離"（Q113）；"烈烈明府，好古之則"（Q125）。㊁古時的典章、風尚等："勞謙損益，耽古儉清"（Q187）；又見"稽古"。

【釋詞】

［古制］古時的法式制度："延熹四年七月甲子，弘農大守、安國亭侯、汝南袁逢掌華嶽之主，位應古制，脩癈起頓，閔其若兹"（Q129）。

3008 **嘏**　gǔ（又讀 jiǎ）《廣韻》古疋切，見馬上。見魚。

Q127

《說文·古部》："嘏，大、遠也。从古，叚聲。"

【釋形】

《說文》小篆爲形聲字，从古，叚聲。漢碑字形中，聲符"叚"隸定近似於"段"，如圖。

【釋義】

福：見"醇嘏"。

3009 **十**　shí 《廣韻》是執切，禪緝入。禪緝。

① Q074　② Q102　③ Q119　④ Q129

《說文·十部》："十，數之具也。一爲東西，丨爲南北，則四方中央備矣。凡十之屬皆从十。"

【釋形】

《說文》以爲指事字，一爲東西，丨爲南北。按"十"甲骨文作丨（《前》1.5.5），金文作（《盂鼎》）、（《秦公簋》）等形，豎筆中間加肥點，肥點或變爲短横。其構意不確，一說像刻畫的符號；一說像古代用以記事的繩結，單個較大的繩結表示數目十。小篆將中間的點或短畫拉長，寫成十字交叉之形，《說文》據小篆形體說解。漢碑字形依據小篆線條進行對應隸定，只是將粗細均勻的線條轉寫爲筆畫，如圖①～④。

【釋義】

數詞："年五十六，建寧元年三月癸丑遘疾而卒"（Q133）；"君諱彪，字元上，孔子十九世之孫，穎川君之元子也"（Q127）；"和平元年十月五日甲午，故中郎將安集掾平定沐叔孫園"（Q098）。

3010 **丈**　zhàng 《廣韻》直兩切，澄養上。定陽。

① Q096　② Q118　③ Q022

《說文·十部》："丈，十尺也。从又持十。"

【釋形】

《說文》以爲會意字，从又持十，并釋其本義爲十尺，即長度單位一丈。按"丈"本義應爲丈量，手中所持應爲古代的丈量工具。漢碑字形有的隸定混同作"支"，如圖①②；有的構件"又、十"粘連作"丈"，已看不出原本的構意，如圖③。

【釋義】

量詞，長度單位，十尺爲丈："逮行九丈，左右有四穴四入"（Q118）；"臨深長淵，三百餘丈"（Q150）；"袤五十五丈，用功千一百九十八日"（Q022）。

3011 **千**　qiān 《廣韻》蒼先切，清先平。清真。

① Q065　② Q071　③ Q112　④ Q112

⑤ Q179

《説文·十部》:“,十百也。从十从人。”

【釋形】

《説文》以爲會意字,从十从人。按“千”甲骨文作(《甲》2907),金文作(《盂鼎》)等形,像在構件“人”的基礎上添加區别符號,爲區别字。小篆字形與甲骨文金文字形相承,《説文》據小篆形體説解,與早期構意不符。漢碑字形中,有的爲碑文篆書,如圖①;有的已經隸變,類似於單人旁加上一横,如圖②③;有的將“人”形簡寫作一折筆,如圖④;有的則混同作“午”,如圖⑤。

【釋義】

㊀數詞,十百爲千:“自衛反〚魯〛,養徒三千,獲麟趣作,端門見徵,血書著紀,黄玉韻應”(Q140);“袤五十五丈,用功千一百九十八日”(Q022);“里治中迺以永平十五年六月中造起僤,斂錢共有六萬一千五百,買田八十二畝”(Q029)。㊁表示多:“鬱平大尹馮君孺人,始建國天鳳五年十月十桼日癸巳葬,千歲不發”(Q016);“千秋萬祀,子子孫孫”(Q065);“高帝龍興,有張良,善用籌策,在帷幕之内,决勝負千里之外,析珪於留”(Q179)。㊂田間南北小路,後作“阡”:“别界南以千爲界,千以東屬莒道,西□水□流屬東安,□□宜以來,界上平安”(Q089);又見“千佰”。

【釋詞】

[千佰] 同“阡陌”,田間縱横交錯的小路:“永和二年四月中,東安寒宜爲節丘氏租弟明所殺,發所在,望等所立石書,南下水陽,死千佰上”(Q089)。

3012 **博**　bó 《廣韻》補各切,幫鐸入。幫鐸。

① Q084　② Q154　③ Q146　④ Q127

⑤ Q130　⑥ Q178　⑦ Q066

《説文·十部》:“,大、通也。从十从尃。尃,布也。”

【釋形】

《説文》小篆爲會意字,从十从尃,表示廣泛、分布之義。金文作(《或簋》)、(《師寰簋》)等形,《或簋》左側从毌,像盾形,右側“尃”爲聲符,本義爲搏鬥。“毌”逐漸形變爲“十”字,小篆承此字形。《説文》據小篆形體説解,“大、通也”當爲假借而非本義。漢碑字形中,義符“十”有時訛寫成“忄”,如圖⑦。義符“尃”小篆从甫从寸,其中構件“寸”隸定字形基本一致,只是有些“寸”的竪鈎上面不出頭,圖①～④與上面的構件“甫”粘連在一起;構件“甫”形體變異則比較複雜,如圖①～⑦。

【釋義】

㊀大:見“博碩”。㊁寬廣,廣泛:“動順經古,先之以博愛,陳之以德義”(Q146);“治公羊春秋經,博通書傳”(Q166);“體純龢之德,秉仁義之操,治《魯詩》,兼通《顔氏春秋》,博覽羣書,無物不栞”(Q154)。㊂淵博,博聞:“博學甄微,靡道不該”(Q066);又見“博敏”。㊃用於官名:見“博士”。㊄用於人名:“池陽左鄉有秩何博千五百”(Q123);“叔子諱璜,字文博”(Q169)。㊅用於地名:“故吏乘氏令博陵安平王沛,字公豫”(Q148);“門生安平下博張祺,字叔松”(Q127);“門生安平下博蘇觀,字伯臺”(Q127)。

【釋詞】

[博敏] 博學聰明:“體明性喆,寬裕博敏,孝友恭順”(Q130)。

[博士] 古代學官名:“徵博士李儒文優五百”(Q178)。

[博碩] 形容牲畜肥壯:“黍稷既馨,犧牲博碩”(Q126)。

［博之以文］語出《論語·子罕》："夫子循循然善誘人，博我以文，約我以禮。"表示通過文教使人知識廣博："抑□□禮官，賞進厲頑，約之以禮，博之以文"（Q193）。

3013 **廿**　niàn　《廣韻》人執切，日緝入。日緝。

① Q001

② Q021

③ Q039

④ Q071

⑤ Q102

⑥ Q129

《説文·十部》："廿，二十并也。古文，省。"

【釋形】

《説文》小篆爲會意字，从二"十"。甲骨文作（《合》1098），爲兩個"十"的合文。西周金文作（《商尊》）、（《大盂鼎》）、（《伊簋》），中間加粗逐漸變爲兩個點，或以爲像繩結之形。戰國金文或將兩個點連成一條横線，寫作（《曾姬無卹壺》），《説文》小篆與此相承。漢碑字形嚴格按小篆隸定，如圖①～⑥。

【釋義】

數詞，二十："生四女，年廿三而賈君卒"（Q056）；"年卅，以熹平三年七月十二日被病卒，其四年二月廿一日，戊午葬於此"（Q160）；"孔謙，字德讓者，宣尼公廿世孫，都尉君之子也"（Q105）。

3014 **卌**　xì　《廣韻》先立切，心緝入。

① Q004

② Q071

③ Q102

④ Q148

⑤ Q106

《説文》無。

【釋形】

會意字，从二"廿"。甲骨文作（《拾》8.7），金文作（《曶鼎》），乃四個"十"的合文。戰國秦文字作（《睡·編》42），寫作兩個相連的"廿"。漢碑字形中，有的與戰國秦文字相承，如圖①～③；有的則將兩個"廿"的下面也連在一起，如圖④⑤。

【釋義】

數詞，四十："彼倉者天，殲我良人。年卌，大命隕歿"（Q175）；"壬寅詔書，爲孔子廟置百石卒史一人，掌主禮器，選年卌以上，經通一藝"（Q102）。

3015 **卅**　sà　《廣韻》蘇合切，心合入。心緝。

① Q025

② Q071

③ Q163

《説文·卅部》："卅，三十并也。古文，省。凡卅之屬皆从卅。"

【釋形】

《説文》小篆爲會意字，从三"十"，以合併三個十表示數詞"三十"。甲骨文作（《前》5.3.1）。金文作（《毛公鼎》），像三個繩結相連之形。單個繩結表示十，三個繩結即爲三十。戰國金文將表示繩結的三個點連成一條横線，寫作（《兆域圖銅版》）。小篆字形三個"十"的位置爲兩個稍小的"十"在下方兩邊夾着中間稍大的"十"。漢碑字形改變了小篆的結構布局，將三個"十"并列相連，且下面也用横畫相連，與漢碑中的隸書"世（世）"字混同，如圖①～③。

【釋義】

數詞，三十："年卅四，永興二年七月，遭疾不禄"（Q105）；"□凡用功七十六萬六千八百〚餘人〛，瓦卅六萬九千八百四"（Q025）；"故王汶田頃九十畝，賈卅一萬"（Q071）。

3016 **世**　shì　《廣韻》舒制切，書祭去。書月。

① Q144 ② Q128 ③ Q111 ④ Q083

⑤ Q083 ⑥ Q066 ⑦ Q134 ⑧ Q106

⑨ Q043 ⑩ Q129 ⑪ Q102 ⑫ Q130

 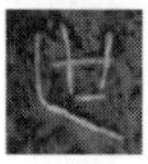  

⑬ Q033 ⑭ Q118 ⑮ Q066 ⑯ Q178

《説文·卅部》:“ ,三十年爲一世。从卅而曳長之。亦取其聲也。”

【釋形】

《説文》以爲形聲字,从卅,乀聲。按“世”金文作 (《寧簋蓋》)、(《吳方彝蓋》)等形。于省吾認爲“世”古本與“止”同音借用,其構形是在“止”字上部附加三點,以别於“止”。“世”金文又作 (《獻簋》),裘錫圭、劉釗等認爲“世”爲“葉”字的初文,本像葉子之形,故可添加“木”旁,均可備一説。小篆字形演化爲三個“十”相連,《説文》是據小篆形體解釋爲三十年爲一世,或爲理據重構。漢碑字形中“世”的形體變異比較複雜,有的與小篆結構基本一致,如圖①~④;有的下面分解出一長横,如圖⑤;有的重組爲上“十”下“廿”,如圖⑥⑦;有的則粘合爲“卌”,如圖⑧~⑫;有的則爲左“乚”右“廿”,如圖⑬⑭;還有的已經與現在通行寫法相同,如圖⑮⑯。

【釋義】

㊀父子相承爲一世,一代:“高朗神武,歷世忠孝”(Q137);“傳後世子孫”(Q043);“易世載德,不隕其名”(Q178)。㊁世代,世世代代:“天鍾嘉礿,永世罔極”(Q066);“世濟其美,不隕其烈”(Q083);“其先本自鉅鹿,世有令名”(Q161)。㊂時代:“在殷之世,號稱阿衡,因〚而氏焉〛”(Q137);“仲宗之世,重使使者持節祀焉”(Q129);“爰暨霸世,夙爲晉謀”(Q169)。㊃當代,當世:“生號曰真人,世無及者”(Q142);“孔子大聖,抱道不施,尚困於世”(Q113);又見“命世”、“善世”。㊄繼承:“膺禄美厚,繼世郎吏”(Q146);“於鑠我祖,膺是懿德,永惟孝思,亦世弘業,昭哉孝嗣,光流萬國”(Q128)。㊅人世間:“闇忽離世,下歸黄涼”(Q114);“年甫五歲,去離世榮”(Q143);又見“度世”。㊆歲,年:“子尚叢撫業,世幼無親,賢者相之”(Q026)。㊇嫡長:“三十示□子侯世子豪行三年”(Q033)。㊈通“逝”,去世,死亡:“意乎不造,早世而終”(Q128)。㊉用於人名:“門生魏郡魏李鎮,字世君”(Q127);“故尚書孔立元世”(Q141)。

【釋詞】

[世宗]古代皇帝的廟號,在這裡指漢武帝的廟號,意謂其文治武功爲一世之宗:“世宗廓土斥竟,子孫遷于雍州之郊,分止右扶風”(Q178)。

3017 言

yán 《廣韻》語軒切,疑元平。疑元。

① Q084 ② Q087 ③ Q166

《説文·言部》:“ ,直言曰言,論難曰語。从口,辛聲。凡言之屬皆从言。”

【釋形】

《説文》以爲形聲字,从口,辛聲。按甲骨文作 (《甲》499)、(《乙》766),是在“舌”的甲骨文字形 (《合》9472)、(《合》5532)上加區别符號“一”而構成的區别字,或再加一短横爲飾筆。小篆線條化,《説文》據小篆形體説解。漢碑字形中,聲符“辛”中向上彎曲的兩曲線被拉直爲兩横畫,豎畫被省略,如圖①~③。

【釋義】

㊀説話,陳述:“由斯言之,命有〚短長〛”

（Q124）；“言必忠義，匪石厥章”（Q095）；“長常叩頭死罪，敢言之”（Q170）；“愁苦之難，焉可具言”（Q095）；“念高祖至九子未遠，所諱不列，言事觸忌，貴所出，嚴及□焉”（Q021）。㊁言語：“服藥以後，當移意萬里，知鳥獸言語”（Q199）；“乞不爲縣吏、列長、伍長、徵發小繇，審如景言”（Q119）；“蓋《春秋》義，言不及尊，翼上也”（Q021）；“行篤言忠，否則獨善”（Q194）。㊂見解，意見：“苑令有公卿之才，嗇夫喋喋小吏，非社稷之重，上從言”（Q179）；又見“法言”。㊃學説，理論：“立言不朽，先民所臧”（Q133）；“歿而不朽，實有立言”（Q164）；“前闓九頭，以什言教；後制百王，獲麟來吐”（Q112）。㊄指單個的字：“詩説七言甚無忘，多負官錢石上作”（Q277）；又見“什言”。

3018 **語**　（一）yǔ　《廣韻》魚巨切，疑語上。疑魚。

① Q060

② Q114

③ Q112

《説文·言部》：“，論也。从言，吾聲。”

【釋形】

《説文》小篆爲形聲字，从言，吾聲。漢碑字形中，義符“言”小篆从口辛聲，構件“辛”向上彎曲的兩曲線被拉直爲兩横畫，豎畫被省略；聲符“吾”的構件“五”據小篆線條隸定爲“㐅”形，如圖①～③。

【釋義】

㊀説話，交談：“爲兇爲央，闗闗對語”（H144）。㊁話，話語：“制不空作，承天之語”（Q112）；“服藥以後，當移意萬里，知鳥獸言語”（Q199）。㊂用於山名：“問索三公御語山”（Q092）；“深惟三公御語山，三條别神”（Q060）。

【釋詞】

［語言］説話，交談：“或有隱遁，辟語言兮”（Q171.5）。

（二）yù　《廣韻》牛倨切，疑御去。疑魚。

【釋義】

告訴，告知：“明語賢仁四海士，唯省此書無忽矣”（Q114）。

3019 **談**　tán　《廣韻》徒甘切，定談平。定談。

① Q140

② Q122

《説文·言部》：“，語也。从言，炎聲。”

【釋形】

《説文》小篆爲形聲字，从言，炎聲。漢碑字形中，義符“言”所从之構件“辛”，向上彎曲的兩曲線被拉直爲兩横畫，豎畫被省略；聲符“炎”兩側對稱線條隸定爲點畫，如圖①②。

【釋義】

語，談説：“删定《六藝》，象與天談”（Q140）。

3020 **謂**　wèi　《廣韻》于貴切，雲未去。匣物。

① Q129

② Q146

③ Q163

《説文·言部》：“，報也。从言，胃聲。”

【釋形】

《説文》小篆爲形聲字，从言，胃聲。漢碑字形中，義符“言”所从之構件“辛”，向上彎曲的兩曲線被拉直爲兩横畫，豎畫被省略；聲符“胃”小篆上面的本像胃之形，漢碑字形有的部分保留了小篆的結構特點，寫作“囗”中有“×”之形，如圖③；多數則形變混同作“田”，如圖①②。

【釋義】

㊀説：“實謂耿君，天胙顯榮”（Q161）；“得衆兆之歡心，可謂印之若明神者已”（Q161）；“《詩》所謂：如集于木，如臨于谷，斯其殆哉”（Q146）。㊁叫做，稱作：“〖建〗國命〖氏〗，或謂之郭”（S97）；“《周禮·職方

氏》:‘河南山鎮曰崋。’謂之西嶽”(Q129)。

3021 **諒** liàng 《廣韻》力讓切,來漾去。來陽。

Q088

《説文·言部》:“,信也。从言,京聲。”

【釋形】

《説文》小篆爲形聲字,从言,京聲。漢碑字形中,義符“言”所从之構件“辛”,向上彎曲的兩曲線被拉直爲兩横畫,竪畫被省略;聲符“京”中的“口”内增加一横,近似於“日”,漢碑字形中“口”“日”常常混同,如圖。

【釋義】

通“涼”,寒涼的地方:見“諒闇”。

【釋詞】

[諒闇]寒涼幽闇之處,特指居喪:“慎終追遠,諒闇沈思”(Q088)。

3022 **請** qǐng 《廣韻》七静切,清静上。清耕。

① Q129

② Q144

③ Q202

④ Q125

⑤ Q102

⑥ JB1

《説文·言部》:“,謁也。从言,青聲。”

【釋形】

《説文》小篆爲形聲字,从言,青聲。漢碑字形中,義符“言”所从之構件“辛”,向上彎曲的兩曲線被拉直爲兩横畫,竪畫被省略;聲符“青”,構件“丹”有的據小篆線條隸定,中間爲一點,如圖①～③;有的將“丹”内的一點寫成一横畫,與“月”混同,如圖④⑤⑥。

【釋義】

㊀請求,祈求:“熹平四年來請雨嵩高廟”(Q164);“其有風旱,禱請祈求,靡不報應”(Q129);又見“禱請”。㊁邀請,聘請:“州郡更請,屈己匡君”(Q144);“於是國君備禮招請,濯冕題剛,傑立忠謇”(Q187);“郡縣禮請,終不回顧”(S110)。

3023 **謁** yè 《廣韻》於歇切,影月入。影月。

① Q038

② Q071

③ Q140

④ Q205

⑤ Q128

⑥ Q169

⑦ Q202

⑧ Q088

⑨ Q135

⑩ Q178

⑪ Q128

⑫ Q128

《説文·言部》:“,白也。从言,曷聲。”

【釋形】

《説文》小篆爲形聲字,从言,曷聲。漢碑字形中,有的爲碑文篆書,但已經帶有明顯的隸書痕跡。多數漢碑字形已經發生隸變,且變異比較複雜。特别是聲符“曷”的構件“匃”變化多樣,還没有形成後世通行的寫法,如圖①～⑧;義符“言”所从之構件“辛”,字中向上彎曲的兩曲線被拉直爲兩横畫,竪畫被省略。

【釋義】

㊀拜會,拜訪:“謁見先祖,念子營營”(Q143);“脩上案食醊具,以叙小節,不敢空謁”(Q140);“休謁往徠,轉景即至”(Q199)。㊁用於官名:見“謁者”。㊂用於人名:“母諱捐,字謁君”(Q021)。

【釋詞】

[謁歸]古時請假稱“謁告”,“謁歸”指請假回歸故里:“謁歸過此,追述勒銘”(Q152)。

[謁請]拜謁告求:“以寬宿德,謁請端首”(Q169)。

[謁舍]客舍,旅店:“蘇伯翔謁舍買

十七萬”（Q071）。

［謁者］古代官名，負責賓客的引進拜見等事，亦簡稱“謁”：“君則監營謁者之孫”（Q154）；“漢謁者北屯司馬左都侯沈府君神道”（Q205）；“曾祖父述，孝廉、謁者、金城長史、夏陽令、蜀郡西部都尉”（Q178）。

3024 **許** xǔ 《廣韻》虛呂切，曉語上。曉魚。

① J282

② Q123

③ Q174

④ Q228

⑤ Q126

⑥ Q142

⑦ Q114

《說文·言部》：“ ，聽也。从言，午聲。”

【釋形】

《說文》小篆爲形聲字，从言，午聲。漢碑字形中，義符“言”所从之構件“辛”，向上彎曲的兩曲線被拉直爲兩横畫，豎畫被省略。聲符“午”已近似於現在通行的寫法，如圖①～③；有的混同作“牛”字，如圖④；有的爲兩横一豎，如圖⑤⑥；也有的似“干”上加一點，如圖⑦。

【釋義】

㊀同意，允許：“戊寅詔書，應時聽許”（Q126）；“翦髮明志，弗許”（H144）；“可許臣請，魯相爲孔子廟置百石卒史一人”（Q102）。㊁姓氏：“衙門下游徼許愔功上三百”（Q123）；“痛哉可哀，許阿瞿〖身〗”（Q143）；“故吏郎中汝南許鎮長秋”（Q285）。

3025 **諾** nuò 《廣韻》奴各切，泥鐸入。泥鐸。

① JB1

② Q148

《說文·言部》：“ ，𩐨也。从言，若聲。”

【釋形】

《說文》小篆爲形聲字，从言，若聲。按聲符“若”甲骨文作 （《合》6497），像跪坐之人雙手理順頭髮之狀，本義應爲柔順、順從。應諾之“諾”从之，即用其柔順、順從義。因此，聲符“若”在“諾”字中兼有表義作用。“若”金文或添加裝飾性構件“口”，寫作 （《毛公鼎》）。戰國秦文字發生離析重組，寫作 ，兩隻手重組爲“艸”，頭髮混同爲“又”。漢碑字形中，“若”所从之“艸”隸變作“艹”形；構件“右”所从“又”隸變作“𠂇”，如圖①②。

【釋義】

㊀應諾，應承：“授命如毛，諾則不〖宿〗”（Q148）。㊁古時公文末尾表示同意認可的批字：“府君教諾”（Q170）。

3026 **諸** zhū 《廣韻》章魚切，章魚平。章魚。

① Q106

② Q114

③ Q120

④ Q128

⑤ Q129

⑥ Q166

⑦ Q266

⑧ Q015

⑨ Q100

《說文·言部》：“ ，辯也。从言，者聲。”

【釋形】

《說文》小篆爲形聲字，从言，者聲。漢碑字形中，義符“言”所从之構件“辛”，字中向上彎曲的兩曲線被拉直爲兩横畫，豎畫被省略；聲符“者”隸變情況與單獨成字時相類，詳見4017者。

【釋義】

㊀衆，各位，各個：“并畔官文學先生、執事諸弟子”（Q141）；“出典諸郡，彈枉糾邪”（Q178）；“還師振旅，諸國禮遺且二百萬”（Q178）；“諸敢發我丘者，令絶毋户後”（Q015）。又見“諸生、諸夏”等。㊁“之於”的合音：“詔書聽郡，則上諸安斯二鄉”

（Q170）。㊂“之乎”的合音：“履該顏原，兼脩季由，聞斯行諸”（Q137）；“生民之本，孰不遭諸”（Q128）。㊃用於人名：見“諸賁”。

【釋詞】

［諸賁］古代勇士專諸和孟賁的合稱：“攻城野戰，謀若涌泉，威牟諸賁”（Q178）。

［諸侯］古代帝王分封的各國君主：“或在天子，或在諸侯”（Q129）。

［諸生］眾位弟子：“於是故吏諸生相與論曰”（Q088）；“官吏五百諸生三”（Q266）。

［諸夏］又稱“諸華”，原指周代分封的中原各個諸侯國，後泛指中原地區：“佐翼牧伯，諸夏肅震”（Q166）；“宗族條分，裔布諸華”（Q169）。

3027 **詩** shī 《廣韻》書指切，書之平。書之。

① Q063

② Q084

③ Q144

④ Q088

⑤ Q132

⑥ Q146

《說文·言部》：“，志也。从言，寺聲。，古文詩省。”

【釋形】

《說文》小篆爲形聲字，从言，寺聲。漢碑字形中，有的爲碑文篆書，但已經帶有明顯的隸書痕跡，如圖①。多數則發生隸變，義符“言”所从之構件“辛”，向上彎曲的兩個線條被拉直成爲兩橫畫，豎畫被省略。聲符“寺”，上面所从的“㞢”（即“之”字）隸變爲“土”，如圖②③；有的豎畫向下延長，與“寸”字上面的橫畫相接，寫作“圭”，如圖④～⑥。

【釋義】

㊀詩歌，詩篇：“述而不作，彭祖賦詩”（Q148）；“勛列煥爾，聿用作詩”（Q149）；“詩說七言甚無忘，多負官錢石上作”（Q277）。㊁指《詩經》：“長以欽明，躭《詩》悅《書》”（Q137）；“君敦《詩》說《禮》，家仍典軍”（Q161）；“常以《易》《詩》《尚書》授，訓誨不倦”（Q084）。㊂用於人名：“下辨道長廣漢汁邡任詩”（Q146）；“户曹史張詩”（Q065）；“故午朱虛炅詩，字孟道”（Q088）。

【釋詞】

［詩人］《詩經》中詩篇的作者：“〚舊都〛餘化，《詩》人所〚詠〛”（Q137）。

3028 **誦** sòng 《廣韻》似用切，邪用去。邪東。

① Q095

② Q128

③ Q268

《說文·言部》：“，諷也。从言，甬聲。”

【釋形】

《說文》小篆爲形聲字，从言，甬聲。漢碑字形中，義符“言”所从之構件“辛”，向上彎曲的兩個線條被拉直成爲兩橫畫，豎畫被省略。聲符“甬”，構件“用”所从之構件“马”簡或寫作“マ”，如圖①，或寫成倒三角形，如圖②③。

【釋義】

㊀講述，論說：“升堂講誦，深究聖指”（Q105）。㊁稱述，頌揚：“民誦其惠，吏懷其威”（Q128）；“垂流億載，世世嘆誦”（Q095）。㊂有歌頌意味的詩篇：“京兆長安淳于伯隗作此誦”（Q116）。㊃用於人名：“後遣趙誦字公梁、案察中曹卓行，造作石積”（Q095）。

3029 **啻** yì 《廣韻》於力切，影職入。影職。

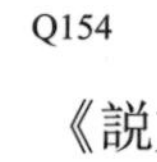
Q154

《說文·言部》“，快也。从言从中。”

【釋形】

《說文》小篆爲會意字，从言从中，義爲快。按林義光《文源》認爲該字在“言”字中加“口”，以示言中之義，當與“意”同字，可備一說。漢碑字形依據小篆線條進行隸定，隸定爲“立”下兩個“口”,豎畫省略,如圖。

【釋義】

通“億”,數詞,十萬爲億:永傳啻齡,�矣昀昀”(Q154)。

3030 **訓** xùn《廣韻》許運切,曉問去。曉文。

① Q066

② Q084

③ Q169

④ Q285

⑤ Q172

《説文·言部》:“,説教也。从言,川聲。”

【釋形】

《説文》小篆爲形聲字,从言,川聲。漢碑字形中,義符“言”所从之構件“辛”,向上彎曲的兩個線條被拉直成爲兩横畫,豎畫被省略。聲符“川”,小篆本像彎曲的水流形,隸變寫爲三豎,有的右邊豎畫末筆有明顯的彎曲,如圖①~④。

【釋義】

㊀教导,訓誡:“奉遵先訓,易世不替”(Q066);“常以《易》《詩》《尚書》授,訓誨不倦”(Q084);“訓咨羣寮,惟德□□是與”(Q173)。㊁典章,準則:“音流管弦,非篇訓金石,孰能傳焉”(Q169)。㊂通“順”,理順:“將訓品物,以濟太清”(Q066)。㊃用於人名:“門下史吳訓”(Q172);“故吏軍謀掾汝南蔡訓起宗”(Q285)。

3031 **誨** huì《廣韻》荒内切,曉隊去。曉之。

① Q084

② Q117

③ Q169

《説文·言部》:“,曉教也。从言,每聲。”

【釋形】

《説文》小篆爲形聲字,从言,每聲。“每”上古音在明母之部。漢碑字形中,義符“言”所从之構件“辛”,向上彎曲的兩個線條被拉直成爲兩横畫,豎畫被省略。聲符“每”,小篆从屮母聲,構件“屮”有的隸變似“亠”,如圖①②;有的則寫成“𠂉”,如圖③。構件“母”隸變近似於“毌”形。

【釋義】

㊀教化,訓導:“常以《易》《詩》《尚書》授,訓誨不倦”(Q084);“頤親誨弟,虔恭〖竭力〗”(Q117);“於是乃聽訟理怨,教誨後生百有餘人”(Q169)。㊁用於人名:“故吏泰山南武陽蕭誨,〖字伯謀〗”(Q127)。

3032 **誾** yín《廣韻》語巾切,疑真平。疑元。

Q137

《説文·言部》:“,和説而諍也。从言,門聲。”

【釋形】

《説文》小篆爲形聲字,从言,門聲。“門”上古音在明母文部。漢碑字形與小篆相承,義符“言”所从之構件“辛”,向上彎曲的兩個線條被拉直成爲兩横畫,豎畫被省略;聲符“門”依據小篆字形隸定,如圖。

【釋義】

形容言語和悦剛直的樣子:見“誾誾侃侃”。

【釋詞】

[誾誾侃侃]語出《論語·鄉黨》:“朝,與下大夫言,侃侃如也;與上大夫言,誾誾如也。”形容言語和悦剛直的樣子:“誾誾侃侃,顒顒昂昂”(Q137)。

3033 **謀** móu《廣韻》莫浮切,明尤平。明之。

① Q178

② Q285

③ Q285

④ Q095

⑤ Q127

《説文·言部》:“，慮難曰謀。从言，某聲。，古文謀，，亦古文。”

【釋形】

《説文》小篆爲形聲字，从言，某聲。古文“謀”或从口，母聲；或从心，母聲，均爲理據重構。漢碑字形承襲《説文》小篆，義符“言”所从之構件“辛”，向上彎曲的兩個線條被拉直成爲兩横畫，豎畫被省略；聲符“某”多數依據小篆字形進行對應隸定，如圖①～③；有的構件“木”的豎畫向上延伸與“甘”相交，“某”形變近似於“果”，如圖④⑤。

【釋義】

㊀計策，謀略：“該于威謀，爲漢名將”（Q169）；“抱不測之謀，秉高世之介”（Q172）；“攻城野戰，謀若涌泉”（Q178）。㊁籌劃，謀劃：“爰暨霸世，夙爲晉謀”（Q169）；“〖乃相〗與惟先生〖之德〗，以謀不朽之事”（S97）。㊂用於官名：“故吏軍謀掾梁國王丞顯宗”（Q285）。㊃用於人名：“門生北海安丘齊納，字榮謀”（Q127）；“故郡曹史守丞馬訪子謀”（Q178）。

3034 **謨**(謩) mó 《廣韻》莫胡切，明模平。明魚。

① Q179

② Q188

③ Q134

④ Q133

《説文·言部》:“，議謀也。从言，莫聲。《虞書》曰：‘咎繇謨。’，古文謨从口。”

【釋形】

《説文》小篆爲形聲字，从言，莫聲；《説文》古文則从口，莫聲。漢碑字形中，“謨”有兩種結構：一種是左右結構，與小篆相承，如圖①②；一種是上下結構，如圖③④。義符“言”所从之構件“辛”，向上彎曲的兩個線條被拉直成爲兩横畫，豎畫被省略。聲符“䒑”上面的“艸”有的隸變作“䒑”，如圖①②；有的寫成“艹”形，如圖③④。下面的“艸”筆畫粘連，有的形變作“丌”，如圖①②；有的形變作“大”，如圖③④。

【釋義】

㊀計策，謀略：“規策桀謨，主忠信兮”（Q088）；“上納其謨，拜郎、上黨府丞，掌令”（Q161）；“有張釋之，建忠弼之謨”（Q179）。㊁謀劃，籌劃：“謩兹萬猶，道以經國”（Q133）。㊂典範，以爲楷模：“綱纪典謩”（Q134）；“吏民謨念，爲立碑頌”（Q188）。

3035 **謩**

“謨”的異體字（圖③④），見3034謨。

3036 **訪** fǎng 《廣韻》敷亮切，滂漾去。滂陽。

① Q074

② Q178

③ Q178

《説文·言部》:“，汎謀曰訪。从言，方聲。”

【釋形】

《説文》小篆爲形聲字，从言，方聲。漢碑字形中，義符“言”所从之構件“辛”，向上彎曲的兩個線條被拉直成爲兩横畫，豎畫被省略。聲符“方”，豎向的曲線被分解，有的上部隸變作“亠”，如圖①②；有的上部隸變似“𠂉”，如圖③。下部則重組近似於“刀”，如圖①～③。

【釋義】

㊀徵詢，詢問：“遂訪故老商量、儁艾王敞、王畢等，恤民之要，存慰高年，撫育鰥寡，以家錢糴米粟賜㾓盲”（Q178）。㊁稽查，巡訪：“訪姦雄，除其蝥賊”（Q202）。㊂用於人名：“故吏趙訪”（Q074）；“相主簿薛曹訪濟興三百”（Q112）。

3037 **諏** zōu 《廣韻》子于切，精虞平。精侯。

① Q178　② Q193

《説文·言部》:“,聚謀也。从言,取聲。”

【釋形】

《説文》小篆爲形聲字,从言,取聲。漢碑字形中,義符“言”所从之構件“辛”,向上彎曲的兩個線條被拉直成爲兩横畫,豎畫被省略。聲符“取”所从的“又”,有的隸定作“又”,如圖②;有的省寫成一撇一捺,如圖①。

【釋義】

訪問,徵求意見:“于時聖主諮諏,羣僚咸曰:‘君哉!’”(Q178);“乃相與咨度諏詢,采摭謠言,刊石旌□詩三章”(Q193)。

3038 **論** lùn 《廣韻》盧困切,來慁去;又盧昆切,來魂平。來文。

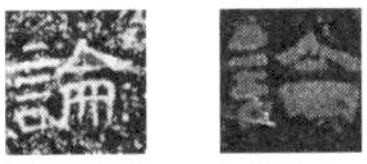

① Q166　② Q133

《説文·言部》:“,議也。从言,侖聲。”

【釋形】

《説文》小篆爲形聲字,从言,侖聲。漢碑字形中,義符“言”所从之構件“辛”,向上彎曲的兩個線條被拉直成爲兩横畫,豎畫被省略;聲符“侖”所从的“冊”小篆像編排的竹簡形,漢碑隸定作“冊”形,如圖①②。

【釋義】

㊀討論,議論:“於是故吏諸生相與論曰:上世羣后,莫不流光〖煇〗於無窮,垂芳耀於書篇”(Q088)。㊁主張,學説:“弘論〖窮理,直道〗事人”(Q148);“時發雅論”(Q201)。㊂依據,按照:“於是論功叙實,宜勒金石”(Q166)。㊃顧及,考慮到:“考績不論,徵還議官”(Q133)。

3039 **議** yì 《廣韻》宜寄切,疑寘去。疑歌。

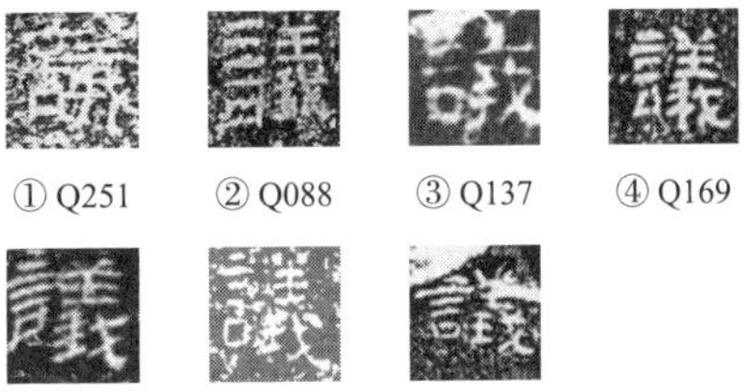

① Q251　② Q088　③ Q137　④ Q169
⑤ Q178　⑥ Q146　⑦ Q095

《説文·言部》:“,語也。从言,義聲。”

【釋形】

《説文》小篆爲形聲字,从言,義聲。漢碑字形中,有的爲碑文篆書,帶有明顯的隸書痕跡,如圖①。有的發生隸變,義符“言”所从之構件“辛”,向上彎曲的兩個線條被拉直成爲兩横畫,豎畫被省略。聲符“義”小篆从我从羊,構件“羊”隸定作“⺶”;構件“我”變異複雜,左右多分離爲兩部分,右側作“戈”,左側有的隸變似“手”,如圖①~⑤;有的形變似“王”,如圖⑥⑦。

【釋義】

㊀議論是非:“率土普議,開倉振澹”(Q161);“有司議駁,君遂執爭”(Q095)。㊁謀劃,商議:“與五官掾司馬薦議,請屬功曹定人應書”(Q170)。㊂主張,認爲:“釋之議爲不可”(Q179)。㊃觀點,意見:“逸之宏議,傳林楷式”(Q175)。㊄用於官名:“故吏軍議掾陳郡趙洪文敬”(Q285);又見“議郎、議曹”。

【釋詞】

[議曹]有“議曹史、議曹掾”等稱謂,是郡守的屬吏:“故從事議曹掾下辨李旻,字仲齊”(Q146);“議曹史蓮勺楊□三千”(Q123)。

[議官]對君主的過失直言規勸使其改正的官吏:“考績不論,徵還議官”(Q133)。

[議郎]光禄勛所屬的郎官之一,主管策問應對,没有常任職務:“後迺徵拜議郎、五官中郎將、沛相”(Q133)。

3040 **詳** xiáng 《廣韻》似羊切,邪陽平。邪陽。

① Q100　② Q015

《説文·言部》："詳，審議也。从言，羊聲。"

【釋形】

《説文》小篆爲形聲字，从言，羊聲。漢碑字形中，義符"言"所从之構件"辛"，向上彎曲的兩個線條被拉直成爲兩横畫，豎畫被省略；聲符"羊"上方像羊角的部分重組爲"䒑"，如圖①②。

【釋義】

㊀通"祥"，吉祥，吉利："疾設不詳者，使絶毋户後"（Q015）㊁通"翔"，用於"非詳"，義爲飛翔："堂三柱，中□□龍將非詳"（Q100）。

3041 **識**　（一）zhì　《廣韻》職吏切，章志去。章職。

① Q129　② Q142　③ Q095

《説文·言部》："識，常也。一曰：知也。从言，戠聲。"

【釋形】

《説文》小篆爲形聲字，从言，戠聲。漢碑字形中，義符"言"所从之構件"辛"，向上彎曲的兩個線條被拉直成爲兩横畫，豎畫被省略。聲符"戠"多數保持小篆左右兩分的格局，如圖①②；其中構件"戈"有的省略了上面的點，如圖②；構件"音"有時訛寫成"昔"，如圖③。

【釋義】

標記："堂無文麗，墓無碑識"（H105）。

（二）shí　《廣韻》賞職切，書職入。書職。

【釋義】

㊀認識，了解："文字摩滅，莫能存識"（Q129）；"瞿不識之，啼泣東西"（Q143）；"出窈入冥，變化難識"（Q142）。㊁靈知："闡君靈兮示後萌，神有識兮營壇場"（Q128）。

3042 **訊**　xùn　《廣韻》息晉切，心震去。心真。

Q104

《説文·言部》："訊，問也。从言，卂聲。，古文訊从鹵。"

【釋形】

《説文》小篆爲形聲字，从言，卂聲。按"訊"甲骨文作（《合》19126）、（《合》1824），右像反綁之人，"口"表示審訊，爲會意字。或增加繩索之形，寫作（《合》36389）。戰國秦文字中，反綁之人受聲化的影響，變異爲聲符"卂"，整字寫作，成爲从言、卂聲的形聲字。小篆字形與戰國秦文字結構相同。漢碑字形承襲戰國秦文字并徹底筆畫化，如圖。

【釋義】

俘虜："從風征暴，執訊獲首"（Q172）。

【釋詞】

［訊治］本指審查治罪，這裡指考察情況，刊立碑石："更訊治立碑"（Q104）。

3043 **謹**　jǐn　《廣韻》居隱切，見隱上。見文。

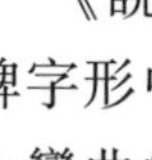 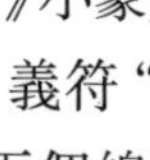 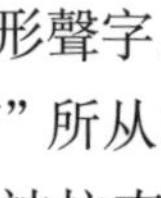

① J103　② Q102　③ Q178

《説文·言部》："謹，慎也。从言，堇聲。"

【釋形】

《説文》小篆爲形聲字，从言，堇聲。漢碑字形中，義符"言"所从之構件"辛"，向上彎曲的兩個線條被拉直成爲兩横畫，豎畫被省略，如圖①②。聲符"堇"多數情況下上下構件粘連在一起，上面的"廿"有時寫成"艹"形，與"艸"的漢碑字形混同，如圖①②；有時聲符"堇"訛變近似於上"西"下"二"，如圖③。

【釋義】

㊀恭敬虔誠:"謹立斯石,以暘虔恭"(Q142);"謹出錢千〖百〗□者,下行自紀姓名恭敬"(Q123)。㊁慎重,審慎:"謹案文書,守文學掾魯孔龢,師孔憲,户曹史孔覽等,雜試"(Q102);"謹畏舊章,服竟,還〖署,試拜〗尚書侍郎"(Q148)。㊂用於人名:"故督郵李謹伯嗣五百"(Q178)。

3044 **諶** chén 《廣韻》氏任切,禪侵平。禪侵。

Q148

《説文·言部》:",誠、諦也。从言,甚聲。《詩》曰:'天難諶斯。'"

【釋形】

《説文》小篆爲形聲字,从言,甚聲。漢碑字形中,義符"言"所从之構件"辛",向上彎曲的兩個線條被拉直成爲兩横畫,竪畫被省略;聲符"甚"小篆从甘从匹,漢碑字形"甘"和"匹"似乎還没有粘合在一起,如圖。

【釋義】

誠信,忠誠:"上帝棐諶,天秩未究。將據師輔,之紀之綱。而疾彌流,乃碩乃□"(Q148);又見"棐諶"。

3045 **信** xìn 《廣韻》息晉切,心震去。心真。

① Q088

② Q129

③ Q145

《説文·言部》:",誠也。从人从言,會意。,古文从言省。,古文信。"

【釋形】

《説文》小篆爲會意字,从人从言,本義爲誠信;古文或从人从口,或从言从心。也有學者認爲"信"當爲从言、人聲的形聲字。漢碑字形中,義符"言"所从之構件"辛",向上彎曲的兩個線條被拉直成爲兩横畫,竪畫被省略;聲符"人"隸變作"亻",如圖①～③。

【釋義】

㊀誠信:"〖君〗孝友恭懿,明允篤信"(Q135);"孝弟昭於内,忠信耀於外"(Q084);"仁信明敏,壯勇果毅"(Q169);"於是故吏崔□□□王沛等,伏信好古,敢詠顯□"(Q148);"以爲不信,石羊爲真,如律令"(Q203)。㊁通"伸",伸展,顯揚:"去日日而下降兮,榮名絶而不信"(Q039)。㊂用於人名:"時衡官□□□仇審,字孔信"(Q150);"王景信父冢"(Q217);"有黄霸、召信臣在潁南之歌"(Q154)。㊃用於地名:"孫府君諱璆,字山陵,安平信都人"(Q129)。

【釋詞】

[信心]誠心:"禮性純淑,信心堅明"(Q099)。

3046 **誠** chéng 《廣韻》是征切,禪清平。禪耕。

① Q112

② Q129

③ Q083

④ Q102

⑤ Q095

《説文·言部》:",信也。从言,成聲。"

【釋形】

《説文》小篆爲形聲字,从言,成聲。漢碑字形中,義符"言"所从之構件"辛",向上彎曲的兩個線條被拉直成爲兩横畫,竪畫被省略。聲符"成",小篆从戊丁聲,構件"丁"多隸變爲"𠃌",如圖①～⑤;"𠃌"有時與構件"戊"的斜鉤相交,如圖⑤。

【釋義】

㊀忠誠,真誠:"於穆我君,敦誠篤信"(Q145);"勤勤竭誠,榮名休麗"(Q095);"神靈祐誠,竭敬之報"(Q112)。㊁副詞,確實:

“〖而〗本國舊居，復禮之日，闕而不祀，誠朝廷聖恩所宜特加”（Q140）。㊂姓氏：“勃海吕圖，任城吴盛，陳留誠屯”（Q154）；“黄守尉誠咸升卓二百”（Q193）。㊃用於人名：“王誠興莫”（Q230）。

3047 **諱**　huì　《廣韻》許貴切，曉未去。曉微。

① Q127

② Q128

③ Q129

④ Q142

⑤ Q021

⑥ Q146

⑦ Q152

⑧ Q179

⑨ Q188

《説文·言部》：“，誋也。从言，韋聲。”

【釋形】

《説文》小篆爲形聲字，从言，韋聲。漢碑字形中，義符“言”所从之構件“䇂”，向上彎曲的兩個線條被拉直成爲兩横畫，豎畫被省略；聲符“韋”形體變異非常複雜，有的據小篆線條隸定爲筆畫，如圖①～③。有的構件“夊、干”中豎連在一起，并貫穿中間的“囗”，如圖④；有的進一步簡寫成一豎畫加上一條連續纏繞的折線，如圖⑤⑥；有的下面的構件“干”訛變作“巾”，如圖⑦；有的簡寫爲一横，如圖⑧⑨；有的上面的構件“夊”變成了“口”，如圖⑨。

【釋義】

㊀避諱，避忌：“恐五吉後有□□不忘春秋之義，改諱辟尊”（Q111）；“念高祖至九子未遠，所諱不列，言事觸忌”（Q021）。㊁已故尊長的名諱：“邯及所識祖諱，欽顯後嗣”（Q021）；“袁府君諱逢，字周陽，汝南女陽人”（Q129）；“君諱宙，字周南”（Q166）。

3048 **詔**　zhào　《廣韻》之少切，章笑去。章宵。

① Q038

② Q134

③ Q133

④ Q194

⑤ Q025

⑥ Q102

⑦ Q129

⑧ Q142

《説文·言部》：“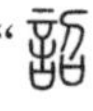，告也。从言从召，召亦聲。”

【釋形】

《説文》小篆爲會意兼形聲字，从言从召，召亦聲，聲符“召”兼表召唤之義。漢碑字形中，有的爲碑文篆書，如圖①。多數則發生隸變，其中義符“言”所从之構件“䇂”，向上彎曲的兩個線條被拉直成爲兩横畫，豎畫被省略；聲符“召”小篆从刀从口，構件“刀”有的寫成“𠂊”形，如圖②③；有的寫成“ク”形，如圖④；有的寫近似於“夕”，如圖⑤～⑧。

【釋義】

㊀皇帝下達命令：“帝嘉其忠臣之苗，器其璵璠之質，詔拜郎中”（Q133）；“詔選賢良，招先逸民”（Q137）；“詔以十一月中旬，上思生葵，君却入室，須臾之頃，抱兩束葵出”（Q142）；“大宗承循，各詔有司，其山川在諸侯者，以時祠之”（Q129）。㊁詔書，皇帝的命令：“詔書遷衙令，五年正月到官”（Q123）；“〖特〗以儒學，詔書勑留”（Q134）。㊂用於官名：見“待詔”。

3049 **諫**　jiàn　《廣韻》古晏切，見諫去。見元。

Q169

《説文·言部》：“，証也。从言，柬聲。”

【釋形】

《説文》小篆爲形聲字，从言，柬聲。西周金文作（《諫簋》）、（《逑盤》），春秋金文開始將聲符“柬”中的兩點連成一横

線,與“柬”混同,寫作(《叔尸鐘》);小篆則把聲符“柬”中的兩點寫成“八”,使“柬”的理據發生重構,變爲从束从八。漢碑字形承襲春秋金文,并完全筆畫化,如圖。漢碑字形中,義符“言”所从之構件“䇂”,向上彎曲的兩個線條被拉直成爲兩橫畫,豎畫被省略。

【釋義】

㊀直言勸誡:“授政股肱,諫爭匡弼”(H105)。㊁用於官名:見“諫議”。㊂通“闌”,妄自:“毋諫賣入,毋效狸入”(Q015)。

【釋詞】

[諫議]即諫議大夫,主要負責議論、進言:“官至少府,厥子聖,爲諫議大夫”(Q169)。

3050 **課** kè 《廣韻》苦臥切,溪過去。溪歌。

Q161

《説文·言部》:“,試也。从言,果聲。”

【釋形】

《説文》小篆爲形聲字,从言,果聲。“果”上古音在見母歌部。漢碑字形中,義符“言”所从之構件“䇂”,向上彎曲的兩個線條被拉直成爲兩橫畫,豎畫被省略;聲符“果”將小篆圓轉的線條隸定爲筆畫,上部像果實之形的部分混同爲“田”,如圖。

【釋義】

督促:“勸課趨時,百姓樂業”(Q161)。

3051 **試** shì 《廣韻》式利切,書志去。書職。

① Q102　② Q188

《説文·言部》:“,用也。从言,式聲。《虞書》曰:‘明試以功。’”

【釋形】

《説文》小篆爲形聲字,从言,式聲。漢碑字形中,義符“言”所从之構件“䇂”,向上彎曲的兩個線條被拉直成爲兩橫畫,豎畫被省略。聲符“式”依據小篆字形對應隸定,如圖①;所从之“弋”有的訛寫成“戈”,如圖②。

【釋義】

考核,考查:“選其年卌以上,經通一藝,雜試通利,能奉弘先聖之禮,爲宗所歸者,如詔書”(Q102);“明試賦授,夷夏巳親”(Q193)。

【釋詞】

[試守]也稱“試拜”,指正式任命前試用代理職務:“試守漢嘉長、蜀郡臨邛張河,字起南”(Q188)。

3052 **訢** xīn 《廣韻》許斤切,曉欣平。曉文。

① Q125　② Q088

《説文·言部》:“,喜也。从言,斤聲。”

【釋形】

《説文》小篆爲形聲字,从言,斤聲。漢碑字形中,義符“言”所从之構件“䇂”,向上彎曲的兩個線條被拉直成爲兩橫畫,豎畫被省略;聲符“斤”兩條彎曲的線條分别分解爲兩筆,如圖①②。

【釋義】

㊀歡欣,喜悦:“百姓訢和,舉國蒙慶”(Q112)。㊁用於人名:“故門下書佐淳于逢訢”(Q088);“侍祠官属五宫掾章陵〖劉〗訢”(Q125)。

3053 **説** (一)yuè 《廣韻》弋雪切,餘薛入。餘月。

① J354　② Q129　③ Q277

《説文·言部》:“,説釋也。从言、兑。一曰:談説。”

【釋形】

《説文》以爲會意字，从言、兑。段玉裁《説文解字注》認爲兑亦聲，爲會意兼形聲字。漢碑字形中，義符“言”所从之構件“䇂”，向上彎曲的兩個線條被拉直成爲兩横畫，豎畫被省略。聲符“兑”所从之構件“㕣”，上面的“八”或隸定爲兩點，如圖①②；或隸定作“八”字形，如圖③；下面的“口”多寫作三角形，如圖①～③。

【釋義】

㊀高興，喜悦：“民説無疆”（Q129）。㊁喜愛：“君敦《詩》説《禮》，家仍典軍”（Q161）。

（二）shuō　《廣韻》失爇切，書薛入。書月。

【釋義】

講述：“詩説七言甚無忘，多負官錢石上作”（Q277）。

（三）shuì　《廣韻》舒芮切，書祭去。書月。

【釋義】

曉諭，教化：“賴兹劉父，用説其蒙”（Q193）。

3054 **計**　jì　《廣韻》古詣切，見霽去。見質。

① Q106

② Q130

③ Q153

④ Q178

《説文·言部》：“，會也，筭也。从言从十。”

【釋形】

《説文》小篆爲會意字，从言从十。漢碑字形中，義符“言”所从之構件“䇂”，向上彎曲的兩個線條被拉直成爲兩横畫，豎畫被省略，如圖①～④。

【釋義】

㊀計算：見“書計”。㊁謀劃，策劃：“高祖龍興，婁敬畫計”（Q153）。㊂計策，謀略：“貢計王庭，華夏歸服”（Q117）；“以病遜位，守疏廣止足之計，樂於陵灌園之契，閉門静居，琴書自娱”（Q154）。㊃考核，考察：“歷主簿□□理，左右攸宜，器有特達，計拜郎中”（Q130）。㊄用於官名：“爲主簿、督郵、五官掾、功曹、上計掾、守令、冀州從事”（Q144）；“歷郡右職，上計掾史，仍辟涼州，常爲治中、别駕”（Q178）；“故上計史王暉伯昭”（Q191）”。

3055 **諧**　xié　《廣韻》户皆切，匣皆平。匣脂。

Q141

《説文·言部》：“，詥也。从言，皆聲。”

【釋形】

《説文》小篆爲形聲字，从言，皆聲。漢碑字形中，義符“言”所从之構件“䇂”，向上彎曲的兩個線條被拉直成爲兩横畫，豎畫被省略；聲符“皆”，上方構件“比”依據小篆對應隸定，下面的構件“白”簡寫作“日”，如圖。

【釋義】

和諧，協調：“雅歌吹笙，考之〖六〗律，八音克諧”（Q141）。

3056 **調**　diào　《廣韻》徒弔切，定嘯去。定幽。

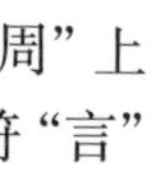
① Q119

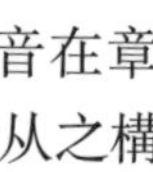
② Q114

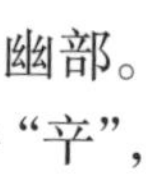
③ Q071

《説文·言部》：“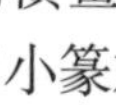，和也。从言，周聲。”

【釋形】

《説文》小篆爲形聲字，从言，周聲。“周”上古音在章母幽部。漢碑字形中，義符“言”所从之構件“䇂”，向上彎曲的兩個線條被拉直成爲兩横畫，豎畫被省略。聲符“周”有的還保留小篆左上角不封口的寫法，如圖①；有的已接近現在通行的寫法，如圖②③。

【釋義】

㊀調集，調撥：“調發十四鄉正，相賦斂作治”（Q119）。㊁通“彫”（diāo），雕鏤，雕琢：

“調文刻畫,交龍委虵,猛虎延視”(Q114)。

3057 **謙** qiān 《廣韻》苦兼切,溪添平。
溪談。

①Q112　②Q125　③Q140　④Q141

《説文·言部》:“謙,敬也。从言,兼聲。”

【釋形】

《説文》小篆爲形聲字,从言,兼聲。漢碑字形中,義符“言”所从之構件“辛”,向上彎曲的兩個線條被拉直成爲兩横畫,竪畫被省略;聲符“兼”小篆从又持秝,像手握兩株禾苗之形,漢碑字形中發生離析重組,構件“秝”的下部離析爲“灬”,已看不出原有的結構,如圖①~④。

【釋義】

㊀謙遜,謙卑:“勞謙損益,耽古儉清”(Q187);“謙□守約,唯誼是從”(Q093)。㊁用於人名:“〖君〗諱璜,字伯謙”(Q128);“孔謙,字德讓者,宣尼公廿世孫,都尉君之子也”(Q105);“丘守尉李謙子山二百”(Q193)。

3058 **詡** xǔ 《廣韻》况羽切,曉麌上。
曉魚。

Q178

《説文·言部》:“詡,大言也。从言,羽聲。”

【釋形】

《説文》小篆爲形聲字,从言,羽聲。漢碑字形中,義符“言”所从之構件“辛”,向上彎曲的兩個線條被拉直成爲兩横畫,竪畫被省略;聲符“羽”中的三條短斜線簡化爲兩點,如圖。

【釋義】

用於人名:“故功曹王詡子弘”(Q178)。

3059 **設** shè 《廣韻》識列切,書薛入。
書月。

①Q129　②Q142　③Q146　④Q106

《説文·言部》:“設,施陳也。从言从殳。殳,使人也。”

【釋形】

《説文》小篆爲會意字,从言从殳,表示以言語驅使人之義。漢碑字形中,義符“言”所从之構件“辛”,向上彎曲的兩個線條被拉直成爲兩横畫,竪畫被省略;聲符“殳”的構件“几”隸變形似“口”,構件“又”隸變形似“乂”,如圖①~③。在漢碑中有的字形義符不从“言”,寫成圖④中的樣子,其構意不明。

【釋義】

㊀修建,設立:“建立兆域,脩設壇屏”(Q174);“治石馬及石羊,設築石室石□”(Q180)。㊁陳設,安放:“孝萇爲君設便坐,朝莫舉門恂恂不敢解殆,敬進肥君餟,順四時所有”(Q142);“甘珍嗞味嗛設,隨時進納,省定若生時”(Q114)。㊂任用,用:“大子伯南,結偅在郡,五爲功曹書佐,設在門閤上計”(Q106)。㊃施,致使:“疾設不詳者,使絶毋户後,毋闌賓入,毋效狸入”(Q015)。

【釋詞】

[設備]安排,備置:“困其事則爲設備,今不圖之,爲患無已”(Q146)。

3060 **護** hù 《廣韻》胡誤切,匣暮去。
匣鐸。

①Q046　②Q088　③Q169　④Q068

《説文·言部》:“護,救、視也。从言,蒦聲。”

【釋形】

《説文》小篆爲形聲字,从言,蒦聲。漢碑字形中,有的爲碑文篆書,但是已經有了明顯的隸書風格,如圖①,其中聲符“蒦”的構件“又”托在整個字的下面，改變了小篆左形右聲的布局。多數字形已經發生隸變，其中義符“言”所从之構件“䇂”，向上彎曲的兩個線條被拉直成爲兩横畫，豎畫被省略。聲符“蒦”所从之構件“雈”，其上部的“𦫳”有時訛寫爲“艹”形，與“艸”隸變寫法混同，并移至整字上方，也改變了小篆左形右聲的布局，如圖④。其他字形仍保持小篆的結構布局，如圖②③。

【釋義】

㊀用於官名：“次子游，護莬使者”（Q169）；又見“護羌校尉、護烏桓校尉”。㊁用於人名：“故脩行營陵是盛，字護宗”（Q088）。

【釋詞】

［護羌校尉］官名，掌管西羌事務，或省作“護羌”：“爲護羌校尉假司馬”（Q169）；“次字子惠，護羌假司馬”（Q169）。

［護烏桓校尉］官名，西漢時爲抗擊匈奴設置的官：“使者持節，護烏桓校尉王君威府舍”（Q046）。

3061 **誧** bū 《廣韻》博孤切，幫模平。幫魚。

Q141

《説文·言部》：“，大也。一曰：人相助也。从言，甫聲。讀若逋。”

【釋形】

《説文》小篆爲形聲字，从言，甫聲。漢碑字形中，義符“言”所从之構件“䇂”，向上彎曲的兩個線條被拉直成爲兩横畫，豎畫被省略；聲符“甫”上方彎曲的線條隸定爲一横和一點，其他部分依據小篆的線條對應隸定轉寫，如圖。

【釋義】

用於人名：“部史仇誧、縣吏劉耽等，補完里中道之周左廧垣壞決”（Q141）。

3062 **記** jì 《廣韻》居吏切，見志去。見之。

① Q113 ② Q119 ③ Q123 ④ Q129

《説文·言部》：“，疏也。从言，己聲。”

【釋形】

《説文》小篆爲形聲字，从言，己聲。漢碑字形依據小篆線條進行隸定，義符“言”所从之構件“䇂”，向上彎曲的兩個線條被拉直成爲兩横畫，豎畫被省略；聲符“己”，小篆圓轉的線條隸定爲平直方折的筆畫，如圖①～④。

【釋義】

㊀記載，記録：“春秋記異，今而紀功”（Q095）；“經記厥績，艾康萬里”（Q150）；“男子張景記言”（Q119）。㊁文體的一種，以敘述爲主：“□□悉厥緒爲識，略涉傳記”（Q247）。㊂用於官名：“衙主記掾楊綬子長三百”（Q123）；“故記史池陽吉□□二百”（Q123）；“從掾位侯祖、主記史吴超”（Q172）。

3063 **譽** yù 《廣韻》羊洳切，餘御去；又以諸切，餘魚平。餘魚。

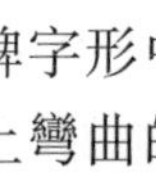 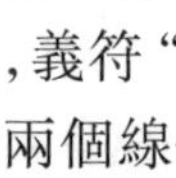

① Q128 ② Q067

《説文·言部》：“，誦也。从言，與聲。”

【釋形】

《説文》小篆爲形聲字，从言，與聲。漢碑字形中，義符“言”所从之構件“䇂”，向上彎曲的兩個線條被拉直成爲兩横畫，豎畫被省略；聲符“與”所从之構件“舁”，上面的兩隻手寫成“臼”，下面的兩隻手連寫形變作“丌”，如圖①②。構件“言”和“與”的位置關係没有發生變化。

【釋義】

㊀聲望，名望：“生播高譽，〖殁垂令名〗”

（Q127）；“崇譽休□，莫與比功”（Q070）；“其功譽恒□示好”（Q067）。㊁用於人名：“膠東君諱弘，字元譽”（Q128）。

3064 **謝** xiè 《廣韻》辞夜切，邪禡去。邪鐸。

① Q127

② Q125

③ Q115

④ Q100

《説文·言部》：“，辤、去也。从言，䠶聲。”

【釋形】

《説文》小篆爲形聲字，从言，䠶聲。漢碑字形中，義符“言”所从之構件“䇂”，向上彎曲的兩個線條被拉直成爲兩横畫，豎畫被省略。聲符“䠶”《説文》或作，漢碑隸變與“䠶”之篆文或體相承，从寸，如圖①④；構件“身”也有不同程度的省變，如圖③④。

【釋義】

㊀推辭，謝絶：“驅馳相隨到都亭，游徼候見謝自便”（Q100）㊁感謝，報答：“朝莫侍師，不敢失懽心，天恩不謝，父母恩不報”（Q106）。㊂姓氏：“遭謝酉、張除反，爰傅碑在泥塗”（Q188）；“任城謝伯威二百”（Q112）；“弟子汝南平輿謝洋，字子〖讓〗”（Q127）。

3065 **詠(咏)** yǒng 《廣韻》爲命切，雲映去。匣陽。

① Q128

② Q146

③ Q185

④ Q112

⑤ Q169

⑥ J496

《説文·言部》：“，歌也。从言，永聲。，詠或从口。”

【釋形】

《説文》小篆爲形聲字，从言，永聲。漢碑字形中，有的承襲《説文》正篆，从言，如圖①～③；有的承襲《説文》或體，从口，如圖④～⑥。義符“言”所从之構件“䇂”，向上彎曲的兩個線條被拉直成爲兩横畫，豎畫被省略；聲符“永”小篆像人在水中游泳之狀，爲“泳”之初文，隸變過程中線條發生分解，構意喪失，如圖①～⑥。

【釋義】

㊀歌唱，吟誦：“慕君靡已，乃詠新詩”（Q150）；又見“吟咏”。㊁歌頌，讚頌：“勳績著聞，百遼詠虞”（Q128）；“三國清平，詠歌懿德”（Q146）；“於是四方士仁，聞君風燿，敬咏其德”（Q112）。

3066 **咏**

“詠”的異體字（圖④～⑥），見3065詠。

3067 **諍** zhèng 《廣韻》側迸切，莊諍去。莊耕。

Q114

《説文·言部》：“，止也。从言，爭聲。”

【釋形】

《説文》小篆爲形聲字，从言，爭聲。漢碑字形中，義符“言”所从之構件“䇂”，向上彎曲的兩個線條被拉直成爲兩横畫，豎畫被省略；聲符“爭”小篆从𠬪从厂，像兩手爭奪一物之狀，構件“𠬪”上方的“爪”漢碑字形訛寫作“日”，如圖。

【釋義】

通“爭”，爭奪，爭取：“古聖所不勉，壽命不可諍”（Q114）。

3068 **訖** qì 《廣韻》居乞切，見迄入。見物。

① Q163

② Q129

《説文·言部》：“，止也。从言，气聲。”

【釋形】

《説文》小篆爲形聲字，从言，气聲。漢碑字形中，義符“言”所从之構件“辛”，向上彎曲的兩個線條被拉直成爲兩横畫，豎畫被省略；聲符“气”原有的三個線條轉寫形態各異，與現在通行的寫法“乞”不同，如圖①②。

【釋義】

㊀終止，結束：“〖莽〗有窮訖，□□若長”（Q124）。㊁完畢，完成：“豎石訖成”（Q163）；“□□墳道頭訖成”（Q163）。㊂通“迄”，介詞，到，至：“後不承前，至于亡新，寖用丘虚，訖今垣趾營兆猶存”（Q129）。

3069 **諺** yàn 《廣韻》魚變切，疑線去。疑元。

Q178

《説文·言部》：“，傳言也。从言，彦聲。”

【釋形】

《説文》小篆爲形聲字，从言，彦聲。漢碑字形中，義符“言”所从之構件“辛”，向上彎曲的兩個線條被拉直成爲兩横畫，豎畫被省略；聲符“彦”依據小篆的線條對應轉寫，只是其中的“彡”省變似“二”，如圖。

【釋義】

諺語：“是以鄉人爲之諺曰‘重親致歡曹景完’”（Q178）。

3070 **詣** yì 《廣韻》五計切，疑霽去。疑脂。

Q174

《説文·言部》：“，候至也。从言，旨聲。”

【釋形】

《説文》小篆爲形聲字，从言，旨聲。漢碑字形中，義符“言”所从之構件“辛”，向上彎曲的兩個線條被拉直成爲兩横畫，豎畫被省略；聲符“旨”，構件“匕”隸變爲“𠂉”，構件“甘”隸變混同作“日”形，如圖。

【釋義】

到……去：“始爲無極山詣大常求法食”（Q174）；“以化未〖造〗，勸詣璧廱”（Q123）。

3071 **講** jiǎng 《廣韻》古項切，見講上。見東。

Q202

《説文·言部》：“，和解也。从言，冓聲。”

【釋形】

《説文》小篆爲形聲字，从言，冓聲。“冓”上古音在見母侯部。漢碑字形中，構件“辛”中向上彎曲的兩個線條被拉直成爲兩横畫，豎畫被省略；聲符“冓”將小篆圓轉的線條隸定爲平直方折的筆畫，且上下兩部分相分離，如圖。

【釋義】

㊀講解，傳授：“祖講《詩》《易》，剖演奧藝”（Q172）；“學中大主，晨以被抱，爲童冠講”（Q202）；“講《禮》習聆，匪徒豐學”（Q193）。㊁用於官名：“以大夫侍講，至五官中郎將”（S110）。

3072 **詒** yí 《廣韻》與之切，餘之平。餘之。

Q133

《説文·言部》：“，相欺詒也。一曰：遺也。从言，台聲。”

【釋形】

《説文》小篆爲形聲字，从言，台聲。漢碑字形中，義符“言”所从之構件“辛”，向上彎曲的兩個線條被拉直成爲兩横畫，豎畫被省略；聲符“台”的構件“目”隸變爲三角形，如圖。

【釋義】

通"貽",留傳,傳至:"載名金石,詒于无疆"(Q133)。

3073 **譏** jī 《廣韻》居依切,見微平。見微。

Q142

《説文·言部》:",誹也。从言,幾聲。"

【釋形】

《説文》小篆爲形聲字,从言,幾聲。漢碑字形中,義符"言"所从之構件"辛",向上彎曲的兩個線條被拉直成爲兩横畫,豎畫被省略。聲符"幾"上部像束絲之形的構件,其線條分解爲筆畫,寫作"𢆶";構件"戍"所从之"人"和"戈"下部粘連,如圖。

【釋義】

通"幾",徵兆:見"譏微"。

【釋詞】

[譏微]隱微的徵兆:"君神明之驗,譏微玄妙"(Q142)

3074 **䜌** luán 《廣韻》落官切,來桓平。來元。

Q114

《説文·言部》:",亂也。一曰治也。一曰不絶也。从言、絲。古文䜌。"

【釋形】

《説文》小篆爲會意字,从言从絲。漢碑字形中,構件"言"所从之構件"辛",向上彎曲的兩個線條被拉直成爲兩横畫,豎畫被省略;構件"絲"下面的形體共同隸變爲四點,托於整字之下,使整字的結構布局發生了明顯的改變,如圖。

【釋義】

繫:"募使名工高平王叔、王堅、江胡䜌石連車,菜石縣西南小山陽山"(Q114)。

3075 **訾** zī 《廣韻》即移切,精支平。精支。

① Q029

② Q043

《説文·言部》:",不思稱意也。从言,此聲。《詩》曰:'翕翕訿訿。'"

【釋形】

《説文》小篆爲形聲字,从言,此聲。漢碑字形中,義符"言"所从之構件"辛",向上彎曲的兩個線條被拉直成爲兩横畫,豎畫被省略;聲符"此",構件"止"與"匕"連寫,且"匕"筆畫"乚"向右下延長,使整字視覺上成爲半包圍結構,如圖①②。

【釋義】

通"貲",錢財:"僤中其有訾次當給爲里父老者,共以客田借與,得收田上毛物穀實自給。即訾下不中,還田轉與當爲父老者,傳後世子孫以爲常。其有物故,得傳後代户者一人。即僤中皆訾下不中父老,季、巨等共假賃田,它如約束"(Q029)。

3076 **誕** dàn 《廣韻》徒旱切,定旱去。定元。

① Q137

② JB6

③ Q193

《説文·言部》:",詞誕也。从言,延聲。,籀文誕省正。"

【釋形】

《説文》小篆爲形聲字,从言,延聲。漢碑字形中,義符"言"所从之構件"辛",向上彎曲的兩個線條被拉直成爲兩横畫,豎畫被省略。聲符"延"本由構件"延"和"丿"組成,其中構件"延"所从之"廴"混同作"辶",其上或兩點或三點,如圖①~③;構件"丿"或寫爲一横,與"止"組合形似於"正",如圖②。

【釋義】

出生，生育："先生誕膺天衷"（S97）；"惟嶽降精，誕生忠良"（Q148）。

【釋詞】

［誕降］降臨："長發其祥，誕降于君"（Q137）。

3077 讙 huān 《廣韻》呼官切，曉桓平。曉元。

Q171

《説文·言部》："讙，譁也。从言，雚聲。"

【釋形】

《説文》小篆爲形聲字，从言，雚聲。漢碑字形中，義符"言"所从之構件"辛"，向上彎曲的兩個線條被拉直成爲兩横畫，豎畫被省略；聲符"雚"之構件"吅"寫作三角形，上面的"丫"已磨滅不可識，如圖。

【釋義】

通"歡"，高興，喜悦："明〖公〗□讙，〖得〗以□足"（Q171）。

3078 謬 miù 《廣韻》靡幼切，明幼去。明覺。

Q178

《説文·言部》："謬，狂者之妄言也。从言，翏聲。"

【釋形】

《説文》小篆爲形聲字，从言，翏聲。漢碑字形中，義符"言"所从之構件"辛"，向上彎曲的兩個線條被拉直成爲兩横畫，豎畫被省略；聲符"翏"所从之構件"㐱"隸變作"尒"，構件"羽"隸定爲兩個"彐"，如圖。

【釋義】

差錯，錯亂："天時錯謬"（Q175）；"紀綱萬里，朱紫不謬"（Q178）。

3079 詐 zhà 《廣韻》側駕切，莊禡去。莊鐸。

① J011

② Q146

《説文·言部》："詐，欺也。从言，乍聲。"

【釋形】

《説文》小篆爲形聲字，从言，乍聲。漢碑字形中，義符"言"所从之構件"辛"，向上彎曲的兩個線條被拉直成爲兩横畫，豎畫被省略；聲符"乍"，《説文》以爲从亡从一，漢碑字形變異嚴重，已看不出原有的結構，如圖①②。

【釋義】

欺騙，欺詐："强不暴寡，知不詐愚"（Q146）。

3080 訟 sòng 《廣韻》似用切，邪用去。邪東。

① Q169

② J228

《説文·言部》："訟，爭也。从言，公聲。曰：謌訟。䜋，古文訟。"

【釋形】

《説文》小篆爲形聲字，从言，公聲。漢碑字形中，義符"言"所从之構件"辛"，向上彎曲的兩個線條被拉直成爲兩横畫，豎畫被省略；聲符"公"，《説文》小篆从八从厶，構件"厶"寫作閉合的三角形，如圖①②。

【釋義】

訴訟，官司："於是乃聽訟理怨，教誨後生，百有餘人，皆成俊艾"（Q169）。

3081 訴(愬) sù 《廣韻》桑故切，心暮去。心鐸。

① Q117

② Q125

《説文·言部》："訴，告也。从言，㡿省聲。《論語》曰：'訴子路於季孫。'䜞，訴或从言、朔。愬，訴或从朔、心。"

【釋形】

《説文》以爲形聲字，从言，斥省聲。《説文解字繫傳》認爲“从言，㡿聲”。漢碑字形中，有的承襲《説文》正篆，義符“言”所从之構件“辛”，向上彎曲的兩個線條被拉直成爲兩橫畫，豎畫被省略；聲符“㡿”所从之構件“屰”小篆本作 ，漢碑字形將彎曲的線條拉直，寫作三横一豎，近“手”形，如圖①。有的承襲小篆或體“从朔、心”，構件“朔”所从“屰”隸變形近於“手”；構件“心”分解爲筆畫，失去象形意味，整字隸定爲“”，如圖②。

【釋義】

告訴，訴説：“俯哭誰訴，〖印囗焉〗告”（Q117）；“立廟桐柏，春秋宗奉，灾異告愬，水旱請求”（Q125）。

3082 **愬**

“訴”的異體字（圖②），見 3081 訴。

3083 **讒** chán 《廣韻》士咸切，崇咸平。崇談。

Q084

《説文·言部》：“，譖也。从言，毚聲。”

【釋形】

《説文》小篆爲形聲字，从言，毚聲。漢碑字形中，義符“言”所从之構件“辛”，向上彎曲的兩個線條被拉直成爲兩橫畫，豎畫被省略；聲符“毚”上下兩個構件隸定混同爲“免”，如圖。

【釋義】

説別人的壞話：見“讒讒”。

【釋詞】

［讒讒］羣小聚集在一起説別人壞話的樣子：“疾讒讒比周，愠頻頻之黨，☐唐虞之道”（Q084）。

3084 **讓** ràng 《廣韻》人樣切，日漾去。日陽。

① Q144

② Q083

③ Q088

④ Q141

⑤ Q178

⑥ Q066

《説文·言部》：“，相責讓。从言，襄聲。”

【釋形】

《説文》小篆爲形聲字，从言，襄聲。漢碑字形中，義符“言”所从之構件“辛”，向上彎曲的兩個線條被拉直成爲兩橫畫，豎畫被省略。聲符“襄”所从之構件“衣”，上面像衣領的部分有的隸定近似於“人”形，如圖①；多數則隸定作“亠”，如圖②～⑥。“衣”中間包裹的部分局部發生粘合，寫作“𠀎”，如圖①～⑥；其中的“吅”有的寫成兩個三角形，如圖⑤⑥。

【釋義】

㊀推辭，拒絶：“拜瀨庭待詔，賜錢千萬，君讓不受”（Q142）；“親安然後志得，友寧然後☐以辭户，授以部職，輒以疾讓”（Q083）；“與充國竝征，電震要荒，聝滅狂狡，讓不受封”（Q169）。㊁謙虚退讓：“進退以禮，允道篤愛，先人後己，克讓有終”（Q144）；“躬伯遜讓，夙宵朝廷”（Q088）；“崇禮讓，遵大雅”（Q045）。㊂寬允，容許：“當讓遐年，今遂逝兮”（Q187）。㊃通“襄”，水流上沖：“漢水逆讓，稽滯商旅”（Q150）。㊄用於人名：“門生魏郡館陶吴讓，字子敬”（Q127）；“時長史廬江舒李謙敬讓”（Q141.23）；“孔謙，字德讓者，宣尼公廿世孫，都尉君之子也”（Q105）。

3085 **譙** qiáo 《廣韻》昨焦切，從宵平。從宵。

Q285

《説文·言部》：“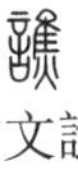，嬈譊也。从言，焦聲。讀若嚼。，古文譙从肖。《周書》曰：

‘亦未敢誚公。’”

【釋形】

《説文》小篆爲形聲字，从言，焦聲。漢碑字形中，義符“言”所从之構件“辛”，向上彎曲的兩個線條被拉直成爲兩横畫，豎畫被省略；聲符“焦”依據小篆進行隸定，其中構件“火”隸定爲“灬”，如圖。

【釋義】

用於地名：“故吏郎中大夫譙郡孫□□達”（Q285）。

3086 詘 qū 《廣韻》區勿切，溪物入。溪物。

Q133

《説文·言部》：“，詰詘也。一曰：屈襞。从言，出聲。，詘或从屈。”

【釋形】

《説文》小篆爲形聲字，从言，出聲。漢碑字形中，義符“言”所从之構件“辛”，向上彎曲的兩個線條被拉直成爲兩横畫，豎畫被省略；聲符中的構件“止、凵”筆畫粘連重組爲“出”形，如圖。

【釋義】

屈從，順從：“君雖詘而就之，以順時政，非其好也，迺翻然輕舉”（Q133）。

3087 誰 shuí 《廣韻》視隹切。禪脂平。禪微。

① Q117

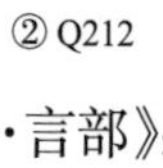

② Q212

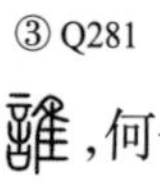

③ Q281

《説文·言部》：“，何也。从言，隹聲。”

【釋形】

《説文》小篆爲形聲字，从言，隹聲。漢碑字形中，義符“言”所从之構件“辛”，向上彎曲的兩個線條被拉直成爲兩横畫，豎畫被省略；聲符“隹”，上端像鳥頭的部分寫作“𠂉”，且與左下的豎筆斷開，如圖①～③。

【釋義】

疑問代詞，指人：“癒哉于嗟！誰不辟世”（Q212）；“俯哭誰訴，〖印口焉〗告”（Q117）；“是誰家冢，田疆古冶”（Q281）。

3088 誅 zhū 《廣韻》陟輸切，知虞平。端侯。

Q079

《説文·言部》：“，討也。从言朱聲。”

【釋形】

《説文》小篆爲形聲字，从言，朱聲。漢碑字形中，義符“言”所从之構件“辛”，向上彎曲的兩個線條被拉直成爲兩横畫，豎畫被省略；聲符“朱”，上弧線尚未隸定爲筆畫，保留了一定的弧度，下弧線則隸定爲一撇和一捺，如圖。

【釋義】

討伐，殺：“敦煌大守雲中裴岑，將郡兵三千人，誅呼衍王等，斬馘部眾，克敵全師”（Q079）；“召鼠誅之，視其腹中，果有被具”（Q199）。

3089 討 tǎo 《廣韻》他浩切，透晧上。透幽。

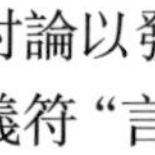

① Q178

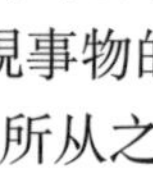

② JB1

《説文·言部》：“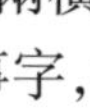，治也。从言从寸。”

【釋形】

《説文》小篆爲會意字，从言从寸，表示討論以發現事物的規律之義。漢碑字形中，義符“言”所从之構件“辛”，向上彎曲的兩個線條被拉直成爲兩横畫，豎畫被省略；義符“寸”小篆爲指事字，在像手之形的“又”上添加指示符號，漢碑字形中“又”隸變一横和豎鉤，已看不出手的樣子，如圖①②。

【釋義】

征伐，討伐：“孫字翁仲，新城長，討暴有功，拜關内侯”（Q169）；“君興師征討，有吮膿之仁,分醪之惠”(Q178)。

3090 **誄** lěi 《廣韻》力軌切,來旨上。
來微。

Q088

《説文·言部》:“,謚也。从言,耒聲。”

【釋形】

《説文》小篆爲形聲字,从言,耒聲。漢碑字形中,義符“言”所从之構件“辛”,向上彎曲的兩個線條被拉直成爲兩横畫,豎畫被省略;聲符“耒”近似“未”上加一短横,如圖。

【釋義】

追述死者功德以示哀悼的一種文體:“後來詠其烈,竹帛叙其勳,乃作誄曰”(Q088);“其誄曰:溧陽長潘君諱乾,字元卓,陳國長平人”(Q172)。

3091 **該** gāi 《廣韻》古哀切,見咍平。
見之。

① Q084 ② Q169 ③ Q137

《説文·言部》:“,軍中約也。从言,亥聲。讀若心中滿該。”

【釋形】

《説文》小篆爲形聲字,从言,亥聲。漢碑字形中,義符“言”所从之構件“辛”,向上彎曲的兩個線條被拉直成爲兩横畫,豎畫被省略;聲符“亥”金文作(《吳方彝》)、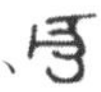(《弔專父盨》)、(《陳侯鼎》)、(《邾公華鐘》)等形,構意不明,漢碑字形依據小篆進行隸定,如圖①~③。

【釋義】

㊀包括,囊括:“履該顔原,兼脩季由,聞斯行諸”(Q137);“該三五之藉,歇周孔之蘂”(Q084);“慱學甄微,靡道不該”(Q066)。㊁充足,富有:“育生充國,字翁孫,該于威謀,爲漢名將”(Q169)。

3092 **謚** shì 《廣韻》神至切,船至去。
船錫。

① Q154 ② Q137

《説文·言部》:“,笑皃。从言,益聲。”

【釋形】

《説文》小篆爲形聲字,从言,益聲。漢碑字形中,義符“言”所从之構件“辛”,向上彎曲的兩個線條被拉直成爲兩横畫,豎畫被省略。聲符“益”的構件“水”横置,依據小篆隸定作“㓁”,如圖①;有的省略四點,僅剩一横畫,如圖②;構件“皿”的上弧線被拉直,與左右兩側的短豎線相接,失去象形意味,如圖①②。

【釋義】

定謚號:“君事帝則忠,臨民則惠,乃昭告神明,謚君曰忠惠父”(Q154);“謚以旌德,銘以勒勳”(Q137)。

3093 **讜** dǎng 《廣韻》多朗切,端蕩上。
端陽。

① Q088 ② Q095

《説文·言部》(新附字):“,直言也。从言,黨聲。”

【釋形】

《説文》小篆爲形聲字,从言,黨聲。漢碑字形中,義符“言”所从之構件“辛”,向上彎曲的兩個線條被拉直成爲兩横畫,豎畫被省略。聲符“黨”所从之構件“尚”或省去中間的“口”,如圖②;構件“黑”的上部訛寫混同作“里”,如圖①②。

【釋義】

忠誠,正直:“建策忠讜,辨秩東衍”(Q088);“瘲弘大節,讜而益明”(Q095)。

3094 **訞** yāo 《廣韻》於喬切,影宵平。
影宵。

① Q178 ② Q137

《説文》無。

【釋形】

形聲字，从言，夭聲。漢碑字形中，義符“言”所从之構件“辛”，向上彎曲的兩個線條被拉直成爲兩横畫，豎畫被省略；聲符“夭”小篆字形爲，像人頭部屈曲的樣子，漢碑字形中屈頭之形分解爲一撇；右下的捺筆往往添加一短撇，如圖①②。

【釋義】

同“妖”，㊀災異，災病：“國外浮訞，淡界繆動”（Q137）。㊁邪惡惑人的：“訞賊張角，起兵幽冀”（Q178）。

3095 **詆**

“氐”的異體字（圖⑤），見 12157 氐。

3096 **註** zhù 《廣韻》之戍切，章遇去。又中句切。

Q114

《説文》無。

【釋形】

形聲字，从言，主聲。漢碑字形中，義符“言”所从之構件“辛”，向上彎曲的兩個線條被拉直成爲兩横畫，豎畫被省略；聲符“主”的小篆字形爲，最上面向上彎曲的線條到漢碑中被拉直爲一横畫，如圖。

【釋義】

識，知悉：“惟許卒史安國，禮性方直，廉言敦篤，慈仁多恩，註所不可”（Q114）。

3097 **謟**

“滔”的異體字（圖③），見 2051 滔。

3098 **謠** yáo 《廣韻》餘昭切，餘宵平。餘宵。

① Q128 ② Q138

《説文》無。

【釋形】

漢碑字形从言，䍃聲，爲形聲字。《説文》中有“䍃”，段玉裁認爲从言肉聲，漢碑字形是在“䍃”上纍增義符“言”的强化形聲字。其中義符“言”所从之構件“辛”，向上彎曲的兩個線條被拉直成爲兩横畫，豎畫被省略，如圖①②；聲符“䍃”上面的“肉”有時少寫一點，形似“夕”，如圖①。

【釋義】

㊀民間流行的歌謠：見“謠聲、謠言”。㊁通“繇”，由：“岐齔謠是，含好英常”（Q128）。

【釋詞】

［謠聲］民間用歌謠的形式頌揚某人的美德：“邁去遺愛，民有謠聲”（Q138）。

［謠言］民間流行的歌謠：“乃相與咨度諏詢，采摭謠言，刊石旌□詩三章”（Q193）。

3099 **謇** jiǎn 《廣韻》九輦切，見獮上。見元。

① Q066 ② Q137 ③ Q179

《説文》無。

【釋形】

形聲字，从言，寒省聲。漢碑字形中，義符“言”所从之構件“辛”，向上彎曲的兩個線條被拉直成爲兩横畫，豎畫被省略，如圖①～③。聲符“寒”的小篆字形爲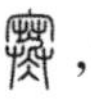，漢碑字形將構件“茻”和“人”粘合重組，變成“共”，如圖①②；“共”上部兩豎筆或省，如圖③。

【釋義】

正直，忠誠：“孝弟於家，中謇於朝”（Q179）；又見“謇謇、謇愕”。

【釋詞】

［謇愕］亦作“謇鄂、謇諤”，正直敢言：

“犯顔謇愕，造膝〖佹辭〗”（Q117）。

［謇謇］忠貞、正直的樣子：“謇謇其直，皦皦其清”（Q066）；“謇謇王臣，群公憲章”（Q137）。

3100 **讚** zàn 《廣韻》則旰切，精翰去。精元。

① Q102

② Q141

③ Q153

《説文》無。

【釋形】

形聲字，从言，贊聲。漢碑字形中，義符“言”所从之構件“辛”，向上彎曲的兩個線條被拉直成爲兩横畫，豎畫被省略；聲符“贊”《説文》小篆从貝从兟，構件“兟”在漢碑中多寫成“扶”，如圖①～③。

【釋義】

㊀讚揚，讚頌：“皆讚所見，于時頌□”（Q148）；“奚斯讚魯，考父頌殷”（Q179）。㊁佐助，護佑：“演易繫辭，經緯天地，幽讚神朙，故特立廟”（Q102）；又見“幽讚”。㊂文體名，以頌揚人物功德爲主的一種文體：“讚曰：皇靈炳璧，郢令名矣”（Q153）；“讚曰：巍巍大聖，赫赫彌章”（Q102）。㊃用於人名：“守廟〖百〗石孔讚、副掾孔綱、故尚書孔立元世、河東大守孔彪元上”（Q141）。

3101 **譱**

“善”的異體字（圖①），見 3102 善。

3102 **善**（譱） shàn 《廣韻》常演切，禪獮上。禪元。

① Q144

② Q163

③ Q084

④ Q087

⑤ Q134

⑥ Q083

⑦ Q179

《説文》爲“譱”之或體，《説文·誩部》：“，吉也。从誩从羊。此與義美同意。，篆文譱从言。”

【釋形】

《説文》以爲會意字，从言从羊，表示吉祥美好之義。或以爲“善”即膳食之“膳”的初文，故从羊。从誩之意不明。漢碑字形中，有的承襲《説文》正篆，从誩从羊，如圖①；更多的則是承襲《説文》或體，从羊从言，字形變異比較複雜。構件“羊”上部有的保留着羊角形，如圖②；有的已經隸變爲“⺷”，如圖③～⑦。構件“言”一般省寫爲“䒑”和“口”，如圖②～④；有的進一步變異爲“艹”和“口”，如圖⑤；有的則省寫僅剩“口”，如圖⑥⑦。

【釋義】

㊀善人，善行：“到官正席，流恩褒譱，糾姦示惡”（Q144）；“居欲孝思貞廉，率眾爲善，天利之”（Q015）；“善勸惡懼，物咸寧矣”（Q153）；又見“善世”。㊁喜歡，擅長：“高帝龍興，有張良，善用籌策”（Q179）；“是以綿駒在高唐，而齊右善謳”（Q158）；“温然而恭，慨然而義，善與人交，久而能敬”（S110）。㊂優點，長處：“憎知其善”（Q202）。㊃使美好：“行篤言忠，否則獨善”（Q194）。㊄用於人名：“故吏韋伯善錢三百”（Q179）。

【釋詞】

［善世］爲善於世：“此宜蹈鼎，善世令王”（Q128）。

3103 **競**（競） jìng 《廣韻》渠敬切，羣映去。羣陽。

① Q066

② Q130

《説文·誩部》：“，彊語也。一曰：逐也。从誩从二人。”

【釋形】

《説文》小篆爲會意字，从誩从二人，表示二人言語相爭之義。按“競”甲骨文作

（《合》4337），像二人競逐之狀，故其本義應爲競逐。或上面增添飾筆作（《合》31706）、（《合》4338）。金文逐漸演變爲（《䝬鐘》），爲小篆字形之所本。《說文》據小篆釋爲“从詰从二人”，或爲理據重構。漢碑字形中，構件“詰”所从的二“言”，各省寫作“立”和“口”，如圖①；有的在“口”中各加一横畫，與“音”混同，如圖②。

【釋義】

競相，爭着：“競德國家，猶昔八虞，文王是諮”（Q130）；“州郡虚己，競以禮招”（Q066）。

3104 **競**

“競”的異體字（圖②），見3103 競。

3105 **音** yīn 《廣韻》於金切，影侵平。影侵。

① Q141

② Q153

③ Q169

《說文·音部》：“，聲也。生於心，有節於外，謂之音。宮商角徵羽，聲也；絲竹金石匏土革木，音也。从言含一。凡音之屬皆从音。”

【釋形】

《說文》小篆爲指事字，从言，“口”中的“一”指示人發出聲音的地方。構件“言”在小篆中从口辛聲，到了漢碑中，構件“辛”省去了下面竪畫，寫作“立”；構件“口”與内部的指事符號重組爲“日”，如圖①～③。

【釋義】

㊀音樂，樂調：“君於是造立禮器，樂之音苻，鍾磬瑟皷”（Q112）；又見“八音”。㊁比喻美好的聲譽：“蓋以爲垂聲罔極，音流管弦，非篇訓金石，孰能傳焉”（Q169）；又見“德音”。㊂用於人名：“將作掾王箛、元氏令茅□、丞吴音、廷掾郭洪”（Q060）；“故脩行都昌段音，字吉節”（Q088）。

3106 **響（韾）** xiǎng 《廣韻》許兩切，曉養上。曉陽。

① Q060

② Q140

《說文·音部》：“，聲也。从音，鄉聲。”

【釋形】

《說文》小篆爲形聲字，从音，鄉聲。漢碑或依小篆字形轉寫隸定，如圖①；或改爲會意字，从音从景，理據重構，如圖②。

【釋義】

回響，回音：“報如景響，國界大豐”（Q060）；“獲麟趣作，端門見徵，血書著紀，黄玉韾應”（Q140）。

3107 **韾**

“響”的異體字（圖②），見3106 響。

3108 **章** zhāng 《廣韻》諸良切，章陽平。章陽。

① Q125

② Q056

③ Q095

④ Q102

⑤ Q178

《說文·音部》：“，樂竟爲一章。从音从十。十，數之終也。”

【釋形】

《說文》小篆爲會意字，从音从十，表示音樂終了。按“章”金文作（《競卣》）、（《𦿅簋》），構形不明。小篆演變爲从音从十，或爲理據重構。漢碑字形中，構件“音”和“十”多穿插在一起，如圖②～⑤。也有的構件“音”所从之“辛”簡寫作三横，如圖①；有的構件“十”的竪畫穿過“音”下的“日”，與“立”下的横畫相接。

【釋義】

㊀樂章，篇章：“侯惟安國，兼命斯

章”（Q129）；“博貫史略，彫篆六體，稽呈前人，吟咏成章”（Q169）。㊁制度，章程：“謹畏舊章，服竟，還〖署，試拜〗尚書侍郎”（Q148）；“匪奢匪儉，率由舊章”（Q174）；又見“憲章”。㊂文理，文采：“脩學童冠，琢質繡章”（Q172）；“寋帷及月，各有文章”（Q114）。㊃彰顯，顯揚。後來寫作“彰”：“奉見劉朙府，立祠刊石，表章大聖之遺靈，以示來世之未生”（Q123）；“貽我三魚，以章懿德”（Q066）；“讚曰：巍巍大聖，赫赫彌章”（Q102）。㊄用於年號：“章和元年二月十六日，文學掾平邑卿之門”（Q035）。㊅用於人名：“故吏韋武章”（Q179）；“門生蘇章”（Q267）；“故吏北海都昌逢章，字文〖理〗”（Q127）。㊆用於地名：“侍祠官属五官掾章陵〖劉〗訢”（Q125）；“右尉豫章南昌程陽，字孝遂”（Q172）。

【釋詞】

［章句］即辨章析句，經學家説解經典的一種體式：“父通，本治白孟《易》丁君章句”（Q124）；“君諱榮，字含和。治魯《詩經》韋君章句”（Q132）。

［章明］宣揚，顯揚：“蓋欲章明孔子葬母四尺之裔行上德”（S72）；“懼不能章明，故刻石紀□”（Q056）。

3109 **竟**　jìng 《廣韻》居慶切，見映去。見陽。

① Q088

② Q111

③ Q153

④ Q178

《説文·音部》：“，樂曲盡爲竟。从音从人。”

【釋形】

《説文》以爲會意字，从音从人。按“竟”甲骨文作（《合》35224），从言从人，或曰从辛从兄，構意不明。小篆變爲从音从人，構意仍不好理解。漢碑字形中，構件“音”所从之“辛”隸定作“立”，構件“人”隸定作“儿”，如圖①～④。

【釋義】

㊀完成，終結：“服竟，還拜屯騎校尉，以病遜位”（Q154）；“富貴無恙，傳于子孫，〖修〗之無竟”（Q124）；“坐席未竟，年卌二，不幸蚤終，不卒子道”（Q106）。㊁通“境”，邊界，疆界：“高祖龍興，婁敬畫計，遷諸關東豪族英傑，都于咸陽，攘竟蕃衛”（Q153）；“下以安固後嗣，恢拓竟宇，振大漢之天聲”（H26）；“殘僞易心，輕黠踰竟，鴟梟不鳴，分子還養”（Q088）。

3110 **童**　tóng 《廣韻》徒紅切，定東平。定東。

① Q127

② Q178

③ Q202

《説文·辛部》：“，男有辠曰奴，奴曰童，女曰妾。从䇂，重省聲。，籀文童，中與竊中同从廿。廿以爲古文疾字。”

【釋形】

《説文》以爲形聲字，从䇂，重省聲。按甲骨文“童”作（《屯》650），上像以刑具刺目之形，下像站立受刑的奴隸。金文在甲骨文字形的基礎上加聲符“東”，作（《史牆盤》）；或再加“土”，作（《毛公鼎》）。小篆在此基礎上省去“目”，“東”與“土”發生粘合。漢碑字形將小篆彎曲的線條隸定爲筆畫，“土”上向下彎曲的線條被省略，如圖①～③。

【釋義】

㊀指未成年的奴僕。見“門童、童妾”。㊁兒童：見“童冠”。㊂年幼時，年幼的：“君童齔好學，甄極毖緯，無文不綜”（Q178）；“先生童孩多奇，岐嶷有志”（S110）。

【釋詞】

［童冠］語出《論語·先進》：“莫春者，春服既成，冠者五六人，童子六七人，浴乎沂，風乎舞雩，咏而歸。”泛指青少年：“學中大主，晨以被抱，爲童冠講”（Q202）；“脩學

童冠，琢質繡章”（Q172）。

［童妾］指未成年的奴僕：“童妾壺饁，敬而賓之”（Q171）。

3111 **妾** qiè 《廣韻》七接切，清葉入。清葉。

Q171

《説文·辛部》：“，有辠女子，給事之得接於君者。从辛从女。《春秋》云：‘女爲人妾。’妾，不娉也。”

【釋形】

《説文》以爲會意字，从辛从女，表示有罪的女人。按“妾”甲骨文作（《合》658）、（《合》662），上面的構件或云像刑具之形，或云像頭飾之形，小篆演變爲“辛”。漢碑字形中，構件“辛”隸定混同爲“立”，如圖。

【釋義】

婢女：“童妾壺饁，敬而賓之”（Q171）。

3112 **業** yè 《廣韻》魚怯切，疑業入。疑葉。

① Q127 ② Q129 ③ Q169 ④ Q153

《説文·丵部》：“，大版也。所以飾縣鐘鼓。捷業如鋸齒，以白畫之。象其鉏鋙相承也。从丵从巾，巾象版。《詩》曰：‘巨業維樅。’，古文業。”

【釋形】

《説文》以爲會意字，从丵从巾，表示懸置鐘鼓的大版。按“業”金文作（《祖伯鼎》），像兩人高舉大版之形。《説文》古文與之相承。漢碑字形中，上部隸定爲“丵”，下部隸定爲“木”，且上下相接，如圖①～③；也有的最上端近似於“光”字頭，如圖④。

【釋義】

㊀家業，産業：“建宅處業，汶山之陽”（Q070）；“勸課趨時，百姓樂業”（Q161）；“〖或〗失緒業兮，至于困貧”（Q150）。㊁學問，事業：“祖述家業，脩《春秋經》”（Q105）；“初受業於歐陽，遂窮究于典籍”（Q117）；“守約履勤，體聖心叡，敦五經之瑋圖，兼古業，覈其妙，行脩言道”（Q193）。㊂功業，功績：“惟中嶽大室，崇高神君，處兹中夏，伐業最純”（Q061）；“矯王業，弼紫微”（Q135）；“緝熙之業既就，而閨閾之行允恭，德音孔昭”（Q127）。

【釋詞】

［業業］謹慎戒懼的樣子：“兢兢業業，素絲羔羊；誾誾侃侃，顒顒昂昂”（Q137）。

3113 **對** duì 《廣韻》都隊切，端隊去。端物。

① Q100 ② Q146 ③ Q179 ④ Q179

⑤ Q142

《説文·丵部》：“，譍無方也。从丵从口从寸。，對或从士。漢文帝以爲責對而爲言多非誠對，故去其口，以从士也。”

【釋形】

《説文》以爲會意字，从丵从口从寸，表示應答不拘泥方法。按“對”甲骨文作（《合》30600），金文作（《友簋》），像以手執某物之形，其構意不明。小篆沿襲金文字形并進一步線條化，或將左下角改作“口”，以强調其對答之義。《説文》以从“口”的形體爲正篆，另一種爲或體。漢碑字形承襲《説文》或體，并進行對應隸定，如圖①～⑤。

【釋義】

㊀回答，應答：“上問君於何所得之，對曰：‘從蜀郡大守取之。’”（Q142）；“帝遊上林，問禽狩所有，苑令不對，更問嗇夫”

（Q179）；"謹問大常祠曹掾馮牟，史郭玄。辭對：故事，辟雍禮未行"（Q102）。㊁相對，相向："朱爵對游栗仙人，中行白虎後鳳皇"（Q100）；"爲夗爲央，關關對語"（H144）。

【釋詞】

［對會］特指對簿公堂："屬縣趍教，無對會之事"（Q146）。

3114 **僕** pú 《廣韻》蒲木切，並屋入。並屋。

① Q038

② Q066

③ Q084

《説文·菐部》："，給事者。从人从菐，菐亦聲。，古文从臣。"

【釋形】

《説文》以爲會意兼形聲字，从人从菐，菐亦聲，表示供役使的人。按"僕"甲骨文作（《合》17961），像戴有頭飾和尾飾的僕人手持簸箕棄除垃圾之狀。金文或承襲甲骨文作（《僕麻卣》）；或發生離析重組，寫作（《趞簋》），省簡作（《幾父壺》），爲小篆字形之所本。戰國秦文字作（《睡·秦》180），構件"菐"所从之構件"丵"與"収"的隸變形體"大"發生粘合。漢碑字形中，有的爲碑文篆書，如圖①。多數則承襲戰國秦文字，如圖②；有的最下面的兩筆離析爲"八"字形，如圖③。

【釋義】

用於官名：見"大僕、僕射"。

【釋詞】

［僕射］秦置官名，漢時權位僅次於尚書令："轉拜僕射令，三辰明，王衡平，休徵集，皇道著"（Q084）。

3115 **奉** fèng 《廣韻》扶隴切，並腫上。並東。

① Q066

② Q106

③ Q119

《説文·収部》："，承也。从手从廾，丯聲。"

【釋形】

《説文》小篆爲形聲字，从手从廾，丰聲。按"奉"爲"捧"的初文，金文作（《散氏盤》），像雙手捧"丰"之狀，"丰"既像莊稼的樣子，又可以充當聲符，故整字爲會意兼形聲字。小篆又增添構件"手"，强調與手的動作有關。漢碑字形中，構件"廾"和"丰"發生粘連，隸變作"夫"，如圖①③；構件"手"形變作兩横一豎，如圖①②；或形變似"干"，如圖③。也有的字形構件"丰"與"手"連寫，構件"廾"簡寫爲一撇一捺，如圖③。隸變後原有構形理據喪失。

【釋義】

㊀捧着，承托。後來寫作"捧"："奉爵稱壽，相樂終日"（Q141）"奉魁承杓，綏億衙彊"（Q095）。㊁接受："畢志枕丘，國復重察，辭病不就，再奉朝娉"（Q187）。㊂遵從，恪守："皆以宰府爲官，奉遵先訓，易世不替"（Q066）；"選其年卌以上，經通一藝，雜試通利，能奉弘先聖之禮，爲宗所歸者，如詔書"（Q102）；又見"奉行"。㊃供奉，祭祀："立廟桐柏，春秋宗奉，灾異告愬，水旱請求，位比〖諸侯〗"（Q125）；"自三五迭興，其奉山川，或在天子，或在諸侯"（Q129）；"齋誠奉祀，戰慄盡懃"（Q061）；又見"奉見"。㊄供給，供養：見"奉遺"。㊅俸禄。後來寫作"俸"：見"俸禄、俸錢"。㊆用於人名："門生東郡東武陽滕穆，字奉德"（Q127）；"故吏氾奉祖錢三百"（Q179）；"河南雒陽種亮奉高五百"（Q112）。

【釋詞】

［奉貢］供職："壓難和戎，武慮慷慨，以得奉貢上計，廷陳惠康安遏之謀"（Q161）。

［奉見］祭祀，供奉："奉見劉朙府，立祠刊石，表章大聖之遺靈，以示來世之未生"（Q123）；"〖君淮則〗大聖，親之桐柏，奉見廟祠，崎嶇逼狹"（Q125）。

［奉禄］薪水，奉錢："□顯有德，分損奉禄"（Q074）。

［奉錢］薪水，俸禄："乃發嘉教，躬損奉錢，倡率羣義，繕廣斯廟"（Q199）；"臣即〖自〗以奉錢，脩上案食醊具，以叙小節，不敢空謁"（Q140）。

［奉喪］守喪："父君不悇，棄官奉喪"（Q128）。

［奉書］寫書信："越嶲大守丞掾奉書言：□□常"（Q170）。

［奉遺］供給財物："蚤離父母三弟，其弟嬰、弟柬、弟强與父母并力奉遺，悲哀慘怛"（Q114）。

［奉行］遵照實行："時簿下督郵李仁，邛都奉行"（Q170）。

［奉宣］宣布皇帝的命令："熹平二年三月癸酉郎官奉宣詔書"（Q161）。

3116 **丞** chéng 《廣韻》署陵切，禪蒸平。
禪蒸。

① Q063

② Q065

③ Q102

④ Q119

⑤ Q128

⑥ Q129

⑦ Q174

《説文·収部》："，翊也。从廾从卪从山。山高，奉承之義。"

【釋形】

《説文》以爲會意字，从廾从山，義爲輔佐。按"丞"甲骨文作（《鐵》1.71.3），像雙手把人從陷阱中往外拉之形，爲拯救之"拯"的初文。"丞"後來引申出輔佐、奉承之義，受此意義影響，其小篆字形演變爲从廾从卪从山，表示將人往高處舉，理據發生重構。漢碑字形中，有的爲碑文篆書，如圖①②。多數則發生隸變，其中構件"卪"有的形變似"了"，如圖④⑥⑦；有的上部呈倒三角形，如圖③⑤。構件"廾"左邊隸變爲橫撇，右邊隸變爲一撇一捺，如圖③～⑦。構件"山"簡寫爲一橫，如圖③～⑦。

【釋義】

㊀用於官名："漢故執金吾丞武君之碑"（Q132）；又見"守丞、府丞"。㊁用於人名："故吏軍謀掾梁國王丞顯宗"（Q285）；"河南尹君丞憙"（Q163）。

3117 **弄** qí 《廣韻》渠之切，羣之平。
羣之。

Q172

《説文·収部》："，舉也。从廾，由聲。《春秋傳》曰：'晉人或以廣墜，楚人弄之。'黄顥説，廣車陷，楚人爲舉之。杜林以爲麒麟字。"

【釋形】

《説文》以爲形聲字，从廾，由聲。按"弄"甲骨文作，像雙手舉物之形，會意字。小篆所舉之物訛作"由"，"由"非聲符。漢碑字形中，下面兩隻手粘合爲"廾"，上面的構件隸定作"由"，如圖。

【釋義】

通"其"，助詞，無實義："發彼有的，雅容弄闲"（Q172）。

3118 **戒** jiè 《廣韻》居拜切，見怪去。
見職。

① Q095

② Q102

③ Q102

《説文·収部》："，警也。从廾持戈，以戒不虞。"

【釋形】

《説文》小篆爲會意字，从廾持戈，表示警戒。漢碑字形中，構件"戈"向右的斜畫拉長，使整個字形由上下結構變爲半包圍結構。構件"廾"由小篆左右兩手之形粘連形變，有的似"六"，如圖①；有的似"大"，如圖②；有的似"丌"，如圖③。

【釋義】

用於人名："書佐西成王戒，字文寳主"（Q095）；"司徒臣雄，司空臣戒"（Q102）；"司空公蜀郡成都趙戒，字意伯"（Q102）。

3119 **兵** bīng 《廣韻》甫明切，幫庚平。幫耕。

① Q127

② Q202

《説文·収部》："，械也。从廾持斤，并力之皃。，古文兵。从人、廾、干。，籀文。"

【釋形】

《説文》小篆爲會意字，从廾持斤，表示兵器。甲骨文作（《合》7204），更爲形象。《説文》古文从人从廾从干，理據重構；《説文》籀文於構件"斤"下添加一横線，戰國秦文字開始隸變，寫作（《睡·秦》102）。漢碑字形承襲戰國秦文字，構件"斤"多添加一横，近似於"斥"；構件"廾"粘連形變似"丌"，如圖①②。

【釋義】

㊀兵器，武器："訪姦雄，除其螫賊，曜德戢兵，怕然無爲"（Q202）。㊁士卒，軍隊："敦煌大守雲中裴岑，將郡兵三千人"（Q079）；"乃與執金吾耿秉，述職巡御，理兵于朔方"（H26）。㊂戰事，戰爭：見"起兵"。㊃用於官名："建寧初政，朝用舊臣，留拜步兵校尉"（Q137）。

3120 **弈** yì 《廣韻》羊益切，餘昔入。餘鐸。

Q166

《説文·収部》："，圍棊也。从廾，亦聲。《論語》曰：'不有博弈者乎！'"

【釋形】

《説文》小篆爲形聲字，从廾，亦聲。漢碑字形中，構件"亦"所从之"大"離析爲"亠"下兩短豎；下部的兩隻手粘合作"廾"，如圖。

【釋義】

重，纍：見"弈世"。

【釋詞】

［弈世］纍世，世世代代："龜銀之胄，弈世載勛"（Q166）。

3121 **具** jù 《廣韻》其遇切，羣遇去。羣侯。

① Q095

② Q140

③ Q174

《説文·収部》："，共置也。从廾，从貝省。古以貝爲貨。"

【釋形】

《説文》以爲會意字，从廾，从貝省，表示供給設置。按"具"甲骨文作（《甲》3365），本像兩手持鼎之形，金文或承襲甲骨文作（《圅皇父簋》）；或將構件"鼎"訛省作"貝"，整字寫作（《叔具鼎》）；或進一步將構件"鼎"訛省作"目"，整字寫作（《九年衛鼎》），《説文》小篆與之相承。漢碑字形中，下面的兩隻手發生粘合，有的形似"六"，如圖①②；有的形似"丌"，且與"貝"的省形構件粘連爲一個整體，如圖③。

【釋義】

㊀酒肴，飯食："臣即〖自〗以奉錢，脩上案食醊具，以叙小節，不敢空謁"（Q140）。㊁用具，器物："鼠齧輀車被具，君乃畫地爲獄。召鼠誅之，視其腹中，果有被具"（Q199）。㊂詳盡，全部："愁苦之難，焉可具言"（Q095）；"相縣以白石神君道德灼然，乃具載本末上尚書"（Q174）。

3122 **樊** fán 《廣韻》附袁切，並元平。並元。

① Q174

② Q112

《説文·𠬜部》:“,騺不行也。从𠬜从楙,楙亦聲。”

【釋形】

《説文》小篆爲形聲字,从𠬜从楙,楙亦聲,表示馬負過重,止而不前。漢碑字形中,下面的兩隻手發生粘合,形似“六”,如圖①②;構件“楙”將小篆的線條轉寫爲筆畫,如圖①②。

【釋義】

姓氏:“覽樊姬,觀列女”(Q045);“元氏左尉上郡白土樊瑋”(Q171);“河南平陰樊文高二百”(Q112)。

3123 **共**　(一)gōng　《廣韻》九容切,見鍾平。見東。

① Q066

② Q179

③ Q129

④ Q104

《説文·共部》:“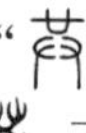,同也。从廿、廾。凡共之屬皆从共。,古文共。”

【釋形】

《説文》以爲會意字,从廿、廾。按“共”甲骨文或作(《合》2795),商代青銅器銘文作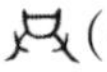(《亞共覃父乙簋》),像雙手捧着器皿的樣子,應爲供奉的“供”的初文。西周金文演化作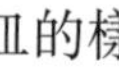(《禹鼎》),器皿之形訛寫作兩個“十”。戰國楚文字進一步將兩個“十”粘合作“廿”,寫作(《楚王酓肯簠》)。小篆字形與此相近,故《説文》以从廿、廾釋之。漢碑字形中,下面的兩隻手粘合爲“丌”,且與構件“廿”粘合,如圖①～③;“廿”有時寫作兩個“十”形,如圖④。

【釋義】

供給,供奉:“尊脩靈基,肅共壇場”(Q129);“志在共養,子道未反”(Q057)。

(二)gòng　《廣韻》渠用切,羣用去。羣東。

【釋義】

㊀共同,一起:“共享天秩,億載萬年”(Q179);“上有虎龍銜利來,百鳥共侍至錢財”(Q100);“咸共飲酌其流者,有踰三千”(Q066)。㊁合計,一共:“里治中迺以永平十五年六月中造起僤,斂錢共有六萬一千五百”(Q029)。㊂用於人名:“昔者共工,範防百川”(Q065)。

【釋詞】

[共工]中國古代神話中的天神,爲西北的洪水之神:“昔者共工,範防百川”(Q065)。

3124 **龔**　gōng　《廣韻》九容切,見鍾平。見東。

Q112

《説文·共部》:“,給也。从共,龍聲。”

【釋形】

《説文》小篆爲形聲字,从共,龍聲。漢碑字形中,聲符“龍”左邊的形體隸定爲上“立”下“月”,右邊的形體訛寫似“犬”;義符“共”隸變後移至“犬”的下方,整個字形由小篆的上下結構變爲視覺上的左右結構,如圖。

【釋義】

姓氏:“彭城龔治世平二百”(Q112)。又特指漢代名臣龔遂:“黄邵朱龔兮,盖不□□”(Q150)。

3125 **異**　yì　《廣韻》羊吏切,餘志去。餘職。

① Q134

② Q178

《説文·異部》:“,分也。从廾从畀。畀,予也。凡異之屬皆从異。”

【釋形】

《説文》以爲會意字,从廾从畀,表示分開。學者一般認爲“異”爲“戴”的初文,其字甲骨文作(《合》29395),正像雙手往頭上戴東西的樣子。金文承襲甲骨文字形

作(《曶鼎》)。小篆字形發生離析,原有構形理據淡化,故《説文》釋爲“从収从畀”,與原初構意不符。漢碑字形或與甲骨文、金文字形相承,如圖①;或發生離析重組,如圖②。

【釋義】

㊀不同:“惟封龍山者,北岳之英援,三條之别神,分體異處,在於邦内”(Q126);“聖族之親,禮所宜異”(Q112)。㊁不平常的,優異的:“州舉尤異,遷會稽東部都尉”(Q137);“垂顯述異,以傳後賢”(Q061);“勒異行,勖厲清惠,以旌其美”(Q163)。㊂驚奇,奇怪:“詔書勑留,定經東觀,順玄丘之指,蠲歷世之疑,天子異焉”(Q134)。㊃奇異反常的現象:“灾異告愬,水旱請求”(Q125);“春秋記異,今而紀功”(Q095);“考異察變,輙抗疏陳表”(Q175)。㊄用於人名:“門生安平堂陽張琦,字子異”(Q127);“故彭城相行長史事吕守長繆宇,字叔異”(Q099);“故門下議掾王畢世異千”(Q178)。

3126 **戴** dài 《廣韻》都代切,端代去。端之。

① Q178

② Q267

《説文·異部》:“,分物得增益曰戴。从異,𢦏聲。,籀文戴。”

【釋形】

《説文》小篆爲形聲字,从異,𢦏聲。聲符“𢦏”在小篆中从戈才聲,到了漢碑中,構件“才”簡省寫作“十”,如圖①②;構件“戈”上的“丶”或省略,如圖②。義符“異”也已完成隸變,參見“3125 異”。

【釋義】

㊀感激,感念:“農夫織婦,百工戴恩”(Q178)。㊁姓氏:“故吏戴條等,追在三之分”(Q133);“門生祁山,門生戴禹”(Q267);“治《禮小戴》,閨族孝友,温故知機”(Q128)。

3127 **與** yǔ 《廣韻》余吕切,餘語上。餘魚。

① Q129

② Q066

③ Q125

④ Q140

⑤ Q142

⑥ Q169

《説文·舁部》:“,黨與也。从舁从与。,古文與。”

【釋形】

《説文》以爲會意字,从舁从与,表示黨羽。按“與”春秋金文作(《無者俞鉦鋮》),本从舁,牙聲,本義當爲給予。其中義符“舁”像兩隻手交接東西之狀,應爲“與”的初文。小篆字形聲符“牙”省變作“与”。漢碑字形中,構件“舁”所从的“廾”隸變寫作“丌”,大多與隸變後的構件“臼”和“与”粘連,如圖②~⑥;有的構件“臼”仍與“丌”保持相離關係,如圖①。

【釋義】

㊀交往,交遊:“交朋會友,貞賢是與”(Q166)。㊁給予:“僤中其有訾次當給爲里父老者,共以客田借與”(Q029);“乃與君神藥,曰:服藥以後,當移意萬里,知鳥獸言語”(Q199);“天與厥福,永享牟壽”(Q112)。㊂介詞,跟,同:“五嶽四瀆,與天合德”(Q125);“能烝雲興雨,與三公、靈山協德齊勳”(Q126);“玉帛之贄,禮與岱亢”(Q129)㊃構成副詞“相與”:見“相與”。

3128 **興** xīng 《廣韻》虚陵切,曉蒸平。曉蒸。

① Q095

② Q129

③ Q100

④ Q106

⑤ Q130

⑥ Q102

⑦ Q169

⑧ Q174

⑨ Q166

《説文·舁部》:“,起也。从舁从同,同力也。”

【釋形】

《説文》以爲會意字,从舁从同。按“興”甲骨文作(《合》6531),像四隻手共同抬起一物之狀。或添加構件“口”作(《合》31780),强調衆人抬物需要用口號來協調。戰國秦文字作(《睡·爲》28),所抬之物與“口”重組爲“同”,理據重構。小篆字形與此相承。漢碑字形中,構件“舁”所从之“廾”隸變作“丌”,有時與上面的構件“臼”或“同”粘連,如圖③④⑤⑦⑧⑨;有時則仍保持相離關係,如圖①②⑥。構件“同”有的根據小篆字形隸定,如圖①～⑤;有的簡寫作“冃”,如圖⑥～⑧;有的進一步將“冃”下面的横畫寫成豎,如圖⑨。

【釋義】

㊀兴起,産生:“灾眚以興,陰陽以忒”(Q125);“能烝雲興雨,與三公、靈山協德齊勳”(Q126);“自三五迭興,其奉山川,或在天子,或在諸侯”(Q129);又見“龍興”。㊁發動,發起:“君興師征討,有吮膿之仁,分醪之惠”(Q178);“臺閣条差,大興輿駕”(Q114)。㊂建造,整修:“遂興靈宫,于山之陽,營宇之制,是度是量”(Q174);“□郡陽城縣,□興治神道”(Q063)。㊃振興:“治生興政,壽皆萬年”(Q100);“違内平外,成舉興遺”(Q247);又見“興微繼絶、中興”。㊄用於年號:“永元十七年四月卯令,改爲元興元年”(Q052);“永興二年七月,遭疾不禄”(Q105);“永興二年七月戊辰朔”(Q106)。㊅用於人名:“書佐黄羊,字仲興”(Q113);“相中賊史薛虞韶興公二百”(Q112);“故脩行都昌吕興,字吉興”(Q088)。

【釋詞】

[興利]營求利益:“皆爲百姓興利除害,以祈豐穰”(Q140);“興利無極,外羌且□等,怖威悔惡,重譯乞降”(Q161);“流德元城,興利惠民”(Q088)。

[興微繼絶]語出《論語·堯曰》:“興滅國,繼絶世,舉逸民,天下之民歸心焉。”表示使衰亡的事物重新振作,得到繼承:“能恢家袥業,興微繼絶,仁信明敏,壯勇果毅”(Q169)。

3129 **要** (一)yāo 於霄切,影宵平。影宵。

① Q095 ② Q169 ③ Q178

《説文·臼部》:“,身中也。象人要自臼之形。从臼,交省聲。,古文要。”

【釋形】

《説文》小篆爲象形字,是“腰”的初文。漢碑字形承襲《説文》古文,下面从“女”;上面的構件“臼”與“囟”粘連隸變作“覀”,如圖①～③。

【釋義】

㊀腰間:“復遇坐席,要舞黑紼”(Q099)。㊁邀請:“要諸君長,夬不復見”(Q120);“〚沛相名君〛,駱驛要請,君〚捐禄收名〛”(Q135)。

(二)yào 《廣韻》於笑切,影笑去。影宵。

【釋義】

㊀主要,關鍵:“乃求道要,本祖其原”(Q060);“遂訪故老商量、儁艾王敞、王畢等,恤民之要,存慰高年,撫育鰥寡”(Q178);“功飭爾要,敞而晏平”(Q095)。㊁指要服:見“要荒”。

【釋詞】

[要荒]古代將王畿以外的地方按距离分爲五服,其中離京師一千五百里至二千里爲要服,二千里到二千五百里爲荒服。

後以要服和荒服并稱,泛指王畿之外的極遠之地:“爲右曹中郎將,與充國竝征,電震要荒,聝滅狂狡”(Q169)。

3130 **晨** chén 《廣韻》植鄰切,禪真平。禪文。

① Q106

② Q140

③ Q202

《説文》作“晨”,《説文·晨部》:“,早、昧爽也。从臼从辰。辰,時也。辰亦聲。丮夕爲夙,臼辰爲晨:皆同意。凡晨之屬皆从晨。”

【釋形】

《説文》小篆爲會意兼形聲字,从臼,辰聲,辰亦聲。甲骨文作(《合》9477),像雙手持辰(像蚌殼之形)除草之狀。農耕時代日出而作,日落而息,故以除草勞動的場景表示早晨。戰國秦文字將構件“臼”粘合混同作“日”,寫作(《睡·日甲》77)。漢碑字形承襲戰國秦文字,構件“辰”多依據小篆線條對應轉寫,只是其上部横畫間往往增一豎筆,如圖①～③。

【釋義】

㊀早晨:“感切傷心,晨夜哭泣”(Q057);“學中大主,晨以被抱”(Q202);“兄弟暴露在冢,不辟晨夏,負土成塻,列種松柏”(Q106)。㊁用於人名:“相河南史君諱晨,字伯時,從越騎校尉拜”(Q141)。

3131 **農** nóng 《廣韻》奴冬切,泥冬平。泥冬。

① Q102

② Q104

③ Q169

④ Q129

⑤ Q140

⑥ Q095

⑦ Q153

⑧ Q178

《説文·晨部》:“,耕也。从晨,囟聲。,籀文農从林。,古文農。,亦古文農。”

【釋形】

《説文》小篆爲形聲字,从晨,囟聲。按“農”甲骨文作(《前》5.48.2),像手持蚌殼除草之形,古代草木繁茂,耕種之前必先除草。也可省去手形,寫作(《甲》96)。金文或增加構件“田”,寫作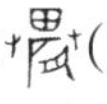(《田農鼎》)、(《農簋》)等形。小篆將草木替换爲“臼”,將“田”訛寫作“囟”。漢碑字形將“臼”與“囟”粘合在一起,多混同爲“曲”,如圖①～③;有的似“曲”但發生不同程度的變異,如圖④⑤;有的則寫作“襾”,如圖⑥～⑧。而構件“辰”多依據小篆線條對應轉寫,只是其上部横畫間往往增一豎筆,如圖①～⑧。

【釋義】

㊀農事,農業:“農寔嘉穀,粟至三錢”(Q126);“觸石興雲,雨我農桑”(Q129)。㊁用於官名:“遵考孝謁,假階司農”(Q088);“勸農督郵書掾李仁”(Q170);“部勸農賊捕掾李龍”(Q104)。㊂用於地名:“弘農大守、安國亭侯、汝南袁逢掌華嶽之主,位應古制”(Q129)。

【釋詞】

[農夫]農民:“商人咸憘,農夫永同”(Q095);“農夫執耜,或耘或芋”(Q171)。

3132 **釁** xìn 《廣韻》許覲切,曉震平。曉文。

Q169

《説文·爨部》:“,血祭也。象祭竈也。从爨省,从酉。酉,所以祭也。从分。分亦聲。”

【釋形】

《説文》小篆爲會意兼形聲字,从爨省,从酉从分,分亦聲,義爲用牲血祭祀。漢碑字形中,“釁”的省體訛寫爲“”,構件“酉”訛寫爲“百”,構件“分”訛寫成“灬”,如圖。

【釋義】

用於地名："三老諱寬，字伯然，金城浩亹人也"（Q169）；"徙占浩亹，時長蘭芳"（Q169）。

3133 **革** gé 《廣韻》古核切，見麥入。見職。

① Q069

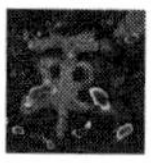
② Q133

③ J241

《説文·革部》："革，獸皮治去其毛，革更之。象古文革之形。凡革之屬皆从革。革，古文革。从三十。三十年爲一世，而道更也。臼聲。"

【釋形】

《説文》小篆爲象形字，本義爲去毛的獸皮。《説文》古文更爲象形，但《説文》對古文字形的説解不可采信。上面的"廿"形漢碑字形有的隸變寫作"丷"，如圖①②；有的寫作"艹"，如圖③，與"艸"的隸書寫法混同。

【釋義】

㊀改變，更改："造墓定基，魂零不寧，於斯革之"（Q069）；"三□無窮而垂式，度不可革"（Q173）；"勤止厥身，帥□靡革"（Q133）。㊁鏟除，撤銷："仁恩如冬日，威猛烈炎夏，貪究革除，清脩勸慕，德惠潛流"（Q193）。

3134 **鞠** jū 《廣韻》居六切，見屋入。見覺。

Q088

《説文·革部》："鞠，蹋鞠也。从革，匊聲。鞠，鞠或从簐。"

【釋形】

《説文》小篆爲形聲字，从革，匊聲。漢碑字形中，義符"革"上的"廿"下的橫畫向兩側延長，寫作"卄"；聲符"匊"依據小篆字形對應隸定，如圖。

【釋義】

㊀通"鞫"，大："昊天上帝，降兹鞠凶"（Q093）。㊁用於人名："故書佐朱虛鞠欣，字君大"（Q088）。

3135 **靳** jìn 《廣韻》居焮切，見焮去。見文。

Q127

《説文·革部》："靳，當膺也。从革，斤聲。"

【釋形】

《説文》小篆爲形聲字，从革，斤聲。漢碑字形依據小篆的線條對應隸定，只是"革"中的"廿"混同爲"艹"，如圖。

【釋義】

姓氏："門生東郡樂平靳京字君賢"（Q127）。

3136 **勒** lè 《廣韻》盧則切，來德入。來職。

① Q069

② Q144

③ Q066

④ Q134

⑤ Q126

⑥ Q127

⑦ Q129

⑧ Q095

⑨ Q133

《説文·革部》："勒，馬頭絡銜也。从革，力聲。"

【釋形】

《説文》小篆爲形聲字，从革，力聲。漢碑字形中，義符"革"變體較多：其上的"廿"隸變後有的寫作"丷"，如圖①；有的形似相連的兩個"屮"，如圖②③；有的寫作艹，如圖④；有的則寫作"艹"，如圖⑤～⑧。"革"中的豎畫有時不穿過"口"形，如圖④。有的構件"革"下面多加一橫畫，如圖⑧；有的整個簡寫，形同“丰”，如圖⑨。

【釋義】

㊀安排，部署：“勒以八陣，蒞以威神”（H26）。㊁刊刻，記述：“勒勳金石，日月同炯”（Q066）；“勒異行，勖厲清惠，以旌其美”（Q163）；又見“勒銘、銘勒”。㊂刻在金石上的文字：“魂〚而有〛靈，亦歆斯勒”（Q117）。㊃用於地名：“時疏勒國王和德，弑父篡位，不供職貢”（Q178）。

【釋詞】

［勒銘］鐫刻銘文，記述：“勒銘立石墓側”（H144）；“故刊石勒銘，式昭明德”（Q175）；“迺鐫石立碑，勒銘鴻烈，光于億載，俾永不滅”（Q133）。

3137 **鞠** jū 《廣韻》居六切，見屋入。見覺。

Q071

《説文》無。

【釋形】

形聲字，从革，匊聲。漢碑字形依據小篆的線條對應隸定，只是義符“革”中的“廿”混同爲“艹”，寫作“亠”；聲符“匊”中的“言”似少寫一短横，如圖。

【釋義】

用於人名：“上君遷王岑鞠田”（Q071）。

3138 **鬲** gé 《廣韻》郎擊切，來錫入。來錫。

① Q056

② Q060

③ Q095

《説文·鬲部》：“，鼎屬。實五觳。斗二升曰觳。象腹交文，三足。凡鬲之屬皆从鬲。，鬲或从瓦。，漢令鬲，从瓦，厤聲。”

【釋形】

《説文》小篆爲象形字，像腹有交紋的鼎類炊具。甲骨文作（《合》31030），更爲象形。《説文》或體或添加義符“瓦”，變爲形聲字；或改爲从瓦，厤聲。漢碑字形依據小篆的線條對應隸定，失去象形性，如圖①～③。

【釋義】

㊀通“隔”，阻隔，障礙：“凡此四道，垓鬲尤艱”（Q095）。㊁用於地名：“其次適鬲侯朱氏，其次適陽泉侯劉氏”（Q056）。

【釋詞】

［鬲并］即“隔并”，指因陰陽失調而發生水旱等自然災害：“遭離羌寇，蝗旱鬲并，民流道荒”（Q060）。

3139 **融** róng 《廣韻》以戎切，餘東平。餘冬。

Q174

《説文·鬲部》：“，炊气上出也。从鬲，蟲省聲。，籀文融不省。”

【釋形】

《説文》小篆爲形聲字，从鬲，蟲省聲。漢碑字形中，構件“鬲”外部訛變似“高”省，内部粘合訛寫作“干”；構件“虫”也已完成隸變，如圖。

【釋義】

㊀和樂，恬適：“順禮……聲，休嘉孔融”（Q123）。㊁長久：“翔區外以舒翼，〚超天〛衢〚以高峙，稟命〛不融，〚享年〛四十有二”（S97）。㊂明朗：“用能光遠宣朗，顯融昭明”（Q174）。

3140 **爲** （一）wéi 《廣韻》薳支切，雲支平。匣歌。

① Q038

② Q066

③ Q106

④ Q095

⑤ Q106

⑥ Q134

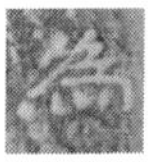
⑦ Q188

⑧ Q196

⑨ Q118

⑩ Q128

⑪ Q140

⑫ Q101

《説文·爪部》:",母猴也。其爲禽好爪,爪,母猴象也。下腹爲母猴形。王育曰:'爪,象形也。',古文爲,象兩母猴相對形。"

【釋形】

《説文》以爲象形字,謂像母猴之形。按"爲"甲骨文作(《合》15182),像以手役象之形,以會勞作之義,會意字。《説文》依據小篆字形説解,與原有構形理據不符。漢碑字形中,有的爲碑文篆書,如圖①。更多的字形則發生隸變,且變異嚴重。有的隱約還能看出"爪"形,如圖②~⑤;多數則粘合在一起,原有構形理據徹底喪失,如圖⑥~⑫。

【釋義】

㈠製作,創製:"侍廷里父老僤祭尊于季、主疏左巨等廿五人共爲約束石券"(Q029);"又《尚書考靈燿》曰:'丘生倉際,觸期稽度,爲赤制。'"(Q140)。㈡做,干:"居欲孝思貞廉,率眾爲善,天利之"(Q015);"訪姦雄,除其蝥賊,曜德戢兵,怕然無爲"(Q202)。㈢充當,擔任:"爲主簿、督郵、五官掾、功曹、上計掾、守令、冀州從事"(Q144);"孝和皇帝加元服,詔公爲賓"(Q038);"皆以宰府爲官,奉遵先訓,易世不替"(Q066)。㈣作爲,當作:"以降昭晢,永爲德倫"(Q052);"建立乾坤,乾爲物父,坤爲物母"(Q171);"地既墝确兮,與寇爲隣"(Q150);"夫人以母儀之德,爲宗族之覆"(Q056)。㈤成爲:"永元十七年四月卯令,改爲元興元年"(Q052);"改名爲琁,字孝琚"(Q113);"聞此爲難,其日久矣"(Q150);"遵帥紀律,不忝厥緒,爲冠帶理義之宗"(Q125)。㈥認爲:"臣愚以爲,如瑛言,孔子大聖,則象乾坤"(Q102);"高位不以爲榮,卑官不以爲恥"(Q166)。㈦是:"寔爲四瀆,與河合矩"(Q135);"育生充國,字翁孫,該于威謀,爲漢名將"(Q169)。㈧介詞,引出動作行爲的主動者,相當於"被":"高唱寡和,爲俗所仇,君耻侉比愠于羣小"(Q130);"爲司空王暢所舉,徵拜議郎"(Q154)。㈨用於地名:"遷常山長史,換犍爲府丞"(Q133);"永元九年七月乙丑,犍爲江陽長王君卒"(Q042);"故司隸校尉犍爲楊君頌"(Q095)。

(二)wèi 《廣韻》于僞切,雲寘去。匣歌。

【釋義】

介詞,㈠表示原因,相當於"因、由於":"靡不歔欷垂涕,悼其爲忠獲罪"(Q066)。㈡表示對象,相當於"替、給":"爲民祈福,靈衹報祐"(Q125);"臣伏念:孔子,乾坤所挺,西狩獲麟,爲漢制作"(Q140);"皆爲百姓興利除害,以祈豐穰"(Q140)。

3141 **藝(蓺䕭)** yì 《廣韻》魚祭切,疑祭去。疑月。

① JB3

② Q140

③ Q102

④ Q179

《説文》作"埶",《説文·丮部》:"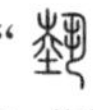,種也。从坴、丮。持亟種之。《書》曰:'我埶黍稷。'"

【釋形】

《説文》以爲會意字,从坴、丮,表示種植。按"埶"甲骨文作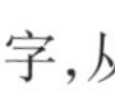(《甲》2295),金文中作(《盠尊》),像人手持樹苗種植的樣子。小篆承襲金文字形并進一步線條化,其中的構件"木"發生訛變。《説文》依據小篆字形進行説解,依據無法反映原有的構形理據。漢碑字形在小篆字形基礎上隸變并繁化,有的在上面加"艸",變爲从艸埶聲的形聲字"蓺",如圖③;有的下面加上構件"云",寫作"䕭",如圖④;有的則上下同時加上構件"艸、云"作"藝",如圖①②。構件"坴"或隸變作"圭",如圖④;構件"丮"

或隸變作“丸”,如圖①;或訛變作“几”形,如圖③;或訛變作“九”形,如圖④。

【釋義】

㊀種植:“教民樹藝”(Q247)。㊁技藝,才能:“包蘿術藝,貫洞聖□,博兼□□,耽綜典籍”(Q093);“叔子諱璜,字文博,纘脩乃祖,多才多藝”(Q169);“聰麗權略,藝於從畋”(Q179)。㊂典籍:“脩習典藝,既敦《詩》《書》,悦志《禮》《樂》”(Q169);又見“六藝”。㊃準則:“根道核藝,抱淑守真”(Q088)。

3142 **埶**

“藝”的異體字(圖③),見3141藝。

3143 **⿱埶云**

“藝”的異體字(圖④),見3141藝。

3144 **孰** shú 《廣韻》殊六切,禪屋入。禪覺。

①Q120 ②Q128 ③Q169

《説文·丮部》:“,食飪也。从丮,𦎫聲。《易》曰:‘孰飪。’”

【釋形】

《説文》小篆爲形聲字,从丮,𦎫聲。按“孰”即“熟”的初文,甲骨文作(《合》17936),从丮从亯,構意不明。戰國秦文字作(《睡·秦》35)。漢碑字形承襲戰國秦文字,義符“丮”隸定形變似“凡”,如圖①~③。聲符“𦎫”隸變粘連,寫作“享”,如圖②③;有的“口”中多一横,如圖①。後表示生熟義時添加構件“灬”(“火”的變體)作“熟”。

【釋義】

疑問代詞,誰:“生民之本,孰不遭諸”(Q128);“非篇訓金石,孰能傳焉”(Q169);“蚤失天年,下歸蒿里,遠若舍陌,諸君看老,孰念蒿里”(Q120)。

3145 **闘** dòu 《廣韻》都豆切,端候去。端侯。

Q169

《説文》作“鬭”,《説文·鬥部》:“,遇也。从鬥,斲聲。”

【釋形】

《説文》以“鬭”爲形聲字,从鬥,斲聲。義符“鬥”甲骨文作(《合》152),像二人打鬥之狀。漢碑字形中,義符“鬥”訛寫混同作“門”;聲符“斲”所从之“𧯠”爲“鐙”的初文,本像酒器之形,漢碑换作與之同聲且意義也爲器皿的“豆”,如圖。

【釋義】

戰闘:“爲護羌校尉假司馬,戰闘第五,大軍敗績”(Q169)。

3146 **又** yòu 《廣韻》于救切,雲宥去。匣之。

①Q140 ②Q141 ③Q150

《説文·又部》:“,手也。象形。三指者,手之㔹多略不過三也。凡又之屬皆从又。”

【釋形】

《説文》小篆爲象形字,像右手之形,爲“右”之本字。漢碑字形依據小篆線條進行對應隸定,如圖①~③。

【釋義】

副詞,表示遞進,而且:“又有鴻稱,升遐見紀”(Q142);“不在朝廷,又無經學”(Q057);“杞繒漸替,又遭亂秦”(Q065)。

3147 **肱** gōng 《廣韻》古弘切,見登平。見蒸。

①Q179 ②Q187

《説文》爲“厷”的或體，《説文·又部》：“，臂上也。从又，从古文。，古文厷，象形。，厷或从肉。”

【釋形】

《説文》以“厷”爲合體象形字，从又从。按小篆“厷”當爲指事字，爲指事符號，標示手臂的上部。《説文》或體增加“肉”旁，變爲形聲字。漢碑字形承襲《説文》或體，其中義符“肉”隸變後與“月”混同。聲符“厷”所从之“又”形變作“𠂇”，標示手臂位置的指事符號有的隸變作“𠃋”，如圖①；有的寫作三角形，如圖②。

【釋義】

胳膊，由肘到肩的部分，常喻指得力的助手：見“股肱”。

3148 **父** （一）fù 《廣韻》扶雨切，並麌上。並魚。

① Q021

② Q088

③ Q106

④ Q112

⑤ Q124

⑥ Q128

《説文·又部》：“，矩也。家長，率教者。从又舉杖。”

【釋形】

《説文》小篆爲會意字，从又執杖，謂父有規矩，持棍棒以教育子女。按“父”金文作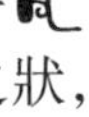（《父癸方鼎》），郭沫若謂像以手持斧之狀，當爲“斧”之初文，其説可從(《甲骨文中所見之殷代社會》)。漢碑字形由小篆彎曲的線條隸變爲筆畫，已經看不出原有的構意，如圖①～⑥。

【釋義】

㊀父親：“追念父恩，不可稱陳”（Q124）；“身禮毛膚父母所生，慎毋毁傷，天利之”（Q015）；“天爲人父，地爲人母”（Q120）；又見“家父”。㊁對男性長輩的通稱：“君高祖父敏，舉孝廉，武威長史”（Q178）；“曾祖父述，孝廉、謁者、金城長史、夏陽令、蜀郡西部都尉”（Q178）；“祖父鳳，孝廉、張掖屬國都尉丞”（Q178）。㊂用於人名：“任城亢父治真百”（Q112）；“三老諱通，字小父，庚午忌日”（Q021）。

（二）fǔ 《廣韻》方矩切，非麌上。幫魚。

對男子的尊稱：“賴兹劉父，用説其蒙”（Q193）；“君事帝則忠，臨民則惠，乃昭告神明，謚君曰忠惠父”（Q154）；“黄朱邵父，明府三之”（Q088）。

3149 **曼** màn 《廣韻》無販切，明願去。明元。

① Q200

② Q153

③ Q173

④ Q263

《説文·又部》：“，引也。从又，冒聲。”

【釋形】

《説文》小篆爲形聲字，从又，冒聲。漢碑字形中，義符“又”被置换爲“寸”，如圖①～④。聲符“冒”在小篆中从冃从目，漢碑多嚴格按小篆字形隸定，構件“目”寫作横置的“罒”，構件“冃”兩邊的豎筆縮短，整體構字由半包圍結構變爲上下結構，如圖①～③；也有的構件“冃”中的兩横訛寫作變爲“土”，“冂”訛寫作“宀”，如圖④。

【釋義】

㊀姓氏：“故鄉嗇夫曼駿安雲、故功曹任午子流”（Q178）。㊁用於人名：“劉曼、張丙等白日攻剽”（Q148）；“朐忍令梓湩雍君，諱陟，字伯曼”（Q153）。

3150 **夬** guài 《廣韻》古邁切，見夬去。見月。

① J237

② Q120

《説文·又部》：“，分決也。从又，㞢象決形。”

【釋形】

《説文》以爲像以手持“丨”分決物之形。“夬”甲骨文作(《合》21367),像拉弓時手指上套着扳指之形。小篆字形發生訛變,《説文》根據小篆字形説解,將小篆上部解釋爲像決形,難以理解。漢碑字形將上下兩部分粘合在一起,構意更無法理解了,如圖①②。

【釋義】

分別,訣別:“生日甚少,死日甚多。要諸君長,夬不復見”(Q120)。

3151 **尹** yǐn 《廣韻》余準切,餘準上。餘文。

① Q016 ② Q038 ③ Q129 ④ Q139

⑤ Q153

《説文・又部》:“,治也。从又、丿,握事者也。,古文尹。”

【釋形】

《説文》小篆爲會意字,从又、丿,像以手持物以治事之狀,本義爲治事之官。漢碑字形中,有的爲碑文篆書,如圖①②。有的發生隸變,構件彎曲的線條隸定爲平直的筆畫,寫作“彐”,如圖④⑤;有的中間的横畫或向右出頭,如圖③。

【釋義】

㊀管轄,治理:“〚即〛此龜艾,遂尹三梁”(Q172)。㊁用於官名:“司隸校尉,將作大匠,河南尹”(Q152);“會遷京兆尹,孫府君到,欽若嘉業,遵而成之”(Q129);又見“伊尹、師尹、大尹、卿尹”。㊂姓氏:“尹太孫、于伯和、尹明功”(Q029);“於鑠明德,于我尹君”(Q166)。

3152 **及** jí 《廣韻》其立切,羣緝入。羣緝。

① Q021 ② Q141 ③ Q142 ④ Q178

⑤ Q127 ⑥ Q129

《説文・又部》:“,逮也。从又从人。,古文及,《秦刻石》及如此。,亦古文及。,亦古文及。”

【釋形】

《説文》小篆爲會意字,从又从人,義爲追趕上。甲骨文作(《合》12510),更爲形象。漢碑字形將構件“人”與“又”連寫,已看不出原本的構形和構意了,如圖①～⑥。

【釋義】

㊀至,到達:“尊賢養老,躬忠恕以及人,兼禹湯之辠己”(Q137);“恩情未及迫褾,有制財幣,霧隱藏魂靈”(Q114);“令人壽,無爲賊禍,亂及孫子”(Q114)。㊁如,比得上:“生號曰真人,世無及者”(Q142)。㊂等到,到後來:“易世載德,不隕其名,及其從政,清擬夷齊,直慕史魚”(Q178);“及其玄孫言多,世事景王,載在史典”(Q166)。㊃連詞,與,和:“顏母开舍及魯公冢守吏凡四人”(Q141);“治石馬及石羊設築石室”(Q180);“邯及所識祖諱,欽顯後嗣”(Q021)。

3153 **秉** bǐng 《廣韻》兵永切,幫梗上。幫陽。

① Q177 ② Q083 ③ Q169 ④ Q166

《説文・又部》:“,禾束也。从又持禾。”

【釋形】

《説文》小篆爲會意字,从又持禾,表示禾一束。漢碑字形中,構件“又”有的寫作“彐”,如圖①②;有的中間横畫向右出頭,如圖③④。構件“禾”小篆字形最上面像禾穗彎垂的部分，在漢碑字形中，有的承襲小篆，仍與中間的豎畫相連，寫作一筆，如圖①；有的已經與豎畫分離，寫作一横撇，如圖②～④。“禾”向上的曲線拉直爲一横畫；向下的曲線有的隸變爲一撇一捺，如圖①④；有的隸變爲呈“八”字形的兩點，如圖②③。

【釋義】

㊀掌握，把握：“兼將軍之號，秉斧鉞之威”（Q174）；“猗歟明哲，秉道之樞”（Q193）。㊁秉持，堅守：“抱不測之謀，秉高世之介，屈私趨公，即仕佐上”（Q172）。㊂用於人名：“長子牧，富波侯相；次讓，趙常山相；次秉，寔能纘脩，復登上司”（Q066）。

【釋詞】

［秉承］繼承，接受：“爰示後世，台台勿忘。子子孫孫，秉承久長”（Q070）。

3154 **反**　fǎn《廣韻》府遠切，幫阮上。幫元。

①Q021　②Q127　③Q141

《説文·又部》：“，覆也。从又，厂反形。，古文。”

【釋形】

《説文》以爲會意字，从又、厂，并以翻覆之義釋之，比較費解。按“反”當爲“扳”之初文，像手攀山崖之形，本義應爲攀。漢碑字形將小篆中像山崖之形的曲線分解爲横和撇，或相接，如圖①②；或相離，如圖③。構件“又”中的曲線有時也被分解爲横和撇，如圖③。

【釋義】

㊀回轉，反轉：“于是域滅區單，反旆而旋”（H26）；“惟烏惟烏，尚懷反報，何況〚於〛人”（Q052）。㊁反叛，背叛：“遭謝西、張除反，爰傳碑在泥塗”（Q188）。㊂返回，回復，後來寫作“返”：“自衛反魯，養徒三千，獲麟趣作，端門見徵”（Q140）；“百姓繈負，反者如雲”（Q178）；“貴速朽之反真，慕寧儉之遺則”（Q127）。㊃用於人名：“子女曰无名，次女反，曰君明”（Q021）。

3155 **叔**　shū《廣韻》式竹切，書屋入。書覺。

①Q127　②Q169　③Q178　④Q112

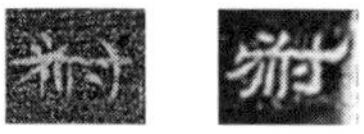

⑤Q114　⑥Q153

《説文·又部》：“，拾也。从又尗聲。汝南名收芋爲叔。，叔或从寸。”

【釋形】

《説文》小篆爲形聲字，从又，尗聲，本義爲拾取。漢碑字形中，有的依據《説文》小篆正體隸定轉寫，如圖①～③；有的承襲《説文》或體从“寸”的寫法，但聲符“尗”形體變異嚴重，如圖④～⑥。

【釋義】

㊀兄弟中排行第三稱叔：“封弟叔振鐸于曹國，因氏焉”（Q178）；又見“唐叔”。㊁通“菽”，豆類：“叔粟如火，咸裹仁心”（Q171）。㊂用於人名：“門生安平下博張祺，字叔松”（Q127）；“五官掾上禄張亢，字惠叔”（Q146）；“二弟文山、叔山悲哀，治此食堂”（Q082）。

3156 **取**　qǔ《廣韻》七庾切，清麌上。清侯。

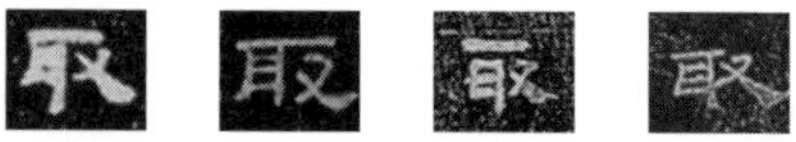

①Q128　②Q142　③Q128　④Q125

⑤Q193

《説文·又部》：“，捕取也。从又从耳。《周禮》：‘獲者取左耳。’《司馬法》曰：‘載

獻聝。’ 聝者，耳也。”

【釋形】

《説文》小篆爲會意字，从又持耳，表示用手割取獵物或戰俘的耳朵。漢碑字形中，構件“耳”的上横畫有的右邊較長，遮在構件“又”的上方，整字呈半包圍結構，如圖①②；有的與下面的形體分離，如圖③；有的較短，整字呈左右結構，如圖④⑤。構件“又”有的隸變爲“乂”，如圖①。

【釋義】

㊀獲取，拿來：“從蜀郡大守取之”（Q142）；“取石南山，更逾二年”（Q106）；“而民知禁，順時而取”（Q171）。㊁選擇，挑選：“大尉聘取，上輔機衡”（Q128）。

3157 **叚** jiǎ 《廣韻》古疋切，見馬上。見魚。

Q06

《説文·又部》：“，借也。闕。，古文叚，，譚長説，叚如此。”

【釋形】

“叚”的構形《説文》未做説解，其古文字構形也衆説不一，借是其在上古漢語中的常用義。漢碑字形左側隸定似“段”的左構件，右側粘合寫作“攵”，如圖。

【釋義】

借：“使師操義、山陽蝦丘榮保、畫師高平代盛、邵强生等十餘人，叚錢二萬五千”（Q106）。

3158 **友** yǒu 《廣韻》雲久切，雲有上。匣之。

① Q083 ② Q130 ③ Q139 ④ Q142

《説文·又部》：“，同志爲友。从二又，相交友也。，古文友。，亦古文友。”

【釋形】

《説文》小篆爲會意字，从二又，表示志趣相同的朋友。漢碑字形兩隻手分别隸定爲“𠂇”和“又”，其中“𠂇”還明顯帶有小篆字形單獨痕跡，并逐漸向成熟隸書的寫法過渡，如圖①～④；構件“又”或隸變爲“乂”，如圖②③。

【釋義】

㊀朋友：“師友門人閔其行正，來饗厥功”（Q041）；“親安然後志得，友寧然後□以辭户，授以部職，輒以疾讓”（Q083）；“恂恂于鄉黨，交朋會友，貞賢是與”（Q166）。㊁對兄弟友愛：“〚君〛孝友恭懿，明允篤信”（Q135）；“雪白之性，孝友之仁”（Q179）；“幼體蘭石自然之姿，長膺清少孝友之行”（Q105）。㊂用於人名：“故吏五官掾博陵南深澤程祺，字伯友”（Q148）。

3159 **度** （一）dù 《廣韻》徒故切，定暮去。定鐸。

① Q088 ② Q142 ③ Q140 ④ Q202

《説文·又部》：“，法制也。从又，庶省聲。”

【釋形】

《説文》小篆爲形聲字，从又，庶省聲。漢碑字形依據小篆線條對應隸定，其中基礎構件“廿”多隸定作“𠀃”，如圖①～③；有時在“廿”下加一横畫，如圖④。構件“又”則多隸定作“乂”，如圖①～④。

【釋義】

㊀規矩，規範：“陰陽喪度，三剅離道”（Q109）；“墳典素丘，河雒運度”（Q084）；“又明歐陽《尚書》、河洛緯度”（Q066）；又見“法度、道度”。㊁器度，胸襟：“命□時生，雅度弘綽”（Q154）。㊂超度：見“度世”。㊃姓氏：“河南匽師度徵漢賢二百”（Q112）。㊄用於人名：“典大君諱協，字季度”（Q164）。

【釋詞】

［度世］超脱尘世升爲仙人："解止幼舍，幼從君得度世而去"（Q142）。

（二）duó　《廣韻》徒落切，定鐸入。定鐸。

【釋義】

㊀測量，測算："遂興靈宫，于山之陽，營宇之制，是度是量"（Q174）。㊁衡量：見"稽度"。㊂思忖，思慮："原度天道，安危所歸"（Q095）；"考衷度衷，〖脩身踐言〗"（Q148）。

3160 **卑**　（一）bēi　《廣韻》府移切，幫支平。幫支。

① Q043

② Q043

③ Q095

④ Q175

《説文·𠂇部》："，賤也；執事也。从𠂇、甲。"

【釋形】

《説文》以爲會意字，从𠂇、甲，表示卑賤。按"卑"甲骨文作（《合》37677），像卑者手持工具勞作之形。小篆像工具的部分混同作"甲"，《説文》據小篆字形説解，迂曲難解。漢碑字形依據小篆將"甲"向下的曲線隸定爲撇，將像手之形的構件"𠂇"隸定近似於"十"，如圖①②。

【釋義】

㊀身份或職位低下："高位不以爲榮，卑官不以爲恥"（Q166）；"感清英之處卑，傷美玉之不賈"（Q175）；"卑者楚惡，尊者弗安"（Q095）。㊁地勢低："徙土增道中卑下，通利水大道"（Q043）；"徙土增卑下，通水大道"（Q043）。㊂用於人名："從秦人孟伯山、狄虎賁、趙當卑、萬羌、□當卑、程阿羌等六人"（Q116）。

（二）bǐ　《集韻》補弭切，幫紙上。幫支。

【釋義】

通"俾"，使："子子孫孫，卑尔熾昌"（Q172）。

3161 **史**　shǐ　《廣韻》疎士切，山止上。山之。

① Q063

② Q066

③ Q130

④ Q140

⑤ Q141

《説文·史部》："，記事者也。从又持中；中，正也。凡史之屬皆从史。"

【釋形】

《説文》以爲會意字，从又持中，表示記事的人。按"史"甲骨文作（《合》5495），像手持之形。王國維以爲爲史官所執，中盛簡、筆等。漢碑字形中有的爲碑文篆書，如圖①。多數則發生隸變，原本各自獨立的兩個構件"中、又"粘合爲一體，如圖②～⑤。

【釋義】

㊀古代負責星曆、卜筮、記事的官員："史官書功，昊天上帝，降兹鞠凶"（Q093）。㊁史書，史籍："及其玄孫言多，世事景王，載在史典"（Q166）；"由復研機篇籍，博貫史略，彫篆六體"（Q169）。㊂用於官名，指古代官府的佐吏："録事史楊禽孟布百"（Q123）；"父通，本治白孟易丁君章句，師事上黨鮑公，故郡掾史"（Q124）；"功曹史安眾劉瑗、主簿蔡陽樂茂、户曹史宛任巽"（Q125）；又見"御史、令史、卒史、刺史"。㊃姓氏："門生魏郡館陶史崇，字少賢"（Q127）；"故將軍令史董溥建禮三百"（Q178）；"相河南史君諱晨，字伯時，從越騎校尉拜"（Q141）。

【釋詞】

［史魚］春秋時衛國大夫，名鰌，字子魚，爲歷史上直言忠諫的典範，衛靈公時曾任祝史，故後人稱之爲"史魚"："易世載德，不隕其名，及其從政，清擬夷齊，直慕史魚"

(Q178)。

3162 **事**　shì 《廣韻》鉏吏切,崇志去。
崇之。

① Q038

② Q129

③ Q178

④ Q083

⑤ Q179

《説文·史部》:“ ,職也。从史,之省聲。 ,古文事。”

【釋形】

《説文》以爲形聲字,从史,之省聲。按“事”在甲骨文作 (《合》5489),本與“吏、史”同字;西周時“事”開始從“史、吏”分化出來,寫作 (《伯矩鼎》),字形上端與“之”的金文字形近似。《説文》小篆承襲金文,許慎根據小篆字形將“事”字分析爲从“之”得聲的省聲字,與原初構意不符。漢碑字形中,有的爲碑文篆書,如圖①。多數則依據小篆線條對應隸定,其中義符“史”所从的“又”有的寫作“彐”,如圖④⑤;有的中間横畫向右出頭,如圖②③。

【釋義】

㊀事務,事情:“舉衡以處事,清身以厲時”(Q166);“自是以來,百有餘年,有事西巡,輒過亨祭”(Q129);“屬縣趍教,無對會之事”(Q146);“五官掾守長史,兼行相事”(Q108);又見“三事、公事”等。㊁戰事:“王巡狩殷國,亦有事于方嶽”(Q129);“疆易不爭,障塞〖無〗事”(Q133)。㊂事跡,往事:“然其所立碑石,刻紀時事,文字摩滅,莫能存識”(Q129);又見“故事”。㊃侍奉:“君事帝則忠,臨民則惠”(Q154);“收養季祖母,供事繼母,先意承志,存亡之敬,禮無遺闕”(Q178);“從政事上,忠以自勖”(Q117);又見“師事”。㊄從事,製作:“明檢匠所作,務令嚴事”(Q119)。㊅用於官名:“録事史楊禽孟布百”(Q123);“伯王即日徙署行丞事,守安陽長”(Q095);“故彭城相行長史事吕守長繆宇,字叔異”(Q099);又見“行事、給事”等。

3163 **支**　zhī 《廣韻》章移切,章支平。
章支。

① Q065

② Q166

③ Q172

《説文·支部》:“ ,去竹之枝也。从手持半竹。凡支之屬皆从支。 ,古文支”

【釋形】

《説文》以爲會意字,从手持半竹,表示離開竹莖的枝條。按此字應爲“枝”的初文。漢碑字形中,像半竹之形的構件隸定作“十”字形,如圖①。構件“又”仍保持小篆的寫法,如圖①;有的則已隸定轉寫爲筆畫,如圖②③。

【釋義】

㊀枝莖,後來寫作“枝”:“貞祥符瑞,靈支挺生”(Q065)。㊁分支,支脈:“秦兼天下,侵暴大族,支判流僊,或居三川,或徙趙地”(Q166);“永世支百,民人所彰”(Q172);“萊子侯爲支人爲封,使偖子食等用百余人”(Q014)。

【釋詞】

[支子]古代宗法制度以嫡長子及繼承先祖嫡系之子爲宗子,嫡妻的次子以下及妾所生之子都稱爲支子:“崇禮讓,遵大雅。貴□孫,富支子”(Q045)。

3164 **肅**　sù 《廣韻》息逐切,心屋入。
心覺。

① Q129

② Q084

③ Q140

④ Q174

《説文·聿部》:“ ,持事振敬也。从聿在𣶒上。戰戰兢兢也。 古文肅从心从卪。”

【釋形】

《説文》以爲會意字，从聿从㴙，表示做事恭敬謹慎。按“肅”春秋金文作（《王孫遺者鐘》），下从“㴙”，即“淵”的初文；上像以手持物之形。構意不清，或取“如履薄冰，如臨深淵”之義。漢碑字形發生重組，“聿”下面的横線與“㴙”兩側的豎線重組爲“冂”形；“冂”内的筆畫或依據小篆線條對應隸定，如圖①②；或作不同程度的簡省，如圖③④。整字中間的豎筆或上不出頭，如圖②④。

【釋義】

㊀恭敬：“尊脩靈基，肅共壇場”（Q129）；“聖朝肅敬，眾庶所尊”（Q061）；“子孫奉祠，欣肅慎焉”（Q052）；又見“祗肅、肅恭”。㊁莊重，莊嚴：見“清肅、肅雍”。㊂峻急，峻嚴：“慕義者不肅而成，帥服者變衽而屬”（Q133）；“示之以好惡，不肅而成，不嚴而治”（Q146）。

【釋詞】

［肅恭］端嚴恭敬：“袁府君肅恭明神，易碑飾闕”（Q129）；“長吏肅恭，〖得懽〗心兮”（Q171）。

［肅肅］㊀恭敬的樣子：“肅肅其敬，靈祇降福”（Q125）。㊁肅穆莊重的樣子：“靈所馮依，肅肅猶存”（Q140）。㊂蕭瑟的樣子：“翿翿楚薪，肅肅風雨”（H144）。

［肅雍］又作“肅廱”，形容場面莊嚴雍容：“奉爵稱壽，相樂終日，於穆肅廱，上下蒙福，長享利貞，與天無極”（Q141）；“華殿清閑，肅雍顯相”（Q174）。

［肅震］心裡震動而恭敬畏懼：“佐翼牧伯，諸夏肅震”（Q166）。

3165 **聿**　yù　《廣韻》餘律切，餘術入。
餘物。

① Q135

② Q149

《説文·聿部》：“，所以書也。楚謂之聿，吳謂之不律，燕謂之弗。从聿，一聲。凡聿之屬皆从聿。”

【釋形】

《説文》以爲形聲字，从聿，一聲。按“聿”甲骨文作（《京津》3091），爲合體象形字，像以手執筆之形，乃“筆”的初文。漢碑字形依據小篆線條對應隸定，如圖①②。

【釋義】

助詞，用在句首或句中：“勛列焕爾，聿用作詩”（Q149）；“國〖無灾祥，歲〗聿豐穰”（Q135）。

3166 **書**　shū　《廣韻》傷魚切，書魚平。
書魚。

① Q129

② Q163

③ Q102

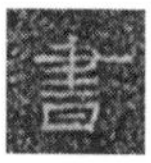
④ Q141

⑤ Q144

《説文·聿部》：“，箸也。从聿，者聲。”

【釋形】

《説文》小篆爲形聲字，从聿，者聲。“者”上古音在章母魚部。漢碑字形中，聲符“者”多省變作“曰”，如圖①～④；有的將“者”上部的構件轉寫爲“乂”形，如圖⑤；義符“聿”有的中間豎筆下不出頭，不與下面的“曰”相連，如圖③④；有的則省寫作“聿”，如圖⑤。

【釋義】

㊀書寫，記述：“即此五家祖冢之責，以漆書之”（Q278）；“書洪勳，昭萬軨”（Q175）；“自衛反〖魯〗，養徒三千，獲麟趣作，端門見徵，血書著紀，黄玉韶應”（Q140）。㊁書籍，典籍：“後世賢大夫幸視此書”（Q006）；“明語賢仁四海士，唯省此書無忽矣”（Q114）；“秦項作亂，不尊圖書，倍道畔德，離敗聖輿食糧，亡于沙丘”（Q112）；“治《公羊春秋經》，博通書傳”（Q166）。㊂古代皇帝下達

的文書命令:“延熹四年九月乙酉,詔書遷衙令,五年正月到官”（Q123）;“宏功乃伸,追録元勳,策書慰勞,賻賵有加”（Q066）;“除書未到,不幸㧻命喪身”（Q163）。㊃《尚書》的簡稱:“長以欽明,躭《詩》悦《書》”（Q137）;“脩習典藝,既敦《詩》《書》,悦志《禮》《樂》”（Q169）。㊄用於官名:“拜治書御史,膺皋陶之廉恕”（Q148）;又見“尚書”㊀。

【釋詞】

［書計］文字與籌算,古代六藝中六書九數之學:“獨教兒子書計,以次仕學”（Q106）。

［書佐］主管文書工作的屬吏:“漢故幽州書佐秦君之神道”（Q052）;“故門下書佐營陵孫榮,字吉榮”（Q088）;“功曹書佐頻陽成扶千”（Q123）。

3167 **畫** huà 《廣韻》胡卦切,匣卦去。匣錫。

① Q100

② Q106

③ Q153

《說文·畫部》:“,界也。象田四界。聿,所以畫之。凡畫之屬皆从畫。,古文畫省。,亦古文畫。”

【釋形】

《說文》小篆爲會意字,从聿从田,表示劃分界限。按“畫”字甲骨文作（《合》6035）,像以手持筆描畫之形。金文將其中描畫的對象改换爲田地之形,寫作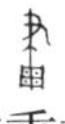（《小臣宅簋》）,强調劃分田界之義,理據重構;或加“口”作（《三年師兑簋》）。小篆沿襲金文不帶“口”的字形,在構件“田”的四周添加象徵田界的線條,劃分田界之義更加明顯。漢碑字形省去構件“田”左右的兩豎畫;構件“聿”和“田”中的豎筆連接并一通到底,如圖①～③;其中構件“聿”或省作“⺺”,如圖②～③。

【釋義】

㊀劃界:“鼠齧軷車被具,君乃畫地爲獄”（Q199）。㊁繪製,作圖:“脩崤嶔之道,德治精通,致黄龍、白鹿之瑞,故圖畫其像”（Q147）;“畫師高平代盛、邵强生等十餘人”（Q106）;“皇戲統華胥,承天畫卦”（Q112）。㊂圖畫:“其中畫橡家親,玉女執尊杯桉柈”（Q100）;“調文刻畫,交龍委虵,猛虎延視”（Q114）。㊃籌謀,計劃:“高祖龍興,婁敬畫計,遷諸關東豪族英傑,都于咸陽,攘竟蕃衛”（Q153）。㊄用於人名:“中平四年十二月廿四日李畫封”（Q183）。

3168 **晝** zhòu 《廣韻》陟救切,知宥去。端侯。

Q125

《說文·畫部》:“,日之出入,與夜爲界。从畫省,从日。,籀文晝。”

【釋形】

《說文》以爲會意字,从畫省,从日,釋其本義爲白晝。按“晝”甲骨文作（《合》22942）、（《屯》2392）等形,宋鎮豪認爲像手扶豎桿以測日影之形,會意字,本義爲日中,可備一説（《古文字詁林》）。或曰甲骨文乃从日,聿聲,形聲字。《說文》籀文於構件“日”的左右添加半包圍的曲線,寫作。小篆則在“日”的左、右、下方各加一個線條,使整字形近於“畫”的篆文。《說文》依據小篆字形解釋作从畫省,从日。漢碑字形依據小篆進行隸定,只是省去了構件“日”左右的兩豎畫,如圖。

【釋義】

白天:“日月照幽,時晝昏兮”（Q124）;“□□晝夜,明哲所取”（Q125）。

3169 **隸** lì 《廣韻》郎計切,來霽去。來質。

① Q144

② Q200

③ Q152

《説文·隶部》:“,附箸也。从隶,柰聲。,篆文隸,从古文之體。”

【釋形】

《説文》以爲形聲字,从隶,柰聲,以附著義釋之。按“隸”所从之“隶”春秋金文作(《郘鐘》),从又持尾,會逮住、捕獲之義。“隸”小篆从隶,柰聲,其本義應與逮住、捕獲有關,似應爲奴隸、奴僕。秦簡文字作(《睡·秦》96),構件“隶”訛寫作上“又”下“米”。漢碑字形承襲秦簡文字進行隸定,如圖①②;有的右側進一步簡化爲上“𠂉”下“又”,如圖③。

【釋義】

㊀隸屬的官吏:“臣隸辟踊,悲動左右”(Q144)。㊁用於官名:“二君清□,約身自守,俱大司隸孟文之元孫也”(Q152);“拜司隸校尉,董督京輦,掌察羣寮”(Q154);“故司隸校尉楗爲楊君頌”(Q095)。

3170 **臤**　xián　《廣韻》胡田切,匣先平。匣真。

① Q172

② Q172

《説文·臤部》:“,堅也。从又,臣聲。凡臤之屬皆从臤。讀若鏗鏘之鏗。古文以爲賢字。”

【釋形】

《説文》以爲形聲字,从又,臣聲。“臣”上古音在禪母真部。按“臤”甲骨文、金文與小篆結構相同,如(《合》18143)、(《仲子觥》)等。其中豎目即“臣”,像臣服之人,以手牽之,故《字源》以爲乃“掔”之初文。“臤”上古音又作溪母真韻,正與“掔”字同音。《説文》云“臤”“古文以爲賢字”,其上古音又爲匣母真韻。漢碑中“臤”正用作“賢”字。

【釋義】

通“賢”,賢德之人:“親臤寶智,進直退慝”(Q172);“咨疑元老,師臤作朋。脩學童冠,琢質繡章”(Q172)。

3171 **堅**　jiān　《廣韻》古賢切,見先平。見真。

① Q088

② Q116

③ Q188

④ Q114

⑤ Q146

《説文·臤部》:“,剛也。从臤从土。”

【釋形】

《説文》小篆爲會意字,从臤从土,表示剛硬。按“堅”字當爲會意兼形聲,从土从臤,臤亦聲。漢碑字形基本按照小篆線條進行對應隸定,如圖①～③;其中構件“土”或加一點作“圡”,如圖⑤;或訛寫作“士”加一點,如圖④;或訛寫作“工”,如圖①。構件“臤”所从之“臣”,中間的兩短豎多連作一筆,如圖①③⑤。

【釋義】

㊀結實,牢固:“天〖降〗雄彦,〖資〗才卓茂,仰高鑽堅,允〖文〗允武”(Q132);“堅固廣大,可以夜涉”(Q146);“□遣景作治五駕瓦屋二間,周欄楯拾尺,於匠務令功堅”(Q119)。㊁堅定,不動搖:“巖巖繆君,禮性純淑,信心堅明”(Q099)。㊂用於人名:“故書佐劇紀政,字吉堅”(Q088);“故午都昌台丘遷,字孟堅”(Q088);“君諱固,字伯堅,蓍君元子也”(Q117)。

3172 **豎**　shù　《廣韻》臣庾切,禪麌上。禪侯。

① Q070

② Q163

《説文·臤部》:“,豎立也。从臤,豆聲。,籀文豎从殳。”

【釋形】

《説文》小篆爲形聲字,从臤,豆聲。“豆”上古音在定母侯部。漢碑字形按照小篆線條進行對應隸定,如圖①②。

【釋義】

樹立:“豎乎鴻發”(Q070);“勖厲清惠,以旌其美,豎石訖成,表言”(Q163)。

3173 **臣** chén 《廣韻》植鄰切,禪真平。禪真。

① Q134

② Q140

③ Q178

④ Q088

⑤ Q102

《説文·臣部》:“,牽也。事君也。象屈服之形。凡臣之屬皆从臣。”

【釋形】

《説文》小篆爲象形字,像屈服的樣子。按“臣”甲骨文作(《甲》2851),像豎目之形,表示俯首屈從之義。漢碑字形中,有的按照小篆線條進行對應隸定,如圖①～③;有的將中間兩短豎連作一筆,如圖④⑤。

【釋義】

㊀臣子:“帝嘉其忠臣之苗,器其璵璠之質,詔拜郎中”(Q133);“臣蒙厚恩,受任符守,得在奎婁,周孔舊寓”(Q140);“國喪名臣,州里失覆”(Q152)。㊁稱臣,臣服:“優號三老,師而不臣”(Q169);“芟不臣,寧黔首”(Q178)。㊂用於人名:“有黄霸、召信臣在潁南之歌”(Q154)。

【釋詞】

[臣子]漢碑中常用以指稱子女晚輩:“明王設位,明府不就。臣子欲養,明府不留。歍歔哀哉”(Q088);“不永麋壽,棄臣子兮”(Q088);“凡百咸痛,士女涕泠。臣子褒述,刊石勒銘”(Q187)。

3174 **臧** zāng 《廣韻》則郎切,精唐平。精陽。

① Q133

② Q178

③ Q128

《説文·臣部》:“,善也。从臣,戕聲。,籀文。”

【釋形】

《説文》以爲形聲字,从臣,戕聲,釋其義爲善。按“臧”甲骨文作(《菁》8.1),像以戈刺眼之形,表示奴隸,會意字。文獻中常用作善,當爲假借義。春秋金文作(《曩白子庭父盨》),添加聲符“爿”,構件“目”訛作“口”。小篆基本沿襲金文字形,只是“口”又變成像豎目之形的“臣”。由於“爿”與“戈”可以組合成“戕”,故《説文》以从臣戕聲釋之,與“臧”字原初結構層次不符。漢碑字形承襲小篆,構件“爿”與“戈”粘連爲一個整體,其中“爿”的左邊或簡省爲兩點,如圖①②;或直接省略不寫,如圖③。

【釋義】

㊀嘉許,稱許:“立言不朽,先民所臧”(Q133)。㊁善,好:“卜云其吉,終然允臧”(Q174)。㊂通“藏”,存檔,收藏:“昔殷王武丁,克伐鬼方,元功章炳,勳臧王府”(Q093);“歸來洙泗,用行舍臧”(Q137)。㊃姓氏:“義士潁川臧就元就五百”(Q178)。又特指春秋時期魯國大夫臧文仲:“周無振匱,亦古晏臧之次也”(Q128)。

【釋詞】

[臧文]即春秋時期魯國大夫臧文仲,其人從善如流,不恥下問,居要職而不貪功,賞罰分明,深受人們推崇:“於惟我君,明允廣淵,學兼游夏,德配臧文”(Q164)。

3175 **殿** diàn 《廣韻》堂練切,定霰去。定文。

① Q174 ② Q004

《説文·殳部》:“,擊聲也。从殳,屍聲。”

【釋形】

《説文》小篆爲形聲字,从殳,屍聲。按“殿”的義符“殳”甲骨文作(《合》21868),像手持工具敲擊之形,故以“殳”爲義符者多與敲擊、打擊有關。漢碑字形中,義符“殳”有的將像工具的構件隸定近似於“口”,如圖①;有的進一步簡省,如圖②。聲符“屍”中的“丌、几”兩構件粘合爲一個整體,訛寫作“共”,如圖①②。

【釋義】

高大的房屋:“華殿清閑,肅雍顯相”(Q174);“晏嬰即殿,留侯距齊,非辭福也,乃辟禍兮”(Q187)。

3176 **段** duàn 《廣韻》徒玩切,定换去。定元。

① Q069 ② Q088

《説文·殳部》:“,椎物也。从殳,耑省聲。”

【釋形】

《説文》以爲形聲字,从殳,耑省聲。按“段”,金文作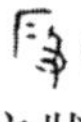(《段簋》),像手持器械在山崖上錘石之狀,本義爲錘擊物體,會意字。漢碑字形基本按照小篆線條進行對應隸定,其中義符“殳”中將像工具的構件隸定近似於“口”,如圖①②。

【釋義】

姓氏:“故脩行都昌段音,字吉節”(Q088);“博問自毛殷、王安、段孫”(Q092);“段仲孟造此萬歲之宅”(Q069)。

3177 **毅** yì 《廣韻》魚既切,疑未去。疑物。

① Q169 ② Q070

《説文·殳部》:“,妄怒也。一曰:有决也。从殳,豙聲。”

【釋形】

《説文·殳部》小篆爲形聲字,从殳,豙聲。漢碑字形中,聲符“豙”中構件“辛”省作“立”,“立”末筆與“豕”首筆粘連共用。義符“殳”中將像工具的構件隸定近似於“口”,如圖①②。

【釋義】

果敢,堅强:“仁信明敏,壯勇果毅”(Q169)。

3178 **役** yì 《廣韻》營隻切,餘昔入。餘錫。

① Q101 ② Q172 ③ Q178

《説文·殳部》:“,戍邊也。从殳从彳。,古文役从人。”

【釋形】

《説文》小篆爲會意字,从殳从彳,表示戍守邊疆。漢碑字形依據小篆線條進行對應隸定,義符“彳”或承古文寫作“亻”,如圖①。義符“殳”中將像工具的構件隸定近似於“口”,如圖②③;構件“又”或寫作“乂”,如圖①。

【釋義】

㊀服勞役,出勞力:“役賦彌年”(Q135);“既來安之,復役三年”(Q172)。㊁與……同列:“有孫若此,孝役曾子”(Q101)。

3179 **弒** shì 《廣韻》式吏切,書志去。書職。

Q178

《説文·殺部》:“,臣殺君也。《易》曰:

‘臣弑其君。’从殺省，式聲。”

【釋形】

《説文》小篆爲形聲字，从殺省，式聲。漢碑字形中，从殺省的義符“殺”，下部訛作“米”，聲符“式”訛作“戈”，如圖。

【釋義】

古代臣子殺死君主或子女殺死父母稱弑：“時疏勒國王和德，弑父篡位，不供職貢”（Q178）。

3180 **寸**　cùn《廣韻》倉困切，清慁去。清文。

① Q003

② Q060

③ Q061

《説文·寸部》：“，十分也。人手卻一寸，動𧖴，謂之寸口。从又从一。凡寸之屬皆从寸。”

【釋形】

《説文》小篆爲會意字，从又从一。徐鍇曰：“一者，記手腕下一寸。此指事也。”指示手腕後的穴位，義爲寸口。漢碑字形依據小篆線條進行對應隸定，其中指事符號多寫作一横畫，如圖①③。

【釋義】

古代長度單位，十分爲一寸：“享十寸黄三尺五寸”（Q003）；“中著石，廣三尺，厚二尺，長二尺九寸”（Q097）；“索石，廣三尺，厚尺五寸二，長二尺”（Q097）。

3181 **寺**　sì《廣韻》祥吏切，邪志去。邪之。

① Q134

② Q141

③ Q178

《説文·寸部》：“，廷也。有法度者也。从寸，之聲。”

【釋形】

《説文》小篆爲形聲字，从寸，之聲。按“寺”金文作（《汱伯寺簋》），从又，之聲，小篆改爲从“寸”。漢碑字形依據小篆線條進行隸定將聲符“之”隸定爲“土”，示音功能消失，如圖①～③。

【釋義】

古代官署的通稱：“吏無大小，空府竭寺，咸俾來觀”（Q141）；“郵亭驛置徒司空，褒中縣官寺并六十四所”（Q025）；“繕官寺，開南門”（Q178）。

3182 **將**　（一）jiàng《廣韻》子亮切，精漾去。精陽。

① Q127

② Q144

③ Q178

④ Q134

⑤ Q169

⑥ Q247

⑦ Q133

《説文·寸部》：“，帥也。从寸，醬省聲。”

【釋形】

《説文》以爲形聲字，从寸，醬省聲，本義爲率領。按“將”的構形應爲从寸持肉，爿聲，而非醬省聲。本義爲持取，引申爲率領。漢碑字形依據小篆線條進行隸定，聲符“爿”或簡寫爲“丬”，如圖①～③；義符中的“肉”有時訛寫混同作“夕”，如圖④～⑥；還有些簡寫混同作“爪”形，如圖⑦。

【釋義】

㊀率領：“敦煌大守雲中裴岑，將郡兵三千人，誅呼衍王等”（Q079）；“蜀郡大守平陵何君遣掾臨邛舒鮪將徒治道，造尊楗閣”（Q022）。㊁將領，將帥：“卿守將帥，爵位相承，以迄于君”（Q161）；“育生充國，字翁孫，該于威謀，爲漢名將”（Q169）；“再命虎將，綏元元兮”（Q088）。㊂用於官名：“五官掾閻祐、户曹史紀受、將作掾王篩”（Q060）；“户曹史張詩，將作掾嚴壽”（Q063）；又見“將作大匠”。

【釋詞】

［將作大匠］官名，掌管宮室修建：“司隸校尉，將作大匠，河南尹。”（Q152）。

（二）jiāng 《廣韻》即良切，精陽平。精陽。

【釋義】

㊀副詞，將要，快要："寔天生德，有漢將興"（Q172）；"將天飛，翼紫宫，壽不永"（Q175）；"將即幽都，歸于電丘，涼風滲淋，寒水北流"（Q113）。㊁通"漿"，湯汁："新婦主待給水將"（Q100）。㊂用於人名："君諱宙，字季將"（Q127）。

【釋詞】

［將軍］高級將領的稱號："東烏累關城，皆□將軍所作也"（Q116）；"夫人馬姜，伏波將軍新息忠成侯之女"（Q056）；"大將軍辟舉茂才，除襄城令"（Q066）。

3183 **尋** xún 《廣韻》徐林切，邪侵平。邪侵。

① Q137

② Q144

《説文·寸部》："，繹理也。从工从口从又从寸。工、口，亂也，又、寸，分理之。彡聲。此與㲋同意。度，人之兩臂爲尋，八尺也。"

【釋形】

《説文》以爲形聲字，从工从口从又从寸，彡聲。其説解字形甚爲瑣細。按"尋"甲骨文作（《合》16067）、（《合》34200）等形，金文作（《亞𠨘父乙簋》），像人伸長兩臂度量席子之形，像席子的構件或省作丨，本義爲古代長度單位，八尺爲一尋。後經過逐步纍增，至小篆形體變得非常繁複，《説文》據小篆字形進行説解。漢碑字形在小篆的基礎上省去構件"彡"，其他部分依據小篆線條進行對應隸定，如圖①②。

【釋義】

㊀重温，恢復："尋李癀之在〖邊〗，恢魏〖絳〗之和戎"（Q137）。㊁探討，研究："治《詩》《尚書》，兼覽群藝，靡不尋暘"（Q144）。㊂用於人名："彭城廣戚姜尋子長二百"（Q112）。

3184 **專** zhuān 《廣韻》職緣切，章仙平。章元。

Q133

《説文·寸部》："，六寸簿也。从寸，叀聲。一曰：專，紡專。"

【釋形】

《説文》以爲形聲字，从寸，叀聲。按"專"甲骨文作（《合》5414），从又从叀，叀亦聲，本義爲紡錘。漢碑字形依據小篆線條進行對應隸定，將彎曲的線條變爲平直方折的筆畫，如圖。

【釋義】

專擅："遭貴戚專權，不稱請求"（Q133）。

3185 **導** dǎo 《廣韻》徒到切，定号去。定幽。

① Q117

② Q125

《説文·寸部》："，導引也。从寸，道聲。"

【釋形】

《説文》小篆爲形聲字，从寸，道聲。按引導義最初也是由道路的"道"表示的，後來在"道"的基礎上增添義符"寸"造出分化字"導"，專門表示引導義。小篆字形中，義符"寸"居於右下角，整字視覺上好像是左右結構。漢碑字形將"寸"托在下面，整字變爲上下結構，且義符"寸"右側添加一點，訛寫近似於"木"，如圖①②。

【釋義】

㊀疏浚，疏通："泫泫淮源，聖禹所導，湯湯其逝，惟海是造"（Q125）；"禹導江河，以靖四海"（Q150）。㊁開導，教導："教〖我〗義方，導我礼則"（Q117）。㊂保養："欽

因春饗,導物嘉會,述脩璧廱,社稷品制”(Q141)。

3186 **罸**

“罸”的異體字(圖①),見4144 罰。

3187 **皮** pí 《廣韻》符羈切,並支平。並歌。

Q178

《説文·皮部》:“ ,剥取獸革者謂之皮。从又,爲省聲。凡皮之屬皆从皮。 ,古文皮。 ,籒文皮。”

【釋形】

《説文》以爲形聲字,从又,爲省聲。按“皮”甲骨文作 (《花東》550),金文作 (《九年衛鼎》),像以手剥取獸皮之形。其中 像獸頭及軀幹, 像剥的獸皮之形。小篆發生形體變異,原有構形理據淡化。漢碑字形除構件“又”形之外,其他部分發生粘合,整字構形理據進一步淡化,如圖。

【釋義】

姓氏:“處士河東皮氏岐茂孝才二百”(Q178)。

3188 **啟** qǐ 《廣韻》康禮切,溪薺上。溪脂。

① Q260

② Q142

《説文·攴部》:“ ,教也。从攴,启聲。《論語》曰:不憤不啟。”

【釋形】

《説文》以爲形聲字,从攴,启聲。按“啟”甲骨文作 (《合》20416),像以手開門之形。或將構件“又”改换爲構意相近的“攴”,寫作 (《合》21623);或增添義符“口”,寫作 (《合》28021),以與其引申義啟齒相匹配。金文或作 (《攸簋》)、 (《鄂君啟舟節》)等形,既增加義符“口”,又將構件“又”改爲“攴”或“殳”。小篆承襲金文从攴的字形,漢碑則承襲金文从殳的字形,如圖①②。漢碑的結構布置也較小篆有所調整,變左右結構爲上下結構。

【釋義】

㊀教導,啟蒙:“表述前列,啟勸偅蒙”(Q142)。㊁通“跽”,跪坐:見“啟處”。

【釋詞】

[啟處] 語出《詩·小雅·采薇》:“不遑啟處。”安居,休息:“匪皇啟處,東撫西征”(Q161)。

3189 **徹** chè 《廣韻》丑列切,徹薛入。透月。

① Q128

② Q142

《説文·攴部》:“ ,通也。从彳从攴从育。 ,古文徹。”

【釋形】

《説文》以爲會意字,从彳从攴从育。按“徹”甲骨文作 (《合》8073),从又从鬲,鬲亦聲,食畢撤去食具之義,本義當爲撤去、除去。後又加義符“彳”,表示撤去與走路有關。構件“鬲”小篆訛作“育”,《説文》據小篆字形説解,與原有理據不符。漢碑字形依據小篆線條進行對應隸定,圓轉線條筆畫化,如圖①②。

【釋義】

㊀撤去,撤走:“醮祠希罕,徹奠不行”(Q060)。㊁曉達,通曉:“君天姿晐〖達〗,徹〖瞑〗有芳”(Q128);“君神明之驗,譏徹玄妙”(Q142)。

3190 **肇** zhào 《集韻》直紹切,澄小上。定宵。

① Q137

② Q175

《説文·攴部》:“,擊也。从攴,肇省聲。”

【釋形】

《説文》以爲形聲字,从攴,肁省聲。按“肇”甲骨文作(《合》08241),以戈擊門,會意字,會打擊之義。或改“戈”爲“攴”,寫作(《合》21623)。金文或增加聲符“聿”,寫作(《弔乍南宫鼎》)、(《曆方鼎》)。小篆沿襲金文的後一種字形,《説文》據此字形進行説解,但解釋爲“肁”省聲明顯與構形理據不符。漢碑字形承襲从攴从殳的兩種寫法,如圖①②。

【釋義】

㊀發跡,發源:“從事君之季弟也,肇自岐嶷”(Q175);又見“肇祖”。㊁起先,初始:見“肇先”。

【釋詞】

[肇先]起先,初始:“府君諱方,字興祖,肇先盖堯之苗”(Q137)。

[肇祖]始出,源自:“肇祖宓戲,遺苗后稷”(Q187)。

3191 **敏**　mǐn　《廣韻》眉殞切,明軫上。明之。

① Q088

② Q169

③ Q178

④ Q130

《説文·攴部》:“,疾也。从攴,每聲。”

【釋形】

《説文》小篆爲形聲字,从攴,每聲。漢碑字形中,義符“攴”上部豎畫變爲短撇,與横畫一起,寫作“𠂉”,下部仍作“又”,處於“攴”向“攵”的過渡狀態。聲符“每”《説文》从屮,母聲,甲骨文作(《粹》340),金文作(《何尊》),上部像女性頭飾,下部从女或从母,《説文》小篆沿襲了這種寫法,但構意説解有所不同。漢碑字形大致依據小篆輪廓隸定,上面表示頭飾的部分形體寫作“亠”,如圖①~③;或作“𠂉”,如圖④。下面或寫作“母”,如圖①;或將分開的兩點連作一豎,形同“毌”,如圖②~④。

【釋義】

㊀聰明,聰穎:“體明性喆,寬裕博敏,孝友恭順”(Q130);“天姿明敏,敦《詩》悦《禮》,膺禄美厚,繼世郎吏”(Q146);“髫髦克敏,〖志〗學典謨”(Q172)。㊁用於人名:“行義劇張敏,字公輔”(Q088);“故午營陵留敏,字元成”(Q088);“君諱敏,字升達”(Q187)。

3192 **整**　zhěng　《廣韻》之郢切,章静上。章耕。

Q095

《説文·攴部》:“,齊也。从攴从朿从正,正亦聲。”

【釋形】

《説文》以爲會意兼形聲字,从攴从朿从正,正亦聲。按“整”字應爲从敕从正,正亦聲,“敕”《説文》本義爲訓誡,與整齊義有關;“正”亦與整齊有關,且有示音作用。漢碑字形據小篆隸定,義符“正”或草寫,下部近似於“心”,如圖。

【釋義】

用於人名:“都督掾南鄭巍整,字伯王”(Q095)。

3193 **效**　xiào　《廣韻》胡教切,匣效去。匣宵。

① Q178

② Q199

《説文·攴部》:“,象也。从攴,交聲。”

【釋形】

《説文》小篆爲形聲字,从攴,交聲。漢碑字形依據小篆線條進行對應隸定,義符“攴”寫作“攵”,如圖①②。

【釋義】

㊀盡力,出力:“脩治狹道,分子效力”

（Q161）。㊁彰明，師法："不爲小威，以濟其仁；弸中獨斷，以效其節"（Q154）。㊂告知，曉諭："毋闌賓入，毋效狸入，使絶毋户後"（Q015）。㊃用於人名："五官掾陰林，户曹史夏效"（Q063）。㊄用於地名："君諱全，字景完，敦煌效穀人也"（Q178）。

3194 **故** gù 《廣韻》古暮切，見暮去。見魚。

①Q117 ②Q128 ③Q133 ④Q163 ⑤Q201 ⑥Q088 ⑦Q071 ⑧Q074 ⑨Q140 ⑩Q066 ⑪Q137 ⑫Q088 ⑬Q052 ⑭Q053

《説文·支部》："，使爲之也。从支，古聲。"

【釋形】

《説文》小篆爲形聲字，从支，古聲。漢碑字形中，有的爲碑額篆書，但已經帶有明顯的隸書痕跡，如圖①～⑥。其中義符"支"豎畫末端多與下方"又"起筆銜接，如圖②～⑥；聲符"古"上面形似於"中"，如圖①～⑤。更多的"故"字已經發生隸變，其中義符"支"多寫作"𠂉"，如圖⑦～⑩；或寫作"亠"，如圖⑪；有的甚至簡寫爲一横，如圖⑫；下部寫作"又"或"乂"，與上面的"𠂉"或"亠"分離，如圖⑦～⑩；有些"支"則已粘合成後來同形的寫法"攵"，如圖⑬⑭。

【釋義】

㊀舊的，以前的："允勑大吏郎巽等，與義民脩繕故祠"（Q126）；"漢故鴈門大守鮮于君碑"（Q128）；"治禮小戴，閨族孝友，温故知機"（Q128）。㊁死亡：見"物故"。㊂連詞，因此，所以："故樹斯石，以昭厥勳"（Q134）；"故刊兹石，達情理願"（Q142）；"是故寵禄傳于歷世，策薰著于王室"（Q144）。

【釋詞】

［故老］年紀大見識多的人："遂訪故老商量、儁艾王敞、王畢等，恤民之要，存慰高年"（Q178）。

［故吏］原來的下屬、屬吏："故吏乘氏令博陵安平王沛，字公豫"（Q148）；"故吏戴條等，追在三之分"（Q133）；"於是故吏諸生相與論曰：上世羣后，莫不流光〖煇〗於無窮，垂芳耀於書篇"（Q088）。

［故事］以往的慣例："辭對：'故事，辟雍禮未行，祠先聖師侍祠者，孔子子孫，大宰、大祝令各一人，皆備爵'"（Q102）；"可許臣請，魯相爲孔子廟置百石卒史一人，掌領禮器，出王家錢，給大酒直，他如故事"（Q102）。

3195 **政** zhèng 《廣韻》之盛切，章勁去。章耕。

①Q063 ②Q146 ③Q084 ④Q100 ⑤Q137 ⑥Q095 ⑦Q178 ⑧Q153

《説文·支部》："，正也。从支从正，正亦聲。"

【釋形】

《説文》小篆爲會意兼形聲字，从支从正，正亦聲。漢碑字形中，有的爲碑文篆書，如圖①。多數則依照小篆字形隸定，如圖②～⑧。其中構件"正"有的左邊的短豎延長，甚至與上面的横畫相連，如圖④⑦；義符"支"或隸定混同爲"文"，如圖⑤⑥。

【釋義】

㊀政治，政事："及其從政，清擬夷齊，直慕史魚"（Q178）；"政猶北辰，衆星所从"（Q193）；"君雖詘而就之，以順時政，非其好

也,迺翻然輕舉”(Q133);“不能闡弘德政,〖恢崇〗壹變,夙夜憂怖,累息屏營”(Q140);“夫美政不紀,人無述焉”(Q161);又見“政教、政化”。㊁政策,政令:“督郵部職,不出府門,政約令行,强不暴寡,知不詐愚”(Q146);“朝無秕政,直哉惟清”(Q148)。㊂用於人名:“門生濟南梁郡趙震字叔政”(Q127);“□君丞零陵□泉陵薛政”(Q063);“故書佐劇紀政,字吝堅”(Q088)。

【釋詞】

[政教]政治教化:“政教始初,慎徽五典”(Q193);“政教稽古,若重規矩”(Q102)。

[政化]同“政教”,政治教化:“政化如神,烝民乃厲”(Q153)。

3196 **敷** fū 《廣韻》芳無切,滂虞平。滂魚。

① Q134

② Q132

《説文·攴部》:“,㰟也。从攴,尃聲。《周書》曰:‘用敷遺後人。’”

【釋形】

《説文》小篆爲形聲字,从攴,尃聲。漢碑字形依據小篆線條進行隸定,其中聲符“尃”小篆从甫从寸,構件“甫”小篆从父从用,漢碑字形中有的將構件“父”彎曲的線條拉直爲一横一豎,如圖②;有的構件“甫”整個形變簡寫作“𠙻”,如圖①。義符“攴”,有的訛寫作“欠”,如圖②;有的寫作“攵”,如圖①。按“敷”字後來通行字作“敷”。

【釋義】

㊀覆蓋,遍布:“位淹名顯,敷聞于下”(Q134);“仁敷海岱,著甘棠兮”(Q088);“〖旌〗旗絳天,雷震電舉,敷燿赫〖然〗,陵惟哮〖虎〗”(Q132)。㊁富有,充足:“君幼□顔閔之懋質,長敷斿夏之文學”(Q093)。

3197 **數** (一)shǔ 《廣韻》所矩切,山麌上。山侯。

① Q095

② Q146

③ Q171

④ Q179

⑤ Q174

⑥ Q142

《説文·攴部》:“,計也。从攴,婁聲。”

【釋形】

《説文》小篆爲形聲字,从攴,婁聲。漢碑字形則多爲从殳,婁聲。其中義符“殳”的構件“几”多近似於“口”形;聲符“婁”下部“女”還保持獨立,上部構件則形變複雜,與小篆結構相差較大,如圖①~⑥。

【釋義】

計算,計數:大莭如斯,簡茣可數(H144);“草木暢茂,巨仞不數”(Q171)。

(二)shù 《廣韻》色句切,山遇去。山侯。

【釋義】

㊀幾,幾個:“行數萬里,不移日時”(Q142);“常車迎布,歲數千兩,遭遇隤納,人物俱隋”(Q150)。㊁羣類,幾個之中:“白石神君,居九山之數,參三條之壹,兼將軍之號,秉斧鉞之威”(Q174)。㊂規律,法則:“水無沉氣,火無灾燀,時無逆數,物無害生”(Q174)。

(三)shuò 《廣韻》所角切,山覺入。山屋。

【釋義】

屢次,頻頻:“財容車騎,進不能濟,息不得駐,數有顛覆賈隧之害”(Q146);“數爲從事,聲無細聞”(Q179);“深執忠伉,數上奏請”(Q095)。

3198 **孜** zī 《廣韻》子之切,精之平。精之。

① Q193

② Q285

《説文·攴部》:“,汲汲也。从攴,子

聲。《周書》曰：‘孜孜無怠。’”

【釋形】

《説文》小篆爲形聲字，从支，子聲。漢碑字形中，聲符“子”，在小篆中像在襁褓中的嬰兒，有頭、身、兩臂，兩足并起來的樣子，到漢碑中將彎曲的手臂拉直爲橫畫，隸定作“子”，如圖①②；義符“支”隸定作“攵”，如圖①②。

【釋義】

㊀用於“孜孜”：見“孜孜”。㊁用於人名：“故吏軍謀掾沛國高孜孔伯”（Q285）。

【釋詞】

［孜孜］勤勉，不懈怠：“濟濟之儀，孜孜之踰，帥厲後學，致之雍泮”（Q193）。

3199 **敞**　chǎng　《廣韻》昌兩切，昌養上。昌陽。

① Q095

② Q125

③ Q178

《説文·支部》：“，平治高土，可以遠望也。从支，尚聲。”

【釋形】

《説文》小篆爲形聲字，从支，尚聲，表高顯、寬敞之義。漢碑字形依據小篆線條進行隸定，其中聲符“尚”本从八向聲，構件“八”隸定作左右對稱的兩點或兩短橫；義符“支”均隸定作“攵”，如圖①～③。

【釋義】

㊀空間寬廣、明亮：“衢廷弘敞，官廟嵩峻”（Q125）；“我漢道厥敞”（Q195）。㊁用於“敞怳”：見“敞怳”。㊂用於人名：“故門下掾王敞元方千”（Q178）。

【釋詞】

［敞怳］失意貌：“□□側□，敞怳燿立”（Q070）。

3200 **改**　gǎi　《廣韻》古亥切，見海上。見之。

① Q113

② Q112

③ Q129

④ Q084

《説文·支部》：，更也。从支、己。

【釋形】

《説文》以爲會意字，从支、己。按“改”甲骨文作（《合》39466），與表示驅邪義的“攺”同形。或者最初造字時“攺”爲从支从巳的會意字，會敲擊、驅趕之義；而“改”則爲从支、巳聲的形聲字，二字偶然同形。也有學者説“改”最初借“攺”之形，後來專門造了从支、己聲的形聲字。小篆應爲从支己聲，而非从支、己會意。漢碑字形沿襲小篆从支、己聲的構形，其中義符“支”或承襲小篆，寫作“支”，如圖①；或寫作上“攵”，如圖②～④。聲符“己”或混同作“巳”，如圖④。

【釋義】

變更，變革：“旬月化行，風俗改易”（Q144）；“永元十七年四月卯令，改爲元興元年”（Q052）；“追惟大古，華胥生皇雄，顔□育孔寶，俱制元道，百王不改”（Q112）。

【釋詞】

［改節］改變節操：“饕飻改節，寇暴不作，封畿震駭”（Q084）；“强衙改節，微弱蒙恩”（Q088）。

3201 **變**　biàn　《廣韻》彼眷切，幫線去。幫元。

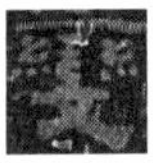
① Q133

② Q066

③ Q129

④ Q142

《説文·支部》：“，更也。从支，䜌聲。”

【釋形】

《説文》小篆爲形聲字，从支，䜌聲，義爲變更。漢碑字形中，聲符“䜌”所从之構件“言”，上部的長橫畫覆蓋了左右兩邊的構件“糸”，如圖①～④。其中構件“糸”小篆字形上部像束起來的絲線，到漢碑中有的還没有完全筆畫化，保留了一定的象形特徵，如圖③④；下部像絲束的線頭，到漢碑中有的隸定形變爲三點，如圖①～③；有的幾個點全部省略，如圖④。義符“攴”或訛作“文”，如圖①；或訛近“夂”，如圖②；或訛作“乂”，如圖③④。

【釋義】

㊀改變，變更：“陰陽變化，四時分兮”（Q124）；“六樂之變，舞以致康”（Q129）；“窮神知變，與聖同符”（Q066）。㊁災異，災變：“考異察變，輒抗疏陳表”（Q175）；“應時發算，除去灾變”（Q142）。

3202 **更** （一）gēng 《廣韻》古行切，見庚平。見陽。

① Q054

② Q106

③ Q144

《説文·攴部》：“，改也。从攴，丙聲。”

【釋形】

《説文》小篆爲形聲字，从攴，丙聲，釋爲更改。按“更”爲“鞭”的初文，甲骨文本作（《合》20842），像手持鞭策之形，會意字。或添加聲符“丙”，寫作（《合》10951），變爲形聲字。“丙”上古音在幫母陽部。小篆承襲此類字形。漢碑字形中，“丙、攴”粘合爲一個整體，已經無法看出原有構意，如圖①～③。後來，“更”引申表示更改義，鞭策義加“人”作“便”，又加“革”作“鞭”。參見 8056 便。

【釋義】

㊀改變：見“更遷”。㊁相繼，交替：“州郡更請，屈己匡君”（Q144）。

【釋詞】

［更遷］變更，變化：“競軌往德，時已更遷”（Q111）。

（二）gèng 《廣韻》古孟切，見映去。見陽。

【釋義】

副詞，再，又：“帝遊上林，問禽狩所有，苑令不對，更問嗇夫”（Q179）；“脩飾宅廟，更作二輿，朝車威熹”（Q112）；“更離元二，雍養孤寡，皆得相振”（Q106）。

3203 **斂** liǎn 《廣韻》良冉切，來琰上。來談。

① Q119

② Q129

③ Q029

《説文·攴部》：“，收也。从攴，僉聲。”

【釋形】

《説文》小篆爲形聲字，从攴、僉聲，義爲收取，聚合。漢碑字形中，聲符“僉”中構件“从”簡省爲“灬”形，與火的變體混同，如圖①～③。義符“攴”或隸作“攵”，如圖①②；或作“殳”，如圖③。

【釋義】

㊀聚集，收集：“遏穰凶札，揫斂吉祥”（Q129）。㊁徵收，索取：“恐縣吏斂民，侵擾百姓，自以城池道濡麥，給令還所斂民錢材”（Q141）；“迺以永平十五年六月中造起僤，斂錢共有六萬一千五百”（Q029）。

3204 **敶**

《説文》小篆作，从攴，陳聲。漢碑中爲“陳”的異體字（圖⑥），見 14102 陳。

3205 **敵** dí 《廣韻》徒歷切，定錫入。定錫。

Q079

《説文·攴部》：“，仇也。从攴，啻聲。”

【釋形】

《説文》小篆爲形聲字，从攴，啻聲，義爲仇敵。漢碑字形聲符“啻”所从之構件“帝”與“口”發生離析重組，導致整字結構布局發生變化，如圖。

【釋義】

敵人，敵軍：“將郡兵三千人，誅呼衍王等，斬馘部眾，克敵全師”（Q079）。

3206 **救** jiù 《廣韻》居祐切,見宥去。見幽。

Q187

《説文·攴部》:“,止也。从攴,求聲。”

【釋形】

《説文》小篆爲形聲字,从攴,求聲。漢碑字形中,聲符“求”將小篆上部的曲線分解爲一横一點,下部的四個斜向線條也轉寫爲四點;義符“攴”隸定作“攵”,如圖。

【釋義】

㊀挽救:“□□救傾兮,全育□遺,劬勞日稷兮,惟惠勤勤”(Q150)。㊁救助,使脱離危險或災難:“金精火佐,寔生賢兮,□欲救民,德彌大兮”(Q187)。

3207 **攸** yōu 《廣韻》以周切,餘尤平。餘幽。

① Q103 ② Q088 ③ Q130 ④ Q133

《説文·攴部》:“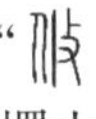,行水也。从攴从人,水省。,秦刻石嶧山文攸字如此。”

【釋形】

《説文》以爲會意字,釋其形爲从攴从人,水省,釋其義爲行水。按“攸”甲骨文作(《合》34176),像手持工具擊人之狀。金文或在“人”與“攴”之間加三點,寫作(《攸簋》);或將三點連作一筆,寫作(《師酉簋》),其中三點構意不確,《説文》以爲从“水”省,甚爲牽强。漢碑字形承襲小篆,義符“人”多寫如“亻”,義符“攴”多寫作上“𠂉”下“又”,未完全隸變爲“攵”,如圖①~③;也有的近似於“支”,如圖④。

【釋義】

㊀助詞,用在動詞前,組成名詞性短語,相當於“所”:“既定爾勳,福禄攸同”(Q178);“自南自北,四海攸通”(Q095)。㊁通“修”,修養,修煉:“不攸廉隅,不飭小行”(S110)。

【釋詞】

[攸得]悠然自得,隨心所欲:“剛柔攸得,以和以平”(Q133)。

3208 **敦** dūn 《廣韻》都昆切,端魂平。端文。

① Q114 ② Q132 ③ Q178 ④ Q133 ⑤ Q145 ⑥ Q185

《説文·攴部》:“,怒也;詆也。一曰:誰何也。从攴,𦎫聲。”

【釋形】

《説文》小篆爲形聲字,从攴,𦎫聲。漢碑字形中,聲符“𦎫”發生訛變,失去表聲功能,有的訛與“享”同,如圖④~⑥;有的“享”形“口”内加一横,上部寫作“亯”,如圖①~③。義符“攴”,有的寫作“攵”,如圖①③;有的近“支”,如圖②⑤;有的寫作上“𠂉”下“又”,近“攵”,如圖④⑥。

【釋義】

㊀質樸,敦厚:“於穆我君,敦誠篤信,好樂施與”(Q145);又見“敦篤”“敦仁”。㊁注重,深入研修:“君敦《詩》説《禮》,家仍典軍”(Q161);“脩習典藝,既敦《詩》《書》,悦志《禮》《樂》”(Q169);“守約履勤,體聖心叡,敦五經之瑋,圖兼古業”(Q193)。㊂用於地名:“君諱全,字景完,敦煌效穀人也”(Q178);“或在安定,或處武都,或居隴西,或家敦煌”(Q178)。

【釋詞】

[敦篤]敦厚:“惟許卒史安國,禮性方直,廉言敦篤”(Q114)。

[敦厖]樸實仁厚:“少以文塞,敦厖允元,長以欽明,躭詩悦書”(Q137)。

［敦仁］樸實仁厚："閔其敦仁，爲問蜀郡何彦珍女，未娶"（Q113）。

3209 **敗** bài《廣韻》薄邁切，並夬去。並月。

① Q106　② Q169　③ Q014

《説文·攴部》："，毁也。从攴、貝。敗、賊皆从貝會意。，籒文敗从賏。"

【釋形】

《説文》小篆爲會意字，从攴、貝，義爲毁壞。按"敗"甲骨文或从支从貝，寫作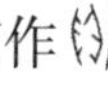（《合》17318）；或从支从鼎，寫作（《合》2274）。"貝"古代爲貨幣，"鼎"古代爲重要的器皿，手持工具敲擊這些東西，均可會毁壞之義。漢碑字形承襲小篆，从支从貝。其中義符"攴"，或隸定作"支"，如圖①；或隸定作"攵"，如圖②；或訛寫混同作"欠"，如圖③。

【釋義】

㊀毁壞，毁棄："萊子侯爲支人爲封，使偖子食等用百余人，後子孫毋壞敗（Q014）；"唯觀者諸君，願勿敗傷"（Q106）；"秦項作亂，不尊圖書，倍道畔德，離敗聖輿食糧，亡于沙丘"（Q112）。㊁失敗：見"敗績"。

【釋詞】

［敗績］大敗："爲護羌校尉假司馬，戰鬥第五，大軍敗績"（Q169）。

3210 **寇** kòu《廣韻》苦候切，溪候去。溪侯。

① Q128　② Q084

《説文·攴部》："，暴也。从攴从完。"

【釋形】

《説文》以爲會意字，从攴从完，會强暴之義。按"寇"金文作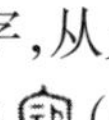（《虞嗣寇壺》），从宀从元从人，會人在宀下手持工具擊人之義。金文或作（《曶鼎》），形象性更强。漢碑字形中，構件"攴"與"殳"形義相近多换用，如圖①②；構件"宀"與"冖"形近混用，如圖②。

【釋義】

㊀暴亂，劫掠："遭離羌寇，蝗旱鬲并，民流道荒"（Q060）。㊁賊寇，强盜："朝無姦官，野無淫寇"（Q135）；"除曲阿尉，禽姦戔猾，寇息善歡"（Q172）；"地既塉确兮，與寇爲隣"（Q150）；又見"寇暴"。

【釋詞】

［寇暴］侵犯劫掠："饕餮改節，寇暴不作，封畿震駭"（Q084）。

3211 **收** shōu《廣韻》式州切，書尤平。書幽。

① Q169　② Q178

《説文·攴部》："，捕也。从攴，丩聲。"

【釋形】

《説文》小篆爲形聲字，从攴，丩聲。聲符"丩"的小篆字形是兩條相互糾纏的線條，表示糾纏之義，漢碑將兩個屈曲的線條轉寫爲筆畫，寫作"丩"，其原有理據淡化；義符"攴"多隸定作"攵"，但上下兩部分還處於相離的狀態，如圖①②。

【釋義】

㊀收穫，收割："俾中其有訾次當給爲里父老者，共以客田借與，得收田上毛物穀實自給"（Q029）。㊁收留，收容："賢孝之性，根生於心。收養季祖母，供事繼母"（Q178）。㊂抓捕，關押："府君怒，勑尉部吏收公房妻子"（Q199）；"轉拜郃陽令，收合餘燼，芟夷殘迸，絶其本根"（Q178）。㊃收取，殮藏："冒突鏠刃，收葬尸死"（Q169）。

3212 **攻** gōng《廣韻》古紅切，見東平。見東。

Q178

《説文·攴部》:“,擊也。从攴,工聲。”

【釋形】

《説文》小篆爲形聲字,从攴,工聲。漢碑字形依據小篆線條進行對應隸定,義符“攴”隸定作“攵”,如圖。

【釋義】

㊀攻擊,進擊:“劉曼、張丙等白日攻剽”(Q148);“攻城野戰,謀若涌泉”(Q178)。㊁整治:“析里大橋,於今乃造。〖挍致〗攻堅,□□工巧”(Q150)。

3213 **畋** tián 《廣韻》徒年切,定先平。定真。

Q179

《説文·攴部》:“,平田也。从攴、田。《周書》曰:‘畋尒田。’”

【釋形】

《説文》以爲會意字,从攴、田,會耕種之義。按“畋”當爲“田”的後起分化字,既與田地有關,也與田獵有關。漢碑字形依據小篆線條進行對應隸定,義符“攴”作上“𠂉”下“又”,近似於“攵”,如圖。

【釋義】

打獵,狩獵:“聡麗權略,藝於從畋”(Q179)。

3214 **敘** xù 《廣韻》徐吕切,邪語上。邪魚。

① Q088

② Q140

③ Q164

《説文》作“敍”,《説文·攴部》:“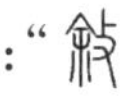,次第也。从攴,余聲。”

【釋形】

《説文》小篆爲形聲字,从攴,余聲。漢碑字形中,聲符“余”依據小篆線條進行對應隸定,如圖①②;有的下部訛變似“米”,如圖③。義符“攴”省寫作“又”,如圖①～③。

【釋義】

㊀按功勞大小排列,論功行賞:“匡國達賢,登善濟可,登斑叙優”(Q135);“久勞於外,當還本朝,以叙左右”(Q093);“於是論功叙實,宜勒金石,迺作銘曰”(Q166)。㊁記録,記述:“後來詠其烈,竹帛叙其勳”(Q088);“能不號嗟,刊石叙哀”(Q154)。㊂展現,表達:“脩上案食醊具,以叙小節,不敢空謁”(Q140)。㊃序言:“叙曰:於惟我君,明允廣淵”(Q164);“乃作叙曰,翼翼聖慈,惠我黎蒸”(Q172)。

3215 **牧** mù 《廣韻》莫卜切,明屋入。明職。

① Q144

② Q066

③ Q130

④ Q153

⑤ Q166

《説文·攴部》:“,養牛人也。从攴从牛。《詩》曰:‘牧人乃夢。’”

【釋形】

《説文》小篆爲會意字,从攴从牛,會放牧之義。漢碑字形中,義符“牛”有的仍保留篆意,如圖①;有的將像牛角的部分依據小篆線條嚴格隸定,如圖②;有的將像牛角形的部分隸定爲“𠂉”,如圖③～⑤。義符“攴”,有的隸定作“攵”,如圖②⑤;有的寫作上“𠂉”下“又”,還没有完全組合爲“攵”,如圖①③④。

【釋義】

㊀統治,主政:“〖緩薄〗賦,牧邦畿”(Q135);“君其始仕,天懫明哲,典牧二城”(Q153)。㊁古代州的長官,也用於其他官職:“至莒郡大守荊州牧”(Q194);“漢故益州牧楊府君,諱宗,字德仲”(Q207)。“聲

稱爰發，牧守旌招”（Q130）；“牧伯張君，開示坐席，顧視忘宦，位不副德”（Q212）；“司牧莅政，布化惟成”（Q161）。㊂用於人名：“長子牧，富波侯相”（Q066）。

3216 **教** （一）jiāo 《廣韻》古肴切，見肴去。見幽。

① Q066

② Q119

③ Q172
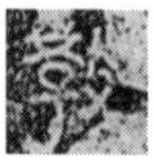
④ Q117

⑤ Q106

⑥ Q146

《說文·教部》：“，上所施下所效也。从攴从孝。凡教之屬皆从教。，古文教。，亦古文教。”

【釋形】

《說文》以爲會意字，从攴从孝，表示上施下效。按“教”和“學”二字古代關係密切，或曰本爲一字，後分化成兩個字。“學”甲骨文作（《合》8732）、（《合》20101）等形，像雙手持算籌學習數字之形，第一個字形中有兩個“五”（“五”甲骨文作或），第二個字形中有一個“五”和一個“六”（“六”甲骨文作）；或省去雙手作（《合》1822）。金文增加構件“子”，寫作（《大盂鼎》），表示學習之事與兒童有關。金文又增加構件“攴”，寫作（《沈子它簋蓋》），即後來之“斅”字。此字兼有“學”與“教”兩種意義，既有學習、效法義，讀xué；又有教導、教化義，讀jiào。《說文》小篆以“學”爲，釋爲从教从冖。由此可見“學”與“教”二字關係之密切。“教”甲骨文作（《合》31621）、（《合》28008）等形，金文作（《散氏盤》），其中的“爻”正來源“學”中的兩個“五”。後以“爻”爲聲符，屬於理據重構。小篆“教”承襲甲骨文的第一種字形，《說文》釋爲从攴从孝，也屬於理據重構。《說文》將“孝”獨立成字，音同“教”（jiào），釋爲“孝，放也。从子，爻聲”；而夏竦《古文四聲韻》則以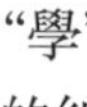爲“學”之古文，又可見“學”與“教”二字之間的糾葛。漢碑字形中，構件“孝”或據小篆嚴格隸定爲“孝”，如圖①；或將“爻”上部交叉的兩筆訛寫作“䒑”，如圖②③④；也有的構件“孝”隸變作“孝”，與孝順之“孝”同形（孝順之“孝”从老省、从子），如圖⑤⑥。義符“子”有的仍能看出篆意，保留了像嬰兒頭形的部分，如圖③④；多數則隸定轉寫爲筆畫，如圖①②⑥。義符“攴”或混同作“殳”，如圖①；或隸定作“攵”，如圖⑤。或作上“𠂉”下“又”，還没有完全組合爲“攵”，如圖②③④⑥。

【釋義】

㊀教育，教授：“朝無姦官，野無淫寇，教民樹藝，三農九穀”（Q135）；“獨教兒子書計，以次仕學”（Q106）；“教〖我〗義方，導我礼則”（Q117）。㊁告，告諭：“主簿司馬追省，府君教諾”（Q170）；“會廿四，府君教，太守丞印”（Q119）。

（二）jiào 《廣韻》古孝切，見效去。見宵。

【釋義】

政教，教化：“政教始初，慎徽五典”（Q193）；“政教稽古，若重規矩”（Q102）。

【釋詞】

［教化］政教風化：“祠孔子以大牢，長吏備爵，所以尊先師，重教化也”（Q140）。

［教誨］教導，訓誨：“於是乃聽訟理怨，教誨後生百有餘人，皆成俊艾”（Q169）；“十六適配，教誨有成”（Q109）。

3217 **學** xué 《廣韻》胡覺切，匣覺入。匣覺。

① Q066

② Q100

③ Q102

④ Q178

⑤ Q202

學,《説文》以爲"斅"之省形。《説文·教部》:"，覺悟也。从教从冖,冖,尚矇也,臼聲。，篆文,斅省。"

【釋形】

《説文》以"學"爲"斅"之省形。按"學"甲骨文作（《合》3511）、（《合》8304),金文作（《大盂鼎》）、（《沈子它𣪘蓋》),具體分析參見3216教。漢碑字形據小篆省體對應隸定,如圖①③⑤;構件"爻"或訛變近似於"歹",如圖②;或訛變近似於"文",如圖④。

【釋義】

㊀學習:"君童齔好學,甄極毖緯,無文不綜"（Q178）;"博學甄微,靡道不該"（Q066）;"龍德而學,不至於穀"（Q148）。㊁學業,學問:"學優則仕,歷郡席坐,再辟司隸"（Q084）;"學爲俔宗,行爲士表"（Q154）;"學中大主,晨以被抱,爲童冠講"（Q202）。㊂某一門類的學問:"不在朝廷,又無經學"（Q057）;"〖特〗以儒學,詔書勑留,定經東觀"（Q134）。㊃用於官名:"并畔官文學先生、執事諸弟子,合九百七人"（Q141）;"守文學掾魯孔龢,師孔憲、户曹史孔覽等"（Q102）。

【釋詞】

［學夫］求學的人:"學夫喪師,士女凄愴"（Q093）。

［學宫］各州縣的孔廟,也是教官的衙署、學生學習的地方:"惟泮宫之教,反失俗之禮,構脩學宫"（Q172）。

3218 **卜** bǔ 《廣韻》博木切,幫屋入。幫屋。

① Q106

② Q174

③ Q202

《説文·卜部》:"，灼剥龜也,象灸龜之形。一曰:象龜兆之從横也。凡卜之屬皆从卜。，古文卜。"

【釋形】

《説文》小篆爲象形字,像灸龜時裂开的兆纹之形。甲骨文作（《合》419）、（《合》317）、（《合》29409）等,更爲象形。漢碑字形與小篆基本相同,如圖①～③。

【釋義】

占卜,泛指古代人們預測吉凶的各種方法:"卜問醫藥,不爲知間"（Q114）;"卜擇吉土治東,就衡山起堂立壇"（Q060）;"吉地既遷,良辰既卜"（H144）。

3219 **貞** zhēn 《廣韻》陟盈切,知清平。端耕。

① Q066

② Q068

③ Q095

④ Q166

⑤ Q145

《説文·卜部》:"，卜問也。从卜,貝以爲贄。一曰:鼎省聲,京房所説。"

【釋形】

《説文》以爲會意字,从卜,以貝爲贄,又引京房説"一曰鼎省聲",形聲。按"貞"甲骨文借"鼎"爲"貞"爲之,寫作（《合》22507）、（《合》21669),周原甲骨增添構件"卜"作（《周原》13）、（《周原》112）等形,或从鼎,或从貝。戰國以後多从貝,如（《沖子鼎》）等。《説文》小篆承襲从卜从貝的寫法,《説文》既釋爲从卜从貝,又引通人説釋爲从卜、鼎省聲,均有道理。漢碑字形依據小篆線條進行對應隸定,"貝"中兩横或與左右兩邊相離,如圖⑤。

【釋義】

㊀正直,純潔:"君體温良恭儉之德,篤親於九族,恂恂于鄉黨,交朋會友,貞賢是與"（Q166）;"矜孤頤老,表孝貞節"（Q172）;"乃堅乃貞,履兹險阻"（H144）;又見"利貞"。㊁正當,正處在:"延熹七年,歲貞執涂,月紀豕韋"（Q126）。

【釋詞】

［貞榦］語出《易·乾》:"貞者,事之榦

也。”孔穎達疏:“言天能以中正之氣,成就萬物,使物皆得幹濟。”後人即以“貞榦”喻指核心支柱以及能負重任、成大事的賢才:“烏呼哀哉,邦喪貞榦”(Q145)。

［貞廉］正直廉潔:“居欲孝思貞廉,率眾爲善,天利之”(Q015)。

［貞祥］吉祥:“貞祥符瑞,靈支挺生”(Q065)。

3220 **占**　zhān　《廣韻》職廉切,章鹽平。章談。

Q169

《説文·卜部》:“,視兆問也。从卜从口。”

【釋形】

《説文》小篆爲會意字,从卜从口,本義爲通過審視兆紋而占問。漢碑字形依據小篆線條進行對應隸定,如圖。

【釋義】

特指落籍定居:“召署督郵,辭疾遜退。徙占浩亹,時長蘭芳”(Q169)。

3221 **兆**　zhào　《廣韻》治小切,澄小上。定宵。

① Q129

② Q162

③ Q174

兆,《説文》爲“𠧞”的古文。《説文·卜部》:“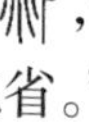,灼龜坼也。从卜、兆,象形。,古文兆省。”

【釋形】

《説文》以爲象形字,像占卜灼兆之形。按“兆”甲骨文作(《合》9509),像二人相背於水的兩側;或省作(《合》33178)。關於“兆”的構意諸家説法不一,一説“逃”借爲“兆”,一説“兆”與“涉”同源等。《説文》小篆添加構件“卜”,寫作“𠧞”,爲卜兆的專用字。漢碑字形與甲骨文結構相似,如圖①～③。“兆”的後世通行寫法乃是在此基礎上進一步省簡而成。

【釋義】

㊀預先的症候或跡象:“紀行求本,蘭生有芬,克岐有兆,綏御有勛”(Q179);“明公嘉祐,□無形兆”(Q171)。㊁人民,百姓:“脩治狹道,分子效力,□□如農,得眾兆之歡心”(Q161)。㊂區域,地區:見“京兆、京兆尹”。㊃同“垗”,坟地:“漢故西河圜陽守令平周牛公産萬歲之宅兆”(Q162);“後不承前,至于亡新,寖用丘虛,訖今垣趾營兆猶存”(Q129)。

【釋詞】

［兆域］本指墓地四周的疆界,此處指祭場的界址:“建立兆域,脩設壇屏”(Q174)。

3222 **用**　yòng　《廣韻》余頌切,餘用去。餘東。

① Q014

② Q125

③ Q128

④ Q129

⑤ Q149

《説文·用部》:“,可施行也。从卜从中。衛宏説。凡用之屬皆从用。,古文用。”

【釋形】

《説文》以爲會意字,从卜从中,會施行之義。按“用”甲骨文作(《甲》2324)、(《合》15420),學者多認爲像水桶之形,爲象形字。漢碑字形依據小篆線條進行隸定轉寫,或與小篆一致,上部横畫不封口,如圖①②;或將上部横畫向左延伸封口,如圖③～⑤。

【釋義】

㊀使用:“祠用眾牲,長吏備爵”(Q102);“袤五十五丈,用功千一百九十八日”(Q022);“高帝龍興,有張良,善用籌策”

（Q179）。㈡任用："書從事下當用者，選其年卌以上"（Q102）；"歸來洙泗，用行舍臧"（Q137）。㈢介詞，表示原因，因爲，因此："雍雍其和，民用悦服"（Q125）；"出典邊戎，民用永安"（Q128）；"路當二州，經用衿沮"（Q150）。㈣連詞，表示結果，因而，於是："後不承前，至于亡新，寖用丘虚，訖今垣趾營兆猶存"（Q129）；"勛列煥爾，聿用作詩"（Q149）。

3223 **甫**　fǔ 《廣韻》方矩切，幫麌上。幫魚。

① Q127

② Q166

③ Q112

④ Q134

⑤ Q178

⑥ Q201

《説文·用部》："[seal script]，男子美稱也。从用、父，父亦聲。"

【釋形】

《説文》以爲會意兼形聲字，从用、父，父亦聲。按"甫"甲骨文作[oracle bone]（《合》7897），像田中有蔬之形，爲"圃"之本字（參見羅振玉《增訂殷墟書契考釋》）。金文作[bronze]（《作甫丁爵》），下部"田"形變作"用"，上部聲化變爲"父"，成爲形聲字，已看不出原有構意。小篆承襲金文字形，《説文》據之釋爲从用、父，父亦聲，將構件"父"與男子美稱聯繫起來，可備一説。漢碑字形依據小篆線條進行隸定，構件"父"與"用"發生粘合，"父"彎曲的線條拉直爲一横一豎，右上添加一點，如圖②～⑥；有的則不加點，如圖①。構件"用"上横畫或不封口，如圖①②；或封口，如圖③～⑥。

【釋義】

㈠剛剛，才："年甫五歲，去離世榮"（Q143）。㈡用於官名："傾甫班爵，方授銀苻，聞母氏疾病，孝烝内發"（Q134）。㈢用於複姓："下辨丞安定朝那皇甫彦，字子才"（Q146）。㈣用於人名："衡官有秩下辨李瑾，字瑋甫"（Q146）；"山陽南平陽陳漢甫二百"（Q112）。

3224 **庸**　yōng 《廣韻》餘封切，餘鍾平。餘東。

① Q130

② Q275

《説文·用部》："[seal script]，用也。从用从庚。庚，更事也。《易》曰：'先庚三日。'"

【釋形】

《説文》以爲會意字，从用从庚，表示采用、使用。按"庸"甲骨文作[oracle bone]（《合》15665），金文作[bronze]（《訇簋》），有學者認爲即"鏞"之初文，从庚，用聲（參見裘錫圭《甲骨文中的幾種樂器名稱——釋"庸""豐""鞀"》）。漢碑字形或依據小篆線條進行隸定撰寫，構件"庚"中的雙手形粘合爲一體，雙手所捧之物隸定作"干"，如圖①；有的發生離析重組，外部輪廓混同爲"广"，整字變爲半包圍結構，如圖②。

【釋義】

㈠勞苦："户口既盈，禮樂皦如，帝簡其庸"（Q130）。㈡用於地名："上庸長"（Q275）。

3225 **爾**　ěr 《廣韻》兒氏切，日紙上。日脂。

① Q128

② Q095

③ Q178

④ Q259

《説文·㸚部》："[seal script]，麗爾，猶靡麗也。从冂从㸚，其孔㸚，尒聲。此與爽同意。"

【釋形】

《説文》以爲形聲字，从冂从㸚，尒聲。按"爾"甲骨文作[oracle bone]（《合》3298），或爲獨體象形，構意不詳。林義光《文源》認爲"爾"乃"檷"之古文，像絡絲架之形，可備一説。漢碑字形或依據小篆線條進行對應隸定，如圖①；或將構件“尒”簡寫爲横畫加下面三點，如圖②～④。

【釋義】

㊀代詞，用於第二人稱，你：“既定爾勳，福禄攸同”（Q178）；“咨爾體之淑姣，嗟末命之何辜”（Q259）；“捐脰□從，穴壄爾汝”（H144）。㊁助詞，作形容詞或副詞的後綴，相當於“然”：“蠢爾葷育，萬邦作寇”（Q128）；“前後聘召，盖不得已，乃翻爾束帶”（Q148）；“勛列焕爾，聿用作詩”（Q149）。㊂通“邇”，近：“萬民假爾，莫不隕涕”（Q133）。

3226 **爽** shuǎng 《廣韻》疎兩切，山養上。山陽。

Q148

《說文·㸚部》：“，明也。从㸚从大。，篆文爽。”

【釋形】

《說文》以爲會意字，从㸚从大。其或體从㸚从夫。按“爽”甲骨文作（《合》27456）、（《合》27502），像一人擕二火之形，表示明亮之義，會意字。金文有的仍保留這種構形，寫作（《聿作父乙簋》），有的則發生變異，寫作（《班簋》）、（《散氏盤》）等形。小篆承襲這種字形并將所擕二火進一步變異混同作“㸚”。“㸚”楊樹達《積微居小學述林》認爲像窗格之形。窗格可以透亮，故《說文》以从㸚从大解釋“爽”的構形，屬於理據重構。漢碑字形承襲小篆或體从㸚从夫的構形，并進行對應撰寫隸定，如圖。

【釋義】

偏差，違背：“君少履〖天姿自然之正〗，師禮不爽，好惡不愆”（Q148）。

卷　四

4001 **目**　mù　《廣韻》莫六切，明屋入。明覺。

Q123

《説文·目部》："，人眼。象形。重童子也。凡目之屬皆从目。，古文目。"

【釋形】

《説文》小篆爲象形字，像人的眼睛。甲骨文作（《合》11654）、（《合》13631）、（《合》28010），金文作（《瞴且壬爵》）、（《亞目父癸爵》）等，更爲象形。漢碑字形依據小篆構形進行隸定轉寫，將彎曲的線條變爲平直方折的筆畫，如圖。

【釋義】

㊀眼睛："蒼頡，天生德於大聖，四目靈光，爲百王作〖書〗，以傳萬〖嗣〗"（Q123）。㊁看到："目此也，仁者悲之"（Q006）。

4002 **睹**　dǔ　《廣韻》當古切，端姥上。端魚。

Q187

《説文·目部》："，見也。从目，者聲。"

【釋形】

《説文》小篆爲形聲字，从目，者聲。"者"上古音在章母魚部。漢碑字形中，聲符"者"將小篆的上部形體寫作"耂"，其中撇筆雖殘泐，仍可識出，如圖。

【釋義】

看，閱讀："総角好學，治《春秋》嚴氏經，貫究道度，無文不睹"（Q187）。

4003 **睦**　mù　《廣韻》莫六切，明屋入。明覺。

Q128

《説文·目部》："，目順也。从目，坴聲。一曰：敬和也。，古文睦。"

【釋形】

《説文》小篆爲形聲字，从目，坴聲。漢碑字形中，聲符"坴"上面的構件隸定近似於"光"，如圖。

【釋義】

親和，友愛："內和九親，外睦遠鄰，免浣息隸，爲成其門"（Q128）；"民殷和睦，朝無顧憂"（Q128）。

4004 **瞻**　zhān　《廣韻》職廉切，章鹽平。章談。

① Q074　② Q140

《説文·目部》："，臨視也。从目，詹聲。"

【釋形】

《説文》小篆爲形聲字，从目，詹聲。漢碑字形依據小篆構形進行隸定轉寫，其中構件"言"所从之"䇂"的變異較大，寫法近似于"工"，如圖①②。

【釋義】

仰望，瞻仰："拜謁神坐，仰瞻榱桷，俯視几筵"（Q140）；"儼儼明公，民所瞻兮"（Q171）。

4005 **相** （一）xiāng 《廣韻》息良切，心陽平。心陽。

① Q084

② Q088

③ Q133

④ Q243

⑤ Q066

⑥ Q083

⑦ Q100

⑧ Q112

⑨ Q129

⑩ Q134

《説文·目部》：“，省視也。从目从木。《易》曰：‘地可觀者莫可觀於木。’《詩》曰：‘相鼠有皮。’”

【釋形】

《説文》小篆爲會意字，从目从木，義爲觀看。漢碑字形中，有的爲碑額篆書，但已經帶有明顯的隸意，如圖①～③；有的爲碑文篆書，其中構件“目”訛與像窗之形的“囧”形似，如圖④；有的發生隸變，將彎曲的線條轉寫爲平直方折的筆畫，如圖⑤～⑩，其中圖⑩的構件“目”部分殘泐。

【釋義】

㊀互相，彼此：“冀土荒饉，道殣相望”（Q128）；“奉爵稱壽，相樂終日”（Q141）。㊁表示動作只作用於自己一方：“俱歸皇湶，何時復會，慎勿相忘”（Q082）。

【釋詞】

［相係］猶相繼：“爰既且於君，盖其繵縺，纘戎鴻绪，牧守相係，不殞高問”（Q179）。

［相與］㊀共同，一道：“於是君之孫魴、倉、九等，乃相與刊山取石”（Q128）；“熹平三年正月甲子不禄，國人乃相與論德處諱，刻石作銘”（S110）；“於是故吏諸生相與論曰”（Q088）。㊁相互，交相：“乃相與咨度諏詢，采摭謠言”（Q193）。

（二）xiàng 《廣韻》息亮切，心漾去。心陽。

【釋義】

㊀幫助，輔助：“吉甫相周宣，勛力有章”（Q166）；“華殿清閑，肅雍顯相”（Q174）；“子尚叢撫業，世幼無親，賢者相之”（Q026）。㊁質，質地：“蹈規履榘，金玉其相”（Q137）。㊂用於官名：“漢膠東相之醇曜，而謁者君之曾，孝廉君之孫，從事君之元嗣也”（Q128）；“州察茂才，遷鮦陽侯相、金城太守”（Q133）；“相主簿薛曹訪濟興三百”（Q112）；又見“相國”。㊃用於人名：“故集曹史柯相文舉千”（Q178）。

【釋詞】

［相國］官名，相的别稱：“隆命共恭執法，以遠大司空，除相國”（Q278）。

4006 **督** dū 《廣韻》冬毒切，端沃入。端覺。

① Q088

② Q095

③ Q100

④ Q107

⑤ Q132

⑥ Q144

⑦ Q179

⑧ Q169

《説文·目部》：“，察也。一曰：目痛也。从目，叔聲。”

【釋形】

《説文》以爲形聲字，从目，叔聲。按“督”甲骨文作（《合》30599），从又持木椿插於土上，下有日影，會立桿觀測日影之義，爲會意字。《説文》小篆變爲形聲字，應爲理據重構。漢碑字形中，聲符“叔”有的承襲《説文》“叔”的正篆，所从之構件“尗、又”均已由小篆的線條隸轉寫爲筆畫，如圖⑧；有的承襲《説文》“叔”的或體，从“寸”，且受草寫字形的影響，構件“尗”和“寸”粘合省寫，已看不出原有的結構，如圖①～⑦。所有字形下面的構件一律形似“曰”，不作“目”。

【釋義】

㊀監管,統領:“督司京師,穆然清邈”(Q154);又見“董督”。㊁用於官名:“都督掾南鄭巍整,字伯王”(Q095);“君出游,車馬道從騎吏留,都督在前後賊曹”(Q100);又見“門下督盜賊”。

【釋詞】

[督郵]官名,郡的重要屬吏,代表太守履行督察宣教等職責:“子諱式,字子儀,故督郵,早卒”(Q128);“督郵部職,不出府門,政約令行,强不暴寡,知不詐愚”(Q146);“故中部督郵都昌羽忠,字定公”(Q088)。

4007 **看** kān 《廣韻》苦寒切,溪寒平。溪元。

Q120

《説文·目部》:“,晞也。从手下目。,看或从倝。”

【釋形】

《説文》小篆爲會意字,从手遮目,以會看視之義。漢碑字形依據《説文》正篆構形進行隸定轉寫,其中構件“手”的豎向曲線被分解爲一短横撇和一長豎撇,整字布局仍保持小篆的半包圍結構,如圖。

【釋義】

看護,守護:“蚤失天年,下歸蒿里,遠若舍陌。諸君看老,孰念蒿里”(Q120)。

4008 **眚** shěng 《廣韻》所景切,生梗上。山耕。

Q125

《説文·目部》:“,目病,生翳也。从目,生聲。”

【釋形】

《説文》小篆爲形聲字,从目,生聲。本義爲目生翳,故其聲符“生”也兼有表義作用。後由目生翳引申爲災病、災禍。有學者認爲“眚”與減省的“省”本爲一字,可備一説。漢碑字形與小篆相承,聲符“生”向上彎曲的線條被拉直爲横畫,寫作三横一豎,如圖。

【釋義】

災異,災禍:“灾眚以興,陰陽以忒”(Q125)。

4009 **眇** miǎo 《廣韻》亡沼切,明小上。明宵。

① Q071

② Q117

《説文·目部》:“,一目小也。从目从少,少亦聲。”

【釋形】

《説文》小篆爲會意兼形聲字,从目从少,少亦聲,本義表示一隻眼睛視力微弱,引申爲微小、細小。漢碑字形依據小篆構形進行隸定轉寫,只是構件“少”的曲筆寫作撇,如圖①②。

【釋義】

㊀小,微小:“众琦幼眇,爲淵爲林”(Q177)。㊁高遠:“清眇〚冠乎群彦〛,德〚能〛簡乎聖心”(Q117)。㊂用於人名:“康眇樓舍,質五千”(Q071);“故從事魯張嵩眇高五百”(Q112)。

4010 **盲** máng 《廣韻》武庚切,明庚平。明陽。

Q178

《説文·目部》:“,目無牟子。从目,亡聲。”

【釋形】

《説文》小篆爲形聲字,从目、亡聲,本義爲目盲。漢碑字形中,聲符“亡”所从之構件“人”變作“亠”,與左下方構件“𠃊”相離,如圖。

【釋義】

盲人:“撫育鰥寡,以家錢糴米粟賜瘡盲”(Q178)。

4011 **明**

“明” 的異體字(圖③④),見 7060 明。

【釋詞】

[明德皇后] 伏波將軍馬援的小女儿,漢明帝劉莊的皇后,死後謚號明德:“伏波將軍新息忠成侯之女,明德皇后之姊也”(Q056)。

[明德惟馨] 語出《尚書·君陳》:“黍稷非馨,明德唯馨。”意謂真正能夠散發香氣的是美德,表示對崇高德行的讚揚:“明德惟馨,神歆其芳”(Q129)。

[明堂] 墓前祭臺:“明堂之辛石也”(Q111)。

4012 **眉** méi 《廣韻》武悲切,明脂平。明脂。

Q173

《説文·眉部》:“,目上毛也。从目,象眉之形,上象額理也。凡眉之屬皆从眉。”

【釋形】

《説文》以爲象形字,像眉毛之形,釋其上兩曲線爲額頭上的皺紋。按“眉”甲骨文作(《明》1854),爲襯托象形字,从目,上像眉毛之形。金文作(《小臣謎簋》),在目上加畫一條眉線,使眉毛的形象更加突出,《説文》據小篆字形解釋爲皺紋,與原初構意不符。漢碑字形依據小篆線條進行對應轉寫,將像眉毛的兩個曲線拉直爲橫畫,如圖。

【釋義】

年老:見“眉耇”。

【釋詞】

[眉耇] 猶言“眉壽”,指長壽:“當享眉耇,莫匪爾極”(Q148);“度不可革,蔽芾其縱,而眉耇不往,温疾來升,春秋□十”(Q173)。

4013 **省** (一)xǐng 《廣韻》息井切,心靜上。心耕。

① Q114 ② Q119 ③ Q129

《説文·眉部》:“,視也。从眉省,从屮。,古文从少从囧。”

【釋形】

《説文》以爲會意字,从眉省,从屮,表示省視、察看。按“省”甲骨文作(《合》9641),从目从屮;或从木作(《合》5689),會仔細觀察草木之義,與“相”義近。“省”金文作(《天亡簋》)、(《曶鼎》)、(《鬲攸從鼎》)等形,構件“屮”或添加圓點或橫畫,聲化爲“生”聲,與表示災病的“眚”混同。戰國時期“省”進一步形變,或寫作(《睡·雜》),小篆字形結構與此一脈相承,已經看不出原有結構了,故《説文》以“从眉省”釋之,與原有構意不符。但《説文》所釋本義還是可以采信的。漢碑字形承襲《説文》古文的寫法,上部寫作“少”,下部仍作“目”,如圖①~③。

【釋義】

㊀省察,視察:“孝武皇帝脩封禪之禮,思登假之道,巡省五嶽,禋祀豐備”(Q129);又見“省方、追省”。㊁探望,問候:見“省定”。㊂翻看,閱讀:“明語賢仁四海士,唯省此書無忽矣”(Q114)。

【釋詞】

[省定] 文獻多作“定省”。晚上給父母安頓床鋪爲“定”,與“省”連用,可表示問安義:“隨時進納,省定若生時”(Q114)。

[省方] 巡視四方:“天子展義,巡狩省方”(Q129)。

(二)shěng 《廣韻》所景切,生梗上。山耕。

【釋義】

減省，節約："建武之元，事舉其中，禮從其省"（Q129）；"減省貪吏二百八十人"（Q161）；"省無正繇，不責自畢"（Q172）。

4014 **自**　zì《廣韻》疾二切，從至去。從質。

① Q083

② Q129

③ Q142

④ Q084

⑤ Q095

⑥ Q112

《說文·自部》："，鼻也。象鼻形。凡自之屬皆从自。，古文自。"

【釋形】

《說文》小篆爲象形字，像鼻子之形。其字甲骨文作（《合》279），形象性更强。漢碑字形依據小篆字形隸定轉寫，上部分解出一短撇，下部形似於"目"。其中"目"中兩横與兩邊豎筆或相接，如圖①～③；或相離，如圖④～⑥。

【釋義】

㊀代詞，表示第一人稱，自己，本身："猶自挹損，不求禮秩"（Q174）；"自念悲廜，不受天祐，少終"（Q082）；"恐縣吏斂民，侵擾百姓，自以城池道濡麥"（Q141）。㊁介詞，表示時間或方位的由始，從，由："自是以來，百有餘年，有事西巡，輙過亨祭"（Q129）；"自三五迭興，其奉山川，或在天子，或在諸侯"（Q129）；"自天王以下，至于初學，莫不驅思，嘆卬師鏡"（Q112）。㊂用於人名："南陽平氏王自子尤二百"（Q112）。

【釋詞】

［自得］自己感到得意或舒適："將從雅意，色斯自得"（Q117）。

［自給］依靠自己的生産創造，滿足自己的需要："俾中其有訾次當給爲里父老者，共以客田借與，得收田上毛物穀實自給"（Q029）。

［自然］天然，非人爲的："幼體蘭石自然之姿，長膺清少孝友之行"（Q105）；"其少體自然之恣，長有殊俗之操"（Q142）。

4015 **皆**　jiē《廣韻》古諧切，見皆平。見脂。

① Q066

② Q140

③ Q024

④ Q129

⑤ Q100

⑥ Q106

《說文·白部》："，俱詞也。从比从白。"

【釋形】

《說文》以爲會意字，从比从白，表示全、都。按"皆"甲骨文作（《合》29311），其構意不明。或加"口"作（《合 30044》），或上面構件重疊作（《合》27749），簡省作（《合 28153》）等形。金文上部替换爲"从"，下部替换爲"曰"，寫作（《皆作障壺》）；戰國文字上部又改爲"比"，寫作（《睡·雜》33）；小篆結構與此相近，只是將下部的"曰"又替换爲"白"。"皆"字的構形幾經演化，構形理據也在隨之改變，後期字形都是二獸或者二人相并，體現了并列、一同的構意。漢碑字形承襲小篆，上部皆作"比"，下部或作"白"，如圖①②；或作"曰"，如圖③～⑥。

【釋義】

全都，俱，表示統括："朱紫繽紛，寵禄盈門，皆猶夫人"（Q056）；"讓子著，高陽令，皆以宰府爲官"（Q066）；"是以唐虞疇咨四獄，五歲壹巡狩，皆以四時之中月，各省其方，親至其山"（Q129）；"皆所已紀盛德傳無窮者也"（Q134）；"三增仗人，皆往弔親"（Q143）；"累葉牧守，印紱典據，十有餘人，皆德任其位，名豐其爵"（Q144）。

4016 **魯**　lǔ《廣韻》郎古切，來姥上。來魚。

① Q244

② Q102

③ Q112

④ Q138

⑤ Q112

《説文·白部》:",鈍詞也。从白,鮺省聲。《論語》曰:'参也魯。'"

【釋形】

《説文》以爲形聲字,从白,鮺省聲。按"魯"與"魚"上古同韻,且聲母相近,故段玉裁以爲"魯"字从"魚"得聲,較《説文》解作鮺省聲爲優。然據"魯"字形體演變,其字本不从"白"。甲骨文作(《合》10133反),从魚,其下之構件"口"學者多認爲是分化符號,當爲"魚"的分化字,其本義應爲嘉美。"魯"字从"魚",與"鮮"字从"魚",其構意相同。金文構件"魚"和"口"常常相連,字形下部遂與"白"形似,如(《明公簋》);或徑寫作"白",作(《羌白簋》)、(《頌鼎》)等形。《説文》承襲此類字形,遂釋作从白。漢碑字形中,有的爲碑文篆書,如圖①。有的發生隸變,其中構件"魚"發生離析,上端像魚頭的部分寫作"⺈",且其撇畫明顯向左延伸;中部像魚身的部分寫作"田";下端像魚尾的部分寫作"灬",使整個構件"魚"完全失去了象形性。構件"白"均形變混同爲"曰",與4015皆的變異相似,如圖②～⑤。

【釋義】

㊀周代諸侯國名,後指魯國舊地:"晉爲韓魏,魯分爲揚"(Q187);"顔氏聖舅,家居魯親里,并官聖妃,在安樂里"(Q112);"體純龢之德,秉仁義之操,治《魯詩》,兼通《顔氏春秋》"(Q154)。㊁姓氏:"雖昔魯斑,亦莫儗象"(Q150)。㊂用於人名:"小子諱晏,字魯公"(Q128)。

4017 **者** zhě 《廣韻》章也切,章馬上。章魚。

① Q038

② Q046

③ Q087

④ Q102

⑤ Q128

⑥ Q129

⑦ Q066

⑧ Q134

⑨ Q142

⑩ Q095

⑪ Q178

⑫ Q205

《説文·白部》:",别事詞也。从白,𣥠聲。𣥠,古文旅字。"

【釋形】

《説文》小篆爲形聲字,从白,𣥠聲。按"者"商代金文作(《者妸爵》),上像樹木之形,下面"口"爲區别性符號。一説"者"本爲"楮"的初文,一種落葉喬木。西周金文或作(《兮甲盤》),構件"口"改爲"曰"。小篆承襲此類字形,并進一步將構件"曰"訛寫作"白"。《説文》將上面的構件認定爲古文"旅",故以从白、𣥠聲釋之,或爲理據重構。漢碑字形中,有的爲碑文篆書,如圖①。多數則已經發生隸變,其中有的是筆畫對應性隸定,局部還略有篆意,如圖②;其他則以不同方式進行簡寫隸定,最終定型爲上"耂"下"曰",體現了隸變過程中形體的多樣性和複雜性,如其圖③～⑫。

【釋義】

特殊指代詞,與其他詞語構成"者"字詞組,表示人、物、事、時間等:"子尚叢撫業,世幼無親,賢者相之"(Q026);"善言者無永和"(Q087);"惟封龍山者,北岳之英援,三條之别神"(Q126);"其山川在諸侯者,以時祠之"(Q129);"慕義者不肅而成,帥服者變衽而属"(Q133);"彼倉者天,殲我良人"(Q175);"世無有死者,即欲有死者,藏石羊能願吉"(Q203);"昔者共工,範防百川"(Q065);"天地之性,斯其至貴者也"(Q199)。

4018 **智** zhì 《廣韻》知義切，知寘去。端支。

① Q123　② Q084　③ Q172

《説文·白部》：“，識詞也。从白从亏从知。，古文智。”

【釋形】

“智”即“智”的早期寫法。《説文》以爲會意字，从白从亏（于）从知，釋爲表示知曉的虚詞。按“智”與“知”本爲一字，甲骨文作（《甲》89），从子从口从册，矢聲，以孩童讀書會知識之義。或省去構件“口”，寫作（《甲》89）。金文或省去構件“册”，寫作（《鄉宁鼎》）；或添加區别性構件“曰”，將“智”與“知”分化開來，且構件“子”訛寫作“于”，構件“矢”訛變近似於“大”，整字寫作（《毛公鼎》）、（《智君子鑑》）等形。戰國文字又强調聲符“矢”，寫作（《魚顛匕》）。小篆即承襲此形，《説文》據小篆字形解釋爲从白从亏从知，與形源不符。“知”是在的基礎上進一步省减構件“子”而成，如（《睡·日乙》46）。“智”的漢碑字形結構承襲小篆，下部的構件隸定爲“曰”；上部的構件“矢”形變混同爲“夫”，圖①～③；上部的構件“口”和“于”有時粘合在一起，如圖②～③。

【釋義】

㊀有智慧的人：“親臤寳智，進直退慝”（Q172）。㊁用於人名：“左鄉有秩游智千”（Q123）；“故吏白馬尉博陵博陵齊智，字子周”（Q148）。

4019 **百** bǎi 《廣韻》博陌切，幫陌入。幫鐸。

① Q144　② Q066　③ Q074　④ Q100

⑤ Q102　⑥ Q123

《説文·白部》：“，十十也。从一、白。數：十百爲一貫，相章也。，古文百从自。”

【釋形】

《説文》以爲會意字，从一、白，表示一百。按“百”當爲“白”（黑白的白）的分化字。甲骨文以“白”爲“百”，如（《合》18770），後上加一横以示區别，寫作（《合》9273反）。漢碑字形中，有的仍保留一定的篆意，如圖①。多數則已完成隸變，如圖②～⑥。

【釋義】

數詞，一百：“衙守丞臨晉張疇字元德五百”（Q123）；“勳績著聞，百遼詠虞”（Q128）；“自是以來，百有餘年，有事西巡，輒過亨祭”（Q129）；又見“凡百”。

【釋詞】

［百工］各行各業的工匠：“百工維時，品流刑矣”（Q153）；“農夫織婦，百工戴恩”（Q178）。

［百六］道家以天厄爲陽九，地虧爲百六。故常以“百六”代指厄運：“遭偶陽九，百六會兮”（Q187）。

［百姓］人民，民衆：“上陳德潤，加於百姓，宜蒙珪璧，七牲法食”（Q126）；“百姓心歡，官不失實”（Q172）；“百姓訢和，舉國蒙慶”（Q112）。

4020 **習** xí 《廣韻》似入切，邪緝入。邪緝。

① J241　② Q169

《説文·習部》：“，數飛也。从羽从白。凡習之屬皆从習。”

【釋形】

《説文》以爲會意字，从羽从白，釋其

義爲鳥兒多次試飛。按“習”甲骨文作（《合》31671），本从羽从日會意，以鳥兒晴日練習飛翔會學習之義。或省寫作（《合》31674）、（《合》26979）等形。戰國文字訛寫作从羽从自，如（《郭·語》3.10）。小篆進一步訛寫作从羽从白。漢碑字形將構件“羽”隸定爲兩个“彐”，將小篆的構件“白”隸定爲“曰”，如圖①②。

【釋義】

學習：“朝夕講習，樂以忘憂”（S110）；“脩習典藝，既敦《詩》《書》，悦志《禮》《樂》”（Q169）；“天〖姿醇〗㮚，齊聖達道，少習〖家〗訓”（Q127）。

4021 **羽** yǔ 《廣韻》王矩切，雲麌上。匣魚。

① Q088

② Q166

③ Q178

《説文·羽部》：“，鳥長毛也。象形。凡羽之屬皆从羽。”

【釋形】

《説文》小篆爲象形字，像鳥羽之形。漢碑字形根據小篆轉寫隸定，其中左右兩部分象徵羽毛的三斜線省減爲兩横或兩提，如圖①～③。

【釋義】

㊀羽毛：見“鴻羽、羽檄”等。㊁姓氏：“故中部督郵都昌羽忠，字定公”（Q088）；“故書佐都昌羽質，字孟㑇”（Q088）。

【釋詞】

［羽衛］像鳥的羽毛保護鳥一樣護衛：“羽衛藩屏，撫萬民兮”（Q088）。

［羽檄］古代的軍事文書，插鳥羽以示緊急：“而縣民郭家等復造逆亂，燔燒城寺，萬民騷擾，人裹不安，三郡告急，羽檄仍至”（Q178）。

4022 **翟** （一）dí 《廣韻》徒歷切，定錫入。定藥。

① Q060

② Q061

《説文·羽部》：“，山雉尾長者。从羽从隹。”

【釋形】

《説文》小篆爲會意字，从羽从隹，表示長尾的野雞。漢碑字形中，構件“羽”隸定爲兩个“彐”；構件“隹”發生離析重組，已看不出鳥的樣子了，如圖①②。

【釋義】

地名：“陽翟平陵亭部陽陵格、王孟”（Q061）。

（二）zhái 《廣韻》場伯切，澄陌入。定藥。

【釋義】

姓氏：“廷掾郭洪、户曹史翟福”（Q060）。

4023 **翦** jiǎn 《廣韻》即淺切，精獮上。精元。

Q178

《説文·羽部》：“，羽生也。一曰：矢羽。从羽，前聲。”

【釋形】

《説文》小篆爲形聲字，从羽，前（歬）聲。漢碑字形中，義符“羽”根據小篆轉寫隸定，其中左右兩部分象徵羽毛的三斜線省減爲兩横。聲符“前”《説文》小篆有、二形，“翦”的漢碑字形所从爲後者，其中構件“刀”簡寫近似於“二”，如圖。

【釋義】

㊀消滅，殲滅：“武王秉乾之機，翦伐殷商”（Q178）。㊁剪斷：“翦髮朙志，弗許”（H144）。

4024 **翁** wēng 《廣韻》烏紅切，影東平。影東。

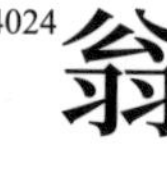
① Q150

② Q169

《説文·羽部》:",頸毛也。从羽,公聲。"

【釋形】

《説文》小篆爲形聲字,从羽,公聲。漢碑字形中,義符"羽"根據小篆轉寫隸定,其中左右兩部分象徵羽毛的三斜線省減爲兩横;聲符"公"所从之構件"八"隸定爲短撇短捺,構件"厶"寫成閉合的三角形,還帶有一定的篆意,如圖①②。

【釋義】

用於人名:"孫字翁仲,新城長,討暴有功,拜關内侯"(Q169);"育生充國,字翁孫,該于威謀,爲漢名將"(Q169);"僉曰大平兮,文翁復存"(Q150)。

4025 **翕** xī 《廣韻》許及切,曉緝入。曉緝。

① Q146

② Q150

《説文·羽部》:",起也。从羽,合聲。"

【釋形】

《説文》小篆爲形聲字,从羽,合聲。"合"上古音在匣母緝部(或見母緝部)。漢碑字形根據小篆轉寫隸定,其中義符"羽"左右象徵羽毛的三斜線省減爲兩横,如圖①②。

【釋義】

人名:"漢武都大守漢陽阿陽李君諱翕"(Q146)。

4026 **翊** yì 《廣韻》與職切,餘職入。餘緝。

① Q169

② Q174

③ Q178

《説文·羽部》:",飛皃。从羽,立聲。"

【釋形】

《説文》小篆爲形聲字,从羽,立聲。漢碑字形根據小篆轉寫隸定,其中義符"羽"左右象徵羽毛的三斜線省減爲兩横,如圖①~③。

【釋義】

㊀用於官名:"階夷愍之貢,經常伯之寮,位左馮翊,先帝所尊,垂名竹帛"(Q137);"元初五年四月,陽城縣長、左馮翊萬年吕常始造作此石闕,時監之"(Q061)。㊁用於人名:"令京兆新豐王翊,字元輔"(Q171);"御史魯孔翊元世千"(Q112)。㊂用於地名:"郡縣殘破,吏民流散,乃徙家馮翊"(Q169)。

4027 **翺** áo 《廣韻》五勞切,疑豪平。疑幽。

Q158

《説文·羽部》:",翺翔也。从羽,臯聲。"

【釋形】

《説文》小篆爲形聲字,从羽,臯聲。漢碑字形中,義符"羽"根據小篆轉寫隸定,其中義符"羽"左右象徵羽毛的三斜線省減爲兩横;聲符"臯"在小篆中从夲从白,漢碑將構件"夲"訛寫爲"羊",將構件"白"訛寫近似於"血",如圖。

【釋義】

用於人名:"陣翺佐力逸"(Q158)。

4028 **翔** xiáng 《廣韻》似羊切,邪陽平。邪陽。

① Q071

② Q142

《説文·羽部》:",回飛也。从羽,羊聲。"

【釋形】

《説文》小篆爲形聲字,从羽,羊聲。漢碑字形中,義符"羽"根據小篆轉寫隸定,其中義符"羽"左右象徵羽毛的三斜線省減爲兩横;聲符"羊"上部的"丫"本像羊角之形，漢碑則將兩邊的短横連成一長横，上接“丷”，已看不出羊角之形了，如圖①②。

【釋義】

㊀高飛：“君忠以衛上，翔然來臻”（Q142）。㊁人名：“門下史吳翔、門下史時球”（Q172）。

4029 **翳** yì 《廣韻》於計切，影霽去。影脂。

Q169

《説文·羽部》：“，華蓋也。从羽，殹聲。”

【釋形】

《説文》小篆爲形聲字，从羽，殹聲。漢碑字形中，義符“羽”根據小篆轉寫隸定，其中義符“羽”左右象徵羽毛的三斜線省減爲兩横。聲符“殹”構件“殳”隸定爲上“口”下“乂”；構件“医”所从之“矢”似訛寫爲“大”，如圖。

【釋義】

用於人名“伯翳”，即“伯益”，是舜時東夷部落的首領，爲嬴姓各族的祖先：“其先盖出自少皓，唐炎之隆，伯翳作虞”（Q169）。

4030 **翻** fān 《廣韻》孚袁切，滂元平。滂元。

① Q113

② Q133

《説文·羽部》（新附字）：“，飛也。从羽，番聲，或从飛。”

【釋形】

《説文》小篆爲形聲字，从羽，番聲。漢碑字形中，義符“羽”根據小篆轉寫隸定，其中義符“羽”左右象徵羽毛的三斜線省減爲兩横；聲符“番”所从之構件“釆”將小篆上方的折線省去，近似於“米”，如圖①②。

【釋義】

㊀翻飛，翻轉：“恨不伸志，翻揚隆洽”（Q113）。㊁轉變：“〖郡〗將嘉其所履，前後〖聘召〗，盖不〖得已，乃〗翻爾束帶”（Q148）；又見“翻然”。

【釋詞】

［翻然］迅速轉變的樣子：“君雖詘而就之，以順時政，非其好也，迺翻然輕舉”（Q133）。

4031 **雅** yǎ 《廣韻》五下切，疑馬上。疑魚。

① Q117

② Q083

③ Q095

④ Q141

⑤ Q171

《説文·隹部》：“，楚烏也。一名鸒，一名卑居，秦謂之雅。从隹，牙聲。”

【釋形】

《説文》小篆爲形聲字，从隹，牙聲。漢碑字形中，義符“隹”發生離析重組，并將線條全部轉寫爲筆畫，已看不出鳥的樣子了，如圖①～⑤。聲符“牙”或嚴格按小篆線條轉寫隸定，如圖①；或隸定近似於“耳”多加一横，如圖②～⑤。

【釋義】

㊀美好，高尚：“哀賢明而不遂兮，嗟痛淑雅之夭年”（Q039）；“無偏蕩蕩，貞雅以方”（Q095）；“雅歌吹笙，考之〖六〗律，八音克諧”（Q141）。㊁指《詩經》中的大雅、小雅等詩篇：“文則作頌，武襄獫狁，二子著詩，列于風雅”（Q166）；“覽樊姬，觀列女，崇禮讓，遵大雅”（Q045）；“披覽詩雅，煥知其祖”（Q179）。㊂用於人名：“魯孔曜仲雅二百”（Q112）；“時令漢中南鄭趙宣，字子雅”（Q112）；“故從事韋元雅錢五百”（Q179）。

【釋詞】

［雅度］高雅的風度：“命□時生，雅度

弘綽”（Q154）。

［雅容］優美脱俗的外表：“發彼有的，雅容畁閑”（Q172）。

［雅意］美意，好意：“將從雅意，色斯自得”（Q117）。

4032 **隻** zhī 《廣韻》之石切，章昔入。章鐸。

Q100

《説文·隹部》：“，鳥一枚也。从又持隹。持一隹曰隻，二隹曰雙。”

【釋形】

《説文》以爲會意字，从又持隹，義爲鳥一枚。按“隻”甲骨文作（《合》33368），金文作（《隻父癸爵》），从又从隹，會擒獲義，爲“獲”之初文。“鳥一枚”應爲其引申義。漢碑字形中，構件“隹”發生離析重組，并將線條全部轉寫爲筆畫，已看不出鳥的樣子了；構件“又”隸定作“乂”，如圖。

【釋義】

量詞，與“雙”相對，一個，一條：“中直柱，隻結龍”（Q100）。

4033 **雒** luò 《廣韻》盧各切，來鐸入。來鐸。

① Q084 ② Q140 ③ Q152

《説文·隹部》：“，鵋鵙也。从隹，各聲。”

【釋形】

《説文》小篆爲形聲字，从隹，各聲。“各”上古音在見母鐸部。漢碑字形依據小篆轉寫隸定，其中義符“隹”發生離析重組，已看不出鳥的樣子了，如圖①～③。

【釋義】

㊀用於地名：“元嘉三年三月廿七日壬寅奏雒陽宮”（Q102）；“舉孝廉，尚書侍郎，上蔡雒陽令”（Q152）；“漢故兖州刺史雒陽令王君稚子之闕”（Q053）。㊁雒書，是儒家關於《尚書·洪範》“九疇”創作過程的傳説：“鈎《河》擿《雒》，却揆未然”（Q140）；“墳典素丘，《河》《雒》運度”（Q084）。

4034 **雉** zhì 《廣韻》直几切，澄旨上。定脂。

① Q065 ② Q210

《説文·隹部》：“，有十四種：盧諸雉、喬雉、鳪雉、鷩雉、秩秩海雉、翟山雉、翰雉、卓雉，伊洛而南曰翬，江淮而南曰搖，南方曰𩿧，東方曰甾，北方曰稀，西方曰蹲。从隹，矢聲。，古文雉从弟。”

【釋形】

《説文》小篆爲形聲字，从隹，矢聲。漢碑字形中，義符“隹”發生離析重組，并將線條全部轉寫爲筆畫，已看不出鳥的樣子了，如圖①②。聲符“矢”或仍保留小篆的寫法，如圖①；或隸變作“矢”，如圖②。

【釋義】

野雞，山雞：“翩彼飛雉，崪於其庭”（Q065）。

4035 **離**（**䅻**） lí 《廣韻》吕支切，來支平。來歌。

① Q166 ② Q060 ③ Q106 ④ Q112

⑤ Q257

《説文·隹部》：“黄，倉庚也，鳴則蠶生。从隹，离聲。”

【釋形】

《説文》以爲形聲字，从隹，离聲。按“離”甲骨文作（《合》10819），从毕（“禽”的初文）从鳥，會以有柄的毕捕鳥之義，引

中爲遭受,會意字。後來構件“𢀡”逐漸演變爲“离”,如(《睡·效》28)等,小篆與此類構形相近。《説文》釋爲从隹、离聲的形聲字,并以鳥名釋之,乃不明字源所致。漢碑字形中,義符“隹”發生離析重組,并將線條全部轉寫爲筆畫,已看不出鳥的樣子了,如圖①~⑤。聲符“离”或承襲小篆,如圖①;或訛寫近似於“禹”上出頭,如圖②~⑤,其中圖②將中間的扁方形的“口”分作兩個相離的小“口”,置於中豎左右兩側。

【釋義】

㊀遭受,蒙受:“遭離羌寇,蝗旱鬲并,民流道荒”(Q060);“年六十有二,遭離寢疾”(Q166);“守善不報,自古有之,非獨孝琚遭逢百離”(Q113);“寅用□理帝族昭穆□事,遭離篤疾”(Q257)。㊁離開,離别:“悲哀思慕,不離冢側”(Q114);“棄離子孫,往而不反”(Q106);“闇忽離世,下歸黄涼”(Q114)。㊂失去,丢掉:“秦項作亂,不尊圖書,倍道畔德,離敗聖輿食糧,亡于沙丘”(Q112)。

【釋詞】

[離亭]古代建於離城稍遠的道旁供人歇息的亭子,古人往往於此送别:“大女桃婓等,合七首藥神明膏,親至離亭,部吏王宰、程横等,賦與有疾者,咸蒙瘳悛”(Q178)。

4036 **離**

“離”的異體字(圖②③④⑤),見4035離。

4037 **雕** diāo 《廣韻》都聊切,端幽平。端幽。

Q111

《説文·隹部》:“,鷻也。从隹,周聲。,籀文雕从鳥。”

【釋形】

《説文》小篆爲形聲字,从隹,周聲。“周”上古音在章母幽部。漢碑字形中,義符“隹”發生離析重組,并將線條全部轉寫爲筆畫,已看不出鳥的樣子了;聲符“周”在小篆中从用从口,漢碑中構件“用”離析重組爲“冂”和“土”,并與構件“口”相離,如圖。

【釋義】

通“彫”,彫飾:“不□雕文從令順□安郭無珍”(Q111)。

4038 **鴟** chī 《廣韻》處脂切,昌脂平。昌脂。

Q088

《説文》爲“雖”的籀文,《説文·隹部》:“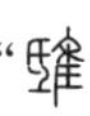,雖也。从隹,氐聲。,籀文雖从鳥。”

【釋形】

“鴟”从鳥,氐聲,與《説文》正篆“雖”爲異構關係。“鳥、隹”爲同義義符,漢字中常互换。漢碑字形與《説文》籀文相承,如圖。

【釋義】

鳥名,俗稱貓頭鷹:見“鴟梟”。

【釋詞】

[鴟梟]鳥名,俗稱貓頭鷹,常用以比喻貪惡之人:“殘僞易心,輕黠踰竟,鴟梟不鳴,分子還養”(Q088)。

4039 **雝**

“雍”的異體字(圖①),見4040雍。

4040 **雍**(雝) yōng 《廣韻》於容切,影鍾平。影東。

① Q065

② Q129

③ Q153

④ Q178

⑤ Q125

《説文》作"雝",《説文·隹部》:"雝,雝鶏也。从隹,邕聲。"

【釋形】

《説文》以爲形聲字,从隹、邕聲,釋爲鳥名。按"雍"甲骨文作(《合》10923),構意不確。其後字形屢經變化,寫作(《合》36600)、(《彔乍辛公毁》)、(《睡·秦》4)等形。小篆承襲前代字形中的構件"隹、水"(變異作"川")和"邑",其中"川"和"邑"組合爲"邕",故《説文》以从隹、邕聲釋之,然其本義及構形分析均有待確證。漢碑字形中,構件"隹"發生離析重組,并將線條全部轉寫爲筆畫,已看不出鳥的樣子了,如圖①～⑤。左側構件有的依據小篆轉寫隸定爲"邕",如圖①;有的保留上方構件"川",將下方構件"邑"寫作"乡",如圖②;有的進一步將構件"川"寫作"亠",如圖③～⑤。其中構件"亠"只覆蓋左側的"乡",與後來通行字"雍"不同。

【釋義】

㊀和諧,和睦:"君子安樂,庶士悦雍"(Q095);又見"肅雍、時雝"。㊁通"壅",壅堵,堵塞:"堅固廣大,可以夜涉。四方无雍,行人懽悀"(Q146)。㊂姓氏:"朐忍令梓潼雍君,諱陟,字伯曼"(Q153)。㊃用於地名:"子孫遷于雍州之郊,分止右扶風"(Q178);"崇冠二州,古曰雍梁"(Q129)。

【釋詞】

[雍泮]辟雍與泮宫,泛指古代天子或諸侯所設立的大學:"濟濟之儀,孜孜之踰,帥厲後學,致之雍泮"(Q193)。

[雍雍]和洽、和樂的樣子:"雍雍其和,民用悦服"(Q125)。

4041 **雇** gù 《廣韻》侯古切,匣姥上。匣魚。

Q188

《説文·隹部》:"雇,九雇。農桑候鳥,扈民不婬者也。从隹,户聲。春雇,鳻盾;夏雇,竊玄;秋雇,竊藍;冬雇,竊黄;棘雇,竊丹;行雇,唶唶;宵雇,嘖嘖;桑雇,竊脂;老雇,鷃也。,雇或从雩。,籀文雇从鳥。"

【釋形】

《説文》小篆爲形聲字,从隹,户聲。上舉漢碑字形中"雇"的寫法比較特别,義符"隹"發生離析重組,并將線條全部轉寫爲筆畫,形體混同作"佳";聲符"户"左側的長撇較短,使整字由半包圍結構變得近似於上下結構,如圖。

【釋義】

租賃,出錢使别人爲自己做事:"以家錢雇飯石工劉盛"(Q188)。

4042 **鶉** chún 《廣韻》常倫切,禪諄平。禪文。

Q137

《説文》作"雗",《説文·隹部》:"雗,雗屬。从隹,𦎫聲。"

【釋形】

漢碑字形从鳥,當爲从隹之"雗"的異體字。"鳥、隹"爲同義義符,漢字中常互换。漢碑字形中,聲符"𦎫"依稀可識,形變似"享",如圖。

【釋義】

鳥名:見"鶉火"。

【釋詞】

[鶉火]星宿位次名。南方有井、鬼、柳、星、張、翼、軫,稱朱鳥七宿,古人將其形狀比作鶉鳥,居首位者稱鶉首,中部柳、星、張三宿稱鶉火(又稱鶉心),居末位者稱鶉尾:"鶉火光物,隕霜剿姦"(Q137)。

4043 **雄** xióng 《廣韻》羽弓切,雲東平。匣蒸。

① Q102

② Q202

③ Q178

《説文·隹部》:“,鳥父也。从隹,厷聲。”

【釋形】

《説文》小篆爲形聲字,从隹,厷聲。漢碑字形中,義符“隹”發生離析重組,并將線條全部轉寫爲筆畫,已看不出鳥的樣子了,如圖①~③。聲符“厷”標示手臂位置的指事符號由曲線隸定作“口”,所从之手或寫作“又”,如圖①②;或形變作“ナ”,使得“厷”與“右”混同,如圖③。

【釋義】

㊀雄性的:見“雄狐”。㊁以勢力或才能高居一方或眾人之上:“天降雄彥,〖資〗才卓茂”(Q132);“□刈骾雄,流惡顯忠”(Q172);“枝分葉布,所在爲雄”(Q178);又見“姦雄”。㊂用於人名:“司徒臣雄,司空臣戒,稽首言”(Q102);“督郵子諱雄,字文山,州從事”(Q128);又見“皇雄”。

【釋詞】

[雄狐]語出《詩·齊風·南山》:“南山崔崔,雄狐綏綏。”雄性的狐狸,借指好色亂倫之徒,多用以諷刺淫邪的君臣:“光和之中,京師擾穰,雄狐綏綏”(Q187)。

4044 **奮** fèn 《廣韻》方問切,幫問去。幫文。

Q149

《説文·奞部》:“,翬也。从奞在田上。《詩》曰:‘不能奮飛。’”

【釋形】

《説文》以爲會意字,从奞在田上,表示鳥展翅奮飛之義。按“奮”金文作(《令鼎》),从隹从田从衣,構意不明。後來構件“衣”小篆訛作“大”,故《説文》以“从奞在田上”釋之,“奞”爲鳥振翅待飛貌,故“从奞在田上”或爲理據重構。漢碑字形依據小篆進行轉寫隸定,整體結構布局與小篆同,如圖。

【釋義】

㊀振作,奮發:“奮旅揚旌,殄威醜類”(Q149);“奮威外梱,屬城震栗”(H105)。㊁用於人名:“萬年北鄉有秩畢〖奮〗千五百”(Q123)。

4045 **雚** guàn 《廣韻》土奐切,見換去。見元。

Q130

《説文·雈部》:“,小爵也。从雈,吅聲。《詩》曰:‘雚鳴于垤。’”

【釋形】

《説文》以爲形聲字,从雈、吅聲,釋其義爲小雀。按“雚”甲骨文作(《合》14099),金文作(《效卣》),均像雙目圓睜的大鳥之形。與“雈”或爲一字之簡繁(“雈”甲骨文没有雙目)。《説文》釋爲小鳥,有誤。鈕樹玉考證“小鳥”當爲“水鳥”,段玉裁考證“雚今字作鸛”,當可從。鸛爲大型水鳥科的通稱,此類鳥長腿,善駐足觀察,故觀察之“觀”亦从“雚”得聲。漢碑字形中,上像鳥的毛角之形的“𠂉”變異獨特,寫作“⺾”下加“亠”形;構件“隹”發生離析重組,并將線條全部轉寫爲筆畫,已看不出鳥的樣子了,如圖。

【釋義】

芄蘭:“雖姜公樹迹,雚檀流稱,步驟愈否,君參其中”(Q130)。

4046 **舊** jiù 《廣韻》巨救切,羣宥去。羣之。

① Q126

② Q128

③ Q107

④ Q174

⑤ Q069

⑥ Q178

⑦ Q179

《説文·萑部》:“,雖舊,舊留也。从萑,臼聲。,舊或从鳥,休聲。”

【釋形】

《説文》小篆爲形聲字,从萑,臼聲。漢碑字形中,義符“萑”的上端有的還保留小篆像毛角之形的“丫”,如圖①②;有的則寫作“亠”下加“灬”,如圖③～⑦。“萑”的下部構件“隹”有的與小篆一致,將左豎拉長,和“臼”組成半包圍結構,如圖③④;有的則爲上下結構,如圖⑤～⑦,其中圖⑦的“隹”省去一横筆。

【釋義】

以前的,老的:“國舊秩而祭〖之,以〗爲三望”(Q126);“臣蒙厚恩,受任符守,得在奎婁,周孔舊寓”(Q140);“〖而〗本國舊居,復禮之日,闕而不祀,誠朝廷聖恩所宜特加”(Q140);“依依舊宅,神之所安”(Q141);“陽氣厥扸,感思舊君”(Q179)。

【釋詞】

[舊章]昔日的典章:“謹畏舊章,服竟,還〖署,試拜〗尚書侍郎”(Q148);“每在選舉,遜讓匪石,鑽前忽後,遂耽思舊章”(Q173);“匪奢匪儉,率由舊章”(Q174)。

4047 **蔑** miè 《廣韻》莫結切,明屑入。明月。

Q179

《説文·苜部》:“,勞目無精也。从苜,人勞則蔑然;从戍。”

【釋形】

《説文》以爲會意字,从苜从戍,釋其義爲眼睛因疲勞而缺乏神采。按“蔑”甲骨文作(《合》14803),像以戈擊人之形,本義應爲消滅。或以爲从戈眉聲,可備一説。小篆字形將人形與“眉”相分離,且“眉”混同爲“苜”,“人”與“戈”重組爲“戍”,故《説文》以从苜从戍釋之。漢碑字形中,構件“戍”省變嚴重,構件“苜”的上部混同爲“艹”,如圖。

【釋義】

微小,卑微:“行於蔑陋,獨曷敢〖忘〗”(Q117);“子賤孔蔑,其道區别”(Q179)。

4048 **羊** yáng 《廣韻》與章切,餘陽平。餘陽。

① Q100

② Q144

③ Q166

《説文·羊部》:“,祥也。从丫,象頭角足尾之形。孔子曰:‘牛羊之字,以形舉也。’凡羊之屬皆从羊。”

【釋形】

《説文》以爲象形字,像羊頭角足尾之形。按“羊”甲骨文作(《合》19943)、(《合》29463)等形,像羊頭之形。金文下面已作兩横,寫作(《小盂鼎》)。小篆承襲金文字形并將羊角處線條化,把羊角向下彎曲的部分寫作兩短横,漢碑字形進一步將兩短横連通爲一長横,就成爲後世通行的“羊”的寫法,如圖①～③。

【釋義】

㊀羊:“世無有死者,即欲有死者,藏石羊能願吉”(Q203);“牧馬牛羊諸僮,皆良家子”(Q114);“大常丞監祠,河南尹給牛羊豕鷄□□各一,大司農給米祠”(Q102);又見“羔羊”。㊁吉利,後作“祥”:見“羊吉”。㊂用於複姓:“治公羊春秋經,博通書傳”(Q166)。㊃用於人名:“書佐黄羊,字仲興”(Q113)。

【釋詞】

[羊吉]即“祥吉”,吉祥:“羊吉萬歲,子孫官貴”(Q070)。

4049 **羔** gāo 《廣韻》古勞切，見豪平。見宵。

Q144

《説文·羊部》："羔，羊子也。从羊，照省聲。"

【釋形】

《説文》以爲形聲字，从羊，照省聲。按"羔"金文作羔(《索諆爵》)，从羊在火上，指常供燒烤食用之小羊。會意字，非"照"省聲。漢碑字形與小篆相承，只是構件"火"省作三點，如圖。

【釋義】

小羊，又爲《詩經》篇名：見"羔羊"。

【釋詞】

［羔羊］《詩·召南·羔羊》序："羔羊，鵲巢之功致也。召南之國化文王之政，在位皆節儉正直，德如羔羊也。"故後常用羔羊來比喻士大夫操行高潔、進退有節："兢兢業業，素絲羔羊；誾誾侃侃，顒顒昂昂"（Q137）；"羔羊在公，四府歸高，除淳于長"（Q144）；"孝深凱風，志絜羔羊"（Q093）。

4050 **羸** léi 《廣韻》力爲切，來支平。來歌。

Q194

《説文·羊部》："羸，瘦也。从羊，羸聲。"

【釋形】

《説文》小篆爲形聲字，从羊，羸聲。漢碑字形中，義符"羊"的形變與其單獨成字時一致，參見4048羊；聲符"羸"變異嚴重，其中構件"亡"多寫一横，構件"口"被省略，構件"肉"隸定混同作"月"，構件"丮"隸定混同作"凡"，如圖。

【釋義】

瘦弱："羸劣瘦□，投財連篇"（Q143）；"仕就職□，馬羸車直"（Q194）。

4051 **羣**

"群"的異體字(圖①②③)，見4052群。

［羣黎］萬民百姓："皇上頌德，羣黎慕涎"（Q128）；"羣黎百姓，〖永〗受元恩"（Q171）。

［羣寮］百官："董督京輦，掌察羣寮"（Q154）；"餘類未輯，訓咨羣寮"（Q173）；"羣僚咸曰：'君哉！'"（Q178）。

［羣小］衆小人："君耻侉比愠于羣小"（Q130）。

4052 **群(羣)** qún 《廣韻》渠云切，羣文平。羣文。

① Q142

② Q144

③ Q128

④ Q066

⑤ Q144

《説文》作"羣"，《説文·羊部》："羣，輩也。从羊，君聲。"

【釋形】

《説文》小篆爲形聲字，从羊，君聲。漢碑字形依據小篆轉寫隸定，整字結構布局或繼承小篆的上下結構，如圖①～③；或調整爲左右結構，如圖④⑤。義符"羊"或省略兩點，如圖③。

【釋義】

㊀衆多，許多："治《魯詩》，兼通《顔氏春秋》，博覽羣書，無物不栞"（Q154）；"羣臣號咷，靡所復逞"（Q148）；"群儒駿賢，朋徒自遠"（Q084）；"望于山川，徧于羣神"（Q174）；"治《詩》《尚書》，兼覽群藝，靡不尋暘"（Q144）；又見"群公、群后"等。㊁成群結隊："阵熊嘷戲，衆禽羣聚，萬狩雲布"（Q114）。

【釋詞】

［群公］總稱諸侯和朝臣："謇謇王臣，

群公憲章”（Q137）；“群公休之，遂辟司〖徒掾”（S97）。

［群后］四方諸侯及九州牧伯，後亦泛指公卿：“于時，群后卿士，凡百黎萌，靡不欷歔垂涕，悼其爲忠獲罪”（Q066）。漢碑中又作“羣后”：“於是故吏諸生相與論曰：上世羣后，莫不流光〖煇〗於無窮，垂芳耀於書篇”（Q088）。

4053 **美**　měi　《廣韻》無鄙切，明旨上。明脂。

① Q144

② Q163

③ Q146

④ Q178

⑤ Q095

《説文·羊部》：“，甘也。从羊从大。羊在六畜，主給膳也。美與善同意。”

【釋形】

《説文》以爲會意字，从羊从大，義爲甜美。按“美”甲骨文作（《合》14381），像人頭上戴着毛羽飾物之形，表示美好之義，爲合體象形字。甲骨文或簡寫作（《合》27459），金文寫作（《美爵》），其上部近似於“羊”。小篆字形已演變爲上“羊”下“大”，故《説文》以从羊从大釋之。漢碑字形中，構件“大”中向下彎曲的線條在漢碑中或斷作兩點，寫同“火”，如圖①～④；或拉直爲横畫，且與上部“羊”的竪畫相接，如圖⑤。構件“羊”或與小篆基本一致，如圖②，或將“丷”兩邊的短横省作兩點，如圖①。

【釋義】

㊀美麗，美好：“感清英之處卑，傷美玉之不賈”（Q175）；“夫美政不紀，人無述焉”（Q161）；“身滅名存，美稱脩飭”（Q113）。㊁美味：“百姓酤買，不能得香酒美肉”（Q141）；“而君獨進美瓜，又從而敬禮之”（Q199）。㊂品德或志趣高尚：“實履忠貞，恂美且仁”（Q066）；“君鍾其美，受性淵懿，含和履仁”（Q144）；“其□後不絶，世濟其美，不隕其烈”（Q083）。㊃豐富，多：“天姿明敏，敦《詩》悦《禮》，膺禄美厚，繼世郎吏”（Q146）。

4054 **羌**　qiāng　《廣韻》去羊切，溪陽平。溪陽。

① Q060

② Q169

③ Q130

《説文·羊部》：“，西戎牧羊人也。从人从羊，羊亦聲。南方蠻閩从虫，北方狄从犬，東方貉从豸，西方羌从羊：此六種也。西南僰人、僬僥，从人，蓋在坤地，頗有順理之性。唯東夷从大；大，人也。夷俗仁，仁者壽，有君子不死之國。孔子曰：‘道不行，欲之九夷，乘桴浮於海。’有以也。，古文羌如此。”

【釋形】

《説文》小篆爲會意兼形聲字，从人从羊，羊亦聲，表示西戎羌人。甲骨文常於“羌”所从之構件“人”的脖頸處添加繩索或其他刑具形，寫作（《合》27984）、（《合》26942）、（《合》32138）等形，表示羌人常被俘虜爲奴。後逐漸省去繩索或刑具，只做从人从羊。漢碑字形中，有的爲碑文篆書，但已經帶有明顯的隸意，如圖①。多數則已經發生隸變，構件“人”隸定近似於“儿”，如圖②～③；有時在“儿”的右側加一點，如圖③。

【釋義】

㊀我國古代西部的民族，早期以遊牧爲生：“自上邽别徙破羌，爲護羌校尉假司馬，戰鬥第五，大軍敗績”（Q169）；“西羌放動，餘類未輯”（Q173）；“遭離羌寇，蝗旱鬲并，民流道荒”（Q060）。㊁用於官名：見“護羌”。㊂用於人名：“從秦人孟伯山、狄虎賁、趙當卑、萬羌、□當卑、程阿羌等六人”

（Q116）。

4055 **瞿** qú 《廣韻》其俱切，羣虞平。羣魚。

Q143

《説文·瞿部》：“，鷹隼之視也。从隹从䀠，䀠亦聲。凡瞿之屬皆从瞿。讀若章句之句。”

【釋形】

《説文》小篆爲會意兼形聲字，从隹从䀠、䀠亦聲，表示像鷹隼一樣凶猛地注視，故可表驚懼義。其中構件“䀠”應爲“瞿”的初文，金文本作（《䀠乍父癸鼎》），十分象形。後添加構件“隹”分化出“瞿”，戰國楚文字寫作（《郭·語》2.32），小篆進一步規整化。“瞿”後來又添加構件“心”分化出“懼”，成爲後世表恐懼義的通行字。漢碑字形依據小篆進行轉寫隸定，如圖。

【釋義】

用於人名：“瞿不識之，啼泣東西”（Q143）。

4056 **霍** huò 《廣韻》虚郭切，曉鐸入。曉鐸。

Q169

《説文》作“靃”，《説文·雔部》：“，飛聲也。雨而雙飛者，其聲靃然。”

【釋形】

靃，《説文》以爲會意字，从雔从雨，義爲遇雨雙鳥急飛，其聲霍霍。按“靃”甲骨文作（《合》36783），从雨从雥，表示群鳥冒雨而飛貌。或省作一隻鳥，寫作（《合》10989）。金文出現从兩隻鳥的写法，如（《靃鼎》）。小篆字形與此相承，《説文》以“雙飛”釋之，與原初構意不符。漢碑字形采用省减爲一個“隹”的形體進行隸定，如圖。

【釋義】

㊀用於山名：“君禀資南霍之神，有天□德之絶操”（Q172）。㊁姓氏：“平原樂陵宿伯牙霍巨孟”（Q005）。又特指漢代大將軍霍光：“外定彊夷，即序西戎；内建籌策，協霍立宣”（Q169）。

4057 **雙** shuāng 《廣韻》所江切，山江平。山東。

① Q126

② Q185

③ Q241

《説文·雔部》：“，隹二枚也。从雔，又持之。”

【釋形】

《説文》小篆爲會意字，从二隹，又持之，表示兩隻鳥。《説文》將二“隹”釋爲一個整體構件“雔”，是其構形拆分原則所致。漢碑字形依據小篆進行轉寫隸定，其中構件“又”隸定作“乂”，如圖①～③。

【釋義】

㊀兩個，一對：“就衡山起堂立壇，雙闕夾門”（Q060）；“悲瘖奈何，涕泣雙并”（Q114）。㊁匹敵：“嵯峨崃峻，高麗無雙”（Q126）；“體弘仁，蹈中庸，所臨歷，有休功，追景行，亦難雙”（Q185）。㊂兼有：“晉陽佩瑋，西門帶弦。君之軆素，能雙其勛”（Q179）。㊃量詞：“雒陽中東門外劉漢所作師子一雙”（Q241）。

4058 **集** jí 《廣韻》秦入切，從緝入。從緝。

① Q066

② Q084

③ Q146

④ Q129

⑤ Q039

《説文》中爲“雧”之或體，《説文·雥部》：“，羣鳥在木上也。从雥从木。，雧或省。”

【釋形】

雧,《説文》小篆爲會意字,从三隹,从木,義爲群鳥聚集在樹上。《説文》將三“隹”釋爲一個整體構件“雥”,是其構形拆分原則所致。漢碑字形與説文或體相承,將構件“雥”減省爲“隹”,如圖①～⑤。構件“木”向下彎曲的線條有的隸變定作兩點,如圖①～④;有的則寫作長撇與長捺,如圖⑤。有的“隹”和“木”的豎筆連作一筆,如圖③～⑤;其中圖⑤的“隹”減省兩横。

【釋義】

㊀聚合,匯集:“《詩》所謂‘如集于木,如臨于谷’,斯其殆哉”(Q146);“鴻漸衡門,群英雲集”(Q066);“楚漢之際,或居于楚,或集于梁”(Q187)。㊁用於官名:“集曹掾馬津子孝三百”(Q123);“故金曹史精暢文亮、故集曹史柯相文舉千”(Q178);“西河大守都集掾、圜陽當里公乘田魴萬歲神室”(Q039);“故中郎將安集掾平定沐叔孫圜”(Q098)。㊂用於人名:“鄉三老司馬集仲裳五百”(Q178)。

4059 **鳥** niǎo 《廣韻》都了切,端篠上。端幽。

① Q066

② Q100

③ Q100

《説文·鳥部》:“,長尾禽總名也。象形。鳥之足似匕,从匕。凡鳥之屬皆从鳥。”

【釋形】

《説文》小篆爲象形字,像鳥之形。漢碑字形將小篆結構加以離析,線條全部轉寫爲筆畫。其中鳥喙隸定爲“⺈”,類似於“魚”中嘴部的形體。鳥頭隸定近似於“日”,鳥尾和鳥足隸定爲“灬”,如圖①～③。隸定後的“鳥”字已完全失去了象形性。

【釋義】

飛禽類的統稱:“乾監孔昭,神鳥送葬”(Q066);“服藥以後,當移意萬里,知鳥獸言語”(Q199);“上有虎龍銜利來,百鳥共侍至錢財”(Q100)。

4060 **鳳** fèng 《廣韻》馮貢切,並送去。並冬。

① Q123

② Q178

③ Q014

④ Q100

《説文·鳥部》:“,神鳥也。天老曰:鳳之象也,鴻前麐後,蛇頸魚尾,鸛顙鴛思,龍文龜背,燕頷鷄喙,五色備舉。出於東方君子之國,翱翔四海之外,過崐崘,飲砥柱,濯羽弱水,莫宿風穴。見則天下大安寧。从鳥,凡聲。,古文鳳。象形。鳳飛,羣鳥從以萬數,故以爲朋黨字。,古文鳳。”

【釋形】

《説文》小篆爲形聲字,从鳥,凡聲。甲骨文的“鳳”本爲象形字,整體像鳳凰之形,如(《合》14294)。後添加聲符“凡”而成爲形聲字,如(《合》30265)。小篆字形將表示同類事物的字高度類化,像鳳之形的部分被替换成了“鳥”,并置於聲符“凡”之中,成爲半包圍結構。漢碑字形承襲小篆的結構布局,并進行轉寫隸定,如圖①②。有些字形變異比較特殊,如圖③中的義符“鳥”上下分離;圖④中的聲符“凡”訛寫近似於爲“罒(网)”,從而使整字變爲上下結構。

【釋義】

㊀古代傳説中的神鳥:“□〖流應聘,〗嘆鳳不〖臻〗”(Q140)。㊁用於年號:“五鳳二年,魯卅四年六月四日成”(Q009);“始建國天鳳三年二月十三日”(Q014)。㊂用於人名:“衙縣三老上官鳳季方三百”(Q123);“祖父鳳,孝廉、張掖屬國都尉丞、右扶風隃麇侯相、金城西部都尉、北地大守”(Q178)。

【釋詞】

[鳳皇]同“鳳凰”:“朱爵對游栗仙人,

中行白虎後鳳皇”（Q100）。

4061 **鸞** luán 《廣韻》落官切，來桓平。來元。

Q200

《説文·鳥部》：“ ，亦神靈之精也。赤色，五采，鷄形。鳴中五音，頌聲作則至。从鳥，䜌聲。周成王時氐羌獻鸞鳥。”

【釋形】

《説文》小篆爲形聲字，从鳥，䜌聲。漢碑字形中，義符“鳥”頭部的隸定與其單獨成字時有異，參見4059鳥。聲符“䜌”將構件“言”的最上一横筆拉長，使“䜌”的左中右結構布局有所改變，如圖。

【釋義】

用於人名：“南鄭楊鳳字孔鸞”（Q199）；“故功曹司空掾蓮勺田己叔鸞”（Q200）。

4062 **難** （一）nán 《廣韻》那干切，泥寒平。泥元。

① Q095

② Q142

③ Q146

④ Q175

⑤ Q185

《説文》中爲“䳡”之或體，《説文·鳥部》：“ ，鳥也。从鳥，堇聲。 ，䳡或从隹。 ，古文䳡。 ，古文䳡。 ，古文䳡。”

【釋形】

難，从隹，堇聲。本義爲鳥名，困難爲其假借義。《説文》正篆作“䳡”，或體作“難”。“鳥、隹”爲同義義符，漢字中常互换。漢碑字形承襲《説文》或體的構形，并進行轉寫隸定，其中義符“隹”發生離析重組，并將線條全部轉寫爲筆畫，已看不出鳥的樣子了，如圖①～⑤。聲符“堇”本从黄省从土，漢碑字形將兩個構件粘合成“莫”，如圖①②③⑤；其中圖④上面的“艹”形簡寫成“䒑”。

【釋義】

㊀困難，不容易：“出窈入冥，變化難識”（Q142）；“克命先己，汁稽履化，難名兮而右九孫”（Q021）；“後以子午，途路歮難”（Q095）。㊁指時間慢：見“難老”。㊂特指道路艱險，如蜀道之難：“郡西狹中道，危難阻峻，緣崖俾閣”（Q146）；“王府君閔谷道危難，分置六部道橋”（Q095）。

【釋詞】

［難老］老得慢，長壽：“當升難老，輔國濟民”（Q175）。

（二）nàn 奴案切，泥翰去。泥元。

【釋義】

災難，兵難：“壓難和戎，武慮慷慨”（Q161）。

4063 **鴻** hóng 《廣韻》户公切，匣東平。匣東。

① Q066

② Q179

③ Q088

④ Q166

⑤ Q142

《説文·鳥部》：“ ，鴻鵠也。从鳥，江聲。”

【釋形】

《説文》小篆爲形聲字，从鳥，江聲。“江”上古音在見母東部。漢碑字形中，義符“鳥”有的形變與其單獨成字時一致，參見4059鳥。有的上端或寫作一撇，如圖①～④；或省去此撇，如圖⑤。聲符“江”所从之構件“工”的變異嚴重，或與小篆相似，如圖①②，或整體省減爲一豎鉤或一豎筆，如圖③～⑤。

【釋義】

㊀强盛，盛大：“高朗神武，歷世忠孝，馮隆鴻軌，不忝前人”（Q137）；“爰暨於君，

盖其纏緟，纘戎鴻緒，牧守相係，不殞高問”（Q179）。㊁用於人名：“故吏營陵慶鴻，字中□”（Q088）。

【釋詞】

［鴻稱］大名，美稱：“赫赫休哉，故神君皇，又有鴻稱，升遐見紀”（Q142）。

［鴻基］宏大的基礎、基業：“〖覽〗鴻基之曠蕩，觀林木之窈〖深〗”（Q103）。

［鴻漸］語出《易·漸》：“‘初六，鴻漸于干’‘六二，鴻漸于磐’‘九三，鴻漸于陸’‘六四，鴻漸于木’‘九五，鴻漸于陵’。”字面意思是説鴻鵠飛翔從低到高，循序漸進，常用以比喻仕宦的升遷：“鴻漸衡門，群英雲集”（Q066）。

［鴻烈］宏大的功業：“迺鐫石立碑，勒銘鴻烈，光于億載，俾永不滅”（Q133）。

［鴻濛］迷漫廣大的樣子：“春生萬物，膚寸起雲，潤施源流，鴻濛沛宣”（Q061）。

［鴻羽］鴻雁的羽毛，借指鴻雁；以其善高飛，又比喻騰達的仕途：“當漸鴻羽，爲漢輔臣”（Q166）。

4064 **鴈**（䧹） yàn 《廣韻》五晏切，疑諫去。疑元。

① Q128

② Q234

③ Q128

④ Q137

《説文·鳥部》：“，鵝也。从鳥、人，厂聲。”

【釋形】

《説文》小篆爲會意兼形聲字，从鳥、人，厂聲，表示鵝。按《説文》徐鉉注：“从人从厂義無所取，當从雁省聲。”其説可從。後來“鴈”的意義由“鵝”來表示，“鴈”逐漸與“雁”混用不分。漢碑字形中，有的爲碑額篆書，但已經帶有明顯的隸意，如圖①。多數則已發生隸變，其中構件“厂”多混同作“广”，如圖①～③；或訛作“疒”，如圖④。

【釋義】

用於地名：“漢故鴈門大守鮮于君碑”（Q128）；“小子諱晏，字魯公，舉孝廉，謁者，鴈門長史，九原令”（Q128）；“兄䧹門大守”（Q137）；“故鴈門陰館丞”（Q234）。

4065 **䧹**

“鴈”的異體字（圖④），見 4064 鴈。

4066 **鳴** míng 《廣韻》武兵切，明庚平。明耕。

Q127

《説文·鳥部》：“，鳥聲也。从鳥从口。”

【釋形】

《説文》小篆爲會意字，从鳥从口，義爲鳥叫聲。漢碑字形依據小篆進行轉寫隸定，如圖。

【釋義】

㊀鳥獸昆蟲叫：“會《鹿鳴》於樂崩，復長幼於酬〖酢〗”（Q127）；“□夢刻像，鶴鳴一震”（Q193）。㊁叫喊，哀嚎：“二親薨没，孤悲惻怛，鳴號正月”（S72）。

4067 **烏** wū 《廣韻》哀都切，影模平。影魚。

① Q046

② Q114

③ Q153

④ Q145

《説文·烏部》：“，孝烏也。象形。孔子曰：‘烏，盱呼也。’取其助气，故以爲烏呼。凡烏之屬皆从烏。，古文烏，象形。，象古文烏省。”

【釋形】

《説文》小篆爲象形字，像烏鴉之形。因烏鴉身體全黑，看不出眼睛，故小篆不畫其眼睛，以與“鳥”相區别。其實，“烏”的早期字形有時是加眼睛的，只是突出其喙部特徵，如 （《毛公鼎》）。而更多的時候則不加眼睛，如 （《沈子它簋蓋》）、

（《班簋》）、（《效卣》）等。古文“烏、於”本爲一字，後假借爲介詞或助詞，於是專門分化出“於”字來表示。漢碑字形中，有的爲碑文篆書，但形體有些怪異，與《説文》小篆線條難以對應，且已經帶有明顯的隸意，如圖①；多數則已經發生隸變，且與“烏”的漢碑字形有明顯區別，頭部未出現像“烏”那樣方形的部分，均寫作横畫，如圖②～④。

【釋義】

㊀烏鴉：“惟烏惟烏，尚懷反報，何況〖於〗人”（Q052）。㊁歎詞，後來也作“嗚、歍”，表示感歎：見“烏呼”。㊂用於少數民族名：“使者持節，護烏桓校尉王君威府舍”（Q046）；“時依郡烏桓，狂狡畔戾”（Q128）；“東胡烏桓、西戎氐羌”（H26）。㊃用於人名：“君大男孟子有楊烏之才，善性形於岐嶷，□□見於垂髦，年七歲而夭”（Q117）。㊄用於地名：“東烏累關城”（Q116）。

【釋詞】

［烏呼］同“嗚呼”，表示感歎：“烏呼哀哉，邦喪貞榦”（Q145）；“古聖所不勉，壽命不可諍，烏呼哀哉”（Q114）。

4068 **於**　（一）wū　《廣韻》哀都切，影模平。影魚。

① Q137　② JB6　③ Q113　④ Q142

《説文》中爲“烏”的古文省體，《説文·烏部》：“，孝烏也。象形。孔子曰：‘烏，盱呼也。’取其助气，故以爲烏呼。凡烏之屬皆从烏。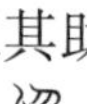，古文烏，象形。，象古文烏省。”

【釋形】

“於”與“烏”本爲一字，《説文》視爲古文“烏”的省體，本義爲烏鴉。後假借爲介詞或助詞，於是從“烏”中分化出“於”，專門表示虚詞的用法。從字形演變的過程看，“於”本爲獨體象形字，如（《沈子它簋蓋》）、（《毛公鼎》）。後來上部像鳥喙的部分逐漸從主體離析出來，形成近似於“人”的構件，如（《弔趯父卣》）、（《齊侯鎛》）等。戰國時期又出現在近似於“人”的構件下面增添兩三個横畫作飾筆，如（《鄂君啟舟節》）等。《説文》古文正屬此類。這就是後來分化字“於”的字形之所本。漢碑字形承襲《説文》古文，將其中像烏鴉主體的部分或隸定近似於“丩”，如圖①；或隸定爲“方”，如圖②③；或又訛變似提手旁，如圖④。右邊多隸定爲“人”下兩短横，如圖①～④，其中圖③的“人”訛寫近似於“亠”。

【釋義】

㊀同“嗚”：見“嗚呼”。㊁表示感嘆、讚美的語氣：“於顯我君，懿德惟光”（Q127）；又見“於穆、於鑠”。㊂用於地名：“以病遜位，守疏廣止足之計，樂於陵灌園之契”（Q154）。

【釋詞】

［於穆］對美好品德和事物的讚歎：“於穆皇祖，天挺應期，佐時理物，紹蹤先軌”（Q144）；“相樂終日，於穆肅廱，上下蒙福”（Q141）；“於穆我君，敦誠篤信”（Q145）。

［於戲］猶“嗚呼”，感歎詞：“於戲使君，既膺渘德，貢躡帝宇，人參文昌”（Q173）；“於戲与考，經德炳明”（Q187）。

［於鑠］歎詞，表讚美：“於鑠我祖，膺是懿德”（Q128）；“於鑠明德，于我尹君”（Q166）。

（二）yú　《廣韻》央居切，影魚平。影魚。

【釋義】

㊀介詞，❶表示地點、處所，在，從：“正直是以揚名於州里”（Q196）；“惟封龍山者，北岳之英援，三條之别神，分體異處，在於邦内”（Q126）；“高祖受命，興於漢中”（Q095）；“於昌平亭下立會市，因彼左右，咸所願樂”（Q141）。❷表示時間，在，從：

“至於永平,其有四年”(Q095);“於戌亥之間,興造城郭”(Q178);“析里大橋,於今乃造”(Q150)。❸表示方式、對象,以,用:“□□□□□閉,木連理於芉條”(Q065)。❹表示趨向,到,向:“楚古尸王通於天”(Q006);“孝弟之至,通於神明”(Q052);“莫不流光〖煇〗於無窮,垂芳耀於書篇”(Q088)。❺引進動作的對象,對,給:“篤親於九族,恂恂于鄉黨”(Q166);“《月令》祀百辟卿士有益於民”(Q140);“上陳德潤,加於百姓”(Q126);“功加於民,祀以報之”(Q129);“蒼頡,天生德於大聖,四目靈光,爲百王作〖書〗”(Q123)。❻引進比較對象,比:“蓋聞經國序民,莫急於禮,禮有五經,莫重於祭”(Q174);“惠政之流,甚於置郵”(Q178);“兄弟共居,甚於親在”(Q106)。❼表示被動,被:“孔子大聖,抱道不施,尚困於世”(Q113)。㊁助詞,常用於句首,起發語作用:“於惟郎中,寔天生德”(Q117);“於亓時廱,撫兹岱方”(Q127)。

【釋詞】

[於是]㊀連詞,表承接:“於是紀功刊勒,以炤令問”(Q126);“於是金鄉長河間高陽史恢等,追惟昔日,同歲郎署”(Q093);“於是操繩墨以彈耶枉,援規柜以分方員”(Q084);“於是故吏諸生相與論曰:上世羣后……”(Q088)。㊁當時,其時:“於是明知故司隸校尉楗爲武陽楊君,厥字孟文,深執忠伉,數上奏請”(Q095);“於是大守漢陽阿陽李君,諱翕,字伯都,以建寧三年,〖二〗月辛巳〖到官〗”(Q150)。

[於斯]在此,至此:“百行之主,於斯爲盛”(Q134);“造墓定基,魂零不寧,於斯革之”(Q069);“十二月廿七日庚申安錯於斯”(Q235)。

4069 **焉** yān 《廣韻》於乾切,影仙平。影元。

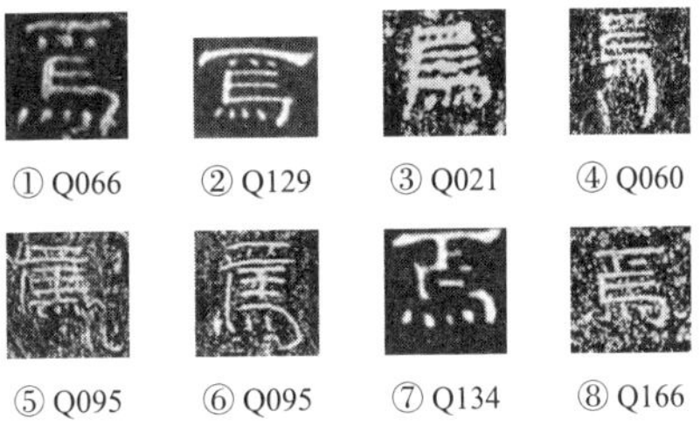

① Q066　② Q129　③ Q021　④ Q060　⑤ Q095　⑥ Q095　⑦ Q134　⑧ Q166

《説文·烏部》:“,焉鳥,黄色,出於江淮。象形。凡字:朋者,羽蟲之長;烏者,日中之禽;舄者,知太歲之所在;燕者,請子之候,作巢避戊己。所貿者,故皆象形。焉亦是也。”

【釋形】

《説文》小篆爲象形字,像一種鳥之形,或謂黄鳳鳥。漢碑字形鳥的頭部變異複雜,或近似於“㓁”,如圖①②;或於“㓁”下面加一横,如圖③～⑤;或將“㓁”與下面一横連寫,近似於“正”,如圖⑦⑧。下部鳥的主體部分與“鳥”的隸定方式相似,可參見4059鳥;其中圖⑥訛寫近似於“馬”形。

【釋義】

㊀代詞,❶表示指示,相當於“之”:“仲宗之世,重使使者持節祀焉”(Q129);“功顯不伐,委而復焉”(Q133);“雖二連居喪,孟獻加〖等〗,無以踰焉”(Q202);“蓋以爲垂聲罔極,音流管弦,非篇訓金石,孰能傳焉”(Q169)。❷表示疑問,相當於“哪裡、怎麽”:“漫漫庶幾,復焉所力”(Q148);“悲將焉告,卬叫穹倉”(Q134);“愁苦之難,焉可具言”(Q095)。㊁語氣詞,❶用於句尾,表示陳述或肯定,相當於“矣、呢”:“官族分析,因以爲氏焉,武氏蓋其後也”(Q093);“故〖立〗石銘碑,以旌明德焉”(Q093);“或解高格,下就平易,行者欣然焉”(Q095)。❷表示感歎,相當於“呢、啊”:“嗚焉,匪愛力財,迫于制度”(Q052)。㊂用於形容詞、副詞之後,相當於“然、……的樣子”:“浮游塵埃之外,皭焉氾〖而不俗〗”(Q148);

“〖夫〗其器量弘深,〖姿〗度〖廣大,浩浩焉汪〖汪〗焉”(S97);“念彼恭人,惄焉〖永〗傷”(Q133)。

4070 **畢** bì 《廣韻》卑吉切,幫質入。幫質。

① Q100

② Q119

③ Q178

④ Q119

⑤ Q142

⑥ Q178

《説文·芈部》:“,田罔也。从芈,象畢形,微也。或曰:由聲。”

【釋形】

《説文》以爲象形字,从芈从田,“芈”像田網之形。按“畢”甲骨文作(《周原》45),金文作(《史𦔻簋》)、(《段簋》)等形。其構件“芈”當爲“禽 / 擒”的初文,寫作(《甲》2285)、(《北子芈觶》)等形。即像長柄的網狀捕獸工具,添加構件“田”之後,專門表示田獵之網。漢碑字形中,構件“芈”已不再象形,上部像網眼的部分或合併省寫作“卄”,如圖①～③;或合併省寫作“艹”,如圖④～⑥。

【釋義】

㊀結束,完成:“雖有褒成世享之封,四時來祭,畢,即〖歸〗國”(Q140);“元嘉元年八月廿四日,立郭畢成,以送貴親”(Q100);“治此食堂,到六年正月廿五日畢成”(Q082)。㊁全部:見“畢志”。㊂姓氏:“宋直忌公、畢先風、許先生,皆食石脂,仙而去”(Q142)。㊃用於人名:“遂訪故老商量、儁艾王敞、王畢等,恤民之要,存慰高年”(Q178);“故門下議掾王畢世異千”(Q178)。

【釋詞】

[畢志]一心一意:“光和之中,京師擾穰;雄狐綏綏,冠履同囊。投核長驅,畢志枕丘”(Q187)。

4071 **棄** qì 《廣韻》詰利切,溪至去。溪質。

① Q128

② Q178

③ Q088

④ Q106

《説文·芈部》:“,捐也。从廾推芈棄之;从㐬,㐬,逆子也。,古文棄。,籀文棄。”

【釋形】

《説文》以爲會意字,从廾从芈从㐬,義爲拋棄。按“棄”甲骨文作(《合》8451),像以簸箕拋棄夭折之嬰兒的形象。其字不从芈,而从其(像簸箕之形)。《説文》籀文中簸箕之形即已訛作“芈”,“子”由頭朝上而改爲頭朝下。小篆承襲此類字形,進一步將倒子寫作“㐬”(該部件來源於“毓”的甲骨文字形,三點像嬰兒出生時的羊水)。《説文》古文字形作,省去的構件“芈”,此乃後世簡化字形“弃”之所本。漢碑字形中,上部的“㐬”或隸定爲“𠫓”下加三點,如圖①～②;或省去三點,只寫作“𠫓”,如圖③;或寫作“去”,蓋因受拋棄意義的影響,理據發生重構,如圖④。下部的“廾”或與“芈”粘合,局部近似於“木”,如圖①②;或與“芈”粘合混同作“共”,如圖③④。

【釋義】

捨去,拋棄:“父君不悆,棄官奉喪”(Q128);“不永麋壽,棄臣子兮”(Q088);“棄離子孫,往而不反”(Q106)。

4072 **再** zài 《廣韻》作代切,精代去。精之。

① Q084

② Q169

③ Q110

《説文·冓部》:“,一舉而二也。从一,冓省。”

【釋形】

《説文》以爲會意字,从一,从冓省,義

爲兩次、第二次。按“再”甲骨文作（《合》7660），从（像簡化之魚形），从二（構件“魚”的上下各有一横），而非从一。《説文》釋爲从冓省，是因爲“冓”甲骨文作（《合》18813），像兩魚相遇形。“再”的小篆字形將下面的魚形和一横粘合在一起，已經看不出原有的結構了。漢碑字形依據小篆進行轉寫隸定，如圖①②；有的兩横縮短，與兩邊的豎筆相離，豎筆也不上通，近似於上“一”下“用”，如圖③。

【釋義】

兩次，第二次：“祗慎慶祀，一年再至”（Q125）；“辭病不就，再奉朝娉”（Q187）；“學優則仕，歷郡席坐，再辟司隸”（Q084）。

4073 **幼**　yòu　《廣韻》伊謬切，影幼去。影幽。

① Q056　② Q142　③ Q146

《説文·幺部》：“，少也。从幺从力。”

【釋形】

《説文》小篆爲會意字，从幺从力，義爲幼小。“幼”金文兩個構件或穿插在一起，寫作（《禹鼎》）；小篆則將構件“力”斜托在“幺”之右下方。漢碑字形承襲小篆的構件布局，構件的寫法也尚未完全脱離小篆的痕跡，如圖①～③。

【釋義】

㊀年齡小，少年時：“幼而宿衛，弱冠典城”（Q146）；“子尚叢撫業，世幼無親，賢者相之”（Q026）；“老者得終其壽，幼者得以全育”（Q161）。㊁用於人名：“門生東平寧陽韋勳，字幼昌”（Q127）；“功臣五大夫雒陽東鄉許幼仙師事肥君”（Q142）；“下辨道長廣漢汁邡任詩，字幼起”（Q146）。

4074 **幽**　yōu　《廣韻》於虯切，影幽平。影幽。

① Q153　② Q174　③ Q178　④ Q144

《説文·𢆶部》：“，隱也。从山中𢆶，𢆶亦聲。”

【釋形】

《説文》以爲會意兼形聲字，从𢆶在山中，𢆶亦聲，義爲隱蔽。按“幽”甲骨文作（《合》14331），从𢆶（“𢆶”有幽微義，參見4077兹）、从火，取火光微弱之義，義爲昏暗。因甲骨文中“火”與“山”多形近而混，故“幽”或从山，如（《合》14951）。金文逐漸由从火向从山演變，如（《史牆盤》）、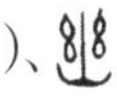（《六年召伯虎簋》）、（《叔向父禹簋》）。小篆則確定爲从山。漢碑字形與小篆結構基本一致，只是構件“𢆶”所从之二“幺”或各簡化作兩點，如圖④。

【釋義】

㊀幽暗，幽深：“日月照幽，時晝昏兮”（Q124）；“年踰九九，永歸幽廬”（Q128）；“處幽道艱，存之者難”（Q060）；又見“幽谷”等。㊁暗地裡：見“幽贊”。㊂特指陰間：見“幽都、幽冥”等。㊃指惡愚之人：見“幽明”。㊄用於地名：“郡五官掾、功曹、守令，幽州别駕”（Q128）；“漢故幽州書佐秦君之神道”（Q052）；“豫州幽州刺史馮使君神道”（Q206）；“訞賊張角，起兵幽冀，兖豫荆楊，同時竝動”（Q178）。

【釋詞】

［幽都］指陰間：“將即幽都，歸于電丘，涼風滲淋，寒水北流”（Q113）。

［幽谷］幽深的山谷：“出從幽谷，遷于喬木”（Q171）。

［幽明］善惡，賢愚：“三考絀勑，陟幽明矣，振華處實，暘遐聲矣”（Q153）

［幽冥］指陰間：“長就幽冥則決絶，閉曠之後不復發”（Q100）

［幽讚］語出《易·説卦》：“昔者聖人之

作《易》也，幽贊於神明而生蓍。”指暗中受神明佐助：“演易繫辭，經緯天地，幽讚神朙，故特立廟”（Q102）；“體連封龍，氣通北嶽，幽讚天地”（Q174）。

［幽滯］才能埋没，不爲世所用：“旋守中𡿺，幽滯以榮”（Q137）。

4075 **惠** huì 《廣韻》胡桂切，匣霽去。匣質。

① Q146

② Q158

③ Q163

④ Q125

⑤ Q134

⑥ Q178

《説文·叀部》：“，仁也。从心从叀。，古文惠从芔。”

【釋形】

《説文》以爲會意字，从心从叀，義爲仁愛。按“惠”所从之構件“叀”甲骨文本像紡磚之形，寫作（《合》32331），即“專/磚”之初文。金文中的“叀”常假借作“惠”，或添加構件“心”予以分化，寫作（《裘衛盉》）。小篆承襲金文字形，《説文》以从心从叀釋之，於形源不符。或以爲小篆理據重構，會專心於仁之義，可備一説。漢碑字形中，有的爲碑額篆書，但已經帶有明顯的隸意，如圖①。多數則發生隸變，其中構件“心”將小篆彎曲的線條對應轉寫爲筆畫，如圖②～⑥；構件“叀”或嚴格依據小篆線條對應轉寫，如圖①～③；或省略下部的“厶”，如圖④～⑥。

【釋義】

㊀仁愛：“上天不惠，不我慭遺”（Q134）；“能悊能惠，剋亮天功”（Q137）；“惠政之流，甚於置郵”（Q178）；又見“惠和”。㊁恩惠，好處：“民誦其惠，吏懷其威”（Q128）；“惠此邦域，以綏四方”（Q126）；“流德元城，興利惠民”（Q088）。㊂用作敬語：見“惠賜”。㊃用於人名：“左尉唐佑，字君惠，河南密人”（Q129）；“五官掾上禄張亢，字惠叔”（Q146）；“次字子惠，護羌假司馬”（Q169）。

【釋詞】

［惠賜］敬語，稱人所贈：“懷君惠賜，思君罔極”（Q125）。

［惠和］仁愛和順：“伯興妻陘，秉心塞淵，終温惠和”（Q158）。

4076 **玄** xuán 《廣韻》胡涓切，匣先平。匣真。

① Q066

② Q112

③ Q134

④ Q142

⑤ Q193

⑥ Q259

《説文·玄部》：“，幽遠也。黑而有赤色者爲玄。象幽而入覆之也。凡玄之屬皆从玄。，古文玄。”

【釋形】

《説文》以爲象形字，像覆蓋幽深之形，義爲幽遠。按“玄”甲骨文、金文本作“幺”，如（《合》20948）、（《玄父癸爵》），像絲束之形，絲線狀極細微，引申而有幽微、幽遠義，再引申爲黑色義；後來在上方加一横畫以示區别，分化出“玄”字（參見季旭昇《説文新證》）。漢碑字形承襲小篆，隸定爲上“亠”下“幺”，如圖①～⑥。

【釋義】

㊀神妙，深奥：“玄圖靈像，穆穆皇皇”（Q174）；又見“玄靈”。㊁深藏而不外露：“惇懿允元，叡其玄秀”（Q148）；又見“玄德”。㊂指天：見“玄乾、玄通”等。㊃赤黑色：“故敢慕奚斯之追述，樹玄石于墳道”（Q066）；“猛虎延視，玄蝯登高，陑熊嗥戲”（Q114）；“宣抒玄汙，以注水流”（Q112）。㊄玄孫：“光武皇帝之玄，廣陵王之孫，俞鄉侯之季子也”（Q193）；“君東平相之玄，會稽大守之曾，富波侯相之孫，守長社令之元子也”

（Q166）。㈥用於人名："伯子玄，曰大孫；次子但，曰仲城"（Q021）；"謹問大常祠曹掾馮牟，史郭玄"（Q102）；"穎川長社王玄君真二百"（Q112）。

【釋詞】

［玄德］含蓄而不露於外的德性："矧乃孔子，玄德煥炳，〖光於〗上下"（Q140）。

［玄靈］神靈："春秋〖復〗禮，稽度玄靈，而無公出享獻之薦"（Q141）。

［玄妙］深奧微妙的事理："君神明之驗，譏徹玄妙"（Q142）；"君幼門顔閔之懋質，長敷斿夏之文學，慈惠寬□，孝友玄妙"（Q093）。

［玄嘿］寂靜無爲：優於春秋，玄嘿有成"（S97）。

［玄乾］蒼天："玄乾鐘德，于我楊君"（Q134）。

［玄丘］㈠傳説中的地名，泛稱神仙居處："詔書勑留，定經東觀，順玄丘之指，蠲歷世之疑"（Q134）。㈡指孔子："故《〖孝〗經援神挈》曰：'玄丘制命帝卯行'"（Q140）。

［玄石］墓碑："故敢慕奚斯之追述，樹玄石于墳道"（Q066）。

［玄孫］自身以下的第五代："女年九歲字皇女，大尉公玄孫之子，孝廉君之女"（Q259）；"及其玄孫言多，世事景王，載在史典"（Q166）。

［玄通］語出《老子》："古之善爲士者，微妙玄通。"河上公注："玄，天也。言其志節玄妙，精與天通也。"與天相通："孳孳臨川，闚見〖宫〗廧，庶仰箕首，微妙玄通"（Q093）

［玄武］㈠古代神話中的北方之神，其形爲龜，或龜蛇合體："北方黑帝禹玄武患禍欲來"（Q155）。㈡玄武門，指禁城的北門："屯守玄武，〖戚〗哀悲憧，加遇害氣，遭疾〖隕靈〗"（Q132）。

4077 **兹**　（一）zī　《廣韻》子之切，精之平。精之。

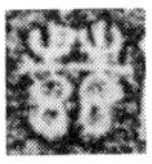
① Q065

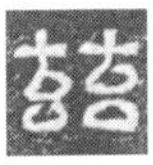
② Q083

③ Q129

④ Q125

⑤ Q153

《説文·玄部》："，黑也。从二玄。《春秋傳》曰：'何故使吾水兹？'"

【釋形】

《説文》以爲會意字，从二玄，義爲黑。按"兹"當爲"丝"的分化字，"丝"甲骨文、金文作（《合》11606）（《合》37376），（《盂簋》）等形，从二"幺"。"幺"有細微、幽暗義（參見4076玄），"丝"亦有細微、幽暗義，故"幽"字从"丝"。後來"丝"又由細微義引申出漸進義，即滋生、滋長，爲示區别，戰國文字分化作（《郭·緇》1），此即小篆字形之所本，亦即"滋"之初文。《説文·艸部》另收"茲"字，釋爲"艸木多益。从艸，絲省聲"，其實與"兹"同字，"艸木多益"正是其滋長義。《説文》引《春秋傳》釋"兹"爲黑，當仍與"丝"混用。漢碑字形中，有的爲碑文篆書，只是上部寫作"艸"下加一横，如圖①。多數則發生隸變，其中上部形體變異與"艸"相似：或隸定爲"艹"，如圖②③；或隸定作"卄"，如圖④；或隸定作"䒑"，如圖⑤。

【釋義】

㈠滋生，生長。後來寫作"滋"："芬兹楙于圃疇"（Q065）。㈡代詞，表示近指："聖漢禋亨，於兹馮神"（Q065）；"門徒小子，喪兹師范"（Q134）；"陟彼〖高〗岡，臻兹廟側"（Q125）；"於亓時廱，撫兹岱方"（Q127）。

（二）cí　《廣韻》疾之切，從之平。從之。

【釋義】

用於古國名："龜兹左將軍劉平國，以七月廿六日發家"（Q116）。

4078 **予**　yǔ　《廣韻》余吕切，餘語上。餘魚。

Q142

《説文·予部》:“,推予也。象相予之形。凡予之屬皆从予。”

【釋形】

《説文》以爲象形字,像相予之形。按“予”字構形不明,或爲在聲符“吕”的基礎上加區别符號而成。“吕”甲骨文作(《合》6778),春秋金文作(《鼄公牼鐘》),本像脊椎之形。“吕”與“予”古音相近,故可充當“予”的聲符。漢碑字形小篆上部兩個封閉三角形拆解成筆畫,原有結構被徹底打破,已經看不出與“吕”的關係了,如圖。

【釋義】

助詞:“子孫企予,慕仰靡恃”(Q142);又見“企予”。

4079 **舒** shū 《廣韻》傷魚切,書魚平。書魚。

① Q141

② Q193

《説文·予部》:“,伸也。从舍从予,予亦聲。一曰:舒,緩也。”

【釋形】

《説文》小篆爲會意兼形聲字,从舍从予,予亦聲,義爲伸展。漢碑字形中,義符“舍”中間寫作“工”形。義符“予”的變化或與其單獨成字時一致,參見4078予,如圖①,或仍保留兩個封閉的三角形,只是下面的三角形方向較小篆有所改變,如圖②。

【釋義】

㊀伸展:“既練州郡,卷舒委隨”(Q193)。㊁姓氏:“蜀郡大守平陵何君,遣掾臨邛舒鮪,將徒治道,造尊楗閣”(Q022);“時長史廬江舒李謙敬讓”(Q141)。

4080 **放** fàng 《廣韻》甫妄切,幫漾去。幫陽。

① Q138

② Q169

③ Q247

《説文·放部》:“,逐也。从攴,方聲。凡放之屬皆从放。”

【釋形】

《説文》小篆爲形聲字,从攴,方聲。漢碑字形中,義符“攴”有的寫作上“𠂉”下“又”,還未完全演變爲“攵”,如圖①～②;有的則已經演變爲“攵”,如圖③。聲符“方”或嚴格依照小篆字形轉寫,如圖③;或發生離析重組,上部隸定爲“亠”,下部近似於“刀”,如圖①②。

【釋義】

㊀釋放:“遂放遺光”(Q138)。㊁散布,遍布:“垂化放虖岐周,流愛雙虖□□”(Q172)。㊂放縱,不受管束:“西羌放動,餘類未輯”(Q173)。㊃設置,置放:“放像爲用,縣設爲道”(H105)。㊄用於人名:“門生虞放”(Q267)。

【釋詞】

[放言]無拘束地暢所欲言:“游居放言,在約思純”(Q169)。

4081 **爰** yuán 《廣韻》雨元切,雲元平。匣元。

① Q065

② Q130

③ Q169

④ Q179

《説文·𠬪部》:“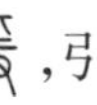,引也。从𠬪从于。籀文以爲車轅字。”

【釋形】

《説文》以爲會意字,从𠬪从于,會援引之義。按“爰”甲骨文作(《合》6473)、(《合》656反)等形,像兩手牽引某物之形,本義爲牽引,當爲“援”之初文。小篆字形中援引之物訛作“于”。漢碑字形承襲小篆,有的爲碑文篆書,如圖①。更多的則已經發生隸變,其中構件“𠬪”上部的手形

隸定作“爫”，下部的手形隸定作“乂”，“于”中彎曲的線條寫作長撇，如圖②③；有的則省減嚴重，如圖④。

【釋義】

㊀連詞，表示承接關係，相當於“於是”：“爰暨霸世，夙爲晉謀”（Q169）；“九山甄旅，咸秩無文，爰納塗山，辛癸之間”（Q065）；“爰示後世，台台勿忘，子子孫孫，秉承久長”（Q070）。㊁助詞，起補充音節作用：“世口書悦樂，古今允通，聲稱爰發，牧守旌招”（Q130）；“艮兑咸亨，爰居爰處”（H144）。

4082 **受** shòu 《廣韻》殖酉切，禪有上。禪幽。

① Q125

② Q140

③ Q142

④ Q202

⑤ Q144

《説文·𠬪部》：“，相付也。从𠬪，舟省聲。”

【釋形】

《説文》以爲形聲字，从𠬪，舟省聲。按“受”甲骨文、金文中構件“舟”不省，寫作 （《合》27401）、（《頌簋》）等形，像兩手相授受之形，其中“舟”既代表授受的東西，又起提示讀音作用。古“受、授”本同字，後授予義分化爲“授”。漢碑字形中，中間“舟”之省體或隸定作“冖”，如圖①～②；或隸定作“冖”下一横筆，如圖③～⑤。上面的手形隸定爲“爫”，其中的三點或寫作一短豎兩側各一短横，如圖③；下面的手形或寫作“又”，如圖①～③；或省變爲“乂”，如圖④⑤。

【釋義】

㊀接受，承受：“賜錢千萬，君讓不受”（Q142）；“臣蒙厚恩，受任符守，得在奎婁，周孔舊寓”（Q140）；“與充國竝征，電震要荒，聝滅狂狡，讓不受封”（Q169）。㊁秉承：“君鍾其美，受性淵懿，含和履仁”（Q144）；“伏惟明府，受質自天”（Q088）。㊂用於人名：“户曹史紀受、將作掾王笧”（Q060）。

4083 **爭** zhēng 《廣韻》側莖切，莊耕平。莊耕。

① Q133

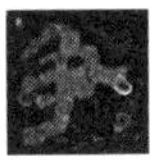
② Q133

③ Q095

④ Q112

《説文·𠬪部》：“，引也。从𠬪、厂。”

【釋形】

《説文》以爲會意字，从𠬪、厂，釋其義爲援引。按“爭”甲骨文作 （《合》4009），像兩手爭一物之形，義爲爭奪。小篆字形將上面的手形變爲爪，下面的手形和爭奪之物粘合在一起形同“尹”。漢碑字形與小篆相承，上部的爪形隸定爲“爫”，如圖①；或訛作“⺈”，如圖②；或訛作“夕”，如圖③；或訛作“曰”，如圖④。下面的手或隸定作“彐”，如圖③④；或横筆向右出頭，如圖①②。

【釋義】

㊀爭奪，奪取：“〖勳〗速藐矣，莫與爭光”（Q133）；“知賤爲貴，與世無爭”（S110）；“疆易不争，障塞〖無〗事”（Q133）。㊁爭論，辯論：“有司議駁，君遂執爭”（Q095）。㊂計較：“漆不水解，工不爭賈”（Q112）。㊃通“諍”，諍諫，規勸：“授政股肱，諫爭匡弼”（H105）。

4084 **敢** gǎn 《廣韻》古覽切，見敢上。見談。

① Q066

② Q141

③ Q106

④ Q142

⑤ Q178

《説文·𠬪部》：“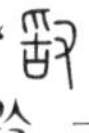，進取也。从𠬪，古聲。，籀文敢。，古文敢。”

【釋形】

《説文》以爲形聲字，从妥，古聲。按“敢”甲骨文作（《合》6536），“象雙手持干刺豕形”（參見徐中舒《漢語古文字字形表》）。捕豕需要勇力，故有勇敢義（參見季旭昇《説文新證》）。金文字形發生較大變異，并添加聲符“甘”，寫作（《大盂鼎》），或將聲符“甘”混同作“口”，如（《小臣鼎》）、（《三年瘐壺》）。戰國楚簡寫作（《包》2.38），左下側已近似於“古”形，當爲《説文》古文及小篆字形之所本。《説文》籀文右邊構件爲“殳”，左下構件當爲“甘”之變形。漢碑字形多承襲《説文》籀文，左上構件隸定近似於“工”。左下構件隸定近似於“月”。構件“殳”或寫作“攵”，如圖①②；或近似於“父”，如圖③～⑤。其中圖⑤形變特殊，左上近似於“口”，左下近似於“目”。

【釋義】

㈠敢於：“臣即〖自〗以奉錢，脩上案食醊具，以叙小節，不敢空謁”（Q140）；“乃敢承祀，餘胙賦賜”（Q141）；“孝萇爲君設便坐，朝莫舉門恂恂不敢解殆”（Q142）。㈡謙辭，表示冒昧：“統之門人汝南陳熾等，緣在三義一，頌有清廟，故敢慕奚斯之追述，樹玄石于墳道”（Q066）；“長常叩頭死罪，敢言之”（Q170）。㈢用於人名：“故賊曹史趙福文社、故法曹史王敢文國”（Q178）。

4085 **叡** ruì 《廣韻》以芮切，餘祭去。餘月。

Q084

《説文·奴部》：“，深明也；通也。从奴从目，从谷省。，古文叡。，籀文叡从土。”

【釋形】

《説文》以爲會意字，从奴从目，从谷省，義爲睿智、通達。按“叡”當爲从目、从壑省。“壑”《説文》或作，“叡”的籀文正是从省。《説文》小篆字形較籀文省去了構件“土”。漢碑字形與小篆相承，左邊構件“睿”省略中間一短横，“谷”的省形變爲四個短横；右邊構件“又”替换爲“殳”，其上部近似於“口”，如圖。

【釋義】

通達，睿智：“聰叡廣淵，兼覽七□”（Q084）；“守約履勤，體聖心叡”（Q193）；“服骨叡聖，允鍾厥醇”（Q193）。

4086 **殁** mò 《廣韻》莫勃切，明没入。明物。

① Q202

② Q088

③ Q128

④ Q153

《説文》爲“歾”之或體，《説文·歺部》：“，終也。从歺，勿聲。，歾或从㬝。”

【釋形】

“殁（歿）”爲“没（沒）”的分化字，將“没”的水旁替换爲與死亡有關的“歹（歺）”，專門表示人去世之義。《説文》正篆作“歾”，从歺，勿聲。漢碑字形承襲《説文》或體，將聲符隸定爲“殳”，其中構件“几”下面連作一横，構件“又”隸定作“乂”，如圖①～④。義符“歺”或依據小篆進行嚴格隸定，如圖①；或簡化作“歹”，如圖②～④。

【釋義】

死亡：“身殁而行明，體亡而名存”（Q088）；“大命顛覆，中年徂殁”（Q153）；“殁而不朽，實有立言”（Q164）；“終殁之日，□聲，形銷氣盡，遂以毁滅”（Q202）。

4087 **殊** shū 《廣韻》市朱切，禪虞平。禪侯。

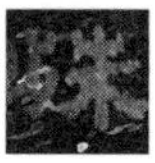

① Q133

② Q142

③ Q178

《説文·歺部》：“，死也。从歺，朱聲。漢令曰：‘蠻夷長有罪，當殊之。’”

【釋形】

《説文》小篆爲形聲字，从歺，朱聲。漢碑字形中，義符“歺”或依據小篆進行嚴格隸定，如圖①；或簡化作“歹”，如圖②③。聲符“朱”將小篆中上方彎曲的筆畫拉直，爲與“未”相區别，或在起筆處略有彎筆，如圖③；或逐漸分解出一短撇，如圖①～②。

【釋義】

㊀不同：見“殊俗”。㊁區分，分别：“龜銀之胄，弈世載勳，綱紀本朝，優劣殊分”（Q166）。㊂特别，突出：“竭孝，行殊，義篤，君子憙之”（Q114）；“帝用嘉之，顯拜殊〖特〗”；又見“殊荒”（Q117）。

【釋詞】

［殊荒］特别遥遠的地方：“威布烈，安殊荒”（Q178）。

［殊俗］㊀風俗不同的遠方：“德以化圻民，威以懷殊俗”（Q133）。㊁不同凡俗：“其少體自然之恣，長有殊俗之操”（Q142）。

4088 **殯** bìn 《廣韻》必刃切，幫震去。幫真。

Q179

《説文·歺部》：“，死在棺，將遷葬，柩。賓遇之。从歺从賓，賓亦聲。夏后殯於阼階，殷人殯於兩楹之間，周人殯於賓階。”

【釋形】

《説文》小篆爲會意兼形聲字，从歺从賓，賓亦聲，義爲人死後停棺待葬。古禮人死後停棺於西階，西階爲古代禮儀中的賓位，故“殯”字从賓。漢碑字形與小篆相承，構件“歺”隸定爲“歹”；構件“賓”本从貝、㝉聲，聲符“㝉”所从之構件“丏”省寫作“夕”，如圖。

【釋義】

㊀停柩待葬：“皇上閔悼，兩宫賻贈，賜秘器，以禮殯，以九月十日塟于芒門舊塋”（Q056）。㊁通“賓”，歸順：“北震五狄，東勤九夷，荒遠既殯，各貢所有”（Q179）。

4089 **殣** jìn 《廣韻》渠遴切，羣震去。羣文。

Q128

《説文·歺部》：“，道中死人，人所覆也。从歺，堇聲。《詩》曰：‘行有死人，尚或殣之。’”

【釋形】

《説文》小篆爲形聲字，从歺，堇聲。漢碑字形與小篆相承，義符“歺”隸定爲“歹”。聲符“堇”在小篆中从土从黄省，漢碑中“黄”的省形與構件“土”發生粘連，并多有省減，如圖。

【釋義】

餓死在路途中的人，一説爲路邊的墳冢：“冀土荒饉，道殣相望”（Q128）。

4090 **歼（朽）** xiǔ 《廣韻》許久切，曉有上。曉幽。

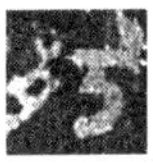

① Q133

② Q202

③ Q164

④ Q127

⑤ Q195

⑥ Q083

《説文·歺部》：“，腐也。从歺，丂聲。，歼或从木。”

【釋形】

《説文》小篆爲形聲字，从歺，丂聲。其或體作从木之“朽”，爲今之通用字。漢碑字形或與《説文》正篆相承，如圖①～③，其中圖①②的義符“歺”據小篆轉寫隸定，圖③的義符“歺”省變爲“歹”；或與《説文》或體相承，如圖④～⑥，其中圖⑥的構件“木”訛混爲“扌”。

【釋義】

㊀腐烂、腐朽：“貴速朽之反真，慕寧儉

之遺則”（Q127）。㊁磨滅，消散：“□始天道，唯德不杇”（Q083）；“立言不歾，先民所臧”（Q133）；“黨魂有靈，垂後不歾”（Q144）；“歿而不歾，實有立言”（Q164）；“□貴不杇之名”（Q195）。

4091 **杇**

“歾”的異體字（圖④⑤⑥），見4090歾。

4092 **殆** dài 《廣韻》徒亥切，定海上。定之。

① Q142

② Q146

③ Q150

《說文·歺部》：“，危也。从歺，台聲。”

【釋形】

《說文》小篆爲形聲字，从歺，台聲。漢碑字形與小篆相承，義符“歺”隸定爲“歹”，聲符“台”所从之構件“厶”隸定爲封閉的三角形，如圖①～③。

【釋義】

㊀危亡，危險：“〖乃俾〗衡官掾下辨仇審，改解危殆，即便求隱”（Q150）；“《詩》所謂‘如集于木，如臨于谷’，斯其殆哉”（Q146）。㊁通“怠”，懈怠，鬆懈：“孝萇爲君設便坐，朝莫舉門恂恂不敢解殆”（Q142）。

4093 **殃** yāng 《廣韻》於良切，影陽平。影陽。

Q039

《說文·歺部》：“，咎也。从歺，央聲。”

【釋形】

《說文》小篆爲形聲字，从歺，央聲。漢碑字形與小篆相承，義符“歺”隸定爲“歹”，聲符“央”所从之構件“大”和“冂”進一步粘合，隸定作“央”，如圖。

【釋義】

凶事，災禍：“卒遭毒氣遇匈殃”（Q039）。

4094 **殘** cán 《廣韻》昨干切，從寒平。從元。

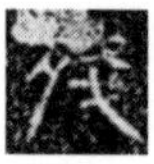
① Q088

② Q169

③ Q178

《說文·歺部》：“，賊也。从歺，戔聲。”

【釋形】

《說文》小篆爲形聲字，从歺，戔聲。漢碑字形與小篆相承，義符“歺”隸定爲“歹”，聲符“戔”所从之二“戈”依據小篆線條進行轉寫隸定，如圖①～③；其中圖②③下面的“戈”省寫一點。

【釋義】

㊀殘害，傷害：“猛不殘義，寬不宥姦，喜不縱慝，慼不戮仁”（Q161）；“中遭元二，西夷虐殘”（Q095）；㊁殘暴，凶惡之人：“殘僞易心，輕黠踰竞，鴟梟不鳴，分子還養”（Q088）；又見“殘酷”。㊂殘缺，毀壞：“惡虫蕃狩，虵蛭毒蟃，未秋截霜，稼苗夭殘”（Q095）；“郡縣殘破，吏民流散，乃徙家馮翊”（Q169）；又見“殘圮”。㊃剩餘，殘餘：“轉拜郃陽令，收合餘燼，芟夷殘迸，絶其本根”（Q178）；“昔武王遭疾，賴有周公，爲王殘命，復得延年”（Q124）。

【釋詞】

［殘酷］殘暴嚴酷：“還九江大守，□殘酷之刑，行循吏之道”（Q154）。

［殘圮］毀壞，破敗：“特受命，理殘圮”（Q178）。

4095 **殄** tiǎn 《廣韻》徒典切，定銑上。定文。

Q149

《說文·歺部》：“，盡也。从歺，㐱聲。，古文殄如此。”

【釋形】

《說文》小篆爲形聲字，从歺，㐱聲。“㐱”

上古音在章母文部。漢碑字形中，義符“歺”隸定爲“歹”，聲符“㐱”隸定作“尒”，如圖。

【釋義】

滅絶，消滅：“奮旅揚旌，殄威醜類□”（Q149）；“悠悠□□，殄儔絶侶”（H144）；又見“殄迹”。

【釋詞】

［殄迹］絶跡：“〚姦〛猾殄迹，賢倚□庭”（Q148）。

4096 殲 jiān 《廣韻》子廉切，精鹽平。精談。

① Q144

② Q175

《說文·歺部》：“，微盡也。从歺，韱聲。《春秋傳》曰：‘齊人殲于遂。’”

【釋形】

《說文》小篆爲形聲字，从歺，韱聲。漢碑字形中，構件“歺”隸定爲“歹”。聲符“韱”所从之構件“𢦏”，其中的“从”與“十”混同，如圖①②；且圖①因構件“戈”與左面的構件相離，左邊上部重組近似於“土”；聲符“韱”所从之構件“韭”省寫成“非”。

【釋義】

殲滅，滅盡：“晧天不弔，殲此良人”（Q144）；“彼倉者天，殲我良人”（Q175）。

4097 殫 dān 《廣韻》都寒切，端寒平。端元。

Q247

《說文·歺部》：“，殛盡也。从歺，單聲。”

【釋形】

《說文》小篆爲形聲字，从歺，單聲。漢碑字形與小篆相承，義符“歺”隸定爲“歹”，聲符“單”將所从之構件“吅”寫成兩個三角形，如圖。

【釋義】

窮盡：“抍馬蠲害，醜類已殫”（Q148）。

4098 殖 zhí 《廣韻》常職切，禪職入。禪職。

① Q125

② Q129

③ Q135

《說文·歺部》：“，脂膏久殖也，从歺，直聲。”

【釋形】

《說文》小篆爲形聲字，从歺，直聲。漢碑字形中，義符”歺”隸定爲”歹”，如圖①～③；聲符“直”的上方構件“十”變異爲“亠”，下方構件曲線拉直爲一横筆，中間構件“目”仍保持獨立，如圖①～③。

【釋義】

生長，繁殖：“穰穰其慶，年穀豐殖”（Q125）；“地理山川，所生殖也”（Q129）；“〚教民樹藝，三農九穀〛，稼嗇滋殖”（Q135）。

4099 殀 yāo 《廣韻》於兆切，影小上。影宵。

Q083

《說文》無。

【釋形】

“殀”爲“夭”的後起分化字，漢碑字形爲形聲字，从歺，夭聲。其中義符“歺”隸定爲“歹”；聲符“夭”的小篆字形爲，本像夭折之人頭部側垂的樣子，漢碑中頭部側垂之形分解爲一撇，又在捺筆上添加修飾性的短撇，如圖。

【釋義】

夭折，短命而死：“何寤不遂，中年殀苓”（Q083）。

4100 殈

“凶”的異體字(圖③)，見 7116 凶。

4101 **殞** yǔn 《廣韻》于敏切,雲軫上。匣文。

Q179

《説文》無。

【釋形】

漢碑字形爲形聲字,从歺,員聲。聲符"員"的小篆字形爲 ,漢碑字形中上部的構件"口"寫成三角形,左邊的"歹"殘泐不清,如圖。

【釋義】

通"隕",墜落,下降:"爰曁且於君,盖其纏縺,纘戎鴻緒,牧守相係,不殞高問"(Q179)。

4102 **死** sǐ 《廣韻》息姊切,心旨上。心脂。

① Q102

② Q178

③ Q169

④ Q120

⑤ Q140

⑥ Q145

《説文·死部》:",澌也,人所離也。从歺从人。凡死之屬皆从死。,古文死如此。"

【釋形】

《説文》小篆爲會意字,从歺从人,義爲死亡。漢碑字形中,構件"人"多訛作"匕",如圖①~⑥。構件"歺"隸定爲"歹","歹"上面的横筆往往向右延伸,改變了整字左右結構的格局,如圖①~③;或横筆不延伸,仍爲左右結構,如圖④~⑥。

【釋義】

去世,生命終結:"布命授期,有生有死,天寔爲之"(Q088);"生榮死哀,是爲萬年"(Q093);"攻城野戰,謀若涌泉,威牟諸賁,和德面縛歸死"(Q178)。

【釋詞】

[死罪]表章、函牘中的套話,自謙之辭:"魯相臣晨,長史臣謙,頓首死罪上尚書,臣晨,頓首頓首,死罪死罪"(Q140);"長常叩頭死罪,敢言之"(Q170);"能奉弘先聖之禮,爲宗所歸者,平叩頭叩頭,死罪死罪"(Q102)。

4103 **薨** hōng 《廣韻》呼肱切,曉登平。曉蒸。

① Q038

② Q084

③ Q066

④ Q107

《説文·死部》:",公侯殚也。从死,瞢省聲。"

【釋形】

《説文》小篆爲形聲字,从死,瞢省聲。漢碑字形中,有的爲碑文篆書,但已經帶有明顯的隸意,如圖①;其中原來从"瞢"省聲的構件改爲从"高"省,理據重構,取其位高之意,因薨特指公侯、父母等位高之人的死。圖②是對圖①的隸定轉寫,从死,从高省。義符"夗"均隸定爲半包圍結構的"死",如圖②~④。構件"瞢"所从之"勹"隸定爲"冖";所从之構件"丫"或訛寫成"艹",如圖③,或隸定爲左右兩折筆,如圖④。

【釋義】

特指公侯、父母等位高之人的死:"而青蠅嫉正,醜直實繁,横共構譖,慷慨暴薨"(Q066);"春秋七十三,延平元年七月四日薨"(Q056);"公薨,拜郎中"(Q084)。

4104 **别** bié 《廣韻》皮列切,並薛入。並月。又方别切,幫薛入。幫月。

① Q128

② Q169

③ Q178

④ Q153

⑤ Q179

《説文·冎部》:“,分解也。从冎从刀。”

【釋形】

《説文》小篆爲會意字,从冎从刀,用以刀剔骨會分解之義。漢碑字形中,“冎”的上部訛作“口”形,下部訛似“刀”。右邊的“刀”多作一短橫加豎鉤,如圖①~③;或變橫爲短豎,作“刂”,如圖④⑤。

【釋義】

㊀區別,區分:“君帝高陽之苗裔,封兹楚熊,氏以國别”(Q153);“君其始仕,天𢢼明哲,典牧二城,朱紫有别”(Q153);“子賤孔蔑,其道區别”(Q179)。㊁各自,分别地:“天地通〖精〗,神明别序,州有九山,丘〖曰〗成土”(Q171)。㊂分支,支派:“出王别胤,受爵列土”(Q193);“惟封龍山者,北岳之英援,三條之别神,分體異處,在於邦内”(Q126)。㊃用於官名:“歷郡右職,上計掾史,仍辟涼州,常爲治中、别駕”(Q178);“郡五官掾、功曹、守令、幽州别駕”(Q128)。

4105 **體(軆)** tǐ 《廣韻》他禮切,透薺上。透脂。

① Q088

② Q130

③ Q259

④ Q128

⑤ Q179

《説文·骨部》:“,總十二屬也。从骨,豊聲。”

【釋形】

《説文》小篆爲形聲字,从骨,豊聲。“體”金文作(《中山王譻壺》),从身,豊聲,从“骨”與从“身”義近,故後來義符改换爲“骨”。漢碑字形或承襲小篆从“骨”,如圖①~③;或承襲金文从“身”,如圖④⑤。義符“骨”在小篆中从冎从肉,構件“冎”内部的折線漢碑中變化較多,或寫作“人”,與上部的“冂”形粘連似“内”,如圖①;或寫作“冂”内“八”形,如圖②;或近似於“卜”,如圖③。聲符“豊”除圖③④嚴格依照小篆線條對應轉寫隸定外,在其他幾個字形中上部的“曲”和下部的“豆”均有不同程度的變異,如圖①②⑤;其中圖①上部的“曲”甚至訛寫爲“西”。

【釋義】

㊀身體,軀體:“身歿而行明,體亡而名存”(Q088);“咨爾體之淑姣,嗟末命之何辜,方齔毁而揔角”(Q259)。㊁客觀事物的形體:“惟封龍山者,北岳之英援,三條之别神,分體異處,在於邦内”(Q126);“南號三公,厥體嵩厚,峻極于天”(Q171);“巖巖白石,峻極太清。皓皓素質,因體爲名”(Q174)。㊂表現,體現:“其少體自然之恣,長有殊俗之操”(Q142);“紛紛令儀,明府體之”(Q088);“體純龢之德,秉仁義之操”(Q154)。㊃本性,本質:“體明性喆,寬裕博敏,孝友恭順”(Q130)。㊄字體:“博貫史略,彫篆六體,稽呈前人,吟咏成章,彈翰爲法”(Q169)。

【釋詞】

[體素]素質,修養:“晉陽珮瑋,西門帶弦,君之體素,能雙其勛”(Q179)。

4106 **骾** gěng 《廣韻》古杏切,見梗上。見陽。

Q172

《説文·骨部》:“,食骨留咽中也。从骨,㪅聲。”

【釋形】

《説文》小篆爲形聲字,从骨,㪅聲。漢碑字形中,義符“骨”與小篆相承,聲符“㪅”訛寫成“吏”,如圖。

【釋義】

骨頭卡在喉嚨里,比喻難除的禍患:“□刈骾雄,流惡顯忠”(Q172)。

4107 **肉** ròu 《廣韻》如六切,日屋入。日覺。

Q141

《説文·肉部》:“ ,胾肉。象形。凡肉之屬皆从肉。”

【釋形】

《説文》小篆爲象形字,像肉之形。“肉”甲骨文作 (《合》21319),像有肋骨的肉塊之形。小篆字形將像肋骨的部分繁化作兩筆,“肉”字的寫法也由横勢轉爲縱勢。漢碑字形像肋骨的兩畫訛變作兩個“人”形,成爲後世通行的寫法,如圖。隸變後作爲偏旁的“肉”多與“月”字混同。

【釋義】

肉類食物:“百姓酤買,不能得香酒美肉”(Q141)。

4108 **膏** gāo 《廣韻》古勞切,見豪平。見宵。

Q178

《説文·肉部》:“ ,肥也。从肉,高聲。”

【釋形】

《説文》小篆爲形聲字,从肉,高聲。漢碑字形中,義符“肉”隸定混同爲“月”,聲符“高”省略下面一個“口”,如圖。

【釋義】

膏藥:“大女桃婓等,合七首藥神明膏”(Q178)。

4109 **膺** yīng 《廣韻》於陵切,影蒸平。影蒸。

① Q128 ② Q169 ③ Q146

《説文·肉部》:“ ,胷也。从肉,㢠聲。”

【釋形】

《説文》以爲形聲字,从肉,㢠聲。按“膺”與“鷹”或本爲一字,甲骨文作 (《後》2.6.2),於“隹”的胸部加一曲線,爲指事符號,既表示胸部,又將鷹鳥與其他鳥相區别,指事字。金文添加構件“人”,表示胸脯與人有關,寫作 ,即後世字形“雁”之所本。後世爲了區别胸脯和鷹鳥二義,於胸脯義添加義符“肉”作“膺”,鷹鳥義添加義符“鳥”作“鷹”。《説文》小篆將構件“广”訛寫作“疒”,故將“膺”釋爲从肉、㢠聲,與形源不符。漢碑字形隸定爲从肉、雁聲,與形源相合,如圖①～③。其中圖③將“雁”中“亻”的豎筆拉長,改變了内部的結構布局。

【釋義】

秉承,接受:“天姿明敏,敦《詩》悦《禮》,膺禄美厚,繼世郎吏”(Q146);“仁義道術,明府膺之”(Q088);“仕入州府,當膺福報,克述前緒”(Q169)。

4110 **股** gǔ 《廣韻》公户切,見姥上。見魚。

① Q095 ② Q179 ③ Q187

《説文·肉部》:“ ,髀也。从肉,殳聲。”

【釋形】

《説文》小篆爲形聲字,从肉,殳聲。漢碑字形與小篆相承,義符“肉”隸定混同爲“月”,聲符“殳”中構件“几”下面連作一横,如圖①～③。

【釋義】

大腿。常“股肱”連用,喻指得力的辅佐之臣:見“股肱”。

【釋詞】

[股肱]大腿和胳膊由肘到肩的部分,㊀喻指得力的辅佐之臣:“少爲郡吏,隱練職位,常在股肱”(Q179)。㊁用作動詞,義爲輔佐:“股肱州郡,匡國達賢,登善濟可,

登斑叙優”（Q135）。漢碑中或訛作“股躬”：“惟坤靈定位，川澤股躬，澤有所注，川有所通”（Q095）。

4111 **胤** yìn 《廣韻》羊晉切，餘震去。餘文。

① Q169 ② Q201

《説文·肉部》：“，子孫相承續也。从肉；从八，象其長也；从幺，象重累也。，古文胤。”

【釋形】

《説文》小篆爲會意字，从肉从八从幺，義爲子孫相承。按“胤”西周晚期作（《逖簋》），構意不明。春秋時期開始寫作（《秦公簋》），小篆字形與此相承。漢碑字形依據小篆線條對應轉寫隸定，其中構件“肉”混同爲“月”，構件“八”隸定近似於“儿”，如圖①②。

【釋義】

㊀後嗣，後代：“分原而流，枝葉扶疏，出王别胤，受爵列土，封侯載德，相繼不顯”（Q193）。㊁繼承，承續：“胤自夏商，造父馭周”（Q169）。㊂用於人名：“樂浪太守劇騰述元才，義郎河南鞏王暹元胤”（Q173）。

4112 **胄** zhòu 《廣韻》直祐切，澄宥去。定覺。

① Q066 ② Q166 ③ Q178

《説文·肉部》：“，胤也。从肉，由聲。”

【釋形】

《説文》小篆爲形聲字，从肉，由聲。漢碑字形與小篆相承，義符“肉”隸定混同爲“月”，如圖①～③。胤胄之“胄”與甲胄之“胄”本形體有别，前者从肉由聲，後者从冃（“冒/帽”的初文）由聲。隸定後各自的義符“肉”和“冃”都混同作“月”，使得整字發生混同。

【釋義】

帝王或貴族的後嗣：“公侯之胄，必復其始”（Q066）；“穆穆我君，大聖之胄”（Q148）；“龜銀之胄，弈世載勛，綱紀本朝，優劣殊分”（Q166）。

4113 **胙** zuò 《廣韻》昨誤切，從暮去。從鐸。

① Q065 ② Q141

《説文·肉部》：“，祭福肉也。从肉，乍聲。”

【釋形】

《説文》小篆爲形聲字，从肉，乍聲。漢碑字形中，義符“肉”隸定混同爲“月”。聲符“乍”甲骨文作（《合》21039），曾憲通認爲，左下像刀之形的部分爲耒之省體，其上的曲線象徵翻起的土塊，整字是用耕地的形象表示勞作之義，其説可從。後幾經變異，小篆寫作，故《説文》以从亡从一釋之，并釋其本義爲停止或死亡義，與原初構意不符。漢碑字形聲符“乍”依據小篆轉寫隸定，更看不出原有的結構了，如圖①②。

【釋義】

㊀祭祀求福用的肉：“胙日新而累熹”（Q065）；“乃敢承祀，餘胙賦賜”（Q141）。㊁賞賜：“考績有成，符筴乃胙”（Q161）；“實謂耿君，天胙顯榮”（Q161）。

4114 **肴** yáo 《廣韻》胡茅切，匣肴平。匣宵。

J241

《説文·肉部》：“，啖也。从肉，爻聲。”

【釋形】

《説文》小篆爲形聲字，从肉，爻聲。漢

碑字形與小篆相承，義符“肉”隸定混同爲“月”，如圖。今之楷書將“爻”下面的構件“乂”寫成“𠂇”，整字作“肴”。

【釋義】

通“爻”，《周易》中組成卦的符號：“《易》建八卦，揆肴毄辭”（Q148）。

4115 **胡** hú 《廣韻》户吴切，匣模平。匣魚。

① Q112

② Q114

③ Q144

《說文·肉部》：“，牛頤垂也。从肉，古聲。”

【釋形】

《說文》小篆爲形聲字，从肉，古聲，義爲牛下巴垂下來的部分。漢碑字形與小篆相承，義符“肉”隸定混同爲“月”，如圖①～③。

【釋義】

㊀古代的北方少數民族：“東胡烏桓、西戎氐羌”（H26）；“前者功曹後主簿，亭長騎佐胡便弩”（Q100）。㊁姓氏：“故吏郎中陳郡胡超仲□”（Q285）；“大傅胡公，歆其德美，旌招俯就”（Q144）。㊂用於人名：“募使名工高平王叔、王堅、江胡戀石連車，菜石縣西南小山陽山，涿癘摩治，規柜施張”（Q114）。㊃通“瑚”：見“胡輦”。

【釋詞】

［胡輦］即瑚璉，古代祭祀時盛糧食的器皿：“脩造禮樂，胡輦器用，存古舊宇”（Q112）。

4116 **脯** fǔ 《廣韻》方矩切，幫麌上。幫魚。

Q171

《說文·肉部》：“，乾肉也。从肉，甫聲。”

【釋形】

《說文》小篆爲形聲字，从肉，甫聲。漢碑字形與小篆相承，義符“肉”隸定混同爲“月”，如圖。

【釋義】

乾肉：見“酒脯”。

4117 **脩** xiū 《廣韻》息流切，心尤平。心幽。

① Q083

② Q066

③ Q129

④ Q106

⑤ Q178

⑥ Q185

《說文·肉部》：“，脯也。从肉，攸聲。”

【釋形】

《說文》小篆爲形聲字，从肉，攸聲，義爲乾肉。在文獻中，“脩”常被假借作表修飾之義的“修”。漢碑字形中，“脩”的義符“肉”隸定混同爲“月”。聲符“攸”所从之構件“人”或作“亻”，如圖④～⑥。構件“攴”變化較多，或省寫作“又”，與下面的“月”組成“有”，如圖①；或寫作“攵”，如圖②；或寫作“夊”，如圖③④；或寫作“文”，如圖⑤⑥。

【釋義】

㊀古時用作一般性饋贈禮物的乾肉：“□□□瑛，束脩舅姑，絜己不廎”（Q109）；又見“束脩”。㊁通“修”，❶修理，修繕：“允勑大吏郎巽等，與義民脩繕故祠”（Q126）；“脩飾宅廟，更作二輿”（Q112）；“脩癈起頓，閔其若兹”（Q129）。❷修建，建造：“尊脩靈基，肅共壇場”（Q129）；“脩通大溝，西流里外，南注城池”（Q141）；“建立兆域，脩設壇屏”（Q174）。❸整治，治理：“以文脩之，旬月之閒，莫不解甲服辠”（Q127）；“内脩家，事親，順勑，兄弟和同相事”（Q114）。❹修煉，修行：“〚忠以〛衛上，清以自脩”（Q117）。❺修訂，編修：“綴紀撰書，脩定

禮義”（Q140）。❻遵循，延續：“纂脩其緒，温良恭儉”（Q185）；“叔子諱璜，字文博，纘脩乃祖，多才多藝，能恢家祏業，興微繼絶”（Q169）。❼設置，置辦：“臣即〖自〗以奉錢，脩上案食醊具，以叙小節，不敢空謁”（Q140）。❽修習，研修：“脩習典藝，既敦《詩》《書》，悦志《禮》《樂》”（Q169）；“脩學童冠，琢質繡章”（Q172）；“祖述家業，脩春秋經”（Q105）。㊂用於官名：“故脩行都昌董方，字季方”（Q088）；“故脩行營陵留赤，字漢興”（Q088）；“君則監營謁者之孫，脩武令之子”（Q154）。㊃用於人名：“門生東郡樂平盧脩，字子節”（Q127）；“刻者潁川邯鄲公脩、蘇張”（Q129）；“南部督郵文陽矦脩”（Q269）。

【釋詞】

［脩飭］即“修飭”，指謹慎整飭，不違禮義：“身滅名存，美稱脩飭”（Q113）。

4118 **胊** （一）qú 《廣韻》其俱切，羣虞平。羣侯。

Q153

《説文·肉部》：“，脯挺也。从肉，句聲。”

【釋形】

《説文》小篆爲形聲字，从肉，句聲。漢碑字形與小篆相承，義符“肉”隸定混同爲“月”；聲符“句”所从之構件“丩”的小篆字形爲兩條相互糾纏的線條，到了漢碑中隸定作“勹”，與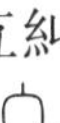字的隸書“勹”混同，如圖。

【釋義】

用於地名：“東海郡胊與琅邪郡桓爲界”（Q013）；“胊北界盡因諸山，山南水以北桓”（Q013）。

（二）chǔn 《廣韻》尺尹切，昌準上，船文。

【釋義】

用於地名：見“胊忍”。

【釋詞】

［胊忍］漢代縣名：“漢巴郡胊忍令梓潼雍君，諱陟，字伯曼，爲景君刊斯銘兮”（Q153）。

4119 **胥** xū 《廣韻》相居切，心魚平。心魚。

①Q112 ②Q112 ③Q125 ④Q201

《説文·肉部》：“，蟹醢也。从肉，疋聲。”

【釋形】

《説文》小篆爲形聲字，从肉，疋聲。漢碑字形中，義符“肉”隸定混同爲“月”。聲符“疋”乃“足”之異體，漢碑字形發生隸省，上面像腿肚的部分多寫成“口”，下面的構件“止”則發生不同程度的省變，如圖①～④；下面之構件“止”或省去右邊的短横，如圖①；或省去中豎與短横，如圖②③；或只寫作短豎加一長横，如圖④。

【釋義】

㊀語氣詞：“于胥樂兮，傳于萬億”（Q125）；“于胥樂而罔極，永歷載而保之”（Q065）；又見“于胥”。㊁姓氏：“河南匽師胥鄰通國三百”（Q112）。㊂用於人名：“華胥生皇雄，顔□育孔寶”（Q112）；“皇戲統華胥，承天畫卦”（Q112）。

4120 **脂** zhī 《廣韻》旨夷切，章脂平。章脂。

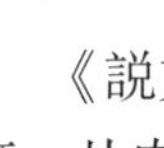 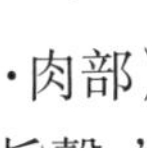

①JB4 ②Q142

《説文·肉部》：“，戴角者脂，無角者膏。从肉，旨聲。”

【釋形】

《説文》小篆爲形聲字，从肉，旨聲。漢碑字形與小篆相承，義符“肉”隸定混同爲“月”；聲符“旨”所从之構件“甘”混同作

"日",構件"匕"隸定爲"亠",如圖①②。

【釋義】

石脂,古用以塗丹釜,可入藥:"大伍公從弟子五人,田傴、全□中、宋直忌公、畢先風、許先生,皆食石脂,仙而去"(Q142)。

4121 **散**(𢿫) sàn 《廣韻》蘇旰切,心翰去。心元。

① Q169

② Q095

《説文》作𢿫,《説文·肉部》:",雜肉也。从肉,㪔聲。"

【釋形】

《説文》小篆爲形聲字,从肉,㪔聲。按許慎認爲本義是雜肉,疑有誤,林義光《文源》認爲本義是分散。漢碑字形與小篆相承,義符"肉"隸定混同爲"月";聲符"㪔"所从之構件"攴"訛混爲"殳";構件"𣏟"隸定混同作"林",如圖①;或粘合省寫爲"共"字頭,如圖②。

【釋義】

㊀分開,離散:"郡縣殘破,吏民流𢿫,乃徙家馮翊"(Q169)。㊁散發,分發:"積而能散,菲薄其身"(Q185)。㊂用於地名,即大散關,在陝西省寶雞市西南大散嶺上:"道由子午,出散入秦"(Q095);"又醳散關之嶃漯,從朝陽之平熮,減西□□高閣,就安寧之石道"(Q150)。

4122 **𢿫**

"散"的異體字(圖①),見4121散。

4123 **膠** jiāo 《廣韻》古肴切,見肴平。見幽。

① J030

② Q128

《説文·肉部》:",昵也。作之以皮。从肉,翏聲。"

【釋形】

《説文》小篆爲形聲字,从肉,翏聲。漢碑字形與小篆相承,義符"肉"隸定混同爲"月";聲符"翏"所从之構件"羽"隸定爲兩个"彐",構件"㐱"隸定爲"尒",如圖①②。

【釋義】

用於地名:"漢膠東相之醇曜,而謁者君之曾,孝廉君之孫"(Q128);"膠東君諱弘,字元譽"(Q128);"除郎中,即丘侯相,膠東令"(Q137)。

4124 **肥** féi 《廣韻》符非切,並微平。並微。

Q142

《説文·肉部》:",多肉也。从肉从卪。"

【釋形】

《説文》以爲會意字,从肉从卪,義爲肥胖多肉。按"卪"即節制之"節"。徐鉉曰:"肉不可過多,故从卪。"似非原初構意。漢碑字形構件"肉"隸定混同爲"月",構件"卪"訛變混同爲"己",如圖。

【釋義】

姓氏:"河南梁東安樂肥君之碑"(Q142)。

4125 **臈** là 《廣韻》盧盍切,來盍入。來葉。

① Q179

② Q106

③ Q024

《説文》無。

【釋形】

漢碑字形爲形聲字,从肉,葛聲。其中聲符"葛"的小篆字形爲,从艸,曷聲。漢碑字形中,構件"肉"訛混爲"月";構件"艸"多被省寫,如圖①③;構件"曷"變異嚴重,且有的上下粘合爲一體,如圖①~③。

【釋義】

同“臘”，農曆十二月：“建武十八年臈月子日死”（Q024）；“來年臈月□□”（Q124）；“臈正之僚，休囚歸賀”（Q179）；“歲臈拜賀，子孫懽喜”（Q106）。

4126 **刀**　dāo　《廣韻》都牢切，端豪平。端宵。

Q080

《説文·刀部》：“，兵也。象形。凡刀之屬皆从刀。”

【釋形】

《説文》小篆爲象形字，像刀之形。漢碑字形依據小篆進行對應轉寫隸定，只是整字的置向由縱向改爲横向，如圖。

【釋義】

用於“錢刀”，義爲錢幣，金錢：“時經有錢刀自足”（Q080）。

4127 **削**　xuē　《廣韻》息約切，心藥入。心藥。

Q148

《説文·刀部》：“，鞞也。一曰：析也。从刀，肖聲。”

【釋形】

《説文》小篆爲形聲字，从刀，肖聲。許慎釋其本義爲鞞（裝刀劍的鞘）或析，當從後者作刻削、剖析義，引申爲剪滅。漢碑字形依據小篆進行對應轉寫隸定，義符“刀”隸定作“刂”，聲符“肖”之構件“肉”混同爲“月”，如圖。

【釋義】

剷除，剪滅：“□五教以博□，削四凶以勝殘”（Q148）。

4128 **利**　lì　《廣韻》力至切，來至去。來脂。

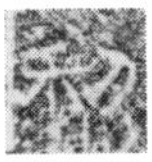

① Q015　② Q095　③ Q179

《説文·刀部》：“，銛也。从刀。和然後利，从和省。《易》曰：‘利者，義之和也。’，古文利。”

【釋形】

《説文》以爲會意字，从刀，从和省，義爲鋒利。按“利”甲骨文作（《合》29687）、（《合》29880），金文作（《師遽方彝》）、（《利鼎》）等形，从禾从刀（或从勿，像犁地翻土之形），乃犁地之“犁”的初文。从禾表示與農作物有關。漢碑字形中，構件“禾”的形變與其單獨成字時一致，像禾穗的曲線被分解爲短撇，上弧線被拉直爲横，下弧線被拆分成左右對稱的兩筆，形成撇和捺。構件“刀”的形變與其單獨成字時一致，如圖①；或隸定爲相離的短横和豎鉤，如圖②；或形變爲“刂”，與現在寫法同，如圖③。

【釋義】

㊀鋒利：“利器不覿，魚不出淵”（Q179）；“木石相距，利磨确磐”（Q095）。㊁利益，錢財：“重義輕利，制户六百”（Q172）；“上有虎龍銜利來，百鳥共侍至錢財”（Q100）。㊂有利，对……有利：“居欲孝思貞廉，率眾爲善，天利之”（Q015）；“身禮毛膚父母所生，慎毋毀傷，天利之”（Q015）。㊃用於人名：“故吏范利德錢三百”（Q179）。

【釋詞】

［利貞］和諧貞正：“宜乎三事，金鉉利貞”（Q148）；“上下蒙福，長享利貞，與天無極”（Q141）。

4129 **初**　chū　《廣韻》楚居切，初魚平。初魚。

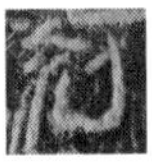

① Q038　② Q062　③ Q112　④ Q129

⑤ Q179

《説文·刀部》:“,始也。从刀从衣。裁衣之始也。”

【釋形】

《説文》小篆爲會意字,从刀从衣,義爲開始。漢碑字形中,有的爲碑文篆書,如圖①。更多的則已經發生隸變,其中構件“刀”從圖①到圖④反映了由篆書逐漸演變爲隸書“刂”的過程;圖⑤則訛寫混同作“力”。構件“衣”依據小篆線條轉寫隸定,有的形近於“卒”,如圖③;有的形近於“衤”,如圖④;有的則與獨立成字時相近,如圖⑤。

【釋義】

㊀開始;發端:“高祖初興,改秦淫祀”(Q129);“初據百里,顯顯令聞,濟康下民”(Q137);“政教始初,慎徽五典”(Q193)。㊁用於年號:“初平元年十二月廿八日”(Q185);“永初二年七月四日丁巳”(Q070);“本初元年二月丁巳朔八日甲子”(Q092)。㊂用於人名:“故從事魯王陵少初二百”(Q112)。

【釋詞】

[初九]《周易》每卦六爻,第一爻爲陽爻的,稱爲“初九”,表明事物正處於發展變化的初級階段:“初九之章”(Q268)。

4130 **則(⿰鼎刂)** zé 《廣韻》子德切,精德入。精職。

① Q065

② Q083

③ Q117

④ Q146

⑤ Q194

《説文·刀部》:“,等畫物也,从刀从貝,貝,古之物貨也。,古文則。,亦古文則。,籀文則从鼎。”

【釋形】

《説文》小篆爲會意字,从刀从貝,本義爲規則、法則。《説文》所釋“等畫物”應爲其引申義。“則”金文作(《曶鼎》),从鼎从刀,會以刀刻準則於鐘鼎之義。《説文》籀文亦从鼎。由於古文字中“鼎”常省寫與“貝”形近,有時與“貝”混同,《説文》古文“則”即从二貝,小篆从一貝。漢碑字形中,有的與《説文》籀文相承,如圖①。有的與《説文》小篆相承,如圖②～④;其中“則”的形體差異主要體現在構件“刀”上,或將小篆減省爲相接的短橫和竪鉤,處在由“刀”向“刂”的過渡形態,這種寫法漢碑中較常見,如圖②;或將兩筆分開,如圖③;或將橫變爲點,是從橫到竪的過渡狀態,如圖④;或隸定爲“刂”,如圖⑤。

【釋義】

㊀法制,法則:“烈烈明府,好古之則”(Q125);“有物有則,模楷後生”(Q187);“教〖我〗義方,導我禮則”(Q117)。㊁效法,遵循:“春秋傳曰:‘山嶽則配天。’”(Q129)“〖惟君行〗操,體坤則乾”(Q128)。㊂副詞,❶用於判斷句表示肯定,相當於“就(是)”:“君則監營謁者之孫,脩武令之子”(Q154)。❷表示時間或事理上的承接關係,相當於“即、便”:“文武之盛,唐叔世勳,則有官族,邑亦如之”(Q083);“學優則仕,歷郡席坐,再辟司隸”(Q084);“輶軒六轡,飛躍臨津,不日則月”(Q144);“□□□□爲政,⿰鼎刂文耀以消搖”(Q065);“上則縣峻,屈曲流顛;下則入冥,廎寫輸淵”(Q095)。㊃用於人名:“故市掾楊則孔則”(Q178);“魯孔憲仲則百”(Q112)。

4131 **⿰鼎刂**

“則”的異體字(圖⑤),見4130則。

4132 **剛** gāng 《廣韻》古郎切,見唐平。見陽。

① J241 ② Q133 ③ Q187

《説文·刀部》:"，彊斷也。从刀，岡聲。，古文剛如此。"

【釋形】

《説文》以爲形聲字，从刀，岡聲。按"剛"甲骨文作（《合》32161），从刀斷网（"網"的初文），网也兼有提示讀音的作用（參見季旭昇《説文新證》）。金文作（《史牆盤》），在网下加山旁，變爲从刀、岡聲的形聲字。小篆字形與此相承。漢碑字形依據小篆進行對應轉寫隸定，義符"刀"减省爲相接的短横和豎鉤；聲符"岡"所从之構件"网"隸定爲"罒"，使得"岡"由半包圍結構變爲上下結構，如圖①②。圖③則將義符"刀"也置於"罒"下，結構布局特殊。

【釋義】

㊀堅强，堅毅："剛柔攸得，以和以平"（Q133）；"寔渘寔剛，乃武乃文"（Q088）。㊁通"綱"，事務的總要："於是國君備禮招請，濯冕題剛，傑立忠謇"（Q187）。

4133 **切** qiè 《廣韻》千結切，清屑入。清質。

① Q268 ② Q153 ③ Q057

《説文·刀部》:"，刌也。从刀，七聲。"

【釋形】

《説文》小篆爲形聲字，从刀，七聲。漢碑字形中，義符"刀"隸定後居於整字的右下方；聲符"七"多混同作"十"，如圖①～③。

【釋義】

㊀深深地："昭代不立，言之切痛傷人心"（Q124）。㊁悲悽的樣子："感切傷心，晨夜哭泣"（Q057）；"煙火相望，四時不絶，深野曠澤，哀聲忉切"（Q153）。

4134 **刻** kè 《廣韻》苦得切，溪德入。溪職。

① Q129 ② Q129 ③ Q056 ④ Q171

《説文·刀部》:"，鏤也。从刀，亥聲。"

【釋形】

《説文》小篆爲形聲字，从刀，亥聲。漢碑字形依據小篆進行對應轉寫隸定，其中義符"刀"省减爲相接的短横和豎鉤；聲符"亥"依據小篆字形對應轉寫隸定，局部略有差異，如圖①～④。

【釋義】

㊀雕刻："刻石紀銘，令德不忘"（Q126）；"然其所立碑石，刻紀時事，文字摩滅，莫能存識"（Q129）；"刻者穎川邯鄲公脩、蘇張"（Q129）。㊁除去："下刻五氣之要，主除刻去凶"（Q204）。㊂限定：見"刻期"。

【釋詞】

［刻期］限定日期："前後國縣，屢有祈請，指日刻期，應時有驗"（Q174）。

4135 **副** fù 《廣韻》敷救切，滂宥去。滂職。

① Q145 ② Q178 ③ Q212

《説文·刀部》:"，判也。从刀，畐聲。《周禮》曰：'副辜祭。'，籀文副。"

【釋形】

《説文》小篆爲形聲字，从刀，畐聲，表示用刀將某物分開。《説文》籀文从一"刀"兩"畐"，分判意義更加明顯，應重構爲會意兼形聲字。漢碑字形依據小篆進行對應轉寫隸定，其中義符"刀"的變化較多，圖①將小篆减省爲相接的短横和豎鉤，圖②將兩筆分開，圖③多加一横遂與"寸"相混；聲符"畐"上端多添加一點，如圖②。

【釋義】

㊀相稱，符合："顧視忘宦，位不副德"（Q145）；"當□□位，以副積德"（Q122）；"〖痛〗乎我君，仁如不壽，爵不〖副〗德，位不稱功"（Q132）。㊁官府的屬員，副職："守廟〖百〗石孔讚，副掾孔綱"（Q141）。㊂用於人名："長史蜀城佐石副垂"（Q061）。

4136 **剖** pōu 《廣韻》普后切，滂厚上。滂之。

① Q137

② Q146

《說文·刀部》："，判也。从刀，咅聲。"

【釋形】

《說文》小篆爲形聲字，从刀，咅聲。漢碑字形中，或依據小篆結構進行隸定，如圖①；增加形符"艸"成"蔀"，如圖②，其中"艸"寫作"艹"。

【釋義】

㊀分開：見"剖符"。㊁分析，闡述："祖講《詩》《易》，剖演奧藝"（Q172）。

【釋詞】

［剖符］古代帝王分封諸侯、功臣時，以竹符爲信證，剖分爲二，君臣各執其一，後因以"剖符、剖竹"爲分封、授官之稱："〖參議〗帝室，剖符守藩"（Q137）。

4137 **辨** biàn 《廣韻》符蹇切，並獮上。並元。

① Q146

② Q088

《說文·刀部》："，判也。从刀，辡聲。"

【釋形】

《說文》小篆爲形聲字，从刀，辡聲。漢碑字形依據小篆進行對應轉寫隸定，義符"刀"在隸定時爲適應所處的位置而形變爲點加豎撇；聲符"辡"所从之二"辛"均有明顯省減，如圖①②。

【釋義】

㊀分別：見"辨秩"（Q088）。㊁通"班"，班固："追昔劉向，辨、賈之徒，比□萬矣"（Q093）。㊂用於地名，西漢武都郡有下辨道："門下掾下辨李虔"（Q146）；"西部道橋掾下辨李祇造"（Q161）；"衡官有秩下辨李瑾，字瑋甫"（Q146）。

【釋詞】

［辨秩］分别事物的先後次序，以應天位："建筴忠讜，辨秩東衍"（Q088）。

4138 **判** pàn 《廣韻》普半切，滂換去。滂元。

Q166

《說文·刀部》："，分也。从刀，半聲。"

【釋形】

《說文》以爲形聲字，从刀，半聲。按此字應爲會意兼形聲字，从刀从半，半亦聲。漢碑字形依據小篆進行對應轉寫隸定，構件"刀"將小篆減省爲相離的横和豎鉤，構件"半"嚴格依據小篆形體進行對應轉寫隸定，如圖。

【釋義】

㊀分開，分支："秦兼天下，侵暴大族，支判流僊，或居三川，或徙趙地"（Q166）。㊁官府對上級文件的執行："庚子詔書，即日理判也"（Q170）。

4139 **列** liè 《廣韻》良薛切，來薛入。來月。

① Q114

② Q119

③ Q250

④ Q045

《說文·刀部》："，分解也。从刀，𡿪聲。"

【釋形】

《說文》小篆爲形聲字，从刀，𡿪聲。"𡿪"即"歺"，後省寫作"歹"。漢碑字形中聲符"𡿪"或與小篆相近，如圖①；或隸定作

“歺”，如圖②；或隸定作“歹”，如圖③。圖④形體變異比較特別，左側似“歹”多加一點，右側與“刀”獨立成字時相似，且“歹”和“刀”上面的横筆連寫。

【釋義】

㊀行列：“兄弟暴露在冢，不辟晨夏，負土成墳，列種松柏”（Q106）。㊁擺出，陳列：“陵成宇立，樹列既就”（Q088）；“念高祖至九子未遠，所諱不列”（Q021）；“戢治廧屋，市肆列陳”（Q178）。㊂各位，眾多的：“表述前列，啟勸偅蒙”（Q142）；“高山景行，慕前賢列”（Q144）；“或著形像於列圖，或毄頌於管弦”（Q088）。㊃躋身於，進入某类序列：“文則作頌，武襄獫狁，二子著詩，列于風雅”（Q166）；“〖士宦〗得志，列〖爲〗羣后”（Q171）；㊄用於官名：“乞不爲縣吏、列長、伍長”（Q119）。

【釋詞】

［列女］即“烈女”，視節操重於生命的女子：“覽樊姬，觀列女”（Q045）。

［列土］分封土地：“受爵列土，封侯載德”（Q193）。

［列宿］天上的星宿，特指二十八宿：“英彦失疇，列宿虧精”（Q088）；“惟君之軌迹兮，如列宿之錯置”（Q148）。

4140 **刊** kān 《廣韻》苦寒切，溪寒平。溪元。

① Q145

② Q153

③ Q146

④ Q134

⑤ Q185

《説文·刀部》：“，剟也。从刀，干聲。”

【釋形】

《説文》小篆爲形聲，从刀，干聲。漢碑字形中，義符“刀”或隸定爲相接的短横和竪鉤，如圖①；或將兩筆分開，如圖②③；或隸定近似於“刂”，如圖④；或隸定作“刂”，如圖⑤。聲符“干”或與《克盨》中的金文字形  相近，如圖①；或隸定近似於“午”，如圖②③。或將上面的分叉部分分解出一短撇，中間的竪畫寫成長撇，如圖④；有的已經與現在的寫法相同，如圖⑤。

【釋義】

㊀刻，雕刻：“立祠刊石，表章大聖之遺靈，以示來世之未生”（Q123）；“於是紀功刊勒，以炤令問”（Q126）；“若兹不刊，後哲曷聞”（Q134）。㊁改削：“永矢不刊，音載揚聲”（Q127）；“垂令紀，永不刊”（Q135）。

4141 **割** gē 《廣韻》古達切，見曷入。見月。

Q088

《説文·刀部》：“，剝也。从刀，害聲。”

【釋形】

《説文》小篆爲形聲字，从刀，害聲。“害”上古音在匣母月部。漢碑字形依據小篆進行對應轉寫隸定，其中義符“刀”隸定爲相離的横和竪鉤；聲符“害”所从之構件“宀”小篆中包蘊“丯”與“口”，漢碑中則變爲上中下結構；所从之構件“丯”省減一横變爲“土”，如圖。

【釋義】

斷絶，捨棄：“〖嗚〗□□□，義割恩兮”（Q124）；“〖悲〗不可勝，目義割志”（Q088）。

4142 **劋** jiǎo 《廣韻》子小切，精篠上。精宵。

Q137

《説文》作“劋”，《説文·刀部》：“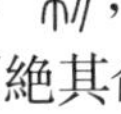，絶也。从刀，喿聲。《周書》曰：‘天用劋絶其命。’”

【釋形】

“劋”爲《説文》正篆“劋”的異體字，从刀，巢聲。漢碑字形中，義符“刀”隸定爲相接的短横和豎鉤；聲符“巢”與“喿”音近，故作聲符時可互换。“巢”的小篆字形爲，从木，像鳥巢之形。漢碑中上端的“巛”保留，剩餘部分粘合混同爲“果”，如圖。

【釋義】

滅絶：“隕霜剿姦，振滯起舊，存亡繼絶”（Q137）。

4143 **制** zhì 《廣韻》征例切，章祭去。章月。

① Q088

② Q129

③ Q112

④ Q112

⑤ Q102

《説文·刀部》：“，裁也。从刀从未。未，物成，有滋味，可裁斷。一曰：止也。，古文制如此。”

【釋形】

《説文》以爲會意字，从刀从未，義爲裁斷或禁止。按“制”金文作（《制鼎》）、（《王子午鼎》）等形，从刀斷木（參見劉釗《〈金文編〉附録存疑字考釋》）。後構件“木”繁化爲“未”形，寫作（《子禾子釜》）。小篆與此字形相承。漢碑字形中，構件“刀”隸定爲相接的短横和豎鉤；構件“未”將小篆中上面彎曲的筆畫拉直，如圖④；或在起筆處分解出一短撇，如圖①～③；或將短撇置於豎畫頂端，如圖⑤。

【釋義】

㊀典章制度：“弘農大守、安國亭侯、汝南袁逢掌華嶽之主，位應古制”（Q129）；“舉直錯枉，譚思舊制”（Q187）；“〖嗚〗焉，匪愛力財，迫于制度”（Q052）；又見“王制”。㊁制作，制定：“顔育空桑，孔制元孝”（Q112）；“華胥生皇雄，顔□育孔寶，俱制元道，百王不改”（Q112）。㊂著述，編撰：“孔子作春秋，制孝經，删述五經”（Q102）。㊃規劃，建造：“遂興靈宫，于山之陽，營宇之制，是度是量”（Q174）。㊄統計，編制：“重義輕利，制户六百”（Q172）。

【釋詞】

［制作］制定禮樂等方面的典章制度：“臣伏念：孔子，乾坤所挺，西狩獲麟，爲漢制作”（Q140）；“爲漢制作，先世所尊”（Q102）；“三陽吐圖，二陰出讖，制作之義，以俟知奧”（Q112）。

4144 **罰（罸）** fá 《廣韻》房越切，並月入。並月。

① Q130

② Q161

《説文·刀部》：“，罪之小者。从刀从詈。未以刀有所賊，但持刀罵詈，則應罰。”

【釋形】

《説文》小篆爲會意字，从刀从詈，義爲罪過、過錯。漢碑字形中，“罰”或與小篆相承从刀，如圖②；或改从寸，如圖①。構件“詈”所从之構件“网”隸定作“罒”，如圖①②。

【釋義】

處分，懲治：“賞恭罰否，畀奧□流”（Q161）；“明德慎罸，〖縣奉采土〗”（Q135）。

4145 **刑（荆）** xíng 《廣韻》户經切，匣青平。匣耕。

① Q084

② Q163

③ J237

《説文·刀部》：“，剄也。从刀，幵聲。”《説文·井部》：“，罰辠也。从井从刀。《易》曰：‘井，法也。’井亦聲。”

【釋形】

《説文》所收、二篆，均爲“刑”字。有學者説“刑”本來只用“井”來表示，《説文》引《易》曰：“井，法也。”後添加構件“刀”作（《牆盤》）、（《散盤》）等形，變成从刀、井聲的形聲字。或將構件“刀”

替换爲“刅”,寫作 (《過伯簋》)。金文中“井”常加點作 (《永盂》),故《説文》小篆“刑”字亦加點作 。小篆另一種寫法是將“井”分解成二“干”,寫作 ,《説文》釋爲从刀、幵聲,實乃形訛所致。漢碑對《説文》小篆的兩種字形都有繼承,其中圖①②承襲 ,并將聲符“幵”粘合爲“开”;圖③承襲 而省去一點。

【釋義】

㊀刑罰:“德以柔民,刑以威姦”(Q134);“遷九江大守,□殘酷之刑,行循吏之道”(Q154);“惟倅刑傷,去留有分”(Q114)。㊁通“型”,形成:“百工維時,品流刑矣”(Q153)。

【釋詞】

[刑政] 刑法政令:“刑政不濫,絀掊克,采儁桀,猶仲尼之相魯”(Q084);“仁前在聞憙,經國以禮,刑政得中”(Q163)。

4146 **刺** cì 《廣韻》七賜切,清寘去。清錫。

① Q130

② Q066

③ Q169

《説文》作“刺”,《説文·刀部》:“ ,君殺大夫曰刺。刺,直傷也。从刀从朿,朿亦聲。”

【釋形】

《説文》以“刺”爲會意兼形聲字,从刀从朿,朿亦聲,表示用尖利的東西扎。漢碑字形中,構件“刀”或隸定爲相接的短横和豎鉤,如圖①③;或隸定作“刂”,如圖②。構件“朿”將小篆字形中間的“ㅐ”形分解爲二,後或訛變爲兩個“人”形,整個構件混同爲“夾”,如圖①;或混同類似“夾”今天的簡體“夹”,如圖②;或在“夹”的基礎上省減一横,如圖③。

【釋義】

用於官名:見“刺史”。

【釋詞】

[刺史] 官名。原爲朝廷派遣督察地方的官員,後來也用爲地方長官的名稱:“冀州刺史之考也”(Q130);“次子游,護菀使者,次游卿,幽州刺史”(Q169);“大將軍辟舉茂才,除襄城令,遷荊州刺史、東萊涿郡太守”(Q066)。

4147 **劇** jù 《廣韻》奇逆切,羣陌入。羣鐸。

① Q088

② Q112

③ Q134

《説文·力部》:“ ,務也,从力,豦聲。”《説文·刀部》新附字):“ ,尤甚也。从刀,未詳,豦聲。”

【釋形】

“劇”爲《説文》新附字,从刀,豦聲,形聲字。按徐灝《説文解字注箋》:“疑劇即勮之俗體。”本義表示用力大、程度深。本應从力,後來訛寫作“刀”,故《説文》云“从刀,未詳”。《説文·力部》另收“勮”,乃“劇”之正體。後俗體通行,正字又兼表其他意義。漢碑字形中,“劇”的義符“刀”隸定作“刂”;聲符“豦”的小篆字形从豕从虍,漢碑中兩個構件均發生嚴重變形,與“處”的隸定字形混同,如圖①～③。

【釋義】

㊀强悍的,勢力强大的:“遭江楊劇賊”(Q135);“遭□泰山有劇賊,軍士被病”(Q114)。㊁用於地名:“門生北海劇秦麟,字伯麟”(Q127);“北海劇袁隆展世百”(Q112);“復辟司徒,舉治劇,援思善侯相”(Q134)。

4148 **剋** kè 《廣韻》苦得切,溪德入。溪職。

① Q137

② Q088

《説文》無。

【釋形】

不見於甲金、小篆,應爲後出字。漢碑字形从刀,克聲,形聲字。其中義符“刀”或省減爲點和豎鉤,近似於“刂”,如圖①;或隸定作“刀”,如圖②。聲符“克”甲骨文作(《合》27796),本像甲胄之胄形,小篆字形作,形體變化較大。漢碑字形隸定後又有很大變異,其上部或寫作“十”,如圖①;或寫作“亠”,如圖②。下部彎曲的線條分解“儿”。結構布局上或爲左右結構,如圖①;或爲半包圍結構,如圖②。

【釋義】

㊀克制,約束:“晶白清方,剋己治身”(Q088)。㊁通“克”,能夠:“豈夫仁哲,攸剋不遺”(Q088);“剋長剋君,不虞不陽”(Q137)。

4149 **剗** chǎn 《廣韻》初限切,初産上。初元。

Q130

《説文》無。

【釋形】

漢碑字形爲形聲字,从刀,戔聲,本義爲剷除。“剗”戰國古文作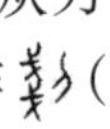(《詛楚文》),漢碑字形與此字形相承。其中義符“刀”省減爲點與豎鉤,近似於“刂”;聲符“戔”所从之二“戈”依據小篆線條對應轉寫隸定,下面的“戈”或省去一點,如圖。

【釋義】

同“鏟”,削除,除去:“崇保障之治,建勿剗之化”(Q130)。

4150 **劉** liú 《廣韻》力求切,來尤平。來幽。

① J115 ② Q125 ③ Q112 ④ Q188

《説文》無。

【釋形】

不見於《説文》。《説文·金部》“鐂”字條引徐鍇曰:“《説文》無劉字,偏旁有之,此字又史傳所不見,疑此即劉字也。从金从丣,刀字屈曲,傳寫誤作田尔。”徐説尚無確證。或謂从卯得聲,爲形聲字。漢碑字形中,構件“刀”或隸定爲相接的短横和豎鉤,如圖①~③;或省減爲點和豎鉤,如圖④。構件“卯”或隸定爲兩個三角形,如圖①④;或隸定爲兩個“口”,如圖②③。構件“金”變異複雜,其中圖①基本依據小篆字形轉寫隸定;圖②③接近於現在通行的寫法;圖④則省變嚴重。

【釋義】

姓氏:“部史仇誧,縣吏劉耽等”(Q141);“故吏司空掾博陵安國劉德,字伯桓”(Q148);“牧伯劉公,二世欽重,表授巴郡,後漢中”(Q187)。

4151 **刃** rèn 《廣韻》而振切,日震去。日文。

Q169

《説文·刃部》:“,刀堅也。象刀有刃之形。凡刃之屬皆从刃。”

【釋形】

《説文》小篆爲指事字,在刀上加一點,以指示刀刃之所在。漢碑字形依據小篆線條進行轉寫隸定,其中點畫與撇筆形成穿插,如圖。

【釋義】

刀刃:“冒突鋒刃,收葬尸死”(Q169)。

4152 **創** chuāng 《廣韻》初良切,初陽平。初陽。

Q146

《説文》爲“刅”的或體,《説文·刃部》:“,傷也。从刃从一。,或从刀,倉聲。”

【釋形】

《説文》以正篆爲會意字,从刃从一,會刀傷之義;或體爲形聲字,从刀,倉聲。按“刅”西周金文作(《甗簋》)、(《刅作寶彝壺》)等形,或謂从刀,像用刀斬荊棘之形,爲會意字;或謂“刃”上添加一點,象徵以刀刃傷人,爲指事字。戰國金文作(《中山王譽壺》),从刃从立,像以刃傷人狀。《説文》小篆或承襲金文字形,或另造从刀、倉聲的形聲字。漢碑字形與《説文》或體相承,義符“刀”變異爲相離的短横和豎鉤,聲符“倉”據小篆嚴格隸定,如圖。

【釋義】

悲傷,傷痛:見“創楚”。

【釋詞】

[創楚]悲傷痛苦:“過者創楚,惴惴其慄”(Q146);“自古迄今,莫不創楚”(Q150)。

4153 **耒** lěi 《廣韻》力軌切,來旨上。來微。

Q119

《説文·耒部》:“,手耕曲木也。从木推丰。古者垂作耒梠以振民也。凡耒之屬皆从耒。”

【釋形】

《説文》以爲會意字,从木推丰,表示一種用曲木製成的翻土农具。按“耒”甲骨文與“力”共用一形,寫作,既像耒耜之形,又因用耒耜耕地最費力氣而表示力。金文“耒”作(《耒父乙爵》),或添加手形作(《耒簋》),逐漸與“力”字相區分。小篆在承襲後期金文形體的基礎上,將手訛變爲三條平行的斜線,下部變成“木”。漢碑字形依據小篆進行對應轉寫隸定,構件“丰”中三條平行的斜線有所省減,如圖。

【釋義】

一種耕地的農具:“并土人、犁、耒、艸、蓎、屋,功費六七十萬”(Q119)。

4154 **耦** ǒu 《廣韻》五口切,疑厚上。疑侯。

Q171

《説文·耒部》:“,耒廣五寸爲伐,二伐爲耦。从耒,禺聲。”

【釋形】

《説文》小篆爲形聲字,从耒,禺聲。漢碑字形依據小篆進行對應轉寫隸定,義符“耒”所从之構件“丰”有所省減,如圖。

【釋義】

㊀古代二人一組的耕作方法:“桀且溺之耦耕,甘山林之杳藹”(S110)。㊁一對,配偶:“禽獸〖碩大〗,億兩爲耦”(Q171)。

4155 **耜** sì 《廣韻》詳里切,邪止上。邪之。

Q171

《説文》無。

【釋形】

耜,漢碑字形爲形聲字,从耒,目聲。寫法上與後世通行字形基本一致,如圖。

【釋義】

一種翻土的農具:“農夫執耜,或耘或芋”(Q171)。

4156 **角** jiǎo 《廣韻》古岳切,見覺入。見屋。

① Q259

② Q252

③ Q178

④ Q187

《説文·角部》:“,獸角也。象形,角與刀、魚相似。凡角之屬皆从角。”

【釋形】

《説文》小篆爲象形字,像有紋路的獸角之形。漢碑字形中,有的保留篆意,如圖①。多數則發生隸變,上部隸定作“⺈”,如圖②～④,其中圖③的撇筆明顯向左延伸;内部的紋路或隸定作“土”,如圖②;或與後世通行的寫法相同,如圖③④。

【釋義】

㊀動物的角:見“角牴”。㊁古時兒童常見的角形髮束:見“総角”。㊂用於人名:“訞賊張角,起兵幽冀,兖豫荊楊,同時竝動”(Q178);“郎治張角”(Q252)。

【釋詞】

[角牴]古代一種競技活動,以兩牛相牴爲喻,故名角牴:“角牴之放”(Q136)。

4157 **觸(觧)** chù 《廣韻》尺玉切,昌燭入。昌屋。

① Q140

② Q120

③ Q110

《説文·角部》:“,抵也。从角,蜀聲。”

【釋形】

《説文》小篆爲形聲字,从角,蜀聲。漢碑字形依據小篆進行對應轉寫隸定,其中義符“角”上部隸定作“⺈”,下部隸定近似於“用”,如圖①～③。聲符“蜀”所从之構件“虫”或省變,如圖①;右下的曲線或隸定作“勹”,如圖①,或隸定爲“勹”去掉短撇,如圖②。

【釋義】

㊀冒犯,衝撞:“念高祖至九子未遠,所諱不列,言事觸忌,貴所出,嚴及□焉”(Q021)。㊁遇到:“又《尚書考靈燿》曰:‘丘生倉際,觸期稽度,爲赤制’”(Q140)。㊂官至:“以永壽元年中,始觧大臺,政由其興”(Q110)。

【釋詞】

[觸石]山中的雲氣與山峰相碰撞,生出雲霧:“觸石而出,膚寸而合”(Q174);“觸石興雲,雨我農桑”(Q129);“觸石〖出〗雲,不崇而雨”(Q171)。

4158 **觧**

“觸”的異體字(圖③),見4157觸。

4159 **衡** héng 《廣韻》户庚切,匣庚平。匣陽。

① Q060

② Q084

③ Q178

④ Q132

《説文·角部》:“,牛觸,横大木其角。从角从大,行聲。《詩》曰:‘設其楅衡。’,古文衡如此。”

【釋形】

《説文》小篆爲形聲字,从角从大,行聲,表示防止牛牴人的横木。漢碑字形中,有的爲碑文篆書,如圖①。更多的則已經發生隸變,其中構件“角”的上部隸定爲“⺈”,下部或隸定爲“田”,如圖②～④;構件“大”或隸定爲“灬”,與隸定後的“角”重組混同爲“魚”,如圖④;聲符“行”在幾個字圖中體現了由篆而隸的漸變過程,如圖①～④。

【釋義】

㊀秤:“三辰明,王衡平,休徵集,皇道著”(Q084)。㊁權力,權柄:“舉衡以處事,清身以厲時”(Q166);“尋微貫□能□樞衡匡弼”(Q173);又見“機衡”。㊂用於官名:見“衡官”。㊃山名:“卜擇吉土治東,就衡山起堂立壇”(Q060)。㊄用於人名:“故功曹王衡道興”(Q178)。

【釋詞】

[衡官]官名:“勑衡官有秩李瑾,掾仇審”(Q146);“衡官有秩下辨李瑾,字瑋甫”(Q146);“〖乃俾〗衡官掾下辨仇審”(Q150)。

[衡門]横木爲門,指簡陋的房屋,後借

指隱者所居："遁世無悶，恬佚淨漠，徲徯衡門"（S110）；"爾乃潛隱衡門，收朋勤誨，童蒙賴焉"（S97）；"鴻漸衡門，群英雲集，咸共飲酌其流者有踰三千"（Q066）。

4160 **解** （一）jiě 《廣韻》佳買切，見蟹上。見錫。

① Q142

② Q095

③ Q128

《説文·角部》："，判也。从刀判牛角。一曰：解廌，獸也。"

【釋形】

《説文》小篆爲會意字，从刀判牛角，以用刀切割牛角會分解之義。漢碑字形依據小篆進行對應轉寫隸定，其中構件"角"的上部隸定爲"⺈"；下部隸定近似於"用"，如圖①～③。構件"刀"隸定作"⺈"，如圖①～③。構件"牛"多訛混爲"干"，如圖①②；圖③殘泐不清。

【釋義】

㊀脱掉，除去："以文脩之，旬月之間，莫不解甲服辠"（Q127）；"五五之月，令丞解喪"（Q128）。㊁放下，消除："或解高格，下就平易，行者欣然焉"（Q095）；"〖乃俾〗衡官掾下辨仇審，改解危殆，即便求隱"（Q150）。㊂休止：見"解止"。㊃向鬼神祈禱消除災禍："母年八十六，歲移在卯，九月十九日被病，卜問奏解，不爲有差"（Q106）。㊄融化，消融："出誠造□，漆不水解，工不爭賈"（Q112）。

【釋詞】

［解止］休止："解止幼舍，幼從君得度世而去"（Q142）。

（二）xiè 《廣韻》胡買切，匣蟹上。匣錫。

【釋義】

㊀通"懈"，怠慢，鬆懈："孝萇爲君設便坐，朝莫舉門恂恂不敢解殆，敬進肥君餟，順四時所有"（Q142）；"夙夜是力，功成匪解"（Q074）。㊁姓氏："祠祀掾吳宜，史解微"（Q174）。

4161 **觥** gōng 《廣韻》古横切，見庚平。見陽。

Q127

《説文》爲"觵"之俗體，《説文·角部》："，兕牛角，可以飲者也。从角，黄聲。其狀觵觵，故謂之觵。，俗觵从光。"

【釋形】

"觥"爲"觵"之異體字，均爲形聲字。或从光得聲，或从黄得聲。本爲兕牛角，可用作飲酒的器具。漢碑字形依據《説文》俗體進行隸定，構件"角"的上部隸定爲"⺈"，下部隸定近似於"用"；構件"灮"隸定作"光"，如圖。

【釋義】

古代的酒器："豐年多黍，稱彼兕觥"（Q127）。

4162 **觚** gū 《廣韻》古胡切，見模平。見魚。

Q112

《説文·角部》："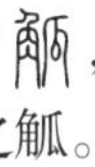，鄉飲酒之爵也。一曰：觴受三升者謂之觚。从角，瓜聲。"

【釋形】

《説文》小篆爲形聲字，从角，瓜聲。漢碑字形依據小篆進行對應轉寫隸定，其中義符"角"的上部隸定爲"⺈"，下部隸定近似於"用"；聲符"瓜"本像瓜果及瓜秧之形，隸變後已不再象形，如圖。

【釋義】

古代的酒器："雷洗觴觚，爵鹿柤梪，籩柉禁壺"（Q112）。

卷　五

5001 **竹**　zhú 《廣韻》張六切，知屋入。端覺。

Q137

《説文·竹部》：“，冬生艸也。象形，下垂者，箁箬也。凡竹之屬皆从竹。”

【釋形】

《説文》小篆爲象形字，像竹子之形。漢碑字形將小篆中兩個彎曲線條拉直，分别與豎筆相交成“十”字形，與“艸”混同，如圖。作爲偏旁時多隸定成“艹”形或“䒑”形。

【釋義】

㊀竹簡，代指書籍：“先帝所尊，垂名竹帛”（Q137）；“後來詠其烈，竹帛叙其勳”（Q088）。㊁用於諸侯國名：見“孤竹”。

5002 **節**　jié 《廣韻》子結切，精屑入。精質。

① Q046

② Q179

③ Q112

④ Q129

⑤ Q095

⑥ Q179

《説文·竹部》：“，竹約也。从竹，即聲。”

【釋形】

《説文》小篆爲形聲字，从竹，即聲。漢碑字形中，有的爲碑文篆書，但已經帶有明顯的隸意，其中義符“竹”寫法特别，如圖①。多數則已經發生隸變，義符“竹”多訛混爲“艸”，其中圖②④⑥寫作“䒑”，圖③⑤寫作“䒑”。聲符“即”从皀，卪聲，構件“卪”寫作“卩”；構件“皀”上下兩部分發生粘合省變，如圖②～⑥。

【釋義】

㊀符節，古代用以證明身份的憑證：“仲宗之世，重使使者持節袛焉，歲一禱而三祠”（Q129）；“使者持節，護烏桓校尉王君威府舍”（Q046）。㊁時令，節氣：“風雨時節，歲獲豐年”（Q178）；“惟中平三年，歲在攝提，二月震節，紀日上旬”（Q179）。㊂禮節：“臣即〖自〗以奉錢，脩上案食醊具，以叙小節，不敢空謁”（Q140）。㊃節操，氣節：“上嘉其節，仍〖授命莢，匡其京輦〗”（Q135）；“夫人深守高節，劬勞歷載，育成幼媛，光耀祖先”（Q056）；“㢊弘大節，讜而益明”（Q095）。㊄省儉，節約：“清約節儉，進退應名”（Q070）；“王路阪險，鬼方不庭，恒戢節足，輕寵賤榮”（Q187）。㊅用於年號：“地節二年十月，巴州民楊量買山，直錢千百”（Q008）。㊆用於官名：“帝咨君謀，以延平中拜安邊節使”（Q128）。㊇用於地名：“遂升二女爲顯節園貴人”（Q056）。㊈用於人名：“門生魏郡館陶文儉，字元節”（Q127）；“門生博陵長孫定幼多節五百”（Q107）；“故吏五官掾博陵安平孟循，字敬節”（Q148）。

5003 **篆**　zhuàn 《廣韻》持兖切，澄獮上。定元。

Q169

《説文·竹部》：“，引書也。从竹，彖聲。”

【釋形】

《説文》小篆爲形聲字,从竹,彖聲。漢碑字形依據小篆轉寫隸定,義符“竹”隸定爲“⺾”,與“艹”混同;聲符“彖”所从之構件“彑”曲線拉直爲短横,如圖。

【釋義】

漢字的一種字體:見“彫篆”。

5004 **篇** piān 《廣韻》芳連切,滂仙平。滂真。

① Q169

② Q169

《説文·竹部》:“,書也。一曰:關西謂榜曰篇。从竹,扁聲。”

【釋形】

《説文》小篆爲形聲字,从竹,扁聲。漢碑字形依據小篆轉寫隸定,義符“竹”或隸定爲“⺾”,與“艹”混同,如圖①;或寫成“艸”,如圖②。

【釋義】

㊀書籍,簡册:“莫不流光〖煇〗於無窮,垂芳耀於書篇”(Q088);“由復研機篇籍,博貫史略”(Q169)。㊁見“連篇”。

5005 **籍** jí 《廣韻》秦昔切,從昔入。從鐸。

① Q169

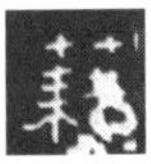
② Q134

《説文·竹部》:“,簿書也。从竹,耤聲。”

【釋形】

《説文》小篆爲形聲字,从竹,耤聲。漢碑字形依據小篆轉寫隸定,義符“竹”與“艸”混同,或寫成“艸”,如圖①;或寫成“⺾”,如圖②。聲符“耤”从耒昔聲,“耒”將三斜線寫爲三横,其構件“木”上面彎曲的線條拉直爲横畫後,與構件“丰”的最下一横共用;“昔”的上部或嚴格按小篆進行對應轉寫,如圖①;或粘合爲“龷”,如圖②。

【釋義】

書籍,文獻:“□綜書籍”(Q134);“由復研機篇籍,博貫史略”(Q169);又見“六籍”。

5006 **蕑** jiǎn 《廣韻》古限切,見産上。見元。

① Q130

② Q117

《説文》作“簡”,《説文·竹部》:“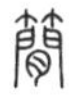,牒也。从竹,閒聲。”

【釋形】

《説文》小篆爲形聲字,从竹,閒聲。漢碑字形聲符“閒”依據小篆轉寫隸定。義符“竹”與“艸”混同,或寫成“⺾”,如圖①;或寫成“䒑”,如圖②。

【釋義】

㊀簡單,簡略:“故能興〖朴〗□,□彫幣,濟弘功於易蕑”(Q127);又見“蕑略”。㊁檢查,省視:“帝蕑其庸”(Q130)。㊂符合,合乎:“清眇〖冠乎群彦〗,德〖能〗蕑乎聖心”(Q117)。

【釋詞】

[蕑略]粗略,怠慢:“〖遺行〗丞事,蕑略不敬”(Q125)。

5007 **等** děng 《廣韻》多改切,端海上。又都肯切,端等上。端之。

① Q060

② Q178

③ Q106

《説文·竹部》:“,齊簡也。从竹从寺。寺,官曹之等平也。”

【釋形】

《説文》小篆爲會意字,从竹从寺,表示整飭竹簡使之化一。漢碑字形中,有的爲碑文篆書,但已經帶有明顯的隸意,其中構件“竹”與“艸”混同,如圖①。多數則已經發生隸變,構件“竹”或隸定爲“⺾”,如圖

②；或隸定爲“⺿”，如圖③；構件“寺”將上面線條拉直，寫作“土”，下部隸變爲“寸”，如圖②③。

【釋義】

㊀同輩：見“等倫”。㊁等級，級别：“□位不超等，當升難老，輔國濟民”（Q175）。㊂助詞，表示列舉未盡：“望等所立石書”（Q089）；“東郡夏侯弘等三百廿人”（Q154）；“部吏王宰、程横等”（Q178）。

【釋詞】

［等倫］同輩：“卓異等倫”（Q262）。

5008 **符** fú 《廣韻》防無切，並虞平。並侯。

① Q088

② Q128

③ Q128

《説文·竹部》：“，信也。漢制以竹，長六寸，分而相合。从竹，付聲。”

【釋形】

《説文》小篆爲形聲字，从竹，付聲。漢碑字形與小篆相承，義符“竹”與“艸”混同，或隸定爲“++”，如圖①②；或隸定爲“⺿”，如圖③。聲符“付”或仍保留篆意，如圖①；或依據小篆轉寫隸定，將彎曲的線條變爲平直的筆畫，如圖②③。

【釋義】

㊀古代朝廷使用的一種憑證，用於封爵、置官、命史和調遣兵將等：“筴書追下，銀龜史符”（Q128）；“頎甫班爵，方授銀符”（Q134）；“臣蒙厚恩，受任符守”（Q140）；又見“剖符”。㊁祥瑞的徵兆：見“符瑞”。㊂符號：“君於是造立禮器，樂之音符”（Q112）。㊃符合，相合：見“同符”。

【釋詞】

［符筴］即“符策”，指符契及策書：“考績有成，符筴乃胙”（Q161）。

［符命］本指上天預示帝王受命的符兆，這裡相當於“策書”，指古代用於書寫官員任免等命令的簡策：“帝嘉厥功，授目符命”（Q088）。

［符瑞］吉祥的徵兆：“貞祥符瑞，靈支挺生”（Q065）。

5009 **笮** zé 《廣韻》側伯切，莊陌入。莊鐸。

Q146

《説文·竹部》：“，迫也。在瓦之下，棼上。从竹，乍聲。”

【釋形】

《説文》小篆爲形聲字，从竹，乍聲。段玉裁《説文解字注》：“《説文》無窄字，笮、窄，古今字。”漢碑字形中，義符“竹”與“艸”混同，隸定作“⺷”；聲符“乍”依據小篆字形轉寫隸省，近似於反“彐”，如圖。

【釋義】

狹窄，後作“窄”：“下有不測之谿，阨笮促迫”（Q146）。

5010 **筵** yán 《廣韻》以然切，餘仙平。餘元。

Q140

《説文·竹部》：“，竹席也。从竹，延聲。《周禮》曰：‘度堂以筵。’筵一丈。”

【釋形】

《説文》小篆爲形聲字，从竹，延聲。漢碑字形依據小篆轉寫隸定，義符“竹”與“艸”混同，隸定爲“++”；聲符“延”的構件“廴”混同爲“辶”，如圖。

【釋義】

古時席地而坐，鋪設的席子往往不止一層，其中墊底的席子叫筵：“復禮孔子宅，拜謁神坐，仰瞻榱桷，俯視几筵”（Q140）。

5011 **簋** guǐ 《廣韻》居洧切，見旨上。見幽。

Q127

《説文·竹部》:“,黍稷方器也。从竹从皿从皀。,古文簋从匚飢。,古文簋或从軌。,亦古文簋。”

【釋形】

《説文》小篆以爲會意字,从竹从皿从皀,表示一種盛食物的器皿。按“簋”初文作“皀”,甲骨文作(《存》下 764),像簋之形,象形字。金文添加構件“殳”,寫作(《休作父丁簋》),整體像手持餐具從簋中取食物之形,應爲會意字;或進一步添加構件“皿”,寫作(《舟作寶簋》),强調簋是一種器皿。《説文》小篆則在後一個字形的基礎上去“殳”加“竹”,寫作,表示簋可以用竹子製作。由此可見,小篆“簋”是在“皀”的基礎上添加構件“皿”,再添加構件“竹”,這樣逐步纍加而成的,幾個構件并不在一個層面上,《説文》以“从竹从皿从皀”釋之,未能體現其層次性。《説文》古文、籀文改爲从“匚”,因爲“匚”作爲構件也與器皿有關。漢碑字形依據《説文》小篆轉寫隸定,構件“竹”與“艸”混同,隸定爲“⺾”;構件“皿”嚴格按小篆筆畫對應轉寫,如圖。

【釋義】

古代盛食物的器皿,後多用作禮器:“恭儉自終,盙簋不陳”(Q127)。

5012 **盙** fǔ 《廣韻》無。

Q127

《説文》作“簠”,《説文·竹部》:“,黍稷圜器也。从竹从皿,甫聲。,古文簠从匚从夫。”

【釋形】

“盙”爲“簠”的省體,本从皿,甫聲,爲形聲字。“簠”古文字構形複雜多樣,西周金文作(《微伯瘭簠》),春秋金文作(《魯大嗣徒厚氏元簠》),戰國金文作(《魯伯俞父簠》)、(《邿仲簠》)、(《陳逆簠》)等形,或从竹甫聲,或从匚脯聲,或从匚古聲,或从匚故聲,或从竹夫聲。小篆在的基礎上又增添義符“皿”,寫作“簠”。漢碑字形又省去構件“竹”,寫作“盙”。其中構件“甫”寫作“亩”,與小篆略異;構件“皿”則基本保留小篆的結構,只是把上面的曲線拉直,如圖。

【釋義】

同“簠”,一種長方形器皿,古代祭祀時用以盛放黍稷:“恭儉自終,盙簋不陳”(Q127)。

5013 **籩** biān 《廣韻》布玄切,幫先平。幫元。

Q112

《説文·竹部》:“,竹豆也。从竹,邊聲。,籀文籩。”

【釋形】

《説文》小篆爲形聲字,从竹,邊聲。漢碑字形依據小篆轉寫隸定,義符“竹”與“艸”混同,隸定爲“⺾”。聲符“邊”从辵,臱聲,其中構件“辵”隸定近似於“辶”;構件“臱”小篆作(嚴格隸定應作“𣅀”),最下方兩條彎曲的線條(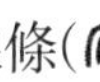)到漢碑中變成了“寸”;中間的部分省寫作“冖”,如圖。

【釋義】

古代祭祀和宴會用的竹器:“爵鹿柤梪,籩柉禁壺”(Q112)。

5014 **策(筴)** cè 《廣韻》楚革切,初麥入。初錫。

① Q066

② Q144

③ Q179

④ Q088

⑤ Q088

⑥ Q128

⑦ Q128

⑧ Q252

《説文·竹部》:“，馬箠也。从竹，朿聲。”

【釋形】

《説文》小篆爲形聲字，从竹，朿聲。漢碑字形中“策”變異複雜，有的帶有一定的篆意，其中“竹”與“艸”混同，如圖①～③。更多的則已經發生隸變，義符“竹”多隸定爲“艹”；聲符“朿”多隸定爲“夾”，如圖④～⑧。

【釋義】

㊀計策，謀略：“規筴榘謨，主忠信兮”（Q088）；“建筴忠讜，辨秩東衍”（Q088）；又見“籌策”。㊁古代君王對臣下使用的一種文書：“帝咨君謀，以延平中拜安邊節使，銜命二州，受筴秉憲，彈貶貪枉，清風流射”（Q128）。

【釋詞】

[策書] 又作“筴書”，古代用於書寫官員任免等命令的簡策：“追録元勳，策書慰勞”（Q066）；“筴書追下，銀龜史符”（Q128）。

[策勳] 在策書上記下功勳，漢碑中又寫作“策薰”，“薰”爲借字：“軍還策勳，復以疾辭”（Q133）；“是故寵禄傳于歷世，策薰著于王室”（Q144）。

5015 **筴**

“策”的異體字（圖④⑤⑥⑦⑧），見5014 策。

【釋詞】

[筴功] 義同“策勳”：“□天子筴功”（Q252）。

5016 **笙**　shēng　《廣韻》所庚切，山庚平。山耕。

Q141

《説文·竹部》:“，十三簧。象鳳之身也。笙，正月之音。物生，故謂之笙。大者謂之巢，小者謂之和。从竹，生聲。古者隨作笙。”

【釋形】

《説文》小篆爲形聲字，从竹，生聲。漢碑字形依據小篆轉寫隸定，義符“竹”與“艸”混同，隸定爲“艹”；聲符“生”將小篆上面彎曲的線條拉直爲横畫，隸定作“𡈼”，如圖。

【釋義】

一種傳統的簧管樂器：“雅歌吹笙，考之〖六〗律”（Q141）。

5017 **管**　guǎn　《廣韻》古滿切，見緩上。見元。

Q169

《説文·竹部》:“，如篪，六孔。十二月之音。物開地牙，故謂之管。从竹，官聲。，古者玉琯以玉。舜之時，西王母來，獻其白琯。前零陵文學姓奚，於伶道舜祠下，得笙玉琯。夫以玉作音，故神人以和，鳳皇來儀也。从玉，官聲。”

【釋形】

《説文》小篆爲形聲字，从竹，官聲。漢碑字形依據小篆轉寫隸定，義符“竹”與“艸”混同，隸定爲“艹”，使整字混同爲“菅”，如圖。

【釋義】

古樂器，似笛，后泛指管樂器：見“管弦”。

【釋詞】

[管弦] 管樂器與弦樂器，後泛指音樂、樂章：“或𣪘頌於管弦”（Q088）；“盖以爲垂聲罔極，音流管弦，非篇訓金石，孰能傳焉”（Q169）。

5018 **籌** chóu 《廣韻》直由切，澄尤平。定幽。

① Q179

② Q169

《説文·竹部》："，壺矢也。从竹，壽聲。"

【釋形】

《説文》小篆爲形聲字，从竹，壽聲。聲符"壽"金文作（《瘐鐘》）、（《吳王光鑑》）、（《秦公石磬》）等形，从老省，𠷎聲；或增加構件"又"，寫作（《耳尊》）。小篆的"壽"繼承了前一種構形；隸書則繼承了後一種構形，只是構件"又"替换爲"寸"，整體字形也發生很大的變異，構件"老、𠷎"已經粘合而無法分析了，如圖①②。"籌"的義符"竹"與"艸"混同，隸定爲"⺾"。

【釋義】

計謀：見"籌策"。

【釋詞】

［籌策］籌算，謀劃："外定彊夷，即序西戎，内建籌策，協霍立宣"（Q169）；"有張良，善用籌策"（Q179）。

5019 **筭** suàn 《廣韻》蘇貫切，心换去。心元。

① Q142

② Q179

《説文·竹部》："，長六寸，計歷數者。从竹从弄。言常弄乃不誤也。"

【釋形】

"筭"爲"算"的古字，《説文》小篆爲會意字，从竹从弄，表示計數目的算籌。漢碑字形依據小篆轉寫隸定，構件"竹"寫成"⺾"，與"艸"混同，如圖①②。構件"弄"將小篆中像左右兩手之形的粘連形變似"廾"，其所从之"玉"也訛混爲"工"，如圖①。圖②字形下部殘泐不清。

【釋義】

漢代賦税名，即口賦錢，也用作動詞："八月筭民，不煩於鄉"（Q179）；"應時發筭，除去灾變"（Q142）。

5020 **第** dì 《廣韻》特計切，定霽去。定脂。

① Q003

② Q003

③ Q004

④ Q169

⑤ Q102

《説文》無。

【釋形】

《説文》無，段玉裁《説文解字注》補之："第，次也。从竹、弟。""第"初文作"弟"，甲骨文作（《合》21722）、（《合》22135）等形，小篆作，像某物纏繞於木橛之上，勢如螺旋，如韋束之次弟，表示先後次序。後來"弟"由次弟義逐漸引申出兄弟義，爲示區别，次第義另加構件"艸"作"苐"，如（《文帝九年勾鑃七》）。後來"艸"又訛作"竹"頭，寫作"第"。漢碑字形中，"第"的構件"竹"再次訛混爲"艸"，或保留篆意，如圖①②；或寫作"䒑"，如圖③；或隸定作"⺾"，如圖④。構件"弟"或保留篆意，如圖①～③，其中圖①因省減較多而構形不明；或隸定近似於"苐"，如圖④⑤。

【釋義】

㊀科舉時代士人應試合格：見"高第"。㊁詞綴，用在整數之前，表示順序："西宫東北旁第二一"（Q003）；"中殿第廿八"（Q004）；"第五子賈武仲卒"（Q056）。㊂用於地名："永和二年，太歲在卯，九月二日第鄉廣里洪"（Q080）。

5021 **答** dá 《廣韻》都合切，端合入。端緝。

Q095

《說文》無。

【釋形】

漢碑字形从竹,合聲,爲形聲字。其中義符“竹”與“艸”混同,寫成“⺍”;聲符“合”的小篆字形爲,漢碑字形依據小篆轉寫隸定,如圖。

【釋義】

當,應合:“上順斗極,下答坤皇”(Q095)。

5022 **篖**　táng 《廣韻》徒唐切,定唐平。

Q119

《說文》無。

【釋形】

漢碑字形从竹,唐聲,爲形聲字。其中義符“竹”與“艸”混同,隸定爲“⺾”;聲符“唐”的小篆字形爲,从口,庚聲,漢碑中構件“庚”所从之雙手發生粘合;上端彎曲的線條拉直爲橫畫,寫作“干”,豎筆穿插於雙手粘合後的形體,但不再與“口”相接,如圖。

【釋義】

笭篖,竹編的粗席:“調發十四鄉正,相賦斂作治,并土人、犁、耒、艸、篖、屋,功費六七十萬”(Q119)。

5023 **簙**　bù 《廣韻》裴古切,並姥上。
並鐸。

① Q135　② Q100　③ Q144

《說文》無。

【釋形】

漢碑字形从竹,溥聲,爲形聲字。其中聲符“溥”的小篆字形爲,从水,尃聲,漢碑中構件“水”變成了“氵”,構件“甫”省寫作“亩”,構件“寸”上不出頭,如圖①～③。義符“竹”在漢碑中訛混爲“艸”,使得該字與厚薄之“薄”成爲同形字。“艸”或寫作“⺾”,如圖①;或寫作“⺍”,如圖②;或寫作“艸”,如圖③。

【釋義】

㊀公文,文書:“時簙下督郵李仁,邛都奉行”(Q170);又見“主簙”。㊁登記在册:“諸國禮遺,且二百萬,悉以簙官”(Q178)。

5024 **箕**　jī 《廣韻》居之切,見之平。
見之。

Q128

《說文·箕部》:“,簸也。从竹;𠀠,象形;下其丌也。凡箕之屬皆从箕。,古文箕省。,亦古文箕。,亦古文箕。,籀文箕。,籀文箕。”

【釋形】

《說文》以爲从竹,𠀠像簸箕之形,丌表其基座,表示簸箕。按“箕”初文作“其”。“其”甲骨文本作(《合》9810)、(《合》35347)等形,像簸箕之形,象形字,《說文》古文即承襲此類字形。金文或添加聲符“丌”,寫作(《虢季子白盤》),變爲形聲字,《說文》第一個籀文即承襲此類字形而略有繁化。《說文》將“丌”釋爲箕之基座,或與構意不符。後來“其”被借去表示代詞或虛詞的用法,爲示區别,戰國文字開始於簸箕義增添義符“竹”,寫作(《睡·日甲》25)。小篆即與此字形相承。《說文》第二個籀文不从“竹”而改从“匚”,屬於理據重構,表示簸箕是一種盛東西的器物。漢碑字形中,“箕”多混同作“萁”,構件“竹”寫成“⺾”,與“艸”混同,如圖。

【釋義】

㊀指箕山:見“箕首”。㊁用於人名:見

"箕子"。

【釋詞】

［箕首］箕山和首陽山的合稱，分别爲許由和伯夷、叔齊隱居之處，故借以指品行高潔："庶仰箕首，微妙玄通"（Q093）；"君仕不爲人，禄不爲己。桓桓大度，體蹈箕首"（Q187）。

［箕子］人名，紂於的叔父，封於箕，其爵位爲子，故稱"箕子"："其先祖出于殷箕子之苗裔"（Q128）。

5025 **其** qí 《廣韻》渠之切，羣之平。羣之。

① Q059

② Q144

③ Q129

④ Q083

⑤ Q142

⑥ Q130

⑦ Q172

⑧ Q066

⑨ Q178

《説文·箕部》："，簸也。从竹；𠀠，象形；下其丌也。凡箕之屬皆从箕。，古文箕省。，亦古文箕。，亦古文箕。，籀文箕。，籀文箕。"

【釋形】

《説文》以"其"爲"箕"的籀文。其形體演化過程參見5024箕。漢碑字形中"其"的形體變異非常複雜，其中構件"𠀠"或與"丌"相離，如圖①～③；或將左右兩邊的豎筆延長與構件"丌"相接，如圖④～⑨。像簸箕之形的構件"𠀠"或仍保留篆意，如圖①；或繼承小篆的構形而進行嚴格隸定，如圖②；或將内部的"㐅"改寫作"十"，如圖③～⑦，其中圖④將"十"的豎筆向下延長與"丌"的横筆相接，圖⑤⑥將"十"的豎筆縮短與"𠀠"的下横筆相接成"工"；或將"㐅"寫作兩横，如圖⑧⑨，其中圖⑧與今之形體同。像下基之形的"丌"或訛作"六"，如圖②。

【釋義】

㊀代詞，❶指代第三人稱，相當於"他（她、它）"："帝嘉其忠臣之苗，器其璵璠之質"（Q133）；"其仕州郡也，躬素忠謇"（Q173）；"烝烝其孝，恂恂其仁"（Q134）；"謇謇其直，皦皦其清"（Q066）。❷表第三人稱領屬關係，相當於"他（她、它）的"："虔恭禮祀，不愆其德"（Q125）；"君鍾其美，受性淵懿，含和履仁"（Q144）；"書從事下當用者，選其年卌以上"（Q102）。❸表示指示，相當於"這、那"："聞此爲難，其日久矣"（Q150）；"河南成皋蘇漢明二百，其人處士"（Q112）；"其山川在諸侯者，以時祠之"（Q129）。㊁語氣副詞，表示推測，大約，大概："至於永平，其有四年"（Q095）。㊂連詞，表假設關係，相當於"如果"："其有風旱，禱請祈求，靡不報應"（Q129）；"僤中其有訾次當給爲里父老者"（Q029）；"其有物故，得傳後代户者一人"（Q029）。㊃助詞，無實義，起調整音節的作用："惇懿允元，叡其玄秀"（Q148）；"君其始仕，天憤明哲"（Q153）；"禹鑿龍門，君其繼縱"（Q095）。

5026 **典**（𥮉） diǎn 《廣韻》多殄切，端銑上。端文。

① Q129

② Q153

③ Q128

④ Q178

⑤ Q127

⑥ Q128

《説文·丌部》："，五帝之書也。从册在丌上，尊閣之也。莊都説，典，大册也。，古文典，从竹。"

【釋形】

《説文》小篆爲會意字，从册在丌上，表示高文大册。按"典"甲骨文作（《合》38309）、（《合》24387）等形，从册从廾，

像雙手捧册之狀，以會典册之義，會意字。小篆改“廾”爲“丌”，構意爲將高文大典供奉於几案之上，理據重構，仍爲會意字。漢碑字形多承襲小篆的構形，其中構件“册”失去了小篆的象形性，并多與構件“丌”相接，如圖①③④⑤⑥；或混同爲“曲”，且與構件“丌”相離，如圖②。“典”或添加構件“⺮”作“箅”，其中“⺮”的寫法與“艸”混同，寫作“艹”，如圖⑥。

【釋義】

㊀經籍，典册：“聖典有制，三載已究”（Q088）；“世事景王，載在史典”（Q166）；“脩習典藝，既敦《詩》《書》”（Q169）；又見“墳典”。㊁常禮，常法：見“典祀、箅常”。㊂職掌，掌管：“君敦詩説禮，家仍典軍”（Q161）；“典牧二城，朱紫有别”（Q153）；又見“典城、典攄”等。㊃用於人名：“門生魏郡陰安張典，字少高”（Q127）；“典大君諱協，字季度”（Q164）。

【釋詞】

［典城］即“典成”，官職名，主掌訴訟案件：“幼而宿衛，弱冠典城”（Q146）。

［典攄］即“典據”，掌管，占據：“累葉牧守，印紱典攄，十有餘人，皆德任其位”（Q144）。

［典謨］指經典：“和陰陽以興雨，假雨攸仰之典謨”（Q103）。

［典戎］統帥軍隊：“遺畔未寧，乃擢君典戎”（Q127）。

［典祀］常設的重大祭祀活動：“漢亡新之際，失其典祀”（Q126）。

［典統］統屬管理：“校尉空闇，典統非任”（Q163）。

5027 **箅**

“典”的異體字（圖⑥），見5026典。

【釋詞】

［箅常］即“典常”，常道，常法：“岐齔謠是，含好箅常”（Q128）。

5028 **巽** xùn 《廣韻》蘇困切，心慁去。心元。

Q074

《説文·丌部》：“，具也。从丌，𢀳聲。，古文巽。，篆文巽。”

【釋形】

《説文》以爲形聲字，从丌，𢀳聲。按“巽”初文本作“𢀳”，甲骨文像兩人并排跪坐之形，寫作（《甲》3541），會意字，表示馴順之義。《説文》古文於兩人的膝蓋處各添加兩短横，應爲飾筆。後來下面的兩短横連寫，使下部重組爲“丌”，成爲《説文》篆文或體的寫法；《説文》正篆又省去上面的兩短横，故《説文》以“从丌，𢀳聲”釋之，係不明形源所致。漢碑字形承襲《説文》篆文或體，構件“𢀳”中像人胳臂之形的短豎被省簡，隸定爲兩個“己”；“𢀳”下面的兩短横飾筆與構件“丌”粘連，重組爲“共”，如圖。

【釋義】

用於人名：“户曹史宛任巽”（Q125）；“允勑大吏郎巽等”（Q126）；“故吏王斌，故吏后巽”（Q074）。

5029 **奠** diàn 《廣韻》堂練切，定霰去。定真。

① J420

② Q124

③ Q060

《説文·丌部》：“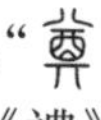，置祭也。从酋；酋，酒也。下其丌也。《禮》有奠祭者。”

【釋形】

《説文》以爲會意字，从酋从丌，義爲設酒祭祀。按“奠”甲骨文作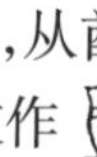（《合》14735反）、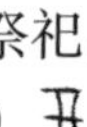（《合》9608反）等形，从酉从一，一表示地面或酒罈下的托墊物，像酒樽置於墊上之形，用作祭名。金文作（《曶鼎》）、

（《叔向父禹簋》）等形，橫畫下增兩短橫，兩短橫或變爲“八”形，與橫畫組合爲“丌”形。小篆構件“西”替换爲“酉”，整字从酉从丌，理據重構。漢碑字形依據小篆轉寫隸定，構件“酉”所从之“八”的書寫方向發生變化，隸定爲“丷”；所从之“酉”依據小篆線條對應轉寫隸定，如圖①②。

【釋義】

㊀祭奠，置放祭品用以祭祀鬼神或祖先：“醮祠希罕，徹奠不行”（Q060）。㊁用於人名：“兄長奠，年加伯仲”（Q124）。

5030 **亓**　qí　《集韻》渠之切，羣之平。羣之。

Q112

《説文》無。

【釋形】

“亓”爲“其”之省體。甲骨文作（《合》9810），像簸箕之形；金文增加聲符“丌”作（《虢季子白盤》）；戰國文字或省去上方表形構件，并代之以一飾筆，寫作（《子禾子釜》），爲秦漢隸書所本。漢碑字形隸定爲上“一”下“丌”，如圖。

【釋義】

姓氏：“亓廬城子二百”（Q112）。

5031 **左**　zuǒ　《廣韻》臧可切，精哿上。精歌。

① Q005　② Q129　③ Q144

《説文·左部》：“，手相左助也。从𠂇、工。凡左之屬皆从左。”

【釋形】

《説文》小篆爲會意字，从𠂇、工，會輔佐、幫助之義。“左”甲骨文本作（《合》28882），像左手之形，表示左右之左。西周時期即已添加構件“工”，寫作（《虢季子白盤》），表示手持工具，以相佐助，説明此時“左”已經有了佐助義，屬於理據重構。小篆承襲此類字形。漢碑字形中，有的爲碑文篆書，但已經帶有明顯的隸意，如圖①。多數則依據小篆線條轉寫隸定，像左手之形的構件寫作“𠂇”，已經失去了象形性，如圖②③，其中圖②構件“𠂇”的左撇上添加一飾筆。

【釋義】

㊀方位名，與“右”相對：“左有玉女與仙人”（Q100）；“補完里中道之周左廧垣壞決”（Q141）。㊁用於官名：“左户曹史魯孔元”（Q269）；又見“左尉、左丞”。㊂姓氏：“遼東大守左宫”（Q037）；“主疏左巨等廿五人共爲約束石券”（Q029）。㊃用於地名：“池陽左鄉有秩何博千五百”（Q123）。

【釋詞】

［左丞］漢代官名：“特拜左丞，每在選舉，遜讓匪石”（Q173）。

［左尉］漢代官名：“左尉唐佑，字君惠，河南密人”（Q129）；“元氏左尉上郡白土樊瑋”（Q171）；“守左尉萬年長沙瑗，字君平五百”（Q123）。

［左右］㊀近臣；身邊的人：“久勞於外，當還本朝，以叙左右”（Q093）；“臣隸辟踊，悲動左右”（Q144）；“君爲郡吏□□□□，土域啖瓜，旁有真人，左右莫察。而君獨進美瓜，又從而敬禮之”（Q199）。㊁左邊和右邊：“逮行九丈，左右有四穴四入”（Q118）。㊂附近，周邊：“史君念孔瀆顔母井去市遼遠，百姓酤買，不能得香酒美肉，於昌平亭下立會市，因彼左右，咸所願樂”（Q141）。

5032 **差**　（一）chā　《廣韻》初牙切，初麻平。初歌。

① Q106　② Q106　③ Q114

《説文·左部》：“，貳也，差不相值也。

从左，从𠂹。，籀文𢀩从二。”

【釋形】

《説文》以爲會意字，从左从𠂹，義爲差錯、差失。按“差”从𠂹之構意不明。或曰“差”應爲“搓”之初文（參見夏渌《“差”字的形義來源》），可備一説。“差”西周金文作（《同簋蓋》），上面構件爲“來”（像麥子之形），“來”下加“又”，似爲以手搓麥之形。春秋金文將構件“又”變爲“左”或“右”，如（《國差𦉜》）、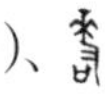（《攻敔王夫差劍》）。小篆固定爲从“左”，且上部構件訛變混同爲“𠂹”，故《説文》以“从左从𠂹”釋之。漢碑字形依據小篆轉寫隸定，構件“左”从𠂇、工，其中“工”或訛混爲“土”，如圖①②；構件“𠂹”省變嚴重，隸定爲“䒑”，如圖①②；或與構件“𠂇”粘合寫成“⺶”，與今之形體同，如圖③。

【釋義】

差强：“財立小堂，示有子道，差於路食”（Q106）。

（二）chài 《廣韻》楚懈切，初卦去。初歌。

【釋義】

病愈，後作“瘥”：“卜問奏解，不爲有差”（Q106）。

（三）cī 《廣韻》楚宜切，初支平。初歌。

【釋義】

用於“參差”，高低不齊貌：“臺閣条差，大興輿駕”（Q114）。

5033 **工** gōng 《集韻》古紅切，見東平。見東。

① Q129 ② Q150 ③ Q178

《説文·工部》：“，巧飾也。象人有規榘也。與巫同意。凡工之屬皆从工。，古文工，从彡。”

【釋形】

《説文》小篆爲象形字，像古人畫直角的曲尺之形。甲骨文本作（《合》19441），或簡寫作（《合》32981）。小篆字形與此相近。漢碑字形或據小篆轉寫隸定，如圖①；或中間一豎變爲曲折，如圖②；或曲折處斷開，如圖③。

【釋義】

㊀工匠，工人：“使石工孟季、季弟卯造此闕”（Q094）；“無鹽石工浩大”（Q049）；“刻者潁川邯鄲公脩、蘇張，工郭君遷”（Q129）；“農夫織婦，百工戴恩”（Q178）。㊁精妙：“結构工巧”（Q150）。

5034 **式** shì 《廣韻》賞職切，書職入。書職。

① Q117 ② Q169 ③ Q128

《説文·工部》：“，法也。从工，弋聲。”

【釋形】

《説文》小篆爲形聲字，从工，弋聲。漢碑字形依據小篆轉寫隸定，聲符“弋”或省去一點，如圖②；或者多了一“丿”訛混爲“戈”，如圖③。

【釋義】

㊀模範：“立德流范，作式後昆”（Q169）；“傳宣〖孔〗業，作世模式”（Q117）。㊁法度，規則：“逸之宏議，儒林楷式”（Q175）；“勒銘示後，俾有彝式”（Q127）。㊂依據：見“式序”。㊃以，以此：“故刊石勒銘，式昭明德”（Q175）；“刊石樹碑，式昭令微”（Q135）。㊄通“軾”，本義爲車前横木，這裡指以手撫軾，爲古代的一種禮儀，表示敬意：“望見闕觀，式路虔跽”（Q141）。㊅用於人名：“子諱式，字子儀”（Q128）。

【釋詞】

［式序］依照次序：“式序在位，量能授宜”（Q193）。

5035 **巧** qiǎo 《廣韻》苦絞切，溪巧上。溪幽。

Q150

《説文·工部》:“巧,技也。从工,丂聲。”

【釋形】

《説文》小篆爲形聲字,从工,丂聲,本義爲精巧、技巧。漢碑字形依據小篆轉寫隸定,如圖。

【釋義】

神妙,靈巧:“結构工巧”(Q150)。

5036 **巨** jù 《廣韻》其吕切,羣語上。羣魚。

Q171

《説文·工部》:“巨,規巨也。从工,象手持之。榘,巨或从木、矢;矢者,其中正也。𢀇,古文巨。”

【釋形】

《説文》以爲象形字,从工,像手握畫直角的曲尺,表示規矩、法度。按“巨”西周金文作𢀖(《伯矩盉蓋》)、𢀖(《伯矩盤》)等形,从人持工,以會規矩之義,會意字。構件“人”或改爲“夫”,手形也脱離了“夫”的主體,或寫作𢀖(《裘衛盉》)。後來“夫”進一步訛作“矢”,成爲後世通行的寫法“矩”。因此,“巨”實爲“矩”之初文。後“巨”被借來表示巨細之“巨”。漢碑字形中,構件“工”發生形變,整字與後來通行的寫法基本相同,如圖。

【釋義】

㊀大,多:“猶百川之歸巨海”(S97);“草木暢茂,巨仞不數”(Q171)。㊁用於人名:“平原樂陵宿伯牙霍巨孟”(Q005);“季、巨等共假賃田”(Q029);“故吏范巨錢四百”(Q179)。

5037 **榘(矩)** jǔ 《廣韻》俱雨切,見麌上。見魚。

① Q088 ② Q137 ③ Q125

《説文》爲“巨”之或體,《説文·工部》:“巨,規巨也。从工,象手持之。榘,巨或从木矢;矢者,其中正也。𢀇,古文巨。”

【釋形】

《説文》未收“矩”,而在“巨”下收録或體“榘”。按“巨、矩、榘”乃一字之分化,參見5036巨。“巨”金文或作𢀖(《伯矩盉蓋》)、𢀖(《伯矩盤》)、𢀖(《裘衛盉》)等,像一人持矩之形,後來構件“人”混同作“夫”,再進一步混同作“矢”,於是便有了字形“矩”。後來“矩”又添加了表示製作材料的構件“木”,寫作“榘”,此乃小篆或體的來源。漢碑中“矩、榘”二形并存,其中“矩”的構件“矢”將小篆上部的曲線拉直爲横畫,左邊或隸定爲“土”下接“八”,如圖③。“榘”小篆中構件“矢”置於左側,字形整體呈左右布局,漢碑字形中“矢”被置於“木”上方,字形整體呈上下結構;其中構件“矢”或隸定爲“夫”,如圖①;或近似於“先”,如圖②。

【釋義】

法度,常規:“蹈規履榘,金玉其相”(Q137);“規策榘謨,主忠信兮”(Q088);“寔爲四瀆,與河合矩”(Q125);“政教稽古,若重規矩”(Q102)。

5038 **巫** wū 《廣韻》武夫切,明虞平。明魚。

Q187

《説文·巫部》:“巫,祝也。女能事無形,以舞降神者也。象人兩褎舞形。與工同意。古者巫咸初作巫。凡巫之屬皆从巫。𢓊,古文巫。”

【釋形】

《説文》以爲象形字，“象人兩袖舞形”，義爲巫師。按“巫”甲骨文作（《合》19907），金文作（《齊巫姜簋》），均像巫者所用的法器之形。後中間橫置的構件離析爲左右兩部分，寫作（《侯馬盟書》）。小篆進一步將離析出來的兩部分訛作相向的兩個人，以“象人兩袖舞形”釋之，於原有理據不合。漢碑字形將相向的兩個人都隸定爲“人”，如圖。

【釋義】

巫師，舊時女巫稱巫，男巫稱覡：見“米巫”。

5039 **甘** gān 《廣韻》古三切，見談平。見談。

① Q088　② Q143　③ Q129

《説文·甘部》：“，美也。从口含一；一，道也。凡甘之屬皆从甘。”

【釋形】

《説文》小篆爲指事字，从口含一，表示口中含有甘美的食物，義爲美味。“甘”甲骨文作（《合》8002），“口”中的橫筆爲指事符號，表示口中所含之物，其味甘美。漢碑字形中，有的嚴格按小篆轉寫隸定，如圖①；有的構件“口”隸定作“廿”，如圖②③。

【釋義】

㊀美味的食物：“甘珍嗞味嗛設，隨時進納，省定若生時”（Q114）。㊁美好的：“致黄龍、嘉禾、木連、甘露之瑞”（Q146）；“神熹其位，甘雨屢降”（Q060）。㊂愛好，嗜好：“榮且溺之耦耕，甘山林之杳藹”（S110）。㊃用於樹名：見“甘棠”。㊄用於地名：“門生甘陵貝丘賀曜，字升進”（Q127）；“時令朱頡，字宣得，甘陵鄃人”（Q129）。

【釋詞】

［甘棠］本爲木名，即棠梨。又爲《詩·召南》篇名，詩中贊頌召公之政。據《史記·燕召公世家》記載：“召公巡行鄉邑，有棠樹，決獄政事其下，自侯伯至庶人各得其所，無失職者。召公卒，而民人思召公之政，懷棠樹不敢伐，哥詠之，作《甘棠》之詩。”後遂以“甘棠”稱頌官吏之美政：“仁敷海岱，著甘棠兮”（Q088）；“甘棠遺愛，東征企皇”（Q133）；“甘棠之愛，不是過矣”（Q161）。

5040 **甚** shèn 《廣韻》常枕切，禪寑上。禪侵。

① J344　② Q083　③ Q106　④ Q178

⑤ Q120

《説文·甘部》：“，尤安樂也。从甘，从匹耦也。，古文甚。”

【釋形】

《説文》以爲會意字，从甘从匹，義爲極其安樂。按“甚”金文作（《甚諆臧鼎》），構意不明；或以爲从甘从匕，以匕取甘美之物食之，故有特别甜美之義。後小篆訛變成从甘从匹。漢碑字形中，有的據小篆轉寫隸定，還可看出从甘从匹的構意，如圖①，其中構件“匹”變異嚴重；有的將構件“甘”左右兩豎向下延伸，與“匹”上面一橫相接，致使兩個構件粘合在一起，與現在的寫法相近，如圖②～⑤。

【釋義】

㊀勝過，超過：“惠政之流，甚於置郵”（Q178）；“兄弟共居，甚於親在”（Q106）。㊁程度副詞，相當於“很”：“堂雖小，俓日甚久”（Q106）；“生日甚少，死日甚多”（Q120）；“掾史爲吏甚有寬，蘭臺令史于常侍”（Q277）。㊂情態副詞，一定：“請説七

言甚無忘”（Q277）。

5041 **㫗**

“㫗”的異體字（圖②），見5059 㫗。

5042 **曰** yuē 《廣韻》王伐切，雲月入。匣月。

① Q126

② Q185

③ Q178

④ Q066

⑤ Q021

⑥ Q133

《說文·曰部》：“，詞也。从口，乙聲，亦象口气出也。凡曰之屬皆从曰。”

【釋形】

《說文》以爲形聲字，从口，乙聲。按“曰”甲骨文作（《合》8233）、（《合》10749）等形，“口”上添加一筆，表示說話時發出的聲氣。金文作（《由伯尊》）、（《弔趯父卣》）等形，短横變爲折線。小篆沿襲金文字形，只是構件“口”的横畫與兩邊相離。漢碑字形有的和小篆保持一致，还留有折筆，如圖①②；有的拉直爲一横，但與左豎仍呈相離狀態，如圖③④；還有的與左豎相接，如圖⑤⑥，其中圖⑤的兩豎筆超過最上的横畫，近似於“甘”。

【釋義】

㊀說：“於是故吏諸生相與論曰：上世羣后”（Q088）；“羣僚咸曰：‘君哉！’”（Q178）；“其辭曰：天寔高，唯聖同。戲我君，羨其縱”（Q185）。㊁叫做，稱爲：“河南山鎮曰華”（Q129）；“伯子玄，曰大孫”（Q021）；“號曰吏師，季世不祥”（Q187）。

5043 **曷** hé 《廣韻》胡葛切，匣曷入。匣月。

① Q117

② Q134

③ JB1

④ JB1

《說文·曰部》：“，何也。从曰，匃聲。”

【釋形】

《說文》小篆爲形聲字，从曰，匃聲。“匃”上古音在見母月部。漢碑字形依據小篆轉寫隸定，義符“曰”均將小篆上部彎曲的線條拉直爲一横，且與左豎相接，如圖①～④，其中圖①形似“日”的篆文寫法。聲符“匃”从人、亡，漢碑字形由包圍結構變爲半包圍結構。其中構件“亡”形變近似於“匕”，如圖①～④。構件“人”（與“勹”的小篆字形相同）或保留篆意，末筆彎曲，如圖①；或隸定作“ㄅ”，如圖②③；或隸定作“丁”，如圖④。

【釋義】

疑问代詞，怎麼：“若兹不刊，後哲曷聞”（Q134）；“獨曷敢〖忘〗”（Q117）。

5044 **朁** cǎn 《廣韻》七感切，清感上。清侵。

Q088

《說文·曰部》：“，曾也。从曰，兓聲。《詩》曰：‘朁不畏明。’”

【釋形】

《說文》小篆爲形聲字，从曰，兓聲。漢碑字形依據小篆轉寫隸定，義符“曰”均將小篆上部彎曲的線條拉直爲一横，且與左豎相接；聲符“兓”將彎曲的線條變爲平直的筆畫，且在構件“兓”與“曰”之間增加一横筆，發生繁化，如圖。

【釋義】

用於人名：“故騎吏劇朁麟，字敬石”（Q088）。

5045 **曹** cáo 《廣韻》昨勞切，從豪平。從幽。

① Q178

② Q125

③ Q178

④ Q144

⑤ Q160

《説文·曰部》:“　,獄之兩曹也,在廷東。从棘,治事者;从曰。”

【釋形】

《説文》以爲會意字,从棘从曰,義爲訴訟的雙方。按“曹”甲骨文本作　(《合》6942),从二東,東像橐槖之形,以兩個橐槖相并表示偶雙之義。後加區别符號“口”,寫作　(《合》36828)。金文又將“口”變爲“甘”,寫作　(《七年趞曹鼎》)、　(《曹公子池戈》)等形。小篆進一步將“甘”訛變爲“曰”。《説文》以“獄之兩曹也”釋之,乃其引申義,及訴訟事件的雙方。《説文》又云“在廷東”,是因爲許慎誤以爲構件“東”即東方之東。漢碑字形依據小篆轉寫隸定,構件“曰”均將小篆上部彎曲的線條拉直爲一横,且與左豎相接。構件“棘”的隸定形體不一,或與小篆結構基本一致,如圖①;或省寫作“𣞤”,如圖②;或進一步粘合作“曲”,與今之形體同,如圖③④;或再省作“由”,如圖⑤。

【釋義】

㊀古代分科辦事的官署或部門:“脩身仕宧,縣諸曹、市、主簿、廷掾、功曹、召府”(Q106)。㊁用於官名:見“功曹、户曹”等。㊂春秋战國時期諸侯國名:“封弟叔振鐸于曹國”(Q178)。㊃姓氏:“曹参夾輔王室”(Q178);“曹郃磐世高二百”(Q193)。

5046 **乃**　nǎi　《廣韻》奴亥切,泥海上。泥之。

① Q066

② Q153

③ Q169

④ Q088

《説文·乃部》:“　,曳詞之難也。象气之出難。凡乃之屬皆从乃。　,古文乃。　,籀文乃。”

【釋形】

《説文》以爲像説話時氣難出口的樣子。按“乃”甲骨文作　,或曰像乳房之形,即“奶”的初文,後假借作代詞或虚詞。《説文》釋其本義爲語氣詞,故解其形爲“象气之出難”。漢碑字形較小篆多出左邊一撇,如圖①~④。其中圖④依據小篆嚴格隸定,右邊部分近似於“弓”。

【釋義】

㊀第三人稱代詞,他的:“纘脩乃祖,多才多藝”(Q169)。㊁指示代詞,那:“穆穆楊公,命世而生,乃台吐燿,乃嶽降精”(Q066)。㊂副詞,❶幫助表示判斷,相當於“就是”:“非辭福也,乃辟禍兮”(Q187)。❷表示出乎意料,相當於“竟然”:“七月下旬,臨乃喪慈父”(Q124)。❸表承接,相當於“于是、才”:“乃求道要,本祖其原”(Q060);“祖考徠西,乃徙于滋”(Q069)“忠告殷勤,屢省乃聽”(Q127);“八皇三代,至孔乃備”(Q112)。㊃連詞,相當於“又”:“寔渘寔剛,乃武乃文”(Q088);“乃堅乃貞,履兹險阻”(H144)。

5047 **迺**　nǎi　《廣韻》奴亥切,泥海上。泥之。

① Q133

② Q133

③ Q166

④ Q029

⑤ Q133

《説文·乃部》:“　,驚聲也。从乃省,西聲。籀文𠧟不省。或曰:𠧟,往也。讀若仍。　,古文𠧟。”

【釋形】

《説文》以爲形聲字,从乃省西聲,釋其義爲驚聲。按“迺”甲骨文作　(《合》11406),金文作　(《矢令方彝》)、　(《毛公鼎》)等形,从𠧪、从凵,本義應與鹽滷有闢。因與“乃”同音,後借用同“乃”。小篆沿襲《毛公鼎》的構形并進一步線條化,漢碑字形或嚴格依據小篆轉寫隸定爲从“卤”从“乚”,如圖①②;或將構件“卤”混同爲“西”,如圖③～⑤。現在多將“乃、迺”視爲異體字,爲不明其形源所致。

【釋義】

㊀副詞,表承接,相當於“于是、才”:“於是論功叙實,宜勒金石,迺作銘曰”(Q166);“軍還策勳,復以疾辭。後迺徵拜議郎、五官中郎將、沛相”(Q133);“扶助大和,萬民迺蒙”(Q093)。㊁助詞,無實義,起調整音節的作用:“迺迄于周,世作師尹”(Q166)。

5048 **寧** níng 《廣韻》奴丁切,泥青平。泥耕。

① Q060

② Q144

③ Q142

④ Q139

⑤ Q083

《説文·丂部》:“,願詞也。从丂,寍聲。”

【釋形】

《説文》以爲形聲字,从丂,寍聲。按“寧”與“寍”本爲一字,甲骨文有簡繁二形,分别作(《合》36467)、(《合》36544),以器皿安放在房屋中表示安寧之義。後一個字形中的“丁”構意不明,或爲安放器皿之基座。金文增加構件“心”,以强化安寧爲心理活動,寫作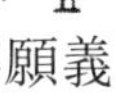(《史牆盤》)、(《寧簋》)。後借爲寧願義,故《説文》小篆分爲二形,釋“寍”爲安,釋“寧”爲願詞,然文獻中多同用。漢碑字形“寧”的形體變異比較複雜,有的爲碑文篆書,但已經帶有明顯的隸意,如圖①,其中“皿”混同爲“罒”。多數則已經發生隸變,構件“皿”多與“罒”混同,“丂”仍沿襲金文作“丁”,如圖②～⑤。其中圖⑤的構件“皿”與“丁”共用横畫,發生粘合。構件“心”或與獨立成字時形體基本相同,如圖②⑤;或訛作“士”,如圖④;或與構件“宀”重組爲“穴”,如圖③。

【釋義】

㊀安定,安寧:“遺畔未寧,乃擢君典戎”(Q127);“魂零不寧,於斯革之”(Q069);“班化黎元,既清且寧”(Q133)。㊁使安寧:“以寧其神”(Q060);“寧静烝庶,政與乾通”(Q095);“芟不臣,寧黔首”(Q178)。㊂通“嚀”,囑咐:見“丁寧”。㊃用於年號:“建寧元年三月癸丑遘疾而卒”(Q133);“建寧二年,大歲在己酉,五月十五日丙午直建”(Q142);“年五十有六,建寧三年,六月癸巳,淹疾卒官”(Q144)。㊄用於地名:“門生東平寧陽韋勳,字幼昌”(Q127)。㊅用於人名:“有立子三人,女寧,男弟叔明,女弟思”(Q090)。

5049 **可** kě 《廣韻》枯我切,溪哿上。溪歌。

① Q128

② Q102

③ Q143

《説文·可部》:“,肎也。从口、丂,丂亦聲。凡可之屬皆从可。”

【釋形】

《説文》小篆以爲會意兼形聲字,从口、丂,丂亦聲,義爲准許、許可。按“可”古今字形變異不大,或以爲乃歌唱之“歌/哥”的初文,後假借爲能夠、許可義。漢碑字形依據小篆轉寫隸定,構件“丂”形似於“丁”,如圖①～③。

【釋義】

㊀可以,能夠:“主爲漢制,道審可行”(Q140);“古聖所不勉,壽命不可諍”(Q114);“夫逝往不可追兮”(Q148)。㊁正確的事:“匡國達賢,登善濟可”(Q135)。㊂值得,堪:“痛哉可哀,許阿瞿〖身〗”(Q143)。

【釋詞】

［可謂］可以説是："得衆兆之歡心，可謂卬之若明神者已"（Q161）。

5050 **竒**　qí《廣韻》渠羈切，羣支平。羣歌。

① Q169　② Q125　③ S110

《説文·可部》："，異也。一曰：不耦。从大从可。"

【釋形】

《説文》以爲會意字，从大从可，會奇異之義。按"奇"古今形體變異不大，應爲从大、可聲的形聲字。"奇"與"可"上古音同屬歌部，聲紐分别爲羣、溪，讀音非常相近。漢碑字形中構件"大"發生離析，與"可"的一横重組近似於"立"，整字隸定作"竒"，如圖①②。中古以後通行字作"奇"。

【釋義】

㈠奇異，不尋常："先生童孩多竒，岐嶷有志"（S110）。㈡通"崎"：見"竒嶇"。㈢用於人名："卬陪葬杜陵，孫豐，字叔竒，監度遼營謁者"（Q169）；"悔往脩令德，清越孤竹，德牟産竒"（Q193）。

【釋詞】

［竒嶇］即"崎嶇"，地勢或道路高低不平："奉見廟祠，竒嶇逼狹"（Q125）。

5051 **兮**　xī《廣韻》胡雞切，匣齊平。匣支。

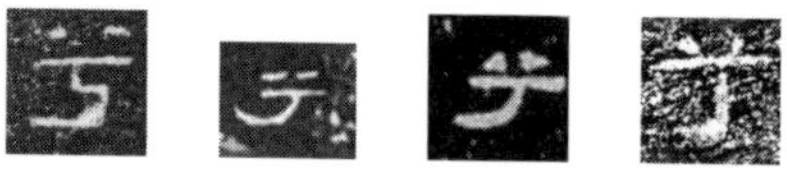

① Q198　② Q124　③ Q128　④ Q150

《説文·兮部》："，語所稽也。从丂，八象气越亏也。凡兮之屬皆从兮。"

【釋形】

《説文》小篆以爲會意字，从丂、八。"丂"《説文》釋爲氣欲舒出而上凝於一，"八"像氣之分散舒揚之狀，故釋"兮"之本義爲語氣停留。按"兮"甲骨文作（《合》24388），構意不確，或以爲與"乎"同爲一字，或以爲乃"羲"之省文。文獻多用作語氣詞。漢碑字形中，構件"丂"除圖①嚴格按照小篆隸定外，其他均混同爲"丁"，如圖②～④；構件"八"或近似於兩短横，如圖②；或寫作倒"八"字，如圖④。

【釋義】

語助詞，表示停頓或感歎，相當於"啊"："陰陽變化，四時分兮"（Q124）；"國無人兮王庭空"（Q128）；"哀賢明而不遂兮，嗟痛淑雅之夭年"（Q039）。

5052 **乎**　hū《廣韻》户吴切，匣模平。匣魚。

① Q120　② Q128　③ Q167

《説文·兮部》："，語之餘也。从兮，象聲上越揚之形也。"

【釋形】

《説文》以爲會意字，从兮，"丿"像聲氣上揚之形，義爲語句的餘聲。按"乎"甲骨文作（《合》8796），構意不確，或認爲"乎"字从"兮"本爲一字，表示氣息上揚。金文作（《利鼎》）、（《大簋蓋》），另加一斜筆爲飾，三點或省爲兩點，小篆即承襲此類字形。漢碑字形中，構件"丂"的下部將彎曲回折的地方拉直，上延與短撇相接。"乎"隸變後上下粘合爲一個整體，無法再拆分了，如圖①～③。

【釋義】

㈠介詞，相當於"於"："田畯喜于荒圃，商旅交乎險路"（Q127）；"至行立乎鄉黨"（Q117）；"喪過乎哀"（Q148）。㈡語氣詞，❶表示反问語氣："豈欲得家俱去乎"（Q199）。❷表示感歎語氣："咨乎不朽，没而德存"（Q148）；"嗚乎悲夫"（Q167）。❸表示緩和語氣或停頓："於是乎□作教告……〖誓〗”（Q123）。㊂助詞，用於形容詞之後：“淵乎其長，渙乎成功”（Q193）；“宜乎三事，金鉉利貞”（Q148）；“意乎不造，早世而終”（Q128）；“樂天知命，榷乎其不可拔也”（S110）。

5053 **號**　（一）hào 《廣韻》胡到切，匣号去。匣宵。

① Q144　② Q145　③ Q148　④ Q137

⑤ Q142　⑥ Q153　⑦ Q169

《説文·号部》：“，呼也。从号从虎。”

【釋形】

《説文》以爲會意字，从号从虎，表示獸類嚎叫。按“號”金文作（《十三年瘓壺》），以虎之號嘯表呼叫義，其中爲表示虎號的指事符號，整字爲指事字。後或添加義符“口”，變異作“丂”，整字繁化作。“號”常省去構件“虎”，寫作“号”。《説文》將“号”釋爲“从口在丂上”，與形源不合。漢碑字形中，有的還帶有一定的篆意，如圖①中的“口”寫成圓形。多數則已經發生隸變，且由於構件“虎”本身變異複雜，使得“號”的形體也複雜多樣。其中個别字形中的構件“虎”還可以看出與小篆的局部對應關係，如圖②；多數則已無法對應。構件“丂”或近似於“丁”，如圖③～⑤；或上延與“口”相接，如圖①；或進一步變異與“口”粘合，如圖⑦。

【釋義】

㊀命令，號令：“發號施憲，每合天心”（Q148）。㊁稱謂，名號：“兼將軍之號，秉斧鉞之威”（Q174）；“號曰吏師，季世不祥”（Q187）；“在殷之世，號稱阿衡”（Q137）；又見“生號、建號”。㊂年號：“惟漢建寧，號政三年”（Q143）。㊃名位：“刻石紀號，永永不滅”（Q153）。

（二）háo 《廣韻》胡刀切，匣豪平。匣宵。

【釋義】

大聲哭，哀嚎：“二親蕣没，孤悲惻怛，嗚號正月”（Q052）。

【釋詞】

［號咷］放聲大哭：“百姓號咷，若喪考妣”（Q144）；“羣臣號咷”（Q148）。

5054 **于**　（一）yú 《廣韻》羽俱切，雲虞平。匣魚。

① Q130　② Q125　③ Q129　④ Q167

《説文·亏部》：“，於也。象气之舒亏。从丂，从一。一者，其气平之也。凡亏之屬皆从亏。”

【釋形】

《説文》以爲會意字，从丂从一，義同“於”。按“于”甲骨文作（《合》22097），構形不明，其虚詞的用法應爲假借而來。小篆字形兩横筆之間斷開，《説文》依此字形釋作“从丂从一”。漢碑字形多繼承小篆之前兩横之間相連的寫法，如圖①～④；個别字形下部仍保留小篆彎曲的寫法，如圖①。

【釋義】

㊀介詞，❶引進動作的對象：“富貴無恙，傳于子孫”（Q124）；“玄乾鐘德，于我楊君”（Q134）；“長發其祥，誕降于君”（Q137）；“亦有事于方嶽”（Q129）。❷表示處所，相當於“在”：“寅終于家，烏呼哀哉”（Q145）；“紀厥行，表于墓門”（Q041）；“惟我君績，表于丹青”（Q148）；“以九月十日塟于芒門舊塋”（Q056）。❸表示起始，相當於“自、從”：“其先祖出于殷箕子之苗裔”（Q128）；“功參周、邵，受禄于天”。❹表示終點，相當於“到”：“勒銘鴻烈，光于億載”（Q133）；“乃徙于滋”（Q069）；“子孫遷于雍州之郊”

（Q178）。❺表示被動，引進動作行爲的主動者："位淹名顯，敷聞于下"（Q134）；"功洽三邦，聞于帝京"（Q066）；"匪愛力財，迫于制度"（Q052）。❻引進比較的對象："泣血懰慄，踰于鄭人"（Q083）。❼相當於"以、用"：見"于以"。㈡助詞，用於句首以湊足音節：見"于胥"。㈢用於匈奴君長名號：見"單于"。㈣姓氏："父老周偉、于中山、于中程"（Q029）。㈤用於複姓："故民泰山費淳于〖黨，字季道〗"（Q127）；"漢故鴈門大守鮮于君碑"（Q128）；"泰山費淳于鄰季遺二百"（Q112）。㈥用於人名："廣漢景雲叔于"（Q153）。

【釋詞】

［于胥］語助詞，無實義："于胥樂兮，傳于萬億"（Q125）。

［于以］相當於"于何"，用什麽："于以慰靈"（Q148）。

（二）xū　《字彙》休居切。

【釋義】

見"于嗟"。

【釋詞】

［于嗟］歎詞，表示悲歎："遺孤忉絶，于嗟想形"（Q148）；"于嗟悲兮"（Q148）。

5055 **虧（虧）**　kuī　《廣韻》去爲切，溪支平。溪歌。

① Q088

② Q021

《説文·亏部》："，气損也。从亏，雐聲。，虧或从兮。"

【釋形】

《説文》小篆爲形聲字，从亏，雐聲。漢碑字形中義符或隸定爲"于"，如圖①；或隸定爲"亍"，如圖②。聲符"雐"或混同爲上古音同爲曉母魚部的"虚"，如圖②，或爲理據重構的驅動下發生如此變異；"虍"字頭或混同爲"雨"，如圖①。《説文》或體从兮，漢碑未見此寫法，後世"虧、虧"曾并行，現在以"虧"爲通行字。

【釋義】

㈠缺損："辰五盈虧，猶有代序"（Q173）；"日月虧代，猶元風力射"（Q021）。㈡減少："英彦失疇，列宿虧精"（Q088）。

5056 **虧**

"虧"的異體字（圖②），見5055虧。

5057 **平**　píng　《廣韻》符兵切，並庚平。並耕。

① Q038

② Q102

③ Q129

④ Q095

⑤ Q179

⑥ Q016

《説文·亏部》："，語平舒也。从亏从八。八，分也。爰禮説。，古文平如此。"

【釋形】

《説文》以爲會意字，从亏从八，義爲語氣舒展。按"平"金文作（《𥳑弔之仲子平鐘》），構意不明，或像物平衡之狀。小篆與"乎"相近，"乎"上爲撇筆，"平"上爲横線，以此爲别。漢碑字形中，有的保持小篆的寫法，只是將下面的曲線向上延伸，與上面的短横相接，如圖①；多數則發生隸定，與現在通行的寫法接近，只是中間左右兩條曲線的隸定形態有異，如圖②～⑤；圖⑥則變異嚴重，中間左右兩條曲線形變近似於篆文"北"。

【釋義】

㈠平地："平阿淥泥，常蔭鮮晏"（Q095）。㈡使成爲平地："黄巾初起，燒平城市，斯縣獨全"（Q179）。㈢平坦："平地特起，靈亮上通"（Q126）；"平夷正曲，柙致土石"（Q146）。㈣平和："剛柔攸得，以和以平"（Q133）。㈤平安，安寧："啬民〖用〗彰，家用平康"（Q128）；"安平之處，萬民懽喜，行人蒙福"（Q110）。㈥平定，使安定："故中郎將安集掾平定沐叔孫圜”（Q098）；“山靈挺寶，匈灾乃平”（Q161）；“貽我潘君，平兹溧陽”（Q172）。㊆治理得好：“三國清平，詠歌懿德”（Q146）；“昭德塞違，内平外成”（Q135）；“攙英接秀，踵跡晏平”（Q137）。㊇用於年號：“河平三年八月丁亥”（Q011）；“永平元年十月十二日甲子𦵏”（Q023）；“中平四年十二月十三日𦵏”（Q184）；“以延平中拜安邊節使，銜命二州”（Q128）。㊈姓氏：“故書佐東安平閻廣”（Q088）；“南陽平氏王自子尤二百”（Q112）。㊉用於人名：“守左尉萬年長沙瑗字君平五百”（Q123）；“門生鉅鹿癭陶張雲，字子平”（Q127）；“龜兹左將軍劉平國”（Q116）。㊀用於地名：“字山陵，安平信都人”（Q129）；“門生東平寧陽韋勳，字幼昌”（Q127）；“家于平陸”（Q137）。

【釋詞】

［平除］拜官授職：“□察孝廉平除，悉以病去”（Q084）。

［平旦］清晨：“以十一月十五日平旦，赤車使者來發生葵兩束”（Q142）。

5058 **旨** zhǐ 《廣韻》職雉切，章旨上。章脂。

Q174

《説文·旨部》：“，美也。从甘，匕聲。凡旨之屬皆从旨。，古文旨。”

【釋形】

《説文》以爲形聲字，从甘，匕聲。按“旨”甲骨文作（《合》8442），从匕从口，匕是吃飯用的勺子，整字像用勺子吃飯之形，會意字。早期金文沿襲甲骨文字形，寫作（《匽侯旨鼎》）；後起金文則變“口”爲“甘”，寫作（《白旅魚父簠》）。小篆沿襲此類形體，《説文》以形聲字釋之，實爲會意字。漢碑字形中，構件“匕”和“甘”均發生形變，整字寫作“㫖”，如圖①。

【釋義】

㊀甘美：“旨酒欣欣，燔炙芬芬”（Q174）。㊁助詞，無義，常用於句中：“樂旨君子”（Q137）。

5059 **嘗(甞)** cháng 《廣韻》市羊切，禪陽平。禪陽。

① Q134　② Q124

《説文·旨部》：“，口味之也。从旨，尚聲。”

【釋形】

《説文》小篆爲形聲字，从旨，尚聲。漢碑字形將義符“旨”所从之構件“匕”或省爲一横，如圖①；或省去構件“匕”，形成从甘、尚聲的異體字“甞”，如圖②。

【釋義】

秋祭名：“躬親嘗禱，追迹曾參，繼迹樂正”（Q134）；又見“烝嘗、蒸甞”。

5060 **喜** xǐ 《廣韻》虚里切，曉止上。曉之。

① Q116　② Q083　③ Q127　④ Q110

《説文·喜部》：“，樂也。从壴从口。凡喜之屬皆从喜。，古文喜从欠，與歡同。”

【釋形】

《説文》小篆爲會意字，从壴从口，義爲快樂。其中構件“壴”爲“鼓”之初文，（《合》34477）、（《合》27383）、（《合》27694）等形，本像鼓之形。朱駿聲《説文通訓定聲》釋“喜”云：“聞樂則樂，故从壴；樂形于談笑，故从口。”漢碑字形與小篆相承，構件“壴”上面的曲線拉直爲横畫，與其下的横畫粘連似“土”形，如圖①～④。下部形體或按照小篆隸定爲“䒑”，如圖①②；或隸變作“土”形，如圖③；或減省爲“一”，

如圖④。

【釋義】

㊀喜悦，高興："田畯喜于荒圃，商旅交乎險路"（Q127）；"喜怒作律，案罪殺人"（Q187）；"歲臈拜賀，子孫懽喜"（Q106）。㊁喜好，喜歡："喜不縱慝，感不戮仁"（Q161）。

5061 **憙**（憘）　xǐ 《廣韻》虚里切，曉止上。曉之。

① Q163

② Q066

③ Q178

④ Q095

《説文·喜部》："，説也。从心，从喜，喜亦聲。"

【釋形】

《説文》小篆爲會意兼形聲字，从心从喜，喜亦聲，表示喜悦。"憙"本來是在"喜"的基礎上添加構件"心"而構成的異體字，其本義與"喜"基本相同，後來也引申出個别特殊意義。漢碑字形中，有的爲碑額篆書，如圖①。多數則已經發生隸變，構件"喜"所从之"壴"，上面"屮"中的曲線拉直爲横畫，與其下的横畫粘連似"土"形，如圖②～④；下部形體或按照小篆隸定爲"亠"，如圖②④；或省減爲"十"，如圖③。圖④則改爲从忄（心），熹聲，成爲異體字。

【釋義】

㊀喜歡，喜悦："竭孝，行殊，義篤，君子憙之"（Q114）；"商人咸憘，農夫永同"（Q095）。㊁用於地名："漢循吏故聞憙長韓仁銘"（Q163）。

5062 **彭**　péng 《廣韻》薄庚切，並庚平。並陽。

Q148

《説文·壴部》："，鼓聲也。从壴，彡聲。"

【釋形】

《説文》以爲形聲字，从壴，彡聲。按"彭"甲骨文作（《合》31429），左邊像鼓之形，右邊三撇象徵擊鼓時發出的響聲，實爲从壴从彡的會意字。漢碑字形中，構件"壴"將小篆彎曲的線條變爲平直的筆畫，最下面的横畫拉長以承"彡"，使整個字形呈半包圍結構，如圖。

【釋義】

用於地名："故彭城相行長史事吕守長繆宇"（Q099）；"故安德侯相彭城劉彪伯存五百"（Q112）；又見"彭祖"。

【釋詞】

［彭祖］傳説中的人物。因封於彭，故稱。傳説他善養生，有導引之術，活到八百高齡："述而不作，彭祖賦詩"（Q148）。

5063 **嘉**　jiā 《廣韻》古牙切，見麻平。見歌。

① Q073

② Q129

③ Q088

④ Q147

⑤ Q169

⑥ Q146

⑦ Q100

⑧ Q075

《説文·壴部》："，美也。从壴，加聲。"

【釋形】

《説文》小篆爲形聲字，从壴，加聲。漢碑字形依據小篆轉寫隸定，義符"壴"上面"屮"中的曲線拉直爲横畫，與其下的横畫粘連似"土"形，如圖①～⑧；下部形體或按照小篆隸定爲"亠"，如圖①～③；或減省爲"一"，如圖④～⑥；或完全省去，如圖⑦⑧。聲符"加"所从之構件"力"或訛混爲"刀"，如圖④～⑥。

【釋義】

㊀美好，善："遂采嘉石，造立觀闕"（Q126）；"農寔嘉穀，粟至三錢"（Q126）；"欽因春饗，導物嘉會"（Q141）；"赫赫明后，柔

嘉惟則”（Q146）。㊁吉祥，福祐：見“嘉禾、嘉祥”等。㊂嘉許，表彰：“帝嘉其忠臣之苗”（Q133）；“上嘉其節，仍〖授命莢〗”（Q135）；“京夏歸德，宰司嘉焉”（Q166）。㊃用於年號：見“元嘉、陽嘉”。㊄用於人名：“河東臨汾張嘉”（Q061）；“功曹史薛曹嘉”（Q269）。㊅用於地名：“建安十三年十一月廿日癸酉，試守漢嘉長”（Q188）。

【釋詞】

［嘉禾］生長奇異的禾，古人以爲吉祥的徵兆：“有阿鄭之化，是以三□符守，致黄龍、嘉禾、木連、甘露之瑞”（Q146）。

［嘉祥］猶“祥瑞”，吉祥的徵兆：“天地清和，嘉祥昭格”（Q125）。

［嘉祐］上天的降福和保佑：“明公嘉祐，□無形兆”（Q171）。

［嘉祉］福祉：“時仿佛賜其嘉祉”（Q142）。

5064 **鼔**　gǔ　《廣韻》公户切，見姥上。

①Q112

②Q119

《説文》作“鼓”，《説文·鼓部》：“，郭也。春分之音，萬物郭皮甲而出，故謂之鼓。从壴，支像其手擊之也。《周禮》六鼓：靁鼓八面，靈鼓六面，路鼓四面，鼖鼓、皋鼓、晉鼓皆兩面。凡鼓之屬皆从鼓。，籀文鼓，从古聲。”

【釋形】

漢碑字形从壴从皮，爲會意字，表示一種打擊樂器。《正字通》：“鼔，俗鼓字。”“鼔”當爲“鼓”的異體字。“鼓”甲骨文作（《合》21238）、（《合》22749）、（《合》30388）等形，均像手持鼓槌擊鼓之形，只是鼓槌形狀各異。小篆與後一個甲骨文字形相承，从壴从支。漢碑字形將構件“支”改换爲“皮”，因爲鼓是用獸皮製作而成的，理據重構。其中構件“壴”將小篆彎曲的線條變爲平直的筆畫，構件“皮”在小篆形的基礎上將圓轉線條筆畫化，除“又”形之外，其他部分發生粘合，已看不出原有的構意，如圖①②。

【釋義】

同“鼓”，㊀一種打擊樂器：“君於是造立禮器，樂之音苻，鍾磬瑟鼔，雷洗觴觚”（Q112）。㊁用於官名：“八月十九日丙戌，宛令右丞慴告追鼔賊曹掾石梁寫移”（Q119）。

5065 **豈**　（一）qǐ　《廣韻》祛豨切，溪尾上。溪微。

Q143

《説文·豈部》：“，還師振旅樂也。一曰：欲也，登也。从豆，微省聲。凡豈之屬皆从豈。”

【釋形】

《説文》以爲形聲字，从豆，微省聲。按“豈”與“壴”形近，當爲“壴”之分化字，由樂器鼓引申指還師振旅之樂，即凱旋的樂曲，爲凱旋之“凱”的初文。漢碑字形依據小篆轉寫隸定，只是將上部傾斜的部分隸定作“山”，且與下部“豆”相離，如圖。

【釋義】

副詞，表反詰，相當於“難道”：“豈欲得家俱去乎”（Q199）；“〖永〗與家絶，豈復望□”（Q143）。

（二）kǎi　《集韻》可亥切，溪海上。溪微。

通“愷”，和樂：“豈夫仁哲，攸剋不遺”（Q088）。

5066 **豆**　dòu　《廣韻》徒候切，定候去。定侯。

Q172

《説文·豆部》：“，古食肉器也。从口，象形。凡豆之屬皆从豆。，古文豆。”

【釋形】

《説文》小篆爲象形字，像古代盛食器皿之形。"豆" 甲骨文作 （《合》24713）、（《合》6657 反）、（《合》22145） 等形，或像器皿主體，或上加一横表示蓋子。金文沿襲帶蓋兒的寫法，寫作 （《宰甫卣》）、（《大師虘豆》）、（《豆閉簋》）。小篆沿襲後一種寫法，基本上保持了整體象形性。《説文》以 "从口" 釋之，不妥。漢碑字形依據小篆轉寫隸定，將圓轉線條隸定爲平直方折的筆畫，如圖。

【釋義】

古代盛肉或其他食物的器皿，形似高足盤，常用作祭器："干侯用張，籩豆用𠸄"（Q172）。

5067 **梪** dòu 《廣韻》徒候切，定候去。定侯。

Q112

《説文·豆部》："，木豆謂之梪。从木、豆。"

【釋形】

《説文》以爲會意字，从木从豆，表示木製的豆器。按 "梪" 應爲 "豆" 的分化字，宜理解爲形聲字。漢碑字形依據小篆轉寫隸定，構件 "木、豆" 均已經由小篆的線條隸定爲筆畫，如圖。

【釋義】

"豆" 的分化字，古代盛肉或其他食物的器皿，形似高足盤："雷洗觴觚，爵鹿柤梪"（Q112）。

5068 **豐** fēng 《廣韻》敷隆切，滂東平。滂冬。

① Q125

② Q129

③ Q144

④ Q178

《説文·豐部》："，豆之豐滿者也。从豆，象形。一曰：《鄉飲酒》有豐侯者。凡豐之屬皆从豐。，古文豐。"

【釋形】

《説文》以爲从豆，象形，表示豆器盛物豐滿的樣子。按 "豐" 甲骨文作 （《合》8263），本从壴、从二禾，表示以鼓樂的方式慶祝豐收，本義爲豐收、豐盛，會意字。金文構件 "禾" 或改换爲 "丰"（即 "封" 之初文，甲骨文作 ，見《合》20576，像植物根部封土之形。或省寫作 ，見《合》36530），寫作 （《王盉》），爲會意兼形聲字；或訛作 "木"，寫作 （《豐乍從彝簋》）。漢碑字形或依據小篆字形轉寫隸定，寫作 "豐"，如圖①；或上部粘合，與 "豊" 混同，如圖②～④。

【釋義】

㊀富足，豐收："穰穰其慶，年穀豐殖"（Q125）；"年豐歲稔，分我稷黍"（Q171）；"瑞降豐稔，民以貨稙"（Q146）；"報如景響，國界大豐"（Q060）。㊁豐盛，多："巡省五嶽，禋祀豐備"（Q129）。㊂厚，使豐厚："講禮習聆，匪徒豐學"（Q193）；"皆德任其位，名豐其爵"（Q144）。㊃用於人名："門生□川陽城□豐仲錢五百"（Q107）。㊄用於地名："遣書佐新豐郭香察書"（Q129）；"令京兆新豐王翊"（Q171）；"元氏令京兆新豐王翊"（Q174）。

5069 **虞** yú 《廣韻》遇俱切，疑虞平。疑魚。

① Q169

② Q112

③ Q128

④ Q129

⑤ Q267

《説文·虍部》："，騶虞也。白虎黑文，尾長於身。仁獸，食自死之肉。从虍，吳聲。《詩》曰：'于嗟乎，騶虞。'"

【釋形】

《説文》小篆爲形聲字，从虍，吳聲。漢碑字形中，義符“虍”或據小篆轉寫隸定，如圖①；或隸省近似於“丙”（下面爲一短横），如圖②③；或與今之寫法同，如圖⑤；或與圖⑤相比尚未添加左撇，如圖④。前4個字圖均爲上下結構，圖⑤則變爲半包圍結構。聲符“吳”从夨、口，其中構件“夨”或寫作“土”下接兩點，如圖①③④⑤；或寫作“天”，如圖②。

【釋義】

㊀企望，仰慕：“勳績著聞，百遼詠虞”（Q128）。㊁古官名，掌管山川禽獸之事：“猶昔八虞，文王是諮”（Q130）；“陳國苦虞崇伯宗二百”（Q112）。㊂傳説中的朝代名，禹封舜的兒子商均於虞：“其先盖出自少皓，唐炎之隆，伯翳作虞”（Q169）；又見“唐虞”。㊃欺詐：“剋長剋君，不虞不陽”（Q137）。㊄姓氏：“河南雒陽虞衍”（Q104）；“門生虞放”（Q267）。㊅用於人名：“相中賊史薛虞韶興公二百”（Q112）；“河南雒陽左叔虞二百”（Q112）。

5070 **虔** qián 《廣韻》渠焉切，羣仙平。羣元。

① Q260 ② Q125 ③ Q146 ④ Q142

《説文·虍部》：“，虎行皃。从虍，文聲。讀若矜。”

【釋形】

《説文》小篆爲形聲字，从虍，文聲。段玉裁《説文解字注》認爲當从虍、文，會“虎行而箸其文”之義。漢碑字形中，義符“虍”多有省變，寫法較多：或與今之寫法略同，只是左側還是短豎而非長撇，如圖①；或隸近似於“丙”（下面爲一短横），如圖②～④。聲符“文”隸定近似於“又”，且或與“虍”粘合，如圖①～④。

【釋義】

㊀恭敬而有誠意：“貢登王室，闔閣是虔”（Q127）；“望見闕觀，式路虔跽”（Q141）；又見“虔恭”。㊁用於人名：“門下掾下辨李虔”（Q146）。

【釋詞】

［虔恭］誠懇恭敬：“虔恭禮祀，不愆其德”（Q125）；“敬天之休，虔恭明祀”（Q126）；“謹立斯石，以暘虔恭”（Q142）。

5071 **虖** hū 《廣韻》荒烏切，曉模平。曉魚。

① Q065 ② Q172 ③ Q172

《説文·虍部》：“，哮虖也。从虍，乎聲。”

【釋形】

《説文》小篆爲形聲字，从虍，乎聲。漢碑字形中，義符“虍”多有省變，寫法較多，如圖①～③。聲符“乎”與獨立成字時變異情況相似，如圖①②。

【釋義】

同“乎”，介詞，相當於“于、於”：“祀聖母虖山隅”（Q065）；“垂化放虖岐周”（Q172）；“流愛雙虖□□”（Q172）。

5072 **虐** nüè 《廣韻》魚約切，疑藥入。疑藥。

① Q154 ② Q043 ③ Q095

《説文·虍部》：“，殘也。从虍，虎足反爪人也。，古文虐如此。”

【釋形】

《説文》小篆爲會意字，从虍，虎足反爪抓人，會殘害之義。“虐”甲骨文作（《合》8857）、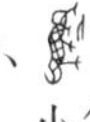（《合》17193）等形，像老虎抓人之形。小篆虎爪與身體分離，故《説文》以“虎足反爪抓人”釋之。漢碑字形中，構件“爪”與“人”粘合省變，如圖①②；或省去

“人”，構件“爪”隸定作“⺕”，如圖③。構件“虍”多有省變，寫法較多，或據小篆轉寫隸定，如圖①；或隸定近似於“丙”（下面爲一短横），如圖③；或省減過於嚴重，如圖②。

【釋義】

㊀殘害：“中遭元二，西夷虐殘”（Q095）。㊁殘暴：“内懷温潤，外撮强虐”（Q154）。

5073 **虎** hǔ 《廣韻》呼古切，曉姥上。曉魚。

① Q088

② Q155

③ Q100

④ Q100

⑤ Q100

⑥ Q114

⑦ Q210

《説文·虎部》：“，山獸之君。从虍，虎足象人足。象形。凡虎之屬皆从虎。，古文虎。，亦古文虎。”

【釋形】

《説文》以爲象形字。按“虎”甲骨文作（《合》9273反），金文作（《師酉簋》）、（《師虎簋》），均整體像虎之形，并没有像“人”的構件。春秋時期演變作（《石鼓文》），虎頭部分已與小篆同，像身尾及爪的部分也已訛近人形。小篆沿襲此類字形，并離析爲“虍”和“人”兩部分，故《説文》以“虎足象人足”釋之，與原初構意不合。漢碑字形中上下兩部分又發生粘合，并且變異多樣，甚至已看不出與小篆字形的對應關係了，如圖①～⑦。

【釋義】

㊀老虎：“哮虎之怒”（Q093）；“西方白帝禹白虎患禍欲來”（Q155）；“中行白虎後鳳皇”（Q100）；“交龍委虵，猛虎延視”（Q114）。㊁像虎一樣威猛：“再命虎將，綏元元兮”（Q088）；“鷹揚之校，螭虎之士”（H26）。㊂用於人名：“從秦人孟伯山、狄虎賁、趙當卑、萬羌、□當卑、程阿羌等六人，共來作□高□□□〖谷關〗”（Q116）。

5074 **彪** biāo 《廣韻》甫烋切，幫幽平。幫幽。

① Q141

② Q112

《説文·虎部》：“，虎文也。从虎，彡象其文也。”

【釋形】

《説文》小篆爲會意字，从虎，彡像老虎身上的花紋。“彪”金文作（《毛叔盤》），構件“虎”整體象形，小篆離析爲“虍”和“人”兩部分。漢碑字形中，構件“虎”所从之“虍”隸定近似於“丙”（下面爲一短横）；下部的“人”形訛作“九”。構件“彡”隸省爲兩點，如圖①②。

【釋義】

㊀文彩鮮明：“動履規繩，文彰彪繽”（Q193）。㊁用於人名：“河東大守孔彪元上”（Q141）；“君諱彪，字元上”（Q148）；“尚書侍郎魯孔彪元上三千”（Q112）。

5075 **盛** （一）shèng 《廣韻》承政切，禪勁去。禪耕。

① Q083

② Q134

③ Q174

④ Q154

⑤ Q188

《説文·皿部》：“，黍稷在器中以祀者也。从皿，成聲。”

【釋形】

《説文》小篆爲形聲字，从皿，成聲。漢碑字形中，義符“皿”筆畫發生重組，已失去象形性。聲符“成”本从戊，丁聲，其中構件“丁”或將兩筆連寫作横折，如圖①；或省作一横，如圖④；或仍寫作“丁”，但與構件“皿”相接，如圖③④。構件“戊”或省去右上的一點，如圖③④。圖⑤則整字變異嚴重，聲符“成”已完全看不出其原有的結構了。

【釋義】

㊀盛大，顯赫：“百行之主，於斯爲盛”（Q134）；“世作師尹，赫赫之盛”（Q166）。㊁豐盛，美盛：“恩彌盛兮”（Q088）；“兄弟功德牟盛”（Q152）；又見“盛德”。㊂用於人名：“故脩行營陵是盛，字護宗”（Q088）；“任城吴盛，陳留誠屯”（Q154）；“陳元盛葢”（Q190）。

【釋詞】

［盛德］高尚美盛的品德，也指具有高尚品德之人：“懿矣盛德，萬世垂榮”（Q066）；“乃封山刊石，昭銘盛德”（H26）；“惟銘勒之制，皆所已紀盛德傳無窮者也”（Q134）；“其先盖晉大夫張老，盛德之裔，世載□勳”（Q135）。

（二）chéng 《廣韻》是征切，禪清平。禪耕。

【釋義】

容納，盛放：見“盛器”。

【釋詞】

［盛器］盛東西的器皿：“述葬棺郭，不布瓦鼎盛器”（Q006）。

5076 **盧** lú 《廣韻》落胡切，來魚平。來魚。

① Q188

② Q125

《説文·皿部》：“，飯器也。从皿，𥂝聲。，籀文盧。”

【釋形】

《説文》以爲形聲字，从皿，𥂝聲。按“盧”甲骨文作（《合》19957），本像火爐之形，象形字，爲火爐之“爐”的初文。後添加聲符“虍(虎)”，寫作（《合》38095）、（《合》34681）等形，變爲形聲字。金文或作（《十五年趞曹鼎》）；或添加義符“皿”作，成爲新的形聲字。小篆承襲後一種字形并線條化，《説文》釋爲“从皿，𥂝聲”，其中“𥂝”即類字形的隸定。漢碑字形依據小篆轉寫隸定，中間最初像火爐的部分隸定混同爲“田”，如圖①②。

【釋義】

㊀通“廬”，簡陋的房屋：“草盧因容，負土成墳”（Q114）。㊁姓氏：“門生東郡樂平盧脩，字子節”（Q127）；“郭掾、盧餘、王貴等”（Q188）；“南陽大守中山盧奴”（Q125）。

5077 **盆** pén 《廣韻》蒲奔切，並魂平。並文。

① Q150

② Q268

《説文·皿部》：“，盎也。从皿，分聲。”

【釋形】

《説文》小篆爲形聲字，从皿，分聲。漢碑字形依據小篆轉寫隸定，義符“皿”筆畫發生重組，已失去象形性，如圖①②。

【釋義】

通“湓”，水上湧：“涉秋霖瀌，盆溢〖滔涌〗”（Q150）。

5078 **益** yì 《廣韻》伊昔切，影昔入。影錫。

① Q088

② Q129

③ Q095

④ Q207

《説文·皿部》：“，饒也。从水、皿，皿益之意也。”

【釋形】

《説文》小篆爲會意字，从水、皿，以水滿溢會富饒有餘之義，爲“溢”之初文。漢碑字形依據小篆轉寫隸定，横寫之“水”的四點或寫作短横，如圖①；或寫作方向不同的點，如圖②～④。

【釋義】

㊀利益：“《月令》祀百辟卿士有益於

民”（Q140）。㊁增加：“夏商則未聞所損益”（Q129）；“八方所達，益域爲充”（Q095）；“勞謙損益，耽古儉清”（Q187）。㊂副詞，更加：“厤弘大節，讜而益明”（Q095）。㊃用於地名：“漢故益州大守北海相景君碑”（Q088）；“故益州從事南鄭祝忱字子文”（Q199）；“漢故益州牧楊府君”（Q207）。

5079 **盈**　yíng　《廣韻》以成切，餘清平。餘耕。

① Q130

② J009

③ Q174

《説文·皿部》：“，滿器也。从皿、夃。”

【釋形】

《説文》小篆爲會意字，从皿从夃，表示器皿充滿之義。構件“夃”小篆从乛从夊，漢碑字形對其隸定不一，或省去“夊”，將“乛”寫作近似於“弓”加“丿”，如圖①；或將“乛”寫作“乃”，“夊”訛作“又”，如圖②；或省寫作“乃”中一斜線，如圖③。

【釋義】

㊀滿，豐滿：“户口既盈，禮樂皦如”（Q130）；“倉府既盈，以穀士女”（Q171）；“威恩御下，持滿億盈”（Q187）。㊁充滿：“朱紫繽紛，寵禄盈門”（Q056）；“濟濟俊乂，朝野充盈”（Q174）。㊂用於人名：“次子盈，曰少河”（Q021）。

5080 **盡**　jìn　《廣韻》慈忍切，從軫上。從真。

① Q202

② Q140

③ Q277

《説文·皿部》：“，器中空也。从皿，𤇾聲。”

【釋形】

《説文》以爲形聲字，从皿，𤇾聲。按“盡”甲骨文作（《合》3519）、（《合》3518）等形，均像手持刷子洗滌器皿之形，以此表示食物已吃完，本義爲窮盡。後來像刷子之形的上半部分與“又”組合爲“聿”，下半部分訛寫作“火”，故《説文》釋爲“从皿，𤇾聲”。漢碑中，混同爲“火”的部分或隸作四點，如圖①；或完全省去，如圖②③。構件“聿”的豎筆或不向下出頭，如圖①②；或出頭，如圖③。

【釋義】

㊀窮盡，完：“形銷氣盡，遂以毁滅”（Q202）。㊁竭盡，使出全力：“立朝正色，進思盡忠”（Q166）。㊂副詞，全部，都：“朐北界盡因諸山，山南水以北柜”（Q013）；“明月之珠玉璣珥，子孫萬代盡作吏”（Q277）；“雖未盡道善，必有所由處”（Q193）。

5081 **去**　qù　《廣韻》丘倨切，溪御去。溪魚。

① Q106

② Q142

③ Q201

《説文·去部》：“，人相違也。从大，𠙴聲。凡去之屬皆从去。”

【釋形】

《説文》以爲形聲字，从大，𠙴聲。按“去”甲骨文作（《合》7148）、（《合》28189）等形，本義爲離去，其字形正像一人從某處離開。《説文》所釋“人相違”即人離去之義。“去”字與“出”構意相似。“出”甲骨文作（《合》24732）、（《合》6689），正與“去”的兩類字形相合，其下的“凵”和“口”均表示某一處所。有學者認爲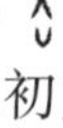一類的字形像帶蓋兒的器皿形（“蓋”之初文），這裡有兩種可能：一爲與離去之“去”形近相混，一爲借離去之“去”表示儲藏義。漢碑字形中，構件“大”混同爲“土”；構件“凵”或隸定作“△”，如圖①②；或隸作“厶”，爲後世楷書承襲，如圖③。

【釋義】

㊀離開：“妻子攣家，不忍去”（Q199）；

"去周適晉"(Q201)。㊁距離:"史君念孔瀆顔母井去市遼遠"(Q141);"去地百餘里"(Q092);"去家七百餘里"(Q199)。㊂去世,死亡:"幼從君得度世而去"(Q142);"旬年二親蚤去明世"(Q106);"夭年俱去"(Q114)。㊃辭去官職:"以病去官,廿有餘"(Q128);"以公事去官"(Q154)。㊄除掉,除去:"應時發算,除去灾變"(Q142);"令群臣已葬,去服"(Q006);"主除刻去凶"(Q204)。㊅往,與"來"相反:"三公、封龍、靈山,先得法食去"(Q174);"僊去仕晉,逄勛封魏"(Q173)。

5082 **血** xuè 《廣韻》呼決切,曉屑入。曉質。

① Q083

② Q140

《説文·血部》:",祭所薦牲血也。从皿,一象血形。凡血之屬皆从血。"

【釋形】

《説文》小篆爲指事字,从皿,一象徵血,表示用作祭品的牲畜的血。漢碑字形依據小篆轉寫隸定,如圖①②,其中圖①的變異比較特别,圖②的寫法則爲後世所承襲。

【釋義】

㊀血液:"血書著紀,黄玉韻應"(Q140)。㊁殺:"斬昷禺㠯釁鼓,血尸逐㠯染鍔"(H26)。㊂極度悲痛的淚水:"泣血懰慄"(Q083)。

5083 **膿** nóng 《廣韻》奴冬切,泥冬平。泥冬。

Q178

《説文》爲"盥"的俗體,《説文·血部》:",腫血也。从血,農省聲。,俗盥,从肉,農聲。"

【釋形】

《説文》以"膿"爲形聲字,从肉,農省聲,乃"盥"之俗字。"膿"从肉,"盥"从血,是采用了不同的構意,化膿與血水有關,也與肌肉潰爛有關,故从肉或从血,是從不同角度去建構該字的形義關係。聲符"農"本从晨囟聲。漢碑字形與小篆相承,構件"晨"所从的"臼"與構件"囟"發生粘連,變爲"覀",如圖。

【釋義】

炎症病變形成的黏液:"有吮膿之仁"(Q178)。

5084 **主** zhǔ 《廣韻》之庾切,章麌上。章侯。

① Q088

② Q100

③ Q202

④ Q145

《説文·丶部》:",鐙中火主也。从𡈼,象形。从丶,丶亦聲。"

【釋形】

《説文》以爲會意兼形聲字,从𡈼从丶,丶亦聲,義爲燈中的火炷。按"主"戰國文字作,下面像燈身,上面一點像燈頭,合體象形字。小篆承襲此類字形并線條化,《説文》以"从𡈼从丶,丶亦聲"釋之,不妥。或曰"主"是從"示"字分化而來,本像神主之形,此説尚難以確證。漢碑字形依據小篆轉寫隸定,將上面的曲線拉直爲横畫,燈頭或轉寫爲一横,如圖①②;或與下面的豎筆相連,如圖③④。

【釋義】

㊀掌管,負責:"請置百石卒史一人,典主守廟"(Q102);"新婦主待給水將"(Q100);"主除刻去凶,子子孫孫壽老,如律令"(Q204)。㊁堅守:"寬猛不主,德義〖是經〗"(Q137);"規策榘謨,主忠信兮"(Q088);"主爲漢制,道審可行"(Q140)。㊂君主:"輔主匡君,循禮有常"(Q095);

“或在王庭，輔翼聖主”（Q171）；“于時聖主諮諏”（Q178）。㊃公主的簡稱：“印弟傳爵至孫欽，尚敬武主，無子，國除”（Q169）。㊄事物的根本：“百行之主，於斯爲盛”（Q134）；“弘農大守、安國亭侯、汝南袁逢，掌華嶽之主”（Q129）。㊅用於官名：見“主簿、主記”等。㊆用於“太主”，皇帝姑母的稱號：“學中大主”（Q202）。

【釋詞】

［主簿］官名，漢代中央及郡縣官署多置之，其職責爲主管文書，辦理事務：“故從事主簿上禄石祥”（Q146）；“主簿蔡陽樂茂”（Q125）；“故主簿鄧化孔彦”（Q178）。

［主記］主記犹記室，掌管文書的官吏，又做“主記史”：“衙主記掾楊綬子長三百”（Q123）；“將主薄文堅、主記史邯伍”（Q188）。

［主吏］秦漢郡縣地方官的屬吏：“家父主吏”（Q106）；“主吏蚤失賢子”（Q106）。

［主疏］鄉官名：“主疏左巨等廿五人共爲約束石券”（Q029）。

5085 **丹** dān 《廣韻》都寒切，端寒平。端元。

① Q148

② Q112

③ Q267

《説文·丹部》：“，巴越之赤石也。象采丹井，一象丹形。凡丹之屬皆从丹。，古文丹。，亦古文丹。”

【釋形】

《説文》小篆爲合體象形字，像礦井中的丹砂之形。《説文》古文  更爲象形。而《説文》中的另一個古文應爲“彤”字，从丹从彡，彡表示丹砂絢麗的色彩。漢碑字形依據小篆進行轉寫隸定，其中圖①則與小篆形體最爲接近；圖②③中像礦井的部分線條發生重組，外部輪廓與“月”相似，下面一横向左右延伸。

【釋義】

㊀朱砂，可作顏料：見“丹青”。㊁用於人名：“泰山鮑丹漢公二百”（Q112）。

【釋詞】

［丹青］丹砂和青雘，可用作書寫顏料，故常借指史册：“惟我君績，表于丹青”（Q148）。

5086 **彤** tóng 《廣韻》徒冬切，定冬平。定冬。

Q088

《説文·丹部》：“，丹飾也。从丹从彡。彡，其畫也。”

【釋形】

《説文》小篆爲會意字，从丹从彡，本義是丹砂絢麗的色彩。漢碑字形依據小篆轉寫隸定，構件“丹”形變近似於“月”，如圖。

【釋義】

用於人名：“故書佐都昌張彤”（Q088）。

5087 **青** qīng 《廣韻》倉經切，清青平。清耕。

① Q066

② Q155

《説文·青部》：“，東方色也。木生火。从生、丹。丹青之信，言象然。凡青之屬皆从青。，古文青。”

【釋形】

《説文》以爲會意字，从生、丹，以五行的相生關係釋之。孔廣居《説文疑疑》：“丹，青類也。故青从丹，生聲。木生火之説，未免太鑿。”《説文·丹部》“雘”下段玉裁注引《南山經》：“雞山，其下多丹雘。侖者之山，其下多青雘。”據此，“青”本義應爲青雘，是一種青色的礦物顏料，故其字从丹。“青”金文作 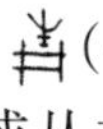（《史牆盤》）、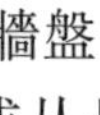（《吳方彝蓋》）等形，或从井，或从丹，其構意相同。

構件“生”應爲聲符,“生、青”上古音非常接近。漢碑字形依據小篆轉寫隸定,構件“丹”混同爲“月”,構件“生”將彎曲的線條拉直寫作“龶”,如圖①②。

【釋義】

㊀青雘,可作顔料:見“丹青”。㊁黑色:“而青蠅嫉正,醜直實繁”(Q066);“東方青帝禹青龍患禍欲來”(Q155);“前有白虎青龍車”(Q100)。㊂東方的代稱:“告東方青帝主除黄氣之凶”(Q204)。㊃用於地名:“青州從事,北海高密孫仲隱,故主簿、督郵、五官掾、功曹、守長”(Q160)。

【釋詞】

[青羌]羌族的一支:“米巫汹瘧,續蠢青羌”(Q187)。

5088 **靜**　jìng《廣韻》疾郢切,從靜上。從耕。

① Q095

② Q137

《説文·青部》:“,審也。从青,爭聲。”

【釋形】

《説文》以爲形聲字,从青,爭聲。或以爲从爭,青聲,其義符之構意均不甚明晰。漢碑字形中,義符“青”所从之構件“丹”混同爲“月”,構件“生”將彎曲的線條拉直寫作“龶”,如圖①;圖②中的構件“生”訛寫近似於“王”。聲符“爭”上面的“爪”或隸定作“爫”,如圖①;或訛寫作“日”,如圖②。

【釋義】

㊀安靜,寧靜:“朝中惟靜,威儀抑抑”(Q146);“閉門靜居,琴書自娱”(Q154)。㊁平靜,靜止:“惟乾動運,坤道靜貞”(Q109)。㊂使安定:“寧靜烝庶,政與乾通”(Q095)。㊃用於人名:“故門下史秦竝靜先”(Q178);“處士魯劉靜子著千”(Q112)。

5089 **井**　jǐng《廣韻》子郢切,精靜上。精耕。

① J237

② Q141

③ Q141

《説文·井部》:“,八家一井,象構韓形。·,罋之象也。古者伯益初作井。凡井之屬皆从井。”

【釋形】

《説文》小篆爲象形字,像水井或礦井之形。中間一點《説文》云像汲水之罋,或曰像丹砂之形。漢碑字形依據小篆轉寫隸定,均省去構件“·”,左邊豎向線條或轉寫爲豎筆,如圖①;或轉寫爲撇筆,如圖②③。

【釋義】

水井:“史君念孔瀆顔母井去市遼遠”(Q141);“又勑瀆井,復民餝治”(Q141)。

5090 **㓝**

《説文》小篆作,从井从刀。漢碑中爲“刑”的異體字(圖③),見4145刑。

5091 **即**　jí《廣韻》子力切,精職入。精質。

① Q128

② Q169

③ Q102

④ Q174

《説文·皀部》:“,即食也。从皀,卪聲。”

【釋形】

《説文》以爲形聲字,从皀,卪聲。按“即”甲骨文作(《合》34058)、(《合》21234)等形,从皀(“簋”的初文)、卩,像一人在盛食器旁就食,本義爲接近、走向。《説文》小篆將像簋之形的部分轉寫作“皀”,釋之爲“穀之馨香”或“一粒”,屬於理據重構。漢碑字形中,構件“卪”均隸定作“卩”。構件“皀”的隸定形體不一,或上下兩個構件仍相離,如圖①②;或粘合爲一個構件,如圖③④。“皀”均省去小篆最上面的短豎,爲今之形體所承,其下所从之“匕”變異多樣,如圖①～④。

【釋義】

㊀走向，到……去："景命不永，早即幽昏"（Q166）；"忽然遠游，將即幽都"（Q113）。㊁就任："屈私趨公，即仕佐上"（Q172）；"即丘侯相，膠東令"（Q137）。㊂追求，求取："醳艱即安，有勳有榮"（Q095）；"改解危殆，即便求隱"（Q150）。㊃表時間，相當於"當、這"："伯王即日徙署行丞事"（Q095）；"□□□□□下庚子詔書，即日理判也"（Q170）。㊄副詞，❶表時間上的承接，相當於"就、立即"："四時來祭，畢，即〖歸〗國"（Q140）；"褒成侯四時來祠，事已即去"（Q102）；"上問君於何所得之，對曰：'從蜀郡大守取之。'即驛馬問郡，郡上報曰"（Q142）；"休謁往徠，轉景即至"（Q199）。❷表示判斷，相當於"是、就是"："子，即君是也"（Q128）；"孟元子名寬，字伯然，即充國之孫也"（Q169）；"前有白虎青龍車，後即被輪雷公君"（Q100）。㊅連詞，表示假設，相當於"如果"："即訾下不中，還田轉與當爲父老者"（Q029）；"世無有死者，即欲有死者，藏石羊能願吉"（Q203）。

【釋詞】

［即序］使……歸順："外定彊夷，即序西戎"（Q169）。

5092 **既** jì 《廣韻》居豙切，見未去。見物。

① Q133

② Q129

③ Q174

④ Q130

⑤ Q153

⑥ Q179

⑦ Q179

《説文·皀部》："，小食也。从皀，旡聲。《論語》曰：'不使勝食既。'"

【釋形】

《説文》以爲形聲字，从皀，旡聲。按"既"甲骨文作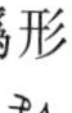（《合》163）、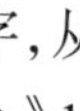（《合》34389）等形，从皀（"簋"的初文）、旡，表示人已經吃完飯，本義爲已經。《説文》小篆將像簋之形的部分轉寫作"皀"，釋之爲"穀之馨香"或"一粒"，屬於理據重構。《説文》釋"既"爲"小食"，爲其假借義。漢碑字形中，構件"皀"的隸定形體不一，或上下兩個構件仍相離，如圖⑥；或粘合爲一個構件，如圖①②③④⑤⑦；除圖①將小篆最上面的短豎隸定爲短撇外，其他字形中均省略；所从之"匕"也有多種變化，如圖①～⑦。構件"旡"或據小篆隸定爲"旡"，與今之寫法同，如圖②③；或訛混爲"无"，如圖①④⑤⑥；或訛混爲"元"，如圖⑦。

【釋義】

㊀窮盡，終結："當離墓側，永懷靡既"（Q088）。㊁副詞，❶已經，……之後："既至升堂，屏氣拜手，祗肅屑僾，髣髴若在"（Q141）；"既仕州郡，會孝順皇帝西巡，以掾史召見"（Q133）；"大業既定，鎮安海内"（Q153）；"吉地既遷，良辰既卜"（H144）。❷全，都："黍稷既馨，犧牲博碩"（Q126）。㊂連詞，與"且"呼應，或自身連用，表示兩種情況兼有："班化黎元，既清且寧"（Q133）；"育兹令德，既喆且明"（Q161）；"於穆我君，既敦既純"（Q179）。

5093 **鬯** chàng 《廣韻》丑亮切，徹漾去。透陽。

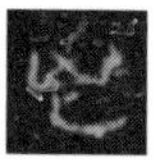
Q193

《説文·鬯部》："，以秬釀鬱艸，芬芳攸服，以降神也。从凵，凵，器也；中象米；匕，所以扱之。《易》曰：'不喪匕鬯。'凡鬯之屬皆从鬯。"

【釋形】

《説文》以爲會意字，从凵，中象米，下从匕，表示用鬱金香草合黑黍釀成的美酒。按"鬯"甲骨文作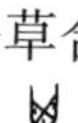（《合》23127）、

(《合》16244)等形,像酒器形,中有小點表示香酒(參見季旭昇《説文新證》)。《説文》分解爲从凵从匕,與原初構意不符。其中“匕”當爲酒器下部的圈足,《説文》理解爲舀酒的勺子;中間像香酒的小點《説文》理解爲米粒。漢碑字形在承襲小篆的基礎上進行隸省,上部近似於“凶”,不確定是否還有點畫,如圖。

【釋義】

芳香:見“鬯芳”。

【釋詞】

[鬯芳] 芳香:“鬯芳旁布,尤愍縣□”(Q193)。

5094 **爵** jué 《廣韻》即略切,精藥入。精藥。

① Q100

② Q134

③ Q178

④ Q112

⑤ Q169

⑥ Q144

⑦ Q066

《説文·鬯部》:“,禮器也。象爵之形,中有鬯酒,又持之也。所以飲。器象爵者,取其鳴節節足足也。,古文爵,象形。”

【釋形】

《説文》以爲會意字,像爵之形,中有鬯酒,以手持之,表示一種飲酒器。按“爵”甲骨文作(《合》22067)、(《合》14768)等形,整體像爵之形,上有柱,前有流,後有鋬,下有三足,象形字。商代金文添加構件“又”,表示以手持之,寫作(《爵父癸卣蓋》)、(《爵且丙尊》)等形。西周金文進一步複雜化,又增添表示香酒的構件“鬯”,强化“爵”爲酒器,寫作(《伯公父勺》)等形。小篆在此字形的基礎上線條化,構件“鬯”變得更加清晰,但像爵之形的部分已失去象形性。漢碑字形依據小篆進行轉寫隸定,上部像爵柱的部分隸定爲“爫”,如圖②～⑥;或近似於“木”,如圖①。中間像爵身的部分多隸定爲“罒”,如圖①～⑥;或隸定爲“罒”,如圖⑦。表示香酒的“鬯”多訛混爲省去短豎且上下粘合的“皀”,如圖①③④⑤⑥;或將上部省減爲“凶”形,如圖②;或將上部變爲“○”内含“×”,如圖⑦。構件“又”多改换爲“寸”,如圖①③④⑤⑦;或改换爲“彡”,如圖②⑥。

【釋義】

㊀古代的一種酒器:“祠孔子以大牢,長吏備爵”(Q140);“奉爵稱壽,相樂終日”(Q141);“爵鹿柤梪,籩柉禁壺”(Q112)。㊁爵位:“頎甫班爵,方授銀符”(Q134);“卿守將帥,爵位相承,以迄于君”(Q161);又見“天爵”。㊂通“雀”,❶鳥雀:“朱爵對游栗仙人,中行白虎後鳳皇”(Q100);“生汙相和仳吹廬,龍爵除央鷁噣魚”(Q100)。❷用於官職名:“祖父大常博士,徵朱爵司馬”(S110)。

5095 **食** shí 《廣韻》乘力切,船職入。船職。

① Q174

② Q084

③ Q142

《説文·食部》:“,一米也。从皀,亼聲。或説:亼皀也。凡食之屬皆从食。”

【釋形】

《説文》以爲形聲字,从皀,亼聲;或以爲會意字,从亼从皀。按“食”甲骨文作(《合》11483)、(《合》11485)、(《合》29776)等形,有學者認爲从亼(像倒口形)、从皀(“簋”的初文),會張口就簋進食之義。然據“飤”(“飼”的初文)之甲骨文字形可知,其上之“亼”似非倒口,而是簋的蓋子。“飤”甲骨文有(《合》20326)、(《合》20147)、(《合》17953)諸形,均像伸手揭開簋蓋以進食之形。而甲骨文的“食”字實乃“飤”省去人形,有些字形中的點兒

象徵揭開簋蓋時食物溢出的樣子。故“食”確實是从亼从皀的會意字，但所會之義并非垂涎而食，而是開鍋吃飯。小篆將像簋之形的部分轉寫作“皀”，釋之爲“穀之馨香”或“一粒”，屬於理據重構。漢碑字形依據小篆轉寫隸定，構件“皀”或仍分爲上下兩個構件，如圖③；或粘合成一個構件，如圖①②。“皀”均省去小篆最上面的短豎，爲今之形體所承；其下所从之“匕”也變化不一，如圖①～③。

【釋義】

㊀食物：“脩上案食醊具，以叙小節”（Q140）；“離敗聖輿食糧，亡于沙丘”（Q112）；又見“法食”。㊁吃：“慕君塵軌，奔走忘食”（Q125）；“皆食石脂，仙而去”（Q142）；“非其食，弗食”（Q084）。㊂享受：“得在中州，尸素食禄”（Q171）。㊃享祀：“故建防共墳，配食斯壇”（Q117）；“二弟文山、叔山悲哀，治此食堂”（Q082）。

【釋詞】

［食邑］指古代君主賜予臣下作爲世禄的封地：“封侯食邑，傳子孫兮”（Q171）。

5096 **飴** yí 《廣韻》與之切，餘之平。餘之。

Q065

《説文·食部》：“，米櫱煎也。从食，台聲。，籀文飴从異省。”

【釋形】

《説文》小篆爲形聲字，从食，台聲。漢碑字形爲碑文篆書，與《説文》小篆相近，如圖。

【釋義】

通“來”，來臨：“神禋享而飴格，釐我后以萬祺”（Q065）。

5097 **養** yǎng（一）《廣韻》餘兩切，餘養上。餘陽。

① Q127

② Q106

③ Q178

④ Q142

⑤ Q114

《説文·食部》：“，供養也。从食，羊聲。，古文養。”

【釋形】

《説文》小篆爲形聲字，从食，羊聲。漢碑字形依據小篆轉寫隸定，義符“食”所从之“皀”的形變與“食”中一致，可參見5095食。其上之“亼”多省寫爲“八”，如圖①～③；或者將“八”的左撇與“羊”的豎筆相連，爲今之寫法所承，如圖④⑤。聲符“羊”上部像羊角的“𦍌”，或據小篆隸定爲“北”，如圖①；或隸定作“丷”下一長横，整個構件“羊”隸定爲“𦍋”，如圖②③。

【釋義】

㊀蓄養：“更離元二，雍養孤寡，皆得相振”（Q106）。㊁修養：“常隱居養志”（Q142）；“或有恬惔，養皓然兮”（Q171）。㊂培養：“自衛反〚魯〛，養徒三千”（Q140）。㊃培植：“徐養淩柏，朝莫祭祠”（Q114）。

（二）yàng《廣韻》餘亮切，餘漾去。餘陽。

【釋義】

奉養：“祗傅五教，尊賢養老”（Q127）；“志在共養，子道未反”（Q057）；“臣子欲養，明府弗留”（Q088）；“收養季祖母”（Q178）。

5098 **飯** fàn 《廣韻》扶晚切，並阮上。並元。

① Q106

② Q188

《説文·食部》：“，食也。从食，反聲。”

【釋形】

《説文》小篆爲形聲字，从食，反聲。漢

碑字形依據小篆轉寫隸定，其中義符“食”所从之“皀”的形變與“食”中一致，如圖①②，可參見5095食。

【釋義】

㊀吃飯：“飯食衰少，遂至掩忽不起”（Q106）。㊁供給飯食：“以家錢雇飯石工劉盛，復立以示後賢”（Q188）。

5099 **餐** cān 《廣韻》七安切，清寒平。清元。

Q161

《說文·食部》：“，吞也。从食，𣪏聲。，餐或从水。”

【釋形】

《說文》小篆爲形聲字，从食，𣪏聲。漢碑字形字圖模糊，但依稀可見其大致結構依據小篆轉寫隸定，如圖。

【釋義】

飯食：“捄活食餐千有餘人”（Q161）。

5100 **饁** yè 《廣韻》筠輒切，雲葉入。匣葉。

① Q127 ② Q171

《說文·食部》：“，餉田也。从食，盍聲。《詩》曰：‘饁彼南畝。’”

【釋形】

《說文》小篆爲形聲字，从食，盍聲。漢碑字形依據小篆轉寫隸定，其中義符“食”所从之“皀”的形變與“食”中一致，可參見5095食。聲符“盍”小篆本从血、大，其中構件“大”與構件“血”上部的橫畫粘連，訛混爲“去”；構件“血”遂訛混爲“皿”，如圖①②。

【釋義】

饋送食物：“南畝孔饁，山有夷行”（Q127）；“童妾壺饁，敬而賓之”（Q171）。

5101 **饗** xiǎng 《廣韻》許兩切，曉養上。曉陽。

① Q102 ② Q141

《說文·食部》：“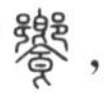，鄉人飲酒也。从食从鄉，鄉亦聲。”

【釋形】

《說文》以爲會意兼形聲字，从食从鄉，鄉亦聲，表示眾人相聚宴飲。按“饗”與鄉黨之“鄉”、公卿之“卿”、方向之“嚮(向)”諸字初文均爲“鄉”，甲骨文作（《合》28333），像兩人相對而食。後爲與“鄉、卿、嚮(向)”等字相區分，表示宴飲義時添加義符“食”，寫作“饗”。漢碑字形依據小篆轉寫隸定，構件“食”的形變與其單獨成字時一致，可參見5095食。構件“鄉”《說文》小篆將兩人訛寫作“𨛜”，將像簋之形的部分轉寫作“皀”；漢碑字形中“𨛜”進一步變異，左側構件“邑”粘合省寫近似於“乡”，右側構件“邑”隸定作“阝”，如圖①②“皀”的形變與“食”中一致，可參見5095食。

【釋義】

㊀設盛宴招待賓客：“行秋饗，飲酒畔宮”（Q140）。㊁祭祀：“史君饗後，部史仇誧、縣吏劉耽等，補完里中道之周左廧垣壞決”（Q141）；“典主守廟，春秋饗禮，財出王家錢”（Q102）；“師友門人閔其行正，來饗厥功”（Q041）。

5102 **餘** yú 《廣韻》以諸切，餘魚平。餘魚。

① Q146 ② Q169 ③ Q178 ④ Q128

⑤ Q144 ⑥ Q129 ⑦ Q188

《說文·食部》：“，饒也。从食，余聲。”

【釋形】

《説文》小篆爲形聲字,从食,余聲。漢碑字形依據小篆轉寫隸定,義符“食”的形變與其單獨成字時一致,可參見 5095 食。聲符“余”將字形中間彎曲的線條拉直後,或與小篆相近,如圖①～③;或將中間的豎線向上延長,如圖④～⑥;或多加一筆爲三横畫,如圖⑦。

【釋義】

㊀剩餘:“餘類未輯,訓咨羣寮”(Q173);又見“餘燼”。㊁整數後多出的零數:“廿餘年不復〖身至〗”(Q125);“面縛二千餘人”(Q146);“山北人西,去地百餘里”(Q092)。㊂用於人名:“次子提餘,曰伯老”(Q021);“郭掾、盧餘、王貴等”(Q188)。

【釋詞】

[餘燼]比喻殘餘力量:“轉拜部陽令,收合餘燼,芟夷殘迸,絶其本根”(Q178)。

[餘胙]祭祀所餘之肉:“乃敢承祀,餘胙賦賜”(Q141)。

5103 **館** guǎn 《廣韻》古玩切,見换去。見元。

① Q125

② Q127

③ Q127

《説文·食部》:“,客舍也。从食,官聲。《周禮》:‘五十里有市,市有館,館有積,以待朝聘之客。’”

【釋形】

《説文》小篆爲形聲字,从食,官聲。漢碑字形依據小篆轉寫隸定,義符“食”的形變與其單獨成字時一致,可參見 5095 食,如圖①～③。

【釋義】

㊀接待賓客的房屋:“〖高大殿〗宇,□齊傳館”(Q125)。㊁用於地名:“門生魏郡館陶張上,字仲舉”(Q127);“故鴈門陰館丞”(Q234)。

5104 **饕** tāo 《廣韻》土刀切,透豪平。透宵。

Q084

《説文·食部》:“,貪也。从食,號聲。,饕或从口,刀聲。,籀文饕从號省。”

【釋形】

《説文》小篆爲形聲字,从食,號聲。漢碑字形依據小篆轉寫隸定,義符“食”的形變與其單獨成字時一致,可參見 5095 食。聲符“號”所从之“号”,下部的“丂”省寫爲一折筆;“虎”的變異可參見 5073 虎,如圖。

【釋義】

貪婪的人:“彈饕糾貪,務鉏民穢”(Q187);又見“饕飻”。

【釋詞】

[饕飻]即“饕餮”,傳説中的一種貪婪凶殘的怪物,常用以比喻貪得無厭者:“饕飻改節,寇暴不作”(Q084)。

5105 **飻** tiè 《廣韻》他結切,透屑入。透質。

Q084

《説文·食部》:“,貪也。从食,殄省聲。《春秋傳》曰:‘謂之饕飻。’”

【釋形】

《説文》以爲形聲字,从食,殄省聲。按徐鍇《説文解字繫傳》作“㐱聲”,可從。漢碑字形中,義符“食”的形變與其單獨成字時一致,可參見 5095 食,聲符“㐱”混同爲“尒”(即“尔”),如圖。

【釋義】

貪婪、凶殘的人:見“饕飻”。

5106 **饑** jī 《廣韻》居依切,見微平。見微。

① Q060　② Q135

《説文·食部》：“，穀不孰爲饑。从食，幾聲。”

【釋形】

《説文》小篆爲形聲字，从食，幾聲。漢碑字形依據小篆轉寫隸定，義符“食”的形變與其單獨成字時一致，可參見 5095 食。聲符“幾”小篆从 𢆶 从戍，其中構件“𢆶”本像兩束絲形，漢碑中原來的圓圈形均離析爲筆畫，寫作“丝”，如圖①②。

【釋義】

荒年，饑荒：“黎烝殷，罔荒饑”（Q135）；“元初四年，常山相隴西馮君到官，承饑衰之後”（Q060）。

5107 **饉**　jǐn　《廣韻》渠遴切，羣震去。羣文。

Q148

《説文·食部》：“，蔬不孰爲饉。从食，堇聲。”

【釋形】

《説文》小篆爲形聲字，从食，堇聲。漢碑字形依據小篆轉寫隸定，義符“食”的形變與其單獨成字時一致，可參見 5095 食。聲符“堇”小篆从土、从黄省，漢碑中“黄”的省形與構件“土”發生粘連；“堇”上部的“廿”形離析混同爲“++”，如圖。

【釋義】

莊稼欠收：“冀土荒饉，道殣相望”（Q128）；“□□以飢饉，斯多草竊”（Q148）。

5108 **餧**　něi　《廣韻》奴罪切，泥賄上。泥微。

Q095

《説文·食部》：“，飢也。从食，委聲。一曰：魚敗曰餧。”

【釋形】

《説文》小篆爲形聲字，从食，委聲。漢碑字形依據小篆轉寫隸定，將圓轉線條隸定爲平直筆畫。其中義符“食”的形變與其單獨成字時基本一致，可參見 5095“食”。聲符“委”所从之“禾”上面像禾穗的曲線被離析爲一短撇；所从之“女”的三條曲線，分别據其所處的不同位置而轉寫爲不同的筆畫，如圖。

【釋義】

飢餓：“終年不登，匱餧之患”（Q095）。

5109 **飢**　jī　《廣韻》居夷切，見脂平。見脂。

Q084

《説文·食部》：“，餓也。从食，几聲。”

【釋形】

《説文》小篆爲形聲字，从食，几聲。漢碑字形依據小篆轉寫隸定，其中義符“食”的形變與其單獨成字時基本一致，可參見 5095 食；聲符“几”由一條向下的曲線離析爲兩個筆畫，如圖。

【釋義】

㊀餓：見“飢溺”。㊁通“饑”，荒年，五穀不收：見“飢饉”。

【釋詞】

［飢饉］饑荒，莊稼没有收成：“□□以飢饉，斯多草竊”（Q148）。

［飢溺］語出《孟子·離婁下》：“禹思天下有溺者，由己溺之也；稷思天下有飢者，由己飢之也，是以如是其急也。”比喻生活困苦：“每懷禹稷恤民飢溺之思，不忘百姓之病也”（Q084）。

5110 **餟**　zhuì　《廣韻》陟衛切，知祭去。端月。

Q142

《説文·食部》:“，祭酹也。从食，叕聲。”

【釋形】

《説文》小篆爲形聲字，从食，叕聲。“叕”上古音在端母月部。漢碑字形依據小篆轉寫隸定，義符“食”的形變與其單獨成字時一致，可參見5095食，聲符“叕”將連綴在一起的幾個線條離析重組爲四個“又”，如圖。

【釋義】

祭祀時以酒澆地：“敬進肥君餟，順四時所有”（Q142）。

5111 **合** hé 《廣韻》侯閤切，匣合入。匣緝。

① Q095

② Q125

③ Q174

④ Q178

《説文·亼部》:“，合口也。从亼从口。”

【釋形】

《説文》以爲會意字，从亼从口。按“合”字像帶蓋的容器上下相合之形，象形字。甲骨文或作（《合》22066）、（《合》14365）等形，更爲象形。漢碑字形依據小篆轉寫隸定，構件“亼”多隸定爲“人”下一短横，如圖①～④。

【釋義】

㊀聚集：“觸石而出，膚寸而合”（Q174）。㊁融合：“神歆感射，三靈合化”（Q126）。㊂符合：“發號施憲，每合天心”（Q148）；“上合紫臺，稽之中和；下合聖制，事得禮儀”（Q112）；“揆往卓今，謀合朝情”（Q095）；“賛天〖休〗命，德合无疆”（Q126）。㊃同：“五嶽四瀆，與天合德”（Q125）；“寔爲四瀆，與河合矩”（Q125）。㊄配製：“大女桃婓等，合七首藥神明膏”（Q178）。㊅總計：“并畔官文學先生、執事諸弟子，合九百七人”（Q141）。㊆搜緝：“收合餘燼，芟夷殘迸，絶其本根”（Q178）。

5112 **僉** qiān 《廣韻》七廉切，清鹽平。清談。

① Q179

② Q187

③ Q150

《説文·亼部》:“，皆也。从亼从吅从从。《虞書》曰：‘僉曰伯夷。’”

【釋形】

《説文》以爲會意字，从亼从吅从从，釋其義爲皆、都。按“僉”構形不明，西周金文“劍”字即从金，僉聲，寫作（《師同鼎》）。戰國時期的美術字“劍”字只寫作“僉”，不从金，如（《越王劍》）。“僉”後來皆作範圍副詞，表示都、全。漢碑字形中，構件“从”隸定爲“灬”，如圖①～③。

【釋義】

副詞，皆，都：“僉曰大平兮，文翁復存”（Q150）；“國人僉嘆，刊勒斯石，表示無窮”（Q161）；又見“僉然”。

【釋詞】

［僉然］㊀猶“一致”：“故吏韋萌等，僉然同聲，賃師孫興，刊石立表”（Q179）。㊁和諧貌：“州里僉然，號曰吏師”（Q187）。

5113 **今** jīn 《廣韻》居吟切，見侵平。見侵。

① Q129

② Q104

③ Q130

《説文·亼部》:“，是時也。从亼从乁。乁，古文及。”

【釋形】

《説文》以爲會意字，从亼从乁，表示目前這個時候，現在。按“今”甲骨文作（《合》6038）、（《合》36955）等形，裘錫圭《説字小記·説去今》以爲从“曰”而倒置，表示閉口不言之義，可備一説。“是時”

義爲其假借用法。漢碑字形依據小篆轉寫隸定，由於折筆  有向左逆筆的書寫過程，所以漢碑中除個别嚴格按小篆字形隸定外（如圖①），多數則離析爲“丅”形，如圖②③，其中圖③省去“亼”下的短横。

【釋義】

㊀現在：“寖用丘虚，訖今垣趾營兆猶存”（Q129）；“當讓遐年，今遂逝兮”（Q187）；“今欲加寵子孫，敬恭明祀，傳于罔極”（Q102）。㊁當代：“世口書悦樂，古今允通”（Q130）；“自古迄今，莫不創楚”（Q150）；“乃刊碑勒銘，昭示來今”（Q169）。

5114 **舍**　（一）shè 《廣韻》始夜切，書禡去。書魚。

① Q071

② Q142

③ Q102

④ Q084

《説文·亼部》：“，市居曰舍。从亼、屮，象屋也；囗象築也。”

【釋形】

《説文》以爲會意字，从亼、屮、囗，表示屋舍。按“舍”西周金文作 （《夨令方尊》），从口，余聲。“余”甲骨文作 （《合》19910），學者多認爲像房舍之形，爲“舍”之初文。後常借表發布命令，故添加義符“口”，“余”轉變爲聲符。《説文》小篆義符“口”形變爲像築牆的“囗（音 wéi）”，爲理據重構。漢碑字形依據小篆轉寫隸定，中間形體或隸定爲“干”，與小篆相近，如圖①；或隸定爲“工”，如圖②④；或隸定爲“土”，如圖③。下部的“囗”或省變作“凵”，如圖④。

【釋義】

㊀旅館：“荅可守客舍”（Q043）。㊁處所，住宅：“解止幼舍，幼從君得度世而去”（Q142）；“假夫子冢，顔母开舍及魯公冢守吏凡四人”（Q141）；又見“府舍”。㊂居住：“爲堯種樹，舍潛于岐”（Q187）；又見“舍止”。㊃星宿：“其先蓋五行星仲廿八舍柳宿之精也”（H105）。㊄用於官名：見“舍人”。

【釋詞】

［舍人］古代官稱，前冠以不同頭銜，如秦漢置太子舍人，魏晉有中書舍人：“以河南尹子，除太子舍人”（Q059）。

［舍止］居留，居住：“君常舍止棗樹上，三年不下”（Q142）。

（二）shě 《廣韻》書冶切，書馬上。書魚。

【釋義】

㊀同“捨”，放下，放棄：“舍業憔悴，感清英之處卑，傷美玉之不賈”（Q175）。㊁廢止：“歸來洙泗，用行舍臧”（Q137）。㊂布施：“施舍廢置，莫非厥宜”（Q084）；“施舍弗券，求善不厭”（Q173）。

5115 **會**　（一）huì 《廣韻》黄外切，匣泰去。匣月。

① Q065

② Q129

③ Q153

④ Q166

⑤ Q166

⑥ Q141

《説文·會部》：“，合也。从亼，从曾省。曾，益也。凡會之屬皆从會。，古文會如此。”

【釋形】

《説文》以爲會意字，从亼，从曾省，表示會合。按“會”甲骨文作 （《合》1030正），从合，中間形體不明。金文作 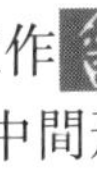（《會娟鼎》）、（《趞亥鼎》）等形，中間形體或作“米”，或似其他食物，以將食物盛於“合”中表示會合之義。金文或寫作 （《蔡子匜》），中間像食物之形的部分變作“田”，“合”下部的“口”訛作“甘”。小篆字形在此基礎上進一步將“甘”訛寫作“曰”，中間也訛變作“囮”，故《説文》以“从亼，从曾省”釋之，與原初構意不符。漢碑字形依據小篆進行轉寫隸定，構件“囮”多混同爲“田”，如圖③～⑥。裡面的兩點有時寫成

點狀，如圖①②，其中圖②的中豎向上延長與“亼”的横畫相接；構件“曰”將上部彎曲的線條拉直爲一横，且與左豎相接，近似於扁“日”，如圖①～⑥。

【釋義】

㊀聚集，集會：“欽因春饗，導物嘉會”（Q141）；“處士孔褒文禮，皆會廟堂”（Q141）。㊁相見：“俱歸皇淚，何時復會”（Q082）；“漢安元年四月十八日會仙友”（Q086）。㊂朝見：見“會朝”。㊃符合，合乎：“會《鹿鳴》於樂崩，復長幼於酬〖酢〗”（Q127）。㊄當，正當：又見“會月”。㊅正值，適逢：“會遷京兆尹，孫府君到，欽若嘉業，遵而成之”（Q129）；“會孝順皇帝西巡，以掾史召見”（Q133）。㊆遭逢，遭遇：“會遭篤病，告困致仕”（Q127）；“遭偶陽九，百六會兮”（Q187）。

【釋詞】

［會朝］群臣朝會天子：“咸來王而會朝”（Q065）。

［會市］集市：“於昌平亭下立會市，因彼左右，咸所願樂”（Q141）。

［會月］當月：“表言，會月卅日，如律令”（Q163）；“會月廿五日”（Q119）。

（二）kuài《廣韻》古外切，見泰去。見月。

【釋義】

用於地名：“曜武南會，邊民是鎮”（Q137）；又見“會稽”。

【釋詞】

［會稽］郡名，因“會稽山”得名，秦朝始置郡：“遷會稽東部都尉”（Q137）；“故會稽大守魯傅世起千”（Q112）。

5116 **倉** cāng《廣韻》七岡切，清唐平。清陽。

① Q146

② Q134

《說文·倉部》：“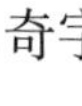，穀藏也。倉黄取而藏之，故謂之倉。从食省，口象倉形。凡倉之屬皆从倉。，奇字倉。”

【釋形】

《說文》以爲會意字，从食省，从口，表示糧倉。按“倉”甲骨文作（《合》23557）形，从合从户，表示倉廩之義。《說文》以爲从食省、从口，與原初構形不符。漢碑字形或嚴格依據小篆轉寫隸定，如圖①；或將中間像“户”之形的部分混同爲“尹”，如圖②。

【釋義】

㊀貯藏糧食的地方：“此上人馬，皆食大倉”（Q106）；又見“倉府、倉庾”。㊁通“蒼”，❶青色：“承敝遭衰，黑不代倉”（Q140）；“……倉龍庚午，孟春之月……”（Q268）。❷天：見“穹倉”。㊂用於官名：“倉曹掾任就子□□百”（Q123）；“□倉曹史臨晉楊仲千”（Q123）。㊃用於地名：“時府丞右扶風陳倉吕國”（Q146）。

【釋詞】

［倉府］指糧倉：“倉府既盈，以穀士女”（Q171）。

［倉庾］貯藏糧食的倉庫：“年穀屢登，倉庾惟億”（Q146）。

5117 **入** rù《廣韻》人執切，日緝入。日緝。

① Q084

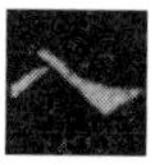
② Q142

③ Q065

《說文·入部》：“，内也。象从上俱下也。凡入之屬皆从入。”

【釋形】

《說文》以爲象形字，像都從上面下來之形，釋其義爲“内”。按“内”甲骨文作（《合》4529），从冂从入，像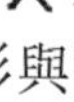刺入“冂”内之形。故“入”與“内”構形與意義均密切相關。有學者甚至認爲“入”是从“内”分化而來，尚難以確證。漢碑中“入”的隸定字形差異主要表現在兩筆的交接方式上，有的撇與捺兩筆成對接之勢，如圖①；有的與今之形體相同，如圖②；有的混同爲“人”，如圖③。

【釋義】

㊀進，進入：“上思生葵，君却入室”（Q142）；“出窈入冥，變化難識”（Q142）；“三過亡入，寔勤斯民”（Q065）；“人且記入於禮”（S72）。㊁指在朝廷之內：“入則腹心，出則爪牙”（Q117）。㊂入口：“逮行九丈，左右有四穴四入”（Q118）。

5118 **内** nèi 《廣韻》奴對切，泥隊去。泥緝。

① Q169

② Q179

③ Q106

《説文·入部》：“，入也。从冂，自外而入也。”現在寫作“内”。

【釋形】

《説文》小篆爲會意字，从入从冂，表示進入。“内”甲骨文作（《合》4529），像刺入“冂”内之形。漢碑字形或依據小篆轉寫隸定，如圖①②；或將“入”隸定爲“亠”，如圖③。

【釋義】

㊀裡面，與“外”相對：“分體異處，在於邦内”（Q126）；“行成名立，聲布海内”（Q142）；“在帷幕之内，決勝負千里之外”（Q179）。㊁專指皇宫：“弟君宣，密靖内侍”（Q169）。㊂内親：“内外子孫，且至百人”（Q106）。㊃臟腑：見“五内”。㊄内心：“内懷温潤，外撮强虐”（Q154）。㊅用於官名：“孫字翁仲，新城長，討暴有功，拜關内侯”（Q169）。㊆用於地名：“故薛令河内温朱熊伯珍五百”（Q112）。

5119 **糴** dí 《廣韻》徒歷切，定錫入。定藥。

Q178

《説文·入部》：“，市穀也。从入从糶。”

【釋形】

《説文》小篆爲會意字，从入从糶，表示買糧食。漢碑字形依據小篆轉寫隸定，其中“入”隸定近似於“八”；構件“羽”隸定爲兩个“彐”；構件“隹”發生離析重組，已看不出鳥的樣子了，如圖。“糴”後來省去“翟”，簡寫作“籴”，爲理據重構。

【釋義】

買進穀物：“撫育鰥寡，以家錢糴米粟”（Q178）。

5120 **全** quán 《廣韻》疾緣切，從仙平。從元。

① Q142

② Q179

③ Q178

《説文·入部》：“，完也。从入从工。，篆文仝从玉。純玉曰全。，古文仝。”

【釋形】

《説文》以爲會意字，从入从工，表示完整。按《説文》構形分析難以理解，“全”的其他字形也不能提供更多的構意信息，只能存疑待考。漢碑字形中，構件“入”均隸定爲“人”；下面的構件或仍作“王（玉）”，如圖③；或寫作“工”上加一横，如圖①；或在“工”的兩側各加一點，如圖②。

【釋義】

㊀完整，保全：“恐身不全，朝半祠祭”（Q057）；“老者得終其壽，幼者得以全育”（Q161）；“黄巾初起，燒平城市，斯縣獨全”（Q179）；“斬馘部衆，克敵全師”（Q079）。㊁姓氏：“田傴、全□中、宋直忌公、畢先風、許先生”（Q142）。㊂用於人名：“君諱全，字景完，敦煌效穀人也”（Q178）。

5121 **矢** shǐ 《廣韻》式視切，書旨上。書脂。

Q127

《説文·矢部》：“，弓弩矢也。从入，象鏑栝羽之形。古者夷牟初作矢。凡矢之

屬皆从矢。”

【釋形】

《説文》小篆爲象形字，像箭之形。“矢”甲骨文作 （《合》4787），較小篆更爲象形。甲骨文或寫作 （《合》23053），金文作 （《十五年趞曹鼎》），此類字形爲小篆之所承。因其上端似“入”，故《説文》云“从入”。漢碑字形將小篆上部的兩條斜線拉直爲横畫，整體隸定爲“土”下接“八”，與“夫”微别，如圖。

【釋義】

通“誓”，發誓：“永矢不刊，啻載揚聲”（Q127）。

5122 **射** （一）shè 《廣韻》神夜切，船禡去。船鐸。

① Q084

② Q126

③ Q128

《説文》爲“䠶”的篆文，《説文·矢部》：“ ，弓弩發於身而中於遠也。从矢从身。 ，篆文䠶从寸。寸，法度也，亦手也。”

【釋形】

《説文》小篆爲會意字，从寸从身，表示開弓放箭。段玉裁《説文解字注》以爲“射”爲篆文，則《説文》字頭“䠶”爲古文。按“射”甲骨文作 （《合》974）、 （《合》28350）等形，从弓从矢，會射箭之義。金文作 （《静簋》）、 （《鬲攸從鼎》），增加像手形的構件“又”，小篆弓矢形訛變爲“身”，“又”形改换爲“寸”，理據重構。漢碑字形與《説文》小篆 字形結構基本一致，从身从寸，如圖①～③。

【釋義】

傳播，照耀：“日月虧代，猶元風力射”（Q021）；又見“流射”。

（二）yè 《廣韻》羊謝切，餘禡去。船魚。

【釋義】

用於官名：見“僕射”。

（三）yì 《廣韻》羊益切，餘昔入。以鐸。

【釋義】

通“斁”，滿足：“神歆感射，三靈合化”（Q126）。

5123 **矯** jiǎo 《廣韻》居夭切，見小上。見宵。

① Q247

② S97

《説文·矢部》：“ ，揉箭箝也。从矢，喬聲。”

【釋形】

《説文》小篆爲形聲字，从矢，喬聲。漢碑字形依據小篆轉寫隸定，其中構件“矢”隸定近似於“夫”，如圖①②；聲符“喬”所从之“夭”或混同爲“天”，如圖①。

【釋義】

匡正：“矯王業，弼紫微”（Q135）；又見“矯時”。

【釋詞】

［矯時］匡正時弊：“貞固足以幹事，隱括足以矯時”（S97）。

5124 **矰** zēng 《廣韻》作滕切，精登平。精蒸。

Q003

《説文·矢部》：“ ，隿䠶矢也。从矢，曾聲。”

【釋形】

《説文》小篆爲形聲字，从矢，曾聲。漢碑字形將小篆構件的左右位置互换，其中義符“矢”隸定近似於“夫”；聲符“曾”上部隸定作倒“八”字，中部隸定作“田”形，如圖。

【釋義】

用於人名：“十辛巳佐崖工矰”（Q003）。

5125 **侯** hóu 《廣韻》户鉤切,匣侯平。匣侯。

① Q011

② Q130

③ Q102

④ Q178

⑤ Q112

⑥ Q066

⑦ Q134

⑧ Q129

⑨ Q134

⑩ Q205

《説文·矢部》:“,春饗所䠶侯也。从人;从厂,象張布;矢在其下。天子䠶熊虎豹,服猛也;諸侯䠶熊豕虎;大夫射麋,麋,惑也;士射鹿豕,爲田除害也。其祝曰:‘毋若不寧侯,不朝于王所,故伉而䠶汝也。’,古文侯。”

【釋形】

《説文》以爲會意字,从人从厂从矢,表示射禮所用之射布、箭靶。按“侯”甲骨文作(《合》33072)、(《合》6457)等形,或倒寫作(《合》401),爲合體象形字,由“矢”與像張布射靶之形的“厂”組成。後來字形上部逐漸衍生出構件“⺈(人)”,意在强化構意與人有關。漢碑字形中,“侯”字的結構發生了離析和重組。小篆“侯”包含三個各自獨立的構件,即“厂、矢”和“人”,而且三者的形體在小篆中基本上是相互獨立的。在圖①~⑤中,構件“人”的左边一筆逐漸向左边伸展,出現了離析的跡象。⑥~⑧中,“人”左边一筆逐漸與“厂”的豎撇相接,出現重組的跡象。圖⑨中重組過程已接近完成,生成一個新的構件“亻”,這就是後來通行寫法“侯”的形成過程。圖⑩則是在原來字形的基礎上另外添加了一個人,這是後來表示時候之“候”的來源。構件“矢”多將小篆上部的曲線拉直爲橫畫,整體有的隸定爲“土”下接“八”,如圖②⑥⑦;有的“土”的豎筆穿越“厂”的橫筆,重組爲“𡗗”下接“八”,如圖①;其他字形中的“矢”均隸定近似於“夫”。

【釋義】

㊀箭靶:“干矦用張,匽豆用敶”(Q172)。㊁封建制度中的爵位名:“漢謁者北屯司馬左都侯沈府君神道”(Q205);“元始二年復封曾孫纂爲矦”(Q169);“封矦食邑,傳子孫兮”(Q171)。㊂指古代帝王分封的各國君主:見“諸侯”。㊃用於地名:“千北行至矦阜”(Q089)。㊄姓氏:“臣司馬、雲中沙南矦獲”(Q081);“南部督郵文陽矦脩”(Q269)。㊅用於複姓:“東郡夏矦弘等三百廿人”(Q154)。㊆用於人名:“單矦、單子陽、尹伯通、錡中都、周平”(Q029)。

5126 **短(拞)** duǎn 《廣韻》都管切,端緩上。端元。

① Q124

② Q163

《説文·矢部》:“,有所長短,以矢爲正。从矢,豆聲。”

【釋形】

《説文》小篆爲形聲字,从矢,豆聲。漢碑字形中,義符“矢”隸定近似於“夫”,如圖①;或省變爲“扌”,形成“短”的異體字“拞”,如圖②。

【釋義】

時間短:“人命短長,徂不存兮”(Q124);“除書未到,不幸拞命喪身”(Q163)。

5127 **矧** shěn 《廣韻》式忍切,書軫上。書真。

Q140

《説文》作“矤”,《説文·矢部》:“,況也,詞也。从矢,引省聲。从矢,取詞之所之,如矢也。”

【釋形】

“矧” 即《説文》“矤” 字,故《説文》釋“矤” 爲从矢引省聲。漢碑字形將小篆構件的左右位置互换,聲符“引” 不省,義符“矢” 隸定混同爲“夫”,如圖。

【釋義】

況且:“矧乃孔子,玄德焕炳,〖光於〗上下”(Q140)。

5128 **知** (一)zhī 《廣韻》陟離切,知支平。端支。

① Q066 ② Q146 ③ Q202

《説文·矢部》:“,詞也。从口从矢。”

【釋形】

《説文》以爲會意字,从口从矢。其中“詞也”《玉篇》作“識也”,義爲知道。按“知” 與“智” 本爲一字,甲骨文作 (《甲》89),从子从口从册,矢聲,以孩童讀書會知識之義;或省去構件“口”,寫作 (《甲》89)。金文或省去構件“册”,寫作(《鄉宁鼎》);後進一步省去構件“子”,只保留構件“矢” 和“口”,此即小篆字形之來源。漢碑字形中,構件“矢” 多將小篆上部的曲線拉直爲横畫,整體或隸定爲“土” 下接“八”,如圖①;或寫成“工” 下接“八”,如圖②;或與今之形體同,如圖③。

【釋義】

㊀知道,了解:“遠近由是知爲亦世繼明而出者矣”(Q066);“披覽詩雅,焕知其祖”(Q179);“而民知禁,順時而取”(Q171)。㊁主持,掌管:“越嶲大守張勃,知丞事大張□,使者益州治所下”(Q170)。

【釋詞】

[知命] ㊀語出《論語·爲政》:“五十而知天命。” 後用“知天命” 或“知命” 指五十歲:“年過知命,遭疾掩忽”(Q212);“年迨知命,苗胤不(闕)”(Q158)。㊁知曉天命或命運:“樂天知命,榷乎其不可拔也”(S110)。

(二)zhì 《集韻》知義切,知寘去。端支。

【釋義】

同“智”,㊀智慧:“於是明知故司隸校尉楗爲武陽楊君”(Q095);“明哉仁知,豫識難易”(Q095)。㊁智慧的人:“强不暴寡,知不詐愚”(Q146)。

5129 **矣** yǐ 《廣韻》于紀切,雲止上。匣之。

① Q144 ② Q153 ③ Q133 ④ Q202

《説文·矢部》:“,語已詞也。从矢,以聲。”

【釋形】

《説文》小篆爲形聲字,从矢,以聲。漢碑字形中,義符“矢” 多將小篆上部的曲線拉直爲横畫,整體隸定爲“土” 下接“八”,如圖①②④;有的寫成“工” 下接“八”,如圖③。聲符“以” 在古文字中多寫作“㠯”,爲小篆所承,漢碑中則隸定近似於三角形,如圖①～④;其中圖③④三角形未合攏,後來逐漸演變爲“厶” 形。

【釋義】

語氣詞,㊀表已然:“聞此爲難,其日久矣”(Q150);“善勸惡懼,物咸寧矣”(Q153)。㊁表肯定或判斷:“其師與之歸,以藥飲公房妻子,曰:可去矣”(Q199);“英彦惜痛,老小(闕)死而不朽,當在祀典者矣”(Q202);“甘棠之愛,不是過矣”(Q161)。㊂表停頓,以引起下文:“鍾磬縣矣,于胥樂焉”(Q172)。㊃表感歎:“痛矣如之,行路感動”(Q144);“懿矣盛德,萬世垂榮”(Q066);“永傳啻齡,晼矣旳旳”(Q154)。

5130 **矩**

“榘” 的異體字(圖③),見 5037 榘。

5131 **高** gāo 《廣韻》古勞切,見豪平。見宵。

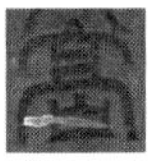
① Q040

② Q066

③ Q189

④ Q179

⑤ Q134

《説文·高部》:“,崇也。象臺觀高之形。从冂、口,與倉、舍同意。凡高之屬皆从高。”

【釋形】

《説文》以爲象形字,从冂、口,整體像臺觀高大之形。其所云“與倉、舍同意”,蓋“高、倉、舍”三字中都有“囗(音 wéi)”,《説文》解釋爲像建築物的基址之形。按“高”甲骨文作(《合》02353)、(《合》28143),或从“口”,或不从“口”,均借高大建築物的形象表示高的意思。漢碑字形中,有的爲碑文篆書,但已經帶有明顯的隸意,且下面“口”的寫法作了特别的處理,如圖①;有的與小篆結構基本一致,只是將彎曲的線條變爲平直的筆畫,爲今之形體所承,如圖②;有的將上部構件轉寫混同爲“亠”,如圖③;有的將中間構件“囗”的兩竪僅與下部的“冂”相接,如圖④;有的則將中間構件“囗”的兩竪與上下均相接,構成現在繁體的“高”,如圖⑤。

【釋義】

㊀與“矮”相對:“天作高山,寔惟封龍”(Q126);“高山景行,慕前賢列”(Q144)。㊁高處,多指高山:“猛虎延視,玄蝯登高”(Q114);“刻臽確嵬,減高就埤”(Q146)。㊂高峻,高大:“嵯峨崍峻,高麗無雙”(Q126);“久斿大學,蘋蘋高厲”(Q132)。㊃高尚:“夫人深守高節,劬勞歷載”(Q056);又見“高譽”。㊄高明,高超:見“高朗”。㊅高深:見“仰高鑽堅”。㊆尊貴,顯貴:“高位不以爲榮,卑官不以爲恥”(Q166);“君高升,極鼎足”(Q178);又見“高第”。㊇年齡大:見“高年”。㊈遠:見“高祖”。㊉推崇,尊崇:見“高尚、歸高”。⑪超越:“抱不測之謀,秉高世之介”(Q172)。⑫姓氏:“門生北海劇高冰,字〖季〗超”(Q127);“任城高伯世二百”(Q112)。⑬用於人名:“門生魏郡陰安張典,字少高”(Q127);“司徒公河南原武吴雄,字季高”(Q102)。⑭用於地名:“遷高陽令”(Q134);“大高平令郭君夫人室宅”(Q040);“相乙瑛,字少卿,平原高唐人”(Q102)。

【釋詞】

[高第]指科舉考中:“辟司徒府,舉高第,侍御史”(Q154)。

[高朗]猶“高明”,謂崇高明睿:“高朗神武,歷世忠孝,馮隆鴻軌,不忝前人”(Q137)。

[高年]上了年紀的人:“存慰高年,撫育鰥寡”(Q178);“隨就虚落,存恤高年”(Q179)。

[高尚]推崇,尊崇:“是以守道識真之士,高尚其事”(S110)

[高問]很高的名聲:“牧守相係,不殞高問”(Q179)。

[高辛]帝嚳初受封於高辛,後即帝位,號高辛氏:“先出自高辛”(Q083)。

[高譽]崇高的聲譽:“生播高譽,〖殁垂令名〗”(Q127)。

[高祖]遠祖:“念高祖至九子未遠,所諱不列”(Q021);“君高祖父敏,舉孝廉”(Q178)。

5132 **廎** qīng 《集韻》窺營切,溪清平。

① Q095

② Q187

《説文》爲“高”之或體,《説文·高部》:“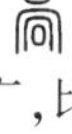,小堂也。从高省,冋聲。,高或从广,頃聲。”

【釋形】

《説文》以爲“廎”乃“高”的或體，爲形聲字，从广，頃聲。漢碑字形與小篆相近，聲符“頃”从匕，頁聲，構件“匕”中較長的曲線變作“レ”，較短曲線變作短横，構件“頁”上部頭形轉寫隸定爲“百”，下部像人身體的兩條曲線隸定爲“八”形，如圖①②。

【釋義】

通“傾”，㊀全部倒出：“上則縣峻，屈曲流顛；下則入冥，廎寫輸淵”（Q095）。㊁偏向：“立朝正色，能無撓廎”（Q187）；“束脩舅姑，絜己不廎”（Q109）。

5133 **亭** tíng 《廣韻》特丁切，定青平。定耕。

① Q129

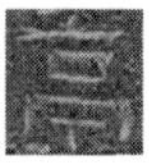
② Q039

③ Q025

④ Q090

《説文·高部》：“，民所安定也。亭有樓，从高省，丁聲。”

【釋形】

《説文》小篆爲形聲字，从高省，丁聲。漢碑字形中，有的將下部構件“冂”省寫爲“冖”，爲今之寫法所承，如圖①；有的將下部構件“丁”省寫爲“丅”，如圖②；有的則將中間構件“口”省寫作兩豎一横，如圖③；有的將“口”及上面的部件粘合訛寫近似於“百”，如圖④。

【釋義】

㊀秦、漢時鄉以下、里以上的的基層行政單位，十里一亭：“騊亭郭大道東，高顯冢營”（Q039）；又見“亭侯、亭長”。㊁古代設在道旁供行人停留食宿的處所，驛亭：“郵亭驛置徒司空”（Q025）；又見“離亭、都亭”。

【釋詞】

［亭侯］爵位名，漢代食禄於鄉、亭的列侯：“弘農大守、安國亭侯、汝南袁逢掌華嶽之主”（Q129）。

［亭長］戰國時，國與國之間爲防禦敵人，在邊境上設亭，置亭長。秦漢時在鄉村每十里設一亭，置亭長，掌管當地的治安和民事：“前者功曹後主簿，亭長騎佐胡便弩”（Q100）。

5134 **市** shì 《廣韻》時止切，禪止上。禪之。

① Q244

② Q129

③ Q141

《説文·冂部》：“，買賣所之也。市有垣，从冂；从乁，乁，古文及，象物相及也；之省聲。”

【釋形】

《説文》以爲形聲字，从冂从乁，之省聲，表示做買賣時去的處所。按“市”甲骨文作（《合》29015）、（《合》27641），由構件“丂、之”及多少不等的點構成，構意待考。《説文》據變異後的小篆字形説解其構形，與其形源不符。漢碑字形中，有的爲碑文篆書，但結構已大爲省減，如圖①；多數則已經發生隸定，或混同爲“巿”，如圖②；或在“巿”的基礎上將上部隸定爲“亠”，如圖③，爲今之形體所承。

【釋義】

㊀集中進行交易的場所：“史君念孔瀆顔母井去市遼遠，百姓酤買，不能得香酒美肉，於昌平亭下立會市”（Q141）。㊁購買：“京兆尹勑監都水掾霸陵杜遷市石”（Q129）。㊂城鎮：“嗟逆賊，燔城市”（Q178）；“黄巾初起，燒平城市”（Q179）。㊃用於官名：見“市掾”。

【釋詞】

［市掾］管理市場的官員：“故市掾高頁顯和千、故市掾王度季晦”（Q178）。

5135 **央** yāng 《廣韻》於良切，影陽平。影陽。

① Q204

② Q100

《説文·冂部》:“ ,中央也。从大在冂之内。大,人也。央、旁同意。一曰:久也。”

【釋形】

《説文》以爲會意字,从大在冂之内,會中央之義。按據丁山《甲骨文所見氏族及其制度》,“央”當爲“鞅”的初文,像人頸上帶枷之形,本義爲禍殃。“央”甲骨文作 (《合》7954)、 (《合》1090)等形,从天(與从“大”同意,表示人),或从大,正像脖子上戴有“凵”形枷械的樣子,丁山之説可從。金文形變爲 (《央乍寶𣪘》),爲小篆字形所承。《説文》據小篆字形解釋,或因詞義假借而理據重構。原來的禍殃義分化爲“殃”。漢碑字形中,有的按照小篆嚴格隸定,如圖①;有的則隸定爲“冂”與“大”的組合,寫作“央”,如圖②,爲今之形體所承。

【釋義】

㊀禍患,災難。後來寫作“殃”:“中直柱,隻結龍,主守中〖霤〗辟邪”(Q100);“生汙相和仳吹廬,龍爵除央 鷗噣魚”(Q100)。㊁中央:“告中央黄帝主除北方黑氣之凶”(Q204)。㊂用於人名:“魯武央武”(Q049)。

5136 **冋** jiōng 《廣韻》古螢切,見青平。見耕。

Q188

《説文》爲“冂”之古文,《説文·冂部》:“ ,邑外謂之郊,郊外謂之野,野外謂之林,林外謂之冂。象遠界也。凡冂之屬皆从冂。 ,古文冂从口,象國邑。 ,冋或从土。”

【釋形】

《説文》以爲“冂”像遠郊的界限形。按“冂”應爲“扃”之初文,像户扃之形。“冋”爲其分化字,其中“口”表示城邑,其外之“冂”表示郊野之界限,故“冋”應爲表示遠郊的後起本字。或添加構件“土”,寫作“坰”,與郊野之“埜”从土之構意相同。漢碑字形“冋”承襲《説文》古文的結構,只是將圓曲的線條轉寫爲平直方折的筆畫,如圖。

【釋義】

姓氏:“將主薄文堅、主記史邯伍、功曹冋閎、掾史許和”(Q188)。

5137 **京** jīng 《廣韻》舉卿切,見庚平。見陽。

① Q129

② Q163

③ Q179

《説文》小篆作“京”,《説文·京部》:“ ,人所爲絶高丘也。从高省,丨象高形。凡京之屬皆从京。”

【釋形】

《説文》以“京”爲象形字,从高省,从丨,像人工築起的極高的土丘。按“京”甲骨文作 (《合》8034)、 (《合》18631)等形,像高臺上有建築之形,商代常用來表示大的城邑,后引申爲京師、京城。漢碑字形與小篆相承,將上部形體隸定爲“亠”,中間的構件“口”變爲“日”,下部的構件“冂”與“丨”共同隸定爲“小”形,與今之同形字形“京”微别,如圖①～③。

【釋義】

㊀國都:“功洽三邦,聞于帝京”(Q066);又見“京輦、京師”。㊁盛,大:“京夏歸德,宰司嘉焉”(Q166)。㊂用於官名:見“京兆尹”。㊃姓氏:“脩京氏易經”(Q099)。㊄用於人名:“門生東郡樂平靳京,字君賢”(Q127)。㊅用於地名:“丞張昦,字少游,河南京人”(Q129);“魯相河南京韓君,追惟大古”(Q112);“京兆長安淳于伯隗作此誦”(Q116)。

【釋詞】

［京輦］指國都:“董督京輦,掌察羣寮”(Q154)。

［京師］帝王的都城:“復登上司,陪陵京師”(Q066);“光和之中,京師擾穰,雄狐綏綏”(Q187)。

［京夏］猶華夏,謂全國:“京夏歸德,宰司嘉焉”(Q166)。

［京兆］指京畿地區:“京兆長安淳于伯隗作此誦”(Q116)。

［京兆尹］官名,漢代管轄京兆地區的行政長官:“會遷京兆尹,孫府君到,欽若嘉業,遵而成之”(Q129)。

5138 **就**　jiù 《廣韻》疾僦切,從宥去。從覺。

① Q143

② Q129

③ Q178

④ Q144

⑤ Q133

⑥ Q100

⑦ Q123

《説文·京部》:“,就高也。从京从尤。尤異於凡也。,籀文就。”

【釋形】

《説文》以爲會意字,从京从尤,表示趨向高處之義。按朱駿聲《説文通訓定聲》認爲“就”乃从京、尤聲的形聲字,可從。漢碑字形中,構件“京”多隸定爲“京”,如圖①～⑦,其中圖⑥將下部的構件“冂”與“丨”共同隸定爲三點。構件“尤”依據小篆線條對應轉寫隸定,其中右上的曲線拉直爲横的同時離析出一個“丶”畫,與今之形體同,如圖②④⑥;有的没有離析出“丶”畫,如圖③⑤;有的訛寫近似於“光”,如圖⑦。

【釋義】

㊀趨向,往……去:“遂就長夜,不見日星”(Q143);“長就幽冥則決絶,閉曠之後不復發”(Q100);“隨就虚落,存恤高年”(Q179)。㊁憑藉,依靠:“卜擇吉土治東,就衡山起堂立壇”(Q060)。㊂成,完成:“緝熙之業既就,而閨閾之行允恭”(Q127);“陵成宇立,樹列既就”(Q088)。㊃就任:“君雖詘而就之,以順時政”(Q133);“辭病不就,再奉朝娉”(Q187)。㊄用於人名:“議曹掾李就、議曹掾梅檜”(Q172);“義士潁川臧就元就五百”(Q178)。

5139 **亨**　(一)xiǎng 《廣韻》許兩切,曉養上。曉陽。

① Q065

② Q129

③ Q193

④ Q153

《説文》爲“亯”之篆文,《説文·亯部》:“,獻也。从高省,曰象進孰物形。《孝經》曰:‘祭則鬼亯之。’,篆文亯。”

【釋形】

“亨”與“享、亯”本爲一字。段玉裁認爲“亯”爲籀文。《説文》以“亯”爲象形字,表示進獻。按“亯”甲骨文作(《京津》1046),金文中作(《犬且辛且癸鼎》),像祭享祖先之宗廟形。上像廟堂,下像臺基。戰國文字作(《睡·日甲》33),此即《説文》篆文之所承。漢碑中分化爲“享、亨”二形,“享”主要表示祭享義,“亨”主要表示亨通義,但二者又常常混用不分。漢碑字形“亨”有的還保留《説文》篆文筆法,如圖①;多數則將下部形體隸定爲“了”,如圖②～④;中間構件或爲“口”形,如圖①～③;或爲“曰”形,如圖④。

【釋義】

㊀祭祀:“聖漢禋亨,於兹馮神”(Q065);“自是以來,百有餘年,有事西巡,輙過亨祭”(Q129)。㊁享受(官爵):“州郡竝表,當亨符艾”(Q153)。

(二)hēng 《廣韻》許庚切,曉庚平。曉陽。

【釋義】

順利，通達：“艮兑咸亨，爰居爰處”（H144）。

5140 **享** xiǎng 《廣韻》許兩切，曉養上。曉陽。

① Q179　② Q179　③ Q144

《説文》爲“亯”之篆文，《説文·亯部》：“，獻也。从高省，曰象進孰物形。《孝經》曰：‘祭則鬼亯之。’，篆文亯。”

【釋形】

“享”與“亨、亯”本爲一字，參見5139亨。漢碑字形“享”與戰國秦文字（《睡·日甲》33）相承，下部形體隸定爲“子”，如圖①～③。其中圖①②中“子”的上部仍與戰國秦文字相似。

【釋義】

㊀祭祀：“神禋享而飴格，釐我后以萬祺”（Q065）；“雖有褒成世享之封，四時來祭，畢即〖歸〗國”（Q140）。㊁進獻：“稽度玄靈，而無公出享獻之薦”（Q141）。㊂享受：“當享眉耇，莫匪爾極”（Q148）；“既多受祉，永享南山”（Q179）。㊃同“亨”，亨通：“長享利貞，與天無極”（Q141）。

5141 **厚** hòu 《廣韻》胡口切，匣厚上。匣侯。

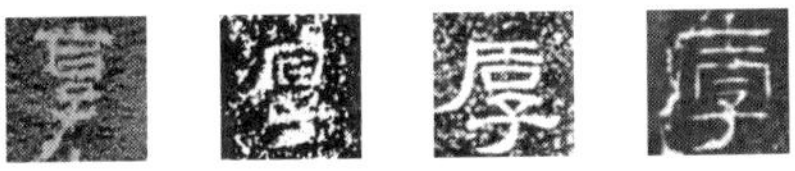

① Q003　② Q138　③ Q146　④ Q112

《説文·𣆪部》：“，山陵之厚也。从𣆪从厂。，古文厚，从后土。”

【釋形】

《説文》以爲會意字，从𣆪从厂，表示山陵高厚。按“厚”甲骨文作（《合》34123），亦爲从厂从𣆪，本義應爲厚薄之厚，但其中構件“𣆪”構意不明。《説文》釋“𣆪”爲“厚也”，蓋即“厚”之初文。漢碑字形中，構件“𣆪”的下部形體據小篆隸定爲“子”，如圖①～④，其中圖①的“子”仍保留篆意，圖②～④中“子”的上部隸定爲倒三角形。構件“𣆪”的上部形體或據小篆隸定爲“曰”，如圖①②；或訛寫近似於“古”，如圖③④。構件“厂”不再包蕴下部形體，或省減爲“亠”，整字寫作“享”，如圖①；或將左撇變短，如圖②～④。

【釋義】

㊀與“薄”相對：“南號三公，厥體嵩厚”（Q171）。㊁厚度：“享十寸，黄三尺五寸，長十五尺十”（Q003）；“索大石，廣三尺，厚二尺”（Q097）。㊂深厚：“以爲道重者名卲，德厚者廟尊”（Q199）；“臣蒙厚恩，受任符守”（Q140）。㊃豐厚：“膺禄美厚，繼世郎吏”（Q146）；“高位厚禄，固不動心”（S110）。㊄厚待：“欲厚顯祖，〖尚〗無餘日”（Q052）。㊅用於人名：“門生東郡樂平〖桑演〗，字仲厚”（Q127）；“東郡武陽董元厚二百”（Q112）。

5142 **良** liáng 《廣韻》吕張切，來陽平。來陽。

① Q144　② Q088　③ Q144　④ Q194

⑤ Q211　⑥ Q185

《説文·畗部》：“，善也。从畗省，亡聲。，古文良。，亦古文良。，亦古文良。”

【釋形】

《説文》以爲形聲字，从畗省，亡聲。按“良”甲骨文作（《合》13936）、（《合》10302）等形，徐中舒《怎樣研究中國古代文字》認爲像古人半穴居的走廊，可備一説。金文或作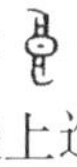（《季良父盉》），小篆在此類字形的基礎上進一步線條化。漢碑字形依據小篆進行轉寫隸定，上下兩部分均粘

合爲一體，如圖①～⑥；其中上部形體 從與小篆相近逐漸演變爲“丶”。

【釋義】

㊀良善，賢良：“君體温良恭儉之德，篤親於九族”（Q166）；“晧天不弔，殲此良人”（Q144）；“牧馬牛羊諸僮，皆良家子”（Q114）；又見“忠良、賢良”。㊁美好：“吉地既遷，良辰既卜”（H144）。㊂用於人名：“故午營陵繻良，字卋騰”（Q088）；“故功曹王時孔良五百”（Q178）；“高帝龍興，有張良善用籌策”（Q179）。㊃用於地名：“豐令下邳良成徐崇□□”（Q093）；“東海大守良中李少尹”（Q211）。

5143 **稟**（稟禀） （一）lǐn 《廣韻》力錦切，來寑上。來侵。

① Q153

② Q114

③ Q167

《説文·㐭部》：“ ，賜穀也。从㐭从禾。”

【釋形】

《説文》以爲會意字，从㐭从禾，表示賞賜的穀物。按李孝定《甲骨文字集釋》以爲“㐭、稟、廩”本爲一字，其説可從。“㐭”甲骨文作 （《合》27978）、 （《合》9642）等形，像倉廩之形。西周金文作 （《農卣》）、 （《六年召伯虎簋》）等形，增加了與糧食有關的構件“禾”或“米”；後又增加義符“广”，表示倉廩與房屋有關，寫作“廩”。漢碑文獻中皆借爲稟受義，故又音 bǐng。馬敘倫《説文解字六書疏證》：“古書稟受字皆‘秉’之借。”漢碑字形中，上部像倉廩之形的部分隸定作“亩”，如圖①；其中的“回”或自訛作“田”，如圖②③。下部構件有的承襲古文字从“米”的構形，如圖①；有的訛混爲“来”，如圖②；有的訛混爲“示”，如圖③。

（二）bǐng 《廣韻》筆錦切，幫寑上。幫侵。

【釋義】

㊀賦予：“皇靈稟氣，卓有純兮”（Q153）。㊁承受：“稟壽卅四年，□遭泰山有劇賊”（Q114）；“君稟資南霍之神”（Q172）；“稟乹氣之純懿”（Q173）；又見“禀𠾂”。

5144 **稟**

“稟”的異體字（圖①），見 5143 稟。

5145 **禀**

“稟”的異體字（圖③），見 5143 稟。

【釋詞】

［禀𠾂］即“稟命”，奉行命令，接受命令：“沛郡故吏吴岐子根，禀𠾂不長”（Q167）。

5146 **亶** dǎn 《廣韻》多旱切，端旱上。端元。

Q187

《説文·㐭部》：“ ，多穀也。从㐭，旦聲。”

【釋形】

《説文》小篆爲形聲字，从㐭，旦聲。漢碑字形殘泐不清，大致可見依據小篆轉寫隸定。

【釋義】

用於人名：見“亶甫”。

【釋詞】

［亶甫］即古公亶父，周文王的祖父，周武王追尊爲太王：“天顧亶甫，乃萌昌發”（Q187）。

5147 **嗇** sè 《廣韻》所力切，山職入。山職。

① Q178

② Q179

③ Q179

④ Q179

⑤ Q128

《説文·嗇部》：“ ，愛濇也。从來从㐭。

來者，㐭而藏之，故田夫謂之嗇夫。凡嗇之屬皆从嗇。，古文嗇从田。"

【釋形】

《説文》小篆爲會意字，从來从㐭，義爲將糧食儲藏於糧倉中。甲骨文或从來（本像麥子之形）作 （《合》21306），或从二禾作 （《合》9633），其構意相同。漢碑中，構件"㐭"與"來"粘合在一起，上部多寫作"⺷"，如圖①～④；或訛似"王"，如圖⑤。下部或作"田"，如圖①；或作上不封口的"回"或"田"，如圖②～⑤。

【釋義】

㊀收穫農作物，後作"穡"：見"稼嗇"。㊁泛指各種農事，後作"穡"：見"嗇民"。㊂用於官名：見"嗇夫"。

【釋詞】

［嗇夫］古代官吏名，鄉官，職掌聽訟、收取賦税等："叔陽，故曹史、行亭市掾、鄉嗇夫、廷掾、功曹、府文學掾"（Q090）；"□□時鄉嗇夫劉俊叔艾，佐……"（Q104）。

［嗇民］即"穡民"，指農民："嗇民用彰，家用平康"（Q128）。

5148 **廧** qiáng 《廣韻》在良切，從陽平。從陽。

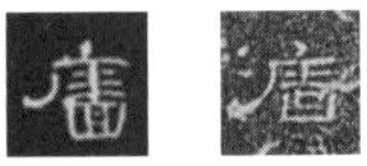

① Q178 ② Q141

《説文》作"牆"，《説文·嗇部》："，垣蔽也。从嗇，爿聲。，籀文从二禾；，籀文亦从二來。"

【釋形】

《説文》小篆从嗇，爿聲。漢碑字形改"牆"之義符"爿"爲"广"，理據重構，寫作"廧"。聲符"嗇"的隸定與其獨立成字時基本相同，見5147嗇；只是圖②"㐭"的上部作"土"，不作"⺷"。

【釋義】

同"牆"："戢治廧屋，市肆列陳"（Q178）；"補完里中道之周左廧垣壞決，作屋塗色"（Q141）；"孳孳臨川，闚見〖宫〗廧"（Q093）。

5149 **來** lái 《廣韻》落哀切，來咍平。來之。

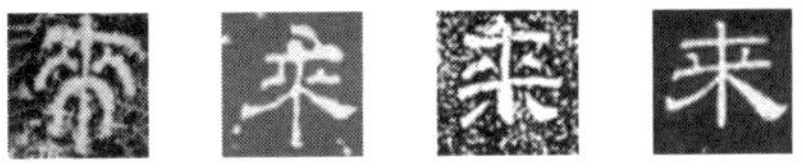

① Q065 ② Q140 ③ Q146 ④ Q129

《説文·來部》："，周所受瑞麥來麰，一來二縫，象芒束之形。天所來也，故爲行來之來。《詩》曰：'詒我來麰。'凡來之屬皆从來。"

【釋形】

《説文》小篆爲象形字，像禾麥之形。甲骨文寫作 （《合》9827）、（《合》6693）、（《合》34683），更爲象形。漢碑字形中，有的爲碑文篆書，只是將上端曲線拉直爲横畫，如圖①；有的將兩側下垂的部分變成兩個"人"形，如圖②③，其中圖③在中間增加了一横；有的在圖③的基礎上將兩個"人"形變爲兩點，如圖④。漢碑中另有字圖 ，似爲"徠"（此字圖在Q199，因其殘泐過於嚴重，故未單列字頭），在"來"的左側添加義符"彳"，以强調其義與走路有關，爲來往之來的後出本字，音義同"來"。"徠"又可以表示招徠、使之來，讀爲去聲，漢碑中未見此用法。

【釋義】

㊀由彼至此，由遠到近，與"去"相對："國縣員〖冗〗，吏無大小，空府竭寺，咸俾來觀"（Q141）；"咸來王而會朝"（Q065）；"羣土欽仰，來集如雲"（Q142）；又見"來臻"。㊁表示從某段時間至今："漢興以來，爵位相踵"（Q093）；"從郭君以來，廿餘年不復〖身至〗"（Q125）；"自是以來，百有餘年"（Q129）；"由是之來，和氣不臻"（Q060）。㊂未來，將來："表章大聖之遺靈，以示來世之未生"（Q123）；"冀勉來嗣，示後昆兮"（Q153）；"名光來世，萬祀不泯"（Q166）。

【釋詞】

［來臻］來到："君忠以衛上，翔然來臻"

（Q142）；“三祀有成，來臻我邦”（Q193）。

5150 **麥** mài 《廣韻》莫獲切，明麥入。明職。

① Q146

② Q141

《説文·麥部》：“，芒穀，秋穜厚薶，故謂之麥。麥，金也。金王而生，火王而死。从來，有穗者；从夊。凡麥之屬皆从麥。”

【釋形】

《説文》小篆爲會意字，从來从夊，表示麥子。漢碑字形中，構件“來”隸省作“龶”，與構件“夊”由相離變爲相接，如圖①②。

【釋義】

農作物名，麥子：“自以城池道濡麦，給令還所斂民錢材”（Q141）；“百姓有蓄，粟麦五錢”（Q146）。

5151 **致** zhì 《廣韻》陟利切，知至去。端質。

① Q146

② Q146

③ Q166

④ Q142

⑤ Q129

⑥ Q178

《説文·夊部》：“，送詣也。从夊从至。”

【釋形】

《説文》小篆爲會意字，从夊从至，表示送達。漢碑字形中，構件“至”發生離析重組，將小篆下面彎曲的線條拉直爲橫畫，在下部重組爲“土”；其上部形體或與小篆相近，如圖①～③；或隸定爲“云”，爲今之寫法所承，如圖④～⑥。構件“夊”隸定結果差異較大，有的訛混爲“支”，如圖③；或訛混爲“交”，如圖⑥；有的寫作“亠”下接“文”，如圖⑤；有的進一步在上部增加“口”，如圖①；或增加三角筆形，如圖②④。

【釋義】

㊀送到：“平夷正曲，柙致土石”（Q146）；“帥厲後學，致之雍泮”（Q193）。㊁達到：“是以鄉人爲之諺曰：‘重親致歡曹景完。’”（Q178）；又見“致位”。㊂招引，引來：“六樂之變，舞以致康”（Q129）；“有阿鄭之化，是以三 蓟 符守，致黄龍、嘉禾、木連、甘露之瑞”（Q146）；“興雲致雨，除民患兮”（Q171）。㊃辭去：見“致仕”。㊄密緻，牢固：“析里大橋，於今乃造，挍致攻堅”（Q150）。㊅用於人名：“君諱致，字萇華，梁縣人也”（Q142）。

【釋詞】

［致仕］辭去官職：“會遭篤病，告困致仕，得從所好”（Q127）；“巨病被徵，委位致仕”（Q088）。

［致位］達到某種職位：“故子心騰於楊縣，致位執金吾”（Q166）。

5152 **憂** yōu 《廣韻》於求切，影尤平。影幽。

① Q134

② Q178

③ Q138

④ Q185

《説文·夊部》：“，和之行也。从夊，㥑聲。《詩》曰：‘布政憂憂。’”

【釋形】

《説文》小篆爲形聲字，从夊，㥑（𢚧）聲。按“憂”金文作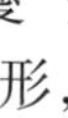（《毛公鼎》），像人以手搔首之形，應爲憂愁之“憂”的本字。或手和身體分離，寫作（《伯憂觶》）。戰國文字添加構件“心”，以强化憂愁爲心理活動，像人以手搔首之形的部分也演化爲構件“頁”，整字變爲从心从頁，寫作（《中山王譽鼎》）。“㥑”添加與行走義有關的構件“夊”，構成一個从夊、㥑聲的新形聲字“憂”，《説文》釋爲“和之行也”，即優雅之義。優雅義後來添加構件“人”，寫作“優”，“憂”便借表憂愁義，其本字“㥑”遂廢棄不用。漢碑字形中，構件“頁”下部像人身體的兩條曲線隸定作“冖”，如圖①②④；或

省去“冖”左邊的竪點，如圖③。上部像人頭的部分隸定作“百”，與“冖”相離，如圖①～③；或與“冖”相接，如圖④。構件“心”或獨立，如圖②；或與構件“夊”的起筆相接，近似於“必”，如圖①；或訛寫近似於“从”，如圖③；或省去，如圖④。構件“夊”或據小篆轉寫隸定，如圖①；或變爲相離的左“丿”與右“乂”，如圖③；或省減爲“乂”，如圖②；或混同爲“友”，如圖④。

【釋義】

㊀動詞，憂慮，擔憂：“夙夜憂怖，累息屏營”（Q140）。㊁名詞，憂患，憂慮：“含憂憔顇，精傷神越”（Q202）；“朝夕講習，樂以忘憂”（S110）；又見“顧憂”。㊂居喪，多指父母的喪事：“遭從兄沛相憂，篤義忘寵，飄然輕舉”（Q134）；“憂及退身”（Q137）；“遭公夫人憂，服闋”（Q084）。

5153 **愛** ài 《廣韻》烏代切，影代去。影物。

① Q144

② Q179

③ Q128

④ Q146

⑤ Q138

⑥ Q134

《説文·夊部》：“，行皃。从夊，㤅聲。”

【釋形】

《説文》小篆爲形聲字，从夊，㤅聲。“㤅”當爲“仁愛”之“愛”的本字，添加與行走義有關的構件“夊”後，構成一個从夊、㤅聲的新形聲字“愛”，《説文》釋爲“行皃”。同時，仁愛之義也借用“愛”字表示，“㤅”字遂廢棄不用。漢碑字形中，構件“旡”形體變異較多，如圖①～⑥。構件“心”或獨立，如圖①～③；或與構件“夊”的起筆相接，近似於“必”，如圖④；或訛寫近似於“从”，如圖⑤⑥。構件“夊”多轉寫隸定爲相離或相接的左“丿”右“乂”，如圖①～⑥。

【釋義】

㊀仁愛：“甘棠遺愛，東征企皇”（Q133）；“甘棠之愛，不是過矣”（Q161）；“進退以禮，允道篤愛”（Q144）；“動順經古，先之以博愛，陳之以德義”（Q146）；“國之良幹，垂愛在民”（Q179）；“仁愛下下，民附親兮”（Q171）。㊁愛戴：“是以黎庶愛若冬日”（Q134）；㊂特指男女之間的情愛：“齊殷勤，同恩愛”（Q045）。㊃吝惜：“〖嗚〗焉，匪愛力財，迫于制度”（Q052）。

5154 **夏** xià 《廣韻》胡雅切，匣馬上。匣魚。

① Q063

② Q127

③ Q106

④ Q117

⑤ Q185

⑥ Q129

⑦ Q153

⑧ Q169

《説文·夊部》：“，中國之人也。从夊从頁从臼。臼，兩手；夊，兩足也。，古文夏。”

【釋形】

《説文》以爲會意字，从夊从頁从臼，像人之形，表示中原地區的人。按“夏”商代金文作（《文暊父丁簋》），从日从頁，構意不明。西周金文作（《伯夏父鼎》），戰國文字作（《邳伯缶》），小篆進一步變異爲。《説文》據小篆字形説解，形義關係仍然不明。漢碑字形中，有的爲碑文篆書，如圖①②；多數則已經發生隸變，其中圖②嚴格按小篆字形轉寫隸定；其他則省略構件“臼”及“頁”下兩點，或變爲“百”下接“夊”，如圖③～⑤；或變爲“百”下接“夂”，如圖⑥～⑧。

【釋義】

㊀夏季：“以永元十五年季夏仲旬己亥卒”（Q153）；“仁恩如冬日，威猛烈炎夏”（Q193）。㊁華夏：“惟中嶽大室，崇高神君，處兹中夏，伐業最純”（Q061）；“出統華夏”

（Q148）；"華夏祇肅，佞穢者遠"（Q154）。㊂夏朝："夏商則未聞所損益"（Q129）；"胤自夏商，造父馭周"（Q169）。㊃用於地名："夏陽候長馬琪千"（Q123）；"謁者、金城長史、夏陽令、蜀郡西部都尉"（Q178）。㊄姓氏："〖時〗長史甘陵甘陵夏方"（Q171）。㊅用於複姓："東郡夏侯弘等三百卄人"（Q154）。㊆用於人名：見"游夏"。

5155 **舞** wǔ 《廣韻》文甫切，明麌上。明魚。

① Q129

② Q099

《説文·舛部》："，樂也。用足相背，从舛；無聲。，古文舞从羽、亡。"

【釋形】

《説文》以爲形聲字，从舛，無聲。按"無"爲"舞"的初文，甲骨文作（《合》16000）、（《合》21473）、（《合》21473）等形，像人兩手持舞具跳舞之形。"無"西周以後假借爲"有無"之"無"，跳舞義便又加兩隻腳形，寫作（《匽侯銅泡》），即後世"舞"字之所承。小篆將下面兩隻腳離析出來，重組爲"舛"，故《説文》釋爲从舛，無聲。漢碑字形中，上部像人兩手持舞具跳舞之形發生粘合，已經看不出原來的構意了，最上面或離析出一點，如圖①；或無點，如圖②。

【釋義】

㊀跳舞："六樂之變，舞以致康"（Q129）；"載歌載揚，□騰齊舞"（H144）。㊁揮動，搖動："復遇坐席，要舞黑紼"（Q099）。

5156 **韋** wéi 《廣韻》雨非切，雲微平。匣微。

① Q126

② Q179

③ Q074

④ Q179

《説文·韋部》："，相背也。从舛，囗聲。獸皮之韋，可以束枉戾相韋背，故借以爲皮韋。凡韋之屬皆从韋。，古文韋。"

【釋形】

《説文》以爲形聲字，从舛，囗聲。按"韋"甲骨文作（《合》10026）、（《合》6856）等形，或三隻腳，或兩隻腳，像有人包圍城邑之形，爲"圍"之初文。後因"韋"被借去表示其他意義，包圍義另外添加構件"囗"，寫作"圍"。《説文》以"相背也"釋"韋"，應爲其引申義。漢碑字形依據小篆轉寫隸定，如圖①②；有的將上下像腳趾形的短豎連成一筆，貫通上下，使整字粘合爲一體，如圖③④。

【釋義】

㊀用於古國名：見"豕韋"。㊁姓氏："門生東平寧陽韋勳，字幼昌"（Q127）；"泰山鉅平韋仲元二百蕃王狼子二百"（Q112）。

5157 **韓** hán 《廣韻》胡安切，匣寒平。匣元。

① Q163

② Q084

③ Q112

《説文·韋部》："，井垣也。从韋，取其帀也；倝聲。"

【釋形】

《説文》小篆爲形聲字，从韋，倝聲。漢碑字形中，有的爲碑額篆書，但已經帶有明顯的隸意，如圖①。圖②③則爲隸書字形，義符"韋"將上下像腳趾形的短豎連成一筆，貫通上下；聲符"倝"省略右邊的"人"，同時左邊形體"𠦝"的上弧線隸定爲"亠"，下部的"丂"隸定爲"十"，如圖②③。

【釋義】

㊀姓氏："漢循吏故聞憙長韓仁銘"（Q163）；"於穆韓君，獨見天意"（Q112）；又見"韓魏、韓詩"。㊁春秋戰國時期諸侯國名："晉爲韓魏，魯分爲揚"（Q187）。

【釋詞】

［韓詩］《詩》今文經學派之一，指漢初燕人韓嬰所傳授的《詩經》："廣四歲失母，十二隨官，受韓詩"（Q113）；"以能典藝，講演韓詩"（Q122）。

［韓魏］本指春秋時晉國的韓氏、魏氏兩家世族，後與趙三分晉國而爲諸侯，故常以"韓魏"代指富貴之家："有韓魏之家，自視歉然"（Q084）。

5158 **弟** （一）dì 《廣韻》徒禮切，定薺上。定脂。

① Q090

② Q175

③ Q266

《説文·弟部》："，韋束之次弟也。从古字之象。凡弟之屬皆从弟。，古文弟。从古文韋省，丿聲。"

【釋形】

《説文》小篆爲象形字，像用革縷有次序地纏束之形。甲骨文作（《合》21722）、（《合》22135）等形，正像木橛被纏繞之形，本義爲次第。後引申爲兄弟之弟。參見5020第。漢碑字形據小篆轉寫隸定，或仍保持一條縱向貫通的曲線，如圖①；或將縱向曲線離析爲一豎和一點，寫作"弟"，如圖②③。

【釋義】

㊀弟弟："弟述其兄"（Q117）；又見"兄弟"。㊁弟子，門徒："弟子北海劇陸暹，字〖孟輔〗"（Q127）；"并畔官文學先生、執事諸弟子，合九百七人"（Q141）；"大伍公從弟子五人"（Q142）。㊂次第，次序："弟十七"（Q097）；"弟十五"（Q097）。㊃泛指同輩中比自己年齡小的人，包括女性："□昆弟男女四人"（Q080）；"男弟叔明，女弟思"（Q090）。

（二）tì 《廣韻》特計切，定霽去。定脂。

【釋義】

敬順兄長，後來寫作"悌"：見"孝弟"。

5159 **久** jiǔ 《廣韻》舉有切，見有上。見之。

Q088

《説文·久部》："，从後灸之，象人兩脛後有距也。《周禮》曰：'久諸牆以觀其橈。'凡久之屬皆从久。"

【釋形】

《説文》以爲象形字，"象人兩脛後有距也"。楊樹達《積微居小學述林》："古人治病，燃艾灼體謂之灸，久即灸之初字也。字形从臥人，人病則臥牀也。末畫象以物灼體之形。許不知字形从人，而以爲象兩脛，誤矣。"其説可從。漢碑字形依據小篆轉寫隸定，如圖。

【釋義】

㊀時間長："子子孫孫，秉承久長"（Q070）；"聞此爲難，其日久矣"（Q150）；"流名後載，久而榮兮"（Q153）。㊁用於人名："故書佐平壽淳于闓，字久宗"（Q088）；"故脩行都昌冀遷，字漢久"（Q088）。

5160 **桀** jié 《廣韻》渠列切，羣薛入。羣月。

Q084

《説文·桀部》："，磔也，从舛在木上。凡桀之屬皆从桀。"

【釋形】

《説文》小篆爲會意字，从舛在木上，訓爲"磔"。徐灝《説文解字注箋》："磔當作傑，字之誤也。桀、傑古今字……同从二人在木上，取高出人上之意。"漢碑字形與小篆基本一致，只是構件"舛"和"木"之間由穿插關係變爲相離關係，如圖。

【釋義】

才能出眾的人："刑政不濫，絀掊克，采

儁桀”（Q084）；“漢徙豪桀”（Q070）。

5161 **乘** （一）chéng 《廣韻》食陵切，船蒸平。船蒸。

① Q126

② Q039

③ Q100

④ Q150

《説文·桀部》：“，覆也。从入、桀；桀，黠也。軍法曰乘。，古文乘从几。”

【釋形】

《説文》以爲會意字，从入、桀，義爲覆。按甲骨文作（《合》6491）、（《合》33112）等形，像人在樹上。容庚《金文編》：“乘，从大在木上。《説文》从入桀，非。”李孝定《甲骨文字集釋》：“乘之本義爲升爲登，引申之爲加其上。許訓覆也，與加其上同意，字象人登木之形。”金文作（《公貿鼎》）、（《公臣簋》）等形，人形下端增兩“止”，以突出乘登義。小篆字形發生離析重組，人的雙臂和頭部獨立近似於小篆“入”，雙腿和雙腳與部件“木”向上的曲線相接，原有理據淡化。漢碑字形中，構件“入”和“桀”進一步粘連，除最下面還能大致看出構件“木”之外，其他部分已經完全没有構意可言了，如圖①～④。

【釋義】

㊀登：“遂踰涿邪，跨安侯，乘燕然”（H26）。㊁憑依，駕：“後有羊車橡其䡛，上即聖鳥乘浮雲”（Q100）。㊂姓氏：“故書佐劇乘禹”（Q088）。㊃用於人名：“長史甘陵、廣川沐乘”（Q126）。

（二）shèng 《廣韻》實證切，船證去。船蒸。

【釋義】

㊀一車四馬的總稱：“雷輜蔽路，萬有三千餘乘”（H26）。㊁乘車的人：“〖過者栗栗〗，載乘爲下，常車迎布，歲數千兩”（Q150）。㊂用於爵位名：“園陽當里公乘田鲂萬歲神室”（Q039）。㊃用於地名：“故吏乘氏令博陵安平王沛”（Q148）。

卷　六

6001 **木** mù 《广韻》莫卜切，明屋入。明屋。

① Q065

② Q146

《説文·木部》："，冒也。冒地而生。東方之行。从屮，下象其根。凡木之屬皆从木。"

【釋形】

《説文》小篆爲象形字，像樹木之形。甲骨文作（《合》27817），形象性更强。小篆將樹枝和樹根的部分改爲曲線，但整體仍大致像樹木之形。漢碑字形中，有的爲碑文篆書，但已經帶有明顯的隸意，如圖①；多數則已經發生隸變，上弧線拉直爲一横畫，下弧線寫作一撇一捺，完全失去了象形性，如圖②。

【釋義】

樹木："禽獸碩茂，草木芬芳"（Q125）；"草木暢茂，巨仞不數"（Q171）；"出從幽谷，遷于喬木"（Q171）；"木石相距，利磨确磐"（Q095）。

6002 **黎** lí 《廣韻》力脂切，來脂平。來脂。

① Q066

② Q135

③ Q172

《説文·木部》："，果名。从木，㓞聲。㓞，古文利。"

【釋形】

《説文》小篆爲形聲字，从木，㓞聲。漢碑字形依據小篆轉寫隸定，其中聲符"㓞"甲骨文作（《甲》1647），右側像以耕地的工具翻土之形；左邊是"禾"，表示與農作物有關。"㓞"獨立成字時多隸定爲"利"，在"棃、犂"等字中作構件時則有所不同，其像耕地農具的部分不隸定作"刂"，而是隸定作"刀"加一短撇，實爲"勿"的省變，如圖①～③。

【釋義】

通"黎"，民眾：見"棃萌、棃蒸"。

【釋詞】

［棃萌］即"黎萌"。百姓，民眾："群后卿士，凡百棃萌，靡不欷歔垂涕"（Q066）。

［棃蒸］即"黎蒸"。百姓，民眾："棃烝殷，罔荒饑"（Q135）；"翼翼聖慈，惠我棃蒸"（Q172）。

6003 **梅** méi 《廣韻》莫杯切，明灰平。明之。

Q172

《説文·木部》："，枏也。可食。从木，每聲。，或从某。"

【釋形】

《説文》小篆爲形聲字，从木，每聲。漢碑字形依據小篆轉寫隸定，義符"木"，上弧線拉直爲一横畫，下弧線寫作一撇一點；聲符"每"甲骨文作（《合》27633），金文作（《𣪕尊》）等形，像女性頭飾華麗的樣子。小篆沿襲了金文的寫法。漢碑字形中，上面表示頭飾的部分變成了"亠"；下部像身體的部分轉寫成"母"，中間兩點連成一短豎，如圖。

【釋義】

姓氏:"户曹掾楊淮、議曹掾李就、議曹掾梅檜"(Q172)。

6004 **奈** nài 《廣韻》奴帶切,泥泰去。泥月。

① JB1

② Q128

③ Q124

④ Q114

《説文》作"柰",《説文·木部》:",果也。从木,示聲。"

【釋形】

《説文》小篆爲形聲字,从木,示聲,表示果樹名,也指其果實,假借表示"奈何"義。漢碑字形中,義符"木"省變爲"大",整字隸定爲"奈",如圖①②;"大"或上不出頭,如圖③;或多出一横,如圖④。聲符"示"或省寫爲兩短横,如圖④。

【釋義】

怎樣,如何:見"奈何"。

【釋詞】

[奈何]㊀怎麽樣,怎麽辦:"孤子推□,痛當奈何"(Q124);"隱藏魂靈,悲瘉奈何,涕泣雙并"(Q114);"歍呼哀哉,奈何悲夫"(Q128);"抱持啼呼,不可奈何"(Q106)。㊁爲何:"奈何朝廷,奪我慈父"(Q088)。

6005 **李** lǐ 《廣韻》良士切,來止上。來之。

① Q146

② Q104

《説文·木部》:",果也。从木,子聲。,古文。"

【釋形】

《説文》小篆爲形聲字,从木,子聲。漢碑字形依據小篆轉寫隸定,構件"木"和"子"均已經由小篆的線條隸定爲筆畫,如圖①②。

【釋義】

姓氏:"門生魏郡魏李鎮字世君"(Q127);"故蜀郡李府君諱冰"(Q139);"禮服祥除,徵拜議郎,右北平大守,尋李癀之在邊,恢巍綘之和戎"(Q137)。

6006 **桃** táo 《廣韻》徒刀切,定豪平。定宵。

Q178

《説文·木部》:",果也。从木,兆聲。"

【釋形】

《説文》小篆爲形聲字,从木,兆聲。漢碑字形中,"木"的上弧線拉直爲一横畫,下弧線寫作一撇一點;聲符"兆"在小篆中的五個線條進行了重組,中間的線條隸定爲"乚",左邊兩個線條和右邊兩個線條各自進行了重新組合,如圖。

【釋義】

用於人名:"大女桃婓等,合七首藥神明膏,親至離亭"(Q178)。

6007 **楷** kǎi 《廣韻》苦駭切,溪駭上。溪脂。

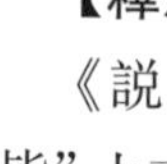
Q175

《説文·木部》:",木也。孔子冢蓋樹之者。从木,皆聲。"

【釋形】

《説文》小篆爲形聲字,从木,皆聲。"皆"上古音在見母脂部。漢碑字形依據小篆轉寫隸定,其中義符"木"的上弧線拉直爲一横畫,下弧線寫作一撇一點;聲符"皆"所从之構件"白"隸定與今之形體相同,如圖。

【釋義】

楷模,典範:"有物有則,模楷後生"(Q187);又見"楷式"。

【釋詞】

［楷式］楷模，典範："逸之宏議，傳林楷式"（Q175）。

6008 **桂** guì 《廣韻》古惠切，見霽去。見支。

Q210

《説文·木部》："，江南木，百藥之長。从木，圭聲。"

【釋形】

《説文》小篆爲形聲字，从木，圭聲。聲符"圭"本从二土，漢碑字形二土連寫并省去一橫，近似於"柱"，見圖。

【釋義】

桂樹：見"桂銖"。

【釋詞】

［桂銖］即"桂株"，傳説中月宫的桂樹："日月。桂銖"（Q210）。

6009 **棠** táng 《廣韻》徒郎切，定唐平。定陽。

Q179

《説文·木部》："，牡曰棠，牝曰杜。从木，尚聲。"

【釋形】

《説文》小篆爲形聲字，从木，尚聲。漢碑字形中，義符"木"的上弧線拉直爲一橫畫，下弧線寫作左右兩點；聲符"尚"所从之構件"八"隸變寫作兩點，如圖。

【釋義】

㊀木名，甘棠，常借指《詩·召南·甘棠》所描寫的甘棠之化："邵伯分陝，君懿于棠"（Q179）；"甘棠遺愛，東征企皇"（Q133）；"仁敷海岱，著甘棠兮"（Q088）。㊁通"堂"，高顯貌：見"棠棠"。

【釋詞】

［棠棠］通"堂堂"，形容儀容壯偉："棠棠忠惠，令德孔嫌"（Q154）。

6010 **杜** dù 《廣韻》徒古切，定姥上。定魚。

Q129

《説文·木部》："，甘棠也。从木，土聲。"

【釋形】

《説文》小篆爲形聲字，从木，土聲。漢碑字形中，義符"木"的上弧線拉直爲一橫畫，下弧線寫作一撇一點；聲符"土"中的兩個橫畫小篆上長下短，隸書則改爲上短下長，如圖。

【釋義】

㊀特指歷史人物杜撫，《後漢書·儒林列傳》記載杜撫曾定韓《詩》章句，官至公車令："雖楊、賈、斑、杜，弗或過也"（Q169）。㊁姓氏："蓮勺左鄉有秩杜衡千五百"（Q123）；"京兆尹勑監都水掾霸陵杜遷市石"（Q129）；"故功曹杜安元進"（Q178）。㊂特指杜林："雖揚賈斑杜，弗或過也"（Q169）。㊃用於地名："穎川大守京兆杜陵朱寵"（Q061）。

6011 **梓** zǐ 《廣韻》即里切，精止上。精之。

Q141

《説文·木部》："，楸也。从木，宰省聲。，或不省。"

【釋形】

《説文》小篆爲形聲字，从木，宰省聲。漢碑字形在小篆的基礎上轉寫隸定，改曲爲直。義符"木"的上弧線拉直爲一橫畫，下弧線寫作一撇一點；聲符"宰"正篆省爲"辛"，或體不省，隸書承襲省簡的形體，如圖。

【釋義】

㊀ 木名："東行道，表南北，各種一行

梓”（Q141）。㊁用於地名：“家于梓潼，九族布列”（Q153）；“朐忍令梓潼雍君，諱陟，字伯曼”（Q153）。

6012 **楊** yáng 《廣韻》與章切，餘陽平。餘陽。

① Q232

② Q178

③ Q026

④ Q095

《説文·木部》：“楊，木也。从木，昜聲。”

【釋形】

《説文》小篆爲形聲字，从木，昜聲。漢碑字形中，有的爲碑文篆書，但已經帶有明顯的隸意，如圖①。其他則均爲隸書，其中義符“木”上弧線拉直爲一横畫，下弧線寫作一撇一點。聲符“昜”本像日初升之形，小篆變異作“从日、一、勿”；漢碑隸書字形中，圖③④三個構件俱全，圖②則省略了構件“一”。

【釋義】

㊀通“揚”，❶特指揚州：“遭江楊劇賊”（Q135）；“出省楊土，流化南城”（Q193）。❷特指楊雄：“雖楊、賈、斑、杜，弗或過也”（Q169）。㊁姓氏：“漢故沛相楊君之碑”（Q133）；“故江陽守長成固楊晏字平仲”（Q199）；“巴州民楊量買山”（Q008）。㊂用於人名：“司徒掾南鄭祝楊字孔達”（Q199）。㊃用於地名：“故子心騰於楊縣，致位執金吾”（Q166）；“訞賊張角，起兵幽冀，兖豫荊楊，同時並動”（Q178）。

6013 **權** quán 《廣韻》巨員切，羣仙平。羣元。

① Q133

② Q179

《説文·木部》：“權，黄華木。从木，雚聲。一曰：反常。”

【釋形】

《説文》小篆爲形聲字，从木，雚聲。漢碑字形中，義符“木”有的訛變作“扌”，如圖②；聲符“雚”小篆从萑，吅聲，“萑”从隹从丫，漢碑字形中有的構件“丫”寫作“++”，與“艸”的隸書形體混同，如圖①；有的構件“丫”寫作“亠”，“吅”省變似“冂”，如圖②。

【釋義】

㊀權利：“遭貴戚專權，不稱請求”（Q133）。㊁謀略：見“權略”。

【釋詞】

［權略］謀略：“聡麗權略，藝於從畋”（Q179）。

6014 **柜** jǔ 《廣韻》居許切，見語上。見魚。

Q084

《説文·木部》：“柜，木也。从木，巨聲。”

【釋形】

《説文》小篆爲形聲字，从木，巨聲。初文作“巨”。《説文·工部》：“巨，規巨也。从工，象手持之。”後或添加構件“矢”作“矩”，或添加構件“木”作“柜”，均爲從不同角度强化其本義，从“矢”表示與丈量有關；从木表示與製作材料有關。“柜”的漢碑字形依據小篆轉寫隸定，構件“木、巨”均已改線條爲筆畫，如圖。參見5036巨。

【釋義】

㊀同“矩”，古代畫方形的用具，即現在的曲尺：“於是操繩墨以彈耶枉，援規柜以分方員”（Q084）；“涿癘摩治，規柜施張”（Q114）。㊁用於地名：“東海郡朐，與琅邪郡柜爲界”（Q013）。

6015 **槐** huái 《廣韻》户乖切，匣皆平。匣微。

① Q088

② Q178

《説文·木部》:“,木也。从木,鬼聲。”

【釋形】

《説文》小篆爲形聲字,从木,鬼聲。漢碑字形中,義符“木”上弧線拉直爲一横畫,下弧線寫作撇和點;聲符“鬼”甲骨文作(《合》2832),像一人頭戴面具之形,或與古代事鬼活動有關。小篆字形演變爲,《説文》釋作从人从厶,上象鬼頭。漢碑字形中像鬼頭的形體隸變作“田”。構件“人”訛寫作“儿”形。“厶”有時寫作圓圈,如圖①;有時寫作三角形,如圖②。

【釋義】

㊀用於人名:“故書佐營陵鍾顯,字槐寶”(Q088)。㊁用於地名:“尉表上,遷槐里令”(Q163);“還師旅,臨槐里”(Q178)。

6016 **杞**　qǐ《廣韻》墟里切,溪止上。溪之。

① Q065

② Q158

《説文·木部》:“,枸杞也。从木,己聲。”

【釋形】

《説文》小篆爲形聲字,从木,己聲。漢碑字形中,有的爲碑文篆書,如圖①。有的則已經隸變,義符“木”上弧線拉直爲一横畫,下弧線寫作一撇一點;聲符“己”由小篆的一個線條離析爲三個筆畫,如圖②。

【釋義】

㊀ 古國名,指杞國:見“杞繒”(Q065)。㊁姓氏:“杞梁(闕),伯興妻陘,秉心塞淵,終温惠和”(Q158)。

【釋詞】

[杞繒]古杞、繒二國均爲夏禹之後,姒姓,《國語·周語》:“昔摯疇之國也由太任,杞繒由大姒,齊許申吕由大姜,陳由大姬,是皆能内利親親者也。”韋昭注:“杞繒二國姒姓,夏禹之後。”後因借“杞繒”指華夏正統:“杞繒漸替,又遭亂秦”(Q065)。

6017 **檀**　tán《廣韻》徒干切,定寒平。定元。

Q130

《説文·木部》:“,木也。从木,亶聲。”

【釋形】

《説文》小篆爲形聲字,从木,亶聲。漢碑字形中,義符“木”上弧線拉直爲一横畫,下弧線寫作一撇一點;聲符“亶”本从㐭,旦聲,漢碑中構件“㐭”訛變爲“面”形,構件“旦”所从之“日”和“一”有一點相連,如圖。

【釋義】

㊀木名:“或有薪采,投輻檀兮”(Q171)。㊁用於地名:“雎姜公樹迹,雚檀流稱,步驟愈否,君参其中”(Q130)。

6018 **榮**　róng《廣韻》永兵切,雲庚平。匣耕。

① Q153

② Q194

③ Q095

《説文·木部》:“,桐木也。从木,熒省聲。一曰:屋梠之兩頭起者爲榮。”

【釋形】

《説文》小篆爲形聲字,从木,熒省聲。漢碑字形中,義符“木”上弧線拉直爲一横畫,下弧線寫作一撇一捺,如圖①③;有的下弧線寫作左右兩點,如圖②。聲符“𤇾”與義符“木”由半包圍結構演化爲上下結構。

【釋義】

㊀榮華,富貴:“乃委其榮”(Q127);“醳榮投黻,步出城寺”(Q134);“年甫五歲,去離世榮”(Q143)。㊁美譽,光榮:“流名後載,久而榮兮”(Q153);“榮且溺之耦耕,甘山林之杳藹”(S110);又見“榮名”。㊂姓氏:“山陽蝦丘榮保、畫師高平代盛、邵强生等十餘人”(Q106)。㊃用於人名:“門生北

海安丘齊納，字榮謀”（Q127）；“君諱榮，字含和”（Q132）；“故門下書佐營陵孫榮，字吉榮”（Q088）。

【釋詞】

［榮名］美名：“去日日而下降兮，榮名絶而不信”（Q039）；“勤勤竭誠，榮名休麗”（Q095）。

6019 **桐** tóng 《廣韻》徒紅切，定東平。定東。

Q125

《説文·木部》：“桐，榮也。从木，同聲。”

【釋形】

《説文》小篆爲形聲字，从木，同聲。漢碑字形依據小篆轉寫隸定，構件“木”和“同”均已經由小篆的線條隸定爲筆畫，如圖。

【釋義】

㊀用於地名：見“桐柏”。㊁通“通”，通達：“又勑瀆井，復民餝治，桐車馬於瀆上”（Q141）。

【釋詞】

［桐柏］縣名，位於河南省西南部：“立廟桐柏，春秋宗奉，灾異告愬，水旱請求，位比〖諸侯〗”（Q125）。

6020 **榆** yú 《廣韻》羊朱切，餘虞平。餘侯。

① Q051

② Q055

《説文·木部》：“榆，榆，白枌。从木，俞聲。”

【釋形】

《説文》小篆爲形聲字，从木，俞聲。漢碑字形中，義符“木”上弧線嚴格依照小篆線條隸定，下弧線寫作兩豎筆，如圖①；圖②中的“木”則混同爲“扌”。聲符“俞”《説文》“从亼从舟从巜”，漢碑中構件“舟”隸變混同爲“月”，構件“巜”隸定爲兩豎畫，如圖①②。

【釋義】

用於地名：“還贛榆令，經國帥下，政以禮成”（Q128）；“居圜陽西鄉榆里郭稚文萬年室宅”（Q051）；“西河大守掾圜陽榆里田文成萬年室”（Q055）。

6021 **松** sōng 《廣韻》祥容切，邪鍾平。邪東。

① Q142

② Q112

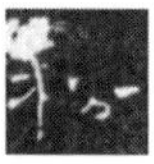
③ Q112

《説文·木部》：“松，木也。从木，公聲。寀，松或从容。”

【釋形】

《説文》小篆爲形聲字，从木，公聲。漢碑字形中，義符“木”上弧線拉直爲一横畫，下弧線寫作一撇一點。聲符“公”所从之構件“厶”有的與“口”混同，如圖①；有的寫作閉合的三角形，如圖②③。

【釋義】

㊀木名，松樹：“負土成塻，列種松柏”（Q106）。㊁用於人名：“門生安平下博張祺字叔松”（Q127）；“君師魏郡張吴，齋晏子、海上黄淵、赤松子與爲友”（Q142）；“東海傅河東臨汾敬謙字季松千”（Q112）。

6022 **檜** huì 《集韻》黄外切，匣泰去。見月。

Q172

《説文·木部》：“檜，柏葉松身。从木，會聲。”

【釋形】

《説文》小篆爲形聲字，从木，會聲。漢碑字形中，義符“木”的上弧線拉直爲一横畫，下弧線寫作一撇一點；聲符“會”漢碑字形殘泐不清，大致可見與現在繁體字形相近,如圖。

【釋義】

用於人名:"户曹掾楊淮、議曹掾李就、議曹掾梅檜"(Q172)。

6023 **柏** bǎi 《廣韻》博陌切,幫陌入。幫鐸。

Q125

《説文·木部》:",鞠也。从木,白聲。"

【釋形】

《説文》小篆爲形聲字,从木,白聲。漢碑字形中,義符"木"上弧線拉直爲一横畫,下弧線寫作一撇一點。聲符"白"甲骨文作(《合》3396)、(《合》32330)等形,構意不確;小篆字形上部生出一短豎,漢碑字形又將短豎離析爲一短撇,其餘部分隸定爲"曰"形,如圖。

【釋義】

㊀木名,柏樹:"負土成墳,列種松柏"(Q106);"徐養淩柏,朝莫祭祠"(Q114)。㊁用於地名:"立廟桐柏,春秋宗奉"(Q125);"親之桐柏,奉見廟祠,崎嶇逼狹"(Q125)。㊂通"伯",用於人名:"昔者共工,範防百川。柏鮌稱遂,□□其原"(Q065)。

6024 **樹** shù 《廣韻》常句切,禪遇去。禪侯。

Q134

《説文·木部》:",生植之總名。从木,尌聲。,籀文。"

【釋形】

《説文》小篆爲形聲字,从木,尌聲。按"樹"初文作"尌",甲骨文作(《甲》2.7.6),像樹鼓之形。《史記·司馬相如列傳》:"建翠華之旗,樹靈鼉之鼓。"裴駰集解:"駰案,郭璞曰:'木貫鼓中,加羽葆其上,所謂樹鼓。'"甲骨文正像"木貫鼓中"之形。《説文》籀文與甲骨文結構相似,只是將"又"改换爲寸,寫作。據此可知,"尌"本義應爲樹立,而作爲名詞的"樹木"是其後起義。爲强調與木有關,"尌"又添加構件"木",寫作"樹",後"樹"行而"尌"廢。小篆將鼓上之"木"改换爲"屮",象徵鼓上的飾物,部分理據重構。漢碑字形依據小篆轉寫隸定,義符"木"上弧線拉直爲一横畫,下弧線寫作一撇一點。聲符"尌"所从之構件"壴",上方"屮"的上弧線拉直爲横畫,隸定爲"十"形;構件"寸"隸定與現在通行寫法相同,如圖。

【釋義】

㊀樹木,木本植物的總稱:"君常舍止棗樹上,三年不下"(Q142);"蔽沛棠樹,温温恭人"(Q179);"爲堯種樹,舍潛于岐"(Q187)。㊁種植:"教民樹藝,三農九穀"(Q135)。㊂樹立,建立:"故樹斯石,以昭厥勳"(Q134);"陵成宇立,樹列既就"(Q088);"雖姜公樹迹,藿檀流稱,步驟愈否,君參其中"(Q130)。㊃用於人名:"故從事魯孔樹君德千"(Q112)。

6025 **本** běn 《廣韻》布忖切,幫混上。幫文。

① Q129 ② Q174

《説文·木部》:",木下曰本。从木,一在其下。,古文。"

【釋形】

《説文》小篆爲指事字,从木,"一"爲指事符號,表示樹根。"本"字金文作(《本鼎》),木的根部有三個粗點,均爲指事符號,表示樹的根部。《説文》古文字形下部的三個三角形,正是由金文中的指事符號演化而來。小篆字形則省爲一個指事符號。漢碑字形依據小篆轉寫隸定,或與

現在通行的結構相同,如圖①;或離析重組爲上"大"下"十",如圖②。

【釋義】

㊀根基,根源:"生民之本,孰不遭諸"(Q128);"紀行求本,蘭生有芬,克岐有兆,綏御有勛"(Q179);又見"本根"。㊁起始,起源:"其先本自鉅鹿,世有令名"(Q161)。㊂固有的:"以疾〖錮辭,未〗滿期限,從其本規"(Q117)。㊃本來,原來:"父通,本治白孟《易》丁君章句,師事上黨鮑公,故郡掾史"(Q124);"府君諱方,字興祖,肇先蓋堯之苗,本姓□□"(Q137)。㊄推究:"乃求道要,本祖其原"(Q060);"涉歷山道,推序本原"(Q095)。㊅古代臣下奏事的文書:"刊石勒銘,并列本奏"(Q141)。㊆年號用字:見"本初"。㊇用於人名:"故脩行都昌齊晏,字本子"(Q088)。

【釋詞】

[本初]東漢皇帝漢質帝劉纘統治時期的年號:"本初元年二月丁巳朔八日甲子"(Q092);"本初元年"(H105)。

[本根]根基,根源:"轉拜郃陽令,收合餘燼,芟夷殘迸,絶其本根"(Q178)。

[本末]事情的經過:"相縣以白石神君道德灼然,乃具載本末上尚書"(Q174)。

6026 **朱** zhū 《廣韻》章俱切,章虞平。章俟。

① Q112

② Q178

《説文·木部》:",赤心木。松柏屬。从木,一在其中。"

【釋形】

《説文》小篆爲指事字,从木,"一"爲指事符號,所指部位在樹榦,故其本義應爲樹榦。《説文》釋其義爲"赤心木",非是。按"朱"爲"株"的初文,甲骨文作(《合》37363),中間隱約可見指事符號。金文或作(《戜方鼎》),指事符號非常突出。或寫作(《吴方彝蓋》),指事符號變爲一横,爲小篆字形之所承。漢碑字形中,將小篆上方彎曲的筆畫拉直,與"未"同形,如圖①;爲了與"未"相區别,隸書往往於最上面横筆的起筆處添加彎筆,如圖②。後來又將彎筆離析爲一短撇,形成現在通行的寫法。

【釋義】

㊀大紅色,古代視爲五色中的正色:"玄甲燿日,朱旗絳天"(H26);"東方青帝禹青龍患禍欲來;南方赤帝禹朱雀患禍欲來"(Q155);又見"朱紫"。㊁用於官名:"祖父大常博士,徵朱爵司馬"(S110)。㊂姓氏:"時令朱頡,字宣得"(Q129);"其次適鬲侯朱氏"(Q056);"平原樂陵朱恭敬公二百"(Q112);又見"朱龔"。

【釋詞】

[朱龔]漢代名臣朱邑、龔遂的合稱:"黄邵朱龔兮,盖不□□"(Q150)。

[朱紫]㊀語出《論語·陽貨》:"惡紫之奪朱也。"《論語集解》引孔安國曰:"朱,正色;紫,間色之好者。惡其邪好而奪正色。"後以"朱紫"比喻正與邪、是與非、善與惡:"紀綱萬里,朱紫不謬"(Q178);"君其始仕,天憒明哲,典牧二城,朱紫有别"(Q153)。㊁朱衣紫綬,即紅色官服,紫色綬帶,指稱古代高級官員的服飾:"朱紫繽紛,寵禄盈門,皆猶夫人"(Q056)。

6027 **根** gēn 《廣韻》古痕切,見痕平。見文。

Q178

《説文·木部》:",木株也。从木,艮聲。"

【釋形】

《説文》小篆爲形聲字,从木,艮聲。漢碑字形依據小篆轉寫隸定,義符"木"上弧線拉直爲一横畫,下弧線寫作一撇一點;聲符"艮"所从之構件"目"與"匕"粘連爲一體,共用左邊的竪筆,且構件“目”訛混爲“日”,如圖。

【釋義】

㊀事物的根本,根源:“根道核藝,抱淑守真”(Q088);“芟夷殘迸,絶其本根”(Q178)。㊁根植:“賢孝之性,根生於心”(Q178)。㊂用於人名:“沛郡故吏吴岐子根”(Q167)。

6028 **末** mò 《廣韻》莫撥切,明末入。明月。

① Q259

② Q021

《説文·木部》:“,木上曰末。从木,一在其上。”

【釋形】

《説文》小篆爲指事字,从木,“一”爲指事符號,表示樹梢。“末”金文作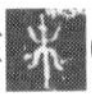(《蔡侯紐鐘》),樹梢處加一點爲指事符號。小篆將指事符號變爲一長横綫。漢碑字形依據小篆綫條轉寫隸定,如圖①;有的字形於樹根部誤加一横,似受“本”的影響所致,如圖②。

【釋義】

㊀終了:“相縣以白石神君道德灼然,乃具載本末上尚書”(Q174)。㊁遺餘,這裡指後代:“敬曉末孫,□副祖德焉”(Q021);又見“末緒”。

【釋詞】

[末命]犹言厄运:“咨爾體之淑姣,嗟末命之何辜”(Q259)。

[末緒]指後裔,旁支後代:“溧陽長潘君諱乾,字元卓,陳國長平人,蓋楚大傅潘崇之末緒也”(Q172)。

6029 **果** guǒ 《廣韻》古火切,見果上。見歌。

① Q145

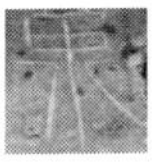
② Q077

《説文·木部》:“,木實也。从木,象果形,在木之上。”

【釋形】

《説文》小篆爲象形字,从木,像果形在樹之上,表示果實。金文作(《果簋》),正像木上有果實之形。小篆省去象徵果核的四點,漢碑字形據小篆將果實之形隸定近似於“田”,如圖①。圖②寫法則比較特别,構件“木”訛變似“水”形。

【釋義】

㊀果敢:“仁信明敏,壯勇果毅”(Q169);“果於主分,撫育孤稚”(Q145)。㊁果真,果然:“視其腹中,果有被具”(Q199)。

6030 **枝** zhī 《廣韻》章移切,章支平。章支。

① Q178

② Q193

《説文·木部》:“,木别生條也。从木,支聲。”

【釋形】

《説文》小篆爲形聲字,从木,支聲。漢碑字形依據小篆轉寫隸定,義符“木”上弧綫拉直爲一横畫,下弧綫寫作一撇一點;聲符“支”上面像半竹之形的部分隸定近似於“十”,如圖①②。

【釋義】

喻指宗族分支:“分原而流,枝葉扶疏”(Q193);“枝分葉布,所在爲雄”(Q178)。

6031 **條** tiáo 《廣韻》徒聊切,定蕭平。定幽。

① Q065

② Q060

③ Q169

④ Q174

⑤ Q133

《説文·木部》:“,小枝也。从木,攸聲。”

【釋形】

《説文》小篆爲形聲字，从木，攸聲。“攸”上古音在餘母幽部。漢碑字形中，有的爲碑文篆書，只是將聲符“攸”所从之構件“亻”寫作“彳”，如圖①。圖②則介於篆隸之間，聲符“攸”所从之構件“支”省寫作“又”。圖③～⑤則均爲隸變字形，其中構件“支”均省變爲“夂”；構件“亻”或寫作“彳”，如圖③。

【釋義】

㊀樹木的枝條：“木連理於芊條”（Q065）。㊁分支：“宗族條分，裔布諸華”（Q169）。㊂用於山名：“惟封龍山者，北岳之英援，三條之别神”（Q126）；“三條别神，迴在領西”（Q060）；“白石神君，居九山之數，參三條之壹”（Q174）。㊃用於人名：“故吏戴條等，追在三之分”（Q133）。

6032 **栞** kān 《廣韻》苦寒切，溪寒平。溪元。

Q154

《説文·木部》：“，槎識也。从木、㚘。闕。《夏書》曰：‘隨山栞木’。讀若刊。，篆文从幵。”

【釋形】

《説文》字頭字形从木，構件“㚘”構意不明，故《説文》云“闕”。整字本義應爲砍削以作標識，引申爲刊刻、識記，又引申爲消除。《説文》篆文作，二“夭”改换爲二“干”，漢碑字形與此相承，如圖。

【釋義】

識記：“博覽羣書，無物不栞”（Q154）。

6033 **梃** tǐng 《廣韻》徒鼎切，定迴上。定耕。

Q153

《説文·木部》：“，一枚也。从木，廷聲。”

【釋形】

《説文》小篆爲形聲字，从木，廷聲。漢碑字形依據小篆轉寫隸定，義符“木”上弧線拉直爲一横畫，下弧線寫作一撇一點。聲符“廷”所从之構件“廴”隸變混同爲“辶”；構件“壬”本爲上“人”下“土”，隸變後粘合省變，已看不出原來的結構了，且有時豎筆向下延伸，如圖。

【釋義】

通“挺”，挺舉：“惟汶降神，梃斯君兮”（Q153）。

6034 **枉** wǎng 《廣韻》紆往切，影養上。影陽。

① Q144 ② Q128

《説文·木部》：“，衺曲也。从木，㞷聲。”

【釋形】

《説文》小篆爲形聲字，从木，㞷聲。漢碑字形中，義符“木”的上弧線拉直爲一横畫，下弧線寫作一撇一點。聲符“㞷”或訛寫近似於“主”形，如圖①；或省變爲“王”，如圖②。

【釋義】

邪曲，不正直：“彈貶貪枉，清風流射”（Q128）；“彈繩糾枉，忠絜清肅”（Q144）；“舉直錯枉，譚思舊制”（Q187）。

6035 **格** gé 《廣韻》古伯切，見陌入。見鐸。

① Q095 ② Q125

《説文·木部》：“，木長皃。从木，各聲。”

【釋形】

《説文》小篆爲形聲字，从木，各聲。漢碑字形依據小篆轉寫隸定，義符“木”上弧線拉直爲一横畫，下弧線寫作一撇一點。聲符“各”甲骨文作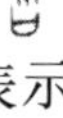（《合》27310），上面的構件本爲“止”，表示走路，下面的“口”

形代表目的地；小篆字形構件“止”發生形變，已經不再像腳之形了。漢碑字形進一步將“止”隸定爲“夂”，將小篆圓轉的線條轉寫爲平直方折的筆畫，如圖①。

【釋義】

㊀至，來：“天地清和，嘉祥昭格”（Q125）；“神禋享而飴格，釐我后以萬祺”（Q065）。㊁感通，感動：“伊尹之休，格于皇天”（Q148）。㊂標準，規格：“或解高格，下就平易”（Q095）。㊃通“閣”，亭閣，棧道：“大守丞廣漢楊顯〚將相，用□始〛作橋格〚六〛百卅〚三〛□，大橋五”（Q025）。㊄用於人名：“陽翟平陵亭部陽陵格、王孟”（Q061）。

6036 **楨** zhēn 《廣韻》陟盈切，知清平。端耕。

① Q088

② Q187

《説文·木部》：“，剛木也。从木，貞聲。上郡有楨林縣。”

【釋形】

《説文》小篆爲形聲字，从木，貞聲。漢碑字形依據小篆轉寫隸定，將小篆圓轉的線條轉寫爲平直方折的筆畫，如圖①②。

【釋義】

支柱：“宜參鼎䡣，堅榦楨兮”（Q088）；“書載俊艾，股肱幹楨”（Q187）。

6037 **柔** róu 《廣韻》耳由切，日尤平。日幽。

① Q125

② Q146

③ Q134

《説文·木部》：“，木曲直也。从木，矛聲。”

【釋形】

《説文》小篆爲形聲字，从木，矛聲。“矛”上古音在明母幽部。漢碑字形依據小篆轉寫隸定，義符“木”上弧線拉直爲一横畫，下弧線寫作一撇一點。聲符“矛”將小篆圓轉的線條對應轉寫爲平直方折的筆畫，如圖①；圖②上面的筆畫發生粘連；圖③則多有省寫。

【釋義】

㊀温和，和順：“剛柔攸得，以和以平”（Q133）；“疏穢濟遠，柔順其道”（Q125）；又見“柔嘉”。㊁安撫：“德以柔民，刑以威姦”（Q134）。

【釋詞】

［柔嘉］柔和美善：“赫赫明后，柔嘉惟則”（Q146）。

6038 **材** cái 《廣韻》昨哉切，從咍平。從之。

Q141

《説文·木部》：“，木梃也。从木，才聲。”

【釋形】

《説文》小篆爲形聲字，从木，才聲。漢碑字形依據小篆轉寫隸定，義符“木”上弧線拉直爲一横畫，下弧線寫作一撇一點；聲符“才”寫作兩横一豎，且右下角多出一點，如圖。

【釋義】

通“財”，財物：“自以城池道濡麥，給令還所斂民錢材”（Q141）。

6039 **柴** chái 《廣韻》士佳切，崇佳平。崇支。

① Q129

② Q193

《説文·木部》：“，小木散材。从木，此聲。”

【釋形】

《説文》小篆爲形聲字，从木，此聲，本義爲木柴。“此”上古音在清母支部。漢碑字形依據小篆轉寫隸定，其中聲符“此”所从之構件“匕”由於折筆拉長，居於“柴”字右側；義符“木”位於構件“止”正下方，“柴”字整字結構布局由上下結構調整爲左右結構，如圖②。聲符“此”中構件“止”和‘匕”横向筆畫或連爲一筆，如圖①。

【釋義】

燒柴祭天：見“柴祭”。

【釋詞】

［柴祭］古代祭禮之一，把玉帛犧牲同置於積柴之上，焚之以祭天：“是以唐虞疇咨四嶽，五歲壹巡狩，皆以四時之中月，各省其方，親至其山，柴祭燔燎”（Q129）。

6040 **栽** zāi 《廣韻》祖才切，精咍平。精之。

Q094

《説文·木部》：“，築牆長版也。从木，𢦏聲。《春秋傳》曰：‘楚圍蔡，里而栽。’”

【釋形】

《説文》小篆爲形聲字，从木，𢦏聲。漢碑字形依據小篆轉寫隸定，聲符“𢦏”所从之構件“才”省變作“十”，如圖。

【釋義】

通“哉”，語氣詞，表感歎：“嗚呼哀栽，士女痛傷”（Q094）。

6041 **榦**（幹） gàn 《廣韻》古案切，見翰去。見元。

① Q145 ② Q134 ③ Q179

《説文·木部》：“，築牆耑木也。从木，倝聲。”

【釋形】

《説文》以爲形聲字，从木，倝聲。段玉裁《説文解字注》：“榦，俗作幹。”漢碑字形或與小篆結構相承，如圖①；或將構件“木”替换爲“干”，整字寫作“幹”，如圖②③。聲符“倝”上部“𠂔”或隸變爲“亠”，如圖①②；或隸作“十”，如圖③。下部“丂”形均隸定爲“十”形；右側“入”形或訛變作“亠”，如圖①；或兩筆連寫近“𠂉”形，如圖②；或隸定爲“人”，如圖③。義符“木”，小篆字形中上弧線拉直爲一横畫，下弧線寫作一撇一捺，如圖①。

【釋義】

㊀主管：“〖内〗幹〖三署，外〗□師旅”（Q132）；“貞〖固〗足〖以〗幹事，隱括足以矯〖時〗”（S97）。㊁輔佐：“宜幹帝室，作國輔臣”（Q134）。㊂有才能的人：“國之良幹，垂愛在民”（Q179）；又見“榦楨”。

【釋詞】

［榦楨］漢碑中又作“幹楨、貞榦”。古代築牆時起固定作用的主柱，比喻國家的支柱重臣：“宜参鼎轐，堅榦楨兮”（Q088）；“書載俊艾，股肱幹楨”（Q187）；“烏呼哀哉，邦喪貞榦”（Q145）。

6042 **構** gòu 《廣韻》古候切，見候去。見侯。

① Q133 ② Q201 ③ Q066

《説文·木部》：“，蓋也。从木，冓聲。杜林以爲椽桷字。”

【釋形】

《説文》小篆爲形聲字，从木，冓聲。按“構”初文作“冓”，甲骨文寫作（《合》23354）、（《合》18813）等形，像兩條魚相遇之形，一説像二物對交之形，本義爲相遇、交接。小篆線條化之後作，《説文》釋爲“交積材也。象對交之形”，意謂像木材交接建構房屋之形。後添加構件“木”，强調與木材有關，寫作“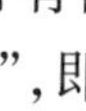”。《説文》釋“構”爲“蓋”，即屋架，與“交積材也”構意相似。漢碑字形將聲符“冓”的上下兩條曲

綫離析爲不同的筆畫，改變了原來的結構關係，上部有的隸變寫作“𠀎”，如圖①③；有的寫成“龷”，且上下相離，如圖②。下部隸變爲“冉”形，如圖③；或省去中間竪畫作“冄”，如圖①②。義符“木”或與“扌”混同，如圖③。

【釋義】

㊀建造房屋：“惟泮宫之教，反失俗之禮，構脩學宫”（Q172）；“承堂弗構，斯薪弗何”（Q154）。㊁建立：“隆構厥基，既仕州郡”（Q133）。㊂誣陷，陷害：“而青蠅嫉正，醜直實繁，搆共構譖，慷慨暴薨”（Q066）。

6043 **模**　mó　《廣韻》莫胡切，明模平。明魚。

① Q083

② Q117

《説文·木部》：“，法也。从木，莫聲。讀若嫫母之嫫。”

【釋形】

《説文》小篆爲形聲字，从木，莫聲。漢碑字形中，義符“木”上弧綫拉直爲一横畫，下弧綫寫作一撇一點，如圖①；或訛寫爲“巾”，如圖②。聲符“莫”本从日从茻，構件“茻”上半部分兩個“屮”粘連簡寫成“䒑”，如圖①②。下半部分的的兩個“屮”粘合爲“丌”形，如圖①②；構件“日”兩旁竪筆或向下延長，與“丌”形横畫相接，如圖①。

【釋義】

榜様：見“模式、模楷”。

【釋詞】

［模楷］同“楷模”，榜様：“有物有則，模楷後生”（Q187）。

［模式］法式，標桿：“傳宣〖孔〗業，作世模式”（Q117）。

6044 **極**　jí　《廣韻》渠力切，羣職入。羣職。

① Q065

② Q129

③ Q142

④ Q095

⑤ Q066

《説文·木部》：“，棟也。从木，亟聲。”

【釋形】

《説文》小篆爲形聲字，从木，亟聲。按“極”初文作“亟”。“亟”甲骨文作（《合》13637），像人頂天立地之形，表示極限。金文添加構件“口”作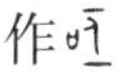（《史牆盤》），再添加構件“攴”作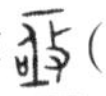（《毛公鼎》）。小篆改“攴”爲“又”，寫作，故《説文》釋其形爲从人从口从又从二，釋其義爲“敏疾”，是爲假借義，音 qì。其本義另添加構件“木”作“極”，《説文》釋“極”爲“棟”，乃其引申義。漢碑字形中，“極”有的爲碑文篆書，但已經帶有明顯的隸書痕跡，如圖①。多數則爲隸變後的字形，其中義符“木”上弧綫拉直爲一横畫，下弧綫寫作一撇一點。聲符“亟”所从之構件“又”或寫作“攵”，如圖③；構件“人”或隸變近“勹”形，如圖②③；或與構件“二”上部横畫粘連形變，形近於“司”，如圖④；或近“了”形，如圖⑤，爲今之字形所本。

【釋義】

㊀盡頭，邊際：“懷君惠賜，思君罔極”（Q125）；“長享利貞，與天無極”（Q141）；“當享眉耇，莫匪爾極”（Q148）。㊁最遥遠的地方：“浮游八極，休息仙庭”（Q142）。㊂竭盡：“念在探嘖索隱，窮道極術”（Q175）。㊃至，達到：“巖巖西嶽，峻極穹蒼”（Q129）；“君高升，極鼎足”（Q178）；“上極華紫，旁伎皇代”（Q112）。㊄中正的準則：見“皇極”。㊅天文、曆算方面的術語：見“皇極”。㊆北極星：見“斗極”。㊇用於山名：“光和四年，三公守民盖高等，始爲無極山詣大常求法食”（Q174）；“乃依無極，聖朝見聽”（Q174）。

6045 **柱** zhù 《廣韻》直主切,澄麌上。定侯。

Q100

《説文·木部》:“,楹也。从木,主聲。”

【釋形】

《説文》小篆爲形聲字,从木,主聲。漢碑字形依據小篆轉寫隸定,義符“木”上弧線拉直爲一横畫,下弧線寫作一撇一捺;聲符“主”戰國文字作,本像油燈之形,小篆承襲此類字形并線條化,漢碑字形則進一步將小篆的線條轉寫爲筆畫,象形性消失,如圖。

【釋義】

㊀柱子:“於是乃以藥塗屋柱”(Q199);“〖緣〗崖鑿石,處隱定柱”(Q150);“天有九部,地有八柱”(Q171)。㊁通“注”,注入:“綏源漂疾,横柱于道”(Q150)。

6046 **檃** yǐn 《廣韻》於靳切,影焮去。影文。

① Q201 ② Q100

《説文·木部》:“,棼也。从木,㥯聲。”

【釋形】

《説文》小篆爲形聲字,从木,㥯聲。漢碑字形依據小篆轉寫隸定,義符“木”上弧線拉直爲一横畫,下弧線或作一撇一點,如圖①;或作一撇一捺,如圖②。聲符“㥯”或嚴格按照小篆線條對應轉寫,如圖①;或省去中間的構件“工”,如圖②。

【釋義】

同“檃”,矯正曲木的器具:見“檃栝”。

【釋詞】

[檃栝]同“檃括”,指矯正竹木邪曲的工具。揉曲爲檃,正方爲栝。亦泛指矯正:“□□檃栝之……”(Q201)。

6047 **桷** jué 《廣韻》古岳切,見覺入。見屋。

Q140

《説文·木部》:“,榱也。椽方曰桷。从木,角聲。《春秋傳》曰:‘刻桓宫之桷。’”

【釋形】

《説文》小篆爲形聲字,从木,角聲。漢碑字形依據小篆轉寫隸定,義符“木”上弧線拉直爲一横畫,下弧線寫作一撇一點;聲符“角”上部隸定作“⺈”,下部隸定近似於“用”,如圖。

【釋義】

方形的椽子:“仰瞻榱桷,俯視几筵”(Q140)。

6048 **榱** cuī 《廣韻》所追切,山脂平。山微。

Q140

《説文·木部》:“,秦名爲屋椽,周謂之榱,齊魯謂之桷。从木,衰聲。”

【釋形】

《説文》小篆爲形聲字,从木,衰聲。漢碑字形依據小篆轉寫隸定,義符“木”上弧線拉直爲一横畫,下弧線寫作一撇一點;聲符“衰”所从之構件“衣”筆畫化,上部隸定爲“亠”,下部的兩個線條離析爲四個筆畫;“衣”形中間的 本像蓑衣的外形,隸變後似“冄”,失去象形性,如圖。

【釋義】

屋椽:“仰瞻榱桷,俯視几筵”(Q140)。

6049 **樞** shū 《廣韻》昌朱切,昌虞平。昌侯。

① Q175 ② Q175

《説文·木部》:"，户樞也。从木，區聲。"

【釋形】

《説文》小篆爲形聲字，从木，區聲。漢碑字形中，義符"木"上弧線拉直爲一横畫，下弧線寫作一撇一點；聲符"區"將圓轉線條轉寫爲平直方折的筆畫，所从之構件"匚"將一條曲線拆解爲横與竪折兩筆，且中間不相連，如圖①。

【釋義】

㊀户樞："蓬户茅宇，棬樞甕牖"（S110）。㊁轉軸："展渾儀之樞"（Q175）。㊂關鍵，樞要："猗歟明哲，秉道之樞"（Q193）。㊃星名，指北斗七星第一星："運天樞，釐三辰"（Q175）。㊄用於官名：見"樞衡"。

【釋詞】

［樞衡］中央行政機關的職權，亦指宰輔之位："尋微貫□能□樞衡匡弼，九年而罔□"（Q173）。

6050 **楯**　shǔn　《廣韻》食尹切，船準上。船文。

Q119

《説文·木部》:"，闌楯也。从木，盾聲。"

【釋形】

《説文》小篆爲形聲字，从木，盾聲。按"楯"初文作"盾"，本爲象形字，甲骨文作（《合》9082），像古代打鬥時護身的盾牌之形，中間方形像把手；甲骨文或作（《合》20397），像一人雙手持盾之形；金文或承襲甲骨文獨體象形字作（《冊俌父乙方罍》）、（《冊俌父乙方罍》）等形，或承襲甲骨文合體象形字作（《五年師旋簋》）；後者即小篆字形之所本。"盾"後來添加構件"木"寫作"楯"，《説文》以"闌楯"（即闌檻横木）釋之，爲其引申義。漢碑字形將像人形的部分隸定爲"厂"，像盾牌的部分隸定爲"百"，如圖。

【釋義】

欄檻的横木："上瓦屋、欄楯什物，歲歲作治"（Q119）；"瓦屋二間，周欄楯拾尺，於匠務令功堅"（Q119）。

6051 **柤**　zǔ　《廣韻》側加切，莊麻平。莊魚。

Q112

《説文·木部》:"，木閑。从木，且聲。"

【釋形】

《説文》小篆爲形聲字，从木，且聲。漢碑字形依據小篆轉寫隸定，義符"木"上弧線拉直爲一横畫，下弧線寫作一撇一點；聲符"且"將小篆圓轉的曲線離析爲平直方折的筆畫，如圖。

【釋義】

通"俎"，古代祭祀的禮器："爵鹿柤梪，籩柉禁壺"（Q112）。

6052 **槍**　qiāng　《廣韻》七羊切，清陽平。清陽。

Q095

《説文·木部》:"，歫也。从木，倉聲。一曰：槍，欀也。"

【釋形】

《説文》小篆爲形聲字，从木，倉聲。漢碑字形中，義符"木"上弧線拉直爲一横畫，下弧線寫作一撇一點。聲符"倉"甲骨文作（《合》23557），从合从户，表示倉廩；《説文》小篆改爲从食省、从口，寫作；漢碑字形嚴格依據小篆轉寫隸定，如圖。

【釋義】

跌宕：見"槍碭"。

【釋詞】

［槍碭］跌跌撞撞："臨危槍碭，履尾心寒"（Q095）。

6053 **楗**　jiàn　《廣韻》其偃切，羣阮上。羣元。

① Q095

② Q042

③ Q188

《説文·木部》："，限門也。从木，建聲。"

【釋形】

《説文》小篆爲形聲字，从木，建聲。漢碑字形依據小篆轉寫隸定，義符"木"上弧線拉直爲一横畫，下弧線寫作一撇一點，如圖①～③。聲符"建"所从之構件"聿"將小篆彎曲的線條轉寫爲平直方折的筆畫，下或省一横畫，如圖③。構件"廴"混同爲"辶"，上面寫成兩點或三點，如圖①②；圖③則連筆近似於豎折。

【釋義】

㊀治河時用來護堤的柱樁："將徒治道，造尊楗閣"（Q022）。㊁用於地名：見"楗爲"。

【釋詞】

［楗爲］地名，在今四川省境内："遷常山長史，换楗爲府丞"（Q133）；"永元九年七月己丑，楗爲江陽長王君卒"（Q042）；"於是明知故司隸校尉楗爲武陽楊君，厥字孟文"（Q095）。

6054 **桓**　huán　《廣韻》胡官切，匣桓平。匣元。

① Q046

② Q112

③ Q082

《説文·木部》："，亭郵表也。从木，亘聲。"

【釋形】

《説文》小篆爲形聲字，从木，亘聲。漢碑字形中，義符"木"上弧線沿小篆輪廓隸定，下弧線斷開隸定爲兩豎，如圖①；或隸定爲"木"，如圖②③。聲符"亘"甲骨文作（《合》2985），像水迴旋之形，應爲洄漩之"漩"的初文；或添加一横作（《合》19043）；《説文》小篆从二从回，漢碑將構件"回"隸定作"日"形，"日"下或有一短豎與末筆横畫相連，如圖①②。

【釋義】

㊀用於"桓桓"：見"桓桓"。㊁用於"烏桓"，古時北方少數民族名用字，因處於烏桓山而得名："爰該六師，暨南單于、東胡烏桓、西戎氐羌、侯王君長之群，驍騎十萬"（H26）。㊂用於官名：見"護烏桓校尉"。㊃姓氏："永和四年四月丙申朔廿七日壬戌，桓孨終亡"（Q082）；"東郡武陽桓仲豫二百"（Q112）。㊄用於人名："故吏司空掾博陵安國劉德，字伯桓"（Q148）；"潁川劉君諱桓，字□光"（Q123）。

【釋詞】

［桓桓］勇武貌："爰尚桓桓。抍馬蠲害，醜類已殫"（Q148）。

6055 **床**　chuáng　《廣韻》士莊切，崇陽平。崇陽。

Q114

《説文》作"牀"，《説文·木部》："，安身之坐者。从木，爿聲。"

【釋形】

《説文》以爲形聲字，从木，爿聲。按"床"甲骨文作（《合》14576），象形字，像床之形。金文增加義符"木"，成爲从木、爿聲的形聲字，寫作（《十四茉銅犀》）。小篆承襲此類字形。漢碑字形中，義符"木"上弧線拉直爲一横畫，下弧線寫作一撇一捺；聲符"爿"改换爲"广"，整字隸定爲"床"，如圖。

【釋義】

睡覺用的卧具："正月上旬，被病在床"（Q114）。

6056 **枕**　zhěn　《廣韻》章荏切，章寢上。章侵。

Q187

《説文·木部》:“ ,臥所薦首者。从木,冘聲。”

【釋形】

《説文》小篆爲形聲字,从木,冘聲。按聲符“冘”或爲“枕”的初文,甲骨文作 (《甲》2389)、 (《前》3.26.3),像人枕着枕頭而臥形。後“冘”被借去表示其他意義,讀音也發生了變化,其本義另加構件“木”寫作“枕”。漢碑中“枕”依據小篆轉寫隸定,義符“木”上弧線拉直爲一横畫,下弧線寫作一撇一點。聲符“冘”像枕頭之形的部分隸定爲“冖”形,“人”形隸定近似於“儿”,如圖。

【釋義】

以頭枕物:見“枕丘”。

【釋詞】

[枕丘] 枕丘而臥,喻指隱居山野:“畢志枕丘,國復重察,辭病不就,再奉朝娉”(Q187)。

6057 **槈**　nòu 《廣韻》奴豆切,泥候去。泥屋。

Q127

《説文·木部》:“ ,薅器也。从木,辱聲。 ,或从金。”

【釋形】

《説文》小篆爲形聲字,从木,辱聲。“辱”上古音在日母屋部。漢碑字形依據小篆轉寫隸定,義符“木”上弧線拉直爲一横畫,下弧線寫作一撇一點。聲符“辱”所从之構件“辰”甲骨文作 (《合》25747),本像蚌殼之形,小篆轉寫爲線條,隸書進一步轉寫爲筆畫,完全失去了象形性,如圖。

【釋義】

同“耨”,除草:“以文脩之,旬月之閒,莫不解甲服辠,□□□槈”(Q127)。

6058 **梩**　sì 《集韻》象齒切,邪止上。邪之。

Q100

《説文》爲“梠”的或體,《説文·木部》:“ ,臿也。从木,㠯聲。一曰:徙土輂,齊人語也。 ,或从里。”

【釋形】

《説文》正篆作“梠”。漢碑字形中構件“木”和“里”均依小篆轉寫隸定,將圓轉的線條轉寫爲平直方折的筆畫,如圖。

【釋義】

同“梠”,鍬鍤一類的起土用具:“從者推車,平梩宼厨”(Q100)。

6059 **柃**　líng 《廣韻》郎丁切,來青平。來耕。

Q100

《説文·木部》:“ ,木也。从木,令聲。”

【釋形】

《説文》小篆爲形聲字,从木,令聲。漢碑字形依據小篆轉寫隸定,義符“木”上弧線拉直爲一横畫,下弧線寫作一撇一點;聲符“令”甲骨文作 (《合》32870),金文作 (《大保簋》),像跪坐之人發號施令之形。小篆承之,《説文》釋爲从亼从卪。漢碑中下方人跪坐之形隸定作“卩”;像“口”之形的部分離析爲“人”下一短横,如圖。

【釋義】

通“憐”,憐憫,哀憐:“魂零有知,柃哀子孫”(Q100)。

6060 **杯**　bēi 《廣韻》布回切,幫灰平。幫之。

Q100

《説文》作“桮”,《説文·木部》:“,鹽也。从木,否聲。,籀文桮。”

【釋形】

“杯”爲《説文》“桮”的異體字,漢碑字形从木,不聲,爲形聲字。其中義符“木”小篆作,漢碑中上弧線拉直爲一横畫,下弧線寫作一撇一點;聲符“不”小篆作,漢碑字形嚴格依據小篆的結構進行轉寫隸定,下弧線析爲撇和捺兩筆,如圖。“杯”《説文》籀文从“匚”,表示與器皿有關。

【釋義】

酒杯:“玉女執尊杯桉柈,局秝檼枡好弱皃”(Q100)。

6061 **柈** pán 《廣韻》薄官切,並桓平。並元。

Q100

《説文》作“槃”,《説文·木部》:“,承槃也。从木,般聲。,古文从金。,籀文从皿。”

【釋形】

漢碑字形从木,半聲,形聲字,爲“槃”的異體字。其中義符“木”小篆作,漢碑中上弧線拉直爲一横畫,下弧線寫作一撇一點。聲符“半”《説文》小篆爲,“从八从牛”,構件“牛”像牛角的線條拉直爲横畫;構件“八”連寫隸變爲横畫,使得構件“半”與“丰”混同,如圖。

【釋義】

通“盤”,盤子:“玉女執尊杯桉柈,局秝檼枡好弱皃”(Q100)。

6062 **案**(桉) àn 《廣韻》烏旰切,影翰去。影元。

① Q129 ② Q095 ③ Q100

《説文·木部》:“,几屬。从木,安聲。”

【釋形】

《説文》小篆爲形聲字,从木,安聲。漢碑字形中,義符“木”,上弧線拉直爲一横畫,下弧線寫作一撇一點;聲符“安”所从之“宀”在小篆中包蘊構件“女”,漢碑中則隸變爲上下結構,如圖①②。“案”或整字調整爲左右結構,隸定作“桉”,如圖③。

【釋義】

㊀古時進食用的短足木盤:“脩上案食醊具,以叙小節,不敢空謁”(Q140);“玉女執尊杯桉柈,局秝檼枡好弱皃”(Q100)。㊁通“按”,❶舉劾,查辦:“案奏□公,彈絀五卿”(Q154);又見“案罪”。❷按照,依據:“謹案文書,守文學掾魯孔龢,師孔憲,户曹史孔覽等,雜試”(Q102)。❸用於官名:“後遣趙誦字公梁、案察中曹卓行,造作石積”(Q095)。

【釋詞】

[案罪]治罪:“喜怒作律,案罪殺人,不顧倡儮”(Q187)。

6063 **桉**

“案”的異體字(圖③),見6062案。

6064 **杓** biāo 《廣韻》甫遙切,幫宵平。幫宵。

Q095

《説文·木部》:“,枓柄也。从木从勺。”

【釋形】

《説文》小篆爲會意字,从木从勺,表示勺子柄。漢碑字形中,構件“木”上弧線拉直爲一横畫,下弧線寫作一撇一點。構件“勺”本像挹取東西的器物,其中一點象徵挹取之物,漢碑中像器物形的線條變成了“勹”,與“包”所从的“勹”混同,如圖。

【釋義】

指北斗柄部的三顆星，又稱斗柄："奉魁承杓，綏億衙彊"（Q095）。

6065 **機** jī 《廣韻》居依切，見微平。
見微。

① Q178

② Q128

《説文·木部》："，主發謂之機。从木，幾聲。"

【釋形】

《説文》小篆爲形聲字，从木，幾聲。漢碑字形中，義符"木"上弧線拉直爲一横畫，下弧線寫作一撇一點。聲符"幾"《説文》从𢆶从戍，構件"𢆶"像兩束絲之形，漢碑中仍保留篆意；構件"戍"《説文》从人持戈，漢碑中"人"與"戈"粘連省寫，已看不出原來的結構了，如圖①②。

【釋義】

㈠機會，時機："武王秉乾之機，翦伐殷商"（Q178）。㈡機要："王機悵兮嘉謀荒"（Q128）；又見"機衡"。㈢通"幾"，幾微，事物變化的徵兆："治禮小戴，閨族孝友，温故知機"（Q128）；"由復研機篇籍，博貫史略"（Q169）；"研機墳素，在國必聞"（Q169）。㈣用於人名："故吏五官掾博陵安國劉機"（Q148）；"佐孟機爲子男石造此冢"（Q118）。

【釋詞】

［機衡］機要的官署或職位："大尉聘取，上輔機衡"（Q128）。

6066 **杼** zhù 《廣韻》直吕切，澄語上。
定魚。

① Q247

② Q178

《説文·木部》："，機之持緯者。从木，予聲。"

【釋形】

《説文》小篆爲形聲字，从木，予聲。漢碑字形中，義符"木"上弧線拉直爲一横畫，下弧線寫作一撇一點。聲符"予"或依小篆輪廓嚴格隸定，上部爲兩個相交的閉合三角形，下部寫作豎鉤，如圖①；或隸變與今之字形相近，但由於豎鉤有明顯弧度，使得下部形似"了"，如圖②。

【釋義】

㈠織布機上的梭子：見"杼軸"。㈡用於人名："故功曹王衍文珪、故功曹秦杼漢都千"（Q178）。

【釋詞】

［杼軸］織布機上的兩個部件，即用來持緯（横線）的梭子和用來承經（直線）的筘，常用以代指紡織之事或工商之事："遭江楊劇賊，上〖下□征，役賦彌年，萌於〗□戈，杼軸磬殫"（Q247）。

6067 **柯** kē 《廣韻》古俄切，見歌平。
見歌。

Q178

《説文·木部》："，斧柄也。从木，可聲。"

【釋形】

《説文》小篆爲形聲字，从木，可聲。漢碑字形依據小篆線條對應轉寫隸定，如圖。

【釋義】

姓氏："故集曹史柯相文舉千"（Q178）。

6068 **柄** bǐng 《廣韻》陂病切，幫映去。
幫陽。

Q138

《説文·木部》："，柯也。从木，丙聲。，或从秉。"

【釋形】

《説文》小篆爲形聲字，从木，丙聲。漢

碑字形依據小篆線條對應轉寫隸定，字形局部殘泐，如圖。

【釋義】

權力：見“六柄”。

6069 **栝** kuò 《廣韻》古活切，見末入。見月。

Q201

《説文·木部》：“，檃也。从木，𠯑聲。一曰：矢栝築弦處。”

【釋形】

《説文》小篆爲形聲字，从木，𠯑聲。漢碑字形中，義符“木”上弧線拉直爲一横畫，下弧線寫作一撇一點；聲符“𠯑”《説文》釋爲“塞口也。从口，氒省聲”，隸變後作“舌”，與口舌之“舌”混同。“桰”整字隸定作“栝”，如圖。

【釋義】

矯正竹木邪曲的工具，正方爲栝：見“櫽栝”。

6070 **樂** （一）yuè 《廣韻》五角切，疑覺入。疑藥。

① Q044 ② Q112 ③ Q125

《説文·木部》：“，五聲八音總名。象鼓鞞。木，虡也。”

【釋形】

《説文》以爲象形字，像鼓鞞。按“樂”甲骨文作（《合》36905），金文作（《樂乍旅鼎》），从絲从木，象徵弦樂，本義爲音樂。金文或作（《瘓鐘》），中間添加的形體或以爲像調弦之器，或以爲是一種打擊樂器，尚無定論。小篆承襲後一種金文字形，《説文》釋爲像鼓鞞，不妥。漢碑字形中，圖①明顯爲藝術加工的字形，變形嚴重。圖②③則依據小篆字形進行隸定，其中圖②中的構件“絲”還保留篆意，像調弦之器的部分隸定爲“白”。

【釋義】

㊀音樂：“會《鹿鳴》於樂崩，復長幼於酬〖酢〗”（Q127）；“六樂之變，舞以致康”（Q129）；“祀以圭璧，樂奏《六歌》”（Q129）。㊁姓氏：“主簿蔡陽樂茂”（Q125）。㊂用於複姓：見“樂正”。

【釋詞】

［樂正］複姓，代指樂正克，《孟子·告子》記載：“魯欲使樂正子爲政。孟子曰：‘吾聞之，喜而不寐。’”樂正克爲孟軻的學生，其人好善：“追蹤曾參，繼迹樂正”（Q134）。

（二）lè 《廣韻》盧各切，來鐸入。來藥。

【釋義】

㊀喜悦，愉快：“朝夕講習，樂以忘憂”（S110）。㊁安樂：“于胥樂兮，傳于萬億”（Q125）；“于胥樂而罔極，永歷載而保之”（Q065）；又見“樂旨君子”。㊂樂於，安於：“守疏廣止足之計，樂於陵灌園之絜”（Q154）；“於是遠人聆聲景附，樂受一廛”（Q172）；“棬樞甕牖，樂天知命”（S110）。㊃用於地名：“河南梁東安樂肥君之碑”（Q142）；又見“樂平、樂安”。

【釋詞】

［樂安］地名，位於江蘇省東部：“故樂安相魯麃季公千”（Q112）。

［樂平］地名，東漢靈帝光和元年始設縣治，因“南鄰樂安河，北接平林”而得名：“門生東郡樂平靳京字君賢”（Q127）；“門生東郡樂平盧脩字子節”（Q127）。

［樂旨君子］語出《詩·小雅·南山有臺》：“樂只君子，邦家之光。樂只君子，萬壽無疆。”後常用以稱讚和悦有德之人：“樂旨君子，□□無疆”（Q137）。

（三）lào

【釋義】

用於地名：見“樂陵”。

【釋詞】

［樂陵］地名，位於山東省："平原樂陵宿伯牙霍巨孟"（Q005）。

6071 **札（疕）** zhá 《廣韻》側八切，莊黠入。莊月。

① Q129

② Q201

《説文·木部》："，牒也。从木，乙聲。"

【釋形】

《説文》小篆爲形聲字，从木，乙聲。漢碑字形依據小篆轉寫隸定，義符"木"上弧線拉直爲一横畫，下弧線寫作一撇一點；聲符"乙"隸變訛混似"匕"，如圖①。"札"在漢碑中或添加構件"疒"作"疕"，如圖②。

【釋義】

㊀災病，災荒："遏禳凶札，揫斂吉祥"（Q129）。㊁一種氣短傷人的病："于時俱淪疕氣"（Q201）。

6072 **檢** jiǎn 《廣韻》居奄切，見琰上。見談。

Q119

《説文·木部》："，書署也。从木，僉聲。"

【釋形】

《説文》小篆爲形聲字，从木，僉聲。漢碑字形中，義符"木"上弧線拉直爲一横畫，下弧線寫作一撇一捺；聲符"僉"隸變後下面兩個"人"省寫作"灬"，如圖。

【釋義】

考察，查驗："明檢匠所作，務令嚴事"（Q119）。

6073 **檄** xí 《廣韻》胡狄切，匣錫入。匣藥。

Q178

《説文·木部》："，二尺書。从木，敫聲。"

【釋形】

《説文》小篆爲形聲字，从木，敫聲。漢碑字形依據小篆轉寫隸定，義符"木"上弧線拉直爲一横畫，下弧線寫作一撇一點。聲符"敫"《説文》从白从放，漢碑中構件"白"省寫作"日"形；構件"攴"隸變作"攵"，如圖。

【釋義】

古時官府用以徵召、曉諭、聲討的文書：見"羽檄"。

6074 **榷** què 《廣韻》古岳切，見覺入。見藥。

Q154

《説文·木部》："，水上横木，所以渡者也。从木，隺聲。"

【釋形】

《説文》小篆爲形聲字，从木，隺聲。漢碑字形中，義符"木"上弧線拉直爲一横畫，下弧線寫作一撇一點。聲符"隺"當爲"鶴"之初文，《説文》釋爲"高至也。从隹上欲出冂"，應爲其引申義；隸變時"隹"發生離析重組，并將線條全部轉寫爲筆畫，已看不出鳥的樣子了；"冂"形隸定爲"冖"，與"隹"的首筆"丿"相交，如圖。

【釋義】

㊀獨木橋，比喻國家棟梁之才："當遷緄職，爲國之榷"（Q154）。㊁堅固："樂天知命，榷乎其不可拔也"（S110）。㊂通"確"：見"榷然"。

【釋詞】

［榷然］堅决、堅定貌："蠲細舉大，榷然疏發"（Q154）。

6075 **橋** qiáo 《廣韻》巨嬌切，羣宵平。羣宵。

① Q100　② Q095　③ Q025

《説文·木部》:“ ,水梁也。从木,喬聲。”

【釋形】

《説文》小篆爲形聲字,从木,喬聲。漢碑字形依據小篆轉寫隸定,義符“木”上弧線拉直爲一横畫,下弧線寫作一撇一點,如圖①②;一點或寫作一捺,如圖③。聲符“喬”《説文》“从夭,从高省”,構件“夭”或省略捺筆,如圖①;或在此基礎上將兩撇連寫爲一筆,如圖②;或訛寫近似“六”形,如圖③。

【釋義】

㊀橋梁:“橋梁斷絶,子午復循”(Q095);“析里大橋,於今乃造”(Q150)。㊁用於官名:“熹平二年四月廿日壬戌,西部道橋掾下辨李祗造”(Q161)。㊂用於人名:“武陽主簿李橋,字文平”(Q113)。

6076 **梁** liáng 《廣韻》吕張切,來陽平。來陽。

① Q119　② Q129　③ Q158

《説文·木部》:“ ,水橋也。从木从水,刅聲。 ,古文。”

【釋形】

《説文》以爲形聲字,从木从水,刅聲。按“梁”西周金文作 (《伯沙父簋》)、 (《沙其鐘》)等,从水,刅聲,本義爲橋梁。戰國文字異體頗多,如 (《梁十九年鼎》)、 (《廿七年大梁司寇鼎》)、 (《侯馬盟書》),後者即爲小篆字形之所承,《説文》以“从木从水,刅聲”釋之,未能體現其構形演變的層次性。漢碑字形中,義符“水”隸定作“氵”。義符“木”上弧線拉直爲一横畫,下弧線寫作一撇一點,如圖①②;一點或寫作一捺,如圖③。聲符“刅”兩點或省一點,如圖①③。在結構布局方面,漢碑字形將小篆的左右結構調整爲上下結構,如圖①~③。

【釋義】

㊀橋梁:“橋梁斷絶,子午復循”(Q095)。㊁冠上横脊,古代用以區分等級的冠飾,三梁爲公侯:“〖即〗此龜艾,遂尹三梁”(Q172)。㊂古國名:“楚漢之際,或居于楚,或集于梁”(Q187);“故吏軍謀掾梁國王丞顯宗”(Q285)。㊃古九州之一:“崇冠二州,古曰雍梁”(Q129)。㊄姓氏:“門生東郡東武陽梁淑字〖元〗祖”(Q127)。㊅用於人名:“後遣趙誦字公梁、案察中曹卓行,造作石積”(Q095);“宛令右丞慴告追皷賊曹掾石梁寫移”(Q119)。㊆用於地名:“河南梁東安樂肥君之碑”(Q142);“漢故掖庭待詔,君諱致,字萇華,梁縣人也”(Q142)。

6077 **校** (一)xiào 《廣韻》胡教切,匣效去。匣宵。

① Q059　② Q046　③ Q169

《説文·木部》:“ ,木囚也。从木,交聲。”

【釋形】

《説文》小篆爲形聲字,从木,交聲。漢碑字形中,有的爲碑文篆書,但已經帶有明顯的隸意,如圖①。多數則已經發生隸變,義符“木”有的上弧線依小篆輪廓隸定,下弧線斷開隸定爲兩竪畫,如圖②;有的上弧線拉直爲一横畫,下弧線隸定爲一撇一捺,如圖③。聲符“交”本像人兩腿相交之形,漢碑字形則隸定爲“交”,已看不出原有構形理據,如圖②③;其中圖②中上面的短竪線還没有完全轉化爲點。

【釋義】

用於官名:“相河南史君諱晨,字伯時,從越騎校尉拜”(Q141);“故司隸校尉楊君,厥諱淮,字伯邳”(Q152);“鷹揚之校,螭虎之士”(H26)。

【釋詞】

［校官］古代的學官，掌管學校的官員："校官之碑"（Q172）。

（二）jiào 《廣韻》古孝切，見效去。見宵。

【釋義】

㊀訂正，考證："掌司古□，領校秘鄭，研□幽微"（Q093）。㊁古代軍隊編制單位："然後四校横徂，星流彗埽，蕭條萬里，野無遺寇"（H26）。

6078 **采** cǎi 《廣韻》倉宰切，清海上。精之。

① Q084

② Q174

《説文·木部》："，捋取也。从木从爪。"

【釋形】

《説文》小篆爲會意字，从木从爪，會采摘之義。"采"甲骨文作（《合》12810）、（《合》12812），金文作（《遺卣》），正像於樹上采摘之形。漢碑字形依據小篆轉寫隸定，義符"木"上弧線拉直爲一横畫，下弧線隸定爲一撇一捺，豎畫上部或不出頭，如圖②；義符"爪"隸定作"爫"，如圖①②。

【釋義】

㊀采集，收集："或有薪采，投輻檀兮"（Q171）；"乃相與咨度諏詢，采摭謠言"（Q193）。㊁開采："來歷□州郡鱗浮雲集者猶觀山采玉"（Q177）；"遂采嘉石，造立觀闕"（Q126）。㊂任用："刑政不濫，絀掊克，采儁桀，猶仲尼之相魯，悼公之入晉"（Q084）。㊃用於人名："元初五年十一月廿七日楊得采藏"（Q062）。

6079 **横** héng 《廣韻》户盲切，匣庚平。匣陽。

Q178

《説文·木部》："，闌木也。从木，黄聲。"

【釋形】

《説文》小篆爲形聲字，从木，黄聲。漢碑字形中，義符"木"上弧線拉直爲一横畫，下弧線隸定爲一撇一點。聲符"黄"《説文》"从田从炗，炗亦聲"，構件"炗"（即古文"光"）中的"火"隸變時被離析，上部與"廿"重組爲"艹"，下部隸定爲兩點，即今之"黄"，如圖。

【釋義】

㊀横向，與"縱"相對："喪秦□益，功爍縱横"（Q070）。㊁不受約束，肆意："綏源漂疾，横柱于道"（Q150）。㊂用於人名："部吏王宰、程横等，賦與有疾者，咸蒙瘳悛"（Q178）。

【釋詞】

［横徂］縱横出擊："然後四校横徂，星流彗埽，蕭條萬里，野無遺寇"（H26）。

6080 **析（㪗枂）** xī 《廣韻》先擊切，心錫入。心錫。

① Q146

② Q154

③ Q179

《説文·木部》："，破木也。一曰：折也。从木从斤。"

【釋形】

《説文》小篆爲會意字，从木从斤，義爲劈開（木頭）。漢碑字形中，義符"木"上弧線拉直爲一横畫，下弧線隸定爲一撇一點，如圖①③；有的將"木"改换爲"片"（半木），整字隸定作"㪗"，爲"析"之異體，如圖②。義符"斤"的兩個曲線隸變時各自離析爲兩個筆畫，如圖①；有的將"斤"改换爲"片"，整字隸定作"枂"，爲"析"之異體，如圖③。

【釋義】

㊀劈，剖："鏌燒破析，刻臽碓嵬"（Q146）；"承堂弗構，㪗薪弗何"（Q154）；又見"枂珪"。㊁分開，分散："官族分析，因以爲氏焉"（Q093）。

【釋詞】

［析里］橋名，位於陝西省略陽縣："惟斯析里，處漢之右"（Q150）；"析里大橋，於今乃造"（Q150）。

6081 **枏**

"析"的異體字（圖③），見6080析。

【釋詞】

［枏珪］古代帝王按爵位高低分頒珪玉，後泛指封王、封官："在帷幕之内，決勝負千里之外，枏珪於留"（Q179）。

6082 **枼**　yè 《廣韻》與涉切，餘葉入。餘葉。

Q100

《説文·木部》："　，楄也。枼，薄也。从木，世聲。"

【釋形】

《説文》以爲形聲字，从木，世聲。按"枼"甲骨文作　（《合》19956）、　（《合》13625），像木上有樹葉之形，爲"葉"之初文。金文作　（《拍敦》）、　（《冉鉦鋮》）等，像樹葉的部分變異嚴重。戰國秦簡文字　（《睡·日乙》180）和《説文》小篆與此相承，故《説文》以从木世聲釋之。漢碑字形中，義符"木"上弧線拉直爲一横畫，下弧線隸定爲一撇一捺；聲符"世"在隸變過程中發生粘連，寫作"丗"，如圖。

【釋義】

植物的葉子，後作"葉"："堂盖蔥好中〚氏〛枼，紅□色末有盰"（Q100）。

6083 **休**　xiū 《廣韻》許尤切，曉尤平。曉幽。

① Q065

② Q142

③ Q285

④ Q084

⑤ Q126

《説文·木部》："　，息止也。从人依木。　，休或从广。"

【釋形】

《説文》小篆爲會意字，从人依木，義爲休息。漢碑字形依據小篆轉寫隸定，有的爲碑文篆書，但已經帶有明顯的隸意，如圖①。多數則已經發生隸變，義符"人"隸定爲"亻"。義符"木"上弧線拉直爲一横畫，下弧線隸定爲一撇一捺，如圖④⑤；横畫有的保留了右上的逆筆，如圖②③；有的豎筆上不出頭，如圖⑤。

【釋義】

㊀止息，停息："浮游八極，休息仙庭"（Q142）。㊁休養："休神家衖，未能一朞"（Q154）。㊂休假："憎知其善，每休歸在家，匿（闕）廉"（Q202）；又見"休囚、休謁"。㊃嘉祥，吉瑞："敬天之休，虔恭朙祀"（Q126）；"皇極正而降休"（Q065）；又見"休徵"。㊄美好："赫赫休哉，故神君皇"（Q142）；"是以休聲播于遠近"（Q169）；"伊尹之休，格于皇天"（Q148）。㊅用於人名："故功曹楊休當女五百"（Q178）；"故市掾程璜孔休、故市掾扈安子安千"（Q178）。

【釋詞】

［休嘉］美好嘉祥："休嘉孔融"（Q123）。

［休命］美善的命令。多指天子或神明的旨意："受天休命，積祉所鍾"（Q093）。

［休囚］古代對囚犯的一種仁慈制度，即在重大節日及舉行重要祭祀的日子准許囚犯暫時回家："臈正之僚，休囚歸賀"（Q179）。

［休謁］古指官員休假時相互拜訪："休謁往徠，轉景即至"（Q199）；"休謁往還，恒失日晷"（Q150）。

［休徵］吉祥的徵兆："三辰明，王衡平，

休徵集,皇道著”(Q084)。

6084 **柙** xiá 《廣韻》胡甲切,匣狎入。
匣葉。

Q146

《説文·木部》:“,檻也。以藏虎兕。从木,甲聲。,古文柙。”

【釋形】

《説文》小篆爲形聲字,从木,甲聲。本義爲關虎兕等猛獸的栅欄。《説文》古文應爲象形字,類似於“牢”。漢碑字形依據小篆轉寫隸定,義符“木”上弧線拉直爲一横畫,下弧線隸定爲一撇一長點;聲符“甲”上部進行了重新組合,如圖。

【釋義】

裝入匣子:“平夷正曲,柙致土石”(Q146)。

6085 **椁** guǒ 《廣韻》古博切,見鐸入。
見鐸。

① Q234 ② Q234

《説文·木部》:“,葬有木𦎧也。从木,𦎧聲。”

【釋形】

《説文》小篆爲形聲字,从木,𦎧聲。本義爲棺材的外層。漢碑字形中,義符“木”上弧線拉直爲一横畫,下弧線隸定爲一撇一點;聲符“𦎧”甲骨文作(《京都》3241),像城郭四面有亭形;金文作(《𦎧乍寶鼎》)、(《師𣪘鼎》)等形,簡化爲兩面有亭形;小篆在此基礎上線條化,寫作。漢碑字形承小篆而隸省,與“享”形體相近,中間“口”形兩側豎筆向下延長,與下部“子”形成内外結構,如圖①②。

【釋義】

棺材的最外層:“西河圜陽郭季妃之椁”(Q234)。

6086 **棐** fěi 《廣韻》府尾切,幫尾上。
幫尾。

Q148

《説文·木部》:“,輔也。从木,非聲。”

【釋形】

《説文》小篆爲形聲字,从木,非聲。本義爲輔助弓弩的工具,引申爲輔助。漢碑字形依據小篆線條轉寫隸定,如圖。

【釋義】

輔助:見“棐諶”。

【釋詞】

[棐諶]“諶”通“忱”。謂輔助誠信的人:“上帝棐諶,天秩未究。將據師輔,之紀之綱”(Q148)。

6087 **朼** bǐ 《廣韻》卑履切,幫旨上。
幫脂。

Q171

《説文》無。

【釋形】

漢碑字形从木,匕聲,爲形聲字。其中義符“木”小篆作,上弧線拉直爲一横,下弧線寫作一撇一點;聲符“匕”小篆作,隸定爲“匕”,其中筆畫“丿”省作一點,如圖。

【釋義】

通“比”,比得上:“君姿前喆,喬朼季文”(Q171)。

6088 **杋** fán 《廣韻》符芝切,奉凡平。

Q112

《説文》無。

【釋形】

漢碑字形从木，乏聲，爲形聲字。其中義符“木”小篆作，漢碑中上弧線拉直爲一横，下弧線寫作一撇一點；聲符“乏”小篆爲，《説文》引《春秋傳》曰“反正爲乏”，表不正義，目前《説文》之外未見此形。金文作（《中山王譽壺》），將“正”字最上一横筆傾斜，爲後來演化爲撇埋下伏筆。秦文字作（《睡·秦》115），爲漢碑字形之所本，如圖。

【釋義】

通“〔乏皿〕”，杯：“鍾磬瑟皷，雷洗觴觚，爵鹿柤梪，籩柉禁壺”（Q112）。

6089 **橡** xiàng 《廣韻》徐兩切，邪養上。邪陽。

① Q100

② Q100

《説文》無。

【釋形】

漢碑字形从木，象聲，爲形聲字。其中義符“木”小篆作，漢碑中上弧線拉直爲一横，下弧線寫爲一撇一點；聲符“象”小篆作，是大象的象形字，漢碑字形將圓轉的線條離析轉寫爲筆畫，上端像長鼻長牙的部分隸定爲“⺈”，下部像四足及尾形的部分隸作“豕”，中間像象頭的部分隸定爲扁“口”中間加豎筆，如圖①②。隸定後構件“象”的象形性徹底消失。

【釋義】

㊀畫像：“其中畫橡家親，玉女執尊杯桉柈”（Q100）。㊁通“像”，相像：“後有羊車橡其䍧，上即聖鳥乘浮雲”（Q100）。

6090 **欗** lán 《廣韻》落干切，來寒平。來元。

① Q119

② Q119

《説文》無。

【釋形】

漢碑字形从木，蘭聲，爲形聲字。其中義符“木”小篆作，漢碑中上弧線拉直爲一横，下弧線寫爲一撇一捺，如圖①；一捺或寫作一短横，如圖②。聲符“蘭”小篆作，从艸闌聲，構件“艸”彎曲線條拉直，寫成“艹”形；構件“闌”中的“柬”隸變爲“東”形，如圖①②。

【釋義】

通“欄”，欄杆：“願以家錢，義作土牛、上瓦屋、欗楯什物，歲歲作治”（Q119）；“周欗楯拾尺，於匠務令功堅”（Q119）。

6091 **東** dōng 《廣韻》德紅切，端東平。端東。

① Q038

② Q003

③ J127

④ Q153

⑤ Q112

⑥ Q112

《説文·東部》：“，動也。从木。官溥説，从日在木中。凡東之屬皆从東。”

【釋形】

《説文》以爲會意字，从木从日，釋其義爲“動也”，官溥以爲“从日在木中”。按“東”甲骨文作（《合》11469）、（《合》20074），金文作（《保卣》），本像兩頭束縛的口袋之形，學者或以爲“橐”之初文，或以爲“東”之初文，“東方”爲其假借義，故“東”非从日。漢碑字形中，有的爲碑文篆書，但已經帶有明顯的隸意，如圖①。多數則已經發生隸變，上弧線或依據小篆線條隸定爲方折的筆畫，如圖②；或拉直爲横畫，如圖③～⑤；下弧線變作撇和捺，如圖③⑤；或近兩點，如圖④⑥；貫穿的豎筆上部或斷爲一點，如圖⑤⑥。

【釋義】

㊀方位詞，東方：“西宮東北旁第二一”

（Q003）；“别界南以千爲界，千以東屬莒道”（Q089）；“東方，北方，南方，西方内門”（Q016）。㊁向東，東行：“南苞八蠻，西羈六戎，北震五狄，東勤九夷”（Q179）；“匪皇啟處，東撫西征”（Q161）。㊂用於官名：“東部督郵成固左介，字元術”（Q199）。㊃用於人名：“蚤離父母三弟，其弟嬰、弟東、弟强與父母并力奉遺，悲哀慘怛”（Q114）。㊄用於地名：“門生東郡東武陽張表，字公方”（Q127）；“除襄城令，遷荊州刺史、東萊涿郡太守”（Q066）；“漢膠東相之醇曜，而謁者君之曾，孝廉君之孫，從事君之元嗣也”（Q128）。

【釋詞】

［東嶽］指泰山，在今山東省境，又名岱宗、岱岳，或省稱岱：“是時東嶽〖黔首，猾〗夏不□”（Q127）。

6092 **林** lín 《廣韻》力尋切，來侵平。來侵。

① Q063

② Q175

《説文·林部》：“，平土有叢木曰林。从二木。凡林之屬皆从林。”

【釋形】

《説文》小篆爲會意字，从二木會意。漢碑字形中，有的爲碑文篆書，但已經帶有明顯的隸意，如圖①。圖②則已經發生隸變，兩個構件“木”上弧線拉直爲一横；出於結字的需要，右邊構件中的下弧線寫爲一撇一捺，左邊構件中的下弧線寫爲一撇一點。

【釋義】

㊀樹林：“蕩觀林木之窈，和陰陽以興雨”（Q103）。㊁指退隱的地方：“榮且溺之耦耕，甘山林之杳藹”（S110）。㊂人或事物的匯集處：“逸之宏議，傳林楷式”（Q175）。㊃苑名：見“上林”。㊄用於人名：“五官□掾陰林，户曹史夏□效”（Q063）。

6093 **鬱** yù 《廣韻》紆勿切，影物入。影物。

Q016

《説文·林部》：“，木叢生者。从林，鬱省聲。”

【釋形】

《説文》小篆爲形聲字，从林，鬱省聲。按“鬱”甲骨文作（《合》5436），金文作（《叔趯父卣》），其構意不明。或曰一人俯身被人踩踏蹂躪，以此表示心情鬱悶之義，可備一説。其中的“林”應與草木濃鬱叢生的意義有關。金文又作（《孟截父壺》），下面俯身的人形發生變異，成爲後來从“寸”之“欝”的來源。戰國秦文字作（《睡·封》66），左下角添加構件“鬯”（有省變）；“鬯”是古代祭祀用的酒，用鬱金草釀黑黍而成，故“鬱”表示酒的濃鬱芳香時添加構件“鬯”。小篆字形將“寸”改换爲“彡”，寫作，應該與其鬱鬱有文采的意義有關。而甲骨文、金文上面的“大”，小篆中訛作“缶”或“爻”，於是就有了“鬱、鬰、欝”等寫法。漢碑字形爲碑文篆書，但已經帶有明顯的隸意，義符“林”中間的部件形體不明；下方的“鬯”也省變近似於“艮”形，與戰國秦文字相承；“鬯”右側的“彡”寫作三横，如圖。漢碑中尚未發現“鬱”的完全隸變字形。

【釋義】

用於地名：“鬱平大尹馮君孺人藏閣”（Q016）。

6094 **楚** chǔ 《廣韻》創舉切，初語上。初魚。

① Q038

② Q146

③ Q095

④ Q153

《説文·林部》：“，叢木。一名荆也。

从林，疋聲。”

【釋形】

《説文》小篆爲形聲字，从林，疋聲。漢碑字形中，有的爲碑文篆書，但已經帶有明顯的隸意，如圖①。多數則已經發生隸變，義符“林”所从之構件“木”上弧線拉直爲一横，下弧線寫作一撇一捺（或一點），如圖②～④。聲符“疋”本與“足”爲一字分化，漢碑中又混同作“足”，如圖①～④，其中圖③“足”形下方的“止”草寫近似於“之”，圖②“疋”上方爲閉合倒三角形。“楚”整字結構布局或繼承小篆的上下結構，如圖①～③；或調整爲左中右結構，如圖④。

【釋義】

㊀木名：“翹翹楚薪，肅肅風雨”（H144）。㊁痛苦：“克念父母之恩，思念忉怛悲楚之情”（Q106）；“數有顛覆霣隧之害，過者創楚，惴惴其慄”（Q146）。㊂古國名：“君帝高陽之苗裔，封茲楚熊，氏以國别”（Q153）；“蓋楚大傅潘崇之末緒也”（Q172）；“楚漢之際，或居于楚，或集于梁”（Q187）。㊃用於人名：“故褒中守尉南鄭趙忠，字元楚”（Q199）。

6095 **楙** mào 《廣韻》莫候切，明候去。明侯。

Q065

《説文·林部》：“，木盛也。从林，矛聲。”

【釋形】

《説文》小篆爲形聲字，从林，矛聲。漢碑字形爲碑文篆書，義符“林”所从之構件“木”下弧線在與豎線相交處斷開，聲符“矛”殘泐不清，如圖。

【釋義】

茂盛：“芬兹楙于圃疇”（Q065）。

6096 **才** cái 《廣韻》昨哉切，從咍平。清之。

① Q200

② Q212

③ Q199

④ Q133

《説文·才部》：“，艸木之初也。从丨上貫一，將生枝葉；一，地也。凡才之屬皆从才。”

【釋形】

《説文》小篆爲象形字，像草木之初形。“才”甲骨文作（《合》131136）、（《合》52）、（《合》38237），像草木初生之形。小篆字形將下面像草葉的部分變作一斜横線。漢碑字形中，有的依據小篆轉寫隸定，如圖①～③；有的下部斜横變爲撇，如圖④。

【釋義】

㊀才華，才幹：“纘脩乃祖，多才多藝”（Q169）；“苑令有公卿之才，嗇夫喋喋小吏，非社稷之重”（Q179）；又見“才量”。㊁有才能：“息叡不才，弱冠而孤”（Q154）。㊂用於人名：“處士河東皮氏岐茂孝才二百”（Q178）。

【釋詞】

［才量］才智與度量：“丁時窈窕，才量休赫”（Q212）。

6097 **桑** sāng 《廣韻》息郎切，心唐平。心陽。

① Q129

② Q151

《説文·叒部》：“，蠶所食葉。从叒、木。”

【釋形】

《説文》以爲會意字，从叒、木。按“桑”甲骨文作（《合》35489）、（《合》29363），爲象形字，像桑樹之形。小篆字形枝葉與樹形離析開來，重組爲構件“叒”，故《説文》以从叒、木釋之，或爲理據重構。漢碑字形將小篆圓轉的線條轉寫爲平直方折的筆畫，構件“叒”有的隸變爲“卉”形，如圖①；有的下部兩個“十”形進一步連通，如圖②。圖①②整字隸定爲“桒”。

【釋義】

㊀桑樹：“觸石興雲，雨我農桒”（Q129）。㊁用於地名：“右無任汝南山桒髮鉗宣曉〖熹〗平元年十二月十九日物故”（Q151）。

6098 **之**　zhī　《廣韻》止而切，章之平。章之。

① Q127

② Q201

③ Q179

④ Q129

⑤ Q130

⑥ Q084

⑦ Q066

《説文·之部》：“，出也。象艸過屮，枝莖益大，有所之。一者，地也。凡之之屬皆从之。”

【釋形】

《説文》以爲象形字，像草枝莖長大的樣子。按“之”甲骨文作（《合》11654），金文作（《縣妃簋》）、（《散氏盤》），从止从一，義爲往。漢碑字形中，有的爲碑額篆書，但已經帶有明顯的隸意，如圖①。多數則已經發生隸變，有的嚴格依照小篆的結構布局轉寫，如圖②③；有的進一步連筆省寫，如圖④～⑦。

【釋義】

㊀往、到：“親之桐柏，奉見廟祠”（Q125）。㊁代詞，指代人或事物，相當於“他、它”：“召鼠誅之，視其腹中，果有被具”（Q199）；“經之營之，勿傷厥土”（H144）；“由斯言之，命有〖短長〗”（Q124）；“痛矣如之，行路感動”（Q144）。㊂連詞，相當於“而”：“由是之來，和氣不臻”（Q060）。㊃助詞，❶用於定語和中心語之間，相當於“的”：“表章大聖之遺靈，以示來世之未生”（Q123）；“緝熙之業既就，而閨閾之行允恭”（Q127）；“須臾之頃，抱兩束葵出”（Q142）。❷用在主語和谓語之間，取消主謂結構的獨立性：“猶百川之歸巨海，鱗〖介〗之宗龜龍也”（S97）。㊄用於人名：“有張釋之，建忠弼之謨”（Q179）。

6099 **師**　shī　《廣韻》疏夷切，山脂平。山脂。

① Q166

② Q142

③ Q102

④ Q112

⑤ Q178

《説文·帀部》：“，二千五百人爲師。从帀从𠂤。𠂤，四帀，衆意也。，古文師。”

【釋形】

《説文》以爲會意字，从帀从𠂤，二千五百人爲師，爲軍隊編制單位。按“師”甲骨文作（《合》5817），構意不明；金文增添構件“帀”，寫作（《令鼎》）、（《師隻卣蓋》）等形；小篆承襲此類字形，嚴可均謂“‘衆意’下當有‘𠂤亦聲’”，可備一説。漢碑字形依據小篆轉寫隸定，將小篆圓轉的線條轉寫爲平直方折的筆畫，如圖①②。或在此基礎上發生訛變，義符“帀”或訛變近“市”形，如圖③～⑤；義符“𠂤”或訛變爲“阝”，如圖⑤。

【釋義】

㊀軍隊：“斬馘部衆，克敵全師”（Q079）；“還師振旅，諸國禮遺且二百萬，悉以簿官”（Q178）。㊁都邑：見“京師”。㊂專司一事的官員：“號曰吏師，季世不祥”（Q187）。㊃指專精某種技藝的人：“畫師高平代盛、邵强生等十餘人”（Q106）；“賃師孫興，刊石立表，以示後昆”（Q179）。㊄老師：“在母不瘽，在師不煩”（Q128）；“門徒小子，喪兹師范”（Q134）；“所以尊先師，重教化也”（Q140）；又見“師輔、師事”。㊅“太師”的省稱，周代輔佐國君的官：見“師尹”。㊆對道士的尊稱：“君師魏郡張吴，齋晏子、海上

黄淵、赤松子與爲友,生號曰真人,世無及者”(Q142)。㈧通“獅”,獅子:“雒陽中東門外劉漢所作師子一雙”(Q241);“孫宗作師子,直四萬”(Q094)。㈨用於地名:“河南匽師胥鄰通國三百”(Q112)。

【釋詞】

[師輔]猶師友:“將據師輔,之紀之綱,而疾彌流”(Q148)。

[師鏡]指作爲世人的典範、表率:“自天王以下,至于初學,莫不䩄思,嘆卬師鏡”(Q112)。

[師事]以對待老師的態度或禮節對待:“父通,本治白孟易丁君章句,師事上黨鮑公”(Q124);“功臣五大夫雒陽東鄉許幼仙師事肥君,恭敬烝烝”(Q142)。

[師尹]原指周太師尹氏,後也泛指百官之首:“其先出自有殷,迺迄于周,世作師尹,赫赫之盛,因以爲氏”(Q166)。

6100 **出** chū 《廣韻》赤律切,昌術入。昌物。

① Q166

② Q178

③ Q112

④ Q179

《説文·出部》:“,進也。象艸木益滋,上出達也。凡出之屬皆从出。”

【釋形】

《説文》以爲象形字,像草木滋長之形。按“出”甲骨文作(《合》10405),金文作(《頌壺》),从止从凵,會外出之義。小篆依金文字形線條化,其中“止”已不太象形,《説文》依小篆形體釋爲草木滋長之形,與原初構意不符。漢碑字形中,構件“止”隸定爲“屮”,與下面的“凵”相接,如圖①③④;有的構件“屮”下部與“凵”構成三角形,如圖②。結構布局方面,“屮”與“凵”或同寬,如圖④;或“凵”明顯寬於“屮”,如圖①~③。

【釋義】

㈠出來,外出:“醳榮投黻,步出城寺”(Q134);“出窈入冥,變化難識”(Q142);“出省楊土,流化南城”(Q193)。㈡離開:“利器不覿,魚不出淵”(Q179)。㈢產生:“三陽吐圖,二陰出讖”(Q112)。㈣源出:“其先祖出于殷箕子之苗裔”(Q128);“其先出自有殷,迺迄于周,世作師尹”(Q166);“分原而流,枝葉扶疏,出王别胤,受爵列土”(Q193)。㈤拿出:“而無公出酒脯之祠,臣即〖自〗以奉錢”(Q140)。

【釋詞】

[出典]謂出來執掌某種官職:“出典邊戎,民用永安”(Q128);“出典諸郡,彈枉糾邪”(Q178)。

6101 **賣** mài 《廣韻》莫懈切,明卦去。明支。

Q015

《説文·出部》:“,出物貨也。从出从買。”

【釋形】

《説文》小篆爲會意字,从出从買,義爲出售、賣出。漢碑字形中,義符“出”隸變近似於“士”;義符“買”,《説文》“从网、貝”,構件“网”隸省爲“罒”,兩邊竪筆如小篆那樣向下延伸,如圖。

【釋義】

通“賣”,洞:“毋諫賣入,毋效狸入”(Q015)。

6102 **索** suǒ 《廣韻》蘇各切,心鐸入。心鐸。

Q175

《説文·米部》:“,艸有莖葉,可作繩索。从米、糸。杜林説:米亦朱木字。”

【釋形】

《説文》以爲會意字,从米、糸,表示繩索。按“索”甲骨文作(《花東》125)、

（《合》387）等形，像兩手搓繩之形。金文作（《師克盨蓋》）、（《輔師嫠簋》），小篆將金文的雙手訛變爲左右兩條曲線，上面的繩頭處訛變爲“屮”，《説文》據小篆形體釋爲从朩、糸。漢碑字形中，“索”的幾個構件發生離析重組，“屮”離析爲短豎和對稱的兩點，兩邊對稱的長曲線變化組合爲“冖”形，下面的“糸”也離析爲“幺”和“小”，如圖。

【釋義】

㊀尋找：“索大石，廣三尺，厚二尺，長二尺□寸”（Q097）。㊁探究：“念在探嘖索隱，窮道極術”（Q175）。

6103 **南**　nán　《廣韻》那含切，泥覃平。泥侵。

① Q038

② Q066

③ Q129

④ Q129

⑤ Q178

⑥ Q089

《説文·朩部》：“，艸木至南方，有枝任也。从朩，羊聲。，古文。”

【釋形】

《説文》以爲形聲字，从朩，羊聲。按“南”甲骨文作（《合》2011），金文作（《大盂鼎》）、（《南宫乎鐘》）等形，或認爲是一種樂器，象形字。小篆承襲此類字形，略有形變，《説文》以从朩羊聲釋之，與原初構意不符。漢碑字形中，有的爲碑文篆書，與金文字形相承，如圖①。多數則已經發生隸變，更像是在金文基礎上的轉寫隸定，如圖②～⑥；其中圖⑥“羊”訛寫爲“羊”。

【釋義】

㊀方位詞，南方：“自南自北，四海攸通”（Q095）；“余谷之川，其澤南隆”（Q095）。㊁在南方，向南方：“曜武南會，邊民是鎮”（Q137）；“西流里外，南注城池”（Q141）；“南苞八蠻，西羈六戎，北震五狄，東勤九夷”（Q179）。㊂用於地名：“門生濟南梁郡趙震字叔政”（Q127）；“故吏五官掾博陵南深澤程祺，字伯友”（Q148）。

【釋詞】

［南畝］指農田，南坡向陽光照好，古人田土多向南坡開闢，故稱：“南畝孔饁，山有夷行”（Q127）。

［南山］典出《詩·小雅·天保》：“如南山之壽，不騫不崩。”孔穎達疏：“天定其基業長久，且又堅固，如南山之壽。”後因以南山代指長壽：“既多受祉，永享南山”（Q179）。

6104 **生**　shēng　《廣韻》所庚切，山庚平。山耕。

① Q015

② Q065

③ Q142

④ Q127

《説文·生部》：“，進也。象艸木生出土上。凡生之屬皆从生。”

【釋形】

《説文》小篆爲象形字，像草木生出土上之形。甲骨文作（《合》14137），更爲形象。金文作（《尹姞鬲》）、（《史牆盤》）等形，下面由甲骨文表示地面的一横變爲“土”。小篆據後一種金文字形線條化。漢碑字形中，有的爲碑文篆書，但已經帶有明顯的隸意，如圖①②；其中圖②省去了中間的横線。有的省去了左側的逆筆，筆畫變化作豎折，如圖③。有的將向上彎曲的線條拉直作一横筆，如圖④。

【釋義】

㊀生長，長出：“春生萬物，膚寸起雲”（Q061）；“紀行求本，蘭生有芬”（Q179）。㊁生殖，生育：“地理山川，所生殖也”（Q129）；“身禮毛膚父母所生，慎毋毀傷，天利之”（Q015）；“生四女，年廿三而賈君卒”（Q056）。㊂出生：“奉見劉朙府，立祠

刊石，表章大聖之遺靈，以示來世之未生”（Q123）；“穆穆楊公，命世而生”（Q066）。㊃産生：“明神弗歆，灾害以生”（Q125）；“寔天生德，有漢將興”（Q172）；“賢孝之性，根生於心”（Q178）。㊄活着，與“死”相對：“生播高譽，〖殁垂令名〗”（Q127）；“生榮死哀，是爲萬年”（Q093）；“赤子遭慈，以活以生”（Q161）；“有生有死，天寔爲之”（Q088）。㊅新鮮的：“上思生葵，君却入室”（Q142）。㊆學生，門徒：“門生濟南東平陵吴進，字升臺”（Q127）；又見“後生”。㊇通“笙”：“生汙相和仳吹廬，龍爵除央鷁噣魚”（Q100）。

【釋詞】

［生號］在世時的名號：“君師魏郡張吴，齋晏子、海上黄淵、赤松子與爲友，生號曰真人，世無及者”（Q142）。

［生民］百姓：“生民之本，孰不遭諸”（Q128）。

［生生］世世代代：“傳告後生，勉脩孝義，無辱生生”（Q114）。

6105 **産**　chǎn 《廣韻》所簡切，山産上。山元。

① Q212

② Q178

《説文·生部》：“，生也。从生，彦省聲。”

【釋形】

《説文》小篆爲形聲字，从生，彦省聲。漢碑字形中，聲符“彦”所从之構件“文”和“厂”粘合隸省爲“产”。義符“生”向上的曲線或省去左側逆筆，變成豎折，如圖①；或拉直爲横畫，如圖②。

【釋義】

㊀出生：“遭同産弟憂，棄官”（Q178）；“家産黑駒”（Q212）。㊁産生，發生：“清越孤竹，德牟産奇”（Q193）。㊂用於人名：“屬褒中晁彊，字産伯”（Q095）；“故塞曹史杜苗幼始，故塞曹史吴産孔才五百”（Q178）；“漢故西河圜陽守令平周牛公産萬歲之宅兆”（Q162）。

6106 **隆**　lóng 《廣韻》力中切，來東平。來冬。

① Q146

② Q137

③ Q285

《説文·生部》：“，豐、大也。从生，降聲。”

【釋形】

《説文》以爲形聲字，从生，降聲。“降”上古音在見母冬部（或匣母冬部）。按“隆”戰國文字作（《不降矛》），从土，降聲；小篆“土”變爲“生”。漢碑字形承襲戰國文字从土、降聲的結構，其中聲符“降”所从之構件“𠂤”均隸變作“阝”；構件“夅”上方的“夂”或訛變混同爲“夊”，如圖①③。義符“土”與基礎構件“屮”豎畫相通，如圖①～③。

【釋義】

㊀高：“隆構厥基，既仕州郡”（Q133）；“兩山壁立，隆崇造雲，下有不測之谿，阨笮促迫”（Q146）；又見“馮隆、隆崇”。㊁盛大，豐盛：“威恩竝隆，遠人賓服”（Q146）；“《詩》云愷悌，君隆其恩”（Q179）；又見“隆洽”。㊂用於人名：“故吏軍謀掾梁國丁隆仕宗”（Q285）。㊃用於地名：“余谷之川，其澤南隆”（Q095）；“先生諱壽，字元考，南陽隆人也”（S110）。

【釋詞】

［隆崇］高聳：“兩山壁立，隆崇造雲”（Q146）。

［隆洽］隆盛周遍：“恨不伸志，翻揚隆洽”（Q113）。

6107 **華**　（一）huā 《廣韻》呼瓜切，曉麻平。曉魚。

① Q200

② Q142

③ Q112

④ Q174

⑤ J321

⑥ Q088

⑦ Q153

《説文·華部》:“,榮也。从艸从𠌶。凡華之屬皆从華。”《説文·𠌶部》:“,艸木華也。从𠂹,亏聲。凡𠌶之屬皆从𠌶。,𠌶或从艸从夸。”

【釋形】

《説文》以爲會意字,从艸从𠌶,義爲草木之花。《説文》𠌶、華分列二字,實則“華”爲“𠌶”加“艸”之分化字。按“𠌶”金文作(《命簋》)、(《大克鼎》)等形,象形字,像草木開花之形。小篆下部訛爲“亏”,上部成字化爲“𠂹”,故《説文》釋爲“从𠂹,亏聲”,與初形構意不符。後加艸作“華”,《説文》釋爲“从艸从𠌶”,當釋爲从艸𠌶聲爲宜。漢碑字形中“華”的變異比較複雜,義符“艸”有的依據小篆對應轉寫隸定,如圖①;有的隸定爲“⺿”,如圖②～⑥;有的隸定爲“艹”,如圖⑦。義符“𠌶”所从之構件“𠂹”在筆畫化的過程中進行了離析重組,方式不一,如圖①～⑦。

【釋義】

花朵:“振華處實,暘遐聲矣”(Q153)。

(二)huá 《廣韻》户花切,匣麻平。匣魚。

【釋義】

㊀光彩:“珪璋其質,芳麗其華”(Q157)。㊁華美的:“華殿清閑,肅雍顯相”(Q174)。㊂中國古稱華夏,簡稱爲“華”:“宗族條分,裔布諸華”(Q169);“君纘其緒,華南西畺”(Q187);“貢計王庭,華夏歸服”(Q117)。㊃用於人名:“故書佐營陵徐曾,字曾華”(Q088);“華胥生皇雄,顔□育孔寶”(Q112)。㊄用於地名:“故吏泰山華毋樓覬,字世〖光〗”(Q127)。

【釋詞】

[華紫]指神仙居住的地方:“上極華紫,旁伎皇代”(Q112)。

6108 **稽**　(一)jī 《廣韻》古奚切,見齊平。見脂。

① Q141

② Q166

《説文·禾部》:“,畱止也。从禾从尤,旨聲。凡稽之屬皆从稽。”

【釋形】

《説文》小篆爲形聲字,从禾从尤,旨聲,義爲停留。“禾”《説文》釋爲“木之曲頭,止不能上也”,故从禾有停留義;然从“尤”之構意不明。漢碑字形中,義符“禾”隸定混同爲“禾”;義符“尤”彎曲的線條被拉直,右上角筆畫漢碑中演化爲點,如圖①②。聲符“旨”或隸定作“百”,如圖②;或粘合爲“目”,如圖①。

【釋義】

㊀阻礙:“漢水逆讓,稽滯商旅”(Q150)。㊁考察、考核:見“稽古”。㊂計算:見“稽度”。㊃相合,相同:“克命先己,汁稽履化,難名兮而右九孫”(Q021);“上合紫臺,稽之中和”(Q112)。㊄合該,應該:“宜參鼎鉉,稽建皇靈”(Q187)。㊅用於地名:“州舉尤異,遷會稽東部都尉”(Q137)。

【釋詞】

[稽度]考核衡量:“丘生倉際,觸期稽度,爲赤制”(Q140);“春秋〖復〗禮,稽度玄靈,而無公出享獻之薦”(Q141)。

[稽古]考察古事,依古法行事:“政教稽古,若重規矩”(Q102)。

(二)qǐ 《廣韻》康禮切,溪薺上。溪脂。

【釋義】

磕頭至地:見“稽首”。

【釋詞】

[稽顙]古代一種跪拜禮,叩頭至地,表

示極度恭敬:"單于怖畏,四夷稽顙"(Q128)。

[稽首]古代一種跪拜禮,叩頭至地,表示極度恭敬:"臣稽首以聞"(Q102);"司徒臣雄,司空臣戒,稽首言"(Q102)。

6109 **巢** cháo 《廣韻》鉏交切,崇肴平。崇宵。

Q112

《説文·巢部》:" ,鳥在木上曰巢,在穴曰窠。从木,象形。凡巢之屬皆从巢。"

【釋形】

《説文》小篆爲象形字,像木上鳥巢之形。金文作 (《班簋》),更爲象形。小篆線條化的過程中,表示鳥巢的形體從中間斷開,形成左右兩部分,同時上面逐漸離析出"巛"形。漢碑字形中,斷開的兩部分與"木"粘合,重組爲"果",如圖。

【釋義】

㊀用於人名:"司徒掾魯巢壽文后三百"(Q112)。㊁用於地名:"天帝告除居巢劉君冢惡氣"(Q204)。

【釋詞】

[巢許]巢父和許由的并稱:"〖將蹈鴻涯〗之〖遐跡〗,紹巢許〖之絶〗軌"(S97)。

6110 **桼** qī 《廣韻》親吉切,清質入。清質。

Q016

《説文·桼部》:" ,木汁。可以䰍物。象形。桼如水滴而下。凡桼之屬皆从桼。"

【釋形】

《説文》小篆爲象形字,木汁義。"桼"爲生漆之"漆"的本字。戰國金文作 (《二十七年上守趞戈》),像漆汁之點連寫。段玉裁《説文解字注》:"木汁名桼。因名其木曰桼。今字作漆而桼廢矣。"又"漢人多假桼爲七字。"漢碑字形與小篆相承,左右三點省寫爲左右兩短横,位於下弧線上方,如圖。

【釋義】

通"七":"鬱平大尹馮君孺人,始建國天鳳五年十月十桼日癸巳葬,千歲不發"(Q016)。

6111 **朿** shù 《廣韻》書玉切,書燭入。書屋。

Q142

《説文·朿部》:" ,縛也。从囗、木。凡朿之屬皆从朿。"

【釋形】

《説文》以爲會意字,从囗、木,釋其義爲縛、捆。按"朿"甲骨文作 (《合》22344),金文作 (《𦿟簋》)、 (《朿仲豆父簋蓋》),或以爲像捆束口袋之形。小篆承襲金文字形并線條化,《説文》據小篆形體釋爲會意字。漢碑字形依據小篆線條進行轉寫隸定,其中的圓形被隸定爲長方形,如圖。

【釋義】

㊀量詞:"赤車使者來發生葵兩朿"(Q142);又見"朿帛"。㊁紮上,戴上:見"朿帶"。㊂約束,約敕:見"朿脩"。㊃用於地名:"河間朿州齊伯宣二百"(Q112)。

【釋詞】

[朿帛]捆作一束的五匹帛。古代用爲聘問、餽贈的禮物:"理財正辭,朿帛戔戔"(Q193)。

[朿帶]戴上腰帶,借指穿上官服,就任職位:"〖郡〗將嘉其所履,前後〖聘召〗,盖不〖得已,乃〗翻爾朿帶"(Q148)。

[朿脩]斂己修身:"朿脩舅姑,絜己不廇"(Q109)。

6112 **圜** huán 《廣韻》户關切,匣删平。匣元。

① Q051 ② Q055 ③ Q234 ④ Q039

《説文·囗部》:“,天體也。从囗,瞏聲。”

【釋形】

《説文》小篆爲形聲字,从囗(音 wéi),瞏聲。義符“囗”本像封閉區域之形,故从“囗”之字多與包圍、環繞及封閉區域有關。“圜”今音有 huán、yuán 二音,分别爲環繞和天體義,均與環繞義有關。聲符“瞏”金文作(《作册睘卣》),从目,袁聲,《説文》釋爲“目驚視也”,即人受到驚嚇時瞪大眼睛看,故有圓義,與“圜”的圍繞義相通,故“瞏”既是聲符,也兼表意義。漢碑字形中,構件“囗”由長圓形隸定接近於正方形;構件“瞏”所从之“目”隸定爲“罒”,所从之“袁”變異複雜,如圖①~④。

【釋義】

㊀用於人名:“故中郎將安集掾平定沐叔孫圜”(Q098)。㊁用於地名:“居圜陽西鄉榆里郭稚文萬年室宅”(Q051);“西河圜陽郭季妃之椁”(Q234);“漢故西河圜陽守令平周牛公産萬歲之宅兆”(Q162)。

6113 **回** huí 《廣韻》户恢切,匣灰平。匣微。

Q084

《説文·囗部》:“,轉也。从囗,中象回轉形。,古文。”

【釋形】

《説文》以爲象形字,从囗,中像回轉形。按“回”甲骨文作(《合》34165)、(《合》10229),金文作(《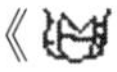回父丁爵》),正像水迴旋之形。《説文》古文承襲此類字形,小篆形變爲内外封閉的環形,《説文》釋爲“从囗”,是取“囗”之環繞義,屬理據重構。漢碑字形依據小篆轉寫隸定,圓轉線條隸定爲平直方折的筆畫,如圖。

【釋義】

㊀回頭,返回:見“回顧”。㊁違背:“思純履勁,經德不回”(Q084)。㊂用於人名,特指顔回:“顔路哭回孔尼魚,澹臺忿怒投流河”(Q113)。

【釋詞】

[回顧]回頭看,顧念:“郡縣禮請,終不回顧,高位厚禄,固不動心”(S110)。

6114 **圖** tú 《廣韻》同都切,定模平。定魚。

① Q112 ② Q146

《説文·囗部》:“,畫計難也。从囗从啚。啚,難意也。”

【釋形】

《説文》以爲會意字,从囗从啚,釋其義爲謀劃。按“圖”从囗,表示區域之義;从啚,“啚”爲“鄙”的初文,甲骨文作(《合》15883)、(《合》7875),以郁邑與倉廩的組合,表示可以屯兵的邊邑。楊樹達認爲“圖”本義爲地圖,後引申爲圖謀義(參看《積微居小學述林》),可從。漢碑字形中,有的依據小篆線條對應轉寫隸定,如圖①;有的有明顯變異,構件“啚”所从之“回”訛變爲兩横兩豎,且與上下兩横線相接,如圖②。

【釋義】

㊀地圖:“考傳驗圖,窮覽其山川”(H26)。㊁圖像,圖典:“玄圖靈像,穆穆皇皇”(Q174);又見“圖書”。㊂特指河圖:“敦五經之瑋圖,兼古業,覈其妙”(Q193);又見“吐圖”。㊃繪畫,描繪:“致黄龍、白鹿之瑞,故圖畫其像”(Q147)。㊄考慮,謀劃:“困其事則爲設備,今不圖之,爲患無已”(Q146)。㊅用於人名:“沛園丁直,魏郡馬萌,勃海吕圖”(Q154)。

【釋詞】

［圖書］典籍，典章："念聖歷世，禮樂陵遲，秦項作亂，不尊圖書"（Q112）。

6115 **國** guó 《廣韻》古或切，見德入。見職。

① Q129 ② Q178 ③ Q178 ④ Q188

⑤ Q014 ⑥ Q179 ⑦ Q112

《説文·囗部》："，邦也。从囗从或。"

【釋形】

《説文》小篆爲會意字，从囗从或，義爲邦國。按"國"初文作"或"，金文作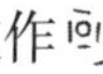（《保卣》）、（《班簋》）、（《毛公鼎》）等形，圓圈之形象徵國之疆域，周圍横竪短線象徵國之疆界，"戈"表示戍守邊疆，以此會合處邦國之義。後加"囗"作"國"，如（《彔戜卣》）。小篆承襲此類字形，故《説文》以从囗、从或釋之。漢碑字形依據小篆轉寫隸定，義符"或"所从之構件"囗"有的隸定爲三角形，如圖①⑥⑦。構件"戈"上一點或與中間一撇連寫，如圖②；或省略撇和點，如圖③④；或省點，增加一横，如圖⑤。"或"下面一横與其他部分的布局關係也有明顯差別，或整個托在下面，如圖④⑥⑦；其他則在"戈"的左下側。

【釋義】

㊀國家："謨兹英猶，道以經國"（Q133）；"保鄣二城，參國起按"（Q137）；"報如景響，國界大豐"（Q060）。㊁古代王、侯的封地："克長克君，牧守三國"（Q146）；"君帝高陽之苗裔，封兹楚熊，氏以國别"（Q153）；"溧陽長潘君諱乾，字元卓，陳國長平人"（Q172）。㊂用於官名："弘農大守、安國亭侯、汝南袁逢掌華嶽之主"（Q129）；又見"宰國、相國"。㊃用於人名："武陽趙國華"（Q219）；又見"國子"。

【釋詞】

［國人］古代指居住在大邑内的人："國人僉嘆，刊勒斯石，表示無窮"（Q161）。

［國子］公卿大夫的子弟："國子男，字伯孝，年〖適〗六歲，在東道邊"（Q114）。

6116 **園** yuán 《廣韻》雨元切，雲元平。匣元。

Q056

《説文·囗部》："，所以樹果也。从囗，袁聲。"

【釋形】

《説文》小篆爲形聲字，从囗，袁聲。本義爲果園，所以从囗。聲符"袁"甲骨文作（《粹》465），像以手拽衣服狀，構意不明。《説文》釋"袁"爲"長衣皃"；裘錫圭認爲是"擐"的初文，本義是穿衣。甲骨文或添加聲符"○（圓）"作（《寧滬》1.501），或添加構件"止"作（《存》下506）。小篆字形綜合前幾種字形，省去了手形，保留了"衣、○（圓）"和"止"，寫作，其中"止"省簡似"中"。漢碑字形中，構件"衣"的上部與"中"粘合爲"土"；"衣"的下部依據小篆轉寫隸定，中間的"○（圓）"隸定爲"厶"形，如圖。

【釋義】

㊀菜園："志樂季文粟帛之分，公儀徹織庖園之節"（Q173）；又見"灌園"。㊁帝王、后妃等的墓地："守衛墳園，仁綱禮備"（Q088）。㊂用於封號："遂升二女爲顯節園貴人"（Q056）。㊃用於地名："園陽當里公乘田鲂萬歲神室"（Q039）。

6117 **因** yīn 《廣韻》於真切，影真平。影真。

① Q138 ② Q146 ③ Q111

《説文·囗部》:"因,就也。从囗、大。"

【釋形】

《説文》以爲會意字,从囗、大,釋其義爲依托、憑藉。按"因"甲骨文作（《合》5651）、（《合》12359）,从人在衣中,或以爲本義爲因依、依靠;或以爲乃"裀"之初文,表示内衣(《字源》),引申爲因依、依靠。金文或承襲甲骨文作（《蠡鼎》）;或外部輪廓變得與"囗"相近,寫作（《陳侯因資敦》）。林義光《文源》據後者釋"因"爲"茵"之初文,即茵席之象形字。據其形源來看,茵席應爲其引申義。小篆承襲金文後一類字形,故《説文》以"从囗、大"釋之,然其構意本與"囗"無關。漢碑字形或依據小篆轉寫隸定,如圖①;或將構件"大"訛寫作"工",整字隸定爲作"囙",如圖②③。

【釋義】

㊀按照,依照:"棺□掩身,衣服因故"（Q111）;"欽因春饗,導物嘉會"（Q141）。㊁依靠,憑藉:"皓皓素質,因體爲名"（Q174）。㊂連詞,於是,就:"祖考徠西,乃徙于湛,因處廣漢"（Q069）;"將作□封,因序祖先"（Q124）;"世作師尹,赫赫之盛,因以爲氏"（Q166）。

6118 **囚** qiú 《廣韻》似由切,邪尤平。邪幽。

Q179

《説文·囗部》:"囚,繫也。从人在囗中。"

【釋形】

《説文》小篆爲會意字,从人在囗(音wéi)中,會囚禁之義。漢碑字形依據小篆轉寫隸定,將小篆圓轉的線條轉寫爲平直方折的筆畫,如圖。

【釋義】

囚犯:"臈正之僚,休囚歸賀。八月筭民,不煩於鄉"（Q179）。

6119 **固** gù 《廣韻》古暮切,見暮去。見魚。

Q146

《説文·囗部》:"固,四塞也。从囗,古聲。"

【釋形】

《説文》小篆爲形聲字,从囗,古聲。漢碑字形依據小篆轉寫隸定,將小篆圓轉的線條轉寫爲平直方折的筆畫,如圖。

【釋義】

㊀堅牢,牢固:"堅固廣大,可以夜涉"（Q146）。㊁穩定,安定:"皆□〖以〗堅固萬歲,人民喜,長壽億年"（Q116）。㊂頑固,持久:"寢疾固結,大命催□魂靈歸"（Q109）。㊃堅定:"高位厚禄,固不動心"（S110）。㊄安守:"厲風子孫,固窮守陋"（H105）。㊅副詞,固然:"妻子曰:固所願也"（Q199）。㊆用於人名:"君諱固,字伯堅"（Q117）。㊇用於地名,城固縣位於今陝西境内:"君字公房,成固人"（Q199）;"换漢中〖成〗固令"（Q110）。

6120 **圍** wéi 《廣韻》雨非切,雲微平。匣微。

Q095

《説文·囗部》:"圍,守也。从囗,韋聲。"

【釋形】

《説文》小篆爲形聲字,从囗,韋聲。按"圍"初文作"韋",甲骨文作（《合》10026）、（《合》6856）等形,或三隻腳,或兩隻腳,像有人包圍城邑之形。後因"韋"被借去表示其他意義,包圍義另外添加構件"囗",寫作"圍",成爲从囗、韋聲的形聲字。漢碑字形"圍"還帶有一定的篆意,構件"韋"上下的短豎連成一筆,使整個構件粘合爲一體，且下方的“屮”訛寫近似於“巾”形，如圖。

【釋義】

用於地名：“更隨圍谷，復通堂光”（Q095）。

6121 **困**　kùn　《廣韻》苦悶切，溪慁去。溪文。

Q146

《説文·囗部》：“，故廬也。从木在囗中。，古文困。”

【釋形】

《説文》以爲會意字，从木在囗中，釋其義爲故廬。按“困”甲骨文與小篆結構相同，寫作（《合》34235），像樹木生長有所限制之形，本義爲圍困、阨阻。《説文》古文改爲从木从止，亦會樹木生長受到限制之義。漢碑字形“困”依據小篆轉寫隸定，構件“囗”將小篆圓轉的線條轉寫爲平直方折的筆畫。構件“木”上弧線拉直爲一横畫，下弧線寫作左右兩點，如圖。

【釋義】

㊀困厄，厄阻：“孔子大聖，抱道不施，尚困於世”（Q113）；“困其事則爲設備，今不圖之，爲患無已”（Q146）。㊁困頓，困難：“會遭篤病，告困致仕”（Q127）。

6122 **員**　yuán　《廣韻》王權切，雲仙平。匣文。

Q084

《説文·員部》：“，物數也。从貝，囗聲。凡員之屬皆从員。，籀文从鼎。”

【釋形】

《説文》以爲形聲字，从貝，囗聲。按“員”甲骨文作（《合》20592）、（《合》20279），金文作（《員父鼎》）、（《員觶》）等形，皆从鼎从○（圓），○（圓）亦聲，爲“圓”之初文。《説文》籀文仍从鼎，小篆訛爲从貝，故《説文》釋爲“从貝，囗聲”。漢碑字形依據小篆轉寫隸定，圓轉線條隸定爲平直方折的筆畫，構件“囗”簡寫爲閉合的三角形，如圖。

【釋義】

㊀官員的通稱：見“員冗”。㊁圓，與“方”相對，後作“圓”：“援規柜以分方員”（Q084）。

【釋詞】

［員冗］雜員冗職的統稱：“皆會廟堂，國縣員〖冗〗，吏無大小，空府竭寺，咸俾來觀”（Q141）。

6123 **貝**　bèi　《廣韻》博蓋切，幫泰去。幫月。

Q127

《説文·貝部》：“，海介蟲也。居陸名猋，在水名蜬。象形。古者貨貝而寶龜，周而有泉，至秦廢貝行錢。凡貝之屬皆从貝。”

【釋形】

《説文》小篆爲象形字，像貝殼之形。甲骨文作（《合》8490）、（《合》29694），更爲象形。金文或承襲甲骨文作作（《作父己簋》），或下部逐漸添加兩短豎線，寫作（《息伯卣》）、（《剌鼎》）等形，爲小篆字形之所本。漢碑字形依據小篆轉寫隸定，將小篆圓轉的線條轉寫爲平直方折的筆畫，如圖。《説文》云：“古者貨貝而寶龜，周而有泉，至秦廢貝行錢。”貝殼古代曾起到類似後世貨幣的作用，所以从“貝”的字多與錢財有關。

【釋義】

用於地名，貝丘，在今山東博興東南：“門生甘陵貝丘賀曜字升進”（Q127）。

6124 **財** cái 《廣韻》昨哉切，從咍平。從之。

① Q102 ② Q100 ③ Q146

《説文·貝部》："，人所寶也。从貝，才聲。"

【釋形】

《説文》小篆爲形聲字，从貝，才聲。漢碑字形依據小篆轉寫隸定，如圖①。聲符"才"右下角或多出一筆，如圖②；或訛寫成上下分布的"七、十"，如圖③。

【釋義】

㊀金錢、物資的總稱："理財正辭，束帛戔戔"（Q193）；"以其餘財，造立此堂"（Q114）；"〖鳴〗焉，匪愛力財，迫于制度"（Q052）。㊁通"裁"，決定："財出王家錢，給大酒直，須報"（Q102）。㊂通"才"，❶僅僅，只："財容車騎，進不能濟，息不得駐"（Q146）；❷始："追述勒銘，故財表紀"（Q152）；❸於是："財立小堂，示有子道，差於路食"（Q106）。

6125 **貨** huò 《廣韻》呼臥切，曉過去。曉歌。

Q146

《説文·貝部》："，財也。从貝，化聲。"

【釋形】

《説文》小篆爲形聲字，从貝，化聲。漢碑字形依據小篆轉寫隸定，將小篆圓轉的線條轉寫爲平直方折的筆畫，聲符"化"所从之構件"人"隸定爲"亻"。整字結構布局仍依小篆將義符"貝"置於右下角，如圖。

【釋義】

賣，出售："瑞降豐稔，民以貨稙"（Q146）。

6126 **資** zī 《廣韻》即夷切，精脂平。精脂。

Q129

《説文·貝部》："，貨也。从貝，次聲。"

【釋形】

《説文》小篆爲形聲字，从貝，次聲。漢碑字形中，聲符"次"所从之構件"欠"，《説文》描述爲"象气从人上出之形"，上部像"气之形"的三條曲線漢碑中隸變作"𠂊"形，失去原有理據；下部所从之"儿"隸變爲"人"，與"𠂊"形粘合；構件"二"轉寫爲兩點，如圖。

【釋義】

㊀貨物、錢財的總稱：見"資糧"。㊁稟賦，資質："天资純懿，昭前之美"（Q137）；"君稟資南霍之神"（Q172）。

【釋詞】

［資糧］泛指錢糧："資糧品物，亦相瑤光"（Q129）。

6127 **賢** xián 《廣韻》胡田切，匣先平。匣真。

① Q039 ② Q178 ③ Q144

《説文·貝部》："，多才也。从貝，臤聲。"

【釋形】

《説文》小篆爲形聲字，从貝，臤聲。漢碑字形依據小篆轉寫隸定，義符"貝"或部分保留篆意，如圖①。聲符"臤"所从之構件"臣"，中間兩短豎連寫爲一筆，如圖②；有的訛寫近似於"目"，如圖③。

【釋義】

㊀有德行："子尚叢撫業，世幼無親，賢者相之"（Q026）；"主吏蚤失賢子"（Q106）；"賢孝之性，根生於心"（Q178）。㊁有德行的人："祗傅五教，尊賢養老"（Q127）；"哀賢明而不遂兮，嗟痛淑雅之夭年"（Q039）；"高山景行，慕前賢列"（Q144）；又見"賢

良方正”。㊂用於人名：“門生東郡樂平靳京，字君賢”（Q127）；“河南匽師度徵漢賢二百”（Q112）。

【釋詞】

［賢良方正］漢代選官的科目之一。漢文帝二年下詔“舉賢良方正能直言極諫者”，被選中後授予官職，賢良方正科目自此始：“司空司隸並舉賢良方正”（Q084）。

6128 **賁** bēn 《廣韻》博昆切，幫魂平。幫文。

Q178

《説文·貝部》：“ ，飾也。从貝，卉聲。”

【釋形】

《説文》小篆爲形聲字，从貝，卉聲。漢碑字形依據小篆轉寫隸定，聲符“卉”的三個“屮”曲線拉直，隸變爲三個“十”，如圖。

【釋義】

㊀用於人名：“秦人孟伯山、狄虎賁、趙當卑、萬羌”（Q116）。㊁特指古代勇士孟賁：“謀若涌泉，威牟諸賁”（Q178）。

6129 **賀** hè 《廣韻》胡箇切，匣箇去。匣歌。

Q179

《説文·貝部》：“ ，以禮相奉慶也。从貝，加聲。”

【釋形】

《説文》小篆爲形聲字，从貝，加聲。“加”上古音在見母歌部。漢碑字形依據小篆轉寫隸定，聲符“加”所从之構件“力”省去左側曲筆，如圖。

【釋義】

㊀拜賀：“臈正之僚，休囚歸賀”（Q179）；“歲臈拜賀，子孫懽喜”（Q106）。㊁姓氏：“門生甘陵貝丘賀曜字升進”（Q127）。

6130 **貢** gòng 《廣韻》古送切，見送去。見東。

① Q178

② Q179

《説文·貝部》：“ ，獻、功也。从貝，工聲。”

【釋形】

《説文》小篆爲形聲字，从貝，工聲。漢碑字形依據小篆轉寫隸定，圖①有明顯的波磔之勢；圖②筆畫則較爲平直。

【釋義】

㊀進貢：“階夷愍之貢，經常伯之寮”（Q137）；“荒遠既殯，各貢所有”（Q179）。㊁貢品：“時疏勒國王和德，弒父篡位，不供職貢”（Q178）。㊂進獻：“武慮慷慨，以得奉貢上計”（Q161）；“貢計王庭，華夏歸服”（Q117）。㊃舉薦：“得應廉選，貢名王室”（Q171）。

6131 **贊** zàn 《廣韻》則旰切，精翰去。精元。

Q135

《説文·貝部》：“ ，見也。从貝从兟。”

【釋形】

《説文》以爲會意字，从貝从兟，會進見之義。按“贊”傳抄古文作 ，从貝从扶（bàn）。“扶”音義同“伴”。《説文·夫部》：“扶，並行也。从二夫。輦字从此。讀若伴侶之伴。”小篆將“扶”訛爲“兟（shēn）”。漢碑隸書承襲傳抄古文字形，仍从扶，如圖。後來楷書則又承襲小篆字形寫作“贊”。

【釋義】

輔佐，幫助：“賛天〖休〗命，德合无疆”（Q126）；又見“賛衛”。

【釋詞】

［賛衛］衛護：“賛衛王臺，婁□忠謇”（Q135）。

6132 **贈** zèng 《廣韻》昨亙切,從嶝去。
從蒸。

Q202

《説文·貝部》:“,玩好相送也。从貝,曾聲。”

【釋形】

《説文》小篆爲形聲字,从貝,曾聲。漢碑字形依據小篆轉寫隸定,聲符“曾”所从之構件“八”寫成了兩點;構件“囮”裡面的兩點連成横線,形似“田”;構件“曰”上面的曲線被拉直,與左邊豎筆相接,如圖。

【釋義】

贈送,特指贈送給喪家的財物:“皇上閔悼,兩宫賻贈”(Q056);“贈送禮賻五百萬已上”(Q202);“寵存贈亡,篤之至也”(Q161)。

6133 **賞** shǎng 《廣韻》書兩切,書養上。
書陽。

Q149

《説文·貝部》:“,賜有功也。从貝,尚聲。”

【釋形】

《説文》小篆爲形聲字,从貝,尚聲。漢碑字形依據小篆轉寫隸定,聲符“尚”所从之構件“八”寫成左右兩短横,如圖。

【釋義】

獎賞,讚賞:“宣仁播威,賞恭糾慢”(Q149);“賞恭罰否,畀奥□流”(Q161);“賞進厲頑,約之以禮,博之以文”(Q193)。

6134 **賜** cì 《廣韻》斯義切,心寘去。
心錫。

① Q178 ② Q142

《説文·貝部》:“,予也。从貝,易聲。”

【釋形】

《説文》小篆爲形聲字,从貝,易聲。聲符“易”爲“賜”的初文,甲骨文中作(《前》6.42.8),像兩手捧酒器斟酒之形,會賜給之義;或省簡作(《合 20263》)、(《合 13266》)等形,乃截取斟酒之局部而成;金文或作(《德鼎》),再變作(《師酉簋》),此則小篆字形之所本字;《説文》據小篆字形釋爲像蜥蜴之形,乃不明其形源所致。“賜”的漢碑字形依據小篆轉寫隸定,其聲符“易”上部或有省寫,如圖①②。

【釋義】

賞賜,給予:“拜瀙待詔,賜錢千萬,君讓不受”(Q142);“時仿佛賜其嘉祉”(Q142);“出奉錢市□□作衣,賜給貧乏”(Q161);又見“惠賜”。

6135 **賴** lài 《廣韻》落蓋切,來泰去。
來月。

Q146

《説文·貝部》:“,贏也。从貝,剌聲。”

【釋形】

《説文》小篆爲形聲字,从貝,剌聲。漢碑字形依據小篆轉寫隸定,整字結構布局仍依小篆將義符“貝”置於右下角,如圖。

【釋義】

㊀依靠:“百姓賴之,邦域既寧”(Q093);“帝賴其勳,民斯是皇”(Q127);“愷悌父母,民賴以寧”(Q161);“賴明公垂恩网極,保我國君,羣黎百姓”(Q171)。㊁利益,好處:見“賴福”。㊂副詞,相當於“幸而、幸虧”:“昔武王遭疾,賴有周公”(Q124)。

【釋詞】

[賴福]利益福祉:“繼禹之迹,亦世賴福”(Q146)。

6136 **負** fù 《廣韻》房九切，並有上。並之。

Q178

《説文·貝部》：“，恃也。从人守貝，有所恃也。一曰：受貸不償。”

【釋形】

《説文》以爲會意字，从人守貝，會憑依之義，亦有負債義。按憑依、負債二義均爲“負”之引申義，其本義應爲背負。漢碑字形依據小篆轉寫隸定，構件“人”隸變作“𠂊”形，左撇向外延伸較長，體現了隸書的書寫風格，如圖。

【釋義】

㊀以背載物：“遐邇携負，來若雲兮”（Q171）；又見“負土成墳、繦負”。㊁承擔：“詩説七言甚無忘，多負官錢石上作”（Q277）。㊃戰敗：“決勝負千里之外”（Q179）。

【釋詞】

［負土成墳］背土筑墳，古代對去世長輩表達孝敬之心的一種行爲。又作“負土成塻”，或省作“負土”：“草廬因容，負圡成墳”（Q114）；“負〖土〗兩年，佚墳相屬若𤸎”（Q101）；“負土成塻，列種松柏”（Q106）。

6137 **貳(貣)** èr 《廣韻》而至切，日至去。日脂。

① Q133 ② Q254

《説文·貝部》：“，副、益也。从貝，弍聲。弍，古文二。”

【釋形】

《説文》小篆爲形聲字，从貝，弍聲。漢碑字形中，或增加構件“亻”，構件“弍”增加一撇，如圖①；聲符“弍”或訛變作“戌”，如圖②。

【釋義】

有二心：“武稜攜貳，文懷假冥”（Q133）。

6138 **賓** bīn 《廣韻》必鄰切，幫真平。幫真。

① Q038 ② Q146

《説文·貝部》：“所敬也。从貝，㝣聲。，古文。”

【釋形】

《説文》以爲形聲字，从貝，㝣聲。按“賓”甲骨文作（《合》34351），从宀从人从止會意，房中之人是主人，“止”表示自外而來的客人，以此表示賓客之義。或省作（《合》16951）、（《合》23448）等形，从宀从人，會意字，學者多以爲“賓”之初文，“人”或作“元”形。金文或承襲甲骨文省簡的寫法作（《𠭯鐘》）；或增添構件“貝”，寫作（《保卣》）、（《王孫遺者鐘》）等形，王國維認爲“古者賓客至必有物以贈之，其贈之之事謂之賓，故其字从貝”。《説文》古文與金文相承，小篆“人”與“止”形粘合爲“丏”，故《説文》以“从貝，㝣聲”釋之，與原初構意不符。漢碑字形中，有的爲碑文篆書，但已經帶有明顯的隸意，構件“丏”省變近似於“夕”形，如圖①；或隸定作“尸”，整字可隸定爲“賔”，如圖②。

【釋義】

㊀賓客，客人：“孝和皇帝加元服，詔公爲賓”（Q038）；又見“賓燕”。㊁以客禮相待：“童妾壺饁，敬而賓之”（Q171）。㊂服從，歸順：見“賓服”。

【釋詞】

［賓服］歸順，服從：“威恩竝隆，遠人賔服”（Q146）；“彝戎賓服”（Q173）。

［賓燕］即“賓宴”，語出《詩·小雅·鹿鳴》：“我有旨酒，嘉賓式燕以敖。”後以“賓燕”指宴請賓客：“府君□賓燕欲從學道”

（Q199）。

6139 **質**　zhì 《廣韻》之日切，章質入。章質。

① Q174

② Q071

《説文·貝部》："，以物相贅。从貝从所。闕。"

【釋形】

《説文》以爲會意字，从貝从所，義爲抵押。按"所"當爲"質"之初文，《説文·斤部》釋爲"二斤也。从二斤，闕"。章太炎認爲（《小學答問》）："立方爲質，則所字也。"陸宗達認爲（《説文解字通論》），兩斤平放顛倒相補，正好組成一個扁立方體，可以用來墊東西，故其本義應爲墊在底下。"質"的柱礎、木砧、底子等義項都是由此而來。由於"所"墊在東西下面時是兩兩相對，所以可以引申爲質押、抵押義，這個意義後來添加與錢財有關的構件"貝"，寫作（《幷人妄鐘》），此即小篆字形之所本。漢碑字形依據小篆轉寫隸定，義符"所"所从之構件"斤"將小篆中的兩個線條各自離析爲兩筆筆畫，如圖①；"所"或省爲一個"斤"，如圖②。

【釋義】

㊀質地："巖巖白石，峻極太清。皓皓素質，因體爲名"（Q174）。㊁抵值："屬叔長□田卅畝，質六萬"（Q071）；"康眇樓舍，質五千"（Q071）。㊂秉性，品質："帝嘉其忠臣之苗，器其璵璠之質"（Q133）；"珪璋其質，芳麗其華"（Q157）。㊃用於人名："故書佐都昌羽質，字孟傚"（Q088）。

6140 **費**　（一）fèi 《廣韻》芳未切，滂未去。滂物。

Q119

《説文·貝部》："，散財用也。从貝，弗聲。"

【釋形】

《説文》小篆爲形聲字，从貝，弗聲。漢碑字形依據小篆轉寫隸定，將小篆圓轉的線條轉寫爲平直方折的筆畫，如圖。

【釋義】

花費，耗費："功費六七十萬，重勞人功"（Q119）。

（二）bì 《廣韻》兵媚切，幫至去。幫物。

【釋義】

用於地名，在今山東省魚臺縣西南，後作"鄪"："泰山費淳于鄰季遺二百"（Q112）；"故吏泰山費魚淵，字漢〖長〗"（Q127）。

6141 **責**　zé 《廣韻》側革切，莊麥入。莊錫。

Q278

《説文·貝部》："，求也。从貝，朿聲。"

【釋形】

《説文》小篆爲形聲字，从貝，朿聲。"朿"上古音在清母錫部。聲符"朿"甲骨文作（《合》22284），像植物有芒刺之形；金文作（《原趠方鼎》），小篆線條化作。漢碑中作"責"的聲符時隸定作"龶"，失去示音作用，如圖。

【釋義】

㊀索取："省無正繇，不責自畢"（Q172）。㊁通"債"："即此五家祖冢之責，以漆書之"（Q278）。

6142 **賈**　（一）gǔ 《廣韻》公户切，見姥上。見魚。

① Q114

② Q032

《説文·貝部》："，賈市也。从貝，襾聲。一曰：坐賣售也。"

【釋形】

《説文》以爲形聲字,从貝,襾聲。聲符“襾”構意不明,《説文》釋爲“覆也。从冂上下覆之”,漢碑字形中隸定近似於“西”,如圖①②。下面一横左右延伸,或與兩邊豎畫相接,或相離。

【釋義】

售,賣出去:“感清英之處卑,傷美玉之不賈”(Q175)。

(二)jià 《廣韻》古訝切,見禡去。見魚。

【釋義】

價格,價值:“賈直萬五千”(Q032);“漆不水解,工不爭賈”(Q112)。

(三)jiǎ 《廣韻》古疋切,見馬上。見魚。

【釋義】

㊀姓氏:“漢左將軍、特進、〖膠東侯〗第五子賈武仲卒”(Q056)。㊁特指賈誼:“雖揚賈斑杜,弗或過也”(Q169)。

6143 **買** mǎi 《廣韻》莫蟹切,明蟹上。明支。

① Q027 ② Q141

《説文·貝部》:“買,市也。从网、貝。《孟子》曰:登壟斷而网市利。”

【釋形】

《説文》小篆爲會意字,从网、貝,會買賣之義。漢碑字形中,義符“网”隸定爲“罒”形,左右兩側豎筆長過下方横畫,如圖①②。

【釋義】

㊀購買,以錢换物:“百姓酤買,不能得香酒美肉”(Q141);“昆弟六人共買山地”(Q027);“巴州民楊量買山,直錢千百”(Q008)。㊁用於人名:“陳買德物故,作此冢”(Q077)。

6144 **賤** jiàn 《廣韻》才線切,從線去。從元。

Q179

《説文·貝部》:“賤,賈少也。从貝,戔聲。”

【釋形】

《説文》小篆爲形聲字,从貝,戔聲。漢碑字形依據小篆轉寫隸定,聲符“戔”所从之構件“戈”右上的曲線隸定爲點,如圖。

【釋義】

㊀地位低下:“親父安貧守賤,不可營以禄”(S110)。㊁輕視:“恒戢節足,輕寵賤榮”(Q187)。㊂用於人名:“子賤孔蔑,其道區别”(Q179)。

6145 **賦** fù 《廣韻》方遇切,幫遇去。幫魚。

① Q178 ② Q141

《説文·貝部》:“賦,斂也。从貝,武聲。”

【釋形】

《説文》小篆爲形聲字,从貝,武聲。漢碑字形中,聲符“武”所从之構件“戈”右上的曲線隸定爲點,如圖①②。其中圖②中的構件“止”省寫爲豎折。

【釋義】

㊀賦税:“〖緩薄〗賦,牧邦畿”(Q135);又見“賦斂”。㊁授予,給予:“乃敢承祀,餘胙賦賜”(Q141);“部吏王宰、程横等,賦與有疾者,咸蒙瘳悛”(Q178);“賦与寡獨王佳小男楊孝等三百餘户”(Q161)。㊂傳布:“賦仁義之風”(Q172)。㊃創作:“述而不作,彭祖賦詩”(Q148)。

【釋詞】

[賦斂]㊀田賦,税收:“以省賦斂”(Q119)。㊁徵收賦税:“相賦斂作治”(Q119)。

6146 **貪** tān 《廣韻》他含切,透覃平。透侵。

① Q169　② Q178　③ Q194

《説文·貝部》:“,欲物也。从貝,今聲。”

【釋形】

《説文》小篆爲形聲字,从貝,今聲。“今”上古音在見母侵部。漢碑字形依據小篆轉寫隸定,聲符“今”中折筆或省去,如圖①;或變成一横,如圖②。義符“貝”或省去中間一横,如圖③。

【釋義】

㊀貪慕:“□古人不貪榮爵之□”(Q194)。㊁貪婪的人:“貪暴洗心,同僚服德,遠近憚威”(Q178);“彈饕糾貪,務鉏民穢”(Q187);“貪究革除,清脩勸慕,德惠潛流”(Q193)。㊂貪贓:“減省貪吏二百八十人”(Q161)。

6147 **貶**　biǎn《廣韻》方斂切,幫琰上。幫談。

Q095

《説文·貝部》:“,損也。从貝从乏。”

【釋形】

《説文》小篆爲會意字,从貝从乏,會減少義。漢碑字形中,義符“乏”下部隸變近似於“之”,如圖。

【釋義】

抑退:“春宣聖恩,秋貶若霜”(Q095)。

6148 **貧**　pín《廣韻》符巾切,並真平。並文。

Q193

《説文·貝部》:“,財分少也。从貝从分,分亦聲。,古文从宀、分。”

【釋形】

《説文》小篆爲會意字兼形聲字,从貝从分,分亦聲。漢碑字形依據小篆轉寫隸定,構件“分”所从之“刀”撇畫向左延伸,突出了隸書的書寫風格,如圖。

【釋義】

㊀貧困:“或失緒業兮,至于困貧”(Q150);“親父安貧守賤”(S110);“富者不獨逸樂,貧者不獨□□”(Q193);又見“安貧樂道”。㊁貧困的人:“賜給貧乏”(Q161)。

6149 **賃**　lìn《廣韻》乃禁切,泥沁去。泥侵。

Q179

《説文·貝部》:“,庸也。从貝,任聲。”

【釋形】

《説文》小篆爲形聲字,从貝,任聲,本義爲傭傭。漢碑字形依據小篆轉寫隸定,聲符“任”所从之構件“人”隸定爲“亻”,構件“壬”隸定近似於“王”。整字布局仍將義符“貝”置於右下角,如圖。

【釋義】

㊀傭傭:“賃師孫興,刊石立表,以示後昆”(Q179)。㊁租賃:“季、巨等共假賃田,它如約束”(Q029)。

6150 **貴**　guì《廣韻》居胃切,見未去。見微。

① Q045　② Q260

《説文·貝部》:“,物不賤也。从貝,臾聲。臾,古文蕢。”

【釋形】

《説文》小篆爲形聲字,从貝,臾聲。漢碑字形中,聲符“臾”隸定作“虫”形,已看不出其示音作用,如圖①②。

【釋義】

㊀高貴,社會地位高:“惟居上,寬和貴”(Q045);“遭貴戚專權,不稱請求”(Q133);“立郭畢成,以送貴親”(Q100)。

㊁重視:“念高祖至九子未遠,所諱不列,言事觸忌,貴所出”(Q021)。㊂用於嬪妃封號:見“貴人”。㊃姓氏:“時令琅邪開陽貴君,諱咸”(Q104)。㊄用於人名:“郭掾、盧餘、王貴等”(Q188)。㊅用於地名:“壽貴里文叔陽食堂”(Q090)。

【釋詞】

[貴人]嬪妃封號,後漢光武帝始置,地位次於皇后:“遂升二女爲顯節園貴人”(Q056)。

6151 **賵** fèng 《廣韻》撫鳳切,滂送去。滂冬。

Q202

《説文·貝部》(新附字):“,贈死者。从貝从冒。冒者,衣衾覆冒之意。”

【釋形】

《説文》小篆爲會意字,从貝从冒,表示贈送財物幫助喪家辦理喪事。漢碑字形中,義符“冒”所从之構件“冃”,兩邊的豎筆縮短,使得構件“冒”由半包圍結構調整爲上下結構,如圖。

【釋義】

古時贈送財物幫助喪家辦理喪事:“宏功乃伸,追録元勳,策書慰勞,賻賵有加”(Q066);“辭賻距賵,高志淩雲”(Q202)。

6152 **貽** yí 《廣韻》與之切,餘之平。餘之。

Q066

《説文·貝部》(新附字):“,贈遺也。从貝,台聲。經典通用詒。”

【釋形】

《説文》小篆爲形聲字,从貝,台聲。漢碑字形中,聲符“台”所从之構件“目”由彎曲線條隸變作“厶”,如圖。

【釋義】

贈送,給予:“貽我三魚,以章懿德”(Q066);“貽我潘君,平兹溧陽”(Q172)。

6153 **賻** fù 《廣韻》符遇切,並遇去。並魚。

Q202

《説文·貝部》(新附字):“,助也。从貝,尃聲。”

【釋形】

《説文》小篆爲形聲字,从貝,尃聲。聲符“尃”小篆从寸,甫聲,其中“甫”本爲苗圃之“圃”的初文,甲骨文寫作 (《合》7897),金文添加聲符“父”作 (《作甫丁爵》),《説文》小篆線條化作 ,漢碑隸定字形更接近甲骨文的字形結構,如圖。

【釋義】

以財物助喪家辦理喪事;送給喪家的布帛、錢財等:“贈送禮賻五百萬已上,君皆不受”(Q202);又見“賻賵、賻贈”。

【釋詞】

[賻賵]因助辦喪事而以財物相贈:“宏功乃伸,追録元勳,策書慰勞,賻賵有加”(Q066)。

[賻贈]因助辦喪事而以財物相贈:“皇上閔悼,兩宮賻贈,賜秘器,以禮殯”(Q056)。

6154 **朋** péng 《廣韻》步崩切,並登平。並蒸。

① Q166

② Q263

③ Q084

④ S110

⑤ Q172

《説文》無。

【釋形】

甲骨文作（《合》11438）、（《合》11439）、（《合》24951）等，像繫在一起的兩串貝；或增添構件“人”，寫作（《合》12），像人手提兩串貝之狀。學者多認爲是古代的貨幣單位。金文承襲甲骨文前一種字形，如（《中作且癸鼎》）、（《裘衛盉》）、（《文公之母弟鐘》）等。秦簡文字則承襲甲骨文後一種字形，寫作（《睡·甲》65）。漢碑在此基礎上進一步隸變，近似於二“月”相連，且多斜寫，已失去原有構意。由於“朋”原爲兩串貝連在一起，故可引申指朋黨、朋友。《説文》則誤以爲朋黨之“朋”源自“鳳”之古文。

【釋義】

朋友：“百朋哀催”（Q263）；“有朋自遠，冕紳莘莘，朝夕講習，樂以忘憂”（S110）；“群儒駿賢，朋徒自遠”（Q084）；“篤親於九族，恂恂于鄉黨，交朋會友，貞賢是與”（Q166）。

6155 **贄**　zhì　《廣韻》脂利切，章至去。章緝。

Q129

《説文》無。

【釋形】

漢碑字形从貝，執聲，爲形聲字。其中聲符“執”《説文》小篆作，“从丮从幸，幸亦聲”；義符“貝”，《説文》小篆作。聲符“執”所从之構件“幸”本像整體刑具之形，漢碑字形中上部“大”隸變爲“土”形，下部“羊”訛變爲“羊”形，且豎畫寫作一撇；構件“丮”隸變爲“丸”形，如圖。

【釋義】

古人初次見尊者時所帶的見面禮：“玉帛之贄，禮與岱亢”（Q129）。

6156 **邑**　yì　《廣韻》於汲切，影緝入。影緝。

① Q138

② Q112

③ Q106

④ Q011

⑤ Q188

《説文·邑部》：“，國也。从囗；先王之制，尊卑有大小，从卪。凡邑之屬皆从邑。”

【釋形】

《説文》以爲會意字，从囗从卪，義爲都城。按“邑”甲骨文作（《合》7322），金文作（《邑爵》），上从囗（音 wéi），下像人跪坐之形，表示人所聚居之地。小篆跪坐之人形變爲卪，故《説文》以“从囗从卪”釋之，其構意説解與原初構形不符。漢碑字形中，構件“卪”有的按小篆轉寫隸定，如圖①；有的隸定爲“巴”，如圖⑤；有的隸定作“巳”形，如圖②③④，其中圖③構件“巳”與上面的構件“囗”左側豎筆相連。構件“囗”或隸定爲“口”，如圖①～③；或寫作閉合三角，如图⑤；圖④則寫法比較特別。

【釋義】

㊀封地：“圖形觀□，封邑營平”（Q169）；“封侯食邑，傳子孫兮”（Q171）；“充曜封邑，厥土河東”（Q187）。㊁舊時縣的别稱：“粟邑候長何惲千”（Q123）；“義士河東安邑劉政元方千”（Q178）；“君諱峻，字仲巖，山陽昌邑人”（Q154）。

6157 **邦**　bāng　《廣韻》博江切，幫江平。幫東。

① Q128

② Q066

③ Q185

《説文·邑部》：“，國也。从邑，丰聲。，古文。”

【釋形】

《説文》以爲形聲字，从邑，丰聲。“丰”上古音在滂母東部。按“邦”甲骨文作（《合》846），以田中植樹表示封界之義，此爲《説文》古文字形之所本。金文作（《班簋》），从邑，丰聲；聲符“丰”或下部變爲構件“土”，寫作（《毛公鼎》）。小篆承襲金文前一種字形，故《説文》以“从邑，丰聲”釋之。漢碑字形中，義符“邑”筆畫粘合省變作“阝”。聲符“丰”或依篆文輪廓隸定，如圖①；或訛變近“羊”形，如圖②；或隸定近似於“手”形，如圖③。

【釋義】

㊀泛指國家：“三祀有成，來臻我邦”（Q193）；“分體異處，在於邦内”（Q126）；“當以弱劣，歸于邦族”（Q171）。㊁古代諸侯的封國：“將授轄邦，對揚其勛”（Q135）；“刊金石，示萬邦”（Q185）；“蠢爾葷育，萬邦作寇”（Q128）。㊂政區：“功洽三邦，聞于帝京”（Q066）；“部城十九，鄰邦歸向”（Q088）。㊃國都，大城鎮：見“邦域、邦畿”。

【釋詞】

［邦后］古代諸侯王：“邦后珍瑋，以爲儲舉”（Q117）。

［邦畿］本指王城及其周圍千里的區域，可借指國家：“緩薄賦，牧邦畿”（Q135）。

［邦域］疆土，國境：“惠此邦域，以綏四方”（Q126）；“百姓賴之，邦域既寧”（Q093）。

6158 **郡** jùn 《廣韻》渠運切，羣問去。羣文。

① Q038

② Q128

③ Q178

④ Q178

⑤ Q083

《説文·邑部》：“，周制：天子地方千里，分爲百縣，縣有四郡。故《春秋傳》曰：‘上大夫受郡。’是也。至秦初置三十六郡，以監其縣。从邑，君聲。”

【釋形】

《説文》小篆爲形聲字，从邑，君聲。漢碑字形中，有的爲碑文篆書，但已經帶有明顯的隸意，如圖①。多數已經發生隸變，義符“邑”或粘合近似於“目”形，如圖②；或筆畫進一步省寫重組爲“阝”，如圖③～⑤。“君”彎曲線條轉寫隸定爲平直方折的筆畫；所从之構件“尹”中撇筆或上延出頭，如圖③。

【釋義】

㊀古代地方行政區劃，周制縣大郡小，秦以後郡大縣小：“將郡兵三千人，誅呼衍王等”（Q079）；“三郡告急，羽檄仍至”（Q178）；“郡縣禮請，終不回顧”（S110）。㊁指郡守：“即驛馬問郡，郡上報曰：‘以十一月十五日平旦，赤車使者來發生葵兩束。’”（Q142）。

6159 **都** dū 《廣韻》當孤切，端模平。端魚。

① Q127

② Q146

③ Q127

④ Q127

⑤ Q178

⑥ Q039

《説文·邑部》：“，有先君之舊宗廟曰都。从邑，者聲。周禮：距國五百里爲都。”

【釋形】

《説文》小篆爲形聲字，从邑，者聲。“者”上古音在章母魚部。漢碑字形中，有的爲碑額篆書，但帶有明顯的隸意，如圖①。多數則已經發生隸變，義符“邑”中構件“囗”有的訛寫爲“口”形，如圖②。構件“卪”或隸變近似於“巳”形，如圖②③。在此基礎上“邑”筆畫進一筆粘合重組，省寫作“阝”，如圖④～⑥。聲符“者”簡寫隸定爲上“耂”下“曰”，如圖②～⑥。“者”的詳細隸變過程参見4017者。

【釋義】

㊀建都："都于咸陽，攘竟蕃衛"（Q153）。㊁用於官名："都督掾南鄭巍整，字伯王"（Q095）；又見"都尉"。㊂用於人名："門生甘陵〖廣〗川李都，字元章"（Q127）；"故功曹秦杼漢都千"（Q178）。㊃用於古國名：見"邛都"。㊄用於地名："或在安定，或處武都"（Q178）；"司空公蜀郡成都趙戒，字意伯"（Q102）；"孫府君諱璆，字山陵，安平信都人"（Q129）。

【釋詞】

［都亭］都邑中的傳舍。依秦法，十里設一亭，郡縣治所則置都亭："驅馳相隨到都亭，游徼候見謝自便"（Q100）。

［都尉］武官名。秦與漢初，每郡有郡尉，秩比二千石，輔助太守主管軍事，後景帝改爲都尉："有漢泰山都尉孔君之碑"（Q127）；"君諱褒，字文禮，孔子廿世之孫，泰山都尉之元子也"（Q177）。

6160 **鄰(隣)** lín 《廣韻》力珍切，來真平。來真。

① Q128

② Q112

③ Q150

《説文·邑部》："鄰，五家爲鄰。从邑，粦聲。"

【釋形】

《説文》小篆爲形聲字，从邑，粦聲。漢碑字形中，聲符"粦"所从之構件"炎"多隸變近似於"㞷"形，中間豎畫貫通；構件"舛"左側"夊"或訛作"夂"，如圖②。義符"邑"粘合省變作"阝"，"阝"或在"粦"右邊，如圖①；或在左邊，如圖②③。

【釋義】

㊀鄰居："鄉黨州鄰，見親愛褢"（S110）；"内和九親，外睦遠鄰，免浣息隸，爲成其門"（Q128）。㊁相鄰，鄰近的："部城十九，鄰邦歸向"（Q088）；"地既墝确兮，與寇爲隣"（Q150）。㊂用於人名："河南匽師胥鄰通國三百"（Q112）；"泰山費淳于隣季遺二百"（Q112）。

6161 **隣**

"鄰"的異體字（圖②③），見6160鄰。

6162 **郊** jiāo 《廣韻》古肴切，見肴平。見宵。

Q178

《説文·邑部》："郊，距國百里爲郊。从邑，交聲。"

【釋形】

《説文》小篆爲形聲字，从邑，交聲。漢碑字形中，義符"邑"粘合省變作"阝"。聲符"交"上部隸變作亠，下部像兩腿交叉之形的曲線斷開，隸變近"乂"形，如圖。

【釋義】

城市周邊的地區："子孫遷于雍州之郊"（Q178）。

6163 **郵** yóu 《廣韻》羽求切，雲尤平。匣之。

① Q144

② Q178

③ Q160

④ Q132

《説文·邑部》："郵，境上行書舍。从邑、垂。垂，邊也。"

【釋形】

《説文》小篆爲會意字，从邑、垂，表示驛站。漢碑字形中，義符"邑"粘合省變作"阝"。義符"垂"所从之構件"𠂹"本像草木枝葉下垂貌，漢碑中發生筆畫的連寫重組，在幾個字圖中形態各異，多數將頂端側傾的線條離析爲一短撇，如圖②～④；圖①則變向右傾斜爲向左傾斜。"垂"下面的"土"也發生了不同情形的變異，底部横畫隸變似"亾"形或"凵"形，如圖①～③；或寫成閉合三角，如圖④。而且構件“𠂹”與“土”粘合得更爲緊密，變得無法再拆分了。

【釋義】

㊀古代專門爲傳遞文書者提供食宿、車馬的驛站：“惠政之流，甚於置郵”（Q178）；“郵亭驛置徒司空，襃中縣官寺并六十四所”（Q025）。㊁用於官名：“故督郵魯開煇景高二百”（Q112）；“召署督郵，辭疾遜退”（Q169）；“督郵部職，不出府門”（Q146）。

6164 **岐** qí 《廣韻》巨支切，羣支平。羣支。

① Q129 ② Q193

《説文》爲“郊”之或體，《説文·邑部》：“，周文王所封。在右扶風美陽中水鄉。从邑，支聲。，郊或从山，支聲。因岐山以名之也。，古文郊从枝从山。”

【釋形】

“岐”爲《説文》“郊”之或體，从山，支聲，爲形聲字。漢碑字形中，聲符“支”上面半竹形或省寫爲“人”形，如圖①；或像竹葉形線條拉直爲横畫，隸定作“十”，豎畫與構件“又”起筆相連，如圖②。義符“山”將小篆中間分叉的線條合寫爲“丨”，如圖①②，今之寫法便承襲於此。

【釋義】

㊀山名：“爲堯種樹，舍潛于岐”（Q187）。㊁岐山之陽：“垂化放虖岐周”（Q172）。㊂州名：“馮于豳岐，文武克昌”（Q129）。㊃幼年聰慧：“在母不瘇，在師不煩。岐齔謠是，含好箕常”（Q128）；“紀行求本，蘭生有芬，克岐有兆，綏御有勛”（Q179）；又見“岐嶷”。㊄用於人名：“沛郡故吏吴岐子根，稟命不長”（Q167）；“處士河東皮氏岐茂孝才二百”（Q178）。

【釋詞】

［岐嶷］語出《詩·大雅·生民》：“誕實匍匐，克岐克嶷。”表示峻茂之狀，後多以形容幼年聰慧：“其在孩提，岐嶷發蹤”（Q093）；“誕生照明，岐嶷踰絶”（Q193）；“先生童孩多奇，岐嶷有志，捥髟傳業，好學不厭”（S110）。

6165 **豳** bīn 《廣韻》府巾切，幫真平。幫文。

Q129

《説文》爲“邠”之或體，《説文·邑部》：“，周太王國。在右扶風美陽。从邑，分聲。，美陽亭，即豳也。民俗以夜市有豳山。从山从豩。闕。”

【釋形】

《説文》以“豳”爲“邠”之或體，从山从豩，爲會意字，構意闕。漢碑字形與小篆相承，彎曲線條轉寫隸定爲平直筆畫，義符“山”將小篆中間的兩筆省變爲“丨”，如圖。

【釋義】

州名：“馮于豳岐，文武克昌”（Q129）。

6166 **扈** hù 《廣韻》侯古切，匣姥上。匣魚。

Q178

《説文·邑部》：“，夏后同姓所封，戰於甘者。在鄠，有扈谷、甘亭。从邑，户聲。，古文扈从山马。”

【釋形】

《説文》小篆爲形聲字，从邑，户聲。漢碑字形依據小篆轉寫隸定，義符“邑”所从之構件“卪”隸變作“巳”形，聲符“户”上面離析出一長横，如圖。

【釋義】

姓氏：“故市掾扈安子安千”（Q178）。

6167 **郝** hǎo 《廣韻》呵各切，曉鐸入。曉鐸。

① Q174

② Q285

《説文·邑部》:“，右扶風鄠、盩厔鄉。从邑，赤聲。”

【釋形】

《説文》小篆爲形聲字，从邑，赤聲。“赤”上古音在昌母鐸部。漢碑字形中，聲符“赤”所从之構件“大”隸變作“土”，構件“火”中間兩個線條轉寫爲兩短豎畫，兩邊的短曲線隸定爲兩點。“赤”整體已看不出原有的構意。義符“邑”粘合省變作“阝”，如圖①②。

【釋義】

姓氏：“故吏尚書令史梁國郝□□□”（Q285）。

6168 **鄭** zhèng 《廣韻》直正切，澄勁去。定耕。

① Q117

② Q083

③ Q146

《説文·邑部》:“，京兆縣。周厲王子友所封。从邑，奠聲。宗周之滅，鄭徙潧洧之上，今新鄭是也。”

【釋形】

《説文》小篆爲形聲字，从邑，奠聲。“奠”上古音在定母真部。漢碑字形中，有的爲碑額篆書，但帶有明顯的隸意，如圖①。多數則已經發生隸變，義符“邑”粘合省變作“阝”。聲符“奠”所从之構件“丌”隸變作“大”；構件“酋”上部“八”形變作兩點，如圖①；下部“酉”本像酒罐之形，漢碑變異明顯，其内部曲線變爲兩横和兩豎，且豎畫與“酋”上面的兩點相連，如圖②③。

【釋義】

㊀古國名：“有阿鄭之化，是以三 葥 符守，致黄龍、嘉禾、木連、甘露之瑞”（Q146）；“泣血懰慄，踰于鄭人”（Q083）。㊁姓氏：“漢故郎中鄭君之碑”（Q117）。㊂用於地名：“五官掾南鄭趙卲”（Q095）；“故江陽守長南鄭楊銀，字伯慎”（Q199）；“時令漢中南鄭趙宣，字子雅”（Q112）。

6169 **郃** hé 《廣韻》侯閤切，匣合入。匣緝。

Q178

《説文·邑部》:“，左馮翊郃陽縣。从邑，合聲。《詩》曰：‘在郃之陽。’”

【釋形】

《説文》小篆爲形聲字，从邑，合聲。漢碑字形依據小篆轉寫隸定，義符“邑”粘合省變作“阝”；聲符“合”依小篆線條對應轉寫隸定，如圖。

【釋義】

㊀用於人名：“故脩行營陵水丘郃，字君石”（Q088）。㊁用於地名：“轉拜郃陽令，收合餘燼，芟夷殘迸，絶其本根”（Q178）。

6170 **邽** guī 《廣韻》古攜切，見齊平。見支。

Q169

《説文·邑部》:“，隴西上邽也。从邑，圭聲。”

【釋形】

《説文》小篆爲形聲字，从邑，圭聲。漢碑字形中，義符“邑”粘合省變作“阝”；聲符“圭”依小篆線條對應轉寫隸定，如圖。

【釋義】

用於地名：“報怨禁中，徙隴西上邽”（Q169）；“自上邽别徙破羌，爲護羌校尉假司馬”（Q169）。

6171 **部** bù 《廣韻》蒲口切，並厚上。並之。

Q083

《説文·邑部》:“,天水狄部。从邑,音聲。”

【釋形】

《説文》小篆爲形聲字,从邑,音聲。漢碑字形中,義符“邑”粘合省變作“⻏”。聲符“音”本从口,不聲,後來多隸定作“否”,即是否之“否”;或隸定爲“音”,從“否”字中分化出來。如圖。

【釋義】

㊀掌管,管轄:“部城十九,鄰邦歸向”(Q088);“督郵部職,不出府門,政約令行”(Q146)。㊁部下,部族:見“部眾”。㊂區域:“天有九部,地有八柱”(Q171)。㊃用於行政機構名:“遷度遼右部司馬”(Q128);“遷會稽東部都尉”(Q137);“拜西域戊部司馬”(Q178)。

【釋詞】

[部眾]指部下兵眾:“斬馘部眾,克敵全師”(Q079)。

6172 **邵** shào 《廣韻》寔照切,禪笑去。禪宵。

① Q088 ② Q174

《説文·邑部》:“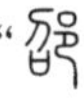,晉邑也。从邑,召聲。”

【釋形】

《説文》小篆爲形聲字,从邑,召聲。漢碑字形中,義符“邑”或粘合省變作“⻏”,如圖②。聲符“召”依小篆線條對應轉寫隸定,如圖①②。

【釋義】

㊀姓氏:“畫師高平代盛、邵强生等十餘人”(Q106)。㊁特指漢代著名人物邵信臣:“黄邵朱龔兮,盖不□□”(Q150)。㊂特指周成王時與周公旦共同輔政的邵公奭,與周公旦并稱“周邵”:“功參周邵,受禄于天”(Q171)。㊂用於人名:“五官掾南鄭趙邵”(Q095);“丞河南李邵”(Q174);“邵伯分陜,君懿于棠”(Q179)。

【釋詞】

[邵父]又作“召父”,特指漢代著名人物邵信臣,曾興修水利,有仁惠之政,深受百姓愛戴:“仁義道術,明府膺之。黄朱邵父,明府三之”(Q088)。

6173 **鄐** chù 《廣韻》丑六切,徹屋入。透覺。

Q025

《説文·邑部》:“,晉邢侯邑。从邑,畜聲。”

【釋形】

《説文》小篆爲形聲字,从邑,畜聲。漢碑字形中,義符“邑”粘合省變作“⻏”;聲符“畜”所从之構件“玄”上端隸定爲“亠”,下端的絲形仍保留一定的篆意,如圖。

【釋義】

姓氏:“大守鉅鹿鄐君”(Q025)。

6174 **祁** qí 《廣韻》渠脂切,羣脂平。羣脂。

Q267

《説文·邑部》:“,太原縣。从邑,示聲。”

【釋形】

《説文》小篆爲形聲字,从邑,示聲。漢碑字形中,義符“邑”粘合省變作“⻏”;聲符“示”依據小篆轉寫隸定,下面的三個筆畫起筆相接,如圖。

【釋義】

姓氏:“門生祁山”(Q267)。

6175 **鄴** yè 《廣韻》魚怯切,疑業入。疑葉。

Q194

《説文·邑部》:“鄴,魏郡縣。从邑,業聲。”

【釋形】

《説文》小篆爲形聲字,从邑,業聲。聲符“業”金文作業(《昶伯業鼎》),董蓮池認爲像兩人高舉大版之形,表示懸置鐘鼓的大版。小篆只保留金文的一半,且形體發生訛變,《説文》釋爲“从丵从巾,巾象版”。漢碑字形中,聲符“業”所从之構件“丵”,下部兩條向上彎曲的線條隸定爲兩點一横;構件“巾”向下彎曲的線條隸變爲一撇一點。義符“邑”粘合省變作“阝”,如圖。

【釋義】

姓氏:“門生〖魏郡〗鄴皋香,字伯子”(Q127)。

6176 **邯** hán 《廣韻》胡甘切,匣談平。匣談。

Q129

《説文·邑部》:“邯,趙邯鄲縣。从邑,甘聲。”

【釋形】

《説文》小篆爲形聲字,从邑,甘聲。漢碑字形依據小篆轉寫隸定,義符“邑”粘合省變作“阝”;聲符“甘”近似於“曰”,如圖。

【釋義】

㊀姓氏:“主記史邯伍”(Q188)。㊁用於人名:“次子邯,曰子南”(Q021);“邯及所識祖諱,欽顯後嗣”(Q021)。㊂用於地名,邯鄲:“刻者穎川邯鄲公脩、蘇張”(Q129);“趙國邯鄲宋瑱元世二百”(Q112)。

6177 **鄲** dān 《廣韻》都寒切,端寒平。端元。

Q129

《説文·邑部》:“鄲,邯鄲縣。从邑,單聲。”

【釋形】

《説文》小篆爲形聲字,从邑,單聲。聲符“單”甲骨文作單(《合》10615反)、單(《合》137),金文作單(《小臣單觶》)、單(《單伯鬲》)、單(《奚單匜》)等形,像一種捕獸工具;小篆字形中上面的兩個圓形已經與下面割裂,《説文》釋爲从吅、車,吅亦聲。漢碑字形依據小篆轉寫隸定,構件“吅”隸變成兩個三角形;義符“邑”粘合省變作“阝”,如圖。

【釋義】

用於地名,邯鄲:“刻者穎川邯鄲公脩、蘇張”(Q129);“趙國邯鄲宋瑱元世二百”(Q112)。

6178 **鄃** shū 《廣韻》式朱切,書虞平。書侯。

Q129

《説文·邑部》:“鄃,清河縣。从邑,俞聲。”

【釋形】

《説文》小篆爲形聲字,从邑,俞聲。漢碑字形中,義符“邑”粘合省變作“阝”。聲符“俞”所从之構件“舟”隸變省簡後與“月”同形;構件“巜”隸定爲兩竪畫,如圖。

【釋義】

古縣名:“時令朱頡,字宣得,甘陵鄃人”(Q129)。

6179 **鄧** dèng 《廣韻》徒亙切,定嶝去。定蒸。

① Q125

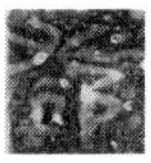

② Q216

《説文·邑部》:“鄧,曼姓之國。今屬

南陽。从邑，登聲。”

【釋形】

《說文》小篆爲形聲字，从邑，登聲。漢碑字形中，義符“邑”粘合省變作“⻏”。聲符“登”所从之構件“址”隸變爲“癶”，如圖①；構件“豆”或省寫，如圖②。圖②義符“⻏”移至基礎構件“癶”之下，整字結構布局發生改變。

【釋義】

㊀姓氏：“主簿安眾鄧嶷”（Q125）；“鄧景達冢”（Q216）。㊁用於地名：“故主簿鄧化孔彥”（Q178）。

6180 郢 yǐng 《廣韻》以整切，餘靜上。餘耕。

Q153

《說文·邑部》：“，故楚都。在南郡江陵北十里。从邑，呈聲。，郢或省。”

【釋形】

《說文》小篆爲形聲字，从邑，呈聲。漢碑字形中，義符“邑”粘合省變作“⻏”；聲符“呈”所从之構件“壬”，上方像人手臂之形的曲線變爲一撇，與豎畫起筆相接，如圖。

【釋義】

通“盈”，充滿：“皇靈炳璧，郢令名矣；作民父母，化洽平矣”（Q153）。

6181 鄂 è 《廣韻》五各切，疑鐸入。疑鐸。

① Q152 ② Q164

《說文·邑部》：“，江夏縣。从邑，咢聲。”

【釋形】

《說文》小篆爲形聲字，从邑，咢聲。漢碑字形中，義符“邑”粘合省變作“⻏”。聲符“咢”所从之構件“吅”或隸變作兩個三角形，如圖①。構件“屰”隸變省寫，或混同爲“于”，如圖①；或混同爲“干”，如圖②。

【釋義】

用於地名：“伯邳從弟諱弼，字穎伯，舉孝廉，西鄂長”（Q152）；“後舉孝廉，西鄂長，早終”（Q164）。

6182 邡 fāng 《廣韻》府良切，幫陽平。幫陽。

Q146

《說文·邑部》：“，什邡，廣漢縣。从邑，方聲。”

【釋形】

《說文》小篆爲形聲字，从邑，方聲。漢碑字形中，義符“邑”粘合省變作“⻏”；聲符“方”小篆中的長曲線隸變時中間斷開，使得“方”發生重組，上部隸定爲“亠”，下方隸定爲“刀”形，如圖。

【釋義】

用於人名：“下辨道長廣漢汁邡任詩，字幼起”（Q146）。

6183 那 nuó 《廣韻》諾何切，泥歌平。泥歌。

Q146

《說文·邑部》：“，西夷國。从邑，冄聲。安定有朝那縣。”

【釋形】

《說文》小篆爲形聲字，从邑，冄聲。“冄”上古音在日母談部。漢碑字形中，義符“邑”粘合省變作“⻏”；聲符“冄”中兩邊下垂線條連通爲兩横，同時中間增加一豎筆，寫作“冊”，如圖。

【釋義】

用於地名：“下辨丞安定朝那皇甫彥，字子才”（Q146）。

6184 邴 bǐng 《廣韻》兵永切，幫梗上。幫陽。

Q088

《説文·邑部》:“，宋下邑。从邑，丙聲。”

【釋形】

《説文》小篆爲形聲字，从邑，丙聲。漢碑字形中，義符“邑”粘合省變作“⻏”，聲符“丙”依據小篆對應轉寫隸定，如圖。

【釋義】

用於人名：“故書佐劇邴鍾，字元鍾”（Q088）；“□曹邴磐世高二百”（Q193）。

6185 **邛**　qióng　《廣韻》渠容切，羣鍾平。羣東。

Q188

《説文·邑部》:“，邛地。在濟陰縣。从邑，工聲。”

【釋形】

《説文》小篆爲形聲字，从邑，工聲。漢碑字形中，義符“邑”粘合省變作“⻏”，聲符“工”依據小篆對應轉寫隸定，如圖。

【釋義】

㊀古州名，漢置臨邛縣：“遣掾臨邛舒鮪，將徒治道，造尊楗閣”（Q022）；“試守漢嘉長、蜀郡臨邛張河”（Q188）。㊁古國名：見“邛都”。

【釋詞】

［邛都］古代西南少數民族國名，在今四川省西昌市位置：“時簿下督郵李仁，邛都奉行”（Q170）。

6186 **郎**　láng　《廣韻》魯當切，來唐平。來陽。

① Q038　② Q201　③ Q084　④ Q130

《説文·邑部》:“，魯亭也。从邑，良聲。”

【釋形】

《説文》小篆爲形聲字，从邑，良聲。聲符“良”甲骨文作（《合》13936）、（《合》10302）等形，徐中舒《怎樣研究中國古代文字》認爲像古人半穴居的走廊；金文或作（《季良父盉》），小篆在此類字形的基礎上進一步線條化作。漢碑字形中，有的爲篆書，但已經帶有明顯的隸意，聲符“良”下部省寫爲“匕”形，如圖①②；其中圖②爲寫法比較特殊的碑額篆書，聲符“良”的上部爲“冃”形，義符“邑”的上下兩部分發生粘連。圖③④均爲隸變後的字形，其中義符“邑”粘合省變作“⻏”。聲符“良”或上下粘合爲一個整體，如圖③；或將小篆中的構件“亡”訛寫爲“止”形，如圖④；上部形體“”省簡作横折，爲楷書進一步演變爲“丶”埋下了伏筆。

【釋義】

㊀用於官名，帝王侍從官的通稱，有“議郎、侍郎、郎中”等：“尚書侍郎魯孔彪元上三千”（Q112）；“永平三年二月庚午，以孝廉除郎中”（Q038）；“膺禄美厚，繼世郎吏”（Q146）。㊁用於人名：“丁莒少郎所爲”（Q024）。

6187 **邳**　pī　《廣韻》符悲切，並脂平。並之。

① Q152　② Q145　③ Q127

《説文·邑部》:“，奚仲之後，湯左相仲虺所封國。在魯薛縣。从邑，丕聲。”

【釋形】

《説文》小篆爲形聲字，从邑，丕聲。漢碑字形中，義符“邑”粘合省變作“⻏”。聲符“丕”均省去下部一横，只剩下構件“不”；有的在“不”上方增加一短豎，如圖①③，其中圖③近似於“㐬”。

【釋義】

㊀用於人名：“故司隸校尉楊君，厥諱

淮，字伯邳”（Q152）；“伯邳從弟諱弼，字穎伯”（Q152）。㊁用於地名：“故下邳令東平陸王褒文博千”（Q112）；“下邳周宣光二百”（Q112）；“遷左丞，冀州刺史，大醫令，下邳相”（Q152）。

6188 **邪** （一）xié 《廣韻》似嗟切，邪麻平。邪魚。

① Q243

② Q104

③ Q084

《説文·邑部》：“，琅邪郡。从邑，牙聲。”

【釋形】

《説文》小篆爲形聲字，从邑，牙聲。漢碑字形中，有的爲碑文篆書，義符“邑”所从之構件“囗”訛變作“口”形，如圖①。多數則已經發生隸變，義符“邑”粘合省變作“⻏”，聲符“牙”或據小篆線條隸定，如圖③；或筆畫重組隸變近似於“耳”形，上面橫畫與下部分離，如圖②。

【釋義】

邪枉，奸邪：“蕩邪反正，奉爵稱壽”（Q141）；“出典諸郡，彈枉糾邪”（Q178）；“姦邪迸竄，道無拾遺”（Q171）。

【釋詞】

［邪枉］指奸邪的人：“於是操繩墨以彈邪枉，援規柜以分方員”（Q084）。

（二）yá 《廣韻》以遮切，餘麻平。餘魚。

【釋義】

用於郡名，琅邪：“遂踰涿邪，跨安侯，乘燕然”（H26）；“東海郡朐，與琅邪郡柜爲界”（Q013）；“時令琅邪開陽貴君，諱咸”（Q104）。

6189 **郭** guō 《廣韻》古博切，見鐸入。見鐸。

① Q040

② Q051

③ Q100

④ Q234

⑤ Q178

⑥ Q129

⑦ Q129

《説文·邑部》：“，齊之郭氏虚。善善，不能進；惡惡，不能退：是以亡國也。从邑，𩫏聲。”《説文·𩫏部》：“，度也，民所度居也。从回，象城𩫏之重，兩亭相對也。或但从口。凡𩫏之屬皆从𩫏。”

【釋形】

《説文》以爲形聲字，从邑，𩫏聲。按聲符“𩫏”乃“郭”之初文，甲骨文作（《合》553）、（《京都》3241）等形，像城垣上兩亭相對，或四亭兩兩相對，表示外城牆。金文作（《臣諫簋》）、（《師㝨鼎》），與甲骨文相承；戰國秦簡添加與城邑有關的義符“邑”，寫作（《睡·爲》8），這就是从邑、𩫏聲的“郭”。《説文》小篆“𩫏、郭”分列兩個字頭，實本一字。漢碑字形中，有的還帶有一定的篆意，如圖①。其他則隸變形體不一，義符“邑”多省變作“⻏”，如圖④～⑦；有的粘合作“

”形，如圖②③。聲符“𩫏”多混同爲“享”，如圖②～⑥，其變異程度不一，形態各異。其中圖⑥最接近現在通行的寫法。圖⑦比較特殊，訛變作“音”形，整字與“部”混同。

【釋義】

㊀古代内城叫城，外城叫郭：“於戌亥之間，興造城郭”（Q178）。㊁外棺，後來寫作“槨”：“述葬棺郭，不布瓦鼎盛器”（Q006）；“元嘉元年八月廿四日，立郭畢成，以送貴親”（Q100）；“薄踈郭中，畫觀後當”（Q100）。㊂姓氏：“大高平令郭君夫人室宅”（Q040）；“中部督郵蕃郭尚”（Q269）；“而縣民郭家等復造逆亂”（Q178）。㊃用於地名：“故下邳終郭鄉東石諫議”（Q237）。

6190 **酈** lì 《廣韻》郎擊切，來錫入；又吕支切，來支平。來支。

Q125

《説文·邑部》:"，南陽縣。从邑，麗聲。"

【釋形】

《説文》小篆爲形聲字，从邑，麗聲。漢碑字形中，義符"邑"粘合省變作"阝"。聲符"麗"所从之構件"鹿"，像足的部分與身體分離，隸定作"比"，剩餘部分粘合重組，完全失去象形性；上部像對稱之物的"丽"隸定爲兩短横和兩個"日"，如圖。

【釋義】

姓氏："功曹史酈周謙、主簿安眾鄧嶷、主記史宛趙旻"（Q125）。

6191 **鄉** xiāng 《廣韻》許良切，曉陽平。曉陽。

① Q127

② Q051

③ Q083

④ Q106

⑤ Q179

⑥ Q178

⑦ Q178

《説文·郒部》:"，國離邑，民所封鄉也。嗇夫别治。封圻之内六鄉，六鄉治之。从郒，皀聲。"

【釋形】

《説文》以爲形聲字，从郒，皀聲。按"鄉"與饗食之"饗"、公卿之"卿"、方向之"嚮(向)"本爲一字分化，甲骨文作（《合》23378）、（《合》28333）等形，像兩人相對而食。金文與甲骨文相承，寫作（《宰甫卣》）、（《通簋》）等形。小篆兩人形訛寫作"郒"，故《説文》以"从郒，皀聲"釋之，或爲理據重構。漢碑字形從圖①到圖⑦，很好地體現了"鄉"的隸變過程，包括構件"邑"如何逐漸演化爲"阝"，構件"邑"如何逐漸演化爲"乡"。其中圖⑥構形比較特殊，"邑"演化爲"乡"後又在其上增加了"亠"形。

【釋義】

㊀基層行政區劃名："鄉三老司馬集仲裳五百"（Q178）；"則上諸安斯二鄉"（Q170）；"叔陽，故曹史、行亭市掾、鄉嗇夫、廷掾、功曹、府文學掾"（Q090）。㊁家鄉或祖籍："是以鄉人爲之諺曰：'重親致歡曹景完。'"（Q178）；又見"鄉黨、鄉里"。㊂用於官名：見"鄉嗇夫"。

【釋詞】

［鄉黨］鄉親："篤親於九族，恂恂于鄉黨"（Q166）；"州里鄉黨，隕涕奔哀"（Q088）；"鄉黨見歸，察孝，除郎"（Q187）。

［鄉里］家鄉："時太歲在丙午，魯北鄉侯自思省居鄉里，無〚宜〛"（Q057）；"永建六年，西歸鄉里"（Q169）。

［鄉嗇夫］古代鄉官之一，主管役賦等："故郡曹史守丞楊榮長孳、故鄉嗇夫曼駿安雲、故功曹任午子流"（Q035）。

［鄉正］鄉大夫："調發十四鄉正，相賦斂作治"（Q119）。

6192 **巷** xiàng 《廣韻》胡絳切，匣絳去。匣東。

Q178

《説文》爲"䢽"之篆文，《説文·郒部》："，里中道。从郒从共。皆在邑中所共也。，篆文从郒省。"

【釋形】

《説文》以古文爲正字，从郒从共會意，表示里巷。篆文从郒省，字形結構由左右結構調整爲上下結構。按"巷"學者多以爲从郒，共聲，形聲字。漢碑字形依據小篆轉寫隸定，義符"共"所从之雙手與"廿"粘合爲一個整體，下方的構件"邑"隸變省寫爲"巳"形，如圖。

【釋義】

街巷，鄉里："執念閭巷"（Q099）；"續遇禁冈，潛隱家巷七年"（Q178）。

卷　七

7001 **日**　rì　《廣韻》人質切，日質入。日質。

① Q129

② Q102

③ Q142

④ Q163

⑤ Q176

⑥ Q146

⑦ Q158

《説文·日部》："日，實也。太陽之精不虧。从口、一。象形。凡日之屬皆从日。⊖，古文。象形。"

【釋形】

《説文》小篆爲合體象形字，像太陽及其光芒之形。甲骨文作⊙（《合》33694），更爲象形。或因甲骨刻寫不便的原因，變形作⊟（《合》5216）、◊（《合》17451）等形。小篆徹底線條化之後，象形性有所減弱。漢碑字形進一步將小篆線條轉寫爲筆畫，象形性徹底消失。中間的横畫多與兩側豎畫均相接，如圖②～⑥；個别一側或兩側相離，如圖①⑦。整體輪廓或呈扁方形，與"曰"形近，如圖①③④⑦。

【釋義】

㊀太陽："日月照幽，時晝昏兮"（Q124）；"祀典曰'日月星辰，所昭卬也'"（Q129）；"是以黎庶愛若冬日，畏如秋旻"（Q134）。㊁每天，一天天地："葴謨屢獻，使事日言"（Q128）；"胙日新而累熹"（Q065）；"日恪位佇，所在祗肅"（Q148）。㊂記曆單位，特指一個月内的日子："二月卅日畢成"（Q124）；"延熹六年正月八日乙酉"（Q125）；"十一月十八日己酉造"（Q128）。㊃光陰，時間："聞此爲難，其日久矣"（Q150）；"行數萬里，不移日時"（Q142）；㊄一整天："奉爵稱壽，相樂終日"（Q141）。㊅某個特殊的時日："三老諱通，字小父，庚午忌日"（Q021）。

【釋詞】

［日稷］即"日昃"，太阳偏西："劬勞日稷兮，惟惠勤勤"（Q150）。

7002 **旻**　mín　《廣韻》武巾切，明真平。明文。

Q125

《説文·日部》："旻，秋天也。从日，文聲。《虞書》曰：'仁閔覆下，則稱旻天。'"

【釋形】

《説文》小篆爲形聲字，从日，文聲。"文"上古音在明母文部。漢碑字形依據小篆轉寫隸定，聲符"文"上部形體隸定爲"亠"，下部交叉線條寫爲一撇一捺，如圖。

【釋義】

㊀秋天："是以黎庶愛若冬日，畏如秋旻"（Q134）。㊁用於人名："功曹史酈周謙、主簿安眾鄧嶷、主記史宛趙旻"（Q125）；"故從事議曹掾下辨李旻"（Q146）。

7003 **時**　shí　《廣韻》市之切，禪之平。禪之。

① Q129

② Q153

③ Q106

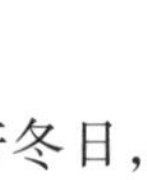
④ Q146

《説文·日部》："時，四時也。从日，寺聲。旹，古文時，从之、日。"

【釋形】

《説文》以爲形聲字，从日，寺聲。按“時”金文作（《中山王嚳壺》），从日，之聲，與《説文》古文相合。戰國秦文字添加構件“寸”作（《睡·雜》42），變爲从日，寺聲。小篆承襲此類字形。漢碑字形依據小篆轉寫隸定，聲符“寺”所从之構件“之”多形變爲“土”，如圖①②；有時“土”的豎畫向下延伸與構件“寸”的橫畫相接，如圖③④。

【釋義】

㊀季度，季節：“陰陽變化，四時分兮”（Q124）；“皆以四時之中月，各省其方，親至其山，柴祭燔燎”（Q129）；“敬進肥君餟，順四時所有”（Q142）。㊁光陰，歲月：“行數萬里，不移日時”（Q142）。㊂那時，當時：“時有赤氣，著鐘連天”（Q142）；“是時府在西成，去家七百餘里”（Q199）。㊃一定的時間：“其山川在諸侯者，以時祠之”（Q129）；“朝半祠祭，隨時進食”（Q057）。㊄時候，時期：“何時復會，慎勿相忘”（Q082）；“起兵幽冀，兖豫荊楊，同時竝動”（Q178）；“孝武時有張騫，廣通風俗，開定畿寓”（Q179）。㊅時世：“指日刻期，應時有驗”（Q174）；又見“時廱”。㊆時勢，時機：“佐時理物，紹蹤先軌”（Q144）；“勸課趨時，百姓樂業”（Q161）；“朝半祠祭，隨時進食”（Q057）。㊇姓氏：“衙鄉三老時勤伯秋三百”（Q123）；“門下史時球”（Q172）。㊈用於人名：“相河南史君諱晨，字伯時，從越騎校尉拜”（Q141）。

【釋詞】

［時廱］時世太平：“於亓時廱，撫兹岱方”（Q127）。又作“時雝”：“□□□□時雝，皇極正而降休”（Q065）。

7004 **早**　zǎo 《廣韻》子晧切，精晧上。精幽。

① Q128

② Q144

《説文·日部》：“，晨也。从日在甲上。”

【釋形】

《説文》以爲會意字，从日在甲上，表示早晨。按“早”戰國金文作（《中山王嚳鼎》），从日，棗聲；楚文字聲符“棗”或省寫作（《郭·語》3.19）；秦文字進一步省寫作（《睡·秦》5）；小篆又將“十”形改換爲“甲”，故《説文》釋爲“从日在甲上”。漢碑字形中，構件“甲”仍作“十”形，如圖①；或部分保留篆意，“十”形橫畫兩端寫爲向上的曲筆，如圖②。

【釋義】

與“晚、遲”相對：“夙世實祚，早喪懿寶”（Q144）；“兄弟功德牟盛，當究三事，不幸早隕”（Q152）；“景命不永，早即幽昏”（Q166）。

【釋詞】

［早世］過早地去世：“意乎不造，早世而終”（Q128）；“父琫，少貫名州郡，不幸早世，是以位不副德”（Q178）。

7005 **昭**　zhāo 《廣韻》止遙切，章宵平。章宵。

① Q065

② Q191

③ Q129

④ Q257

⑤ Q084

《説文·日部》：“，日明也。从日，召聲。”

【釋形】

《説文》小篆爲形聲字，从日，召聲。漢碑字形中，有的爲碑文篆書，但已經帶有明顯的隸意，如圖①。多數則已經發生隸變，聲符“召”所从之構件“刀”隸變形體不一，或近“⺈”形，如圖②；或近“夕”形，如圖③；或在“夕”形的基礎上進一步省簡，如圖④⑤。

【釋義】

㊀顯明，明晰："天地清和，嘉祥昭格"（Q125）；"而閨閾之行允恭，德音孔昭"（Q127）。㊁彰明，顯揚："故樹斯石，以昭厥勳"（Q134）；"孝弟昭於內，忠信耀於外"（Q084）；"故刊石勒銘，式昭明德"（Q175）。㊂用於人名："故上計史王暉伯昭"（Q191）；"魯孔昭叔祖百"（Q112）。

7006 **旳**

"的"的異體字(圖②)，見7215的。

【釋詞】

［旳旳］顯明貌："凡百君子，欽謚嘉樂，永傳啻齡，晚矣旳旳"（Q154）。

7007 **晄**

"晃"的異體字(圖②)，見7008晃。

7008 **晃(晄)** huǎng 《集韻》户廣切，匣蕩上。匣陽。

① Q088

② Q167

《説文》作"晄"，《説文·日部》："，明也。从日，光聲。"

【釋形】

漢碑字形从日，光聲，形聲字。有的與小篆相承，作"晄"。其中聲符"光"所从之構件"火"，上部形體隸定成⺌形，下部拉直變成一横；構件"人"隸定爲"儿"形，已看不出構意，如圖①②。有的由小篆的左右結構調整爲上下結構，寫作"晃"，爲後世所通行，如圖②。

【釋義】

㊀一閃而過，比喻生命短暫："夙罹凶災，嘘噏不反，夭隕精晃"（Q167）。㊁用於人名："故書佐淳于孫晄"（Q088）。

7009 **曠** kuàng 《廣韻》苦謗切，溪宕去。溪陽。

① Q153

② Q100

《説文·日部》："，明也。从日，廣聲。"

【釋形】

《説文》小篆爲形聲字，从日，廣聲。漢碑字形中，聲符"廣"的基礎構件"廿"與"火"上兩點粘連寫作"艹"；"火"下部斷開，形成兩點，如圖①②。

【釋義】

㊀遼闊，空曠："深野曠澤，哀聲忉切"（Q153）。㊁曠遠，宏大："□吉日令辰，欽謁鴻基之曠，蕩觀林木之窈"（Q103）。㊂通"壙"，墓穴："長就幽冥則決絶，閉曠之後不復發"（Q100）。

7010 **晉** jìn 《廣韻》即刃切，精震去。精真。

① Q179

② Q123

③ Q084

④ Q201

⑤ Q169

《説文·日部》："，進也。日出萬物進。从日从臸。《易》曰：'明出地上，晉。'"

【釋形】

《説文》以爲會意字，从日从臸。按"晉"甲骨文作（《合》19568），金文亦作（《晉人𣪘》），或省作（《格白乍晉姬𣪘》）。楊樹達等認爲"上象二矢，下爲插矢之器"，其義爲箭，其説可從。小篆二矢之形變爲"臸"，器形變爲"日"，故《説文》以"从日从臸"釋之。漢碑字形中，構件"臸"筆畫重組，上下各相連爲横畫，中間變作兩"口"形，如圖①②；兩"口"形或進一步省變，有的上不封口，近似於"厶"形，如圖③④；有的近圓形，如圖⑤。構件"日"或訛作"目"，如圖②。

【釋義】

㊀古國名:“猶仲尼之相魯,悼公之入晉”(Q084);“晉爲韓魏,魯分爲揚”(Q187);“僊去仕晉,逄勛封魏”(Q173)。㊁用於地名:“衙守丞臨晉張疇字元德五百”(Q123);“□倉曹史臨晉楊仲千”(Q123)。

【釋詞】

[晉陽]古地名,春秋時趙簡子家臣董安于曾爲晉陽宰,後因以晉陽代指董安于:“晉陽珮瑋,西門帶弦”(Q179)。

7011 **晏** yàn 《廣韻》烏澗切,影諫去。影元。

① Q142

② Q088

《説文·日部》:“,天清也。从日,安聲。”

【釋形】

《説文》小篆爲形聲字,从日,安聲。漢碑字形依據小篆轉寫隸定,聲符“安”所从之“宀”在小篆中包蘊構件“女”,漢碑中兩邊豎筆縮短,變爲上下結構,如圖①;“宀”或與“冖”混同,如圖②。

【釋義】

㊀鮮盛貌:“平阿湶泥,常蔭鮮晏”(Q095)。㊁姓氏:“攬英接秀,踵跡晏平”(Q137);“晏嬰邺殿,留侯距齊,非辭福也,乃辟禍兮”(Q187)。㊂用於人名:“故脩行都昌齊晏,字本子”(Q088);“故江陽守長成固楊晏,字平仲”(Q199);“小子諱晏,字魯公,舉孝廉”(Q128)。

【釋詞】

[晏平]即晏平仲,亦即晏嬰:“攬英接秀,踵跡晏平”(Q137)。

[晏臧]春秋時期著名人物晏嬰、臧文仲的合稱:“周無振匱,亦古晏臧之次矣”(Q128)。

7012 **景** (一)jǐng 《廣韻》居影切,見梗上。見陽。

① Q088

② Q178

③ Q153

④ Q128

《説文·日部》:“,光也。从日,京聲。”

【釋形】

《説文》小篆爲形聲字,从日,京聲。漢碑字形中,有的爲碑額篆書,但已經帶有明顯的隸意,如圖①,其形體與《説文》小篆有明顯不同,聲符“京”中多出一横,中間的弧線被拉直爲一横(其上短豎變爲一點),下面的弧線被離析爲一撇和一長點。多數則已經發生隸變,聲符“京”多隸作“京”,如圖②;“京”上或省點畫,如圖③;“京”中“日”形的下横畫或兩邊延長,如圖④。

【釋義】

㊀高尚的:見“景行”。㊁大:“景命不永,早即幽昏,名光來世,萬祀不泯”(Q166);“長履景福,子子孫孫”(Q171)。㊂用於皇帝的謚號,有時特指漢景帝:“及其玄孫言多,世事景王,載在史典”(Q166);“迄漢文景,有仲況者,官至少府,厥子聖,爲諫議大夫”(Q169);“文景之間,有張釋之,建忠弼之謨”(Q179)。㊃用於人名:“故脩行營陵臨照,字景燿”(Q088);“君諱全,字景完”(Q178)。

【釋詞】

[景行]語出《詩·小雅·車舝》:“高山仰止,景行行止。”本指大路,後喻指高尚的德行:“體弘仁,蹈中庸,所臨歷,有休功,追景行,亦難雙”(Q185);“高山景行,慕前賢列”(Q144)。

(二)yǐng 《集韻》於境切,影梗上。影陽。

【釋義】

日影,影子,後作“影”:“休謁往徠,轉景即至”(Q199);“報如景響,國界大豐”(Q060);“於是遠人聆聲景附,樂受一廛”(Q172)。

7013 **晧** hào 《廣韻》胡老切,匣晧上。匣幽。

Q144

《説文·日部》:“晧,日出皃。从日,告聲。”

【釋形】

《説文》小篆爲形聲字,从日,告聲。漢碑字形依據小篆轉寫隸定,聲符“告”所从之構件“牛”豎畫下不出頭,將原像牛角形的曲線隸定寫作豎折,如圖。

【釋義】

光明:“晧天不弔,殲此良人”(Q144);“精通晧穹,三納苻銀”(Q150)。

7014 **暉** huī 《廣韻》許歸切,曉微平。曉文。

Q191

《説文·日部》:“暉,光也。从日,軍聲。”

【釋形】

《説文》小篆爲形聲字,从日,軍聲。漢碑字形中,聲符“軍”在小篆中从包省,漢碑中省變爲“冖”,從而由小篆的包圍結構調整爲上下結構,如圖。

【釋義】

用於人名:“故上計史王暉伯昭,以建安拾六歲,在辛卯九月下旬卒”(Q191)。

7015 **晷** guǐ 《廣韻》居洧切,見旨上。見幽。

Q150

《説文·日部》:“晷,日景也。从日,咎聲。”

【釋形】

《説文》小篆爲形聲字,从日,咎聲。漢碑字形依據小篆轉寫隸定,聲符“咎”所从之構件“人”隸定爲“卜”形,與間接構件“夊”同位於“口”的上方,“咎”由左右結構調整爲上下結構,如圖。

【釋義】

本指日影,借指時光:“休謁往還,恒失日晷”(Q150)。

7016 **晚** wǎn 《廣韻》無遠切,明阮上。明元。

Q088

《説文·日部》:“晚,莫也。从日,免聲。”

【釋形】

《説文》小篆爲形聲字,从日,免聲。漢碑字形中,聲符“免”上部隸定近“⺈”形,下部筆畫粘合重組,如圖。

【釋義】

與“早、先”相對:見“晚學”。

【釋詞】

[晚學]後輩學子:“列宿虧精,晚學後時”(Q088)。

7017 **昏** hūn 《廣韻》呼昆切,曉魂平。曉文。

Q166

《説文·日部》:“昏,日冥也。从日,氐省。氐者,下也。一曰:民聲。”

【釋形】

《説文》小篆爲會意字,从日,从氐省,會日落天黑之義。或以爲形聲字,从日,民聲。漢碑字形依據小篆或體轉寫隸定,如圖。

【釋義】

暗,昏暗:“日月照幽,時晝昏兮”(Q124);“景命不永,早即幽昏,名光來世,萬祀不泯”(Q166)。

7018 **晦** huì 《廣韻》荒内切,曉隊去。曉之。

Q178

《説文·日部》:“,月盡也。从日,每聲。”

【釋形】

《説文》以爲形聲字,从日,每聲。“每”上古音在明母之部。按“晦”戰國楚文字作(《帛甲》3.14),从日,母聲。小篆“母”變爲“每”,故《説文》以“从日,每聲”釋之。“每”甲骨文作(《合》28057),像女性頭飾華麗的樣子。“每”與“母”乃一字分化,古文字中常通用無别。漢碑字形中,聲符“每”上面表示頭飾的部分變成了“亠”,下部女性的身體部分隸定近似於“毌”形,如圖。

【釋義】

用於人名:“故市掾王度季晦”(Q178)。

7019 **旱** hàn 《廣韻》胡笴切,匣旱上。匣元。

① Q129

② Q125

《説文·日部》:“,不雨也。从日,干聲。”

【釋形】

《説文》小篆爲形聲字,从日,干聲。漢碑字形依據小篆轉寫隸定,將聲符“干”的上弧線拉直爲一横,如圖①②。

【釋義】

旱災:“灾異告愬,水旱請求”(Q125);“永壽元年中,荒旱無雨”(Q122);“蝗旱鬲并,民流道荒”(Q060)。

7020 **暇** xiá 《廣韻》胡駕切,匣禡去。匣魚。

Q134

《説文·日部》:“,閑也。从日,叚聲。”

【釋形】

《説文》小篆爲形聲字,从日,叚聲。聲符“叚”爲“假”之初文,金文作(《克鐘》),像兩手傳遞一物,義爲借;小篆中上面的手即已發生形變,漢碑字形進一步將兩隻手訛變作“殳”形;左邊像某物之形的部分也發生明顯變異,如圖。

【釋義】

空閒:“衣不暇帶,車不俟駕”(Q134)。

7021 **昌** chāng 《廣韻》尺良切,昌陽平。昌陽。

① Q127

② Q088

③ Q129

④ Q174

《説文·日部》:“,美言也。从日从曰。一曰:日光也。《詩》曰:‘東方昌矣。’,籀文昌。”

【釋形】

《説文》以爲會意字,从日从曰。按“昌”甲骨文作(《合》19924),从日从口,應爲“唱”之初文。金文或作(《蔡侯盤》),將構件“日”置於“口”中;或在甲骨文字形的基礎上於“口”内加一飾筆,寫作(《廿四年錐形器》),小篆則將此類字形訛變爲“从日从曰”。《説文》籀文仍从口。漢碑字形中,義符“曰”中“乚”拉直爲横畫,與左豎相接,寫成扁平的“日”形,如圖①②;或與上方“日”相近,如圖③④。

【釋義】

㊀興盛:“馮于豳岐,文武克昌”(Q129);“子子孫孫,卑尔熾昌”(Q172);“子子孫孫,永永番昌”(Q174)。㊁用於人名:“故書佐劇徐德,字漢昌”(Q088);“門生東平寧陽韋勳,字幼昌”(Q127);“門生陳留〖平〗丘司馬規,字伯昌”(Q127)。㊂用於地名:“故吏北海都昌逢祈,字伯〖憙〗”(Q127);“故脩行都昌張耽”(Q088);“右尉豫章南昌程陽”(Q172)。

7022 **暑** shǔ 《廣韻》舒吕切,書語上。書魚。

Q171

《説文·日部》:“ ,熱也。从日,者聲。”

【釋形】

《説文》小篆爲形聲字,从日,者聲。“者”上古音在章母魚部。漢碑字形依據小篆轉寫隸定,聲符“者”將小篆的上部形體寫作“耂”,下方“白”寫作“日”,如圖。

【釋義】

炎熱:“颿雨時降,和其寒暑”(Q171)。

7023 **暴** bào 《廣韻》薄報切,並号去。並藥。

① Q084

② Q178

③ Q146

④ Q166

《説文·日部》:“ ,晞也。从日从出从収从米。 ,古文暴,从日,麃聲。”

【釋形】

《説文》小篆爲會意字,从日从出从収从米,訓爲“晞”,義爲曝曬。漢碑字形中,構件“収”隸定爲“六”形,與“出”筆畫粘連重組,近似於“共”形,只是下面兩點爲長撇和長捺,如圖②;在此基礎上,或省寫兩竪,如圖①④;或只保留“六”形,如圖③。構件“米”有的上部兩點連寫爲一横,近似於“未”形,如圖②;或省略上部兩點,近似於“木”形,如圖④。

【釋義】

㊀暴露,露天:“兄弟暴露在家,不辟晨夏,負土成塻”(Q106)。㊁欺凌,凌辱:“强不暴寡,知不詐愚”(Q146);“秦兼天下,侵暴大族,支判流僊”(Q166);又見“寇暴”。㊂殘暴、叛逆之人:“疾悪義形,從風征暴,執訊獲首”(Q172);“貪暴洗心,同僚服德,遠近憚威”(Q178);“討暴有功,拜關内矦”(Q169)。㊃突然:“摸共構譖,慷慨暴薨”(Q066)。

7024 **晞** xī 《廣韻》香衣切,曉微平。曉微。

① Q133

② Q138

《説文·日部》:“ ,乾也。从日,希聲。”

【釋形】

《説文》小篆爲形聲字,从日,希聲。漢碑字形中,有的依據小篆線條轉寫隸定,如圖①;有的字形中聲符“希”的構件“爻”,上部交叉筆畫隸定爲“丷”,如圖②。

【釋義】

㊀曝,曬:“晞嚴霜,則畏辜戮”(Q133)。㊁通“睎”,仰慕:“瑛少子熹,竊晞商魯”(Q138)。

7025 **昔** xī 《廣韻》思積切,心昔入。心鐸。

① Q172

② Q194

③ Q130

《説文·日部》:“ ,乾肉也。从殘肉,日以晞之。與俎同意。 ,籀文从肉。”

【釋形】

《説文》以爲會意字,从殘肉从日。按“昔”甲骨文作 (《合》3524)、 (《合》1772),金文作 (《珂尊》)、 (《善鼎》)等形,學者對其構意理解不一。或以爲从日从 , 像洪水,即古巛字,義爲遠古時期洪水成災之日。或以爲 乃肉片之形,以太陽曬肉片會意,即“腊肉”之“腊”的初文。小篆上方略有形變,《説文》以像殘肉釋之,應爲“腊肉”之“昔”。《説文》籀文即从肉作“腊”。漢碑字形中,上部形體或承金文字形,隸定似“㸚”,如圖①;有的將上部交叉筆畫粘合重組,隸定爲“艹”,如圖③;上面長横或斷開爲兩短横,如圖②。

【釋義】

以前,從前:“昔武王遭疾,賴有周公”(Q124);“尚旦在昔,我君存今”(Q172);“昔者共工,範防百川”(Q065)。

7026 **昆** kūn 《廣韻》古渾切,見魂平。見文。

① Q065 ② Q185 ③ Q179 ④ Q169

《説文·日部》:“,同也。从日从比。”

【釋形】

《説文》以爲會意字,从日从比。按“昆”金文作(《昆疕王鐘》),其本義及構形分析均有待確證。《字源》以爲本像昆蟲之形,後其身形變爲日,足形訛變爲比,可備一説。漢碑字形中,有的爲碑文篆書,但已經帶有明顯的隸意,如圖①;多數則已經發生隸變,如圖②～④,其中圖②“比”右側構件“匕”的横畫變爲捺筆。

【釋義】

㊀兄長,哥哥:“昆弟六人共買山地”(Q027);“昆弟男女四人”(Q080)。㊁後嗣,子孫:見“後昆”。㊂用於地名:“督郵、五官掾功曹、守昆陽令”(Q166)。

7027 **普** pǔ 《廣韻》滂古切,滂姥上。幫魚。

Q112

《説文·日部》:“,日無色也。从日从並。”

【釋形】

《説文》小篆爲會意字,从日从並。漢碑字形與小篆相承,義符“竝”的兩個構件“立”下部連爲一長横,上部仍相離,如圖。

【釋義】

㊀普遍,全面:“率土普議,開倉振澹”(Q161)。㊁用於人名:“遼西陽樂張普仲堅〖二〗百”(Q112)。

7028 **曉** xiǎo 《廣韻》馨皛切,曉篠上。曉宵。

Q151

《説文·日部》:“,明也。从日,堯聲。”

【釋形】

《説文》小篆爲形聲字,从日,堯聲。漢碑字形與小篆相承,聲符“堯”所从之構件“垚”筆畫省減隸定爲三個“十”,近似於“卉”形,如圖。

【釋義】

㊀知道,了解:“咸曉地理,知世紀綱”(Q095)。㊁告知:“敬曉末孫,□副祖德焉”(Q021)。

7029 **昘** fǎng 《廣韻》分兩切,幫養上。幫陽。

Q129

《説文》作“昉”,《説文·日部》(新附字):“,明也。从日,方聲。”

【釋形】

“昉”爲《説文》新附字,从日,方聲,形聲字。小篆“昉”爲左右結構,漢碑字形調整爲上下結構,寫作“昘”。構件“方”將小篆的縱向長曲線斷開,使“方”重組爲上下兩部分,如圖。

【釋義】

用於人名:“丞張昘,字少游,河南京人”(Q129)。

7030 **昂** áng 《廣韻》五剛切,疑唐平。疑陽。

Q193

《説文·日部》(新附字):“,舉也。从日,卬聲。”

【釋形】

“昂”爲《説文》新附字,从日,卬聲,形

聲字。漢碑字形依小篆轉寫隸定，聲符“卬”所从之構件“卪”隸定爲“卩”，構件“人”隸定爲“𠂊”，如圖。

【釋義】

㊀見“昂昂”。㊁用於人名：“馬昂卓舉二百”（Q193）。

【釋詞】

［昂昂］高潔，出眾貌：“兢兢業業，素絲羔羊；誾誾侃侃，顒顒昂昂”（Q137）。

7031 **昺**

“炳”的異體字（圖③），見 10075 炳。

7032 **晊** zhì 《廣韻》之日切，章質入。章質。

Q200

《説文》無。

【釋形】

漢碑字形从日，至聲，形聲字。聲符“至”小篆作，漢碑字形將小篆下部彎曲的線條拉直爲橫畫，變爲“土”；其上部形體隸定近似於“厶”，如圖。

【釋義】

用於人名：“故功曹司隸茂才司空掾池陽郭晊公休”（Q200）。

7033 **曜**

“燿”的異體字（圖②③），見 10077 燿。

【釋詞】

［曜德］顯揚恩德：“訪姦雄，除其蝥賊，曜德戢兵，怕然無爲”（Q202）。

［曜武］顯揚武力：“曜武南會，邊民是鎮”（Q137）。

7034 **旦** dàn 《廣韻》得按切，端翰去。端元。

① Q142

② Q172

《説文·旦部》：“，明也。从日見一上。一，地也。凡旦之屬皆从旦。”

【釋形】

《説文》小篆爲指事字，从“日”在“一”上，“一”爲指事符號，指示地，整字構意爲太陽剛剛升起。按“旦”甲骨文作（《合》29776）、（《合》29373），金文作（《頌鼎》）、（《揚毀》）等形，學者多以爲像日初出未離地面之形，本義爲早晨。小篆“日”下改爲一橫，理據重構。漢碑字形中，構件“日”和“一”之間有短豎相連，如圖①②。

【釋義】

㊀天明，早晨：“以十一月十五日平旦，赤車使者來發生葵兩束”（Q142）；“旦夕思慕沍心，長罔五内”（S72）。㊁用於人名，特指周公旦。與另一位輔佐周武王的重臣姜尚（字子牙）合稱“尚旦”：“尚旦在昔，我君存今”（Q172）。

7035 **暨** jì 《廣韻》其冀切，羣至去。羣物。

① Q145

② Q169

《説文·旦部》：“，日頗見也。从旦，既聲。”

【釋形】

《説文》小篆爲形聲字，从旦，既聲。漢碑字形中，義符“旦”所从之構件“日”和“一”之間增加一點，如圖①②。聲符“既”所从之構件“皀”省去上面的短豎，下方“匕”中橫線寫作一點，上下構件粘連爲一體；構件“旡”筆畫粘連重組，如圖①；“旡”或訛變爲“无”形，如圖②。

【釋義】

㊀至，到：“傷其暨終，位不副德”（Q145）；“爰暨霸世，夙爲晉謀”（Q169）；“爰暨于君，稟乹氣之純懿”（Q173）。㊁與，和：“鷹揚之校，螭虎之士，爰該六師；暨南單于、東胡

烏桓西戎氐羌、侯王君長之群，驍騎十萬”（H26）。

7036 **朝**　（一）zhāo 《廣韻》陟遙切，知宵平。端宵。

① Q133

② Q281

③ Q088

④ Q106

⑤ Q178

《說文·倝部》：“，旦也。从倝，舟聲。”

【釋形】

《說文》以爲形聲字，从倝，舟聲，本義爲早晨。按“朝”甲骨文作（《合》33130），羅振玉認爲，“此朝暮之朝字，日已出茻中而月猶未没，是朝也”（《增訂殷墟書契考釋》）；或省寫作（《合》29092），原來的四個“屮”省作一“屮”一“木”。西周金文作（《大盂鼎》）、（《矢令方彝》）、（《仲殷父簋》）等形，左邊變爲“日”加二“屮”，且逐漸組合爲一體；構件“月”發生變異，近似於水流之形；戰國早期金文作（《朝歌右庫戈》），構件“月”進一步訛變爲形，小篆遂訛作“舟”；左側的二“屮”和“日”組成的形體小篆訛作“倝”，故《說文》以“从倝，舟聲”釋之，與原初構意不符。漢碑字形中，構件“舟”有的部分保留了篆書寫法，如圖①；多數則隸定混同作“月”，如圖②～⑤。構件“倝”上部的“屮”形或寫作“十”形，如圖②；或隸定作“亠”，如圖③④；或省寫爲一橫，如圖⑤。下部“丂”形有的隸定近似於“止”，如圖①；多數則隸定作“十”形，如圖②～⑤。

【釋義】

㊀早晨：“朝夕講習，樂以忘憂”（S110）；又見“朝莫”。㊁日，天：“不終朝日，而澍雨沾洽”（Q174）。㊂特指每月的第一天，即朔日：見“朝半”。

【釋詞】

［朝半］每月的第一天和中間的一天，即朔日和望日：“恐身不全，朝半祠祭”（Q057）。

［朝莫］即“朝暮”：“朝莫侍師，不敢失懽心”（Q106）；“徐養淩柏，朝莫祭祠”（Q114）。

（二）cháo 《廣韻》直遙切，澄宵平。定宵。

【釋義】

㊀朝見，拜見：“咸來王而會朝”（Q065）；又見“朝覲”。㊁朝廷：“朝無姦官，野無淫寇”（Q135）；“濟濟俊乂，朝野充盈”（Q174）；“不在朝廷，又無經學”（Q057）。㊂用於人名：“門生安平下博張朝，字公〖房〗”（Q127）；“魯孔朝升高二百”（Q112）。㊃用於地名：“從朝陽之平慘，減西□□高閣”（Q150）。

【釋詞】

［朝車］古代君臣行朝夕禮及宴飲時用車：“慇懃宅廟，朝車威熹”（Q112）。

［朝覲］指臣子拜見君主：“升降揖讓朝覲之階，費不出民，役不干時”（Q178）。

7037 **旗**　qí 《廣韻》渠之切，羣之平。羣之。

Q132

《說文·㫃部》：“，熊旗五游，以象罰星，士卒以爲期。从㫃，其聲。《周禮》曰：‘率都建旗。’”

【釋形】

《說文》小篆爲形聲字，从㫃，其聲。按“㫃”《說文》釋云：“，旌旗之游㫃蹇之皃。从屮，曲而下；垂㫃，相出入也……，古文㫃字，象形。及象旌旗之游。”“㫃”甲骨文作（《合》17159）、（《合》25015），金文作（《戈爵》）、（《走馬休盤》）等形。羅振玉（《增訂殷墟書契考釋》）認爲，“象杠與首之飾，象游形”。“旗”戰國楚文字作（《曾》80），从㫃，丌聲，上方的爲“㫃”之訛變。戰國秦文字作（《睡·日乙》93），聲符“丌”改换爲“其”。小篆承襲此類字形，“㫃”離析爲左右兩部分，左側似“方”，右側似“入”。《説文》據小篆形體作出説解。漢碑字形依據小篆轉寫隸定，義符“㫃”左側隸定爲“方”，右上“入”形隸定似“𠂉”；聲符“其”上部的“甘”與下部的“丌”粘合成爲一體，中間交叉的兩畫變爲兩條平行的短横，如圖。

【釋義】

旗幟的總稱：“〖旌〗旗絳天，雷震電舉”（Q132）；“玄甲燿日，朱旗絳天”（H26）。

7038 **旌** jīng 《廣韻》子盈切，精清平。精耕。

① Q144

② Q066

③ Q130

④ Q157

《説文·㫃部》：“，游車載旌，析羽注旄首，所以精進士卒。从㫃，生聲。”

【釋形】

《説文》小篆爲形聲字，从㫃，生聲。“生”上古音在山母耕部。漢碑字形中，義符“㫃”左側有的隸定作“方”，如圖①③；有的訛作“丬”，如圖②；或訛似“才”，如圖④；右上的“入”多寫作“人”。聲符“生”上弧線有的隸定爲豎折，如圖①；有的變作一横，與“王”混同，如圖②～④。

【釋義】

㊀旗幟：“奮旅揚旌，殄威醜類”（Q149）。㊁表彰：“旌洪德兮表元功”（Q128）；“無德不旌，靡惡不形”（Q066）；“故〖立〗石銘碑，以旌明德焉”（Q093）；又見“旌表”。

【釋詞】

［旌表］表彰：“旌表金石，令問不忘”（Q093）。

［旌弓］古時用旌旗和弓作爲徵招賢士的標識，《孟子·萬章下》：“曰：‘敢問招虞人何以？’曰：‘以皮冠。庶人以旃，士以旂，大夫以旌。’”《左傳·莊公二十二年》：“《詩》云：‘翹翹車乘，招我以弓。豈不欲往，畏我友朋。’”故後常以旌弓表示以禮相聘：“州郡聞知，旌弓禮招”（Q135）。

7039 **施** （一）shī 《廣韻》式支切，書支平。書歌。

① Q129

② Q114

③ Q119

④ Q185

《説文·㫃部》：“，旗皃。从㫃，也聲。亝欒施字子旗，知施者旗也。”

【釋形】

《説文》小篆爲形聲字，从㫃，也聲。漢碑字形中，義符“㫃”左側隸定爲“方”形。右上的“入”形或隸定爲“𠂉”，如圖①②，其中圖②的短撇與下部“也”的豎折串連爲一筆；或隸定近似於“亠”，如圖③；或省去，如圖④。聲符“也”隸變過程中筆畫重組，與今之寫法基本相同，如圖①～④。

【釋義】

㊀實行，施展：“發號施憲，每合天心”（Q148）；“施行復除，傳後子孫”（Q119）；“孔子大聖，抱道不施，尚困於世”（Q113）。㊁用，使用：“施舍廢置，莫非厥宜”（Q084）；“涿癘摩治，規柜施張”（Q114）。㊂灑落，散布：“雲行雨施，既成萬物，易之義也”（Q129）。

（二）yì 《廣韻》施智切，以寘去。餘歌。

【釋義】

恩及，延及：“德施州里”（Q108）；“潤施源流，鴻濛沛宣”（Q061）；“於穆我君，敦誠篤信，好樂施與□族”（Q145）。

7040 **游** yóu 《廣韻》以周切，餘尤平。餘幽。

① Q200

② Q129

③ Q142

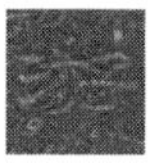
④ Q039

⑤ Q169

《説文·㫃部》:“ ,旌旗之流也。从㫃,汓聲。 ,古文游。”

【釋形】

《説文》以爲形聲字,从㫃,汓聲。按“游”甲骨文作 (《合》29224),像人執旗之形。金文分化爲三字,或作 (《曾仲斿父方壺》),即“斿”字;或添加構件“辵”作 (《蔡医盤》),即“遊”字;或添加構件“水”作 (《簷弔之仲子平鐘》),即“游”字。商承祚認爲“‘斿’、‘遊’、‘游’當分訓,旌旗之游當作斿,俗作旒,遊爲遨遊之専字,游則水流皃,今以游爲旗流者,借字也”(《説文中之古文考》),其説可從。漢碑字形中,“斿、遊、游”用法不同,分列三個字頭。“游”依據小篆轉寫隸定,構件“水”隸定爲“氵”。構件“子”彎曲的手臂拉直爲横畫,頭部線條或隸定爲倒三角形,如圖③~⑤;或隸定爲横折,如圖①②。構件“㫃”左側有的隸定作“方”,如圖②⑤;有的離析爲上“亠”下“刀”兩部分,如圖①;有的上方點畫與下方折筆連寫一筆,訛變近似於“才”形,如圖③④。右上方“𠆢”形或隸定爲“人”,如圖①③;或隸定成“亠”,如圖②;或隸定爲“𠂉”,如圖⑤;或省寫,如圖④。

【釋義】

㊀遨遊,遊歷:“忽然遠游。將即幽都,歸于電丘”(Q113);“堂碘外,君出游,車馬道從騎吏留”(Q100);“浮游八極,休息仙庭”(Q142)。㊁閑暇,無所事事:見“游居”。㊂指孔子弟子子游,長於文學:見“游夏”。㊃用於官名:見“游徼”。㊄姓氏:“故功曹大尉掾頻陽游殷幼齊”(Q200)。㊅用於人名:“丞張昮,字少游,河南京人”(Q129)。

【釋詞】

[游徼]秦漢時鄉官名,負責巡查盜賊:“南下水陽,死千佰上。□東安游徼王紀興莒”(Q089);“衙門下游徼許愔功上三百”(Q123);“使坐上,小車軿,驅馳相隨到都亭,游徼候見謝自便”(Q100)。

[游居]閒居,或謂士大夫的出仕與居家:“游居放言,在約思純”(Q169)。

[游夏]漢碑又作“斿夏”,孔子弟子子游與子夏的合稱,二人均博學擅文:“膺游夏之文學,襄冉季之政事”(Q117);“游夏之徒,作謚宣尼”(Q154);“學兼游夏,德配臧文”(Q164)。

7041 **遊** yóu 《廣韻》以周切,餘尤平。餘幽。

① J013 ② Q179

《説文》爲“游”之古文。

【釋形】

“游、斿、遊”爲一字之分化,參見“7040游”。漢碑字形中,構件“辵”隸定爲“辶”,其上爲三點,整字布局爲半包圍結構,如圖①②。

【釋義】

遊玩:“帝遊上林,問禽狩所有,苑令不對,更問嗇夫”(Q179)。

7042 **旋** xuán 《廣韻》似宣切,邪仙平。邪元。

① Q066 ② Q194

《説文·㫃部》:“ ,周旋,旌旗之指麾也。从㫃从疋;疋,足也。”

【釋形】

《説文》以爲會意字,从㫃从疋。按“旋”甲骨文作 (《合》21482)、 (《合》7652)等形,从㫃从正(“征”的初文),會旌旗揮舞周旋之義。金文將構件“正”改换爲“止”,寫作 (《麥盉》)、 (《𥁰圜器》)等形。戰國秦文字改从“足”,寫作

(《睡·封》64),小篆承襲此類字形,故《説文》以“从㫃从疋”釋之。漢碑字形與小篆相承,義符“㫃”左側隸定爲“方”,右上方“人”形或隸定爲“𠂉”,如圖①;或隸定爲“亠”,如圖②。義符“疋”中間的曲線離析,上轉寫爲“乛”,下轉寫爲“止”,如圖①;有的上部隸定近似於“口”形,下部“止”筆畫連寫近似於“之”形,如圖②。

【釋義】

返回,歸來:“徵旋本朝,歷太僕、太常,遂究司徒、太尉”(Q066);“于是域滅區單,反旆而旋”(H26);“旋守中壄,幽滯以榮”(Q137)。

7043 **旅** lǚ 《廣韻》力舉切,來語上。來魚。

Q178

《説文·㫃部》:“,軍之五百人爲旅。从㫃从从;从,俱也。,古文旅。古文以爲魯衞之魯。”

【釋形】

《説文》小篆爲會意字,从㫃从从,義爲軍旅。漢碑字形中,構件“从”與“㫃”右上方的“人”形重新組合,近似於“衣”形,如圖。

【釋義】

㊀軍隊:“奮旅揚旌,殄威醜類”(Q149);“還師振旅,諸國禮遺且二百萬,悉以簿官”(Q178);“還師旅,臨槐里”(Q178)。㊁寄居外地或旅行在途的人:“田畯喜于荒圃,商旅交乎險路”(Q127);“漢水逆讓,稽滯商旅”(Q150)。㊂祭名,指旅祭:“九山甄旅,咸秩無文,爰納塗山,辛癸之間”(Q065)。

7044 **族** zú 《廣韻》昨木切,從屋入。從屋。

① Q257 ② Q083 ③ Q145

《説文·㫃部》:“,矢鋒也。束之族族也。从㫃从矢。”

【釋形】

《説文》以爲會意字,从㫃从矢,義爲箭頭,即箭鏃之“鏃”。按“族”甲骨文作(《合》31803)、(《合》6438)、(《合》14914)等形,丁山認爲“从矢,矢所以殺敵,㫃所以標眾。其本義應是軍旅之組織”(《甲骨文所見氏族及其制度》),學者多從其説。漢碑字形與小篆相承,義符“矢”或混同爲“夫”,如圖①②;或寫作“工”下兩點,如圖③。義符“㫃”右上方“人”或隸定爲“人”,如圖①③;或隸定成短豎一横,并與下面構件相接,如圖②。

【釋義】

㊀有血緣關係的親屬合稱:“治禮小戴,閨族孝友,温故知機”(Q128);“夫人以母儀之德,爲宗族之覆”(Q056);“篤親於九族,恂恂于鄉黨”(Q166)。㊁指族姓,表明家族、宗族系統的稱號:“文武之盛,唐叔□世勳,則有官族,邑亦如之”(Q083);“官族分析,因以爲氏焉,武氏蓋其後也”(Q093)。

7045 **斿** yóu 《廣韻》以周切,餘尤平。餘幽。

Q132

《説文》無。

【釋形】

“斿、游、遊”乃一字分化,參見7040游。

【釋義】

同“游”,㊀外出求學:“久斿大學,蘱然高厲”(Q132)。㊁指孔子弟子子游:“君幼門顔閔之懋質,長敷斿夏之文學”(Q093)。

7046 **冥** míng 《廣韻》莫經切,明青平。明耕。

① Q066

② Q142

③ Q095

④ Q100

《説文·冥部》:“，幽也。从日从六，冖聲。日數十。十六日而月始虧幽也。凡冥之屬皆从冥。”

【釋形】

《説文》以爲形聲字，从日从六，冖聲。按“冥”戰國《詛楚文》作，从冖从日从大，像人頭頂的太陽被遮蔽之狀，本義爲幽暗。小篆“大”形訛變爲“六”。漢碑字形中，構件“冖”有的兩側縮短，使整字由半包圍結構變爲上中下結構，如圖①；有的訛寫成“穴”，且“穴”兩側豎向筆畫仍然較長，如圖②③；有的訛寫作“宀”，如圖④。構件“日”或訛作“目”，如圖③。構件“六”的下弧線隸定爲一横；横上一點或省，如圖①②。圖④“宀”和“日”中間增添“心”形，且構件“六”訛變嚴重。

【釋義】

㊀昏暗，幽暗之處：“出窈入冥，變化難識”（Q142）；“下則入冥，廎寫輸淵”（Q095）；又見“冥冥”。㊁陰間：“長就幽冥則決絶”（Q100）。㊂遠：“武稜攜貮，文懷徦冥”（Q133）。

【釋詞】

［冥府］迷信者所謂的陰曹地府：“恩及冥府。吉地既遷，良辰既卜”（H144）。

［冥冥］㊀昏暗貌：“冥冥六合，實公是光”（Q066）。㊁寂靜無聲貌：“魂神超邁，家兮冥冥”（Q148）。

7047 **星** xīng 《廣韻》桑經切，心青平。心耕。

Q129

《説文》作“曐”，《説文·晶部》：“，萬物之精，上爲列星。从晶，生聲。一曰：象形。从口，古口復注中，故與日同。，古文曐。，曐或省。”

【釋形】

“星”爲“曐”之省體。《説文》以“曐”爲形聲字，从晶，生聲，一曰象形。按“曐”與“晶”本爲一字，甲骨文本作（《合》11503），像羣星之形，既可表示星星，又可表示星星晶瑩的光芒。甲骨文字形或加以分化，“星”添加聲符“生”，寫作（《合》11501）、（《合》15637）等形；“晶”則寫作（《合》31183）、（《合》11505）等形。“星”金文寫作（《麓伯星父簋》），从晶，生聲，小篆承襲此類字形。戰國秦文字作（《睡·日乙》92），“晶”省寫作一個“日”，《説文》或體與之相合。漢碑字形與《説文》或體相承，彎曲的線條轉寫爲平直方折的筆畫；聲符“生”上弧線拉直爲一横，且豎筆不出頭，與“王”混同，如圖。

【釋義】

星星：“擘踊哭泣，見星而行”（Q128）；“日月星辰，所昭印也”（Q129）；“然後四校横徂，星流彗埽”（H26）。

7048 **曑**（叅）（一）shēn 《廣韻》所今切，山侵平。山侵。

① Q134

② Q178

③ Q070

④ Q137

《説文·晶部》：“，商，星也。从晶，㐱聲。，曑或省。”

【釋形】

《説文》以爲形聲字，从晶，㐱聲。按“曑”金文作（《葡参父乙盉》）、（《大克鼎》）、（《盠尊》）、（《魚顛匕》）等形，朱芳圃（《殷周文字釋叢》）认爲“象曑宿三星在人頭上，光芒下射之形。或省人，義同”。據此，“曑”應爲會意字，指曑星。《説文》釋爲“商，星也”，實應連篆而讀，即“曑、商，星也”曑與商都是二十八宿之一，二者不同時出現在天空，故人們常用“曑商”比喻親人不能相見,《説文》因此將“曑商”并釋。小篆合“人、彡”爲“㐱”,“㐱”上古音在章母文部,與“曑”語音相近,故《説文》釋爲“㐱”聲,應爲在形聲化驅動下的理據重構。“曑”原本像三顆星的“○”或“日”形有三畫相連,與“晶”有别,到小篆中省變爲“晶”。漢碑字形與《説文》或體相承,構件“㐱”或隸定作“尒”,如②④;“㐱”或訛作“勿”形,如圖③。“○”形或隸作三角形,如圖①②;或作“口”形,如圖④;或保留圓轉線條,如圖③。

【釋義】

用於人名:“追遴曾曑,繼迹樂正”(Q134)。

(二)cān 《廣韻》倉含切,清覃平。清侵。

【釋義】

㊀參與,在其中:“步驟愈否,君叅其中”(Q130);“居九山之數,叅三條之壹”(Q174)。㊁齊,等同:“功叅周、邵,受禄于天”(Q171);“宜參鼎鉉,稽建皇靈”(Q187)。㊂參考,參證:“即上尚書,叅以〖符〗驗”(Q141)。㊃指分成三份:見“叅國”。

(三)cēn 《廣韻》楚簪切,初侵平。初侵。

見“叅差”。

7049 **叅**

“曑”的異體字(圖②③),見 7048 曑。

【釋詞】

(二)[叅國]語出《國語·齊語》:“參國起案,以爲三官。”即將國事分爲三份,分屬三個職官:“保鄣二城,叅國起按”(Q137)。

(三)[叅差]長短、高低不一樣:“臺閣叅差,大興輿駕”(Q114)。

7050 **疊**　dié 《廣韻》徒協切,定帖入。定葉。

Q102

《説文·晶部》:“,楊雄説,以爲古理官决罪,三日得其宜乃行之。从晶从宜。亡新以爲疊从三日,太盛,改爲三田。”

【釋形】

《説文》引楊雄説釋爲會意字,从三日,从宜。按“宜”甲骨文作(《合》6157)、(《合》26020),金文作(《作册般甗》)、(《史宜父鼎》)等形,从且(即“俎”),上有二肉(即“多”),會肴俎之義。據此,“宜”當是因“多”肉而有合宜之義,而非楊雄所謂“三日得其宜”。小篆省變作。漢碑字形與小篆相承,其中構件“晶”隸定爲三個“日”。構件“宜”上部“宀”兩側線條向上縮短,調整爲上下結構,上部點畫省去,遂與“冖”混同;下部的“一”與“夕”(“多”之省)粘連變成“且”,如圖。現在通行字形則與亡新説相承,三“日”改爲三“田”,寫作“疊”。

【釋義】

用於人名:“令鮑疊,字文公,上黨屯留人”(Q102)。

7051 **月**　yuè 《廣韻》魚厥切,疑月入。疑月。

① Q038

② Q001

③ Q102

④ Q106

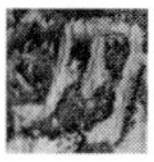

⑤ Q062

《説文·月部》:“,闕也。太陰之精。象形。凡月之屬皆从月。”

【釋形】

《説文》以爲象形字,然小篆字形與月形相差較遠,故《説文》訓其構意爲“闕”。按“月”甲骨文作(《合》19785)、(《合》20613)、(《合 37743》)等形,像半月之形,中間或有點或無點,與“日”構意相似。金文作(《宰椃角》)、(《小克鼎》),與甲骨文相承。小篆略有形變,與“肉”形近。漢碑字形中,有的爲碑文篆書,如圖①②,

圖②外圍曲線析爲兩筆。多數則已經發生隸變，有的將外圍曲線變成平直的豎筆和橫筆，如圖④；更多的則將左邊豎筆寫作豎撇，如圖③⑤；還有的將中間兩短横連寫成一豎，如圖⑤。

【釋義】

㊀月亮："日月照幽，時晝昏兮"（Q124）；"日月星辰，所昭卬也"（Q129）；"日月虧代，猶元風力射"（Q021）。㊁記曆的單位，一年分十二月："皆以四時之中月"（Q129）；"七月下旬，臨乃喪慈父"（Q124）。㊂月令："歲貞執涂，月紀豖韋"（Q126）。

【釋詞】

［月建］指舊曆每月所建之辰："□□丙申，月建臨卯"（Q113）。

7052 **朔**(朔) shuò 《廣韻》所角切，山覺入。山鐸。

① Q163 ② Q102 ③ Q129

《説文·月部》：，月一日始蘇也。从月，屰聲。

【釋形】

《説文》小篆爲形聲字，从月，屰聲。"屰"上古音在疑母鐸部。漢碑字形中，聲符"屰"兩條向上彎曲的線條被拉直，寫作三横畫，近似於"手"形，如圖②③；上部曲線或寫作兩點，隸定爲"𢆉"，如圖①。

【釋義】

㊀陰曆每月的第一天："熹平四年，十一月甲子朔，廿二日乙酉"（Q163）；"光和四年，正月甲午朔"（Q170）；"元嘉三年三月丙子朔，廿七日壬寅"（Q102）。㊁北方："慰綏朔狄，邊宇艾安"（Q128）；"奄有河朔，遂荒畢陽"（Q129）；"述職巡御，理兵于朔方"（H26）。㊂用於人名："故書佐都昌張彤，字朔甫"（Q088）；"□賊曹掾吴分，長史蔡朔"（Q089）。㊃用於地名：見"朔方"。

【釋詞】

［朔方］朔方郡，漢代的北方邊郡之一，設置於西漢武帝時期："永壽二年，朔方太守上郡仇君，察孝，除郎中"（Q123）。

7053 **朔**

"朔"的異體字（圖②③），見7052朔。

7054 **霸** bà 《廣韻》必駕切，幫禡去。幫鐸。

① Q129 ② 169

《説文·月部》："，月始生，霸然也。承大月，二日；承小月，三日。从月，䨣聲。《周書》曰：'哉生霸。'，古文霸。"

【釋形】

《説文》小篆爲形聲字，从月，䨣聲。"䨣、霸"上古音均在滂母鐸部。漢碑字形依據小篆轉寫隸定，聲符"䨣"所从之構件"革"，上面的"廿"形省變作"艹"，如圖①②。

【釋義】

㊀古代稱諸侯的盟主，也作"伯"："周室衰微，霸伯匡弼"（Q187）；又見"霸世"。㊁用於人名："有黄霸、召信臣在潁南之歌"（Q154）。㊂用於地名："京兆尹勑監都水掾霸陵杜遷市石"（Q129）。

【釋詞】

［霸世］春秋五霸的時代："爰暨霸世，夙爲晉謀"（Q169）。

7055 **脼**

"朗"的異體字（圖②），見7056朗。

7056 **朗**(脼) lǎng 《廣韻》盧黨切，來蕩上。來陽。

① Q174 ② Q095

《説文》作“朖”,《説文·月部》:“,明也。从月,良聲。”

【釋形】

《説文》小篆爲形聲字,从月,良聲。漢碑字形中,聲符“良”上部形體省變爲“丶”,下部形體粘合爲一體,如圖①②。整字“朗”或保留小篆左形右聲的布局,如圖②;或調整爲右形左聲,如圖①,此類結構布局爲後世所沿用。

【釋義】

㊀明亮,高潔:“用能光遠宣朗,顯融昭明”(Q174);“高朗神武,歷世忠孝”(Q137)。㊁用於人名:“處士南鄭祝朗,字德靈”(Q199);“特遣行丞事西成韓朖,字顯公”(Q095)。

7057 **期**　qī 《廣韻》渠之切,羣之平。羣之。

① Q112

② Q144

③ Q140

《説文·月部》:,會也。从月,其聲。,古文期,从日、丌。

【釋形】

《説文》小篆爲形聲字,从月,其聲。漢碑字形中,聲符“其”象簸箕之形的構件“甘”,有的還保留着小篆的交叉線條“乂”,如圖②;或將中間的“乂”形寫作“十”,如圖①;或寫作兩短横,兩豎畫延長與構件“丌”之横畫相接,變爲“其”,如圖③。構件“丌”或隸定近似於“大”形,如圖②。

【釋義】

㊀時期,期限:“劉府君大漢枝族,應期作弼”(Q123);“〖未〗滿期限,從其本規”(Q117)。㊁運數,機運:“丘生倉際,觸期稽度,爲赤制”(Q140);“于何穹倉,布命授期”(Q088);“於穆皇祖,天挺應期”(Q144)。㊂一周年:“未能一朞,爲司空王暢所舉”(Q154)。㊃周期:“聖人不世,期五百載”(Q112)。

7058 **有**　yǒu 《廣韻》雲久切,雲有上。匣之。

① Q127

② Q114

③ Q083

④ Q142

⑤ Q066

⑥ Q137

《説文·有部》:“,不宜有也。《春秋傳》曰:‘日月有食之。’从月,又聲。凡有之屬皆从有。”

【釋形】

《説文》以爲形聲字,从月,又聲。按“有”金文作(《索諆爵》)、(《令鼎》),林義光認爲“有非‘不宜有’之義。有,持有也。古从又持肉,不从月”(《文源》),其説可從。漢碑字形中,有的爲碑額篆書,如圖①。多數則已經發生隸定,只是有的構件“又”尚保留一定的篆意,仍見向左的曲筆,如圖②～④;圖⑤⑥則向左的曲筆消失,整個線條轉寫爲一長撇。“又”的另一條曲線多轉寫爲一長横,如圖②～⑥。構件“月(肉)”兩側豎筆或向上延長,與“又”的横畫相交,如圖⑥。

【釋義】

㊀與“無”相對,表示存在:“奄有河朔,遂荒畢陽”(Q129);“下有不測之谿”(Q146)。㊁具有,擁有:“勳力有成。浩浩冀土,從事是經”(Q083);“其少體自然之恣,長有殊俗之操”(Q142);“百姓有蓄,粟麥五錢”(Q146)。㊂名詞詞頭:“有漢泰山都尉孔君之碑”(Q127);“有漢將興”(Q172);“其先出自有殷”(Q166)。㊃用於官名:見“有秩”。㊄通“又”,用在整數與零數之間,表示整數之外再加零數:“七年有餘”(Q128);“萬有三千餘乘”(H26);“年五十有六”(Q144)。

【釋詞】

［有物有則］指天地間事物皆有其法則、規律："有物有則，模楷後生"（Q187）。

［有秩］古代鄉官名。漢承秦制，鄉五千户則置有秩，秩百石，掌管一鄉："池陽左鄉有秩何博千五百"（Q123）。

7059 **朙**

"明"的異體字（圖①②），見7060明。

【釋詞】

［朙器］隨葬器物："窀夕不華，朙器不設"（Q127）。

［朙祀］對重大祭祀的美稱："敬恭朙祀，傳于罔極"（Q102）；"今欲加寵子孫，敬恭朙祀，傳于罔極"（Q102）。

7060 **明**（朙眀）　míng　《廣韻》武兵切，明庚平。明陽。

① Q102

② Q126

③ JB6

④ Q129

⑤ Q144

《説文》爲"朙"之古文，《説文·朙部》："，照也。从月从囧。凡朙之屬皆从朙。，古文朙从日。"

【釋形】

《説文》小篆爲會意字，从月从囧，"囧"像窗户之形，以月光照進窗户會明亮義。"明"甲骨文或从月从囧，月亮照進窗户爲"朙"，寫作（《合》11708）、（《合》21037），金文變異作（《秦公簋》）等形；或从月从日，日月相合爲"明"，理據重構，寫作（《合》19607），金文變異作（《鷹羌鐘》）。《説文》小篆承襲前者，《説文》古文承襲後者。漢碑字形中兩種結構并存，或據小篆隸定爲"朙"，如圖①②；或據古文隸定爲"明"，如圖⑤；還有的將"日"訛變作"目"，隸定爲"眀"，如圖③④。

【釋義】

㊀光明，明亮："陰陽喪度，三剅離道。明星隕墜"（Q109）；"明月之珠玉璣珥"（Q277）；"萬里同風，艾用照明"（Q128）。㊁彰明，彰顯："蓋欲章明孔子葬母"（Q052）；"明德慎罰，〖縣奉采土〗"（Q135）；"克明俊德，允武允文"（Q150）；"克明王道，辯物居方"（Q148）；"翦髮朙志，弗許"（H144）。㊂通曉，了解："又朙歐陽《尚書》河洛緯度"（Q066）。㊃明察："維明維允，燿此聲香"（Q137）；又見"明允"。㊄明智，聰慧："明哲所取"（Q125）；"天姿明敏，敦《詩》悦《禮》"（Q146）；"體明性喆，寬裕博敏"（Q130）。㊅清明，賢明："哀賢明而不遂兮，嗟痛淑雅之夭年"（Q039）；"三考絀勑，陟幽明矣"（Q153）；"於戲与考，經德炳朙"（Q187）。㊆神靈："通於神明，子孫奉祠，欣肅慎焉"（S72）；"乃昭告神明"（Q154）；"幽讚神朙，故特立廟"（Q102）。㊇明白，清楚："立名分明，千北行至侯皁，北東流水"（Q089）；"分明好惡，先吕敬讓"（Q088）；"禮性純淑，信心堅明"（Q099）。㊈人世間："旬年二親蚤去明世"（Q106）。㊉謚號用字："伏波將軍新息忠成侯之女，明德皇后之姊也"（Q056）。⑪用於人名："河南成皋蘇漢明二百"（Q112）；"門生魏郡〖清〗淵許祺，字升朙"（Q127）。

【釋詞】

［明府］漢碑又作"明府、朙府"。漢、魏以來對郡守牧尹的尊稱："烈烈明府，好古之則"（Q125）；"伏惟明府"（Q088）；"奉見劉朙府"（Q123）；"紛紛令儀，明府體之"（Q088）。

［明公］對有名位的人的尊稱："明公嘉祐，□無形兆"（Q171）；"賴明公垂恩网極"（Q171）；"儼儼明公，民所瞻兮"（Q171）。

［明明］漢碑又作"朙朙、明明"。㊀明智、明察貌，多用於歌頌帝王或神靈："朙朙天子，實公是匡"（Q066）；"明明君德，令

問不已”（Q144）；“君德明明，炳煥彌光”（Q095）。㊁勤勉，勉力：“在公𣆶𣆶，乃綏二縣，黎儀以康”（Q127）。

［明神］漢碑又作“明神”，即神明、神靈：“明神弗歆，灾害以生”（Q125）；“袁府君肅恭明神”（Q129）；“可謂卬之若明神者已”（Q161）。

［明允］漢碑又作“明允”，明察而誠信：“〖君〗孝友恭懿，明允篤信”（Q135）；“於惟我君，明允廣淵”（Q164）。

7061 **夕** xī 《廣韻》祥易切，邪昔入。邪鐸。

J241

《説文·夕部》：“ ，莫也。从月半見。凡夕之屬皆从夕。”

【釋形】

《説文》小篆爲象形字，訓爲“莫（暮）”。按“夕”甲骨文作 （《合》30014）、 （《合》31647）等形，中間有點或無點，與“月”同形，本義爲傍晚。小篆無點，但像月亮外部輪廓的曲線延長。漢碑字形承之，長曲線離析爲兩筆，如圖。

【釋義】

㊀夜，晚上：“朝夕講習，樂以忘憂”（S110）；“嗚號正月，旦夕思慕沍心”（S72）。㊁墓穴。後作“窀”，常與“窀”連用：“窀夕不華，𣆶器不設”（Q127）。

7062 **夜** yè 《廣韻》羊謝切，餘禡去。餘鐸。

① Q137

② Q125

③ Q074

④ Q146

《説文·夕部》： ，舍也。天下休舍也。从夕，亦省聲。

【釋形】

《説文》小篆爲形聲字，从夕，亦省聲。“亦”與“夜”上古音同在餘母鐸部。漢碑字形或嚴格按小篆結構轉寫隸定，如圖①；多數則發生離析重組，聲符“亦”頭部及雙臂重組爲“亠”；“亦”離析後下面的三個筆畫與義符“夕”呈不同方式的組合，逐漸向後來“夜”的通行寫法靠攏，如圖②～④。

【釋義】

㊀夜晚，與“日、晝”相對：“遂就長夜，不見日星”（Q143）；“獨遭斯疾。中夜奄喪”（Q113）。㊁黄昏，日暮時分：“□感切傷心，晨夜哭泣”（Q057）；“夙夜惟寅，褘隋在公，有單襄穆〖典謨之〗風”（Q137）。

7063 **外** wài 《廣韻》五會切，疑泰去。疑月。

① Q084

② Q141

③ Q146

④ Q100

⑤ Q179

《説文·夕部》：“ ，遠也。卜尚平旦，今夕卜，於事外矣。 ，古文外。”

【釋形】

《説文》以爲會意字，从夕、卜，且以“卜尚平旦，今夕卜，於事外矣”釋之，其説過於牽强。按“外”甲骨文作 （《合》35570），與占卜之“卜”同形。“卜”像兆璺之形，縱向爲兆榦，斜向或横向爲兆枝。兆枝有明確的方向性，均朝向卜甲或卜骨的内側，而没有兆枝的一側即爲外側，故内外之“外”可用“卜”來表示。金文添加聲符“月”，整字變爲形聲字，寫作 （《静簋》）、 （《毛公鼎》）等形；“月”與“外”上古音同在疑母月部。金文或將“月”訛寫爲“夕”，寫作 （《𨚕孫鐘》）、 （《冉鉦鋮》），小篆承襲此類字形，故《説文》誤以“夕卜”會意釋之。漢碑字形中，構件“夕”多依小篆線條轉寫隸定，只有圖③變化較爲特別。“卜”則變異複雜，或依小篆隸定爲一豎一短横，如圖

①;或增添筆畫趨於繁化,如圖②～⑤。

【釋義】

㊀外邊,外面,與“裡、内”相對:“孝弟昭於内,忠信耀於外”(Q084);“久勞於外,當還本朝”(Q093)。㊁某種界限或一定範圍之外:“浮游塵埃之外”(Q148);“決勝負千里之外”(Q179);“雒陽中東門外,劉漢所作師子一雙”(Q241)。㊂外表,儀表:“行以脩外”(Q133)。㊃對外,在外:“内懷温潤,外攝强虐”(Q154);“外定彊夷,即序西戎”(Q169)。㊄外親:“内外子孫,且至百人”(Q106);“司空宗公之外孫也”(Q259)。㊅用於地名:見“外黄”。㊆用於官名:見“外臺”。

【釋詞】

[外黄]古代縣名,今在商丘市民權縣内:“故吏外黄令博陵安國劉揚,字子長”(Q148)。

[外臺]後漢時對州郡長官刺史所置屬官的稱謂,包括别駕從事、治中從事及諸曹掾屬等:“十辟外臺,常爲治中諸部從事”(Q187)。

7064 夙 sù 《廣韻》息逐切,心屋入。心覺。

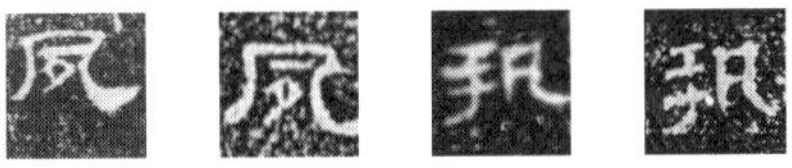

① Q074　② Q169　③ Q106　④ Q100

《説文·夕部》:“,早敬也。从丮,持事;雖夕不休,早敬者也。,古文夙,从人、㐭。,亦古文夙,从人、西。宿从此。”

【釋形】

《説文》以爲會意字,从丮从夕,義爲早晨敬事。按“夙”甲骨文作(《合》9804)、(《合》21189),金文作(《大盂鼎》)、(《啟卣》)等形,表示人在月未落時即開始勞作,與《説文》“早敬”之義相合。然其字从月,不从夕。小篆訛作从夕,故《説文》以“雖夕不休”來附會“早敬”之義。而且,《説文》所列兩個古文字形均非“夙”字,而是住宿之“宿”(像人躺在席子之上)的初文,假借爲“夙”。漢碑字形中,圖①②中構件“丮”訛變近“凡”形,位於“夕”上方,整字由左右結構調整爲半包圍結構。圖③④中“夕”訛變近似於“凡”形,而“丮”訛變近似於“手”形;其中圖④“手”形或中間斷開分爲上下兩部分。

【釋義】

㊀早晨,與“夜”相對:“夙夜憂怖,累息屏營”(Q140);“躬伯遜讓,夙宵朝廷”(Q088)。㊁早,早年:“如何夙隕,丁此咎殃”(Q128);“夙罹凶災,噓噏不反”(Q167);“夙世霣祚,早喪懿寶”(Q144)。㊂向來,平素:“爰暨霸世,夙爲晉謀”(Q169);“惟主吏夙性忠孝”(Q106)。

【釋詞】

[夙夜惟寅]語出《書·舜典》:“汝作秩宗,夙夜惟寅。”意謂始終心懷敬畏:“夙夜惟寅,禕隋在公,有單襄穆〚典謨之〛風”(Q137)。

7065 多 duō 《廣韻》得何切,端歌平。端歌。

① Q166　② Q100　③ Q277

《説文·多部》:“,重也。从重夕。夕者,相繹也,故爲多。重夕爲多,重日爲疊。凡多之屬皆从多。,古文多。”

【釋形】

《説文》以爲會意字,从二夕,重夕爲多。按“多”甲骨文作(《合》32810),从二肉,義爲多少之多,非从夕。小篆肉形訛爲“夕”,故《説文》誤以“从重夕”釋之,與原初構意不符。漢碑字形與小篆相承,弧形曲線被離析爲撇和横撇,如圖①;或省作兩撇,如圖②;或二夕相接,如圖③。

【釋義】

㊀數量大,与“少、寡”相對:“豐年多

黍,稱彼兕觥”(Q127);“兼綜六藝,博物多識”(Q135);“生日甚少,死日甚多”(Q120)。㊁用於人名:“及其玄孫言多,世事景王,載在史典”(Q166);“奴田、婢□、奴多、奴白、奴鼠并五人”(Q071)。

7066 **貫** guàn 《廣韻》古玩切,見換去。見元。

① JB5

② Q178

《説文·毌部》:“ ,錢貝之貫。从毌、貝。”

【釋形】

《説文》小篆爲會意字,从毌、貝,義爲穿錢貝的繩索。漢碑字形依據小篆轉寫隸定,如圖①②。

【釋義】

㊀通,貫通:“廣學甄微,靡不貫綜”(Q132);“博貫史略,彫篆六體”(Q169);“貫究道度,無文不睹”(Q187)。㊁滿:“少貫名州郡,不幸早世”(Q178)。㊂用於人名:“事高君,字貫方”(Q189);“廉高君,字貫光”(Q189)。

7067 **栗** lì 《廣韻》力質切,來質入。來質。

J350

《説文·卤部》:“ ,木也。从木,其實下垂,故从卤。 ,古文桌从西,从二卤。徐巡説,木至西方戰桌。”

【釋形】

《説文》以爲會意字,从木从卤,表示栗樹。按“栗”甲骨文作 (《合》10934)、 (《合》3035)等形,正像栗樹之形。李孝定《甲骨文字集釋》認爲:“契文象木實有芒之行,以其形與卤近,故篆誤从卤。”其説可從。漢碑字形中,上部隸定爲“覀”;下方構件“木”上弧線拉直爲一横畫,下弧線斷開寫作一撇一捺,如圖。

【釋義】

通“慄”,發抖,因寒冷或恐懼而顫抖:“□乘骨栗,莫敢藏匿”(Q177);又見“震栗”。

7068 **粟** sù 《廣韻》相玉切,心燭入。心屋。

① Q146

② Q178

《説文·卤部》:“ ,嘉穀實也。从卤从米。孔子曰:‘臬之爲言續也。’ ,籀文臬。”

【釋形】

《説文》以爲會意字,从卤从米,義爲穀類總名。按“粟”戰國文字作 (《璽彙》3100)、 (《璽彙》5549)、 (《璽彙》160),或从米,或从禾,角聲,角或省寫。小篆“角”形變爲“卤”,故《説文》以“从卤从米”釋之。漢碑字形中,構件“卤”隸定作“覀”形,如圖①;“覀”上或加“亠”,如圖②。構件“米”下面的兩條曲線或變成兩點,如圖①;或變成一撇和一捺,如圖②。

【釋義】

㊀穀物名:“農寔嘉穀,粟至三錢”(Q126);“百姓有蓄,粟麥五錢”(Q146);“以家錢糴米粟賜瘽盲”(Q178)。㊁用於地名:“粟邑候長何憚千”(Q123)。

7069 **齊** qí 《廣韻》徂奚切,從齊平。從脂。

① J282

② Q178

③ Q179

④ Q088

⑤ Q158

《説文·齊部》:“ ,禾麥吐穗上平也,象形。凡亝之屬皆从亝。”

【釋形】

《説文》小篆爲象形字,像禾麥出穗平整

的樣子。“齊”甲骨文作(《合》36493),像穀穗上端平齊之形,本義爲整齊;金文或加“二”作(《大府鎬》),“二”的構意學者看法不一,有人認爲是飾筆,也有人認爲是强調平齊之狀。小篆承襲此類字形,結構布局有所調整,“二”位於三個麥穗中間。漢碑字形中,有的依據小篆轉寫隸定,如圖①;其他字圖中的三個麥穗均發生不同程度的變異,其中圖④⑤變異尤爲嚴重。圖④左右兩個麥穗變成近似於正反的“亻”形;圖⑤則整字發生了離析重組,三個麥穗都變成了三角形,左右兩個麥穗的豎線與“二”重組爲“月”形。

【釋義】

㊀同等,相同:“與三公、靈山協德齊勳”(Q126);“齊殷勤,同恩愛”(Q045);“天〖姿醇〗嘏,齊聖達道”(Q127)。㊁諸侯國名:“齊國廣張建平二百”(Q112);“是以綿駒在高唐,而齊右善謳”(Q158)。㊂姓氏:“河間東州齊伯宣二百”(Q112);“相國齊晏”(Q281)。㊃用於人名:“故從事議曹掾下辨李旻,字仲齊”(Q146);“故功曹大尉掾頻陽游殷幼齊”(Q200)。㊄特指叔齊:見“清擬夷齊”。

7070 **棗** zǎo 《廣韻》子晧切,精晧上。精幽。

Q142

《説文·朿部》:“,羊棗也。从重朿。”

【釋形】

《説文》以爲會意字,从二朿,義爲棗木。按“棗”甲骨文作(《合》17444)、(《合》174445)等形,像棗樹多刺之形。戰國文字訛變爲从二“來”,寫作(《宜無戟》)、(《睡·日甲》14)。小篆又變二“來”爲二“朿”,理據重構。漢碑字形與从“來”之形相承,上下二“來”粘合在一起,上部“來”的撇捺省略,如圖。

【釋義】

棗樹:“君常舍止棗樹上”(Q142);“詔聞梁棗樹上有道人”(Q142)。

7071 **棘** jí 《廣韻》紀力切,見職入。見職。

Q126

《説文·朿部》:“,小棗叢生者。从並朿。”

【釋形】

《説文》小篆爲會意字,从二朿相並,義爲叢生的荊棘。“朿、來”形近易混,故“棘”中的二“朿”漢碑字形訛作二“來”,如圖。漢碑字形中,“棘”與“棗”的差異爲左右二“來”和上下二“來”之别。

【釋義】

用於地名:“〖平〗棘李音,史九門張瑋”(Q126)。

7072 **鼎** dǐng 《廣韻》都挺切,端迥上。端耕。

① Q128 ② Q088 ③ Q178 ④ Q117

《説文·鼎部》:“,三足兩耳,和五味之寶器也。昔禹收九牧之金,鑄鼎荆山之下,入山林川澤,螭魅蝄蜽,莫能逢之,以協承天休。《易》卦:巽木於下者爲鼎,象析木以炊也。籀文以鼎爲貞字。凡鼎之屬皆从鼎。”

【釋形】

《説文》小篆爲象形字。“鼎”甲骨文作(《合》20294)、(《合》22145),像鼎之形。金文或作(《芮子仲殿鼎》)、(《哀成弔鼎》),上部或訛寫爲“目”形。小篆承襲此類字形,下部乃由鼎足訛變而來,非“析木以炊”之意。漢碑字形中,鼎的上部均隸定作“目”形。鼎的足部有的據小篆線條轉寫隸定,如圖①;其他則發生不同的

變異，如圖②～④。

【釋義】

㊀古代一種烹煮用的器物，也常用作禮器："不布瓦鼎盛器"（Q006）；"衛鼎之書"（Q201）；"琦、瑤延以爲至〖德不紀，則〗鐘鼎奚銘"（Q117）。㊁圓鼎多爲三足，故常用以喻指三方并立："南號三公，厥體嵩厚，峻極于天，鼎足而□"（Q171）。㊂比喻處於重要的地位："此宜蹈鼎，善世令王"（Q128）。

【釋詞】

［鼎軙］即拂鼎之人，喻指三公等重臣："冝衆鼎軙，堅榦楨兮"（Q088）。

［鼎鉉］用以提鼎的横桿，常喻指三公等重臣："宜參鼎鉉，稽建皇靈"（Q187）。

［鼎足］比喻處於重要的地位，居於要職："君高升，極鼎足"（Q178）。

［鼎俎］鼎和俎，古代祭祀、燕飨時盛放犧牲或其他食物的禮器："〖髦儁〗得進，陳其鼎俎"（Q171）。

7073 **克** kè 《廣韻》苦得切，溪德入。溪職。

① JB7

② Q133

③ Q144

④ Q084

⑤ Q129

《説文·克部》："，肩也；象屋下刻木之形。凡克之屬皆从克。，古文克。，亦古文克。"

【釋形】

《説文》以爲象形字，"象屋下刻木之形"，訓爲肩。按"克"甲骨文作（《合》27796）、（《合》31219）等形，其構意及本義尚無定論。或謂像人躬身拊膝以承重物之形，會肩任之義；或謂上像胄形，下从皮省，爲"鎧"之初文，均可備一説。金文或作（《冠尊》），或上下離析作（《墮医因資敦》）。小篆在此基礎上進一步發生形變，《説文》依小篆形體釋爲"屋下刻木之形"，與原初構形不符。漢碑字形中，上部形體依小篆轉寫隸定爲"亠"，如圖①②；或變異作"十"，如圖③～⑤。中間圓形多隸定爲"口"；下部曲線多離析爲兩筆，近似於"儿"，如圖①⑤；或在右側添加一點，如圖④；或進一步離析爲多個筆畫，如圖③。圖②下部變異特别，圓形和下面曲線粘合爲一體，混同作"𠀉"。

【釋義】

㊀能："馮于豳岐，文武克昌"（Q129）；"其德伊何？克忠克力"（Q133）。㊁戰勝，打敗："斬馘部眾，克敵全師"（Q079）；"克伐鬼方，元功章炳"（Q093）；"克岐有兆，綏御有勛"（Q179）。㊂通"刻"，❶刻識，銘記："克命先己，汁稽履化"（Q021）；"獨爲□石，追克義以永祠後"（Q101）。❷搜刮："紬掊克，采儁桀"（Q084）。

【釋詞】

［克長克君］語出《詩·大雅·皇矣》："克明克類，克長克君。""克長克君"謂其能力堪爲君長："克長克君，牧守三國"（Q146）。

［克明］語出《詩·大雅·皇矣》："克明克類，克長克君。"克明，能明也："克明王道，辯物居方"（Q148）；"克明俊德，允武允文"（Q150）。漢碑又作"克朙"："聖朝克朙，靡神不舉"（Q126）。

7074 **禾** hé 《廣韻》户戈切，匣戈平。匣歌。

Q146

《説文·禾部》："，嘉穀也。二月始生，八月而熟，得時之中，故謂之禾。禾，木也。木王而生，金王而死。从木，从𠌶省。𠌶象其穗。凡禾之屬皆从禾。"

【釋形】

《説文》以爲合體象形字，从木、从𠂹省，“𠂹”像其穗。按“禾”甲骨文作（《合》33311），金文作（《大禾方鼎》），像禾穗下垂之形，爲獨體象形字。小篆略有形變。漢碑字形依據小篆線條轉寫隸定，彎曲線條平直化。像禾穗的曲線被分解爲短撇；上弧線被拉直爲横；下弧線被拆分成左右對稱的兩筆，形成撇和捺，如圖。

【釋義】

㊀古指粟：“致黄龍、嘉禾、木連、甘露之瑞”（Q146）；“白鹿、甘露降、承露人、嘉禾、黄龍、木連理”（Q147）。㊁用於地名：“巴郡朐忍令，换漢中〖成〗固令，〖遷〗宜禾都尉”（Q110）。

7075 **秀** xiù 《廣韻》息救切，心宥去。心幽。

Q137

《説文·禾部》：“，上諱。”

【釋形】

因“秀”字乃東漢光武帝劉秀之名諱，故《説文》僅云“上諱”，而未作形義分析。按“秀”石鼓文作，與小篆形體相近，从禾，下部形體構意不明。漢碑字形中，構件“禾”像禾穗的曲線被分解爲短撇，上弧線被拉直爲横，下弧線被拆分成左右對稱的兩筆，形成撇和捺；下部形體隸定爲“弓”，如圖。

【釋義】

㊀穀類抽穗開花：“被病夭没，苗秀不遂”（Q094）。㊁優異，出衆：“攬英接秀，踵跡晏平”（Q137）；“惇懿允元，叡其玄秀”（Q148）。㊂通“莠”，雜草：“馬〖餼〗稂秀，不爲苛煩”（Q171）。

7076 **稼** jià 《廣韻》古訝切，見禡去。見魚。

① Q095　② Q135

《説文·禾部》：“，禾之秀實爲稼，莖節爲禾。从禾，家聲。一曰：稼，家事也。一曰：在野曰稼。”

【釋形】

《説文》小篆爲形聲字，从禾，家聲。漢碑字形與小篆相承，義符“禾”的形變與其單獨成字時一致，像禾穗的曲線被分解爲短撇，上弧線被拉直爲横，下弧線被拆分成左右對稱的兩筆，形成撇和捺。聲符“家”所从之構件“豕”，右側向下的曲線斷開，形成短撇和捺，如圖①②。

【釋義】

莊稼：“未秋截霜，稼苗夭殘”（Q095）；又見“稼穡”。

【釋詞】

［稼穡］本指農作物的種植與收割，也泛指農作物，莊稼：“稼穡穰穰，穀至〖兩〗錢”（Q171）；“傷害稼穡”（Q161）。漢碑中又作“稼嗇”：“〖三農九穀〗，稼嗇滋殖”（Q135）。

7077 **穡** sè 《廣韻》所力切，山職入。山職。

① Q161　② Q126

《説文·禾部》：“，穀可收曰穡。从禾，嗇聲。”

【釋形】

《説文》小篆爲形聲字，从禾，嗇聲，義爲穀物成熟。按“穡”初文作“嗇”，金文寫作（《史牆盤》），上爲“來”，下爲倉廪形，表示糧食入倉，會意字；小篆增添義符“禾”，變爲形聲字。漢碑中字形不清，構件“嗇”中的“來”省寫明顯，如圖①②。

【釋義】

㊀泛指農作物，莊稼：見“稼穡”。㊁泛指農業勞動：見“穡民”。

【釋詞】

［穡民］農民：“國富年豐，穡民用章。刻石紀銘，令德不忘”（Q126）。

7078 **稙** zhí 《廣韻》竹力切，知職入。端職。

Q146

《説文·禾部》：“稙，早穜也。从禾，直聲。《詩》曰：‘稙稚尗麥。’”

【釋形】

《説文》小篆爲形聲字，从禾，直聲。漢碑字形中，義符“禾”的形變與其單獨成字時一致，像禾穗的曲線被分解爲短撇，上弧線被拉直爲横，下弧線被拆分成撇和點。聲符“直”甲骨文作（《合》22050），在“目”上畫一豎線，表示直視前方；金文作（《恒簋蓋》），上面豎線加點，左側添加一曲線；小篆據此線條化爲，構件“目”由横向變爲縱向，其上的一豎一點演化爲“十”字形；漢碑字形依據小篆轉寫隸定，上面的構件“十”省變作“亠”，下面的曲線拉直爲横，横和“目”之間增添一點，如圖。

【釋義】

通“殖”，貨殖，指經商營利：“瑞降豐稔，民以貨稙”（Q146）。

7079 **種** zhòng 《廣韻》之用切，章用去。章東。

① Q137 ② Q141 ③ Q106

《説文·禾部》：“種，先種後熟也。从禾，重聲。”

【釋形】

《説文》小篆爲形聲字，从禾，重聲。漢碑字形中，義符“禾”的形變與其單獨成字時一致，像禾穗的曲線被分解爲短撇，上弧線被拉直爲横，下弧線分解爲撇和點；聲符“重”本像人背負囊橐之形，後理據重構爲从壬東聲，小篆中聲符“東”已置於義符“壬”中間，二者共用一個豎線；漢碑中兩個構件粘合得更加緊密，聲符“東”省變嚴重，已經看不出原有的結構了，如圖①～③；構件“壬”上部“人”形隸定爲一撇一豎，下面或省去一横畫，如圖②。

【釋義】

㊀種植：“發荒田耕種”（Q161）；“爲堯種樹，舍潛于岐”（Q187）；“負土成墳，列種松柏”（Q106）；“路無拾遺，犁種宿野”（Q179）。㊁樹德，常與“邁”連用：見“邁種”。㊂用於人名：“成武令中山安熹曹種□□”（Q093）。

7080 **稚** zhì 《廣韻》直利切，澄至去。定脂。

① Q145 ② Q051

《説文》作“稺”，《説文·禾部》：“稺，幼禾也。从禾，屖聲。”

【釋形】

稚，當爲“稺”的異體字，从禾，隹聲。段玉裁《説文解字注》：“（稺）今字作‘稚’。”聲符“隹”小篆寫作，義符“禾”小篆寫作。漢碑字形中，構件“禾”的形變與其單獨成字時一致，像禾穗的曲線被分解爲短撇，上弧線被拉直爲横，下弧線分解爲撇和點；構件“隹”發生離析重組，并將線條全部轉寫爲筆畫，已看不出鳥的樣子了，如圖①。圖②爲陽文，字體介於篆隸之間。

【釋義】

㊀幼兒：見“孤稚”。㊁用於人名：“居圜陽西鄉榆里郭稚文萬年室宅”（Q051）。

7081 **穆**（䵹） mù 《廣韻》莫六切，明屋入。明覺。

① Q142

② Q145

③ Q179

④ Q065

⑤ Q154

《説文·禾部》:“,禾也。从禾,㣎聲。”

【釋形】

《説文》以爲形聲字,从禾,㣎聲。按“穆”甲骨文作(《合》33373),于省吾認爲“本象有芒穎之禾穗下垂形”(《甲骨文字釋林》),爲象形字。金文進一步繁化,寫作(《史牆盤》)、(《曶鼎》)等形,禾穗内或加點作,下或增添“彡”形。後禾穗與禾身斷開,寫作(《師𩛥鼎》)、(《史牆盤》),禾穗上或又增添“小”形。小篆“小”下移至禾穗和“彡”之間,三者重新組合爲“㣎”,《説文》釋爲聲符,“穆”變爲形聲字,理據重構。漢碑字形中,在結構布局上,有的爲左形右聲,與小篆結構布局相同,如圖①～③;也有的與小篆布局相反,如圖④⑤。在字體方面,有的爲碑文篆書,但已經帶有明顯的隸意,如圖④。更多的則已經發生隸變,聲符“㣎”上部“白”形或省首筆短撇,如圖②;中部“小”形或變作三點,如圖①②;或省去“小”,如圖③⑤。

【釋義】

㊀淳和,温和:“督司京師,穌然清邈”(Q154);“清和穆鑠,寔惟乾巛”(Q193);又見“穆如清風”。㊁静穆,安静:“神仙退泰,穆若潛龍”(Q142)。㊂與“於”連用,表對美好的讚歎:“於穆肅廱,上下蒙福”(Q141);“於穆皇祖,天挺應期”(Q144);“於穆我君,敦誠篤信”(Q145);“於穆韓君,獨見天意”(Q112)。㊃古代宗庙排列的次序,始祖居庙中,父子依序爲昭穆,左爲昭,右爲穆:“〖其〗先出自有周,王季之穆”(S97)。㊄用於人名:“門生東郡東武陽滕穆,字奉德”(Q127);“故吏劉穆,故吏劉紆,故吏淳于選”(Q074)。

【釋詞】

[穆穆]㊀儀容或言語和美:“穆穆楊公,命世而生”(Q066);“穆穆我君,大聖之胄”(Q148)。㊁端莊,肅穆:“玄圖靈像,穆穆皇皇”(Q174)。

[穆清]祥和太平:“播德二城,風曜穆清”(Q185)。

[穆如清風]語出《詩·大雅·烝民》:“吉甫作誦,穆如清風。”表示和美如清風,能滋養萬物:“民歌德惠,穆如清風”(Q146)。

7082 **穌**

“穆”的異體字(圖④⑤),見7081穆。

7083 **私** sī 《廣韻》息夷切,心脂平。心脂。

Q172

《説文·禾部》:“,禾也。从禾,厶聲。北道名禾主人曰私主人。”

【釋形】

《説文》小篆爲形聲字,从禾,厶聲。漢碑字形中,義符“禾”的形變與其單獨成字時一致,像禾穗的曲線被分解爲短撇,上弧線被拉直爲横,下弧線被分解成撇和捺;聲符“厶”形變近似於三角形,如圖。

【釋義】

與“公”相對,個人的,自己的:“屈私趨公,即仕佐上”(Q172)。

7084 **稷** (一)jì 《廣韻》子力切,精職入。精職。

① Q084

② Q140

③ Q179

④ Q150

《説文·禾部》:“,齋也。五穀之長。从禾,畟聲。,古文稷省。”

【釋形】

《説文》以爲形聲字,从禾,畟聲。按“稷”金文作 (《中山王譽鼎》),从示,畟聲。小篆改爲从禾。漢碑字形中,義符“禾”的形變與其單獨成字時一致,像禾穗的曲線被分解爲短撇,上弧線被拉直爲横,下弧線被分解成撇和捺;“禾”或訛作“木”,如圖③。聲符“畟”所从之構件“人”与“夊”筆畫粘合,近似於“友”形,撇畫或上不出頭,如圖③④;構件“田”或訛寫作“凶”,如圖②③。

【釋義】

㊀穀物名,常與“黍”連用,泛指五穀:“黍稷既馨,犧牲博碩”(Q126);“年豐歲稔,分我稷黍”(Q171);“犧牲玉帛,黍稷稻粮”(Q174)。㊁穀神:“夫封土爲社,立稷而〖祀〗”(Q140);“述脩璧廱,社稷品制”(Q141)。㊂與“社”連用,代指國家:“苑令有公卿之才,嗇夫喋喋小吏,非社稷之重”(Q179)。㊃后稷,周之先祖,虞舜命爲農官,教民耕稼:“每懷禹稷恤民飢溺之思”(Q084);“肇祖宓戲,遺苗后稷”(Q187)。

(二)zè 《集韻》扎色切,莊職入。莊職。

【釋義】

通“昃”,太陽西斜:見“日稷”。

7085 **秫**　shú 《廣韻》食聿切,船術入。船物。

Q100

《説文·禾部》:“,稷之黏者。从禾;朮,象形。,秫或省禾。”

【釋形】

《説文》以爲會意字,義爲黏稷。按“秫”初文作“朮”,甲骨文作 (《合》3238),像禾苗之形,象形字。《説文》或體線條化,并添加一短横線;《説文》小篆增加構件“禾”作“秫”,變爲形聲字。漢碑字形中,構件“朮”中上部向左的曲線拉直爲一横,上部短横變作點,中間向下的曲線拉直爲一豎,豎畫兩邊的線條寫作一撇一捺;構件“禾”殘泐近似於“千”形,如圖。

【釋義】

通“束”:“玉女執尊杯桉柈,局秫檈柎好弱皃”(Q100)。

7086 **稻**　dào 《廣韻》徒晧切,定晧上。定幽。

Q174

《説文·禾部》:“,稌也。从禾,舀聲。”

【釋形】

《説文》小篆爲形聲字,从禾,舀聲。漢碑字形中,義符“禾”的形變與其單獨成字時一致,像禾穗的曲線被分解爲短撇,上弧線被拉直爲横,下弧線析爲撇和點。聲符“舀”所从之構件“爪”隸定作“爫”,構件“臼”内部筆畫對稱減少兩筆,外部輪廓由圓轉的線條隸定爲平直方折的筆畫,如圖。

【釋義】

稻穀:“犧牲玉帛,黍稷稻粮”(Q174)。

7087 **移**　yí 《廣韻》弋支切,餘支平。餘歌。

① Q142

② Q106

《説文·禾部》:“,禾相倚移也。从禾,多聲。一曰:禾名。”

【釋形】

《説文》小篆爲形聲字,从禾,多聲。“多”上古音在端母歌部。漢碑字形與小篆相承,義符“禾”的形變與其單獨成字時一致,像禾穗的曲線被分解爲短撇,上弧線被拉直爲横,下弧線分解爲撇和點;聲符“多”的構件二“夕”,其弧形曲線分解爲撇和横撇兩筆,如圖①②。

【釋義】

㈠移動,遷移:“服藥以後,當移意萬里”(Q199);“母年八十六,歲移在卯”(Q106)。㈡改變,變易:“姦□越竟,民移俗改”(Q171)。㈢延及,推移:“烝烝慄慄,可移於官”(Q128)。㈣舊時公文的一種,用於不相統屬的官署間:見“寫移”。

7088 **穎** yǐng 《廣韻》餘頃切,餘靜上。餘耕。

① Q129

② Q178

③ Q112

④ Q220

⑤ Q285

⑥ Q134

《説文·禾部》:“,禾末也。从禾,頃聲。《詩》曰:‘禾穎穟穟。’”

【釋形】

《説文》小篆爲形聲字,从禾,頃聲。漢碑字形中,義符“禾”的形變與其單獨成字時一致,像禾穗的曲線被分解爲短撇,上弧線被拉直爲横,下弧線或分解爲撇和點,如圖①~③;“禾”或省變爲三豎筆,如圖④;或訛作“夫”形,如圖⑤;或訛作“示”形,如圖⑥。聲符“頃”所从之構件“匕”或訛變作“上”,如圖①②③⑥;或訛變作“亡”形,如圖④⑤。構件“頁”上部像人頭的部分離析重組爲“百”,下部像人身體的部分寫作“八”或兩點,如圖①~⑥。

【釋義】

㈠用於人名:“靈壽趙穎,縣令南陽”(Q126);“伯邳從弟諱弼,字穎伯”(Q152)。㈡用於地名:“遷穎川大守”(Q137);“有黄霸、召信臣在穎南之歌”(Q154);“以三川爲穎川”(Q166)。

7089 **積(穡)** jī 《廣韻》資昔切,精昔入。精錫。

① Q144

② Q095

《説文·禾部》:“,聚也。从禾,責聲。”

【釋形】

《説文》小篆爲形聲字,从禾,責聲。“責”上古音在莊母錫部。漢碑字形與小篆相承,義符“禾”的形變與其單獨成字時一致,像禾穗的曲線被分解爲短撇,上弧線被拉直爲横,下弧線分解爲撇和點;聲符“責”所从之構件“朿”隸定爲“龶”,如圖①。“積”上部或增“丷”,隸定爲“穡”,如圖②。

【釋義】

㈠積纍,聚積:“積德勤約,燕于孫子”(Q144);“仁人積德若滋”(Q113);又見“積脩、積祉”。㈡纍計:“〖歲在癸卯〗,積廿七年”(Q124)。㈢倉庫:“案察中曹卓行造作石穡”(Q095)。㈣通“績”:“考積幽穸,表至〖貞〗兮”(Q088);又見“考績”。

【釋詞】

[積脩]長期不斷地修行:“夫積脩純固〖者,爲天人所鐘〗”(Q135)。

[積祉]猶積福:“受天休命,積祉所鐘”(Q093)。

7090 **秩** zhì 《廣韻》直一切,澄質入。定質。

① Q129

② Q088

③ JB6

④ Q148

⑤ J203

《説文·禾部》:“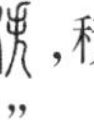,積也。从禾,失聲。《詩》曰:‘穦之秩秩。’”

【釋形】

《説文》小篆爲形聲字,从禾,失聲,本義爲聚積。漢碑字形中,義符“禾”的形變與其單獨成字時一致,像禾穗的曲線被分解爲短撇,上弧線被拉直爲横,下弧線分解爲撇和點,如圖①②③⑤;或省上部短撇,訛爲“木”,如圖④。聲符“失”《説文》从手,乙聲,漢碑字形中構件“手”或與“乙”組合,近似於現在通行的“失”,如圖①;或從中間離析,與“乙”發生重組,如圖②～⑤。

【釋義】

㊀秩序,次序:“建荚忠讜,辨秩東衍”(Q088);“上帝棐諶,天秩未究”(Q148);“猶自挹損,不求禮秩”(Q174)。㊁按照次序祭祀:“國舊秩而祭〖之〗”(Q126);“山嶽之守,是秩是望”(Q129)。㊂用於官名:“萬年左鄉有秩游智千”(Q123);“勑衡官有秩李瑾”(Q146);“前換蘇示有秩馮佑,轉爲安斯有秩”(Q170)。

【釋詞】

[秩秩]肅敬貌:“秩秩其威,娥娥厥頌”(Q128)。

7091 **穰** ráng 《廣韻》汝陽切,日陽平。日陽。

① Q125 ② Q135

《説文·禾部》:“,黍梨已治者。从禾,襄聲。”

【釋形】

《説文》小篆爲形聲字,从禾,襄聲。漢碑字形中,義符“禾”的形變與其單獨成字時一致,像禾穗的曲線被分解爲短撇,上弧線被拉直爲横,下弧線分解爲撇和點。聲符“襄”所从之構件“𤕦”,隸定後仍處於構件“衣”中間;“吅”或隸定作兩個不封口的三角形,如圖②;其下的“爻、工、己”粘合重組爲“㠭”形。構件“衣”上面的一點或省略,如圖①。

【釋義】

㊀穀物豐收:“國〖無灾祥,歲〗聿豐穰”(Q135);“立稷而〖祀〗,皆爲百姓興利除害,以祈豐穰”(Q140);又見“穰穰”。㊁通“攘”,侵擾,紛亂:“光和之中,京師擾穰,雄狐綏綏”(Q187)。

【釋詞】

[穰穰]穀物豐熟的樣子:“稼穡穰穰,穀至〖兩〗錢”(Q171);“穰穰其慶,年穀豐殖”(Q125)。

7092 **年** nián 《廣韻》奴顛切,泥先平。泥真。

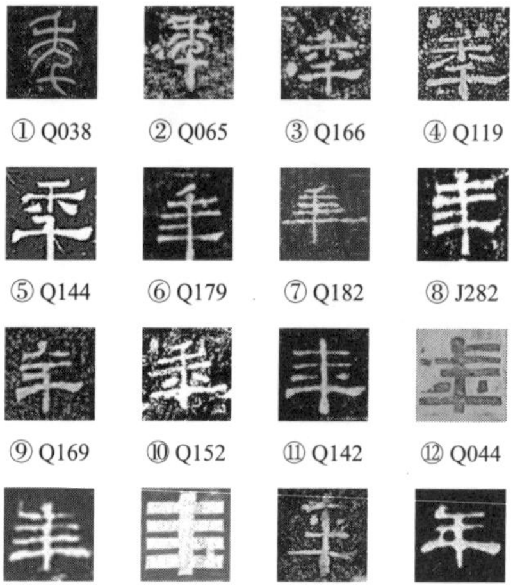

① Q038 ② Q065 ③ Q166 ④ Q119
⑤ Q144 ⑥ Q179 ⑦ Q182 ⑧ J282
⑨ Q169 ⑩ Q152 ⑪ Q142 ⑫ Q044
⑬ Q124 ⑭ Q048 ⑮ Q160 ⑯ Q134

《説文·禾部》:“,穀熟也。从禾,千聲。《春秋傳》曰:‘大有秊。’”

【釋形】

《説文》以爲形聲字,从禾,千聲。按“年”甲骨文作(《合》28287)、(《合》9654),金文作(《乍册睘卣》),像人負禾之形,義爲豐收、收穫,會意字。金文“人”或加點或短横爲飾筆,後在形聲化趨勢的驅動下變異爲“千”,寫作(《鄀公平矦鼎》)、(《廿七年鈿》),成爲从禾、千聲的形聲字,理據重構。小篆即承襲此類字形。漢碑字形中,有的爲碑文篆書,但已帶有明顯的隸意,如圖①②,其中圖②義符“禾”的下弧線斷爲兩筆。多數則發生隸變,其中圖③～⑤依據小篆結構轉寫爲从禾,千聲;圖⑥～⑯則上下構件發生粘合,除圖⑯與現在通行的寫法基本一致外,其他字形變異多樣,已看不出原來的構件“禾”和

“千”了。

【釋義】

㊀五穀成熟，也指一年莊稼的收成：“穰穰其慶，年穀豐殖”（Q125）；“國富年豐，穡民用〖章〗”（Q126）；“歲其有年，民説無疆”（Q129）。㊁時間單位：“惟漢永和二年八月”（Q124）；“永平四年正月葬”（Q024）；“徐無令樂君永元十年造作萬歲吉宅”（Q044）。㊂年歲，年紀：“爲王殘命，復得延年”（Q124）；“年踰九九，永歸幽廬”（Q128）；“上天不惠，不我憖遺，年五十有三”（Q134）；“存慰高年，撫育鰥寡”（Q178）。㊃用於地名：“萬年北鄉有秩畢〖奮〗千五百”（Q123）；“陽城縣長、左馮翊萬年吕常始”（Q061）。

【釋詞】

［年壽］人的壽命：“力〖求〗天命，年壽〖非〗永，百身莫〖贖〗”（Q052）；“力求天命，年壽非永，百身莫贖”（S72）。

7093 **穀** gǔ 《廣韻》古禄切，見屋入。見屋。

① Q179

② Q174

③ Q178

④ Q179

⑤ Q125

《説文·禾部》：“，續也。百穀之緫名。从禾，㱿聲。”

【釋形】

《説文》小篆爲形聲字，从禾，㱿聲。漢碑字形中，有的爲碑額篆書，但已經非常接近於隸書了，如圖①。多數則已經發生隸變，義符“禾”及聲符“㱿”在隸變過程中多有省變，如圖②～⑤。

【釋義】

㊀莊稼、糧食的總稱：“農寔嘉穀，粟至三錢”（Q126）；“年穀屢登，倉庾惟億”（Q146）；“國界大豐，穀斗三錢”（Q060）。㊁俸禄，也借指爲官：“龍德而學，不至於穀”（Q148）。㊂養育：“倉府既盈，以穀士女”（Q171）。㊃用於地名：“君諱全，字景完，敦煌效穀人也”（Q178）；“徵拜郎中，除穀城長”（Q179）；“漢故穀城長蕩陰令張君表頌”（Q179）。

7094 **稔** rěn 《廣韻》如甚切，日寢上。日侵。

① Q146

② Q171

③ Q127

《説文·禾部》：“，穀孰也。从禾，念聲。《春秋傳》曰：‘鮮不五稔。’”

【釋形】

《説文》小篆爲形聲字，从禾，念聲。“念”上古音在泥母侵部。義符“禾”的形變與其單獨成字時一致，像禾穗的曲線被分解爲短撇，上弧線被拉直爲横，下弧線分解成撇和捺。聲符“念”所从之構件“今”或隸定爲上“人”下“工”，如圖①③。構件“心”小篆本像心臟之形，漢碑中隸定爲三點中間加斜鉤，完全失去了象形性，如圖①②；圖③右上兩點或殘泐。

【釋義】

莊稼成熟，豐收：“瑞降豐稔，民以貨稙”（Q146）；“年豐歲稔，分我稷黍”（Q171）。

7095 **租** zū 《廣韻》則吾切，精模平。精魚。

Q089

《説文·禾部》：“，田賦也。从禾，且聲。”

【釋形】

《説文》小篆爲形聲字，从禾，且聲。“且”上古音在清母魚部。漢碑字形依據小篆轉寫隸定，義符“禾”形近訛作“木”，如圖。

【釋義】

用於人名：“東安寒宜爲節丘氏租”

（Q089）。

7096 **秋**（𪏰） qiū 《廣韻》七由切，清尤平。清幽。

① Q129

② Q066

③ Q134

《説文·禾部》："，禾穀孰也。从禾，𪏮省聲。，籀文不省。"

【釋形】

《説文》以爲形聲字，从禾，𪏮省聲。按"秋"甲骨文作（《合》8555）、（《合》33233）等形，郭沫若認爲像蟋蟀之形（《殷契粹編》），假借爲秋天之"秋"，可備一説。甲骨文或加"火"作（《合》33166），此即《説文》籀文"𪏰"之所承。小篆省變爲从火从禾。漢碑字形中，有的與小篆相承，只是構件位置左右互换，如圖①②；有的與《説文》籀文相承，構件"火"隸定作"灬"，如圖③。

【釋義】

㊀秋季："永壽元年孟秋中旬己酉之日"（Q109）；"行秋饗，飲酒畔宫"（Q140）；"所在先陽春以布化，後秋霜以宣威"（Q066）。㊁指代一年的時間："千秋萬祀，子子孫孫"（Q065）。㊂與"春"一起，表示年紀、年壽："春秋七十三，延平元年七月四日薨"（Q056）；"蚤離春秋，永歸長夜"（Q124）；"叔明蚤失春秋，長子道士□立□□，直錢萬七"（Q090）。㊃用於書名"春秋"，編年體史書名，相傳爲孔子所著："路公治嚴氏《春秋》"（Q036）；"治公羊《春秋》經，博通《書》《傳》"（Q166）；"孔子作《春秋》，制孝經，删述五經"（Q102）。㊄用於人名："衙鄉三老時勤伯秋三百"（Q123）；"故吏郎中汝南許鎮長秋"（Q285）。

【釋詞】

［秋霜］比喻嚴厲："所在先陽春以布化，後秋霜以宣威"（Q066）。

7097 **𪏰**

"秋"的異體字（圖③），見 7096 秋。

【釋詞】

［𪏰旻］秋季的天空："是以黎庶愛若冬日，畏如𪏰旻"（Q134）。

7098 **秦** qín 《廣韻》匠隣切，從真平。從真。

① Q065

② Q052

③ J282

④ Q166

《説文·禾部》："，伯益之後所封國，地宜禾。从禾、舂省。一曰：秦，禾名。，籀文秦从秝。"

【釋形】

《説文》以爲會意字，从禾、舂省，義爲國名，其地宜禾生長，故其字从禾；一説爲禾名。按"秦"甲骨文作（《合》32742）、（《合》299），从二手持杵，从二禾，義爲舂米；《説文》籀文承襲此類字形。金文或增加構件"臼"，寫作（《秦公簋》），變爲从秝从舂會意；或省去一個"禾"，寫作（《洹秦簋》），變爲从二手持杵、从禾，《説文》小篆承襲此類字形，故《説文》釋爲从禾、舂省。漢碑字形中，有的爲碑文篆書，但已經帶有明顯的隸意，如圖①；也有的隸書中略帶篆意，如圖②。圖③④則已徹底隸變，構件"午、収"粘合重組爲"𡗗"形，與"舂泰春"等字形之"𡗗"混同。

【釋義】

㊀秦朝："高祖初興，改秦淫祀"（Q129）；"感秦人之哀，願從贖其無由，庶考斯之頌儀"（Q133）；"杞繒漸替，又遭亂秦"（Q065）。㊁姓氏："門生北海劇秦麟，字伯麟"（Q127）；"漢故幽州書佐秦君之神道"（Q052）；"故功曹秦杼漢都千"（Q178）。㊂用於地名："道由子午，出散入秦"（Q095）。

7099 **稱** （一）chēng 《廣韻》處陵切，昌蒸平。昌蒸。

① JB6 ② Q083 ③ Q137 ④ Q133

《説文·禾部》："，銓也。从禾，爯聲。春分而禾生。日夏至，晷景可度。禾有秒，秋分而秒定。律數：十二秒而當一分，十分而寸。其以爲重：十二粟爲一分，十二分爲一銖。故諸程品皆从禾。"

【釋形】

《説文》小篆爲形聲字，从禾，爯聲。漢碑字形中，義符"禾"的形變與其單獨成字時一致，像禾穗的曲線被分解爲短撇，上弧線被拉直爲横，下弧線分解爲撇和點。聲符"爯"所从之構件"爪"隸定作"爫"，如圖①③；下部"冉"中間竪畫或向下延伸，如圖②；"爫"中間一點或與下部"冉"中間竪綫相接，如圖④。

【釋義】

㊀稱爲，叫做："號稱阿衡，因〖而氏焉〗"（Q137）。㊁述説：見"稱陳"。㊂舉起："豐年多黍，稱彼兕觥"（Q127）。㊃舉用：見"稱遂"。㊄名聲，名譽："聲稱爰發，牧守旌招"（Q130）；"又有鴻稱，升遐見紀"（Q142）；"身滅名存，美稱脩飭"（Q113）。㊅祝賀："奉爵稱壽，相樂終日"（Q141）。㊆稱贊，頌揚："雖姜公樹迹，藋檀流稱"（Q130）；"或聞生柳惠國大夫，而流俗稱焉"（H105）；"世稱其□雅宣慈，篤誠孝弟"（Q083）。

【釋詞】

［稱陳］陳述："追念父恩，不可稱陳"（Q124）。

［稱壽］祝福長壽："奉爵稱壽，相樂終日"（Q141）。

［稱遂］承續，因襲："昔者共工，範防百川，柏鮌稱遂"（Q065）。

（二）chèn 《廣韻》昌孕切，昌證去。昌蒸。

【釋義】

符合，相配："爵不〖副〗德，位不稱功"（Q132）；"遭貴戚專權，不稱請求"（Q133）。

7100 **程** chéng 《廣韻》直貞切，澄清平。定耕。

① Q178 ② Q178

《説文·禾部》："，品也。十髮爲程，十程爲分，十分爲寸。从禾，呈聲。"

【釋形】

《説文》小篆爲形聲字，从禾，呈聲。漢碑字形依據小篆轉寫隸定，義符"禾"的形變與其單獨成字時一致，像禾穗的曲線被分解爲短撇，上弧線被拉直爲横，下弧線分解爲撇和點；聲符"呈"所从之構件"壬"，將小篆像"人"的兩條曲線隸定爲撇和竪，如圖①②。

【釋義】

㊀效法："先民是程，宜乎三事，金鉉利貞"（Q148）。㊁姓氏："右尉豫章南昌程陽"（Q172）；"部吏王宰、程横等"（Q178）；"故市掾程璜孔休"（Q178）。㊂用於人名："于程、于伯先、于孝"（Q029）。

7101 **秘**

"祕"的異體字（圖③），見 1020 祕。

7102 **兼** jiān 《廣韻》古甜切，見添平。見談。

 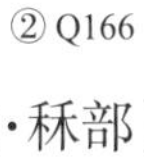 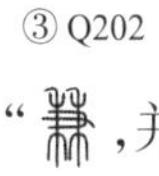 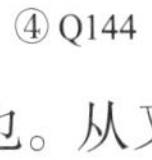

① Q137 ② Q166 ③ Q202 ④ Q144

《説文·秝部》："，并也。从又持秝。兼持二禾，秉持一禾。"

【釋形】

《説文》小篆爲會意字，从又持二禾，義爲兼并。漢碑字形中，有的二"禾"像穗下垂之形的線條由方向一致變爲左右相背,如圖①②;或變作向内的兩點“丷”,如圖③④。兩條上弧線拉直連爲一横,如圖①~③;或省去横線,如圖④。兩條下弧線變化較多,有的各隸定爲撇和點,如圖①;有的省爲三點,如圖③④;還有的與兩豎筆的下端共同省寫爲“灬”,如圖②。

【釋義】

㊀指同時具有兩個或兩個以上的事物或行爲:“侯惟安國,兼命斯章”(Q129);“兼將軍之號,秉斧鉞之威”(Q174);“履該顔原,兼脩季由”(Q137)。㊁吞併,兼併:“秦兼天下,侵暴大族”(Q166)。㊂連詞,相當於“并且”:“躬忠恕以及人,兼禹湯之皋己”(Q127)。

7103 **黍** shǔ 《廣韻》舒吕切,書語上。書魚。

① Q174 ② Q126 ③ J039 ④ Q171

《説文·黍部》:“ ,禾屬而黏者也。以大暑而種,故謂之黍。从禾,雨省聲。孔子曰:‘黍可爲酒,禾入水也。’凡黍之屬皆从黍。”

【釋形】

《説文》以爲形聲字,从禾,雨省聲。按“黍”甲骨文作 (《合》9951),像禾黍之形,象形字。或添加構件“水”作 (《合》9942),變爲會意字;金文省寫作 (《仲𠭯父盤》),从禾从水;小篆承襲此類字形,非《説文》所説的“雨省聲”。漢碑字形或依據小篆進行轉寫隸定,下面的構件“水”隸定爲“小”,如圖①;或與小篆向下的曲線一起重組爲“木”,如圖②③;或重組爲“禾”,如圖④。

【釋義】

五穀之一,性黏:“豐年多黍,稱彼兕觥”(Q127)。

【釋詞】

[黍稷]黍和稷,泛指五穀:“黍稷既馨,犧牲博碩”(Q126);“犧牲玉帛,黍稷稻粮”(Q174);“四時奉祀,黍稷〖陳〗兮”(Q171)。也作“稷黍”:“年豐歲稔,分我稷黍”(Q171)。

7104 **黎(𪎭)** lí 《廣韻》郎奚切,來齊平。來脂。

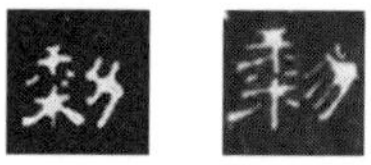

① Q134 ② Q127

《説文·黍部》:“ ,履黏也。从黍,𥝢省聲。𥝢,古文利。作履,黏以黍米。”

【釋形】

《説文》小篆爲形聲字,从黍,𥝢省聲。漢碑字形中,有的與小篆布局相同,爲左右結構,如圖①②。構件“黍”下面的構件“水”與小篆向下的曲線一起重組爲“米”形,理據重構,因爲“黍”與稻穀同類,如圖②;圖①中的“朮”形疑爲“米”殘泐所致。“𥝢”中像耕地農具的構件隸定形體不一,或作“力”形,如圖①;或作“勿”形,如圖②。

【釋義】

衆多,特指黎民、百姓:“皇上頌德,羣黎慕涎”(Q128);“翼翼聖慈,惠我黎蒸”(Q172);又見“黎萌、𪎭儀”。

【釋詞】

[黎庶]黎民,老百姓:“是以黎庶愛若冬日”(Q134)。

[黎元]黎民,老百姓:“班化黎元,既清且寧”(Q133)。

7105 **𪎭**

“黎”的異體字(圖②),見7104黎。

【釋詞】

[𪎭儀]王念孫《漢隸拾遺》:“引之云:‘黎儀即《皋陶謨》之萬邦黎獻也。’某氏傳云:‘黎,賢也。’”“獻”與“儀”古同聲而通用。黎民中的賢者:“乃綏二縣,𪎭儀以康”(Q127)。

7106 **香**(𪏮) xiāng 《廣韻》許良切,曉陽平。曉陽。

① Q129

② Q127

③ Q137

《説文·香部》:",芳也。从黍从甘。《春秋傳》曰:'黍稷馨香。'凡香之屬皆从香。"

【釋形】

《説文》以爲會意字,从黍从甘,義爲穀物的芳香。按"香"甲骨文作(《合》937),金文作(《𤞞簋》),从黍从口,義爲黍稷馨香。"口"形小篆變爲"甘",故《説文》釋爲"从黍从甘"會意。漢碑字形中,義符"甘"寫法与"日"混同;有的从二禾,爲"黍"的異體字,如圖①;有的"黍"省作"禾",如圖②③。

【釋義】

㊀氣味芬芳:"百姓酤買,不能得香酒美肉"(Q141)。㊁用作祭品的食物:"擇其令辰,進其馨香"(Q174)。㊂美德,令聞:"維明維允,燿此聲香"(Q137);"所歷垂勳,香風有隣"(Q150)。㊃用於人名:"門生〖魏郡〗鄴皐香,字伯子"(Q127);"遣書佐新豐郭𪏮察書"(Q129);"故脩行劇中香,字季遠"(Q088)。

【釋詞】

[香風有隣]語出《論語·里仁》:"德不孤,必有鄰。"香風即美好的品德:"所歷垂勳,香風有隣"(Q150)。

7107 **𪏮**

"香"的異體字(圖①),見7106香。

7108 **馨** xīn 《廣韻》呼刑切,曉青平。曉耕。

① Q126

② Q129

《説文·香部》:"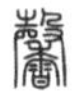,香之遠聞者。从香,殸聲。殸,籀文磬。"

【釋形】

《説文》小篆爲形聲字,从香,殸聲。"殸"上古音在溪母耕部。漢碑字形中,義符"香"所从之構件"黍"省作"禾",構件"甘"與"日"混同。聲符"殸"左側像懸磬之形的部分有所省變,上部近似於"中"或"土",下部近似於"尸"内有一短豎,且與"中"或"土"的豎筆相連;右側"殳"中的"几"隸定近似於"口","又"隸定近似於"乂",如圖①②。

【釋義】

㊀濃郁的香氣:"黍稷既馨,犧牲博碩"(Q126)。㊁帶有香味的食物,常代指用於祭祀的食物:見"馨香"。㊂借指美好的品德:"明德惟馨,神歆其芳"(Q129)。

【釋詞】

[馨香]指用於祭祀的食物:"擇其令辰,進其馨香"(Q174)。

7109 **米** mǐ 《廣韻》莫禮切,明薺上。明脂。

① Q178

② Q102

《説文·米部》:",粟實也。象禾實之形。凡米之屬皆从米。"

【釋形】

《説文》小篆爲象形字,像禾實之形。"米"甲骨文作(《合》34165)、(《合》32543),更像米粒之形。小篆中間上下兩顆米粒已連爲一筆。漢碑字形依據小篆轉寫隸定,横畫上的兩線條變成兩點,其下的兩條變成撇和捺,如圖①②。

【釋義】

稻米:"撫育鰥寡,以家錢糴米粟賜瘠盲"(Q178);"大司農給米祠"(Q102)。

【釋詞】

[米巫]指五斗米道道師。五斗米道以

符籙爲術，有如巫覡，故稱：“季世不祥，米巫汹瘧”（Q187）。

7110**精** jīng 《廣韻》子盈切，精清平。精耕。

① Q202

② Q140

《説文·米部》：“，擇也。从米，青聲。”

【釋形】

《説文》小篆爲形聲字，从米，青聲，本義應爲精米。“青”《説文》釋爲“从生、丹”。漢碑字形中，義符“米”橫畫上的兩線條變成兩點，其下的兩條變成撇和點；聲符“青”所从之構件“生”隸定爲“龶”，構件“丹”與“月”混同，如圖①②。

【釋義】

㊀真氣，古人認爲宇宙間的一種精氣：“昔在仲尼，汁光之精”（Q140）；“泰華惟岳，神曜吐精”（Q161）；“乃台吐耀，乃嶽降精”（Q066）。㊁魂靈：“噓噏不反，夭隕精晃”（Q167）。㊂神靈，鬼怪：“恐精靈而迷惑兮，歌歸來而自還”（Q039）。㊃精通，嫻熟：“脩崤嶔之道，德治精通”（Q147）；“精通晧穹，三納苻銀”（Q150）。㊄用於人名：“故金曹史精暢文亮”（Q178）。

7111**糧**

“粮”的異體字（圖①），見7112粮。

7112**粮**（糧） liáng 《廣韻》吕張切，來陽平。來陽。

① Q129

② Q174

③ Q112

《説文》作“糧”，《説文·米部》：“，穀也。从米，量聲。”

【釋形】

糧，《説文》小篆爲形聲字，从米，量聲。漢碑字形中，義符“米”橫畫上的兩線條變成兩點，其下的兩線條變成撇和點；聲符“量”《説文》“从重省，曏省聲”，漢碑字形依據小篆轉寫隸定，向下的曲線隸定時省去。“糧”或改換聲符，變爲从米，良聲。聲符“良”《説文》小篆作，隸變時上下構件發生粘合重組，如圖②③。“粮”爲後世通行字。

【釋義】

糧食，穀物：“資糧品物，亦相瑤光”（Q129）；“離敗聖輿食粮，亡于沙丘”（Q112）；“犧牲玉帛，黍稷稻粮”（Q174）。

7113**氣** qì 《廣韻》去既切，溪未去。溪物。

① J241

② Q153

③ Q129

④ Q202

⑤ Q142

⑥ Q114

⑦ Q141

《説文·米部》：“，饋客芻米也。从米，气聲。《春秋傳》曰：‘齊人來氣諸侯。’，氣或从食。，氣或从既。”

【釋形】

《説文》小篆爲形聲字，从米，气聲。按“气、氣”本爲兩個不同的字，“气”本義爲雲氣，泛指氣體，象形字；“氣”本讀 xì，从米，气聲，本義爲贈送人的糧食，後假借表示氣體，其本義添加構件“食”，寫作“餼”；表示氣體時後來又簡化作“气”。漢碑字形中，義符“米”橫畫上的兩線條變成兩點，其下的兩線條變成撇和點（或捺）。聲符“气”的變體較多，在小篆的基礎上或繁或簡，但尚未形成現在通行的寫法，如圖①～⑦。

【釋義】

㊀雲氣：“上有雲氣與仙人”（Q114）；“山澤通氣，雲行雨施”（Q129）；“時有赤氣，著鐘連天”（Q142）。㊁氣體的通稱：“加遇害氣，遭疾〖隕靈〗”（Q132）；“卒遭毒氣遇

匈殃”（Q039）。㊂古時指自然界的陰陽二氣：“陽氣厥拼，感思舊君”（Q179）。㊃呼吸，氣息：“既至升堂，屏氣拜手”（Q141）。㊄元氣，精氣：“皇靈禀氣，卓有純兮”（Q153）；“含氣庶品，非書〖不記〗”（Q123）；“形銷氣盡，遂以毀滅”（Q202）。㊅氣象，景象：“由是之來，和氣不臻”（Q060）。

7114 **竊** qiè 《廣韻》千結切，清屑入。清質。

Q138

《說文·米部》：“，盜自中出曰竊。从穴从米，禼、廿皆聲。廿，古文疾。禼，古文偰。”

【釋形】

“竊”字从穴，其他部分構意不明。《說文》以爲从穴从米，禼、廿皆聲，其說難通。漢碑字形中，構件“穴”省變爲“宀”，構件“廿”省去，構件“禼”局部發生省變，如圖。

【釋義】

㊀盜賊，草寇：“斯多草竊，罔不□賊”（Q148）。㊁謙詞，私下：“瑛少子熹，竊晞商魯”（Q138）。

7115 **臽** xiàn 《廣韻》户韽切，匣陷去。匣談。

Q146

《說文·臼部》：“，小阱也。从人在臼上。”

【釋形】

《說文》以爲會意字，从人在臼上，義爲陷阱。按“臽”甲骨文作（《合》15664），像人落入陷阱之狀。金文繁化作（《𢦏鐘》），人身上增加束縛形，陷阱中也增添了尖齒形。小篆則將陷阱類化爲“臼”。漢碑字形中，構件“人”隸定作“⺈”；構件“臼”內部筆畫對稱減少兩筆，外部輪廓的圓轉線條變爲平直方折的筆畫，如圖。

【釋義】

坑穴：“刻臽確嵬，減高就埤”（Q146）。

7116 **凶（⿰歹凶）** xiōng 《廣韻》許容切，曉鍾平。曉東。

① Q083　② Q129　③ Q128

《說文·凶部》：“，惡也。象地穿交陷其中也。凡凶之屬皆从凶。”

【釋形】

《說文》小篆爲象形字，像穿地爲坑，有物交陷其中之形，義爲凶險、不吉利。漢碑字形依據小篆轉寫隸定，圓轉線條變爲平直方折的筆畫，如圖①②；凶或从歹，隸定爲“⿰歹凶”，如圖③。

【釋義】

㊀凶險，災禍：“寬猛□臨鄉登進，而遘凶祆”（Q083）；“昊天上帝，降兹鞠凶”（Q093）；“夙罹凶災，噓噏不反”（Q167）；“如何夙隕，丁此咎⿰歹凶”（Q128）。㊁凶惡的，凶惡的人：“於亓時廱，撫兹岱方。帥彼凶人，〖覆俾〗□□”（Q127）；“□五教以博□，削四凶以勝殘”（Q148）。㊂饑荒：見“凶札”。

【釋詞】

［凶札］五穀歉收，疾疫流行：“遏禳凶札，揫斂吉祥”（Q129）。

7117 **韰** xiè 《廣韻》胡介切，匣怪去。匣月。

Q127

《說文》作“䪢”，《說文·韭部》：“，菜也。葉似韭。从韭，㕡聲。”

【釋形】

“韰”乃“䪢”字省去構件“貝”而成。“䪢”《說文》小篆爲形聲字，从韭，㕡聲。

漢碑字形中，“韭”下面的“一”與上部分離，托於整字之下，上面像韭菜之形的部分隸定近似於“非”；聲符“𢦏”所从之構件“貝”省去，構件“冂”隸定爲“丂”，如圖。

【釋義】

姓氏：“故吏北海都昌鑿章，字文〖理〗”（Q127）。

7118 瓜 guā 《廣韻》古華切，見麻平。見魚。

Q199

《説文·瓜部》：“，胍也。象形。凡瓜之屬皆从瓜。”

【釋形】

《説文》小篆爲合體象形字，圓形像瓜，其餘線條像瓜秧。漢碑字形隸定近似於“爪”形，如圖。

【釋義】

瓜果：“土域啖瓜，旁有真人，左右莫察。而君獨進美瓜，又從而敬禮之”（Q199）。

7119 家 jiā 《廣韻》古牙切，見麻平。見魚。

① Q145 ② Q084 ③ Q100 ④ Q102

《説文·宀部》：“，居也。从宀，豭省聲。，古文家。”

【釋形】

《説文》小篆爲形聲字，从宀，豭省聲。按“家”甲骨文作（《合》6063），从宀从豕；或从二豕作（《合》136）。古人由漁獵時代向農耕時代轉型的過程中，學會飼養牲畜是一個重要標志。飼養牲畜就必須定土而居，這也是家的開始，故“家”字从豕。甲骨文或作（《合》20268）、（《合》20268），豕的腹下添加一畫表示其生殖器，强調其所從一定是公豬，這是漢字形聲化趨勢作用的結果。因爲公豬即後來的“豭”字，“豭”與“家”古音完全相同，故可以充當其聲符。《説文》釋“家”爲从宀、豭省聲，是有道理的。金文作（《頌鼎》），小篆構形承之。漢碑字形中，構件“宀”兩側的豎線縮短，整字布局由半包圍結構調整爲上下結構。構件“豕”與背部相交的線條斷開，右側的曲線分解爲短撇和捺，如圖①～④。

【釋義】

㊀一家人共同居住的地方：“是時府在西成，去家七百餘里”（Q199）；“憯知其善，每休歸在家”（Q202）。㊁家庭：“祖述家業，脩《春秋》經”（Q105）；“即此五家祖冢之責，以漆書之”（Q278）。㊂定居，安家落户：“家于梓湩，九族布列”（Q153）；“或在安定，或處武都，或居隴西，或家敦煌”（Q178）。㊃學術流派：“有韓魏之家，自視歂然”（Q084）；“外覽百家，眾推挈聖”（Q172）。㊄對人稱自己的家屬（多指比自己年長的或輩份高的）：“家父主吏，年九十”（Q106）。

7120 宅 zhái 《廣韻》場伯切，澄陌入。定鐸。

① Q040 ② JB6

《説文·宀部》：“，所託也。从宀，乇聲。，古文宅。，亦古文宅。”

【釋形】

《説文》小篆爲形聲字，从宀，乇聲。“乇”上古音在端母鐸部。漢碑字形中，有的爲碑文篆書，但已經帶有明顯的隸意，如圖①。圖②則已經發生隸變，義符“宀”兩側的豎線縮短，整字由半包圍結構調整爲上下結構；聲符“乇”曲筆分解爲一撇和“乚”，如圖②。

【釋義】

㊀住宅，房舍：“建宅處業，汶山之陽”

（Q070）；"牧馬牛羊諸僮，皆良家子，來入堂宅"（Q114）；"復禮孔子宅，拜謁神坐"（Q140）。㊁墓地，墓穴："徐無令樂君永元十年造作萬歲吉宅"（Q044）；又見"宅兆"。

【釋詞】

［宅兆］墓地："漢故西河圜陽守令平周牛公産萬歲之宅兆"（Q162）。

7121 **室** shì 《廣韻》式質切，書質入。書質。

① Q144

② Q236

③ Q128

④ Q178

⑤ Q048

⑥ Q142

《說文·宀部》："，實也。从宀从至。至，所止也。"

【釋形】

《說文》以爲會意字，从宀从至，以聲訓的方法訓爲"實"。徐鍇《說文解字繫傳》："實也。從宀，至聲。室屋皆從至，所止也。"綜合這兩種觀點，"室"應爲會意兼形聲，本義是居室、内室，其中"至"既有表義作用，又有示音作用。小篆中的"宀"是半包圍結構，漢碑字形中，義符"宀"或依小篆線條轉寫隸定，仍半包圍構件"至"，如圖⑤；多數則兩側線條向上縮短，變爲上下結構，如圖①④；或介於二者之間，如圖②③⑥。義符"至"下部上弧線拉直爲横畫，變爲"土"形；上部形體或與小篆相近，如圖①；或省寫爲○形，如圖②；或依小篆轉寫隸定，如圖③；或隸定近似於"厶"形，如圖⑤⑥；圖④則處於①③兩類形體的過渡狀態。

【釋義】

㊀房間，内室："君却入室，須臾之頃，抱兩束葵出"（Q142）；"造立此冢，明堂之辛石也，家室天地相望"（Q111）。㊁朝廷，王朝："貢登王室，閻閣是虔"（Q127）；"周室衰微，霸伯匡弼"（Q187）；"永初之際，有勳力于漢室"（Q128）。㊂墓室："永平四年正月葬，石室直五千泉"（Q024）；"居圜陽西鄉榆里郭稚文萬年室宅"（Q051）。

7122 **宣** xuān 《廣韻》須緣切，心仙平。心元。

① Q174

② Q129

③ Q083

④ Q179

《說文·宀部》："，天子宣室也。从宀，亘聲。"

【釋形】

《說文》小篆爲形聲字，从宀，亘聲，本義爲天子宣室。漢碑字形中，義符"宀"兩側的豎線縮短，整字由半包圍結構變爲上下結構。聲符"亘"《說文》从二从囘，構件"囘"或隸定爲"日"，如圖①②；或隸定爲"目"，如圖④；"日"或"目"下或有一點畫與下面横畫相連，如圖①④；"日"或與下面横畫相接，組合爲"且"形，如圖③。

【釋義】

㊀傳播，宣揚："所在先陽春以布化，後秋霜以宣威"（Q066）；"宣仁播威，賞恭糾慢"（Q149）；"春宣聖恩，秋貶若霜"（Q095）。㊁通，疏通："宣抒玄汙，以注水流"（Q112）。㊂表達，表白："秦仙爰敢宣情，徵之斯石，示有表儀"（Q052）。㊃傳達，多用於傳達帝王的召令："熹平二年三月癸酉郎官奉宣詔書"（Q161）。㊄用於謚號："君之先出自有周，周宣王中興"（Q179）；又特指漢宣帝："外定彊夷，即序西戎；内建籌策，協霍立宣"（Q169）。㊅用於人名："敦煌長史武君諱斑，字宣張"（Q093）；"時令漢中南鄭趙宣，字子雅"（Q112）。

【釋詞】

［宣尼］漢平帝元始元年追謚孔子爲褒成宣尼公，後因稱孔子爲宣尼："追惟在昔，游夏之徒，作謚宣尼"（Q154）；"孔謙，

字德讓者，宣尼公廿世孫，都尉君之子也”（Q105）。

7123 **向** xiàng 《廣韻》許亮切，曉漾去。曉陽。

① J312

② Q088

③ Q188

《説文·宀部》：“，北出牖也。从宀从口。《詩》曰：‘塞向墐户。’”

【釋形】

《説文》以爲會意字，从宀从口，義爲朝北的窗户。按“向”甲骨文作（《合》28965），金文作（《向卣》），从宀从口，爲合體象形字。漢碑字形中，構件“宀”上部短豎寫作一點，與“家、室”等字的變化不同，“向”仍然保留着半包圍結構的布局，如圖①～③。

【釋義】

㊀歸依，趨附：“部城十九，鄰邦歸向”（Q088）。㊁姓氏：“廟佐□向猛、趙始”（Q063）。㊂用於人名：“追昔劉向，辨賈之徒”（Q093）。

7124 **奥** ào 《廣韻》烏刀切，影号去。影覺。

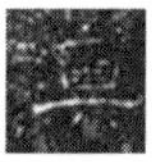
Q112

《説文·宀部》：“，宛也；室之西南隅。从宀，弮聲。”

【釋形】

《説文》小篆爲形聲字，从宀，弮聲。漢碑字形中，聲符“弮”所从之構件“収”隸定爲“丌”形。構件“釆”訛爲“米”形。義符“宀”隸定爲“冂”上加一短撇，與“丌”形相離，如圖。

【釋義】

奥妙，精深：“祖講詩、易，剖演奥藝”（Q172）；“制作之義，以俟知奥”（Q112）。

7125 **宛** （一）wǎn 《廣韻》於阮切，影阮上。影元。

① Q112

② Q263

③ Q125

《説文·宀部》：“，屈草自覆也。从宀，夗聲。，宛或从心。”

【釋形】

《説文》小篆爲形聲字，从宀，夗聲。漢碑字形中，聲符“夗”所从之構件“卩”隸定作“巳”形。義符“宀”兩側的豎線縮短，整字由半包圍結構變爲上下結構；“宀”上部或承小篆仍爲短豎，如圖②；或變爲一點，如圖①③。

【釋義】

用於人名：“主簿蔡陽樂茂，户曹史宛任巽”（Q125）。

（二）yuān 《廣韻》於袁切，影元平。影元。

【釋義】

用於地名：“南陽宛張光仲孝二百”（Q112）；“陽宛王嵩”（Q263）。

7126 **宇（寓）** yǔ 《廣韻》王矩切，云麌上。匣魚。

① Q104

② Q129

③ Q179

④ Q201

《説文·宀部》：“，屋邊也。从宀，于聲。《易》曰：‘上棟下宇。’，籀文宇从禹。”

【釋形】

《説文》小篆爲形聲字，从宀，于聲。漢碑字形或與小篆相承，義符“宀”兩側的豎線縮短，整字由半包圍結構調整爲上下結構；“宀”上部或承小篆仍爲短豎，如圖①；或變爲一點，如圖②。聲符“于”曲線向上延伸，與上面的横畫相接，如圖①②。“宇”或與籀文相承，聲符改换爲“禹”，整字隸定爲“寓”，如圖③④。

【釋義】

㊀房屋:“〚高大殿〛宇,□齊傳館”(Q125);“在漢中葉,建設宇堂”(Q129)。㊁疆土,國境:“慰綏朔狄,邊宇艾安”(Q128);“開定畿寓,南苞八蠻,西羈六戎,北震五狄,東勤九夷”(Q179)。㊂特指坟墓:“陵成宇立,樹列既就”(Q088)。㊃用於人名:“大守鉅鹿鄐君,部掾冶級王弘、史荀茂、張宇、〚韓〛岑〚等典〛功作”(Q025);“故彭城相行長史事吕守長繆宇,字叔異”(Q099)。

7127 **寓**

“宇”的異體字(圖③④),見7126字。

7128 **宏** hóng 《廣韻》户萌切,匣耕平。匣蒸。

① Q175

② Q066

《説文·宀部》:“,屋深響也。从宀,厷聲。”

【釋形】

《説文》小篆爲形聲字,从宀,厷聲。漢碑字形中,義符“宀”兩側的竪線縮短,整字由半包圍結構調整爲上下結構。聲符“厷”甲骨文作(《京都》447),其中的曲線爲指事符號,表示手臂中從肘到肩的部分,指事字。漢碑中表示手臂的“又”隸定作“𠂇”;標示部位的指事符號有的隸定爲“厶”,如圖②;有的寫作三角形,如圖①。

【釋義】

廣大,宏大:“宏功乃伸,追録元勳”(Q066);“逸之宏議,傳林楷式”(Q175)。

7129 **定** dìng 《廣韻》徒徑切,定徑去。定耕。

① Q169

② Q178

③ JB6

④ Q125

⑤ Q178

⑥ Q095

《説文·宀部》:“,安也。从宀从正。”

【釋形】

《説文》以爲會意字,从宀从正,會安定義。徐鍇《説文解字繫傳》:“定,安也。从宀,正聲。”段玉裁《説文解字注》:“从宀,正聲。依《韵會》本訂。”按“定”爲形聲字,从宀,正聲。漢碑字形中,義符“宀”兩側的竪線縮短,整字由半包圍結構變爲上下結構,如圖①~⑤;兩側短竪或大致依小篆線條隸定,仍呈半包圍結構,如圖⑥。聲符“正”的隸變形體多樣,其中圖①最接近現在通行的寫法。

【釋義】

㊀安定,平定:“孝武時有張騫,廣通風俗,開定畿寓”(Q179);“外定彊夷,即序西戎”(Q169)。㊁完成,奠定:“造墓定基,魂零不寧,於斯革之”(Q069);“孔子近聖,爲漢定道”(Q112)。㊂固定,穩定:“乾坤定位,山澤通氣”(Q129);“〚緣〛崖鑿石,處隱定柱”(Q150)。㊃確定:“既定爾勳,福禄攸同”(Q178)。㊄審定,修訂:“〚特〛以儒學,詔書勑留,定經東觀”(Q134);“復演《孝經》,删定《六藝》”(Q140)。㊅晚上給父母安頓床鋪爲“定”,與“省”連用,可表示問安義:見“省定”。㊆用於官名:“仍辟大尉,遷定潁侯相”(Q134)。㊇用於人名:“故中部督郵都昌羽忠,字定公”(Q088);“門生博陵長孫定幼多節五百”(Q107)。㊈用於地名:“或在安定,或處武都,或居隴西,或家敦煌”(Q178)。

7130 **寔** shí 《廣韻》常職切,禪職入。禪錫。

① Q126

② Q185

③ Q125

④ Q088

《説文·宀部》:“,止也。从宀,是聲。”

【釋形】

《説文》小篆爲形聲字,从宀,是聲。漢碑字形中,義符“宀”兩側的豎線縮短,整字由半包圍結構變爲上下結構。聲符“是”所从之構件“正”隸變形體多樣,其中圖①最接近現在通行的寫法;圖③④則近似於横畫下面加“之”形。

【釋義】

㊀通“是(shì)”,助詞,相當於“乃”:“寔渘寔剛,乃武乃文”(Q088)。㊁通“實”,實際,實在:“有生有死,天寔爲之”(Q088);“三過亡入,寔勤斯民”(Q065)。㊂通“殖(zhí)”,种植:“農寔嘉穀,粟至三錢”(Q126)。

7131 **安** ān 《廣韻》烏寒切,影寒平。影元。

① Q038

② Q095

③ Q178

④ Q125

⑤ Q129

《説文·宀部》:“,靜也。从女在宀下。”

【釋形】

《説文》小篆爲會意字,从女在宀下。漢碑字形中,有的爲碑文篆書,如圖①。多數則發生隸變,義符“宀”兩側的豎線縮短,整字由半包圍結構變爲上下結構;“宀”上部點畫或省,如圖⑤;“冖”或分解爲三筆,如圖③。義符“女”隸變成熟程度不一,圖②③仍帶有曲線的筆形;圖⑤已隸定成熟,只是“女”左上的撇筆與“宀”中的點相接。圖④的“女”則處於由②③向⑤的過渡階段。

【釋義】

㊀居住,安居:“依依舊宅,神之所安”(Q141)。㊁安定,安全:“慰綏朔狄,邊宇艾安”(Q128);“原度天道,安危所歸”(Q095)。㊂使安定,使安心:“既來安之,復役三年”(Q172)。㊃安逸,舒適:“親安然後志得”(Q083);“路不拾遺,斯民以安”(Q148)。㊄安於:“君之烈祖,少以濡術,安貧樂道”(Q137)。㊅安心:“卑者楚惡,尊者弗安”(Q095)。㊆用於官名:“帝咨君謀,以延平中拜安邊節使”(Q128);“故安國長韋叔珍錢五百”(Q128);“侯惟安國,兼命斯章”(Q129)。㊇用於年號:“漢安元年四月十八日會仙友”(Q086);“以建安拾六歲,在辛卯九月下旬卒”(Q191)。㊈用於人名:“司徒公汝南女陽袁安召公,授《易》孟氏〖學〗”(Q038);“故脩行都昌逢進,字吉安”(Q088)。㊉用於地名:“故吏司徒掾博陵安平崔烈,字威考”(Q148);“前換蘇示有秩馮佑,轉爲安斯有秩”(Q170)。

【釋詞】

[安貧樂道]謂安於清貧,以追求聖賢之道爲樂:“君之烈祖,少以濡術,安貧樂道”(Q137)。

7132 **察** chá 《廣韻》初八切,初黠入。初月。

① Q144

② Q129

《説文·宀部》:“,覆也。从宀、祭。”

【釋形】

《説文》以爲會意字,从宀、祭,義爲覆審。徐鍇《説文解字繫傳》、段玉裁《説文解字注》均認爲“从宀,祭聲”,爲形聲字。漢碑字形依據小篆轉寫隸定,義符“宀”兩側的豎線縮短,整字由半包圍結構變爲上下結構;聲符“祭”所从之構件“肉”或訛作“夕”形,如圖②。

【釋義】

㊀詳審,仔細查看:“考異察變,輙抗疏陳表”(Q175)。㊁監察:“拜司隸校尉,董督京輦,掌察羣寮”(Q154)。㊂考證,校訂:

見“察書”。㊃察舉，選拔：“上郡王府君察孝，除郎中，遷度遼右部司馬”（Q128）；“察孝，除郎，永昌長史，遷宕渠令”（Q187）。㊄知曉，察覺：“土域啖瓜，旁有真人，左右莫察”（Q199）。

【釋詞】

［察舉］選拔：“曹府君察舉孝廉，除敦煌長史”（Q094）；“乙君察舉守宅，除吏孔子十九世孫麟廉”（Q102）。

［察書］校正勘定他人的著述：“遣書佐新豐郭香察書”（Q129）。

7133 **完**　wán 《廣韻》胡官切，匣桓平。匣元。

① Q141

② Q178

《説文·宀部》：“，全也。从宀，元聲。古文以爲寬字。”

【釋形】

《説文》小篆爲形聲字，从宀，元聲。漢碑字形中，義符“宀”兩側的豎線縮短，整字由半包圍結構變爲上下結構，其中“宀”分解爲三筆；聲符“元”依據小篆線條轉寫隸定，下面彎曲的人形隸定爲“儿”形，如圖①②。

【釋義】

㊀修築，修繕，以使其完整：“補完里中道之周左廧垣壞決，作屋塗色，脩通大溝”（Q141）。㊁用於人名：“君諱全，字景完，敦煌效穀人也”（Q178）。

7134 **富**　fù 《廣韻》方副切，幫宥去。幫職。

① J237

② Q114

③ Q166

④ Q133

《説文·宀部》：“，備也。一曰：厚也。从宀，畐聲。”

【釋形】

《説文》小篆爲形聲字，从宀，畐聲。漢碑字形依據小篆轉寫隸定，義符“宀”兩側的豎線縮短，整字由半包圍結構變爲上下結構；“宀”上部的點畫或省去，與“冖”混同，如圖④。聲符“畐”首筆横畫上或增加兩點作“丷”，且“口”與“田”左側豎畫或連寫爲一筆，如圖②；首筆横畫或增加一點，作“亠”，如圖③。

【釋義】

㊀富裕，富足：“富貴無恙，傳于子孫，〖修〗之無𦆠”（Q124）；“百姓家給，國富殷兮”（Q171）；“雖王公之尊，四海之富，曾□□□□□毛”（Q199）。㊁用於人名：“次子士，曰元士；次子富，曰少元”（Q021）。㊂用於地名：“會稽大守之曾，富波侯相之孫，守長社令之元子也”（Q166）；“富成徐仲”（Q049）。

7135 **實**　shí 《廣韻》神質切，船質入。船質。

① J009

② Q166

③ Q153

《説文·宀部》：“，富也。从宀从貫。貫，貨貝也。”

【釋形】

《説文》以爲會意字，从宀从貫，義爲富裕。按“實”金文作（《散氏盤》），像房中藏有財貨之狀，其中方形的構件應爲貯藏財貨的器皿。整字構意類似於“寶”字。器皿之形或訛變爲“田”，或訛變爲“毌”，寫作（《國差𦉜》）、（《㝬簋》）等形，整字變成从宀从貫。小篆承襲此類字形，故《説文》以“从宀从貫”釋之。漢碑字形與小篆相承，義符“宀”兩側的豎線縮短，整字由半包圍結構變爲上下結構；像器皿之形的部分或隸定作“毌”，如圖①②；或隸定作“田”，如圖③。

【釋義】

㊀充盈,厚實:“煇光篤實,升而上聞”(Q128)。㊁果實,糧食:“共以客田借與,得收田上毛物穀實自給”(Q029)。㊂結出果實:“所謂苗能不秀,秀能不實”(Q124)。㊃成就,成果:“於是論功叙實,宜勒金石”(Q166);“振華處實,暘遐聲矣”(Q153)。㊄真實,事實:“百姓心歡,官不失實”(Q172)。㊅確實:“實履忠貞,恂美且仁”(Q066);“殁而不朽,實有立言”(Q164)。㊆通“寔”,相當於“是”,代詞,此,這:“實謂耿君,天胙顯榮”(Q161)。㊇用於人名:“冥冥六合,實公是光”(Q066)。

7136 **容** róng 《廣韻》餘封切,餘鍾平。餘東。

① J246

② Q114

③ Q146

④ Q179

《説文·宀部》:“[篆],盛也。从宀、谷。[篆],古文容从公。”

【釋形】

《説文》小篆爲會意字,从宀、谷,房子和山谷都可以容納東西,故可會合出盛載、容納之義。《説文》古文作[篆],爲从宀、公聲的形聲字,與小篆構形理據不同。漢碑字形中,義符“宀”兩側的豎線縮短,整字由半包圍結構變爲上下結構,如圖①②④;“宀”或有篆意,仍保留圓轉曲線,如圖③。義符“谷”上部兩個“八”形有的對應變成四短横,如圖①;有的形變近似於“父”形,圖④;有的下部兩短横連寫爲一長横,如圖②③。

【釋義】

㊀容納:“財容車騎,進不能濟,息不得駐”(Q146)。㊁儀容,容貌:“發彼有的,雅容畁閑”(Q172)。㊂用於人名:“故吏韋容人錢四百”(Q179)。

7137 **寶** bǎo 《廣韻》博抱切,幫皓上。幫幽。

① Q169

② Q179

③ Q095

④ Q169

⑤ Q144

《説文》作“寳”,《説文·宀部》:“[篆],珍也。从宀从玉从貝,缶聲。[篆],古文寶省貝。”

【釋形】

寳,《説文》以爲形聲字,从宀从玉从貝,缶聲。按“寶”甲骨文作[甲骨](《合》6451)、[甲骨](《合》17512),从宀从玉从貝,像房屋中藏有玉、貝等財寶,本義爲珍寶。商代金文或省去構件“貝”,添加構件“缶”,寫作[金文],此乃《説文》古文之所承。“缶”上古音在幫紐幽部。“缶”爲瓦器,可以盛放東西,故在“寶”中又可理解爲盛放玉、貝等珍寶的器皿,因此,添加構件“缶”的“寶”理解爲會意兼形聲更爲恰當。西周金文或“宀、玉、貝、缶”俱全,寫作[金文](《德方鼎》);小篆承襲此類金文字形,只是結構布局有所調整,“缶”與“玉”并列於“貝”之上。漢碑字形中,構件“玉”和“缶”重組爲“珍”,“寶”又變成了从宀从珍、从貝的會意字,理據重構,如圖⑤。義符“宀”兩側的豎線縮短,整字由半包圍結構變爲上中下結構,如圖①②④⑤;圖③的“宀”隸定近似於“冂”形。

【釋義】

㊀珍愛,重視:“親臤寶智,進直退慝”(Q172)。㊁美德之人:“山靈挻寶,匈灾乃平”(Q161);“夙世賈祚,早喪懿寶”(Q144)。㊂用於人名:“時府丞右扶風陳倉吕國,字文寶”(Q146);“四子孟長、仲寶、叔寶皆并覆没,唯寬存焉”(Q169)。

7138 **宦** huàn 《廣韻》胡慣切,匣諫去。匣元。

① Q106

② Q212

《説文·宀部》："，仕也。从宀从臣。"

【釋形】

《説文》小篆爲會意字，从宀从臣，義爲做官。漢碑字形中，義符"宀"兩側的豎線縮短，由半包圍結構變爲上下結構，如圖①；或依小篆線條轉寫隸定，圓轉線條變爲平直方折的筆畫，如圖②。義符"臣"中兩短豎上下貫通爲一筆，如圖①②。

【釋義】

宦，做官："脩身仕宦，縣諸曹、市〚掾〛、主簿、廷掾、功曹、召府"（Q106）；"牧伯張君，開示坐席，顧視忘宦，位不副德"（Q212）。

7139 **宰** zǎi 《廣韻》作亥切，精海上。精之。

① Q102

② Q178

③ Q128

《説文·宀部》："，辠人在屋下執事者。从宀从辛。辛，辠也。"

【釋形】

《説文》小篆爲會意字，从宀从辛，義爲在屋下做事的罪人。漢碑字形中，義符"宀"兩側的豎線縮短，由半包圍結構變爲上下結構；其中"冖"或兩側斷開，分解爲三筆，如圖②。義符"辛"均隸定爲"辛"，比現在通行的寫法多一横筆，如圖①～③。

【釋義】

㊀古官名："讓子著，高陽令，皆以宰府爲官"（Q066）；"孔子子孫，大宰、大祝令各一人，皆備爵"（Q102）；又見"宰國"。㊁用於人名："部吏王宰、程横等，賦與有疾者，咸蒙瘳悛"（Q178）。

【釋詞】

［宰國］古官名："遂遷宰國，五教在仁，嗇民〚用〛彰，家用平康"（Q128）。

［宰司］謂百官之長，居宰輔之位者："京夏歸德，宰司嘉焉"（Q166）。

7140 **守** shǒu 《廣韻》書九切，書有上。書幽。

① Q038

② Q055

③ Q179

④ Q095

⑤ Q084

⑥ Q125

⑦ Q039

⑧ Q194

《説文·宀部》："，守官也。从宀从寸。寺府之事者。从寸；寸，法度也。"

【釋形】

《説文》以爲會意字，从宀从寸，義爲職守、職責。按"守"甲骨文作（《合》33407），當爲形聲字，其中構件即"肘"的初文（李孝定《甲骨文字集釋》），"肘"古音在端母幽部。小篆訛爲从"寸"，故《説文》釋爲"从宀从寸"，與原初構意不符。漢碑字形中，有的爲碑文篆書，如圖①；有的依小篆線條轉寫隸定，仍帶有濃厚的篆意，如圖②。義符"宀"或據小篆線條轉寫隸定，仍半包圍"寸"，如圖③④⑦⑧；有的兩側豎筆向上縮短，整字變爲上下結構，如圖⑤⑥。義符"寸"中的指事符號隸變後形態各異，或爲點，或爲短横，或爲提，如③～⑧。

【釋義】

㊀守衛，防衛："守郡益州，路遐攣親"（Q088）；"屯守玄武，〚戚〛哀悲悎，加遇害氣，遭疾〚隕靈〛"（Q132）。㊁看守，守護："乙君察舉守宅"（Q102）；"典主守廟，春秋饗禮"（Q102）。㊂保持，堅守："守善不報，自古有之，非獨孝琚遭逄百離"（Q113）；"夫人深守高節，劬勞歷載"（Q056）。㊃遵守："謙□守約，唯誼是從"（Q093）；"守約履勤，體聖心叡"（Q193）。㊄管理，治理："守攝

百里，遺愛在民”（Q166）；“旋守中𤞤，幽滯以榮”（Q137）。㈥暫時代理職務。多指官階低而代理較高的官職：“伯王即日徙署行丞事，守安陽長”（Q095）。㈦用於官名：“遷荊州刺史、東萊涿郡太守”（Q066）；“漢武都大守，右扶風茂陵耿君”（Q161）。

【釋詞】

［守丞］輔助郡守縣令的官吏：“衙守丞臨晉張疇字元德五百”（Q123）。

［守藩］指王侯駐守其封地，亦指受封爲王侯：“〖參議〗帝室，剖符守藩”（Q137）。

［守令］指太守、刺史、縣令等地方官：“爲主簿、督郵、五官掾、功曹、上計掾、守令、冀州從事”（Q144）。

7141 **寵** chǒng 《廣韻》丑隴切，徹腫上。透東。

① Q144

② Q261

③ Q134

《説文·宀部》：“，尊居也。从宀，龍聲。”

【釋形】

《説文》小篆爲形聲字，从宀，龍聲。漢碑字形中，義符“宀”兩側豎筆向上縮短，整字變爲上下結構；有的左側筆畫析爲點畫，如圖①②。聲符“龍”變異多樣，但總體上保持了小篆的結構布局，如圖①～③。

【釋義】

㈠恩寵，寵信：“今欲加寵子孫，敬恭朙祀，傳于罔極”（Q102）；“遭從兄沛相憂，篤義忘寵，飄然輕舉”（Q134）。㈡貴寵，榮耀：“恒戢節足，輕寵賤榮”（Q187）。㈢用於人名：“潁川大守京兆杜陵朱寵”（Q065）。

【釋詞】

［寵禄］榮寵與禄位：“是故寵禄傳于歷世，策薰著于王室”（Q144）；“朱紫繽紛，寵禄盈門，皆猶夫人”（Q056）。

7142 **宜** yí 《廣韻》魚羈切，疑支平。疑歌。

① Q084

② Q071

《説文·宀部》：“，所安也。从宀之下，一之上，多省聲。，古文宜。，亦古文宜。”

【釋形】

《説文》以爲形聲字，从宀从一，多省聲。按“宜”甲骨文作（《合》6157）、（《合》26020），金文作（《作册般甗》），从且（“俎”的初文）上有二肉，會肴俎之義。後字形發生訛變，《説文》小篆和古文中構件“且”離析爲兩部分，上部重組爲“宀”，下部變爲一横；古文中的二肉似組合爲“多”，小篆則省去一肉形。《説文》據小篆形體釋爲“从宀之下，一之上，多省聲”，與原初構意不符。漢碑字形中，上部“宀”兩側線條向上縮短，整字變爲上下結構；上部點畫或省寫，與“冖”混同，如圖①；下部肉形與横畫又重新組合爲“且”，如圖①②。

【釋義】

㈠適宜，合適：“台輔之任，明府宜之”（Q088）；“宜乎三事，金鉉利貞”（Q148）。㈡應當，應該：“而本國舊居，復禮之日，闕而不祀，誠朝廷聖恩所宜特加”（Q140）；“上陳德潤，加於百姓，宜蒙珪璧，七牲法食”（Q126）；“聖族之親，禮所宜異”（Q112）。㈢和順，親善：“左右攸宜，器有特達”（Q130）。㈣用於人名：“左尉上郡白土樊瑋。祠祀掾吴宜”（Q174）。㈤用於地名：“换漢中〖成〗固令，〖遷〗宜禾都尉”（Q110）。

7143 **寫** xiě 《廣韻》悉姐切，心馬上。心鐸。

① Q119

② Q095

《説文·宀部》：“，置物也。从宀，舄聲。”

【釋形】

《説文》小篆爲形聲字,从宀,舄聲,本義爲移置東西。“舄”上古音在清母鐸部。漢碑字形中,義符“宀”兩側線條向上縮短,整字由半包圍結構變爲上下結構,如圖①;聲符“舄”金文作（《大盂鼎》）、（《十三年𤸫壺》）,像鳥張開兩翼之形,小篆發生離析重組,上翼變爲形,下部重組爲鳥的身體和爪。漢碑字形中,小篆彎曲的線條變爲平直方折的筆畫,上部“臼”內部筆畫對稱減少兩筆,底部横畫或斷開,如圖①;下面的鳥爪和尾巴變爲“灬”;中部鳥的身體也有不同程度的省變,如圖①②。

【釋義】

㊀抄寫,書寫:見“寫移”。㊁摹仿,摹寫:“寫彼鳥〖迹〗以紀時〖事〗”(Q123)。㊂傾瀉,後作“瀉”:“禹口大功,疏河寫玄”(Q127);“下則入冥,廎寫輸淵”(Q095)。

【釋詞】

[寫移]擬定和發出文件:“八月十九日丙戌,宛令右丞慴告追皷賊曹掾石梁寫移”(Q119)。

7144 **宵**　xiāo　《廣韻》相邀切,心宵平。心宵。

① J318

② Q088

《説文·宀部》:“,夜也。从宀,宀下冥也;肖聲。”

【釋形】

《説文》小篆爲形聲字,从宀,肖聲。漢碑字形與小篆相承,義符“宀”兩側線條向上縮短,整字由半包圍結構調整爲上下結構,如圖①;圖②兩側線條縮短一半。聲符“肖”所从之構件“肉”混同爲“月”,構件“小”據小篆線條隸定,如圖①②。

【釋義】

夜:“躬伯遜讓,夙宵朝廷”(Q088)。

7145 **宿**　(一)sù　《廣韻》息逐切,心屋入。心覺。

① Q146

② Q169

③ Q128

④ Q005

《説文·宀部》:“,止也。从宀,㑆聲。㑆,古文夙。”

【釋形】

《説文》以爲形聲字,从宀,㑆聲。按“宿”甲骨文作（《合》19586),从人从（丙),像人在席子上休息,會意字,本義爲住宿。或加“宀”作（《合》33567),《説文》以“从宀,㑆聲”釋之,實仍可理解爲會意字。漢碑字形中,義符“宀”有的保留了小篆的寫法,如圖①;有的據小篆線條轉寫隸定爲平直方折的筆畫,如圖③;有的隸變後居於上部,整字由半包圍結構調整爲上下結構,如圖②④。聲符“㑆”所从之構件“人”隸定爲“亻”,構件“丙”或隸定爲“百”,如圖①②;或省定爲“白”,如圖③④。

【釋義】

㊀住宿,過夜:“陟降山谷,經營拔涉,草止露宿,捄活食餐千有餘人”(Q161);“路無拾遺,犂種宿野”(Q179)。㊁夜間守衛:見“宿衛”。㊂舊有,平素:“以寬宿德,謁請端首”(Q169)。

【釋詞】

[宿衛]在宮禁中值宿,擔任警衛:“幼而宿衛,弱冠典城”(Q146)。

(二)xiù　《廣韻》息救切,心宥去。心覺。

【釋義】

星辰,星座:見“列宿”。

7146 **寑**

《説文》小篆作,从宀,㰻聲。漢碑中爲“寢”的異體字(圖①②),見7172寢。

【釋詞】

[寑疾]臥病:“年六十有二,遭離寑疾,

熹平六年四月己卯卒”（Q166）。

7147**寬** kuān 《廣韻》苦官切，溪桓平。溪元。

① JB2

② Q169

③ Q257

④ Q179

⑤ Q128

⑥ Q066

《説文·宀部》：“，屋寬大也。从宀，萈聲。”

【釋形】

《説文》小篆爲形聲字，从宀，萈聲。“萈”上古音在匣母元部。漢碑字形中，義符“宀”兩側線條或縮短一半，如圖③；其他則隸變後居於上部，整字由半包圍結構變爲上下結構。聲符“萈”隸變形體多樣，上部“丬”有的與小篆寫法相承，如圖①；有的隸定近似於“八”，與“宀”重組爲“穴”，整字可隸定爲“窅”，如圖②③；有的省略，如圖④；有的訛變近“心”形，整字隸定作寬，如圖⑤；有的省變作“十”，整字隸定作寛，如圖⑥。下部形體多隸定爲“見”形，或加一點，如圖③。

【釋義】

㊀寬厚，度量大：“惟居上，寬和貴”（Q045）；“哀閔垂恩，猛不殘義，寬不宥姦，喜不縱慝，感不戮仁”（Q161）。㊁寬鬆，不嚴格：“寬猛惟中，五教時序”（Q066）。㊂用於人名：“大子諱寬，字顔公”（Q128）；“孟元子名窅，字伯然，即充國之孫也”（Q169）。

【釋詞】

［寬裕］寬大，寬容：“體明性喆，寬裕博敏，孝友恭順”（Q130）。

7148**寡** guǎ 《廣韻》古瓦切，見馬上。見魚。

① JB6

② Q088

③ J344

④ Q106

⑤ Q178

《説文》作“寡”，《説文·宀部》：“，少也。从宀从頒。頒，分賦也，故爲少。”

【釋形】

寡，《説文》以爲會意字，从宀从頒，義爲少。按“寡”金文作（《作册嗌卣》）、（《毛公鼎》），从宀从頁，像一人獨居於房中，會孤獨義。小篆將中間的人形離析重組爲“頒”，故《説文》以“从宀从頒”釋之。漢碑字形中，義符“宀”兩側線條縮短，隸變後居於上部，整字布局由半包圍結構調整爲上下結構；兩端豎畫或斷開寫作兩點，如圖⑤。義符“頒”所从之構件“頁”，上部形體或隸定爲“自”，整字隸定爲“寡”，如圖③；或隸定爲“百”，如圖①②；横畫下或省去短豎，如圖④⑤。下部“儿”形和構件“分”共同省變爲“灬”。

【釋義】

㊀獨自，孤身：“□維思寡居廿年”（Q067）。㊁喪失配偶的人：“元元鰥寡，蒙祐昌寧”（Q088）；“更離元二，雍養孤寡，皆得相振”（Q106）；“存慰高年，撫育鰥寡”（Q178）。㊂弱小，衰弱：“强不暴寡，知不詐愚”（Q146）。

7149**客** kè 《廣韻》苦格切，溪陌入。溪鐸。

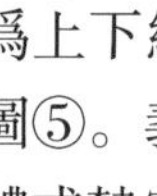
Q043

《説文·宀部》：“，寄也。从宀，各聲。”

【釋形】

《説文》小篆爲形聲字，从宀，各聲。漢碑字形依據小篆轉寫隸定，與後來通行的寫法尚有不同,如圖。

【釋義】

㊀外來者:見"客田"。㊁旅客:見"客舍"。

【釋詞】

［客舍］供旅客投宿的居所:"答可守客舍"（Q043）。

［客田］租給外鄉人的田地:"僤中其有訾次當給爲里父老者,共以客田借與"（Q029）。

7150 **寒** hán 《廣韻》胡安切,匣寒平。匣元。

① Q095

② J237

《説文·宀部》:"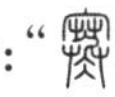,凍也。从人在宀下,以茻薦覆之,下有仌。"

【釋形】

《説文》小篆爲會意字,从人从宀从茻从仌,像人在屋子里臥於草上,草下有冰,表示寒冷之義。漢碑字形中,構件"宀"據小篆線條隸定,左側或分解出一豎筆,如圖①。構件"茻"和"人"粘合重組爲𡗗,與"塞"中的"𡗗"同形,如圖①;或增加一横,如圖②;構件"仌"隸定爲兩短横,如圖①②。

【釋義】

㊀寒冷:"颸雨時降,和其寒暑"（Q171）;"將即幽都,歸于電丘,凉風滲淋,寒水北流"（Q113）。㊁恐懼:"臨危槍碭,履尾心寒"（Q095）。

7151 **害** hài 《廣韻》胡蓋切,匣泰去。匣月。

① Q153

② Q174

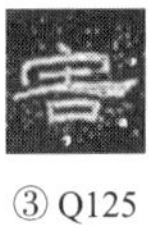
③ Q125

④ Q174

⑤ Q148

《説文·宀部》:",傷也。从宀从口。宀口,言从家起也。丰聲。"

【釋形】

《説文》以爲形聲字,从宀从口,丰聲。按"害"金文作（《師害簋》）、（《毛公鼎》）,學者多認爲《説文》所釋與形源不符,然其構意尚未有定論。漢碑字形中,構件"宀"兩側線條縮短,隸變後居於上部,整字布局由半包圍結構調整爲上下結構。構件"丰"多隸定近似於"土",如圖①~④;圖⑤則隸定爲一豎筆穿過兩横。構件"口"或訛作"凵"形,如圖④。

【釋義】

㊀損害,傷害:"彊不凌弱,威不猛害"（Q153）;"歲在癸丑,厥運淫雨,傷害稼穡"（Q161）;㊁災禍:"明神弗歆,灾害以生"（Q125）;"報以章德,祈以弭害"（Q174）。㊂有害的:見"害氣"。

【釋詞】

［害氣］邪氣,有害之氣:"屯守玄武,〖戚〗哀悲恎,加遇害氣,遭疾〖隕靈〗"（Q132）;"四時不和,害氣蕃溢"（Q113）。

7152 **宕** dàng 《廣韻》徒浪切,定宕去。定陽。

Q187

《説文·宀部》:",過也。一曰:洞屋。从宀,碭省聲。汝南項有宕鄉。"

【釋形】

《説文》以爲形聲字,从宀,碭省聲。按"宕"甲骨文作（《合》18629）、（《合》27904）,金文作（《戜方鼎》）,从宀从石,非碭省聲,本義應爲洞屋。漢碑字形依據小篆轉寫隸定,構件"宀"兩側線條縮短,隸變後居於上部,整字布局由半包圍結構調整爲上下結構;構件"石"將小篆左上的曲線對應轉寫,如圖。

【釋義】

用於地名："察孝，除郎，永昌長史，遷宕渠令"（Q187）。

7153 **宋** sòng 《廣韻》蘇統切，心宋去。心冬。

① Q142

② J301

③ Q112

《説文·宀部》："，居也。从宀从木。讀若送。"

【釋形】

《説文》小篆爲會意字，从宀从木，義爲居住。漢碑字形中，義符"宀"有的據小篆線條隸定，如圖①；有的將"宀"兩側線條縮短，隸變後居於上部，整字布局由半包圍結構調整爲上下結構，如圖②③。義符"木"上弧線拉直爲横畫，下弧線或分解爲兩點，如圖①；或隸定爲撇和捺，如圖②③。

【釋義】

㊀姓氏："趙國邯鄲宋瑱元世二百"（Q112）；"平莒男子宋伯朢、宋何、宋□□，在山東禹亭西□有田"（Q089）。㊁用於地名："汝南宋公國陳漢方二百"（Q112）。

7154 **宗** zōng 《廣韻》作冬切，精冬平。精冬。

① J237

② Q174

③ Q021

④ Q178

《説文·宀部》："，尊、祖廟也。从宀从示。"

【釋形】

《説文》小篆爲會意字，从宀从示，義爲祖廟。漢碑字形依據小篆轉寫隸定，義符"宀"有的兩側豎筆據小篆線條隸定，仍半包圍"示"，如圖③；有的兩側豎筆縮短，隸變後居於上部，整字布局調整爲上下結構，如圖①②④；其中圖④兩側短豎斷開，尚未形成"宀"的通行寫法。

【釋義】

㊀祖宗，祖先："二郡宗祀，□奉□□"（Q171）；"古先哲王，類帝禋宗，望于山川，徧于羣神"（Q174）。㊁同一祖先的家族："大宗承循，各詔有司"（Q129）；"能奉弘先聖之禮，爲宗所歸者，平叩頭叩頭，死罪死罪"（Q102）。㊂帝王的廟號，有德者稱爲宗："仲宗之世，重使使者持節祀焉，歲一禱而三祠"（Q129）；"秦漢之際，曹參夾輔王室，世宗廓土庌竟"（Q178）。㊃尊崇，效法：見"宗奉"。㊄宗法："國無人兮王庭空，士罔宗兮微言喪"（Q128）。㊅用於人名："故書佐平壽淳于闓，字久宗"（Q088）；"孤子薌無患、弟奉宗頓首"（Q106）；"故吏范文宗錢千"（Q179）。㊆用於地名："門生鉅鹿廣宗捕〖巡〗，字升臺"（Q127）。

【釋詞】

［宗奉］景仰敬奉："立廟桐柏，春秋宗奉，灾異告愬，水旱請求，位比〖諸侯〗"（Q125）。

［宗族］謂同宗同族之人："夫人以母儀之德，爲宗族之覆"（Q056）。

7155 **宙** zhòu 《廣韻》直祐切，澄宥去。定覺。

① Q166

② Q127

《説文·宀部》："，舟輿所極、覆也。从宀，由聲。"

【釋形】

《説文》小篆爲形聲字，从宀，由聲。漢碑字形依據小篆轉寫隸定，義符"宀"兩側線條縮短，隸變後居於上部，整字布局由半包圍結構調整爲上下結構。聲符"由"圓轉封閉線條筆畫化，有的中間豎筆與"宀"上一點相接，如圖②。

【釋義】

用於人名："郎中魯孔宙季將千"（Q112）；"君諱宙，字季將，孔子十九世之孫也"（Q127）。

7156 **㾓**

“㾓”的異體字(圖②),見7173㾓。

7157 **宫** gōng 《廣韻》居戎切,見東平。見冬。

①Q129 ②Q137 ③Q003

《説文·宫部》:“,室也。从宀,躳省聲。凡宫之屬皆从宫。”

【釋形】

《説文》以爲形聲字,从宀,躳省聲。按“宫”甲骨文作(《合》36542),从宀,像房屋之形,其内像相互連通的居室形,整字爲合體象形字。或寫作(《合》29155),兩個口形分開,上下相疊。金文承襲後一種字形,寫作(《雍伯鼎》)、(《頌鼎》)等形。小篆於兩“口”之間有短豎相連,混同爲“吕”,故《説文》誤釋爲“从宀,躳省聲”。漢碑字形中有的尚保留篆意,如圖③。構件“宀”兩側線條或向上縮短一半,如圖②;或縮短至構件“吕”上方,整字布局調整爲上下結構,如圖①。構件“吕”有的保留中間的短豎,如圖②;有的省略,寫作“吕”,如圖①③。

【釋義】

㊀特指帝王的住所,也指稱帝王、太后和后妃:“皇上閔悼,兩宫賻贈,賜秘器,以禮殯”(Q056)。㊁神話中天帝的居所:“俱祖紫宫,大一所授”(Q112)。㊂神殿、佛寺、道觀等:“故立宫其下,宫曰集靈宫,壂曰存僊壂,門曰望僊門”(Q129)。㊃古代的學校:“行秋饗,飲酒畔宫,〖畢〗,復禮孔子宅”(Q140);“惟泮宫之教,反失俗之禮,構脩學宫”(Q172)。

7158 **營** yíng 《廣韻》余傾切,餘清平。餘耕。

①Q174 ②Q039 ③Q169 ④Q129

⑤Q088

《説文·宫部》:“,市居也。从宫,熒省聲。”

【釋形】

《説文》小篆爲形聲字,从宫,熒省聲。漢碑字形中,義符“宫”所从之構件“宀”兩側線條縮短,居於“吕”上,整字下部由半包圍結構調整爲上下結構,如圖①③④⑤;有的兩側豎筆據小篆線條隸定,仍半包圍“吕”,如圖②。構件“吕”中間的短豎或省,寫作“吕”,如圖②~④;“吕”上下二“口”的左側豎筆或相連爲一筆,混同作“目”,如圖⑤。

【釋義】

㊀建造,建設:“闡君靈兮示後萌,神有識兮營壇場”(Q128)。㊁謀求:“親父安貧守賤,不可營以禄”(S110)。㊂區域,邊界:見“營兆”。㊃宫室:見“營宇”。㊄管理:“翹翹楚薪,肅肅風雨。經之營之,勿傷厥土”(H144)。㊅用於“屏營”,惶恐:“夙夜憂怖,累息屏營”(Q140)。㊆用於官名:“君則監營謁者之孫,脩武令之子”(Q154)。㊇通“塋”,墓地:“亭郭大道東,高顯冢營”(Q039)。㊈用於地名:“故吏營陵薛逸,字佰踰”(Q088);“内建籌策,協霍立宣,圖形觀□,封邑營平”(Q169)。

【釋詞】

[營營]通“煢煢”,孤獨的樣子:“謁見先祖,念子營營”(Q143)。

[營宇]猶宫殿:“營宇既定,禮秩有常”(Q174);“遂興靈宫,于山之陽,營宇之制,是度是量”(Q174)。

[營兆]相當於“兆域”,本指墓地的疆界,也泛指某區域的邊界:“後不承前,

至于亡新,寖用丘虛,訖今垣趾營兆猶存”(Q129)。

7159 **吕** lǚ 《廣韻》力舉切,來語上。來魚。

① Q088

② Q112

《說文·吕部》:“ ,脊骨也。象形。昔太嶽爲禹心吕之臣,故封吕矦。凡吕之屬皆从吕。 ,篆文吕从肉从旅。”

【釋形】

《說文》字頭爲古文,像脊梁骨之形,象形字。“吕”甲骨文作 (《合》6778),金文作 (《貉子卣》)、 (《效父簋》)等形,或曰像金屬餅之形。《說文》古文於上下圓形之間加一短豎相連;《說文》篆文改爲从肉、旅聲的形聲字,理據重構。漢碑字形依據《說文》古文轉寫隸定,圓轉線條隸定爲平直方折的筆畫,如圖①;“吕”中間的短豎或省,如圖②。

【釋義】

姓氏:“故脩行都昌吕興,字吉興”(Q088);“故兖州從事任城吕育季華三千”(Q112)。

7160 **躬** gōng 《廣韻》居戎切,見東平。見冬。

① Q095

② Q125

③ Q134

《說文》爲“躳”之或體,《說文·吕部》:“ ,身也。从身从吕。 ,躳或从弓。”

【釋形】

《說文》“躬”爲“躳”之或體,从身从弓,弓亦聲,爲會意兼形聲字,本義爲身軀。因人身軀似弓形,故从弓;又因“吕”爲脊梁骨,故又可从吕。“躬、躳”是從不同的角度所造的一組異體字,理據重構。義符“身”本像人的軀體之形,漢碑字形中筆畫重新組合後已不再象形;義符“弓”彎曲線條隸定爲平直方折的筆畫,如圖①~③。

【釋義】

㊀親自,親身:“惟前廢弛,匪躬匪力”(Q125);“尊賢養老,躬忠恕以及人,兼禹湯之辠己”(Q127);“乃發嘉教,躬損奉錢,倡率羣義,繕廣斯廟”(Q199);又見“躬親”。㊁通“肱”,手臂:“惟坤靈定位,川澤股躬,澤有所注,川有所通”(Q095)。㊂通“恭”,恭謹:見“躬儉、躬素”。

【釋詞】

[躬儉]即“恭儉”,恭謹謙遜:“躬儉尚約,化流若神”(Q150)。

[躬親]語出《詩·小雅·節南山》:“弗躬弗親,庶民弗信。”親自;親身從事:“載馳□□,躬親嘗禱”(Q134)。

[躬素]即“恭素”,恭謹純樸:“其仕州郡也,躬素忠謇,犯而勿欺”(Q173)。

7161 **穴** xué 《廣韻》胡決切,匣屑入。匣質。

① J043

② Q232

③ Q118

《說文·穴部》:“ ,土室也。从宀,八聲。凡穴之屬皆从穴。”

【釋形】

《說文》以爲形聲字,从宀,八聲。按甲骨文、金文未見單字“穴”,甲骨文也未見“穴”作構件的字例。西周金文開始有少數从“穴”之字,如“寬”字作 (《伯寬父盨》)、“罙”字作 (《伯歸夆簋》)等。所从之“穴”寫作 ,像供人居住的洞穴之形。小篆線條化後,中間的形體訛爲“八”,故《說文》誤釋爲“从宀,八聲”。漢碑字形或依據小篆轉寫隸定,圓轉線條隸定爲平直方折的筆畫,如圖①;或將“八”訛寫作“人”形,整字混同爲“内”,如圖②③。

【釋義】

㊀洞窟:“逮行九丈,左右有四穴四入”

（Q118）。㈡墓坑："川户一丈，人川户右方，穴八尺"（Q096）；"捐脜□從，穴莛爾汝"（H144）。

7162 **寮** liáo 《廣韻》落蕭切，來蕭平。來宵。

① Q154

② Q137

③ JB5

《説文》作"竂"，《説文·穴部》："，穿也。从穴，尞聲。《論語》有公伯竂。"

【釋形】

《説文》"竂"从穴，尞聲，段玉裁《説文解字注》云"俗省作寮"。按"寮"甲骨文作（《合》36909），金文作（《趞盂》），从宀，尞聲（"尞"本像焚柴祭祀之狀）。金文或增添聲符"呂"，寫作（《夨令方彝》）、（《毛公鼎》）等形，"呂"或居下，或居中。"呂"上古音在來母魚部。小篆改"宀"爲"穴"；聲符"呂"改换爲"日"，故《説文》釋爲"从穴，尞聲"。漢碑字形中，"穴"又改爲"宀"；聲符"尞"或形變爲"賁"，如圖①②；或上部形體隸定爲"㐭"，下部"火"隸定爲"小"，與現在通行的寫法相近，如圖③。

【釋義】

百官，官吏，後世多寫作"僚"："階夷愍之貢，經常伯之寮"（Q137）；"百寮臨會，莫不失聲"（Q137）；"董督京輦，掌察羣寮"（Q154）。

7163 **竅** qiào 《廣韻》苦弔切，溪嘯去。溪藥。

Q196

《説文·穴部》："，空也。从穴，敫聲。"

【釋形】

《説文》小篆爲形聲字，从穴，敫聲。漢碑字形中，義符"穴"兩側線條縮短，居於上部，整字布局調整爲上下結構，且"穴"左側短豎斷開。聲符"敫"所从之構件"白"訛作"日"；構件"放"中的"方"省去上面一點，如圖。

【釋義】

通，貫通："正直是以揚名於州里，竅部職究由□□□右守曲……"（Q196）。

7164 **空** kōng 《廣韻》苦紅切，溪東平。溪東。

① Q038

② Q102

《説文·穴部》："，竅也。从穴，工聲。"

【釋形】

《説文》小篆爲形聲字，从穴，工聲。漢碑字形中，圖①爲碑文篆書；圖②爲隸變字形，義符"穴"兩側線條縮短，居於上部，整字布局調整爲上下結構。

【釋義】

㈠内無所有："空輿輕騎，遰导弗前"（Q095）；"國無人兮王庭空，士罔宗兮微言喪"（Q128）。㈡窮盡，傾其所有："吏無大小，空府竭寺，咸俾來觀"（Q141）。㈢空手，不拿東西："臣即〖自〗以奉錢，脩上案食醊具，以叙小節，不敢空謁"（Q140）。㈣空疏："校尉空闇，典統非任，素無績勳"（Q163）。㈤用於官名："郵亭驛置徒司空，褒中縣官寺并六十四所"（Q025）；"故功曹司空掾池陽吉華伯昉"（Q200）。㈥用於複姓："司空辟，遭公夫人憂，服闋，司空司隸並舉賢良方正，去官，辟大將軍府"（Q084）；"司徒雄、司空戒下魯相，承書從事下當用者"（Q102）。㈦用於地名：見"空桒"。

【釋詞】

［空桒］即空桑，古地名。一説孔子生於空桑，《史記·孔子世家》張守節正義："干寶《三日紀》云：'徵在生孔子空桑之地，今名空竇，在魯南山之空竇中。'"干寶《搜神記》卷十三："空乘之地，今名爲孔竇。"《御

定淵鑑類函(文淵閣)》卷二十六引作“空桑之地，今名爲孔竇”。一説古代凡出生來歷神秘者均云生於空桑：“顔育空桒，孔制元孝”（Q112）。

7165 **突**　tū　《廣韻》陀骨切，定没入。定物。

Q169

《説文·穴部》：“，犬从穴中暫出也。从犬在穴中。一曰：滑也。”

【釋形】

《説文》小篆爲會意字，从犬从穴，義爲犬从穴中突然竄出。漢碑字形中，構件“穴”的兩側線條縮短，居於上部，整字布局調整爲上下結構。構件“犬”甲骨文本爲象形字，寫作 （《合》1621）、（《合》27917）等形；小篆線條化以後，象形性淡化；漢碑隸書筆畫化，且上下發生離析，象形性完全消失，如圖。

【釋義】

衝破，突圍：“冒突鋒刃，收葬尸死”（Q169）。

7166 **窕**　tiǎo　《廣韻》徒了切，定篠上。定宵。

① Q171　② Q212

《説文·穴部》：“，深肆極也。从穴，兆聲。讀若挑。”

【釋形】

《説文》小篆爲形聲字，从穴，兆聲。漢碑字形中，義符“穴”或省變爲“宀”，如圖②；聲符“兆”隸定近似於在“北”中間插入“乚”形，如圖①②。

【釋義】

常與“窈”連用，㊀深邃，幽深：“山□窈窕，石巖巖兮”（Q171）。㊁嫻静，美好：“故縣侯守丞楊卿耿伯，慣性清潔，丁時窈窕，才量休赫”（Q212）。

7167 **穹**　qióng　《廣韻》去宫切，溪東平。溪蒸。

① Q202　② Q134

《説文·穴部》：“，窮也。从穴，弓聲。”

【釋形】

《説文》小篆爲形聲字，从穴，弓聲。漢碑字形中，義符“穴”兩側線條縮短，居於上部，整字布局呈上下結構。聲符“弓”或依據小篆線條轉寫隸定，彎曲線條平直化，如圖①；或中間橫畫拉長，使下部形體近似於“丂”形，如圖②。

【釋義】

天，天空：“精通晧穹，三納苻銀”（Q150）；又見“穹蒼”。

【釋詞】

［穹蒼］又作“穹倉”，蒼天：“悲將焉告，卬叫穹倉”（Q134）；“君有命，必以疾辭，何辜穹倉”（Q157）；“巖巖西嶽，峻極穹蒼”（Q129）。

7168 **究**　jiū　《廣韻》居祐切，見宥去。見幽。

① Q117　② Q128　③ Q196

《説文·穴部》：“，窮也。从穴，九聲。”

【釋形】

《説文》小篆爲形聲字，从穴，九聲。漢碑字形中，義符“穴”兩側線條縮短，居於上部，整字布局調整爲上下結構；“穴”上點畫或省，如圖③。聲符“九”據小篆線條轉寫隸定，如圖①～③。

【釋義】

㊀最終達到：“徵旋本朝，歷太僕、太常，遂究司徒、太尉”（Q066）。㊁深入探

求，鑽研："升堂講誦，深究聖指"（Q105）；"治《春秋》嚴氏經，貫究道度，無文不睹"（Q187）。㊂完，盡："聖典有制，三載已究"（Q088）；"上帝棐諶，天秩未究"（Q148）；"匪究南山，遐邇忉悼"（Q154）。㊃通"宄"，奸恶之人："貪究革除，清脩勸慕"（Q193）。

7169 **竆**

"窮"的異體字（圖②），見7170窮。

7170 **窮（竆）**　qióng　《廣韻》渠弓切，羣東平。羣冬。

① Q102

② Q134

《說文》作"竆"，《說文·穴部》："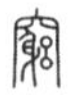，極也。从穴，躳聲。"

【釋形】

竆，《說文》小篆爲形聲字，从穴，躳聲。漢碑字形中，義符"穴"的兩側線條縮短，居於上部，整字由半包圍結構調整爲上下結構；内部兩筆或簡寫爲兩點，如圖②。聲符"躳"或寫作"躬"（《說文》"躬"爲"躳"之或體），隸定爲"窮"，如圖②；構件"身"小篆像人的軀體之形，形體重點突出腹部，漢碑字形中筆畫重組後已失去了原來的象形性。後世通行字形爲"窮"。

【釋義】

㊀盡，完："上世羣后，莫不流光〖煇〗於無窮，垂芳耀於書篇"（Q088）；"國人僉嘆，刊勒斯石，表示無窮"（Q161）。㊁使……窮盡："念在探嘖索隱，窮道極術"（Q175）。㊂遍，全部："考傳驗圖，窮覽其山川"（H26）；"初受業於歐陽，遂窮究于典〖籍〗"（Q117）。㊃困厄，不得志："窮逼不憫，淑慎其身"（Q169）。㊄貧困："君清節儉約，厲風子孫，固窮守陋"（H105）；"身冒炎赫火星之熱，至屬縣，巡行窮匱"（Q161）。

7171 **窈**　yǎo　《廣韻》烏晈切，影篠上。影幽。

① Q142

② Q143
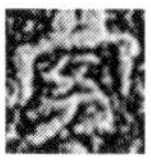
③ Q212

《說文·穴部》："，深遠也。从穴，幼聲。"

【釋形】

《說文》小篆爲形聲字，从穴，幼聲。漢碑字形與小篆相承，義符"穴"兩側線條或依小篆隸定，如圖①；或内部兩筆隸定近似於"八"形，如圖②③。聲符"幼"小篆爲左右結構，漢碑中變爲上下結構；構件"幺"或仍帶有篆意，如圖①；或有不同程度的省變，如圖②③。構件"力"或據小篆線條隸定，如圖①②；或混同爲"刀"形，如圖③。

【釋義】

㊀深，遠："出窈入冥，變化難識"（Q142）；"□吉日令辰，欽謁鴻基之曠，蕩觀林木之窈"（Q103）。㊁見"窈窕"。

【釋詞】

［窈冥］深遠渺茫貌："神靈獨處，下歸窈冥"（Q143）。

［窈窕］㊀深遠、秘奥貌："山□窈窕，石巖巖兮"（Q171）；㊁嫻靜、美好貌："故縣侯守丞楊卿耿伯，慎性清潔，丁時窈窕，才量休赫"（Q212）。

7172 **寑（寖）**　qǐn　《廣韻》七稔切，清寑上。清侵。

① Q140

② Q166

③ Q137

《說文·㝱部》："，病臥也。从㝱省，寖省聲。"《說文·宀部》："，臥也。从宀，𠬶聲。，籀文寑省。"

【釋形】

"寑"與"寢"《說文》分列爲兩個字頭，均爲形聲字，實本爲一字。"寑"甲骨文作

(《合》8163)、(《合》34067),从宀从帚,像房屋内有掃帚,隸定爲“𡩋”,本義指寢室、臥室。金文或增添構件“又”作(《寑玄爵》),像手拿掃帚打掃房屋,可隸定爲“寑”;《説文》籀文與之相承。戰國楚文字添加構件“爿”(像床之形),寫作(《包》2.165),强化了寢室義,可隸定爲“寢”。小篆或在金文第一個字形的基礎上添加構件“人”,寫作,隸定爲“㾖”,《説文》釋爲“从宀,𠬶聲”(未解釋構件“人”);或承襲戰國楚文字,寫作,隸定作“寢”,《説文》釋爲“从㝱省,寑省聲”。後世通行“寢”。漢碑字形中,或寫作“寖”,構件“𠬶”省寫作“㝵”,如圖①②;或寫作“寑”,構件“寑”進一步省寫作“帚”,如圖③。

【釋義】

㊀病臥,躺臥:見“寢疾”。㊁睡覺:“臣寢息耿耿,情所思惟”(Q140);“悼〖《蓼儀》〗之劬勞,寢闇苦〖塊〗”(Q137)。

7173 **寤(㝵)** wù 《廣韻》五故切,疑暮去。疑魚。

① Q083

② Q066

《説文·㝱部》:“,寐覺而有信曰寤。从㝱省,吾聲。一曰:晝見而夜㝱也。,籀文寤。”

【釋形】

《説文》小篆爲形聲字,从㝱省,吾聲。漢碑字形中,或依小篆字形轉寫隸定,省去“吾”上一横;或將構件“爿”訛寫作“忄”,整字隸定爲“㝵”,如圖②。

【釋義】

通“悟”,㊀感悟:“王室感㝵,姦佞伏辜”(Q066)。㊁料想:“何寤不遂,中年殀苓”(Q083)。

7174 **疾** jí 《廣韻》秦悉切,從質入。從質。

① Q169

② Q084

③ Q133

④ Q117

⑤ Q133

⑥ Q137

《説文·疒部》:“,病也。从疒,矢聲。,古文疾。,籀文疾。”

【釋形】

《説文》以爲形聲字,从疒,矢聲,本義爲傷病。按“疾”甲骨文作(《合》21053)、(《合》21054),从大从矢。王國維《觀堂集林·毛公鼎銘考釋》:“疾之本字,象人亦下箸矢形,古多戰事,人箸矢則疾矣。”金文或改从“𤕫”,寫作(《十三年上官鼎》)。小篆承襲此類字形,故《説文》釋爲“从疒,矢聲”。“矢”上古音在書母脂部。漢碑字形中,義符“𤕫”隸定爲“疒”。聲符“矢”隸變過程中變異複雜,如圖①~⑥。

【釋義】

㊀病,病痛:“淄丘戍守士史楊君德安,不幸遭疾”(Q026);“嗟命何辜,獨遭斯疾”(Q113);“年六十有二,遭離寢疾,熹平六年四月己卯卒”(Q166)。㊁災疫,災害:“蝗賊不起,厲疾不行”(Q135)。㊂痛苦,困苦:“民無疾苦,永保其年”(Q060)。㊃急速:“谿源漂疾,横柱于道”(Q150)。㊄厭惡,憎惡:“疾讒讒比周,愠頻頻之黨,□唐虞之道”(Q084);“郡位既重,孔武赳著,疾惡義形,從風征暴,執訊獲首”(Q172)。

7175 **痛(㾓)** tòng 《廣韻》他貢切,透送去。透東。

① Q117

② Q144

③ Q202

④ Q124

⑤ Q212

⑥ Q143

⑦ Q114

《説文·疒部》:“,病也。从疒,甬聲。”

【釋形】

《説文》小篆爲形聲字,从疒,甬聲。漢碑字形中,義符"㽱"多隸定爲"疒","疒"或省上部一點,如圖③;或訛寫爲"广",如圖④⑦。聲符"甬"所从之構件"用"或省變近似於"田",如圖⑤⑥;構件"马"上部有的寫成倒三角形,如圖①②④;有的寫作"マ",如圖⑥;有的省寫作"フ",如圖③;還有的簡寫爲"ソ",如圖⑦。"痛"或增義符"心",强調與心理活動有關,理據强化,整字隸定作"慂",如圖⑤~⑦。

【釋義】

㊀悲傷,傷悼:"悲《蓼莪》之不報,痛昊天之靡嘉"(Q154);"隱藏魂靈,悲慂奈何,涕泣雙并"(Q114);"慂哉可哀,許阿瞿〖身〗,年甫五歲,去離世榮"(Q143)。㊁痛惜,歎惜:"慂哉于嗟!誰不辟世"(Q212)。

【釋詞】

[痛惜]心痛惋惜:"皇上憀慄,痛惜歈歔"(Q128)。

7176 **病** bìng 《廣韻》皮命切,並映去。並陽。

① Q160

② Q106

③ Q084

《説文·疒部》:",疾加也。从疒,丙聲。"

【釋形】

《説文》小篆爲形聲字,从疒,丙聲。漢碑字形依據小篆轉寫隸定,義符"㽱"多隸定爲"疒",如圖①②;或訛寫爲"广",如圖②。聲符"丙"中間的兩條曲線變爲豎撇和捺;或將豎撇向上延伸,與"疒"的横筆相交,如圖③。

【釋義】

㊀疾病:"被病夭没,苗秀不遂,嗚呼哀哉"(Q094);"會遭篤病,告困致仕,得從所好"(Q127);"以熹平三年七月十二日被病卒"(Q160)。㊁艱苦,疾苦:"每懷禹稷恤民飢溺之思,不忘百姓之病也"(Q084)。

7177 **瘽** qín 《廣韻》巨斤切,羣欣平。羣文。

Q128

《説文·疒部》:",病也。从疒,堇聲。"

【釋形】

《説文》小篆爲形聲字,从疒,堇聲。漢碑字形中,義符"㽱"隸定爲"疒";聲符"堇"上下發生粘合,上面的"廿"形漢碑中寫成"䒑"形,與"艸"的漢碑字形寫法混同,如圖。

【釋義】

勞苦:"在母不瘽,在師不煩"(Q128)。

7178 **癘** lì 《廣韻》力制切,來祭去。來月。

① Q114

② Q259

《説文·疒部》:",惡疾也。从疒,蠆省聲。"

【釋形】

《説文》小篆爲形聲字,从疒,蠆省聲。"蠆"上古音在透母月部。漢碑字形中,義符"㽱"隸定爲"疒"。聲符"蠆"所从之構件"萬"上部與"艸"的漢碑字形寫法混同,或隸定爲"艹",如圖②;或隸定爲"䒑",如圖①。中部隸定爲"田"形;下部隸定爲"内",與"田"中間豎筆連寫,如圖①;"内"裡面的"厶"或寫作閉合的三角形,如圖②。

【釋義】

㊀瘟疫:"□遭□癘而逝"(Q259);又見"癘蠱"。㊁通"礪",磨治,磨煉:"□癘吏士"(Q093);"涿癘摩治,規柜施張"(Q114)。

【釋詞】

[癘蠱]指嚴重的蟲害:"癘蠱不遐,去其螟蟘,百穀收入"(Q199)。

7179 **瘳** chōu 《廣韻》丑鳩切,徹尤平。透幽。

Q178

《説文·疒部》:“,疾瘉也。从疒,翏聲。”

【釋形】

《説文》小篆爲形聲字,从疒,翏聲。義符“疒”隸定爲“疒”。聲符“翏”所从之構件“羽”隸定爲兩个“彐”;構件“㐱”隸定爲“尒”,如圖,同類的變化還有“参”亦作“叅”,亦作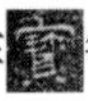等。

【釋義】

病愈:“賦與有疾者,咸蒙瘳悛”(Q178)。

7180 **疕**

“札”的異體字(圖②),見6071札。

7181 **冠** (一)guān 《廣韻》古丸切,見桓平。見元。

① Q088

② Q153

③ Q074

④ Q129

《説文·冂部》:“,絭也。所以絭髮,弁冕之緫名也。从冂从元,元亦聲。冠有法制,从寸。”

【釋形】

《説文》以爲會意兼形聲字,从冂从元从寸,元亦聲,義爲帽子的總稱。按“冠”甲骨文作(《合》10976)、(《合》6947),下从元,上像冠形,合體象形字。“元”上古音在疑母元部,與“冠”音近,因而也有學者認爲是會意兼形聲字。戰國楚文字將像冠之形的部分改爲“冃”,寫作(《包》2.219)。小篆在此類字形的基礎上增加構件“寸”(表示以手持冠),構件“冃”和“元”共有兩横線,仍爲會意兼形聲字。《説文》所釋“从冂”應爲“从冃省”。漢碑字形中,構件“冂”(“冃”之省)還大致保持半包圍的布局,没有演化爲“冖”,如圖①~④。構件“元”下面彎曲的人形筆畫化,分化爲撇和豎提兩筆,如圖②④;豎提或寫爲捺筆,如圖①③。構件“寸”彎曲線條拉直,指事符號或變爲點,如圖②~④;或變爲長提,如圖①。“寸”由“元”的右下方移至“元”的右側或右上側,整字結構布局有所調整。

【釋義】

帽子:見“冠盖、冠履同囊”。

【釋詞】

[冠盖]官吏的冠服和車乘的頂蓋,後多用以指稱達官貴人:“裳絻相襲,名右冠盖”(Q153)。

[冠履同囊]《史記·儒林列傳》:“冠雖敝,必加於首;履雖新,必關於足。何者,上下之分也。”故以“冠履同囊”比喻尊卑不分:“光和之中,京師擾穰;雄狐綏綏,冠履同囊”(Q187)。

(二)guàn 《廣韻》古玩切,見換去。見元。

【釋義】

㊀用於“弱冠”,古代指男子剛剛舉行過冠禮:“幼而宿衛,弱冠典城”(Q146);“息叡不才,弱冠而孤”(Q154)。㊁超出衆人,領先:“崇冠二州,古曰雍梁”(Q129)。㊂用於地名:見“冠軍”。

【釋詞】

[冠軍]古縣名,漢元朔六年置。因霍去病功冠諸軍,封冠軍侯於此,故名。治所在今河南鄧縣西北:“舉將南陽冠軍君姓馮,諱巡,字季祖”(Q171)。

7182 **同** tóng 《廣韻》徒紅切,定東平。定東。

① Q195

② JB3

③ Q066

《説文·冃部》:“,合會也。从冃从口。”

【釋形】

《説文》以爲會意字，从冃从口，義爲會合。按“同”甲骨文作 （《合》24118），金文作 （《沈子它簋蓋》），从 从口。該字應源自甲骨文的“興”字。“興”商代金文作 （《興壺》），甲骨文作 （《合》270），像四隻手共同抬起一物之狀。或添加構件“口”，表示用口號讓大家保持協同一致，寫作 （《合》31780）。“興”省去四隻手後，便是从 从口的“同”字。小篆發生形變，構件 線條化爲 ，《説文》單獨列爲部首，釋爲“重覆也”，乃不明其形源所致。漢碑字形與小篆相承，將小篆圓轉線條轉寫爲平直方折的筆畫，如圖①～③；其中圖③“冂”的末筆已經演變爲豎鉤。

【釋義】

㊀相同，一樣：“萬里同風，艾用照明”（Q128）；“故吏韋萌等，僉然同聲，賃師孫興，刊石立表”（Q179）；“咸懷〖傷愴〗，遠近哀同”（Q132）；又見“同符”。㊁同一：“同心濟艷，百川是正”（Q065）；“冠履同囊，投核長驅”（Q187）；又見“同僚”。㊂協同：“協同建石，立碑顯□”（Q070）。㊃和諧，安定：“商人咸憘，農夫永同”（Q095）；“内脩家，事親，順勑，兄弟和同相事”（Q114）。㊄副詞，共同，一起：“磥〖硌吐〗名，與天同燿”（Q126）；“勒勳金石，日月同炯”（Q066）。

【釋詞】

［同符］與……相合：“窮神知變，與聖同符”（Q066）。

［同僚］稱同朝或同官署做官的人：“同僚服德，遠近憚威”（Q178）。

7183 **冕（絻）**　miǎn《廣韻》亡辨切，明獮上。明元。

① S110

② Q187

③ Q153

《説文·冃部》：“ ，大夫以上冠也。邃延、垂瑬、紞纊。从冃，免聲。古者黄帝初作冕。 ，冕或从糸。”

【釋形】

《説文》小篆爲形聲字，从冃，免聲。初文作“免”，金文寫作 （《免卣》）、 （《史免匡》）等形，从宀从人，會意字。《説文》小篆添加構件“冃”作“冕”，成爲从冃免聲的形聲字。漢碑字形中義符“冃”將小篆圓轉的線條轉寫爲平直方折的筆畫，中間兩横與左右筆畫相離；聲符“免”中的圓曲線隸定爲封口的長方形，下部構件“儿”的左“丿”穿插於長方形之内，如圖①②，與後來通行的寫法相近。“冕”或寫作从糸、免聲，與古代表示弔喪時的頭飾或弔喪時所執之紼的“絻”（wèn）形成同形字。

【釋義】

古代大夫以上官員的禮帽，也借指官位：“於是國君備禮招請，濯冕題剛”（Q187）；“家于梓潼，九族布列，裳絻相襲，名右冠盖”（Q153）。

【釋詞】

［冕紳］冕爲古代大夫以上官員的禮帽，紳爲古代官服腰間的大帶，故以冕紳指代達官顯貴：“有朋自遠，冕紳莘莘，朝夕講習，樂以忘憂”（S110）。

7184 **絻**

“冕”的異體字（圖③），見7183冕。

7185 **冒**　mào《廣韻》莫報切，明号去。明覺。

Q169

《説文·冃部》：“ ，冡而前也。从冃从目。 ，古文冒。”

【釋形】

《説文》以爲會意字，从冃从目。徐灝《説文解字注箋》：“冒，即古帽字。”按“冒”

金文作(《九年衛鼎》),上像帽形,下"目"表示人頭,爲合體象形字,本義爲帽子。後引申爲冒犯、覆蓋等義,本義另添加構件"巾"作"帽"。小篆全面線條化,眼睛由横向變爲縱向,上部帽形的象形性也有所弱化。漢碑字形與小篆相承,圓轉線條轉寫爲平直方折的筆畫;構件"冃"曲線兩側縮短,居於構件"目"之上,整字由半包圍結構調整爲上下結構,如圖。

【釋義】

迎着,頂着:"身冒炎赫火星之熱,至屬縣,巡行窮匱"(Q161);"冒突鋒刃,收葬尸死"(Q169)。

7186 **最** zuì 《廣韻》祖外切,精泰去。精月。

① Q054 ② Q071

《説文·冃部》:" ,犯而取也。从冃从取。"

【釋形】

《説文》以爲會意字,从冃从取。按學者或以爲从冃,取聲,形聲字。"冃"本像帽子之形,帽子戴在頭上,故有最高、最突出之義,"犯而取"非其本義。漢碑字形與小篆相承,圓轉線條轉寫爲平直方折的筆畫,構件"冃"曲線兩側縮短,居於構件"目"之上,整字由半包圍結構調整爲上下結構,如圖①②。

【釋義】

㊀副詞,表示程度,相當於"極、特别":"惟中嶽大室,崇高神君,處兹中夏,伐業最純"(Q061)。㊁用於人名:"奴俾、婢意、婢最、奴宜、婢營、奴調婢利并〖七人〗"(Q071)。

7187 **兩** liǎng 《廣韻》良獎切,來養上。來陽。

① Q146 ② Q142

《説文·㒳部》:" ,二十四銖爲一兩。从一;㒳,平分,亦聲。"

【釋形】

《説文》以爲會意兼形聲字,从一、㒳,㒳亦聲,義爲重量單位,二十四銖爲一兩。按"兩"初作"㒳",金文作(《兟簋》)、(《函皇父盤》),像兩物并列之形,本義爲兩個。或添加飾筆"一",寫作(《函皇父鼎》),此即小篆字形之所承。《説文》釋爲"二十四銖爲一兩",爲其假借義。漢碑字形與小篆相承,圓轉線條轉寫爲平直方折的筆畫;"㒳"中間豎筆兩側寫作"人"形,如圖①;"人"或訛變作"く"形,如圖②。

【釋義】

㊀數詞,二,一般用於量詞前:"負〖土〗兩年,俠墳相〖屬若〗瘠"(Q101);"須臾之頃,抱兩束葵出"(Q142)。㊁偶,雙:"禽獸〖碩大〗,億兩爲耦"(Q171)。

【釋詞】

[兩宫]指皇上和太后:"皇上閔悼,兩宫賻贈,賜秘器,以禮殯"(Q056)。

7188 **网**

"罔"的異體字(圖①②),見 7189 罔。

7189 **罔(网)** wǎng 《廣韻》文兩切,明養上。明陽。

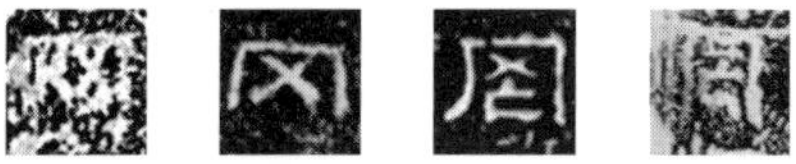

① Q171 ② Q201 ③ Q066 ④ Q065

⑤ Q102 ⑥ JB6

《説文》正篆作"网",《説文·网部》:" ,庖犧所結繩,以漁。从冂,下象网交文。凡网之屬皆从网。 ,网或从亡。

，网或从糸。，古文网。，籀文网。”

【釋形】

《説文》小篆爲象形字，義爲漁網。“网”甲骨文作（《合》10514）、（《合》10755）、（《合》10753）、（《合》40757）、（《合》10976）等形，皆像魚網之形，象形字。《説文》小篆和籀文分別承襲甲骨文的後兩種字形。戰國秦文字添加聲符“亡”，寫作（《睡·爲》35）；“亡”或兼表義，表示動物逃亡，用網捕獲之。《説文》第一個或體承襲此類字形。漢碑中“罔”被借去表示無、没有，其字形或與小篆相承，如圖①②；其中圖②或省寫作“冈”。或與《説文》或體相承，增加聲符“亡”，如圖③～⑥，其中圖③構件“网”或省寫作“冈”；圖④或隸定爲“門”，整字仍爲半包圍結構；圖⑥隸定近似於“罒”，位於構件“亡”的上部，整字可隸定爲“罓”，調整爲上下結構；圖⑤則處於圖④向圖⑥的過渡階段。

【釋義】

無，没有：“國無人兮王庭空，士罔宗兮微言喪”（Q128）；又見“罔極”。

【釋詞】

［罔極］漢碑又作“网極”，没有窮盡：“于胥樂而罔極，永歷載而保之”（Q065）；“天鍾嘉礿，永世罔極”（Q066）；“賴明公垂恩网極，保我國君，羣黎百姓，〖永〗受元恩”（Q171）。

7190 **罕**　hǎn　《廣韻》呼旱切，曉旱上。曉元。

Q060

《説文·网部》：“，网也。从网，干聲。”

【釋形】

《説文》小篆爲形聲字，从网，干聲。漢碑字形與小篆相承，彎曲線條轉寫隸定爲平直方折的筆畫，義符“网”隸定爲“門”形，整字仍爲半包圍結構，如圖。

【釋義】

稀少：“醮祠希罕，徹奠不行”（Q060）。

7191 **罪**　zuì　《廣韻》徂賄切，從賄上。從微。

① Q102　② Q140　③ Q066

《説文·网部》：“，捕魚竹网。从网、非。秦以罪爲辠字。”

【釋形】

《説文》以爲會意字，从网、非。按段玉裁《説文解字注》作“从网，非聲”，其説可從。“非”上古音在幫母微部。漢碑字形中，構件“非”兩側的曲線拉直爲橫畫，如圖③；上下橫畫或與豎筆兩端相接，形成左右對稱的“彐”形，如圖①②。構件“网”或隸定爲“罒”，如圖①；或隸定爲“門”，如圖②；或隸定爲“罒”，位於聲符“非”的上部，整字由半包圍結構調整爲上下結構，如圖③。

【釋義】

㊀作惡或犯法的行爲：“無使犯磨□罪，天利之”（Q015）；“喜怒作律，案罪殺人，不顧倡儷”（Q187）。㊁懲罰，治罪：“靡不欷歔垂涕，悼其爲忠獲罪”（Q066）。㊂用於謙敬語：見“死罪”。

7192 **署**　shǔ　《廣韻》常恕切，禪遇去。禪魚。

① Q202　② Q169　③ Q185

《説文·网部》：“，部署，有所网屬。从网，者聲。”

【釋形】

《説文》小篆爲形聲字，从网，者聲。“者”上古音在章母魚部。漢碑字形中，義符“网”或隸定爲“罒”，居於構件“者”上部，整字布局由半包圍結構調整爲上下結構，如圖

①②；或省寫爲一横，如圖③。聲符"者"與單獨成字時形變相同，詳見"4016 者"。

【釋義】

㊀官署，官員辦公的處所："郡請署主簿、督郵、五官掾(闕)否，好不廢過"(Q202)。㊁代理、暫任或試任官職："伯王即日徙署行丞事，守安陽長"(Q095)；"召署督郵，辭疾遜退"(Q169)；"郡仍優署五官掾功曹"(Q185)。

7193 **置**　zhì《廣韻》陟吏切，知志去。端職。

① Q178

② J454

③ Q084

④ Q025

⑤ Q137

《説文·网部》："，赦也。从网、直。"

【釋形】

《説文》以爲會意字，从网、直，義爲赦免、釋放。段玉裁《説文解字注》認爲"直亦聲"，今人多以爲从网，直聲。漢碑字形中，義符"网"或隸定爲"罒"形，位於構件"直"的上部，整字呈上下結構，如圖①②；或隸定爲"冂"形，整字仍爲半包圍結構，如圖③～⑤。義符"直"上部構件"十"或變爲"亠"，如圖①②④；或省去，如圖⑤。構件"乚"拉直爲横，或與"目"之間有點畫相連，如圖①④⑤。

【釋義】

㊀建立，建造："施舍廢置，莫非厥宜"(Q084)；"王府君閔谷道危難，分置六部道橋"(Q095)。㊁設立，設置："廟有禮器，無常人掌領，請置百石卒史一人"(Q102)。㊂安放，安置："惟君之軌迹兮，如列宿之錯置"(Q148)。㊃驛站："□本肇末，化速郵置"(Q137)；"郵亭驛置徒司空，褒中縣官寺并六十四所"(Q025)；又見"置郵"。

【釋詞】

［置郵］語出《孟子·公孫丑上》："德之流行，速於置郵而傳命。"表示用車馬傳遞文書："惠政之流，甚於置郵"(Q178)。

7194 **罹**　lí《廣韻》吕支切，來支平。來歌。

Q167

《説文·网部》(新附字)："，心憂也。从网未詳，古多通用離。"

【釋形】

"罹"爲《説文》新附字，徐鉉認爲从网，構形理據未詳，義爲心憂。按"罹"當從"羅"分化而來，二字上古音同在來母歌部。"羅"甲骨文作(《乙》4502)，既可以表示羅網，又可以表示鳥落入網中。後一個意義後來寫作"罹"，義爲遭遇，如"罹難"等。因"罹"的引申義憂患、憂鬱與心理活動有關，故添加義符"心"。漢碑字形中，構件"网"隸定爲"罒"形，位於上部，整字調整爲上下結構；構件"心"隸定近似於"忄"；構件"隹"發生離析重組，并將線條全部轉寫爲筆畫，已看不出鳥的樣子了，如圖。

【釋義】

遭遇："夙罹凶災，嘘噏不反，夭隕精晃"(Q167)。

7195 **覆**　fù《廣韻》芳福切，滂屋入。滂覺。

① JB2

② Q169

③ Q146

《説文·襾部》："，覂也。一曰：蓋也。从襾，復聲。"

【釋形】

《説文》小篆爲形聲字，从襾，復聲。漢碑字形中，義符"襾"或隸定爲"覀"，如圖①；有的訛寫爲"雨"，如圖②；"雨"點畫或連寫，如圖③。聲符“復”有的與小篆寫法相承，中間兩個圓圈形隸定爲兩個“口”，下部構件“夊”省變爲“夂”，如圖①。有的兩個“口”及上面横筆粘合重組爲“百”形，如圖②③。

【釋義】

㊀傾覆：“數有顛覆賈隧之害”（Q146）。㊁死亡：“大命顛覆，中年徂殁”（Q153）；“于時，四子孟長、仲賓、叔賓皆并覆没，唯寬存焉”（Q169）。㊂保護：“夫人以母儀之德，爲宗族之覆”（Q056）；“國喪名臣，州里失覆”（Q152）。

7196 **巾** jīn 《廣韻》居銀切，見真平。見文。

① Q137

② Q179

《説文·巾部》：“巾，佩巾也。从冂，丨象系也，凡巾之屬皆从巾。”

【釋形】

《説文》小篆爲象形字。“巾”甲骨文作巾（《合》11446），金文作巾（《曶壺蓋》）。林義光《文源》認爲“象佩巾下垂形”。小篆承襲甲骨文、金文字形。漢碑字形將小篆圓轉線條轉寫隸定爲平直方折的筆畫，如圖①②。

【釋義】

㊀頭巾，冠的一種：“舉已從政者，退就勑巾”（Q137）。㊁黄巾，特指東漢末年張角領導的農民起義軍，因頭包黄巾而得名：“黄巾初起，燒平城市，斯縣獨全”（Q179）。

7197 **帥** shuài 《廣韻》所類切，山至去。山物。

① Q248

② Q133

③ Q088

④ Q193

⑤ Q083

《説文·巾部》：“帥，佩巾也。从巾、𠂤。帨，帥或从兑。又音税。”

【釋形】

《説文》以爲會意字，从巾、𠂤，義爲佩巾。段玉裁《説文解字注》：“从巾，𠂤聲。聲字大徐奪。”按“帥”甲骨文作（《合》7074）、（《合》21374）、（《合》18589）等形。于省吾（《殷代的交通工具和馹傳制度》）隸定作，以爲“帥”之初文，由“尋”的甲骨文字形（《佚》831）、（《合》28184）省變而來，可備一説。金文添加義符“巾”，寫作（《五祀衛鼎》）。小篆將金文左側構件訛作“𠂤”，故《説文》誤釋爲“从巾、𠂤”。漢碑字形或與金文相承，从，如圖①～③，其中圖①爲碑文篆書，圖②③爲隸變字形；或與小篆字形相承，从𠂤，“𠂤”省變爲“㠯”形，如圖④⑤。

【釋義】

㊀軍中統帥：“卿守將帥，爵位相承，以迄于君”（Q161）。㊁引領，率領：“遷贛榆令，經國帥下，政以禮成”（Q128）；“兄弟相帥，承事母氏”（Q083）；又見“帥服、帥厲”。㊂遵循：“遵帥紀律，不忝厥緒，爲冠帶理義之宗”（Q135）；又見“帥禮”。

【釋詞】

［帥服］相率而歸服：“慕義者不肅而成，帥服者變衽而屬”（Q133）。

［帥禮］遵循禮法：“孝弟淵懿，帥禮蹈仁”（Q088）；“帥禮不爽，好惡不愆”（Q148）。

［帥厲］引領激勵：“帥厲後學，致之雍泮”（Q193）。

7198 **幣** bì 《廣韻》毗祭切，並祭去。並月。

① Q127

② Q114

③ Q171

《説文·巾部》：“幣，帛也。从巾，敝聲。”

【釋形】

《説文》小篆爲形聲字，从巾，敝聲。漢

碑字形中，聲符“敝”所从之構件“㡀”或訛變爲“尚”，如圖②③；或將其下部隸定爲“罒”形，如圖①。構件“攴”或隸定爲“攵”，如圖①②；或訛作“殳”，如圖③。整字或誤增構件“䒑”，如圖②。

【釋義】

㊀繒帛，古代常用作祭祀或饋贈的禮品：“恩情未及迫褾，有制財幣，霧隱藏魂靈”（Q114）。㊁通“敝”，衰敗：“□彫幣，濟弘功於易簡”（Q127）；“永永不幣，億載年兮”（Q171）。

7199 **帶** dài 《廣韻》當蓋切，端泰去。端月。

① Q148

② Q134

《説文·巾部》：“，紳也。男子鞶革，婦人鞶絲。象繫佩之形。佩必有巾，从巾。”

【釋形】

《説文》以爲合體象形字，像佩繫的衣帶之形。按“帶”甲骨文作（《合》13935）、（《合》28035），像紳帶之形，本義指腰帶。小篆類化从巾。漢碑字形與小篆相承，上部或隸定爲兩横四豎，如圖①；或隸定爲“奻”形，如圖②。下部“巾”圓轉線條轉寫隸定爲平直方折的筆畫；“巾”上面的下弧線隸定爲“冖”，如圖①②。

【釋義】

㊀腰帶：“盖不〚得已，乃〛翻爾束帶”（Q148）。㊁佩上腰帶：“衣不暇帶，車不俟駕”（Q134）。㊂佩帶：“晉陽珮瑋，西門帶弦，君之軆素，能雙其勛”（Q179）。

7200 **常** cháng 《廣韻》市羊切，禪陽平。禪陽。

① J039

② Q066

③ Q146

《説文·巾部》：“，下帬也。从巾，尚聲。，常或从衣。”

【釋形】

《説文》小篆爲形聲字，从巾，尚聲。《説文》“常”與“裳”爲異體關係，漢碑文本中二字職能有分工，“裳”表衣裙義，“常”表經常等義。“常”漢碑字形與小篆相承，聲符“尚”所从之構件“八”寫法形態各異，如圖①～③；構件“向”曲線兩側縮短，使得“尚”居於“巾”的上部，整字布局調整爲上下結構。

【釋義】

㊀典章，常法：“輔主匡君，循禮有常”（Q095）；“岐齔謠是，含好箕常”（Q128）；“還田轉與當爲父老者，傳後子孫以爲常”（Q029）。㊁綱常，倫常：“五常之貌，含氣庶品”（Q123）。㊂副詞，經常，常常：“常以《易》《詩》《尚書》授，訓誨不倦”（Q084）；“平阿淚泥，常蔭鮮晏”（Q095）。㊃通“嘗”，副詞，曾經：“君常舍止棗樹上，三年不下”（Q142）；“歷郡右職，上計掾史，仍辟涼州，常爲治中、别駕”（Q178）；“十辟外臺，常爲治中諸部從事”（Q187）。㊄用於人名：“陽城縣長、左馮翊萬年吕常始造作此石闕，時監之”（Q061）。㊅用於地名：“〚元〛初四年，常山相隴西馮君到官”（Q060）；“光和六年，常山相南陽馮巡，字季祖”（Q174）。

【釋詞】

［常伯］本爲周官名，君主近臣，因從諸伯中選拔，故名。後因以稱皇帝的近臣，如侍中、散騎常侍等：“階夷愍之貢，經常伯之寮”（Q137）。

［常車］古時的儀仗車：“常車迎布，歲數千兩，遭遇隤納，人物俱隋”（Q150）。

［常人］固定的人：“廟有禮器，無常人掌領，請置百石卒史一人”（Q102）。

7201 **帷** wéi 《廣韻》洧悲切，雲脂平。匣微。

①Q179 ②Q114

《説文·巾部》:",在旁曰帷。从巾,隹聲。,古文帷。"

【釋形】

《説文》小篆爲形聲字,从巾,隹聲。漢碑字形中,義符"巾"圓轉線條轉寫隸定爲平直方折的筆畫;聲符"隹"發生離析重組,并將線條全部轉寫爲筆畫,已看不出鳥的樣子了,如圖①②。

【釋義】

帳幕,帳子:"褰帷反月,各有文章"(Q114);又見"帷幕"。

【釋詞】

[帷幕]帳幕,帷幔:"高帝龍興,有張良,善用籌策,在帷幕之内,決勝負千里之外,析珪於留"(Q179)。

7202 **帳** zhàng 《廣韻》知亮切,知漾去。端陽。

Q153

《説文·巾部》:",張也。从巾,長聲。"

【釋形】

《説文》小篆爲形聲字,从巾,長聲。漢碑字形中,義符"巾"發生明顯變異;聲符"長"甲骨文作(《合》27641),金文作(《長日戊鼎》)、(《牆盤》)等形,像老人拄杖之形,小篆線條化爲,漢碑字形隸變過程中結構有較大調整,如圖。

【釋義】

帷幔,帷帳:見"甲帳"。

7203 **幕** mù 《廣韻》慕各切,明鐸入。明鐸。

①Q248 ②Q179

《説文·巾部》:",帷在上曰幕,覆食案亦曰幕。从巾,莫聲。"

【釋形】

《説文》小篆爲形聲字,从巾,莫聲。漢碑字形中,有的爲碑文篆書,但已經帶有明顯的隸意,義符"巾"訛寫近似於"木",如圖①。圖②則爲隸變字形,聲符"莫"所从之構件"茻",上部"艸"變爲"䒑",下部"艸"近似於"六";構件"日"兩邊豎筆向下延伸,與下方横畫相接。

【釋義】

懸空平遮在上面的帷幔:"在帷幕之内,決勝負千里之外,析珪於留"(Q179)。

7204 **飾(餝)** shì 《廣韻》賞職切,書職入。書職。

  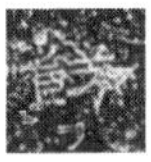

①Q129 ②Q141 ③Q125

《説文·巾部》:",㕞也。从巾从人,食聲。讀若式。一曰:襐飾。"

【釋形】

《説文》小篆爲形聲字,从巾从人,食聲。漢碑字形中,聲符"食"所从之構件"皀"粘連爲一個整體;義符"人"隸定爲"𠂉";義符"巾"據小篆線條轉寫隸定爲平直方折的筆畫,如圖①。"飾"或从芳,隸定爲"餝",如圖②③,其中圖②構件"艸"隸定爲"艹",圖③隸定爲"䒑"。下部形體"方"甲骨文作(《合》8667)、(《合》6314),小篆線條化爲;漢碑字形則分解爲上下兩部分,如圖②③。

【釋義】

裝飾,修飾:"袁府君肅恭明神,易碑飾闕"(Q129);又見"脩餝"。

(二)chì 《集韻》蓄力切,徹職入。書職。

【釋義】

通"飭",整治:"增廣壇場,餝治〚華盖〛"(Q125);"又勑瀆井,復民餝治"(Q141)。

7205 **𩞄**

"飾" 的異體字(圖②③),見 7204 飾。

7206 **幃** wéi 《廣韻》雨非切,雲微平。匣微。

Q153

《説文·巾部》:"幃,囊也。从巾,韋聲。"

【釋形】

《説文》小篆爲形聲字,从巾,韋聲。漢碑字形與小篆相承,圓轉線條轉寫隸定爲平直方折的筆畫;聲符"韋"上下兩個構件的豎畫貫通爲一筆,如圖。

【釋義】

帳子,幔幕:"幃屋甲帳,龜車留遰"(Q153)。

7207 **席** xí 《廣韻》祥易切,邪昔入。邪鐸。

① J423

② Q099

③ Q144

④ Q212

《説文·巾部》:"席,籍也。《禮》:天子、諸侯席,有黼繡純飾。从巾,庶省。𡿨,古文席,从石省。"

【釋形】

《説文》以爲从巾,从庶省,表示用於坐臥鋪墊的席子。段玉裁《説文解字注》以爲"从巾,庶省聲"。按唐蘭認爲金文𢂁(《九年衛鼎》)即"席"字,从巾,石省聲。戰國楚文字作䈈(《包》2.263),从竹,"石"不省。戰國秦文字作席(《睡·日甲》157)、席(《睡·雜》4)等形,上部訛作从"庶"省。小篆承襲此類字形,故《説文》釋爲"从巾,庶省"。漢碑字形與小篆相承,其中的"廿"形或隸定作"卄",如圖①②④;圖④"卄"下增加"一"形;圖③則在"廿"下增加一豎折。

【釋義】

坐席,常用以指代職位,官位:"王人嘉德,台司側席"(Q128);"到官正席,流恩褒譱,糾姦示惡"(Q144);又見"席坐"。

【釋詞】

[席坐]漢碑中又作"坐席",指官位、職位:"學優則仕,歷郡席坐,再辟司隸"(Q084);"坐席未竟,年卌二,不幸蚤終,不卒子道"(Q106);"牧伯張君,開示坐席,顧視忘宦,位不副德"(Q212)。

7208 **布** bù 《廣韻》博故切,幫暮去。幫魚。

① Q142

② Q134

③ Q178

《説文·巾部》:"布,枲織也。从巾,父聲。"

【釋形】

《説文》小篆爲形聲字,从巾,父聲。漢碑字形中,聲符"父"或與"又"的隸變形體混同,如圖①③;或隸定近似於今之"父"形,如圖②。義符"巾"據小篆線條轉寫隸定,如圖①~③。

【釋義】

㊀分布,遍布:"宗族條分,裔布諸華"(Q169);"枝分葉布,所在爲雄"(Q178);"鬯芳旁布,尤愍縣□"(Q193);又見"布列"。㊁陳設,設置:"述葬棺郭,不布瓦鼎盛器"(Q006)。㊂施,布施:"恩洽化布,未基有成"(Q134);"司牧莅政,布化惟成"(Q161);又見"布政"。㊃傳播,流傳:"行成名立,聲布海内"(Q142);"威布烈,安殊荒"(Q178)。㊄宣布,宣告:"布命授期,有生有死,天寔爲之"(Q088)。㊅用於人名:"録事史楊禽孟布百"(Q123)。

【釋詞】

[布化]施行教化:"布化三載,遭離母憂"(Q187)。

[布列]遍布:"九族布列,裳絻相襲"

（Q153）。

［布政］施政："布政優優，令儀令色"（Q172）。

7209 **希** xī 《廣韻》香衣切，曉微平。
曉微。

Q210

《説文》作"稀"，《説文·禾部》："，疏也。从禾，希聲。"

【釋形】

"希"爲"稀"的初文，本義爲稀少。戰國秦文字作（《睡·日甲》69），有學者認爲从巾，㐅聲。小篆添加義符"禾"作。漢碑中"希、稀"二字并存，且意義相同。後世二字逐漸分工，"希"表希望，"稀"表稀少。漢碑字形中"希"的構件"㐅"省作"乂"，義符"巾"彎曲線條轉寫隸定爲平直方折的筆畫，如圖。

【釋義】

㊀罕見，少，後作"稀"："醮祠希罕，徹奠不行"（Q060）。㊁通"羲"，用於指稱伏羲氏："女絓，伏希"（Q210）。㊂用於人名："碑石，門生平原樂陵朱登字仲希書"（Q137）。

7210 **帛** bó 《廣韻》傍陌切，並陌入。
並鐸。

① Q174 ② Q137

《説文·帛部》："，繒也。从巾，白聲。凡帛之屬皆从帛。"

【釋形】

《説文》小篆爲形聲字，从巾，白聲。"白"與"帛"上古音均在並母鐸部。漢碑字形與小篆相承，聲符"白"圓轉線條轉寫隸定爲平直方折的筆畫，内部横畫或與兩邊豎筆相接，如圖②；或相離，如圖①。

【釋義】

㊀絲織物的總稱，常與"竹"連用指代書册："後來詠其烈，竹帛叙其勳"（Q088）；"先帝所尊，垂名竹帛"（Q137）。㊁用於聘問或祭祀的繒帛："玉帛之贄，禮與岱亢"（Q129）；"犧牲玉帛，黍稷稻粮"（Q174）；"理財正辭，束帛戔戔"（Q193）。

7211 **白** bái 《廣韻》傍陌切，並陌入。
並鐸。

① Q174 ② Q174 ③ Q147 ④ Q100

《説文·白部》："，西方色也。陰用事，物色白。从入合二；二，陰數。凡白之屬皆从白。，古文白。"

【釋形】

《説文》以爲會意字，从入合二。按"白"甲骨文作（《合》3396）、（《合》32330），金文作（《叔簋》），構形理據不明。小篆承襲金文字形并線條化。漢碑字形中，上部短豎寫作一點，如圖①②；或接近一短撇，如圖③④。下部圓轉線條轉寫隸定爲平直方折的筆畫，内部横畫或與兩邊豎筆相接，如圖①④；或相離，如圖②③。

【釋義】

㊀白色："德洽精通，致黄龍、白鹿之瑞，故圖畫其像"（Q147）；又見"白氣、白駒"。㊁純潔："皛白清方，剋己治身"（Q088）；"雪白之性，孝友之仁"（Q179）。㊂白天："劉曼、張丙等白日攻剽，〖坐家不命〗"（Q148）。㊃禀告，報告："白之府君，徙爲御史"（Q199）；"領方郡户曹史張湛白：前換蘇示有秩馮佑，轉爲安斯有秩"（Q170）。㊄用於官名："故吏白馬尉博陵博陵齊智，字子周"（Q148）。㊅姓氏："衙門下賊曹白餘子□〖三百〗"（Q123）；"父通，本治白孟《易》丁君章句"（Q124）。㊆用於人名：奴田、婢□、奴多、奴白、奴鼠并五人□"（Q071）。㊇用於地名："其日甲午卒上郡白土"（Q039）；"白

石神君，居九山之數”（Q174）。

【釋詞】

［白帝］古神話中五天帝之一，主西方之神：“西方白帝禹白虎患禍欲來”（Q155）；“告西方白帝主除青之凶”（Q204）。

［白虎］西方七宿奎、婁、胃、昴、畢、觜、參的總稱，後特指迷信傳説中的凶神：“前有白虎青龍車，後即被輪雷公君”（Q100）；“西方白帝禹白虎患禍欲來”（Q155）；“黄龍白虎，伏在山所”（Q171）。

［白駒］白色的駿馬，語出《詩·小雅·白駒》：“皎皎白駒，食我場苗。縶之維之，以永今朝。”後常用以比喻賢人、隱士：“宜乎三事，金鉉利貞。而絜《白駒》，俾世憤惻”（Q148）。

［白氣］白色的雲氣。古人迷信，以爲是刀兵之象：“告南方赤帝主除西方白氣之凶”（Q204）。

7212 **皤** pó 《廣韻》薄波切，並戈平。並歌。

Q135

《説文·白部》：“，老人白也。从白，番聲。《易》曰：‘賁如皤如。’，皤或从頁。”

【釋形】

《説文》小篆爲形聲字，从白，番聲。漢碑字形與小篆相承，聲符“番”所从之構件“釆”省寫作“米”，義符“白”上面短豎寫作一點，如圖。

【釋義】

老人白首貌：“皤〖白之老，率其子弟，以脩仁義〗”（Q135）。

7213 **皦** jiǎo 《廣韻》吉了切，見篠上。見宵。

① Q066 ② Q130

《説文·白部》：“，玉石之白也。从白，敫聲。”

【釋形】

《説文》小篆爲形聲字，从白，敫聲。漢碑字形中，有的依據小篆轉寫隸定，如圖①。構件“白”或與基礎構件“方”粘合，訛寫近似於“易”，如圖②。

【釋義】

㈠分明，清晰：見“皦如”。㈡清白：見“皦皦”。

【釋詞】

［皦皦］清白，光明磊落的樣子：“謇謇其直，皦皦其清”（Q066）。

［皦如］清晰明了的樣子：“户口既盈，禮樂皦如”（Q130）。

7214 **皛** xiào 《廣韻》胡了切，匣篠上。匣宵。

Q088

《説文·白部》：“，顯也。从三白。讀若皎。”

【釋形】

《説文》小篆爲會意字，从三白，義爲明亮。漢碑字形依據小篆轉寫隸定，上面的構件“白”短豎寫爲一點；下方的兩個“白”混同爲“日”，如圖。

【釋義】

潔白：“皛白清方，剋己治身”（Q088）。

7215 **的（旳）** dì 《集韻》丁歷切，端錫入。端藥。

① Q172 ② Q154

《説文》作“旳”，《説文·日部》：“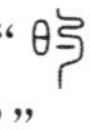，明也。从日，勺聲。《易》曰：‘爲旳顙。’”

【釋形】

的，《説文》小篆爲形聲字，从日，勺聲。段玉裁《説文解字注》：“旳者，白之明也。

故俗字作‘的’。”漢碑字形中，“的”與“旳”并存，爲異體關係，圖①寫作“的”；圖②字形不清，疑从日爲“旳”。聲符“勺”將彎曲的線條隸定爲“勹”，與“包”所从之“勹”混同，如圖①②。後世通行字形爲“的”。

【釋義】

㊀箭靶的中心：“發彼有的，雅容卑閑”（Q172）。㊁顯明：見“旳旳”。

7216 **敝**　bì 《廣韻》毗祭切，並祭去。並月。

Q140

《說文·㡀部》：“敝，帗也。一曰：敗衣。从攴从㡀，㡀亦聲。”

【釋形】

《說文》以爲會意兼形聲字，从攴从㡀，㡀亦聲，義爲蔽膝；一説爲破舊的衣服。按“敝”甲骨文作（《合》29405）、（《合》36936）、（《合》584）等形，裘錫圭以爲从攴从巾，像敲擊巾之狀，巾旁的點表示揚起的灰塵，點或省（參見《說字小記》）。其説可從。金文寫作（《散氏盤》），於像塵土的點兒中間添加“十”字形。小篆則承襲甲骨文的第一個字形。漢碑字形與小篆相承，構件“㡀”上部對稱的折筆隸定爲兩點，“巾”内的線條省寫爲兩豎，義符“攴”隸定爲“攵”，如圖①。

【釋義】

衰敗，衰落：“承敝遭衰，黑不代倉”（Q140）。

7217 **黻**　fú 《廣韻》分勿切，幫物入。幫月。

Q134

《說文·黹部》：“黻，黑與青相次文。从黹，犮聲。”

【釋形】

《說文》小篆爲形聲字，从黹，犮聲。“犮”上古音在並母月部。義符“黹”甲骨文作（《合》5401）、（《合》8286），像用線縫織衣縫之形，象形字。金文作（《九年衛鼎》）、（《頌鼎》）等形，更爲形象。小篆形體發生較大變異，《說文》依據小篆形體釋爲“从㡀，丵省”，與原初構意不符。漢碑字形依據小篆轉寫隸定，左上角像“业”的部分隸定爲“北”；構件“㡀”内外的線條均寫作點。聲符“犮”隸定近似於“友”形，如圖。

【釋義】

通“紱”，繫印的絲帶：“醳榮投黻，步出城寺”（Q134）。

教育部人文社會科學重點研究基地重大項目（14JJD740005）
國家社科基金重大項目（15ZDB096）

漢碑文字通釋

（下）

王立軍　著

中華書局

卷　八

8001 **人** rén 《廣韻》如鄰切，日真平。日真。

① Q248
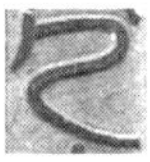
② Q040

③ J282

④ Q128

《説文·人部》："，天地之性最貴者也。此籀文。象臂脛之形。凡人之屬皆从人。"

【釋形】

《説文》以爲籀文像臂脛之形。按"人"甲骨文作（《合》27018）、（《合》26911），像人側面站立之形，象形字。或作（《合》10869）、（《合》6173），書寫更爲簡便。《説文》籀文承襲甲骨文第一類字形。漢碑字形中，有的保留了《説文》籀文的寫法，如圖①。有的在甲骨文第二種結構的基礎上有所變異，寫作，如圖②。圖③④都是隸變後的字形，只是捺筆和撇筆的交接位置有所不同。

【釋義】

㊀人，人類："惟烏惟烏，尚懷反報，何況於人"（Q052）；"天爲人父，地爲人母"（Q120）；"人命短長，徂不存兮"（Q124）。㊁人民，百姓："其神伊何？靈不傷人"（Q193）；"永世支百，民人所彰"（Q172）。㊂指特定的某類人或某個人："袁府君諱逢，字周陽，汝南女陽人"（Q129）；"左有玉女與仙人"（Q100）；"農夫醳耒，商人空市"（Q088）；"請置百石卒史一人"（Q102）。㊃别人，他人："躬忠恕以及人，兼禹湯之辠己"（Q127）；"先人後己，克讓有終"（Q144）；"弘論〖窮理，直道〗事人"（Q148）。㊄人人，每人："萬民騷擾，人褱不安"（Q178）。㊅人才："國無人兮王庭空，士罔宗兮微言喪"（Q128）。㊆用於人名："故吏韋容人錢四百"（Q179）。

【釋詞】

［人功］人力："重勞人功，吏正患苦"（Q119）。

8002 **偅** tóng 《廣韻》徒紅切，定東平。定東。

① Q142

② Q106

③ Q100

④ Q114

《説文》作"僮"，《説文·人部》："，未冠也。从人，童聲。"

【釋形】

"偅"爲"僮"的異體字，从人，重聲。《字彙補·人部》："偅，與僮同。""童"字本从"重"得聲，故作聲符時二者常可换用。漢碑字形中，"偅"的義符"人"隸定爲"亻"。聲符"重"小篆字形爲，《説文》釋爲"从壬東聲"，應爲从壬東聲，小篆尚可看出聲符"東"疊於義符"壬"中間，隸變過程中兩個構件進一步粘合，已經很難分清彼此了，如圖①②；有的甚至隸定類似於"車"下加一横，更難以看出原有的構形理據了，如圖③④。

【釋義】

㊀同"僮"，指未成年者，幼小者："表述前列，啟勸偅蒙"（Q142）；"牧馬牛羊諸偅，皆良家子，來入堂宅，但觀耳，無得涿畫"（Q114）；"五子轝偅女，隨後駕鯉魚"（Q100）。㊁通"踵"，繼承：見"結偅"。

8003 **保** bǎo 《廣韻》博抱切，幫晧上。幫幽。

① Q065

② JB6

③ Q074

④ Q106

《説文・人部》：“，養也。从人，从𤓽省。𤓽，古文孚。，古文保。，古文保不省。”

【釋形】

《説文》以爲會意字，从人，从𤓽省，義爲養育。按“保”甲骨文作（《合》18970）、（《合》39768），像人反手背負小孩之形，爲會意字，引申指養育、保護等義。金文將反手背負的人形簡化爲一般的人形，構件“子”下方添加一斜畫，表示嬰兒下面有所承托，寫作（《子保觚》）、（《大盂鼎》）等形；後繁化爲對稱的兩筆，已失去了承托的構意，成爲兩個飾筆，如（《叔京簋》）、（《陳侯因資敦》）等，小篆承襲此類字形。也有的金文字形在此基礎上於“子”的上方添加“爪”，强調“保”的動作與手有關，如（《中山王譽壺》）等，《説文》第二個古文字形即與此相承。《説文》受此類古文字的影響，釋小篆字爲“从人，从𤓽省”。漢碑字形多與小篆相承，有的爲碑文篆書，如圖①。多數則已經發生隸變，構件“人”隸定爲“亻”。“子”的頭部曲線有的隸定爲未閉合的倒三角形，如圖③④；有的隸定爲“口”，如圖②；“子”的雙臂曲線拉直爲橫畫，兩側的飾筆隸定爲一撇一捺。

【釋義】

㊀養育，撫養：“王命予來承保乃文祖受命民，越乃光烈考武王弘朕恭”（JB6）。㊁保佑，庇護：“賴明公垂恩网極，保我國君，羣黎百姓，〖永〗受元恩”（Q171）；“天臨保漢，寔生□勳”（Q193）。㊂保衛，守衛：見“保障”㊀。㊃邊塞上供防禦戍守的軍事建築：見“保障”㊁。㊄保有，保持：“作業守子孫，永保其勿替”（Q008）；“民無疾苦，永保其年”（Q060）；“永保靡他，芳魂千古”（H144）。㊅用於人名：“使師操義、山陽蝦丘榮保、畫師高平代盛、邵强生等十餘人”（Q106）。

【釋詞】

［保鄣］㊀保衛，守衛：“〖遵尹鐸〗之導，保鄣二城”（Q137）。㊁邊塞上供防禦戍守的軍事建築：“崇保障之治，建勿剗之化”（Q130）。

8004 **仁** rén 《廣韻》如鄰切，日真平。日真。

① Q163

② J282

《説文・人部》：“，親也。从人从二。，古文仁从千、心。，古文仁或从尸。”

【釋形】

《説文》以爲會意字，从人从二，義爲仁愛、相親。按“仁”戰國金文作（《中山王譽鼎》），从尸从二，爲《説文》古文的形體來源。戰國楚文字作（《郭・唐》2）、（《郭・唐》28）等形，从心，千聲，與《説文》古文結構相同；或寫作（《郭・緇》10），从心，身聲。戰國秦文字作（《睡・秦》95）、（《睡・法》63），《説文》小篆承襲此類字形，《説文》以“从人从二”釋之。也有學者認爲“人”兼表聲音。漢碑字形中，有的爲碑額篆書，如圖①；圖②則爲隸變字形，義符“人”隸定爲“亻”。

【釋義】

㊀仁慈，仁愛：“實履忠貞，恂美且仁”（Q066）；“閔其敦仁，爲問蜀郡何彦珍女，未娶”（Q113）；“目此也，仁者悲之”（Q006）。㊁古代的道德範疇之一，强調愛人、與人相親：“遂遷宰國，五教在仁”（Q128）；“體弘仁，蹈中庸”（Q185）；“位不福德，壽不隨仁”（Q166）；“悼公之入晉，斟酌仁義”（Q084）。㊂仁政：“仁敦海岱，著《甘棠》兮”

（Q088）。㊃仁德之人："豈夫仁哲，攸剋不遺"（Q088）；"序曰：明哉仁知，豫識難易"（Q095）。㊄通"人"："於是四方士仁聞君風燿，敬咏其德"（Q112）。㊅用於人名："漢循吏故聞憙長韓仁銘"（Q163）；"時簿下督郵李仁，邛都奉行"（Q170）；"故吏軍議掾□川□仁仲和"（Q285）。

8005 **企** qǐ 《廣韻》丘弭切，溪紙上。溪支。

① Q133

② Q142

《説文·人部》："，舉踵也。从人，止聲。，古文企从足。"

【釋形】

《説文》以爲形聲字，从人，止聲。按"企"甲骨文作（《合》9480）、（《合》11651）、（《合》19661）等形，金文作（《癸企爵》），从人从止（趾），像人踮起腳後跟之形，會意字。小篆人和止（趾）徹底離析，《説文》誤釋爲"从人，止聲"。漢碑字形依據小篆轉寫隸定，整字結構布局由小篆的半包圍結構變爲上下結構。構件"止"彎曲線條隸定爲平直的筆畫，如圖①；有的訛寫爲"山"，如圖②。

【釋義】

㊀踮起腳後跟往遠處看，仰望："子孫企予，慕仰靡恃"（Q142）；"瀕企有紀，能不號嗟，刊石叙哀"（Q154）。㊁期盼，期望："甘棠遺愛，東征企皇"（Q133）。

8006 **仞** rèn 《廣韻》而振切，日震去。日文。

Q171

《説文·人部》："，伸臂一尋，八尺。从人，刃聲。"

【釋形】

《説文》小篆爲形聲字，从人，刃聲。漢碑字形與小篆相承，義符"人"隸定爲"亻"；聲符"刃"將彎曲的線條變爲平直方折的筆畫，如圖。

【釋義】

古代長度單位，八尺爲一仞："草木暢茂，巨仞不數"（Q171）。

8007 **仕** shì 《廣韻》鉏里切，崇止上。崇之。

① Q084

② Q194

③ Q127

《説文·人部》："，學也。从人从士。"

【釋形】

《説文》小篆爲會意字，从人从士，義爲學習仕宦。漢碑字形與小篆相承，義符"人"隸定爲"亻"；義符"士"或混同"土"，如圖①③。

【釋義】

㊀爲官："學優則仕，歷郡席坐，再辟司隸"（Q084）；"隆構厥基，既仕州郡"（Q133）；"弱冠而仕，歷郡諸曹史"（Q105）。㊁職位、官職："會遭篤病，告困致仕，得從所好"（Q127）；"目病被徵，委位致仕"（Q088）。㊂用於人名："故吏尚書令史穎川黄□文仕"（Q285）；"故吏軍謀掾梁國丁隆仕宗"（Q285）。

【釋詞】

［仕宦］出仕，做官："脩身仕宦、縣諸曹、市、主簿、廷掾、功曹、召府"（Q106）。

8008 **儒** rú 《廣韻》人朱切，日虞平。日侯。

① Q178

② Q134

《説文·人部》："，柔也。術士之稱。从人，需聲。"

【釋形】

《説文》小篆爲形聲字,从人,需聲。漢碑字形中,義符"人"隸定爲"亻"。聲符"需"圓轉線條隸定爲平直方折的筆畫,構件"雨"中間短横變爲四點,如圖①;或省爲兩點,如圖②;構件"而"内部下弧線變爲兩豎,如圖①②。

【釋義】

㊀儒家,孔子創立的學術流派:"紹聖作儒,身立名彰"(Q127)。㊁讀書人:"群儒駿賢,朋徒自遠"(Q084)。㊂用於人名:"徵博士李儒文優五百"(Q178)。

【釋詞】

[儒學]儒家學説:"〖特〗以儒學,詔書勑留"(Q134)。

8009 **俊(儁)** jùn 《廣韻》子峻切,精稕去。精文。

① Q063

② Q169

③ Q174

④ Q178

⑤ Q179

《説文·人部》:",才過千人也。从人,夋聲。"

【釋形】

《説文》小篆爲形聲字,从人,夋聲。漢碑字形中,有的爲碑文篆書,如圖①。多數則已經發生隸變,義符"人"隸定爲"亻"。聲符"夋"所从之構件"允",上部的"𠂎"隸定近似於未封閉的三角形,如圖②;或進一步隸定爲"厶",如圖③;下部"儿"或省寫爲一横,如圖②。聲符"夋"或改换爲"隽","隽"小篆作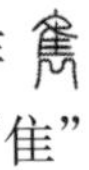,漢碑中構件"弓"變爲"乃";構件"隹"發生離析重組,并將線條全部轉寫爲筆畫,已看不出鳥的樣子了;整字隸定爲"儁",爲"俊"之異體,如圖④⑤。

【釋義】

㊀才德超羣的人:見"俊艾"。㊁用於人名:"魯劉仲俊二百"(Q112);"故吏韋公儁錢五百"(Q179)。

【釋詞】

[俊德]出眾的才德:"克明俊德,允武允文"(Q150)。

[俊艾]才德出眾的人,亦作"俊乂":"於是乃聽訟理怨,教誨後生百有餘人,皆成俊艾"(Q169);"濟濟俊乂,朝野充盈"(Q174);"書載俊艾,股肱幹楨"(Q187)。

8010 **儁**

"俊"的異體字(圖④⑤),見 8009 俊。

【釋詞】

[儁桀]即"俊傑",才智出眾的人:"刑政不濫,絀掊克,采儁桀,猶仲尼之相魯,悼公之入晉"(Q084)。

8011 **傑** jié 《廣韻》渠列切,羣薛入。羣月。

Q153

《説文·人部》:",傲也。从人,桀聲。"

【釋形】

《説文》小篆爲形聲字,从人,桀聲。漢碑字形與小篆相承,義符"人"隸定爲"亻";聲符"桀"依據小篆轉寫隸定,構件"舛"和"木"之間由穿插關係變爲相離關係,如圖。

【釋義】

㊀卓越,超出一般:見"傑立"。㊁才智超羣的人:"遷諸關東豪族英傑,都于咸陽,攘竟蕃衛"(Q153)。

【釋詞】

[傑立]卓立,傑出:"於是國君備禮招請,濯冕題剛,傑立忠謇"(Q187)。

8012 **伉** kàng 《廣韻》苦浪切,曉宕去。溪陽。

Q095

《説文·人部》:"，人名。从人，亢聲。《論語》有陳伉。"

【釋形】

《説文》小篆爲形聲字，从人，亢聲。朱駿聲《説文通訓定聲》:"此字本訓當爲匹耦之誼。"漢碑字形與小篆相承，義符"人"隸定爲"亻";聲符"亢"上部線條轉寫隸定爲"亠"，下部隸定近似於"凡"，如圖。

【釋義】

通"亢"，剛直:"深執忠伉，數上奏請"(Q095)。

8013 **伯** bó《廣韻》博陌切，幫陌入。幫鐸。

① J115

② Q169

③ Q047

④ Q146

《説文·人部》:"，長也。从人，白聲。"

【釋形】

《説文》小篆爲形聲字，从人，白聲。按"白"甲骨文作(《合》3397)，金文作(《魯伯愈父鬲》)、(《伯家父鬲》)，或曰像人首形，或曰像拇指之形，表示排行第一、首領。小篆增加義符"人"，分化出"伯"。漢碑字形依據小篆轉寫隸定，義符"人"隸定爲"亻"，如圖①～④。聲符"白"上部短豎或變爲短撇，如圖①;或變爲點，如圖②～④。

【釋義】

㊀兄弟中排行第一者:"伯子玄，曰大孫"(Q021);"臨兄弟四，兄長奠，年加伯仲，立子三人"(Q124)。㊁古代統領一方的長官:"牧伯張君，開示坐席"(Q212);"佐翼牧伯，諸夏肅震"(Q166);"周室衰微，霸伯匡弼"(Q187)。㊂古代五等爵位中的第三等:"邵伯分陜，君懿于棠"(Q179)。㊃用於官名:"階夷愍之貢，經常伯之寮，位左馮翊，先帝所尊"(Q137)。㊄用於人名:"門生安平下博蘇觀，字伯臺"(Q127);"故督郵李謹伯嗣五百"(Q178)。

【釋詞】

［伯禽］周公之子，被封於魯:"其先周文公之碩胄，□□伯禽之懿緒，以載于祖考之銘也"(Q154)。

［伯翳］即伯益，舜時東夷部落的首領，爲嬴姓各族的祖先:"其先盖出自少皓，唐炎之隆，伯翳作虞"(Q169)。

［伯仲］本指兄弟的次第。周制，男子年至五十，不能徑稱其字，須加伯仲而稱之，因以"加伯仲"代指五十歲:"臨兄弟四，兄長奠，年加伯仲，立子三人"(Q124)。

［伯子］長子:"伯子玄，曰大孫;次子但，曰仲城;次子紆，曰子淵"(Q021)。

8014 **仲** zhòng《廣韻》直衆切，澄送去。定冬。

① Q084

② Q112

③ Q144

《説文·人部》:"，中也。从人从中，中亦聲。"

【釋形】

《説文》小篆爲會意兼形聲字，从人从中，中亦聲。漢碑字形中，義符"人"隸定爲"亻"，撇下或增一提，如圖①③。聲符"中"《説文》小篆作，籀文作，漢碑字形或依據小篆轉寫隸定，如圖①②;或與籀文的寫法相承，只是短横均位於豎筆右側，如圖③。

【釋義】

㊀古時以伯(孟)、仲、叔、季表示兄弟姐妹的排行，仲排第二:"臨兄弟四，兄長奠，年加伯仲，立子三人"(Q124);"四子孟長、仲寶、叔寶皆并覆没"(Q169)。㊁中間的，居中:見"仲春、仲旬"。㊂廟號用字:"仲宗之世，

重使使者持節祀焉,歲一禱而三祠”(Q129)。㊃用於人名:“騶韋仲卿二百”(Q112);“門生魏郡館陶張上,字仲舉”(Q127);“鄉三老司馬集仲裳五百”(Q178)。

【釋詞】

[仲春]春季的第二個月,即農曆二月。因處春季之中,故稱:“熹平二年,仲春上旬,朐忍令梓潼雍君,諱陟,字伯曼,爲景君刊斯銘兮”(Q153)。

[仲尼]孔子的字,孔子名丘,春秋魯國人:“猶仲尼之相魯,悼公之入晉,斟酌仁義”(Q084);“仲尼慎祭,常若神〚在〛”(Q125);“昔在仲尼,汁光之精,大帝所挺,顔母毓靈”(Q140)。

[仲秋]秋季的第二個月,即農曆八月,因處秋季之中,故稱:“惟漢安二年,仲秋□□,故北海相任城景府君卒,歍歔哀哉”(Q088)。

[仲旬]即“中旬”:“以永元十五年季夏仲旬己亥卒”(Q153)。

8015 **伊** yī 《廣韻》於脂切,影脂平。影脂。

Q137

《説文·人部》:“,殷聖人阿衡,尹治天下者。从人从尹。,古文伊,从古文死。”

【釋形】

《説文》小篆爲會意字,从人从尹,姓氏用字,即伊尹之“伊”。漢碑字形中,義符“人”隸定爲“亻”。聲符“尹”所从之構件“又”,彎曲的線條隸定爲平直方折的筆畫,其中像手臂之形的線條轉寫爲一横;與“又”相交的線條轉寫爲“丿”,如圖。

【釋義】

㊀代詞,相當於“是、此”:“伊君遺德,亦孔之珍”(Q093)。㊁與“何”連用,相當於“如何”:見“伊何”。㊂姓氏:見“伊尹”。

【釋詞】

[伊何]如何,怎樣:“其德伊何?克忠克力”(Q133);“其神伊何?靈不傷人”(Q193)。

[伊尹]商湯大臣。相傳生於伊水,故名:“則有伊尹,在殷之世,號稱阿衡,因〚而氏焉〛”(Q137);“伊尹之休,格于皇天”(Q148)。

8016 **倩** qiàn 《廣韻》倉甸切,清霰去。清耕。

Q218

《説文·人部》:“,人字。从人,青聲。東齊壻謂之倩。”

【釋形】

《説文》小篆爲形聲字,从人,青聲。漢碑字形中,義符“人”隸定爲“亻”。聲符“青”所从之構件“丹”混同爲“月”;構件“生”彎曲的線條被拉直,隸定爲“⺻”,如圖。

【釋義】

用於人名:“王倩”(Q218)。

8017 **佳** jiā 《廣韻》古膎切,見佳平。見支。

Q161

《説文·人部》:“,善也。从人,圭聲。”

【釋形】

《説文》小篆爲形聲字,从人,圭聲。漢碑字形中,義符“人”隸定爲“亻”;聲符“圭”與小篆基本一致,如圖。

【釋義】

㊀美好的:“日月照幽,時晝昏兮。〚精靈〛佳□”(Q161)。㊁用於人名:“發荒田耕種,賦與寡獨王佳小男楊孝等三百餘户”(Q161)。

8018 **偉** wěi 《廣韻》于鬼切,雲尾上。
匣微。

Q068

《説文·人部》:“,奇也。从人,韋聲。”

【釋形】

《説文》小篆爲形聲字,从人,韋聲。漢碑字形與小篆相承,義符“人”隸定爲“亻”;聲符“韋”圓轉線條轉寫隸定爲平直方折的筆畫,如圖。

【釋義】

㊀贊賞,賞識:“時君偉之,郡〖召〗”(Q175)。㊁用於人名:“父老周偉、于中山、于中程”(Q029)。

8019 **彬** bīn 《廣韻》府巾切,幫真平。
幫文。

Q172

《説文》爲“份”之古文,《説文·人部》:“,文質備也。从人,分聲。《論語》曰:‘文質份份。’,古文份,从彡、林;林者,从焚省聲。”

【釋形】

彬,《説文》以爲形聲字,从彡,焚省聲。“份”小篆从人,分聲。“份”“彬”本爲一字之異體,後職能發生分工,“文質份份”後來只能寫作“文質彬彬”,“份”則被借去表示一份、股份等義。漢碑字形與《説文》古文相承,構件“林”所从之“木”上弧線隸定爲横畫,下弧線隸定爲撇和點,如圖。

【釋義】

文采鮮明,美盛:“彬文赳武,扶弱抑彊”(Q172)。

8020 **僚** liáo 《廣韻》落蕭切,來蕭平。
來宵。

① Q178 ② Q178 ③ Q202

《説文·人部》:“,好皃。从人,尞聲。”

【釋形】

《説文》小篆爲形聲字,从人,尞聲。聲符“尞”甲骨文作(《合》30413),像焚柴祭祀之形;或下面添加構件“火”,寫作(《合》30675);金文與此類字形相承;小篆則有較大改變,中間添加“日”,與上面像焚柴之形的部分重組爲“昚”,故《説文》釋“尞”爲“从火从昚”。漢碑字形中,聲符“尞”底部構件“火”隸定爲“灬”,如圖①~③;中間“日”或寫作“目”,如圖②;最上方的部分或離析爲上“亠”下“火”,如圖①②;或不離析,如圖③。義符“人”隸定爲“亻”。

【釋義】

㊀官員:“于時聖主諮諏,羣僚咸曰:‘君哉!’”(Q178)。㊁一起做官的人:“貪暴洗心,同僚服德,遠近憚威”(Q178)。

8021 **僑** qiáo 《廣韻》巨嬌切,羣宵平。
羣宵。

Q178

《説文·人部》:“,高也。从人,喬聲。”

【釋形】

《説文》小篆爲形聲字,从人,喬聲。漢碑字形中,義符“人”隸定爲“亻”;聲符“喬”所从之“夭”或混同爲“大”,省形構件“高”圓轉線條轉寫隸定爲平直方折的筆畫,如圖。

【釋義】

㊀用於人名:“故功曹王吉子僑、故功曹王時孔良五百”(Q178)。㊁通“喬”,特指神話傳説中仙人中的王子喬,常與另一位傳説中的仙人赤松子并稱“松喬”:“當窮台緄,松僑協軌”(Q187)。

8022 **俟**　sì 《廣韻》牀史切,崇止上。崇之。

① J424

② Q133

③ Q134

《説文·人部》:“,大也。从人,矣聲。《詩》曰:‘伾伾俟俟。’”

【釋形】

《説文》小篆爲形聲字,从人,矣聲。漢碑字形中,義符“人”隸定爲“亻”,如圖①～③。聲符“矣”所从之構件“矢”或將小篆上部的曲線拉直爲横畫,整體隸定爲“土”下接“八”,如圖①;或整體混同爲“失”,如圖③;圖②則介於圖①③之間。構件“目”有的隸定爲閉合三角形,如圖①;有的隸定爲“厶”,如圖②③。

【釋義】

期待,等待:“制作之義,以俟知奥”(Q112);“故望大和,則俟生毓”(Q133);“衣不暇帶,車不俟駕”(Q134)。

8023 **僤**　dàn 《廣韻》徒旱切,定旱去。定元。

Q029

《説文·人部》:“,疾也。从人,單聲。《周禮》曰:‘句兵欲無僤。’”

【釋形】

《説文》小篆爲形聲字,从人,單聲。漢碑字形與小篆相承,義符“人”隸定爲“亻”;聲符“單”依據小篆線條轉寫隸定,如圖。

【釋義】

里内部的一種組織名稱:“建初二年正月十五日,侍廷里父老僤祭尊于季、主疏左巨等廿五人共爲約束石券”(Q029);“里治中迺以永平十五年六月中造起僤,斂錢共有六萬一千五百,買田八十二畝”(Q029);“即僤中皆訾下不中父老,季、巨等共假賃田,它如約束”(Q029)。

8024 **儼**　yǎn 《廣韻》魚埯切,疑儼上。疑談。

Q114

《説文·人部》:“,昂頭也。从人,嚴聲。一曰:好皃。”

【釋形】

《説文》小篆爲形聲字,从人,嚴聲。漢碑字形中,義符“人”隸定爲“亻”。聲符“嚴”的隸定形體比較特殊,其中“厂”隸定爲“ナ”,且穿插於“吅”中間;“攴”隸定近似於“丈”;整字與通行的隸楷寫法差異較大,如圖。

【釋義】

莊敬,莊嚴:“遵者儼然,從者肅侍”(Q114);又見“儼儼”。

【釋詞】

[儼儼]莊嚴貌:“儼儼明公,民所瞻兮”(Q171)。

8025 **僾**　ài 《廣韻》烏代切,影代去。影物。

Q141

《説文·人部》:“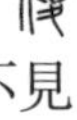,仿佛也。从人,愛聲。《詩》曰:‘僾而不見。’”

【釋形】

《説文》小篆爲形聲字,从人,愛聲。漢碑字形中,義符“人”隸定爲“亻”。聲符“愛”本从夊,㤅聲,構件“㤅”所从之“旡”發生離析與重組,形體變異嚴重;“㤅”所从之“心”與構件“夂”的起筆相連,近似於“必”;構件“夂”分解爲“丿”和“乂”,如圖。

【釋義】

隱約,仿佛:“祇肅屑僾,髣髴若在”(Q141)。

8026 **仿** fǎng 《廣韻》妃兩切，敷養上。並陽。

Q142

《説文·人部》：“ ，相似也。从人，方聲。 ，籒文仿，从丙。”

【釋形】

《説文》小篆爲形聲字，从人，方聲。漢碑字形中，義符“人”隸定爲“亻”。聲符“方”甲骨文作 （《合》8667）、 （《合》6314），小篆線條化爲 ；漢碑字形則分解爲上下兩部分，如圖。《説文》籒文“仿”爲从人，丙聲，“丙”上古音在幫母陽部。

【釋義】

見“仿佛”。

【釋詞】

［仿佛］依稀，隱約貌：“時仿佛賜其嘉祉”（Q142）。

8027 **佛** fú 《集韻》敷勿切，滂物入。滂物。

Q142

《説文·人部》：“ ，見不審也。从人，弗聲。”

【釋形】

《説文》小篆爲形聲字，从人，弗聲。漢碑字形中，義符“人”隸定爲“亻”；聲符“弗”圓轉線條轉寫隸定爲平直方折的筆畫，蜿蜒曲線分解後中間有明顯相離之處，如圖。

【釋義】

見“仿佛”。

8028 **他** tā 《廣韻》託何切，透歌平。透歌。

① Q119 ② Q106

《説文》作“佗”，《説文·人部》：“ ，負何也。从人，它聲。臣鉉等案：《史記》‘匈奴奇畜有槖佗’，今俗譌誤謂之駱駞，非是。”

【釋形】

《説文》“佗”，从人，它聲，本義爲背負東西。因聲符“它”的小篆字形 與“也”的小篆字形 形近，漢碑字形將“佗”隸定爲“他”，如圖①。今“他”行而“佗”廢。

【釋義】

㊀代詞，别的，其他的：“出王家錢，給大酒直，他如故事”（Q102）；“他如府記律令”（Q119）；“永保靡他，芳魂千古”（H144）。㊁用於人名：“東郡厥縣東阿，西鄉常吉里薌他君石祠堂”（Q106）。

8029 **何** （一）hè 《廣韻》胡可切，匣帤上。匣歌。

① Q083 ② Q120

《説文·人部》： ，儋也。从人，可聲。

【釋形】

《説文》小篆爲形聲字，从人，可聲。按“何”甲骨文作 （《合》27238）、 （《合》30775），像人用肩擔物之形，爲會意字，乃擔荷之“荷”的初文。甲骨文另有 （《合》273）、 （《合》274）等形，學者或亦釋爲“何”，張秉權認爲像人有所荷而側顧之形，可備一説。金文作 （《何戊簋》）、 （《何父癸卣》）、 （《何夲爵》）等形，與甲骨文相承，但所荷之物明顯變爲戈。或增添構件“口”，寫作 （《何簋》）。戰國晚期金文作 （《十六年喜令戈》），字形發生離析與重組，所擔之物與人形割裂，與“口”重組爲“可”，整字成爲从人、可聲的形聲字，理據重構。小篆承襲此類字形。漢碑字形與小篆相承，義符“人”隸定爲“亻”；聲符“可”依據小篆轉寫隸定，構件“丂”隸定形似於“丁”，如圖①②。漢碑中“何”多假借爲疑問代詞。

【釋義】

担,挑,後作“荷”:“息叡不才,弱冠而孤,承堂弗構,斨薪弗何,悲《蓼義》之不報,痛昊天之靡嘉”(Q154)。

(二)hé 《廣韻》胡歌切,匣歌平。匣歌。

【釋義】

㊀代詞,❶表示疑問:什麽,哪:“何時復會,慎勿相忘”(Q082)。❷表示反問或反詰:“何寤不遂,中年殀苓”(Q083);“嗟命何辜,獨遭斯疾”(Q113);又見“何意”。㊁姓氏:“池陽左鄉有秩何博千五百”(Q123);“蜀郡大守平陵何君”(Q022);“閔其敦仁,爲問蜀郡何彦珍女,未娶”(Q113)。㊂用於人名:“平莒男子宋伯望、宋何、宋□□”(Q089)。

【釋詞】

[何況]反問語氣,表示更進一層的意思:“惟烏惟烏,尚懷反報,何況〚於〛人?”(Q052)

[何意]豈料,哪料想:“何意被天災,蚤離父母”(Q072)。

8030 **供** gòng 《廣韻》居用切,見用去。見東。

Q178

《説文·人部》:“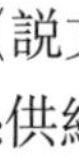,設也。从人,共聲。一曰:供給。”

【釋形】

《説文》小篆爲形聲字,从人,共聲。漢碑字形中,義符“人”隸定爲“亻”;聲符“共”下面的兩隻手粘合爲“丌”,且進一步與構件“廿”粘合,如圖。

【釋義】

㊀供養,侍奉:見“供事”。㊁擔任,任職:“□□□□供功曹史左治”(Q104)。㊂進獻:“時疏勒國王和德,弑父篡位,不供職貢”(Q178)。

【釋詞】

[供事]侍奉,贍養:“收養季祖母,供事繼母”(Q178)。

8031 **侍** zhì 《廣韻》丈里切,澄止上。定之。

① J148

② Q135

《説文·人部》:“,待也。从人从待。”

【釋形】

《説文》小篆爲會意字,从人从待,義爲儲備。漢碑字形與小篆相承,義符“人”隸定爲“亻”。義符“待”依據小篆線條進行轉寫隸定,構件“彳”下面的線條分解爲兩筆;基礎構件“之”隸定混同爲“土”;“寸”中的兩條曲線也被分别轉寫爲横和豎鉤,如圖①②。

【釋義】

儲存,儲備:“儲偫〚非法,悉無〛所留”(Q135)。

8032 **儲** chǔ 《廣韻》直魚切,澄魚平。定魚。

Q135

《説文·人部》:“,偫也。从人,諸聲。”

【釋形】

《説文》小篆爲形聲字,从人,諸聲。漢碑字形中,義符“人”隸定爲“亻”。聲符“諸”所从之構件“者”轉寫隸定爲上“耂”下“曰”;構件“言”的隸定與獨立成字時相同,如圖。

【釋義】

儲備,儲藏:見“儲偫、儲舉”。

【釋詞】

[儲舉]後備人才:“邦后珍瑋,以爲儲舉”(Q117)。

[儲偫]儲備,儲藏:“儲偫〚非法,悉無〛

所留”（Q135）。

8033 **備**　bèi　《廣韻》平祕切，並至去。並職。

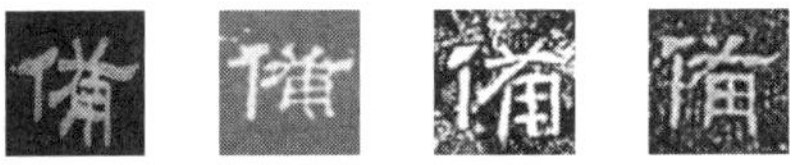
① Q263　② Q140　③ Q146　④ Q174

《説文·人部》：“，慎也。从人，葡聲。，古文備。”

【釋形】

“備”初文作“葡”。《説文》將和立爲兩個字頭，分别釋爲“慎也、具也”，實本爲一字。甲骨文作（《合》17388）、（《合》13884），金文作（《葡册戊父辛卣》），像盛矢之器；金文或作（《𣪘簋蓋》）、（《毛公鼎》），下部逐漸訛變作“用”，上部訛變近似於“苟”省去“口”。小篆承襲此類字形，故《説文》釋爲“从用，苟省”。後來表示盛矢之器時另外造了“箙”字，“備、葡”變爲專表具備、準備、謹慎等義。漢碑字形有“備”無“葡”。隸定過程中“苟省”的部分變異嚴重，從圖①到圖④逐漸向“偹”靠攏。後來右上的形體逐漸混同爲“夂”，右下的“用”逐漸混同爲“田”，整字定型爲“偹”。漢字簡化時又省去“亻”，寫作“备”。

【釋義】

㊀準備，備置：“祠用衆牲，長吏備爵”（Q102）；“大宰、大祝令各一人，皆備爵”（Q102）；“祠孔子以大牢，長吏備爵”（Q140）。㊁守備，防禦：“困其事則爲設備，今不圖之，爲患無已”（Q146）。㊂齊備，全部具備：“法舊不煩，備而不奢”（Q112）；“八皇三代，至孔乃備”（Q112）；“巡省五嶽，禋祀豐備”（Q129）。

8034 **位**　wèi　《廣韻》于愧切，雲至去。匣緝。

① Q060　② J241　③ Q178

《説文·人部》：“，列中庭之左右謂之位。从人、立。”

【釋形】

《説文》小篆爲會意字，从人、立，表示立於中庭之位。“位”初文作“立”，甲骨文作（《合》1218），金文作（《頌鼎》），像人站立於某一特定位置之形。戰國文字或增添示音構件“胃”，寫作（《中山王嚳壺》）；或增添義符“人”，寫作（《包》2.224）、（《郭·老丙》10）。其中站立的人形被分解爲四筆，象形性弱化。小篆承襲後一類字形并進一步線條化。漢碑字形中，義符“人”有的還保留濃厚的篆意，如圖①；有的轉寫隸定爲“亻”，如圖②③。義符“立”上部隸定“亠”，象形性完全消失，如圖③。

【釋義】

㊀位置，所處的地方：“載□□三，卦位衰微”（Q124）；“乾坤定位，山澤通氣”（Q129）。㊁職位，地位：“故子心騰於楊縣，致位執金吾，子孫以銀艾相繼”（Q166）；“父琫，少貫名州郡，不幸早世，是以位不副德”（Q178）。㊂特指天子、王侯的地位：“建定帝位，以漢詆焉”（Q095）；“時疏勒國王和德，弒父篡位，不供職貢”（Q178）。㊃居於，位於：“咸位〖南〗面，競德國家”（Q130）。㊄古代祭祀神鬼所設立的牌位，神位：“神熹其位，甘雨屢降”（Q060）。

【釋詞】

［位號］爵位與名號：“悲夫！迄終位號不□”（Q145）。

［位佇］即“位著”，古代宫殿，中庭左右兩側叫“位”，門屏之間叫“著”，故常用以借指在朝居官，亦指朝官的职守：“日恪位佇，所在祗肅”（Q148）。

8035 **倫**　lún　《廣韻》力迍切，來諄平。來文。

Q262

《説文·人部》:“，輩也。从人，侖聲。一曰:道也。”

【釋形】

《説文》小篆爲形聲字，从人、侖聲。漢碑字形中，義符“人”隸定爲“亻”;聲符“侖”所从之構件“册”小篆本像竹簡形，漢碑中曲線轉寫隸定爲平直方折的筆畫，寫作“冊”，失去象形性，如圖。

【釋義】

輩，類:“卓異等倫”（Q262）。

8036 **俱**　jù《廣韻》舉朱切，見虞平。
見侯。

① Q201　② Q114　③ Q152

《説文·人部》:“，偕也。从人，具聲。”

【釋形】

《説文》小篆爲形聲字，从人，具聲。漢碑字形中，義符“人”隸定爲“亻”。聲符“具”甲骨文作（《合》22152），本像兩手持鼎之形，發展到小篆，鼎形省變混同爲“目”；漢碑字形中構件“目”與下面的“廾”發生粘連，如圖①～③。

【釋義】

㊀副词，共同，一起:“屋宅六畜，翛然與之俱去”（Q199）。㊁副詞，表示範圍，相當於“全、都”:“孝有小弟，字閏得，夭年俱去”（Q114）;“遭遇隤納，人物俱隋”（Q150）;“而公房舉家俱濟，盛矣”（Q199）。

8037 **傅**　fù《廣韻》方遇切，幫遇去。
幫魚。

① Q127　② Q084　③ Q188

《説文·人部》:“，相也。从人，尃聲。”

【釋形】

《説文》小篆爲形聲字，从人，尃聲。漢碑字形中，義符“人”隸定爲“亻”。聲符“尃”所从之構件“甫”或省寫作“亩”，如圖②;中間豎筆或下出頭，如圖①;或省去“田”形的左豎筆，如圖③。構件“寸”上不出頭，指事符號寫作提，如圖①～③。

【釋義】

㊀通“仆”，仆倒:“遭謝酉、張除反，爰傅碑在泥塗”（Q188）。㊁姓氏:“石師傅陽栢□，直六萬”（Q101）;“故會稽大守魯傅世起千”（Q112）;“魯傅兖子豫二百，任城亢父治真百”（Q112）。㊂用於官名:“東海傅河東臨汾敬謙，字季松千”（Q112）;“大傅胡公，歆其德美，旌招俯就”（Q144）;“蓋楚大傅潘崇之末緒也”（Q172）。

8038 **倚**　yǐ《廣韻》於綺切，影紙上。
影歌。

JB5

《説文·人部》:“，依也。从人，奇聲。”

【釋形】

《説文》小篆爲形聲字，从人，奇聲。漢碑字形中，義符“人”隸定爲“亻”。聲符“奇”所从之構件“大”隸定近似於“六”；構件“可”所从之“丂”隸定形似於“丁”，如圖。

【釋義】

㊀依靠:“在車則見其倚於衡也”（JB5）。㊁立於:“〖姦〗猾殄迹，賢倚□庭”（Q148）。

8039 **依**　yī《廣韻》於希切，影微平。
影微。

① Q141　② Q174　③ Q106

《説文·人部》:“，倚也。从人，衣聲。”

【釋形】

《説文》小篆爲形聲字,从人,衣聲。漢碑字形中,義符“人”隸定爲“亻”;聲符“衣”上面隸定爲“亠”,下面的兩條曲線被分解爲多個筆畫,其中的撇筆或與上面的點相連,如圖①~③。

【釋義】

㊀依附,托附:“靈所馮依,肅肅猶存”(Q140);又見“依止”。㊁遵循,依照:“乃依無極,聖朝見聽。遂興靈宫,于山之陽”(Q174)。

【釋詞】

[依依]依戀不捨的樣子:“依依舊宅,神之所安”(Q141)。

[依止]依托,依附:“起立石祠堂,冀二親魂零有所依止”(Q106)。

8040 **仍** réng 《廣韻》如乘切,日蒸平。日蒸。

① Q185

② Q178

《説文·人部》:“,因也。从人,乃聲。”

【釋形】

《説文》小篆爲形聲字,从人,乃聲。“乃”上古音在泥母之部。漢碑字形中,義符“人”隸定爲“亻”;聲符“乃”將小篆線條離析爲“丿”和“㇋”兩筆,如圖①②。

【釋義】

㊀因襲,沿襲:“□□仍其則,子孫亨之”(Q193);“君敦詩説禮,家仍典軍”(Q161)。㊁一再,頻繁:“萬民騷擾,人褱不安,三郡告急,羽檄仍至”(Q178)。㊂連詞,乃,於是:“仍致瑞應,豐稔□□,□□□樂,行人夷欣”(Q150);“仕郡,歷五官掾功曹,司隸從事,仍辟大尉,遷定潁侯相”(Q134);“歷郡右職,上計掾史,仍辟涼州,常爲治中、别駕”(Q178)。

8041 **侍** shì 《廣韻》時吏切,禪志去。禪之。

① Q059

② Q020

③ Q169

《説文·人部》:“,承也。从人,寺聲。”

【釋形】

《説文》小篆爲形聲字,从人,寺聲。漢碑字形中,有的爲碑文篆書,但已經帶有明顯的隸意,如圖①。多數則已經發生隸變,義符“人”隸定爲“亻”。聲符“寺”上面線條被拉直,寫作“土”;下面構件“寸”的指事符號隸定爲提或點,如圖②③。

【釋義】

㊀侍奉:“朝莫侍師,不敢失懽心”(Q106);“遵者儼然,從者肅侍”(Q114)。㊁陪從,協助:“春,侍祠官属五官掾章陵〖劉〗訢、功曹史安眾劉瑗、主簿蔡陽樂茂、户曹史宛任巽”(Q125);“故事,辟雍禮未行,祠先聖師,侍祠者孔子子孫、大宰、大祝令各一人,皆備爵”(Q102)。㊂用於官名:“弟君宣,密靖内侍”(Q169);又見“侍郎、侍講”。

【釋詞】

[侍講]爲皇帝或太子講學:“曾祖父,攸春秋,以大夫侍講,至五官中郎將”(S110)。

[侍郎]古代職官名。郎官入台省,三年後稱侍郎:“次奉,黄門侍郎”(Q066);“謹畏舊章,服竟,還〖署,試拜〗尚書侍郎”(Q148)。

[侍廷里]里名。里是漢代最基层的行政單位:“侍廷里父老僤祭尊于季、主疏左巨等廿五人共爲約束石券”(Q029)。

[侍御史]古代職官名。秦始置,兩漢沿置,隸屬御史大夫:“漢侍御史李公之闕”(Q020);“辟司徒府,舉高第,侍御史”(Q154)。

[侍中]古代職官名。秦始置,兩漢

沿置，常侍從皇帝左右："充國弟，字子聲，爲侍中"（Q169）；"蜀故侍中楊公之闕"（Q208）。

8042 **傾** qīng 《廣韻》去營切，溪清平。溪耕。

Q138

《説文·人部》："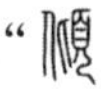，仄也。从人从頃，頃亦聲。"

【釋形】

《説文》小篆爲會意兼形聲字，从人从頃，頃亦聲。漢碑字形與小篆相承，義符"人"隸定爲"亻"。聲符"頃"所从之構件"匕"變異近似於"七"；構件"頁"筆畫發生重組，上部像人頭的部分隸定作"百"，下面的部件"人"隸定近似於"八"，如圖。

【釋義】

㊀傾軋，欺凌："□六柄，强弱匪傾。邁去遺愛，民有謠聲"（Q138）。㊁覆亡，傾覆："髦艾究口兮，幼□□□，□□救傾，全育口遺，劬勞日稷兮，惟惠勤勤"（Q150）；"勤恤民隱，拯厄捄傾"（Q161）。

8043 **側** cè 《廣韻》阻力切，莊職入。莊職。

① Q171 ② Q125 ③ Q088

《説文·人部》："，旁也。从人，則聲。"

【釋形】

《説文》小篆爲形聲字，从人，則聲。漢碑字形中，義符"人"隸定爲"亻"。聲符"則"所从之構件"刀"處在由"刀"向"刂"的過渡形態，或隸定爲相接的短横和豎鉤，如圖①②；或將横變爲點，如圖③。

【釋義】

旁邊："當離墓側，永懷靡既"（Q088）；"悲哀思慕，不離冢側"（Q114）；"灾眚以興，陰陽以忒，陟彼〖高〗岡，臻兹廟側"（Q125）。

【釋詞】

［側陋］指荒遠地區或尚未顯達的賢者："瑋〖以〗要〖荒〗，〖戍〗陵側陋，出從幽谷，遷于喬木"（Q171）。

［側席］指謙恭以待賢者："王人嘉德，台司側席"（Q128）。

8044 **俠** xiá 《廣韻》胡頰切，匣帖入。匣葉。

Q101

《説文·人部》："，俜也。从人，夾聲。"

【釋形】

《説文》小篆爲形聲字，从人，夾聲，本義爲俠義。漢碑字形中，義符"人"隸定爲"亻"；聲符"夾"所从之構件"大"雙臂線條拉直爲横畫，兩個"人"省簡粘合爲兩點一横，并且與"大"也發生粘合，寫作"夹"，如圖。

【釋義】

通"夾"，在兩邊："負〖土〗兩年，俠墳相〖屬若〗𤸫"（Q101）。

8045 **仰** yǎng 《廣韻》魚兩切，疑養上。疑陽。

① Q142 ② Q140

《説文·人部》："，舉也。从人从卬。"

【釋形】

《説文》小篆爲會意字，从人从卬，義爲抬頭。漢碑字形中，義符"人"隸定爲"亻"。聲符"卬"所从之構件"卩"隸定爲"卩"；構件"匕"據小篆轉寫隸定，如圖①；短横或與"乚"起筆處相接，如圖②。

【釋義】

㊀向上抬頭："仰瞻榱桷，俯視几筵"（Q140）。㊁敬慕，仰慕："孳孳臨川，闚見〖宫〗廧，庶仰箕首，微妙玄通"（Q093）；"羣

士欽仰,來集如雲”(Q142);“子孫企予,慕仰靡恃”(Q142)。

【釋詞】

[仰高鑽堅]語出《論語》:“仰之彌高,鑽之彌堅。”形容道德修養極其高深:“仰高鑽堅,允〖文〗允武”(Q132)。

8046 **伍** wǔ 《廣韻》疑古切,疑姥上。疑魚。

① Q119

② Q142

③ Q188

《説文·人部》:“伍,相參伍也。从人从五。”

【釋形】

《説文》小篆爲會意字,从人从五,義爲軍事編制單位,五家爲一伍。漢碑字形中,義符“人”隸定爲“亻”;義符“五”中交叉的曲線或轉寫隸定爲“㐅”形,如圖①②;或隸定與今之通行字形相近,如圖③。

【釋義】

㊀古代户籍編制,五家爲一伍:見“伍長”。㊁用於人名:“大伍公見西王母崐崘之虚,受仙道”(Q142);“將主薄文堅、主記史邯伍、功曹司閤掾史許和”(Q188)。

【釋詞】

[伍長]古代户籍以五家爲伍,每伍設長一人,稱爲“伍長”:“瓦屋,以省賦斂,乞不爲縣吏、列長、伍長小繇□□□□□”(Q119)。

8047 **什** shí 《廣韻》是執切,禪緝入。禪緝。

① Q119

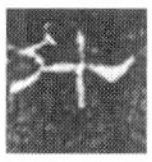
② Q112

《説文·人部》:“什,相什保也。从人、十。”

【釋形】

《説文》小篆爲會意字,从人、十,義爲户籍單位,十户爲一“什”,相互擔保。漢碑字形中,構件“人”隸定爲“亻”,如圖①;竪筆或寫作一撇,如圖②。構件“十”與小篆基本一致,只是圖②增加了明顯的波磔之勢。

【釋義】

㊀同“十”,數詞:見“什言”。㊁各種各樣的:見“什物”。

【釋詞】

[什物]各種物品器具,多指日常生活用品:“願以家錢,義作土牛、上瓦屋、欄楯什物,歲歲作治”(Q119)。

[什言]即“十言”,指乾、坤、震、巽、坎、離、艮、兑八卦再加上五行變化的兩種趨勢消和息:“前闓九頭,以什言教;後制百王,獲麟來吐”(Q112)。

8048 **佰** bǎi 《集韻》博陌切,幫陌入。幫鐸。

① Q088

② Q088

《説文·人部》:“佰,相什伯也。从人、百。”

【釋形】

《説文》小篆爲會意字,从人、百,義爲百户爲佰,相互擔保。漢碑字形中,義符“人”隸定爲“亻”。義符“百”依據小篆轉寫隸定爲平直方折的筆畫,如圖①②;上方“一”或與“亻”的撇畫相接,如圖②。

【釋義】

㊀通“陌”,阡陌:“南下水陽,死千佰上”(Q089)。㊁用於人名:“故吏營陵薛逸,字佰踰”(Q088);“故書佐劇乘禹,字佰度”(Q088);“故脩行平壽徐允,字佰允”(Q088)。

8049 **作** zuò 《廣韻》則落切,精鐸入。精鐸。

① Q063

② Q044

③ Q126

④ Q175

⑤ Q140

⑥ J237

⑦ Q073

《說文·人部》:"　,起也。从人从乍。"

【釋形】

《說文》小篆爲會意字,从人从乍,義爲興起。按"作"初文爲"乍",甲骨文作　(《合》21039)。曾憲通認爲,左下像刀之形的部分爲耒之省體,其上的曲線象徵翻起的土塊,整字是用耕地的形象表示勞作之義,其説可從。金文變異作　(《頌鼎》),原有理據隱晦;或添加構件"攴"作　(《姞氏簋》),或添加構件"又"作　(《中山王嚳方壺》),强化耕作、勞作之義。戰國秦文字添加構件"人"作　(《睡·秦》49)、　(《睡·爲》29),小篆承襲此類字形。《説文》釋爲"从人从乍",訓爲"起",爲其引申義。漢碑字形與小篆相承,圖①②爲碑文篆書,其中圖①與《説文》小篆基本相同,只是右上部的筆形有所變異;圖②則帶有明顯的隸意。其他字形則完全是隸書風格,義符"人"隸定爲"亻"。義符"乍"變異複雜,由圖③到圖⑦繁簡不一,其中圖⑦最爲簡省,近似於"E"。

【釋義】

㊀發生,興起:"饕飻改節,寇暴不作,封畿震駭"(Q084);"念聖歷世,禮樂陵遲,秦項作亂,不尊圖書,倍道畔德"(Q112)。㊁振興:"紹聖作儒,身立名彰"(Q127)。㊂建造,興建:"徐無令樂君永元十年造作萬歲吉宅"(Q044);"陽嘉二年,王防作,直四萬"(Q073);"天作高山,寔惟封龍"(Q126)。㊃寫作,創作:"爲百王作〖書〗,以傳萬〖嗣〗"(Q123);"文則作頌,武襄獫狁"(Q166);"立銘勒石。乃作頌曰"(Q171)。㊄作爲,充當:"其先盖出自少皓,唐炎之隆,伯翳作虞"(Q169);"傳宣〖孔〗業,作世模式"(Q117);"作王臣,運天樞"(Q175)。㊅用於官名:"户曹史紀受、將作掾王箛、元氏令茅□、丞吴音、廷掾郭洪、户曹史翟福、工宋高等刊石紀焉"(Q060);"將作掾嚴壽,佐左福"(Q065)。

8050 **假**　jiǎ 《廣韻》古疋切,見馬上。見魚。

① Q167

② Q169

③ J237

④ Q123

⑤ Q088

⑥ Q141

《説文·人部》:"　,非真也。从人,叚聲。一曰:至也。《虞書》曰:'假于上下。'"

【釋形】

《説文》小篆爲形聲字,从人,叚聲。漢碑字形中,義符"人"隸定爲"亻"。聲符"叚"左側構件有的與小篆相承,圓轉線條轉寫隸定爲平直方折的筆畫,如圖①②;有的與"段"的左構件混同,如圖③~⑥。"叚"右側構件有的與小篆相承,圓轉線條轉寫隸定爲平直方折的筆畫,如圖①③;有的混同爲"殳",如圖②④⑤;還有的隸定爲"𠂉"下"又",介於"攴、攵"之間,如圖⑥。

【釋義】

㊀借:見"假貸"。㊁給予:"假夫子冢、顔母开舍及魯公冢守吏凡四人,月與佐除"(Q141);又見"假貸"。㊂憑藉,依靠:"乃假石銘于墓"(Q167);"和陰陽以興雨,假雨攸仰之典謨"(Q103)。㊃用於職官名前,表示副職:"爲護羌校尉假司馬,戰鬥第五,大軍敗績"(Q169);"次字子惠,護羌假司馬,含器早亡"(Q169)。㊄通"遐(xiá)",❶遠:見"假望";❷時間久:"夫人亦七十一,七有閏□丁巳,不起假疾,其十一月薹"(Q111)。

【釋詞】

[假貸]借,租借:"季、巨等共假貸田,它如約束"(Q029)。

［假望］即“遐望”，遠望，景仰：“民四假望，歿年七十一”（Q111）。

8051 **借** jiè 《廣韻》子夜切，精禡去。
精鐸。

Q029

《説文·人部》：“，假也。从人，昔聲。”

【釋形】

《説文》小篆爲形聲字，从人，昔聲。漢碑字形中，義符“人”隸定爲“亻”；聲符“昔”上部隸定爲“龷”，如圖。

【釋義】

借給别人：“僤中其有訾次當給爲里父老者，共以客田借與”（Q029）。

8052 **侵** qīn 《廣韻》七林切，清侵平。
清侵。

Q166

《説文·人部》：“，漸進也。从人又持帚。若埽之進；又，手也。”

【釋形】

《説文》小篆爲會意字，从人又持帚。“侵”甲骨文作（《合》6057），像手拿掃帚之類的東西驅趕牛之狀。或省去手形，寫作（《合》6057）。金文作（《鐘伯侵鼎》），構件“牛”改换爲“人”。小篆承襲此類字形，《説文》據小篆形體説解，訓爲“漸進”。漢碑字形中，構件“帚”發生離析重組，“巾”上方的曲線獨立隸定爲“冖”；“巾”與下方的“又”組合，隸定爲“丈”；上方的“又”隸定爲“彐”，如圖。

【釋義】

侵犯，欺凌：“秦兼天下，侵暴大族”（Q166）；“恐縣吏斂民，侵擾百姓”（Q141）。

8053 **候** hòu 《廣韻》胡遘切，匣候去。
匣侯。

Q100

《説文·人部》：“，伺望也。从人，侯聲。”

【釋形】

《説文》小篆爲形聲字，从人，侯聲。聲符“侯”甲骨文作（《合》33072）、（《合》6457）等形，由“矢”與像張布射靶之形的“厂”組成；後來字形上部衍生出構件“⺈（人）”，意在强化其構意與人有關。漢碑字形中，構件“矢”隸定近似於“夫”，如圖。後來，構件“厂”發生離析，左側豎筆獨立出來，變爲一短豎；横筆與上面的構件“⺈（人）”組合爲“⺊”，成爲現在通行的“候”的寫法。

【釋義】

㊀守候，等候：“驅馳相隨到都亭，游徼候見謝自便”（Q100）。㊁偵察敵情：見“候長”。

【釋詞】

［候長］斥候之長，漢代邊境主管偵察、報警的官員：“夏陽候長馬琪千”（Q123）；“粟邑候長何惲千”（Q123）。

8054 **代** dài 《廣韻》徒耐切，定代去。
定職。

Q129

《説文·人部》：“，更也。从人，弋聲。”

【釋形】

《説文》小篆爲形聲字，从人，弋聲。“弋”上古音在餘母職部。漢碑字形中，義符“人”隸定爲“亻”；聲符“弋”依據小篆線條對應轉寫隸定，如圖。

【釋義】

㊀替代，更迭：“承敝遭衰，黑不代倉”（Q140）；“日月虧代，猶元風力射”（Q021）。㊁繼承，繼任者：“昭代不立，言之切痛傷人

心”（Q124）。㊂世代，父子相繼爲一代：“八皇三代，至孔乃備”（Q112）；“周鑒於二代，十有二歲”（Q129）。㊃時代：“臣以爲素王稽古，德亞皇代”（Q140）。㊄姓氏：“使師操義、山陽蝦丘榮保、畫師高平代盛、邵强生等十餘人”（Q106）。

8055 **儀** yí 《廣韻》魚羈切，疑支平。疑歌。

① J282

② Q146

③ Q128

④ Q112

⑤ Q088

⑥ Q021

⑦ Q175

《説文·人部》：，度也。从人，義聲。

【釋形】

《説文》小篆爲形聲字，从人，義聲。漢碑字形中，義符“人”隸定爲“亻”。聲符“義”上方構件“羊”爲避讓下方的“我”，中間豎筆不出頭，隸定爲“⺷”形。下方構件“我”隸變形體多樣，有的與小篆寫法相承，如圖①；有的左邊近似於“壬”形，如圖②③，其中圖③中“壬”與“戈”共用的横畫斷開；有的“壬”下多一横筆，如圖④；有的左邊省寫近似於“土”形，如圖⑤⑥；有的訛變爲“禾”形，如圖⑦。構件“羊”中豎筆或與構件“我”中斜鉤相連，如圖②⑤。

【釋義】

㊀容止，風度：“紛紛令儀，明府體之”（Q088）；“感秦人之哀，願從贖其無由，庶考斯之頌儀”（Q133）。㊁典範，表率：“徽之斯石，示有表儀”（Q052）；“夫人以母儀之德，爲宗族之覆”（Q056）。㊂賢者：見“黎儀”。㊃用於人名：“掾諱忽，字子儀”（Q021）；“魯孔儀甫二百”（Q112）；“履菰竹之廉，蹈公儀之絜”（Q172）。

8056 **便** （一）pián 《廣韻》房連切，並仙平。並元。

① Q142

② Q188

《説文·人部》：“，安也。人有不便，更之。从人、更。”

【釋形】

《説文》以爲會意字，从人、更，義爲安適。按“便”本爲鞭策、鞭刑之“鞭”，其初文作“更”。“更”甲骨文本作（《合》20842），像手持鞭策之形，會意字。或添加聲符“丙”，寫作（《合》10951），變爲形聲字。由於“更”常用於更改義，鞭策義另加構件“人”作“便”，金文寫作（《儹匜》），其右側即之變形，與《説文》“鞭”之古文相近。小篆承襲金文的結構，像鞭策之形的部分類化作“支”。漢碑字形中，構件“丙”和“支”粘合爲一個整體，寫作“更”，已經無法看出原有的構意，如圖①；豎撇或穿過上方横畫，如圖②。後來由於“便”被借去表示方便義，鞭策義又在“便”的基礎上增添構件“革”，寫作“鞭”。

【釋義】

安寧，安適：“改解危殆，即便求隱”（Q150）。

（二）biàn 《廣韻》婢面切，並線去。並元。

【釋義】

㊀便利，方便：“驅馳相隨到都亭，游徼候見謝自便”（Q100）。㊁非正式的，旁邊的：見“便坐”。㊂用於人名：“功曹同闔掾史許和、楊便中、部□度邑、郭掾、盧餘、王貴等”（Q188）。

【釋詞】

［便坐］別室：“孝萇爲君設便坐，朝莫舉門恂恂不敢解殆”（Q142）。

8057 **任** （一）rèn 《廣韻》汝鴆切，日沁去。日侵。

① Q178

② Q140

③ Q112

④ Q144

《説文·人部》：，符也。从人，壬聲。

【釋形】

《説文》小篆爲形聲字，从人，壬聲。按“任”甲骨文作（《合》2774）、（《合》7049），从人，壬聲，徐鍇《説文解字繫傳》訓爲“保也”，即背負或懷抱之義。金文作（《縣改簋》）、（《乍任氏簋》），聲符中的豎筆或添加一圓點。戰國秦文字作（《睡·秦》196），圓點變爲一横。小篆承襲此類字形，進一步將中間的横畫拉長，變爲“壬”形。漢碑字形中，義符“人”隸定爲“亻”，豎筆或近似於一撇，如圖③。聲符“壬”上方寫爲短撇，如圖②；有的混同爲“王”，如圖①③④。

【釋義】

㊀任用，委任：“臣蒙厚恩，受任符守，得在奎婁，周孔舊寓”（Q140）。㊁勝任：“皆德任其位，名豐其爵”（Q144）；“校尉空闇，典統非任，素無績勳”（Q163）。㊂官職，職位：“台輔之任，明府宜之”（Q088）。

（二）rén 《廣韻》如林切，日侵平。日侵。

【釋義】

㊀姓氏：“騎吏蓮勺任參六百”（Q123）；“下辨道長廣漢汁邡任詩，字幼起”（Q146）。㊁用於地名：“故北海相任城景府君卒，歍歔哀哉”（Q088）；“任城番君舉二百”（Q112）。

8058 **優** yōu 《廣韻》於求切，影尤平。影幽。

① Q065　② Q285　③ Q084　④ Q169

⑤ Q185

《説文·人部》：“，饒也。从人，憂聲。一曰：倡也。”

【釋形】

《説文》小篆爲形聲字，从人，憂聲。漢碑字形中，有的爲碑文篆書，但已經帶有明顯的隸意，如圖①。多數則已經發生隸變，義符“人”隸定爲“亻”。聲符“憂”的形變與單獨成字時一致，參見5152憂。

【釋義】

㊀優秀：“學優則仕，歷郡席坐，再辟司隸”（Q084）；“登善濟可，登斑叙優”（Q135）；“綱紀本朝，優劣殊分”（Q166）。㊁寬和，寬鬆：“惪洋溢而溥優”（Q065）；“布政優優，令儀令色”（Q172）。㊂優待，優厚：“優號三老，師而不臣”（Q169）；“郡仍優署五官掾功曹”（Q185）。㊃用於人名：“徵博士李儒文優五百”（Q178）。

8059 **儉** jiǎn 《廣韻》巨險切，羣琰上。羣談。

① Q134　② Q128　③ Q202

《説文·人部》：“，約也。从人，僉聲。”

【釋形】

《説文》小篆爲形聲字，从人，僉聲。漢碑字形中，義符“人”隸定爲“亻”。聲符“僉”所从之構件“从”，或依據小篆線條轉寫隸定，如圖②；或省寫作“灬”，如圖①③。

【釋義】

㊀節制，檢點：“折節清行，恭儉束脩”（Q128）；“敬恪恭儉，州里歸稱”（Q154）；“學兼游夏，服勤體□，德儉而度”（Q202）。㊁節儉，節省：“清約節儉，進退應名”（Q070）；“匪奢匪儉，率由舊章”（Q174）。㊂用於人名：“河東大陽西門儉元節二百”（Q112）；“門生魏郡館陶文儉，字元節”（Q127）。

8060 **俗** sú 《廣韻》似足切，邪燭入。邪屋。

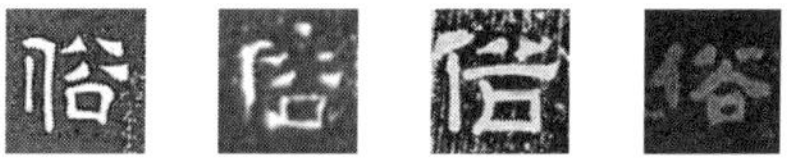

① Q144　② Q171　③ Q130　④ Q133

《説文·人部》：“，習也。从人，谷聲。”

【釋形】

《説文》小篆爲形聲字，从人，谷聲。漢碑字形中，義符“人”有的保留篆意，如圖①；多數則隸定爲“亻”，如圖②～④。聲符“谷”中的四條曲線或均轉寫爲點，如圖①②；或將下面的兩條曲線連爲一横，如圖③；或將下面的兩條曲線轉寫作“人”形，如圖④。

【釋義】

㊀風俗，習慣：“德以化圻民，威以懷殊俗”（Q133）；“愍俗陵遲，訓諮□□”（Q171）。㊁世俗之人，普通人：“爲俗所仇，君耻侉比愠于羣小”（Q130）。㊂庸俗，平庸：“其少體自然之恣，長有殊俗之操”（Q142）。

8061 **俾**　bǐ《廣韻》并弭切，幫紙上。幫支。

① Q071

② Q146

③ Q133

《説文·人部》：“，益也。从人，卑聲。一曰：俾，門侍人。”

【釋形】

《説文》小篆爲形聲字，从人，卑聲，釋其義爲裨益或門侍人。按“俾”初文作“卑”，甲骨文作（《合》37677），像卑者手持工具勞作之形，會卑賤與役使之義。後卑賤義由“卑”表示，役使義則另加構件“人”作“俾”，戰國楚文字寫作（《包》2.263）。小篆線條化，并將像工具的部分混同作“甲”，《説文》據小篆字形説解，迂曲難解。漢碑字形中，義符“人”隸定爲“亻”。聲符“卑”所从之構件“甲”圓轉線條轉寫爲平直方折的筆畫，上方短豎省寫。下行曲線或變作長撇，如圖①②；或離析出一短撇，如圖③。像左手之形的構件“𠂇”隸定近似於“十”，横畫或與“甲”之豎撇相交，如圖①；或相接，如圖②。

【釋義】

㊀使：“迺鐫石立碑，勒銘鴻烈，光于億載，俾永不滅”（Q133）；“國縣員〖宂〗，吏無大小，空府竭寺，咸俾來觀”（Q141）。㊁通“比”，相比次：“緣崖俾閣，兩山壁立，隆崇造雲”（Q146）。㊂用於人名：“奴俾、婢意、婢最、奴宜、婢營、奴調、婢利”（Q071）。

8062 **億**　yì《廣韻》於力切，影職入。影職。

① Q179

② Q141

③ Q146

《説文·人部》：“，安也。从人，意聲。”

【釋形】

《説文》小篆爲形聲字，从人，意聲。漢碑字形中，義符“人”隸定爲“亻”。聲符“意”有的與小篆相承，構件“啻”上方“辛”隸定作“立”，中間隸定作“中”，下方省去構件“口”，如圖③；構件“啻”或隸定爲“音”，如圖①②。構件“心”彎曲的線條轉寫爲筆畫，失去了象形性，如圖①③；“心”三點或省爲兩點，如圖②。

【釋義】

㊀安寧，安定：“奉魁承杓，綏億衙彊”（Q095）。㊁數詞，古代或以十萬爲億，或以萬萬爲億。也指數量多：“垂流億載，世世嘆誦”（Q095）；“于胥樂兮，傳于萬億”（Q125）；“垂也烈光萬億”（Q122）。㊂盈滿，充裕：“年穀屢登，倉庾惟億，百姓有蓄，粟麥五錢”（Q146）；又見“億盈”。

【釋詞】

［億萬］極言其多：“大漢延期，彌歷億萬”（Q141）。

［億盈］滿溢：“威恩御下，持滿億盈”（Q187）。

［億載］億年：“於是君之孫魴、倉、九等，乃相與刊山取石，表謚定號，垂之億載，以示昆苗”（Q128）；“迺鐫石立碑，勒銘鴻烈，光于億載，俾永不滅”（Q133）；“共享天秺，億載萬年”（Q179）。

8063 **使** shǐ 《廣韻》疎士切,山止上。山之。

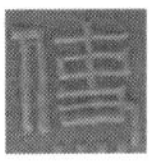
① Q046

② J372

③ Q142

④ Q129

⑤ JB1

⑥ Q169

⑦ Q100

⑧ Q100

《説文·人部》:“,伶也。从人,吏聲。”

【釋形】

《説文》小篆爲形聲字,从人,吏聲,義爲使令。“吏”上古音在來母之部。徐鍇《説文解字繫傳》訓爲“令也”。按“使”甲骨文與“吏(事)”同形,寫作(《合》5557)。金文或作(《鈴鎛》),與甲骨文相承;或增添構件“辵”,寫作(《中山王嚳鼎》);構件“辵”或省寫爲“彳”,表示使令與行走有關,如(《十三年壺》)等。戰國秦文字作(《睡·雜》42),“彳”進一步訛寫爲“人”。小篆承襲此類字形,故《説文》以“从人,吏聲”釋之,屬於理據重構。漢碑字形中,有的保留小篆的結構,如圖①。多數則發生隸變,義符“人”隸定爲“亻”。聲符“吏”下方的手形有的隸定爲“乂”形,如圖②;多數則與上方的豎畫相連,使上下構件粘合爲一體,如圖③~⑥,其中圖⑥豎撇上不出頭。圖⑦⑧中的聲符“吏”混同爲“更”,使得整字混同爲“便”。

【釋義】

㊀使者,使節:“使者持節,護烏桓校尉王君威府舍”(Q046);“詔聞梁棗樹上有道人,遣使者以禮娉君”(Q142)。㊁命令,派遣:“仲宗之世,重使使者持節祀焉,歲一禱而三祠”(Q129);“但使二千石以歲時往祠”(Q129);“使師操義、山陽蝦丘榮保、畫師高平代盛、邵强生等十餘人”(Q106)。㊂讓,令:“疾設不詳者,使絶毋户後”(Q015)。㊃使用,運用:“上衛橋,尉車馬,前者功曹後主簿,亭長騎佐胡使弩”(Q100)。㊄用於官名:“帝咨君謀,以延平中拜安邊節使,銜命二州,受茨秉憲,彈貶貪枉,清風流射”(Q128);又見“使君”。

【釋詞】

[使君]漢時對刺史的尊稱:“故尚書侍郎河南京令豫州幽州刺史馮使君神道”(Q206);“於戲使君,既膺渘德”(Q173)。

8064 **傳** (一)zhuàn 《廣韻》直戀切,澄線去。定元。

① Q129

② Q119

③ Q117

④ Q125

⑤ Q114

⑥ Q134

《説文·人部》:“,遽也。从人,專聲。”

【釋形】

《説文》小篆爲形聲字,从人,專聲。漢碑字形中,義符“人”隸定爲“亻”。聲符“專”所从之構件“叀”,或將彎曲的線條轉寫爲平直方折的筆畫,如圖①②,其中圖②下方省寫爲折筆;或省略下部的“厶”,如圖③~⑥。構件“寸”將小篆字形中的彎曲線條隸定爲筆畫,指事符號多變爲點,或變爲提,如圖④⑤;“寸”的横畫和豎鉤的交接關係也變化多樣,如圖①~⑥。

【釋義】

㊀驛站,驛舍:見“傳館”。㊁書傳:“永元六年九月下旬,王文康不禄,師友門人閔其行正,來饗厥功。傳曰:‘嗛者章之。’”(Q041)。㊂一種注釋的名稱:“春秋傳曰:‘山嶽則配天。’”(Q129)

【釋詞】

[傳館]驛站客舍:“〖高大殿〗宇,□齊傳館”(Q125)。

(二)chuán 《廣韻》直攣切,澄仙平。定元。

【釋義】

㊀傳遞,留傳:“垂顯述異,以傳後賢”

（Q061）；"于胥樂兮，傳于萬億"（Q125）；"皆所已紀盛德傳無窮者也"（Q134）。㊁轉告，傳述："傳告後生，勉脩孝義"（Q114）；"傳後世子孫"（Q043）；"耆老相傳，以爲王莽居攝二年，君爲郡吏□□□□"（Q199）。㊂傳授，傳承："傳〖講《孝經》《論語》《漢書》《史記》〗《左氏》、《國〖語〗》，廣學甄微，靡不貫綜"（Q132）；"傳宣〖孔〗業，作世模式"（Q117）。

8065 **伸** shēn 《廣韻》失人切，書真平。書真。

① Q169

② Q066

《説文·人部》："，屈伸。从人，申聲。"

【釋形】

《説文》小篆爲形聲字，从人，申聲。按"伸"初文作"申"，甲骨文作（《燕》175）、（《林》1.15.10），像閃電蜿蜒曲折之形。金文略有形變，寫作（《僩匜》）、（《戈叔朕鼎》）。小篆離析重組爲从臼从丨。漢碑字形中，義符"人"隸定爲"亻"。聲符"申"所从之"臼"和"丨"又組合爲一體，如圖①；中間豎筆或彎曲，類似今之"电"字，如圖②。

【釋義】

㊀延續，流傳："深惟皇考，懿德未伸"（Q169）。㊁施展，實現："宏功乃伸，追録元勳，策書慰勞，賻賵有加"（Q066）；"恨不伸志，翻揚隆洽"（Q113）。

8066 **倍** bèi 《廣韻》薄亥切，並海上。並之。

Q112

《説文·人部》："，反也。从人，咅聲。"

【釋形】

《説文》小篆爲形聲字，从人，咅聲。漢碑字形中，義符"人"隸定爲"亻"。聲符"咅"本與是否之"否"同字，从口从不，不亦聲，金文作（《毛公鼎》），或上面添加飾筆作（《中山王嚳鼎》）；前者後來隸定爲"否"，即是否之"否"；後者隸定爲"咅"，即"倍"之聲符，如圖。

【釋義】

㊀倍數："學者高遷宜印綬，治生日進錢萬倍"（Q100）。㊁通"背"，違背，背叛："秦項作亂，不尊圖書，倍道畔德"（Q112）。

8067 **傿** yàn 《廣韻》於建切，影願去。影元。

Q166

《説文·人部》："，引爲賈也。从人，焉聲。"

【釋形】

《説文》小篆爲形聲字，从人，焉聲。漢碑字形中，義符"人"隸定爲"亻"；聲符"焉"本像一種鳥之形，漢碑字形依據小篆線條轉寫隸定，鳥尾和鳥足隸定爲"灬"，失去象形性，如圖。

【釋義】

通"鄢"，用於地名："在穎川者，家于傿陵，克纘祖業，牧守相亞"（Q166）。

8068 **偏** piān 《廣韻》芳連切，滂仙平。滂真。

Q095

《説文·人部》："，頗也。从人，扁聲。"

【釋形】

《説文》小篆爲形聲字，从人，扁聲。漢碑字形中，義符"人"隸定爲"亻"。聲符"扁"所从之構件"户"，隸定近似於"門"的左邊一半；構件"冊"隸定爲"冊"形，且左側豎筆與"户"的長撇共用，如圖。

【釋義】

㊀偏私，不公正："無偏蕩蕩，貞雅以方"（Q095）。㊁副詞，特别，非常："桑履跡□德，祖考偏羡"（Q070）。

8069 **伎**　jì　《廣韻》渠綺切，羣紙上。羣支。

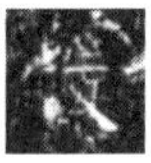

Q112

《説文・人部》："，與也。从人，支聲。《詩》曰：'籥人伎忒。'"

【釋形】

《説文》小篆爲形聲字，从人，支聲。漢碑字形中，義符"人"隸定爲"亻"；聲符"支"上面像竹葉形的線條拉直爲横畫，隸定作"十"，如圖。

【釋義】

相比并："上極華紫，旁伎皇代"（Q112）。

8070 **僞**　wěi　《廣韻》危睡切，疑寘去。疑歌。

Q088

《説文・人部》："，詐也。从人，爲聲。"

【釋形】

《説文》小篆爲形聲字，从人，爲聲。漢碑字形中，義符"人"隸定爲"亻"。聲符"爲"甲骨文作（《合》15182），像以手役象之狀，以會勞作之義。小篆中大象之形已不象形，構件"又"變爲"爪"。漢碑發生隸變之後，整字粘合在一起，原有構形理據徹底喪失，構件"爪"也變得難以辨識，如圖。

【釋義】

欺詐："殘僞易心，輕黠踰竟"（Q088）。

8071 **倡**　（一）chāng　《廣韻》尺良切，昌陽平。昌陽。

Q100

《説文・人部》："，樂也。从人，昌聲。"

【釋形】

《説文》小篆爲形聲字，从人，昌聲。漢碑字形中，義符"人"隸定爲"亻"。聲符"昌"所从之構件"曰"，上出曲線拉直爲横畫，與左豎相接；中間短横亦與左右豎畫相接，如圖。

【釋義】

㊀古代表演歌舞的藝人："其硤内，有倡家"（Q100）。㊁通"猖"，狂亂，猖獗："喜怒作律，案罪殺人，不顧倡儼"（Q187）。

（二）chàng　《廣韻》尺亮切，昌漾去。昌陽。

【釋義】

倡議，帶領：見"倡率"。

【釋詞】

［倡率］倡議，帶領："乃發嘉教，躬損奉錢，倡率羣義，繕廣斯廟"（Q199）。

8072 **佚**　yì　《廣韻》夷質切，餘質入。餘質。

Q137

《説文・人部》："，佚民也。从人，失聲。一曰：佚，忽也。"

【釋形】

《説文》小篆爲形聲字，从人，失聲。漢碑字形中，義符"人"隸定爲"亻"；聲符"失"本从手，乙聲，漢碑中發生離析重組，構件"手"中的長曲線從中間斷開，上部重組爲"土"形，下部與"乙"重組爲"八"，如圖。

【釋義】

通"逸"，安樂，閒適："戎戢士佚，〖費省鉅億〗"（Q137）。

8073 **仆**　pū　《廣韻》蒲北切，並德入；又敷救切，敷宥去。並屋。

Q109

《説文·人部》:“,頓也。从人,卜聲。”

【釋形】

《説文》小篆爲形聲字,从人,卜聲。漢碑字形中,義符“人”隸定爲“亻”;聲符“卜”與小篆基本一致,如圖。

【釋義】

跌倒,倒下:見“顛仆”。

8074 **傷** shāng 《廣韻》式羊切,書陽平。書陽。

① Q134 ② Q145 ③ Q114 ④ Q202

《説文·人部》:“,創也。从人,𥏻省聲。”

【釋形】

《説文》小篆爲形聲字,从人,𥏻省聲。漢碑字形中,義符“人”隸定爲“亻”。“𥏻”省聲的變異複雜,上方帶短豎的曲線有的隸定爲“亠”形,如圖①~③;有的隸定近似於“人”形,如圖④。構件“昜”中的“日”省變嚴重,多與上下構件發生粘連,如圖①~④。

【釋義】

㊀傷害,使受傷:“身禮毛膚父母所生,慎毋毁傷,天利之”(Q015);“其神伊何?靈不傷人”(Q193);“昭代不立,言之切痛傷人心”(Q124);“感切傷心,晨夜哭泣”(Q057)。㊁損毁,損害:“歲在癸丑,厥運淫雨,傷害稼穡”(Q161);“唯觀者諸君,願勿敗傷”(Q106);“經之營之,勿傷厥土”(H144)。㊂悲痛,悲傷:“凡百隕涕,縉紳惟傷”(Q134);“傷其暨終,位不副德”(Q145);又見“傷摧、傷懷”。

【釋詞】

[傷摧] 悲傷:“咳孤憤泣,忉怛傷摧”(Q144)。

[傷懷] 傷心:“四海冠盖,驚慟傷懷”(Q088)。

8075 **侉** kuā 《集韻》苦瓜切,溪麻平。溪魚。

Q130

《説文·人部》:“,備詞。从人,夸聲。”

【釋形】

《説文》小篆爲形聲字,从人,夸聲,本義爲疲憊。漢碑字形中,義符“人”隸定爲“亻”。聲符“夸”所从之構件“大”,像雙臂伸開的線條拉直爲横畫;構件“亏”中的曲線隸定爲豎鉤,寫作“于”,如圖。

【釋義】

通“夸”,誇耀:見“侉比”。

【釋詞】

[侉比] 曲意逢迎:“君耻侉比,愠于羣小”(Q130)。

8076 **催** cuī 《廣韻》倉回切,清灰平。清微。

Q109

《説文·人部》:“,相儔也。从人,崔聲。《詩》曰:‘室人交徧催我。’”

【釋形】

《説文》小篆爲形聲字,从人,崔聲。徐鍇《説文解字繫傳》訓爲“相擣也”,“擣”即“搗”,義爲舂,引申爲衝擊、催逼。漢碑字形中,義符“人”隸定爲“亻”。聲符“崔”所从之構件“山”將小篆中的山峰形省簡爲“丨”;構件“隹”發生離析重組,并將線條全部轉寫爲筆畫,已看不出鳥的樣子了,如圖。

【釋義】

通“摧”:見“催隕”。

【釋詞】

［催隕］摧折，死亡："寢疾固結，大命催隕魂靈歸"（Q109）。

8077 **伏** fú 《廣韻》房六切，並屋入。並職。

① Q088

② Q174

《説文·人部》："，司也。从人从犬。"

【釋形】

《説文》小篆爲會意字，从人从犬，義爲伺候。漢碑字形中，構件"人"隸定爲"亻"。構件"犬"依據小篆線條對應轉寫，右上的曲線隸定爲點，如圖①；有的在捺筆上增加一撇，如圖②。

【釋義】

㈠藏匿，埋伏："黄龍白虎，伏在山所"（Q171）。㈡敬辭："臣伏念：孔子，乾坤所挺，西狩獲麟，爲漢制作"（Q140）；"臣伏見，臨璧廱日，祠孔子以大牢"（Q140）；又見"伏惟"。㈢時令名，伏天，伏日：見"伏陰"。㈣堅守，推崇：見"伏信"。㈤通"服"："時伊郡烏桓，狂狡畔戾。君執以威權，征其後伏"（Q128）；又見"伏辜"。㈥用於官名：見"伏波將軍"。㈦通"庖"：見"伏希"。

【釋詞】

［伏波將軍］職官名，西漢武帝時置："夫人馬姜，伏波將軍新息忠成侯之女"（Q056）。

［伏辜］服罪："王室感寤，姦佞伏辜"（Q066）。

［伏惟］下對上的敬詞，念及，想到："伏惟明府，受質自天"（Q088）。

［伏希］即"庖羲"："女絓伏希"（Q210）。

［伏信］堅守信義："伏信好古，敢詠顯□"（Q148）。

［伏陰］盛夏中出現的寒氣，謂氣候反常："故天無伏陰，地無鱻陽"（Q174）。

8078 **促** cù 《廣韻》七玉切，清燭入。清屋。

Q146

《説文·人部》："，迫也。从人，足聲。"

【釋形】

《説文》小篆爲形聲字，从人，足聲。漢碑字形中，義符"人"隸定爲"亻"；聲符"足"嚴格依據小篆線條轉寫隸定，如圖。

【釋義】

小，狹窄：見"促迫"。

【釋詞】

［促迫］狹隘，狹窄："郡西狹中道，危難阻峻，緣崖俾閣，兩山壁立，隆崇造雲，下有不測之谿，阨笮促迫"（Q146）。

8079 **係** xì 《廣韻》古詣切，見霽去。見支。

J233

《説文·人部》："，絜束也。从人从系，系亦聲。"

【釋形】

《説文》小篆爲會意兼形聲字，从人从系、系亦聲，義爲捆綁。漢碑字形中，義符"人"隸定爲"亻"；聲符"系"上部曲線變爲撇，中間絲形隸定爲相疊的閉合三角形，下弧的曲線與豎筆重組近似於"小"，如圖。

【釋義】

延續，連續："爰既且於君，盖其繵縺，纘戎鴻緒，牧守相係，不殞高問"（Q179）。

8080 **伐** fá 《廣韻》房越切，並月入。並月。

① J282

② Q133

《説文·人部》："，擊也。从人持戈。

一曰:敗也。”

【釋形】

《説文》小篆爲會意字,从人持戈,義爲擊伐。按“伐”甲骨文作 (《合》6540)、(《合》19475),金文作 (《小子𦊔簋》)、(《禽簋》),像以戈斷人首,會擊伐之義。小篆中構件“人”與“戈”分離,《説文》釋爲“从人持戈”,爲理據重構。漢碑字形中,義符“人”隸定爲“亻”。義符“戈”中右上的曲線或隸定爲點,如圖①;或變爲一短撇,如圖②。

【釋義】

㊀攻打,征伐:“昔殷王武丁,克伐鬼方,元功章炳,勳臧王府”(Q093);“武王秉乾之機,翦伐殷商”(Q178)。㊁功勞:“處兹中夏,伐業最純”(Q061);“鐫茂伐,祕將來”(Q137)。㊂誇耀:“功顯不伐,委而復焉”(Q133);“卿之任矣,勞而不伐”(Q148)。

8081 **但** dàn 《廣韻》徒旱切,定旱去。定元。

① Q021

② Q129

《説文·人部》:“ ,裼也。从人,旦聲。”

【釋形】

《説文》小篆爲形聲字,从人,旦聲。漢碑字形中,義符“人”隸定爲“亻”;聲符“旦”圓轉線條轉寫爲平直方折的筆畫,“日”和“一”之間或有短豎相連,如圖①。

【釋義】

㊀副詞,表示範圍,相當於“只、僅”:“但使二千石以歲時往祠”(Q129);“牧馬牛羊諸偅,皆良家子,來入堂宅,但觀耳,無得涿畫”(Q114)。㊁通“怛”,痛苦,憂傷:見“惻但”。㊂用於人名:“伯子玄,曰大孫;次子但,曰仲城”(Q021)。

8082 **傴** yǔ 《廣韻》於武切,影麌上。影侯。

Q142

《説文·人部》:“ ,僂也。从人,區聲。”

【釋形】

《説文》小篆爲形聲字,从人,區聲。漢碑字形中,義符“人”隸定爲連寫的横豎;聲符“區”中的所有曲線都被分解,各構件内部的書寫順序和方向也發生了變化,如圖。

【釋義】

用於人名:“大伍公從弟子五人,田傴、全□中、宋直忌公、畢先風、許先生,皆食石脂,仙而去”(Q142)。

8083 **仇** (一)qiú 《廣韻》巨鳩切,羣尤平。羣幽。

① J001

② Q150

③ Q123

《説文·人部》:“ ,讎也。从人,九聲。”

【釋形】

《説文》小篆爲形聲字,从人,九聲。漢碑字形中,義符“人”隸定爲“亻”。聲符“九”的兩條曲線分别隸定爲撇和横折鉤,如圖①;右側曲線或分解爲横和捺兩筆,如圖②;聲符“九”或訛作“凡”,如圖③。

【釋義】

姓氏:“朔方太守上郡仇君,察孝,除郎中,大原陽曲長”(Q123);“史君饗後,部史仇誧,縣吏劉耽等”(Q141);“從史位下辨仇靖字漢德書文”(Q146)。

(二)chóu 《廣韻》巨鳩切,羣尤平。羣幽。

【釋義】

仇恨,憎惡:“□唱寡和,爲俗所仇。君耻侉比,愠于羣小”(Q130)。

8084 **咎** jiù 《廣韻》其九切,羣有上。羣幽。

① Q128 ② Q196

《説文·人部》：“，災也。从人从各。各者，相違也。”

【釋形】

《説文》小篆爲會意字，从人从各，表示災禍。按“各”甲骨文作（《合》27310），上面一隻腳代表走路，下面的“口”形代表目的地，合起來表示到達目的地。小篆字形構件“止”發生形變，已經不再像腳之形了。漢碑字形中，“咎”的結構布局或沿襲小篆的寫法，爲左“各”右“人”，其中“人”隸似“卜”，如圖①；或將構件“各”的捺筆拉長以承托“卜”，與今之形體同，如圖②。

【釋義】

不幸之事，災禍：“如何夙隕，丁此咎殃”（Q128）。

8085 **佌** pí 《廣韻》房脂切，並脂平。並脂。

Q100

《説文·人部》：“，别也，从人，比聲。《詩》曰：‘有女佌離。’”

【釋形】

《説文》小篆爲形聲字，从人，比聲。漢碑字形與小篆相承，義符“人”隸定爲“亻”；聲符“比”隸定爲并列的兩個“匕”，左側“匕”的末筆尚未變爲豎提，如圖。

【釋義】

通“比”，比并：“生汙相和佌吹廬，龍爵除央鷗噣魚”（Q100）。

8086 **像** xiàng 《廣韻》徐兩切，邪養上。邪陽。

① Q083 ② Q088 ③ Q174

《説文·人部》：“，象也，从人从象，象亦聲，讀若養。”

【釋形】

《説文》以爲會意兼形聲字，从人从象、象亦聲，表示相似。按“像”當爲形聲字。漢碑字形與小篆相承，構件“人”隸定爲“亻”，如圖①～③。構件“象”本像大象之形，漢碑字形將整體的大象離析爲上中下三部分，上端像長鼻和長牙的部分隸定爲“⺈”；下部像四足和尾巴的部分隸似“豕”；中間像象頭的部分隸定爲“罒”，如圖①②；圖③則隸定近似於“曰”。

【釋義】

㊀形象，相貌：“或著形像於列圖，或數頌於管弦”（Q088）；“致黄龍、白鹿之瑞，故圖畫其像”（Q147）；“亡而像存，樂嘉靈兮”（H105）。㊁畫像：“玄圖靈像，穆穆皇皇”（Q174）。

8087 **倦** juàn 《廣韻》渠卷切，羣線去。羣元。

① Q084 ② Q195

《説文·人部》：“，罷也。从人，卷聲。”

【釋形】

《説文》小篆爲形聲字，从人，卷聲。義符“人”在漢碑中隸定爲“亻”，如圖①②。聲符“卷”小篆本从卩，𠔉聲，構件“𠔉”上部爲“釆”，下部爲像兩手相拱的“廾”，漢碑中二者粘合爲“𠔉”；構件“卩”隸定爲“㔾”，如圖①②。

【釋義】

厭倦，懈怠：“常以《易》《詩》《尚書》授，訓誨不倦”（Q084）。

8088 **弔** （一）diào 《廣韻》多嘯切，端嘯去。端藥。

① Q137 ② Q144

《説文·人部》:“,問終也。古之葬者,厚衣之以薪。从人持弓,會敺禽。”

【釋形】

《説文》以爲會意字,从人从弓,釋爲問終及驅趕禽獸之義。按“弔”甲骨文作 (《合》27738)、(《合》7339)、(《合》18462)等形,周法高(《金文詁林·弔》按語)以爲“象人持矰繳之形”,可備一説。金文與甲骨文基本相同,寫作 (《公貿鼎》)。小篆在此基礎上進一步線條化。漢碑字形中,人形變爲一豎,矰繳之形分解爲多個筆畫,如圖①②。

【釋義】

祭奠死者或慰問死者親屬:“〖詔遣使〗□,□弔賻礼,百寮臨會,莫不失聲”(Q137);“三增仗人,皆往弔親”(Q143)。

(二)dì《廣韻》都歷切,端錫入。端藥。

【釋義】

善:“晧天不弔,殲此良人”(Q144)。

8089 **僊(仙拙)** xiān《廣韻》相然切,心仙平。心元。

① Q166

② Q129

③ Q142

④ Q100

《説文·人部》:“,長生僊去。从人从䙴,䙴亦聲。”

【釋形】

《説文》小篆爲會意兼形聲字,从人从䙴,䙴亦聲,表示長生不老,升天而去。構件“䙴”《説文·舁部》訓爲“升高也”,僊人可以升天,故其字从䙴。漢碑字形中,有的與小篆相承,如圖①②。構件“䙴”小篆本从舁从卩、囟聲,漢碑中“舁”上面的“𦥑”與聲符“囟”粘合爲“覀”,“舁”下面的雙手粘合爲“大”及其變體,“卩”也發生不同程度的省變,如圖①②。“僊”或重構爲“仙”,如圖③,此即承襲《説文·人部》之“仚”字。“仙”或訛从“扌”,寫作“拙”,如圖④。

【釋義】

㈠神仙,仙人:“朱爵對游栗拙人,中行白虎後鳳皇”(Q100);“故立宫其下,宫曰集靈宫,壂曰存僊壂,門曰望僊門”(Q129);又見“仙庭”。㈡成仙:“大伍公從弟子五人,田傴、全□中、宋直忌公、畢先風、許先生,皆食石脂,仙而去”(Q142)。㈢對死的委婉説法:“仙人唐君之碑”(Q199)。㈣通“遷”,遷移:“秦兼天下,侵暴大族,支判流僊,或居三川,或徙趙地”(Q166)。㈤用於人名:“功臣五大夫雒陽東鄉許幼仙師事肥君,恭敬烝烝”(Q142);“秦仙〖爰〗敢宣情,徽之斯石,示有表儀”(Q052)。

8090 **仙**

《説文》小篆作 ,从人在山上。漢碑中爲“僊”的異體字(圖③),見 8089 僊。

【釋詞】

[仙人]神話傳説中長生不老、神通廣大的人:“上有雲氣與仙人,下有孝友賢仁”(Q114)。

[仙庭]仙人住所,仙境:“浮游八極,休息仙庭”(Q142)。

8091 **倅** cuì《廣韻》七内切,清隊去。清物。

Q114

《説文·人部》(新附字):“,副也。从人,卒聲。”

【釋形】

《説文》新附字,从人,卒聲,爲形聲字。聲符“卒”《説文》从衣从一,漢碑字形“衣”的上部形體隸定爲“亠”,下部形體離析重組爲兩個“人”,“衣”的末端與“一”重組爲“十”,整字已完全看不出原有的結構了,如圖。

【釋義】

通“悴”:見“惟倅”。

8092 **佇** zhù 《廣韻》直吕切，澄語上。定魚。

① Q148　② Q074

《説文·人部》（新附字）：“，久立也。从人从宁。”

【釋形】

《説文》从人从宁，爲會意字，表示長久站立不動。漢碑字形與小篆相承，義符“人”隸定爲“亻”，如圖①②。聲符“宁”甲骨文作（《合》13938），像貯藏東西的器皿，小篆將中間的四筆重組并線條化；漢碑字形將器皿離析爲上下兩部分，上部隸定爲“宀”，下部隸定爲“丁”，如圖①②。

【釋義】

㊀久立：“佇立□□夙夜是力”（Q074）。㊁通“宁（zhù）”，古代宫殿中庭的門屏之間：見“位佇”。

8093 **仗** zhàng 《廣韻》直兩切，澄養上。定陽。

Q143

《説文》無。

【釋形】

漢碑字形从人，丈聲，爲形聲字。其中義符“人”隸定爲“亻”；聲符“丈”的小篆字形爲，从又持十，漢碑中構件“又”和“十”粘合爲“丈”，已看不出原本的構意，如圖。

【釋義】

通“丈”，對男性長輩的稱謂：見“仗人”。

【釋詞】

［仗人］即“丈人”，指老人：“三增仗人，皆往弔親”（Q143）。

8094 **佐** zuǒ 《廣韻》則箇切，精箇去。精歌。

① Q061　② Q003　③ Q095　④ Q100

⑤ Q141　⑥ Q129

《説文》無。

【釋形】

漢碑字形从人，左聲，爲形聲字。其中有的爲篆書，如圖①；有的保留一定的篆意，如圖②。多數則已經發生隸變，其中義符“人”隸定爲“亻”，其位置或在左側，如圖①～③；或位居左上角，如圖④～⑥。聲符“左”小篆字形爲，漢碑字形將構件隸定爲“𠂇”，如圖③～⑥；構件“工”多與小篆近似，圖⑥中則混同爲“土”。

【釋義】

㊀輔助：“佐時理物，紹蹤先軌”（Q144）；“佐國十嗣，趙靈建號，因氏焉”（Q169）。㊁副職：“長史蜀城佐石副垂、崇高亭長蘇重時監之”（Q061）；又見“書佐”。㊂通“作”，製作，加工：“十辛巳佐崖工嶒”（Q003）。

【釋詞】

［佐命］帝王自稱得天下是秉承天命，故稱輔佐帝王建立基業爲“佐命”：“聖漢龍興，楊憙佐命”（Q066）。

8095 **佑** yòu 《廣韻》于救切，雲宥去。匣之。

Q129

《説文》本作“右”，《説文·口部》：“，助也。从口从又。”

【釋形】

“佑”初文作“右”，以手、口相助會意。後來“右”專表左右之右，佑助義另外添加義符“人”，寫作从人、右聲的形聲字。《説文·示部》另有“祐”字，亦釋爲“助也”，此字爲神祐之祐的專用字;甲骨文作(《菁》10.10),从示从又,表示神的祐助。金文作,纍增了一個"又"。小篆改爲从示,右聲,與"佑"爲同源字,後世常通用。"佑"最早見於漢碑字形,其中聲符"右"所从之構件"ナ"還略帶篆意,如圖。

【釋義】

㊀同"祐",神靈的庇祐:"皇靈□佑,風雨時節"(Q171)。㊁佑助:"□佑樊瑋,出谷遷兮"(Q171)。㊂用於人名:"左尉唐佑,字君惠,河南密人"(Q129);"前換蘇示有秩馮佑,轉爲安斯有秩"(Q170)。

8096 **俓** jìng 《廣韻》古定切,見俓去。見耕。

Q106

《説文》無。

【釋形】

漢碑字形从人,巠聲,爲形聲字。其中義符"人"隸定爲"亻";聲符"巠"上下發生粘合,隸定爲,如圖。

【釋義】

經歷:見"俓日"。

【釋詞】

[俓日]經歷的時日:"堂雖小,俓日甚久"(Q106)。

8097 **倈** lái 《廣韻》郎才切,來咍平。來之。

Q069

《説文》無。

【釋形】

漢碑字形从人來聲,爲形聲字。聲符"來"甲骨文作(《合》137),像麥子之形;或上面添加一斜線作(《合》36639);小篆線條化爲。漢碑字形將兩側像葉子下垂的線條粘合省簡爲兩點一横,寫作"来",如圖。

【釋義】

同"來",與"往"相對:"祖考倈西,乃徙于滋,因處廣漢"(Q069)。

8098 **俯** fǔ 《廣韻》方矩切,幫麌上。幫侯。

① Q144

② Q140

《説文》無。

【釋形】

漢碑字形从人,府聲,爲形聲字。聲符"府"的小篆字形爲,从广,付聲。漢碑字形中"府"的基礎構件"人"或嚴格按小篆字形轉寫隸定,如圖①;或隸定爲"亻",如圖②。構件"寸"均已完成隸變過程,如圖①②。

【釋義】

㊀俯身,低頭:"俯哭誰訴,〖印□焉〗告"(Q117);"仰瞻榱桷,俯視几筵,靈所馮依,肅肅猶存"(Q140)。㊁低頭看,俯視:"俯名山川,五常之貌,含氣庶品,非書〖不記〗"(Q123)。㊂屈身,屈尊:見"俯就"。

【釋詞】

[俯就]屈尊相從:"大傅胡公,歆其德美,旌招俯就"(Q144)。

8099 **僙**

"貳"的異體字(圖②),見6137貳。

8100 **儌** jiǎo 《廣韻》吉了切,見篠上。見宵。

Q146

《説文》無。

【釋形】

漢碑字形从人,敫聲,爲形聲字。聲符

“敫”的小篆字形爲,漢碑字形與小篆相近,只是將“敫”的構件“攴”隸定爲上“𠂉”下“又”,如圖。

【釋義】

通“徼”,邊界,域界:“傲外來庭,面縛二千餘人”(Q146)。

8101 **真** zhēn 《廣韻》職隣切,章真平。章真。

① Q202

② Q112

③ Q142

④ Q127

《説文》作“眞”,《説文·七部》:“,僊人變形而登天也。从七从目从乚;八,所乘載也。,古文真。”

【釋形】

《説文》以爲會意字,从七从目从乚从八,表示長生不死的人變化形體而升天,其説過於附會。按“真”金文作(《伯真甗》)、(《真盤》)、(《季真鬲》)等形,構意不明。戰國秦文字作(《睡·法》49)、(《睡·爲》3)。小篆線條化作。漢碑字形更接近戰國秦文字,上部隸定爲“亠”。下部或隸定爲“丌”,如圖①②;或訛混爲“六”,如圖③④。

【釋義】

㊀道家稱得道成仙之人:見“真人”。㊁本原,本性:“根道核藝,抱淑守真”(Q088);“貴速朽之反真,慕寧儉之遺則”(Q127);“是以守道識真之士”(S110)。㊂真實,與“假”相對:“以爲不信石羊爲真,如律令”(Q203)。㊃用於人名:“穎川長社王玄君真二百”(Q112);“魯傅兖子豫二百,任城亢父治真百”(Q112)。

【釋詞】

[真人]道家稱得道成仙之人:“君師魏郡張吳,齊晏子、海上黄淵、赤松子與爲友,生號曰真人,世無及者”(Q142);“旁有真人,左右莫察”(Q199)。

8102 **化** huà 《廣韻》呼霸切,曉禡去。曉歌。

① Q144

② Q134

③ JB6

④ Q133

《説文·七部》:“,教行也。从七从人,七亦聲。”

【釋形】

《説文》以爲會意兼形聲字,从七从人,七亦聲,表示教化施行。按“化”甲骨文字作(《合》33195),以人一正一倒會變化之義,《説文》訓“教行”,當爲引申義。漢碑字形中,構件“人”或嚴格按小篆線條轉寫隸定,如圖①;其他則隸定爲“亻”,如圖②~④。構件“七”或隸定混同爲“匕”,如圖①~③,其中圖①筆畫“乚”分解爲兩筆,應爲碑刻雕刻原因所致;或與今之寫法相同,如圖④。

【釋義】

㊀變化,改變:“陰陽變化,四時分兮”(Q124);“出窈入冥,變化難識”(Q142);“嘉錫來撫,潛化如神”(Q193)。㊁教化:“德以化圻民,威以懷殊俗”(Q133);“班化黎元,既清且寧”(Q133);又見“化流、化行”。㊂感化,受感化:見“慕化”。㊃生長,化育:“克命先己,汁稽履化,難名兮而右九孫”(Q021);“陵谷鬻化,陰陽穌清”(Q065);“神歆感射,三靈合化,品物流形,農寔嘉穀”(Q126)。㊄用於人名:“故市掾杜靖彦淵、故主簿鄧化孔彦、故門下賊曹王翊長河”(Q178)。

【釋詞】

[化流]德化傳布:“躬儉尚約,化流若神”(Q150)。

[化行]教化施行:“旬月化行,風俗改易”(Q144);“威立澤宣,化行如神”(Q088);“視事四年,比縱豹、産,化行如流,遷九江大守,□殘酷之刑,行循吏之道”(Q154)。

8103 **頃** qǐng 《廣韻》去潁切，溪靜上。溪耕。

① Q142

② Q071

《説文·匕部》：“頃，頭不正也，从匕从頁。”

【釋形】

《説文》小篆爲會意字，从匕从頁，表示頭不正，乃“傾”之初文，後分化爲二字。“頃”从匕之義不好理解，故徐鉉等於“頃”下曰：“匕者，有所比附，不正也。”王筠《説文釋例》不同意徐鉉的説法，認爲匕的傾斜義正是從柶匕之匕而來。漢碑文本中“頃”多借表時間及丈量土地的單位，傾斜義多作“傾”。漢碑字形中“頃”所从之構件“匕”第二筆作豎提；構件“頁”筆畫發生重組，上部像人頭的部分隸定作“百”，下面的部件“人”隸定近似於“八”，如圖①②。

【釋義】

㊀量詞，丈量土地的單位，百畝爲頃：“故王汶田頃九十畝，買卅一萬”（Q071）。㊁頃刻，短時間：“君却入室，須臾之頃，抱兩束葵出”（Q142）。㊂通“傾”：見“頃無”。

【釋詞】

［頃無］即“傾無”，空無：“公房頃無所進，府君怒，敕尉部吏收公房妻子”（Q199）。

8104 **卬** （一）yǎng 《廣韻》魚兩切，疑養上。疑陽。

① Q134

② Q129

③ Q169

④ JB6

《説文·匕部》：“卬，望，欲有所庶及也。从匕从卩，《詩》曰：‘高山仰止。’”

【釋形】

“卬”乃“仰”的初文。《説文》小篆爲會意字，从匕从卩，表示仰望。漢碑字形中構件“匕”或據小篆隸定，仍爲兩筆，如圖①；或分爲三筆，如圖②～④。構件“卩”隸定爲“卩”，如圖①～④。

【釋義】

同“仰”。㊀與“俯”相對，抬頭向上，仰望：“卬〖覽縣〗象，俯名山川”（Q123）；“悲將焉告，卬叫穹倉”（Q134）；“日月星辰，所昭卬也”（Q129）。㊁仰慕：“得眾兆之歡心，可謂卬之若明神者已”（Q161）。

（二）áng 《廣韻》五剛切，疑唐平。疑陽。

【釋義】

用於人名：“元子卬，爲右曹中郎將”（Q169）。

8105 **卓** zhuó 《廣韻》竹角切，知覺入。端藥。

① Q153

② Q132

③ Q095

《説文·匕部》：“卓，高也，早匕爲草，匕卩爲卬，皆同義。卓，古文草。”

【釋形】

《説文》小篆爲會意字，从匕从早，表示高。按“卓”金文作（《九年衛鼎》），構意不明。漢碑字形中，構件“匕”省寫成豎與横，近“卜”形；構件“早”下部所从的“甲”省寫成“十”，如圖①～③。

【釋義】

㊀高明，高超：“天〖降〗雄彦，〖資〗才卓茂”（Q132）；“皇靈稟氣，卓有純兮”（Q153）。㊁通“焯”，明徹，明白：“揆往卓今，謀合朝情，醳艱即安，有勳有榮”（Q095）。㊂用於人名：“故書佐淳于孫悝，字元卓”（Q088）；“案察中曹卓行造作石積，萬世之基”（Q095）。㊃用於地名：見“卓密”。

【釋詞】

［卓密］漢代縣名。東漢章帝時，魯恭爲中牟令，以德化不以刑罰，有魯恭“三異”（稚子有仁心、蝗蟲不入境、雉不避人）之美譽。據傳魯恭也曾爲卓密令，故稱“卓密魯中牟”，漢碑中又以“卓密”代稱之：“於是國

君備禮招請，濯冕題剛。傑立忠謇，有夷史之直、卓密之風”（Q187）。

［卓異］突出，出衆：“卓異等倫”（Q262）。

8106 **艮** gèn 《廣韻》古恨切，見恨去。見文。

① Q171

② J237

《説文·匕部》：“，很也，从匕、目。匕目，猶目相匕，不相下也。《易》曰：‘皀其限。’匕目爲皀，匕目爲真也。”

【釋形】

《説文》小篆爲會意字，从匕从目，表示互不聽從，停滯不前。漢碑字形中，構件“目”與“匕”發生粘合，左側一豎筆相連，如圖①②，其中圖②構件“目”訛混爲“日”。

【釋義】

八卦之一：“艮兑咸亨，爰居爰處”（H144）。

8107 **從** cóng 《廣韻》疾容切，從鍾去。從東。

① Q166

② Q134

③ Q189

④ Q179

⑤ Q142

⑥ Q144

《説文·从部》：“，隨行也，从辵从从，从亦聲。”

【釋形】

《説文》以爲會意兼形聲字，从辵从从，从亦聲，表示跟從。按“從”初文作“从”，甲骨文作（《合》22151），像二人前後相隨之形，本義是跟從、隨從；或增添構件“彳”作（《合》5716），以强化行走義。金文在此基礎上又添加構件“止”，變爲从辵从从，寫作（《北單從鼎》）；或僅添加“止”作（《乍從彝卣》）。小篆承襲金文的前一種字形。漢碑字形在結構布局上與小篆不同，而是與第一種金文字形相似。其中圖①爲碑額篆書，尚未有隸書的端倪；圖②則爲殘留部分篆意的隸變字形；其他字形則隸變得較爲徹底。其中圖③已與後來通行的寫法相近；圖④～⑥則進一步省簡，構件“从”粘合省簡爲“𠂉”，構件“止”或省變似“之”。

【釋義】

㈠隨從，跟隨：“解止幼舍，幼從君得度世而去”（Q142）；“政猶北辰，衆星所從”（Q193）；“君出游，車馬道從騎吏留，都督在前後賊曹”（Q100）。㈡使隨從，帶領：“大伍公從弟子五人，田傴、全□中、宋直忌公、畢先風、許先生，皆食石脂，仙而去”（Q142）。㈢聽從，遵從：“將從雅意，色斯自得”（Q117）；“上從言，孝武時有張騫，廣通風俗”（Q179）；“延熹元年二月十九日，詔拜〖郎中〗，非其好也，以疾〖錮辭，未〗滿期限，從其本規”（Q117）；“建武之元，事舉其中，禮從其省”（Q129）。㈣采取某種處理方法：“感秦人之哀，願從贖其無由，庶考斯之頌儀”（Q133）。㈤參與，從事：“及其從政，清擬夷齊，直慕史魚”（Q178）；“孝弟於家，中謇於朝，治京氏《易》，聰麗權略，藝於從畋”（Q179）。㈥堂親：“遭從兄沛相憂，篤義忘寵，飄然輕舉”（Q134）；“伯邳從弟諱弼，字穎伯，舉孝廉，西鄂長”（Q152）。㈦介詞，表示起點，相當於“自、由”：“上問君於何所得之，對曰：‘從蜀郡大守取之。’”（Q142）；“瑋〖以〗要〖荒〗，〖戍〗陵側陋，出從幽谷，遷于喬木”（Q171）。

【釋詞】

［從而］連詞，然後，隨即：“而君獨進美瓜，又從而敬禮之”（Q199）。

［從風］比喻迅即附和或回應：“從風征暴，執訊獲首”（Q172）。

［從事］㈠行事，辦事：“從事秉德，如玉如瑩”（Q083）。㈡官名：“督郵子諱雄，字

文山，州從事”（Q128）；“青州從事，北海高密孫仲隱，故主簿、督郵、五官掾、功曹、守長”（Q160）。

［從者］指僕從：“遵者儼然，從者肅侍”（Q114）；“從者推車，平梩冤厨”（Q100）。

8108 **并** bìng 《廣韻》畀政切，幫勁去。幫耕。

① Q071

② Q114

③ Q025

④ Q141

⑤ Q202

《説文·从部》：“，相從也。从从，幵聲，一曰：从持二爲并。”

【釋形】

《説文》以爲形聲字，从从，幵聲；或以爲會意字，从持二爲并，表示相跟隨。按“并”甲骨文作（《合》6055）、（《合》33570），像兩人相并之形，本義爲合併。戰國秦文字作（《睡·法》12）。小篆離析爲上“从”下“幵”，故《説文》以“从从，幵聲”或“从持二爲并”釋之。漢碑字形中，有的與戰國秦文字結構相近，只是上面兩個人的方向由一致變爲相背，如圖①②；更多的是在小篆結構的基礎上進一步省變；其中構件“从”多省簡爲兩點，只是兩點的方向不固定，有的相向似“八”，如圖③；有的相背似“丷”，如圖⑤；有的似兩個平列的“一”，如圖④。構件“幵”或混同爲“井”，如圖③；或混同爲“开”，如圖④⑤。

【釋義】

㊀合併：“并官相〖領，省倉口小府御吏〗”（Q135）。㊁并發，并現：“隱藏魂靈，悲癒奈何，涕泣雙并”（Q114）；又見“鬲并”。㊂合，齊：“其弟嬰、弟束、弟强與父母并力奉遺”（Q114）。㊃合併計算，合共：“并畔官文學先生、執事諸弟子，合九百七人”（Q141）；“婢小、奴生并五人，直廿萬”（Q071）；“相賦斂作治，并土人、犁、耒、艸、蓆、屋，功費六七十萬”（Q119）。㊄副詞，一起，都：“刊石勒銘，并列本奏”（Q141）；“于時，四子孟長、仲寶、叔寶皆并覆没，唯寬存焉”（Q169）。㊅“幵”（“笄”的初文）字之訛，用於複姓：“顔氏聖舅，家居魯親里，并官聖妃，在安樂里”（Q112）；又見“并官氏”。

【釋詞】

［并官氏］即“幵官氏”之訛，又寫作“亓官氏”。幵官，即笄官，本爲職官名，古代專門掌管笄禮的官員。“笄”初文作“幵”，故可寫作“幵官”。後因官爲姓，稱幵官氏。漢碑將“幵”訛作“并”：“復顔氏、并官氏邑中繇發，以尊孔心”（Q112）。

8109 **比** bǐ（一）《廣韻》卑履切，幫旨上。幫脂。

① Q065

② Q154

③ Q130

《説文·比部》：“，密也。二人爲从，反从爲比。凡比之屬皆从比。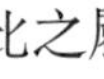，古文比。”

【釋形】

《説文》以爲會意字，反从爲比，表示親密。其説學者多有異議。按“比”甲骨文作（《合》6476），與“从”的甲骨文字形（《合》22151）確實比較相近。但金文“比”則與“从”有了非常明顯的區别，如（《比甗》）、（《比器》）等，上部呈圓弧形，學者多認爲像兩把長柄的勺子（即“柶”）相并之形，以此表示比并之義。其構形是从二匕，而非从二人。漢碑字形中，有的爲碑文篆書，如圖①；圖②③則爲隸變字形，“匕”中的曲線大多被分解爲兩筆，近似於“上”，失去象形性。

【釋義】

㊀比較:“崇譽休□,莫與比功”(Q070)。㊁姓氏:“殷比干墓”(Q271)。

(二)(舊讀 bì)《廣韻》毗至切,並至去。又必至切,幫至去。並脂。

【釋義】

㊀等同,齊同:“魏魏蕩蕩,與乾比崇”(Q140);“立廟桐柏,春秋宗奉,灾異告愬,水旱請求,位比〖諸侯〗”(Q125);“守□不歇,比性乾坤“(Q065)。㊁并列:見“比縱”。㊂勾結,結黨營私:見“比周”。

【釋詞】

[比周]結黨營私:“疾讒讒比周,慍頻頻之黨,□唐虞之道”(Q084)。

[比縱]“縱”通“蹤”,“比蹤”義同“比跡”,表示并駕齊驅,彼此相當:“視事四年,比縱豹、産,化行如流,遷九江大守,□殘酷之刑,行循吏之道”(Q154)。

8110 **毖** bì 《廣韻》兵媚切,幫至去。幫質。

① Q178

② Q185

《説文·比部》:“,慎也。从比,必聲。《周書》曰:‘無毖于卹。’”

【釋形】

《説文》小篆爲形聲字,从比,必聲。漢碑字形中,義符“比”依據小篆線條轉寫隸定,失去象形性;聲符“必”所从之構件“八”與“弋”離析重組,近似於在“乂”的三個交叉分割的空間里加上三點,如圖①②。

【釋義】

㊀勉勵,教導:“□□紀伐,以毖後昆”(Q185)。㊁通“祕”,神祕,玄祕:見“毖緯”(Q178)。

【釋詞】

[毖緯]即“祕緯”,多指内容玄祕的讖緯之書:“君童齔好學,甄極毖緯,無文不綜”(Q178)。

8111 **北** běi 《廣韻》博墨切,幫德入。幫職。

① Q088

② Q001

③ Q016

④ Q141

⑤ Q127

《説文·北部》:“,乖也。从二人相背。凡北之屬皆从北。”

【釋形】

《説文》小篆爲會意字,从二人相背,表示乖背。漢碑字形中,有的爲碑額篆書,如圖①。有的雖已隸變,但仍保留較濃的篆意,如圖②③,其中圖③將所从二“人”中兩側斜線向上屈曲。圖④⑤則隸變程度更高,圖④右側構件中的曲線分解爲兩筆,近似於“上”;圖⑤左右兩個筆畫的交接位置比較特殊,近似於左右置向的“匚”。從圖①到圖⑤體現了“北”字從篆書到隸書的逐漸演化過程。

【釋義】

㊀方位名,與“南”相對:“北嶽之山,連□陘阻”(Q171);“西宮東北旁第二一”(Q003)。㊁往北,向北:“涼風滲淋,寒水北流”(Q113);“上有故千□紀冢,有北行車道”(Q089);“受命北征,爲民父母”(Q171)。㊂用於地名:“漢故益州太守北海相景君銘”(Q088);“故吏北海都昌逢祈,字伯〖憙〗”(Q127);“張掖屬國都尉丞、右扶風隃麋侯相、金城西部都尉、北地大守”(Q178)。

【釋詞】

[北辰]指北極星:“政猶北辰,眾星所從”(Q193)。

8112 **冀** jì 《廣韻》几利切,見至去。精脂。

① Q063

② Q144

③ Q083

④ Q178

⑤ Q088

《説文·北部》:“，北方州也，从北，異聲。”

【釋形】

《説文》以爲形聲字，从北，異聲。按于省吾將甲骨文（《乙》6819）釋爲“冀”，季旭昇認爲西周金文（《□冀作父癸》）、（《作册夨令簋》）、（《單𬀩作父癸尊》）等形均應釋爲“冀”，認爲“冀”或爲“異”的分化字（參見季旭昇《説文新證》）。小篆將金文字形上方離析爲“北”，故《説文》以“从北，異聲”釋之。漢碑字形中，有的保持小篆的寫法，如圖①。多數則發生隸變，其中構件“北”或依據小篆線條轉寫隸定，如圖②；或省寫爲兩個平列的短横或點，如圖③～⑤。構件“異”變異複雜，上下或合或分，尚未出現後世通行的寫法，如圖②～⑤。

【釋義】

㊀希望，期望：“起立石祠堂，冀二親魂零有所依止”（Q106）；“冀勉來嗣，示後昆兮”（Q153）；“冀子長哉”（Q143）。㊁姓氏：“故脩行都昌冀遷，字漢久”（Q088）。㊂用於人名：“平原濕陰馬瑤元冀二百”（Q112）。㊃行政區劃名，冀州：“惟冀州從事魏郡繁陽馮通□先出自高辛”（Q083）；“□西鄉矦之兄，冀州刺史之考也”（Q130）；“復舉孝廉、尚書侍郎，遷左丞、冀州刺史、大醫令、下邳相”（Q152）。

8113 **丘** qiū 《廣韻》去鳩切，溪尤平。溪之。

① Q187

② Q129

③ Q088

④ Q106

⑤ Q171

《説文·丘部》:“，土之高也，非人所爲也。从北从一。一，地也，人居在丘南，故从北。中邦之居，在崐崘東南。一曰：四方高，中央下爲丘。象形，凡丘之屬皆从丘。，古文从土。”

【釋形】

《説文》以爲會意字，从北从一，表示小土山。按“丘”甲骨文作（《合》5602）、（《合》8381）等形，像地面上凸起的小土山之形。與“山”的甲骨文字形相比，體現了“丘”小而“山”大的特點。“丘”春秋金文作（《商丘叔簠》），已經失去了象形性。小篆進一步將上面訛寫爲“北”，《説文》遂誤釋爲“从北从一”。漢碑字形中，有的依據小篆線條轉寫隸定，如圖①～③；有的將上面的“北”隸定近似於“竹”，如圖④；圖⑤則將下面的一横斷開，整字隸定與“北”的隸書字形相近。

【釋義】

㊀土丘，山丘：“州有九山，丘〖曰〗成土”（Q171）。㊁墳墓：“諸敢發我丘者，令絶毋户後”（Q015）。㊂廢墟：見“丘虚”（Q129）。㊃傳説中的上古典籍：“墳典素丘，河雒運度”（Q084）。㊄特指孔子，其名爲丘：“又《尚書考靈燿》曰：‘丘生倉際，觸期稽度，爲赤制’”（Q140）。㊅姓氏：“故脩行營陵水丘郃，字君石”（Q088）；“故脩行都昌台丘暹，字吝德”（Q088）。㊆用於地名：“門生北海安丘齊納，字榮謀”（Q127）；“倍道畔德，離敗聖輿食糧，亡于沙丘”（Q112）；“使師操義，山陽蝦丘榮保”（Q106）。

【釋詞】

［丘虚］即“丘墟”，廢墟：“後不承前，至于亡新，寖用丘虚，訖今垣趾營兆猶存”（Q129）。

8114 **虛** xū（一）《廣韻》去魚切，溪魚平。溪魚。

① Q129

② Q066

③ Q142

④ Q088

⑤ Q148

《説文·丘部》："，大丘也。崐崘丘謂之崐崘虛。古者九夫爲井，四井爲邑，四邑爲丘。丘謂之虛。从丘，虍聲。"

【釋形】

《説文》小篆爲形聲字，从丘，虍聲，本義爲大丘。"虍"上古音在曉母魚部。漢碑字形中，義符"丘"多依據小篆線條轉寫隸定，有的近似於"业"，如圖①～③；有的近似於"丘"，如圖④⑤，故"虚"後來又有異體字"虗"。聲符"虍"有的據小篆線條嚴格隸定，如圖①；有的隸定爲"虍"，如圖②；有的則省變幅度較大，如圖③～⑤。

【釋義】

㊀山丘，土山，後作"墟"："士仙者，大伍公見西王母崐崘之虛，受仙道"（Q142）。㊁廢墟，後作"墟"：見"丘虛"。㊂古田制名，後因以指村落：見"虛落"。㊃用於地名："故吏朱虛孫徵，字武達"（Q088）。

【釋詞】

［虛落］村落，村莊："隨就虛落，存恤高年"（Q179）。

（二）《廣韻》朽居切，曉魚平。曉魚。

【釋義】

謙虛：見"虛己"。

【釋詞】

［虛己］猶虛心："州郡虛己，競以禮招"（Q066）。

8115 **眾** zhòng 《廣韻》之仲切，章送去。章冬。

① Q015

② Q079

③ Q196

④ Q114

《説文·㐺部》："，多也。从㐺、目，眾意。"

【釋形】

《説文》以爲會意字，从㐺、目，表示多。按"眾"甲骨文作（《合》26901）、（《合》32002）、（《合》26902），从日，下有三人，李孝定謂"字从日者，蓋取眾人相聚，日出而作之意"（參見《甲骨文字集釋》），其説可從。金文作（《師旂鼎》）、（《曶鼎》），"日"形訛爲"目"。小篆承襲此類字形，故《説文》誤釋爲"从㐺、目"，與初形不符。漢碑字形中，構件"目"或與小篆一樣仍爲橫"目"，如圖①；或訛混爲"血"，如圖②～④。下面的三個人有的據小篆字形嚴格隸定，如圖①②；有的粘合隸定爲"㐺"，如圖③④，其中圖④省去上面的撇畫。

【釋義】

㊀多，盛多："祠用眾牲，長吏備爵"（Q102）；"眾禽羣聚，萬狩雲布"（Q114）；"政猶北辰，眾星所從"（Q193）。㊁眾人，羣眾："居欲孝思貞廉，率眾爲善，天利之"（Q015）；又見"眾兆、部眾"。㊂用於地名："功曹史安眾劉瓖、主簿蔡陽樂茂、户曹史宛任巽"（Q125）。

【釋詞】

［眾兆］眾人，大家："脩治狹道，分子效力，□□如農，得眾兆之歡心，可謂印之若明神者已"（Q161）。

8116 **聚** jù 《廣韻》慈庾切，從麌上。又才句切，從遇去。從侯。

① Q114

② Q240

《説文·㐺部》："，會也。从㐺，取聲。邑落云聚。"

【釋形】

《説文》以爲形聲字,从乑,取聲。漢碑字形與小篆相近,下面并列的三個人粘合隸定爲“乑”,如圖①②,其中圖①將“乑”上撇畫寫作長横。聲符“取”隸變後,其所从之構件“耳”上横畫較短,與構件“又”形成左右結構,如圖①②,其中圖①的構件“又”省寫作撇折。

【釋義】

㊀聚集,集合:“眾禽羣聚,萬狩雲布”(Q114)。㊁村落:“綵氏蒿聚成奴作”(Q240)。

8117 **徵**　zhēng　《廣韻》陟陵切,知蒸平。端蒸。

① Q038

② Q084

③ Q088

《説文·壬部》:“ ,召也。从微省,壬爲徵,行於微而文達者即徵之。 ,古文徵。”

【釋形】

《説文》以爲會意字,从微省,从壬,表示徵召。按“徵”金文作 (《大克鼎》),从辵, 聲。徵召與走路有關,故从辵。 爲“微”的甲骨文字形 的初文。《説文》小篆改義符“辵”爲“彳”,改聲符 爲 。 小篆作 ,故《説文》釋“徵”爲“微”省聲。漢碑字形中,有的爲碑文篆書,略帶隸意,如圖①。多數則已經發生隸變,中間的横線省略,構件“壬”混同爲“王”,構件“攴”隸定爲“攵”,但義符“彳”寫法仍似兩筆而非後來通行的三筆,如圖②③。

【釋義】

㊀召,徵召:“徵博士李儒文優五百”(Q178);“目病被徵,委位致仕”(Q088)。㊁徵兆,跡象:“轉拜僕射令,三辰明,王衡平,休徵集,皇道著,拜鉅鹿大守”(Q084);“獲麟趣作,端門見徵”(Q140)。㊂徵集:見“徵發”。㊃用於人名:“故吏朱虚孫徵,字武達”(Q088);“河南匽師度徵漢賢二百”(Q112)。

【釋詞】

[徵拜]徵召授予官職:“十七年八月庚申,徵拜河南尹”(Q038)。

[徵發]徵集,調撥:“乞不爲縣吏、列長、伍長、徵發小繇”(Q119)。

8118 **朢**

《説文》小篆作 ,从月从臣从壬。漢碑中爲“望”的異體字(圖④⑤⑥),見12177望。

8119 **重**　(一)zhòng　《廣韻》直隴切,澄腫上。定東。

① Q129

② Q153

③ Q194

④ Q179

《説文·重部》:“ ,厚也。从壬,東聲。凡重之屬皆从重。”

【釋形】

《説文》以爲形聲字,从壬,東聲。按“重”金文作 (《重鼎》)、 (《重父丙觶》)、 (《重爵》),像人背負囊橐之形,會沉重之義;後形體逐漸簡化,人形和囊橐形合併爲一體,寫作 (《殳作周公簋》);或將人形改爲“壬”,寫作 (《□外卒鐸》)。“壬”本義爲背負或懷抱,與“重”的背負囊橐的構意相關,故改“人”爲“壬”爲理據重構。小篆承襲此類字形,《説文》將“壬”誤解爲“壬”,故以“从壬,東聲”釋之。漢碑字形將小篆圓轉線條轉寫隸定爲平直方折的筆畫,“壬”和“東”進一步粘合,完全看不出人形和囊橐之形了,如圖①～④,其中圖③上面的短撇殘泐難識,圖④上面的短撇則與下面相離。

【釋義】

㊀重要,關鍵:“郡位既重,孔武赳著,疾惡義形,從風征暴,執訊獲首”(Q172);

"盖聞經國序民,莫急於禮,禮有五經,莫重於祭"(Q174);"苑令有公卿之才,嗇夫喋喋小吏,非社稷之重"(Q179)。㊁重視,看重:"政教稽古,若重規矩"(Q102);"所以尊先師,重教化也"(Q140);"重義輕利,制户六百"(Q172)。㊂威望高:"聲重位薄,□眾〖嘆〗嘆"(Q122)。㊃數量多,程度重:見"重勞"。㊄用於人名:"□二子名重字元"(Q197);"魯石子重二百"(Q112);"崇高亭長蘇重時監之"(Q061)。

【釋詞】

[重勞]特别勞煩:"重勞人功,吏正患苦"(Q119)。

(二)chóng 《廣韻》直容切,澄鐘平。定東。

【釋義】

副詞,表示動作行爲的重複,相當於"再次、又":"仲宗之世,重使使者持節祀焉,歲一禱而三祠"(Q129);"國復重察,辭病不就;再奉朝娉,十辟外臺"(Q187)。

【釋詞】

[重仞]纍仞,數仞,形容高:"宮墻重仞,允得其門"(S97)。

[重譯]指須要經過多次翻譯才能到達的遥遠的地方:"興利無極,外羌且□等,怖威悔惡,重譯乞降"(Q161)。

8120 **量(量)** (一)liáng 《廣韻》吕張切,來陽平。來陽。

① Q212

② Q178

③ Q178

《説文·重部》:",稱輕重也。从重省,曏省聲。,古文量。"

【釋形】

《説文》以爲形聲字,从重省,曏省聲,本義是稱量輕重。按"量"甲骨文作(《合》18507)、(《合》19822)等形,金文作(《量侯簋》)、(《大師虘簋》)等形。姚孝遂《甲骨文字詁林》認爲"究屬何所居象,難以確指"。小篆承襲金文字形,《説文》釋爲"从重省,曏省聲",省聲之説過於迂曲。漢碑字形中,上部隸定爲"日"。下部或依據小篆線條轉寫隸定,只是將下弧線省去,如圖①;或訛混爲"童",如圖②;或又在形聲化趨勢的影響下訛混爲"章",如圖③。

【釋義】

㊀測量:"遂興靈宫,于山之陽,營宇之制,是度是量"(Q174)。㊁用於人名:"遂訪故老商量、儁艾王敞、王畢等"(Q178);"縣三老商量伯祺五百"(Q178);"地節二年十月,巴州民楊量買山,直錢千百"(Q008)。

【釋詞】

[量能]衡量才能:"式序在位,量能授宜"(Q193)。

(二)liàng 《廣韻》力讓切,來漾去。來陽。

【釋義】

器度,器量:"故縣侯守丞楊卿耿伯,慣性清潔,丁時窈窕,才量休赫"(Q212);"〖夫〗其器量弘深,〖姿〗度〖廣大〗"(S97)。

8121 **量**

"量"的異體字(圖②),見8120量。

8122 **監** (一)jiàn 《廣韻》格懺切,見鑑去。見談。

① Q063

② Q106

③ Q066

《説文·臥部》:",臨下也。从臥,衉省聲。,古文監从言。"

【釋形】

《説文》以爲會意字,从臥,衉省聲。按"監"甲骨文作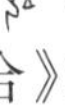(《合》27740)、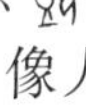(《合》27742)、(《合》30792)等形,像人跪跽在器皿旁俯首照看之狀,以水爲鏡,會照視之義。金文作(《雁監甗》)、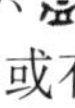(《善鼎》)、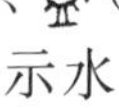(《頌簋》)等形,器皿中或有一短横表示水;目形漸與人體分離,訛作"臣"

形。小篆承襲此類字形,《説文》據小篆形體釋爲“从臥,䍃省聲”,與原初構意不符。漢碑字形中,有的爲碑文篆書,但帶有明顯的隸意,與小篆結構基本一致,如圖①。多數則已經發生隸變,構件“臣”的位置由左上角移至左側,構件“皿”的位置由下方移至右下角,從而使整字變成左右結構,構件“人”隸定爲“𠂉”或“亠”,如圖②③。

【釋義】

鑒照:“乾監孔昭,神鳥送葬”(Q066)。

(二)jiān 《廣韻》古銜切,見銜平。見談。

【釋義】

㊀監督,督查:“長史蜀城佐石副垂、崇高亭長蘇重時監之”(Q061);“大常丞監祠,河南尹給牛羊豕鷄□□各一,大司農給米祠”(Q102)。㊁用於官名:“君則監營謁者之孫,脩武令之子”(Q154);“京兆尹勑監都水掾霸陵杜遷市石”(Q129);“大子伯南,結偅在郡,五爲功曹書佐,設在門閤上計,守臨邑尉監”(Q106)。

8123 **臨** lín 《廣韻》力尋切,來侵平。來侵。

① Q185

② Q146

③ Q083

④ Q137

⑤ Q144

《説文·臥部》:“,監臨也。从臥,品聲。”

【釋形】

《説文》以爲形聲字,从臥,品聲,義爲從上往下看。按“臨”金文作(《大盂鼎》),像人俯視眾物之形(林義光《文源》),會意字。或寫作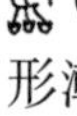(《毛公鼎》)、(《叔臨父簋》)等形,目形漸與人身分離,作“臣”形;眾物之形變爲三個“口”;新增的三條連接線象徵視線。小篆省去三條連線;三個口的相對位置也有所調整,類似於“品”字,故《説文》以“从臥,品聲”釋之,與原初構意不符。漢碑對小篆的結構布局進一步調整,將“品”完全置於右下,構件“人”居其上,構件“臣”由在左上角移至左側,從而使整字變成左右結構。其中構件“臣”的隸定形體不一,有的與小篆基本一致,如圖①;有的將中間兩短豎連作一筆,如圖②～④;有的將小篆中間封閉的線條斷開爲兩横,如圖⑤。人形或隸定爲“人”,如圖①②;或隸定爲“亠”,如圖③⑤;或省減爲“一”,如圖④。均失去了象形意味。

【釋義】

㊀管理,治理:“君事帝則忠,臨民則惠”(Q154);“還師旅,臨槐里”(Q178)。㊁監護,祐護:“天臨保漢,寔生□勳”(Q193)。㊂來到,到達:“輶軒六轡,飛躍臨津”(Q144);“百寮臨會,莫不失聲”(Q137);“臣伏見,臨璧雍日,祠孔子以大牢,長吏備爵,所以尊先師,重教化也”(Q140)。㊃接近,靠近:“嘆曰,詩所謂:如集于木,如臨于谷,斯其殆哉”(Q146);“臨深長淵,三百餘丈”(Q150);“□文臨終”(Q251)。㊄面對:“臨危槍碭,履尾心寒”(Q095);“臨難引□各爭授命”(Q177)。㊅姓氏:“故脩行營陵臨照,字景燿”(Q088)。㊆用於人名:“臨兄弟四,兄長奠,年加伯仲,立子三人”(Q124)。㊇用於地名:“衙守丞臨晉張疇,字元德五百”(Q123);“蜀郡大守平陵何君,遣掾臨邛舒鮪”(Q022)。

【釋詞】

[臨川]語出《論語·子罕》:“子在川上曰:逝者如斯夫!不舍晝夜。”喻指刻苦勤奮:“孳孳臨川,闚見〖宮〗廧,庶仰箕首,微妙玄通”(Q093)。

[臨歷]親歷:“所臨歷,有休功”(Q185)。

[臨卯]指農曆二月:“□□丙申,月建臨卯”(Q113)。

8124 **身** shēn 《廣韻》失人切,書真平。書真。

① Q187

② Q158

③ Q137

④ Q202

⑤ Q088

⑥ Q163

《説文·身部》:",躳也。象人之身。从人,厂聲。凡身之屬皆从身。"

【釋形】

《説文》既云"象人之身",爲象形字;又云"从人,厂聲",爲形聲字。二説并存。按"身"甲骨文作(《合》882)、(《合》13669)等形,像人的身軀之形,爲象形字;爲了與"人"字相區别,特突出腹部以强調人的軀幹。金文作(《獻簋》)、(《𢦏簋》)等形,下增飾筆,小篆承襲此類字形,於是便有了《説文》"从人,厂聲"的説法。《説文》所釋"象人之身"是可取的,但訓爲"躳"乃其引申義。漢碑字形中,"身"的隸定字形差異主要在於頭部:或隸定爲"亠",如圖①;或隸定爲短撇,如圖②③;或與腹部粘合近似於"目"形,如圖④~⑥。

【釋義】

㊀身體,軀體:"身體毛膚父母所生,慎毋毀傷,天利之"(Q015);"恐身不全,朝半祠祭"(Q057)。㊁生命:"身滅名存,美稱脩飭"(Q113);"身殁而行明,體亡而名存"(Q088);"除書未到,不幸掗命喪身,爲(闕)祀則祀之,王制之禮也"(Q163);"哀動穹旻,脉并氣结,以隕厥身"(Q202)。㊂自身,自己:"舉衡以處事,清身以厲時"(Q166);"窮逼不憫,淑慎其身"(Q169);"皛白清方,剋己治身"(Q088)。㊃親自:"身冒炎赫火星之熱,至屬縣,巡行窮匱"(Q161)。㊄功名,事業:見"退身"、"身立"。

【釋詞】

[身立]即"立身",指事業有成:"紹聖作儒,身立名彰"(Q127)。

8125 **軆**

"體"的異體字(圖④⑤),見 4105 體。

8126 **殷** yīn 《廣韻》於斤切,影欣平。影文。

① Q166

② Q129

③ Q179

④ Q045

⑤ Q128

《説文·㐆部》:",作樂之盛稱殷。从㐆从殳。《易》曰:'殷薦之上帝。'"

【釋形】

《説文》以爲會意字,从㐆从殳,表示盛大的樂舞。按"殷"甲骨文作(《合》17979),于省吾(《甲骨文字釋林》)以爲"甲骨文殷字从身从攴,像人患腹疾用按摩器以治療之,它和作樂舞干戚之形毫不相涉",可備一説。金文作(《大盂鼎》)、(《保卣》)、(《士上卣》)等形,或與甲骨文相承,或增添構件"宀",强調在室内。小篆承襲甲骨文、金文不帶"宀"的字形,《説文》釋爲"从㐆",據甲骨文、金文可知,"殷"字實爲"从身"。《説文》所言"作樂之盛",亦非其本義。漢碑字形中,構件"㐆"省簡程度不一,均已看不出其原有形象,如圖①~⑤。構件"殳"上部的"几"形或訛混近似於"己"形,如圖①;或訛混近似於"口",下面一横向右延伸,如圖③~⑤;或"口"形左側不封口,如圖②。下部的手形多隸定爲"乂",如圖①~③;或隸定爲"又",如圖④⑤。

【釋義】

㊀眾多,特指周代眾多的諸侯按季節分批朝見天子之禮:見"殷國"。㊁富裕,殷實:"民殷和睦,朝無顧憂"(Q128);"百姓家給,國富殷兮"(Q171);"梨烝殷,罔荒饑"(Q135)。㊂通"慇",憂傷:"勤恤民殷,

□心顧下”（Q193）。㊃朝代名：“其先祖出于殷箕子之苗裔”（Q128）；“其先出自有殷，迺迄于周，世作師尹，赫赫之盛，因以爲氏”（Q166）；“奚斯讚魯，考父頌殷”（Q179）。㊄姓氏：“故吏殷□，故吏焦蒙，故吏王斌”（Q074）。㊅用於人名：“博問自毛殷、王安、段孫、王達等，皆曰永平”（Q092）；“故功曹大尉掾頻陽游殷幼齊”（Q200）。

【釋詞】

［殷國］指周代諸侯朝見天子之禮：“周鑒於二代，十有二歲，王巡狩殷國，亦有事于方嶽”（Q129）。

［殷勤］漢碑中又作“慇懃”，㊀懇切：“忠告殷勤，屢省乃聽”（Q127）。㊁情意深厚：“齊殷勤，同恩愛”（Q045）。㊂用心篤實：“慇懃宅廟，朝車威熹”（Q112）。

8127 **衣** yī 《廣韻》於希切，影微平。影微。

① Q111

② Q134

《説文·衣部》：“，依也。上曰衣，下曰裳。象覆二人之形。凡衣之屬皆从衣。”

【釋形】

《説文》小篆爲象形字，像上衣之形。按“衣”甲骨文作（《合》35428）、（《合》18813）、（《合》5284）等形。小篆承襲甲骨文，形體變化不大。《説文》釋其形爲“象覆二人之形”，與原初構意不符；釋其義爲“依”，乃聲訓，非其本義。漢碑字形上部隸定爲“亠”，下部的兩個線條離析爲四個筆畫，完全失去了象形性，如圖①②。

【釋義】

衣服，衣裳：“衣不暇帶，車不俟駕”（Q134）；“出奉錢市□□作衣，賜給貧乏”（Q161）；“衣服因故，□□□之物，亦不得埜”（Q111）。

8128 **表** biǎo 《廣韻》陂矯切，幫小上。幫宵。

① Q125

② Q153

③ Q083

④ Q127

《説文·衣部》：“，上衣也。从衣从毛。古者衣裘，以毛爲表。，古文表从麃。”

【釋形】

《説文》小篆爲會意字，古代裘皮衣服的毛在外面，故从衣从毛可表示外表義。《説文》釋爲“上衣”，不確。漢碑字形中，構件“衣”的上部與構件“毛”發生粘合，隸定爲“丰”；下部的兩個線條離析爲多個筆畫，完全失去了象形性，如圖①～④。

【釋義】

㊀標示，標記：“石獸表道，靈龜十四”（Q125）；“東行道，〖表〗南北，各種一行梓”（Q141）。㊁石碑：“刊石立表，以示後昆”（Q179）；“漢故穀城長蕩陰令張君表頌”（Q179）；“表碣銘功，昭眡後昆”（Q065）。㊂刊刻，記載：“紀厥行，表于墓門”（Q041）。㊃準則，儀範：“秦仙爰敢宣情，徵之斯石，示有表儀”（Q052）；“學爲偄宗，行爲士表”（Q154）。㊄表述，表達：“表述前列，啟勸偅蒙”（Q142）。㊅古代的一種奏章，多用於陳請謝賀：“州郡竝表，當亨符艾”（Q153）；“考異察變，輒抗疏陳表”（Q175）。㊆顯揚，表彰：“勒銘金石，表績勳兮”（Q153）；“王機悵兮嘉謀荒，旌洪德兮表元功”（Q128）；“振威到此，立海祠以表萬世”（Q079）。㊇用於人名：“門生魏郡館陶〖王時〗，字子表”（Q127）；“東萊中尉河南偃師張表”（Q176）。

8129 **衽** rèn 《廣韻》汝鴆切，日沁去。日侵。

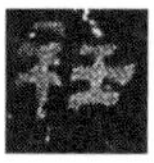
Q133

《説文·衣部》：“，衣裣也。从衣，壬聲。”

【釋形】

《說文》小篆爲形聲字,从衣,壬聲。漢碑字形中,義符"衣"作爲構件居於左側,隸定爲"衤";聲符"壬"與小篆基本一致,如圖。

【釋義】

衣襟:"慕義者不肅而成,帥服者變衽而屬"(Q133)。

8130 **襲** xí 《廣韻》似入切,邪緝入。邪緝。

① Q153

② J438

《說文·衣部》:",左衽袍。从衣,龖省聲。,籀文襲不省。"

【釋形】

《說文》小篆爲形聲字,从衣,龖省聲。按"襲"金文作(《㦰方鼎》),从衣,龖聲;《說文》籀文亦爲龖聲;小篆"龖"省作"龍",故《說文》釋爲"龖省聲"。漢碑字形與小篆相承。構件"龍"本爲象形字,甲骨文作(《合》6631),金文作(《作龍母尊》),爲整體象形;戰國秦文字作(《睡·日甲》125),已經離析爲左右兩部分,象形性消失;《說文》小篆線條化作。漢碑隸書將左側隸定作"育",右側混同爲"龙"。義符"衣"夾在構件"龍"的中間,只占據很小的位置,如圖①②。

【釋義】

沿襲,繼承:"幃屋甲帳,龜車留遰,家于梓湩,九族布列,裳絻相襲,名右冠盖"(Q153)。

8131 **袤** mào 《廣韻》莫候切,明候去。明幽。

Q022

《說文·衣部》:",衣帶以上。从衣,矛聲。一曰:南北曰袤,東西曰廣。,籀文袤从楙。"

【釋形】

《說文》小篆爲形聲字,从衣,矛聲。漢碑字形訛作"衷",如圖。

【釋義】

縱向的長度,南北向的長度:"袤五十五丈,用功千一百九十八日"(Q022)。

8132 **褢** huái 《廣韻》户乖切,匣皆平。匣微。

① Q178

② Q088

③ Q171

《說文·衣部》:",袖也。一曰:藏也。从衣,鬼聲。"

【釋形】

《說文》小篆爲形聲字,从衣,鬼聲。漢碑字形中,義符"衣"上部隸定爲"亠",下部的兩個線條離析爲四個筆畫,完全失去了象形性。聲符"鬼"像鬼頭的形體隸變作"田";像人形的部分訛寫作"儿";封閉的曲線多隸定作閉合的三角形,如圖①~③。

【釋義】

㊀懷藏,心存:"萬民騷擾,人褢不安,三郡告急,羽檄仍至"(Q178)。㊁懷柔:"褢遠以德,慕化〖如雲〗"(Q171)。

8133 **袥(袏)** tuò 《廣韻》他各切,透鐸入。透鐸。

① Q174

② Q125

③ Q169

《說文·衣部》:",衣衸。从衣,石聲。"

【釋形】

《說文》小篆爲形聲字,从衣,石聲。"石"上古音在禪母鐸部。漢碑字形中,義符"衣"或隸定爲"衤",如圖①②;或依據小篆線條轉寫隸定,與省去下面横畫的"卒"相近,如圖③。聲符"石"嚴格依據小篆線條轉寫隸定,寫作"厂"包蘊"口",如圖①②。圖③則將聲符“石”改换爲“庠”(即“斥”字),形成異體字,整字作“袥”。“庠”上古音在昌母鐸部。

【釋義】

拓廣,開拓,後作“拓”:“開袥神門,立闕四達”(Q125);“能恢家袥業,興微繼絶,仁信明敏,壯勇果毅”(Q169);“於是遂開袥舊兆,改立殿堂”(Q174)。

8134 **袥**

“袥”的異體字(圖③),見 8133 袥。

8135 **褒** bāo 《廣韻》博毛切,幫豪平。幫幽。

① Q102

② Q107

③ Q025

《説文·衣部》:“,衣博裾。从衣,保省聲。,古文保。”

【釋形】

《説文》小篆爲形聲字,从衣、保省聲,本義爲衣襟寬大。漢碑字形中,義符“衣”上部隸定爲“亠”,下部的兩個線條離析爲四個筆畫,完全失去了象形性。聲符“采”將上部的“爪”移到左側,以便更好地適應隸書扁方的輪廓;下部形體隸定爲“子”,如圖①～③。

【釋義】

㊀獎勉,褒揚:“到官正席,流恩褒譱,糾姦示惡”(Q144)。㊁用於人名:“弟子魯國文陽陳褒,〖字聖博〗”(Q127);“君諱褒,字文禮”(Q177);“故下邳令東平陸王褒文博千”(Q112)。㊂用於地名:“屬褒中晁彊,字産伯”(Q095);“故褒中守尉南鄭趙忠字元楚”(Q199);“褒中縣官寺并六十四所”(Q025)。

【釋詞】

[褒成]漢時對孔子及其後代所封的爵號:“雖有褒成世享之封,四時來祭,畢即〖歸〗國”(Q140);“褒成侯四時來祠,事已即去”(Q102);“褒成侯魯孔建壽千”(Q112)。

8136 **裔** yì 《廣韻》餘制切,餘祭去。餘月。

① Q153

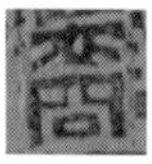
② Q045

《説文·衣部》:“,衣裾也。从衣,冏聲。,古文裔。”

【釋形】

《説文》小篆爲形聲字,从衣,冏聲。漢碑字形與小篆相承,義符“衣”或隸定爲“大”包蘊兩“人”形,如圖①;或隸定爲“双”,如圖②。聲符“冏”隸定近似於“冋”,如圖①②。

【釋義】

㊀後代:“宗族條分,裔布諸華”(Q169);又見“苗裔”。㊁用於人名:“故功曹大尉掾池陽吉苗元裔”(Q200)。

8137 **袁** yuán 《廣韻》雨元切,雲元平。匣元。

① Q038

② Q185

③ Q129

《説文·衣部》:“,長衣皃。从衣,叀省聲。”

【釋形】

《説文》以爲形聲字,从衣,叀省聲。按“袁”甲骨文作(《合》5884)、(《合》34415),从衣从又,像以手曳衣之狀,應爲“擐”的初文,表示穿衣。甲骨文或作(《合》30085),上面所添加之形不明;或添加“止”作(《合》31774);或添加聲符○(即“圓”)作(《合》27756),變爲形聲字(參見于省吾《甲骨文字釋林》)。小篆字形相當於在甲骨文的基礎上去掉下面的“又”,增添聲符○而成。《説文》以“从衣,叀省聲”釋之,與原初構意不符。漢碑字形中，有的爲碑文篆書，但與《説文》小篆有明顯差異，如圖①。圖②③則已經發生隸變，上部形體粘合隸定似“土”，“衣”下方形體分解爲四個筆畫，如圖②③。中間的圓形或隸定爲三角形，如圖②；或隸定爲“厶”，如圖③。

【釋義】

姓氏：“司徒公汝南女陽袁安召公”（Q038）；“北海劇袁隆展世百”（Q112）；“弘農大守、安國亭矦、汝南袁逢掌華嶽之主”（Q129）。

8138 **裴** péi 《廣韻》薄回切，並灰平。並微。

① Q79

② Q123

《説文》作“裵”，《説文·衣部》：“，長衣皃。从衣，非聲。”

【釋形】

《説文》小篆爲形聲字，从衣，非聲，本義爲長衣貌。小篆字形中聲符“非”位於義符“衣”中間，漢碑字形則將“非”置於“衣”之上，變爲下形上聲，如圖①②。

【釋義】

姓氏：“衙門下功曹裴篤伯安三百”（Q123）；“敦煌大守雲中裴岑，將郡兵三千人”（Q079）。

8139 **襄** xiāng 《廣韻》息良切，心陽平。心陽。

① Q166

② Q066

《説文·衣部》：“，漢令：解衣耕謂之襄。从衣，㲋聲。，古文襄。”

【釋形】

《説文》小篆爲形聲字，从衣，㲋聲。按聲符“㲋”甲骨文作（《合》10990），構意不明。金文繁化作（《薛侯盤》）、（《散氏盤》）等形，增添了構件“土”和“攴”；人頭上所頂之物兩段出現圓形，到小篆字形中變爲兩個“口”形。小篆中其他部分與甲骨文、金文形體很難對應，其字形从“衣”，釋爲“解衣耕”，或爲理據重構。漢碑字形中，義符“衣”上部隸定爲“亠”，下部的兩個線條離析爲四個筆畫，如圖①②。聲符“㲋”有的嚴格據小篆線條轉寫隸定，如圖①；有的除“吅”之外的部分粘合爲“茾”，成爲後來通行的寫法，如圖②。

【釋義】

㊀除去，攘除：“文則作頌，武襄獫狁，二子著詩，列于風雅”（Q166）。㊁謚號用字：“夙夜惟寅，褘隋在公，有單襄穆〖典謨之〗風”（Q137）。㊂用於地名：“大將軍辟舉茂才，除襄城令，遷荊州刺史、東萊涿郡太守”（Q066）；“故宛令、益州刺史、南郡襄陽李……”（Q104）；“弟子陳〖留〗襄邑〖樂禹，字宣舉〗”（Q127）。

8140 **被** （一）bèi 《廣韻》皮彼切，並紙上。並歌。

① Q185

② Q202

③ Q114

《説文·衣部》：“，寑衣，長一身有半。从衣，皮聲。”

【釋形】

《説文》小篆爲形聲字，从衣，皮聲。漢碑字形中，義符“衣”或嚴格按照小篆線條轉寫隸定，近似於“卒”省去下面横畫，如圖①；或隸定近似於“衤”，只是上部横筆未與撇筆相連，如圖②③。聲符“皮”除“又”之外的其他部分發生粘合，已看不出原有的構意，如圖①～③，其中圖③省變化近似於“支”。

【釋義】

㊀蒙受，遭受：見“被病”。㊁通“鞁”：見“被具”。

【釋詞】

［被病］謂疾病纏身:"被病夭没,苗秀不遂,嗚呼哀栽,士女痛傷"(Q094);"九月十九日被病,卜問奏解,不爲有差"(Q106);"軍士被病,徊氣來西上"(Q114)。

［被具］即"鞁具",古代套車用的器具:"鼠齧輀車被具,君乃畫地爲獄,召鼠誅之"(Q199)。

(二)pī 《集韻》攀糜切,滂支平,滂歌。

【釋義】

通"披",㊀披着:"晨以被抱,爲童冠講"(Q202)。㊁背着:"前有白虎青龍車,後即被輪雷公君"(Q100)。

8141 **衷** zhōng 《廣韻》陟弓切,知東平。端冬。

① Q148

② Q133

《説文·衣部》:"，裏褻衣。从衣,中聲,《春秋傳》曰:'皆衷其衵服。'"

【釋形】

《説文》小篆爲形聲字,从衣,中聲,本義爲貼身的内衣。漢碑字形或與小篆結構基本一致,義符"衣"上部隸定爲"亠",下部的兩個線條離析爲四個筆畫,完全失去了象形性,如圖①。圖②結構則比較特殊,"衣"的上部隸定爲"亠",下部又寫作一個完整的"衣",應爲構形理據推動的結果。

【釋義】

㊀正直,正派:"欣悦竦慄,寬猛必衷"(Q133);"考衷度衷,〖脩身踐言〗"(Q148)。㊁善意,心意:"先生誕膺天衷,〖聰睿明哲〗"(S97)。

8142 **雜** zá 《廣韻》徂合切,從合入。從緝。

① Q102

② Q102

《説文·衣部》:"，五彩相會。从衣,集聲。"

【釋形】

《説文》小篆爲形聲字,从衣,集聲。"集"上古音在從母緝部。漢碑字形在結構布局上與小篆一致,聲符"集"被拆分成兩部分,構件"隹"位於右側,構件"木"置於左側義符"衣"的下面。義符"衣"隸定爲"𠅃"。聲符"集"所从之構件"木"隸定爲後來通行的寫法,構件"隹"的頭部形體尚未完全離析,如圖①②。

【釋義】

摻雜:見"雜試"。

【釋詞】

［雜試］即將經藝及其他知識合併考試:"選其年卌以上,經通一藝,雜試通利,能奉弘先聖之禮,爲宗所歸者"(Q102);"選其年卌以上,經通一藝,雜試,能奉弘先聖之禮,爲宗所歸者"(Q102);"守文學掾魯孔龢、師孔憲、户曹史孔覽等雜試,龢脩春秋嚴氏經,通高第"(Q102)。

8143 **裕** yù 《廣韻》羊戍切,餘遇去。餘屋。

Q130

《説文·衣部》:"，衣物饒也。从衣,谷聲。《易》曰:'有孚,裕無咎。'"

【釋形】

《説文》小篆爲形聲字,从衣,谷聲。漢碑字形與小篆基本一致,義符"衣"上部隸定爲"亠",下部兩個線條離析爲四個筆畫;聲符"谷"上部曲線隸定爲四點,如圖。

【釋義】

寬容,寬厚:"體明性喆,寬裕博敏,孝友恭順"(Q130)。

8144 **補** bǔ 《廣韻》博古切,幫姥上。幫魚。

Q141

《説文·衣部》："[seal script]，完衣也。从衣，甫聲。"

【釋形】

《説文》小篆爲形聲字，从衣，甫聲。漢碑字形中，義符"衣"嚴格按照小篆線條轉寫隸定，近似於"卒"省去下面横畫；聲符"甫"所从之構件"父"與"用"粘合并徹底筆畫化，已看不出原來的結構，如圖。

【釋義】

㊀修補："補完里中道之周左廧垣壞決"（Q141）。㊁補充，也特指官位補缺："除龢補名狀如牒，平惶恐叩頭，死罪死罪，上司空府"（Q102）；"君□舉孝廉，除補郎中"（Q104）。

8145 **衰**　shuāi　《廣韻》所追切，山脂平。山微。

① Q124　② Q140　③ Q060　④ Q106

《説文·衣部》："[seal script]，艸雨衣。秦謂之萆。从衣，象形。[seal script]，古文衰。"

【釋形】

"衰"爲"蓑"的初文。《説文》以爲會意字，从衣，中間形體[seal script]像蓑衣的外形，表示用草編製的避雨衣。後假借表示衰落、衰微之義。漢碑字形中，構件"衣"上部隸定爲"亠"，下部的兩個線條離析爲四個筆畫。構件[seal script]將曲線拉直并左右粘連，或隸定爲"丗"，如圖①；或逐漸向後世通行的寫法靠攏，如圖②～④。

【釋義】

㊀衰落，衰微："載□□三，卦位衰微"（Q124）；"承敝遭衰，黑不代倉"（Q140）；"周室衰微，霸伯匡弼"（Q187）。㊁減少："飯食衰少，遂至掩忽不起"（Q106）。

8146 **卒**　（一）zú　《廣韻》子聿切，精術入。精物。

① Q144　② Q191　③ Q102　④ Q106

⑤ Q160　⑥ Q111

《説文·衣部》："[seal script]，隸人給事者衣爲卒。卒，衣有題識者。"

【釋形】

《説文》以爲象形字，釋其義爲"隸人給事者衣"，將左下的曲線理解爲徒隸衣服上的特殊標識。按"卒"甲骨文作[oracle bone]（《合》7408）、[oracle bone]（《合》14783）等形，是在"衣"形上增加交叉線條表示衣服已縫完，本義爲終結，而非隸卒。戰國秦文字將"衣"上的交叉線條省簡爲一斜筆，寫作[seal script]（《睡·雜》5），小篆承之。漢碑字形發生離析重組，"衣"的下部離析出一豎，與原來的斜筆重組爲"十"形。上部剩餘的部分隸定爲"从"，如圖①②；其中兩個"人"形或進一步省簡甚至粘合，如圖③～⑤。圖⑥則整字訛混爲"辛"。

【釋義】

㊀完成："坐席未竟，年卌二，不幸蚤終，不卒子道"（Q106）。㊁去世："以永元十五年季夏仲旬己亥卒"（Q153）；"在辛卯九月下旬卒"（Q191）；"以延光四年，六月壬戌，卒于家"（Q128）。

（二）zú　《廣韻》臧没切，精没入。精物。

【釋義】

㊀隸卒，差役："府門之卒"（Q242）。㊁用於官名："壬寅詔書，爲孔子廟置百石卒史一人"（Q102）。㊂用於人名："嚴道君曾孫，武陽令之少息孟廣宗卒"（Q113）。

【釋詞】

［卒史］漢朝官府屬吏，因秩多爲百石，

故稱百石卒史:“惟許卒史安國,禮性方直,廉言敦篤,慈仁多恩,註所不可”(Q114);“廟有禮器,無常人掌領,請置百石卒史一人,典主守廟”(Q102)。

(三)cù 《廣韻》倉没切,清没入。清物。

【釋義】

突然,後來多寫作“猝”:“歲時加寅,五月中,卒得病,飯食衰少,遂至掩忽不起”(Q106)。

8147 **裳** cháng 《廣韻》市羊切,禪陽平。禪陽。

① Q153

② Q178

《説文》爲“常”之或體,《説文·巾部》:“,下帬也。从巾,尚聲。,常或从衣。”

【釋形】

“裳”小篆爲形聲字,从衣,尚聲。在《説文》中與“常”爲異體關係,漢碑中已有明確的職能分工,不再爲異體字。聲符“尚”所从之構件“八”隸定形體介於兩短横和撇捺之間;義符“衣”上面像衣領的部分隸定爲“亠”,下面像衣襟的部分離析爲四個筆畫,如圖①②。整字仍爲上下結構。

【釋義】

㊀古代稱上衣爲衣,下衣爲裳:見“裳絻”。㊁用於人名:“鄉三老司馬集仲裳五百”(Q178)。

【釋詞】

[裳絻] 裳爲下衣,“絻”通“冕”,裳絻可指代官服:“裳絻相襲,名右冠盖”(Q153)。

8148 **褾** biǎo 《廣韻》方小切,幫小上。

Q114

《説文》無。

【釋形】

漢碑中字形訛作“褾”,義符“衣”訛混作“示”。聲符“票”的小篆字形爲,漢碑中其上所从之構件“臼”與“囟”粘合爲“覀”,下部的構件“一”與“火”粘合寫作“示”,如圖。

【釋義】

通“表”,表達:“恩情未及迫褾,有制財幣,霧隱藏魂靈”(Q114)。

8149 **求** qiú 羣之。《廣韻》巨鳩切,羣尤平。

① Q129

② Q174

③ Q133

④ Q179

《説文》爲“裘”的古文,《説文·裘部》:“,皮衣也。从衣,求聲。一曰象形,與衰同意。凡裘之屬皆从裘。,古文省衣。”

【釋形】

《説文》以“求”爲“裘”之聲符。按“裘”甲骨文作,像毛在外的裘衣之形。金文或增添聲符“又”作(《次卣》);或進一步系統化爲从衣又聲,寫作(《伯歸夆簋》);或聲符繁化,寫作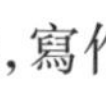(《五祀衛鼎》),此即《説文》小篆之所本。《説文》古文省去聲符“衣”,只做“求”。漢碑文獻中“求”用作求取義,不用作裘衣義。其字形或承襲《説文》古文,右上角的點還没有離析出來,如圖①;或隸定近似於後世通行的写法,只是中間一筆爲豎,而非豎鉤,如圖②;圖③則多加兩點;圖④將多加的兩點連成一横,整字近似於簡化字“来”。

【釋義】

㊀請求,求取:“遭貴戚專權,不稱請求。考績不論,徵還議官”(Q133);“光和四年,三公守民盖高等,始爲無極山詣大常求法食”(Q174)。㊁追求,謀求:“施舍弗券,求善不厭,舉不失選,官不易方”(Q173);“獨自抱損,不求禮秩”(Q174);“或有恬淡,養皓然兮。或有呼吸,求長存兮”(Q171)。

㊂祈求:“立廟桐柏,春秋宗奉,灾異告愬,水旱請求”(Q125);“其有風旱,禱請祈求,靡不報應”(Q129)。㊃探求:“由是之來,和氣不臻。乃求道要,本祖其原”(Q060);“紀行求本,蘭生有芬,克岐有兆,綏御有勛”(Q179)。㊄用於人名:“永壽元年孟秋中旬己酉之日,王求夫人進趙率卒”(Q109)

8150 **老** lǎo 《廣韻》盧晧切,來晧上。來幽。

① Q169

② Q178

③ Q127

④ Q043

⑤ Q187

《説文·老部》:“ ,考也。七十曰老。从人、毛、七,言須髮變白也。凡老之屬皆从老。”

【釋形】

《説文》以爲會意字,从人、毛、七,表示老年人。按“老”甲骨文作 (《合》21054)、 (《合》36416)等形,像拄着拐杖的老人之形,會意字。金文作 (《辛中姬皇母鼎》)、 (《殳季良父壺》)。季旭昇《説文新證》云:“甲骨文老、考本爲一字,西周以後逐漸分化。老字所持杖形變化多端,其作‘七’形者爲‘老’字,其作‘丂’者爲‘考’字。”小篆承襲金文字形,《説文》以“从人、毛、七”釋之,與原初構意不符。漢碑字形中,有的爲碑額篆書,但帶有明顯的隸意,如圖①。多數則已經發生隸變,其中像長髮老人的部分或離析重組“十”下加“乂”,如圖②③;或進一步省變爲“耂”,如圖④⑤。構件“七”或隸定近似於“上”,如圖②;或訛混爲“亾(亡)”,如圖③④;或訛混爲“止”,如圖⑤。

【釋義】

㊀老人,年長者:“望君輿〖駕〗,扶老攜息”(Q125);“祗傅五教,尊賢養老,躬忠恕以及人,兼禹湯之辠己”(Q127)。㊁對死的婉詞:“諸君看老,孰念蒿里”(Q120);又見“難老”。㊂特指國之老臣:“乃〖諏〗訪〖國〗老”(Q123);又見“三老、元老”。㊃用於人名:“次子提餘,曰伯老”(Q021)。

【釋詞】

[老上]本爲漢初匈奴單于的名號,這裡泛指北方少數民族首領:“躡冒頓之區落,熕老上之龍庭”(H26)。

8151 **耆** qí 《廣韻》渠脂切,羣脂平。羣脂。

J48

《説文·老部》:“ ,老也。从老省,旨聲。”

【釋形】

《説文》小篆爲形聲字,从老省形,旨聲。漢碑字形中,義符“老”像長髮老人的形體省變爲“耂”,聲符“旨”所从之構件“匕”省變爲“亠”,如圖。

【釋義】

老人:見“耆耇、耆老”。

【釋詞】

[耆耇]長壽:“不享耆〖耇〗,大命□□”(Q093)。

[耆老]老人:“耆老相傳,以爲王莽居攝二年”(Q199)。

8152 **耇** gǒu 《廣韻》古厚切,見厚上。見侯。

① JB6

② Q148

③ Q148

《説文·老部》:“ ,老人面凍黎若垢。从老省,句聲。”

【釋形】

《説文》小篆爲形聲字,从老省形,句聲。按“耇”金文作 (《耳尊》),義符“老”

不省；金文或作（《師耋父鼎》）、（《師艅簋蓋》），“老”省去拐杖形。小篆承襲此類字形，故《説文》釋爲“从老省，句聲”。漢碑字形中，義符“老”像長髮老人的形體省變爲“耂”，如圖①～③；聲符“句”所从之構件“丩”，小篆字形爲兩條相互糾纏的線條，漢碑中省寫隸定爲“丁”，如圖①～③。

【釋義】

長壽：見“耆耇、眉耇”。

8153 **壽** shòu 《廣韻》殖酉切，禪有上。禪幽。

① Q270

② Q088

③ Q112

④ Q100

⑤ Q169

⑥ Q106

⑦ Q090

⑧ Q175

⑨ Q114

《説文·老部》：“，久也。从老省，𠷎聲。”

【釋形】

《説文》以爲形聲字，从老省形，𠷎聲。按“壽”金文作（《瘨鐘》）、（《吳王光鑑》），此乃小篆字形之所承。金文或增添構件“又”，寫作（《耳尊》）；或在此基礎上省去構件“老”，寫作（《九年衛鼎》）。漢碑字形多承襲金文的第三種字形，其中圖①爲碑額篆書，其他則均已發生隸變。隸變後構件“又”變成了“寸”，構件“口”還保持獨立，構件“老”和“𠷎”則發生粘合，這部分的構形理據已完全喪失。

【釋義】

㈠年歲，壽命：“將天飛，翼紫宫，壽不永”（Q175）；“治生興政，壽皆萬年”（Q100）；“古聖所不勉，壽命不可諍”（Q114）；又見“壽年、命壽”。㈡長壽，活得長久：“仁如不壽，爵不〖副〗德，位不稱功”（Q132）；又見“麋壽、牟壽”。㈢祝壽：“奉爵稱壽，相樂終日”（Q141）。㈣用於年號：“惟永壽二年，青龍在涒歎”（Q123）；“永壽元年孟秋中旬己酉之日”（Q109）；“永壽元年大□在乙未，十二月丙寅，遭疾終卒”（Q111）。㈤用於人名：“君諱壽，字仲吾”（Q135）；“將作掾□嚴壽”（Q063）；“褒成侯魯孔建壽千”（Q112）。㈥用於地名：“故書佐平壽淳于闓，字久宗”（Q088）；“靈壽趙穎”（Q126）；“建康元年八月己丑朔十九日丁未，壽貴里文叔陽食堂”（Q090）。

【釋詞】

［壽年］即“年壽”，壽命：“悲〖傷永〗□，失壽年兮”（Q124）。

8154 **考** kǎo 《廣韻》苦浩切，溪晧上。溪幽。

① Q144

② Q133

③ Q127

④ Q130

⑤ Q153

《説文·老部》：“，老也。从老省，丂聲。”

【釋形】

《説文》以爲形聲字，从老省形，丂聲。按甲骨文“老、考”本爲一字，西周以後逐漸分化，字形演變參見8150老。漢碑字形中，義符“老”像長髮老人的形體多數省變爲“耂”，如圖②～④；圖①則上部保留一定的篆意；圖⑤中的撇筆離析爲兩部分。聲符“丂”或據小篆嚴格隸定，如圖③；或將上面的横筆縮短置於右側，如圖①②；或訛混爲“丁”，如圖④⑤。

【釋義】

㈠對已故父親的稱呼：“□西鄉矦之兄，冀州刺史之考也”（Q130）；“考廬江大守，兄雁門大守”（Q137）；“猗余烈考，秉夷塞淵”（Q169）；又見“皇考”。㈡考察，考核:“考衷度衷,〖脩身踐言〗”(Q148);“考異察變,輙抗疏陳表”(Q175)。㊂舊時指考核官吏的政績:“遵考孝謁,假階司農”(Q088);“三考絀勑,陟幽明矣,振華處實,暘遐聲矣”(Q153)。㊃核驗:“雅歌吹笙,考之〖六〗律,八音克諧”(Q141)。㊄用於書名:“又《尚書考靈燿》曰:‘丘生倉際,觸期稽度,爲赤制。’”(Q140)。㊅用於人名:“故吏司徒掾博陵安平崔烈,字威考”(Q148);“故吏范季考錢七百”(Q179);又見“考父、考斯”。

【釋詞】

[考妣]對去世父母的稱謂:“百姓號咷,若喪考妣”(Q144);“如喪考妣,三載泣怛”(Q153);“故建防共墳,配食斯壇,以慰考妣之心”(Q117)。

[考父]亦作“考甫”,指宋大夫正考父,孔子的遠祖,據傳《詩·商頌》爲他所作:“奚斯讚魯,考父頌殷”(Q179);“功曹史王顓等,嘉慕奚斯、考甫之美,乃共刊石紀功”(Q178)。

[考績]亦作“考積”,考核官吏的政績:“考績不論,徵還議官”(Q133);“考績有成,符筴乃胙”(Q161);“三載考績,遷元城令”(Q127);“亂曰:考積幽穸,表至〖貞〗兮”(Q088)。

[考斯]宋大夫正考父和魯公子魚(字奚斯)的合稱,據傳《詩·商頌》爲正考父所作,《詩·魯頌》爲公子魚所作,故後世以二人爲創作頌體文的典範:“感秦人之哀,願從贖其無由,庶考斯之頌儀”(Q133)。

8155 **孝** xiào 《廣韻》呼教切,曉效去。曉宵。

① Q038

② Q011

③ Q084

④ Q201

⑤ Q128

⑥ Q130

⑦ Q134

⑧ Q179

⑨ Q178

⑩ Q114

《説文·老部》:“,善事父母者。从老省,从子;子承老也。”

【釋形】

《説文》小篆爲會意字,从老省、从子,表示善於服侍父母的人。漢碑字形中,有的爲碑文篆書,如圖①;有的雖已隸變但部分保留篆意,如圖②。其他則已完全隸變,其中“老”像長髮老人的形體或離析重組爲“十”下加“乂”,如圖③~⑤;或省變爲“耂”,如圖⑥⑦;或將“耂”中的撇筆斷開爲兩筆,如圖⑧⑨;或省寫爲“ナ”,如圖⑩。構件“子”多與今之形體同,如圖③④⑦⑨;或將子的頭部隸定爲倒三角形,如圖⑤⑥⑧⑩。

【釋義】

㊀孝順:“高朗神武,歷世忠孝,馮隆鴻軌,不忝前人”(Q137);又見“孝友、孝弟、孝順”。㊁孝道:“顔育空桑,孔制元孝”(Q112)。㊂對孝親敬老等善德的通稱:“烝烝其孝,恂恂其仁”(Q134);“奉我元兄,脩孝罔極”(Q117);“建立兆域,脩設壇屏,所以昭孝息民,輯寧上下也”(Q174)。㊃用於謚號:“孝武皇帝脩封禪之禮,思登假之道,巡省五嶽,禋祀豐備”(Q129);“孝武時有張騫,廣通風俗,開定畿寓”(Q179);“會孝順皇帝西巡,以掾史召見”(Q133)。㊄用於人名:“國子男,字伯孝”(Q114);“集曹掾馬津子孝三百”(Q123);“右尉豫章南昌程陽,字孝遂”(Q172)。

【釋詞】

[孝經]儒家著作之一:“孔子作《春秋》,制《孝經》,删述五經,演《易·繫辭》”(Q102)。

[孝廉]孝,指孝悌者;廉,清廉之士。古代選拔官吏的科目,始於漢代:“漢膠東

相之醇曜，而謁者君之曾，孝廉君之孫，從事君之元嗣也”（Q128）；“子諱琦，字瑋公，舉孝廉”（Q128）。

［孝順］孝敬父母：“傳後子孫，敬祖先，孝順□門”（Q237）。

［孝思］孝親之思：“居欲孝思貞廉，率眾爲善，天利之”（Q015）；“永惟孝思，亦世弘業”（Q128）。

［孝弟］亦作“孝悌”，孝順父母，敬愛兄長：“孝弟昭於内，忠信耀於外”（Q084）；“孝弟於家，中謇於朝，治京氏《易》，聰麗權略，藝於從畋”（Q179）。

［孝行］孝敬父母的德行：“懿德震燿，孝行通神”（Q193）。

［孝義］孝道和仁義：“傳告後生，勉脩孝義”（Q114）。

［孝友］孝順父母，友愛兄弟：“幼體蘭石自然之姿，長膺清少孝友之行”（Q105）；“治禮小戴，閨族孝友，温故知機”（Q128）；“孝友恭順，著於□之”（Q130）。

［孝烝］行孝的意願：“聞母氏疾病，孝烝内發”（Q134）。

8156 **毛** máo 《廣韻》莫袍切，明豪平。明宵。

Q148

《説文·毛部》：“，眉髮之屬及獸毛也。象形。凡毛之屬皆从毛。”

【釋形】

《説文》小篆爲象形字，像人獸毛髮之形。金文作（《毛公旅方鼎》）、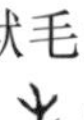（《毛伯簋》）等形，更爲象形。漢碑字形將彎曲的線條轉寫爲平直方折的筆畫，中間曲線向左下傾斜的部分離析爲一撇，如圖。

【釋義】

㊀毛髮，鬚髮：“身體毛膚父母所生，慎毋毀傷，天利之”（Q015）；“授命如毛，諸則不〖宿〗”（Q148）。㊁獸類：見“毛物”。㊂姓氏：“博問自毛殷、王安、段孫、王達等，皆曰永平，□五□三月甲申”（Q092）。

【釋詞】

［毛物］指獸類，《爾雅·釋鳥》：“二足而羽謂之鳥，四足而毛謂之獸。”故稱獸類爲毛物：“得收田上毛物穀實自給”（Q029）。

8157 **尸** shī 《廣韻》式脂切，書脂平。書脂。

① J409 ② Q169

《説文·尸部》：“，陳也。象臥之形。凡尸之屬皆从尸。”

【釋形】

《説文》以爲象形字，像人横臥的樣子。按“尸”甲骨文作（《合》20643）、（《合》19941）等形，金文中作（《尸作父己卣》）、（《大盂鼎》）等形。李孝定以爲像人高坐之形（參見《甲骨文字集釋》），容庚以爲像人屈膝之形（參《金文編》），林義光謂像人箕踞之形，本義爲箕踞（參《文源》）。各家説解不一。據甲骨文字形（《合》19941）來看，“尸”當爲“居”的初文，象形字，像人下蹲之形，本義爲蹲踞，而非箕踞，更非高坐或横臥；後添加聲符“古”作“居”，變爲形聲字；後再加構件“足”作“踞”，專門表示蹲踞義。“古”與“居”上古音同在見母魚部，故可充當其聲符。“居”上古又音見母之部，與“尸”音近，其形音義關係俱通，可證“尸”應爲“居/踞”的初文。“尸”後來常被用以表示祭祀之尸和屍體，後者添加義符“死”作“屍”。漢碑字形中，“尸”嚴格按照小篆線條轉寫隸定，將彎曲的線條變爲平直方折的筆畫，如圖①②。

【釋義】

㊀本指古代祭祀時裝扮祖先、代祖先受祭的人，後常用以比喻空占其位無所作爲：見“尸素”。㊁屍體，後作“屍”：“冒突

鏠刃，收葬尸死”（Q169）。㊂通“夷”，西漢楚夷王劉郢客死後謚夷王：“楚古尸王通於天”（Q006）。

【釋詞】

[尸素] 謂居位食禄而無所作爲，常用作自謙之詞：“得在中州，尸素食禄”（Q171）。

8158 **居** jū 《廣韻》九魚切，見魚平。見魚。

① Q142

② Q051

③ Q178

④ Q057

⑤ Q169

⑥ Q045

《説文·尸部》“，蹲也。从尸、古者，居从古。，俗居从足。”

【釋形】

《説文》以爲會意字，从尸、古，表示蹲踞。按“居”乃从尸、古聲的形聲字，“古”上古音爲見母魚部，與“居”同音，故可充當其聲符。“居”初文作“尸”，本義爲蹲踞，在這個意義上後來寫作“踞”（參見 8157 尸）。《説文》以“踞”爲“居”之俗體。漢碑字形中，“居”的義符“尸”嚴格按照小篆線條轉寫隸定，將彎曲的線條變爲平直方折的筆畫，如圖①～⑥。聲符“古”也大多嚴格按照小篆線條轉寫隸定，如圖①～④；但圖⑤⑥中豎筆的長短和位置都發生了變化。

【釋義】

㊀居住：“或居隴西，或家敦煌”（Q178）；“家居魯親里，并官聖妃”（Q112）；“兄弟共居，甚於親在”（Q106）。㊁住所，居住的地方：“〖而〗本國舊居，復禮之日，闕而不祀”（Q140）。㊂處於某種地位或情形：“白石神君，居九山之數”（Q174）；“咸居今而好古”（Q193）；“惟居上，寬和貴”（Q045）。㊃平日，日常：“居欲孝思貞廉，率眾爲善”（Q015）。㊄閑居：“魯北鄉侯□自思省居鄉里，無〖宜〗”（Q057）；又見“游居”。㊅用於年號：“祝其卿墳壇，居攝二年二月造”（Q012）；“耆老相傳，以爲王莽居攝二年”（Q199）。㊆用於地名：“巴郡朐忍令、張掖居延都尉”（Q178）；“天帝告除居巢劉君冢惡氣，告東方青帝主除黄氣之凶”（Q204）。

【釋詞】

[居喪] 守孝，守喪：“竭（闕）不見，雖二連居喪，孟獻加〖等〗，無以踰焉”（Q202）。

8159 **屑** xiè 《廣韻》先結切，心屑入。心質。

Q141

《説文·尸部》：“，動作切切也。从尸，㑒聲。”

【釋形】

《説文》小篆爲形聲字，从尸，㑒聲。漢碑字形中，義符“尸”嚴格按照小篆線條轉寫隸定，將彎曲的線條變爲平直方折的筆畫；聲符“㑒”改换爲“肖”，如圖。

【釋義】

敬：“既至升堂，屏氣拜手，祇肅屑僾，髣髴若在”（Q141）。

8160 **展** zhǎn 《廣韻》知演切，知獮上。端元。

① Q129

② Q112

《説文·尸部》：“，轉也。从尸，襄省聲。”

【釋形】

《説文》小篆爲形聲字，从尸，襄省聲。漢碑字形中，義符“尸”嚴格按照小篆線條轉寫隸定，將彎曲的線條變爲平直方折的筆畫，如圖①；或左側撇筆向上延伸封口，與後來通行的寫法相同，如圖②。聲符“襄”中的構件“𧘇”粘連隸定爲“䒑”，如圖①；或省簡作“䒑”，如圖②，與今之形體相同。

衣形下部兩個線條離析爲四個筆畫，如圖①②。

【釋義】

㊀宣揚，推行：見“展義”。㊁轉動：“時君偉之，郡〖召〗，□□□臺之格，展渾儀之樞”（Q175）。㊂用於人名：“北海劇袁隆展世百”（Q112）。

【釋詞】

［展義］宣揚、推行德義：“天子展義，巡狩省方”（Q129）。

8161 **尼** ní 《廣韻》女夷切，泥脂平。泥脂。

① Q140

② Q105

③ Q137

《説文·尸部》：“，從後近之。从尸，匕聲。”

【釋形】

《説文》小篆爲形聲字，从尸，匕聲。按甲骨文無“尼”，但有从尼之字，如“秜”作（《合》13505），“伲”作（《合》71）、（《合》10403）等。于省吾謂“尼字的構形既然象人坐於另一個人的背上，故《爾雅·釋詁》訓尼爲止爲定；人坐于另一個人的背上，則上下二人相接近”。其説可從。小篆所言“匕聲”當爲人形之訛，應爲會意字。漢碑字形中，構件“尸”嚴格按照小篆線條轉寫隸定，將彎曲的線條變爲平直方折的筆畫，如圖①～③；構件“匕”在圖②中的寫法比較特殊，右側一筆寫作長捺。

【釋義】

用於人名：“故從事尉曹史武都王尼，字孔光”（Q146）；又見“仲尼、宣尼”。

8162 **屠** tú 《廣韻》同都切，定模平。定魚。

Q174

《説文·尸部》：“，刳也。从尸，者聲。”

【釋形】

《説文》小篆爲形聲字，从尸，者聲。“者”上古音在章母魚部。漢碑字形中，義符“尸”嚴格按照小篆線條轉寫隸定，將彎曲的線條變爲平直方折的筆畫；聲符“者”上部構件隸定爲“耂”形，下部構件隸定爲“日”上加一短豎，如圖。

【釋義】

用於人名：“長史穎川申屠熊”（Q174）。

8163 **屋** wū 《廣韻》烏谷切，影屋入。影屋。

① Q119

② Q178

《説文·尸部》：“，居也。从尸，尸，所主也。一曰：尸，象屋形。从至，至，所至止。室、屋皆从至。，籒文屋从厂。，古文屋。”

【釋形】

《説文》以爲會意字，从尸从至，表示房屋。按“屋”字未見於甲骨文、金文，目前最早見於戰國秦文字，如（《睡·日乙》112）。小篆與之結構相同，《説文》釋曰“尸，所主也”，又謂“尸，象屋形”，均存疑。“屋”古代常用作帷幕之義，《説文》古文字形似與此義相合。疑“屋”爲帷幄之“幄”的初文。漢碑字形中，構件“尸”嚴格按照小篆線條轉寫隸定，將彎曲的線條變爲平直方折的筆畫，如圖①；圖②則上面有封口的趨勢。構件“至”將小篆下部彎曲的線條拉直爲横畫，變爲“土”；其上部形體多隸定爲“厶”，如圖①；“厶”的下部或封閉爲三角形，如圖②。

【釋義】

㊀房屋：“作屋塗色，脩通大溝，西流里外，南注城池”（Q141）；“戢治廧屋，市肆列陳”（Q178）；“屋有守祠義民，今聽復”（Q104）。㊁帳幕，後作“幄”：“幃屋甲帳，

軀車留遰”（Q153）。

8164 **屏**　（一）píng　《廣韻》薄經切，並青平。並耕。

① Q083　② Q140　③ Q141

《説文·尸部》：“，屏蔽也。从尸，并聲。”

【釋形】

《説文》小篆爲形聲字，从尸，并聲。漢碑字形中，義符“尸”嚴格按照小篆線條轉寫隸定，將彎曲的線條變爲平直方折的筆畫，如圖①～③。聲符“并”上面人的方向由一致變爲相背，如圖①；更多的則進一步省變近似於兩個平列的“一”，如圖②③。構件“幵”多混同爲“井”，如圖①～③。

【釋義】

屏壁：“建立兆域，脩設壇屏”（Q174）。

（二）bǐng　《廣韻》必郢切，幫静上。幫耕。

【釋義】

㊀蔽護：“羽衛藩屏，撫萬民兮”（Q088）。㊁抑止：“既至升堂，屏氣拜手”（Q141）。

（三）bīng　《廣韻》府盈切，幫清平。幫耕。

【釋義】

見“屏營”。

【釋詞】

［屏營］惶恐：“夙夜憂怖，累息屏營”（Q140）。

8165 **屢**　lǚ　《廣韻》良遇切，來遇去。來侯。

① Q060　② Q194　③ Q146

《説文·尸部》（新附字）：“，數也。案：今之婁字本是屢空字，此字後人所加。从尸，未詳。”

【釋形】

《説文》从尸，婁聲，爲形聲字。漢碑字形中，有的保留篆意，如圖①；多數則已經完全隸變。聲符“婁”金文作，从女，上像雙手持角，構意不明。小篆訛作从毋、中、女，漢碑字形中構件“女”相對獨立，構件“毋”和“中”則形變嚴重，如圖②③。

【釋義】

多次，經常：“神熹其位，甘雨屢降”（Q060）；“年穀屢登，倉庾惟億”（Q146）。

8166 **尺**　chǐ　《廣韻》昌石切，昌昔入。昌鐸。

① Q003　② Q118　③ Q119

《説文·尺部》：“，十寸也。人手卻十分動脈爲寸口。十寸爲尺。尺，所以指尺規榘事也。从尸从乙。乙，所識也。周制，寸、尺、咫、尋、常、仞諸度量，皆以人之體爲法。凡尺之屬皆从尺。”

【釋形】

《説文》以爲“从尸从乙”會意，表示長度單位，相當於十寸。按“尺”戰國秦文字作（《睡·秦》61），構形不明。漢碑字形中，構件“尸”嚴格按照小篆線條轉寫隸定，將彎曲的線條變爲平直方折的筆畫，如圖①～③。此外構件“乙”在漢碑中隸定爲捺筆，或與“尸”相接，如圖①③；或相離，如圖②。

【釋義】

量詞，古代長度單位，相當於十寸：“瓦屋二閒，周欗楯拾尺，於匠務令功堅”（Q119）；“厚十寸，黄三尺五寸”（Q003）；“索石，廣三尺，厚尺五寸二，長二尺”（Q097）。

8167 **尾**　wěi　《廣韻》無匪切，明尾上。明微。

Q095

《説文·尾部》：“，微也。从到毛在

尸後。古人或飾系尾,西南夷亦然。凡尾之屬皆从尾。”

【釋形】

《説文》小篆爲合體象形字,像人身後有尾巴狀的裝飾。甲骨文作(《合》136),更爲象形。漢碑字形嚴格按照小篆轉寫隸定,如圖。

【釋義】

尾巴:見“履尾”。

8168 **屬(属)** (一)zhǔ 《廣韻》之欲切,章燭入。章屋。

① Q178

② Q095

③ Q125

④ Q188

⑤ Q188

《説文·尾部》:“,連也。从尾,蜀聲。”

【釋形】

《説文》小篆爲形聲字,从尾,蜀聲,本義爲連屬。从尾之構意不明。義符“尾”本像人身後有尾巴狀的裝飾,小篆从尸从毛,漢碑字形中構件“尸”相對獨立。構件“毛”或仍與“尸”組合隸定爲“尾”;或與聲符“蜀”發生粘合,重組近似於“禹”,如圖③;圖②屬於圖①向圖③的過渡形體;圖④⑤則是在“禹”的基礎上的進一步省簡。

【釋義】

㊀連接;連屬:“負〖土〗兩年,俠墳相属若𤸎”(Q101);“千封上下相属,南北八千”(Q089)。㊁叮囑,後作“囑”:“告子属孫,敢若此者”(Q187)。

(二)shǔ 《廣韻》市玉切,禪燭入。禪屋。

【釋義】

㊀歸屬,隸屬:“属縣趍教,無對會之事”(Q146);“祖父鳳,孝廉、張掖屬國都尉丞、右扶風隃麇侯相、金城西部都尉、北地大守”(Q178);“漢故属國都尉、楗爲属國趙君,諱儀,字臺公”(Q188)。㊁官吏,部屬:“春,侍祠官属五官掾章陵〖劉〗訢、功曹史安眾劉瑗、主簿蔡陽樂茂、户曹史宛任巽”(Q125);“属褒中晁彊,字産伯”(Q095);“辟大尉府,除西曹屬”(Q128)。

8169 **属**

“屬”的異體字(圖②③④⑤),見8168屬。

8170 **屈** qū 《廣韻》區勿切,溪物入。溪物。

① Q117

② Q095

③ Q144

《説文·尾部》:“,無尾也。从尾,出聲。”

【釋形】

《説文》小篆爲形聲字,从尾,出聲。漢碑字形中,義符“尾”省去小篆中的構件“毛”。聲符“出”甲骨文作(《合》10165),从止从凵,小篆線條化作,構件“止”已不太象形。漢碑字形中,構件“止”進一步訛作“屮”形,并與下面構件“凵”相接,寫作“出”,成爲後來通行的寫法,如圖①~③。

【釋義】

㊀蜿蜒,曲折:“上則縣峻,屈曲流顛”(Q095)。㊁委屈:“抱不測之謀,秉高世之介,屈私趨公,即仕佐上”(Q172);又見“屈己”。㊂屈就:“邦后珍瑋,以爲儲舉,先屈〖計掾〗,奉我□貢”(Q117)。

【釋詞】

[屈己]委屈自己:“州郡更請,屈己匡君”(Q144)。

8171 **履** lǚ 《廣韻》力几切,來旨上。來脂。

① Q021

② Q083

③ Q084

④ Q095

⑤ Q144

⑥ Q202

⑦ Q166

《説文·履部》:",足所依也。从尸从彳从夂,舟象履形。一曰:尸聲。凡履之屬皆从履。,古文履从頁从足。"

【釋形】

《説文》以爲會意字,从尸从彳从夂,舟像履形,表示鞋子。按"履"甲骨文作(《合》33283),从人从止从一,眉聲。其中"一"爲指事符號,指代腳下穿的鞋子。"眉"上古音在明母職部,與"履"音近,故可充當其聲符。金文將下面的指事符號改爲像鞋子之形,寫作(《五祀衛鼎》)、(《大簋蓋》)、(《士山盤》)等形;或添加構件"彳",寫作(《倗生簋》),强調鞋子與走路有關。小篆保留構件"彳",鞋子形訛變作"舟","人"和"眉"粘合省變爲"尸","止"形變爲"夂",故《説文》釋爲从尸从彳从夂从舟。漢碑字形中,構件"尸"嚴格按照小篆線條轉寫隸定,將彎曲的線條變爲平直方折的筆畫,如圖③~⑦。構件"彳"的隸定形體多與今之形體相同,如圖①~④;有的訛混作"丬",如圖⑤⑥;或訛混作"忄",如圖⑦。構件"舟"的隸定形體不一,多與構件"夂"重組爲"复"的不同變異形體,如圖①~⑦,參見2182復。

【釋義】

㊀鞋:"光和之末,京師擾穰;雄狐綏綏,冠履同囊"(Q187)。㊁踩着,踏着:見"履跡、履尾"。㊂經歷:"長履景福,子子孫孫"(Q171)。㊃踐行,遵行:"蹈規履榘,金玉其相"(Q137);"履菰竹之廉,蹈公儀之絜"(Q172);"實履忠貞,恂美且仁"(Q066);又見"履方、履和"等。㊄行爲,操守:"思純履勁,經德不回"(Q084);"履該顔原,兼脩季由"(Q137)。㊅居,處:"君少履〖天姿自然之正〗,帥禮不爽,好惡不愆"(Q148)。

【釋詞】

[履方]踐行正道:"表像所挺,履方所……"(Q083)。

[履和]踐行中和之道:"履和純始自髫"(Q249)。

[履跡]踏着前人的足跡,謂繼承祖德:"履跡□德,祖考偏羡"(Q070)。

[履仁]踐行仁道:"君鍾其美,受性淵懿,含和履仁"(Q144)。

[履尾]踩踏虎尾,喻身蹈危境:"臨危槍碭,履尾心寒"(Q095)。

8172 **舟**　zhōu　《廣韻》職流切,章尤平。章幽。

① Q100

② J07

《説文·舟部》:",船也。古者,共鼓、貨狄,刳木爲舟,剡木爲楫,以濟不通。象形。凡舟之屬皆从舟。"

【釋形】

《説文》小篆爲象形字,像船之形。"舟"甲骨文作(《合》34483)、(《合》27816),金文作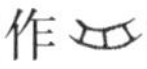(《舟丏父丁卣》)、(《舟作寶簋》)等形,像獨木舟之形,本義爲舟船,小篆與甲骨文、金文相承。漢碑字形省變近似於"月"上加短撇,如圖①②。

【釋義】

船:"下有深水多魚者,從兒刺舟渡諸母"(Q100)。

8173 **般**　bān　《廣韻》北潘切,幫桓平。並元。

① J207

② T154
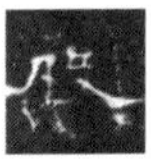
③ Q112

《説文·舟部》:",辟也。象舟之旋,从舟;从殳,殳,所以旋也。,古文般从支。"

【釋形】

《説文》以爲會意字,从舟从殳,義爲旋

轉。按"般"甲骨文作（《合》9064）、（《合》1113）、（《合》35778）、（《合》35773）、（《合》24135）等形，大多从凡从攴，偶或从舟从攴，學者或以爲像製作盤子旋轉陶坯之狀（參見徐中舒《甲骨文字典》），或以爲像旋舟之狀（參周法高《金文詁林》）。從"般"甲骨文字形絶大多數从凡的事實看，其構意應從徐中舒等人之説，本義爲盤旋。从舟的寫法屬於形近而訛。金文作（《乍册般甗》）、（《吳盤》）、（《圅皇父簋》）、（《穌甫人盤》）等形，从舟的寫法逐漸占據主流，構件"攴"也開始逐漸接近爲"殳"。小篆最終定型爲"从舟从殳"，故《説文》以"象舟之旋"釋之。漢碑字形中，構件"舟"或據小篆嚴格轉寫隸定，如圖①；或訛混爲"月"，如圖②③。構件"殳"上部近似於"口"下面一横右延，下部的手形隸定爲"乂"，如圖①～③。後因"般"被借作他義，表盤旋、盤子義時另外添加構件"皿"，寫作"盤"。

【釋義】

用於人名："魯孫般三百，魯孔昭叔祖百，亓廬城子二百"（Q112）。

8174 **服** fú 《廣韻》房六切，並屋入。並職。

① Q038

② Q133

③ Q125

④ Q084

⑤ Q178

⑥ Q111

《説文·舟部》："，用也。一曰：車右騑，所以舟旋。从舟，𠬝聲。，古文服从人。"

【釋形】

《説文》以爲形聲字，从舟，𠬝聲。按"𠬝"乃"服"之初文，甲骨文作（《合》744），像以手摁人使之屈服之狀，本義爲屈服、服從。或增添構件"凡"（即盤子），寫作（《合》36924）形，或以爲像承盤服侍之狀。金文或與甲骨文相承，寫作（《大克鼎》）、（《番生簋》）等形；或將"凡"訛爲"舟"，寫作（《大盂鼎》）、（《班簋》）、（《駒父盨蓋》）等形，且手形"又"移至人形右下，爲小篆所本。《説文》釋爲"从舟，𠬝聲"，與原初構意不符。漢碑字形中，有的爲碑文篆書，如圖①。多數則已經發生隸變，其中構件"舟"在漢碑中訛混爲"月"，如圖②～⑥。聲符"𠬝"在小篆中从又从卩，漢碑中構件"卩"多隸定爲"卩"，如圖③～⑤；或隸定爲"尸"，如圖②。下部的手形或隸定爲"又"，如圖②；或隸定爲撇與捺，如圖③④；或隸定爲"乂"，如圖⑤。其中圖③～⑤構件"卩"和"又"已經粘合緊密，視覺上已經很像一個構件；圖⑥中兩個構件進一步粘合省簡，更是難以拆分。

【釋義】

㊀歸服，臣服："慕義者不肅而成，帥服者變衽而属"（Q133）；"遠人斯服，介士充庭"（Q133）；又見"賓服、歸服"。㊁信服，佩服："雍雍其和，民用悦服"（Q125）；"貪暴洗心，同僚服德，遠近憚威"（Q178）；"推賢〖達善，逡遁退讓，當〗世以此服之"（Q117）。㊂穿，穿戴："非其食，弗食；非其服，弗服"（Q084）。㊃衣服："非其食，弗食；非其服，弗服"（Q084）；"成是正服，以道德民"（Q193）；"棺□掩身，衣服因故"（Q111）。㊄冠服：見"元服"。㊅服喪，守喪："行三年服者凡八十七人"（Q088）；"喪父去官，服終禮闋"（Q128）；"服竟，還拜屯騎校尉，以病遜位"（Q154）。㊆服用（藥物）："乃與君神藥，曰：服藥以後，當移意萬里，知鳥獸言語"（Q199）。

【釋詞】

［服勤］謂勤奮敬業："學兼游夏，服勤體□，德儉而度"（Q202）。

［服喪］戴孝守喪："子尚叢撫業，世幼無親，賢者相之，□服喪如禮，起石室，立

墳”（Q026）。

8175 **方** fāng 《廣韻》府良切，幫陽平。幫陽。

① Q016

② Q171

③ Q179

④ Q084

⑤ Q178

《説文·方部》：“ ，併船也，象兩舟省總頭形。凡方之屬皆从方。 ，方或从水。”

【釋形】

《説文》以爲象形字，像併船之形。按“方”甲骨文作 （《合》8667）、 （《合》6314）、 （《合》28088），構意不確。小篆與甲骨文相承，略有形變。漢碑字形中，有的還保留篆意，如圖①；或依照小篆字形轉寫隸定，如圖②；或發生離析重組，上部隸定爲“亠”，下部近似於“刀”，如圖③～⑤。

【釋義】

㊀方形：“於是操繩墨以彈耶枉，援規柜以分方員”（Q084）。㊁四方邊遠的地區、部族或邦國：“惠此邦域，以綏四方”（Q126）；“於亓時廱，撫茲岱方”（Q127）；又見“邊方、鬼方”。㊂方向，方位：“東方，北方，南方，西方内門”（Q016）；“八方所達，益域爲充”（Q095）；“川户一丈，入川户右方”（Q096）；又見“省方”。㊃禮義，規則：“教〖我〗義方，導我礼則”（Q117）。㊄方正，正直：“皛白清方，剋己治身”（Q088）；“無偏蕩蕩，貞雅以方”（Q095）；又見“履方、方正”等。㊅副詞，表示時間，相當於“始、才”：“頎甫班爵，方授銀符”（Q134）；“咨爾體之淑姣，嗟末命之何辜，方虧毁而摁角”（Q259）。㊆用於人名：“故脩行都昌董方，字季方”（Q088）；“〖時〗長史甘陵甘陵夏方，字伯陽”（Q171）；“門生東郡東武陽張表，字公方”（Q179）。㊇用於地名：“〖衙〗令朔方臨戎孫羡”（Q123）；“領方郡户曹史張湛白”（Q170）。

【釋詞】

［方嶽］四方山嶽：“周鑒於二代，十有二歲，王巡狩殷國，亦有事于方嶽”（Q129）。

［方正］品行端莊正直之人：“司空司隸並舉賢良方正”（Q084）；“□賢良方正，魏郡鄴”（Q194）。

［方直］品行端莊正直：“惟許卒史安國，禮性方直，廉言敦篤，慈仁多恩，註所不可”（Q114）。

8176 **兒** ér 《廣韻》汝移切，日支平。日支。

① Q106

② Q100

《説文·儿部》：“ ，孺子也。从儿，象小兒頭囟未合。”

【釋形】

《説文》小篆爲象形字，像小兒頭囟未合之形，義爲小孩兒。“兒”甲骨文作 （《合》7893）、 （《合》8056），更爲象形。漢碑字形依據小篆線條轉寫隸定，只是將頭部裡面的線條左右各省去一個，如圖①②。

【釋義】

㊀兒子：“獨教兒子書計，以次仕學”（Q106）。㊁年輕男子：“下有深水多魚者，從兒刾舟渡諸母”（Q100）。

8177 **允** yǔn 《廣韻》余準切，餘準上。餘文。

① Q088

② Q132

③ Q145

④ Q144

⑤ Q174

《説文·儿部》：“ ，信也。从儿，㠯聲。”

【釋形】

《説文》以爲形聲字，从儿，㠯聲。按"允"甲骨文作 （《合》34479）、（《合》12964），構意不明。金文作 （《班簋》）、（《秦公鎛》），上方形體逐漸訛變爲"㠯（以）"。小篆承襲此類字形，故《説文》以"从儿，㠯聲"釋之。段玉裁認爲"㠯非聲"，改爲"从儿、㠯"。漢碑字形中，圖③④寫法特殊，是一種個性化現象。其他字形中義符"儿"依據小篆線條轉寫隸定；聲符"㠯"多隸定爲三角形，如圖①②；或近似於後來通行的寫法"厶"，如圖⑤。

【釋義】

㊀誠信："維明維允，燿此聲香"（Q137）；"進退以禮，允道篤愛，先人後已，克讓有終"（Q144）；"於惟我君，明允廣淵"（Q164）；又見"允元、明允"。㊁信任，親近：見"允元"。㊂副詞，確實，能夠："卜云其吉，終然允臧"（Q174）；又見"允文允武"。㊃助詞，用於句首："允勑大吏郎巽等，與義民脩繕故祠"（Q126）。㊄用於人名："故脩行平壽徐允，字佰允"（Q088）；"紀伯允書此碑"（Q093）。

【釋詞】

［允恭］誠信恭勤："而閨閾之行允恭，德音孔昭"（Q127）。

［允文允武］語出《詩經·魯頌·泮水》："允文允武，昭假烈祖。"孔穎達疏："信有文矣，信有武矣。"後常用以指文武兼備："天〖降〗雄彦，〖資〗才卓茂，仰高鑽堅，允〖文〗允武"（Q132）；"允文允武，厥姿烈逴"（Q154）。漢碑中又作"允武允文"："克明俊德，允武允文"（Q150）。

［允元］語出《尚書·舜典》："惇德允元，而難任人，蠻夷率服。"蔡沈集傳："言當厚有德，信仁人。"後用以形容人崇德向善："惇懿允元，叡其玄秀"（Q148）；"長發其祥，誕降于君，天資純懿，昭前之美，少以文塞，敦庬允元，長以欽明，躭詩悦書"（Q137）。

8178 **兑** duì 《廣韻》杜外切，定泰去。定月。

① J241

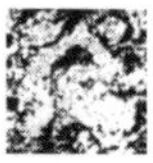
② Q150

《説文·儿部》："，説也。从儿，㕣聲。"

【釋形】

《説文》以爲形聲字，从儿，㕣聲。按"兑"甲骨文作 （《合》28663），小篆字形與之差異不大，構意不明。或以爲乃"鋭"之初文。漢碑字形中，構件"儿"和"八"依據小篆線條轉寫隸定；構件"口"隸定爲三角形，如圖①②。

【釋義】

㊀八卦之一："艮兑咸亨，爰居爰處"（H144）。㊁兑卦對應西方，故可借指西方："慕君靡已，乃詠新詩：□□□□〖兮〗坤兑之間"（Q150）。

8179 **充** chōng 《廣韻》昌終切，昌東平。昌東。

① Q095

② Q169

③ Q174

《説文·儿部》："，長也；高也。从儿，育省聲。"

【釋形】

《説文》以爲形聲字，从儿，育省聲，構意不確。漢碑字形中，義符"儿"依據小篆線條轉寫隸定。"育"的省聲（聲符）本像倒子之形，漢碑中上部隸定爲"亠"，下部像頭之形的部分隸定爲不封口的三角形，如圖①～③。

【釋義】

㊀滿，充滿："遠人斯服，介士充庭"（Q133）；"濟濟俊乂，朝野充盈"（Q174）；"充曜封邑，厥土河東"（Q187）。㊁富裕，繁盛："□□充贏兮，百姓歡欣"（Q150）。㊂通"衝"，縱橫相交的大道："八方所達，益域爲

兖”（Q095）。㊃用於人名：“弟君宣，密靖內侍，報怨禁中，徙隴西上邽，育生兖國，字翁孫，該于威謀，爲漢名將”（Q169）；“故功曹司空掾池陽吉兖叔才”（Q200）。

8180 **免** miǎn 《廣韻》亡辨切，明獮上。明元。

① Q107 ② Q128

《説文》無。

【釋形】

金文作（《免卣》）、（《史免�》）等形，像人戴冠冕之狀，郭沫若《兩周金文辭大系圖録考釋》認爲乃“冕”之初文。“冕”小篆作，从冃，免聲，形聲字。“免”的漢碑字形與其作爲小篆“冕”的構件字形相承，將小篆的線條轉寫爲平直方折的筆畫。其中的圓曲線隸定爲封口的長方形，下部構件“儿”的左“丿”穿插於長方形之内，如圖①②，與後來通行的寫法相近。

【釋義】

㊀免職：“罪□□□□□公事免官年月□戊薨朝廷”（Q107）。㊁免除：“免浣息隸，爲成其門”（Q128）。

8181 **兖** yǎn 《廣韻》以轉切，餘獮上。餘元。

① Q144 ② Q112 ③ Q178

《説文》無。

【釋形】

徐鉉《説文》“兑”下注：“台，古文兖字。”《説文·口部》：“，山閒陷泥地。从口，从水敗皃。讀若沇州之沇，九州之渥地也，故以沇名焉。，古文台。”《説文·水部》：“，水。出河東東垣王屋山，東爲泲。从水，允聲。，古文沇。”朱駿聲《説文通訓定聲》：“蓋台、沇、兖（兗）本一字。”其説可從。漢碑中“兖”多表示兖州，其字形似承自古文下加“儿”。其中圖①局部還帶有篆意，圖②比後來通行的寫法多了兩點，圖③則較圖②略有變異。

【釋義】

㊀用於地名：“漢故兖州刺史雒”（Q053）；“訞賊張角，起兵幽冀，兖豫荊楊，同時竝動”（Q178）；“故兖州從事任城吕育季華三千”（Q112）。㊁用於人名：“君諱承，字仲兖”（Q144）；“魯傅兖子豫二百，任城亢父治真百”（Q112）。

8182 **亮** liàng 《廣韻》力讓切，來漾去。來陽。

① Q088 ② Q137 ③ Q188

《説文》無。

【釋形】

《説文》今本無，段玉裁據《六書故》所引唐本增補，注云：“亮，明也。从儿、高省……人處高則明，故其字从儿、高。”據此“亮”當爲會意字。漢碑字形中，“亮”的形體差異主要在於構件“口”和“儿”，其中構件“口”或與上部的“亠”粘連，如圖①；構件“儿”訛混作“兀”，如圖③。

【釋義】

㊀光明：見“靈亮”。㊁光明磊落：見“清亮”。㊂輔助：“能悊能惠，剋亮天功”（Q137）。㊃用於人名：“故金曹史精暢文亮”（Q178）；“故小史都昌張亮，字元亮”（Q088）；“河南雒陽種亮奉高五百”（Q112）。

8183 **兄** xiōng 《廣韻》許榮切，曉庚平。曉陽。

① Q080 ② Q134 ③ Q152

《説文·兄部》：“，長也。从儿从口。凡兄之屬皆从兄。”

【釋形】

《説文》以爲會意字，从儿从口，表示兄長。按"兄"甲骨文作（《合》20014）、（《合》20007）、（《合》27461）、（《合》27456）等形，徐中舒（《甲骨文字典》）認爲前兩個站立者爲"兄"，後兩個跽坐者爲"祝"；楊樹達（《積微居小學述林》）則認爲"兄"與"祝"本爲一字。各家觀點不一。小篆字形與甲骨文相承。漢碑字形多依據小篆線條轉寫隸定，如圖①②；或整字訛混作"元"，如圖③。

【釋義】

兄長："弟述其兄"（Q117）；又見"兄弟、元兄"。

【釋詞】

［兄弟］兄長和弟弟。漢碑中又作"弟兄"："兄弟功德牟盛，當究三事，不幸早隕。"（Q152）；"兄弟共居，甚於親在"（Q106）；"内脩家，事親，順勑，兄弟和同相事"（Q114）。

8184 **競**　jīng 《廣韻》居陵切，見蒸平。見蒸。

Q137

《説文·兄部》："，競也。从二兄；二兄，競意。从丯聲。讀若矜。一曰：競，敬也。"

【釋形】

《説文》以爲形聲字，从二兄，丯聲。按"競"金文作（《斛比盨》），構意不明。俞樾《兒笘録》云："（競）實从二丯二兄會意。丯部曰：'丯，艸蔡也。象艸生之散亂也。'二艸并長，故有競意。"可備一説。漢碑字形中，兩個構件"丯"均省簡爲"土"形，如圖；後來通行字形進一步省簡爲"十"形。

【釋義】

小心，謹慎：見"競競業業"。

【釋詞】

［競競業業］謹慎戒懼貌："競競業業，素絲羔羊；誾誾侃侃，顒顒昂昂"（Q137）。

8185 **皃(額)**　mào 《廣韻》莫教切，明效去。明藥。

① Q100　② Q123

《説文·皃部》："，頌儀也。从人，白象人面形。凡皃之屬皆从皃。，皃或从頁，豹省聲。，籀文皃从豹省。"

【釋形】

《説文》小篆爲象形字，从人，上像人面形，表示儀容。《説文》或體"額"爲形聲字，从頁，豹省聲。漢碑字形中，有的與《説文》正篆相承，如圖①；有的與《説文》或體相近，如圖②。

【釋義】

㊀地貌："俯名山川，五常之額，含氣庶品，非書〖不記〗"（Q123）。㊁樣子："玉女執尊杯桉柈，局秫檼枓好弱皃"（Q100）。

8186 **額**

"皃"的異體字（圖②），見8185皃。

8187 **卞**　biàn 《廣韻》皮變切，並線去。並元。

 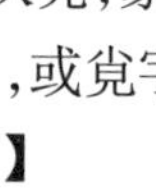 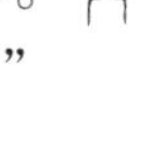

① Q102　② Q112　③ Q152　④ Q127

《説文》作"弁（弁）"，爲"覍"之或體，《説文·皃部》："，冕也。周曰覍，殷曰吁，夏曰收。从皃，象形。，籀文覍从廾，上象形。，或覍字。"

【釋形】

卞，《説文》爲"覍"之或體，寫作"弁（弁）"，像雙手戴帽之形，會意字，表示帽子。徐中舒《對金文編的幾點意見》將甲骨文（《合》2795）、金文（《牧共作父丁簋》）二形釋爲"弁"，季旭昇參考"弁"的秦文字（《十鐘》3.27.7）、（《十鐘》

3.27.8）等形體，認爲其説可從（參見季旭昇《説文新證》）。“弁”後省簡爲“卞”。段玉裁《説文解字注》“覍”下云：“今則或字行而正字廢矣。‘㝸’爲籀文，則‘覍’本古文也。人象上覆之形。‘弁’之譌俗爲‘卞’。由隸書而貤謬也。”漢碑字形與《説文》或體相承，多隸省作“卞”，其上爲短横，如圖①～④。

【釋義】

㊀通“變”：“於卞時廱，撫兹岱方”（Q127）。㊁姓氏：“行長史事卞守長擅”（Q102）；“相史卞吕松□遠百”（Q112）；“〖黄〗門同郡卞玉，字子珪”（Q152）。

8188 **先**　（一）xiān　《廣韻》蘇前切，心先平。心文。

① Q066

② Q137

③ Q142

④ Q144

⑤ Q102

《説文·先部》：“，前進也。从儿从之。凡先之屬皆从先。”

【釋形】

《説文》以爲會意字，从儿从之，表示前進。按“先”甲骨文作（《合》17644）、（《合》22315）、（《合》28099）等形，从止在人上，表示先行於前，即先後之先。或省變作（《合》27953），从人从之。金文承襲此類字形，寫作（《大盂鼎》）、（《虢季子白盤》）等形。小篆在此基礎上線條化。漢碑字形主要據小篆線條轉寫隸定，下部多从“儿”，如圖①～⑤，其中圖④“儿”右邊的“乚”分解成兩筆，似爲碑刻雕刻原因所致。構件“之”一般將上部的曲線隸定爲竪横，如圖①～④；或隸定爲横，如圖⑤。尚未形成後來通行的帶短撇的寫法。

【釋義】

㊀與“後”相對，以……爲先，在……之前：“克命先己，汁稽履化，難名兮而右九孫”（Q021）；“所在先陽春以布化，後秋霜以宣威”（Q066）；“先人後己，克讓有終”（Q144）。㊁古時的，古代的：見“先聖、先民”。㊂敬詞，對死去的人的尊稱：“先帝所尊，垂名竹帛”（Q137）。㊃祖先：“將作□封，因序祖先”（Q124）；“謁見先祖，念子營營”（Q143）；“君之先出自有周，周宣王中興，有張仲，以孝友爲行”（Q179）；又見“先人”（Q153）。㊄通“仙”，神仙：“先人博、先人騎”（Q210）。㊅用於人名：“宋直忌公、畢先風、許先生，皆食石脂，仙而去”（Q142）；“于伯先、于孝”（Q029）；“故門下史秦竝靜先”（Q178）。

【釋詞】

［先民］前人，前賢：“立言不朽，先民所臧”（Q133）；“□□之翰，先民是程”（Q148）。

［先人］前人：“先人伯況，匪志慷慨，術禹石紐、汶川之會”（Q153）。

［先生］稱老師：“并畔官文學先生、執事諸弟子”（Q141）。

［先聖］㊀對孔子的敬稱：“咸〖以〗爲自古在昔，先聖與仁”（Q093）；“故事，辟雍禮未行，祠先聖師”（Q102）。㊁前代聖人：“選其年卌以上，經通一藝，雜試通利，能奉弘先聖之禮，爲宗所歸者”（Q102）。

［先師］對孔子的敬稱：“臣伏見，臨璧廱日，祠孔子以大牢，長吏備爵，所以尊先師，重教化也”（Q140）。

［先世］前代，祖先：“爲漢制作，先世所尊”（Q102）。

［先哲］前代聖賢：“古先哲王，類帝禋宗，望于山川，徧于羣神”（Q174）。

（二）xiàn　《廣韻》蘇佃切，心霰去。心文。

【釋義】

引導，倡導：“分明好惡，先吕敬讓”（Q088）；“動順經古，先之以博愛，陳之以德義”（Q146）。

8189 **見** （一）jiàn 《廣韻》古電切，見霰去。見元。又胡甸切，匣霰去。匣元。

① Q128 ② Q125 ③ Q142

《說文·見部》：“，視也。从儿从目。凡見之屬皆从見。”

【釋形】

《說文》以爲會意字，从儿从目，表示看。按“見”甲骨文作（《合》339）、（《合》22184），合體象形字，像人跪坐而視之狀。金文與甲骨文相承作（《見乍甗》）、（《見尊》）、（《史牆盤》）等形。裘錫圭以爲甲骨文、金文中，下爲人跪坐之形者爲“見”，下爲人站立之形者爲“視”（參見《甲骨文中的見與視》），其說可從，參見8190視。小篆承襲金文後期字形并線條化，下面人形變化近似於“儿”，故《說文》以“从儿从目”釋之。漢碑字形依據小篆線條轉寫隸定，如圖①～③。

【釋義】

㊀看見，看到：“擘踊哭泣，見星而行”（Q128）；“遂就長夜，不見日星”（Q143）。㊁拜謁，謁見：“奉見劉朙府，立祠刊石”（Q123）；“奉見廟祠，奇嶇逼狹”（Q125）；“使坐上，小車軿，驅馳相隨到都亭，游徼候見謝自便”（Q100）。㊂接見：“會孝順皇帝西巡，以掾史召見”（Q133）。㊃副詞，用在動詞前，表被動：“所歷見慕，遺歌景形”（Q187）；“又有鴻稱，升遐見紀”（Q142）。㊄指代性副詞，用在動詞前，代稱自己：“有夷史之直、卓密之風，鄉黨見歸”（Q187）。

（二）xiàn 《廣韻》胡甸切，匣霰去。匣元。

【釋義】

顯示，出現：“潛行地中，見于陽口”（Q125）；“獲麟趣作，端門見徵，血書著紀，黄玉韻應”（Q140）。

8190 **視（眡）** shì 《廣韻》常利切，禪至去。禪脂。

① Q128 ② Q114 ③ Q135 ④ Q065

《說文·見部》：“，瞻也。从見、示。，古文視。，亦古文視。”

【釋形】

《說文》以爲會意字，从見、示，表示看。按徐鍇《說文解字繫傳》作“示聲”，依此“視”當爲形聲字。“視”甲骨文作（《京津》2221）、（《合》14250），合體象形字。裘錫圭（《甲骨文中的見與視》）以爲甲骨文、金文中，下爲人站立之形者爲“視”，下爲人跪坐之形者爲“見”，其說可從，參見8189見。“視”金文承襲甲骨文作（《史見卣》）；或增添聲符“氏”作（《覛尊》），變爲形聲字；或省作（《員方鼎》），與《說文》古文第二個字形構件相同，但結構布局有異。戰國楚文字作（《包》2.15）、（《包》2.17），與甲骨文相承；或作（《上》2.魯.2）形，增添聲符“示”，變爲形聲字。《說文》小篆與此類字形結構相同。《說文》古文第一個形體省作从目示聲。漢碑字形中，有的承襲古文第二個字形，如圖④，可隸定爲“眡”。多數則承襲《說文》小篆字形，義符“見”和聲符“示”依據小篆線條轉寫隸定，如圖①～③；其中圖③爲了適應隸書結字的需要，聲符“示”已經開始向“礻”的寫法演化。

【釋義】

㊀看，觀察：“後世賢大夫幸視此書”（Q006）；“調文刻畫，交龍委虵，猛虎延視，玄蝯登高”（Q114）；“仰瞻榱桷，俯視几筵”（Q140）。㊁顧念：“顧視忘宦，位不副德”（Q212）。㊂處理：見“視事”。㊃看待，認爲：“有韓魏之家，自視歉然”（Q084）。㊄通“示”，顯示，顯揚：“表碣銘功，昭眡後昆”

（Q065）。

【釋詞】

［視事］處理政事，履行職責："到官視事，七年有餘"（Q128）；"視事四年，比縱豹、產，化行如流，遷九江大守，□殘酷之刑，行循吏之道"（Q154）。

8191 **眎**

"視"的異體字（圖④），見8190視。

8192 **觀** （一）guān 《廣韻》古丸切，見桓平。見元。

① Q134

② Q132

③ Q126

④ Q100

⑤ Q141

⑥ Q114

《説文·見部》："，諦視也。从見，雚聲。，古文觀从囧。"

【釋形】

《説文》小篆爲形聲字，从見，雚聲。漢碑字形中，義符"見"多依據小篆線條轉寫隸定，如圖①～⑤；或訛混爲"貝"，如圖⑥。聲符"雚"中的構件"丫"或隸定爲"艹"，如圖①；或隸定爲"䒑"，如圖②③；或進一步減省爲"亠"，如圖④～⑥。構件"吅"或依據小篆線條轉寫隸定，如圖①②⑤；或隸定爲兩個三角形，如圖③④⑥。構件"隹"發生離析重組，并將線條全部轉寫爲筆畫，已看不出鳥的樣子了，如圖①～⑥。

【釋義】

㊀參觀，看："唯觀者諸君，願勿敗傷"（Q106）；"牧馬牛羊諸僮，皆良家子，來入堂宅，但觀耳，無得涿畫"（Q114）；"吏無大小，空府竭寺，咸俾來觀"（Q141）。㊁觀察，察看："盖觀德於始，述行於終"（Q132）。㊂觀摩，學習："覽樊姬，觀列女"（Q045）。㊃監察："觀朝廷，考德成"（Q035）。

（二）guàn 《廣韻》古玩切，見換去，見元。

【釋義】

㊀臺觀："〚特〛以儒學，詔書勑留，定經東觀"（Q134）；"薄踈郭中，畫觀後當，朱爵對游栗仙人，中行白虎後鳳皇"（Q100）；又見"觀闕"。㊁用於人名："門生安平下博蘇觀，字伯臺"（Q127）。

【釋詞】

［觀闕］宫殿或廟宇："遂采嘉石，造立觀闕"（Q126）。

8193 **覽** lǎn 《廣韻》盧敢切，來敢上。來談。

① Q144

② Q179

③ Q045

④ Q198

《説文·見部》："，觀也。从見、監，監亦聲。"

【釋形】

《説文》小篆爲會意兼形聲字，从見、監，監亦聲，表示觀看。"監"本有看義，增加形符"見"以强化理據。構件"見"多依據小篆線條轉寫隸定，如圖①～④，其中圖①構件"儿"右邊的"乚"分解成兩筆，或因碑刻雕刻因素所致。構件"監"右上像人形的部分或隸定爲"人"，如圖①；或隸定爲"𠂉"，如圖②；或省簡爲"一"，如圖③④。表示眼睛的構件"臣"中間封閉的曲線或省寫爲兩横，如圖①；或將上下的兩豎筆連通爲一筆，如圖③。基礎構件"皿"多隸定爲"罒"，其中圖①比較清晰，其他字形有不同程度的殘泐。

【釋義】

㊀觀摩，學習："覽樊姬，觀列女"（Q045）。㊁閱覽："治《詩》《尚書》，兼覽群藝，靡不尋暘"（Q144）；"博覽羣書，無物不栞"（Q154）；"披覽詩雅，煥知其祖"（Q179）。㊂用於人名："户曹史孔覽等"（Q102）。

8194 **覬** jì 《廣韻》几利切，見至去。見微。

Q127

《説文·見部》:",钦䖍也。从見,豈聲。"

【釋形】

《説文》小篆爲形聲字,从見,豈聲。漢碑字形中,義符"見"依據小篆線條轉寫隸定。聲符"豈"上部隸定近似於斜"山"形,下部"豆"變異混同爲"亜",如圖。

【釋義】

用於人名:"故吏泰山華毋樓覬,字世〖光〗"(Q127)。

8195 **覺** jué 《廣韻》古孝切,見效去。見覺。

Q177

《説文·見部》:",寤也。从見,學省聲。一曰:發也。"

【釋形】

《説文》小篆爲形聲字,从見,學省聲。漢碑字形與小篆結構相同,只是將圓轉線條轉寫爲平直方折的筆畫,如圖。

【釋義】

發覺,發現:"後會事覺,□□□□,臨難引□,各爭授命"(Q177)。

8196 **親** qīn 《廣韻》七人切,清真平。清真。

① Q083 ② Q129 ③ Q134

《説文·見部》:",至也。从見,亲聲。"

【釋形】

《説文》以爲形聲字,从見,亲聲。按"親"金文作(《王臣簋》)、(《盠駒尊》)、(《克鎛》)等形,从見,辛聲,本義應爲親自。戰國秦文字作(《睡·日乙》148)、(《睡·爲》24),聲符"辛"訛變爲"亲",其上"辛"省寫作"立"。小篆與此類字形相承并線條化。漢碑字形或承襲金文从見、辛聲的字形,其中聲符"辛"多寫一横,如圖①。或承襲戰國秦文字从見、亲聲的字形,其中基礎構件"辛"省變爲"立",其上或作短横,或作豎點,如圖②③。

【釋義】

㊀親自:"〖君準則〗大聖,親之桐柏,奉見廟祠,奇嶇逼狹"(Q125);"親至其山,柴祭燔燎"(Q129);"親至離亭,部吏王宰、程横等,賦與有疾者,咸蒙瘳悛"(Q178)。㊁父母:"子尚叢撫業,世幼無親,賢者相之"(Q026);"順孫弟弟,二親薨没,孤悲惻怛"(Q052);"兄弟共居,甚於親在"(Q106)。㊂親人,親情:"是以鄉人爲之諺曰:'重親致歡曹景完。'"(Q178)。㊃親近,親密:"親臤寶智,進直退慝"(Q172);"君體温良恭儉之德,篤親於九族,恂恂于鄉黨,交朋會友,貞賢是與"(Q166);"乾道不繆,唯淑是親"(Q179);"仁愛下下,民附親兮"(Q171)。㊄用於地名:"顔氏聖舅,家居魯親里,并官聖妃,在安樂里"(Q112)。

8197 **覲** jìn 《廣韻》渠遴切,羣震去。羣文。

Q178

《説文·見部》:",諸侯秋朝曰覲,勞王事。从見,堇聲。"

【釋形】

《説文》小篆爲形聲字,从見,堇聲。漢碑字形中,義符"見"依據小篆線條轉寫隸定。聲符"堇"在小篆中从土、从黄省,漢碑中"黄"的省形與構件"土"發生粘連,隸定似"堇",只是下部少一横,上部的"廿"混同作"艹",如圖。

【釋義】

諸侯秋季朝見天子,後泛指朝見君主:

"廓廣聽事官舍,廷曹廊閤,升降揖讓朝覲之階"(Q178)。

8198 **覿**　dí　《廣韻》徒歷切,定錫入。定屋。

① J237

② Q179

《説文·見部》(新附字):",見也。从見,賣聲。"

【釋形】

《説文》爲形聲字。漢碑字形中,義符"見"依據小篆線條轉寫隸定,如圖①②,其中圖②中間殘損一橫。聲符"賣"將小篆上部的形體省變爲"土",中間的"囧"隸定爲"罒",如圖①②。

【釋義】

顯現,現出:"利器不覿,魚不出淵"(Q179)。

8199 **欽**　qīn　《廣韻》去金切,溪侵平。溪侵。

① Q129

② Q142

③ Q141

《説文·欠部》:",欠皃。从欠,金聲。"

【釋形】

《説文》小篆爲形聲字,从欠,金聲。按義符"欠"甲骨文作(《合》18007),金文作(《欠父丁爵》),像人張大口呼氣的樣子;戰國秦文字作戰國秦文字作(《睡·封》49"次"的構件),已經發生省變;小篆徹底線條化作,形變更爲嚴重,已經看不出張口之形了。漢碑字形中,義符"欠"將小篆上部的"气之形"隸定作"⺈",下部像人之形的構件隸定爲"人",且"人"的起筆與"⺈"的撇筆末尾相交,與後來"欠"的通行寫法有明顯差異,如圖①~③。聲符"金"圖①變異較爲特殊,圖②③則接近於後世通行的寫法。

【釋義】

㊀敬,恭敬:"乃刊斯石,欽銘洪基"(Q148);"會遷京兆尹,孫府君到,欽若嘉業,遵而成之"(Q129);"凡百君子,欽謚嘉樂,永傳啻齡,晚矣昀昀"(Q154);又見"欽仰"。㊁嚴肅,莊重:見"欽明"。㊂用於人名:"印弟傳爵至孫欽,尚敬武主,無子,國除"(Q169);"故吏尚書令史□城劉欽公孝"(Q285)。

【釋詞】

[欽明]敬肅明察:"昭前之美,少以文塞,敦庬允元,長以欽明,躭詩悦書"(Q137);"□聲芳烈,作王臣,運天樞,釐三辰,擿栽吝,□□壯,道欽明"(Q175)。

[欽仰]景仰,敬慕:"羣土欽仰,來集如雲"(Q142)。

8200 **歇**　xiē　《廣韻》許竭切,曉月入。曉月。

① Q065

② Q084

《説文·欠部》:",息也。一曰:气越泄。从欠,曷聲。"

【釋形】

《説文》小篆爲形聲字,从欠,曷聲。漢碑字形中,義符"欠"或爲碑文篆書,但已經帶有明顯的隸意,如圖①;或隸定爲"欠",其中"⺈"向右下傾斜,與後來"欠"的通行寫法有明顯差異,如圖②。聲符"曷"小篆从曰,匃聲,漢碑中兩個構件省變粘連爲一體,如圖②。

【釋義】

㊀停止:"守□不歇,比性乾坤"(Q065)。㊁盡,完:"該三五之藉,歇周孔之薁"(Q084)。

8201 **歡**　huān　《廣韻》呼官切,曉桓平。曉元。

① Q178

② Q172

《説文·欠部》:“,喜樂也。从欠,雚聲。”

【釋形】

《説文》小篆爲形聲字,从欠,雚聲。漢碑字形圖①中,聲符“欠”將小篆上部的“气之形”隸定作“⺈”,下部像人之形的構件隸定爲“人”,且“⺈”向右下傾斜,“人”的起筆接近“⺈”的撇筆末尾,與後來“欠”的通行寫法有明顯差異。聲符“雚”中的構件“丫”省簡隸定爲“亠”;構件“吅”依據小篆線條轉寫隸定爲兩個“口”;構件“隹”發生離析重組,并將線條全部轉寫爲筆畫,已看不出鳥的樣子了。圖②中義符“欠”與圖①相同,聲符“雚”殘泐較爲嚴重。

【釋義】

㊀歡樂,喜悦:“禽姦戔猾,寇息善歡”(Q172);“百姓心歡,官不失實”(Q172)。㊁歡心:“是以鄉人爲之諺曰:‘重親致歡曹景完。’”(Q178)。

【釋詞】

[歡心]愛戴:“得眾兆之歡心,可謂印之若明神者已”(Q161)。

[歡欣]歡樂喜悦:“□□充贏兮,百姓歡欣”(Q150)。

8202 **欣**　xīn《廣韻》許斤切,曉欣平。曉文。

① Q174

② Q088

③ Q083

④ Q133

《説文·欠部》:“,笑喜也。从欠,斤聲。”

【釋形】

《説文》小篆爲形聲字,从欠,斤聲。漢碑字形中,義符“欠”從圖①到圖④體現了隸定過程中逐漸朝後世通行寫法發展的過程,由圖①聲符“欠”中的“⺈”向右下傾斜、“人”的起筆與“⺈”的撇筆末尾相接,到後來“⺈”逐漸平放、“人”與“⺈”逐漸分離,與後世通行寫法漸趨一致。聲符“斤”中兩個曲線分别分解爲兩筆,重組爲後世通行的寫法,如圖①～④。

【釋義】

㊀喜悦,高興:“或解高格,下就平易,行者欣然焉”(Q095);“開□欣喜”(Q083);見“歡欣”。㊁欣慕,愛戴:“子孫奉祠,欣肅慎焉”(Q052)。㊂用於人名:“故書佐朱虚鞠欣,字君大”(Q088)。

8203 **欲**　yù《廣韻》余蜀切,餘燭入。餘屋。

① Q199

② Q142

《説文·欠部》:“,貪欲也。从欠,谷聲。”

【釋形】

《説文》小篆爲形聲字,从欠,谷聲。漢碑字形中,義符“欠”將小篆上部的“气之形”隸定作“⺈”,下部像人之形的構件隸定爲“人”,且“⺈”向右下傾斜,“人”的起筆接近“⺈”的撇筆末尾,與後來“欠”的通行寫法有一定差異,如圖①②。聲符“谷”或將小篆中的四條曲線轉寫爲四點,如圖①;或將上面兩條曲線轉寫爲兩點,中間兩條曲線拉直連接爲一横,如圖②。

【釋義】

㊀想要,希望:“欲厚顯祖,〖尚〗無餘日”(Q052);“雖欲拜見,道徑無從”(Q142);“今欲加寵子孫,敬恭朙祀,傳于罔極”(Q102)。㊁將要:“北方黑帝禹玄武患禍欲來”(Q155)。

8204 **歌**　gē《廣韻》古俄切,見歌平。見歌。

① Q146

② Q141

③ Q129

《説文·欠部》:“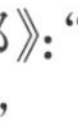,詠也。从欠,哥聲。,謌或从言。”

【釋形】

《説文》小篆爲形聲字,从欠,哥聲。漢碑字形中,義符“欠”將小篆上部的“气之形”隸定作“⺈”,且向右下傾斜;下部像人之形的構件隸定爲“人”,但“人”的起筆或爲豎,或近似於撇,起筆位置接近“⺈”的撇筆末尾,與後來“欠”的通行寫法有一定差異。聲符“哥”嚴格依據小篆線條轉寫隸定,如圖①～③。

【釋義】

㊀唱,詠唱:“恐精靈而迷惑兮,歌歸來而自還”(Q039);“載歌載揚,□騰齊舞”(H144)。㊁歌謠,歌曲:“祀以圭璧,樂奏《六歌》”(Q129);“雅歌吹笙,考之〖六〗律;八音克諧,蕩邪反正”(Q141);“故仲尼既殁,諸子綴《論》,《斯干》作歌,用昭于宣”(Q137)。㊂頌揚,贊美:“民歌德惠,穆如清風”(Q146);“百姓歐歌,得我惠君”(Q171);“澤零年豐,黔首歌頌”(Q193)。

8205 **歍(嗚)** wū 《廣韻》哀都切,影模平。影魚。

① Q088

② Q088

③ Q128

④ Q187

⑤ Q167

⑥ Q106

⑦ Q144

⑧ Q191

《説文·欠部》:“,心有所惡,若吐也。从欠,烏聲。一曰:口相就。”

【釋形】

《説文》小篆爲形聲字,从欠,烏聲。漢碑字形中,或承襲小篆結構作从欠、烏聲的形聲字,如圖①～④;或將義符“欠”替换爲“口”,且移至左側,成爲左形右聲的形聲字。“口”也是跟張口出氣有關的,故義符“欠、口”可以互换通用,如圖⑤～⑧。義符“欠”從圖①到圖③體現了“人”與“⺈”逐漸由相接向相離的發展過程,其中“⺈”均向右下傾斜,與後世通行寫法還有一定差異。聲符“烏”變化較爲複雜,均已失去了象形性,如圖①～⑧。

【釋義】

歎詞:見“歍呼、歍呼哀哉”等。

【釋詞】

[歍呼哀哉]表示悲痛之辭,常用以表示對死者的哀悼:“歍呼哀哉,奈何悲夫”(Q128)。漢碑中又作“歍呼悕哉、嗚呼悕哉、嗚呼哀哉、嗚呼哀栽、烏呼哀哉、歍秓哀哉”:“歍呼悕哉!魂神往兮”(Q187);“其拾七年六月甲戌葅,嗚呼悕哉”(Q191);“惟漢永和二年,歲在丁丑,七月下旬,臨乃喪慈父,嗚呼哀哉”(Q124);“嗚呼哀栽,士女痛傷”(Q094);“烏呼哀哉,邦喪貞榦”(Q145);“歍秓哀哉,奈何悲夫”(Q128)。

[歍歔]歎詞,表示悲傷,猶“嗚呼”:“惟漢安二年,仲秋□□,故北海相任城景府君卒,歍歔哀哉”(Q088);“歍歔哀哉”(Q088)。

8206 **歎** tàn 《廣韻》他旦切,透翰去。透元。

① Q201

② Q112

《説文·欠部》:“,吟也。从欠,鷬省聲。,籀文歎不省。”

【釋形】

《説文》小篆爲形聲字,从欠,鷬省聲。漢碑字形中,義符“欠”將小篆上部的“气之形”隸定作“⺈”,下部像人之形的構件隸定爲“人”,且構件“⺈”向右下傾斜,“人”的起筆與“⺈”的撇筆末尾相交,與後來“欠”的通行寫法有明顯差異,如圖①②。聲符“堇”在小篆中从土、从黄省,漢碑中“黄”的省形與構件“土”發生粘連重組,下方離析出“八”形;上部的“廿”或省變混同作“艹”,如圖①;或省變爲“卝”形,如圖②。段玉裁《説文解字注》“歎”下云:“古歎與嘆義別。歎與喜樂爲類,嘆與怒哀爲類。”

文獻中二字多通用無別。參見 2071 嘆。

【釋義】

㊀吟誦，歌詠："垂囗後昆，億載歎誦"（Q093）；"歎曰：猗台我君！"（Q201）；"因勒銘歎之"（H105）。㊁通"嘆"，歎息：見"歎傷"。㊂通"灘"：見"涒歎"。

【釋詞】

［歎傷］即"嘆傷"，感歎悲傷："朝廷愍惜，百遼歎傷"（Q133）。

8207 **歐** ōu 《廣韻》烏侯切，影侯平。影侯。

① Q175

② Q066

《説文·欠部》："，吐也。从欠，區聲。"

【釋形】

《説文》小篆爲形聲字，从欠，區聲。漢碑字形中，聲符"區"依據小篆線條轉寫隸定。義符"欠"在圖①中將小篆上部的"气之形"隸定作"𠂊"，下部像人之形的構件隸定爲"人"，且構件"𠂊"向右下傾斜，"人"的起筆與"𠂊"的撇筆末尾相交；圖②的"欠"則已與後世通行的寫法相同。

【釋義】

㊀同"謳"，歌頌："百姓歐歌，得我惠君"（Q171）。㊁用於複姓："又明歐陽《尚書》、河洛緯度"（Q066）；"初受業於歐陽，遂窮究于典〖籍〗"（Q117）；"治《尚書》歐陽"（Q175）。

8208 **歔** xū 《廣韻》朽居切，曉魚平。曉魚。

① Q201

② Q088

③ Q128

④ Q066

《説文·欠部》："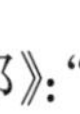，欷也。从欠，虚聲。一曰：出气也。"

【釋形】

《説文》小篆爲形聲字，从欠，虚聲。漢碑字形中，義符"欠"從圖①到圖④體現了隸定過程中逐漸朝後世通行寫法發展的過程，由圖①聲符"欠"中的"𠂊"向右下傾斜、"人"的起筆與"𠂊"的撇筆末尾相接，到後來"𠂊"逐漸平放、"人"與"𠂊"逐漸分離，與後世通行寫法漸趨一致。聲符"虚"从丘、虍聲，其中構件"虍"有的據小篆嚴格隸定爲"虍"，如圖④，其他則省變幅度較大，如圖①～③。構件"丘"或依據小篆線條轉寫隸定，如圖①③④；或隸定近似於"丘"，如圖②，故"虚"後來又有異體字"虗"。

【釋義】

㊀哽咽，抽泣：見"欷歔、歔欷"。㊁歎詞，表悲傷：見"歍歔"。

【釋詞】

［歔欷］悲泣，抽噎："珪璧之質，臨卒不回，歔欷賈絶，奄忽不起"（Q088）。

8209 **欷** xī 《廣韻》香衣切，曉微平。曉微。

① Q128

② Q066

《説文·欠部》："，歔也。从欠，稀省聲。"

【釋形】

《説文》小篆爲形聲字，从欠，稀省聲。按徐鍇《説文解字繫傳》作"希省"，非"稀"省聲，可從。漢碑字形中，義符"欠"在圖①中將小篆上部的"气之形"隸定作"𠂊"，下部像人之形的構件隸定爲"人"，且構件"𠂊"向右下傾斜，"人"的起筆與"𠂊"的撇筆末尾相交，與後來"欠"的通行寫法有明顯差異；圖②中"欠"訛混爲"攵"。聲符"希"本从巾从爻，漢碑中或據小篆線條嚴格轉寫隸定，如圖①；或將"爻"下面的"乂"隸定爲"𠂇"，重組爲上"乂"下"布"，如圖②。

【釋義】

歎息，抽泣：見"欷歔、歔欷"。

【釋詞】

［欷歔］歎息聲，抽咽聲：“皇上憀慄，痛惜欷歔”（Q128）；“于時，群后卿士，凡百棃萌，靡不欷歔垂涕，悼其爲忠獲罪”（Q066）。

8210 **次** cì 《廣韻》七四切，清至去。清脂。

① Q021

② Q128

③ Q169

④ Q066

《説文·欠部》：“，不前，不精也。从欠，二聲。，古文次。”

【釋形】

《説文》小篆爲形聲字，从欠，二聲。漢碑字形中，聲符“二”轉寫隸定爲兩點或一點一提；義符“欠”從圖①到圖④體現了隸定過程中逐漸朝後世通行寫法發展的過程，由圖①聲符“欠”中的“〳”向右下傾斜、“人”的起筆與“〳”的撇筆末尾相接，到後來“〳”逐漸平放、“人”與“〳”逐漸分離，與後世通行寫法漸趨一致，如圖①～④。

【釋義】

㊀按順序排在下一位置的：“伯子玄，曰大孫；次子但，曰仲城；次子紆，曰子淵”（Q021）；“敦煌長史之次弟也”（Q132）；“其次適鬲侯朱氏，其次適陽泉侯劉氏”（Q056）。㊁次序：“獨教兒子書計，以次仕學”（Q106）。㊂依次：“僤中其有訾次當給爲里父老者，共以客田借與，得收田上毛物穀實自給”（Q029）。㊃用於人名：“王次作”（Q031）；“故涿郡大守魯庶次公五千”（Q112）。

8211 **欺** qī 《廣韻》去其切，溪之平。溪之。

Q195

《説文·欠部》：“，詐欺也。从欠，其聲。”

【釋形】

《説文》小篆爲形聲字，从欠，其聲。漢碑字形殘泐較爲嚴重，但據文意可以判斷爲“欺”字，如圖。

【釋義】

欺騙，欺瞞：“躬素忠謇，犯而勿欺”（Q173）；“事人，犯而勿欺”（Q195）。

8212 **歆** xīn 《廣韻》許金切，曉侵平。曉侵。

① Q144

② Q129

《説文·欠部》：“，神食气也。从欠，音聲。”

【釋形】

《説文》小篆爲形聲字，从欠，音聲。漢碑字形中，義符“欠”在圖①中將小篆上部的“气之形”隸定作“〳”，下部像人之形的構件隸定爲“人”，且構件“〳”向右下傾斜，“人”的起筆與“〳”的撇筆末尾相交；圖②的“欠”則已與後世通行的寫法相同。聲符“音”所从之構件“言”在小篆中从口，辛聲，漢碑中“辛”省去了下面豎畫，寫作“立”；構件“口”與内部的指事符號粘合寫作“日”，如圖①②。

【釋義】

㊀舊指祭祀時鬼神享用祭品的香氣：“明德惟馨，神歆其芳”（Q129）。㊁喜悦：“明神弗歆，灾害以生”（Q125）；“神歆感射，三靈合化，品物流形”（Q126）。㊂喜歡，喜愛：“魂〖而有〗靈，亦歆斯勒”（Q117）。㊃欣羡，欣賞：“大傅胡公，歆其德美，旌招俯就”（Q144）；“脩北辰之政，馳周、邵之風，歆樂唐君神靈之美”（Q199）。

8213 **㰳**

“呼”的異體字（圖⑧），見 2040 呼。

8214 **飲** （一）yǐn 《廣韻》於錦切，影寑上。影侵。

① Q100

② Q066

《説文》作“歙”，《説文·歙部》：“，歠也。从欠，酓聲。凡歙之屬皆从歙。，古文歙从今、水。，古文歙从今、食。”

【釋形】

歙，《説文》以爲形聲字，从欠，酓聲。按“歙”甲骨文作（《合》10405）、（《甲》205）等形，像人張口伸舌飲酒之狀。人形或省略，寫作（《合》22137）；西周金文在此基礎上將“口”形改爲“今”聲，寫作（《員仲觶》），隸定作“酓”，這是漢字形聲化趨勢影響的結果。也有的金文字形仍保留右邊的人合口形，寫作（《員仲觶》），更加突出了“今”的聲符作用，此即《説文》小篆字形之所本。春秋金文發生類化，右側的人和口重組爲“欠”，左側的“酉”和“今”粘合混同爲“食”，整字寫作（《曾孟嬭諫盆》），成爲从食从欠的會意字，此即漢碑字形“飲”之所本。從“歙”到“飲”的變化，體現了漢字形體演變過程中的類化趨勢。構件“食”小篆字形爲，漢碑中發生粘連省簡。構件“欠”在圖①中將小篆上部的“气之形”隸定作“⺈”，下部像人之形的構件隸定爲“人”，且構件“⺈”向右下傾斜，“人”的起筆與“⺈”的撇筆末尾相交；圖②的“欠”則已與後世通行的寫法相同。後來“酓、歙”等寫法逐漸廢棄不用，現在通行字形爲“飲(饮)”。

【釋義】

喝：“其當飲食，就夫倉，飲江海”（Q100）；“濱近聖禹，飲汝茹汸”（Q187）；“臣以建寧元年到官，行秋饗，飲酒畔宮”（Q140）。

【釋詞】

［飲酌］飲酒：“咸共飲酌，其流者有踰三千”（Q066）。

（二）yìn 《廣韻》於禁切，影沁去。影侵。

【釋義】

讓人或牲畜喝：“其師與之歸，以藥飲公房妻子”（Q199）。

8215 **涎** xián 《廣韻》夕連切，邪仙平。邪元。

Q128

《説文》作“次”，《説文·次部》：“，慕欲口液也。从欠从水。凡次之屬皆从次。，次或从侃。，籀文次。”

【釋形】

次，《説文》小篆爲會意字，从欠从水，表示羨慕得流口水。“次”甲骨文作（《合》28053），像人口液外流之狀，會意字。小篆像口液之形的三個點兒演變爲“水”，理據重構，故《説文》以“从欠从水”釋之。段玉裁《説文解字注》云“俗作涎”。漢碑中的“涎”爲“次”之俗體，从水，延聲。按聲符“延”小篆作，漢碑中構件“廴”隸定混同爲“辶”，其餘部分變異嚴重，如圖。

【釋義】

羨慕：“皇上頌德，羣黎慕涎”（Q128）。

8216 **羨** xiàn 《廣韻》似面切，邪線去。邪元。

① Q123

② Q185

《説文·次部》：“，貪欲也。从次，从羑省。羑呼之羑，文王所拘羑里。”

【釋形】

《説文》以爲从次、从羑省，會意字，表示貪欲。按學者多以爲應爲从次从羊，羊爲美味，引人垂涎，故可會貪欲義。漢碑字形中，構件“羊”省簡隸定爲“⺶”，如圖①②。構件“次”左側三點或隸定爲“氵”，如圖①;或省簡爲“冫”,如圖②。

【釋義】

㊀羨慕:“戲我君,羨其縱”(Q185)。㊁用於人名:“衙令朔方臨戎孫羨”(Q123)。

8217 **盜** dào 《廣韻》徒到切,定号去。定宵。

① J321 ② Q088

《説文·次部》:“,私利物也。从次,次欲皿者。”

【釋形】

《説文》小篆爲會意字,从次从皿,表示偷竊。“盜”甲骨文作(《合》8315),从次从凡(即“盤”字),像在美食面前流口水之狀。金文作(《秦公鎛》),口水形變爲兩個構件“水”,“凡”改爲“皿”,且“皿”中增添了食物,構意與甲骨文相同。小篆在金文字形的基礎上省去食物形和一個構件“水”,寫作从次从皿。漢碑字形與小篆相承,構件“皿”筆畫發生重組,已失去象形性。構件“次”的左邊構件或據小篆轉寫隸定爲“氵”,如圖①;或省簡作“冫”,如圖②。

【釋義】

偷竊或搶劫財物的人:“追捕盜賊”(Q043)。

卷　九

9001 **頁** xié 《廣韻》胡結切,匣屑入。
匣質。

Q178

《説文·頁部》:“,頭也。从百从儿。古文䭫首如此。凡頁之屬皆从頁。百者,䭫首字也。”

【釋形】

《説文》以爲會意字,从百从儿,表示頭。按“頁”甲骨文作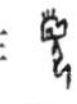(《合》22217)、(《合》27723),合體象形字,像跪坐之人并突出其頭部之形,故凡是以“頁”爲構件的字多與人頭有關。金文作(《卯簋蓋》)、(《㝉鼎》),象形意味減弱。小篆承襲金文,《説文》據小篆形體釋爲“从百从儿”。漢碑字形與小篆相承,上部頭形轉寫隸定爲“百”,下部像人身體的兩條曲線隸定爲“八”形,完全失去了象形性,如圖。

【釋義】

用於人名:“故市掾高頁顯和千”(Q178)。

9002 **頭** tóu 《廣韻》度侯切,定侯平。
定侯。

① Q102

② Q112

③ Q163

《説文·頁部》:“,首也。从頁,豆聲。”

【釋形】

《説文》小篆爲形聲字,从頁,豆聲。漢碑字形與小篆相承,義符“頁”的隸定情況參見9001頁,聲符“豆”下部的兩豎筆尚未演化爲點和短撇,如圖①②。

【釋義】

㊀頭部,首:“平惶恐叩頭,死罪死罪,上司空府”(Q102);又見“九頭”。㊁量詞:“牛一頭,直萬五千”(Q071)。㊂用於人名:“魯夏侯廬頭二百。魯周房伯臺百”(Q112)。

9003 **顏** yán 《廣韻》五姦切,疑删平。
疑元。

① Q224

② Q128

③ Q128

④ Q141

《説文·頁部》:“,眉目之間也。从頁,彥聲。,籀文。”

【釋形】

《説文》小篆爲形聲字,从頁,彥聲,表示眉目之間。段玉裁認爲是“眉之間”,桂馥認爲是額。漢碑字形與小篆相承,義符“頁”的隸定情況參見9001頁。聲符“彥”小篆从彣厂聲,基礎構件“文”下面的“乂”隸變爲“ヽ丿”;“彡”或隸定爲三横畫,如圖①;或省減爲兩筆,如圖②～④,其中圖②③隸定爲横畫,似“二”,圖④隸定爲兩點。

【釋義】

㊀臉色:“至孝通洞,克勤和顏”(Q128);又見“犯顏”。㊁姓氏:“昔在仲尼,汁光之精,大帝所挺,顏母毓靈”(Q140);“顏育空桑,孔制元孝”(Q112);“顏路哭回孔尼魚,澹臺忿怒投流河”(Q113)。㊂用於人名:“君三子:大子諱寬,字顏公”(Q128)。

【釋詞】

[顏閔]孔子弟子顏回和閔損的并稱,均以品行著稱於世:“君幼□顏閔之懋質,

長敷斿夏之文學”（Q093）。

［顔原］孔子弟子顔淵、原憲的并稱，均以品行著稱於世：“履該顔原，兼脩季由”（Q137）。

9004 **頌** （一）róng 《廣韻》餘封切，餘鐘平。餘東。

① Q128

② Q179

③ Q125

④ Q188

⑤ Q066

《説文·頁部》：“，皃也。从頁，公聲。，籀文。”

【釋形】

《説文》小篆爲形聲字，从頁，公聲。邵瑛《説文解字羣經正字》：“此即容皃（貌）之本字，今作容。蓋从籀文省，而後遂定作容，竟不知本字作頌、額也。”漢碑字形與小篆相承，義符“頁”的隸定情況參見9001頁。聲符“公”小篆从八从厶，構件“厶”漢碑中或隸定作“口”形，如圖①；或隸定作三角形，如圖②～④；或隸定作“厶”形，與今之寫法相近，如圖⑤。構件“八”在圖⑤中的寫法與其他字圖中有明顯區别。

【釋義】

儀容，這個意義後來多借“容”表示：“秩秩其威，娥娥厥頌”（Q128）；“感秦人之哀，願從贖其無由，庶考斯之頌儀”（Q133）。

（二）sòng 《廣韻》似用切，邪用去。邪東。

【釋義】

㊀歌頌，贊頌：“以頌功德，刻石紀文”（Q061）；“皇上頌德，羣黎慕涎”（Q128）。㊁《詩》六義之一：“蓋《雅》《頌》興而清廟肅，《中庸》起而祖宗□”（Q137）。㊂以頌揚爲目的的詩文文體：“或著形像於列圖，或數頌於管弦”（Q088）；“文則作頌，武襄獫狁，二子著詩，列于風雅”（Q166）；“元氏封龍山之頌”（Q126）；“在官清亮，吏民謨念，爲立碑頌”（Q188）。㊃用於人名：“故門下督盗賊劇騰頌，字叔遠”（Q088）。

9005 **顯（顚）** yuàn 《廣韻》魚怨切，疑願去。疑元。

① Q133

② Q144

③ Q106

④ Q141

《説文·頁部》：“，顛頂也。从頁，㬎聲。”

【釋形】

《説文》小篆爲形聲字，从頁，㬎聲，本義爲頭頂，文獻中常借爲願望之“願”。邵瑛《説文解字羣經正字》：“今經典皆借其爲願欲字，而又棄繁就簡，衹用願不用顯。然古人止作顯，故《廣雅·釋詁》云：‘顯，欲也。’而漢隸亦有顯無願，如《楊統碑》：‘顯從贖其無由。’其他如《夏承碑》：‘意顯未止。’《唐公房碑》：‘固所顯也。’《史晨後碑》：‘咸其所顯。’筆跡雖不同，要皆從㬎之變。可知古本作顯，今之作願，隸從省便耳。”其説甚是。漢碑中“顯”均借爲“願”。義符“頁”的隸定情況參見9001頁。聲符“㬎”小篆从大㗊聲，其中構件“㗊”或與小篆結構一致，如圖①；或減省中間的折線，上面的“罒”省去中間一短豎，下面的“罒”變爲“目”，如圖②；或在圖②的基礎上將上面的“罒”變爲“夕”形，如圖③④。構件“大”或隸定爲“大”，如圖①；或隸似“丌”形，如圖②；或省簡似“八”形，如圖③④。

【釋義】

㊀願望，心願：“庶同如蘭，意顯未止”（Q144）。㊁願意；情願：“顚以家錢，義作土牛、上瓦屋、欄楯什物，歲歲作治”（Q119）；又見“顚樂”。㊂希望：“感秦人之哀，顯從贖其無由，庶考斯之頌儀”（Q133）；“唯觀者諸君，顚勿敗傷”（Q106）；“妻子曰：固所顯也”（Q199）。㊃祝願，祈求：“世無有死者，即欲有死者，藏石羊能顚吉”（Q203）。

9006 **頟**

“顯” 的異體字(圖③④),見 9005 顯。

【釋詞】

［頟樂］樂意:“於昌平亭下立會市,因彼左右,咸所頟樂”(Q141)。

9007 **顛**　diān《廣韻》都年切,端先平。端真。

① Q117

② Q153

③ Q088

④ Q095

《說文·頁部》:“ ,頂也。从頁,真聲。”

【釋形】

《說文》小篆爲形聲字,从頁,真聲。漢碑字形與小篆相承,義符“頁”的隸定情況參見 9001 頁。聲符“真”金文作 (《伯真甗》)、 (《真盤》)、 (《季真鬲》)等形,構意不明。戰國秦文字作 (《睡·法》49)、 (《睡·爲》3)。小篆線條化作 。漢碑字形更接近戰國秦文字,上部或隸定爲“亠”,如圖①②;或隸定近似於“山”,如圖③④,其中圖④“山”下似爲一橫一點。中部“目”或訛混爲“日”,如圖②④。下部或隸定爲“丌”,如圖①;或訛混爲“六”,如圖②～④。

【釋義】

㊀行進不平穩:“上則縣峻,屈曲流顛;下則入冥,廎寫輸淵”(Q095)。㊁跌倒,倒仆:“孝子惸懞,顛倒剝摧”(Q088);又見“顛覆”。㊂挫折困頓:見“顛仆”。㊃傾覆,滅亡:見“顛覆、顛沛”。

【釋詞】

［顛覆］㊀傾側,倒仆:“財容車騎,進不能濟,息不得駐,數有顛覆霣隧之害,過者創楚,惴惴其慄”(Q146)。㊁滅亡:“大命顛覆,中年徂歿”(Q153)。

［顛沛］滅亡:“乃遭〖氛〗災,隕命顛沛”(Q117)。

［顛仆］挫折,困頓:“斯志顛仆,心懷弗寧”(Q109)。

9008 **顙**　sǎng《廣韻》蘇朗切,心蕩上。心陽。

Q128

《說文·頁部》:“ ,頟也。从頁,桑聲。”

【釋形】

《說文》小篆爲形聲字,从頁,桑聲。漢碑字形與小篆相承,義符“頁”的隸定情況參見 9001 頁。聲符“桑”所从之構件“叒”隸定近似於“卉”,構件“木”訛寫混同爲“不”,如圖。

【釋義】

頟頭:見“稽顙”。

9009 **題**　tí《廣韻》杜奚切,定齊平。定支。

Q187

《說文·頁部》:“ ,頟也。从頁,是聲。”

【釋形】

《說文》以爲形聲字,从頁,是聲。漢碑字形與小篆相承,義符“頁”的隸定情況參見 9001 頁;聲符“是”將小篆圓轉彎曲的線條轉寫隸定爲平直方折的筆畫,整字仍爲左右結構,尚未形成後世的半包圍結構,如圖。

【釋義】

通“提”:見“題剛”。

【釋詞】

［題剛］即“提綱”,本義爲提舉網上的總繩,喻指擔當大任,總領全局:“於是國君備禮招請,濯冕題剛,傑立忠謇,有夷史之直、卓密之風”(Q187)。

9010 **領**　lǐng《廣韻》良郢切,來靜上。來耕。

① Q128 ② Q102 ③ Q060

《説文·頁部》:“,項也。从頁,令聲。”

【釋形】

《説文》小篆爲形聲字,从頁,令聲。漢碑字形與小篆相承,義符“頁”的隸定情況參見9001頁。聲符“令”甲骨文作(《合》32870),像跪坐之人發號施令之形;小篆線條化之後,象形性變弱;漢碑字形中下面的人形多隸定爲横折加一豎筆,尚未真正形成“卩”的寫法,如圖①②;圖③“令”上下兩部分的變異都比較特殊,或因刻寫因素所致。

【釋義】

㊀掌管,治理:“廟有禮器,無常人掌領”(Q102);“州辟典部,入領治中”(Q128)。㊁漢代以後,以地位較高的官員兼理較低的職務稱作領:“漢故領校巴郡大守樊府君碑”(Q187):“領方郡户曹史張湛白:前换蘇示有秩馮佑,轉爲安斯有秩”(Q170)。㊂通“嶺”,山嶺:“深惟三公御語山,三條别神,迴在領西”(Q060)。

9011 **項** xiàng 《廣韻》胡講切,匣講上。匣東。

① J282 ② Q066

《説文·頁部》:“,頭後也。从頁,工聲。”

【釋形】

《説文》小篆爲形聲字,从頁,工聲。漢碑字形與小篆相承,義符“頁”的隸定情況參見9001頁,如圖①②。

【釋義】

姓氏:“聖漢龍興,楊憙佐命,克項於垓”(Q066);“秦項作亂,不尊圖書,倍道畔德”(Q112)。

9012 **碩** shuò 《廣韻》常隻切,禪昔入。禪鐸。

① Q154 ② Q125

《説文·頁部》:“,頭大也。从頁,石聲。”

【釋形】

《説文》小篆爲形聲字,从頁,石聲。漢碑字形與小篆相承,義符“頁”的隸定情況參見9001頁。聲符“石”中的長曲線被分解爲“一”和“丿”兩筆,或相接,如圖①;或相離,如圖②。

【釋義】

㊀大,壯:“禽獸碩茂,草木芬〖芳〗”(Q125);又見“博碩”。㊁遠:“其先周文公之碩胄,□□伯禽之懿緒,以載于祖考之銘也”(Q154)。

9013 **顒** yóng 《廣韻》魚容切,疑鍾平。疑東。

Q137

《説文·頁部》:“,大頭也。从頁,禺聲。《詩》曰:‘其大有顒。’”

【釋形】

《説文》以爲形聲字,从頁,禺聲。漢碑字形與小篆相承,義符“頁”的隸定情況參見9001頁;聲符“禺”下面左右兩條曲線重組爲“冂”形,中間未封閉的環形隸定爲三角形,如圖。

【釋義】

肅敬貌:見“顒顒昂昂”。

【釋詞】

[顒顒昂昂]氣宇軒昂、令人敬慕的樣子:“兢兢業業,素絲羔羊;誾誾侃侃,顒顒昂昂”(Q137)。

9014 **頑** wán 《廣韻》五還切,疑删平。疑元。

Q202

《説文·頁部》:“,梱頭也。从頁,元聲。”

【釋形】

《説文》以爲形聲字,从頁,元聲。漢碑字形與小篆相承,義符“頁”的隸定情況參見9001頁。聲符“元”下面的人形隸定爲“儿”,且末筆已接近豎提的寫法,如圖。

【釋義】

㊀强暴之人:見“頑凶”。㊁愚頑之人:“抑□□禮官,賞進厲頑,約之以禮,博之以文”(Q193);“於是砥鈍厲頑”(Q263)。

【釋詞】

[頑凶]强暴之人。“烝烝其孝,(闕)頑凶”(Q202)。

9015 **顧** gù 《廣韻》古暮切,見暮去。見魚。

① Q261 ② Q128 ③ Q187

《説文·頁部》:“,還視也。从頁,雇聲。”

【釋形】

《説文》小篆爲形聲字,从頁,雇聲。漢碑字形與小篆相承,義符“頁”的隸定情況參見9001頁。聲符“雇”小篆从隹,户聲,獨立成字時作,爲半包圍結構,充當構件時變爲上下結構;漢碑中作構件時仍爲半包圍結構,如圖①~③,其中圖②③省變較爲嚴重。

【釋義】

㊀回頭看,回頭:“朝夕講習,樂以忘憂。郡縣禮請,終不回顧。高位厚禄,固不動心”(S110);“固執不顧”(Q135)。㊁顧惜,顧戀:“終不顧寵”(Q261)。㊂眷顧,眷念:“爲堯種樹,舍潛于岐,天顧亶甫,乃萌昌、發”(Q187);“勤恤民殷,□心顧下”(Q193)。㊃顧慮:見“顧憂”。㊄顧忌:“喜怒作律,案罪殺人,不顧倡儼”(Q187)。

【釋詞】

[顧憂]顧慮,擔憂:“民殷和睦,朝無顧憂”(Q128)。

9016 **順** shùn 《廣韻》食閏切,船稕去。船文。

① Q095 ② Q130

《説文·頁部》:“,理也。从頁从巛。”

【釋形】

《説文》以爲會意字,从頁从巛。按“順”甲骨文作(《屯》2080),金文作(《䦉尊》),學者或以爲从頁,川聲。“川”上古音在昌母文部。“訓、馴、巡、順”聲符均爲“川”,且都有順從義,可知其義是從聲符而來,幾字之間應爲同源關係。但“順”从“頁”之構意不明,故其本義尚難確定。清人多釋爲肌膚的紋理,比較牽强。由於“順”可引申爲順心,故戰國文字有的將義符“頁”改换爲“心”,寫作作(《中山王䂂壺》)、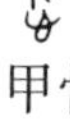(《郭·緇》12)。小篆和漢碑字形均承襲甲骨文、金文从“頁”的字形,如圖①②。

【釋義】

㊀順應,依順:“上順斗極,下荅坤皇”(Q095);“君雖詘而就之,以順時政,非其好也,迺翻然輕舉”(Q133)。㊁和順:“疏穢濟遠,柔順其道”(Q125);又見“孝順”。㊂理,管理:“内脩家事親,順勑兄弟,和同相事”(Q114)。㊃通“循”:見“順環”。㊄用於謚號:“會孝順皇帝西巡,以掾史召見”(Q133)。㊅用於人名:“□吏高陵張順六百”(Q123);“弟子東平〖寧〗陽周順,字〖承〗□”(Q127)。㊆用於地名:“□□南陽順陽徐升德龍千”(Q107);“門生□陽順陽

李忠錢□□百”（Q107）。

【釋詞】

［順環］即“循環”：“乾行無已，順環無〖端〗”（Q123）。

9017 **顓** zhuān 《廣韻》職緣切，章仙平。章元。

Q178

《説文·頁部》：“，頭顓顓謹皃。从頁，耑聲。”

【釋形】

《説文》小篆爲形聲字，从頁，耑聲，本義爲拘謹的樣子。漢碑字形與小篆相承，義符“頁”的隸定情況參見9001頁。聲符“耑”爲端緒之“端”的初文，甲骨文作（《合》8266），像草木上有枝葉、下有根鬚之形，其中一横表示地面；枝葉和根鬚是草木之兩端，故可表示端緒之義；金文省變作、（《郤王耑又觶》）等形；小篆字形接近金文的第一個字形，漢碑隸書則更接近於金文的第二個字形，如圖。

【釋義】

用於人名：“功曹史王顓等，嘉慕奚斯、考甫之美，乃共刊石紀功”（Q178）。

9018 **頓** dùn 《廣韻》都困切，端慁去。端文。

① Q140 ② Q129

《説文·頁部》：“，下首也。从頁，屯聲。”

【釋形】

《説文》小篆爲形聲字，从頁，屯聲。漢碑字形與小篆相承，義符“頁”的隸定情況參見9001頁。聲符“屯”或隸定爲相離的“亠”與“大”，失去構意，如圖①；所从之構件“屮”中間彎曲的竪線或隸定爲“𠃊”，其横向弧線拉直爲“一”，如圖②。

【釋義】

㊀以頭叩地：見“頓首”。㊁用於地名：“東郡頓丘令”（Q154）。

【釋詞】

［頓首］磕頭：“臣晨，頓首頓首，死罪死罪”（Q140）；“建寧二年，三月癸卯朔，七日己酉，魯相臣晨，長史臣謙，頓首死罪上尚書”（Q140）；“永興二年七月戊辰朔，廿七日甲午，孤子薌無患、弟奉宗頓首”（Q106）。

9019 **頫** fǔ 《廣韻》方矩切，非麌上。幫侯。

Q154

《説文·頁部》：“，低頭也。从頁，逃省。太史卜書，頫仰字如此。楊雄曰：人面頫。，頫或从人、免。”

【釋形】

《説文》以爲會意字，从頁，逃省。段玉裁《説文解字注》：“逃者多媿而俯，故取以會意。”按“頫”解作从頁、逃省會意，甚爲牽强。但“頫”與“兆”的聲韻關係又比較遠，難以構成形聲關係。“頫”或體作“俛”，《玉篇》“頫”音靡卷切，“俛”音無辯切，二字上古音相同。後來在表示低頭義時又造了“俯”字，“頫”因與“俯”同義而誤讀與“俯”同音。漢碑“頫、俯”均出現。“頫”字字形較爲模糊，大致可辨，其形體據小篆線條對應轉寫隸定，如圖。

【釋義】

俯身，低頭：“頫企有紀，能不號嗟，刊石叙哀”（Q154）。

9020 **頡** （一）xié 《廣韻》胡結切，匣屑入。匣質。

① Q129 ② Q179

《説文·頁部》：“，直項也。从頁，吉聲。”

【釋形】

《説文》小篆爲形聲字，从頁，吉聲。“吉”上古音在見母質部。漢碑字形與小篆相承，義符“頁”的隸定情況參見 9001 頁。聲符“吉”所从之構件“士”下面的横較長，與“土”混同，如圖①②。

【釋義】

鳥飛而上：見“頡頏”。

【釋詞】

［頡頏］鳥上下飛翔貌。語出《詩·邶風·燕燕》：“燕燕于飛，頡之頏之。”引申爲雀躍貌：“流化八基，遷蕩陰令，吏民頡頏，隨逘如雲”（Q179）。

（二）jié 《廣韻》胡結切，匣屑入。

【釋義】

用於人名：“時令朱頡，字宣得，甘陵鄃人”（Q129）；又見“蒼頡”。

9021 **顗** yǐ 《廣韻》魚豈切，疑尾上。疑微。

Q127

《説文·頁部》：“，謹莊皃。从頁，豈聲。”

【釋形】

《説文》小篆爲形聲字，从頁，豈聲。漢碑字形與小篆相承，義符“頁”的隸定情況參見 9001 頁。聲符“豈”依據小篆轉寫隸定，只是將上部傾斜的部分隸定作“山”，如圖。

【釋義】

用於人名：“門生北海劇薛顗，字勝輔”（Q127）。

9022 **煩** fán 《廣韻》附袁切，並元平。並元。

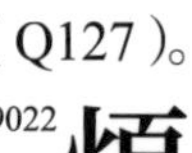

① Q179

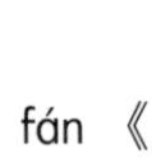

② Q128

《説文·頁部》：“，熱頭痛也。从頁从火。一曰：焚省聲。”

【釋形】

《説文》小篆爲會意字，从頁从火，表示熱頭痛。漢碑字形與小篆相承，義符“頁”的隸定情況參見 9001 頁。義符“火”或依小篆字形轉寫隸定，如圖①；或隸定似“土”形，如圖②。

【釋義】

㊀繁多，繁重：“法舊不煩，備而不奢”（Q112）；“馬〖餼〗稂秀，不爲苛煩”（Q171）。㊁煩擾，擾亂：“在母不瘽，在師不煩”（Q128）；“八月筭民，不煩於鄉”（Q179）。

9023 **顇** cuì 《廣韻》秦醉切，從至去。從物。

Q202

《説文·頁部》：“，顦顇也。从頁，卒聲。”

【釋形】

《説文》小篆爲形聲字，从頁，卒聲。漢碑字形與小篆相承，義符“頁”的隸定情況參見 9001 頁。聲符“卒”發生離析重組，“衣”的下部離析出一豎，與原來的斜筆重組爲“十”形。上部剩餘的部分漢碑多隸定爲“从”，在此字形中兩個“人”形進一步省簡似兩點，如圖。

【釋義】

用於“憔顇”，與“憔悴”同：“含憂憔顇，精傷神越”（Q202）。

9024 **顯** xiǎn 《廣韻》呼典切，曉銑上。曉元。

① Q174

② Q127

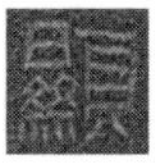

③ Q039

④ Q070

⑤ Q131

《説文·頁部》:“ ,頭明飾也。从頁,㬎聲。”《説文·日部》:“ ,衆微杪也。从日中視絲。古文以爲顯字。”

【釋形】

《説文》以爲形聲字,从頁,㬎聲。按“顯”金文作 (《大盂鼎》)、(《史獸鼎》),本義爲明顯,顯明。林義光認爲“象人面在日下視絲之形。絲本難視,持向日下視之乃明”(《文源》)。侯馬盟書“顯”省作“㬎” 。小篆承襲金文字形和侯馬盟書省形的寫法,分别作 和 ,《説文》分列“顯、㬎”兩個字頭,并訓“㬎”爲“衆微杪也。从日中視絲”,訓“顯”爲“頭明飾也。从頁,㬎聲”,以别其義,實本爲一字。漢碑字形與小篆相承,義符“頁”的隸定情况參見9001頁。聲符“㬎”隸定形體不一,構件“絲”有的上方依據小篆轉寫隸定,下方束絲之形和豎筆隸定近“小”形,如圖①~③;有的減省一個“糸”,如圖④;有的與“亚”相混,整字趨向於後世通行字形,如圖⑤。

【釋義】

㊀顯露,顯現:“魂靈瑕顯,降垂嘉祐”(Q088)。㊁顯示,展示:“大協同建,石立碑顯”(Q070);“邯及所識祖諱,欽顯後嗣,蓋《春秋》義,言不及尊,翼上也”(Q021)。㊂顯揚,稱揚:“☐刈骾雄,流惡顯忠”(Q172);“帝用嘉之,顯拜殊〖特〗”(Q117)。㊃光明,光耀:“於顯我君,懿德惟光”(Q127);又見“不顯、光顯”。㊄顯赫,顯著:“位淹名顯,敷聞于下”(Q134);“華殿清閑,肅雍顯相”(Q174);“功顯不伐,委而復焉”(Q133);“垂顯述異,以傳後賢”(Q061)。㊅用於人名:“大守〖丞〗廣漢楊顯〖將相〗”(Q025);“故市掾高頁顯和千”(Q178);“故書佐謍陵鍾顯,字槐賓”(Q088)。㊆用於封號名:“遂升二女爲顯節園貴人”(Q056)。

【釋詞】

[顯榮]顯赫榮耀,多指仕宦:“實謂耿君,天胙顯榮”(Q161)。

[顯顯]鮮明、顯著貌:“初據百里,顯顯令聞,濟康下民”(Q137)。

[顯祖]舊時對祖先的美稱:“欲厚顯祖,尚無餘日”(S32)。

9025 **頎**　qí　《廣韻》渠希切,羣微平。羣文。

Q134

《説文》無。

【釋形】

漢碑字形从頁,斤聲,爲形聲字。“斤”上古音在羣母微部。其中義符“頁”小篆作 ,隸定情况參見9001頁。聲符“斤”小篆作 ,漢碑字形中兩個曲線分别分解爲兩筆,重組爲後世通行的寫法,如圖。

【釋義】

通“圻”,用於官名:見“頎甫”。

【釋詞】

[頎甫]即“圻父”,古代官名,掌封圻内兵甲:“頎甫班爵,方授銀符,聞母氏疾病,孝烝内發”(Q134)。

9026 **面**　miàn　《廣韻》彌箭切,明線去。明元。

① Q019

② Q146

③ J241

《説文·面部》:“ ,顏前也。从百,象人面形。凡面之屬皆从面。”

【釋形】

《説文》以爲指事字,从百,外部曲線像人面形,表示顏前。按“面”甲骨文作 (《花東》113),黄天樹《花園莊東地甲骨中所見的若干新資料》以爲从百,以曲筆指示面部;或作 (《合》20362),“从‘目’,代表頭部正面,外框表示‘面’的範圍”(參見季旭昇《説文新證》)。小篆形變作 ,李孝定《甲骨文字集釋》:"契文从目,外象面部匡廓之形,蓋面部五官中最足引人注意者莫過於目,故面字从之也。篆文从百,則从口無義可説,乃从目之譌。"可備一説。漢碑字形中,有的與小篆相近,只是將内部形體轉寫隸定爲"百",如圖①;有的發生隸變,將内部形體隸定爲"目",與甲骨文的構意同,"目"或與"囗"相接,寫作"面",與今之寫法同,如圖②;或與"囗"相離,如圖③。

【釋義】

面向:"咸位〖南〗面,競德國家,猶昔八虞,文王是諮"(Q130);又見"面縛"。

【釋詞】

[面縛]雙手反綁於背而面向前:"儌外來庭,面縛二千餘人"(Q146);"攻城野戰,謀若涌泉,威牟諸賁,和德面縛歸死"(Q178)。

9027 **首** shǒu 《廣韻》書九切,書有上。書幽。

① Q202 ② Q140 ③ Q102

《説文·首部》:"　,百同。古文百也。巛象髮,謂之鬊,鬊即巛也。凡𩠐之屬皆从𩠐。"

【釋形】

《説文》小篆爲象形字,像有髮之頭形。按"首"甲骨文作　(《合》6032),象形意味更爲明顯,本義是頭。或作　(《合》13614)形,頭髮省寫。"百、首"爲一字異體,《説文》分爲兩個字頭。金文作　(《班簋》)、　(《令鼎》)、　(《師酉簋》)等形。早期金文與甲骨文相近,象形性强;小篆承襲晚期金文,象形意味減弱。漢碑字形與小篆相承,像頭髮之形的"巛"或隸定爲三點,如圖①;更多的則減省爲兩點,如圖②③。下部形體多隸定作"百",如圖①②;或省去"百"中間的短撇,隸定爲"一"下接"目",如圖③。

【釋義】

㊀頭:見"稽首、頓首"等。㊁頭領:"郡位既重,孔武赳著,疾惡義形,從風征暴,執訊獲首"(Q172)。㊂高位,首要:"以寬宿德,謁請端首"(Q169);"(闕)行,以君爲首,郡請署主簿、督郵、五官掾(闕)否,好不廢過"(Q202)。㊃用於地名:"庶仰箕首,微妙玄通"(Q093)。

9028 **縣** (一)xuán 《廣韻》胡涓切,匣先平。匣元。

① Q063 ② Q106 ③ Q169 ④ Q095

⑤ Q178 ⑥ Q179 ⑦ Q039 ⑧ Q106

⑨ Q127

《説文·𥄉部》:"　,繫也。从系持𥄉。"

【釋形】

《説文》以爲會意字,从系持𥄉,表示懸掛。按"縣"西周金文作　(《縣改簋》)、　(《仲盂君匿》)、　(《郘黛鐘》)等形,从木从系从目(或作首),表懸掛之懸。小篆字形中"首"形變爲"𥄉",且省去構件"木",《説文》釋爲"从系持𥄉"。秦簡"縣"字作　(《睡·秦》19)、　(《睡·日甲》115)等形,與西周金文相承,只是將"木"形移至"目"下,不再强調各構件原來的方位關係,象形性淡化。漢碑字形有的爲碑文篆書,但構形上承襲秦簡,與《説文》小篆不同,如圖①。其他則多承襲秦簡字形而進一步隸變,其中構件"木"形體不一,或與今之寫法同,如圖②③④⑨;或中間的豎畫上不出頭,如圖⑤~⑦,其中圖⑦的構件"目"與"不"共用横畫;或訛混爲"未",如圖⑧。

構件“系”在秦簡基礎上筆畫更加平直，上方離析出一短撇，如圖②③；或省去上方短撇，如圖⑥⑦；或筆畫進一步分解，爲今之寫法所承，如圖④⑤⑨。構件“目”或省减爲“日”，如圖⑧。

【釋義】

㈠懸掛：“鍾磬縣矣，于胥樂焉”（Q172）。㈡懸崖：“上則縣峻，屈曲流顛；下則入冥，廎寫輸淵”（Q095）。

（二）xiàn 《廣韻》黄絢切，匣霰去。匣元。

【釋義】

地方行政區劃名：“時皇漢之𠀌，武原縣屬彭城”（Q111）；“衙縣三老上官鳳季方三百”（Q123）；“乃綏二縣，黎儀以康”（Q127）；“郡縣殘破，吏民流散，乃徙家馮翊”（Q169）。

【釋詞】

［縣吏］縣之吏役：“恐縣吏斂民，侵擾百姓，自以城池道濡麥，給令還所斂民錢材”（Q141）。

9029 **須** xū 《廣韻》相俞切，心虞平。心侯。

Q142

《説文·須部》：“，面毛也。从頁从彡。凡須之屬皆从須。”

【釋形】

《説文》以爲會意字，从頁从彡，表示臉上的鬚毛。按“須”甲骨文作（《合》816反），西周金文作（《昜叔盨》），象形字，像人臉上長着長長的鬍鬚之形。小篆“彡”與“頁”分離，《説文》以“从頁从彡”釋之，與初形不符。漢碑字形與小篆相承，構件“頁”上部頭形轉寫隸定爲“百”，下部像人身體的兩條曲線隸定爲“八”形；構件“彡”訛混爲“氵”，如圖。

【釋義】

㈠必須，需要：“財出王家錢，給大酒直，須報”（Q102）。㈡片刻，一會兒：見“須臾”。

【釋詞】

［須臾］片刻，一會兒：“詔以十一月中旬，上思生葵，君却入室，須臾之頃，抱兩束葵出”（Q142）。

9030 **形** xíng 《廣韻》户經切，匣青平。匣耕。

① Q117

② Q066

③ Q202

《説文·彡部》：“，象形也。从彡，幵聲。”

【釋形】

《説文》小篆爲形聲字，从彡，幵聲。桂馥謂當爲“井聲”，可從。聲符“井”小篆因形近訛爲“幵”，漢碑字形爲繼承小篆“幵”的寫法，或隸定爲“井”，如圖③；或粘合爲“开”，與今之寫法同，如圖①②。義符“彡”《説文》釋爲“毛飾畫文也，象形”。徐灝《説文解字注箋》：“毛飾畫文者，謂凡毛及飾畫之文，毛如須、髟；飾畫如彣、彰、彫、修是也。”漢碑字形義符“彡”與小篆基本一致，如圖①～③。

【釋義】

㈠肖像，形貌：“遺孤忉絶，於嗟想形”（Q148）；“或著形像於列圖，或數頌於管弦”（Q088）。㈡身體，形體：“終歿之日聲，形銷氣盡，遂以毁滅”（Q202）；“神歆感射，三靈合化，品物流形”（Q126）。㈢顯現，流露：“無德不旍，靡惡不形”（Q066）；“□思□純，求福不回，清聲美行，闡形遠近”（Q093）；“先是，君大男孟子有楊烏之才，善性形〖於岐嶷〗”（Q117）。㈣通“行”，道路，可喻指高尚的德行：“所歷見慕，遺歌景形”（Q187）。

【釋詞】

［形兆］徵兆，預兆：“明公嘉祐，□無形

兆”（Q171）。

9031 **修** xiū 《廣韻》息流切，心尤平。心幽。

① Q065

② Q124

《説文·彡部》：“修，飾也。从彡，攸聲。”

【釋形】

《説文》小篆爲形聲字，从彡，攸聲，義爲“飾”。段玉裁《説文解字注》：“飾即今之拭字。拂拭之則發其光采，故引伸爲文飾。”拂拭去塵或爲其本義，則修飾爲其引申義。漢碑字形中，有的爲碑文篆書，如圖①；有的發生隸變，與今之寫法相近，如圖②。

【釋義】

㊀修行，积善成德：“富貴無恙，傳于子孫，修之無緣”（Q124）。㊁用於人名：“户曹史夏□效，監掾陳修”（Q065）。

9032 **彰** zhāng 《廣韻》諸良切，章陽平。章陽。

① Q128

② Q149

《説文·彡部》：“彰，文彰也。从彡从章，章亦聲。”

【釋形】

《説文》小篆爲會意兼形聲字，从彡从章，章亦聲，表示彩色花紋。漢碑字形中，義符“彡”與小篆基本一致，如圖①②。聲符“章”小篆从音从十，漢碑中構件“音”所从之“辛”或簡寫作三橫，如圖①；構件“十”的豎畫或穿過“音”下的“日”，與“立”下的橫畫相接，如圖②。

【釋義】

㊀顯明，顯揚：“巖巖山岳，礧落彰較”（Q154）；“紹聖作儒，身立名彰”（Q127）。㊁稱揚，表彰：“蓋銘勒之云，所以彰洪烈，纂乃祖，繼舊先，非夫盛德，惡可已哉”（Q128）；“遂遷宰國，五教在仁，畜民〖用〗彰，家用平康”（Q128）；“永世支百，民人所彰”（Q172）。

9033 **彫** diāo 《廣韻》都聊切，端幽平。端幽。

① Q169

② Q127

《説文·彡部》：“彫，琢文也。从彡，周聲。”

【釋形】

《説文》小篆爲形聲字，从彡，周聲。“周”上古音在章母幽部。漢碑字形中，義符“彡”與小篆基本一致。聲符“周”小篆从用从口，漢碑中基礎構件“用”離析爲“冂”和“土”，爲今之寫法所承，如圖①②。

【釋義】

㊀刻畫：見“雕篆”。㊁通“凋”，凋落衰敗：見“彫幣”。

【釋詞】

［彫幣］即“凋弊”，衰敗：“故能興〖樸〗□，□彫幣，濟弘功於易簡”（Q127）。

［彫篆］指刻寫各體文字。《説文解字·敘》記述秦書有八體：“自爾秦書有八體：一曰大篆，二曰小篆，三曰刻符，四曰蟲書，五曰摹印，六曰署書，七曰殳書，八曰隸書。”《漢書·藝文志》有“六體”之説：“六體者，古文、奇字、篆書、隸書、繆篆、蟲書，皆所以通知古今文字，摹印章，書幡信也。”“博貫史略，彫篆六體，稽呈前人，吟咏成章，彈翰爲法”（Q169）。

9034 **弱** ruò 《廣韻》而灼切，日藥入。日藥。

① Q153

② Q125

③ Q088

《説文·彡部》：“弱，橈也。上象橈曲，彡象毛氂橈弱也。弱物并，故从二弓。”

【釋形】

《説文》以爲會意字,从二弓,表示曲木。按"弱"戰國秦文字作(《睡·封》66),構形本義尚不明。漢碑字形在承襲小篆結構的基礎上,將構件"彡"省去一筆,隸定爲兩短横,如圖①~③。

【釋義】

㊀弱小,與"强"相對:"弱而能强,仁而〚能武〛"(Q125)。㊁弱小者,身份低微者:"强衙改節,微弱蒙恩"(Q088);"彬文赳武,扶弱抑彊"(Q172);"彊不凌弱,威不猛害"(Q153)。㊂纖細柔美的樣子:"玉女執尊杯桉柈,局秫檼梠好弱皃"(Q100)。㊃指弱冠之年:見"弱冠"。

【釋詞】

[弱冠]古代男子二十歲行加冠禮,以示成人,因身體尚未强壯,故稱弱冠:"弱冠而仕,歷郡諸曹史"(Q105);"幼而宿衛,弱冠典城"(Q146);"息叡不才,弱冠而孤"(Q154)。

9035 **彥** yàn 《廣韻》魚變切,疑線去。疑元。

① Q178 ② Q132

《説文·彣部》:"彥,美士有文,人所言也。从彣,厂聲。"

【釋形】

《説文》小篆爲形聲字,从彣,厂聲。漢碑字形中,義符"彣"中"文"下面的"乂"隸變爲"丷";"彡"或隸定爲三横,如圖①;或省爲兩横,如圖②。

【釋義】

㊀賢能之人,賢俊:"天〚降〛雄彥,〚資〛才卓茂,仰高鑽堅,允〚文〛允武"(Q132);又見"英彥"。㊁用於人名:"下辨丞安定朝那皇甫彥,字子才"(Q146);"大守史南鄭趙英,字彥才"(Q199)。

9036 **文** wén 《廣韻》無分切,明文平。明文。

① Q065 ② Q251 ③ Q090 ④ Q123

⑤ Q179 ⑥ Q129 ⑦ Q114

《説文·文部》:"文,錯畫也。象交文。凡文之屬皆从文。"

【釋形】

《説文》小篆爲象形字,像交錯刻畫之形。按"文"甲骨文作(《合》36534)、(《合》947)、(《合》18682)、(《合》36153),朱芳圃認爲乃"文身之文",像人胸前有刻畫之紋飾(參《殷周文字釋叢》),其説可從。有些甲骨文字形省去胸前紋飾之形,此即小篆字形所承。漢碑字形中,有的爲碑文篆書,如圖①②。多數則已經發生隸變,上方形體有的依據小篆轉寫隸定,類"人"形,如圖③;有的隸定爲"亠",如圖④;有的隸定爲"亠",如圖⑤~⑦,爲今之寫法所承。

【釋義】

㊀紋理,紋飾:"調文刻畫,交龍委虵"(Q114);"堂無文麗,墓無碑識"(H105)。㊁字:"然其所立碑石,刻紀時事,文字摩滅,莫能存識"(Q129)。㊂文辭,文章:"以頌功德,刻石紀文"(Q061);"君幼門顔閔之懋質,長敷斿夏之文學,慈惠寬□,孝友玄妙"(Q093);"動履規繩,文彰彪繽"(Q193)。㊃公文:"謹案文書,守文學掾魯孔龢、師孔憲、户曹史孔覽等"(Q102)。㊄文獻:"貫究道度,無文不睹"(Q187);"約之以禮,博之以文"(Q193)。㊅文才,文略,與"武"相對:"以君文武備兼"(Q133);"武稜攜貳,文懷徦冥"(Q133);"克明俊德,允武允文"(Q150);又見"文塞"。㊆指

禮樂儀制方面的文德教化:“以文脩之,旬月之閒,莫不解甲服皐”(Q127);又見“文命”。㈧通“紊”,紊亂,雜亂:“九山甄旅,咸秩無文”(Q065)。㈨用於謚號:“猶昔八虞,文王是諮”(Q130);“馮于豳岐,文武克昌”(Q129);“迄漢文、景,有仲況者,官至少府”(Q169)。㈩姓氏:“建康元年八月己丑朔十九日丁未,壽貴里文叔陽食堂”(Q090);又見“季文”。⑪用於人名:“故吏軍議掾陳郡趙洪文敬”(Q285);“河南平陰樊文高二百”(Q112)。⑫用於地名:“弟子魯國文陽陳褒,〖字聖博〗”(Q127);“文陽蔣元道二百”(Q112)。

【釋詞】

[文命] 文德教化:“故作《春秋》,以〖明〗文命”(Q140)。

[文塞] 同“文思”,文才:“少以文塞,敦庬允元;長以欽明,躭詩悦書”(Q137)。

[文學掾] 漢代州郡負責教育的學官:“叔陽,故曹史、行亭市掾、鄉嗇夫、廷掾、功曹、府文學掾”(Q090);“故文學掾衙李”(Q123)。

9037 **斌** bīn 《廣韻》府巾切,幫真平。
幫文。

Q074

《説文》無。

【釋形】

漢碑字形从文从武,爲會意字,表示文質兼備。構件“文”小篆作 ,漢碑字形中上方形體轉寫隸定爲“亠”,爲今之寫法所承。構件“武”小篆作 ,从止从戈,漢碑字形中基礎構件“戈”中右上的曲線隸定爲點,下部左向的斜線拉直爲横;基礎構件“止”則省減爲一點,如圖。

【釋義】

用於人名:“故吏王斌”(Q074)。

9038 **髮** fà 《廣韻》方伐切,幫月入。
幫月。

① Q151 ② H144

《説文·髟部》:“ ,根也。从髟,犮聲。 ,髮或从首。 ,古文。”

【釋形】

《説文》以爲形聲字,从髟,犮聲。按“髮”金文作 (《召卣》)、 (《髮鐘》),从首从犬,从“首”意在突出頭髮,但从“犬”之意不明。《説文》或體與之相承,“犬”變爲“犮”,成爲形聲字,理據重構。戰國秦文字作 (《睡·日甲》13背),从髟,犮聲,《説文》小篆承之。義符“髟”金文作 (《史牆盤》)、 (《髟生簋》),學者多以爲从人,上像長髮之形。小篆作 ,長髮與人形斷開,《説文》釋爲“从長彡”,由象形字變爲會意字,表示“長髮猋猋”,理據重構。漢碑字形與秦文字相承,義符“髟”所从之構件“長”完全筆畫化,如圖①②。構件“彡”或完整保留,如圖②;或減省爲一筆,且與下部的“犮”相接,如圖①。聲符“犮”或置於“髟”下,整字由視覺上的左右布局變爲上下結構,如圖②。

【釋義】

㈠頭髮:“翦髮朙志,弗許”(H144)。㈡姓氏:“右無任汝南山桑髮鉗宣曉”(Q151)。

9039 **髦** máo 《廣韻》莫袍切,明豪平。
明宵。

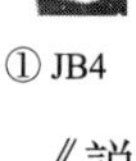 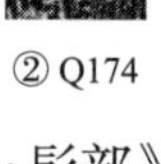 

① JB4 ② Q174 ③ Q117

《説文·髟部》:“ ,髮也。从髟从毛。”

【釋形】

《説文》小篆爲會意字,从髟从毛,表示毛髮。“髦”是“毛”字的後起字,專門承擔毛髮的義項。漢碑字形中,義符“髟”所从之構件“長”隸變重組完全筆畫化，下部形體近“止”形，如圖②③。構件“彡”或完整保留，如圖①；或減省爲一筆，如圖②；或與“長”共用筆畫，如圖③。構件“毛”將彎曲的線條轉寫爲平直方折的筆畫，中間曲線向左下傾斜的部分離析爲一撇，與今之形體同，如圖②③；或與上方“彡”共用一撇，如圖①。

【釋義】

㊀幼兒垂在額前的短髮：“〖先〗是，君大男孟子有楊烏之才，善性形〖於岐嶷，□□〗見〖於〗垂髦，年七歲而夭”（Q117）；又見“髫髦”。㊁出類拔萃的人：見“髦士”。

【釋詞】

［髦士］俊傑之人：“惟山降神，髦士挺生”（Q174）。

9040 **髴**　fú　《廣韻》敷勿切，滂物入。滂物。

Q141

《説文·髟部》：“，髴，若似也。从髟，弗聲。”

【釋形】

《説文》小篆爲形聲字，从髟，弗聲。漢碑字形中，義符“髟”所从之構件“長”隸變重組完全筆畫化；構件“彡”與小篆基本一致。聲符“弗”將小篆彎曲的線條轉寫隸定爲平直方折的筆畫，如圖。

【釋義】

用於“髣髴”，好像，似乎：“祗肅屑僾，髣髴若在”（Q141）。

9041 **髫**　tiáo　《廣韻》徒聊切，定蕭平。定宵。

① Q249　② Q172

《説文·髟部》（新附字）：“，小兒垂結也。从髟，召聲。”

【釋形】

《説文》从髟，召聲，爲形聲字。漢碑字形中，義符“髟”所从之構件“長”隸變重組完全筆畫化；構件“彡”與小篆基本一致。聲符“召”所从之構件“刀”變形寫爲“⺈”，如圖①②。

【釋義】

兒童下垂之髮結：“履和純始自髫思士不出類不”（Q249）；又見“髫髦”。

【釋詞】

［髫髦］本爲兒童下垂之髮結，借指幼年：“君稟資南霍之神，有天□德之絶操，髫髦克敏，〖志〗學典謨”（Q172）。

9042 **髣**　fǎng　《廣韻》妃兩切，滂養上。滂陽。

Q141

《説文》無。

【釋形】

漢碑字形从髟，方聲，爲形聲字。其中義符“髟”小篆作，所从之構件“長”隸變重組完全筆畫化；構件“彡”與小篆基本一致。聲符“方”小篆作，漢碑字形發生離析重組，上部隸定爲“亠”，下部近似於“刀”，如圖。

【釋義】

用於“髣髴”，好像，似乎：“祗肅屑僾，髣髴若在”（Q141）。

9043 **后**　hòu　《廣韻》胡口切，匣厚上。匣侯。

① Q074　② Q178

《説文·后部》：“，繼體君也。象人之形。施令以告四方，故厂之。从一、口。發號者，君后也。凡后之屬皆从后。”

【釋形】

《説文》以爲會意字，从厂从一、口，表示繼承大位的君王。按甲骨文、西周金文中的“后”非君后之后，乃“司”字異體，用爲“司、嗣”等義，參見9044司。君后之“后”則以“毓”爲之，如（《合》27320）、（《毓且丁卣》）。至春秋金文有（《吳王光鑑》），爲君后之“后”，構形本義尚不明。小篆中“人”形已經變異，似離析爲“厂”和“一”兩個筆畫，漢碑字形依此轉寫隸定，造字意圖已不可見；其中“厂”右邊線條的隸定稍有差異，有的隸定爲“一”，如圖①；有的隸定爲“丿”，爲今之寫法所承，如圖②。

【釋義】

㊀君主：見“后帝”。㊁四方諸侯及九州牧伯，亦泛指公卿官長：“赫赫明后，柔嘉惟則”（Q146）；“懿明后，德義章。貢王庭，征鬼方”（Q178）；又見“后稷、羣后”等。㊂皇后，后妃：“夫人馬姜，伏波將軍新息忠成侯之女，明德皇后之姊也”（Q056）。㊃後代：“神禋享而飴格，釐我后以萬祺”（Q065）。㊄姓氏：“故吏后巽，右十二人人百五十”（Q074）。㊅用於人名：“司徒掾魯巢壽文后三百”（Q112）。

【釋詞】

［后帝］天帝，上帝：“百遼惟□，后帝感傷”（Q093）。

［后稷］古代農官名：“肇祖宓戲，遺苗后稷”（Q187）。

9044 **司** sī 《廣韻》息兹切，心之平。心之。

① Q038

② Q178

《説文·司部》：“司，臣司事於外者。从反后。凡司之屬皆从司。”

【釋形】

《説文》以爲指事字，从反“后”，表示在外辦事的官吏。按“司”甲骨文作（《合》20098）、（《合》19208）、（《合》19212）、（《合》23713），正反無别，均爲“司”。金文作（《商尊》）、（《史牆盤》），與甲骨文相承。小篆承襲金文字形，《説文》釋爲“从反后”，與初形不符。“司”的構意多有爭論，目前尚無確解。《説文》訓爲“臣司事於外者”，“甲骨文多用作‘祀’，金文或用爲‘嗣’、‘事’，或釋爲‘主宰’（此義西周多用爲‘𤔲’，當係‘司’之分化。後世不用‘𤔲’字，𤔲、司又合併）”（參見季旭昇《説文新證》）。漢碑字形中，有的爲碑文篆書，如圖①；多數則已經發生隸變，圓轉線條轉寫隸定爲平直方折的筆畫，與今之寫法同，如圖②。

【釋義】

㊀掌管，管理：“遂登漢室，出司邊方”（Q128）；“督司京師，穆然清邈”（Q154）；又見“司空、司徒”等。㊁官吏：“有司議駁，君遂執爭”（Q095）；“王人嘉德，台司側席”（Q128）。㊂用於複姓：見“司馬”。

【釋詞】

［司空］官名，掌工程之事：“元和三年五〖月〗丙子，拜司空”（Q038）；“爲司空王暢所舉，徵拜議郎”（Q154）；“郵亭驛置徒司空，褒中縣官寺并六十四所”（Q025）。

［司隸］負責辦理文書的小吏：“學優則仕，歷郡席坐，再辟司隸”（Q084）；“歷五官掾功曹，司隸從事，仍辟大尉，遷定潁侯相”（Q134）。

［司馬］㊀官名，掌軍旅之事：“□□□□西狄道司馬長元石門”（Q030）；“遷度遼右部司馬”（Q128）。㊁複姓：“門生陳留〖平〗丘司馬規，字伯昌”（Q127）。

［司牧］管理：“司牧莅政，布化惟成”（Q161）。

［司農］亦稱大司農，掌錢穀之事：“遵考孝謁，假階司農”（Q088）；“大常丞監祠，河南尹給牛羊豕鷄□□各一，大司農給米

祠”（Q102）。

［司徒］官名，掌土地和教化之事：“司徒公汝南女陽袁安召公，授《易》孟氏〖學〗”（Q038）；“復辟司徒，舉治劇，捧思善矦相”（Q134）。

［司勳］官名，掌功賞之事：“以春長史又司勳”（Q253）。

9045 **令** lìng 《廣韻》力政切，來勁去。來耕。

① Q038

② Q144

③ Q066

④ Q128

⑤ Q178

⑥ Q053

《説文·卩部》：“，發號也。从亼、卩。”

【釋形】

《説文》以爲會意字，从亼、卩，表示發出命令。按“令”甲骨文作（《合》32870）、（《合》14153）、（《合》32896），金文作（《史獸鼎》）、（《小臣傳簋》），从从，表示聚眾人而命令之。漢碑字形中，有的爲碑文篆書，但帶有明顯的隸意，如圖①。多數則已經發生隸變，構件“亼”多隸定爲“人”下一短横。下部構件“卩”隸定形體多樣，有的隸定爲一個圓弧與長豎，如圖②；有的隸定爲“卩”，如圖③～⑤；有的則隸似“口”形，如圖⑥。

【釋義】

㊀發布命令：“永元十七年四月卯令，改爲元興元年”（Q052）。㊁命令，法令：“督郵部職，不出府門，政約令行”（Q146）；“他如府記律令”（Q119）；“自以城池道濡麥，給令還所斂民錢材”（Q141）。㊂使，讓：“令人壽，無爲賊禍，亂及孫子”（Q114）；“明檢匠所作，務令嚴事”（Q119）；“述葬棺郭，不布瓦鼎盛器，令羣臣已葬，去服，毋金玉器”（Q006）。㊃善，美好：“刻石紀銘，令德不忘”（Q126）；“布政優優，令儀令色”（Q172）；又見“令名”。㊄地方及政府機構的長官：“時令朱頡，字宣得，甘陵鄃人”（Q129）；“察孝，除郎、永昌長史，遷宕渠令”（Q187）；“苑令有公卿之才，嗇夫喋喋小吏，非社稷之重”（Q179）。

【釋詞】

［令辰］良辰吉日：“□吉日令辰，欽謁鴻基之曠，蕩觀林木之窈”（Q103）；“擇其令辰，進其馨香”（Q174）。

［令名］美好的聲譽：“生播高譽，歿垂令名”（Q127）；“其先本自鉅鹿，世有令名，爲漢建功，俾矦三國”（Q161）。

［令日］吉日：“乃以令日拜〖謁孔〗子”（Q141）。

［令史］漢代蘭台尚書的屬官，負責文書事務：“故吏尚書令史□城劉欽公孝”（Q285）；“故吏尚書令史穎川黄□文仕”（Q285）。

［令王］賢明的天子：“此宜蹈鼎，善世令王”（Q128）。

［令問］即“令聞”，指美好的聲名：“紀功刊勒，以炤令問”（Q126）；“□天□性，少有令問”（Q133）；“明明君德，令問不已”（Q144）。

9046 **厄** è 《廣韻》於革切，影麥入。影錫。

Q177

《説文·卩部》：“，科厄，木節也。从卩，厂聲。賈侍中説以爲厄裹也，一曰厄，蓋也。”

【釋形】

《説文》小篆爲形聲字，从卩，厂聲。徐鉉認爲“厂非聲，未詳”。按“科厄”爲一個詞，整體表示樹木上的節結。其中“厄”从卩，卩即節，與節結意義相關，但構件“厂”

構意不明。漢碑文獻多用“厄”表示困厄，與車軛之“戹”意義上有相同之處，或應爲同源詞。漢碑字形部分殘泐。

【釋義】

困苦，災難：“勤恤民隱，拯厄捄傾”（Q161）。

【釋詞】

［厄急］艱難急迫：“公房乃先歸，於谷□呼其師，告以厄急”（Q199）。

9047 **膝** xī 《廣韻》息七切，心質入。心質。

Q117

《説文》作“厀”，《説文·卩部》：“，脛頭卩也。从卩，桼聲。”

【釋形】

“膝”與《説文》所收之“厀”爲異體關係，从肉，桼聲。徐鉉認爲“膝”爲俗字，予以排斥，與其正字觀念有關。後來“膝”行“厀”廢。漢碑字形采用當時的俗字“膝”，其中義符“肉”隸定混同爲“月”，聲符“桼”粘合近似於“来”，如圖。

【釋義】

用於“造膝”，即促膝：“犯顔謇愕，造膝佹辭”（Q117）。

9048 **卷** （一）juǎn 《廣韻》居轉切，見獮上。見元。

① Q203　② Q193

《説文·卩部》：“，厀曲也。从卩，𢍏聲。”

【釋形】

《説文》小篆爲形聲字，从卩，𢍏聲。聲符“𢍏”小篆嚴格隸定爲“𢍏”形，漢碑字形中，構件“釆”和“廾”粘合重組爲“龹”；義符“卩”轉寫隸定爲“㔾”，如圖①②。

【釋義】

捲曲：見“卷舒”。

【釋詞】

［卷舒］捲曲與舒展，喻指仕途上的出仕和退隱：“既練州郡，卷舒委隨”（Q193）。

（二）juàn 《廣韻》居倦切，見線去。見元。

【釋義】

量詞，書籍一卷軸或一册稱爲卷：“兼通《孝經》二卷”（Q113）。

9049 **却** què 《廣韻》去約切，溪藥入。溪鐸。

① Q082　② Q142

《説文·卩部》：“，節欲也。从卩，谷聲。”

【釋形】

《説文》小篆爲形聲字，从卩，谷聲。漢碑字形中，義符“卩”形變混同爲“阝”，如圖①②。聲符“谷”《説文》釋爲“口上阿也。从口，上象其理”，其上古音爲羣紐鐸部。漢碑字形中，聲符“谷”的上部形體粘連隸定爲“土”，下部的“口”寫爲三角形，如圖①；三角形上或未封口，與“厶”相似，整體演變爲“去”，如圖②，爲今之寫法所承。

【釋義】

㊀回，返回：“上思生葵，君却入室，須臾之頃，抱兩束葵出”（Q142）。㊁副詞，表示出乎意料，竟，竟然：“有一子男伯志，年三歲，却到五年四月三日終”（Q082）。

9050 **寋** jiǎn 《集韻》紀偃切，見阮上。見元。

① JB7　② Q114

《説文》無。

【釋形】

漢碑字形从卩，寒省聲，爲形聲字。其

中義符“卩”小篆作，隸定近“巳”形。聲符“寒”小篆作，所从之構件“茻”和“人”漢碑中粘合重組爲“共”，如圖②；或增加一横，如圖①。

【釋義】

通“褰”，提起：“褰帷反月，各有文章”（Q114）。

9051 **印**　yìn 《廣韻》於刃切，影震去。影真。

① Q144

② Q100

《説文·印部》：“，執政所持信也。从爪从卪。凡印之屬皆从印。”

【釋形】

《説文》以爲會意字，从爪从卪，表示璽印之印。按“印”甲骨文作（《合》21013）、（《合》20898）、（《合》21535），从爪（或从又）从跪跽之人，像以手抑人使之跪跽之形，會意字，爲“抑”之初文。金文作（《毛公鼎》），與甲骨文相承，但已不再像跪跽之形。小篆字形進一步線條化，《説文》釋爲“从爪从卪”，義爲執政所持的信節，爲其引申義。漢碑字形依據小篆轉寫隸定，整字布局由上下結構調整爲左右結構，構件“卪”隸定爲“卩”，已看不出原有構意，爲今之寫法所承，如圖①②。

【釋義】

官印：“君故〖授〗益州從事，再舉孝廉，尚付〖璽〗印，巴郡朐忍令”（Q110）；“大守丞印”（Q119）；又見“印綬、印紱”。

【釋詞】

［印紱］印綬：“累葉牧守，印紱典據，十有餘人”（Q144）。

［印綬］璽印及其上的絲帶，借指官爵：“學者高遷宜印綬，治生日進錢萬倍”（Q100）。

9052 **抑**　yì 《廣韻》於力切，影職入。影職。

① Q146

② Q172

《説文·印部》：“，按也。从反印。，俗从手。”

【釋形】

《説文》認爲正篆字形从反印，可隸定作“归”；其俗字从手作“抑”。“抑”當爲形聲字，从手，归聲。“印（归）”爲“抑”之初文，甲骨文印、归正反無别，如（《合》22148）、（《合》19783）。漢碑字形與《説文》俗體相承，但“抑”右邊作“印”，正如于省吾所言“（漢碑）并从印不反，雖不符於許書，而不背於古文”，如圖①②。

【釋義】

抑制，壓制：“彬文赳武，扶弱抑彊”（Q172）。

【釋詞】

［抑抑］端莊謹慎的样子：“朝中惟静，威儀抑抑”（Q146）。

9053 **色**　sè 《廣韻》所力切，山職入。山職。

① Q066

② Q141

③ Q100

《説文·色部》：“，顔气也。从人从卪。，古文。凡色之屬皆从色。”

【釋形】

《説文》以爲會意字，从人从卪，表示面部表情。其構意難以理解，段玉裁《説文解字注》解釋説：“顔者，兩眉之閒也。心達於气，气達於眉閒，是之謂色。顔气與心若合符卪，故其字从人卪。”其説仍然牽强。按“色”春秋金文作（《黝鐘》），本爲从爪从卪，其構意亦難理解。其字與“印”構件相同，區别在爪和人的相對位置不同。戰國楚文字爲了與“印”相區别，於構件“卪”上加一點或一短横，寫作（《郭·五》14）、（《信》1.01）；或添加構件“頁”作（《郭·語》1.47）、（《郭·語》1.20），以强化顔面之義，《説文》古文形體或源於此。戰國秦文字作（《睡·日乙》170）、（《睡·日甲》17），爪形或訛近刀形。小篆進一步形變爲从人从卪。漢碑字形與小篆相承，構件“人”隸定爲“⺈”，如圖①～③。構件“卪”彎曲線條轉寫隸定爲筆畫，有的類似於“巴”，但左邊的曲線上不封口，如圖①；有的訛混爲“己”，如圖②；有的訛混爲“巳”，如圖③。

【釋義】

㈠儀表，表情：“布政優優，令儀令色”（Q172）；“煌₌濡₌，其色若僐”（Q114）；又見“正色”。㈡色彩，顔色：“作屋塗色，脩通大溝，西流里外，南注城池”（Q141）；“堂蓋總好中〖氏〗棠，紅□色末有盰”（Q100）；“東里潤色，君垂其仁”（Q179）。

【釋詞】

［色斯］語出《論語·鄉黨》：“色斯舉矣，翔而後集。”何晏集解引馬融曰：“見顔色不善則去之。”後因以“色斯”指避世隱居：“將從雅意，色斯自得”（Q117）；“君常懷色斯，舍〖無宿儲〗”（Q135）。

9054 **卿** qīng 《廣韻》去京切，溪庚平。溪陽。

① Q102

② Q212

③ Q066

④ Q142

⑤ Q152

⑥ Q179

《説文·卯部》：“，章也。六卿：天官冢宰、地官司徒、春官宗伯、夏官司馬、秋官司寇、冬官司空。从卯，皀聲。”

【釋形】

《説文》以爲形聲字，从卯，皀聲。按“卿”與饗食之“饗”、鄉黨之“鄉”、方向之“嚮（向）”本爲一字，甲骨文作（《合》23378）、（《合》28333）等形，像兩人相對而食，中間像盛食器簋之形。金文與甲骨文相承，作（《宰甫卣》）、（《適簋》）等形。小篆中間像盛食器簋之形的部分訛寫作“皀”，《説文》據此釋爲从卯皀聲的形聲字。漢碑字形中，構件“卯”隸定爲“卬”形，爲今之寫法所承襲，如圖①～⑥。構件“皀”上下兩個構件粘合爲一體，其下“匕”内的斜線或隸定爲“丶”，如圖①～④；或隸定爲“一”，如圖⑤⑥。

【釋義】

㈠古代天子及諸侯所屬高級官員的稱呼：見“卿士、公卿”。㈡用於人名：“騶韋仲卿二百”（Q112）；“于中山、于中程、于季、于中卿、于程、于伯先、于孝”（Q029）；“相乙瑛，字少卿，平原高唐人”（Q102）。

【釋詞】

［卿士］指卿、大夫。後用以泛指官吏：“于時，羣后卿士，凡百棃萌，靡不欷歔垂涕，悼其爲忠獲罪”（Q066）；“《月令》：‘祀百辟卿士有益於民。’”（Q140）

［卿尹］高級官吏：“未升卿尹，中失年兮”（Q153）。

9055 **辟** （一）bì 《廣韻》必益切，幫昔入。幫錫。

① Q144

② Q128

③ Q178

④ Q134

⑤ Q185

《説文·辟部》：“，法也。从卪从辛，節制其辠也；从口，用法者也。凡辟之屬皆从辟。”

【釋形】

《説文》以爲會意字，从卪从辛从口，表示刑法。按“辟”甲骨文作（《合》27009）、（《合》31911）形，學者以爲从卪从辛會意，像施刑於跪跽之人，有法、罪之義。甲骨文或增加構件“口”作（《合》8108）、（《合》18005），金文或承襲甲骨文从“口”的形體，寫作（《辟東乍父乙尊》）、（《商尊》）等形；或改“口”形爲圓形，寫作（《大盂鼎》）、（《商卣》）等形，所增“口”形或圓形構意不明。小篆承襲金文从“口”的字形，《説文》以从卪从辛从口釋之。漢碑字形中，構件“卪”或隸定爲“㔾”，如圖①～③；或與“尸”混同，如圖④⑤。構件“辛”多寫作“𖦃”，如圖①～④；或離析爲“立”下接“干”，如圖⑤。

【釋義】

㊀徵召，舉薦：“皋司累辟，應于司徒”（Q133）；“司空司隸並舉賢良方正，去官，辟大將軍府”（Q084）；“復辟司徒，道隔不往”（Q187）；“□□□秋，仕郡辟州，舉孝廉，除郎中，即丘侯相、膠東令”（Q137）。㊁官吏：“《月令》祀百辟卿士有益於民”（Q140）。㊂通“避”，躲避：“非辭福也，乃辟禍兮”（Q187）；“兄弟暴露在家，不辟晨夏，負土成塻，列種松柏”（Q106）；“或有隱遁，辟語言兮”（Q171）。

【釋詞】

［辟舉］徵召薦舉：“大將軍辟舉茂才，除襄城令，遷荊州刺史、東萊涿郡太守”（Q066）。

［辟世］同“避世”：“年過知命，遭疾掩忽。癒哉于嗟！誰不辟世”（Q212）。

［辟雍］同“辟廱”，本爲西周天子所設大學，後爲行鄉飲、大射或祭祀之禮的地方：“故事，辟雍禮未行，祠先聖師”（Q102）。

（二）pì 《廣韻》房益切，並昔入。並錫。

【釋義】

通“擗”，撫心，捶胸：見“辟踊”。

【釋詞】

［辟踊］即“擗踊”，捶胸頓足，形容哀痛至極：“臣隸辟踊，悲動左右”（Q144）。

9056 **旬** xún 《廣韻》詳遵切，邪諄平。邪真。

① Q153　② Q191　③ Q106　④ Q144

《説文·勹部》：“旬，徧也。十日爲旬。从勹、日。，古文。”

【釋形】

《説文》以爲會意字，从勹、日，釋其義爲周遍，又云十日爲旬。按“旬”本與均匀之“匀”同字，甲骨文作（《合》9012）、（《合》10217）等形，像陶匀之形。製陶時通過旋轉陶匀而使陶泥均匀光滑，故其字既有均匀的含義（即“匀”字），又有轉圈的特點。一旬等於十天，每十天一個周期，周而復始，與陶匀相似，故“匀”字又可表示一旬。金文表示一旬時添加了構件“日”，寫作（《新邑鼎》）、（《王孫遺者鐘》）等形，從而與“匀”分爲兩字。其中金文的第二種寫法正是《説文》古文的來源。戰國秦文字作（《睡·日甲》138背）、（《睡·日乙》46），訛變爲从勹从日，此爲小篆字形之所本。《説文》以“徧也”釋之，乃其引申義。漢碑字形中，構件“勹”轉寫隸定爲平直的筆畫，小篆上方的豎點逐漸演變爲一撇，整字布局由小篆的包蘊關係調整爲右包圍結構，爲今之寫法所承，如圖①～④。

【釋義】

十天：“永元六年九月下旬，王文康不禄”（Q041）；“正月上旬，被病在床”（Q114）；“受任浹旬，庵〖離寢疾〗”（Q137）。

【釋詞】

［旬年］一年：“旬年二親蚤去明世”（Q106）。

［旬月］一個月：“旬月之閒，莫不解甲服皐”（Q127）；“旬月化行，風俗改易”（Q144）。

9057 **匈**　xiōng　《廣韻》許容切,曉鍾平。曉東。

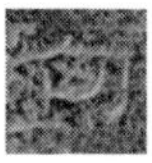
① Q039

② Q172

《説文·勹部》:“,膺也。从勹,凶聲。,匈或从肉。”

【釋形】

《説文》正篆爲形聲字,从勹,凶聲,隸定作“匈”,爲胸膛之“胸”的初文。《説文》或体將“匈”的義符“勹”替換爲“肉”,寫作“肾”。“匈”與“肾”爲異體字關係,“匈”與“胸”爲分化字關係。“胸”字分化出來之後,“匈”便成爲匈奴的常用字。其實,小篆的兩種寫法在戰國楚文字中就都已出現了,分别寫作(《新》291)、(《望》1.37),“胸”字在那個時候也已經分化出來,寫作(《望》1.52)。漢碑文獻中未出現“胸”字,表示胸膛時仍用“匈”,其字形與《説文》正篆相承,構件“勹”轉寫隸定爲平直的筆畫,整字布局由小篆的包蘊關係調整爲右包圍結構,如圖①。

【釋義】

㊀胸膛:“獄無呼嗟之冤,壄無叩匈之結”(Q172)。㊁通“凶”,不吉利,災禍:“卒遭毒氣遇匈殃”(Q039)。㊂通“凶”,饑荒:“山靈挺寶,匈灾乃平”(Q161)。

9058 **冢**　zhǒng　《廣韻》知隴切,知腫上。端東。

① Q141

② Q039

③ Q281

④ Q106

⑤ Q216

⑥ Q027

⑦ Q077

⑧ Q280

⑨ Q217

《説文·勹部》:“,高墳也。从勹,豖聲。”

【釋形】

《説文》以爲形聲字,从勹,豖聲。按“冢”金文作(《趞簋》)、(《曶壺蓋》)、(《多友鼎》),其字从“豭”之初文(像公豬之形),不从豖(“豖”甲骨文作,像豬被閹割生殖器之形,本義爲閹割);但另一個構件的構意不明。“冢”西周金文中多用爲大義。《説文》釋其義爲“高墳”,當爲引申義。“冢”小篆形體發生訛變,故《説文》誤釋爲从勹,豖聲。漢碑字形中,構件“勹”多隸定爲“冖”,如圖①～③,其中圖③在“冖”下多增一横;有的將“冖”與“豖”的横畫相接,形變爲“口”,如圖④～⑦;有的進一步簡化爲“一”,如圖⑧⑨。構件“豖”多與“豕”相混,如圖①～⑨,其中有些省寫較爲嚴重。

【釋義】

高大的墳墓:“如禮治冢,石室直□萬五千”(Q033);“悲哀迺治冢,作小食堂,傳孫子”(Q080);“周代造此冢,後子孫率來”(Q096);“顔母开舍及魯公冢守吏凡四人”(Q141);“悲哀思慕,不離冢側”(Q114)。

【釋詞】

[冢地]墓地:“建初元年,造此冢地,直三萬錢”(Q027)。

9059 **包**　bāo　《廣韻》布交切,幫肴平。幫幽。

J237

《説文·包部》:“,象人裹妊,巳在中,象子未成形也。元气起於子。子,人所生也。男左行三十,女右行二十,俱立於巳,爲夫婦。裹妊於巳,巳爲子,十月而生。男起巳至寅,女起巳至申。故男年始寅,女年始申也。凡包之屬皆从包。”

【釋形】

《説文》小篆爲會意字,从勹从巳,像人懷孕之形。其中"巳"像未成形的胎兒,"勹"像包裹胎兒的胞衣。可見,"包"乃"胞"的初文。"包"後來添加構件"肉",分化出專門表示胞衣的"胞"字;"包"字則多用於表示包裹、包含等引申義。小篆整字爲包藴結構,漢碑字形中,"勹"筆畫縮短,只能包藴"巳"的右上部分了,如圖。

【釋義】

囊括:見"包羅"。

【釋詞】

[包羅]囊括,通曉:"包羅術藝,貫洞聖□,博兼□□,耽綜典籍"(Q093)。

9060 **敬** jìng 《廣韻》居慶切,見映去。見耕。

① Q285 ② Q088 ③ Q125

《説文·苟部》:"",肅也。从攴、苟。"

【釋形】

《説文》以爲會意字,从攴、苟,表示肅敬、嚴肅。按"苟"金文作 (《大盂鼎》)、(《大保簋》)等形,或謂像狗蹲踞警惕之形,當爲"苟、敬、警"之初文。或增添構件"口"作 (《班簋》)、(《師虎簋》)等形,即爲"苟"字。後又增添構件"攴"作 (《師酉簋》)、(《秦公鎛》)等形,即爲"敬"字。小篆承襲金文并線條化,漢碑字形承襲小篆并筆畫化。構件"苟"上部漢碑或隸定爲"艹",如圖①;或隸定爲"丷",如圖②③。下部或隸定爲"句",如圖②;或省去短撇,如圖①③。義符"攴"或隸定爲"攵",如圖①③;或寫作上"𠂉"下"又",如圖②。

【釋義】

㊀恭敬,嚴肅:"肅肅其敬,靈祇降福。雍雍其和,民用悦服"(Q125);"供事繼母,先意承志,存亡之敬,禮無遺闕"(Q178);又見"敬恭、敬恪"等。㊁尊重,尊敬:"童妾壺饁,敬而賓之"(Q171);"尊神敬祀"(Q125);"善與人交,久而能敬"(S110)。㊂用於人名:"門生魏郡館陶吳讓,字子敬"(Q127);"故吏軍議掾陳郡趙洪文敬"(Q285);"河南雒陽王敬子慎二百"(Q112)。

【釋詞】

[敬恭]恭敬奉事,敬慎處事:"今欲加寵子孫,敬恭䀝祀,傳于罔極"(Q102)。

[敬恪]恭敬謹慎:"敬恪恭儉,州里歸稱"(Q154)。

[敬讓]恭敬謙讓:"分明好惡,先吕敬讓"(Q088)。

9061 **鬼** guǐ 《廣韻》居偉切,見尾上。見微。

① Q091 ② Q178

《説文·鬼部》:"",人所歸爲鬼。从人,象鬼頭。鬼陰气賊害,从厶。凡鬼之屬皆从鬼。,古文从示。"

【釋形】

《説文》以爲會意字,从人从厶,上象鬼頭。按"鬼"甲骨文作 (《合》2832)、(《合》20757),像一人頭戴面具之形,或與古代事鬼活動有關。或增添構件"示"作 (《合》3210),以强調與神靈之事有關,《説文》古文形體與此相承。甲骨文的兩種結構金文均有繼承,如 (《鬼乍父丙壺》)、(《陲肪簋蓋》)等。金文或从"攴"作 (《梁伯戈》);或从"戈"作 (《小盂鼎》),省去人形。戰國秦文字作 (《睡·爲》38)、(《睡·日甲》30背)等形,右下角開始出現""形,其構意未詳。 到小篆字形演變爲"厶"形,故《説文》釋"鬼"爲从人从厶、上象鬼頭。漢碑字形中,像鬼頭的形體隸定作"田";構件"人"寫作

“儿”形；“厶”寫作閉合的三角形，如圖①②。

【釋義】

㊀鬼魂，鬼魅：“以鬼□□食之”（Q091）；“或有□鬼，阻出□兮”（Q171）。㊁古代部族名：見“鬼方”。

【釋詞】

［鬼方］商周時居於我國西北方的部族，亦泛指邊遠之地的少數民族：“昔殷王武丁，克伐鬼方，元功章炳，勳臧王府”（Q093）；“王路阪險，鬼方不庭，恒戢節足，輕寵賤榮”（Q187）；“貢王庭，征鬼方。威布烈，安殊荒”（Q178）。

9062 **魂**（䰟）　hún　《廣韻》户昆切，匣魂平。匣文。

① Q100

② Q144

③ Q153

④ Q106

⑤ Q109

《説文·鬼部》：“，陽气也。从鬼，云聲。”

【釋形】

《説文》小篆爲形聲字，从鬼，云聲。漢碑字形中，義符“鬼”的形變過程參見9061鬼，構件“厶”隸定形體不一，有時寫作圓圈，如圖②；有時寫作半圓，且與“田”形相接，如圖③；有時近左框形，如圖①④。聲符“云”的下部多隸定爲三角形，如圖①～③；有的則隸定爲“厶”，與今之寫法同，如圖④。另外，圖⑤將構件位置互换爲左“鬼”右“云”，且其中“厶”省爲一點，“云”亦有省變。

【釋義】

魂靈：“精浮游而□□兮，魂飄搖而東西”（Q039）；又見“魂靈、魂神”等。

【釋詞】

［魂靈］魂，靈魂：“魂靈瑕顯，降垂嘉祐”（Q088）；“隱藏魂靈，悲癒奈何，涕泣雙并”（Q114）；“侵疾固綃，大命催□䰟靈歸”（Q109）。漢碑中又作“魂零”：“造墓定基，魂零不寧，於斯革之”（Q069）；“魂零有知，柃哀子孫”（Q100）。

［魂神］魂靈：“魂神超邁，家兮冥冥”（Q148）；“歍呼悷哉！魂神往兮”（Q187）。

9063 **䰟**

“魂”的異體字（圖⑤），見9062魂。

9064 **醜**　chǒu　《廣韻》昌九切，昌有上。昌幽。

① Q066

② Q149

《説文·鬼部》：“，可惡也。从鬼，酉聲。”

【釋形】

《説文》小篆爲形聲字，从鬼，酉聲，本義爲醜惡。“醜”甲骨文作（《合》12878）、（《合》4654），亦爲从鬼、酉聲的形聲字。漢碑字形中，義符“鬼”的形變過程參見9061鬼，其基礎構件“厶”或寫作圓圈，如圖①；或寫作閉合的三角形，如圖②。聲符“酉”的形變過程參見14172酉，漢碑字形將小篆彎曲的線條轉寫隸定爲平直的筆畫，如圖①②。

【釋義】

㊀可惡，醜惡：見“醜類”。㊁嫉恨，妒忌：“而青蠅嫉正，醜直實繁，攢共構譖，慷慨㬥薨”（Q066）。

【釋詞】

［醜類］惡人，壞人：“拼馬蠲害，醜類已殫”（Q148）；“奮旅揚旌，殄威醜類”（Q149）。

9065 **魏**　wèi　《廣韻》魚貴切，疑未去。疑微。

Q194

《説文》無。

【釋形】

漢碑字形从嵬省，委聲，爲形聲字。據《説文》“巍”下徐鉉注：“今人省山，以爲魏國之魏。”可知“巍、魏”本爲一字。“巍”小篆字形爲，从嵬，委聲，義爲高貌。所从之“嵬”省去構件“山”，分化出“魏”字，用作魏國、魏姓之魏。其中義符“鬼”的形變參見 9061 鬼；聲符“委”所从之構件“禾”漢碑中近似於“示”；構件“女”隸定近似於“母”省去兩點，如圖。

【釋義】

用於地名：“魏郡鄴□中葉”（Q194）。

9066 **畏**　wèi 《廣韻》於胃切，影未去。影微。

① Q134

② Q133

③ Q128

《説文·甶部》：“，惡也。从甶，虎省。鬼頭而虎爪，可畏也。，古文省。”

【釋形】

《説文》以爲會意字，从甶从虎省，其字“鬼頭而虎爪”，故有可畏之義。其説較爲牽强。按“畏”甲骨文作（《合》14173）、（《合》17442），李孝定《甲骨文字集釋》謂“像鬼持杖之形，可畏之象也”，可從。金文作（《大盂鼎》）、（《大盂鼎》），手形與杖形斷開；或加攴作（《王孫遺者鐘》）；或从心作（《陞肪簋蓋》），以强調畏懼爲心理活動。戰國楚文字作（《郭·五》34），秦文字作（《睡·日甲》24），杖形訛變嚴重，已無法看出原有構意。小篆與戰國秦文字相承，故《説文》誤釋爲“从甶，虎省”，與原初構意不符。所收古文形體的下部也發生較大變異。漢碑字形中，上部像鬼頭之形隸定作“田”，如圖①～③。下部形體或依據小篆轉寫隸定，如圖①；或省寫近似於現在的寫法，如圖②；或訛寫近似於“衣”形，如圖③。

【釋義】

㊀害怕，恐懼：“單于怖畏，四夷稽顙”（Q128）；“晞嚴霜，則畏辜戮”（Q133）；“德以柔民，刑以威姦，是以黎庶愛若冬日，畏如秋旻”（Q134）。㊁謹敬，敬服：“謹畏舊章，服竟，還〖署，試拜〗尚書侍郎”（Q148）；“寔我劉父，吏民愛若慈父，畏若神明”（Q193）。

9067 **禺**　（一）yù 《廣韻》牛具切，疑御去。疑侯。

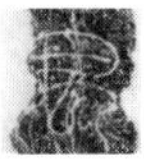
① Q244

② Q089

《説文·甶部》：“，母猴屬。頭似鬼，从甶从内。”

【釋形】

《説文》以爲會意字，从甶从内，釋爲獼猴類。按《山海經·南山經》“有獸焉，其狀如禺而白耳”郭璞注：“禺似獼猴而長，赤目長尾。”可見文獻中“禺”確實可以表示獼猴，但其字形卻不像獼猴形。“禺”金文作（《趙孟庎壺》），爲小篆字形之所承。其構件“甶”《説文》釋爲“鬼頭也”，學者以爲乃“鬼”之省形，金文“鬼”或从“戈”作（《小盂鼎》），其構件“鬼”即省作“甶”形，可證（參見 9061 鬼）。下面的構件“内”表示獸足，與“萬、禹”等字同。漢碑字形中，有的爲碑文篆書，如圖①。有的據小篆線條轉寫隸定作“禺”，如圖②。

【釋義】

通“寓”，寄寓：“山魯市東安漢里禺石也”（Q244）。

（二）yú 《廣韻》遇俱切，疑虞平。疑侯。

㊀用於匈奴王號：“斬昷禺以釁鼓，血屍逐以染鍔”（H26）。㊁用於地名：“禺亭長孫著是□□□歸□莒”（Q089）。

9068 **篡** cuàn 《廣韻》初患切,初諫去。初元。

Q178

《説文·厶部》:“,屰而奪取曰篡。从厶,算聲。”

【釋形】

《説文》小篆爲形聲字,从厶,算聲。漢碑字形中,義符“厶”似寫爲閉合的三角形。聲符“算”所从之構件“竹”隸定爲“𠂉”,與“艸”混同;構件“廾”粘連近似於“丌”,構件“目”省減爲“日”,如圖。

【釋義】

篡位,謂奪取君位:“時疏勒國王和德,弑父篡位,不供職貢”(Q178)。

9069 **誘** yòu 《廣韻》與九切,餘有上。餘幽。

JB6

《説文》爲“羑”之或體,《説文·厶部》:“,相訹呼也。从厶从羑。或从言、秀。,或如此。,古文。”

【釋形】

《説文》以“羑”爲正體,从厶从羑,會意字,表示誘導;“誘”爲其或體,形聲字,从言,秀聲。漢碑字形與《説文》或體相承,其中義符“言”所从之構件“辛”向上彎曲的兩曲線被拉直爲兩横畫,豎畫被省略。聲符“秀”上部構件“禾”像禾穗的曲線被分解爲短撇,上弧線被拉直爲横,下弧線被拆分成左右對稱的兩筆,形成撇和捺;下部形體隸定爲“乃”,如圖。

【釋義】

教導,勸導:“用行則達,以誘我邦”(Q193)。

9070 **嵬** wéi 《廣韻》五灰切,疑灰平。疑微。

Q146

《説文·嵬部》:“,高不平也。从山,鬼聲。凡嵬之屬皆从嵬。”

【釋形】

《説文》小篆爲形聲字,从山,鬼聲,本義爲高險不平貌。“鬼”上古音在見母微部。漢碑字形中,義符“山”中峰線條簡寫爲一豎。聲符“鬼”上部形體隸定作“田”,下部構件“儿”保留小篆的彎曲線條,且省寫了構件“厶”,如圖。

【釋義】

地勢高:“鏶燒破析,刻臽確嵬,減高就埤,平夷正曲,柙致土石”(Q146)。

9071 **巍** wēi 《廣韻》語韋切,疑微平。疑微。

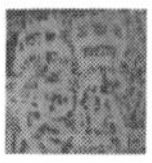
① Q173

② Q095

③ Q084

④ Q112

⑤ Q140

⑥ Q127

⑦ Q083

《説文·嵬部》:“,高也。从嵬,委聲。”

【釋形】

《説文》小篆爲形聲字,从嵬,委聲。“魏”不見於《説文》,乃“巍”字省去構件“山”而來(參見9065魏)。漢碑字形中,有的爲碑文篆書,但已經帶有明顯的隸意,且基礎構件“山”的位置與《説文》小篆不同,由“鬼”之上改爲“鬼”之下,如圖①。多數則已經發生隸變,義符“嵬”中“山”的位置不固定,有的與小篆一致,在構件“鬼”的上方,如圖②;有的在構件“儿”的中間,如圖③;有的在“儿”的左側,如圖④⑤。聲符“委”所从之構件“禾”上面像禾穗的曲線被離析爲一短撇,上弧線被拉直爲横,下弧線被拆分成左右對稱的兩筆,形成撇和點;構件“女”的三條曲線，分别據其所處的不同位置而轉寫爲不同的筆畫，如圖②～④。

【釋義】

㊀高大的樣子：見“巍巍”。㊁姓氏，同“魏”：“有韓巍之家，自視歉然”（Q084）；“都督掾南鄭巍整，字伯王”（Q095）；“尋李廣之在〖邊〗，恢巍〖絳〗之和戎”（Q137）。㊂用於地名，同“魏”：“惟冀州從事巍郡繁陽馮通□先出自高辛”（Q083）；“故丞魏令河南京丁琮叔舉五百”（Q112）；“門生巍郡館陶張上字仲舉”（Q127）。

【釋詞】

［巍巍］高大的樣子：“讚曰：巍巍大聖，赫赫彌章”（Q102）；“巍巍蕩蕩，與乾比崇”（Q140）。

9072 **山** shān 《廣韻》所閒切，山山平。山元。

① Q144

② Q060

③ Q129

《説文·山部》：“，宣也。宣气散，生萬物，有石而高。象形。凡山之屬皆从山。”

【釋形】

《説文》小篆爲象形字，像高山之形。“山”甲骨文作（《合》96）、（《合》7860），金文作（《山且庚觚》）、（《山父乙尊》），更像衆山峰聳立之形。西周晚期金文“山”的山峰逐漸線條化，作（《召叔山父簠》）、（《善夫山鼎》）等形。戰國秦文字出現（《秦陶》1466）、（《睡·爲》22）、（《睡·日甲》49）等更爲線條化的寫法，“山”的象形性逐漸減弱。其中第二個字形即爲《説文》小篆之所承。漢碑字形中，有的保留了篆意，與秦文字第二個字形結構相似，如圖①；有的與秦文字第一個填網紋的字形相承，中間與篆書“文”字相似，如圖②；有的與秦文字第三個字形相承，并徹底筆畫化，完全失去象形性，爲今之寫法所承，如圖③。

【釋義】

㊀山峰，山脈：“高山景行，慕前賢列”（Q144）；“高山崔隗兮，水流蕩蕩”（Q150）；又見“山嶽”。㊁用於人名：“從秦人孟伯山”（Q116）；“二弟文山、叔山悲哀”（Q082）；“父老周偉、于中山、于中程”（Q029）。㊂用於地名：“常山相南陽馮巡，字季祖”（Q174）；“元氏封龍山之頌”（Q126）。

【釋詞】

［山嶽］高大的山：“山嶽之守，是秩是望”（Q129）。漢碑中又作“山岳”：“巖巖山岳，礧落彰較”（Q154）。

［山鎮］某一地區最有名的山：“《周禮·職方氏》：‘河南山鎮曰華。’謂之西嶽”（Q129）。

9073 **嶽（岳𡷦）** yuè 《廣韻》五角切，疑覺入。疑屋。

① Q129

② Q125

③ Q066

④ Q178

⑤ Q154

⑥ Q126

《説文·山部》：“，東岱、南靃、西華、北恒、中泰室，王者之所以巡狩所至。从山，獄聲。，古文，象高形。”

【釋形】

《説文》小篆爲形聲字，从山，獄聲，本義爲高大的山。按“嶽”甲骨文作（《合》33850）、（《合》14501），即今之“岳”字，从山从丘，會意字。《説文》古文即與之構形同。《説文》小篆爲从山、獄聲的形聲字，“嶽”與“岳”爲造字方法不同的一組異體字。漢碑字形中，有的爲碑額篆書，但與《説文》小篆構形有異，聲符“獄”下部的兩“犬”相對，如圖①。多數則已經發生隸變，其中有的與小篆結構相承，如圖②；有

的義符“山”與聲符“獄”位置互换，整字隸定爲“嶽”，如圖③④。義符“山”中間山峰的線條均簡寫爲一豎。聲符“獄”中的兩個“犬”居左者隸定爲“犭”，居右者隸定爲“犬”，如圖②③；但圖④中右側的“犬”形變嚴重。構件“言”所从之“䇂”，向上彎曲的兩曲線被拉直爲兩横畫，豎畫被省略，如圖②～④。有的與《説文》古文的結構相承，其中構件“丘”隸定爲“𠀉”，如圖⑤⑥。

【釋義】

㊀泛指大山或山的最高峰：“乃台吐耀，乃嶽降精”（Q066）；“惟嶽降靈，篤生我君”（Q193）；“巖巖山岳，礧落彰較”（Q154）。㊁特指四嶽或五嶽等名山：“五嶽四瀆，與天合德”（Q125）；“惟封龍山者，北岳之英援，三條之别神”（Q126）；“巖巖西嶽，峻極穹蒼”（Q129）；“泰華惟岳，神曜吐精”（Q161）。

9074 **岳**

“嶽”的異體字（圖⑤⑥），見9073嶽。

9075 **嶽**

“嶽”的異體字（圖③④），見9073嶽。

9076 **岱**　dài　《廣韻》徒耐切，定代去。定職。

Q129

《説文·山部》：“，太山也。从山，代聲。”

【釋形】

《説文》小篆爲形聲字，从山，代聲。漢碑字形中，聲符“代”所从之構件“人”隸定爲“亻”，構件“弋”依據小篆線條對應轉寫隸定。義符“山”由“弋”下調整至“弋”之左下角，如圖。

【釋義】

㊀泰山的别稱：“於亓時廱，撫兹岱方”（Q127）；“玉帛之贄，禮與岱亢”（Q129）；“仁敷海岱，著甘棠兮”（Q088）。㊁用於人名：“處士南鄭祝岱，字子華”（Q199）。

9077 **嶷**　nì　《廣韻》魚力切，疑職入。疑職。

Q125

《説文·山部》：“，九嶷山，舜所葬，在零陵營道。从山，疑聲。”

【釋形】

《説文》小篆爲形聲字，从山，疑聲。聲符“疑”《説文》“从子、止、匕，矢聲”，漢碑字形中構件“匕”與小篆字形方向相反；構件“矢”隸定似“天”形；構件“子”與“止”粘合重組爲上下兩部分，寫作上“マ”下“疋”，如圖。

【釋義】

㊀年幼聰慧：見“岐嶷”。㊁用於人名：“主簿安眾鄧嶷”（Q125）。

9078 **崋**　huà　《廣韻》胡化切，匣禡去。匣魚。

① Q129　② Q129　③ Q178　④ Q178

《説文·山部》：“，山，在弘農華陰。从山，華省聲。”

【釋形】

《説文》小篆爲形聲字，从山，華省聲。段玉裁《説文解字注》：“从山，雩聲。各本作𦾔省聲。今正。𦾔即雩聲也……按西嶽字各書皆作華。華行而崋廢矣。漢碑多有从山者。”目前所見漢碑文獻中山名均作“崋”。漢碑字形中，有的爲碑額篆書，與小篆略異，如圖①。多數則已經發生隸變，聲符“雩”（即“華”的省聲）在筆畫化的過程中進行了粘合重組，方式不一，如圖②～④。

【釋義】

㊀山名:"開南寺門,承望崋嶽"(Q178);"河南山鎮曰崋"(Q129);"奄有河朔,遂荒崋陽"(Q129)。㊁用於地名:"主者掾崋陰王萇,字德長"(Q129)。

【釋詞】

[崋山]山名,五嶽之一:"西嶽崋山廟碑"(Q129);"闕嵯峨,望崋山"(Q178)。

9079 **岡(㟠)** gāng 《廣韻》古郎切,見唐平。見陽。

① Q125

② H144

《説文·山部》:",山脊也。从山,网聲。"

【釋形】

《説文》小篆爲形聲字,从山,网聲。漢碑字形中,聲符"网"内交叉的兩組筆畫簡寫爲兩點一横。整字或在左側增加構件"山",以强化其構意,形成異體字"㟠",如圖②。"岡"與"㟠"後分化爲兩個不同的字。

【釋義】

㊀山脊,山梁:"灾眚以興,陰陽以忒,陟彼高岡,臻兹廟側"(Q125)。㊁泛指山嶺或小山:"彼崇者㟠,彼極者□"(H144)。

9080 **㟠**

"岡"的異體字(圖④),見9079岡。

9081 **岑** cén 《廣韻》鋤針切,崇侵平。崇侵。

① Q071

② Q079

《説文·山部》:",山小而高。从山,今聲。"

【釋形】

《説文》小篆爲形聲字,从山,今聲。"今"上古音在見母侵部。漢碑字形中,聲符"今"最下面的曲線拆分爲一横一豎,其中一豎或居於横的左側,如圖①;或居於横的中間,如圖②。

【釋義】

用於人名:"上君遷王岑鞠田"(Q071);"敦煌大守雲中裴岑,將郡兵三千人,誅呼衍王等"(Q079);"部掾冶級王弘、史荀茂、張宇、〖韓〗岑〖等典〗功作"(Q025)。

9082 **密** mì 《廣韻》美筆切,明質入。明質。

Q129

《説文·山部》:",山如堂者。从山,宓聲。"

【釋形】

《説文》小篆爲形聲字,从山,宓聲。按"密"西周金文作(《趞簋》),从二必。春秋金文作(《高密戈》),省爲从一必。小篆承襲此類字形。漢碑字形中,基礎構件"必"所从之"八"與"弋"上側的線條,都省變成了點,分處撇、捺交叉分割的空間中;"宀"兩側線條向上縮短,僅包蘊"必",如圖。

【釋義】

㊀秘密:"弟君宣,密靖内侍,報怨禁中"(Q169)。㊁姓氏,特指孔子弟子密不齊:"濯冕題剛,傑立忠謇,有夷史之直、卓密之風"(Q187)。㊂用於地名:"左尉唐佑,字君惠,河南密人"(Q129);"青州從事,北海高密孫仲隱"(Q160)。

9083 **峻** jùn 《廣韻》私潤切,心稕去。心文。

① Q146

② Q126

③ Q125

《説文·山部》:",高也。从山,陖聲。,陖或省。"

【釋形】

《説文》正篆爲形聲字，从山，陖聲，今隸定作“𡾊”，本義爲山高貌。《説文》或體从山，夋聲，亦爲形聲字。按“峻”金文作（《大克鼎》），从山，畯聲，與小篆字形差異較大。或以爲“𡾊”爲“陖”之增形字，从山與从𨸏相通。漢碑字形承襲《説文》或體，其中聲符“夋”所从之構件“夊”或省減爲“夂”，如圖②。構件“允”上部“目”或省變爲“口”，如圖①；或省變爲三角形，如圖②③；“允”下部“儿”或變爲“亠”，如圖①②；或省作“一”，與其下的“夊”合在一起近似“友”形，如圖③。

【釋義】

㊀高：“衢廷弘敞，官廟嵩峻。祗慎慶祀，一年再至”（Q125）；“嵯峨崍峻，高麗無雙”（Q126）；“巖巖白石，峻極太清”（Q174）。㊁險，陡峭：“上則縣峻，屈曲流顛”（Q095）；“郡西狹中道，危難阻峻”（Q146）。㊂用於人名：“君諱峻，字仲巖，山陽昌邑人”（Q154）。

【釋詞】

［峻極］極高貌：“南號三公，厥體嵩厚，峻極于天，鼎足而□”（Q171）。

9084 **巖(巗)**　yán　《廣韻》五銜切，疑銜平。疑談。

① Q174

② Q129

③ Q154

《説文·山部》：“，岸也。从山，嚴聲。”

【釋形】

《説文》小篆爲形聲字，从山，嚴聲。漢碑字形中，有的與小篆一致，上形下聲，如圖①②；有的變爲左形右聲，如圖③。聲符“嚴”的隸定情況參見 2086 嚴。

【釋義】

㊀見“巖巖”。㊁用於人名：“君諱峻，字仲巗，山陽昌邑人”（Q154）。

【釋詞】

［巖巖］㊀積石貌：“山□窈窕，石巖巖兮”（Q171）。㊁高大；高聳：“巖巖西嶽，峻極穹蒼”（Q129）；“巖巖繆君，禮性純淑”（Q099）；“巖巖山岳，礧落彰較”（Q154）；“巖巖白石，峻極太清”（Q174）。

9085 **巗**

“巖”的異體字（圖③），見 9084 巖。

9086 **嵯**　cuó　《廣韻》昨何切，從歌平。從歌。

① Q126

② Q178

《説文·山部》：“，山皃。从山，𢀩聲。”

【釋形】

《説文》小篆爲形聲字，从山，𢀩聲。漢碑字形中，圖①字形有殘泐，其中基礎構件“𠂹”兩側的折筆似隸定爲點；圖②構件“𠂹”與構件“左”所从之“𠂇”粘合爲“𦍌”，與今之寫法相同。

【釋義】

山高峻貌：見“嵯峨”。

【釋詞】

［嵯峨］山高峻貌：“嵯峨崍峻，高麗無雙”（Q126）；“闕嵯峨，望華山”（Q178）。

9087 **峨**　é　《廣韻》五何切，疑歌平。疑歌。

① Q126

② Q178

《説文·山部》：“，嵯峨也。从山，我聲。”

【釋形】

《説文》小篆爲形聲字，从山，我聲。漢碑字形中，聲符“我”左邊形體有的近似於“主”形，如圖①；有的似“禾”下一橫，如圖②。

【釋義】

㊀山勢高峻貌：見“嵯峨”。㊁道德盛美貌：見“峨峨”。

【釋詞】

［峨峨］道德盛美貌:“峨峨我君,懿烈孔純”（Q137）。

9088 **崩** bēng 《廣韻》北滕切,幫登平。幫蒸。

① J237

② Q127

《説文·山部》:“,山壞也。从山,朋聲。,古文从𨸏。”

【釋形】

《説文》小篆爲形聲字,从山,朋聲。《説文》以爲“鳳”之古文,“崩”爲从山,鳳聲。“山”與“𨸏”義近可通,《説文》古文从𨸏。漢碑字形中,整字由小篆的左右結構調整爲上下結構,上形下聲。聲符“朋”與小篆相承,字形向右傾斜,外圍隸定爲傾斜的“冂”形,如圖①②。

【釋義】

敗壞,毀壞:“會《鹿鳴》於樂崩,復長幼於酬〚酢〛”（Q127）。

9089 **崇** chóng 《廣韻》鋤弓切,崇東平。崇冬。

① Q129

② Q130

《説文·山部》:“,嵬高也。从山,宗聲。”

【釋形】

《説文》小篆爲形聲字,从山,宗聲。漢碑字形與小篆相承。聲符“宗”所从之構件“宀”兩側線條向上縮短;構件“示”左右兩條曲線變成撇和點,如圖①②。

【釋義】

㊀高:“魏魏蕩蕩,與乾比崇”（Q140）;“兩山壁立,隆崇造雲,下有不測之谿,阨笮促迫”（Q146）;“彼崇者嶋,彼極者□”（H144）。㊁崇尚,提倡:“崇禮讓,遵大雅”（Q045）;“《尚書》五教,君崇其寬;《詩》云愷悌,君隆其恩”（Q179）。㊂“崇朝”的簡稱,即“終朝”,從平旦到食時爲終朝:“觸石〚出〛雲,不崇而雨”（Q171）。㊃用於人名:“門生魏郡館陶史崇字少賢”（Q127）;“處士南鄭祝崇字季華”（Q199）;“陳國苦虞崇伯宗二百”（Q112）。

【釋詞】

［崇高］指嵩山:“惟中嶽大室,崇高神君,處茲中夏,伐業最純”（Q061）。

9090 **崔** cuī 《廣韻》倉回切,清灰平。清微。又昨回切,從灰平。從微。

① J316

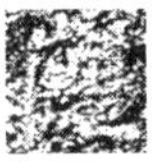
② Q150

③ Q199

《説文·山部》:“,大高也。从山,隹聲。”

【釋形】

《説文》小篆爲形聲字,从山,隹聲。漢碑字形與小篆相近,聲符“隹”發生離析重組,并將線條全部轉寫爲筆畫,已看不出鳥的樣子了,如圖①。

【釋義】

㊀用於聯綿詞“崔巍”:見“崔巍”。㊁姓氏:“故吏司徒掾博陵安平崔烈”（Q148）;“昔喬松、崔白,皆一身得道”（Q199）。

【釋詞】

［崔巍］即“崔嵬”,高聳貌,高大貌:“高山崔巍兮,水流蕩蕩”（Q150）。

9091 **嵩** sōng 《廣韻》息弓切,心東平。心冬。

① Q125

② Q263

《説文·山部》（新附字）:“,中岳。嵩,高山也。从山从高,亦从松。韋昭《國語注》云:‘古通用崇字。’”

【釋形】

《説文》从山从高，爲會意字，指高山，特指中岳嵩山。漢碑字形與小篆結構基本一致，只是將彎曲的線條轉寫隸定爲平直方折的筆畫，義符“山”中峰線條簡寫爲一豎，如圖①②。

【釋義】

㊀泛指高大：“南號三公，厥體嵩厚，峻極于天，鼎足而□”（Q171）；又見“嵩峻”。㊁特指中岳嵩山：見“嵩高”。㊂用於人名：“大守陰嵩，貪嘉功懿”（Q169）；“故從事魯張嵩眇高五百”（Q112）。

【釋詞】

［嵩高］指嵩山：“熹平四年來請雨嵩高廟”（Q164）。

［嵩峻］高大：“衢廷弘敞，官廟嵩峻”（Q125）。

9092 **崐** kūn 《廣韻》古渾切，見魂平。見文。

Q142

《説文·山部》（新附字）：“，崑崙，山名。从山，昆聲。《漢書》楊雄文通用昆侖。”

【釋形】

《説文》从山，昆聲，爲形聲字。漢碑字形將小篆彎曲線條轉寫隸定爲平直方折的筆畫，并將整字布局由小篆的上下結構調整爲左右結構，如圖。

【釋義】

用於“崐崘”，山名：“士仙者，大伍公見西王母崐崘之虚，受仙道”（Q142）。

9093 **崘** lún 《廣韻》盧昆切，來魂平。來文。

Q142

《説文·山部》（新附字）：“，崑崙也。从山，侖聲。”

【釋形】

《説文》从山，侖聲，爲形聲字。漢碑字形中，整字結構布局由小篆的上下結構調整爲左右結構。聲符“侖”所从之構件“冊”隸定作“冊”，如圖。

【釋義】

用於“崐崘”，山名：“士仙者，大伍公見西王母崐崘之虚，受仙道”（Q142）。

9094 **崤** xiáo（又讀 yáo）《廣韻》胡茅切，匣肴平。匣宵。

Q147

《説文》無。

【釋形】

漢碑字形从山，肴聲，爲形聲字。其中聲符“肴”小篆作，漢碑字形中構件“肉”隸定混同爲“月”，整字寫作“肴”，如圖。

【釋義】

山名：見“崤嶔”。

【釋詞】

［崤嶔］指高而峻險的崤山：“君昔在黽池，脩崤嶔之道”（Q147）。

9095 **嶄** zhǎn 《廣韻》士減切，崇豏上。

Q150

《説文》無。

【釋形】

漢碑字形从山，斬聲，爲形聲字。其中聲符“斬”小篆字形作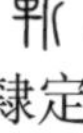，漢碑字形中構件“車”圓轉線條轉寫隸定爲平直筆畫；構件“斤”中兩個曲線分别分解爲兩筆，重組爲後世通行的寫法，如圖。

【釋義】

同“嶄”，高峻貌：“又醳散關之嶃漯，從

朝陽之平燎"（Q150）。

9096 **嶇** qū 《廣韻》豈俱切，溪虞平。溪侯。

Q125

《説文》無。

【釋形】

漢碑字形从山，區聲，爲形聲字。其中聲符"區"小篆作，漢碑字形寫法比較特別，構件"匸"被分解爲三筆，如圖。

【釋義】

見"奇嶇"。

9097 **嶔** qīn 《廣韻》去金切，溪侵平。溪侵。

Q147

《説文》無。

【釋形】

漢碑字形从山，欽聲，爲形聲字。其中聲符"欽"小篆作，从欠，金聲，漢碑中構件"欠"將小篆上部的"氣之形"隸定作"⺈"，下部像人之形的構件隸定爲"人"，與後來"欠"的通行寫法有明顯差異；構件"金"與小篆相承，但也發生明顯變異，上部粘合爲三角形，如圖。

【釋義】

高而峻險：見"嵴嶔"。

9098 **崖** yá 《廣韻》五佳切，疑佳平。疑支。

① Q146　② Q150　③ Q003

《説文·屵部》："，高邊也。从屵，圭聲。"

【釋形】

《説文》小篆爲形聲字，从屵，圭聲。"圭"上古音在見母支部。漢碑字形與小篆相承，義符"屵"所从之構件"厂"上面或繁增折筆，如圖③。聲符"圭"或依據小篆轉寫隸定，且上下二"土"的豎筆連爲一筆，如圖①；圖②③豎筆似有所省減，或因殘泐所致。

【釋義】

山或高地的邊緣："郡西狹中道，危難阻峻，緣崖俾閣，兩山壁立"（Q146）；"緣崖鑿石，處隱定柱"（Q150）；"十辛巳佐崖工矰"（Q003）。

9099 **府** fǔ 《廣韻》方矩切，幫麌上。幫侯。

① Q239　② Q144　③ Q129

《説文·广部》："，文書藏也。从广，付聲。"

【釋形】

《説文》以爲形聲字，从广，付聲。漢碑字形中，有的依據小篆嚴格轉寫隸定，如圖①。多數則發生隸變。義符"广"《説文》釋爲"因广爲屋，象對刺高屋之形"。桂馥《説文解字義證》："广即庵字。隸嫌其空，故加奄。《廣雅》：'庵，舍也'。"據此則"广"爲"庵"的初文。聲符"付"所从之構件"人"或分解爲兩筆，尚未徹底隸變爲"亻"，如圖②；或隸定爲"亻"，如圖③。構件"寸"中的兩條曲線也被分別轉寫爲橫和豎鉤，指示符號寫作提，如圖①②。

【釋義】

官署的通稱："敢言之司徒、司空府"（Q102）；又見"府君、府丞"。

【釋詞】

［府丞］太守的屬官："漢故益州太守、陰平都尉、武陽令、北府丞、舉孝廉高君字貫光"（Q189）；"上納其謨，拜郎、上黨府丞"（Q161）；"遷常山長史，换楗爲府丞"（Q133）。

［府君］舊時對已故者的敬稱，多用於墓碑與墓誌："故北海相任城景府君卒"（Q088）；"袁府君肅恭明神，易碑飾闕"（Q129）。

［府舍］官舍，官邸："護烏桓校尉王君威府舍"（Q046）。

［府掾］官署的僚屬："大子諱寬，字顏公，舉有道，辟大尉府掾"（Q128）。

9100 **廱（雍）** yōng 《廣韻》於容切，影鍾平。影東。

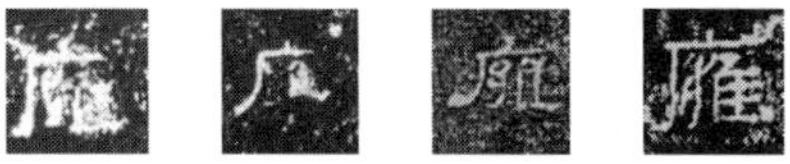

① Q123 ② Q127 ③ Q141 ④ Q021

⑤ Q106

《説文·广部》："，天子饗飲辟廱。从广，雝聲。"

【釋形】

《説文》以爲形聲字，从广，雝聲。漢碑字形中，聲符"雝"有的似與小篆相承，如圖①②；大多則將構件"邕"隸定爲"乡"，形成異體字"雍"，如圖③～⑤，其中圖③的"乡"保留一定的篆意，尚未完全分解爲筆畫。構件"隹"發生離析重組，并將線條全部轉寫爲筆畫，已看不出鳥的樣子了，如圖①～⑤。

【釋義】

㊀古代天子舉行鄉飲之禮的地方，也指古代天子所設立的大學：見"璧廱"。㊁和睦，和諧：見"時廱"。㊂通"饔"，送飯，供給食物：見"雍養"。㊃用於人名："次子持侯，曰仲雍"（Q021）。

【釋詞】

［雍養］供養："更離元二，雍養孤寡，皆得相振"（Q106）。

9101 **雍**

"廱"的異體字（圖③④⑤），見9100廱。

9102 **廬** lú 《廣韻》力居切，來魚平。來魚。

① Q100 ② Q141 ③ Q112 ④ Q128

《説文·广部》："，寄也。秋冬去，春夏居。从广，盧聲。"

【釋形】

《説文》小篆爲形聲字，从广，盧聲，本義爲農時寄居田野的棚舍。漢碑字形中，義符"广"均將小篆中的折線分解爲一横一撇，如圖①～④，其中圖④省去上面的一點，混同爲"厂"。聲符"盧"中的基礎構建"虍"或隸定近似於"丙"（下面爲一短横），如圖①②；或受理據的影響將"虍"改换爲或省變爲"田"，如圖③④，屬理據重構，其中圖④的"田"變異爲"⊞"形。

【釋義】

㊀農時寄居田野的棚舍："元年十月中，作廬望田中近田"（Q089）。㊁房屋，特指陰宅："年踰九九，永歸幽廬"（Q128）。㊂姓氏："亓廬城子二百"（Q112）。㊃用於人名："門生北海劇如廬浮字遺伯"（Q127）；"魯夏侯廬頭二百"（Q112）。㊄用於地名："考廬江大守"（Q137）；"時長史廬江舒李謙敬讓"（Q141）。

9103 **庭** tíng 《廣韻》特丁切，定青平。定耕。

① Q065 ② Q146 ③ Q142

《説文·广部》："，宫中也。从广，廷聲。"

【釋形】

《説文》小篆爲形聲字，从广，廷聲。按"廷"金文作（《小盂鼎》）、（《師酉簋》），構意尚無定論。王國維謂"古文但有'廷'字，後世加'广'作'庭'，義則無異"

(《國學論叢》)。漢碑字形中,有的爲碑文篆書,如圖①。多數則已經發生隸變,聲符"廷"所从之構件"廴"混同作"辶",如圖②③。構件"壬"隸定後中豎下面出頭,如圖②③。

【釋義】

㈠門庭,堂階前的院子:"浮游八極,休息仙庭"(Q142);"遠人斯服,介士充庭"(Q133);"翩彼飛雉,崪於其庭"(Q065)。㈡朝廷:"國無人兮王庭空,士罔宗兮微言喪"(Q128);"或在王庭,輔翼聖主"(Q171);"貢王庭,征鬼方"(Q178)。㈢用於古代宮廷官署名:"漢故溓庭待詔,君諱致,字萇華,梁縣人也"(Q142)。㈣朝覲:"王路阪險,鬼方不庭"(Q187);"徼外來庭,面縛二千餘人"(Q146)。

9104 **序**　xù　《廣韻》徐吕切,邪語上。邪魚。

① Q169

② Q066

《説文·广部》:"序,東西牆也。从广,予聲。"

【釋形】

《説文》小篆爲形聲字,从广,予聲,本義爲堂屋的東西牆。漢碑字形中,聲符"予"有的隸定爲兩個相接的三角形,下部寫作一弧筆,如圖①;有的小篆上部兩個封閉三角形拆解成筆畫,原有結構被徹底打破,如圖②。

【釋義】

㈠次序,順序:"天地通〖精〗,神明別序"(Q171);"蓋四時之序功成則退,君屢辭以疾"(Q173)。㈡依次序排列:"將作□封,因序祖先"(Q124);"寬猛惟中,五教時序"(Q066);"式序在位,量能授宜"(Q193)。㈢教育:見"序民"。㈣使就序,使歸順:見"即序"。㈤溯求:"涉歷山道,推序本原"(Q095)。㈥漢碑文獻中品評人物的部分:"序曰:明哉仁知"(Q095)。

【釋詞】

[序民]教育百姓,使各安其位:"蓋聞經國序民,莫急於禮,禮有五經,莫重於祭"(Q174)。

9105 **廣**　guǎng　《廣韻》古晃切,見蕩上。見陽。

① Q146

② Q084

③ Q146

④ Q137

《説文·广部》:"廣,殿之大屋也。从广,黄聲。"

【釋形】

《説文》小篆爲形聲字,从广,黄聲。聲符"黄"《説文》"从田从炗,炗亦聲",構件"炗"(即古文"光")中的"火"隸變時被離析,上部與"廿"重組爲"艹",下部隸定爲兩點,與今之"黄"字寫法相同,如圖①～④,其中圖④中"黄"省寫一横畫。義符"广"或訛混爲"疒",正字訛寫作"癀"字,如圖④。

【釋義】

㈠寬度:"王陵塞石,廣四尺"(Q010);"索石,廣三尺"(Q097)。㈡寬廣,遼闊:"堅固廣大,可以夜涉"(Q146)。㈢擴大:"增廣壇場,飭治〖華蓋〗"(Q125)。㈣宏大,高尚:"以三公德廣,其靈尤神"(Q060);又見"廣淵"。㈤廣泛,普遍:"孝武時有張騫,廣通風俗,開定畿寓"(Q179);"廣學甄微,靡不貫綜"(Q132)。㈥用於人名:"故書佐東安平閻廣,字廣宗"(Q088);"嚴道君曾孫,武陽令之少息孟廣宗卒"(Q113);"守疏廣止足之計,樂於陵灌園之契"(Q154);"〖禮服〗祥除,徵拜議郎,右北平大守,尋李癀之在〖邊〗"(Q137)。㈦用於地名:"君諱熊,字孟陽,廣陵海西人也"(Q193);"漢中郡以詔書受廣漢、蜀郡、巴郡徒二千六百九十人”（Q025）。

【釋詞】

［廣淵］廣大深遠，多指德行：“聰叡廣淵，兼覽七□”（Q084）；“於惟我君，明允廣淵，學兼游夏，德配臧文”（Q164）。

9106 **庾** yǔ 《廣韻》以主切，餘麌上。餘侯。

Q146

《說文·广部》：“，水槽倉也。从广，臾聲。一曰：倉無屋者。”

【釋形】

《說文》小篆爲形聲字，从广，臾聲。漢碑字形中，聲符“臾”隸定近似於“申”右下加“丶”，已看不出其示音作用，如圖。

【釋義】

露天的穀堆：“年穀屢登，倉庾惟億”（Q146）。

9107 **廛** chán 《廣韻》直連切，澄仙平。定元。

Q172

《說文·广部》：“，一畝半，一家之居。从广、里、八、土。”

【釋形】

《說文》以爲會意字，从广、里、八、土，表示一户人家所居之所。按“廛”戰國文字作（《郭·緇》36），下面从“土”，上面構形不明，《說文》據小篆釋爲“从广、里、八、土”，恐與初形不符。漢碑字形似與今之寫法相近，其中構件“广”因形近訛混爲“厂”，如圖。

【釋義】

古代一户人家所居之所：“於是遠人聆聲景附，樂受一廛”（Q172）。

9108 **廉** lián 《廣韻》力鹽切，來鹽平。來談。

① Q038 ② Q243 ③ Q084 ④ Q114

⑤ Q178 ⑥ Q189 ⑦ Q128

《說文·广部》：“，仄也。从广，兼聲。”

【釋形】

《說文》小篆爲形聲字，从广，兼聲。漢碑字形中，有的爲碑文篆書，但已經帶有明顯的隸意，如圖①。多數則發生隸變，聲符“兼”小篆从又持秝，漢碑字形構件“又”依據小篆線條轉寫隸定爲平直的筆畫，如圖②③；中間横畫或右不出頭，如圖④～⑥；或省右側豎筆，如圖⑦。構件“秝”所从之二“禾”像穗下垂之形的線條由方向一致變爲左右相背，如圖③④；或隸定爲兩短横或兩點，如圖⑤～⑦；或省寫，如圖②。兩條上弧線拉直連爲一横，如圖②③⑤⑦；或省去横線，如圖④⑥。兩條下弧線有的隸定爲一撇一捺，爲今之寫法所承，如圖②；多數與兩豎筆的下端共同省寫爲“灬”，如圖③～⑦。義符“广”上面的一點或省略，與“厂”混同，如圖⑦。

【釋義】

㊀廉潔：“居欲孝思貞廉，率眾爲善，天利之”（Q015）；“履菰竹之廉，蹈公儀之絜”（Q172）。㊁清廉之士：見“孝廉”。㊂察舉，漢代選拔官員的一種制度：見“廉選”。㊃少：“惟許卒史安國，禮性方直，廉言敦篤”（Q114）。㊄用於人名：“孝子孟恩、仲□、叔廉”（Q109）；“□□部掾趙炅文高、故□曹史高廉□吉千”（Q178）。

【釋詞】

［廉恕］廉潔寬厚：“膺皋陶之廉恕，□□參之□□”（Q148）。

［廉選］察舉，漢代選拔官員的一種制度："得應廉選，貢名王室"（Q171）。

［廉隅］本指棱角，常用以比喻端莊方正的品行："不攸廉隅，不飭小行"（S110）。

9109 **庶** shù 《廣韻》商署切，書御去。書鐸。

① Q133

② Q144

③ Q095

《説文·广部》："，屋下衆也。从广、炗；炗，古文光字。"

【釋形】

《説文》以爲會意字，从广、炗，表示衆多。按"庶"甲骨文作（《合》10399）、（《合》16270），于省吾、陳世輝《釋庶》認爲，卜辭中"庶"字"从火燃石，石亦聲"，本義是用火加熱食物，其説可從。《説文》所釋衆多義應爲假借義。金文作（《大盂鼎》）、（《毛公鼎》）、（《伯庶父簋》），"石"變爲从"口"形，且"口"與下方"火"相接。小篆承襲此類字形，故《説文》釋爲"从广、炗"。漢碑字形中，構件"炗"中的"廿"或與小篆一致，如圖①②，其中圖②在"廿"下多了一個折筆"乚"；或隸定爲"廾"，如圖③。下部的"火"隸定爲"灬"，如圖①～③。

【釋義】

㊀衆多：見"庶品、庶士"等。㊁百姓，平民：見"烝庶、黎庶"。㊂欣幸，希冀："孳孳臨川，闚見〖宫〗廧，庶仰箕首，微妙玄通"（Q093）；"感秦人之哀，願從贖其無由，庶考斯之頌儀"（Q133）；"庶同如蘭，意願未止"（Q144）；又見"庶幾"。

【釋詞】

［庶幾］希望，但願："漫漫庶幾，復焉所力"（Q148）。

［庶品］指萬物："俯名山川，五常之貌，含氣庶品"（Q123）。

［庶士］衆士："君子安樂，庶士悦雍"（Q095）。

［庶政］各種政務："臣盡力思惟庶政，報稱爲效，增異輒上"（Q140）。

9110 **廢** fèi 《廣韻》方肺切，幫廢去。幫月。

① Q084

② Q095

③ Q202

④ Q129

《説文·广部》："，屋頓也。从广，發聲。"

【釋形】

《説文》小篆爲形聲字，从广，發聲。"發"上古音在幫母月部。漢碑字形中，聲符"發"所从之構件"弓"依據小篆線條轉寫隸定；基礎構件"址"隸定作"癶"；基礎構件"殳"上部的"几"隸定近似於"口"形（下面横畫向右延伸），下部的手形隸定爲"乂"，如圖①～④。構件"广"或因形近訛混爲上端無點的"疒"，整字近似於"癈"，如圖③④。

【釋義】

㊀荒廢，廢頓："廢子由斯，得其度經"（Q095）；"四祀烝嘗，不廢㐬兮"（H105）；"弘農大守、安國亭侯、汝南袁逢掌華嶽之主，位應古制，脩廢起頓，閔其若兹"（Q129）；又見"廢弛"。㊁廢棄，去除："郡請署主簿、督郵、五官掾（闕）否，好不廢過"（Q202）；又見"廢置"。

【釋詞】

［廢弛］荒廢，廢頓："惟前廢弛，匪躬匪力"（Q125）。

［廢置］猶興革："施舍廢置，莫非厥宜"（Q084）。

9111 **廟** miào 《廣韻》眉召切，明笑去。明宵。

① Q063

② Q129

③ Q125

④ Q102

《説文·广部》："，尊先祖皃也。从广，朝聲。，古文。"

【釋形】

《説文》小篆爲形聲字，从广，朝聲。按"廟"西周金文作（《免簋》）、（《盠方彝》）、（《盠方彝》），从广，朝聲，"广"或朝左，或朝右。小篆承襲朝右的結構。或从"宀"，與从"广"同義。戰國金文或作（《中山王嚳壺》），从广，苗聲，爲《説文》古文之所本。漢碑字形中，有的爲碑文篆書，如圖①；有的爲碑額篆書，如圖②，二者均省去了"舟"上的"入"形。漢碑字形多數已經發生隸變，聲符"朝"所从之構件"倝"多省寫其中的"入"形；上部的"屮"形隸定作"亠"；下方的"丂"形隸定作"十"，如圖③④。構件"舟"隸定混同作"月"，如圖③④，其中圖④"月"多一横。義符"广"因形近訛混爲"疒"，整字隸定作"𤺓"，如圖④。

【釋義】

供奉祖先及其他重要人物的建築："脩飾宅廟，更作二輿，朝車威熹"（Q112）；"立廟桐柏，春秋宗奉"（Q125）；"經緯天地，幽讚神朙，故特立𤺓"（Q102）。

9112 **废** chì 《廣韻》昌石切，昌昔入。昌鐸。

① Q130

② Q178

③ Q266

《説文·广部》："，郤屋也。从广，屰聲。"

【釋形】

《説文》小篆爲形聲字，从广，屰聲。漢碑字形中，聲符"屰"將小篆彎曲的線條拉直，省減爲兩横畫，遂與"干"混同，如圖①～③。

【釋義】

開拓："秦漢之際，曹參夾輔王室，世宗廓土废竟，子孫遷於雍州之郊"（Q178）。

9113 **㾓**

"恢"的異體字（圖③），見10158恢。

【釋詞】

［㾓弘］發揚，弘揚："㾓弘大節，讜而益明"（Q095）。

9114 **廓** kuò 《廣韻》苦郭切，溪鐸入。溪鐸。

① Q178

② Q178

《説文》無。

【釋形】

漢碑字形从广，郭聲，爲形聲字。其中聲符"郭"小篆作，構件"邑"漢碑隸定作"阝"，如圖①②。構件"䨀"混同近"享"，中間的"口"多一横作"日"形，如圖①；上部或粘連爲一體，如圖②。

【釋義】

開拓，擴大："秦漢之際，曹參夾輔王室，世宗廓土废竟，子孫遷于雍州之郊"（Q178）；"廓廣聽事官舍，廷曹廊閤，升降揖讓朝覲之階，費不出民，役不干時"（Q178）。

9115 **砥** dǐ（舊讀 zhǐ）《集韻》典禮切，端薺上。端脂。

① Q193

② Q263

③ Q137

《説文》爲"厎"之或體，《説文·厂部》："，柔石也。从厂，氐聲。，厎或从石。"

【釋形】

从石，氐聲，爲形聲字。漢碑字形中，義符"石"或依據小篆嚴格轉寫隸定，其中"厂"分裂爲相離的"一"和"丿"，如圖①～③。聲符"氐"金文作（《賸金氏孫盤》），學者多以爲"氐"爲"氏"的分化字，乃於"氏"下加一横畫而成，小篆字形與之相承。漢碑字形或據小篆線條對應轉寫隸

定，如圖①；或發生不規則變異，如圖②③。

【釋義】

磨煉，磨礪："聞斯行諸，砥仁〖癘〗□"（Q137）；又見"砥鈍"。

【釋詞】

［砥鈍］磨礪愚鈍使變得聰明："□□□慕，百朋哀懽，於是砥鈍厲頑"（Q263）。

9116 **厥** jué 《廣韻》居月切。見月入。見月。

① Q179

② Q083

③ Q134

《説文·厂部》："，發石也。从厂，欮聲。"

【釋形】

《説文》小篆爲形聲字，从厂，欮聲。漢碑字形中，義符"厂"或將小篆折線分解爲一橫或一撇，如圖①；或因形近訛混爲"广"，如圖②③。聲符"欮"《説文》以爲"瘚"之省體，徐灝《説文解字注箋》認爲"此字正作欮，从欠、屰會意，相承增疒旁。今以爲欮从瘚省，非也"。徐説可從。"欮"所从之構件"屰"，兩條向上彎曲的線條被拉直，寫作三橫畫，近似於"手"形，如圖①③；或隸定似"羊"，如圖②。構件"欠"或將小篆上部的"气之形"隸定作"⺈"，下部像人之形的構件隸定爲"人"，且"人"的起筆與"⺈"的末筆相交，與後來"欠"的通行寫法有明顯差異，如圖②③；"人"的起筆或與"⺈"的撇筆相交，且"人"上多寫一撇，隸似"反"，如圖①。

【釋義】

㊀代詞，相當於"其"："紀厥行，表于墓門"（Q041）；"帝嘉厥功，授目符命"（Q088）。㊁助詞，用於句中："於是同志□厥後"（Q083）。㊂用於地名："東郡厥縣東阿西鄉常吉里薌他君石祠堂"（Q106）。

9117 **厲** lì 《廣韻》力制切，來祭去。來月。

① Q175

② Q153

③ Q166

④ JB3

⑤ J237

《説文·厂部》："，旱石也。从厂，蠆省聲。，或不省。"

【釋形】

《説文》小篆爲形聲字，从厂，萬聲。"萬"上古音在明母元部。由於"蠆"上古音在透母月部，與"厲"更爲音近，故《説文》以"蠆省聲"釋之。按"厲"金文作（《五祀衛鼎》），从厂，萬聲，未有从"蠆"省聲者，故《説文》所釋"蠆省聲"恐不符合字形實際。漢碑字形中，義符"厂"形近混爲"广"，如圖①～⑤。聲符"萬"本像蝎子之形，漢碑中上部像蝎螯之形的線條或隸定作"艹"形，如圖①④⑤；或粘合爲"䒑"，如圖②；或進一步省減，如圖③。中間像蝎頭内部的交叉線條變爲"十"，其豎筆與下部構件"厹"的豎畫相接，如圖①～⑤。下部構件"厹"或隸定爲"内"，如圖①～③；或隸定近似於"去"，如圖⑤；或隸定近似於"虫"，如圖⑥。

【釋義】

㊀磨，磨煉："砥鈍厲頑，立石"（Q263）；"若乃砥節厲行，直道正辭"（S97）。㊁勉勵，激勵："政化如神，烝民乃厲"（Q153）；"舉衡以處事，清身以厲時"（Q166）；"濟濟之儀，孜孜之踰，帥厲後學，致之雍泮"（Q193）；"刻過拾遺，厲清八荒"（Q095）；又見"勖厲"。㊂高："久斿大學，藐然高厲"（Q132）。㊃災禍，病疫，後作"癘"："蝗賊不起，厲疾不行"（Q135）；"除民氛厲，莫不□□"（Q171）。

【釋詞】

［厲頑］强暴之人："賞進厲頑，約之以禮，博之以文"（Q193）。

9118 **厝** cuò 《廣韻》倉故切，清暮去。清鐸。

Q101

《説文·厂部》："，厲石也。从厂，昔聲。《詩》曰：'他山之石，可以爲厝'。"

【釋形】

《説文》小篆爲形聲字，从厂，昝聲。"昝"上古音在心母鐸部。漢碑字形中，義符"厂"訛混爲"疒"；聲符"昝"將上部交叉筆畫粘合重組，隸定爲"龷"，如圖。

【釋義】

通"措，安放，放置："不厝一□，獨爲□石"（Q101）。

9119 **庬** máng 《廣韻》莫江切，明江平。明東。

Q137

《説文》作"厖"，《説文·厂部》："，石大也。从厂，尨聲。"

【釋形】

本爲从厂、尨聲的形聲字，訛作从广，尨聲。《正字通·广部》："庬，俗厖字。"後訛字行而正字廢。漢碑字形即已改作从广，尨聲。聲符"尨"甲骨文作（《合》4652），从犬从彡。小篆將彡移至犬的背上，《説文》釋爲"犬之多毛者。从犬从彡"。商承祚（《殷虚文字類編》）認爲"象犬腹下脩毛垂狀……今篆彡在背上。犬非剛鬣，若在背，則彡狀不可見矣"。到了漢碑中，構件"犬"形變作"尤"，如圖。

【釋義】

大，厚：見"敦庬"。

9120 **危** wēi 《廣韻》魚爲切，疑支平。疑支。

Q095

《説文·危部》："，在高而懼也。从厃，自卪止之。凡危之屬皆从危。"

【釋形】

《説文》以爲會意字，从厃从卪，以人在高處而恐懼表示高危義。按學者多以"危"爲"跪"之初文，从卪，厃聲。表示危險、高危的"危"本作"厃"，甲骨文作（《合》6528）、（《合》6477），或以爲像古代用於警示的攲器之形，該器只有注水適量才會中正不偏，注水少或過多都會傾覆，故可以表示危險、傾危之義。戰國文字逐漸變異爲人在懸崖之上，即"厃"字，理據重構。文獻中多以"危"爲"厃"，表示跪跽義時另添加構件"足"作"跪"。漢碑字形中的"危"與小篆相承，構件"厃"上部的"人"形隸定爲"⺈"，構件"卪"隸定後與"巳"混同，如圖①。

【釋義】

㊀道路艱險：見"危難"。㊁危險，危機："臨危槍碭，履尾心寒"（Q095）；又見"危殆、危危"。㊂特指人將亡："去官未旬，病乃困危"（Q088）。

【釋詞】

［危殆］危險："〖乃俾〗衡官掾下辨仇審，改解危殆，即便求隱"（Q150）。

［危難］道路艱險難行："郡西狹中道，危難阻峻，緣崖俾閣，兩山壁立，隆崇造雲"（Q146）；"王府君閔谷道危難，分置六部道橋"（Q095）。

［危危］比喻極其危險："危危累卵兮，聖朝閔憐"（Q150）。

9121 **石** （一）shí 《廣韻》常隻切，禪昔入。禪鐸。

① Q126

② Q066

③ Q141

④ Q106

《説文·石部》:“，山石也。在厂之下；口，象形。凡石之屬皆从石。”

【釋形】

《説文》小篆爲象形字，像山石之形。按“石”甲骨文作（《合》13505），本像山岩之形，爲“石”之初文；或加象徵石塊的構件“口”，寫作（《合》376）、（《合》22050）等形。金文山岩之形省寫作“厂”，整字作（《己侯貉子簋蓋》）、（《鄭子石鼎》）。小篆承襲此類字形，并線條化。漢碑字形依據小篆轉寫隸定，其中構件“口”有的還保留篆意，如圖①。構件“厂”分解爲“一”與“丿”兩筆，二者的連接稍有差異，有的兩筆在起筆處緊密相接，如圖①②；有的兩筆相離，如圖③；有的“丿”在“一”的中間位置相接，如圖④，爲後世楷書所承襲。

【釋義】

㊀岩石：“取石南山，更逾二年”（Q106）；“遂采嘉石，造立觀闕”（Q126）；“平夷正曲，柙致土石”（Q146）；“有堅石如闕狀”（Q092）；又見“蘭石、玄石”。㊁石刻，碑碣：“奉見劉明府，立祠刊石”（Q123）；“勒銘金石，惟以告哀”（Q144）；“大協同建，石立碑顯”（Q070）。㊂指道教用礦石提煉以求長生的藥：“大伍公從弟子五人，田傴、全□中、宋直忌公、畢先風、許先生，皆食石脂，仙而去”（Q142）。㊃姓氏：“其十月，魯工石巨宜造”（Q052）；“長史蜀城佐石副垂”（Q061）；“魯石子重二百”（Q112）。㊄用於人名：“故騎吏劇晉麟，字敬石”（Q088）；“故吏韋金石錢二□”（Q179）。

【釋詞】

［石門］指古褒斜谷通道。在今陝西西南，道旁多摩崖刻石：“詔書開余，鑿通石門”（Q095）。

（二）dàn（舊讀 shí）《廣韻》常隻切，禪昔入。禪鐸。

【釋義】

量詞，漢代官俸的計量單位，用爲官位的品級：“守廟百石魯孔恢聖文千”（Q112）；“但使二千石以歲時往祠”（Q129）；“掾史高遷二千石”（Q277）。

9122 **碭** dàng 《廣韻》徒浪切，定宕去。定陽。

Q095

《説文·石部》:“，文石也。从石，昜聲。”

【釋形】

《説文》小篆爲形聲字，从石，昜聲。漢碑字形依據小篆轉寫隸定，義符“石”中“厂”分解爲“一”與“丿”兩筆；聲符“昜”上部的“日”與“一”粘合，如圖。

【釋義】

跌宕，跌撞：“臨危槍碭，履尾心寒”（Q095）。

9123 **碣** jié 《廣韻》渠列切，羣薛入。羣月。

Q065

《説文·石部》:“，特立之石。東海有碣石山。从石，曷聲。，古文。”

【釋形】

《説文》小篆爲形聲字，从石，曷聲。漢碑字形爲碑文篆書，但已經帶有明顯的隸意，聲符“曷”所从之構件“曰”將小篆上部彎曲的線條拉直爲一横，且與左豎相接；構件“匃”殘泐不清，如圖。

【釋義】

圓頂的石碑：“表碣銘功，昭眡後昆”

（Q065）。

9124 **碑**(䃬碁) bēi 《廣韻》彼爲切，幫支平。幫支。

 ① Q129  ② Q201  ③ Q084  ④ Q083

 ⑤ Q185  ⑥ Q129  ⑦ Q188  ⑧ Q070

 ⑨ Q088

《説文·石部》：“，豎石也。从石，卑聲。”

【釋形】

《説文》小篆爲形聲字，从石，卑聲。漢碑字形中，有的爲碑額篆書，如圖①～③，但圖②③已帶有明顯的隸意。漢碑字形多數已經發生隸變，義符“石”或按照小篆嚴格轉寫隸定，寫作“厂”包藴“口”，如圖④～⑥；或將“厂”分解爲相離的“一”和“丿”，如圖⑧；或使“丿”在“一”的中間位置相接，如圖⑦。聲符“卑”所从之構件“甲”，或依據小篆將其下行的曲線隸定爲撇，如圖④⑤⑦；或將該曲線斷開，上部作爲“田”形中的豎筆，下部成爲短撇，或置於“十”的左端，如圖⑥；或置於“十”的左下，如圖⑦。像左手之形的構件“𠂇”隸定近似於“十”，其中圖⑦中“十”的豎筆與“田”的豎筆貫通。此外，漢碑中還有的將聲符“卑”改换爲“非”，或仍爲左右結構，如圖⑧；或爲上下結構，如圖⑨。

【釋義】

碑刻，碑碣：“故〖立〗石銘碑，以旌明德焉”（Q093）；“袁府君肅恭明神，易碑飾闕”（Q129）；“迺鎸石立碑，勒銘鴻烈，光于億載，俾永不滅”（Q133）；“豎建聿碁，惟故臣吏”（Q088）；“永建三年六月始旬丁未造此石䃬”（Q070）；“大協同建，石立䃬顯”（Q070）。

【釋詞】

［碑石］石碑：“然其所立碑石，刻紀時事，文字摩滅，莫能存識”（Q129）。

9125 **䃬**

“碑”的異體字（圖⑧），見9124碑。

9126 **碁**

“碑”的異體字（圖⑨），見9124碑。

9127 **确** què 《廣韻》胡覺切，匣覺入。匣屋。

 ① Q150  ② Q095

《説文·石部》：“，礊石也。从石，角聲。，确或从㱿。”

【釋形】

《説文》小篆爲形聲字，从石，角聲，本義爲堅硬的石頭。漢碑字形中，義符“石”或依據小篆嚴格轉寫隸定，如圖①；或將“厂”分解爲“一”和“丿”兩筆，如圖②。聲符“角”上部隸定作“⺈”，内部像角的紋路的部分隸定作兩横一豎，如圖①②，後世楷書寫法承此。

【釋義】

㊀堅硬的石頭：“木石相距，利磨确磐”（Q095）。㊁土地貧瘠多石：“地既塉确兮，與寇爲隣”（Q150）。

9128 **磬** qìng 《廣韻》苦定切，溪徑去。溪耕。

 ① Q172  ② Q112

《説文·石部》：“，樂石也。从石、殸。象縣虡之形。殳，擊之也。古者毌句氏作磬。，籀文省。，古文从巠。”

【釋形】

《説文》以爲會意字，从石、殸，表示一種石製的打擊樂器。按“磬”甲骨文作（《合》8035）、（《合》10500），像以手持物擊磬形，爲《説文》籀文所本。小篆在初文“殸”的基礎上添加了“石”，徐鍇《説文解字繫傳》認爲是形聲字，“从石，殸聲”，其説可從。《説文》古文改爲从石，巠聲，理據重構。漢碑字形承襲从石、殸聲的結構，構件“石”依據小篆嚴格轉寫隸定，如圖①②。構件“殸”左上的部分或據小篆線條隸定，如圖①；或變爲“土”形，如圖②。“殸”左下的部分隸定爲“尸”，如圖①②。構件“殳”中“几”隸定爲“口”形，下部横畫向右延長；下面的“又”隸定爲“乂”，如圖①②。

【釋義】

一種石製的打擊樂器：“鍾磬縣矣，于胥樂焉”（Q172）；“鍾磬瑟皷，雷洗觴觚”（Q112）。

9129 破 pò 《廣韻》普過切，滂過去。滂歌。

① Q146

② Q192

③ Q169

④ Q169

《説文·石部》：“，石碎也。从石，皮聲。”

【釋形】

《説文》小篆爲形聲字，从石，皮聲。“皮”上古音在並母歌部。義符“石”依據小篆嚴格隸定，如圖①～④。聲符“皮”除“又”形之外，其他部分發生粘合，已看不出原有的構意，如圖①～③，其中圖①②將手形隸定爲“又”；圖③④則隸定爲“乂”。

【釋義】

㊀拆分，劈開：“因常繇道徒，鐉燒破析，刻臽確嵬，減高就埤”（Q146）。㊁破敗，殘破：“郡縣殘破，吏民流散”（Q169）。㊂打敗，攻克：“孟元子名寬，字伯然，即充國之孫也，自上邽别徙破羌”（Q169）；“□□大破賊首”（Q192）。

9130 研 yán 《廣韻》五堅切，疑先平。疑元。

① Q169

② Q169

《説文·石部》：“，礦也。从石，幵聲。”

【釋形】

《説文》小篆爲形聲字，从石，幵聲。漢碑文獻中“研”均寫作“硏”，聲符“幵”形近混同爲“并”。“并”漢碑字形中上方筆畫或相背，如圖①；或寫作相對的兩點，如圖②。下方“幵”或混同爲“井”，如圖①；或混同爲“开”，如圖②。整字隸定爲“硏”，乃“研”的異寫字形。

【釋義】

研究：見“研機”。

【釋詞】

［研機］同“研幾”，窮究精微之理：“由復研機篇籍，博貫史略”（Q169）；“研機墳素，在國必聞”（Q169）。

9131 磨 mó 《廣韻》莫婆切，明戈平。明歌。

Q095

《説文》作“䃺”，《説文·石部》：“，石磑也。从石，靡聲。”

【釋形】

形聲字，从石，麻聲，是《説文》“䃺”改换聲符的異體字。“麻”上古音在明母歌部。漢碑字形中，義符“石”依據小篆轉寫隸定。聲符“麻”《説文》認爲“與林同。人所治，在屋下。从广从林”。“麻”金文作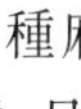（《師麻孝叔簠》），从厂从林，會於厂下種麻或治麻之義。戰國秦文字作（《睡·日乙》65），“厂”訛爲“广”，小篆與之相承。漢碑

字形“𣏟”隸定爲“林”,如圖。

【釋義】

磨礪:“木石相距,利磨确磐”(Q095)。

9132 **磐**　pán　《廣韻》薄官切,並桓平。並元。

① Q095　② Q107

《説文》無。

【釋形】

漢碑字形从石,般聲,爲形聲字。其中義符“石”或將“口”形訛混爲“日”形,如圖①。聲符“般”的小篆字形爲 ,漢碑字形中構件“舟”訛混爲“月”,位於整字左側。構件“殳”中,上部的“几”形隸定似“口”形(下面横畫或向右延伸),下部的手形隸定爲“乂”,如圖①②。

【釋義】

㊀大石頭:“木石相距,利磨确磐”(Q095)。㊁用於人名:“曹邴磐世高二百”(Q193)。

9133 **磥**　lěi　《廣韻》落猥切,來賄上。來微。

Q126

《説文》無。

【釋形】

漢碑字形从石,累聲,爲形聲字。其中義符“石”中的“厂”寫作相離的“一”與“丿”,聲符“累”是“纍”()的省形,如圖。

【釋義】

同“磊”:見“磥硌”。

【釋詞】

[磥硌]同“磊落”,山勢雄偉貌:“磥〖硌吐〗名,與天同燿”(Q126)。

9134 **磪**　cuī　《廣韻》昨回切,從灰平。從微。

Q146

《説文》無。

【釋形】

漢碑字形从石,崔聲,爲形聲字。其中義符“石”按照小篆嚴格隸定;聲符“崔”所从之構件“隹”發生離析重組,并將線條全部轉寫爲筆畫,已看不出鳥的樣子了,如圖。

【釋義】

用於聯綿詞“磪嵬”:見“磪嵬”。

【釋詞】

[磪嵬]同“崔嵬”,有石的土山,也泛指高山:“鏌燒破析,刻臽磪嵬”(Q146)。

9135 **礧**　lěi　《廣韻》落猥切,來賄上。

Q154

《説文》無。

【釋形】

漢碑字形从石,畾聲,爲形聲字。其中義符“石”依據小篆轉寫隸定;聲符“畾”从三“田”,與小篆字形  基本一致,圓轉線條轉寫隸定爲平直方折的筆畫,如圖。

【釋義】

用於聯綿詞“礧落”:見“礧落”。

【釋詞】

[礧落]同“磊落”,山勢雄偉貌:“巖巖山岳,礧落彰較”(Q154)。

9136 **長**　(一)cháng　《廣韻》直良切,澄陽平。定陽。

① Q038　② Q146　③ Q144　④ Q112

⑤ Q113　⑥ Q030

《説文·長部》:",久遠也。从兀从匕。兀者,高遠意也。久則變化。亾聲。𠂆者,倒亾也。凡長之屬皆从長。,古文長。,亦古文長。"

【釋形】

《説文》以爲形聲字,从兀从匕,亾聲。按"長"甲骨文作(《合》27641),像長髮老人拄杖之形。本義或説爲長(cháng),或説爲長老、年長義,均與字形相合。金文作(《長日戊鼎》)、(《史牆盤》)、(《長子沫臣簠》)等,杖形或近"匕"形,小篆承之,上部形變,故《説文》釋爲"从兀从匕,亾聲",與原初字形不符。漢碑字形有的爲碑文篆書,但其中構件"匕"訛混爲"止",且整字已經帶有明顯的隸意,如圖①。多數字形已經發生隸變,其中上部應是頭髮的變形,均寫作一豎與三横;下部應是人形和拐杖的粘合,如圖②~⑤;下部或進一步粘合省減爲一長横,如圖⑥。

【釋義】

㊀較長的時間,與"短"相對:"蚤離春秋,永歸長夜"(Q124);"人命短長,徂不存兮"(Q124);"沛郡故吏吳岐子根,稟命不長"(Q167)。㊁長久,永久:"子子孫孫,秉承久長"(Q070);"於穆肅廱,上下蒙福,長享利貞,與天無極"(Q141);又見"長存"。㊂長度:"厚十寸,黄三尺五寸,長十五尺十"(Q003);"長二尺九寸"(Q097)。㊃通"悵",失意的樣子:見"長罔"。㊄用於人名:"衙主記掾楊綬子長三百"(Q123);"故吏外黄令博陵安國劉揚,字子長"(Q148)。㊅用於地名:"溧陽長潘君諱乾,字元卓,陳國長平人"(Q172);"匡陪州郡,流化二城,今長陵令"(Q169)。

【釋詞】

[長存]長生不死:"或有呼吸,求長存兮"(Q171)。

[長發]本是《詩·商頌》篇名。詩中歌頌商湯及其祖先能夠明德敬天,使得國祚長久。後常借用以歌頌祖先德澤遠被、永降吉祥:"長發其祥,誕降于君,天資純懿,昭前之美"(Q137)。

[長驅]長途驅馳:"投核長驅,畢志枕丘"(Q187)。

[長罔]同"悵惘",惆悵迷惘:"嗚號正月,旦夕思慕沍心,長罔五内"(Q052)。

[長夜]喻指人死後長眠地下,似漫漫長夜:"年甫五歲。去離世榮。遂就長夜:不見日星。神靈獨處,下歸窈冥"(Q143);"蚤離春秋,永歸長夜"(Q124)。

(二)zhǎng 《廣韻》知丈切,知養上。端陽。

【釋義】

㊀年長,成年:"會《鹿鳴》於樂崩,復長幼於酬〖酢〗"(Q127);"君幼門顔閔之懋質,長敷斿夏之文學"(Q093);"少以文塞,敦庬允元,長以欽明,躭詩悦書"(Q137)。㊁首領,長官:"徵拜郎中,除穀城長"(Q179);"五年正月乙□,遷東海陰平長"(Q038);"剋長剋君,不虞不陽"(Q137)。㊂生育,養育:"幽讚天地,長育萬物"(Q174)。

【釋詞】

[長吏]指州縣長官的輔佐:"祠孔子以大牢,長吏備爵,所以尊先師,重教化也"(Q140);"長吏肅恭,〖得懽〗心兮"(Q171);"祠用眾牲,長吏備爵"(Q102)。

[長史]官名,秦時始置,漢沿用,爲各級官府的幕僚,執掌不一:"曹府君察舉孝廉,除敦煌長史"(Q094);"察孝,除郎、永昌長史,遷宕渠令"(Q187);"魯相臣晨,長史臣謙,頓首死罪上尚書"(Q140)。

9137 **肆** sì 《廣韻》息利切,心至去。心質。

① JB6

② Q178

《説文》作"镻",《説文·長部》:",極、陳也。从長,隶聲。,或从髟。"

【釋形】

《説文》正篆从長，隶聲，爲形聲字。《説文》或體从髟，隶聲，亦爲形聲字。因聲符“隶”與“聿”形音皆相近，故漢碑字形將聲符替换爲“聿”，寫作“肆”。後來“肆”逐漸取代“肆”成爲正體。漢碑字形義符“長”或形變似“镸”，如圖①；或下部多加一點，如圖②。

【釋義】

㊀店鋪：“戢治廧屋，市肆列陳”（Q178）。㊁用於人名：“〖騎〗吏高陵□肆六百”（Q123）。

9138 **勿** wù 《廣韻》文弗切，明物入。明物。

① Q130

② Q153

《説文·勿部》：“ ，州里所建旗，象其柄，有三游。雜帛，幅半異，所以趣民，故遽，稱勿勿。凡勿之屬皆从勿。 ，勿或从㫃。”

【釋形】

《説文》以爲象形字，像旗幟之形。按“勿”甲骨文作 （《合》28591）、 （《合》29517）、 （《合》938）等，或謂像耒耜耕地之形，爲“犂”的初文。从刀，小點像翻起的土塊。金文作 （《大盂鼎》）、 （《哀成叔鼎》）、 （《冉鉦鋮》），點畫逐漸固定爲兩點。小篆點畫拉長變爲撇，《説文》據小篆形體釋爲“州里所建旗”，與初形不符，應爲“勿”的假借義，其本字應爲《説文》或體“㫚”。漢碑字形與小篆相近，只是將彎曲的線條轉寫隸定爲方折的筆畫，尚未形成現在通行的寫法，如圖①②。

【釋義】

副詞，不：“作業守子孫，永保其勿替”（Q008）；“□爰示後世，台台勿忘”（Q070）；“唯觀者諸君，願勿敗傷”（Q106）；“其仕州郡也，躬素忠謇，犯而勿欺”（Q173）。

9139 **而** ér 《廣韻》如之切，日之平。日之。

① Q063

② Q259

③ Q202

④ Q095

⑤ Q142

《説文·而部》：“ ，頰毛也。象毛之形。《周禮》曰：‘作其鱗之而。’凡而之屬皆从而。”

【釋形】

《説文》小篆爲象形字，像人的頰毛之形。漢碑字形中，有的爲碑文篆書，如圖①。多數則已經發生隸變，或依據小篆嚴格轉寫隸定，如圖②③；或將下弧線分解隸定爲與上方形體相接的兩豎，與今之寫法同，如圖④⑤，其中圖④中間向下的曲線隸定近似於一横。

【釋義】

㊀連詞，❶表示承接：“弱冠而仕，歷郡諸曹史”（Q105）；“建寧元年三月癸丑遘疾而卒”（Q133）；“法言稽古，道而後行”（Q137）；“棄離子孫，往而不反”（Q106）。❷表示并列：“緝熙之業既就，而閨閾之行允恭”（Q127）；“重使使者持節祀焉，歲一禱而三祠”（Q129）；“恭肅神祇，敬而不怠”（Q171）。❸表示轉折：“身殁而行明，體亡而名存”（Q088）；“未怒而懼，不令而從”（Q148）；“殁而不朽，實有立言”（Q164）；“春秋記異，今而紀功”（Q095）。❹連接修飾語和動詞：“流名後載，久而榮兮”（Q153）；“七業勃然而興，咸居今而好古”（Q193）。㊁助詞，表示偏正關係，相當於“之”：“哀賢明而不遂兮，嗟痛淑雅之夭年”（Q039）。

9140 **豕** shǐ 《廣韻》施是切，書紙上。書支。

① Q102

② Q126

《説文·豕部》:“ ,彘也。竭其尾,故謂之豕。象毛足而後有尾。讀與豨同。按:今世字,誤以豕爲彘,以彘爲豕。何以明之?爲啄从豕、蠡从彘,皆取其聲,以是明之。凡豕之屬皆从豕。 ,古文。”

【釋形】

《説文》小篆爲象形字,像豬之形。按“豕”甲骨文作 (《合》20723)、 (《合》20692),比小篆更爲象形。金文作 (《圅皇父鼎》),象形性減弱。小篆承襲此類形體,并進一步線條化。戰國文字作 (《望》2.45)、 (《璽彙》1218)等形,圖①的漢碑字形或由此發展而來。圖②的漢碑字形則與小篆字形相承,且爲後世楷書所承襲。

【釋義】

豬:“河南尹給牛羊豕鷄□□各一”(Q102)。

【釋詞】

[豕韋]本爲古國名,屬春秋時衛地。衛爲星宿營室之分野,故以豕韋指代星宿營室。《禮記·月令》:“孟春之月,日在營室。”故又可以豕韋指代正月:“延熹七年,歲貞執涂,月紀豕韋”(Q126)。

9141 **豪**　háo 《廣韻》胡刀切,匣豪平。匣宵。

① Q088

② Q153

《説文·希部》:“ ,豕,鬣如筆管者。出南郡。从希,高聲。 ,籀文从豕。”

【釋形】

《説文》正篆爲形聲字,从希,高聲。《説文》籀文亦爲形聲字,从豕,高聲。兩種寫法義符不同。漢碑字形與《説文》籀文相承,聲符“高”下部的“囗”或省去,與今之寫法同,如圖②;“囗”或不省,與其下的“豕”粘合共用一横筆,如圖①。

【釋義】

㈠舊稱有錢有勢之人:“高祖龍興,婁敬畫計,遷諸關東豪族英傑”(Q153)。㈡才能出衆的人:見“豪傑”。㈢用於人名:“故督郵楊動子豪千”(Q178);“故書佐劇姚進,字元豪”(Q088)。

【釋詞】

[豪桀]指才能出衆的人:“漢徙豪桀,遷□□梁”(Q070)。

9142 **豹**　bào 《廣韻》北教切,幫效去。幫藥。

① J237

② Q154

《説文·豸部》:“ ,似虎,圜文。从豸,勺聲。”

【釋形】

《説文》小篆爲形聲字,从豸,勺聲。漢碑字形中,義符“豸”依據小篆線條轉寫隸定爲筆畫。聲符“勺”本像挹取東西的器物,其中一點象征挹取之物,漢碑中像器物形的線條變成了“勹”,與“包”所从的“勹”混同,如圖①。

【釋義】

用於人名,指西門豹:“視事四年,比縱豹、産,化行如流,遷九江大守”(Q154)。

9143 **兕**　sì 《廣韻》徐姊切,邪旨上。邪脂。

Q127

《説文·㒰部》:“ ,如野牛而青。象形,與禽、离頭同。凡㒰之屬皆从㒰。 ,古文从儿。”

【釋形】

《説文》小篆爲象形字,“如野牛而青”,即犀牛。按“㒰”甲骨文作 (《合》

33375),更像頭上長有大角的犀牛。《説文》小篆與古文應爲其省變的結果。漢碑字形與《説文》古文相近,下部變異爲“儿”形,整體近似於“光”字,如圖。

【釋義】

見“兕觥”。

【釋詞】

[兕觥]古代酒器:“豐年多黍,稱彼兕觥”(Q127)。

9144 **易** yì(一)《廣韻》羊益切,餘昔入。餘錫。

① Q066

② Q084

③ Q088

④ Q144

⑤ Q179

《説文·易部》:“,蜥易,蝘蜓,守宫也。象形。《祕書》説,日月爲易,象陰陽也。一曰:从勿。凡易之屬皆从易。”

【釋形】

《説文》以爲象形字,像蜥蜴之形。按“易”本義非蜥蜴,而是賜酒之“賜”的初文。甲骨文有(《録》784),像一高一矮兩個盛酒的器皿;或增加雙手作(《前》6.42.8),像雙手捧着酒器向另一個酒器里倒酒之形。故其本義應爲賜酒。由於從一個酒器向另一個酒器倒酒,其中的酒量一定會有變化,故又可表示變易、更易之義。金文或省一器,寫作(《德鼎》)形。甲骨文有(《合》20263)、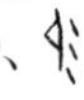(《合》13266)等形,乃截取以上字形中酒器的一部分及酒形而成,是“易”字的省寫。金文也有類似的省減字形,如(《大盂鼎》)、(《無曩簋蓋》)、(《師酉簋》)等。小篆承襲金文最後一個字形并線條化,由於其變異後的形體與蜥蜴之形相近,故《説文》遂釋爲蜥蜴之形,與初形不符。漢碑字形中,有的與小篆基本一致,寫作上“日”下“勿”,如圖①;有的兩個構件粘連爲一體,如圖②~④;有的又在上下兩個構件之間增加一長横,如圖⑤。

【釋義】

㊀改變:“風俗改易”(Q144);又見“易世、易心”。㊁古代指陰陽變化消長的現象:“既成萬物,易之義也”(Q129)。㊂《周易》的簡稱:“司徒公汝南女陽袁安召公,授《易》孟氏〖學〗”(Q038);“常以《易》《詩》《尚書》授,訓誨不倦”(Q084);“《易》建八卦,揆肴毄辭”(Q148)。㊃通“埸”,邊界:“疆易不爭,障塞〖無〗事”(Q133)。

【釋詞】

[易世]改朝换代:“奉遵先訓,易世不替”(Q066);“易世載德,不隕其名”(Q178)。

[易心]改變心志,改變想法:“殘僞易心,輕黠踰竟”(Q088)。

(二)《廣韻》以豉切,餘寘去。餘錫。

【釋義】

㊀容易:“明哉仁知,豫識難易”(Q095)。㊁平易,平坦:“或解高格,下就平易,行者欣然焉”(Q095)。㊂治理,制作:“袁府君肅恭明神,易碑飾闕”(Q129)。

9145 **象** xiàng 《廣韻》徐兩切,邪養上。邪陽。

Q102

《説文·象部》:“,長鼻牙,南越大獸,三年一乳。象耳牙四足之形。凡象之屬皆从象。”

【釋形】

《説文》小篆爲象形字,像大象之形。按“象”甲骨文作(《合》10222)、(《合》3291)等,像有捲曲的長鼻、伸出長牙的大象之形。小篆字形線條化以後,整字象形性減弱。漢碑字形進一步筆畫化,完全失去象形性,如圖。

【釋義】

㊀形象,有形可見之物:“雖昔魯斑,亦

莫儗象”（Q150）。㊁天象，徵兆：“印〖覽縣〗象，俯名山川”（Q123）；“亂曰：渾元垂象，岳瀆□□兮”（Q187）。㊂效法：“孔子大聖，則象乾坤”（Q102）。

9146 **豫（像）** yù 《廣韻》羊洳切，餘御去。餘魚。

① J244

② Q095

③ Q178

④ Q128

《説文·象部》：“，象之大者。賈侍中説：‘不害於物。’从象，予聲。，古文。”

【釋形】

《説文》小篆爲形聲字，从象，予聲。義符“象”本爲象形字，漢碑字形轉寫隸定後，其象形性消失，如圖①～③。聲符“予”有的隸定爲兩個相接的三角形，下部寫作一弧筆，如圖①；有的上部兩個封閉三角形拆解成筆畫，原有結構被逐漸打破，如圖②③。“豫”表示預先、預料時又寫作“像”，如圖④。

【釋義】

㊀預先，事先：“明哉仁知，豫識難易”（Q095）。㊁用於“不像”，即“不豫”，天子或尊長有疾或去世的委婉説法：“父君不像，棄官奉喪”（Q128）。㊂用於人名：“魯傅兖子豫二百，任城亢父治真百”（Q112）；“東郡武陽桓仲豫二百”（Q112）；“故吏乘氏令博陵安平王沛，字公豫”（Q148）。㊃用於地名：“右尉豫章南昌程陽，字孝遂”（Q172）；“故豫州從事蕃加進子高千”（Q112）；“訞賊張角，起兵幽冀，兖豫荊楊，同時竝動”（Q178）。

卷　十

10001 **馬**　mǎ　《廣韻》莫下切，明馬上。明魚。

① Q030

② Q123

③ Q194

④ Q128

⑤ Q127

《説文·馬部》："，怒也；武也。象馬頭髦尾四足之形。凡馬之屬皆从馬，古文。籀文馬與影同，有髦。"

【釋形】

《説文》小篆爲象形字，像馬之形。"馬"甲骨文作（《合》11028）、（《合》19813）等，比小篆更爲象形，有頭尾四足之形，并突出馬的鬃毛。金文作（《戊寅乍父丁方鼎》）、（《小臣守簋》）、（《元年師兑簋》），形體逐漸簡化，象形性稍弱。戰國秦文字與金文相承，作（《睡·效》60）、（《睡·秦》120）等，線條化趨勢明顯。戰國楚文字或與金文相承作（《曾》43），或進一步簡化作（《包》2.120）。小篆承襲戰國秦文字，并徹底線條化。漢碑字形中，馬尾、四足之形多省變爲"灬"，如圖①～④；圖⑤此處有殘泐。馬頭、髦毛之形依據小篆線條轉寫隸定爲平直方折的筆畫，如圖①～⑤，其中圖④右側似衍一豎。

【釋義】

㊀馬："又勑瀆井，復民餝治，桐車馬於瀆上"（Q141）；"牧馬牛羊諸僮，皆良家子"（Q114）；"抍馬蠲害，醜類已殫"（Q148）。㊁用於官名："上郡王府君，察孝，除郎中，遷度遼右部司馬"（Q128）；"漢謁者北屯司馬左都侯沈府君神道"（Q205）；"祖父大常博士，徵朱爵司馬"（S110）。㊂姓氏："集曹掾馬津子孝三百"（Q123）；"巍郡馬萌、勃海吕圖、任城吳盛、陳留誠屯、東郡夏侯弘等三百廿人，追惟在昔，游夏之徒，作謚宣尼"（Q154）；"故郡曹史、守丞馬訪子謀"（Q178）。㊃用於地名："故吏白馬尉博陵博陵齊智，字子周"（Q148）。

10002 **駒**　jū　《廣韻》舉朱切，見虞平。見侯。

① Q158

② Q212

《説文·馬部》："，馬二歲曰駒，三歲曰駣。从馬，句聲。"

【釋形】

《説文》小篆爲形聲字，从馬，句聲。漢碑字形中，義符"馬"的隸定情況參見10001馬。聲符"句"所从之構件"ㄐ"由兩條相互糾纏的線條隸定爲"勹"，與的隸定形體"勹"混同，如圖①②。

【釋義】

㊀少壯的馬："家産黑駒"（Q212）。㊁用於《詩經》篇章名："而絜《白駒》，俾世憤惻"（Q148）。㊂用於人名："是以綿駒在高唐，而齊右善謌"（Q158）。

10003 **駿**　jùn　《廣韻》子峻切，精稕去。精文。

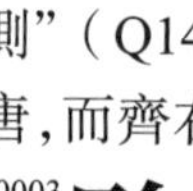
① Q178
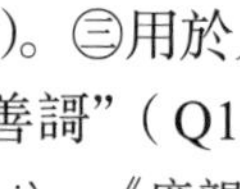
② Q084
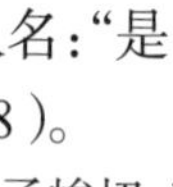
③ Q088

《説文·馬部》:“,馬之良材者。从馬,夋聲。”

【釋形】

《説文》小篆爲形聲字,从馬,夋聲。漢碑字形中,義符“馬”的隸定情況參見10001馬。下部“灬”或省減爲三點,如圖③。聲符“夋”所从之構件“夊”或省減爲“夂”,如圖①。構件“允”有的訛變似“王”形,如圖③;有的將上部“㠯”省變爲三角形,下部“儿”與其下的“夊”粘合近似“友”形,如圖①。

【釋義】

㊀通“俊”,才智過人:“群儒駿賢,朋徒自遠”(Q084)。㊁用於人名:“故脩行都昌張駿,字臺卿”(Q088);“故鄉嗇夫曼駿安雲”(Q178)。

10004 **驗** yàn 《廣韻》魚窆切,疑豔去。疑談。

① Q174

② Q142

《説文·馬部》:“,馬名。从馬,僉聲。”

【釋形】

《説文》小篆爲形聲字,从馬,僉聲。漢碑字形中,義符“馬”的隸定情況參見10001馬。聲符“僉”所从之構件“从”隸定爲“灬”,與“火”的變體混同,如圖①②。

【釋義】

㊀憑證,符節:“即上尚書,參以〖符〗驗”(Q141)。㊁考證,檢驗:“考傳驗圖,窮覽其山川”(H26);“八十有四,歲在汁洽,紀驗期臻,奄曶臧形”(Q187)。㊂效驗,靈驗:“指日刻期,應時有驗”(Q174);“君神明之驗,譏徹玄妙”(Q142)。

10005 **騎** (一)qí 《廣韻》渠羈切,羣支平。羣歌。

① Q095

② Q100

《説文·馬部》:“,跨馬也。从馬,奇聲。”

【釋形】

《説文》小篆爲形聲字,从馬,奇聲。漢碑字形中,義符“馬”的隸定情況參見10001馬。聲符“奇”所从之構件“大”發生離析,與“可”的一横重組近似於“立”,如圖①;“立”形或在此基礎上進一步訛變,如圖②。

【釋義】

㊀騎馬:見“騎吏”。㊁用於人名:“先人博、先人騎”(Q210)。

【釋詞】

[騎吏]漢代屬官名:“故騎吏劇晉麟,字敬石”(Q088);“騎吏蓮勺任參六百”(Q123);“車馬道從騎吏留,都督在前後賊曹”(Q100)。

(二)jì 《廣韻》奇寄切,羣寘去。羣歌。

【釋義】

㊀一人一馬:“財容車騎,進不能濟,息不得駐”(Q146);“空輿輕騎,遰导弗前”(Q095)。㊁騎兵:“侯王君長之群,驍騎十萬”(H26)。㊂用於官名:“以君文武備兼,廟勝□□戰,拜車騎將軍從事”(Q133);“相河南史君諱晨,字伯時,從越騎校尉拜”(Q141);“服竟,還拜屯騎校尉”(Q154)。

10006 **駕** jià 《廣韻》古訝切,見禡去。見歌。

① Q128

② Q134

《説文·馬部》:“,馬在軛中。从馬,加聲。,籀文駕。”

【釋形】

《説文》小篆爲形聲字,从馬,加聲。漢碑字形中,義符“馬”的隸定情況參見10001馬。聲符“加”所从之構件“力”對小篆有所省變,隸定爲“力”,爲今之通行寫法所承,如圖①。

【釋義】

㊀套車:“衣不暇帶,車不俟駕”(Q134)。㊁駕馭:“夾室上砯,五子轝偅女,隨後駕鯉魚”(Q100)。㊂車乘:“臺閣叅差,大興輿駕”(Q114)。㊃通“架”,房屋每用一條檁子爲一架,“五駕”即五條檁子的房屋:“□遣景作治五駕瓦屋二間”(Q119)。㊄用於官名:“中子諱黼,字景公,郡五官掾、功曹、守令,幽州别駕”(Q128);“歷郡右職,上計掾史,仍辟涼州,常爲治中、别駕”(Q178)。

10007 **篤** dǔ 《廣韻》冬毒切,端沃入。端覺。

① Q144

② Q083

③ Q194

《説文·馬部》:“，馬行頓遲。从馬,竹聲。”

【釋形】

《説文》小篆爲形聲字,从馬,竹聲。漢碑字形中,義符“馬”的隸定情况參見10001馬;中間部分或省變似“土”形,如圖①;或省寫中間的豎畫,如圖③。聲符“竹”與“艸”相混,有的還保留篆意,如圖①;有的則隸定爲“艹”形,如圖②③。

【釋義】

㊀病情嚴重:“遭離篤疾”(Q257);又見“篤病”。㊁專一,忠誠:“篤誠孝弟,勤恪既脩”(Q083);“進退以禮,允道篤愛”(Q144);“行篤言忠,否則獨善”(Q194)。㊂敦厚:“其於統系,寵存贈亡,篤之至也”(Q161)。㊃深厚:“篤親於九族,恂恂于鄉黨”(Q166)。

【釋詞】

[篤病]謂病情嚴重:“會遭篤病,告困致仕,得從所好”(Q127)。

[篤生]謂生而得天獨厚:“厥祖天皇大帝,垂精接感,篤生聖明”(Q193);“惟獄降靈,篤生我君”(Q193)。

[篤實]純厚樸實:“煇光篤實,升而上聞”(Q128)。

[篤信]篤厚誠信:“〖君〗孝友恭懿,明允篤信”(Q135);“於穆我君,敦誠篤信”(Q145)。

10008 **馮** (一)píng 《廣韻》扶冰切,並蒸平。並蒸。

① Q016

② Q063

③ Q129

《説文·馬部》:“，馬行疾也。从馬,仌聲。”

【釋形】

《説文》小篆爲形聲字,从馬,仌聲。漢碑字形中,有的爲碑文篆書,但已經帶有明顯的隸意,如圖①②。多數則已經發生隸變,義符“馬”的隸定情况參見10001馬;中間部分或省變似“土”形,如圖②。聲符“仌”即“冰”的初文,漢碑篆書及隸書中均發生變異,其中圖①變異兩折筆,圖②省變爲兩短横,圖③則省變爲兩點,還没有形成現在通行的寫法“冫”。

【釋義】

㊀高大、美盛的樣子:見“馮隆”。㊁通“憑”,依恃,憑藉:“聖漢禋亨,於兹馮神”(Q065);“馮于豳岐,文武克昌”(Q129);又見“馮依”。㊂用於官名:見“馮翊”。㊃用於地名:見“馮翊”。

【釋詞】

[馮隆]高大、美盛的樣子:“高朗神武,歷世忠孝,馮隆鴻軌,不忝前人”(Q137)。

[馮依]猶“憑依”,依附:“靈所馮依,肅肅猶存”(Q140)。

[馮翊]㊀官名,即“左馮翊”,漢代治理長安京畿地區的三輔之一:“經常伯之寮,位左馮翊,先帝所尊,垂名竹帛”(Q137);“陽城縣長、左馮翊萬年吕常始造作此石闕,時監之”(Q061)。㊁地名:“郡縣殘破,

吏民流散,乃徙家馮翊”(Q169)。

(二)féng 《廣韻》房戎切,並東平。並蒸。

【釋義】

姓氏:“故尚書侍郎河南京令豫州幽州刺史馮使君神道”(Q206);“常山相南陽馮巡,字季祖”(Q174);“欝平大尹馮君孺人,始建國天鳳五年十月十七日癸巳葬,千歲不發”(Q016)。

10009 **騶** zhòu 《廣韻》鋤祐切,崇宥去。崇侯。

Q130

《説文·馬部》:“,馬疾步也。从馬,聚聲。”

【釋形】

《説文》小篆爲形聲字,从馬,聚聲。“聚”上古音在從母侯部。漢碑字形中,義符“馬”有殘泐;聲符“聚”所从之構件“取”,其基礎構件“耳”將小篆的兩條曲線分解爲多個筆畫,其中上面一横向右延長,覆蓋右側的構件“又”;構件“又”省寫作撇和捺兩筆;下面并列的三個人粘合隸定爲“水”,如圖。

【釋義】

疾走:“雖姜公樹迹,雚檀流稱,步驟愈否,君參其中”(Q130)。

10010 **驅** qū 《廣韻》豈俱切,溪虞平。溪侯。

① J228

② Q100

《説文·馬部》:“,馬馳也。从馬,區聲。,古文驅从攴。”

【釋形】

《説文》小篆爲形聲字,从馬,區聲。按“驅”金文作(《多友鼎》),从攴,强調驅趕的動作,《説文》古文與之相承。小篆从馬,突出驅趕的對象。漢碑字形中,義符“馬”的隸定情況參見10001馬。聲符“區”與小篆結構基本一致,只是將其圓轉的線條轉寫隸定爲平直方折的筆畫,如圖①②。

【釋義】

㊀鞭馬前行:“冠履同囊,投核長驅”(Q187);又見“驅馳”。㊁用於人名:“師齊驅,字彦新”(Q170)。

【釋詞】

[驅馳]策馬快跑:“使坐上,小車軿,驅馳相隨到都亭”(Q100)。

10011 **馳(駞)** chí 《廣韻》直離切,澄支平。定歌。

① Q134

② Q100

《説文·馬部》:“,大驅也。从馬,也聲。”

【釋形】

《説文》小篆爲形聲字,从馬,也聲。“也”上古音在餘母歌部。漢碑字形中,義符“馬”的隸定情況參見10001馬。聲符“也”將小篆的三條曲線轉寫爲筆畫,如圖①②。“馬”和“也”中間或增加構件“亻”,整體隸定爲“駞”,是“馳”的異體字,如圖②。

【釋義】

㊀車馬疾行:“使坐上,小車軿,驅馳相隨到都亭”(Q100);“載馳□□,躬親嘗禱”(Q134)。㊁傳揚,傳播:“脩北辰之政,馳周、邵之風”(Q199)。

10012 **駞**

“駞”的異體字(圖②),見10011馳。

10013 **驚** jīng 《廣韻》舉卿切,見庚平。見耕。

① Q084

② Q088

《説文·馬部》:“,馬駭也。从馬,

敬聲。”

【釋形】

《説文》小篆爲形聲字，从馬，敬聲。漢碑字形中，義符“馬”的隸定情況參見 10001 馬。聲符“敬”所从之構件“苟”在小篆中从羊省、从包省、从口，上部“羊”之省形或隸定爲“⺷”，如圖①；或訛寫近似於“山”，如圖②。下部隸定爲“句”，如圖①②。構件“攴”隸定爲上“𠂉”下“又”，如圖①；圖②殘泐不清。

【釋義】

㊀驚恐：“洪泉浩浩，下民震驚”（Q065）。㊁吃驚，驚奇：“得士若□，聞善若驚”（Q084）；“休謁往徠，轉景即至，闔郡驚焉”（Q199）。

【釋詞】

［驚慟］震驚悲痛：“四海冠蓋，驚慟傷懷”（Q088）。

10014 **駭** hài 《廣韻》侯楷切，匣駭上。匣之。

Q084

《説文·馬部》：“，驚也。从馬，亥聲。”

【釋形】

《説文》小篆爲形聲字，从馬，亥聲。漢碑字形中，義符“馬”的隸定情況參見 10001 馬。聲符“亥”甲骨文作 （《合》522）、（《合》6834）、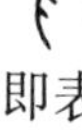（《合》17375）等，或曰像豕之形，或曰即表示草根的“荄”的初文；小篆作 ，《説文》釋爲从二从二人从乙；漢碑字形下方形體變異嚴重，右側“人”省寫作撇捺，左側“人”與“乙”粘合近似於“彡”，如圖。

【釋義】

驚懼：“饕餮改節，寇暴不作，封畿震駭”（Q084）。

10015 **騫** qiān 《廣韻》去乾切，溪仙平。溪元。

① Q179 ② J029

《説文·馬部》：“，馬腹縶也。从馬，寒省聲。”

【釋形】

《説文》小篆爲形聲字，从馬，寒省聲。漢碑字形中，義符“馬”的隸定情況參見 10001 馬。“寒”省聲所从之構件“人”與“茻”粘合重組，隸定爲“共”，如圖①②。

【釋義】

用於人名：“孝武時有張騫，廣通風俗，開定畿寓”（Q179）。

10016 **駐** zhù 《廣韻》中句切，知遇去。端侯。

Q146

《説文·馬部》：“，馬立也。从馬，主聲。”

【釋形】

《説文》小篆爲形聲字，从馬，主聲。漢碑字形中，義符“馬”的尾部、四足之形多省變爲“灬”，圖①則省減爲兩點；聲符“主”上部的豎線（燈頭之形）轉寫爲一横，向上彎曲的綫條拉直爲横畫，如圖。

【釋義】

駐足：“進不能濟，息不得駐”（Q146）。

10017 **騷** sāo 《廣韻》蘇遭切，心豪平。心幽。

Q178

《説文·馬部》：“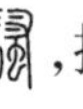，擾也。一曰：摩馬。从馬，蚤聲。”

【釋形】

《説文》小篆爲形聲字，从馬，蚤聲。漢

碑字形中,義符“馬”的隸定情況參見 10001 馬。聲符“蚤”所从之構件“叉”省簡爲“ナ”;構件“虫”上部隸定與今之形體相近,下部隸定爲三角形,如圖。

【釋義】

騷擾,擾亂:見“騷擾”。

【釋詞】

[騷擾] 動蕩喧擾,不得安寧:“萬民騷擾,人褱不安”(Q178)。

10018 **騶** zōu 《廣韻》側鳩切,莊尤平。
莊侯。

① Q179

② Q112

《説文·馬部》:“,廄御也。从馬,芻聲。”

【釋形】

《説文》小篆爲形聲字,从馬,芻聲。“芻”上古音在初母侯部。漢碑字形中,義符“馬”的尾部、四足之形多省變爲“灬”,如圖②;圖①則省減爲三點。聲符“芻”甲骨文作(《合》11418)、(《合》93)等,从又从二屮,表示以手拔草之義。小篆訛變作被包裹的二屮之形,故《説文》誤釋爲“象包束艸之形”。漢碑字形轉寫隸定爲上下兩個“彐”形,中間貫穿一豎筆,如圖①;或只有下面的“彐”形中有豎筆,如圖②。

【釋義】

姓氏:“故吏騶叔義”(Q179);“騶韋仲卿二百”(Q112)。

10019 **驛** yì 《廣韻》羊益切,餘昔入。
餘鐸。

① Q025

② Q142

《説文·馬部》:“,置騎也。从馬,睪聲。”

【釋形】

《説文》小篆爲形聲字,从馬,睪聲。漢碑字形中,義符“馬”的隸定情況參見 10001 馬。聲符“睪”上部的横目之形隸定爲“罒”,如圖①;“罒”上或加一短撇,如圖②。構件“㚔”轉寫隸定爲“羊”,如圖①②。

【釋義】

㊀驛站:“郵亭驛置徒司空,褒中縣官寺并六十四所”(Q025)。㊁通“繹”,連續不斷:“〖沛相名君〗,駱驛要請,君〖捐禄收名〗”(Q135)。

【釋詞】

[驛馬] 原指驛站供應的馬,借指乘騎驛馬的使者:“即驛馬問郡,郡上報曰:‘以十一月十五日平旦,赤車使者來發生葵兩束’”(Q142)。

10020 **騰** téng 《廣韻》徒登切,定登平。
定蒸。

① Q088

② Q088

《説文·馬部》:“,傳也。从馬,朕聲。一曰:騰,犗馬也。”

【釋形】

《説文》小篆爲形聲字,从馬,朕聲。漢碑字形中,義符“馬”的隸定情況參見 10001 馬。聲符“朕”《説文》訓爲“我”,未分析其構形。段玉裁《説文解字注》認爲“朕在舟部,其解當曰舟縫也。从舟,灷聲”。“朕”釋爲“我”乃假借用法。按“朕”甲骨文作(《合》20547)、(《合》20338),金文或作(《朕女觥》)、(《師酉簋》)等,與甲骨文相承;小篆將金文右上方的構件訛寫爲“火”形;漢碑字形又將“火”與下面的兩隻手粘合爲“关”,爲後世楷書所承襲,如圖①;或把“关”中的左撇分裂爲豎與短撇兩筆,如圖②。構件“舟”混同爲“月”。

【釋義】

㊀跳躍："載歌載揚，□騰齊舞"（H144）。㊁乘，駕：見"騰清躡浮"。㊂用於人名："故門下督盜賊劇騰頌"（Q088）；"故午營陵繻良，字吉騰"（Q088）。

【釋詞】

［騰清躡浮］語出揚雄《甘泉賦》："騰清霄而軼浮景兮，夫何旟旐郅偈之旖旎也。"描述傳説中仙人乘着雲霞飛行的狀態："上陟皇燿，統御陰陽，騰清躡浮，命壽無疆"（Q199）。

10021 **薦** jiàn 《廣韻》作甸切，精霰去。精文。

① Q060　② Q148

《説文·廌部》："，獸之所食艸。从廌从艸。古者神人以廌遺黄帝。帝曰：'何食？何處？'曰：'食薦；夏處水澤，冬處松柏。'"

【釋形】

《説文》以爲會意字，从廌从艸，表示獸所食之草。按"薦"金文作（《鄭登伯鬲》）、（《叔朕簠》），从廌从茻，或説从茻，廌聲，本義是一種牧草。小篆省爲从艸，故《説文》釋爲"从廌从艸"。段玉裁《説文解字注》："荐，艸席也。與此義别。而古相叚借。""薦、荐"本爲兩個不同的字，文獻常借"薦"爲"荐"，爲通假關係；後"薦"簡化爲"荐"，變爲繁簡關係。漢碑字形中，有的爲碑文篆書，但帶有明顯的隸意，如圖①。有的則已經發生隸變，與今之寫法相近，如圖②。

【釋義】

㊀享獻，進獻："雙闕夾門，薦牲納禮，以寧其神"（Q060）；"神之斿薦，子孫永奉"（Q111）。㊁祭品："春秋〖復〗禮，稽度玄靈，而無公出享獻之薦"（Q141）。㊂推薦，舉薦："薦可黜否，出□□度，日恪位佇，所在祇肅"（Q148）。㊃用於人名："與五官掾司馬薦議，請屬功曹定人應書"（Q170）。

10022 **法** fǎ 《廣韻》方乏切，幫乏入。幫葉。

① Q178　② Q126

《説文》作"灋"，《説文·廌部》："，刑也。平之如水，从水；廌，所以觸不直者，去之，从去。，今文省。，古文。"

【釋形】

《説文》以"法"爲"灋"的省寫字形，从水从去。按"灋"西周金文作（《大盂鼎》）、（《恒簋蓋》），从水从廌从去，構件的位置靈活多變，本義爲刑法，其構意正如《説文》所釋。金文或省"去"作（《伯晨鼎》）；"水"或替换爲"川"，寫作（《逆鐘》）；或从"皿"作（《司馬楙編鎛》）。戰國璽印文字作（《璽彙》1301），省寫作"法"，爲《説文》今文所承；或作（《璽彙》3500），爲《説文》古文所承。今以"法"爲"灋"之簡化字。漢碑字形與《説文》今文相承，義符"水"隸定爲"氵"。義符"去"所从之構件"大"的線條被拉直爲横畫，寫作"土"；構件"凵"或隸定爲閉合的三角形，如圖①；或隸定爲"厶"，爲後世楷書承襲，如圖②。

【釋義】

㊀法令，制度："躬素忠謇，犯而勿欺，兼綜憲法，通識百典"（Q173）；"隆命共恭執法"（Q278）；又見"法度"。㊁章法，準則："吟咏成章，彈翰爲法"（Q169）。㊂合法度：見"法言"。㊃效法，仿效："法舊不煩，備而不奢"（Q112）。㊄用於官名："故法曹史王敢文國"（Q178）。

【釋詞】

［法度］法令制度："〖亦〗世掌位，統國法度，〖因〗氏姓□"（Q122）；"□□法度，

非書不朙"（Q123）。

［法食］祭祀用的食物："宜蒙珪璧，七牲法食……"（Q126）；"縣界有六名山，三公、封龍、靈山，先得法食去"（Q174）；"光和四年，三公守民蓋高等，始爲無極山詣大常求法食"（Q174）。

［法言］合乎禮法的言論："法言稽古，道而後行"（Q137）。

10023 **鹿** lù 《廣韻》盧谷切，來屋入。來屋。

① Q084

② Q147

《説文·鹿部》："，獸也。象頭角四足之形。鳥鹿足相似，从匕。凡鹿之屬皆从鹿。"

【釋形】

《説文》小篆爲象形字，像鹿之形。"鹿"甲骨文作（《合》33368）、（《合》28325），更爲象形。小篆字形雙角簡化爲一角，與"廌"頭相近。漢碑字形在小篆基礎上進一步省變，原來像腿足的部分與身體離析，或類化作"比"，爲後世楷書承襲，如圖②；或將"比"的右側構件寫作"ㄥ"與捺，如圖①。除腿足之外的部分發生粘合，失去象形意味，如圖①②。

【釋義】

㊀鹿科動物的通稱："致黄龍、白鹿之瑞，故圖畫其像"（Q147）。㊁通"角"，古代酒器："爵鹿柤梪，籩柉禁壺"（Q112）。㊂用於地名："門生鉅鹿癭陶張雲，字子平"（Q127）；"其先本自鉅鹿，世有令名"（Q161）。

【釋詞】

［鹿鳴］古代天子宴請羣臣嘉賓時的樂歌："會《鹿鳴》於樂崩，復長幼於酬〖酢〗"（Q127）。

10024 **麟** lín 《廣韻》力珍切，來真平。來真。

① Q127

② Q088

③ Q140

《説文·鹿部》："，大牝鹿也。从鹿，粦聲。"

【釋形】

《説文》小篆爲形聲字，从鹿，粦聲。漢碑字形中，義符"鹿"將小篆像腿足的部分與身體離析隸定作"比"，剩餘部分發生粘合，失去象形意味，如圖①～③。聲符"粦"甲骨文作（《合》33040）、（《合》261），像人周圍有燐火之形。金文或增添構件"口"作（《史牆盤》）；或增雙足形，作（《尹姞鬲》），小篆與之相承，只是雙足形與上方形體斷開，《説文》釋爲"从炎、舛"。《説文》引徐鍇曰："案：《博物志》戰鬭死亡之處，有人馬血，積中爲粦，著地入艸木，如霜露不可見。有觸者，著人體後有光，拂拭即散無數，又有吒聲如鬻豆。舛者，人足也。言光行著人。"漢碑字形與小篆相承，"粦"所从之構件"炎"或嚴格依照小篆轉寫隸定，如圖①；或粘合近似於"土"上兩點，如圖②；或粘合混同爲"米"形，如圖③。下部構件均隸定作"舛"，如圖①～③。

【釋義】

㊀麒麟："孔子，乾坤所挺，西狩獲麟，爲漢制作"（Q140）；"獲麟趣作，端門見徵"（Q140）；"後制百王，獲麟來吐"（Q112）。㊁用於人名："門生北海劇秦麟，字伯麟"（Q127）；"故騎吏劇訾麟，字敬石"（Q088）；"故吏五官掾博陵安平劉麟，字幼公"（Q148）。

10025 **麋** mí 《廣韻》武悲切，明脂平。明脂。

① Q088

② Q178

《説文·鹿部》："，鹿屬。从鹿，米聲。麋冬至解其角。"

【釋形】

《説文》以爲形聲字,从鹿,米聲。按"麋"甲骨文作（《合》10376）、（《合》28367）,像麋鹿之形;上从"眉"的初文,兼表讀音。金文或與甲骨文相承作（《麋癸爵》）,或增加聲符"米"作（《伯姬父簋》）。小篆承襲此類字形,故《説文》釋爲"从鹿,米聲"。漢碑字形與小篆相承,聲符"米"或與小篆基本一致,如圖①;或省寫近似於"木"形豎筆上不出頭,如圖②。義符"鹿"將小篆中像腿足的部分與身體離析隸定作"比",剩餘部分筆畫粘合,失去象形意味,如圖①②。整字布局上,圖①與小篆一致,爲半包圍結構;圖②則調整爲上下結構。

【釋義】

㊀通"眉",老:見"麋壽"。㊁用於地名:"祖父鳳,孝廉、張掖屬國都尉丞、右扶風隃麋侯相"（Q178）。

【釋詞】

［麋壽］即"眉壽",长寿:"不永麋壽,棄臣子兮"（Q088）。

10026 **麃** biāo 《集韻》悲嬌切,幫宵平。幫宵。

① Q017　② Q011

《説文·鹿部》:",麠屬。从鹿,票省聲。"

【釋形】

《説文》小篆以爲形聲字,从鹿,票省聲。按"麃"金文作（《九年衛鼎》）,似从鹿从火,構意不明,當同"麅"字。此義《廣韻》音薄交切,今音當作 páo,漢碑中無此用法。漢碑文獻中此字用作姓氏,今音 biāo,其字形與小篆相承,義符"鹿"將小篆中像腿足的部分與身體離析隸定作"比",剩餘部分筆畫發生粘合,失去象形意味;下面的構件"火"圖①中變爲四個長點,圖②則變爲五點。

【釋義】

姓氏:"河平三年八月丁亥,平邑侯里麃孝禹"（Q011）;"故平陵令魯麃恢元世五百"（Q112）。

10027 **麗(麗)** lì 《廣韻》郎計切,來霽去。來支。

① Q157　② Q095　③ Q126　④ Q179

《説文·鹿部》:",旅行也。鹿之性,見食急則必旅行。从鹿,丽聲。禮:麗皮納聘。蓋鹿皮也。,古文。,篆文麗字。"

【釋形】

《説文》以爲正篆爲形聲字,从鹿,丽聲。按"麗"甲骨文作（《輯佚》0576）,金文作（《元年師旋簋》）、（《取虍匜》）,强調鹿的雙角上有對稱之物,故有成對、相伴之義,非形聲字。《説文》所釋"旅行"爲引申義,即結伴而行。《説文》正篆上方形變爲"丽",故《説文》釋爲"从鹿,丽聲"。《説文》古文和篆文省去構件"鹿",只保留上方對稱之物。漢碑字形中,義符"鹿"與小篆相承,將原來像腿足的部分與身體離析,或類化爲"比",爲後世楷書承襲,如圖①②④;或將"比"的右側構件寫作"ㄥ"與捺,如圖③;剩餘部分筆畫粘合重組,失去象形意味,如圖①～④。聲符"丽"或與小篆相承,如圖①;或隸定混同爲"丙",如圖②～④,其中圖④將"丙"所从之"入"寫作"丄"。

【釋義】

㊀美好,華美:"勤勤竭誠,榮名休麗"（Q095）;"珪璋其質,芳麗其華"（Q157）;"堂無文麗,墓無碑識"（H105）;"嵯峨崃峻,高麗無雙"（Q126）。㊁思,慮:"聰麗權略,藝於從畋"（Q179）。

10028 **麗**

“麗”的異體字(圖②③④),見10027麗。

10029 **塵** chén 《廣韻》植鄰切,禪真平。
定真。

① Q143

② Q125

《説文》作“𪋻”,《説文·麤部》:“,鹿行揚土也。从麤从土。,籀文。”

【釋形】

《説文》小篆“𪋻”爲會意字,从麤从土,表示鹿羣跑過去揚起的塵土。《説文》籀文从二土,在鹿頭之上,表示飛揚的塵土。漢碑字形將構件“麤”中的三隻鹿省減爲一隻鹿,并且將小篆圓轉的線條轉寫爲筆畫,失去象形意味,爲後世楷書承襲,如圖①②。

【釋義】

㊀塵土,灰塵:見“塵埃”。㊁塵世:見“塵軌”。

【釋詞】

[塵埃]以塵土比喻塵俗:“浮游塵埃之外,皭焉氾〚而不俗〛”(Q148)。

[塵軌]塵世的軌轍,多指世途:“慕君塵軌,奔走忘食”(Q125)。

10030 **逸** yì 《廣韻》夷質切,餘質入。
餘質。

① Q137

② Q088

《説文·兔部》:“,失也。从辵、兔。兔謾訑善逃也。”

【釋形】

《説文》小篆爲會意字,从辵、兔,表示逃走。按甲骨文有(《合》505)、(《合》139)等形,趙平安認爲乃“逸”之初文,从“止”在“幸”(像刑具之形)外,表示逃逸(《新出簡帛與古文字古文獻研究》)。金文从辵从兔,寫作(《秦子矛》);或从彳作(《好蚉壺》),理據重構。小篆與金文前一字形相承。漢碑字形中,整字布局由小篆的左右結構調整爲半包圍結構,如圖①②。構件“辵”隸定爲“辶”。構件“兔”由像兔之形的圓轉線條轉寫隸定爲筆畫,如圖①;或訛混爲“免”,且上部像兔頭的形體隸定似“刀”,如圖②。

【釋義】

㊀隱遁:見“逸民”。㊁隱士:“脩清滌俗,招拔隱逸”(Q137)。㊂安樂:“富者不獨逸樂,貧者不獨□□”(Q193);“茲可託一勞而久逸,暫費而永寧也”(H26)。㊃用於人名:“故吏營陵薛逸,字佰踰”(Q088);“文陽王逸文豫二百”(Q112)。

【釋詞】

[逸民]指遁世隱居之人:“詔選賢良,招先逸民”(Q137);“山無隱士,藪無逸民”(Q171)。

10031 **冤** yuān 《廣韻》於袁切,影元平。
影元。

① Q100

② Q114

《説文·兔部》:“,屈也。从兔从冂。兔在冂下,不得走,益屈折也。”

【釋形】

《説文》小篆爲會意字,从兔从冂,表示屈縮。漢碑字形中,整字布局由小篆的半包圍結構調整爲上下結構。構件“冂”隸定爲“宀”;構件“兔”省去兔尾,隸定作“免”,如圖①②,其中圖②將“兔”上部像兔頭的形體省減爲橫折。

【釋義】

冤枉,冤屈:“獄無呼嗟之冤,壄無叩匈之結”(Q172);“從者推車,平梩冤厨”(Q100)。

10032 **狡** jiǎo 《廣韻》吉巧切,見巧上。見宵。

① Q169 ② Q128 ③ Q169

《説文·犬部》:“,少狗也。从犬,交聲。匈奴地有狡犬,巨口而黑身。”

【釋形】

《説文》小篆爲形聲字,从犬,交聲。義符“犬”甲骨文作(《合》32730)、(《合》3521),象形字,突出尾巴上卷之形。金文作(《員方鼎》),與甲骨文相承。小篆線條化,象形意味減弱。漢碑中或隸定爲“犭”,如圖②③;或隸定近似於“方”,如圖①。聲符“交”的上部形體隸定作“亠”,如圖②③;或將點移至横的左端,如圖①;下部像兩腿交叉之形的曲線斷開,隸定近似於“父”,如圖①~③。

【釋義】

㊀奸詐:“時依郡烏桓,狂狡畔戾”(Q128)。㊁奸詐之人:“與充國竝征,電震要荒,聝滅狂狡,讓不受封”(Q169);“續蠢青羌,姦狡竝起,陷附者眾”(Q187)。

10033 **獫** xiǎn 《廣韻》虚檢切,曉琰上。曉談。

Q166

《説文·犬部》:“,長喙犬。一曰:黑犬,黄頭。从犬,僉聲。”

【釋形】

《説文》小篆爲形聲字,从犬,僉聲。漢碑字形與小篆相承,義符“犬”隸定爲“犭”;聲符“僉”所从之構件“从”隸定爲“灬”,如圖。

【釋義】

用於“獫狁”,我國古代北方少數民族名:“文則作頌,武襄獫狁”(Q166)。

10034 **猗** yī 《廣韻》於離切,影支平。影歌。

① Q169 ② Q200

《説文·犬部》:“,犗犬也。从犬,奇聲。”

【釋形】

《説文》小篆爲形聲字,从犬,奇聲。漢碑字形與小篆相承,義符“犬”或隸似“方”,如圖①;或介於“方、犭”之間,如圖②。聲符“奇”所从之構件“大”發生離析,與“可”的一横重組近似於“立”,整個聲符隸定作“竒”,如圖①②。

【釋義】

歎詞,表示贊美:“猗余烈考,秉夷塞淵”(Q169);“歎曰:猗台我君”(Q201);又見“猗歟”。

【釋詞】

[猗歟]歎詞,表示贊美:“猗歟明哲,秉道之樞”(Q193)。

10035 **狀** zhuàng 《廣韻》鋤亮切,崇漾去。崇陽。

Q102

《説文·犬部》:“,犬形也。从犬,爿聲。”

【釋形】

《説文》小篆爲形聲字,从犬,爿聲。漢碑字形與小篆相近,義符“犬”將原來圓轉的線條轉寫隸定爲筆畫;聲符“爿”隸定近於“丬”,如圖。

【釋義】

㊀樣子,形狀:“有堅石如闕狀”(Q092)。㊁相貌:“能奉先聖之禮,爲宗所歸,除龢補名狀如牒”(Q102)。

10036 **犯** fàn 《廣韻》防錽切,並范上。並談。

① Q203

② Q195

《説文·犬部》:“,侵也。从犬,㔾聲。”

【釋形】

《説文》小篆爲形聲字,从犬,㔾聲。漢碑字形中,義符“犬”隸定爲“犭”,如圖①②。聲符“㔾”或隸定混同爲“巳”,如圖①;或混同爲“己”,如圖②。

【釋義】

觸犯,冒犯:“躬素忠謇,犯而勿欺”(Q173);又見“犯顔”。

【釋詞】

[犯顔]冒犯君王或尊長的威嚴:“犯顔謇愕,造膝〖佹辭〗”(Q117)。

10037 **猛** měng 《廣韻》莫杏切,明梗上。明陽。

① Q257

② Q153

③ Q066

《説文·犬部》:“,健犬也。从犬,孟聲。”

【釋形】

《説文》小篆爲形聲字,从犬,孟聲。漢碑字形中,義符“犬”或隸定爲“犭”,如圖①③;或介於“犭、方”之間,如圖②。聲符“孟”所从之構件“子”分解爲筆畫,爲今之寫法所承,如圖②③;或在此基礎上增加左右兩點,如圖①。義符“犬”或置於構件“皿”的左上,整字布局有所改變,如圖③。

【釋義】

㊀凶惡,凶猛:“交龍委虵,猛虎延視”(Q114)。㊁威嚴,嚴厲:“寬猛不主,德義〖是經〗”(Q137);“寬猛惟中,五教時序”(Q066);“猛不殘義,寬不宥姦”(Q161)。㊂用於人名:“將作掾□嚴壽,廟佐□向猛、趙始”(Q063)。

10038 **獨(獸)** dú 《廣韻》徒谷切,定屋入。定屋。

① Q179

② Q194

③ Q161

④ Q117

《説文·犬部》:“,犬相得而鬭也。从犬,蜀聲。羊爲羣,犬爲獨也。一曰:北嚻山有獨浴獸,如虎,白身,豕鬣,尾如馬。”

【釋形】

《説文》小篆爲形聲字,从犬,蜀聲。漢碑字形中,構件“犬”和“蜀”或調換位置,整字調整爲左聲右形,如圖④。義符“犬”在右側時依據小篆轉寫隸定爲筆畫,如圖④;在左側時隸定爲“犭”,如圖①~③。聲符“蜀”外部表形構件發生離析,其中像蟲頭的部分隸定爲“罒”(即横置的“目”),像蟲身的部分隸定爲“勹”,如圖①~④;表義構件“虫”上部隸定與今之形體相近,下部隸定爲三角形,如圖①④;三角形或不封口,變爲“厶”,如圖③;圖②此處有殘泐。

【釋義】

㊀單獨,獨自:“不爲小威,以濟其仁,弸中獨斷,以效其節”(Q154);“黄巾初起,燒平城市,斯縣獨全”(Q179);“獨教兒子書計,以次仕學”(Q106);“神靈獨處,下歸窈冥”(Q143)。㊁無子孫的老人:“發荒田耕種,賦與寡獨王佳小男楊孝等三百餘户”(Q161)。㊂副詞,❶表示範圍,相當於“只、僅僅”:“非獨孝琚,遭逢百離”(Q113);“富者不獨逸樂,貧者不獨□□”(Q193)。❷表示反問,相當於“豈、難道”:“行於蔑陋,獸曷敢〖忘〗”(Q117)。

10039 **獸**

“獨”的異體字(圖④),見10038獨。

10040 **狩** shòu 《廣韻》舒救切,書宥去。書幽。

Q129

《説文·犬部》:“，犬田也。从犬，守聲。《易》曰:‘明夷于南狩。’”

【釋形】

《説文》小篆爲形聲字，从犬，守聲。按“狩”與“獸”甲骨文本同字，寫作（《合》3121）、（《合》10619），从犬，左側爲獵具之形，既可表示狩獵，又可表示所獵之獸，會意字。獵具之形或繁化，寫作（《合》28781）。小篆另造形聲字“狩”，多表打獵之義；“獸”則多表野獸義，參見14126獸。漢碑字形依據小篆轉寫隸定，義符“犬”隸定爲“犭”；聲符“守”所从之構件“宀”兩側豎筆向上縮短，整字調整爲上下結構；構件“寸”彎曲線條平直化，指事符號變爲提畫，如圖。

【釋義】

㊀畋獵:“孔子，乾坤所挺，西狩獲麟，爲漢制作”（Q140）。㊁帝王出巡:見“巡狩”。㊂同“獸”，野獸:“惡虫蔽狩，蚍蛭毒蟃”（Q095）；“帝遊上林，問禽狩所有，苑令不對，更問嗇夫”（Q179）；“眾禽羣聚，萬狩雲布”（Q114）。

10041 **獲** huò 《廣韻》胡麥切，匣麥入。匣鐸。

① Q066 ② Q157 ③ Q178

《説文·犬部》:“，獵所獲也。从犬，蒦聲。”

【釋形】

《説文》以爲形聲字，从犬，蒦聲。按“獲”甲骨文作（《合》37588），金文作（《楚王酓忎鼎》），从又从隹，爲“獲”之初文。戰國秦文字變爲从犬、蒦聲的形聲字，寫作（《睡·日乙》19）；小篆承襲此類字形。漢碑字形中，義符“犬”或隸定爲“犭”，如圖①③；或混同爲“扌”，如圖②。聲符“蒦”上部的“丫”或隸定爲“北”，如圖①；或訛變爲“艹”，如圖②；或訛變爲“䒑”，如圖③。構件“隹”發生離析重組，并將線條全部轉寫爲筆畫，已看不出鳥的樣子了；下部的“又”均寫作“乂”，如圖①～③。

【釋義】

㊀獵獲:“獲麟趣作，端門見徵，血書著紀，黄玉韶應”（Q140）；“後制百王，獲麟來吐”（Q112）。㊁捕獲:“疾惡義形，從風征暴，執訊獲首”（Q172）。㊂獲得，得到:“（闕）行成於内，名立聲著，當獲自天之祥（闕）”（Q157）；“庶使學者李儒、樂規、程寅等，各獲人爵之報”（Q178）。㊃遭受，蒙受:“靡不欷歔垂涕，悼其爲忠獲罪”（Q066）。㊄通“穫”，收穫:“風雨時節，歲獲豐年”（Q178）；“屢獲有年，□載克成”（Q193）。㊅用於人名:“雲中沙南侯獲，字祖奋，孝廉萵邱乌埒张掖长”（Q081）。

10042 **獻** xiàn 《廣韻》許建切，曉願去。曉元。

① Q202 ② Q141 ③ Q083

《説文·犬部》:“，宗廟犬名羹獻。犬肥者以獻。从犬，鬳聲。”

【釋形】

《説文》以爲形聲字，从犬，鬳聲。按“獻”甲骨文作（《合》31812），从犬从鬲，表示以犬享獻祖先神靈，會意字。金文或从犬从鼎，寫作（《叀甗》），仍爲會意字；或从犬，鬳聲，寫作（《獻侯鼎》），改爲形聲字。小篆承襲後者，故《説文》以“从犬，鬳聲”釋之。漢碑字形中，義符“犬”依據小篆線條轉寫隸定爲筆畫，如圖②③；或因形近混同爲“大”，如圖①。聲符“鬳”《説文》釋爲“鬲屬。从鬲，虍聲”。按“鬳”甲骨文作（《合》14315），象形字，上甑下鬲；或增聲符“虍”作（《合》26954）。金文或將義符改换爲“鼎”，寫作（《見作甗》）。小篆則又將義符改换爲“鬲”。漢碑中“鬳”

所从之構件“鬲”，或將小篆腹部的花紋與中間像鼎足的形體粘合，寫作“羊”，如圖①②；或將“口”下形體省變爲“羊”，如圖③。構件“虍”或隸近似於“丙”（下面爲一短横），且與“鬲”共用横畫，如圖①～③。

【釋義】

㊀供奉：“春秋〖復〗禮，稽度玄靈，而無公出享獻之薦”（Q141）。㊁進獻：“葴謨屢獻，使事日言”（Q128）。㊂薦舉，推舉：“獻善絀惡，寬猛□臨鄉登進”（Q083）。㊃用於人名：“故功曹王獻子上”（Q178）。

10043 **狂** kuáng 《廣韻》巨王切，羣陽平。羣陽。

① Q169

② Q128

《説文·犬部》：“，狾犬也。从犬，㞷聲。，古文从心。”

【釋形】

《説文》小篆爲形聲字，从犬，㞷聲。漢碑字形中，義符“犬”或隸定近似於“方”，如圖①；或隸定爲“犭”，如圖②。聲符“㞷”或隸定爲“主”，如圖①；圖②則殘泐不清。邵瑛《説文解字群經正字》：“今經典作狂。《五經文字》云：狴，《説文》。狂，經典相承隸省。按漢隸尚有作‘狂’者，見《衡方碑》，省‘㞷’爲‘主’。雖亦非六書之意，然亦足見字變之有漸也。”

【釋義】

㊀狂妄，輕狂：見“狂狡”㊀。㊁横逆作亂之人：見“狂狡”㊁。

【釋詞】

［狂狡］㊀狂妄狡詐：“時依郡烏桓，狂狡畔戾”（Q128）。㊁横逆作亂之人：“電震要荒，聝滅狂狡”（Q169）。

10044 **類** lèi 《廣韻》力遂切，來至去。來物。

① Q249

② Q149

《説文·犬部》：“，種類相似，唯犬爲甚。从犬，頪聲。”

【釋形】

《説文》小篆爲形聲字，从犬，頪聲。頪，《説文》釋爲“難曉也。从頁、米。一曰鮮白皃。从粉省”。段玉裁《説文解字注》：“謂相似難分別也。‘頪、類’古今字。‘類’本專謂犬。後乃‘類’行而‘頪’廢矣。”漢碑字形中，義符“犬”或隸似“豕”。聲符“頪”所从之構件“米”或依照小篆嚴格轉寫隸定，如圖①；或省簡似“光”的上半部分，如圖②。構件“頁”的隸定情況參見9001頁。

【釋義】

㊀羣類：“抍馬蠲害，醜類已殫”（Q148）；“西羌放動，餘類未輯”（Q173）。㊁古祭名：“古先哲王，類帝禋宗，望于山川，徧于羣神”（Q174）。

10045 **狄** dí 《廣韻》徒歷切，定錫入。定錫。

Q179

《説文·犬部》：“，赤狄。本犬種，狄之爲言，淫僻也。从犬，亦省聲。”

【釋形】

《説文》小篆爲形聲字，从犬，亦省聲。“狄”金文或作（《曾白霥簠》），从犬，亦聲；或訛作从犬从火，如（《戮狄鐘》）。小篆及漢碑字形均承襲後一種結構。漢碑字形中，義符“犬”隸定爲“犭”；“火”依據小篆線條轉寫隸定爲筆畫，如圖。

【釋義】

㊀我國古代北方少數民族的泛稱：“慰綏朔狄，邊宇艾安”（Q128）；“南苞八蠻，西羈六戎，北震五狄，東勤九夷”（Q179）。

㈡姓氏："□從秦人孟伯山、狄虎賁、趙當卑、萬羌、□當卑、程阿羌等六人"（Q116）。㈢用於地名："□□□□西狄道司馬長元石門"（Q030）。

10046 **猶(猷)** yóu 《廣韻》以周切，餘尤平。餘幽。

① Q179

② Q084

③ Q021

④ Q128

《説文·犬部》："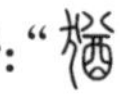，玃屬。从犬，酋聲。一曰：隴西謂犬子爲猷。"

【釋形】

《説文》以爲形聲字，从犬，酋聲。"酋"上古音在從母幽部。按"猶"甲骨文作（《合》33076），从犬，酉聲；金文作（《𢽾鐘》）、（《墜純釜》），聲符"酉"形變爲"酋"，或左酋右犬，或左犬右酋。小篆承襲後一種字形，故《説文》釋爲"从犬，酋聲"。漢碑字形與小篆相承，義符"犬"或依據小篆轉寫隸定，如圖④；或隸定爲"犭"，如圖①～③。聲符"酋"上部的"八"或隸定爲相背的兩個折筆，如圖①；或隸定爲"丷"，如圖②～④。下部構件"酉"或據小篆嚴格轉寫隸定，如圖②～④；或省變爲相離的"一"與"目"，如圖①。另外，有的漢碑字形承襲金文的結構布局，形成"猶"的異體字"猷"，如圖④。

【釋義】

㈠同，和……一樣："三代以來，雖遠猶近"（Q179）；"政猶北辰，衆星所從"（Q193）；"折節清行，恭儉束脩，政崇無爲，聲教禁化，猷風之中"（Q128）。㈡副詞，表示某種情況持續不變，相當於"仍、仍然"："日月虧代，猶元風力射"（Q021）；"靈所馮依，肅肅猶存"（Q140）；"猶自挹損，不求禮秩"（Q174）。㈢同"猷"，謀略："謨兹英猶，道以經國"（Q133）。㈣通"由"，因爲，由於："朱紫繽紛，寵禄盈門，皆猶夫人"（Q056）。

10047 **猷**

"猶"的異體字（圖④），見10046猶。

10048 **狼** láng 《廣韻》魯當切，來唐平。來陽。

Q112

《説文·犬部》："，似犬，鋭頭，白頰，高前，廣後。从犬，良聲。"

【釋形】

《説文》小篆爲形聲字，从犬，良聲。漢碑的形體與小篆相承，義符"犬"隸定爲"犭"；聲符"良"上下兩部分均粘合爲一體；其中上部形體演變爲一折筆，如圖。

【釋義】

用於人名："蕃王狼子二百"（Q112）。

10049 **狐** hú 《廣韻》户吳切，匣模平。匣魚。

① Q184

② Q187

《説文·犬部》："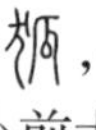，祅獸也。鬼所乘之。有三德：其色中和，小前大後，死則丘首。从犬，瓜聲。"

【釋形】

《説文》以爲形聲字，从犬，瓜聲。"瓜"上古音在見母魚部。按"狐"甲骨文作（《合》387772）、（《合》37473），从犬，亡聲。小篆聲符"亡"替換爲"瓜"，故《説文》釋爲"从犬，瓜聲"。漢碑字形中，義符"犬"隸定爲"犭"；聲符"瓜"或與"𠂢"形近，如圖①；或省變嚴重，已看不出"瓜"形，如圖②。

【釋義】

㈠狐狸："光和之中，京師擾穰，雄狐綏綏。冠履同囊，投核長驅"（Q187）。㈡用於地名："梁離狐茂陵任君元升神門"

（Q184）。

10050 **狁**　yǔn 《廣韻》余準切，餘準上。餘文。

Q166

《説文》無。

【釋形】

漢碑字形从犬，允聲，爲形聲字。其中義符“犬”小篆作，轉寫隸定爲“犭”；聲符“允”小篆作，其所从之構件“㠯”隸定爲三角形，如圖。

【釋義】

用於“獫狁”，我國古代北方少數民族名，也寫作“玁狁”：“文則作頌，武襄獫狁”（Q166）。

10051 **狹（狭）**　xiá 《廣韻》侯夾切，匣洽入。匣葉。

① Q161

② Q125

《説文》無。

【釋形】

漢碑字形从犬，夾聲，爲形聲字。其中義符“犬”小篆作，轉寫隸定爲“犭”，如圖①。聲符“夾”，小篆作，漢碑中或依據小篆線條轉寫隸定，如圖①；或將構件“人”簡化爲兩點，且下方多出一横，寫作“夹”，如圖②，與今之簡化形體同。

【釋義】

㊀窄：“〖君淮則〗大聖，親之桐柏，奉見廟祠，崎嶇逼狹”（Q125）；“脩治狹道，分子效力”（Q161）。㊁通“峽”，兩山之間：“郡西狹中道，危難阻峻，緣崖俾閣”（Q146）。

10052 **狭**

“狹”的異體字（圖②），見 10051 狹。

10053 **猾**　huá 《廣韻》户八切，匣黠入。匣物。

JB2

《説文》無。

【釋形】

漢碑字形从犬，骨聲，爲形聲字。“骨”上古音在見母物部。其中義符“犬”小篆作，轉寫隸定爲“犭”；聲符“骨”小篆作，構件“冎”内部的折線隸定作“人”形，與上部的“冂”形粘連似“内”，如圖①。

【釋義】

奸惡之人：“〖姦〗猾殄迹，賢倚□庭”（Q148）；“除曲阿尉，禽姦戔猾，寇息善歡”（Q172）。

10054 **獄**　yù 《廣韻》魚欲切，疑燭入。疑屋。

① J234

② Q106

《説文·炏部》：“，确也。从炏从言。二犬，所以守也。”

【釋形】

《説文》小篆爲會意字，从炏从言，表示爭訟。段玉裁《説文解字注》：“召南傳曰：獄，埆也。埆同确。堅剛相持之意。”金文作（《六年召伯虎簋》），从炏从言，“炏”《説文》訓爲“兩犬相齧也。从二犬”。學者認爲，此字以兩犬相爭比喻獄訟雙方以言語互相爭執。漢碑字形中，義符“炏”，左邊的“犬”隸定作“犭”，右邊的寫作“犬”，如圖①②。義符“言”所从之構件“辛”向上彎曲的兩曲線被拉直爲兩横畫，豎畫被省略，如圖①②。

【釋義】

㊀牢獄：“獄無呼嗟之冤，壄無叩匈之結”（Q172）；“鼠齧輀車被具，君乃畫地爲

獄，召鼠誅之”（Q199）。㊁用於官名：“補案獄賊決史，還縣廷掾、功曹、主簿，爲郡縣所歸”（Q106）。

10055 **鼠** shǔ 《廣韻》舒吕切，書語上。書魚。

Q071

《説文·鼠部》：“，穴蟲之總名也。象形。凡鼠之屬皆从鼠。”

【釋形】

《説文》小篆爲象形字，乃穴居類動物的總稱。按“鼠”甲骨文作（《合》11526）、（《合》13715），像尾巴細長、張嘴咬嚙東西的老鼠之形，頭部周圍的點表示咬嚙之物。小篆突出老鼠的牙齒，象形意味減少。漢碑字形與小篆結構基本一致，上部的腦袋隸定近似於“臼”，表示爪和身體的線條對應轉寫隸定爲筆畫，如圖。

【釋義】

㊀老鼠：“召鼠誅之，視其腹中，果有被具”（Q199）。㊁用於人名：“奴田、婢□、奴多、奴白、奴鼠并五人”（Q071）。

10056 **能** néng 《廣韻》奴登切，泥登平。泥蒸。

① Q281

② Q126

③ Q179

④ Q142

⑤ Q066

⑥ Q146

《説文·能部》：“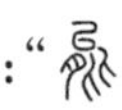，熊屬。足似鹿。从肉，㠯聲。能獸堅中，故稱賢能；而彊壯，稱能傑也。凡能之屬皆从能。”

【釋形】

《説文》以爲會意兼形聲字，从二匕，表示其足似鹿；从肉，㠯聲。按“能”金文作（《能匋尊》）、（《沈子它簋蓋》），整體像熊之形，象形字。後分化爲“熊、能”二字，“熊”表本義（參見10057熊），“能”則專表借義能夠、才能等。戰國秦文字作（《睡·秦》111），足爪與身軀離析。小篆承襲此類字形，前後足爪變爲兩個“匕”形，頭部變形爲“肉”，身軀演化爲“㠯”，故《説文》釋爲“足似鹿，从肉，㠯聲”。漢碑字形中，表示足爪的兩個“匕”隸定形體多樣，或依據小篆轉寫隸定，如圖①；或變異近似於簡化字“长”，如圖②～⑥。構件“㠯”或隸定爲封閉的三角形，如圖①②③⑥；或隸定爲上部開口的三角形，近“厶”，如圖④⑤。構件“肉”均混同爲“月”，如圖①～⑥。

【釋義】

㊀才能；能力：“清眇〖冠乎羣彦〗，德〖能〗簡乎聖心”（Q117）。㊁有才能：“皆受德化，非性能者”（Q171）；又見“性能”。㊂能夠：“能烝雲興雨，與三公、靈山協德齊勳”（Q126）；“能悊能惠，剋亮天功”（Q137）；“財容車騎，進不能濟，息不得駐”（Q146）。㊃連詞，表示轉折，相當於“而”：“所謂〖苗能不秀〗，秀能不實”（Q124）。

【釋詞】

［能名］因才能出衆而聲名顯揚：“除郎中，拜謁者，以能名爲光禄所上”（Q202）。

10057 **熊** xióng 《廣韻》羽弓切，雲東平。匣蒸。

① Q153

② Q112

③ Q114

《説文·熊部》：“，獸。似豕，山居，冬蟄。从能，炎省聲。凡熊之屬皆从熊。”

【釋形】

《説文》以爲形聲字，从能，炎省聲。按“熊”本作“能”（參見10056能），戰國時開始分化爲“熊”。“熊”楚文字作（《帛甲》1.4）、（《包》2.156）等形，从火，能聲，本爲表示火勢熊熊而造。後因“能”被借去

表示才能、能夠等義，“熊”便兼表本義。小篆與楚文字相承，《説文》釋爲“从能，炎省聲”，乃誤解其本義所致。漢碑字形中，義符“能”的隸定情況參見10056能；構件“火”隸定爲“灬”，如圖①～③。

【釋義】

㊀獸名：“猛虎延視，玄蝯登高，阝市熊嗥戲，眾禽羣聚”（Q114）。㊁姓氏：“〖其〗先出自〖顓頊，與〗楚同姓，熊嚴之後也”（Q122）；“君帝高陽之苗裔，封兹楚熊，氏以國别”（Q153）。㊂用於人名：“長史穎川申屠熊”（Q174）；“故薛令河内温朱熊伯珍五百”（Q112）。

10058 **火** huǒ 《廣韻》呼果切，曉果上。曉微。

Q153

《説文·火部》：“，燬也。南方之行，炎而上。象形。凡火之屬皆从火。”

【釋形】

《説文》小篆爲象形字，像火焰之形。“火”甲骨文作（《合》9104）、（《合》19624），更爲象形。戰國秦文字作（《睡·法》159），象形意味減少，小篆承襲此類字形。漢碑字形依據小篆線條轉寫隸定爲筆畫，如圖。

【釋義】

㊀火焰：“煙火相望，四時不絶”（Q153）；“叔粟如火，咸裹仁心”（Q171）。㊁五行之一：“金精火佐，寔生賢兮”（Q187）。㊂星名：見“火星”。㊃用於星次名：“鶉火光物，隕霜剿姦”（Q137）。

【釋詞】

［火星］古代又稱大火星，屬於東方七宿的心宿，即天蝎座的主星，是夏天最亮的一顆星，故可借以代指盛夏酷暑：“身冒炎赫火星之熱，至屬縣，巡行窮匱”（Q161）。

10059 **然** rán 《廣韻》如延切，日仙平。日元。

① Q129

② Q083

③ Q142

④ Q114

《説文·火部》：“，燒也。从火，肰聲。，或从艸、難。”

【釋形】

《説文》小篆爲形聲字，从火，肰聲。“然”爲“燃”之初文，本義爲燃燒，後借爲連詞、助詞等，本義另添加構件“火”作“燃”。漢碑字形中，義符“火”隸定爲“灬”。聲符“肰”戰國楚文字作（《郭·五》16），《説文》釋爲“犬肉也”；漢碑中所从之構件“肉”或隸定混同爲斜“月”，如圖①；或省變爲“夕”，如圖②～④。構件“犬”或據小篆轉寫隸定爲筆畫，如圖①②；或混同爲“大”，如圖③；或進一步訛混爲“又”，如圖④。

【釋義】

㊀連詞，表示轉折關係，相當於“然而、但是”：“然其所立碑石，刻紀時事，文字摩滅，莫能存識”（Q129）。㊁助詞，用於形容詞或副詞詞尾，表示狀態：“有韓魏之家，自視欿然”（Q083）；“久斿大學，蘋然高厲”（Q132）；“相縣以白石神君道德灼然，乃具載本末上尚書”（Q174）；又見“掩然、未然”等。㊂用於人名：“三老諱寬，字伯然，金城浩亹人也”（Q169）。㊃用於地名：“遂踰涿邪，跨安侯，乘燕然”（H26）。

10060 **燔** fán 《廣韻》附袁切，並元平。並元。

① Q129

② Q178

《説文·火部》：“，爇也。从火，番聲。”

【釋形】

《説文》小篆爲形聲字，从火，番聲。漢碑字形中，義符“火”依據小篆線條轉寫隸定爲筆畫；聲符“番”像獸爪的構件“釆”變異爲“米”形，像足掌的部分隸定爲“田”，如圖①②。

【釋義】

㊀焚燒：“嗟逆賊，燔城市”（Q178）；又見“燔燒”。㊁古祭名，燒柴祭天：見“燔燎”。㊂通“膰”，古代祭祀用的烤肉：見“燔炙”。

【釋詞】

［燔燎］燒柴祭天：“親至其山，柴祭燔燎”（Q129）。

［燔燒］焚燒：“而縣民郭家等復造逆亂，燔燒城寺，萬民騷擾”（Q178）。

［燔炙］烤肉：“旨酒欣欣，燔炙芬芬”（Q174）。

10061 **燒** shāo 《廣韻》式招切，書宵平。書宵。

① Q179

② Q146

《説文·火部》：“，爇也。从火，堯聲。”

【釋形】

《説文》小篆爲形聲字，从火，堯聲。漢碑字形與小篆相承，義符“火”將小篆中左右兩邊的豎線隸定爲點畫。聲符“堯”所从之構件“垚”，或下方二“土”粘合，如圖①；或三“土”與“兀”均粘合，如圖②。

【釋義】

燃燒：“因常繇道徒，鐉燒破析，刻臽確嵬”（Q146）；“縣民郭家等復造逆亂，燔燒城寺”（Q178）；“黄巾初起，燒平城市，斯縣獨全”（Q179）。

10062 **烈** liè 《廣韻》良薛切，來薛入。來月。

① Q125

② Q125

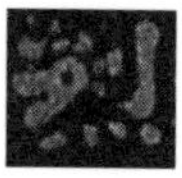
③ Q133

《説文·火部》：“，火猛也。从火，𠛱聲。”

【釋形】

《説文》小篆爲形聲字，从火，𠛱聲。漢碑字形中，義符“火”隸定爲“灬”，如圖①～③。聲符“𠛱”所从之構件“刀”或隸定爲短撇和竪鉤，如圖①②；或隸定爲“刂”，如圖③。構件“𣦼”省變混同爲“歹”，如圖①②。

【釋義】

㊀猛烈，厲害：“仁恩如冬日，威猛烈炎夏”（Q193）。㊁光明，顯赫：“烈烈明府，好古之則”（Q125）；“峨峨我君，懿烈孔純”（Q137）；“允文允武，厥姿烈逴”（Q154）；又見“烈祖、烈考”。㊂功績，功業：“後來詠其烈，竹帛叙其勳”（Q088）；“迺鐫石立碑，勒銘鴻烈”（Q133）。㊃通“列”，陳列：“威布烈，安殊巟”（Q178）。㊄用於人名：“故吏司徒掾博陵安平崔烈”（Q148）。

【釋詞】

［烈考］德業顯赫的亡父。用於對亡父的美稱：“猗余烈考，秉夷塞淵”（Q169）。

［烈祖］德業顯赫的先祖。用於對先祖的美稱：“君之烈祖，少以濡術，安貧樂道”（Q137）。

10063 **烝** zhēng 《廣韻》煮仍切，章蒸平。章蒸。

① Q153

② Q134

③ Q202

④ Q128

《説文·火部》：“，火气上行也。从火，丞聲。”

【釋形】

《説文》以爲形聲字，从火，丞聲。按“烝”金文作（《段簋》），从米从豆，像蒸煮時熱氣上行之形，爲“蒸”之初文。小篆變爲形聲字。漢碑字形中，義符“火”隸定爲“灬”，如圖①～④。聲符“丞”所从之構件“卪”有的上部呈倒三角形，如圖①；有的形變近似於“了”，如圖②③；構件“収”左

側手形隸變爲横撇，右側手形隸變爲一撇一捺，如圖①～③；構件“山”多簡寫爲一横，如圖①～③。圖④中聲符“丞”變異獨特，下部似重組爲“土”形。

【釋義】

㊀火氣或熱氣上升：“能烝雲興雨，與三公、靈山協德齊勳”（Q126）。㊁冬祭名：見“烝嘗”。㊂衆多，常用以指代民衆：“黎烝殷，罔荒饑”（Q135）；又見“烝民、烝庶”。

【釋詞】

［烝嘗］“烝”爲冬祭名，“嘗”爲秋祭名，二字連用，泛指祭祀：“四祀烝嘗，不廢荒兮”（H105）；“先民有〖（闕）左質樸，春秋〗烝嘗，幾以獲福”（Q103）。

［烝民］民衆，百姓：“愍念烝民，勞苦不均，爲作正彈，造設門更”（Q193）；“政化如神，烝民乃厲”（Q153）。

［烝庶］民衆，百姓：“寧靜烝庶，政與乾通”（Q095）。

［烝烝］㊀道德美盛貌：“烝烝其孝，恂恂其仁”（Q134）；“烝烝慄慄，可移於官”（Q128）。㊁純一寬厚貌：“功臣五大夫雒陽東鄉許幼仙師事肥君，恭敬烝烝”（Q142）。

10064 **熹** xī 《廣韻》許其切，曉之平。曉之。

① Q129

② Q138

③ Q160

④ Q153

⑤ Q115

⑥ Q118

《説文·火部》：“，炙也。从火，喜聲。”

【釋形】

《説文》小篆爲形聲字，从火，喜聲。按“熹”甲骨文作（《合》18739）、（《合》15667），从火，喜省聲，本義爲燒烤。小篆聲符“喜”不省。漢碑字形中，義符“火”隸定爲“灬”，如圖①～④；或省爲三點，如圖⑤；或增爲五點，如圖⑥。聲符“喜”所从之構件“壴”上面的曲線拉直爲横畫，與其下的横畫粘連似“土”形，如圖①～⑤；或訛寫爲相離的“廿”與“一”，如圖⑥。下部形體或按照小篆隸定爲兩個“口”中間加“䒑”，如圖①②；“䒑”或作“艹”，如圖③；或省作“十”，如圖④；或省作“一”，如圖⑤⑥；其中圖⑥兩個“口”省爲一個。

【釋義】

㊀興盛，旺盛：“述神道，熹苗裔”（Q045）；“□□□□□盛，胙日新而累熹”（Q065）。㊁美觀，美盛：“更作二輿，朝車威熹”（Q112）。㊂用於年號：“延熹六年正月八日乙酉，南陽大守中山盧奴”（Q125）；“熹平二年三月癸酉，郎官奉宣詔書”（Q161）；“年六十有二，遭離寢疾，熹平六年四月己卯卒”（Q166）。㊃通“喜”，欣喜：“神熹其位，甘雨屢降”（Q060）。㊄用於人名：“瑛少子熹竊晞商魯”（Q138）。㊅用於地名：“成武令中山安熹曹種□□”（Q093）。

10065 **尉（尉）** wèi 《廣韻》於胃切，影未去。影物。

① Q127

② Q059

③ Q100

④ Q127

⑤ Q134

⑥ Q152

《説文·火部》：“，从上案下也。从𡰥；又持火，以尉申繒也。”

【釋形】

《説文》小篆爲會意字，从𡰥从又持火。《玉篇·火部》：“𡰥，古文夷字。”从𡰥从又持火，就是用燒熱的東西把衣物熨平，故“尉”即“熨”的初文。後世多借用作官名和人名，本義另添加構件“火”作“熨”。漢碑字形中，有的爲碑額篆書，如圖①；有的爲碑文篆書，如圖②；二者均將構件“又”改換爲

“寸”。漢碑其他字形多數已發生隸變，且整字布局調整爲左右結構。其中構件“又”亦均改换爲“寸”，如圖③～⑥。構件“火”或省變爲三點，如圖③～⑤；或與“𡰥”中的“二”重組爲“示”，整字隸定爲“尉”，爲今之寫法所承，如圖⑥。構件“𡰥”中的“二”或省減爲“一”，如圖⑤。

【釋義】

㊀用於官名：“有漢泰山都尉孔君之碑”（Q127）；“州舉尤異，遷會稽東部都尉”（Q137）；“使者持節，護烏桓校尉王君威府舍”（Q046）。㊁用於人名：“蕃張尉”（Q049）。㊂用於地名：“尉氏故吏處士人名”（Q181）。

10066 **尉**

“尉”的異體字（圖①②），見 10065 尉。

10067 **灼** zhuó 《廣韻》之若切，章藥入。章藥。

Q174

《説文·火部》：“ ，炙也。从火，勺聲。”

【釋形】

《説文》小篆爲形聲字，从火，勺聲。“勺”上古音在章母藥部。段玉裁《説文解字注》：“炙謂炮肉，灼謂凡物以火附箸之，如以楚焞柱龜曰灼龜，其一耑也。”漢碑字形中，義符“火”依據小篆線條轉寫隸定爲筆畫；聲符“勺”本像用勺子類的器物挹取東西，右邊的線條像器物形，到了漢碑中，像器物形的線條變成了構件“勹”，與“包”所从之“勹”混同，如圖。

【釋義】

彰明，明顯：“相縣以白石神君道德灼然，乃具載本末上尚書，求依無極爲比”（Q174）。

10068 **燭** zhú 《廣韻》之欲切，章燭入。章屋。

Q126

《説文·火部》：“ ，庭燎，火燭也。从火，蜀聲。”

【釋形】

《説文》小篆爲形聲字，从火，蜀聲。漢碑字形與小篆相承，義符“火”依據小篆線條轉寫隸定爲筆畫。聲符“蜀”上部像蟲頭的部分隸定爲“罒”（即横置的“目”），像蟲身的部分隸變爲“勹”；構件“虫”上部隸定與今之形體相近，下部隸定爲三角形，如圖。

【釋義】

照耀，光耀：見“玉燭”。

10069 **燎** liào 《廣韻》力照切，來笑去。來宵。

Q129

《説文·火部》：“ ，放火也。从火，尞聲。”

【釋形】

《説文》小篆爲形聲字，从火，尞聲。按“尞”甲骨文作 （《合》1200）、 （《合》32320），像木燃烧之形，爲“燎”之初文。金文在下方增添構件“火”作 （《𩫖伯馭簋》），變爲會意字。小篆上部發生變異，中間增添構件“日”，寫作 ，《説文》據小篆字形分析爲从火从昚，與原初構意不符。小篆又在“尞”左側增添構件“火”作“燎”，變爲形聲字。徐灝《説文解字注箋》：“尞、燎實一字，相承增火旁……燎之本義爲燒艸木。”漢碑字形與小篆相承，義符“火”依據小篆線條轉寫隸定爲筆畫；聲符“尞”上部形體隸定作“大”，下方構件“火”省變爲“灬”，如圖。

【釋義】

古祭名，焚柴祭天：“親至其山，柴祭燔

燎”（Q129）。

10070 **焦** jiāo 《廣韻》即消切，精宵平。精宵。

Q074

焦，《説文》爲“㸈”之或體。《説文·火部》：“，火所傷也。从火，雥聲。，或省。”

【釋形】

《説文》以爲正篆“㸈”爲形聲字，从火，雥聲；或體省簡爲“焦”。按“焦”甲骨文、金文即从火从隹，寫作（《屯》4565）、（《匽侯載器》）等，均爲一“隹”；戰國楚文字始見从三“隹”的寫法，如（《上（2）·魯》4）。故《説文》所釋“从火，雥聲”與初形不合，疑爲从火从隹的會意字，表示炙烤之義。《説文》正篆與戰國楚文字相承，或體則與甲骨文、金文形體相承。漢碑字形承襲《説文》或體，構件“火”省變爲“灬”，構件“隹”依小篆線條隸定轉寫，已看不出鳥的樣子了，如圖。

【釋義】

姓氏：“故吏焦蒙，故吏王斌，故吏后巽，右十二人人百五十”（Q074）。

10071 **烖**

“灾”的異體字（圖①），見10072灾。

10072 **灾（烖災）** zāi 《廣韻》祖才切，精咍平。精之。

① Q175

② Q174

③ Q142

④ Q117

⑤ Q167

灾，《説文》爲“烖”之或體。《説文·火部》：“，天火曰烖。从火，𢦔聲。，或从宀、火。，古文从才。，籀文从巛。”

【釋形】

《説文》正篆“烖”爲形聲字，从火，𢦔聲；或體“灾”爲會意字，从宀从火。按表示災害義的字，甲骨文有多種不同的構形角度：或以火災表示，寫作（《合》18741）、（《合》19622）等，前者是从宀从火的會意字，爲《説文》或體之所承；後者是从火、才聲的形聲字，爲《説文》古文之所承。或以水災表示，寫作（《合》17205）、（《合》29198）等，前者像洪水横流之形，象形字；後者是从川、才聲的形聲字，爲《説文》籀文之所承。或以兵災表示，寫作（《合》33876），爲从川、才聲的形聲字；小篆增添構件“火”作“烖”，即《説文》釋爲“从火，𢦔聲”之正篆。漢碑字形中，有的與《説文》正篆相承，并嚴格依照小篆轉寫隸定，如圖①；後世楷書在此基礎上左上構件“才”省去一横，寫作“烖”。有的與《説文》或體相承作“灾”，或據《説文》或體嚴格隸定，如圖③；或將小篆兩側豎筆向上縮短，變爲上下結構，如圖②。有的與《説文》籀文相承从巛，并將“巛”省簡爲“巛”，如圖④⑤。現代漢字規範字形爲“灾”。

【釋義】

禍害：“運天樞，釐三辰，擿烖吝”（Q175）；“應時發算，除去灾變”（Q142）；“何意被天災，蚤離父母”（Q072）；“乃遭〖氛〗災，隕命顛沛”（Q117）；“夙罹凶災，嘘噏不反，大隕精晃”（Q167）。

【釋詞】

［灾燀］火灾：“水無沉氣，火無灾燀”（Q174）。

［灾害］天灾人禍造成的損害：“明神弗歆，灾害以生”（Q125）；“灾害不起，五穀熟成”（Q174）。

［灾眚］灾禍：“灾眚以興，陰陽以忒”（Q125）。

［灾異］指自然灾害或某些異常的自然

現象:"立廟桐柏,春秋宗奉,災異告愬,水旱請求"(Q125)。

10073 **災**

"灾"的異體字(圖④⑤),見10072灾。

10074 **煙** yān 《廣韻》烏前切,影先平。影文。

Q153

《説文·火部》:"　,火气也。从火,垔聲。　,或从因。　,古文。　,籀文从宀。"

【釋形】

《説文》小篆爲形聲字,从火,垔聲。漢碑字形中,聲符"垔"所从之構件"西"隸定爲"覀",其下所从"土"似"出"形;義符"火"依據小篆線條轉寫隸定爲筆畫,如圖。

【釋義】

㊀特指祭祀時焚香或燔柴的煙氣:"煙火相望,四時不絶,深野曠澤,哀聲忉切"(Q153);"四時祭祀,煙火連延,萬歲不絶,勖于後人"(Q113)。㊁通"禋",古祭名,燔柴升煙以祭天:見"煙祀"。

【釋詞】

[煙祀]即"禋祀",古祭名,燔柴升煙以祭天,也泛指祭祀:"臣輒依社稷,出王家〖穀,春秋〗行禮,以共煙祀"(Q140)。

10075 **炳(昺)** bǐng 《廣韻》兵永切,幫梗上。幫陽。

① Q153 ② Q095 ③ Q113

《説文·火部》:"　,明也。从火,丙聲。"

【釋形】

《説文》小篆爲形聲字,从火,丙聲。漢碑字形或與小篆基本一致,只是將小篆圓轉的線條轉寫隸定爲平直方折的筆畫,如圖①。或在聲符"丙"的上方增加"䒑",但整字的構意没有改變,如圖②;或將義符"火"改换爲"日",置於聲符"丙"的上方,寫作"昺",如圖③。"火、日"作義符時構意相通,"炳"和"昺"構成異體字關係。

【釋義】

㊀明亮,顯著:"皇靈炳璧,郢令名矣"(Q153);"昔殷王武丁,克伐鬼方,元功章炳,勳臧王府"(Q093);又見"炳焕"。㊁用於人名:"□記李昺,字輔謀"(Q113)。

【釋詞】

[炳焕]昭彰,顯著:"君德明明,炳焕彌光"(Q095)。

[炳明]明顯,顯著:"於戲与考,經德炳明"(Q187)。

10076 **照(炤)** zhào 《廣韻》之少切,章笑去。章宵。

① Q124 ② Q128 ③ Q126

《説文·火部》:"　,明也。从火,昭聲。"

【釋形】

《説文》小篆爲形聲字,从火,昭聲。按"照"金文作　(《史牆盤》),从火从攴(以手舉火把表示照明之義),召聲。小篆結構調整爲从火,昭聲,仍爲形聲字。漢碑字形中,有的將義符"火"隸定爲"灬",且置於聲符"昭"之下,整字布局與小篆有所不同,如圖①②;有的省去構件"日",形成"照"的異構字形"炤",如圖③。聲符"昭"所从之構件"刀"或隸定爲"⺈",與其下的"口"相接,如圖①;或訛寫近似於"夕",只是上部未封閉,且與其下的"口"相離,如圖②③。

【釋義】

㊀照耀,照射:"日月照幽,時晝昏兮"(Q124);"萬里同風,艾用照明"(Q128)。㊁通"昭",❶光明:"誕生照明,岐嶷踰絶"(Q193)。❷彰明,彰顯:"天應玉燭,於是紀功刊勒,以炤令問"(Q126);"誠宜褒顯,照

其憲則”（Q193）。㊂用於人名：“故脩行營陵臨照，字景燿”（Q088）。

10077 **炤**

“照”的異體字（圖③），見10076照。

10078 **燿（曜）** yào 《廣韻》弋照切，餘笑去。餘藥。

① Q066

② Q202

③ Q185

《説文·火部》：“，照也。从火，翟聲。”

【釋形】

《説文》小篆爲形聲字，从火，翟聲。“翟”上古音在定母藥部。漢碑字形中，義符“火”或與小篆基本一致，如圖①；或改换爲“日”，整字寫作“曜”，如圖②③。“火、日”作義符時構意相通，“燿”和“曜”構成異體字關係。聲符“翟”所从之構件“羽”隸定爲兩个“彐”；構件“隹”發生離析重組，已看不出鳥的樣子了，如圖①～③。

【釋義】

㊀照耀，顯揚：“孝弟昭於内，忠信燿於外”（Q084）；“玄甲燿日，朱旗絳天”（H26）；又見“曜德”。㊁光亮，光輝：“乃台吐燿，乃嶽降精”（Q066）；“礫〖硌吐〗名，與天同燿”（Q126）；“泰華惟岳，神曜吐精”（Q161）；又見“醇曜”。㊂指日月星辰：見“皇燿”。㊃用於人名：“故脩行營陵臨照，字景燿”（Q088）；“門生甘陵貝丘賀曜，字升進”（Q127）。

10079 **煇** huī 《廣韻》許歸切，曉微平。曉文。

Q112

《説文·火部》：“，光也。从火，軍聲。”

【釋形】

《説文》小篆爲形聲字，从火，軍聲。“軍”上古音在見母文部。漢碑字形中，義符“火”依據小篆線條轉寫隸定爲筆畫；聲符“軍”所从之“包”省形隸定爲“冖”，“軍”由小篆的包圍結構調整爲上下結構，如圖。

【釋義】

㊀光輝：“煇光篤實，升而上聞”（Q128）。㊁用於人名：“故督郵魯开煇景高二百”（Q112）；“故督郵魯趙煇彦臺二百”（Q112）。

10080 **煌** huáng 《廣韻》胡光切，匣唐平。匣陽。

① Q132

② Q178

③ Q178

《説文·火部》：“，煌，煇也。从火，皇聲。”

【釋形】

《説文》小篆爲形聲字，从火，皇聲。漢碑字形與小篆相承，義符“火”依據小篆線條轉寫隸定爲筆畫。聲符“皇”所从之構件“自”隸省爲“白”，如圖①②；或訛混爲“日”，如圖③。

【釋義】

㊀明亮：見“煌煌”。㊁用於地名：“敦煌大守雲中裴岑，將郡兵三千人，誅呼衍王等”（Q079）；“敦煌長史武君之碑”（Q093）；“君諱全，字景完，敦煌效穀人也”（Q178）。

【釋詞】

［煌煌］光輝閃耀貌：“煌=濡=，其色若儋”（Q114）。

10081 **炯** jiǒng 《廣韻》古迥切，見迥上。見耕。

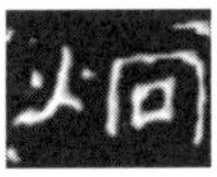
Q066

《説文·火部》：“，光也。从火，冋聲。”

【釋形】

《説文》小篆爲形聲字，从火，冋聲。漢碑字形依據小篆線條轉寫隸定爲筆畫，如圖。其中基礎構件“冂”還帶有一定的篆意。

【釋義】

光，亮：“勒勳金石，日月同炯”（Q066）。

10082 **光** guāng 《廣韻》古黄切，見唐平。見陽。

① Q065

② Q066

③ Q112

④ Q126

《説文·火部》：“，明也。从火在人上，光明意也。，古文。，古文。”

【釋形】

《説文》小篆爲會意字，从火在人上，表示光明。按“光”甲骨文作（《合》22174）、（《合》140），金文作（《召卣》）、（《史牆盤》），上爲火，下爲人形，像人上有火把之形，故可表示光亮、明亮義。小篆承襲甲骨文、金文字形并線條化。漢碑字形有的爲碑文篆書，如圖①。多數則已經發生隸變，構件“火”左右兩條短曲綫寫成點畫，中間兩條相接的線條分解爲一豎一横，如圖②～④；構件“人”隸定近似於“儿”，如圖②③；“儿”右旁或增飾一點，如圖④。

【釋義】

㊀光輝，光芒：“天生德於大聖，四目靈光，爲百王作〚書〛，以傳萬〚嗣〛”（Q123）；“上世羣后，莫不流光〚煇〛於無窮，垂芳燿於書篇”（Q088）；“昭哉孝嗣，光流萬國”（Q128）；“神燿赫赫，理物含光”（Q126）。㊁照耀，顯耀：“〚身〛雖歿兮談不□，垂功烈兮光萬億”（Q122）；“迺鐫石立碑，勒銘鴻烈，光于億載，俾永不滅”（Q133）；“景命不永，早即幽昏，名光來世，萬祀不泯”（Q166）；“於顯我君，懿德惟光”（Q127）。㊂光彩，榮耀：“發憤脩立，以顯光榮”（Q109）；“〚勳〛速藐矣，莫與爭光”（Q133）。㊃用於謚號：“光武皇帝之玄，廣陵王之孫”（Q193）。㊄用於年號：“延光四年八月廿一日庚戌造”（Q067）；“光和三年十一月丁未造”（Q169）；“光和四年十月己丑朔，廿一日己酉造”（Q172）。㊅用於官名：“除郎中，拜謁者，以能名爲光禄所上”（Q202）。㊆用於人名：“故書佐淳于孫晄，字威光”（Q088）；“故吏韋孟光錢五百”（Q179）。㊇用於地名：“更隨圍谷，復通堂光”（Q095）。

【釋詞】

［光顯］顯耀：“□翼紫宫，□□詔除，光顯王室，有□於國，帝庸嘉之”（Q093）。

［光燿］比喻恩澤：“洋洋奂乎若德，光燿冠乎諸牧”（Q173）；“爰勒茲銘，摛其光燿”（S97）。

［光遠］光耀久遠：“用能光遠宣朗，顯融昭明”（Q174）。

10083 **熱** rè 《廣韻》如列切，日薛入。日月。

Q161

《説文·火部》：“，温也。从火，埶聲。”

【釋形】

《説文》小篆爲形聲字，从火，埶聲。“埶”上古音在疑母月部。漢碑字形殘泐不清，大致可見義符“火”隸定爲“灬”，整字布局爲上下結構。

【釋義】

炎熱：“身冒炎赫火星之熱，至屬縣，巡行窮匱”（Q161）。

10084 **熾** chì 《廣韻》昌志切，昌志去。昌職。

Q066

《説文·火部》：“，盛也。从火，戠聲。，古文熾。”

【釋形】

《説文》小篆爲形聲字，从火，戠聲。漢

碑字形與小篆相承，義符“火”依據小篆線條轉寫隸定爲筆畫。聲符“戠”所从之構件“戈”和“音”共用一横畫，如圖。

【釋義】

㊀昌盛，興盛：“子子孫孫，卑尔熾昌”（Q172）。㊁用於人名：“統之門人汝南陳熾等，緣在三義一”（Q066）。

10085 **炅** jiǒng 《廣韻》古迥切，見迥上。見耕。

① Q088 ② Q178

《説文·火部》：“，見也。从火、日。”

【釋形】

《説文》小篆爲會意字，从火从日，表示明亮。漢碑字形依據小篆線條轉寫隸定爲筆畫，如圖①②。

【釋義】

用於人名：“故午朱虛炅詩，字孟道”（Q088）；“故豫州刺史朱虛炅褒公遷”（Q173）；“□□部掾趙炅文高、故□曹史高廉□吉千”（Q178）。

10086 **烕** miè 《廣韻》許劣切，曉薛入。曉月。

Q149

《説文·火部》：“，滅也。从火、戌。火死於戌，陽氣至戌而盡。《詩》曰：‘赫赫宗周，褒姒烕之。’”

【釋形】

《説文》從陰陽五行的角度將“烕”解釋爲从火从戌的會意字，認爲火死於戌，故可表示熄滅義，此説不足據。按“烕”金文作（《子禾子釜》），學者多以爲从火，戌聲，爲形聲字。“戌”上古音在心紐物部，與“烕”有旁轉關係，故可充當其聲符。漢碑字形中，整字布局由小篆的上下結構調整爲半包圍結構，聲符“戌”右上的短曲線隸定爲點，如圖。

【釋義】

消滅：“奮旅揚旌，殄烕醜類”（Q149）。

10087 **熙** xī 《廣韻》許其切，曉之平。曉之。

Q127

《説文·火部》：“，燥也。从火，巸聲。”

【釋形】

《説文》小篆爲形聲字，从火，巸聲。漢碑字形中，聲符“巸”所从之構件“𦣞”據小篆嚴格轉寫隸定；構件“巳”訛混爲“己”。義符“火”隸定爲“灬”，如圖。

【釋義】

光明，明亮：見“緝熙”。

10088 **煥** huàn 《廣韻》火貫切，曉换去。曉元。

① Q149 ② Q140 ③ Q095

《説文·火部》（新附字）：“，火光也。从火，奐聲。”

【釋形】

《説文》从火，奐聲，爲形聲字。漢碑字形中，聲符“奐”上部依照小篆線條對應轉寫隸定，下面的兩隻手或粘合隸定爲“六”，如圖①；或變爲横畫下接兩點，如圖②；或粘合混同爲“大”，如圖③。義符“火”隸定爲“灬”，如圖①～③。

【釋義】

鮮明，昭彰：“披覽詩雅，煥知其祖”（Q179）；又見“煥炳”。

【釋詞】

［煥炳］昭彰：“矧乃孔子，玄德煥炳，〚光於〛上下”（Q140）。

10089 **熟** shú 《廣韻》殊六切，禪屋入。禪覺。

① Q174

② JB1

《説文》無。

【釋形】

漢碑字形从火，孰聲，爲形聲字。其中義符“火”小篆作 ，隸定爲“灬”，如圖①②。聲符“孰”小篆作 ，从丮，𦎧聲，構件“丮”或隸定似“丸”，如圖①；或隸定似“凡”，如圖②。構件“𦎧”粘合隸定作“享”，如圖①②。

【釋義】

成熟：“年穀歲熟，百姓豐盈，粟斗五錢，國界安寧”（Q174）；“灾害不起，五穀熟成”（Q174）。

10090 **燼** jìn 《廣韻》徐刃切，邪震去。邪真。

Q178

《説文》無。

【釋形】

漢碑字形从火，盡聲，爲形聲字。其中義符“火”小篆作 ，依據小篆線條轉寫隸定爲筆畫。聲符“盡”甲骨文作 （《合》3519）、 （《合》3518）等，像手持刷子洗滌器皿之形，以此表示食物已吃完，義爲窮盡；後來像刷子之形的上半部分與“又”組合爲“聿”，下半部分訛寫作“火”，整字小篆作 ；漢碑字形將混同爲“火”的部分省去，構件“聿”的豎筆向下不出頭，如圖。

【釋義】

殘餘的：見“餘燼”。

10091 **炎** yán 《廣韻》于廉切，雲鹽平。匣談。

Q169

《説文·炎部》：“ ，火炎上也。从重火。凡炎之屬皆从炎。”

【釋形】

《説文》小篆爲會意字，从重火，表示火光向上升騰。漢碑字形依據小篆線條轉寫隸定爲筆畫，如圖。

【釋義】

㊀熱：“□□仁恩如冬日，威猛烈炎夏”（Q193）；又見“炎赫”。㊁指唐堯，帝堯封於唐，爲火德，故稱唐炎：“唐炎之隆，伯翳作虞”（Q169）。

【釋詞】

［炎赫］熾熱：“身冒炎赫火星之熱，至屬縣，巡行窮匱”（Q161）。

10092 **黑** hēi 《廣韻》呼北切，曉德入。曉職。

① Q140

② Q212

《説文·黑部》：“ ，火所熏之色也。从炎上出囪；囪，古窻字。凡黑之屬皆从黑。”

【釋形】

《説文》以爲會意字，从炎上出囪，表示被火熏成的顏色。按“黑”甲骨文作 （《合》1142）、 （《合》10187），像面部受墨刑的人形，乃“墨”之初文。金文作 （《鑄子叔黑臣簠》），於人身體的四周添加點畫，點畫應與墨刑的顔料有關，小篆將人及四周的點畫訛變爲“炎”，面部訛變爲“囪”，整字理據重構，以火熏煙囱表示黑色，此即《説文》“从炎上出囪”之所據。漢碑字形對小篆結構進行重組，構件“囪”與“炎”上部的“火”重組隸定爲“里”，下部的“火”隸定爲“灬”，如圖①②。

【釋義】

㊀黑色："復遇坐席，要舞黑紼"（Q099）；"家産黑駒"（Q212）。㊁五色與五行相配，黑色代表水，倉色代表木："承敝遭衰，黑不代倉"（Q140）。㊂五色與五方相配，黑代表北方，黑帝指北方之神："北方黑帝禹玄武患禍欲來"（Q155）；"告北方黑帝除北方黑帝主除赤氣之凶"（Q204）。

10093 **黠** xiá 《廣韻》胡八切，匣黠入。匣質。

Q088

《説文·黑部》："，堅黑也。从黑，吉聲。"

【釋形】

《説文》小篆爲形聲字，从黑，吉聲。漢碑字形中，義符"黑"的隸定情況參見 10092 黑；聲符"吉"上部混寫爲"土"，如圖。

【釋義】

狡猾、奸詐的人："殘僞易心，輕黠踰竟"（Q088）。

10094 **黨** （一）dǎng 《廣韻》多朗切，端蕩上。端陽。

① Q144　② Q084

《説文·黑部》："，不鮮也。从黑，尚聲。"

【釋形】

《説文》小篆爲形聲字，从黑，尚聲。漢碑字形中，義符"黑"的隸定情況參見 10092 黑。聲符"尚"，構件"八"省變爲兩點；構件"向"左右兩邊的豎線變短，整字布局由半包圍結構調整爲上下結構，如圖①②。

【釋義】

㊀古代地方户籍編制單位，五百家爲黨："篤親於九族，恂恂于鄉黨"（Q166）；"有夷史之直、卓密之風，鄉黨見歸"（Q187）；"〖孝友著乎閨門〗，至行立乎鄉黨"（Q117）。㊁朋類："疾讒讒比周，愠頻頻之黨，□唐虞之道"（Q084）。㊂用於地名："令鮑疊，字文公，上黨屯留人"（Q102）；"上黨長子楊萬子三百"（Q112）；"父通，本治白孟易丁君章句，師事上黨鮑公"（Q124）。

（二）tǎng 《集韻》坦朗切，透蕩上。

【釋義】

通"儻"，倘若，假如："黨魂有靈，垂後不朽"（Q144）

10095 **黔** qián 《廣韻》巨淹切，羣鹽平。羣侵。

Q178

《説文·黑部》："，黎也。从黑，今聲。秦謂民爲黔首，謂黑色也。周謂之黎民。《易》曰：'爲黔喙。'"

【釋形】

《説文》小篆爲形聲字，从黑，今聲。漢碑字形中，義符"黑"的隸定情況參見 10092 黑；聲符"今"下方的曲線分解爲一豎一點，如圖。

【釋義】

黑色：見"黔首"。

【釋詞】

[黔首]古代稱平民、老百姓。《禮記·祭義》孔穎達疏："黔首，謂萬民也。黔，謂黑也。凡人以黑巾覆頭，故謂之黔首。""芟不臣，寧黔首"（Q178）；"澤零年豐，黔首歌頌"（Q193）。

10096 **黜** chù 《廣韻》丑律切，徹術入。透物。

Q148

《説文·黑部》："，貶下也。从黑，

出聲。”

【釋形】

《説文》小篆爲形聲字，从黑，出聲。漢碑字形中，義符“黑”的隸定情況參見10092黑。聲符“出”甲骨文作 （《合》10405），从止从凵；小篆線條化作 ；漢碑字形中“止”和“凵”發生粘連，寫作“出”，如圖。

【釋義】

罷黜，擯棄：“薦可黜否，出□□度，日恪位佇，所在祗肅”（Q148）。

10097 **炙**　zhì　《廣韻》之石切，章昔入。章鐸。

Q174

《説文·炙部》：“，炮肉也。从肉在火上。凡炙之屬皆从炙。，籀文。”

【釋形】

《説文》小篆爲會意字，从肉在火上，表示烤肉。漢碑字形與小篆相承，義符“肉”横置，右側缺而不封，如圖。

【釋義】

烤肉：“旨酒欣欣，燔炙芬芬”（Q174）。

10098 **赤**　chì　《廣韻》昌石切，昌昔入。昌鐸。

① JB1　② Q142　③ Q088

《説文·赤部》：“，南方色也。从大从火。凡赤之屬皆从赤。，古文从炎、土。”

【釋形】

《説文》小篆爲會意字，从大从火。《説文》據五行釋其義爲南方色，其實應爲火紅色。“赤”甲骨文、金文皆从大从火，如 （《合》29418）、（《合》28196）、（《麥方鼎》）、（《頌鼎》），小篆字形與此相承。《説文》古文變爲从炎从土。漢碑字形與小篆相承，構件“大”或隸定爲“土”，如圖①②；或隸定似“山”下加“亼”，如圖③。構件“火”或中間離析爲兩豎筆，如圖①；或隸定爲“灬”，如圖②；或省變爲“小”形，如圖③。

【釋義】

㊀紅色：“以十一月十五日平旦，赤車使者來發生葵兩束”（Q142）。㊁代指漢朝：見“赤制”。㊂五色與五方相配，赤代表南方，赤帝指南方之神：“南方赤帝禹朱雀患禍欲來”（Q155）；“告南方赤帝主除西方白氣之凶”（Q204）。㊃用於人名：“故脩行營陵留赤，字漢興”（Q088）。

【釋詞】

［赤氣］紅色的雲氣，借指兵災之象：“時有赤氣，著鐘連天”（Q142）；“告北方黑帝除北方黑帝主除赤氣之凶”（Q204）。

［赤松子］上古神仙名：“君師魏郡張吳，齊晏子、海上黄淵、赤松子與爲友”（Q142）。

［赤制］漢朝的國運，讖緯學説認爲漢朝火德尚赤，故以“赤”代指漢朝：“丘生倉際，觸期稽度，爲赤制”（Q140）。

［赤子］百姓：“赤子遭慈，以活以生”（Q161）。

10099 **赫**　hè　《廣韻》呼格切，曉陌入。曉鐸。

   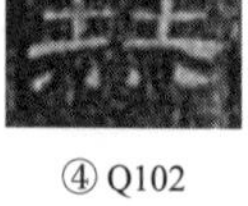

① Q126　② Q166　③ Q146　④ Q102

《説文·赤部》：“，火赤皃。从二赤。”

【釋形】

《説文》小篆爲會意字，从二赤，表示火紅的樣子。漢碑字形中，義符“赤”所从之構件“大”寫作“土”。構件“火”或中間離析爲兩豎筆，如圖①；或隸定近似於“灬”，如圖②；或省簡爲三點，如圖③；或兩個“火”共同隸定爲“灬”，如圖④。

【釋義】

㊀炎熱："身冒炎赫火星之熱，至屬縣，巡行窮匱"（Q161）。㊁顯赫，顯明："赫赫明后，柔嘉惟則"（Q146）；"神燿赫赫，理物含光"（Q126）。㊂盛大，博大："慣性清潔，丁時窈窕，才量休赫"（Q212）。

【釋詞】

［赫赫］顯赫盛大貌："巍巍大聖，赫赫彌章"（Q102）；"赫赫休哉，故神君皇"（Q142）；"赫赫罔窮，聲垂億載"（Q112）。

10100 **大** （一）dà 《廣韻》徒蓋切，定泰去。定月。

① Q239

② Q129

《説文·大部》："，天大，地大，人亦大。故大象人形。古文大也。凡大之屬皆从大。"

【釋形】

《説文》小篆爲象形字，以正面站立的人形表示大。甲骨文作（《合》22421），更爲象形。漢碑字形中，有的爲碑文篆書，承自秦石刻文字（《泰山刻石》），但帶有明顯的隸意，如圖①；圖②則是較爲成熟的隸書，已經完全筆畫化。

【釋義】

㊀與"小"相對："掌察羣寮，蠲細舉大，榷然疏發"（Q154）；"析里大橋，於今乃造"（Q150）；"堅固廣大，可以夜涉"（Q146）。㊁重要的，關鍵的："瘯弘大節，讜而益明"（Q095）；"大節如斯，簡筴可數"（H144）。㊂敬詞："厥祖天皇大帝，垂精接感，篤生聖明"（Q193）；"下以安固後嗣，恢拓竟宇，振大漢之天聲"（H26）；"大漢延期，彌歷億萬"（Q141）。㊃年紀排行第一的："君大男孟子有楊烏之才"（Q117）；"大女桃婓等，合七首藥神明膏，親至離亭"（Q178）；"君三子：大子諱寬，字顏公"（Q128）。㊄用於官名：見"大夫、大尹"等。㊅用於人名："故書佐朱虛鞠欣，字君大"（Q088）；"伯子玄，曰大孫；次子但，曰仲城"（Q021）。㊆用於地名："河東大陽西門儉元節二百"（Q112）。

【釋詞】

［大夫］官名："其〚先蓋晉〛大夫〚張老，盛德之裔，世載□勳〛"（Q135）；"後世賢大夫幸視此書"（Q006）；"或聞生柳惠國大夫，而流俗稱焉"（H105）。

［大君］指父親："典大君諱協，字季度"（Q164）；"未出京師，遭大君憂"（Q148）。

［大命］天年，壽命："大命〚所〛期，寔惟天授"（Q088）；"大命顛覆，中年徂歿"（Q153）；"年卌，大命隕歿"（Q175）。

［大聖］指品德高尚、知識淵博之人："立祠刊石，表章大聖之遺靈，以示來世之未生"（Q123）；"穆穆我君，大聖之胄"（Q148）。

［大尹］對府縣行政長官的稱呼："鬱平大尹馮君孺人，始建國天鳳五年十月十七日癸巳葬，千歲不發"（Q016）。

［大子］長子："君三子：大子諱寬，字顏公，舉有道，辟大尉府掾。中子諱鯆，字景公，郡五官掾、功曹、守令，幽州別駕。小子諱晏，字魯公，舉孝廉，謁者，鴈門長史，九原令"（Q128）。

（二）tài 《廣韻》他蓋切，透泰去。透月。

【釋義】

通"太"，❶用於帝王廟號："大宗承循，各詔有司"（Q129）。❷用於官名：見"大常、大傅"等。❸用於星宿名："俱祖紫宮，大一所授"（Q112）。

【釋詞】

［大蒼］即"太倉"，古代京師儲藏糧食的大倉："大可、大蒼"（Q210）。

［大常］即"太常"，㊀官名，掌宗廟禮儀，兼掌選試博士："大常定甲，郡守奉祀"（Q125）。㊁指太常寺，古代掌管宗廟祭祀的機構："光和四年，三公守民蓋高等，始爲無極山詣大常求法食"（Q174）。

［大傅］即“太傅”，官名，三公之一：“時副言大傅、大尉、司徒、司空、大司農府治所部從事”（Q140）；“大傅胡公，歆其德美，旌招俯就”（Q144）；“溧陽長潘君諱乾，字元卓，陳國長平人，蓋楚大傅潘崇之末緒也”（Q172）。

［大古］即“太古”，遠古：“魯相河南京韓君，追惟大古，華胥生皇雄”（Q112）。

［大和］即“太和”，天地陰陽、萬事萬物高度和諧的境界：“扶助大和，萬民迺蒙”（Q093）；“故望大和，則傒生毓”（Q133）。

［大窂］即“太牢”，指古代祭祀時牛羊豕三牲備齊：“祠孔子以大窂，長吏備爵，所以尊先師，重教化也”（Q140）。

［大僕］又作“太僕”，官名，九卿之一，掌輿馬畜牧之事：“〖建〗初八年六月丙申，拜大僕”（Q038）；“丙戌，徵拜大僕”（Q059）；“徵旋本朝，歷太僕、太常，遂究司徒、太尉”（Q066）。

［大守］即“太守”，官名，漢代各郡的最高行政長官：“君東平相之玄，會稽大守之曾”（Q166）；“轉拜僕射令，三辰明，王衡平，休徵集，皇道著，拜鉅鹿大守”（Q084）；“敦煌大守雲中裴岑，將郡兵三千人，誅呼衍王等”（Q079）。

［大歲］即“太歲”：“建和元年，大歲在丁亥，二月辛巳朔廿三日癸卯”（Q093）；“建寧二年，大歲在己酉”（Q142）；“永建五年，大歲在庚午，二月廿三日”（Q072）。

［大尉］即“太尉”，官名，戰國時秦置，西漢初爲武將最高稱號之一。東漢時與司徒、司空并稱三公：“仕郡，歷五官掾功曹，司隸從事，仍辟大尉，遷定潁侯相”（Q134）；“辟大尉府，除西曹屬”（Q128）；“女年九歲字皇女，大尉公玄孫之子”（Q259）。

［大學］即“太學”，古代設在京城的最高學府：“久斿大學，蘈然高厲”（Q132）。

［大一］即“太一”，古星名，也稱天帝，屬紫薇垣：“俱祖紫宮，大一所授”（Q112）。

［大宰］即“太宰”，三代掌饌之官：“大宰、大祝令各一人，皆備爵”（Q102）。

［大主］指某領域的權威人物：“一介(闕)學中大主，晨以被抱，爲童冠講”（Q202）。

10101 **奎** kuí 《廣韻》苦圭切，溪齊平。溪支。

Q140

《説文·大部》：“，兩髀之間。从大，圭聲。”

【釋形】

《説文》小篆爲形聲字，从大，圭聲。漢碑字形中，義符“大”將小篆字形中像雙臂的線條拉直爲橫畫；聲符“圭”與小篆基本一致，如圖。

【釋義】

星名，二十八宿之一，西方白虎七宿的第一宿：見“奎婁”。

【釋詞】

［奎婁］奎、婁爲二星宿名，古人將星宿與地域相對應，認爲奎、婁對應的是魯國：“臣蒙厚恩，受任符守，得在奎婁，周孔舊寓”（Q140）。

10102 **夾(夹)** jiā 《廣韻》古洽切，見洽入。見葉。

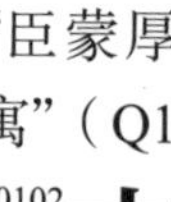

① Q060

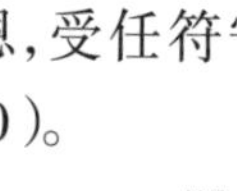

② Q178

《説文·大部》：“，持也。从大俠二人。”

【釋形】

《説文》小篆爲會意字，从大从二人，表示挾持、左右相持之義。漢碑字形或將小篆兩個相向的人形均隸定轉寫爲“人”，如圖①，爲後世楷書繁體承襲；或簡化爲兩點，且下方增加一橫畫，如圖②，與今之簡化字形相同。

【釋義】

㊀在左右兩邊:“卜擇吉土治東,就衡山起堂立壇,雙闕夾門”(Q060)。㊁輔佐:“秦漢之際,曹參夹輔王室”(Q178)。

10103 **夹**

“夾”的異體字(圖②),見 10102 夾。

10104 **奄**　yǎn 《廣韻》衣儉切,影琰上。影談。

① Q113

② Q129

《説文·大部》:“,覆也。大有餘也。又,欠也。从大从申;申,展也。”

【釋形】

《説文》以爲會意字,从大从申,表示覆蓋。按“奄”金文作(《雁公鼎》)、(《雁公鼎》),“申”(像閃電形)在上,“大”在下,用爲人名。戰國秦文字作(《睡·秦》181),構件“大”與“申”上下位置互換。小篆承襲此類字形,“申”中间的直筆變曲筆。漢碑字形中,義符“大”像雙臂的線條拉直爲横畫。義符“申”或寫作“电”,如圖①;或曲線拉直寫作“申”,如圖②。

【釋義】

㊀占據,擁有:見“奄有”。㊁忽然:“嗟命何辜,獨遭斯疾,中夜奄喪”(Q113)。㊂止息,死亡:見“奄忽”。

【釋詞】

[奄忽] 又作“奄曶、掩忽”。死亡,仙逝:“珪璧之質,臨卒不回,歔欷賈絶,奄忽不起”(Q088);“八十有四,歲在汁洽,紀驗期臻,奄曶臧形”(Q187);又見“掩忽”。

[奄有] 全部占有,多用於疆土:“奄有河朔,遂荒畢陽”(Q129)。

10105 **夷**　yí 《廣韻》以脂切,餘脂平。餘脂。

① Q178

② Q095

③ Q137

④ Q169

《説文·大部》:“,平也。从大从弓。東方之人也。”

【釋形】

《説文》以爲會意字,从大从弓,表示東方夷人。按“夷”甲骨文作(《合》17027),非从大从弓,而是从矢,上有矰繳纏束之形,本義應與射箭有關。金文作(《南宫柳鼎》),矰繳之形變異似“弓”形;或增添構件“土”作(《郿季白歸鼎》),應爲表示平夷之“夷”的分化字。小篆“矢”形變爲“大”形,故《説文》釋爲“从大从弓”。漢碑字形中,有的依據小篆轉寫隸定爲平直方折的筆畫,爲後世楷書所承襲,如圖①。有的構件“大”斷裂爲上下兩部分,或上端寫作“亠”,如圖②;或下方線條斷開寫作兩點,如圖③④。

【釋義】

㊀我國古代東部各族的總稱:“北震五狄,東勤九夷”(Q179)。㊁古代對四方少數民族的的蔑稱:“單于怖畏,四夷稽顙”(Q128)。㊂平,平坦,與“險”相對:“南畝孔饁,山有夷行”(Q127);“減高就埤,平夷正曲,柙致土石。堅固廣大,可以夜涉”(Q146)。㊃削平:見“芟夷”。㊄愉快:“□□□樂,行人夷欣”(Q150)。㊅常法,常道:“猗余烈考,秉夷塞淵”(Q169)。㊆用於人名,指伯夷:見“夷愍、夷齊”等。㊇用於地名:“計拜郎中,除夷陵矦〖相〗,高唱寡和,爲俗所仇”(Q130)。

【釋詞】

[夷愍] 伯夷和閔(愍)子騫的并稱。伯夷以廉聞名,閔子騫以孝著稱,後因以爲有德之士的典範:“階夷愍之貢,經常伯之寮”(Q137)。

[夷齊] 伯夷和叔齊的并稱。二人均以

廉潔著稱，後因以爲高潔之士的典範："及其從政，清擬夷齊，直慕史魚"（Q178）。

［夷史］伯夷和史魚的并稱。伯夷以廉聞名，史魚以直著稱，後因以爲高潔耿直之士的典範："有夷史之直、卓密之風"（Q187）。

10106 **亦**　yì《廣韻》羊益切，餘昔入。餘鐸。

① JB6　② Q129　③ Q129

《説文·亦部》："，人之臂亦也。从大，象兩亦之形。凡亦之屬皆从亦。"

【釋形】

《説文》小篆爲指事字，从大，以兩點指示兩腋的部位。甲骨文、金文與小篆結構相同，寫作（《合》32035）、（《效尊》）等，亦爲指事字。後"亦"假借爲副詞，本義用分化字"腋"表示。漢碑字形中，"大"離析爲上下兩部分，像頭部和雙臂的部分重組爲"亠"；像腿部的形體或隸定爲相離的兩豎，如圖①②；或進一步省變爲"灬"，如圖③。

【釋義】

㊀副詞，❶相當於"也"："文武之盛，唐叔□世勳，則有官族，邑亦如之"（Q083）；"雖昔魯斑，亦莫儗象"（Q150）；"所臨歷，有休功，追景行，亦難雙"（Q185）。❷已經："夫周迄于乙巳，夫人亦七十一"（Q111）。㊁通"奕"，重，纍：見"亦世"。

【釋詞】

［亦世］即"奕世"，世世代代："遠近由是知爲亦世繼明而出者矣"（Q066）；"永惟孝思，亦世弘業"（Q128）；"繼禹之迹，亦世賴福"（Q146）；"〖廉孝相〗承，亦世〖載德〗"（Q132）。

10107 **吳**　wú《廣韻》五乎切，疑模平。疑魚。

① Q178　② JB1　③ J321　④ Q167

《説文·夨部》："，姓也。亦郡也。一曰：吳，大言也。从夨、口。，古文如此。"

【釋形】

《説文》小篆爲會意字，从夨、口，本義爲喧嘩，又可用作姓氏及地名。按"吳"金文作（《靜簋》）、（《吳王姬鼎》），从夨、口。林義光《文源》："夨象人傾頭形，哆口矯首，讙呼之象。"小篆承襲此類字形。漢碑字形中，構件"夨"或依據小篆轉寫隸定，如圖①；或將頭部、雙臂、腿部分別離析開來，如圖②；或省變作"土"下兩點，如圖③；或混同爲"天"，與今之寫法同，如圖④。

【釋義】

㊀姓氏："門生濟南東平陵吳進，字升臺"（Q127）；"沛郡故吏吳岐子根，稟命不長"（Q167）；"故塞曹史吳産孔才五百"（Q178）。㊁用於人名："君師魏郡張吳，齋晏子、海上黄淵、赤松子與爲友"（Q142）。

10108 **夭**　yāo《廣韻》於兆切，影小上。影宵。

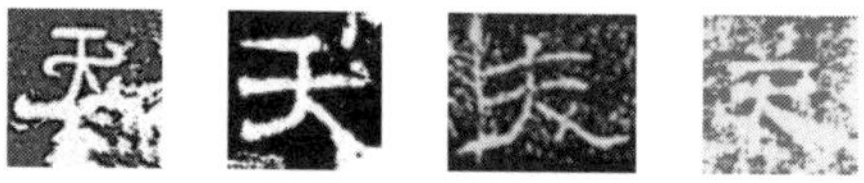

① Q144　② J002　③ Q095　④ Q094

《説文·夭部》："，屈也。从大，象形。凡夭之屬皆从夭。"

【釋形】

《説文》以爲象形字，像人曲頸歪頭之形，表示彎曲。按"夭"甲骨文作（《合》17993）、（《合》27939）等，像人奔跑時雙臂上下擺動之形，應爲"走"之初文。小篆訛變與"夨"形似。漢碑字形中，有的保留甲骨文雙臂擺動之形，帶有一定的篆意，如圖①；有的將小篆像曲頸歪頭之形的曲線離析爲一撇，爲今之寫法所承，如圖②；有的變異爲"夭"上加一點，且在捺筆上加一短撇，如圖③；有的在“夭”上加兩點作“关”，如圖④。

【釋義】

㊀早亡，漢碑中又寫作“殀”（見 4099 殀）：“被病夭没，苗秀不遂”（Q094）；“君大男孟子有楊烏之才，善性形〖於岐嶷，□□〗見〖於〗垂髦，年七歲而夭”（Q117）；“中遭冤夭，不終其紀”（Q144）；又見“夭年”。㊁毀壞，摧折：“未秋截霜，稼苗夭殘”（Q095）。

【釋詞】

［夭年］年壽短：“孝有小弟，字閏得，夭年俱去”（Q114）；“哀賢明而不遂兮，嗟痛淑雅之夭年”（Q039）。

10109 **喬** qiáo 《廣韻》巨嬌切，羣宵平。羣宵。

Q171

《説文·夭部》：“ ，高而曲也。从夭，从高省。《詩》曰：‘南有喬木。’”

【釋形】

《説文》以爲會意字，从夭，从高省，表示高而彎曲。按“喬”金文作 （《邵黛鐘》）。于省吾《甲骨文字釋林》：“喬字的造字本義，係於高字上部附加一個曲劃，作爲指事字的標誌，以别於高，而仍因高字以爲聲。”其説可從。金文鐘曲畫或形變爲多種形體，如 （《邵鐘》）、 （《蒿君鉦鋮》）、 （《楚王酓肯鼎》）等。戰國楚文字其上多爲“又”和“九”，如 （《包》2.117）、 （《包》2.49）等。小篆訛爲从“夭”，故《説文》釋爲“从夭，从高省”，理據重構。漢碑字形中，構件“夭”將小篆像曲頸歪頭之形的曲線離析爲一撇，構件“高”的省形依據小篆轉寫隸定爲筆畫，如圖。

【釋義】

㊀高：“出從幽谷，遷于喬木”（Q171）。㊁姓氏：“昔喬松、崔白，皆一身得道”（Q199）。

10110 **幸(㚔)** xìng 《廣韻》胡耿切，匣耿上。匣耕。

① Q178　② Q163　③ Q152　④ Q158

《説文·夭部》：“ ，吉而免凶也。从屰从夭。夭，死之事。故死謂之不𡘻。”

【釋形】

《説文》小篆爲會意字，从屰从夭，表示幸運。漢碑字形中，義符“夭”或省簡爲“大”，如圖①②；或訛變爲“土”，如圖③④。義符“屰”隸定似“羊”，如圖①～④。

【釋義】

幸運：“淄丘戍守士史楊君德安，不幸遭疾”（Q026）；“兄弟功德牟盛，當究三事，不幸早隕”（Q152）；“不㚔早世，是以位不副德”（Q178）；“除書未到，不幸短命喪身，爲（闕）祀則祀之，王制之禮也”（Q163）。

10111 **㚔**

“幸”的異體字（圖①②），見 10110 幸。

10112 **奔** bēn 《廣韻》博昆切，幫魂平。幫文。

① Q173　② Q125

《説文·夭部》：“ ，走也。从夭，賁省聲。與走同意，俱从夭。”

【釋形】

《説文》以爲形聲字，从夭，賁省聲。按“奔”金文作 （《大盂鼎》），从夭从三止（趾），會奔跑之義；或增添構件“彳”，强調與走路有關，寫作 （《㦰簋》）。“止”或訛爲“中”，寫作 （《大克鼎》）、 （《中山王嚳鼎》）等；小篆承襲此類字形，故《説文》以“賁省聲”釋之。漢碑字形中，圖①下方三個“中”形省寫作三個“十”，上方“夭”省寫作“大;圖②則變形嚴重。

【釋義】

㊀奔波，忙碌：見“奔走”。㊁奔喪：見“奔哀”。

【釋詞】

［奔哀］奔喪：“州里鄉黨，隕涕奔哀”（Q088）；“不遠萬里，斷制穰裳，感恩奔哀”（Q173）。

［奔走］爲某事而奔波忙碌：“慕君塵軌，奔走忘食。懷君惠賜，思君罔極”(Q125)。

10113 **交**　jiāo　《廣韻》古肴切，見肴平。見宵。

① Q166

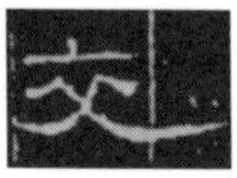
② Q205

③ Q114

《説文·交部》：“ ，交脛也。从大，象交形。凡交之屬皆从交。”

【釋形】

《説文》小篆爲象形字，像小腿交叉之形。“交”甲骨文作 (《合》32509)、 (《合》15667)等，小篆與之構形相同。漢碑字形中，上方頭和雙臂隸定爲“亠”，下面像小腿交叉之形的曲線離析爲四個筆畫，近似於“父”，如圖①～③。

【釋義】

㊀結識，交往：“交朋會友，貞賢是與”（Q166）；“善與人交，久而能敬”（S110）。㊁相遇：“田畯喜于荒圃，商旅交乎險路”（Q127）。㊂通“蛟”，傳説中能翻雲覆雨、發洪水的一種龍：“調文刻畫，交龍委虵”（Q114）。㊃用於地名：見“交阯”。

【釋詞】

［交阯］泛指五嶺以南地區，後常作“交趾”：“漢新豐令交阯都尉沈府君神道”（Q205）。

10114 **壺**　hú　《廣韻》户吴切，匣模平。匣魚。

Q171

《説文·壺部》：“ ，昆吾，圜器也。象形。从大，象其蓋也。凡壺之屬皆从壺。”

【釋形】

《説文》小篆爲象形字，像壺之形。按“壺”甲骨文作 (《合》14128)，像壺形。上方壺蓋或訛變爲“大”形，寫作 (《合》18560)。這兩種寫法金文均沿襲，如 (《番匊生壺》)、 (《長隹壺爵》)等。小篆承襲壺蓋爲“大”的形體，故《説文》釋爲“从大，象其蓋也”。漢碑字形中，上部像壺蓋之形的“大”隸定爲“土”，下部壺身也都離析爲筆畫，失去象形性，如圖。

【釋義】

一種盛水或酒的器物：“童妾壺饁，敬而賓之”（Q171）；“爵鹿柤梪，籩柉禁壺”（Q112）。

10115 **壹**　yī　《廣韻》於悉切，影質入。影質。

① Q174

② Q129

《説文·壹部》：“ ，專壹也。从壺，吉聲。凡壹之屬皆从壹。”

【釋形】

《説文》小篆爲形聲字，从壺，吉聲。漢碑字形中，義符“壺”上方的“大”隸定爲“土”，如圖①②。下方壺身與構件“吉”粘合重組爲“冖”下接“豆”，如圖①;或在“豆”的下部繁增一横，如圖②。

【釋義】

㊀數詞，一：“是以唐虞疇咨四嶽，五歲壹巡狩”（Q129）；“居九山之數，參三條之壹，兼將軍之號”（Q174）；又見“壹變”。㊁用於人名：“建寧元年，閏月戊申朔廿五日，都水掾尹龍長陳壹造”（Q139）。

【釋詞】

［壹變］語出《論語·雍也》："齊一變至於魯，魯一變至於道。""一變"又作"壹變"，義爲通過采取一定的治理措施，使社會達到理想的狀態："不能闡弘德政，〖恢崇〗壹變，夙夜憂怖，累息屏營"（Q140）。

10116 **懿** yì 《廣韻》乙冀切，影至去。影質。

① Q066

② Q135

③ Q178

④ Q179

⑤ Q125

《説文·壹部》："，專久而美也。从壹，从恣省聲。"

【釋形】

《説文》以爲形聲字，从壹，从恣省聲。按"懿"金文作（《沈子它簋蓋》）、（《班簋》），从壺从欠，像人張口飲於壺邊，其本義不明。金文或增"心"作（《癲鐘》）、（《史牆盤》），變爲形聲字。《説文》小篆形變爲从壹，恣聲，"恣"不省，然《説文》以省聲釋之，恐有誤。漢碑字形中，義符"壹"所从之構件"壺"上方"大"形隸定爲"土"，其下部壺身與構件"吉"粘合重組并發生多種形變。聲符"恣"漢碑中省去"次"的兩點，變爲省聲；下部構件"心"或保留了較多篆意，如圖①；或與今之寫法同，如圖②～⑤。另外，構件"心"或位於整字下方，整字布局由左右結構調整爲上下結構，如圖④⑤。

【釋義】

㊀指德行美好："明明楊君，懿鑠其德"（Q133）；"誕降于君，天資純懿"（Q137）；"君鍾其美，受性淵懿，含和履仁"（Q144）；又見"懿德"。㊁指美德："宗懿招德，既安且寧"（Q172）；"大守陰嵩，貪嘉功懿"（Q169）。㊂用於人名："五官掾新□梁懿"（Q125）。

【釋詞】

［懿德］美德："於顯我君，懿德惟光"（Q127）；"於鑠我祖，膺是懿德"（Q128）；"貽我三魚，以章懿德"（Q066）。

10117 **執(䡗)** zhí 《廣韻》之入切，章緝入。章緝。

① J282

② Q166

③ Q095

④ Q141

《説文·㚔部》："，捕罪人也。从丮从㚔，㚔亦聲。"

【釋形】

《説文》以爲會意兼形聲字，从丮从㚔，㚔亦聲，表示拘捕罪人。按"執"甲骨文作（《合》27743）、（《合》28011）、（《合》22593），像人的雙手戴刑具之形，頭或亦戴刑具，會拘捕之義，會意字。金文作（《師同鼎》），形體離析爲兩部分，右側變爲"丮"；或繁化作（《師寰簋》）、（《多友鼎》）等。小篆承襲金文第一種字形，左"㚔"右"丮"。因"㚔"上古音在泥紐緝部，與"執"音近，故《説文》釋爲"从丮从㚔，㚔亦聲"。漢碑字形中，構件"㚔"上部隸定爲"土"，下部或隸似"羊"，其豎筆向左彎曲，如圖①③④；或訛混似"羊"，其豎筆向左彎曲，如圖②。構件"丮"或隸定爲"丸"，如圖①；或省變爲"凡"，如圖②③；或省變爲"几"，如圖④。

【釋義】

㊀捉拿，抓獲：見"執訊"。㊁拿，握："躬進三牲，執玉以沈"（Q125）；"農夫執耜，或耘或芓"（Q171）；"玉女執尊杯桉柈，局秫檼枏好弱皃"（Q100）。㊂執行，實施："所在執憲，彈繩糾枉，忠絜清肅"（Q144）；"君執以威權，征其後伏"（Q128）。㊃從事，處理：見"執事"。㊄固執，堅持己見："有司議

駁,君遂執爭”(Q095);“君捐禄收名,固執不顧”(Q135);“固執《謙》《需》,以病辭官”(Q148)。㊅用於官名:見“執金吾”。

【釋詞】

[執金吾]漢代負責保衛京城宫禁的官員:“漢故執金吾丞武君之碑”(Q132);“故子心騰於楊縣,致位𠚊金吾”(Q166);“乃與執金吾耿秉,述職巡御,理兵于朔方”(H26)。

[執念]執著,眷戀:“退辟□□,執念閭巷”(Q099)。

[執事]從事具體工作、執掌某事的人:“春秋行禮,以共煙祀,餘□賜先生、執事”(Q140);“并畔官文學先生、執事諸弟子,合九百七人”(Q141)。

[執涂]即“執徐”之訛,太歲在辰曰執徐:“延熹七年,歲貞執涂,月紀豕韋”(Q126)。

[執訊]對抓獲敵人進行訊問:“疾惡義形,從風征暴,執訊獲首”(Q172)。

10118 **𠚊**

“執”的異體字(圖②③),見 10117 執。

10119 **圉** yǔ 《廣韻》魚巨切,疑語上。疑魚。

① Q185

② Q185

《説文·⿱大羊部》:“,囹圉,所以拘罪人。从⿱大羊从囗。一曰:圉,垂也。一曰:圉人,掌馬者。”

【釋形】

《説文》小篆爲會意字,从⿱大羊从囗,表示牢獄。漢碑字形中,構件“⿱大羊”隸定爲上“土”下“羊”,如圖①②。

【釋義】

用於地名:“其後司徒袁公□□除新□長,遷圉令”(Q185);“漢故圉令趙君之碑”(Q185)。

10120 **報** bào 《廣韻》博耗切,幫号去。幫幽。

① Q129

② Q129

③ Q201

④ Q125

⑤ Q169

⑥ Q142

⑦ Q113

⑧ Q128

《説文·⿱大羊部》:“,當罪人也。从⿱大羊从𠬝。𠬝,服罪也。”

【釋形】

《説文》小篆爲會意字,从⿱大羊从𠬝,表示判處犯人。按“報”金文作(《乍册夨令簋》),爲小篆字形之所承。漢碑字形中,構件“⿱大羊”上部隸定爲“土”,下部或訛混似“羊”,如圖①~④;或隸定爲“羊”,如圖⑤~⑧;其中下面的豎筆常寫成撇,如圖①②④⑤⑧。義符“𠬝”所从之構件“卪”或據小篆嚴格隸定,如圖①②;或隸定近似於“尸”,如圖③;或隸定近似於“卩”,如圖④⑤。下部的手形或隸定爲“又”,如圖①③④;或隸定爲“㕚”,如圖②;或隸定爲撇與捺,如圖⑤。也有的將“𠬝”整體混同爲“欠”,如圖⑥;有的整體混同爲“皮”,如圖⑦;圖⑧則殘泐不清。

【釋義】

㊀報答,回饋:“功加於民,祀以報之”(Q129);“惟烏惟烏,尚懷反報,何況〖於〗人”(Q052);“朝莫侍師,不敢失懽心,天恩不謝,父母恩不報”(Q106);“祭有二義,或祈或報”(Q174);又見“報稱”。㊁應驗,報應:“報如景響,國界大豐”(Q060);又見“報應、報祐”。㊂報復:見“報怨”。㊃答覆,報告:“郡上報曰:‘以十一月十五日平旦,赤車使者來發生葵兩束’”(Q142);“郡〖將〗察上,宿衛報關”(Q128);“財出王家錢,給大酒直,須報”(Q102)。

【釋詞】

［報稱］報答:“臣盡力思惟庶政,報稱爲效,增異輒上”(Q140)。

［報應］指祭祀祈禱的靈驗:“其有風旱,禱請祈求,靡不報應”(Q129)。

［報祐］神靈享用祭祀而加以庇護:“爲民祈福,靈祇報祐”(Q125)。

［報怨］報復仇怨:“密靖内侍,報怨禁中”(Q169)。

10121 **奢** shē 《廣韻》式車切,書麻平。書魚。

Q174

《説文·奢部》:“,張也。从大,者聲。凡奢之屬皆从奢。,籀文。”

【釋形】

《説文》小篆爲形聲字,从大,者聲。《説文》籀文爲會意字,从大从多。漢碑字形中,義符“大”將小篆像張開雙臂的線條拉直爲横畫;聲符“者”殘泐不清,如圖。

【釋義】

揮霍,浪費:“匪奢匪儉,率由舊章”(Q174);“法舊不煩,備而不奢”(Q112)。

10122 **亢** kàng 《廣韻》苦浪切,曉宕去。溪陽。

① Q194

② Q146

③ Q129

《説文·亢部》:“,人頸也。从大省。象頸脈形。凡亢之屬皆从亢。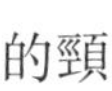,亢或从頁。”

【釋形】

《説文》以爲正篆像人的頸項之形。按“亢”甲骨文作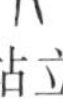(《合》20723)、(《合》4611),像正面站立之人兩腿間有一横畫,其構意不明。金文與甲骨文相承,寫作(《亞高乍父癸簋》)、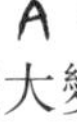(《矢令方尊》)等形。小篆形體發生較大變異,《説文》據小篆釋其義爲“人頸”(此義今音 káng),與初形不符。漢碑字形中,上部形體隸定爲“亠”。下部形體或隸定爲“几”,如圖①;或添加一點作“凡”,如圖②;或上下形體粘連,如圖③。

【釋義】

㊀通“伉”,相當:“玉帛之贄,禮與岱亢”(Q129)。㊁姓氏:“任城亢父治真百”(Q112)。㊂用於人名:“五官掾上禄張亢,字惠叔”(Q146)。

10123 **奏** zòu 《廣韻》則候切,精候去。精侯。

① Q129

② Q154

③ Q106

《説文·夲部》:“,奏進也。从夲从収从屮。屮,上進之義。,古文。,亦古文。”

【釋形】

《説文》以正篆爲會意字,从夲从収从屮,表示進奉。按“奏”甲骨文作(《合》14311)、(《合》34125),从𠦪从廾,構意不明。商代金文作(《作册般黿》),戰國秦簡作(《睡·語》13)。小篆進一步變異,《説文》據小篆釋爲“从夲从収从屮”,應爲理據重構。漢碑字形中,構件“屮”和“収”粘連隸定作“𡗗”,如圖③;或將“𡗗”的左撇中間斷開,如圖①②。下部構件“夲”或隸定作“夫”,如圖①;或隸定似“夭”,如圖②;或隸定作“天”,如圖③。

【釋義】

㊀向帝王上書或進言:“元嘉三年三月廿七日壬寅奏雒陽宫”(Q102);“卜問奏解,不爲有差”(Q106);又見“案奏、奏請”。㊁向帝王進言的一種文體:“刊石勒銘,并列本奏”(Q141)。㊂演奏:“祀以圭璧,樂奏《六歌》”(Q129)。㊃用於官名:“奏曹掾池陽吉□千”(Q123);“奏曹史卞□□□”

（Q269）。

【釋詞】

［奏請］上奏請示或請求："深執忠伉，數上奏請"（Q095）。

10124 皋 gāo 《廣韻》古勞切，見豪平。見幽。

① Q148

② Q112

③ Q133

《説文·夲部》："皋，气皋白之進也。从夲从白。《禮》：祝曰皋，登謌曰奏。故皋、奏皆从夲。《周禮》曰：'詔來鼓皋舞。'皋，告之也。"

【釋形】

《説文》小篆爲會意字，从夲从白，表示霧氣皞白，向上升騰。漢碑字形中，義符"白"或隸定爲"白"，如圖①；或隸定爲"罒"，如圖②；或隸定似"日"，如圖③。義符"夲"筆畫粘連重組，或隸定作"丰"，如圖①③；或隸變似芉形，如圖②。

【釋義】

㈠通"高"："皋司累辟，應于司徒"（Q133）。㈡用於人名："門生〖魏郡〗鄴皋香，字伯子"（Q127）；又見"皋陶、皋魚"。㈢用於地名："河南成皋蘇漢明二百"（Q112）。

【釋詞】

［皋陶］人名，傳説虞舜時的司法官："拜治書御史，膺皋陶之廉恕"（Q148）。

［皋魚］人名，事見《韓詩外傳》："孔子行，見皋魚哭於道旁，辟車與之言。皋魚曰：'吾失之三矣：少而學，游諸侯以後吾親，失之一也；高尚吾志，閒吾事君，失之二也；與友厚而小絶之，失之三也。樹欲靜而風不止，子欲養而親不待也，往而不可得見者親也。吾請從此辭矣。'立槁而死。"後將皋魚作爲未及奉養父母而悔恨無窮的典型："未出京師，遭大〖君憂，泣踰〗皋魚，喪過乎哀"（Q148）。

10125 昊 hào 《廣韻》胡老切，匣晧上。匣宵。

Q154

《説文》作"昦"，《説文·夰部》："昦，春爲昦天，元气昦昦。从日、夰，夰亦聲。"

【釋形】

金文作昦（《史牆盤》），从日从天，會皓日當空之義，本義爲蒼天。小篆下面的人形訛變爲"夰"。漢碑字形承金文，隸定作"昊"，如圖。

【釋義】

蒼天：見"昊天"。

【釋詞】

［昊天］蒼天："昊天上帝，降茲鞠凶"（Q093）；"悲《蓼蕤》之不報，痛昊天之靡嘉"（Q154）。

10126 奚 xī 《廣韻》胡雞切，匣齊平。匣支。

① Q179

② Q178

③ Q117

《説文·亣部》："奚，大腹也。从大，𦃃省聲。𦃃，籒文系字。"

【釋形】

《説文》以爲形聲字，从大，𦃃省聲。按"奚"甲骨文作（《合》32905）、（《合》33573），羅振玉認爲其本義爲罪隸，其構形像"以手持索以拘罪人"（《增訂殷虛書契考釋》），其説可從。金文承襲甲骨文从正面人形的寫法，寫作（《亞奚簋》）、（《葡亞乍父癸角》）。小篆亦承襲此類字形，《説文》釋爲"从大，𦃃省聲"，認爲"爪"和"幺"的組合是"𦃃"之省，與初形不符。漢碑字形中，構件"爪"隸定作"爫"，如圖①～③。中間構件"幺"或保留明顯篆意，寫作上下兩個圓圈，如圖③；或逐漸向"幺"

靠攏，如圖①②。義符“大”依據小篆轉寫隸定，或與今之寫法同，如圖①；或離析近似於“六”，如圖②③。

【釋義】

㊀疑問代詞，相當於“何”：“以爲至〖德不紀，則〗鐘鼎奚銘”（Q117）。㊁用於人名：見“奚斯”。

【釋詞】

［奚斯］春秋魯公子魚，字奚斯，據傳《詩·魯頌》爲他所作：“嘉慕奚斯、考甫之美”（Q178）；“奚斯讚魯，考父頌殷”（Q179）；“故敢慕奚斯之追述，樹玄石于墳道”（Q066）。

10127 **夫** （一）fū 《廣韻》甫無切，幫虞平。幫魚。

① Q248

② Q145

《説文·夫部》：“，丈夫也。从大，一以象簪也。周制以八寸爲尺，十尺爲丈。人長八尺，故曰丈夫。凡夫之屬皆从夫。”

【釋形】

《説文》小篆爲指事字，从大，一横像簪之形，表示成年男子。按“夫”甲骨文作（《合》940）、（《合》40319），金文作（《大盂鼎》）、（《善夫吉父簠》），均像人頭上插簪之形，爲小篆字形之所承。漢碑字形中，有的爲碑文篆書，但帶有明顯的隸意，如圖①。多數則已經發生隸變，與今之形體相同，如圖②。

【釋義】

㊀對男子的美稱：“學夫喪師，士女淒愴”（Q093）。㊁常指農夫：“農夫執耜，或耘或芓”（Q171）；“農夫慰結，行路撫涕，織婦喑咽”（Q153）；“商人咸憹，農夫永同”（Q095）。㊂服勞役的人或僕役：“孫伯度、博望佐侍□□，時工憲工□，功夫費□并直萬七千”（Q124）。㊃用於職官名：“後世賢大夫幸視此書”（Q006）；“厥子聖，爲諫議大夫”（Q169）；“苑令有公卿之才，嗇夫喋喋小吏，非社稷之重”（Q179）。㊄用於爵位名：“功臣五大夫雒陽東鄉許幼仙師事肥君，恭敬烝烝”（Q142）。㊅義同“大”：“其當飲食，就夫倉，飲江海”（Q100）。

【釋詞】

［夫人］諸侯之妻；漢代亦稱列侯之妻：“大高平令郭君夫人室宅”（Q040）；“夫人馬姜，伏波將軍新息忠成侯之女”（Q056）；“〖大〗君、夫人〖所〗共〖哀〗也”（Q117）。

［夫子］對孔子的尊稱：“假夫子冢，顔母开舍及魯公冢守吏凡四人，月與佐除”（Q141）。

（二）fú 《廣韻》防無切，並虞平。並魚。

【釋義】

㊀指示代詞，表示近指或遠指：“非夫盛德，惡可已哉”（Q128）。㊁助詞，用於句首，有提示作用：“夫積脩純固〖者，爲天人所鐘〗”（Q135）；“夫封土爲社，立稷而〖祀〗”（Q140）；“夫美政不紀，人無述焉”（Q161）。㊂語氣詞，用於句尾，表感歎：“歍呼哀哉，奈何悲夫”（Q128）；“年十一，洽在熹平六年，十二月上旬，嗚乎悲夫”（Q167）；“悲夫！迄終位號不□”（Q145）。

10128 **規** guī 《廣韻》居隋切，見支平。見支。

① Q084

② Q178

③ Q117

④ Q102

《説文·夫部》：“，有法度也。从夫从見。”

【釋形】

《説文》以爲會意字，从夫从見，表示法度。漢碑字形中，義符“夫”或隸定近似於“先”，如圖①②；或將“先”的下部省變爲兩點，如圖③；或形變作“矢”，如圖④。“規”改从“矢”，與規矩的“矩”中的“矢”構意相同，“矢”古代與丈量有關，故將構件“夫”改換爲“矢”爲理據重構。義符“見”上部形體在漢碑中隸定作“目”，下部形體隸定作“儿”，如圖①～④。

【釋義】

㊀法度，法則：“蹈規履榘，金玉其相”（Q137）；又見“規矩、規繩”。㊁謀劃：“規策榘謨，主忠信兮”（Q088）。㊂用於人名：“故吏泰山南城禹規，字世〖舉〗”（Q127）；“庶使學者李儒、樂規、程寅等，各獲人爵之報”（Q178）；“故門下議史平昌蔡規，字中舉”（Q088）。

【釋詞】

［規矩］漢碑中又作“規柜”，㊀禮法，法度：“政教稽古，若重規矩”（Q102）；“於是操繩墨以彈耶枉，援規柜以分方員”（Q084）。㊁標準，規範：“涿癘摩治，規柜施張”（Q114）。

［規繩］規矩繩墨，比喻法度：“動履規繩，文彰彪續”（Q193）。

10129 **立** lì 《廣韻》力入切，來至入。來緝。

① Q129

② Q142

③ Q125

《説文·立部》：“，住也。从大立一之上。凡立之屬皆从立。”

【釋形】

《説文》小篆爲會意字，从“大”立於“一”之上，義爲站立。按“立”甲骨文作（《合》33402）、（《合》19060），更爲形象。漢碑字形中，上部的“大”形隸定爲“亠”下接兩豎畫，如圖①；兩豎畫後逐漸省變作兩點，爲今之寫法所承，如圖②③。

【釋義】

㊀站立：見“立朝”。㊁豎立，豎起：“後有昷界以立石”（Q089）；“然其所立碑石，刻紀時事，文字摩滅，莫能存識”（Q129）。㊂建立，建造：“卜擇吉土治東，就衡山起堂立壇，雙闕夾門”（Q060）；“陵成宇立，樹列既就”（Q088）；“立郭畢成，以送貴親”（Q100）。㊃樹立，確立：“〖孝友著乎閨門〗，至行立乎鄉黨”（Q117）；“歿而不朽，實有立言”（Q164）；“立德流范，作式後昆”（Q169）；“行成名立，聲布海内”（Q142）；“威立澤宣，化行如神”（Q088）。㊄設置，設立：“於昌平亭下立會市，因彼左右，咸所願樂”（Q141）。㊅擁立：“外定彊夷，即序西戎；内建籌策，協霍立宣”（Q169）。㊆用於人名：“奴立、奴□、□鼠并五人，直廿萬”（Q071）；“故尚書孔立元世、河東大守孔彪元上、處士孔褒文禮，皆會廟堂”（Q141）。

【釋詞】

［立朝］謂在朝爲官：“立朝正色，恪勤竭忠”（Q066）；“立朝正色，進思盡忠”（Q166）；“立朝正色，能無撓廞”（Q187）。

［立子］語出《論語·爲政》：“子曰：‘吾十有五而志於學，三十而立。’”後因謂成年之子爲立子：“有立子三人，女寧，男弟叔明，女弟思”（Q090）；“臨兄弟四，兄長奠，年加伯仲，立子三人”（Q124）。

10130 **端** duān 《廣韻》多官切，端桓平。端元。

① Q169

② Q140

《説文·立部》：“，直也。从立，耑聲。”

【釋形】

《説文》小篆爲形聲字，从立，耑聲。漢碑字形中，義符“立”上部的“大”形隸定爲“亠”下接兩豎畫，如圖①②。聲符“耑”甲骨文作（《合》18017）、（《合》30525），像植物初生之形，本義爲開端。金文作（《義楚觶》）、（《郤王耑又觶》），在甲骨文基礎上逐漸線條化。小篆承襲金文，線條化更爲徹底。《説文》釋“耑”爲“上象生形，下象其根”，實爲發端之“端”的初文。段玉裁《説文解字注》：“古發端字作此。今則端行而耑廢。”漢碑字形中“耑”上面

的形體隸定作“山”，下面像根形的部分隸定作“冖”下接“巾”，且中豎與其上“山”的中豎貫通，如圖①②，其中圖①還保留一定的篆意。

【釋義】

㊀指官長：見“端首”。㊁都城及宫殿的正南門：“獲麟趣作，端門見徵”（Q140）。

【釋詞】

［端首］指官長：“以寬宿德，謁請端首”（Q169）。

10131 **靖** jìng 《廣韻》疾郢切，從靜上。從耕。

Q169

《説文·立部》：“，立竫也。从立，青聲。一曰：細皃。”

【釋形】

《説文》小篆爲形聲字，从立，青聲。漢碑字形中，義符“立”上部的“大”形隸定爲“亠”下接兩豎畫，如圖①。聲符“青”所从之構件“丹”隸定混同爲“月”；構件“生”隸定作“龶”，如圖。

【釋義】

㊀安定，平定：“禹導江河，以靖四海”（Q150）；“密靖内侍，報怨禁中”（Q169）。㊁用於人名：“從史位下辨仇靖字漢德書文”（Q146）；“故市掾杜靖彦淵”（Q178）。

10132 **竭** jié 《廣韻》其謁切，羣月入。羣月。

① Q202

② Q066

③ Q095

《説文·立部》：“，負舉也。从立，曷聲。”

【釋形】

《説文》小篆爲形聲字，从立，曷聲。“曷”上古音在匣母月部。漢碑字形中，義符“立”上部的“大”形隸定爲“亠”下接兩豎畫，如圖①；兩豎畫後逐漸省變作兩點，如圖②③。聲符“曷”所从之“匃”由包圍結構變爲半包圍結構，基礎構件“亡”所从之“入”或省作一横，與左下方的“乚”粘連形變似“匕”，如圖①；或似“上”，如圖②；或更加省簡，如圖③。基礎構件“人”或隸定作“勹”，如圖①②；或隸定作“丁”，如圖③。

【釋義】

竭盡，窮盡：“立朝正色，恪勤竭忠”（Q066）；“神靈祐誠，竭敬之報”（Q112）；“父母三弟，莫不竭思”（Q114）。

【釋詞】

［竭誠］盡心：“勤勤竭誠，榮名休麗”（Q095）。

10133 **竝**

“並”的異體字（圖①②③），見10134並。

10134 **並**（竝） bìng 《廣韻》蒲迥切，並迴上。並陽。

① Q172

② Q153

③ Q178

④ Q144

《説文》作“竝”，《説文·竝部》：“，併也。从二立。凡竝之屬皆从竝。”

【釋形】

《説文》小篆爲會意字，从二立，義爲並列。按“並”甲骨文作（《合》34041），金文作（《並爵》），均像二人並排站立在地面之形。小篆將表示地面的横線斷開爲兩横，形成左右兩個“立”，故《説文》釋爲“从二立”。漢碑字形中，有的依據小篆嚴格轉寫隸定，如圖①；有的將下部横線連爲一横畫，如圖②③；有的則進一步粘連寫作“並”，如圖④。“並”與“并”本爲兩個不同的字，“并”从二人，“並”从二立。“并”《説文》釋爲“相從也”，與“並”本義有别，但文獻常常混用。

【釋義】

㊀等齊，匹敵："永永無沂，與日月竝"（Q148）。㊁副詞，❶同時，一起："司空司隸竝舉賢良方正，去官，辟大將軍府"（Q084）；"州郡竝表，當亨符艾"（Q153）；"究豫荊楊，同時竝動"（Q178）；又見"並時"。❷表示範圍，皆，都："威恩竝隆，遠人賓服"（Q146）。㊂通"普"，遍，全面："竝天四海，莫不蒙恩"（Q061）。㊃用於人名："左尉河内汲董竝，字公房"（Q172）；"故門下史秦竝靜先"（Q178）。

【釋詞】

［並時］同時："君之羣感，並時繁祉"（Q144）。

10135 **替** tì 《廣韻》他計切，透霽去。透質。

Q066

《説文·竝部》："，廢，一偏下也。从竝，白聲。，或从曰。，或从兟从曰。"

【釋形】

《説文》以爲形聲字，从竝，白聲。按"替"甲骨文作（《合》32898），金文作（《中山王𠑭鼎》），从二立，一高一低，會更替之義。金文又作（《番生簋》），上面人形發生變異，且下面增添構件"曰"，構意不明，一説是區別性符號，以避免"替"或與"竝"混同。小篆改"曰"爲"白"，故《説文》釋爲"从竝，白聲"。漢碑字形中，構件"竝"所从之"立"隸定爲上"土"下"八"，向後來上面爲"扶"的寫法靠攏；構件"白"隸定作"曰"，如圖。

【釋義】

㊀廢棄："作業守子孫，永保其勿替"（Q008）；"皆以宰府爲官，奉遵先訓，易世不替"（Q066）。㊁衰落，衰敗："杞繒漸替，又遭亂秦"（Q065）。

10136 **毗** pí 《廣韻》房脂切，並脂平。並脂。

Q250

《説文》作"毗"，《説文·囟部》："，人臍也。从囟，囟，取氣通也；从比聲。"

【釋形】

《説文》以爲形聲字，从囟，比聲，本義爲人的肚臍。漢碑字形中，義符"囟"隸定混同爲"田"；聲符"比"將小篆線條對應轉寫爲筆畫，與今之寫法同，如圖。

【釋義】

依附，接近："□毗上列出"（Q250）。

10137 **思** sī 《廣韻》息兹切，心之平。心之。

① Q084

② Q129

③ Q142

《説文·思部》："，容也。从心，囟聲。凡思之屬皆从思。"

【釋形】

《説文》以爲形聲字，从心，囟聲。按"囟"上古音在心母真部。但"囟"本像嬰兒頭頂骨未完全閉合之形，頭是思維的器官，故"囟"在"思"中又有表義作用，因此，"思"似應解釋爲"从心从囟，囟亦聲"。構件"心"本像心臟之形，漢碑字形將小篆線條對應轉寫爲筆畫，失去象形意味，如圖①～③。聲符"囟"或隸定混同爲"田"，如圖①②；或隸定混同爲"曰"，如圖③。

【釋義】

㊀思索，思考："舉直錯枉，譚思舊制"（Q187）；又見"思惟"。㊁懷念，想念："父母三弟，莫不竭思"（Q114）；"慎終追遠，諒闇沈思"（Q088）；"懷君惠賜，思君罔極"（Q125）；"永惟孝思，亦世弘業"（Q128）；又見"思慕"。㊂思慮，謀略："立朝正色，進

思盡忠”（Q166）；“思純履勁，經德不回”（Q084）。㈣希望，想要：“詔以十一月中旬，上思生葵”（Q142）；“孝武皇帝脩封禪之禮，思登假之道，巡省五嶽，禋祀豐備”（Q129）。㈤語氣詞，用於句末：“周公東征，西人怨思”（Q179）。㈥用於人名：“孝子張文思哭父而禮”（Q031）；“王思、錡季卿、尹太孫”（Q029）；“有立子三人，女寧，男弟叔明，女弟思”（Q090）。㈦用於地名：“復辟司徒，舉治劇，捧思善侯相”（Q134）。

【釋詞】

［思慕］懷念與悲傷：“民〖懷〗思慕，遠近搔首。農夫醳耒，商人空市，隨轝飲淚”（Q088）；“悲哀思慕，不離冢側”（Q114）；“旦夕思慕沍心，長罔五内”（S32）。

［思惟］即“思維”，思考：“臣盡力思惟庶政，報稱爲效，增異輒上”（Q140）。

［思想］想念：“心慈性孝，常思想神靈”（Q142）。

10138 **心** xīn 《廣韻》息林切，心侵平。心侵。

① Q158

② Q088

③ Q112

④ Q142

⑤ Q178

《説文·心部》：“ ，人心，土藏，在身之中。象形。博士説：以爲火藏。凡心之屬皆从心。”

【釋形】

《説文》小篆爲象形字，像心臟之形。甲骨文作 （《合》6），象形意味更强。金文作 （《師望鼎》）、 （《大克鼎》）、 （《王孫遺者鐘》），逐漸線條化。小篆承襲金文，并徹底線條化，但仍大致保留心形。漢碑字形將小篆彎曲的線條完全筆畫化，隸定爲臥鉤“㇃”及左側一點和右上兩點，失去象形意味，如圖①～④；部分字形右上爲三點，如圖⑤。漢碑中“心”充當上下結構字的部件時，其形體與其獨立成字時的隸變情況一致。

【釋義】

㈠内心：“旦夕思慕沍心，長罔五内”（S32）；“臨危槍碭，履尾心寒”（Q095）；“昭代不立，言之切痛傷人心”（Q124）。㈡思想，心思：“同心濟囓，百川是正”（Q065）；“發號施憲，每合天心”（Q148）；“君執一心，賴無洿恥”（Q187）。㈢品性，性情：“殘僞易心，輕黠踰竞”（Q088）。

【釋詞】

［心懷］情緒，心情：“斯志顛仆，心懷弗寧”（Q109）。

10139 **息** xī 《廣韻》相即切，心職入。心職。

① Q146

② Q142

《説文·心部》：“ ，喘也。从心从自，自亦聲。”

【釋形】

《説文》以爲會意兼形聲字，从心从自，自亦聲，表示呼吸。按“息”金文作 （《息鼎》）、 （《息伯卣》），像氣由鼻孔出入之形，爲“息”之初文。金文省去氣息之形，添加了構件“心”，寫作 （《中山王䜆壺》），小篆與之相承。古人以爲心既是思惟的器官，也是呼吸的器官，故“息”字从心从自會意。段玉裁《説文解字注》：“自者，鼻也。心气必從鼻出。故从心、自。”“自”上古音在從紐質部，與“思”音近，故《説文》釋爲“自亦聲”。漢碑字形中，構件“心”分解爲筆畫，失去象形意味；構件“自”上部離析出一短撇，下部混同爲“目”，如圖①②。

【釋義】

㈠呼吸：“跂行喙息，皆□恩兮”（Q171）；

又見“累息”。㊁停息，停止：“進不能濟，息不得駐”（Q146）。㊂歇，休息：“浮游八極，休息仙庭”（Q142）；“臣寢息耿耿，情所思惟”（Q140）。㊃滅，消失：“除曲阿尉，禽姦戔猾，寇息善歡”（Q172）。㊄安定，安寧：“所以昭孝息民，輯寧上下也”（Q174）。㊅兒子，幼子：“嚴道君曾孫，武陽令之少息孟廣宗卒”（Q113）；“息叡不才，弱冠而孤”（Q154）；“望君輿〖駕〗，扶老攜息”（Q125）。㊆姓氏：“石工劉盛，息操書”（Q187）。㊇用於地名：“夫人馬姜，伏波將軍新息忠成侯之女”（Q056）。

10140 **情** qíng 《廣韻》疾盈切，從清平。從耕。

① Q140

② Q134

③ Q106

④ Q114

⑤ Q095

《説文·心部》：“情，人之陰气有欲者。从心，青聲。”

【釋形】

《説文》小篆爲形聲字，从心，青聲。漢碑字形中，義符“心”作爲左側構件，適應左右結構的布局調整爲縱向取勢，且具體隸變形體多樣，或據小篆轉寫隸定，如圖①；或逐漸演變趨近於“忄”，如圖②～⑤。聲符“青”之構件“丹”或混同爲“日”，如圖④；其他均混同爲“月”。構件“生”隸定爲“𡈼”，如圖①～⑤。

【釋義】

㊀心情，心願：“秦仙爰敢宣情，徵之斯石，示有表儀”（Q052）；“臣寢息耿耿，情所思惟”（Q140）；“故刊兹石，達情理願”（Q142）。㊁情況，情形：“揆往卓今，謀合朝情”（Q095）。

10141 **性** xìng 《廣韻》息正切，心勁去。心耕。

① Q065

② Q144

③ Q130

④ Q142

⑤ Q178

《説文·心部》：“性，人之陽气性善者也。从心，生聲。”

【釋形】

《説文》小篆爲形聲字，从心，生聲。漢碑字形中，有的爲碑文篆書，如圖①。多數則已經發生隸變，義符“心”或據小篆轉寫隸定，如圖②；或在此基礎上省寫，逐漸趨近於“忄”，如圖③～⑤。聲符“生”或據小篆轉寫隸定，如圖②；或隸定爲“生”，如圖③④；或隸定爲“𡈼”，如圖⑤。

【釋義】

㊀本性，秉性：“君鍾其美，受性淵懿”（Q144）；“皆受德化，非性能者”（Q171）；“賢孝之性，根生於心”（Q178）；“雪白之性，孝友之仁”（Q179）；“惟主吏夙性忠孝，少失父母，喪服如禮”（Q106）。㊁事物的本性、本質：“守□不歇，比性乾坤”（Q065）；“天地之性，斯其至貴者也”（Q199）。

10142 **志** zhì 《廣韻》職吏切，章志去。章之。

① Q083

② Q178

《説文·心部》：“志，意也。从心，之聲。”

【釋形】

《説文》小篆爲形聲字，从心，之聲。漢碑字形中，義符“心”分解爲筆畫，失去象形意味。聲符“之”或隸定作“士”，如圖①；或隸定作“土”，如圖②。

【釋義】

㊀心願,心念:“收養季祖母,供事繼母,先意承志”(Q178);“志在共養,子道未反”(Q057);“斯志顛仆,心懷弗寧”(Q109)。㊁志氣,志向:“岐嶷有志,捥髟傳業”(S110);“先人伯況,匪志慷慨”(Q153)。㊂德行:“孝深《凱風》,志絜《羔羊》”(Q093)。㊃欣慕,期望:“既敦《詩》《書》,悦志《禮》《樂》”(Q169)。㊄用於人名:“有一子男,伯志,年三歲却到五年四月三日終”(Q082)。

10143 **意** yì 《廣韻》於記切,影志去。影職。

① Q144

② Q178

《説文·心部》:“,志也。从心察言而知意也。从心从音。”

【釋形】

《説文》小篆爲會意字,从心从音,表示心意。漢碑字形中,構件“心”分解爲筆畫,失去象形意味,如圖①②。構件“音”或隸定與現在的寫法相同,如圖①;或訛變近似於“喜”的異寫字“喜”,如圖②。

【釋義】

㊀意向,心願:“乃著遺辭,目明厥意”(Q088);“於穆韓君,獨見天意”(Q112);“將從雅意,色斯自得”(Q117)。㊁料想:“意乎不造,早世而終”(Q128)。㊂通“億”,數詞:“服藥以後,當移意萬里,知鳥獸言語”(Q199)。㊃用於人名:“奴俾、婢意、婢最”(Q071);“司空公蜀郡成都趙戒,字意伯”(Q102);“故市掾王尊文意”(Q178)。

【釋詞】

[意願]心思,願望:“庶同如蘭,意願未止”(Q144)。

10144 **悳**

《説文》小篆作,从直从心,漢碑中爲“德”的異體字(圖⑩⑪⑫⑭),見2182德。

10145 **應** yìng 《廣韻》於證切,影證去。影蒸。

① Q129

② Q129

《説文·心部》:“,當也。从心,䧹聲。”

【釋形】

《説文》小篆爲形聲字,从心,䧹聲。漢碑字形中,義符“心”分解爲筆畫,失去象形意味,如圖①②。聲符“䧹”所从之構件“疒”訛混爲“广”;構件“人”隸定爲“亻”;構件“隹”發生離析重組,并將線條全部轉寫爲筆畫,已看不出鳥的樣子了,爲後世楷書所承,如圖①②。

【釋義】

㊀受,接受:“復應三公之招,辟大尉府”(Q128);“得應廉選,貢名王室”(Q171);“皋司累辟,應于司徒”(Q133)。㊁應和,回應:“草上之風,莫不嚮應”(Q193)。㊂依照,順應:“劉府君大漢枝族,應期作弼”(Q123);“清約節儉,進退應名”(Q070);又見“應時”。㊃支出,供給:“奉應郡貢,亮彼我口”(Q148)。㊄感應,應驗:“寔嘉穀,粟至三錢,天應玉燭”(Q126);“禱請祈求,靡不報應”(Q129);“仍致瑞應,豐稔□□,□□□樂,行人夷欣”(Q150)。㊅用於人名:“故吏五官掾博陵高陽史應,字子聲”(Q148)。

【釋詞】

[應時]立刻,馬上:“戊寅詔書,應時聽許”(Q126);“前後國縣,屢有祈請,指日刻期,應時有驗”(Q174);“應時發算,除去灾變”(Q142)。

[應書]古代下級官府回復上級的公文:“與五官掾司馬薦議,請屬功曹定人應書”(Q170)。

10146 **慎** shèn 《廣韻》時刃切,禪震去。禪真。

① Q125

② Q125

③ Q088

④ Q112

《説文·心部》:“,謹也。从心,真聲。,古文。”

【釋形】

《説文》小篆爲形聲字,从心,真聲,本義爲謹慎。按“慎”金文作(《鼄公華鐘》),構意不明,或謂从火从日會意,《説文》古文與之相承。金文另有(《師望鼎》),从心从阜,斤聲,陳劍等亦釋爲“慎”。小篆改爲从心,真聲,理據重構。漢碑字形中,義符“心”或據小篆轉寫隸定,如圖①②;或在此基礎上進一步省簡,趨向於“忄”,如圖③④。聲符“真”上部隸定爲“亠”,如圖①～④。下部或隸定爲“丌”,如圖①②④;或訛混爲“六”,如圖③。中間的“目”或仍獨立作“目”,如圖②③;或訛混爲“回”形,如圖①;或與其下的形體“丌”粘連近似於“具”,如圖④。

【釋義】

㊀謹慎,慎重:“子孫奉祠,欣肅慎焉”(Q052);“窮逼不憫,淑慎其身”(Q169);又見“慎終追遠”。㊁副詞,與“勿、毋”等連用,表示千萬不要做什麼事:“身禮毛膚父母所生,慎毋毀傷”(Q015);“何時復會,慎勿相忘”(Q082)。㊂用於人名:“故江陽守長南鄭楊銀字伯慎”(Q199);“河南雒陽王敬子慎二百”(Q112)。

【釋詞】

[慎終追遠]語出《論語·學而》:“曾子曰:‘慎終追遠,民德歸厚矣。’”集注:“慎終者,喪盡其禮,追遠者,祭盡其誠……蓋終者,人之所易忽也,而能謹之;遠者,人之所易忘也,而能追之,厚之道也。”指爲父母守喪、祭祀歷代祖先一定要虔誠恭敬:“慎終追遠,諒闇沈思”(Q088)。

10147 **忠** zhōng 《廣韻》陟弓切,知東平。端冬。

① Q142

② Q172

③ Q095

④ Q084

《説文·心部》:“,敬也。从心,中聲。”

【釋形】

《説文》小篆爲形聲字,从心,中聲。漢碑字形中,義符“心”分解爲筆畫,失去象形意味,如圖①～④。聲符“中”多據小篆線條轉寫隸定,如圖①～③;圖④“口”的左側豎筆寫法特别。

【釋義】

㊀忠誠:“立朝正色,恪勤竭忠”(Q066);“君忠以衛上,翔然來臻”(Q142);“帝嘉其忠臣之苗,器其璵璠之質”(Q133);又見“忠弼”等。㊁用於謚號:“夫人馬姜,伏波將軍新息忠成侯之女”(Q056);“乃昭告神明,謚君曰忠惠父”(Q154)。㊂用於人名:“故中部督郵都昌羽忠,字定公”(Q088);“門童安平下博張忠,字公直”(Q127);“故褒中守尉南鄭趙忠,字元楚”(Q199)。

【釋詞】

[忠弼]忠誠輔佐:“文景之間,有張釋之,建忠弼之謨”(Q179)。

[忠讜]忠誠正直:“建荚忠讜,辨秩東衍”(Q088)。

[忠謇]忠誠正直:“贊衛王臺,婁口忠謇”(Q135);“躬素忠謇,犯而勿欺”(Q173);“濯冕題剛,傑立忠謇”(Q187)。

[忠良]忠誠善良之人:“惟嶽降精,誕生忠良”(Q148)。

[忠恕]儒家所提倡的道德原則。忠,謂忠誠於人;恕,謂推己及人:“躬忠恕以及人”(Q127)。

[忠孝]忠於國君,孝順父母:“惟主吏夙性忠孝,少失父母,喪服如禮”(Q106);

"高朗神武,歷世忠孝"(Q137)。

［忠信］忠誠守信:"孝弟昭於内,忠信耀於外"(Q084);"規策棐謨,主忠信兮"(Q088)。

［忠義］忠誠守義:"言必忠義,匪石厥章"(Q095)。

［忠貞］忠誠堅貞:"忠貞竭效,官□力□□"(Q193);"實履忠貞,恂美且仁"(Q066)。

10148 **快** kuài 《廣韻》苦夬切,溪夬去。溪月。

Q143

《説文·心部》:",喜也。从心,夬聲。"

【釋形】

《説文》小篆爲形聲字,从心,夬聲。"夬"上古音在見母月部。漢碑字形中,義符"心"隸定爲"忄";聲符"夬"上下兩部分發生粘合,於今之寫法相同,如圖。

【釋義】

愉悦:"立起□□,以快往人"(Q143)。

10149 **愷** kǎi 《廣韻》苦亥切,溪海上。溪微。

Q179

《説文·心部》:",康也。从心、豈,豈亦聲。"

【釋形】

《説文》小篆爲形聲兼會意字,从心、豈,豈亦聲,表示康樂。"豈"上古音在溪母微部。朱駿聲《説文通訓定聲》:"豈、愷實同字,後人加心耳。"如此則"豈"爲"愷"的初文。漢碑字形與小篆基本一致,"豆"上面的部分隸定爲傾斜的"山"形;義符"心"分解爲筆畫,失去象形意味,如圖。

【釋義】

用於"愷悌",和樂平易:"愷悌父母,民賴以寧"(Q161);"《詩》云愷悌,君隆其恩"(Q179)。

10150 **念** niàn 《廣韻》奴店切,泥㮇去。泥侵。

①Q112 ②Q175 ③Q106

《説文·心部》:",常思也。从心,今聲。"

【釋形】

《説文》小篆爲形聲字,从心,今聲。漢碑字形中,義符"心"分解爲筆畫,失去象形意味,如圖①～③。聲符"今"或隸定"人"下兩横,如圖①②;或進一步省變爲"亠"下兩横,如圖③。

【釋義】

㊀思念,懷念:"追念父恩,不可稱陳"(Q124);"自足思念父母弟兄"(Q080);"克念父母之恩"(Q106);"□□哀逝,念不欲生"(Q148)。㊁念及,考慮到:"念高祖至九子未遠,所諱不列"(Q021);"史君念孔瀆顔母井去市遼遠,百姓酤買,不能得香酒美肉,於昌平亭下立會市"(Q141);"自念悲瘽,不受天祐,少終"(Q082)。㊂心願,想法:"念在探嘖索隱,窮道極術"(Q175)。

【釋詞】

［念彼恭人］語出《詩·小雅·小明》:"念彼恭人,涕零如雨。"原表示對遠方之人的懷念,後借以表達對逝者的追思:"念彼恭人,怒焉〖永〗傷"(Q133)。

10151 **憲** xiàn 《廣韻》許建切,曉願去。曉元。

①Q178 ②Q148 ③Q144

《説文·心部》:",敏也。从心从目,害省聲。"

【釋形】

《説文》以爲形聲字,从心从目,害省

聲，訓爲“敏”。按“憲”西周金文作（《害鼎》）、（《揚簋》），从目，害省聲，本爲目善察之義。春秋金文添加構件“心”，寫作（《秦公鎛》），變爲从心、害聲的形聲字。小篆承襲此類字形。漢碑字形中，構件“心”分解爲筆畫，失去象形意味；構件“目”隸定作“罒”，如圖①～③。聲符“害”（省聲）所从之構件“宀”兩側線條縮短，隸變後居於“罒”與“心”之上，整字布局由半包圍結構調整爲上下結構。構件“宀”或訛混爲“冖”，如圖③；構件“丯”或省變爲“土”，如圖①；或省變爲“二”，如圖③；圖②此處殘泐不清。

【釋義】

㊀法令：“所在執憲，彈繩糾枉，忠絜清肅”（Q144）；“發號施憲，每合天心”（Q148）。㊁效法：見“憲章”。㊂用於官名：見“憲臺”。㊃用於人名：“義士侯褒文憲五百”（Q178）；“守文學掾魯孔龢，師孔憲，户曹史孔覽等”（Q102）；“車騎將軍竇憲”（H26）。

【釋詞】

［憲法］法典，法度：“兼綜憲法，通識百典”（Q173）。

［憲臺］官府名，後漢將漢御史府改稱憲臺，後成爲同類機構的通稱：“復登憲臺，遷兖州刺史”（Q084）。

［憲章］效法：“謇謇王臣，群公憲章”（Q137）。

10152 **惲** yùn 《廣韻》於粉切，影吻上。影文。

Q123

《説文·心部》：“，重厚也。从心，軍聲。”

【釋形】

《説文》小篆爲形聲字，从心，軍聲。漢碑字形中，義符“心”隸變趨近於“忄”。聲符“軍”所从之“包”省形隸定爲“冖”；構件“車”圓轉線條轉寫隸定爲平直方折的筆畫，如圖。

【釋義】

用於人名：“粟邑候長何惲千”（Q123）。

10153 **惇** dūn 《廣韻》都昆切，端魂平。端文。

Q148

《説文·心部》：“，厚也。从心，𦎧聲。”

【釋形】

《説文》小篆爲形聲字，从心，𦎧聲。漢碑字形中，義符“心”隸變趨近於“忄”。聲符“𦎧”構件“亯、羊”粘連省變，與“享”混同，如圖。

【釋義】

親厚：見“惇懿允元”。

【釋詞】

［惇懿允元］語出《尚書·舜典》：“惇德允元，而難任人，蠻夷率服。”表示親厚和信任仁德之人：“惇懿允元，叡其玄秀”（Q148）。

10154 **忼**

“慷”的異體字（圖①），見10155慷。

10155 **慷**（忼） kāng 《廣韻》苦朗切，溪蕩上。溪陽。

① Q201

② Q153

③ Q066

《説文》作“忼”，《説文·心部》：“，慨也。从心，亢聲。一曰：《易》：‘忼龍有悔。’”

【釋形】

《説文》“忼”小篆爲形聲字，从心，亢聲。漢碑字形中，義符“心”或將小篆線條逐漸分解爲筆畫，如圖①②；或在此基礎上省簡近似於“屮”，如圖③ 。聲符“亢”上方形體隸定爲“亠”，下部隸定爲“几”，如圖

①。圖②③中聲符改换爲“康”，整字寫作“慷”，成爲“忼”的異體字。

【釋義】

見“慷慨”。

【釋詞】

［慷慨］㊀志慮遠大。漢碑中又作“忼慨”：“壓難和戎，武慮慷慨”（Q161）；“先人伯況，匪志慷慨，術禹石紐、汶川之會”（Q153）；“志節忼慨”（Q201）。㊁情緒激憤：“而青蠅嫉正，醜直實繁，摃共構譖，慷慨㬥薨”（Q066）。

10156 **慨** kǎi 《廣韻》苦愛切，溪代去。溪物。

① Q066

② Q153

③ Q201

《説文·心部》：“，忼慨，壯士不得志也。从心，既聲。”

【釋形】

《説文》小篆爲形聲字，从心，既聲。“既”上古音在見母物部。漢碑字形中，義符“心”處於向“忄”過渡的狀態。聲符“既”所从之構件“皀”上下兩個構件粘連成一體，且省去小篆最上面的短豎，如圖①～③。構件“旡”或據小篆轉寫隸定，與今之寫法同，如圖①；或訛變近似於“先”，如圖②；或訛變混同爲“无”，如圖③。

【釋義】

㊀意志高昂：“温然而恭，慨然而義”（S110）；又見“慷慨”㊀。㊁情緒激憤：見“慷慨”㊁。

10157 **恬** tián 《廣韻》徒兼切，定添平。定談。

Q171

《説文·心部》：“，安也。从心，甛省聲。”

【釋形】

《説文》小篆爲形聲字，从心，甛（即“甜”字）省聲。漢碑字形中，義符“心”依小篆線條轉寫隸定爲“忄”；構件“舌”（“甛”省聲）將小篆上端向上彎曲的線條寫爲一撇，如圖。

【釋義】

㊀淡泊，淡漠：見“恬佚、恬惔”。㊁樂於，安於：“樂是□□，恬此榮光”（Q093）。

【釋詞】

［恬惔］即“恬淡”，清淨淡泊：“或有恬惔，養皓然兮”（Q093）。

［恬佚］淡泊安閒：“遁世無悶，恬佚淨漠”（S110）。

10158 **恢**（㡠） huī 《廣韻》苦回切，溪灰平。溪之。

① J321

② Q112

③ Q095

《説文·心部》：“，大也。从心，灰聲。”

【釋形】

《説文》小篆爲形聲字，从心，灰聲。漢碑字形中，義符“心”或據小篆線條轉寫隸定，如圖①②；或省變趨近於“忄”，如圖③。聲符“灰”所从之構件“又”仍帶有一定的篆意，還没有演化爲“𠂇”，如圖①～③。構件“火”或混同爲“大”，如圖②。另外，整字有的增加構件“广”，將“恢”包蘊在内，形成“恢”的異體字“㡠”，如圖③。

【釋義】

㊀擴大，拓展：“能恢家祐業，興微繼絶”（Q169）；“尋李廣之在〖邊〗，恢魏〖絳〗之和戎”（Q137）；又見“恢拓”。㊁弘揚，發揚：見“㡠弘”。㊂用於人名：“於是金鄉長河間高陽史恢等”（Q093）；“守廟百石魯孔恢聖文千”（Q112）；“故吏齊□博陵安平崔恢，字行孫”（Q148）。

【釋詞】

［恢拓］拓展，開拓疆域："下以安固後嗣，恢拓竟宇，振大漢之天聲"（H26）。

10159 **恭**　gōng　《廣韻》九容切，見鍾平。見東。

① Q125

② Q084

③ Q130

④ 179

《説文·心部》："，肅也。从心，共聲。"

【釋形】

《説文》小篆爲形聲字，从心，共聲。漢碑字形中，義符"心"或據小篆線條轉寫隸定，如圖①；或逐漸省簡而趨近於"忄"，如圖②～④。聲符"共"所从之構件"収"與構件"廿"發生粘合，重組爲"共"，如圖①～④。

【釋義】

㊀恭敬："虔恭禮祀，不愆其德"（Q125）；"敬天之休，虔恭朙祀"（Q126）；"袁府君肅恭明神"（Q129）；又見"恭敬"等。㊁恭奉，奉行："肅恭國命，傅納以言"（Q084）。㊂用於人名："門生東郡衛公國趙恭，字〖和〗乎"（Q127）；"長子字子恭"（Q169）。

【釋詞】

［恭儉］㊀恭謹儉約："恭儉自終，亶篚不陳"（Q127）。㊁恭謹謙遜："恭儉禮讓"（Q099）；"君體温良恭儉之德，篤親於九族，恂恂于鄉黨"（Q166）；"纂脩其緒，温良恭儉"（Q185）；"敬愘恭儉，州里歸稱"（Q154）。

［恭敬］謙遜有禮："功臣五大夫雒陽東鄉許幼仙師事肥君，恭敬烝烝"（Q142）。

［恭人］謙恭仁厚之人："念彼恭人，怒焉永傷"（Q133）；"蔽沛棠樹，温温恭人"（Q179）。

10160 **恕**　shù　《廣韻》商署切，書御去。書魚。

Q127

《説文·心部》："，仁也。从心，如聲。，古文省。"

【釋形】

《説文》以爲形聲字，从心，如聲。按"恕"戰國文字作 （《好蛮壺》）、（《郭·語》2.26），从心，女聲，《説文》古文與之結構相同。小篆將聲符"女"改换爲"如"，其實也兼取"如"的意義，因爲"恕"的含義就是推己及人、度人心如己心。所以，"恕"當爲會意兼形聲字。漢碑字形中，義符"心"分解爲筆畫，失去象形意味；基礎構件"女"的三條曲線，分别據其所處的不同位置而轉寫爲不同的筆畫，如圖。

【釋義】

推己及人，待人仁厚："拜治書御史，膺臯陶之廉恕"（Q148）；又見"忠恕"。

10161 **慈**　cí　《廣韻》疾之切，從之平。從之。

① Q261

② Q083

③ Q124

《説文·心部》："，愛也。从心，兹聲。"

【釋形】

《説文》小篆爲形聲字，从心，兹聲。漢碑字形中，義符"心"分解爲筆畫，失去象形意味，如圖①～③。聲符"兹"小篆字形本从二"玄"，漢碑字形中二"玄"的上方隸變形體多樣：或隸定爲"艸"形，如圖①；或隸定爲"艸"形，如圖②；或粘合爲"䒑"，如圖③。

【釋義】

㊀慈愛："復失慈母父"（Q080）；又見"慈父"。㊁仁慈，仁愛："心慈性孝，常思想神靈"（Q142）；"廉言敦篤，慈仁多恩"（Q114）；"翼翼聖慈，惠我黎蒸"（Q172）。

【釋詞】

［慈父］對父親的敬稱："臨乃喪慈父，嗚呼哀哉"（Q124）。

10162 **忯** qí 《廣韻》巨支切，羣支平。羣支。

Q069

《説文·心部》："，愛也。从心，氏聲。"

【釋形】

《説文》小篆爲形聲字，从心，氏聲。漢碑字形中，義符"心"和聲符"氏"均依據小篆線條轉寫隸定，如圖。

【釋義】

用於地名："惟自舊忯，段本東州"（Q069）。

10163 **恩** ēn 《廣韻》烏痕切，影痕平。影真。

① Q113

② Q088

③ Q114

《説文·心部》："，惠也。从心，因聲。"

【釋形】

《説文》小篆爲形聲字，从心，因聲。"因"上古音在影母真部。漢碑字形中，義符"心"分解爲筆畫，失去象形意味，如圖①～③。聲符"因"内部的"大"形或隸定作"土"，如圖①；或隸定作"工"，如圖②③，其中圖②"工"的兩横畫與"囗"左右相接。

【釋義】

㊀恩惠，恩情："到官正席，流恩褒譱，糾姦示惡"（Q144）；"農夫織婦，百工戴恩"（Q178）；"克念父母之恩"（Q106）。㊁特指夫妻間的深厚感情：見"恩愛"。㊂恩澤，恩寵："《詩》云愷悌，君隆其恩。東里潤色，君垂其仁"（Q179）；"誠朝廷聖恩所宜特加"（Q140）。㊃用於人名："孝子孟恩、仲□、叔廉"（Q109）。

【釋詞】

［恩愛］特指夫妻間的深厚感情："齊殷勤，同恩愛"（Q045）。

10164 **憖** yìn 《廣韻》魚覲切，疑震去。疑真。

Q134

《説文》作"憗"，《説文·心部》："，問也，謹敬也。从心，猌聲。一曰：説也。一曰：甘也。《春秋傳》曰：'旻天不憗。'又曰：'兩君之士皆未憗。'"

【釋形】

《説文》以"憗"爲形聲字，从心，猌聲。漢碑字形中，義符"心"分解爲筆畫，失去象形意味；聲符"猌"所从之構件"來"改换爲"犭"，右邊構件"犬"依小篆線條轉寫隸定，如圖。

【釋義】

願意，寧肯："上天不惠，不我憖遺"（Q134）。

10165 **慶** qìng 《廣韻》丘敬切，溪映去。溪陽。

① J237

② Q125

《説文·心部》："，行賀人也。从心从夊。吉禮以鹿皮爲贄，故从鹿省。"

【釋形】

《説文》以爲會意字，从心从夊，从鹿省，表示攜禮品前去祝賀别人。按"慶"甲骨文作（《合》24474），金文作（《五祀衛鼎》）等，从心从鹿（或曰从廌），構意不明。小篆將鹿尾處離析爲"夊"（音 suī，慢慢行走的样子），以强化行賀之義。漢碑字形中，構件"心"分解爲筆畫，并與構件"夊"粘合，如圖①；或完全省去，如圖②。構件"夊"或據小篆線條嚴格隸定，如圖②；或與構件"心"粘合，如圖①。鹿身大致依小篆線條轉寫隸定，其中圖②外部輪廓重組爲"广"。

【釋義】

㊀慶賀，慶祝："祇慎慶祀，一年再至"（Q125）；"百姓訢和，舉國蒙慶"（Q112）。㊁歡慶，吉慶："穰穰其慶，年穀豐殖"（Q125）。㊂姓氏："故吏營陵慶鴻"（Q088）。

10166 **恂** xún 《廣韻》相倫切，心諄平。心真。

① Q134

② Q142

《說文·心部》："恂，信心也。从心，旬聲。"

【釋形】

《說文》小篆爲形聲字，从心，旬聲。漢碑字形中，義符"心"或大致依據小篆轉寫隸定，如圖①；或省減趨向於"忄"，如圖②。聲符"旬"所从之構件"勹"隸定爲平直的筆畫後，"旬"調整爲右包圍結構，如圖①②。

【釋義】

㊀温恭貌：見"恂恂"。㊁副詞，的確，確實：見"恂美且仁"。

【釋詞】

［恂美且仁］語出《詩·鄭風·叔于田》："豈无居人？不如叔也。洵美且仁。"表示對英俊仁德之人的贊美："實履忠貞，恂美且仁"（Q066）。

［恂恂］㊀恭敬仁厚貌："烝烝其孝，恂恂其仁"（Q134）；"篤親於九族，恂恂于鄉黨"（Q166）。㊁虔敬謹慎貌："朝莫舉門恂恂不敢解殆"（Q142）。

10167 **忱** chén 《廣韻》氏任切，禪侵平。禪侵。

JB6

《說文·心部》："忱，誠也。从心，冘聲。《詩》曰：'天命匪忱。'"

【釋形】

《說文》小篆爲形聲字，从心，冘聲。漢碑字形中，義符"心"和聲符"冘"均依小篆線條轉寫隸定，如圖。

【釋義】

用於人名："故益州從事南鄭祝忱，字子文"（Q199）。

10168 **惟** wéi 《廣韻》以追切，餘脂平。餘微。

① Q125

② Q146

③ Q088

④ Q146

⑤ Q106

《說文·心部》："惟，凡思也。从心，隹聲。"

【釋形】

《說文》小篆爲形聲字，从心，隹聲。漢碑字形中，義符"心"或依據小篆轉寫隸定爲筆畫，如圖①；或逐漸省簡趨向於"忄"，如圖②～④；或變異嚴重，如圖⑤。聲符"隹"發生離析重組，并將線條全部轉寫爲筆畫，已看不出鳥的樣子了，如圖①～⑤。

【釋義】

㊀思慮，思念："臣寢息耿耿，情所思惟"（Q140）；"深惟皇考，懿德未伸，蓋以爲垂聲罔極"（Q169）；"追惟大古，華胥生皇，雄，顔□育孔寶"（Q112）。㊁用同"唯、維"，❶爲，是："赫赫明后，柔嘉惟則"（Q146）；又見"明德惟馨"。❷副詞，只："泫泫淮源，聖禹所導，湯湯其逝，惟海是造"（Q125）；"勒銘金石，惟以告哀"（Q144）。❸助詞，用於句首，無實義："惟坤靈定位，川澤股躬，澤有所注，川有所通"（Q095）；"惟君之軌迹兮，如列宿之錯置"（Q148）。㊂"憔"之訛：見"惟悴"。

【釋詞】

［惟悴］即"憔悴"，瘦病，瘦損："惟悴刑

傷,去留有分”(Q114)。

［惟以告哀］語出《詩·小雅·四月》:“君子作歌,維以告哀。”漢碑改“維”爲“惟”,義謂用某種方式表達哀痛之情:“勒銘金石,惟以告哀”(Q144)。

10169 **懷** huái 《廣韻》户乖切,匣皆平。匣微。

① Q084

② Q153

③ Q178

④ Q133

《説文·心部》:“ ,念思也。从心,褱聲。”

【釋形】

《説文》小篆爲形聲字,从心,褱聲。漢碑字形中,義符“心”或依據小篆轉寫隸定,如圖①②;或逐漸省簡趨向於“忄”,如圖③④。聲符“褱”金文作 (《沈子它簋蓋》)、 (《毛公鼎》),从衣,眔聲,外形内聲,本義爲胸前、懷裡,引申爲懷念,爲“懷”之初文。小篆與金文相承。漢碑字形中,圖①②基本保持小篆將構件“眔”置於“衣”中間的結構,只是圖②“眔”下部寫作三横。圖③中構件“衣”和“眔”均有變異,結構關係已不清晰。圖④在“衣”的上部訛寫作“十”的情況下,“衣”的下部又與“眔”的下部重組爲完整的構件“衣”,顯示出構形理據在漢字形體演變過程中的力量。

【釋義】

㊀懷念,思慕:“民誦其惠,吏懷其威”(Q128);“吏民懷慕,户有祠祭”(Q153);“當離墓側,永懷靡既”(Q088)。㊁内心,心情:“斯志顛仆,心懷弗寧”(Q109)。㊂懷藏:“内懷温潤,外攝强虐”(Q154)。㊃懷柔,使歸附:“德以化圻民,威以懷殊俗”(Q133);“武稜攜貳,文懷徦冥”(Q133)。

10170 **想** xiǎng 《廣韻》息兩切,心養上。心陽。

Q142

《説文·心部》:“ ,冀思也。从心,相聲。”

【釋形】

《説文》小篆爲形聲字,从心,相聲。漢碑字形中,義符“心”分解爲筆畫,失去象形意味;聲符“相”所从之構件“木”將小篆字形向上彎曲的線條拉直爲一横畫,向下彎曲的線條寫作一撇一捺,如圖。

【釋義】

㊀想象,想念:“遺孤忉絶,于嗟想形”(Q148)。㊁思考,思索:“心慈性孝,常思想神靈”(Q142)。

10171 **憀** liáo 《廣韻》落蕭切,來蕭平。來幽。

Q128

《説文·心部》:“ ,憀然也。从心,翏聲。”

【釋形】

《説文》小篆爲形聲字,从心,翏聲。漢碑字形中,義符“心”依小篆線條轉寫隸定,略有省減。聲符“翏”所从之構件“羽”省減爲兩個“彐”;構件“㐱”混同爲“尒”(即“尔”),如圖。

【釋義】

悲悽,悲痛:見“憀慄”。

【釋詞】

［憀慄］悲悽,悲痛:“皇上憀慄,痛惜歃歔”(Q128)。

10172 **愘**(恪) kè 《廣韻》苦各切,溪鐸入。溪鐸。

① Q083

② Q148

《説文》作“愙”,《説文·心部》:“,敬也。从心,客聲。《春秋傳》曰:‘以陳備三愙。’”

【釋形】

《説文》以“愙”爲形聲字,从心,客聲。漢碑字形中,整字布局由半包圍結構調整爲左右結構,如圖①。義符“心”或據小篆線條轉寫隸定,如圖②;或省簡近似於“忄”,如圖①。聲符“客”所从之構件“各”,上方的“夊”訛寫爲“又”;構件“宀”兩側線條向上縮短,如圖①。圖②聲符“客”改换爲“各”。邵瑛《説文解字羣經正字》:“今經典作‘恪’,《説文》無‘恪’字,此俗字也。《一切經音義》卷三云:‘恪,古文作愙。’漢魏碑碣多移心於旁……亦足見古恪字从客聲,不从各聲也。”後世“恪”成爲通行字。

【釋義】

恭謹:“日恪位佇,所在祗肅”(Q148);“篤誠孝弟,勤恪既脩”(Q083)。

10173 **恪**

“愙”的異體字(圖②),見10172恪。

10174 **懼** jù 《廣韻》其遇切,羣遇去。羣魚。

Q153

《説文·心部》:“,恐也。从心,瞿聲。,古文。”

【釋形】

《説文》小篆爲形聲字,从心,瞿聲。漢碑字形中,義符“心”將小篆彎曲線條轉化爲筆畫,處於向“忄”過渡的狀態。聲符“瞿”所从之構件“䀠”依據小篆轉寫隸定;構件“隹”發生離析重組,并將線條全部轉寫爲筆畫,已看不出鳥的樣子了,如圖。

【釋義】

㊀警懼,敬畏:“善勸惡懼,物咸寧矣”(Q153);“君子風也,未怒而懼,不令而從”(Q148)。㊁害怕,擔心:“懼不能章明,故刻石紀□”(Q056)。

10175 **怙** hù 《廣韻》侯古切,匣姥上。匣魚。

① JB6 ② Q117

《説文·心部》:“,恃也。从心,古聲。”

【釋形】

《説文》小篆爲形聲字,从心,古聲。漢碑字形中,義符“心”和聲符“古”均依小篆線條轉寫隸定,如圖①②;其中圖②義符“心”殘泐不清。

【釋義】

依靠,憑靠:“家失所怙,國〖亡〗忠直”(Q117)。

10176 **恃** shì 《廣韻》時止切,禪止上。禪之。

Q142

《説文·心部》:“,賴也。从心,寺聲。”

【釋形】

《説文》小篆爲形聲字,从心,寺聲。漢碑字形中,義符“心”依據小篆線條轉寫隸定,處於向“忄”過渡的狀態;聲符“寺”所从之構件“之”隸定混同爲“土”,構件“寸”也依小篆線條對應轉寫隸定,如圖。

【釋義】

依賴,仰仗:“子孫企予,慕仰靡恃”(Q142)。

10177 **慰** wèi 《廣韻》於胃切,影未去。影物。

① Q178 ② Q128

《説文·心部》:“,安也。从心,尉聲。一曰:恚怒也。”

【釋形】

《説文》小篆爲形聲字，从心，尉聲。漢碑字形中，義符“心”分解爲筆畫，失去象形意味，如圖①②。聲符“尉”小篆从𡰥(古文“夷”字)从又持火，爲“熨”的初文；漢碑字形均將構件“又”改换爲“寸”；其中圖①構件“火”省變爲三點，圖②構件“火”與“𡰥”中的“二”重組爲“示”。

【釋義】

㊀慰問，慰藉：“恤民之要，存慰高年”(Q178)；“故建防共墳，配食斯壇，以慰考妣之心”(Q117)；又見“慰勞”。㊁安撫：“慰綏朔狄，邊宇艾安”(Q128)。

【釋詞】

[慰勞]慰問犒勞：“追録元勳，策書慰勞”(Q066)。

10178 **慕** mù 《廣韻》莫故切，明暮去。明鐸。

① Q066

② Q127

③ Q142

④ Q178

⑤ Q144

⑥ Q128

《説文·心部》：“慕，習也。从心，莫聲。”

【釋形】

《説文》小篆爲形聲字，从心，莫聲。漢碑字形中，義符“心”有的保留篆意，如圖①；有的線條斷開，逐漸筆畫化，最後隸定爲“⺗”，如圖②～⑤。聲符“莫”所从之構件“茻”或隸定爲“艹”，如圖①～③；或隸定爲“䒑”，如圖④⑤。圖⑥省變嚴重，構形不清晰。

【釋義】

㊀仿效，模擬：“清擬夷齊，直慕史魚”(Q178)。㊁仰慕，景仰：“慕君塵軌，奔走忘食”(Q125)；“所歷見慕，遺歌景形”(Q187)；“高山景行，慕前賢列”(Q144)；“慕義者不肅而成，帥服者變衽而属”(Q133)；又見“慕涎”。㊂思慕，追慕：“子孫企予，慕仰靡恃”(Q142)。㊃悲傷：“二親薨没，孤悲惻怛，嗚號正月，旦夕思慕沍心，長罔五内”(S32)；“悲哀思慕，不離冢側”(Q114)；“行路撫涕，織婦喑咽。吏民懷慕，户有祠祭”(Q153)。

【釋詞】

[慕化]向慕歸化：“□□□而慕化，咸來王而會朝”(Q065)；“褱道以德，慕化〖如雲〗”(Q171)。

[慕涎]羡慕，仰慕：“皇上頌德，羣黎慕涎”(Q128)。

10179 **悛** quān 《廣韻》此缘切，清仙平。清文。

Q178

《説文·心部》：“悛，止也。从心，夋聲。”

【釋形】

《説文》小篆爲形聲字，从心，夋聲。漢碑字形中，義符“心”依據小篆線條轉寫隸定，處於向“⺖”過渡的狀態。聲符“夋”所从之構件“夊”省簡爲“夂”；構件“允”上部的“㠯”省變爲“口”，下部構件“儿”省作“亠”，如圖。

【釋義】

痊愈：“賦與有疾者，咸蒙瘳悛”(Q178)。

10180 **怕** bó 《集韻》白各切，並鐸入。並鐸。

Q202

《説文·心部》：“怕，無爲也。从心，白聲。”

【釋形】

《説文》小篆爲形聲字，从心，白聲。漢碑字形與小篆相承，義符“心”和聲符“白”

均依小篆線條轉寫隸定，如圖。

【釋義】

淡泊，坦然，後作“泊”：見“怕然”。

【釋詞】

［怕然］即“泊然”，淡泊貌：“訪姦雄，除其螫賊，曜德戢兵，怕然無爲”（Q202）。

10181 **恤** xù 《廣韻》辛聿切，心術入。心質。

① Q193 ② Q084 ③ Q178 ④ Q179

《説文·心部》：“，憂也；收也。从心，血聲。”

【釋形】

《説文》小篆爲形聲字，从心，血聲。漢碑字形中，義符“心”或據小篆線條轉寫隸定，如圖①；圖②則將小篆線條分解爲一長三短的四個豎筆；圖③則處在圖①向圖②演化的中間階段；圖④此處有殘泐。聲符“血”均隸定作“皿”上加一横畫，如圖①～④。

【釋義】

㊀體恤，救濟：“每懷禹稷恤民飢溺之思，不忘百姓之病也”（Q084）；“勤恤民隱，拯厄捄傾”（Q161）；“恤民之要，存慰高年”（Q178）。㊁慰問，存問：“隨就虚落，存恤高年”（Q179）。

10182 **懽** huān 《廣韻》呼官切，曉桓平。曉元。

① Q146 ② Q106

《説文·心部》：“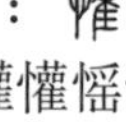，喜欵也。从心，雚聲。《爾雅》曰：‘懽懽慆慆，憂無告也。’”

【釋形】

《説文》小篆爲形聲字，从心，雚聲。漢碑字形圖②模糊不清。圖①義符“心”將小篆彎曲線條筆畫化，省簡爲“忄”；聲符“雚”所从之構件“吅”隸定爲兩個三角形，構件“萑”上部的“丫”省變爲“亠”；下部的“隹”依小篆線條隸定轉寫，已看不出鳥的樣子了。

【釋義】

歡欣，喜悦：“不敢失懽心，天恩不謝，父母恩不報”（Q106）；又見“懽喜、懽悀”。

【釋詞】

［懽喜］高興，喜悦：“歲臈拜賀，子孫懽喜”（Q106）；“萬民懽喜，行人蒙福”（Q110）。

［懽悀］歡欣，雀躍：“四方无雍，行人懽悀”（Q146）。

10183 **惄** nì 《廣韻》奴歷切，泥錫入。泥覺。

Q133

《説文·心部》：“，飢餓也。一曰：憂也。从心，叔聲。《詩》曰：‘惄如朝飢。’”

【釋形】

《説文》以爲形聲字，从心，叔聲。“叔”上古音在書母覺部。按“惄”金文作（《王孫遺者鐘》），从心，弔聲。小篆將聲符“弔”改爲“叔”。漢碑字形與小篆結構相同，其中義符“心”分解爲筆畫，失去象形意味，如圖。

【釋義】

憂思，感傷：見“惄焉永傷”。

【釋詞】

［惄焉永傷］語出《詩·小雅·小弁》：“我心憂傷，惄焉如擣。”原表示深重的憂傷思念之情，常借以表達對逝者的哀悼：“念彼恭人，惄焉〚永〛傷”（Q133）。

10184 **急** jí 《廣韻》居立切，見緝入。見緝。

① Q174 ② Q178

《説文·心部》：“，褊也。从心，及聲。”

【釋形】

《説文》小篆爲形聲字，从心，及聲。漢碑字形中，義符“心”分解爲筆畫，失去象形意味。聲符“及”所从之構件“人”省變爲“⺈”；構件“又”受結構布局影響，依小篆線條隸定爲“⺕”，如圖①②。

【釋義】

㊀危急，緊急：“三郡告急，羽檄仍至”（Q178）；“於谷口呼其師，告以厄急”（Q199）；“故□□百通急如律令”（Q278）。㊁緊要：“蓋聞經國序民，莫急於禮；禮有五經，莫重於祭”（Q174）。

10185 **忒** tè 《廣韻》他德切，透德入。透職。

① J050

② Q125

《説文·心部》：“，更也。从心，弋聲。”

【釋形】

《説文》小篆爲形聲字，从心，弋聲。“弋”上古音在餘母職部。漢碑字形中，義符“心”分解爲筆畫，失去象形意味，如圖②；或訛寫近似於“止”，如圖①。聲符“弋”將小篆線條筆畫化，如圖①②。整字布局由小篆的上下結構調整爲右上包圍結構。

【釋義】

差錯，錯失：“灾眚以興，陰陽以忒”（Q125）。

10186 **愚** yú 《廣韻》遇俱切，疑虞平。疑侯。

① Q146

② Q102

《説文·心部》：“，戇也。从心从禺。禺，猴屬，獸之愚者。”

【釋形】

《説文》以爲會意字，从心从禺，認爲禺爲獸之愚者，所以“愚”可以表示愚笨。按此説不足據，當爲从心、禺聲的形聲字。漢碑字形中義符“心”分解爲筆畫，失去象形意味；聲符“禺”依小篆線條轉寫隸定，如圖①②。

【釋義】

㊀愚笨，愚昧：見“愚戇”。㊁愚昧愚笨之人：“强不暴寡，知不詐愚”（Q146）。㊂謙辭：“臣愚以爲，如瑛言，孔子大聖，則象乾坤”（Q102）。㊃用於人名：“故孝廉柳君，諱敏，字愚卿”（H105）。

【釋詞】

［愚戇］愚笨，魯鈍。常用作自謙之詞：“臣雄、臣戒愚戇，誠惶誠恐，頓首頓首，死罪死罪”（Q102）。

10187 **戇** zhuàng 《廣韻》陟降切，知絳去。端東。

Q102

《説文·心部》：“，愚也。从心，贛聲。”

【釋形】

《説文》小篆爲形聲字，从心，贛聲。漢碑字形中，義符“心”分解爲筆畫，失去象形意味；聲符“贛”省去基礎構件“屮”，基礎構件“章”下面的豎筆向上延伸，如圖。

【釋義】

愚笨，魯鈍：見“愚戇”。

10188 **慢** màn 《廣韻》謨晏切，明諫去。明元。

Q149

《説文·心部》：“，惰也。从心，曼聲。一曰：慢，不畏也。”

【釋形】

《説文》小篆爲形聲字，从心，曼聲。漢碑字形中，義符“心”依小篆線條轉寫隸定爲筆畫，失去象形性。聲符“曼”所从之構件“又”改换爲“寸”；構件“冐”依小篆線條轉寫隸定爲上“冃”下“罒”，如圖。

【釋義】

輕慢，怠慢：“宣仁播威，賞恭糾慢”（Q149）。

10189 **怠** dài 《廣韻》徒亥切，定海上。定之。

Q171

《説文·心部》：“，慢也。从心，台聲。”

【釋形】

《説文》小篆爲形聲字，从心，台聲。漢碑字形中，義符“心”分解爲筆畫，失去象形意味；聲符“台”所从之構件“㠯”隸定爲“厶”形，如圖。

【釋義】

怠慢：“恭肅神祇，敬而不怠”（Q171）。

10190 **忽** hū 《廣韻》呼骨切，曉没入。曉物。

① Q106

② Q113

《説文·心部》：“，忘也。从心，勿聲。”

【釋形】

《説文》小篆爲形聲字，从心，勿聲。漢碑字形將義符“心”分解爲筆畫，失去象形意味；聲符“勿”依小篆線條對應轉寫隸定，如圖①②。

【釋義】

㊀忽視，忘記：“唯省此書，無忽矣”（Q114）。㊁用於“奄忽、掩忽”等，表示去世：“珪璧之質，臨卒不回，歔欷賈絶，奄忽不起”（Q088）；“卒得病，飯食衰少，遂至掩忽不起”（Q106）。㊂忽然，疾速：“闇忽離世，下歸黄湶”（Q114）。㊃用於人名：“掾諱忽，字子儀”（Q021）。

10191 **忘** wàng 《廣韻》巫放切，明漾去。明陽。

① Q084

② Q134

《説文·心部》：“，不識也。从心从亡，亡亦聲。”

【釋形】

《説文》小篆爲會意兼形聲字，从心从亡，亡亦聲，表示忘記。漢碑字形中，義符“心”分解爲筆畫，失去象形意味，如圖①②。聲符“亡”或將小篆字形所从之構件“人”隸定爲“亠”，與構件“𠃊”上下相接，與今之寫法相近，如圖①；或分解爲兩個横畫，與構件“𠃊”左右相離，如圖②。

【釋義】

忘記，忘卻：“不忘百姓之病也”（Q084）；“慕君塵軌，奔走忘食”（Q125）；“慎勿相忘，傳後子孫，令知之”（Q082）。

10192 **恣** zì 《廣韻》資四切，精至去。精脂。

Q142

《説文·心部》：“，縱也。从心，次聲。”

【釋形】

《説文》小篆爲形聲字，从心，次聲。漢碑字形中，聲符“次”將右邊的義符隸定爲“欠”；義符“心”分解爲筆畫，失去象形意味，且位於聲符“次”的下方，整字布局有所調整，如圖。

【釋義】

通“資”，資質，秉性：“其少體自然之恣，長有殊俗之操”（Q142）。

10193 **悝** kuī 《廣韻》苦回切，溪灰平。溪之。

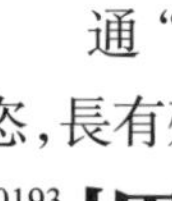

① Q088

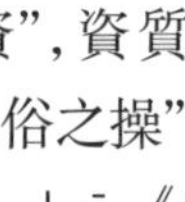

② Q112

《説文·心部》:“,啁也。从心,里聲。《春秋傳》有孔悝。一曰:病也。”

【釋形】

《説文》小篆爲形聲字,从心,里聲,本義爲“啁”,即戲謔。段玉裁《説文解字注》:“啁即今之嘲字,悝即今之詼字,謂詼諧啁調也。今則詼嘲行而悝啁廢矣。”漢碑字形依小篆線條轉寫隸定,如圖①②,其中字形局部殘泐不清。

【釋義】

用於人名:“故書佐淳于孫悝,字元卓”(Q088);“魯曹悝初孫二百”(Q112)。

10194 **愆** qiān 《廣韻》去乾切,溪仙平。溪元。

① Q125

② Q247

《説文·心部》:“,過也。从心,衍聲。,或从寒省。,籀文。”

【釋形】

《説文》小篆爲形聲字,从心,衍聲。按“愆”金文作(《蔡侯紐鐘》),从心,侃聲,《説文》籀文將此類字形的構件“心”改换爲“言”,从心與从言構意相通。小篆改爲从心衍聲。漢碑字形中,義符“心”或大致依小篆轉寫隸定,且置於構件“行”的中間,如圖①;或分解爲筆畫,失去象形意味,且與小篆一致置於聲符“衍”下,如圖②。聲符“衍”所从之構件“水”或隸定爲三横,如圖①;或隸定爲“氵”,如圖②。構件“行”依據小篆線條轉寫隸定爲筆畫,如圖①②。

【釋義】

㊀超越,過度:“内平外成,舉無遺愆。”(Q247)。㊁錯過,錯失:“四時禋祀,不愆不忘”(Q174)。㊂差錯,過失:“帥禮不爽,好惡不愆”(Q148);“虔恭禮祀,不愆其德”(Q125)。

10195 **惑** huò 《廣韻》胡國切,匣德入。匣職。

① JB5

② Q039

《説文·心部》:“,亂也。从心,或聲。”

【釋形】

《説文》小篆爲形聲字,从心,或聲。漢碑字形中,義符“心”分解爲筆畫,失去象形意味,如圖①②。聲符“或”所从之構件“囗”在圖①中仍帶有明顯的篆意,寫作橢圓形;在圖②中則隸定爲三角形。構件“戈”將小篆下面的長曲線縮減爲短撇,整字布局由原來的半包圍結構變爲上下結構,如圖①②。

【釋義】

迷亂,迷惑:“恐精靈而迷惑兮”(Q039)。

10196 **忌** jì 《廣韻》渠記切,羣志去。羣之。

① Q142

② Q021

《説文·心部》:“,憎惡也。从心,己聲。”

【釋形】

《説文》小篆爲形聲字,从心,己聲。漢碑字形中,義符“心”分解爲筆畫,失去象形意味;聲符“己”依小篆線條對應轉寫隸定,末筆稍向下彎曲,如圖①②。

【釋義】

㊀禁忌,避諱:“念高祖至九子未遠,所諱不列,言事觸忌”(Q021)。㊁特指忌日:見“忌日”。也表示把某天當作忌日:“建武十八年臘月子日死。永平四年正月葬。石室直千泉。丁莒少郎所爲。後子孫皆忌子”(Q024)。㊂用於人名:“大伍公從弟子五人:田傴、全□中、宋直忌公、畢先風、許先生”(Q142)。

【釋詞】

［忌日］指父母等人去世的日子。因該日禁忌飲酒作樂，故稱："三老諱通，字小父，庚午忌日"（Q021）；"四月五日辛卯忌日"（Q021）；"建武廿八年，歲在壬子，五月十日甲戌忌日"（Q021）。

10197 **忿**　fèn 《廣韻》匹問切，滂問去。滂文。

Q113

《説文·心部》："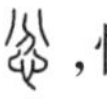，悁也。从心，分聲。"

【釋形】

《説文》小篆爲形聲字，从心，分聲。漢碑字形中，義符"心"分解爲筆畫，失去象形意味；聲符"分"依據小篆線條轉寫隸定爲平直方折的筆畫，構件"八"的兩筆仍位於"刀"的兩側，還没有調整爲後來"分"的上下結構，如圖。

【釋義】

憤怒：見"忿怒"。

【釋詞】

［忿怒］憤怒："□□□□□失雛，顔路哭回孔尼魚；澹臺忿怒投流河，世所不閔如□□"（Q113）。

10198 **怨**　yuàn 《廣韻》於願切，影願去。影元。

① Q179

② Q169

③ JB5

《説文·心部》："，恚也。从心，夗聲。，古文。"

【釋形】

《説文》小篆爲形聲字，从心，夗聲。漢碑字形中，義符"心"分解爲筆畫，失去象形意味，如圖①～③。聲符"夗"所从之構件"卩"或寫作"巳"，如圖①②；或訛混爲"己"，如圖③。

【釋義】

㊀怨恨，仇恨："消扞□難，路無怨讟"（Q171）。㊁哀怨，傷感："周公東征，西人怨思"（Q179）。㊂仇怨："弟君宣，密靖内侍，報怨禁中"（Q169）。㊃通"冤"，冤屈："於是乃聽訟理怨"（Q169）。

10199 **怒**　nù 《廣韻》乃故切，泥暮去。泥魚。

Q187

《説文·心部》："，恚也。从心，奴聲。"

【釋形】

《説文》小篆爲形聲字，从心，奴聲。漢碑字形中，義符"心"分解爲筆畫，失去象形意味；聲符"奴"依據小篆線條轉寫隸定，如圖。

【釋義】

㊀生氣，憤怒："澹臺忿怒投流河"（Q113）；"喜怒作律，案罪殺人，不顧倡儼"（Q187）；"府君怒，勑尉部吏收公房妻子"（Q199）。㊁威武，氣勢强盛："哮虎之怒，薄伐□□"（Q093）。

10200 **慍**　yùn 《廣韻》於問切，影問去。影文。

① Q084

② Q130

《説文·心部》："，怒也。从心，昷聲。"

【釋形】

《説文》小篆爲形聲字，从心，昷聲。漢碑字形中，義符"心"依據小篆線條轉寫隸定。聲符"昷"本从心，囚（非囚禁之"囚"）聲，漢碑中構件"囚"省變混同爲"曰"；像器皿之形的構件隸定作"皿"，如圖①②。

【釋義】

怨恨："疾讒讒比周，慍頻頻之黨"（Q084）；又見"慍于羣小"。

【釋詞】

[愠于羣小] 語出《詩·邶風·柏舟》:“憂心悄悄,愠于羣小。”義謂被衆小人記恨:“君耻侉比,愠于羣小”(Q130)。

10201 **惡** (一)è 《廣韻》烏各切,影鐸入。影鐸。

① Q066

② Q144

③ Q083

④ Q095

⑤ Q088

《説文·心部》:“,過也。从心,亞聲。”

【釋形】

《説文》小篆爲形聲字,从心,亞聲。“亞”上古音在影母鐸部。漢碑字形中,義符“心”分解爲筆畫,失去象形意味,如圖①~⑤。聲符“亞”隸變形體多樣,或據小篆隸定爲“亞”,如圖①;或在“亞”内添加一横,如圖②;或寫爲“西”,如圖③(有殘泐);或在“西”上添加一横,如圖④;或像兩個“四”上下相疊,如圖⑤。

【釋義】

㊀罪惡,惡行,與“善”相對:“無德不旍,靡惡不形”(Q066)。㊁奸邪之人:“到官正席,流恩褒譱,糾姦示惡”(Q144);“獻善絀惡,寬猛□臨鄉登進,而遣凶袂”(Q083)。㊂凶惡,凶殘:“惡虫蕃狩,虵蛭毒蟃,未秋截霜,稼苗夭殘”(Q095)。㊃污濁,不祥:“天帝告除居巢劉君冢惡氣”(Q204)。㊄苦楚,困苦:“卑者楚惡,尊者弗安”(Q095)。

(二)wù 《廣韻》烏路切,影暮去。影鐸。

【釋義】

憎惡,討厭:“示之以好惡,不肅而成,不嚴而治”(Q146);“帥禮不爽,好惡不愆”(Q148);“分明好惡,先目敬讓”(Q088)。

(三)wū 《廣韻》哀都切,影模平。影魚。

【釋義】

疑問代詞,怎麼:“非夫盛德,惡可已哉”(Q128)。

10202 **憎** zēng 《廣韻》作滕切,精登平。精蒸。

Q202

《説文·心部》:“,惡也。从心,曾聲。”

【釋形】

《説文》小篆爲形聲字,从心,曾聲。漢碑字形中,義符“心”依據小篆線條轉寫隸定爲筆畫。聲符“曾”所从之構件“八”寫作“丷”;中間構件“囪”内兩點連成横畫,形似“田”;構件“曰”將小篆上部彎曲的線條拉直爲一横,且與左豎相接,已經看不出原本的構意,如圖。

【釋義】

憎惡,討厭:見“憎知其善”。

【釋詞】

[憎知其善] 語出《禮記·中庸》:“愛而知其惡,憎而知其善。”對於不喜歡的人也要知道他的長處。常借以表示爲官知人善任:“好不廢過,憎知其善”(Q202)。

10203 **恨** hèn 《廣韻》胡艮切,匣恨去。匣文。

Q113

《説文·心部》:“,怨也。从心,艮聲。”

【釋形】

《説文》小篆爲形聲字,从心,艮聲。漢碑字形圖中,義符“心”隸定爲“忄”;聲符“艮”殘泐不清。

【釋義】

遺憾:“恨不伸志,翻揚隆洽”(Q113)。

10204 **悔** huǐ 《廣韻》呼罪切,曉賄上。曉之。

① J237 ② Q161

《説文·心部》:“,悔恨也。从心,每聲。”

【釋形】

《説文》小篆爲形聲字,从心,每聲。“每”上古音在明母之部。漢碑字形中,義符“心”或依據小篆線條轉寫隸定,如圖①;或省簡似“中”,如圖②。聲符“每”所从之構件“中”省變爲“亠”;構件“母”將内部分開的兩點連作一豎,或形似“毌”,如圖①;或形同“毋”,如圖②。

【釋義】

使改悔,使改過:“怖威悔惡,重譯乞降”(Q161)。

10205 **憤** fèn 《廣韻》房吻切,並吻上。並文。

Q144

《説文·心部》:“,懣也。从心,賁聲。”

【釋形】

《説文》小篆爲形聲字,从心,賁聲。漢碑字形中,義符“心”依據小篆線條轉寫隸定;聲符“賁”隸定爲上“立”下“貝”,如圖。

【釋義】

㊀鬱結悲痛:“而絜《白駒》,俾世憤惻”(Q148);“咳孤憤泣,忉怛傷摧”(Q144)。㊁奮發,情緒高昂:“發憤脩立,以顯光榮”(Q109);“楗爲屬國趙臺公,憤然念素帛之義”(H105)。

10206 **悵** chàng 《廣韻》丑亮切,徹漾去。透陽。

① Q128 ② Q153

《説文·心部》:“,望恨也。从心,長聲。”

【釋形】

《説文》小篆爲形聲字,从心,長聲。漢碑字形中,義符“心”或依據小篆線條轉寫隸定,如圖①;或在此基礎上變異爲一長三短的四豎筆,如圖②。聲符“長”對小篆結構進行重組,變異較大,如圖①②。

【釋義】

荒廢,令人失望:“國無人兮王庭空,士罔宗兮微言喪,王機悵兮嘉謀荒。”(Q128)。

10207 **怛** dá 《廣韻》當割切,端曷入。端月。

① Q153 ② Q114 ③ Q106

《説文·心部》:“,憯也。从心,旦聲。,或从心在旦下。《詩》曰:‘信誓悬悬。’”

【釋形】

《説文》小篆爲形聲字,从心,旦聲。漢碑字形中,義符“心”將小篆字形分解爲一長三短的四豎筆,隸定近似於“忄”,如圖①;或省變爲“忄”,與今之寫法同,如圖②;或變異嚴重,如圖③。聲符“旦”所从之構件“日”和“一”之間增添一點,如圖①～③。

【釋義】

悲痛,哀傷:“孤悲惻怛”(Q052);“如喪考妣,三載泣怛”(Q153);“其弟嬰、弟東、弟强與父母并力奉遺,悲哀慘怛”(Q114);又見“忉怛”。

10208 **慘** cǎn 《廣韻》七感切,清感上。清侵。

① Q196 ② Q114

《説文·心部》:“,毒也。从心,參聲。”

【釋形】

《説文》小篆爲形聲字，从心，參聲。漢碑字形中，義符“心”將小篆字形分解爲一長三短的四豎筆，隸定近似於“忄”，如圖①；或將“忄”的右側兩點上下排列，如圖②。聲符“參”上方三个“〇”隸定爲“口”形或三角形，如圖①②；構件“彡”或據小篆線條轉寫隸定，如圖①；或混同爲“尒”，如圖②。

【釋義】

悲痛，悲悽：“其弟嬰、弟柬、弟强與父母并力奉遺，悲哀慘怛”（Q114）；又見“慘不忍覩”。

【釋詞】

［慘不忍覩］形容極其悲傷：“悲不勝言，慘不忍覩”（H144）。

10209 **悽** qī 《廣韻》七稽切，清齊平。清脂。

Q196

《説文·心部》：“，痛也。从心，妻聲。”

【釋形】

《説文》小篆爲形聲字，从心，妻聲。漢碑字形中，義符“心”大致依據小篆線條轉寫隸定。聲符“妻”所从之構件“屮”向上彎曲的線條被拉直爲横畫，其豎筆向下貫通於“又”的隸定形體“彐”；構件“女”的三條曲線分别據其所處的不同位置轉寫爲不同的筆畫，如圖。

【釋義】

淒涼，慘淡：“慘悽□□□□莫不”（Q196）。

10210 **悲** bēi 《廣韻》府眉切，幫脂平。幫微。

① Q144

② Q134

《説文·心部》：“，痛也。从心，非聲。”

【釋形】

《説文》小篆爲形聲字，从心，非聲。義符“心”分解爲筆畫，失去象形意味；聲符“非”將小篆彎曲的線條變拉直爲横畫，且中間兩豎均不超過最下面的横畫，與今之寫法有異，如圖①②。

【釋義】

㊀哀痛，傷心：“婦孫〖敬請〗，靡不感悲”（Q124）；“聞噩耗，悲哉哀哉”（Q026）；又見“悲哀”等。㊁痛惜：“悲《蓼莪》之不報，痛昊天之靡嘉”（Q154）。㊂憐憫：“目此也，仁者悲之”（Q006）。

【釋詞】

［悲哀］傷心難過：“悲哀迺治冢，作小食堂，傳孫子”（Q080）；“悲哀思慕，不離冢側”（Q114）。

［悲楚］哀傷淒楚：“克念父母之恩，思念忉怛悲楚之情”（Q106）。

［悲瘲］即“悲痛”，悲傷哀痛：“悲瘲奈何，涕泣雙并”（Q114）。

10211 **惻（恖）** cè 《廣韻》初力切，初職入。初職。

① Q153

② Q148

③ Q052

《説文·心部》：“，痛也。从心，則聲。”

【釋形】

《説文》小篆爲形聲字，从心，則聲。漢碑字形中，義符“心”或分解爲筆畫，且置於聲符“則”下，整字調整爲上下結構，如圖①；或隸定趨向於“忄”，如圖②；圖③此處殘泐不清。聲符“則”所从之構件“刀”或隸定爲相離的短横和豎鉤，處在由“刀”向“刂”的過渡形態，如圖①；或將短横變爲點，是從横到豎的過渡狀態，如圖③；圖②此處殘泐不清。

【釋義】

悲痛，痛惜："魂靈既載，農夫慁結，行路撫涕，織婦喑咽"（Q153）；"二親薨没，孤悲惻怛"（Q052）；"而絜《白駒》，俾世憤惻"（Q148）。

【釋詞】

［惻怛］即"惻怛"，悲痛，哀傷："孤悲惻怛，嗚號正月"（S32）。

10212 **慁**

"惻"的異體字(圖①)，見 10211 惻。

10213 **惜**　xī　《廣韻》思積切，心昔入。心鐸。

① Q202

② Q133

③ Q083

④ Q128

《説文·心部》："，痛也。从心，昝聲。"

【釋形】

《説文》小篆爲形聲字，从心，昝聲。漢碑字形中，義符"心"或依據小篆線條轉寫隸定，如圖①；或省簡爲中豎左右各一折筆，如圖③④；或進一步省變爲"忄"，如圖②。聲符"昝"上部形體或隸定爲"炏"，如圖①②；或粘合重組爲"艹"，如圖③；或進一步省簡爲"二"，如圖④。

【釋義】

哀傷，痛惜："朝廷愍惜，百遼歎傷"（Q133）；"皇上憀慄，痛惜欷歔"（Q128）；"遂以毁滅，英彦惜痛"（Q202）。

10214 **愍**　mǐn　《廣韻》眉殞切，明軫上。明真。

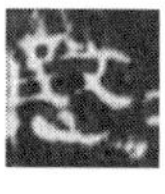
① Q137

② Q133

《説文·心部》："，痛也。从心，敃聲。"

【釋形】

《説文》小篆爲形聲字，从心，敃聲。漢碑字形中，義符"心"分解爲筆畫，失去象形意味，如圖①②。聲符"敃"所从之構件"民"依小篆線條轉寫隸定；構件"攴"或隸定近似於"文"，如圖①；或隸定爲"攵"，如圖②。

【釋義】

㊀悲痛，哀傷："朝廷愍惜，百遼歎傷"（Q133）。㊁體恤，憐愛："愍俗陵迟，訓諮□□"（Q171）。㊂用於人名，指閔子騫："階夷愍之貢，經常伯之寮"（Q137）。

10215 **慇**　yīn　《廣韻》於斤切，影欣平。影文。

① Q127

② Q112

《説文·心部》："，痛也。从心，殷聲。"

【釋形】

《説文》小篆爲形聲字，从心，殷聲。漢碑字形中，義符"心"分解爲筆畫，失去象形意味，如圖①②。聲符"殷"所从之構件"㐆"（與"身"置向相反）隸定時有所省變，已看不出其原有形象。構件"殳"上部的"几"訛寫近似於"口"，下面一横向右延伸；下部的手形隸定爲"乂"，如圖①②。

【釋義】

專注用心貌：見"慇懃"。

【釋詞】

［慇懃］即"殷勤"，專注於，勤於："脩造禮樂，胡輦器用，存古舊宇，慇懃宅廟"（Q112）。

10216 **感**　gǎn　《廣韻》古禫切，見感上。見侵。

① Q066

② Q126

③ Q144

《説文·心部》："，動人心也。从心，咸聲。"

【釋形】

《説文》小篆爲形聲字，从心，咸聲。漢碑字形中，義符"心"分解爲筆畫，失去象形意味，如圖①；或右上有三點，如圖②③。聲符“咸”依據小篆線條轉寫隸定，如圖①～③。

【釋義】

㊀感觸，觸動：見“感動”。㊁感應：“垂精接感，篤生聖明”（Q193）；“神歆感射，三靈合化”（Q126）。㊂感念，思念：“陽氣厥扸，感思舊君”（Q179）。㊃憂傷：“喜不縱慝，感不戮仁”（Q161）；“感孔懷，赴喪紀”（Q178）。㊄感慨，感歎：“感秦人之哀，願從贖其無由，庶考斯之頌儀”（Q133）；“感清英之處卑，傷美玉之不賈”（Q175）；“感三成之義，惟銘勒之制”（Q134）。

【釋詞】

［感暢］相互感應、和諧暢達：“順四時，積和感暢，歲爲豐穰，賦稅不煩”（Q193）。

［感動］因有所感觸而生發情感：“痛矣如之，行路感動”（Q144）。

［感傷］因有所感觸而悲傷：“百遼惟□，后帝感傷”（Q093）。

10217 **恙** yàng 《廣韻》餘亮切，餘漾去。餘陽。

Q124

《說文·心部》：“，憂也。从心，羊聲。”

【釋形】

《說文》小篆爲形聲字，从心，羊聲。漢碑字形中，義符“心”分解爲筆畫，失去象形意味；聲符“羊”殘泐不清，如圖。

【釋義】

災禍，憂患：“富貴無恙，傳于子孫”（Q124）。

10218 **惴** zhuì 《廣韻》之睡切，章寘去。章歌。

① Q146 ② Q146

《說文·心部》：“，憂懼也。从心，耑聲。《詩》曰：‘惴惴其慄。’”

【釋形】

《說文》小篆爲形聲字，从心，耑聲。漢碑字形中，義符“心”隸定爲“忄”；聲符上部形體隸定作斜置的“山”，下面像根形的部分隸定作“宀”下接“巾”（參見10130端），如圖①②。

【釋義】

恐懼：見“惴惴其慄”。

【釋詞】

［惴惴其慄］語出《詩·秦風·黄鳥》：“臨其穴，惴惴其栗。”畏懼貌：“過者創楚，惴惴其慄”（Q146）。

10219 **惔** dàn 《廣韻》徒濫切，定闞去。定談。

Q171

《說文·心部》：“，憂也。从心，炎聲。《詩》曰：‘憂心如惔。’”

【釋形】

《說文》小篆爲形聲字，从心，炎聲。漢碑字形圖殘泐不清，大致可見義符“心”依據小篆線條轉寫隸定，聲符“炎”與今之寫法相近，如圖。

【釋義】

通“憺”，淡泊，閒適：見“恬惔”。

10220 **愁** chóu 《廣韻》士尤切，崇尤平。崇幽。

Q095

《說文·心部》：“，憂也。从心，秋聲。”

【釋形】

《說文》小篆爲形聲字，从心，秋聲。“秋”上古音在清母幽部。漢碑字形中，義符“心”分解爲筆畫，失去象形意味；聲符“秋”將小篆的兩個構件位置互换，寫作“秌”，如圖。

【釋義】

憂愁,憂慮:"愁苦之難,焉可具言"(Q095)。

10221 **悴** cuì 《廣韻》秦醉切,從至去。從物。

Q175

《説文》:",憂也。从心,卒聲。讀與《易》萃卦同。"

【釋形】

《説文》小篆爲形聲字,从心,卒聲。漢碑字形中,義符"心"小篆形體分解爲一長三短四個豎筆;聲符"卒"所从之構件"衣"的上部形體隸定爲"亠",下部形體離析重組爲兩個"人"形,"衣"的末端與"一"重組爲"十",整字已失去原有構意,如圖。

【釋義】

用於"憔悴",頹廢,衰敗:"□□舍業憔悴,感清英之處卑"(Q175)。

10222 **慼** qī 《廣韻》倉歷切,精錫入。清覺。

Q144

《説文·心部》:",憂也。从心,戚聲。"

【釋形】

《説文》小篆爲形聲字,从心,戚聲。漢碑字形中,義符"心"分解爲筆畫,且置於聲符"戚"的下面,整字布局由小篆的左右結構調整爲上下結構。聲符"戚"所从之構件"戉"仍保持"戉"形,左側的豎鉤還没有變爲撇;構件"尗"省變近似於"卅",如圖。

【釋義】

通"戚",親戚,親眷:"君之羣慼,並時繁祉"(Q144)。

10223 **患** huàn 《廣韻》胡慣切,匣諫去。匣元。

① Q119　② Q146

《説文·心部》:",憂也。从心,上貫吅,吅亦聲。,古文从關省。,亦古文患。"

【釋形】

《説文》以爲會意兼形聲字,从心,上貫吅,吅亦聲,表示憂患。段玉裁《説文解字注》:"古本當作'从心毌聲'四字。毌、貫古今字……古毌多作串。《廣韻》曰:串,穿也。"漢碑字形中,構件"心"分解爲筆畫,失去象形意味;聲符"毌"依小篆線條轉寫隸定爲"串",如圖①②。

【釋義】

㊀憂慮,擔憂:"功費六七十萬,重勞人功,吏正患苦"(Q119);"終年不登,匱餧之患"(Q095)。㊁灾害,禍害:"興雲致雨,除民患兮"(Q171);"東方青帝禹青龍患禍欲來"(Q155)。㊂用於人名:"廿七日甲午,孤子薌無患、弟奉宗頓首"(Q106)。

10224 **憚** dàn 《廣韻》徒案切,定翰去。定元。

Q178

《説文·心部》:",忌難也。从心,單聲。一曰:難也。"

【釋形】

《説文》小篆爲形聲字,从心,單聲。漢碑字形中,義符"心"和聲符"單"均依據小篆線條轉寫隸定,如圖。

【釋義】

敬畏:"貪暴洗心,同僚服德,遠近憚威"(Q178)。

10225 **悼**(㤘) dào 《廣韻》徒到切,定号去。定藥。

①Q084 ②Q066 ③Q137 ④Q154

《説文·心部》:“,懼也。陳楚謂懼曰悼。从心,卓聲。”

【釋形】

《説文》小篆爲形聲字,从心,卓聲。漢碑字形中,義符“心”或依據小篆線條轉寫隸定,如圖①;或在此基礎上進一步省變,逐漸趨向於“忄”,如圖②~④。聲符“卓”所从之構件“匕”省寫成一豎一横,近似於“卜”形;構件“早”下部的“甲”省寫成“十”,如圖①~③。聲符“卓”或改爲“到”,小篆作,構件“至”上方形體依據小篆轉寫隸定,下部向上彎曲的線條拉直爲横畫;構件“刀”省變爲相接的點和豎鉤,整字隸定爲“㤢”,爲“悼”的異體字,如圖④。

【釋義】

㊀哀傷,悲痛:“靡不欷歔垂涕,悼其爲忠獲罪”(Q066);“匪究南山,遐邇忉㤢”(Q154)。㊁悼念,哀悼:“皇上閔悼,兩宫賻贈,賜秘器,以禮殯”(Q056)。㊂用於謚號:“猶仲尼之相魯,悼公之入晉”(Q084)。

10226 **㤢**

“悼”的異體字(圖④),見10225悼。

10227 **恐** kǒng 《廣韻》丘隴切,溪腫上。溪東。

①Q039 ②Q089 ③Q102

《説文·心部》:“,懼也。从心,巩聲。,古文。”

【釋形】

《説文》小篆爲形聲字,从心,巩聲。漢碑字形中,聲符“巩”所从之構件“丮”隸定混同爲“凡”,如圖①②;或省去一點,混同爲“几”,如圖③。義符“心”分解爲筆畫,且位於聲符“巩”的下方,整字結構布局有所調整,如圖①~③。

【釋義】

害怕,擔心:“恐縣吏斂民,侵擾百姓”(Q141);“恐精靈而迷惑兮,歌歸來而自還”(Q039);“恐身不全,朝半祠祭”(Q057)。

10228 **慴** shè 《廣韻》之涉切,章葉入。章緝。

Q119

《説文·心部》:“,懼也。从心,習聲。讀若疊。”

【釋形】

《説文》小篆爲形聲字,从心,習聲。“習”上古音在邪母緝部。漢碑字形中,義符“心”依據小篆線條轉寫隸定。聲符“習”甲骨文作(《合》31671),本从羽从日會意,以鳥兒晴日練習飛翔會學習之義;戰國文字訛寫作从羽从自,如(《郭·語》3.10);小篆進一步訛寫作从羽从白;漢碑字形將構件“羽”隸定爲兩个“彐”,構件“白”隸定混同爲“曰”,如圖。

【釋義】

用於人名:“宛令右丞慴告追皷賊曹掾石梁寫移”(Q119)。

10229 **惶** huáng 《廣韻》胡光切,匣唐平。匣陽。

Q102

《説文·心部》:“,恐也。从心,皇聲。”

【釋形】

《説文》小篆爲形聲字,从心,皇聲。義符“心”依據小篆線條轉寫隸定。聲符“皇”金文作(《作册大方鼎》),本像帶底座的火炬形,故有光明盛大義;後來底座逐漸演化爲成字構件“王”,寫作(《王孫鐘》)、

（《中山王壺》）等；小篆字形上面本像火炬的部分訛變爲“自”，原有構形理據淡化；漢碑字形中，構件“自”隸定混同爲“白”，如圖。

【釋義】

驚慌恐懼，古代奏章中常以“誠惶誠恐”等形式爲謙恭之辭：“平惶恐叩頭，死罪死罪”（Q102）；“臣晨誠惶誠〚恐〛，頓首頓首，死罪死罪”（Q140）；“臣雄、臣戒愚戇，誠惶誠恐，頓首頓首，死罪死罪”（Q102）。

10230 **怖**　bù　《廣韻》普故切，滂暮去。滂魚。

① Q128

② Q140

③ Q161

《説文》爲“悑”之或體，《説文・心部》：“悑，惶也。从心，甫聲。怖，或从布聲。”

【釋形】

《説文》以“悑”爲正篆，从心，甫聲；以“怖”爲或體，从心，布聲。漢碑字形承襲《説文》或體。義符“心”或據小篆線條轉寫隸定，如圖①；或省變近似於“中”，如圖③；或近似於“忄”，如圖②。聲符“布”所从之構件“父”或與“父”獨立成字時的隸變形體相似，完全筆畫化，已看不出原本構意，如圖①②；或與“又”作構件時的隸變形體相混，寫作“ナ”，如圖③。構件“巾”據小篆線條轉寫隸定，如圖①～③。

【釋義】

㊀惶恐，畏懼：“單于怖畏，四夷稽顙”（Q128）；“夙夜憂怖，累息屏營”（Q140）。㊁震懾，恫嚇：“怖威悔惡，重譯乞降”（Q161）。

10231 **恥（耻）**　chǐ　《廣韻》敕里切，徹止上。透之。

① Q166

② Q130

《説文・心部》：“恥，辱也。从心，耳聲。”

【釋形】

《説文》小篆爲形聲字，从心，耳聲。漢碑字形中，義符“心”分解爲筆畫，失去象形性，如圖①；或聲化變爲“止”，成爲从耳、止聲的形聲字，理據重構，如圖②。聲符“耳”的上部分解出獨立的一横，且向右延伸，覆蓋於構件“心”或“止”的上方，整字呈半包圍結構，如圖①②；“耳”的下部據小篆形體轉寫隸定，其中圖①下面添加一短横。

【釋義】

㊀羞恥，羞愧：“高位不以爲榮，卑官不以爲恥”（Q166）；“君執一心，賴無洿恥”（Q187）。㊁以……爲羞恥，恥於：“君耻侉比，愠于羣小”（Q130）。

10232 **忝**　tiǎn　《廣韻》他玷切，透忝上。透談。

Q137

忝，《説文》作“忝”。《説文・心部》：“忝，辱也。从心，天聲。”

【釋形】

忝，《説文》小篆爲形聲字，从心，天聲。漢碑字形圖有殘泐，大致可見義符“心”與漢碑其他上下結構的字中一致，尚未省變爲“⺗”；聲符“天”依小篆線條對應轉寫隸定。

【釋義】

辱没，愧對：“遵帥紀律，不忝厥緒，爲冠帶理義之宗”（Q135）；“馮隆鴻軌，不忝前人”（Q137）。

10233 **憐**　lián　《廣韻》落賢切，來先平。來真。

Q114

《説文・心部》：“憐，哀也。从心，粦聲。”

【釋形】

《説文》小篆爲形聲字，从心，粦聲。漢

碑字形中，義符“心”隸定近似於“忄”。聲符“粦”所从之構件“炎”省變爲三個點畫下接一横畫；構件“舛”依小篆線條轉寫隸定，如圖。

【釋義】

憐憫，同情：“危危累卵兮，聖朝閔憐”（Q150）；“唯諸觀者，深加哀憐”（Q114）。

10234 **忍** rěn 《廣韻》而軫切，日軫上。日文。

① Q153

② Q110

《說文·心部》：“，能也。从心，刃聲。”

【釋形】

《說文》小篆爲形聲字，从心，刃聲。漢碑字形中，義符“心”分解爲筆畫，失去象形意味。聲符“刃”的指事符號或隸定爲一短横，與“刀”的撇筆交叉，如圖①；或隸定爲一斜豎，與“刀”的起筆相接，如圖②。

【釋義】

㊀忍耐，克制：“鑽前忍後，遂耽思舊章”（Q173）。㊁忍心：“妻子攣家，不忍去”（Q199）；“悲不勝言，慘不忍覩”（H144）。㊂用於地名：“漢巴郡朐忍令”（Q153）；“朐忍令梓潼雍君”（Q153）。

10235 **恒** tòng 《廣韻》徒弄切，定送去。定東。

① Q088

② Q109

恒，《說文》作“慟”。《說文·心部》（新附字）：“，大哭也。从心，動聲。”

【釋形】

“慟”爲《說文》新附字，从心，動聲，形聲字。漢碑中未見“慟”字，而是改聲符“動”爲“重”，整字寫作“恒”，成爲“慟”的異體字。聲符“重”金文作（《重鼎》），像人背負囊橐之形，會沉重之義；後來人形和囊橐形合併爲一體，寫作（《𢦏作周公簋》）；或將構件“人”改爲“壬”，整字寫作（《□外卒鐸》）；小篆承襲後一類字形并徹底線條化。漢碑字形進一步粘合并筆畫化，完全看不出人形和囊橐之形了，如圖①②。

【釋義】

極度悲哀：“故吏忉怛，歔欷低佪。四海冠蓋，驚恒傷懷”（Q088）。

10236 **悌** tì 《廣韻》徒禮切，定薺上。定脂。

Q179

《說文·心部》（新附字）：“，善兄弟也。从心，弟聲。經典通用弟。”

【釋形】

《說文》从心，弟聲，爲形聲字。漢碑字形中，義符“心”隸定趨向於“忄”。聲符“弟”中間的長曲線分解爲兩部分，上端與右上的短曲線重組爲“丷”；其他部分依小篆線條轉寫隸定，如圖。

【釋義】

用於“愷悌”，語出《詩·大雅·泂酌》：“豈弟君子，民之父母。”和樂平易貌：“愷悌父母，民賴以寧”（Q161）；“《詩》云愷悌，君隆其恩”（Q179）。

10237 **忉** dāo 《廣韻》都牢切，端豪平。端宵。

① Q144

② Q177

③ Q153

④ Q088

《說文》無。

【釋形】

漢碑字形从心，刀聲，爲形聲字。其中義符“心”從圖①到圖④展示出從小篆逐漸趨向於“忄”的演變過程，其中圖①還帶有明顯的篆意。聲符“刀”的隸定形體多與今之寫法相同，如圖②③；圖①則將折筆分解爲兩筆；圖④中的撇筆與折筆呈左右相離態勢。

【釋義】

悲傷，悲悽："深野曠澤，哀聲忉切"（Q153）；"遺孤忉絶，于嗟想形"（Q148）。

【釋詞】

［忉怛］悲傷，哀痛："咳孤憤泣，忉怛傷摧"（Q144）；"故吏忉怛，歔欷低佪"（Q088）。

［忉慟］極度悲傷："孝子孟恩、仲□、叔廉，忉慟悔歷□消刑"（Q109）。

10238 **忬** yù 《廣韻》羊洳切，餘御去。

Q149

《説文》無。

【釋形】

漢碑字形从心，予聲，爲形聲字。其中義符"心"適應左右結構的布局調整爲縱向取勢；聲符"予"小篆作 ，上部兩個封閉的三角形均拆解爲筆畫，原有結構被徹底打破，如圖。

【釋義】

此碑殘泐嚴重，"忬"字形體清晰，但其義難以確定："於是從□□知陳留韓〖公〗□假□忬泰山縣鰥□□□"（Q149）。

10239 **恍** huǎng 《廣韻》虎晃切，曉蕩上。曉陽。

Q070

《説文》無。

【釋形】

漢碑字形从心，光聲，爲形聲字。其中義符"心"省簡作"忄"；聲符"光"小篆作 ，漢碑中隸定形體與今之寫法相同，如圖。

【釋義】

用於"敞恍"，失魂落魄貌："□□側□，敞恍燿立"（Q070）。

10240 **悦** yuè 《廣韻》弋雪切，餘薛入。餘月。

① Q125

② Q130

③ Q146

④ Q133

⑤ Q095

《説文》無。

【釋形】

漢碑字形从心，兑聲，爲形聲字。其中義符"心"從圖①到圖⑤逐漸省變，由圖①的依據小篆線條對應轉寫隸定，到圖⑤的省簡形體"忄"，體現出動態演變的過程。聲符"兑"小篆字形作 ，構件"儿"隸定字形多與今之寫法相近，只有圖⑤中第二筆似爲豎提。構件"㕣"所从之"口"多隸定似三角形，如圖①②③⑤；或隸定爲"厶"，如圖④。構件"㕣"所从之"八"或隸定爲相對的兩點，如圖①～④；或訛寫近似於"小"，如圖⑤。

【釋義】

㊀歡喜，愉悦："欣悦竦慄，寬猛必衷"（Q133）；又見"悦服、悦雍"。㊁喜歡，喜好："既敦《詩》《書》，悦志《禮》《樂》"（Q169）；"長以欽明，躭《詩》悦《書》"（Q137）。

【釋詞】

［悦服］心悦誠服："雍雍其和，民用悦服"（Q125）。

［悦雍］歡樂和諧："君子安樂，庶士悦雍"（Q095）。

10241 **悀** yǒng 《廣韻》余隴切，餘腫上。

Q146

《説文》無。

【釋形】

漢碑字形从心、甬聲，爲形聲字。其中

義符“心”省簡作“忄”。聲符“甬”小篆作，从马，用聲，漢碑字形中，構件“马”上部離析出一個倒三角形，下部與構件“用”重疊，如圖①。

【釋義】

歡欣，雀躍：見“懽悀”。

10242 **愕** è 《廣韻》五各切，疑鐸入。疑鐸。

Q117

《説文》無。

【釋形】

漢碑字形从心，咢聲，爲形聲字。其中義符“心”隸定近似於“忄”。聲符“咢”本與“噩”同字，金文作（《鄂侯簋》）、（《禹鼎》）等，小篆形體變異作。漢碑與小篆相承，構件“屰”隸定省變作“干”，如圖。

【釋義】

直言：見“謇愕”。

10243 **惊**

“哀”的異體字（圖⑦⑧），見 2075 哀。

10244 **愔** yīn 《廣韻》挹淫切，影侵平。影侵。

Q123

《説文》無。

【釋形】

漢碑字形从心，音聲，爲形聲字。其中義符“心”適應左右結構的布局調整爲縱向取勢。聲符“音”小篆作，漢碑中隸定與今之寫法相同，如圖。

【釋義】

用於人名：“衙門下游徼許愔功上三百”（Q123）。

10245 **慄** lì 《廣韻》力質切，來質入。來質。

① Q133

② Q128

③ Q083

④ Q146

《説文》無。

【釋形】

漢碑字形从心，栗聲，爲形聲字。其中義符“心”從圖①到圖④逐漸省變，由圖①的依據小篆線條對應轉寫隸定，到圖④的省簡形體“忄”，體現出動態演變的過程。聲符“栗”小篆作，从木从鹵，漢碑中構件“鹵”隸定爲“覀”，如圖①③④；圖②此處有殘泐。構件“木”隸定形體多與今之寫法相同，只有圖④豎畫或上不出頭。

【釋義】

㊀因畏懼而發抖：“過者創楚，惴惴其慄”（Q146）。㊁謹慎戒懼的樣子：“齋誡奉祀，戰慄盡懃”（Q061）。㊂悲悽，悲痛：見“憀慄、懰慄”。

【釋詞】

［慄慄］語出《尚書·湯誥》：“慄慄危懼，若將隕于深淵。”謹慎戒懼貌：“烝烝慄慄，可移於官”（Q128）。

10246 **愈** yù 《廣韻》以主切，餘麌上。餘侯。

① Q106

② Q130

《説文》無。

【釋形】

漢碑字形从心，俞聲，爲形聲字。其中聲符“俞”小篆作，漢碑將其構件“巜”拉直爲兩豎畫，構件“舟”訛混爲“月”，如圖①②。

【釋義】

㊀病愈：“其月廿一日，況忽不愈”（Q106）。㊁勝，善：“雖姜公樹迹，雚檀流稱，步驟愈

否，君参其中”（Q130）。

10247 **㥘** cuī 《廣韻》昨回切，從灰平。

① Q263

② Q134

《説文》無。

【釋形】

漢碑字形从火，崔聲，爲形聲字。其中義符“心”或依據小篆線條轉寫隸定，如圖①；或省簡爲“忄”，如圖②。聲符“崔”小篆作 ，構件“山”中峰線條隸定省簡爲一豎；構件“隹”發生離析重組，并將線條全部轉寫爲筆畫，已看不出鳥的樣子了，如圖①②。

【釋義】

悲傷：“□□□慕，百朋哀㥘”（Q263）；又見“㥘傷”。

【釋詞】

［㥘傷］悲傷：“凡百隕涕，縉紳㥘傷”（Q134）。

10248 **㥹**

“勞”的異體字（圖③），見 13171 勞。

10249 **像**

“豫”的異體字（圖④），見 9146 豫。

10250 **憫** mǐn 《廣韻》眉殞切，明軫上。明文。

Q169

《説文》無。

【釋形】

漢碑字形从心，閔聲，爲形聲字。其中義符“心”省簡作“忄”；聲符“閔”小篆作 ，从門，文聲，漢碑字形依據小篆線條轉寫隸定，如圖。

【釋義】

憂愁，煩悶：“窮逼不憫，淑慎其身”（Q169）。

10251 **憉** péng 《廣韻》薄庚切，並庚平。並陽。

Q088

《説文》無。

【釋形】

漢碑字形从心，彭聲，爲形聲字。其中義符“心”省簡作“忄”；聲符“彭”小篆作 ，其中構件“壴”將小篆彎曲的線條變爲平直的筆畫，最下面的横畫拉長以承“彡”，使整個字形呈半包圍結構，如圖。

【釋義】

用於“憉㣯”：見“憉㣯”。

【釋詞】

［憉㣯］同“澎濞”，本指波浪相激之聲，漢碑中用以形容哭聲極其悲痛：“孝子憉㣯，顛倒剥摧。遂不剋瘉，永潛長歸”（Q088）。

10252 **憔** qiáo 《廣韻》昨焦切，從宵平。從宵。

① Q202

② Q175

《説文》無。

【釋形】

漢碑字形从心，焦聲，爲形聲字。其中義符“心”小篆作 ，或依據小篆線條轉寫隸定，如圖①；或省簡作“忄”，如圖②。聲符“焦”小篆作 ，構件“火”隸定爲“灬”；構件“隹”隸變過程中發生離析重組，已看不出鳥的樣子了，如圖①。

【釋義】

用於“憔悴”：見“憔悴”。

【釋詞】

［憔悴］漢碑中又作“憔顇”，㊀消瘦，

精神不振:"含憂憔顇,精傷神越"(Q202)。㊁頽廢,衰敗:"□□舍業憔悴,感清英之處卑"(Q175)。

10253 ⿸疒恿

"痛"的異體字(圖⑤⑥⑦),見 7175 痛。

10254 懃

"勤"的異體字(圖⑥⑦),見 13172 勤。

10255 ⿰忄鼻 pì 《廣韻》匹備切,滂至去。滂質。

Q088

《説文》無。

【釋形】

漢碑字形从心,鼻聲,爲形聲字。其中義符"心"省簡作"忄";聲符"鼻"小篆作 ,从自,畀聲,其中構件"自"漢碑字形混同爲"白",構件"畀"混同爲"卑",如圖。

【釋義】

用於"憉⿰忄鼻":見"憉⿰忄鼻"。

10256 懰 liú 《廣韻》力求切,來尤平。來幽。

Q083

《説文》無。

【釋形】

漢碑字形从心,劉聲,爲形聲字。其中義符"心"省簡近似於"忄"。聲符"劉"《説文》未收,《説文·金部》"鎦"字下引徐鍇曰:"《説文》無劉字,偏旁有之,此字又史傳所不見,疑此即劉字也。从金从丣,刀字屈曲,傳寫誤作田尔。"其説可參。漢碑字形中,聲符"劉"所从之構件"刀"省減爲相接的折筆和豎鉤;構件"丣"省變爲兩個"口";構件"金"小篆作 ,上面本爲"今"聲,漢碑字形粘合重組爲"人"下加"圭"形,如圖。

【釋義】

悲痛,悲傷:見"懰慄"。

【釋詞】

[懰慄]悲痛,悲傷:"泣血懰慄,踰于鄭人"(Q083)。

10257 ⿰忄⿱壴灬

"憙"的異體字(圖④),見 5061 憙。

卷 十 一

11001 **水** shuǐ 《廣韻》式軌切,書旨上。書微。

① Q113

② Q139

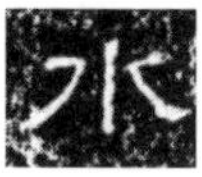
③ J241

④ Q043

《説文·水部》:“,準也。北方之行。象衆水並流,中有微陽之氣也。凡水之屬皆从水。”

【釋形】

《説文》以爲像衆水並流之形。按“水”甲骨文作(《合》34165)、(《合》5810),像水流動之形,象形字,本義爲河流。小篆與甲骨文相承,《説文》以陰陽五行釋之,多有附會,所釋義項“準也”實爲引申義。漢碑字形中,中間的長曲線變爲直笔,兩側的四條短曲線或對應轉寫爲點畫,或左側連寫爲横折,右側轉寫爲撇捺,如圖①~④。其中圖②右上多加一點。

【釋義】

㊀水:“漆不水解,工不爭賈”(Q112);“新婦主待給水將”(Q100);“望如父母,順如流水”(Q148);“水無沉氣,火無灾燀”(Q174)。㊁河流,河水:“漢水逆讓,稽滯商旅”(Q150);“涼風滲淋,寒水北流”(Q113);“下有深水多魚者,從兒刺舟渡諸母”(Q100);又見“水流”。㊂洪水,水灾:“灾異告愬,水旱請求”(Q125)。㊃用於官名:“京兆尹勑監都水掾霸陵杜遷市石”(Q129);“廿五日都水掾尹龍長陳壹造”(Q139)。㊄用於複姓“水丘”:“故脩行營陵水丘郚,字君石”(Q088)。

【釋詞】

[水旱]水澇和乾旱,泛指自然灾害:“立廟桐柏,春秋宗奉,灾異告愬,水旱請求”(Q125)。

[水流]河流的統稱:“高山崔隗兮,水流蕩蕩”(Q150);“宣抒玄汙,以注水流”(Q112)。

11002 **河** hé 《廣韻》胡歌切,匣歌平。匣歌。

① Q055

② Q142

③ J282

《説文·水部》:“,水。出焞煌塞外昆侖山,發原注海。从水,可聲。”

【釋形】

《説文》小篆爲形聲字,从水,可聲。按“河”甲骨文作(《合》14588)、(《合》8609)等,从水,丂(“柯”之初文)聲,專指黄河;或作(《合》24420)、(《合》32663)等,从水,何(表示擔荷義的初文)聲。金文作(《同簋蓋》)、(《同簋》),與甲骨文第二類字形相承。戰國秦文字作(《睡·秦》7),聲符“何”省簡爲“可”。小篆承襲此類字形。漢碑字形中,義符“水”或與甲骨文(《合》32663)中義符“水”結構相同,隸定爲一長豎兩側各有三個短豎,如圖①;或省簡爲三點,如圖②③。聲符“可”隸定與今之寫法相近。

【釋義】

㊀黄河:“寔爲四瀆,與河合矩”(Q125);“禹導江河,以靖四海”(Q150);又見“河東”等。㊁河流:“顔路哭回孔尼魚,澹臺忿

怒投流河”（Q113）。㊂河圖：“鈎《河》擿《雒》，却揆未然”（Q140）；又見“河洛”。㊃用於年號：“河平三年八月丁亥”（Q011）。㊄用於人名：“次子盈，曰少河”（Q021）；“試守漢嘉長、蜀郡臨邛張河”（Q188）；“故門下賊曹王翊長河”（Q178）。㊅用於地名：“相河南史君諱晨，字伯時，從越騎校尉拜”（Q141）；“西河大守都集掾”（Q039）。

【釋詞】

［河東］古指山西省境内黄河以東的地區：“故尚書孔立元世、河東大守孔彪元上”（Q141）；“河東臨汾張嘉”（Q061）；“河東臨汾敬信子直千”（Q112）。

［河洛］河圖洛書的簡稱：“又明歐陽《尚書》、河洛緯度”（Q066）；“墳典素丘，河雒運度”（Q084）。

［河南］古代泛指黄河以南地區，秦漢時也指河套以南：“丞張旉，字少游，河南京人”（Q129）；“河南梁東安樂肥君之碑”（Q142）。

［河朔］古代泛指黄河以北地區：“奄有河朔，遂荒畢陽”（Q129）。

11003 **江** jiāng 《廣韻》古雙切，見江平。見東。

① Q137

② Q114

《説文·水部》：“，水。出蜀湔氐徼外崏山，入海。从水，工聲。”

【釋形】

《説文》小篆爲形聲字，从水，工聲。“工”上古音在見母東部。漢碑字形中，義符“水”隸定爲三點。聲符“工”或與小篆基本一致，如圖①；或中間豎筆故意曲折，是漢隸特有的寫法，後世書法多有效仿，如圖②。

【釋義】

㊀長江：“禹導江河，以靖四海”（Q150）。㊁河流的通稱：“就夫倉，飲江海”（Q100）。㊂姓氏：“募使名工高平王叔、王堅、江胡綠石連車”（Q114）。㊃用於地名：“考廬江大守”（Q137）；“楗爲江陽長王君卒”（Q042）；“故江陽守長成固楊晏，字平仲”（Q199）。

11004 **池** chí 《廣韻》直離切，澄支平。定歌。

Q130

池，《説文》作“沱”。《説文·水部》：“，江别流也。出崏山東，别爲沱。从水，它聲。”

【釋形】

《説文》小篆爲形聲字，从水，它聲。邵瑛《説文解字羣經正字》：“按徐鍇曰：‘今又爲池字。’徐鉉曰：‘沱沼之沱，通用此字，今别作池，非是。’今經典沱沼祇用池字，蓋即沱之訛體。沱篆作，形相近也。沱、池有兩音，實無兩字，故《説文》有沱字無池字。《左襄二十二年傳》：‘而何敢差池。’《釋文》：‘池，徐本作沱，直知反，一音徒何反。’足知其一字也。”按“沱”金文作（《静簋》）、（《遹簋》）。陳夢家《禺邗王壺考釋》：“金文沱、池一字，以池爲池沼，爲停水，爲城池，皆非朔義。池即沱，而沱者水之别流也”漢碑徑作“池”，構件“水”隸定爲三點，如圖。

【釋義】

㊀護城河：“西流里外，南注城池”（Q141）；“恐縣吏斂民，侵擾百姓，自以城池道濡麥，給令還所斂民錢材”（Q141）。㊁用於地名：“池陽左鄉有秩何博千五百”（Q123）；“故功曹司隸茂才司空掾池陽郭晊公休”（Q200）；“君昔在黽池，脩崤嶔之道，德治精通，致黄龍、白鹿之瑞，故圖畫其像”（Q147）。

11005 **温** wēn 《廣韻》烏渾切，影魂平。影文。

① J282

② Q179

③ Q166

④ Q185

《説文·水部》:“,水。出犍爲涪,南入黔水。从水,𥁕聲。”

【釋形】

《説文》小篆爲形聲字,从水,𥁕聲。漢碑字形中,義符“水”隸定爲三點。聲符“𥁕”上方形體隸定形式多様,或隸定與囚徒之“囚”混同,如圖①;或訛寫作“内”形,如圖②;或隸定混同爲“日”,如圖③;或將“囚”内部的“人”形寫作折筆,如圖④。下部構件“皿”筆畫發生重組,已失去象形性。

【釋義】

㊀和善,寬厚:“内懷温潤,外撮强虐”(Q154);“秉心塞淵,終温惠和”(Q158);“君體温良恭儉之德”(Q166)。㊁温習:“韜綜頤□,温故前呈”(Q137)。㊂熱病:見“温疾”。㊃用於地名:“故薛令河内温朱熊伯珍五百”(Q112)。

【釋詞】

[温故知機]語出《論語·爲政》:“温故而知新,可以爲師矣。”又《易·繫辭下》:“知幾其神乎。君子上交不諂,下交不瀆,其知幾乎?”表示温習已有知識經驗,可以察知事物變化的細微徵兆:“治禮小戴,閨族孝友,温故知機”(Q128)。

[温疾]温病,受風寒而引起的熱病總稱:“而眉耇不往,温疾來升”(Q173)。

[温温]謙和寬厚貌:“國之良幹,垂愛在民,蔽沛棠樹,温温恭人”(Q179)。

11006 **沮** jū 《廣韻》子魚切,精魚平。精魚。

Q150

《説文·水部》:“,水。出漢中房陵,東入江。从水,且聲。”

【釋形】

《説文》小篆爲形聲字,从水,且聲。漢碑字形中,義符“水”隸定爲三點;聲符“且”將小篆圓轉線條轉寫隸定爲平直方折的筆畫,如圖。

【釋義】

用於地名:“路當二州,經用衿沮。〚沮縣士民,或〛給州府”(Q150)。

11007 **涂** tú 《廣韻》同都切,定模平。定魚。

Q126

《説文·水部》:“,水。出益州牧靡南山,西北入澠。从水,余聲。”

【釋形】

《説文》小篆爲形聲字,从水,余聲。漢碑字形中,義符“水”隸定爲三點。聲符“余”甲骨文作(《合 19910》),學者多認爲像房舍之形,爲“舍”之初文;漢碑字形與小篆結構相近,只是將小篆中間彎曲的線條拉直爲横畫,如圖。

【釋義】

“徐”字之訛:見“埶涂”(即“埶徐”)。

11008 **淹** yān 《廣韻》央炎切,影鹽平。影談。

Q134

《説文·水部》:“,水。出越嶲徼外,東入若水。从水,奄聲。”

【釋形】

《説文》小篆爲形聲字,从水,奄聲。漢碑字形中,義符“水”隸定爲三點。聲符“奄”所从之構件“大”像張開雙臂的線條拉直爲横畫;構件“申”隸定爲“电”,如圖。

【釋義】

㊀埋没,有才德而不被重用:“位淹名

顯,敷聞于下”(Q134)。㊁時間長:見“淹疾”。

【釋詞】

[淹疾]久病:“六月癸巳,淹疾卒官”(Q144)。

11009 **溺** nì 《廣韻》奴歷切,泥錫入。泥藥。

Q084

《説文·水部》:“,水自張掖删丹西,至酒泉合黎,餘波入于流沙。从水,弱聲。桑欽所説。”

【釋形】

《説文》小篆爲形聲字,从水,弱聲。本義爲水名,借爲沈溺、溺水之義。按《説文》另有“休”字,釋其義爲“没也”。段玉裁《説文》“休”字下注云:“此沈溺之本字也。”“弱”上古音在日母藥部。漢碑字形中,義符“水”隸定爲三點;聲符“弱”將小篆圓轉線條轉寫隸定爲平直方折的筆畫,“弓”形内“彡”省寫爲兩點,如圖。

【釋義】

㊀陷入困境:見“飢溺”。㊁用於人名。桀溺,春秋時期的隱士:“桀且溺之耦耕,甘山林之杳藹”(S110)。

11010 **漢** hàn 《廣韻》呼旰切,曉翰去。曉元。

① Q166

② Q166

③ Q205

④ Q153

⑤ Q095

⑥ Q137

⑦ Q102

⑧ Q025

⑨ Q178

《説文·水部》:“,漾也。東爲滄浪水。从水,難省聲。,古文。”

【釋形】

《説文》以爲从水,難省聲。按“漢”春秋金文作(《敬事天王鐘》),戰國陶文作(《陶録》3.493.1),當爲从水,𦰩聲。秦簡文字作(《嶽占》38),爲漢碑字形之所承。小篆在金文字形的基礎上有所變異,聲符下方離析出“土”形。《説文》以“从水,難省聲”釋之,與原初形體不符。漢碑字形與小篆没有承繼關係,義符“水”隸定爲三點。聲符“𦰩”隸變形體多樣。上部或寫作“廿”,如圖①②;或混同“艸”,如圖⑥;或省變爲“艸”的變體“⺾”(如圖④)、“艹”(如圖③⑦)、“䒑”(如圖⑤⑧⑨)。下方或離析出兩個“八”字形的點,如圖①~⑥;或繁化作四點“灬”。

【釋義】

㊀水名,漢水,長江最長支流:“漢水逆讓,稽滯商旅”(Q150)。㊁朝代名:“惟漢永和二年八月”(Q124);“漢故鴈門大守鮮于君碑”(Q128);“遂登漢室,出司邊方”(Q128)。㊂用於年號:“漢安元年四月十八日會仙友”(Q086)。㊃用於人名:“故功曹秦杼漢都千”(Q178);“山陽南平陽陳漢甫二百”(Q112)。㊄用於地名:“時令漢中南鄭趙宣,字子雅”(Q112);“於是大守漢陽阿陽李君諱翕,字伯都”(Q150);“廣漢景雲叔于,以永元十五年季夏仲旬己亥卒”(Q153)。

11011 **漆** qī 《廣韻》親吉切,清質入。清質。

J316

《説文·水部》:“,水。出右扶風杜陽岐山,東入渭。一曰:入洛。从水,桼聲。”《説文·桼部》:“,木汁。可以髤物。象形。桼如水滴而下。凡桼之屬皆从桼。”

【釋形】

樹漆之“漆”,《説文》本作“桼”,像漆從樹幹下滴之形,象形字。《説文》“漆”从水,桼聲,本爲水名,後樹漆之“桼”亦添加構件“水”作“漆”,形成同形字。段玉裁《説文解字注》:“今字作漆而桼廢矣。漆,水名也,非木汁也。《詩》《書》‘梓桼、桼絲’皆作漆,俗以今字易之也。”“桼”小篆字形仍然具有一定的象形性。漢碑字形隶定近似於“来”多加一横,完全失去象形意味,如圖。

【釋義】

樹漆:“漆不水解,工不爭賈”(Q112);“即此五家祖冢之責,以漆書之”(Q278)。

11012 **洛** luò 《廣韻》盧各切,來鐸入。來鐸。

Q066

《説文·水部》:“,水。出左馮翊歸德北夷界中,東南入渭。从水,各聲。”

【釋形】

《説文》小篆爲形聲字,从水,各聲。“各”上古音在見母鐸部。甲骨文“洛”即从水、各聲,寫作(《合》36960)、(《合》36959)等形,左側的構件“水”省簡爲一條曲線,第二個字形另外添加表示水滴的三點。西周金文已與小篆字形相近,寫作(《虢季子白盤》)。漢碑字形中,義符“水”隸定爲三點;聲符“各”依據小篆線條轉寫隸定,如圖。

【釋義】

指《洛書》:“又明歐陽尚書,河洛緯度”(Q066)。

11013 **汝** rǔ 《廣韻》人渚切,日語上。日魚。

① Q038

② Q112

③ Q129

④ Q285

《説文·水部》:“,水。出弘農盧氏還歸山,東入淮。从水,女聲。”

【釋形】

《説文》小篆爲形聲字,从水,女聲。甲骨文“汝”即从水,女聲,寫作(《合》2791)、(《合》14026)等,義符和聲符位置左右不固定。小篆固定爲左形右聲。漢碑字形中,有的爲碑文篆書,如圖①。多數則已經發生隸變,義符“水”隸定爲三點。聲符“女”的三條曲線,分别據其所處的不同位置而轉寫爲不同的筆畫,如圖②～④,其中圖②③頂端相接構成封閉形狀。

【釋義】

㊀水名:“濱近聖禹,飲汝茹汸”(Q187)。㊁第二人稱代詞,你:“捐脜□從,穴埊爾汝”(H144)。㊂用於地名:“故吏郎中汝南許鎮長秋”(Q285);“司徒公汝南女陽袁安召公”(Q038)。

11014 **汾** fén 《廣韻》符分切,並文平。並文。

Q112

《説文·水部》:“,水。出太原晉陽山,西南入河。从水,分聲。或曰:出汾陽北山,冀州浸。”

【釋形】

《説文》小篆爲形聲字,从水,分聲。“汾”最早見於戰國文字,當時義符“水”即省變爲三短横,寫作(《二十二年臨汾守戈》)。漢碑字形與此相承,義符“水”隸定爲三點;聲符“分”彎曲線條轉寫隸定爲平直方折的筆畫,如圖。

【釋義】

用於地名:“河東臨汾張嘉”(Q061);“東海傅河東臨汾敬謙字季松千”(Q112);“河東臨汾敬信子直千”(Q112)。

11015 **沾** zhān 《廣韻》張廉切,知鹽平。端談。

Q178

《説文·水部》:"沾,水。出壺關,東入淇。一曰:沾,益也。从水,占聲。"

【釋形】

《説文》小篆爲形聲字,从水,占聲。漢碑字形中,義符"水"隸定爲三點;聲符"占"將小篆圓轉線條轉寫隸定爲平直方折的筆畫,如圖。

【釋義】

㊀浸潤:見"沾渥"。㊁充足:見"沾洽"。

【釋詞】

[沾洽]雨量充足:"不終朝日,而澍雨沾洽"(Q174)。

[沾渥]浸潤,比喻蒙受恩澤、寵遇:"鄉明治,惠沾渥"(Q178)。

11016 **蕩** dàng 《廣韻》徒朗切,定蕩上。定陽。

① J282

② Q141

③ Q095

《説文·水部》:"蕩,水。出河内蕩陰,東入黄澤。从水,𦽏聲。"

【釋形】

《説文》小篆爲形聲字,从水,𦽏聲。漢碑字形中,義符"水"隸定爲三點。聲符"𦽏"所从之構件"艸"或隸定爲"艹",如圖①②;或隸定爲"䒑",如圖③。構件"昜"中的"日"與下方粘合,如圖①~③。

【釋義】

㊀蕩除,清除:"八音克諧,蕩邪反正"(Q141)。㊁廣大,浩大:見"蕩蕩"。㊂用於地名:"漢故穀城長蕩陰令張君表頌"(Q179);"流化八基,遷蕩陰令"(Q179)。

【釋詞】

[蕩蕩]㊀水流奔涌貌:"高山崔嵬兮,水流蕩蕩"(Q150)。㊁廣大無邊貌:"魏魏蕩蕩,與乾比崇"(Q140);"長期蕩蕩,於盛復授"(Q112)。㊂心胸寬廣貌:"無偏蕩蕩,貞雅以方"(Q095)。

11017 **灌** guàn 《廣韻》古玩切,見換去。見元。

Q128

《説文·水部》:"灌,水。出廬江雩婁,北入淮。从水,雚聲。"

【釋形】

《説文》小篆爲形聲字,从水,雚聲。按"灌"戰國秦文字作灌(《睡·日甲》51),爲漢碑文字之所承。漢碑字形聲符"雚"進一步省簡,上方省變爲"亠";中部的"吅"省變兩個三角形;下方"隹"發生離析重組,并將線條全部轉寫爲筆畫,已看不出鳥的樣子了,如圖。

【釋義】

㊀灌溉:見"灌園"。㊁用於官名:"中子諱操,字仲經,郡孝,灌謁者"(Q128)。

【釋詞】

[灌園]語出《史記·魯仲連鄒陽列傳》:"孫叔敖三去相而不悔,於陵子仲辭三公爲人灌園。"表示退隱躬耕的生活方式:"守疏廣止足之計,樂於陵灌園之契"(Q154)。

11018 **漸** jiàn 《廣韻》慈染切,從琰上。從談。

J237

《説文·水部》:"漸,水。出丹陽黟南蠻中,東入海。从水,斬聲。"

【釋形】

《説文》小篆爲形聲字,从水,斬聲。

"漸" 戰國楚文字寫作上下結構,如(《包》2.61)。漢碑字形承襲小篆的字形結構,義符 "水" 隸定爲三點。聲符 "斬" 所从之構件 "車" 將小篆圓轉線條轉寫隸定爲平直方折的筆畫;構件 "斤" 的兩個線條各自拆分爲兩筆,如圖。

【釋義】

㊀逐漸,慢慢地:"杞繒漸替,又遭亂秦"(Q065)。㊁漸進:"鴻漸衡門,群英雲集"(Q066);"當漸鴻羽,爲漢輔臣"(Q166)。

11019 **泠** líng 《廣韻》郎丁切,來青平。來耕。

Q187

《説文·水部》:",水。出丹陽宛陵,西北入江。从水,令聲。"

【釋形】

《説文》小篆爲形聲字,从水,令聲。漢碑字形中,義符 "水" 隸定爲三點;聲符 "令" 所从之構件 "卩" 隸定作 "卪",如圖。

【釋義】

通 "零",落:見 "涕泠"。

11020 **溧** lì 《廣韻》力質切,來質入。來質。

① Q172 ② Q172

《説文·水部》:",水。出丹陽溧陽縣。从水,栗聲。"

【釋形】

《説文》小篆爲形聲字,从水,栗聲。漢碑字形中,義符 "水" 隸定爲三點。聲符 "栗" 甲骨文作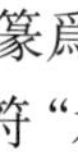(《合》10934)、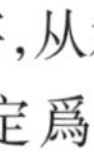(《合》3035),像栗樹之形,小篆誤从 "鹵"。漢碑字形構件 "鹵" 隸定作 "覀";構件 "木" 上弧線拉直爲横畫,下弧線隸變爲一撇一捺,如圖①②。

【釋義】

用於地名:"溧陽長潘君諱乾"(Q172);"貽我潘君,平兹溧陽"(Q172)。

11021 **深** shēn 《廣韻》式針切,書侵平。書侵。

① Q129 ② Q100

《説文·水部》:",水。出桂陽南平,西入營道。从水,罙聲。"

【釋形】

《説文》小篆爲形聲字,从水,罙聲。甲骨文 "深" 即从水,罙聲,寫作(《合》5362)。其中聲符 "罙" 甲骨文本像手在穴中掏取之狀,寫作(《合》18524)、(《合》18260)等,當爲深淺之 "深" 的初文。"深" 戰國文字作(《中山王礜方壺》)、(《上(1)·孔》2),變爲半包圍結構,且聲符 "罙" 發生形變。小篆承襲戰國文字的構件形體,但整字布局又調整爲左右結構。漢碑字形中,義符 "水" 隸定爲三點。聲符 "罙" 所从之構件 "穴" 或隸定與今之寫法相同,如圖①;或草寫變異,筆畫錯雜,如圖②。"罙" 下面的構件省變混同爲 "木",爲今之寫法所承,如圖①②。

【釋義】

㊀與 "淺" 相對:"臨深長淵,三百餘丈"(Q150);"下有深水多魚者"(Q100);"深除玄汙,水通四注"(Q112)。㊁縱深,深遠:"煙火相望,四時不絶,深野曠澤,哀聲忉忉"(Q153)。㊂深入,透徹:"深惟三公御語山,三條别神,迥在領西"(Q060);"升堂講誦,深究聖指"(Q105)。㊃感情深厚:"孝深《凱風》,志絜《羔羊》"(Q093)。㊄程度副詞,相當於 "甚、非常":"唯諸觀者,深加哀憐,壽如金石,子孫萬年"(Q114);"夫人深守高節,劬勞歷載"(Q056)。㊅用於地名:"故吏五官掾博陵南深澤程祺,字伯友"

（Q148）。

【釋詞】

［深執］堅持，執著："深執忠伉，數上奏請"（Q095）。

11022 **淮** huái 《廣韻》户乖切，匣皆平。匣微。

① Q125 ② Q141

《説文·水部》："，水。出南陽平氏桐柏大復山，東南入海。从水，隹聲。"

【釋形】

《説文》小篆爲形聲字，从水，隹聲。"隹"上古音在章母微部。"淮"甲骨文即爲从水、隹聲，寫作（《合》29366）、（《合》38470）等形，第一個字形構件"水"省簡爲一條曲線，第二個字形省簡爲三點。西周金文已與小篆字形相近，寫作（《兮甲盤》）；或將聲符改换爲"唯"，寫作（《曾白霥簠》）。漢碑字形中，義符"水"隸定爲三點；聲符"隹"發生離析重組，并將線條全部轉寫爲筆畫，已看不出鳥的樣子了，如圖①②。

【釋義】

㊀水名，淮河："泫泫淮源，聖禹所導，湯湯其逝，惟海是造"（Q125）。㊁用於人名："功曹史孔淮"（Q141）；"户曹掾楊淮"（Q172）；"故司隸校尉楊君，厥諱淮，字伯邳"（Q152）。

11023 **泄** xiè 《廣韻》私列切，心薛入。心月。

① J011 ② Q137

《説文·水部》："，水。受九江博安洵波，北入氐。从水，世聲。"

【釋形】

《説文》小篆爲形聲字，从水，世聲。"世"上古音在書母月部。漢碑字形中，義符"水"隸定爲三點；聲符"世"將三個"十"粘合爲"丗"形，如圖①②。

【釋義】

排出，發泄："國外浮訞，淡界繆動，氣泄狂□"（Q137）。

11024 **淩** líng 《廣韻》力膺切，來蒸平。來蒸。

② Q114 ① Q153

《説文·水部》："，水。在臨淮。从水，夌聲。"

【釋形】

《説文》小篆爲形聲字，从水，夌聲。漢碑字形中，義符"水"隸定爲三點；聲符"夌"《説文》从夊从㚇，漢碑粘合隸定近似於"麦"形，如圖①②。

【釋義】

㊀超越，超過："辭䌛距賵，高志淩雲"（Q202）。㊁高："徐養淩柏，朝莫祭祠"（Q114）。

11025 **濕（漯）** （一）tà 《廣韻》他合切，透合入。透緝。

① Q112 ② Q150

《説文·水部》："，水。出東郡東武陽，入海。从水，㬎聲。桑欽云：'出平原高唐。'"

【釋形】

《説文》小篆爲形聲字，从水，㬎聲，本義爲水名，多用作潮溼義。《説文》另有"溼"，釋爲"幽溼也"，爲潮溼義之本字。《説文》"溼"下段玉裁注云："今字作濕。"漢碑字形中，義符"水"隸定爲三點。聲符"㬎"或據小篆線條轉寫隸定，局部還帶有明顯的篆意，如圖①；或訛變混同爲"累"形，如圖②。顧藹吉《隸辨·緝韻》："按《廣川書跋》云'漯，當作濕'是也。《説文》'濕'从'㬎'，

‘㬎’从日从絲。‘累’即‘㬎’之省,而訛‘日’爲‘田’耳。如‘顯’亦从‘㬎’,《綏民校尉熊君碑》‘顯’皆爲‘顆’,與‘濕’之爲‘漯’正同。《漢書·功臣表》有濕陰定侯,《地理志》《霍去病傳》《王莽傳》皆作‘漯陰’,則‘濕、漯’本是一字。”

【釋義】

用於地名:“平原濕陰馬瑤元冀二百”(Q112)。

(二)shī 《廣韻》失入切,書緝入。書緝。

【釋義】

低溼,潮溼:“又醳散關之嶃漯,從朝陽之平燥”(Q150)。

11026 **漯**

“濕”的異體字(圖②),見 11025 濕。

11027 **泗** sì 《廣韻》息利切,心至去。心質。

Q137

《説文·水部》:“,受泲水,東入淮。从水,四聲。”

【釋形】

《説文》小篆爲形聲字,从水,四聲。漢碑字形中,義符“水”隸定爲三點;聲符“四”依據小篆圓轉線條轉寫隸定,如圖。

【釋義】

水名:見“洙泗”。

11028 **洙** zhū 《廣韻》市朱切,禪虞平。禪侯。

Q137

《説文·水部》:“,水。出泰山蓋臨樂山,北入泗。从水,朱聲。”

【釋形】

《説文》小篆爲形聲字,从水,朱聲。漢碑字形中,義符“水”隸定爲三點;聲符“朱”將小篆上方彎曲的筆畫拉直,且於起筆處添加彎筆,以與“朱”相區别,如圖。後來又將彎筆離析爲一短撇,形成現在通行的寫法。

【釋義】

水名:見“洙泗”。

【釋詞】

[洙泗]洙、泗均爲古水名,春秋時屬魯地,孔子的政治抱負不得施展,退而講學於洙泗之間,故後來常以“洙泗”指代聚徒講學或講學之地:“歸來洙泗,用行舍臧”(Q137)。

11029 **沂** yí 《廣韻》魚衣切,疑微平。疑微。

Q148

《説文·水部》:“,水。出東海費東,西入泗。从水,斤聲。一曰:沂水,出泰山蓋,青州浸。”

【釋形】

《説文》小篆爲形聲字,从水,斤聲。漢碑字形中,義符“水”隸定爲三點;聲符“斤”將小篆的兩個線條各自拆分爲兩筆,如圖。

【釋義】

通“垠(yín)”,界限,邊際:“永永無沂,與日月竝”(Q148)。

11030 **洋** yáng 《廣韻》與章切,餘陽平。餘陽。

① Q127

② Q149

《説文·水部》:“,水。出齊臨朐高山,東北入鉅定。从水,羊聲。”

【釋形】

《説文》小篆爲形聲字,从水,羊聲。漢

碑字形中，義符“水”隸定爲三點。聲符“羊”或以小篆線條隸定爲上“丱”下“干”，如圖①；或隸定與今之寫法相同，如圖②。

【釋義】

㊀盛大，廣大：見“洋洋、洋溢”。㊁用於人名：“弟子汝南平輿謝洋，字子〖讓〗”（Q127）。

【釋詞】

［洋洋］盛大貌：“洋洋奂乎若德，光耀冠乎諸牧”（Q173）。

［洋溢］充盈貌：“悳洋溢而溥優”（Q065）。

11031 **汶** （一）wèn 《廣韻》亡運切，明問去。明文。

① Q070

② Q153

《説文·水部》：“，水。出琅邪朱虚東泰山，東入潍。从水，文聲。桑欽説：汶水出泰山萊蕪，西南入泲。”

【釋形】

《説文》小篆爲形聲字，从水，文聲。漢碑字形中，義符“水”隸定爲三點。聲符“文”隸定與今之寫法相同，如圖①②。

【釋義】

㊀水名：“先人伯況，匪志慷慨，術禹石紐、汶川之會”（Q153）；“惟汶降神，梃斯君兮”（Q153）。㊁用於地名：“右決曹史汶陽馬宗”（Q269）。

（二）mín 《廣韻》武巾切，明真平。

【釋義】

㊀山名，即岷山：“建宅處業，汶山之陽”（Q070）。㊁用於人名：“故王汶田頃九十畝”（Q071）。

11032 **治** zhì 《廣韻》直吏切，澄志去。定之。

① Q119

② JB6

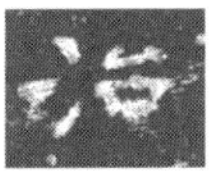
③ Q148

《説文·水部》：“，水。出東萊曲城陽丘山，南入海。从水，台聲。”

【釋形】

《説文》小篆爲形聲字，从水，台聲。戰國秦文字即已開始隸變，寫作（《睡·雜》6），義符“水”已省變爲三點；聲符“台”上部構件“㠯”省變爲閉合的三角形。漢碑字形或與戰國秦文字基本相同，如圖①；或進一步筆畫化，將基礎構件“㠯”隸定作“厶”，與今之寫法相同，如圖③；圖②則介於圖①和圖③之間。

【釋義】

㊀整治，建造：“將徒治道，造尊楗閣”（Q022）；“欄楯什物，歲歲作治”（Q119）；“戢治廧屋，市肆列陳”（Q178）。㊁治理，統治：“號治四靈，君臣父子”（S32）；“鄉明治，惠沾渥；吏樂政，民給足。”（Q178）。㊂謀劃，經營：見“治生”。㊃社會安定，太平：“不肅而成，不嚴而治”（Q146）；“□□□其清靜，九域尐其脩治”（Q161）。㊄修養，修煉：“皛白清方，剋己治身”（Q088）。㊅研究，研讀：“治魯《詩經》韋君章句”（Q132）；“治《詩》《尚書》，兼覽羣藝，靡不尋暘”（Q144）；“治《春秋》嚴氏經”（Q187）。㊆舊時王都或地方官署所在地：“卜擇吉土治東，就衡山起堂立壇”（Q060）。㊇用於官名：“州辟典部，入領治中”（Q128）；“常爲治中、別駕”（Q178）。㊈用於人名：“彭城龔治世平二百”（Q112）；“魯傅兖子豫二百，任城亢父治真百”（Q112）。

【釋詞】

［治劇］漢代察舉官吏的科目名，治劇科主要考察官吏處理繁難事務的能力：“復辟司徒，舉治劇”（Q134）。

［治生］經營家業：“治生興政，壽皆萬年”（Q100）；“學者高遷宜印綬，治生日進錢萬倍”（Q100）。

［治所］古代地方官員的官署：“使者益州治所下”（Q170）。

11033 **濅** jìn 《廣韻》子鴆切，精沁去。精侵。

Q129

《説文·水部》:“，水。出魏郡武安，東北入呼沱水。从水，㠯聲。㠯，籒文㝆字。”

【釋形】

《説文》小篆爲形聲字，从水，㠯聲。“㵒”甲骨文从水，帚聲，寫作（《佚》446）；小篆聲符增加構件“又”，寫作“㠯”。漢碑字形繼承了从水、帚聲的結構，義符“水”隸定爲三點，且位於構件“宀”下，整字布局由小篆的左右結構調整爲上下結構，如圖。

【釋義】

漸漸，逐步：“後不承前，至于亡新，㵒用丘虚，訖今垣趾營兆猶存”（Q129）。

11034 **濟** （一）jì 《廣韻》子計切，精霽去。精脂。

① Q125 ② Q083 ③ Q178 ④ Q157

⑤ Q066

《説文·水部》:“，水。出常山房子贊皇山，東入泜。从水，齊聲。”

【釋形】

《説文》小篆爲形聲字，从水，齊聲。漢碑字形中，義符“水”隸定爲三點。聲符“齊”的隸定情況參見 7069 齊。

【釋義】

㊀渡水：“財容車騎，進不能濟，息不得駐”（Q146）；“疏穢濟遠，柔順其道”（Q125）。㊁越過，渡過：“同心濟鸎，百川是正”（Q065）；“濟渡窮厄。後會事覺”（Q177）。㊂成就，成功：“故能興〚朴〛□，□彫幣，濟弘功於易簡”（Q127）；“匡國達賢，登善濟可”（Q135）；“不爲小威，以濟其仁，弸中獨斷，以效其節”（Q154）。㊃救助，幫扶：“初據百里，顯顯令聞，濟康下民”（Q137）；“〚思惟惠〛利，有以綏濟”（Q150）；“府君君國，濟民以禮，闔風旌善”（Q157）。㊄調劑，調和：“寬以濟猛”（Q257）。㊅用於人名：“相主簿薛曹訪濟興三百”（Q112）。

（二）jǐ 《廣韻》子禮切，精薺上。精脂。

【釋義】

用於地名：“門生濟南梁郡趙震，字叔政”（Q127）；“門生濟南東平陵吳進，字升臺”（Q127）；“開明子宣張，仕濟陰”（Q094）。

【釋詞】

［濟濟］㊀語出《詩·大雅·旱麓》：“瞻彼旱麓，榛楛濟濟。”形容人才眾多：“濟濟俊乂，朝野充盈”（Q174）。㊁整齊美盛貌：“濟濟之儀，孜孜之踰”（Q193）。

11035 **濡**（濡） （一）rú 《廣韻》人朱切，日虞平。日侯。

① J009 ② Q137

《説文·水部》:“，水。出涿郡故安，東入漆涑。从水，需聲。”

【釋形】

《説文》小篆爲形聲字，从水，需聲。戰國秦文字即已開始隸變，寫作（《睡·日甲》2），義符“水”已省簡爲三點；漢碑字形或在此基礎上徹底筆畫化，聲符“需”所从之構件“而”隸定與今之寫法相同，如圖①。圖②聲符“需”上部構件“雨”受下部構件“而”的影響，發生同化，整字隸定爲“濡”。

【釋義】

㊀滋潤：“煌煌濡濡，其色若僧”（Q114）。㊁通“儒”，儒家：“君之烈祖，少以濡術，安貧樂道”（Q137）。

（二）nuò 《集韻》奴臥切，泥過去。

【釋義】

通“糯”：見“濡麥”。

【釋詞】

[濡麥] 即糯麥，一種帶黏性的大麥：“自以城池道濡麥，給令還所斂民錢材”（Q141）。

11036 **濡**

“濡”的異體字(圖②)，見11035 濡。

11037 **沛** pèi（一）《廣韻》普蓋切，滂泰去。滂月。

① Q133

② Q179

③ Q066

《説文·水部》：“，水。出遼東番汗塞外，西南入海。从水，巿聲。”

【釋形】

《説文》小篆爲形聲字，从水，巿聲。“巿”上古音在幫母月部。漢碑字形中，有的爲碑文篆書，但聲符已經采用隸書的結構，“巿”訛變爲“市”，如圖①。多數則已經發生隸變，義符“水”隸定爲三點。聲符“巿”上弧線拉直爲横畫，中豎左右曲線粘合隸定似“冂”形，如圖②；中豎或斷開，上部變爲點，隸定爲“市”，如圖③。

【釋義】

㊀水充盛貌：“〖濤〗波滂沛，激揚絶道”（Q150）。㊁宏闊豐盛貌：“潤施源流，鴻濛沛宣”（Q061）。㊂跌倒：見“顛沛”。㊃通“芾”，草木茂盛貌：“蔽沛棠樹，温温恭人”（Q179）。㊄用於官名：“漢故沛相楊君之碑”（Q133）；“遭從兄沛相憂，篤義忘寵，飄然輕舉”（Q134）；“牧子統，金城太守、沛相”（Q066）。㊅用於人名：“故吏乘氏令博陵安平王沛”（Q148）。

（二）《廣韻》博蓋切，幫泰去。幫月。

【釋義】

用於地名：“沛郡故吏吳岐子根”（Q167）；“沛國丁直，魏郡馬萌，勃海吕圖”（Q154）；“丞沛國銍趙勳，字蔓伯”（Q172）。

11038 **泥** ní 《廣韻》奴低切，泥齊平。泥脂。

① Q188

② Q043

《説文·水部》：“，水。出北地郁郅北蠻中。从水，尼聲。”

【釋形】

《説文》小篆爲形聲字，从水，尼聲。漢碑字形中，義符“水”隸定爲三點。聲符“尼”或依據小篆線條轉寫隸定，如圖①。構件“尸”或左邊封口寫作“尸”；構件“匕”或省寫爲二横畫，如圖②。

【釋義】

淤泥，泥地：“□□泥淖，道不通”（Q043）；“平阿湶泥，常蔭鮮晏”（Q095）；“爰傳碑在泥塗”（Q188）。

11039 **漠** mò 《廣韻》慕各切，明鐸入。明鐸。

Q260

《説文·水部》：“，北方流沙也。一曰：清也。从水，莫聲。”

【釋形】

《説文》小篆爲形聲字，从水，莫聲。漢碑字形中，義符“水”隸定爲三點；聲符“莫”所从之構件“茻”上方的“屮”隸定作“艹”形，下方的“屮”粘合爲“六”形，如圖。

【釋義】

㊀沙漠：“遂陵高闕，下雞簏，經磧鹵，絶大漠”（H26）。㊁淡泊，清靜無爲：“遁世無悶，恬佚淨漠，徲徠衡門”（S110）。

11040 **海** hǎi 《廣韻》呼改切，曉海上。曉之。

① Q125

② J148

③ Q142

《説文·水部》:“，天池也。以納百川者。从水，每聲。”

【釋形】

《説文》小篆爲形聲字，从水，每聲。“每”上古音在明母之部。漢碑字形中，義符“水”隸定爲三點；聲符“每”甲骨文作（《合》29155），金文作（《杞白簋》），像女性頭飾華麗的樣子。小篆沿襲金文寫法。漢碑字形中，上面表示頭飾的部分離析爲“亠”，如圖①②；或寫作“𠂉”，如圖③。下部形體轉寫爲“母”，如圖①；中間兩點或連成一短豎，如圖②③。

【釋義】

㊀大海：“泫泫淮源，聖禹所導，湯湯其逝，惟海是造”（Q125）；“其當飲食，就夫倉，飲江海”（Q100）；“人石因而銘之咸，自紀藉天海祝其人”（Q103）。㊁用於人名：“處士南鄭劉通，字海□”（Q199）。㊂用於地名：“北海劇袁隆展世百”（Q112）；“東海傅河東臨汾敬謙，字季松千”（Q112）；“北海高密孫仲隱”（Q160）。

【釋詞】

［海内］古人認爲中國四周環海，故泛指全國：“行成名立，聲布海内”（Q142）。

11041 **溥** pǔ 《廣韻》滂古切，滂姥上。幫鐸。

Q178

《説文·水部》：“，大也。从水，尃聲。”

【釋形】

《説文》小篆爲形聲字，从水，尃聲。漢碑字形中，義符“水”隸定爲三點。聲符“尃”省寫作“亩”，横畫右上方離析出一點；構件“寸”上不出頭，如圖。

【釋義】

㊀廣博，豐厚：“惪洋溢而溥優”（Q065）。㊁用於人名：“故將軍令史董溥建禮三百”（Q178）。

11042 **洪** hóng 《廣韻》户公切，匣東平。匣東。

① Q285

② Q148

《説文·水部》：“，洚水也。从水，共聲。”

【釋形】

《説文》小篆爲形聲字，从水，共聲。漢碑字形中，義符“水”隸定爲三點。聲符“共”，或依據小篆隸定爲上“廿”下“廾”，如圖①；或進一步粘合爲一個整體，爲今之寫法所承，如圖②。

【釋義】

㊀大水：“洪泉浩浩，下民震驚”（Q065）。㊁大：“旌洪德兮表元功”（Q128）；“乃刊斯石，欽銘洪基”（Q148）；“書洪勳，昭萬軨”（Q175）。㊂用於人名：“故吏軍議掾陳郡趙洪文敬”（Q285）；“廷掾郭洪、户曹史翟福、工宋高等刊石紀焉”（Q060）。

11043 **衍** yǎn 《廣韻》以淺切，餘獮上。餘元。

① J237

② Q088

《説文·水部》：“，水朝宗于海也。从水从行。”

【釋形】

《説文》小篆爲會意字，从水从行，義爲水流奔向大海。甲骨文、金文本从行从川，寫作（《前》4.12.8）、（《衍乍父乙器》）。小篆改爲从行从水。漢碑字形中，義符“水”隸變定爲三短横；義符“行”將彎曲的線條轉寫分解爲筆畫，如圖①②。

【釋義】

㊀滿，多：“出化西土，仁義充衍”（Q173）。㊁通“埏”，邊遠之地：“建荚忠讜，辨秩東衍”（Q088）。㊂用於複姓，呼衍，匈奴貴族姓氏：

“將郡兵三千人，誅呼衍王等，斬馘部眾，克敵全師”（Q079）。㈣用於人名：“故功曹王衍文珪”（Q178）；“河南雒陽虞衍，字元博”（Q104）。

11044 **演** yǎn 《廣韻》以淺切，餘獮上。餘真。

Q140

《説文·水部》：“ ，長流也。一曰：水名。从水，寅聲。”

【釋形】

《説文》小篆爲形聲字，从水，寅聲。“寅”上古音在餘母真部。漢碑字形中，義符“水”隸定爲三點；聲符“寅”將小篆彎曲線條轉寫隸定爲筆畫，如圖。

【釋義】

推演，闡發：“〖乃作〗《春〖秋〗》，復演《孝經》，删定《六藝》”（Q140）；“祖講《詩》《易》，剖演奧藝”（Q172）；“删述五經，演《易·繫辭》”（Q102）。

11045 **渙** huàn 《廣韻》火貫切，曉换去。曉元。

① J239 ② Q193

《説文·水部》：“ ，流散也。从水，奐聲。”

【釋形】

《説文》小篆爲形聲字，从水，奐聲。漢碑字形中，義符“水”隸定爲三點；聲符“奐”《説文》从廾、夐省，漢碑字形依小篆線條轉寫隸定，構件“廾”省變作“大”形，如圖①②。

【釋義】

浩大，盛大：“淵乎其長，渙乎成功”（Q193）。

11046 **活** huó 《廣韻》户括切，匣末入。匣月。

Q161

《説文·水部》：“ ，水流聲。从水，𠯑聲。 ，𣲽或从聐。”

【釋形】

《説文》正篆爲形聲字，从水，𠯑聲；或體从水，聐聲。漢碑字形承襲正篆的結構，義符“水”隸定爲三點；聲符“𠯑”隸定爲“舌”形，與舌頭之“舌”混同，如圖。

【釋義】

㈠生存，與“死”相對：“赤子遭慈，以活以生”（Q161）。㈡救活，使存活：“草止露宿，捄活食餐千有餘人”（Q161）。

11047 **泫** xuàn 《廣韻》胡畎切，匣銑上。匣真。

Q125

《説文·水部》：“ ，湝流也。从水，玄聲。上黨有泫氏縣。”

【釋形】

《説文》小篆爲形聲字，从水，玄聲。漢碑字形中，義符“水”隸定爲三點；聲符“玄”上方形體離析隸定爲“亠”，下方“幺”形轉寫隸定爲筆畫，如圖。

【釋義】

水深廣貌：“泫泫淮源，聖禹所導，湯湯其逝，惟海是造”（Q125）。

11048 **滂** pāng 《廣韻》普郎切，滂唐平。滂陽。

① J088 ② Q150

《説文·水部》：“ ，沛也。从水，㫄聲。”

【釋形】

《説文》小篆爲形聲字，从水，旁聲。漢

碑字形中，義符“水”隸定爲三點。聲符“旁”或依據小篆線條轉寫隸定，如圖①；或隸定與今之寫法相近，如圖②。

【釋義】

水充盈貌：“〖濤〗波滂沛，激揚絶道”（Q150）。

11049 **況** kuàng 《廣韻》許訪切，曉漾去。曉陽。

① Q106 ② Q169 ③ Q153

《説文·水部》：“，寒水也。从水，兄聲。”

【釋形】

《説文》小篆爲形聲字，从水，兄聲。“兄”上古音在曉母陽部。漢碑字形中，義符“水”隸定爲三點。聲符“兄”隸定爲上“口”下“儿”，如圖①～③。

【釋義】

㊀連詞，表示遞進關係：“何況〖於〗人？號爲四靈”（Q052）。㊁通“怳”，神志不清：“其月廿一日，況忽不愈”（Q106）。㊂用於地名，況其，即祝其：“朐北界盡因諸山，山南水以北柜，西直況其”（Q013）。㊃用於人名：“先人伯況，匪志慷慨，術禹石紐、汶川之會”（Q153）；“有仲況者，官至少府，厥子聖，爲諫議大夫”（Q169）。

11050 **汎** fàn 《廣韻》孚梵切，滂梵去。滂侵。

Q112

《説文·水部》：“，浮皃。从水，凡聲。”

【釋形】

《説文》小篆爲形聲字，从水，凡聲。漢碑字形中，義符“水”隸定爲三點；聲符“凡”將小篆彎曲線條轉寫隸定爲筆畫，上方繁增一點，如圖。

【釋義】

用於人名：“魯孔汎漢光二百”（Q112）。

11051 **浩** hào 《廣韻》胡老切，匣晧上。匣幽。

① Q083 ② Q169

《説文·水部》：“，澆也。从水，告聲。《虞書》曰：‘洪水浩浩。’”

【釋形】

《説文》小篆爲形聲字，从水，告聲。漢碑字形中，義符“水”隸定爲三點。聲符“告”所从之構件“牛”原像牛角的曲線轉寫爲折筆，中間竪畫不超過下方横畫，隸定作“⺧”形，如圖①；或進一步省簡混同爲“土”，如圖②。

【釋義】

㊀水勢盛大：“洪泉浩浩，下民震驚”（Q065）。㊁巨大，繁重：“石工浩大”（Q049）。㊂廣闊：“浩浩冀土，從事是經”（Q083）。㊃用於地名：“三老諱寬，字伯然，金城浩亹人也”（Q169）；“徙占浩亹，時長蘭芳”（Q169）。

11052 **滕** téng 《廣韻》徒登切，定登平。定蒸。

J282

《説文·水部》：“，水超涌也。从水，朕聲。”

【釋形】

《説文》小篆爲形聲字，从水，朕聲。漢碑字形中，義符“水”隸定近似於“氺”。聲符“朕”所从之構件“舟”混同爲“月”；構件“𠔏”隸變粘合作“关”，如圖。

【釋義】

姓氏：“門生東郡東武陽滕穆，字奉德”（Q127）。

11053 **波** bō 《廣韻》博禾切，幫戈平。
幫歌。

① Q133

② Q126

《説文·水部》："，水涌流也。从水，皮聲。"

【釋形】

《説文》小篆爲形聲字，从水，皮聲。"皮"上古音在並母歌部。戰國秦文字已經開始隸變，寫作（《睡·日甲》142）。漢碑字形在此基礎上徹底筆畫化，義符"水"隸定爲三點；聲符"皮"除"又"形之外，其他部分發生粘合，已看不出原有的構意，如圖①②。

【釋義】

㊀波浪，洪水："〖濤〗波滂沛，激揚絶道"（Q150）。㊁用於官名："伏波將軍新息忠成侯之女"（Q056）。㊂用於地名："會稽大守之曾，富波侯相之孫"（Q166）；"除二子郎中，長子牧，富波侯相"（Q066）。

11054 **淪** lún 《廣韻》力迍切，來諄平。
來文。

Q201

《説文·水部》："，小波爲淪。从水，侖聲。《詩》曰：'河水清且淪漪。'一曰：没也。"

【釋形】

《説文》小篆爲形聲字，从水，侖聲。漢碑字形中，義符"水"隸定爲三點。聲符"侖"甲骨文作（《合》18690），张世超《金文形義通解》認爲"與龠字取象基本相同……殆樂管編排有序，層次井然，故从'侖'得聲之字多有條理、分析義"；"淪"漢碑字形依據小篆線條轉寫隸定爲筆畫，下部像編排樂管之形的部分省簡明顯，如圖。

【釋義】

喪亡，消失："于時俱淪疻氣"（Q201）。

11055 **漂** piào 《廣韻》匹妙切，滂笑去。
滂宵。

Q150

《説文·水部》："，浮也。从水，票聲。"

【釋形】

《説文》小篆爲形聲字，从水，票聲。漢碑字形中，義符"水"隸定爲三點；聲符"票"上部形體粘合省變作"覀"，下方構件"火"與其上的横畫重組爲"示"，如圖。

【釋義】

水流迅疾："緩源漂疾，横柱于道"（Q150）。

11056 **浮** fú 《廣韻》縛謀切，並尤平。
並幽。

① Q148

② Q107

③ Q142

④ Q137

《説文·水部》："，氾也。从水，孚聲。"

【釋形】

《説文》小篆爲形聲字，从水，孚聲。漢碑字形中，義符"水"隸定爲三點。聲符"孚"上方"爪"依據小篆線條轉寫隸定爲"爫"，如圖①～④；下方"子"彎曲的手臂拉直爲横畫，頭部線條或隸定爲倒三角形，如圖①～③；或隸定與今之寫法相同，如圖④。

【釋義】

㊀飄浮："遂享神藥，超浮雲兮"（Q199）；"上即聖鳥乘浮雲"（Q100）。㊁漫游，飄蕩："浮游八極，休息仙庭"（Q142）；"浮游塵埃之外"（Q148）。㊂用於地名："門生勃海浮陽徐珍"（Q107）。

11057 **濫** làn 《廣韻》盧瞰切，來闞去。
來談。

Q084

《説文·水部》:“ ,氾也。从水,監聲。一曰:濡上及下也。《詩》曰:‘觱沸濫泉。’一曰:清也。”

【釋形】

《説文》小篆爲形聲字,从水,監聲。漢碑字形中,義符“水”隸定爲三點;聲符“監”的隸定情況參見 8122 監,如圖。

【釋義】

妄爲,没有節制:“刑政不濫,絀掊克,采儁桀”(Q084)。

11058 **氾** (一)fàn 《廣韻》孚梵切,滂梵去。滂談。

① Q179

② Q179

《説文·水部》:“ ,濫也。从水,㔾聲。”

【釋形】

《説文》小篆爲形聲字,从水,㔾聲。漢碑字形中,義符“水”隸定爲三點;聲符“㔾”隸定混同爲“己”形,如圖①②。

【釋義】

泛行,浮游:“浮游塵埃之外,皭焉氾而不俗”(Q148)。

(二)fán 《廣韻》符芝切,奉凡平。並談。

【釋義】

姓氏:“故吏氾定國錢七百”(Q179);“故吏氾奉祖錢三百”(Q179)。

11059 **測** cè 《廣韻》初力切,初職入。初職。

Q146

《説文·水部》:“ ,深所至也。从水,則聲。”

【釋形】

《説文》小篆爲形聲字,从水,則聲。漢碑字形中,義符“水”隸定爲三點;聲符“則”所从之構件“刀”隸定爲點和豎鉤,如圖。

【釋義】

㊀測量:“下有不測之谿,阨笮促迫”(Q146)。㊁預測,估計:“抱不測之謀,秉高世之介”(Q172)。

11060 **激** jī 《廣韻》古歷切,見錫入。見藥。

① Q136

② Q150

《説文·水部》:“ ,水礙衺疾波也。从水,敫聲。一曰:半遮也。”

【釋形】

《説文》小篆爲形聲字,从水,敫聲。漢碑字形中,義符“水”隸定爲三點。聲符“敫”所从之構件“白”上方短豎或寫作一點,如圖①;或省去,如圖②。構件“放”所从之“方”中間曲線斷開,上部形體隸定爲“亠”,下部線條隸定近似於“刀”形,如圖①;圖②此處殘泐不清。所从之“攴”中的“卜”隸定爲折筆,手形隸定爲“又”,如圖①②。

【釋義】

激蕩:見“激揚”。

【釋詞】

[激揚]水流激蕩飛揚:“涉秋霖漉,盆溢〖滔涌,濤〗波滂沛,激揚絶道”(Q150)。

11061 **洞** dòng 《廣韻》徒弄切,定送去。定東。

① Q066

② Q128

《説文·水部》:“ ,疾流也。从水,同聲。”

【釋形】

《説文》小篆爲形聲字,从水,同聲。漢

碑字形中，義符“水”隸定爲三點；聲符“同”將小篆圓轉線條轉寫隸定爲平直方折的筆畫，如圖①②。

【釋義】

㊀貫通，貫穿：“包蘿術藝，貫洞聖□”（Q093）。㊁曉達明察：“至孝通洞，克勤和顔”（Q128）；“至德通洞，天爵不應”（Q066）。

11062 **洶** xiōng 《廣韻》許容切，曉鍾平。曉東。

Q187

《説文》作“洶”，《説文·水部》：“，涌也。从水，匈聲。”

【釋形】

《説文》以“洶”爲形聲字，从水，匈聲。漢碑字形圖有殘泐，但仍然可見聲符“匈”改换爲“凶”，整字隸定爲“洶”，爲“洶”的異體字。《隸辨·腫韻》：“洶，按《説文》作洶，碑省从凶。”

【釋義】

氣勢猛烈：“號曰吏師，季世不祥，米巫洶瘧，續蠢青羌”（Q187）。

11063 **涌** yǒng 《廣韻》余隴切，餘腫上。餘東。

Q178

《説文·水部》：“，滕也。从水，甬聲。一曰：涌水，在楚國。”

【釋形】

《説文》小篆爲形聲字，从水，甬聲。漢碑字形中，義符“水”隸定爲三點。聲符“甬”所从之構件“马”上部離析重組爲“マ”，下部與構件“用”重疊，如圖。

【釋義】

泉水向上冒：“攻城野戰，謀若涌泉”（Q178）。

11064 **渾** hún 《廣韻》户昆切，匣魂平。匣文。

Q175

《説文·水部》：“，混流聲也。从水，軍聲。一曰：洿下皃。”

【釋形】

《説文》小篆爲形聲字，从水，軍聲。漢碑字形中，義符“水”隸定爲三點。聲符“軍”《説文》从車、从包省，从“包”省的線條没有像在“包”中那樣隸定爲“勹”，而是隸定成了“冖”，位於“車”上部，改小篆的包圍結構爲上下結構，如圖。

【釋義】

完整，渾然一體。古人認爲天地之體狀如鳥卵，天包於地外，猶如蛋殼包裹蛋黄，渾然一體，且周旋無端，故稱渾天地：見“渾儀、渾元”。

【釋詞】

［渾儀］即渾天儀：“展渾儀之樞”（Q175）。

［渾元］指天地：“亂曰：渾元垂象，岳瀆□□兮，金精火佐，寔生賢兮”（Q187）。

11065 **淑** shū 《廣韻》殊六切，禪屋入。禪覺。

① Q259

② Q039

《説文·水部》：“，清湛也。从水，叔聲。”

【釋形】

《説文》小篆爲形聲字，从水，叔聲。漢碑字形中，義符“水”隸定爲三點。聲符“叔”《説文》正篆作，或體作，一从又，一从寸；戰國秦文字即有這兩種結構，分别作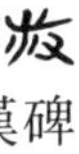（《睡·日甲》19）、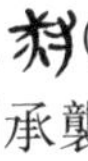（《睡·法》153）。漢碑字形圖①②分别承襲了這兩種結構，只是圖②構件“尗”形體或受草書影響，變異

嚴重。

【釋義】

㊀善，善良：“哀賢明而不遂兮，嗟痛淑雅之夭年”（Q039）；“乾道不繆，唯淑是親”（Q179）；“巖巖繆君，禮性純淑”（Q099）。㊁用於人名：“門生東郡東武陽梁淑，字〖元〗祖”（Q127）。

11066 **瀓** chéng 《廣韻》直陵切，澄蒸平。定蒸。

Q260

《説文》作“澂”，《説文·水部》：“澂，清也。从水，徵省聲。”

【釋形】

“瀓”从水，徵聲，《説文》聲符省簡，寫作“澂”；漢碑則不省。《玉篇》謂“瀓”同“澂”。漢碑字形義符“水”隸定爲三點。聲符“徵”所从之構件“壬”隸定混同爲“王”；其上形體省簡似“屮”；構件“攴”隸定爲上“𠂉”下“又”；構件“彳”寫法仍似兩筆而非後來通行的三筆，如圖。

【釋義】

澄澈：見“瀓漠”。

【釋詞】

［瀓漠］澄澈淡泊：“虔恭瀓漠”（Q260）。

11067 **清** qīng 《廣韻》七情切，清清平。清耕。

① Q095

② Q137

《説文·水部》：“清，朖也。澂水之皃。从水，青聲。”

【釋形】

《説文》小篆爲形聲字，从水，青聲。漢碑字形中，義符“水”隸定爲三點。聲符“青”所从之構件“丹”混同爲“月”；構件“生”隸定爲“𡗗”，如圖①②。

【釋義】

㊀清朗，清純：“柔嘉惟則，穆如風清”（Q161）；“清和穆鑠，寔惟乾以”（Q193）；“民歌德惠，穆如清風”（Q146）。㊁清除，使潔淨：“刬過拾遺，厲清八荒”（Q095）。㊂清靜，安寧：“華殿清閑，肅雍顯相”（Q174）。㊃安定，太平：“班化黎元，既清且寧”（Q133）；“三國清平，詠歌懿德”（Q146）。㊄廉潔：“畠白清方，剋己治身”（Q088）；“勖厲清惠，以旌其美”（Q163）；又見“清亮”。㊅高潔，卓越：“繆君性清儉醇”（Q111）；“感清英之處卑，傷美玉之不賈”（Q175）；又見“清眇”。

【釋詞】

［清亮］清廉，純潔：“在官清亮，吏民謨念，爲立碑頌”（Q188）。

［清眇］清高，謂避世離俗，潔身自好：“清眇〖冠乎羣彦〗，德〖能〗簡乎聖心”（Q117）。

［清邈］高遠貌：“督司京師，穆然清邈”（Q154）。

［清廟］《詩·周頌》篇名，《詩·周頌·清廟·序》：“《清廟》，祀文王也。”“統之門人汝南陳熾等，緣在三義一，《頌》有《清廟》，故敢慕奚斯之追述，樹玄石于墳道”（Q066）。

［清擬夷齊］語出《孟子·萬章下》：“孟子曰：伯夷，聖之清者也。”義謂高潔如伯夷、叔齊：“清擬夷齊，直慕史魚”（Q178）。

［清肅］清正，嚴明：“所在執憲，彈繩糾枉，忠絜清肅”（Q144）；“察廉除兹，初厲清肅”（Q172）。

［清越］超凡拔俗：“寔我劉父，吏民愛若慈父，畏若神明。悔往脩令德，清越孤竹，德牟產奇”（Q193）。

11068 **滲** shèn 《廣韻》所禁切，生沁去。山侵。

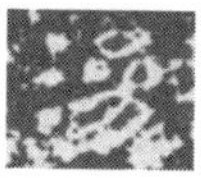

Q113

《説文·水部》:"滲,下漉也。从水,參聲。"

【釋形】

《説文》小篆爲形聲字,从水,參聲。漢碑字形中,義符"水"隸定爲三點;聲符"參"上方仍寫作封閉的三角形或菱形,構件"㐱"隸定近似於"勿",如圖。

【釋義】

通"慘",寒冷:見"滲淋"。

【釋詞】

[滲淋]即"慘懍",凜洌,寒冷:"凉風滲淋,寒水北流"(Q113)。

11069 **淵** yuān 《廣韻》烏玄切,影先平。影真。

① J241

② Q084

③ Q127

④ Q095

⑤ Q158

⑥ Q021

《説文·水部》:"淵,回水也。从水,象形。左右,岸也。中象水皃。𣶒,淵或省水。𡇒,古文从囗、水。"

【釋形】

《説文》以爲从水,右像水迴旋形。按"淵"甲骨文作𡇒(《合》24452),像水淵之形,象形字,爲"淵"之初文,《説文》古文與之相承。金文作𡇒(《史牆盤》)、𣶒(《中山王嚳鼎》),多有形變;或增添義符"水",寫作淵(《沈子它簋蓋》),成爲从水、㴞聲的形聲字,小篆承襲此類字形。漢碑字形中,構件"水"隸定爲三點。構件"㴞",隸變形體多樣,或據小篆線條轉寫隸定,如圖①;或在此基礎上增加一豎筆,如圖②;中橫畫中間或斷開,使構件"㴞"離析爲左右兩部分,如圖③,圖④~⑥在此基礎上繼續發生變異。

【釋義】

㊀深潭,深池:"臨深長淵,三百餘丈"(Q150);"利器不觀,魚不出淵"(Q179);"上則縣峻,屈曲流顛;下則入冥,廎寫輸淵"(Q150)。㊁深,深邃:"淵乎其長,涣乎成功"(Q193);"聰叡廣淵,兼覽七□"(Q084);又見"淵懿"。㊂用於人名:"齊晏子、海上黄淵、赤松子與爲友"(Q142);"故市掾杜靖彦淵"(Q178);"惟王孝淵,嚴重毅□,□懷慷慨"(Q070)。㊃用於地名:"門生魏郡〖清〗淵許祺,字升𣈆"(Q127)。

【釋詞】

[淵懿]深邃,美好:"君鍾其美,受性淵懿,含和履仁"(Q144);"孝弟淵懿,帥禮蹈仁"(Q088)。

11070 **澹** (一)dàn 《廣韻》徒濫切,定闞去,定談。

Q113

《説文·水部》:"澹,水摇也。从水,詹聲。"

【釋形】

《説文》小篆爲形聲字,从水,詹聲,水波舒緩貌。漢碑字形中,義符"水"隸定爲三點。聲符"詹"秦以前尚未見獨立成字之用例,但有从詹之字,如"檐"戰國文字作檐(《王命龍節》),所从之"詹"上"八"下"言",疑爲从八,言聲,"八"象徵屋檐兩分之形。小篆增添構件"产"作"詹","产"有高義,表示屋檐高高在上;《説文》釋爲"多言也。从言从八从产",段玉裁《説文解字注》認爲"此當作产聲",均可商榷。漢碑字形中,"詹"所从之構件"产"上部人形隸定爲"⺈";構件"言"省變爲上"二"下"口",如圖。

【釋義】

通"贍(shàn)",周濟,救助:"率土普議,開倉振澹"(Q161)。

(二)tán 《廣韻》徒甘切,定談平。定談。

【釋義】

用於複姓，澹臺，常代指孔子的學生澹臺滅明：“顔路哭回孔尼魚，澹臺忿怒投流河”（Q113）。

11071 **滿**　mǎn　《廣韻》莫旱切，明緩上。明元。

J301

《説文·水部》：“，盈溢也。从水，㒼聲。”

【釋形】

《説文》小篆爲形聲字，从水，㒼聲。漢碑字形中，義符“水”隸定爲三點。聲符“㒼”所从之構件“廿”寫作“𠀎”，中間的豎筆向内傾斜；構件“㒳”將小篆圓轉線條轉寫隸定爲筆畫，如圖。

【釋義】

㊀充盈：“威恩御下，持滿億盈”（Q187）。㊁達到期限：“以疾〖錮辭，未〗滿期限，從其本規”（Q117）。

11072 **澤**　zé　《廣韻》場伯切，澄陌入。定鐸。

① J241　② Q095　③ Q153

《説文·水部》：“，光潤也。从水，睪聲。”

【釋形】

《説文》小篆爲形聲字，从水，睪聲。“睪”上古音在餘母鐸部。漢碑字形中，義符“水”隸定爲三點。聲符“睪”《説文》从横目从夲，横目之形漢碑隸定爲“罒”。構件“夲”或隸定爲“幸”，如圖①；或省變作“羊”，如圖②③。

【釋義】

㊀水澤，沼澤：“惟坤靈定位，川澤股躬”（Q095）；“澤有所注，川有所通”（Q095）；“深野曠澤，哀聲忉切”（Q153）。㊁恩澤，恩惠：“威立澤宣，化行如神”（Q088）；“澤零年豐，黔首歌頌”（Q193）。

11073 **淫**　yín　《廣韻》餘針切，餘侵平。餘侵。

Q129

《説文·水部》：“，浸淫隨理也。从水，㸒聲。一曰：久雨曰淫。”

【釋形】

《説文》小篆爲形聲字，从水，㸒聲。漢碑字形中，義符“水”隸定爲三點。聲符“㸒”所从之構件“爪”寫作“爫”；構件“壬”本从人从土，小篆已經連接在一起，漢碑字形進一步粘合省變，成爲“土”上一撇，如圖。

【釋義】

㊀過度：見“淫祀”（Q129）。㊁久雨：見“淫雨”（Q161）。

【釋詞】

［淫祀］超越禮制的祭祀：“高祖初興，改秦淫祀”（Q129）。

［淫雨］久雨：“歲在癸丑，厥運淫雨，傷害稼穡”（Q161）。

11074 **淖**　nào　《廣韻》奴教切，泥效去。泥藥。

Q043

《説文·水部》：“，泥也。从水，卓聲。”

【釋形】

《説文》小篆爲形聲字，从水，卓聲。“卓”上古音在端母藥部。漢碑字形中，義符“水”隸定爲三斜筆。聲符“卓”所从之構件“匕”省寫作一豎一横，近“卜”形；構件“早”下部所从之構件“甲”省寫成“十”，如圖。

【釋義】

泥濘，泥沼：“□□泥淖，道不通”（Q043）。

11075 **滋** zī 《廣韻》子之切,精之平。精之。

Q135

《説文·水部》:"滋,益也。从水,兹聲。一曰:滋水,出牛飲山白陘谷,東入呼沱。"

【釋形】

《説文》小篆爲形聲字,从水,兹聲。漢碑字形中,義符"水"隸定爲三點。聲符"兹"上部形體左右粘合,隸定爲"䒑";下部封閉線條尚未完全分解爲筆畫,如圖。

【釋義】

㊀培植:"稼嗇滋殖,國〖無灾祥,歲〗聿豐穰"(Q135)。㊁通"兹",此,這樣:"痛哉!仁人積德若滋"(Q113)。

11076 **沙** shā 《廣韻》所加切,山麻平。山歌。

Q123

《説文·水部》:"沙,水散石也。从水从少。水少沙見。楚東有沙水。沙,譚長説,沙或从尐。"

【釋形】

《説文》以爲會意字,从水从少,義爲水中散碎的石粒。按"沙"甲骨文作沙(《合》27996),从水,右側點畫像散碎的沙粒之形。金文承襲甲骨文,沙粒變少,寫作沙(《走馬休盤》)、沙(《寰盤》)等。小篆沙粒成字化,變爲構件"少",故《説文》以"从水从少"釋之。漢碑字形中,義符"水"隸定爲三點;義符"少"的區別性符號"丿"拉直爲撇筆,如圖。

【釋義】

㊀沙土:"三石□足可以沙石應□□"(Q203)。㊁用於地名:"守左尉萬年長沙瑗字君平五百"(Q123);"雲中沙南侯獲,字祖奮"(Q081);又見"沙丘"。

【釋詞】

[沙丘]古地名,在今河北省:"離敗聖輿食糧,亡于沙丘"(Q112)。

11077 **溝** gōu 《廣韻》古侯切,見侯平。見侯。

Q141

《説文·水部》:"溝,水瀆。廣四尺,深四尺。从水,冓聲。"

【釋形】

《説文》小篆爲形聲字,从水,冓聲。漢碑字形中,義符"水"隸定爲三點;聲符"冓"離析爲上下兩個部分,上部省變爲"井",下部隸定作"冄",如圖。

【釋義】

水道:"作屋塗色,脩通大溝"(Q141)。

11078 **瀆** dú 《廣韻》徒谷切,定屋入。定屋。

Q141

《説文·水部》:"瀆,溝也。从水,賣聲。一曰:邑中溝。"

【釋形】

《説文》小篆爲形聲字,从水,賣聲。漢碑字形中,義符"水"隸定爲三點。聲符"賣(𧶠)"《説文》从貝,𡗓聲,構件"𡗓"上部省簡爲"土",下部省變爲"罒",如圖。

【釋義】

㊀溝瀆,渠道:"又勑瀆井,復民餝治,桐車馬於瀆上"(Q141)。㊁大河:"五嶽四瀆,與天合德"(Q125);"寔爲四瀆,與河合矩"(Q125);"鏶山浚瀆,路以安直"(Q146)。

11079 **決** jué 《廣韻》古穴切,見屑入。見月。

① Q100

② Q179

《説文·水部》:“，行流也。从水从夬。廬江有決水,出於大别山。”

【釋形】

《説文》小篆爲會意字,从水从夬,義爲疏浚河流。漢碑字形中,義符“水”隸定爲三點;義符“夬”上下兩部分粘合爲一個整體,如圖①②。

【釋義】

㊀殘斷,損壞:“補完里中道之周左廧垣壞決”(Q141)。㊁決戰,較量:“決勝負千里之外”(Q179)。㊂通“訣”,分别:見“決絶”。㊃通“抉”,剜去,剔除:“鄧張仲有□□約束,決取瓦石”(Q043)。㊄用於官名:“右決曹史汶陽馬宗”(Q269);“補案獄賊決史”(Q106)。

【釋詞】

[決絶]永别:“長就幽冥則決絶,閉曠之後不復發”(Q100)。

11080 **注** zhù 《廣韻》之戍切,章遇去。章侯。

① Q141

② Q112

《説文·水部》:“，灌也。从水,主聲。”

【釋形】

《説文》小篆爲形聲字,从水,主聲。按甲骨文有(《合》20604)、(《合》5458)、(《合》28012)等形,裘錫圭釋“注”爲二器注水之形,會意字,其説可從。小篆演變爲形聲字。漢碑字形中,義符“水”隸定爲三點;聲符“主”依據小篆轉寫隸定,將上面的曲線拉直爲横畫,中間燈頭之形轉寫爲一横,如圖①②。

【釋義】

㊀灌注,流入:“作屋塗色,脩通大溝,西流里外,南注城池”(Q141);“澤有所注,川有所通”(Q095);“宣抒玄汙,以注水流”(Q112)。㊁屋檐滴水的地方:“深除玄汙,水通四注”(Q112)。

11081 **津** jīn 《廣韻》將鄰切,精真平。精真。

① Q144
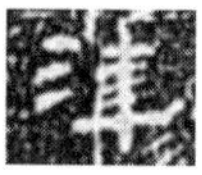
② Q123

《説文·水部》:“，水渡也。从水,𦘒聲。，古文津,从舟从淮。”

【釋形】

《説文》以爲形聲字,从水,𦘒聲。按“津”金文作(《𨚕生盨》),从舟从淮,或謂从舟从水从隹,《説文》古文與之相承。戰國秦文字改爲从水、𦘒聲的形聲字,寫作(《睡·爲》14);小篆字形與之相承。漢碑字形中,義符“水”隸定爲三點;聲符“𦘒”左下方省“彡”,與“聿”混同,如圖①。圖②右上方筆畫均省變爲横畫。

【釋義】

㊀渡口:“轓軒六轡,飛躍臨津”(Q144)。㊁用於人名:“集曹掾馬津子孝三百”(Q123)。

11082 **渡(渡)** dù 《廣韻》徒故切,定暮去。定鐸。

① Q122

② Q177

③ Q128

④ Q169

⑤ Q100

《説文·水部》:“，濟也。从水,度聲。”

【釋形】

《説文》小篆爲形聲字,从水,度聲。漢碑字形中,義符“水”隸定爲三點;或省爲兩點,整字隸定爲渡,如圖③~⑤。聲符“度”《説文》从又,庶省聲;“庶”甲骨文、金文本从火,石聲,寫作(《合》10399)、(《伯庶父簋》)等,故“庶省聲”實爲“石聲”形體變異的結果。漢碑字形將“庶省聲”的部分隸定爲“广”内加“廿”,構件“又”隸定爲“乂”。

【釋義】

㊀渡河:“下有深水多魚者,從兒刺舟渡諸母”(Q100)。㊁用於官名:見“渡遼”。㊂用於人名:“故行事渡君之碑”(Q122)。

11083 **潛** qián 《廣韻》昨鹽切,從鹽平。從侵。

① Q178

② Q144

③ Q142

《説文·水部》:“,涉水也。一曰:藏也。一曰:漢水爲潛。从水,朁聲。”

【釋形】

《説文》小篆爲形聲字,从水,朁聲。漢碑字形中,義符“水”隸定爲三點。聲符“朁”金文作(《番生簋蓋》),从甘,兓聲。小篆“甘”訛爲“曰”,《説文》釋爲“从曰,兓聲”。漢碑字形構件“兓”將小篆彎曲線條隸定爲平直方折的筆畫,且構件“兓”與“曰”之間多加一横筆,如圖①;構件“兓”或隸定爲二“天”,如圖②;繁增的一横筆和“曰”或粘合訛變爲“貝”,如圖③。

【釋義】

㊀隱藏,隱蔽:“清脩勸慕,德惠潛流”(Q193);“始於大復,潛行地中”(Q125)。㊁隱伏,深居:“抱器幽潛,永歸蒿里”(Q144);“爲堯種樹,舍潛于岐”(Q187)。㊂暗中,暗地裡:“嘉錫來撫,潛化如神”(Q193)。

11084 **湛** zhàn 《廣韻》徒減切,定豏上。定侵。

Q170

《説文·水部》:“,没也。从水,甚聲。一曰:湛水,豫章浸。,古文。”

【釋形】

《説文》小篆爲形聲字,从水,甚聲。“甚”上古音在禪母侵部。漢碑字形中,義符“水”隸定爲三點。聲符“甚”所从之構件“甘”左右兩豎向下延伸,與“匹”上面一横呈相接狀態,已看不出原初構意,如圖。

【釋義】

用於人名:“領方郡户曹史張湛”(Q170)。

11085 **没** mò 《廣韻》莫勃切,明没入。明物。

① Q169

② Q114

③ Q250

《説文·水部》:“,沈也。从水从𠬛。”

【釋形】

《説文》小篆爲會意字,从水从𠬛,義爲沈没。𠬛,从又从回,爲“没”之本字。漢碑字形中,義符“水”隸定爲三點。義符“𠬛”隸定混同爲“殳”,上部近似於“口”下一横向右延伸,或左右延伸,如圖①~③。下部手形或隸定爲“乂”,如圖①③;或隸定爲“又”,如圖②。

【釋義】

㊀死亡,過世,後多作“殁”:“二親薨没,孤悲惻怛”(Q052);“被病夭没,苗秀不遂”(Q094)。㊁覆滅,敗亡:“四子孟長、仲寶、叔寶皆并覆没”(Q169)。

11086 **澍** shù 《廣韻》常句切,禪遇去。禪侯。

Q174

《説文·水部》:“,時雨,澍生萬物。从水,尌聲。”

【釋形】

《説文》小篆爲形聲字,从水,尌聲。漢碑字形中,義符“水”隸定爲三點。聲符“尌”

所从之構件"壴"依據小篆線條對應轉寫隸定,上方粘合省變爲"土"形;構件"寸"隸定與現在通行寫法相同,如圖。

【釋義】

㊀時雨:"不終朝日,而澍雨沾洽"(Q174)。㊁降雨:"禮器升堂,天雨降澍"(Q112)。

11087 **涿** zhuó 《廣韻》竹角切,知覺入。端屋。

① Q112

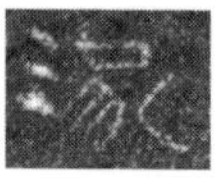
② Q114

③ Q114

《説文·水部》:"，流下滴也。从水,豖聲。上谷有涿縣。，奇字涿,从日、乙。"

【釋形】

《説文》小篆爲形聲字,从水,豖聲。漢碑字形中,義符"水"隸定爲三點。聲符"豖"或混同爲"豕",如圖①;或加在"豕"上添加"冖",如圖②;或加在"豕"上添加"艹",如圖③。

【釋義】

㊀通"琢",雕琢,刻畫:"涿癘摩治,規柜施張"(Q114);"來入堂宅,但觀耳,無得涿畫"(Q114)。㊁用於古山名,涿邪:"遂踰涿邪,跨安侯,乘燕然"(H26)。㊂用於地名,涿郡,古代行政區劃單位名稱:"遷荊州刺史、東萊涿郡太守"(Q066);"故涿郡大守魯麃次公五千"(Q112)。

11088 **沈** (一)chén 《廣韻》直深切,澄侵平。定侵。

① Q125

② Q205

③ Q174

《説文·水部》",陵上滈水也。从水,冘聲。一曰:濁黕也。"

【釋形】

《説文》以爲形聲字,从水,冘聲。按"沈"甲骨文作(《合》14556)、(《合》32161),从水从牛,牛形或倒置,會牛沈入水中之義,本義爲沈祭。金文改爲形聲字,从水,冘聲,寫作(《沈子它簋蓋》)、(《沈子它簋蓋》),或爲左形右聲,或爲右形左聲。小篆承襲左形右聲的寫法。漢碑字形與小篆相承,義符"水"隸定爲三點。聲符"冘"或隸定與今之寫法相同,如圖①;或訛寫近"穴"形,且末筆向右拽伸較長,如圖②;或訛寫爲相接的"冖"和"儿",如圖③。

【釋義】

㊀人或物没入水中:"沈〖没洪淵,酷烈爲〗禍"(Q150)。㊁古代祭祀名,沈祭:"〖躬進三〗牲,執玉以沈"(Q125);又見"沈祭"。

【釋詞】

[沈祭]古代祭祀水神的儀式,因沈祭品於水中而得名:"大常定甲,郡守奉祀。齋絜沈祭"(Q125)。

[沈思]深思:"慎終追遠,諒闇沈思"(Q088)。

(二)shěn 《廣韻》式荏切,書寢上。書侵。

【釋義】

姓氏:"漢謁者北屯司馬左都侯沈府君神道"(Q205);"漢新豐令交阯都尉沈府君神道"(Q205)。

11089 **渥** wò 《廣韻》於角切,影覺入。影屋。

Q178

《説文·水部》:"，霑也。从水,屋聲。"

【釋形】

《説文》小篆爲形聲字,从水,屋聲。漢碑字形中,義符"水"隸定爲三點。聲符"屋"的隸定參見8163屋。

【釋義】

沾渥:見"沾渥"。

11090 **洽** qià 《廣韻》侯夾切,匣洽入。匣緝。

Q153

《説文·水部》:"洽,霑也。从水,合聲。"

【釋形】

《説文》小篆爲形聲字,从水,合聲。"合"上古音在匣母緝部。漢碑字形中,義符"水"隸定爲三點;聲符"合"所从之構件"亼"隸定爲"人"下一横,如圖。

【釋義】

㊀浸潤,潤澤:"德以柔民,刑以威姦,是以黎庶愛若冬日,畏如秋旻,恩洽化布,未基有成"(Q134);"不終朝日,而澍雨沾洽"(Q174)。㊁普遍,周遍:"恨不伸志,翻揚隆洽"(Q113);"功洽三邦,聞于帝京"(Q066)。㊂通"恰",正當,正逢:"洽在熹平六年"(Q167)。

【釋詞】

[洽平]和諧安定,天下太平:"皇靈炳璧,郢令名矣,作民父母,化洽平矣"(Q153)。

11091 **滯** zhì 《廣韻》直例切,澄祭去。定月。

① J077

② Q137

《説文·水部》:"滯,凝也。从水,帶聲。"

【釋形】

《説文》小篆爲形聲字,从水,帶聲。"帶"上古音在端母月部。漢碑字形中,義符"水"隸定爲三點。聲符"帶"上方形體隸定爲兩横四竪,如圖①;或隸定爲三横四竪,如圖②。下部依據小篆線條轉寫,還没有形成今天通行的寫法。

【釋義】

㊀停止,滯留:"遭時凝滯,不永爵壽,年六十五"(Q169);"漢水逆讓,稽滯商旅"(Q150);"旋守中營,幽滯以榮"(Q137)。㊁荒廢,遲滯:"振滯起舊,存亡繼絶"(Q137)。

11092 **消** xiāo 《廣韻》相邀切,心宵平。心宵。

Q142

《説文·水部》:"消,盡也。从水,肖聲。"

【釋形】

《説文》小篆爲形聲字,从水,肖聲。漢碑字形中,義符"水"隸定爲三點。聲符"肖"所从之構件"肉"混同爲"月",如圖。

【釋義】

㊀消除,除去:"時有赤氣,著鐘連天,及公卿百遼以下,無能消者"(Q142);"消扞□難,路無怨讟"(Q171)。㊁消瘦:"忉憹悔歷□消刑"(Q109)。

【釋詞】

[消搖]即"逍遙",形容安閒自在的樣子:"劚文耀以消搖"(Q065)。

11093 **洿** wū 《廣韻》哀都切,影模平。影魚。

Q187

《説文·水部》:"洿,濁水不流也。一曰:窳下也。从水,夸聲。"

【釋形】

《説文》小篆爲形聲字,从水,夸聲。按"洿"本與"污"同字。《正字通》:"汚、污、汙、洿同。本作污。"漢碑字形中,義符"水"隸定爲三點;聲符"夸"所从之構件"于"訛變近似於"土"形,如圖。

【釋義】

污點:見"洿恥"。

【釋詞】

[洿恥]污點,羞恥:"君執一心,賴無洿恥"(Q187)。

11094 **汙** wū 《廣韻》烏路切,影暮去。影魚。

Q112

《説文·水部》:“,薉也。一曰:小池爲汙。一曰:涂也。从水,于聲。”

【釋形】

《説文》小篆爲形聲字,从水,于聲,本義爲污穢。按《正字通》:“汚、污、汙、洿同。本作污。”漢碑字形中,義符“水”隸定爲三點;聲符“于”下部曲線變爲竪鉤,與最上面的横線相接,如圖。

【釋義】

㊀不流動的濁水:“宣抒玄汙,以注水流”(Q112);“深除玄汙,水通四注”(Q112)。㊁通“竽”,一種簧管樂器:“生汙相和仳吹廬,龍爵除央鷁噣魚”(Q100)。

11095 **潤** rùn 《廣韻》如順切,日稕去。日真。

Q061

《説文·水部》:“,水曰潤下。从水,閏聲。”

【釋形】

《説文》小篆爲形聲字,从水,閏聲。漢碑字形中,義符“水”隸定爲三點;聲符“閏”圓轉線條轉寫隸定爲平直筆畫,如圖。

【釋義】

修飾:見“潤色”。

【釋詞】

[潤色]語出《論語·憲問》:“爲命,裨諶草創之,世叔討論之,行人子羽修飾之,東里子産潤色之。”指對文章進行修飾,使其更有文采:“東里潤色,君垂其仁”(Q179)。

11096 **湯** (一)tāng 《廣韻》吐郎切,透唐平。透陽。

Q125

《説文·水部》:“,熱水也。从水,昜聲。”

【釋形】

《説文》小篆爲形聲字,从水,昜聲。漢碑字形中,義符“水”隸定爲三點;聲符“昜”構件“日”與“一”發生粘合,如圖。

【釋義】

商王朝開國君主名,又叫成湯:“躬忠恕以及人,兼禹湯之辠己”(Q127)。

(二)shāng 《廣韻》式羊切,書陽平。書陽。

【釋義】

水流浩大:見“湯湯”。

【釋詞】

[湯湯]水流浩大、洶洶不絶貌:“泫泫淮源,聖禹所導;湯湯其逝,惟海是造”(Q125)。

11097 **浚** jùn 《廣韻》私潤切,心稕去。心文。

Q146

《説文·水部》:“,杼也。从水,夋聲。”

【釋形】

《説文》小篆爲形聲字,从水,夋聲。漢碑字形中,義符“水”隸定爲三點。聲符“夋”所从之構件“允”上方“㠯”寫作閉合的三角形;下方“儿”與構件“夊”粘合爲“友”形,如圖。

【釋義】

㊀疏通水道:“鑽山浚瀆,路以安直”(Q146)。㊁用於地名:見“浚遒”。

【釋詞】

[浚遒]劉邦漢王元年設置的縣名:“右尉九〖江〗浚遒唐安季興五百”(Q112)。

11098 **涼** liáng 《廣韻》吕張切,來陽平。來陽。

① Q178 ② JB4

《説文·水部》:“,薄也。从水,京聲。”

【釋形】

《説文》小篆爲形聲字,从水,京聲。漢碑字形中,義符“水”隸定爲三點;聲符“京”上部形體隸定爲“亠”,中間的構件“口”訛寫作“日”,下部的構件重組爲“小”形,形成“京”的異寫字形“京”,如圖①②。

【釋義】

用於地名:“歷郡右職,上計掾史,仍辟□州,常爲治中、别駕”(Q178)。

11099 **淡** dàn 《廣韻》徒敢切,定敢上。定談。

Q137

《説文·水部》:“,薄味也。从水,炎聲。”

【釋形】

《説文》小篆爲形聲字,从水,炎聲。漢碑字形中,義符“水”隸定爲三點;聲符“炎”依據小篆線條轉寫隸定爲筆畫,如圖。

【釋義】

通“痰”:見“淡界”。

【釋詞】

[淡界]即“痰界”,風熱所致的病症:“淡界〚繆〛動,氣泄狂□”(Q137)。

11100 **涒** tūn 《廣韻》他昆切,透魂平。透文。

Q112

《説文·水部》:“,食已而復吐之。从水,君聲。《爾雅》曰:‘太歲在申曰涒灘。’”

【釋形】

《説文》小篆爲形聲字,从水,君聲。漢碑字形中,義符“水”隸定爲三點;聲符“君”彎曲的線條轉寫隸定爲筆畫,結構布局有所變化,如圖。

【釋義】

見“涒歎”。

【釋詞】

[涒歎]古代以太歲紀年,太歲在申曰涒灘,漢碑作“涒歎”:“惟永壽二年,青龍在涒歎”(Q112)。

11101 **汁** (一)shí 《集韻》寔入切,禪緝入。禪緝。

① Q021 ② Q140

《説文·水部》:“,液也。从水,十聲。”

【釋形】

《説文》以爲形聲字,从水,十聲,本義爲汁液。此義今音當讀爲 zhī,漢碑中無此用法,而有 shí、xié 二音。漢碑字形中,義符“水”隸定爲三點。聲符“十”或依小篆作橫短豎長,如圖①;或適應隸書整體格局改爲橫長豎短,整字呈扁方形,如圖②。

【釋義】

用於地名“汁邡”,同“什邡”。漢侯國名,又縣名,故地在今四川省什邡縣南:“書文下辨道長廣漢汁邡任詩字幼起”(Q146)。

(二)xié 《集韻》檄頰切,匣帖入,匣緝。

【釋義】

通“協、叶”,和諧,和洽:“八十有四,歲在汁洽,紀驗期臻,奄曶滅形”(Q187);“克命先己,汁稽履化,難名兮而右九孫”(Q021)。

【釋詞】

[汁光]即汁光紀,古緯書所言五方神中的北方黑帝:“昔在仲尼,汁光之精,大帝所挺,顔母毓靈”(Q140)。

11102 **溢** yì 《廣韻》夷質切，餘質入。
餘錫。

① Q150

② Q113

《説文·水部》："，器滿也。从水，益聲。"

【釋形】

《説文》小篆爲形聲字，从水，益聲。漢碑字形中，義符"水"隸定爲三點。聲符"益"依據小篆轉寫隸定，如圖①②。

【釋義】

㊀水滿外流："涉秋霖瀌，盆溢〖滔涌，濤〗波滂沛，激揚絶道"（Q150）。㊁滿，充滿：見"洋溢"。㊂旺盛："四時不和，害氣蕃溢"（Q113）。

11103 **滌** dí 《廣韻》徒歷切，定錫入。
定覺。

Q137

《説文·水部》："，洒也。从水，條聲。"

【釋形】

《説文》小篆爲形聲字，从水，條聲。漢碑字形中，義符"水"隸定爲三點。聲符"條"所从之構件"攸"左側構件"人"訛寫作"彳"；右上角的"攴"訛寫作"文"，如圖。

【釋義】

清除，滌除："脩清滌俗，招拔隱逸"（Q137）。

11104 **沐** mù 《廣韻》莫卜切，明屋入。
明屋。

J398

《説文·水部》："，濯髮也。从水，木聲。"

【釋形】

《説文》小篆爲形聲字，从水，木聲。漢碑字形中，義符"水"隸定爲三點；聲符"木"上弧線拉直爲横畫，下弧線分解爲撇和捺，如圖。

【釋義】

用於人名："長史甘陵、廣川沐乘，敬天之休，虔恭明祀"（Q126）；"故中郎將安集掾平定沐叔孫園"（Q098）。

11105 **洗** xǐ 《廣韻》先禮切，心薺上。
心文。

① J417

② Q178

《説文·水部》："，洒足也。从水，先聲。"

【釋形】

《説文》小篆爲形聲字，从水，先聲。漢碑字形中，義符"水"隸定爲三點。聲符"先"據小篆線條轉寫隸定，下部多从"儿"；構件"㞢（之）"上部的曲線或隸定爲豎横，如圖①；或隸定爲横，如圖②。尚未形成後來通行的帶短撇的寫法。

【釋義】

㊀洗滌，清除：見"洗心"。㊁古代一種盥洗用具："鍾磬瑟皷，雷洗觴觚"（Q112）。

【釋詞】

［洗心］洗滌心胸，除去惡念或雜念。比喻改過自新："貪暴洗心，同僚服德，遠近憚威"（Q178）。

11106 **汲** jí 《廣韻》居立切，見緝入。
見緝。

JB2

《説文·水部》："，引水於井也。从水从及，及亦聲。"

【釋形】

《説文》小篆爲會意兼形聲字，从水从及，及亦聲，會汲水之義。漢碑字形中，義符"水"隸定爲三點；聲符"及"所从之構件“人”与“又”粘合,已看不出原初構意,如圖。

【釋義】

用於地名:“左尉河内汲董竝,字公房”(Q172)。

11107 **淳** chún 《廣韻》常倫切,禪諄平。禪文。

① Q116 ② Q127 ③ Q074

《説文·水部》:“,渌也。从水,𦎫聲。”

【釋形】

《説文》小篆爲形聲字,从水,𦎫聲。漢碑字形中,義符“水”隸定爲三點。聲符“𦎫”訛混爲“享”,如圖①~③,其中圖③“享”中間的“口”寫作“曰”。

【釋義】

㊀用於複姓:“故吏淳于選”(Q074);“京兆長安淳于伯隗作此誦”(Q116)。㊁用於地名:“故書佐淳于孫悝,字元卓”(Q088);“《羔羊》在公,四府歸高,除淳于長”(Q144)。

11108 **淋** lín 《廣韻》力尋切,來侵平。來侵。

Q113

《説文·水部》:“,以水渓也。从水,林聲。一曰:淋淋,山下水皃。”

【釋形】

《説文》小篆爲形聲字,从水,林聲。漢碑字形中,義符“水”隸定爲三點;聲符“林”所从之構件“木”上弧線拉直爲横畫,下弧線分解爲一撇一捺,如圖。

【釋義】

通“懍”,寒冷:見“滲淋”。

11109 **浣** huàn 《廣韻》胡管切,匣緩上。匣元。

Q128

《説文·水部》:“,濯衣垢也。从水,榦聲。,澣或从完。”

【釋形】

《説文》有“澣、浣”二形,浣,爲“澣”之或體,从水,完聲。漢碑字形與《説文》或體相承,義符“水”隸定爲三點。聲符“完”所从之構件“宀”兩側的豎線縮短,由半包圍結構變爲上下結構;構件“元”依據小篆線條轉寫隸定,下面彎曲的人形隸定爲“儿”形,如圖。

【釋義】

通“垸”,修补城牆,也泛指勞役:“免浣息隸,爲成其門”(Q128)。

11110 **濯** zhuó 《廣韻》直角切,澄覺入。定藥。

Q187

《説文·水部》:“,澣也。从水,翟聲。”

【釋形】

《説文》小篆爲形聲字,从水,翟聲。漢碑字形中,義符“水”隸定爲三點。聲符“翟”所从之構件“羽”隸定爲兩个“彐”;構件“隹”發生離析重組,已看不出鳥的樣子了,如圖。

【釋義】

通“擢”:見“濯冕”。

【釋詞】

[濯冕]即“擢冕”,提拔官職:“於是國君備禮招請,濯冕題剛”(Q187)。

11111 **泰** tài 《廣韻》他蓋切,透泰去。透月。

① Q127 ② Q142

《説文·水部》：“，滑也。从廾从水，大聲。，古文泰。”

【釋形】

《説文》小篆爲形聲字，从廾从水，大聲。《説文》釋“泰”爲“滑也”。林義光《文源》認爲“即洮汏之汏本字”，其説可從。經典常假借作“太”。段玉裁《説文解字注》：“後世凡言大而以爲形容未盡則作太，如‘大宰’俗作‘太宰’，‘大子’俗作‘太子’，‘周大王’俗作‘太王’是也。謂‘太’即《説文》‘夳’字，‘夳’即‘泰’，則又用‘泰’爲‘太’。”漢碑字形中，有的爲碑額篆書，如圖①。有的發生隸變，構件“大”隸定爲兩橫一豎；構件“収”隸定爲“丌”形；構件“水”中的長曲線轉寫爲豎筆，兩側短弧線轉寫爲四點，如圖②。

【釋義】

㊀安適，安寧：“神仙退泰，穆若潛龍”（Q142）。㊁山名：“泰嵳惟岳，神曜吐精”（Q161）；㊂通“太”：見“泰夫人”。㊃用於地名：“有漢泰山都尉孔君之碑”（Q127）；“故吏泰山費魚淵，字漢〖長〗”（Q127）。

【釋詞】

［泰夫人］即“太夫人”，漢代稱列侯之母爲太夫人，也用作對官吏之母的尊稱：“遭泰夫人憂，服闋還台”（Q173）。

11112 **太** tài 《廣韻》他蓋切，透泰去。透月。

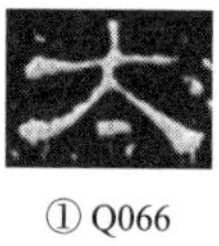
① Q066

② Q137

《説文》爲“泰”的古文變體，《説文·水部》：“，滑也。从廾从水，大聲。，古文泰。”

【釋形】

“太”爲指事字，从大，“丶”爲區别符號。何琳儀《戰國古文字典》：“典籍之中，大、太、泰三字往往通用。大爲象形，太爲分化，泰爲假借。”“泰”本義當同淘汏之“汏”，故《説文》釋爲“滑也”，漢碑中假借爲“太”。《説文》古文作則爲“大”之分化字。段玉裁《説文解字注》：“後世凡言大而以爲形容未盡則作太，如‘大宰’俗作‘太宰’，‘大子’俗作‘太子’，‘周大王’俗作‘太王’是也。”漢碑文獻中多寫作“太”，如圖①；也有少數與“泰”的《説文》古文相承，在“太”下增飾一點，隸定爲“夳”，如圖②。

【釋義】

㊀用於官名：見“太常、太僕”等。㊁用於人名：“季卿、尹太孫、于伯和、尹明功”（Q029）；“先生諱太，〖字林〗宗”（S97）。㊂用於地名：“太原界〖休〗人也”（S97）。

【釋詞】

［太常］官名，掌宗廟禮儀，兼掌選試博士：“徵旋本朝，歷太僕、太常，遂究司徒、太尉”（Q066）。

［太夫人］漢代稱列侯之母爲太夫人，也用作對官吏之母的尊稱：“會喪太夫人，感背人之《凱風》，悼〖《蓼儀》〗之劬勞”（Q137）。

［太僕］官名，掌輿馬畜牧之事，爲九卿之一：“徵旋本朝，歷太僕、太常，遂究司徒、太尉”（Q066）。

［太清］㊀天空：“巖巖白石，峻極太清”（Q174）。㊁天道：“將訓品物，以濟太清”（Q066）。

［太室］山名，即嵩山：“中岳太室陽城崇高闕”（Q061）。

［太守］官名，漢代郡的最高行政長官：“州察茂才，遷鮦陽矦相、金城太守”（Q133）；“大將軍辟舉茂才，除襄城令，遷荊州刺史、東萊涿郡太守”（Q066）；“漢故益州太守北海相景君銘”（Q088）。

［太歲］即歲星，古代據以紀年：“時太歲在丙午，魯北鄉侯自思省居鄉里，無〖宜〗”（Q057）；“永和二年，太歲在卯”（Q080）；“建和元年，太歲在丁亥”（S64）。

［太尉］官名，秦漢時設置，爲當時軍政最高長官："徵旋本朝，歷太僕、太常，遂究司徒、太尉"（Q066）。

11113 湩 dòng 《廣韻》多貢切，端送去。端東。

Q153

《説文·水部》："，乳汁也。从水，重聲。"

【釋形】

《説文》小篆爲形聲字，从水，重聲。漢碑字形中，義符"水"隸定爲三點；聲符"重"本像人背負囊橐之形，後理據重構爲从壬東聲，小篆尚可看出聲符"東"疊於義符"壬"中間，隸變過程中兩個構件進一步粘合，已經很難分清彼此了，如圖。

【釋義】

用於地名，梓湩，即梓潼縣，漢代屬廣漢郡："家于梓湩，九族布列"（Q153）；"朐忍令梓湩雍君，諱陟，字伯曼，爲景君刊斯銘兮"（Q153）。

11114 泣 qì 《廣韻》去急切，溪緝入。溪緝。

① Q153 ② Q144

《説文·水部》："，無聲出涕曰泣。从水，立聲。"

【釋形】

《説文》小篆爲形聲字，从水，立聲。漢碑字形中，義符"水"隸定爲三點。聲符"立"將小篆線條轉寫爲筆畫，上部離析爲"亠"，如圖①②。

【釋義】

㊀哭："擘踊哭泣，見星而行"（Q128）；"咳孤憤泣，忉怛傷摧"（Q144）；"惜從事，泣血𢡟慄，踰于鄭人"（Q083）。㊁淚水："隱藏魂靈，悲癒奈何，涕泣雙并"（Q114）。

11115 涕 tì 《廣韻》他計切，透霽去。透脂。

① Q134 ② Q145

《説文·水部》："，泣也。从水，弟聲。"

【釋形】

《説文》小篆爲形聲字，从水，弟聲。漢碑字形中，義符"水"隸定爲三點。聲符"弟"甲骨文作 （《合》21722）、（《合》22135）等，像木橛被纏繞之形，本義爲次第，後引申爲兄弟之弟(參見 5020 第)。漢碑字形依據小篆轉寫隸定，將縱向曲線離析爲一點一豎，寫作"弟"，如圖①②。

【釋義】

眼淚："萬民假爾，莫不隕涕"（Q133）；"群后卿士，凡百棃萌，靡不欷歔垂涕，悼其爲忠獲罪"（Q066）；"行路撫涕，織婦喑咽"（Q153）；又見"涕泠"。

【釋詞】

［涕泠］即"涕零"，流淚："凡百咸痛，士女涕泠"（Q187）。

11116 減 jiǎn 《廣韻》古斬切，見豏上。見侵。

Q146

《説文·水部》："，損也。从水，咸聲。"

【釋形】

《説文》小篆爲形聲字，从水，咸聲。漢碑字形中，義符"水"隸定爲三點；聲符"咸"依據小篆線條轉寫隸定，右上的曲綫寫作點畫，如圖。

【釋義】

㊀鏟削，減損："因常繇道徒，鐉燒破析，刻臽確嵬，減高就埤，平夷正曲，柙致土石"（Q146）；"減西□□高閣，就安寧之石

道”（Q150）。㈡裁減：“減省貪吏二百八十人”（Q161）。

11117 **滅** miè 《廣韻》亡列切，明薛入。明月。

① Q129

② J282

《説文·水部》：“，盡也。从水，威聲。”

【釋形】

《説文》小篆爲形聲字，从水，威聲。漢碑字形中，義符“水”隸定爲三點；聲符“威”依據小篆線條轉寫隸定，右上的曲綫寫作點畫，如圖①②。

【釋義】

㈠磨滅，磨損：“然其所立碑石，刻紀時事，文字摩滅，莫能存識”（Q129）；“迺鐫石立碑，勒銘鴻烈，光于億載，俾永不滅”（Q133）；“刻石紀號，永永不滅”（Q153）。㈡消滅，滅除：“元子卬，爲右曹中郎將，與充國竝征，電震要荒，聝滅狂狡，讓不受封”（Q169）。㈢死亡，消失：“終歿之日聲，形銷氣盡，遂以毁滅”（Q202）；“身滅名存，美稱脩飭”（Q113）。

11118 **泮** pàn 《廣韻》普半切，滂換去。滂元。

Q172

《説文·水部》：“，諸侯鄉射之宫，西南爲水，東北爲牆。从水从半，半亦聲。”

【釋形】

《説文》小篆爲會意兼形聲字，从水从半，半亦聲，指古代諸侯所設的學宫，其建築南半部周圍有半環形水池，整體形制如玉璧之半，故稱泮宫。漢碑字形中，義符“水”隸定爲三點。聲符“半”所从之構件“八”寫作兩點；構件“牛”的上弧線拉直爲一横，如圖。

【釋義】

即泮宫，古代諸侯所設的學宫：“濟濟之儀，孜孜之踰，帥厲後學，致之雍泮”（Q193）；“惟泮宫之教，反失俗之禮”（Q172）。

11119 **泯** mǐn 《廣韻》武盡切，明軫上。明真。

Q166

《説文·水部》（新附字）：“，滅也。从水，民聲。”

【釋形】

《説文》从水，民聲，爲形聲字。漢碑字形中，義符“水”隸定爲三點。聲符“民”甲骨文作（《合》13629），像以刃刺目之形，多指奴隸；金文作（《秦公簋》），目形簡寫；小篆線條化爲；漢碑字形將小篆圓轉線條轉寫隸定爲平直方折的筆畫，如圖。

【釋義】

消亡，消失：“景命不永，早即幽昏，名光來世，萬祀不泯”（Q166）。

11120 **潔** jié 《廣韻》古屑切，見屑入。見月。

Q068

《説文·水部》（新附字）：“，瀞也。从水，絜聲。”

【釋形】

《説文》从水，絜聲，爲形聲字。漢碑字形中，義符“水”隸定爲三點。聲符“絜”戰國秦文字作（《睡·語》10），已經開始筆畫化；漢碑字形將構件“㓞”左邊的“丯”隸定作“丰”；構件“糸”與戰國秦文字近似，尚未完全分解爲筆畫，如圖。

【釋義】

高潔，清正：“故縣侯守丞楊卿耿伯，憤性清潔，丁時窈窕，才量休赫”（Q212）。

11121 **淚** lèi 《廣韵》力遂切,來至去。來質。

Q153

《説文》無。

【釋形】

漢碑字形从水,戾聲,爲形聲字。聲符“戾”小篆作,漢碑字形將構件“戶”上部離析出一長横,構件“犬”混同爲“大”,如圖。

【釋義】

眼淚:“遏勿八音,百姓流淚”(Q153);“農夫醳耒,商人空市,隨輩飲淚”(Q088)。

11122 **湶**

“泉”的異體字(圖⑤⑥⑦),見11134泉。

11123 **源** yuán 《廣韻》愚袁切,疑元平。疑元。

① Q125

② Q150

《説文》無。

【釋形】

漢碑字形从水,原聲,爲形聲字。聲符“原”金文作(《大克鼎》),从厂从泉,會水源之義,爲“源”之初文;小篆線條化作;漢碑字形構件“厂”或訛混爲“广”,如圖②;構件“泉”圖①離析重組爲上“日”下“小”,圖②則爲上“白”下“水”。

【釋義】

源泉:“泫泫淮源,聖禹所導,湯湯其逝,惟海是造”(Q125);“磎源漂疾,横柱于道”(Q150);“六籍五典,如源如泉”(Q193)。

【釋詞】

[源流]水的源頭和支流:“春生萬物,膚寸起雲,潤施源流,鴻濛沛宣”(Q061)。

11124 **濨** cí 《廣韻》疾之切,從之平。從之。

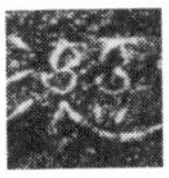
Q069

《説文》無。

【釋形】

漢碑字形从水,慈聲,爲形聲字。聲符“慈”小篆作所从之構件“心”分解爲筆畫,失去象形性;構件“兹”上方省變爲兩短横,下方仍保留封閉的線條,如圖。

【釋義】

用於地名:“祖考徠西,乃徙于濨,因處廣漢”(Q069)。

11125 **流(沶)** liú 《廣韻》力求切,來尤平。來幽。

① Q178

② Q066

③ Q113

④ Q153

⑤ Q169

《説文·沝部》:“,水行也。从沝、㐬;㐬,突忽也。,篆文从水。”

【釋形】

段玉裁認爲,《説文》正字爲古文或籀文,重文爲小篆。“𣴎”《説文》从沝、㐬,“流”从水、㐬,均以爲會意字。按“㐬”《説文》之前未見有獨立成字者,作爲構件應來自“毓”的甲骨文字形(《合》27192),像生小孩時羊水流出之形,故與水流有關。漢碑字形與《説文》篆文相承,義符“水”隸定爲三點。義符“㐬”或隸定與今之寫法相近,如圖①②;或將下方像水的三條曲線隸定近似於“小”,如圖③;或將上部的點畫省去,整個構件隸定混同於“不”的變體“𣎵”,從而形成“流”的異體字“沶”,如圖④⑤。

【釋義】

㊀水流動:“西流里外,南注城池”(Q141);“將即幽都,歸于電丘,涼風滲淋,寒水北

流”（Q113）；“上則縣峻，屈曲流顛；下則入冥，廎寫輸淵”（Q095）。㊁水的支流，河流：“春生萬物，膚寸起雲，潤施源流，鴻濛沛宣”（Q061）；“宣抒玄汙，以注水流”（Q112）。㊂流淌，落下：“遏勿八音，百姓沵淚”（Q153）。㊃傳播，傳布：“昭哉孝嗣，光流萬國”（Q128）；“到官正席，流恩褒譱，糾姦示惡”（Q144）；“躬儉尚約，化流若神”（Q150）。㊄流浪，流離：“遭離羌寇，蝗旱鬲并，民流道荒”（Q060）；“郡縣殘破，吏民沵散”（Q169）；“秦兼天下，侵暴大族，支判流僊，或居三川，或徙趙地”（Q166）。㊅放逐：“□刈骾雄，流惡顯忠”（Q172）。㊆滌蕩，掃蕩：“然後四校横徂，星流彗埽，蕭條萬里，野無遺寇”（H26）。㊇品類，門類：“咸共飲酌，其流者有踰三千”（Q066）；“品物流形，農寔嘉穀”（Q126）。㊈用於人名：“故功曹任午子流”（Q178）。

【釋詞】

［流愛］施愛於人：“垂化放虖岐周，流愛雙虖□□”（Q172）。

［流化］傳播教化：“匡陪州郡，沵化二城”（Q169）；“流化八基，遷蕩陰令，吏民頡頏，隨逝如雲”（Q179）；“出省楊土，流化南城”（Q193）。

［流射］迅速傳播：“銜命二州，受莢秉憲，彈貶貪枉，清風流射”（Q128）。

［流俗］世俗之人：“或聞生柳惠國大夫，而流俗稱焉”（H105）。

11126 **沵**

“流”的異體字（圖④⑤），見 11125 流。

11127 **涉** shè 《廣韻》時攝切，書葉入。禪葉。

① Q247

② J237

③ Q146

《說文·林部》：“𣻃，徒行厲水也。从林从步。涉，篆文从水。”

【釋形】

依段玉裁《說文解字注》體例，《說文》重文涉爲小篆，則正字𣻃當爲古文或籀文。“𣻃”《說文》从林从步，“涉”从水从步，均以爲會意字。按“涉”甲骨文作（《合》20556）、（《合》8323）、（《合》32951）、（《合》32903）、（《合》15950）等，繁簡形態各異，兩止（趾）多在水之兩側（兩止在水之同側則爲“頻（瀕）”，參見 11128 頻），以會徒步渡水之義；或在水之中央，寫作（《合》22517）。金文多承襲甲骨文兩止（趾）在水之兩側的寫法，如（《倗生簋》），其中止（趾）形訛變近似於“中”；或在此基礎上另外增添義符“水”，寫作（《散氏盤》），《說文》正字“𣻃”疑與此形體相承。戰國楚文字承襲金文的第一種寫法，寫作（《郭·老甲》8）。《說文》重文“涉”則選擇了兩止（趾）在水之同側的結構，象形意味淡化。漢碑字形承襲《說文》重文，構件“水”隸定爲三點。構件“步”上下二“止”變異嚴重，且上下粘連；下方“止”或與“少”混同，如圖②③；上方“止”或與“中”混同，如圖③。

【釋義】

㊀徒步渡水：“陟降山谷，經營拔涉，草止露宿，捄活食餐千有餘人”（Q161）。㊁踩踏，行走：“君踐其險，若涉淵冰”（Q146）；“堅固廣大，可以夜涉”（Q146）。㊂進入：“涉秋霖漉，盆溢〖滔涌，濤〗波滂沛，激揚絶道”（Q150）。

11128 **頻** （一）bīn 《集韻》卑民切，幫真平。幫真。

Q084

《說文》作“顮”，《說文·林部》：“顮，水厓。人所賓附，瀕蹙不前而止。从頁从涉。

凡頻之屬皆从頻。”

【釋形】

《説文》以“顮”爲會意字，从頁从涉，義爲水邊。按“顮”甲骨文作（《合》1051）、（《合》21256），兩止（趾）在水之同側，表示人沿水邊行走，是水顮之“顮（濱）”的初文，與兩止（趾）在水之兩側的“涉”有别（參見 11127 涉）；金文或將甲骨文的構件“水”改爲“川”，寫作（《效卣》）；或在甲骨文的基礎上增添構件“頁”，寫作（《瀕史鬲》）、（《𢦏簋》），强調人瀕臨水邊。小篆訛作从頁从涉，金文未見此類字形。漢碑字形省去構件“𣥠（涉）”中的“𡿨”，變爲从頁从步，如圖。邵瑛《説文解字羣經正字》：“此字此義，經典尚偶一見之。《詩·召旻》‘不云自頻’、《毛傳》‘頻，厓也’是也。但隸省𡿨耳。《漢書·賈山傳》‘瀕海之觀’師古注‘緣海邊也’，張揖曰‘古濱字’，此又變𡿨爲氵旁，然皆不失古義。此外，如《書·禹貢》‘海濱廣斥’、《詩·采蘋》‘南澗之濱’、《北山》‘率土之濱’、《左僖四年傳》‘君問其諸水濱’、《公羊僖四年傳》‘何不還師濱海’、《國語·吳語》‘其民必移就蒲羸於東海之濱’，此類并當作‘顮’，或省文作‘頻’，或變文作‘瀕’，均可。今皆作‘濱’，而‘頻’但爲頻數之‘頻’矣。”

【釋義】

用於地名：“功曹書佐頻陽成扶千”（Q123）；“故功曹大尉掾頻陽游殷幼齊”（Q200）。

（二）pín 《廣韻》符真切，並真平。並真。

【釋義】

連屬貌：見“頻頻”。

【釋詞】

［頻頻］成羣結隊貌：“疾讒讒比周，愠頻頻之黨，□唐虞之道”（Q084）。

11129 **川** chuān 《廣韻》昌緣切，昌仙平。昌文。

① Q174

② Q129

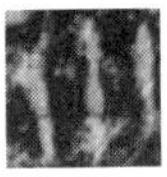
③ Q096

《説文·川部》：“巛，貫穿通流水也。《虞書》曰：‘濬く巜距川。’言深く巜之水會爲川也。凡川之屬皆从川。”

【釋形】

《説文》小篆爲象形字，義爲河流。按“川”甲骨文作（《合》489）、（《合》9083），像兩岸之間有水流之形。中間的水流或省簡爲一條曲線，寫作（《合》29687）；金文、小篆均與此類字形相承。漢碑字形將小篆的三條曲線轉寫爲豎或豎撇，如圖①～③。

【釋義】

㊀河流，河道：“昔者共工，範防百川”（Q065）；“澤有所注，川有所通”（Q095）；“大宗承循，各詔有司，其山川在諸侯者，以時祠之”（Q129）；“古先哲王，類帝禋宗，望于山川，徧于羣神”（Q174）。㊁用於地名：“刻者穎川邯鄲公脩、蘇張”（Q129）。

11130 **巟** huāng 《廣韻》呼光切，曉唐平。曉陽。

Q178

《説文·川部》：“巟，水廣也。从川，亡聲。《易》曰：‘包巟用馮河。’”

【釋形】

《説文》小篆爲形聲字，从川，亡聲。漢碑字形中，聲符“亾”隸定爲“亡”，横筆與折筆於起筆處相接；義符“川”末筆隸定爲豎彎，與獨立成字時有明顯差異，如圖。

【釋義】

通“荒”，㊀荒廢：“四祀烝嘗，不廢巟兮”（H105）。㊁邊遠地區：見“殊巟”。

11131 **侃** kǎn 《廣韻》空旱切，溪旱上。溪元。

Q137

《説文·川部》:“ ,剛直也。从㐰,㐰,古文信;从川,取其不舍晝夜。《論語》曰:‘子路侃侃如也。’”

【釋形】

《説文》小篆以爲會意字,从㐰从川,義爲剛直。按“侃”甲骨文作 (《合》27100)、 (《合》37439)等,裘錫圭《釋“衍”“侃”》認爲,“侃”是在“衍”的基礎上添加區别符號“口”而產生的分化字,用以表示“衍”的假借義喜樂(參見《魯實先先生學術討論會論文集》)。金文省去構件“人”,寫作 (《保侃母簋蓋》)或 (《兮仲鐘》),爲小篆字形之所承,《説文》釋爲从㐰从川,與初形不符。漢碑字形將義符“川”末筆隸定爲豎彎,與獨立成字時有明顯差異,如圖。

【釋義】

和樂貌:見“侃侃”。

【釋詞】

[侃侃]和樂貌:“兢兢業業,素絲羔羊;誾誾侃侃,顒顒昂昂”(Q137)。

11132 **州** zhōu 《廣韻》職流切,章尤。章幽。

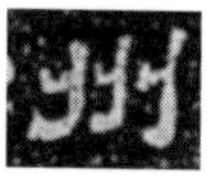

① Q169

② Q160

《説文·川部》:“ ,水中可居曰州,周遶其旁,从重川。昔堯遭洪水,民居水中高土,故曰九州。《詩》曰:‘在河之州。’一曰:州,疇也。各疇其土而生之。 ,古文州。”

【釋形】

《説文》以爲會意字,从重川。按“州”甲骨文作 (《合》18103),金文作 (《州戈》),像川中有陸地之形。《説文》古文與甲骨文、金文字形相承;小篆形體繁化,像二“川”相接,故《説文》以“从重川”釋之,實與初形構意不符。漢碑字形於小篆的三個交匯處各離析出一點或豎折;上下二“川”連通,重組爲一個構件“川”,其中三個筆畫皆呈豎鉤狀,如圖①②。

【釋義】

古代地方行政區劃名:“子孫遷于雍州之郊”(Q178);“崇冠二州,古曰雍梁”(Q129);“隆構厥基,既仕州郡”(Q133)。

【釋詞】

[州郡]㊀州和郡的合稱:“州郡竝表,當亨符艾”(Q153)。㊁州郡的長官:“州郡貪其高賢〚幼〛少,請以□□歲舉”(Q093)。

[州里]古代二千五百家爲州,二十五家爲里,故以“州里”泛指鄉里或地方:“國喪名臣,州里失覆”(Q152)。

11133 **巛**

“坤”的異體字(圖②～⑤),見13092坤。

11134 **泉(湶)** quán 《廣韻》疾緣切,從仙平。從元。

① Q063

② Q178

③ Q178

④ J237

⑤ Q114

⑥ Q095

⑦ Q082

《説文·泉部》:“ ,水原也。象水流出成川形。凡泉之屬皆从泉。”

【釋形】

《説文》小篆爲象形字,像水從泉中流出之形。“泉”甲骨文作 (《合》8379)、 (《合》34165),金文作 (《敔簋》),更爲象形。戰國秦文字已經發生離析重組,成爲上下結構,寫作 (《睡·日甲》37)。小篆仍保持甲骨文、金文的大致結構,只是已經徹底線條化,象形性有所減弱。漢碑字形中,有的爲碑文篆書,如圖①。多數則已經發生隸變,有的在戰國秦文字的基礎上進一步重組爲上“白”下“水”，理據重構，完全失去了象形性，如圖②；下方形體或與戰國秦文字相似，近似於“小”，如圖③④；或者在整字“泉”的基礎上又增添了義符“水”，寫作“湶”，構成“泉”的纍增義符的異體字，如圖⑤～⑦。

【釋義】

㊀泉水：“攻城野戰，謀若涌泉，威牟諸賁，和德面縛歸死”（Q178）；“六籍五典，如源如泉”（Q193）；“平阿湶泥，常蔭鮮晏”（Q095）。㊁黄泉，陰間：“俱歸皇湶，何時復會”（Q082）；“閽忽離世，下歸黄湶”（Q114）。㊂錢幣的别稱：“石室直五千泉”（Q024）。㊃用於地名：“七年三月，除郎中，拜酒泉禄福長”（Q178）；“遂升二女爲顯節園貴人。其次適鬲侯朱氏，其次適陽泉侯劉氏”（Q063）。

11135 **原** yuán 《廣韻》愚袁切，疑元平。疑元。

① Q145

② Q102

③ Q179

《説文·灥部》：“，水泉本也。从灥出厂下。，篆文从泉。”

【釋形】

段玉裁《説文解字注》認爲，爲小篆，爲古文或籀文，《説文》均釋爲會意字。按“原”金文作（《大克鼎》）、（《散氏盤》），从厂从泉，表示水發源之地，爲源泉之“源”的初文。《説文》小篆與之相承；其古文籀文字形乃繁增爲三“泉”，以强化構意。漢碑字形與小篆相承，構件“厂”上或加一點畫，與“广”混同，如圖②③。義符“泉”隸定爲上“白”下“小”，如圖①；上方“白”或混同爲“日”，如圖②③；下方“小”或省簡爲三點，如圖③。

【釋義】

㊀源泉：“分原而流，枝葉扶疏，出王别胤，受爵列土，封侯載德，相繼不顯”（Q193）。㊁事物的源頭，根源：“由是之來，和氣不臻。乃求道要，本祖其原”（Q060）；“涉歷山道，推序本原”（Q095）；“乃案經傳所載，原本所由，銘勒斯石，垂之于後”（Q129）。㊂推求本源，推究：“原度天道，安危所歸”（Q095）。㊃姓氏，也特指孔子的弟子原憲：“故從事原宣德錢三百”（Q179）；“履該顔原，兼脩季由，聞斯行諸”（Q137）。㊄用於地名：“永壽二年，朔方太守上郡仇君，察孝，除郎中，大原陽曲長”（Q123）；“司徒公河南原武吴雄，字季高”（Q102）；“相乙瑛，字少卿，平原高唐人”（Q102）。

11136 **永** yǒng 《廣韻》于憬切，雲梗上。匣陽。

① Q025

② Q174

③ JB6

④ Q023

《説文·永部》：“，長也。象水巠理之長。《詩》曰：‘江之永矣。’凡永之屬皆从永。”

【釋形】

《説文》以爲象形字，義爲水流長。按“永”甲骨文作（《合》390）、（《合》4913）、（《合》33190），金文作（《𨟻尊》）、（《史宜父鼎》），像人在水中游泳之形，爲“泳”之初文。小篆承襲金文字形并徹底線條化，仍保留有一定的象形性。漢碑字形將小篆線條轉寫爲筆畫，筆畫間的分解及組合情況多樣，象形性完全消失，如圖①～④。

【釋義】

㊀长久，永遠：“蚤離春秋，永歸長夜”（Q124）；“永惟孝思，亦世弘業”（Q128）；“迺鎸石立碑，勒銘鴻烈，光于億載，俾永不滅”（Q133）；又見“永永”。㊁用於年號：“永平元年十月十二日甲子塟”（Q023）；“永壽二年，朔方太守上郡仇君，察孝，除郎中，大原陽曲長”（Q123）。㊂用於地名：“察孝，除郎，

永昌長史，遷宕渠令”（Q187）。

【釋詞】

［永永］永久，長久：“子子孫孫，永永番昌”（Q174）；“追歌遺風，嘆績億世。刻石紀號，永永不滅”（Q153）；“惟我君績，表于丹青。永永無沂，與日月竝”（Q148）。

11137 **谷** gǔ 《廣韻》古禄切，見屋入。見屋。

① J012 ② Q095 ③ Q146

《説文·谷部》：“，泉出通川爲谷。从水半見，出於口。凡谷之屬皆从谷。”

【釋形】

《説文》小篆爲會意字，表示從泉口流出的溪水。按“谷”甲骨文作（《合》8395），金文作（《啟卣》），正像溪水從泉口流出之形，本義是山間溪流。小篆是對甲骨文、金文字形的線條化。漢碑字形或將“谷”上部像溪水的四條曲線對應轉寫爲四筆，如圖①；或將下部的兩條曲線連寫爲一長横，如圖②③；其中圖③“口”形上不封口。

【釋義】

㊀山谷，谷地：“王府君閔谷道危難，分置六部道橋”（Q095）；“《詩》所謂：如集于木，如臨于谷，斯其殆哉”（Q146）；“陵谷鬻化，陰陽穌清”（Q065）。㊁用於地名：“余谷之川，其澤南隆。八方所達，益域爲充”（Q095）；“更隨圍谷，復通堂光”（Q095）；“上谷府卿墳壇，居攝二年二月造”（Q012）。

11138 **谿（徯）** xī 《廣韻》苦奚切，溪齊平。溪支。

① Q146 ② Q150

《説文·谷部》：“，山瀆无所通者。从谷，奚聲。”

【釋形】

《説文》小篆爲形聲字，从谷，奚聲。漢碑字形中，聲符“奚”與義符“谷”位置或左右互换，圖①作“谿”，圖②作“徯”。義符“谷”上部四條曲線隸定爲兩短横加一長横。聲符“奚”有殘泐，大致可見構件“爪”隸定作“爫”；構件“幺”仍保留封閉的線條，尚未分解爲筆畫；下面像人的構件隸定作“大”，如圖①②。

【釋義】

㊀谿谷：“兩山壁立，隆崇造雲，下有不測之谿，阨笮促迫”（Q146）。㊁谿流：“斯徯〖既然，郙閣尤甚，緣〗崖鑿石，處隱定柱”（Q150）。

11139 **徯**

“谿”的異體字（圖①），見 11138 谿。

11140 **冰** bīng 《廣韻》筆陵切，幫蒸平。幫蒸。

① Q139 ② Q146 ③ Q088

《説文·仌部》：“，水堅也。从仌从水。，俗冰从疑。”

【釋形】

《説文》正篆“冰”爲會意字，从仌从水，義爲水凝結；重文“凝”爲形聲字，从仌，疑聲，“疑”上古音在疑紐之部，與“凝”陰陽對轉，故可充當其聲符。段玉裁《説文解字注》：“以冰代仌，乃别製凝字。經典凡凝字皆冰之變也。”邵瑛《説文解字羣經正字》：“冰凍作‘仌’，堅凝本字作‘冰’。俗以‘冰’代‘仌’字，‘凝’代‘冰’字，而‘仌’字遂廢不用。按‘仌’，象水初凝，文理如此，是象形字。”漢碑字形中，義符“仌”或隸定爲兩點，如圖①；或訛作三點，與“氵”混同，如圖③。聲符“水”左側兩條曲線或轉寫爲兩點，如圖①；或連接爲横撇，如圖③；圖②

中聲符“水”與左側構件“仌”共用兩點，與“水”字近於混同。

【釋義】

㊀冰凌：“君踐其險，若涉淵冰”（Q146）。㊁用於人名：“故蜀郡李府君諱冰”（Q139）；“故小史都昌齊冰”（Q088）。

11141 凝　níng 《廣韻》魚陵切，疑蒸平。疑蒸。

Q169

《説文·仌部》：“，水堅也。从仌从水。，俗冰从疑。”

【釋形】

凝，《説文》爲“冰”之俗体，形聲字，从仌，疑聲，參見 11140 冰。“冰、凝”漢碑中分爲二字，用法有别。義符“仌”訛作三點，與“氵”混同。聲符“疑”甲骨文作（《合》23590），或增“彳”作（《合》7398），像人走路時回首遲疑之狀；小篆發生訛變，《説文》據小篆形體釋爲“从子、止、匕，矢聲”。漢碑字形中，構件“匕”隸定似“匸”形，構件“矢”混同爲“天”，構件“子、止”粘合省變，如圖。

【釋義】

停滯不前：見“凝滯”。

【釋詞】

［凝滯］停滯不前：“遭時凝滯，不永爵壽，年六十五”（Q169）。

11142 冬　dōng 《廣韻》都宗切，端冬平。端冬。

J297

《説文·仌部》：“，四時盡也。从仌从夂。夂，古文終字。，古文冬从日。”

【釋形】

《説文》以小篆爲會意字，从仌从古文終，義爲四時之末。按“冬”甲骨文作（《合》916）、（《合》20726），像絲線兩端束結之形，本爲終端之“終”的初文。冬季爲歲時之終，故可與終端義共用一字。金文表終端義時作（《頌鼎》）；表冬季義時另外添加義符“日”作（《陳璋方壺》），强調與四時有關，且將像繩結的兩點連成一條線，爲專門表示冬天義的分化字，《説文》古文與之相承。戰國楚文字表示終端義時另外增添義符“糸”，寫作（《帛乙》3.33）、（《郭·語》1.49），强調與絲線有關，爲專門表示終端義的分化字。至此，冬天之“冬”和終端之“終”正式分化開來，成爲二字。《説文》小篆“冬”不从“日”，而从“仌”，以强調冬天寒冷之義，爲理據重構。漢碑字形承襲《説文》小篆，將小篆上方本像絲線終端的構件隸定作“夊”，與“夆、夅”等字上方的“夊”混同；下方構件“仌”隸定爲兩短横，如圖。

【釋義】

冬天：“至建和二年仲冬上旬，漢中大守楗爲武陽王升，字稚紀，涉歷山道，推序本原”（Q095）；“年六十有八，以中平五年冬十一月壬寅卒”（Q185）；“德以柔民，刑以威姦，是以黎庶愛若冬日，畏如秋旻”（Q134）。

11143 冶　yě 《廣韻》羊者切，餘馬上。餘魚。

① Q281

② Q025

《説文·仌部》：“，銷也。从仌，台聲。”

【釋形】

《説文》以爲形聲字，从仌，台聲。按“冶”金文作（《二年寍鼎》），由火、二、口、刀四個構件組成，學者對其構意理解不一。何琳儀《戰國文字通論》認爲該字从火，刀聲，另外兩個構件都是裝飾符號，没有意義。更多的學者則認爲該字爲會意字，且每個構件都有意義，冶煉必用火，故从“火”；“二”爲古“仌(冰)”字，表示融化金屬與冰融相似；“口”象徵鑄器之範；“刀”爲鑄造之器，亦可替換爲“斤”，寫作(《二十九年高都令戈》)。戰國文字或省去構件“火”，寫作(《冶瘍戈》)、(《三年鈹》)。小篆承襲戰國文字後一種字形，并將構件“刀”和“口”訛變重組爲“台”，故《説文》以“从仌，台聲”釋之，這種變化應爲在形聲化趨勢影響下的理據重構。漢碑字形將小篆中的義符“仌”轉寫爲兩短横，如圖①；或訛作三點，與“氵”混同，如圖②。聲符“台”上方構件寫作閉合的三角形，如圖①②。

【釋義】

㊀用於人名，古冶，又稱古冶子，著名傳説“二桃殺三士”中的三士之一：“是誰家冢？田疆古冶”（Q281）。㊁用於官名：“部掾冶級王弘、史荀茂、張宇、〖韓〗岑〖等典〗功作”（Q025）。

11144 **渡**

“渡”的異體字(圖⑤⑥)，見11082 渡。

【釋詞】

［渡遼］即度遼將軍，西漢昭帝時初設：“上郡王府君察孝，除郎中，遷渡遼右部司馬”（Q128）；“孫豐，字叔奇，監渡遼營謁者”（Q169）。

11145 **雨** （一）yǔ 《廣韻》王矩切，雲麌上。匣魚。

① JB7

② Q129

《説文·雨部》：“，水从雲下也。一象天，冂象雲，水霝其間也。凡雨之屬皆从雨。，古文。”

【釋形】

《説文》以爲合體象形字，像下雨之形。按“雨”甲骨文作(《合》4570)、(《合》20981)，像雨從天上滴落之形；其上或增飾筆作(《合》38137)，爲小篆字形之所承，《説文》釋爲“冂象雲”，與初形不符。漢碑字形與小篆相承，圓轉線條轉寫隸定爲平直方折的筆畫，如圖①②。

【釋義】

雨水：“〖磥硌〗吐名，與天同燿。能烝雲興雨，與三公、靈山協德齊勳”（Q126）；“乾坤定位，山澤通氣，雲行雨施，既成萬物，易之義也”（Q129）；“歲在癸丑，厥運淫雨，傷害稼穡”（Q161）。

（二）yù 《廣韻》王遇切，雲遇去。匣魚。

㊀下雨，下雪：“吏民禱祀，興雲膚寸，徧雨四維”（Q060）；“觸石〖出〗雲，不崇而雨”（Q171）。㊁滋潤，潤澤：“觸石興雲，雨我農桑”（Q129）。

11146 **雷** léi 《廣韻》魯回切，來灰平。來微。

① J241

② Q100

《説文·雨部》：“，陰陽薄動靁雨，生物者也。从雨，畾象回轉形。，古文靁。，古文靁。，籀文。靁間有回；回，靁聲也。”

【釋形】

《説文》以小篆爲會意字，从雨从畾，義爲打雷。按“雷”甲骨文作(《合》4006)、(《合》24364)，从申(即“電”之初文)从口，或从田，表示閃電時發出的聲音。或曰“田”像車輪，表示雷聲轟轟隆隆，就像木輪車從天上跑過一樣，古代有雷公駕車的傳説，或與此有關。金文增加爲四個“田”，寫作(《雷甗》)、(《中父乙罍》)；中間構件“申”或變形，成爲四個“田”之間的連接線，寫作(《對罍》)、(《洍御事罍》)、(《洹子孟姜壺》)；或添加義符“雨”，寫作(《盠駒尊》)。《説文》古文和籀文與金文字形相關，其中構件“申”或改爲“云”。

戰國楚文字作（《包》2.174），戰國秦文字作（《睡·日甲》42），均省去構件“申”；《說文》小篆與後者結構相同。漢碑字形與戰國秦文字相承，下方三個“田”省簡爲一個，如圖①②；圖②構件“雨”中的四點省簡爲一横。

【釋義】

㊀雷電之雷：“〖旌〗旗绛天，雷震電舉，敷燿赫〖然〗，陵惟哮〖虎〗”（Q132）。㊁通“罍”，酒器：“鍾磬瑟皷，雷洗觴觚，爵鹿柤梪”（Q112）。

【釋詞】

［雷輜］車輪發出的聲音猶如雷鳴一般，比喻車駕之盛：“元戎輕武，長轂四分，雷輜蔽路，萬有三千餘乘”（H26）。

11147 **賁** yǔn 《廣韻》于敏切，雲軫上。匣文。

① Q088

② Q144

《說文·雨部》：“，雨也。齊人謂靁爲賁。从雨，員聲。一曰：雲轉起也。，古文賁。”

【釋形】

《說文》小篆爲形聲字，从雨，員聲，本義爲雷雨。古文聲符“員”寫作，以圓形的鼎口表示方圓之圓，爲“圓”之初文；小篆訛爲从貝。漢碑字形與小篆相承，聲符“員”上方的圓形隸定爲封閉的三角形，如圖①②。

【釋義】

㊀通“隕”，隕落：“財容車騎，進不能濟，息不得駐，數有顛覆賁隧之害”（Q146）。㊁通“殞”，死亡：見“賁絶、賁祚”。

【釋詞】

［賁絶］死亡：“珪璧之質，臨卒不回，歔欷賁絶，奄忽不起”（Q088）。

［賁祚］年壽已盡，死亡：“夙世賁祚，早喪懿寶”（Q144）。

11148 **電** diàn 《廣韻》堂練切，定霰去。定真。

① Q169

② Q132

《說文·雨部》：“，陰陽激燿也。从雨从申。，古文電。”

【釋形】

《說文》以小篆爲會意字，从雨从申，義爲閃電。按“申”甲骨文作（《合》4035）、（《合》5651），像閃電之形，乃“電”的初文。因古人視閃電爲神靈，故分化出“神”字；又因閃電有延伸的特點，又分化出“伸”字；“申”常借表地支；其本義金文增添義符“雨”作（《番生簋蓋》）。“電”的小篆字形承襲金文的結構，但構件“申”發生變異，已失去閃電的形象。漢碑字形與小篆相承，構件“申”兩側對稱線條粘合爲一體，中間線條變爲豎彎鉤，與後來通行的繁體寫法相近，如圖①②。

【釋義】

㊀閃電：“〖旌〗旗绛天，雷震電舉”（Q132）；“元子卬，爲右曹中郎將，與充國竝征，電震要荒，聝滅狂狡”（Q169）。㊁用於地名：“將即幽都，歸于電丘。凉風滲淋，寒水北流”（Q113）。

11149 **震** zhèn 《廣韻》章刃切，章震去。章文。

① J241

② Q084

《說文·雨部》：“，劈歷，振物者。从雨，辰聲。《春秋傳》曰：‘震夷伯之廟。’，籀文震。”

【釋形】

《說文》小篆爲形聲字，从雨，辰聲。漢碑字形中，義符“雨”内部四短横或省簡爲一長横,如圖②。聲符“辰”甲骨文本像蚌形,寫作(《合》36516),爲“蜃”之初文;小篆線條化之後已經失去象形性;隸書進一步筆畫化,如圖①②。

【釋義】

㊀震動:“元子卬,爲右曹中郎將,與充國竝征,電震要荒,聝滅狂狡”(Q169);“〖旌〗旗絳天,雷震電舉”(Q132);又見“震節、震燿”。㊁威震,威懾:“南苞八蠻,西羈六戎,北震五狄,東勤九夷”(Q179);“守攝百里,遺愛在民。佐翼牧伯,諸夏肅震”(Q166)。㊂震驚,驚恐:“洪泉浩浩,下民震驚”(Q065);“饕餮改節,寇暴不作,封畿震駭”(Q084);又見“震栗”。㊃六十四卦之一:“改□易宫,震垢□兮”(Q124)。㊄用於人名:“君諱震,字伯起”(Q066);“門生濟南梁郡趙震,字叔政”(Q127)。

【釋詞】

[震節]《禮記·月令》:“仲春之月……是月也,日夜分,雷乃發聲,始電,蟄蟲咸動。”故稱二月爲“震節”:“惟中平三年,歲在攝提,二月震節,紀日上旬”(Q179)。

[震栗]驚恐戰慄:“奮威外梱,屬城震栗”(H105)。

[震燿]震動顯耀:“懿德震燿,孝行通神”(Q193)。

11150 **䨮**

“雪”的異體字(圖①),見11151雪。

11151 **雪**(䨮) xuě 《廣韻》相絶切,心薛入。心月。

① J013

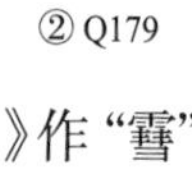
② Q179

《説文》作“䨮”,《説文·雨部》:“䨮,凝雨,説物者。从雨,彗聲。”

【釋形】

《説文》小篆爲形聲字,从雨,彗聲。“彗”上古音在邪母月部。按“雪”甲骨文即爲从雨、彗聲的形聲字,寫作(《合》20914)、(《合》21024)。小篆與之相承。漢碑字形中,圖①依據小篆線條轉寫隸定;圖②則省簡嚴重。

【釋義】

㊀雪:“雨䨮其霏”(J013)。㊁比喻高潔:見“雪白”。

【釋詞】

[雪白]比喻品格高潔:“雪白之性,孝友之仁”(Q179)。

11152 **零** líng 《廣韻》郎丁切,來青平。來耕。

① Q069

② Q106

《説文·雨部》:“零,餘雨也。从雨,令聲。”

【釋形】

《説文》小篆爲形聲字,从雨,令聲。漢碑字形中,義符“雨”内部四短横省寫爲一長横,如圖①;中間豎畫或省,如圖②。聲符“令”所从之構件“卪”有的隸定爲“卩”,如圖②;有的則隸定成倒三角形下接豎畫,如圖①。

【釋義】

㊀降下,落下:“澤零年豐,黔首歌頌”(Q193)。㊁通“靈”,魂靈:“造墓定基,魂零不寧,於斯革之”(Q069);“魂零有知,柃哀子孫”(Q100);“起立石祠堂,冀二親魂零有所依止”(Q106)。㊂用於地名:“君丞零陵□泉陵薛政”(Q063)。

11153 **霖** lín 《廣韻》力尋切,來侵平。來侵。

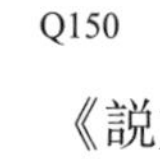
Q150

《説文·雨部》:“霖,雨三日已往。从雨,林聲。”

【釋形】

《説文》小篆爲形聲字,从雨,林聲。漢碑字形中,義符“雨”内部四短横省簡爲一長横;聲符“林”所从之構件“木”上弧線拉直爲横畫,下弧線分解爲撇和點或撇和捺,如圖。

【釋義】

久雨:見“霖漉”。

【釋詞】

[霖漉]山上雨水向下流:“涉秋霖漉,盆溢〖滔涌,濤〗波滂沛,激揚絶道”(Q150)。

11154 **露** lù 《廣韻》洛故切,來暮去。來鐸。

① J079

② Q147

③ Q106

《説文·雨部》:“露,潤澤也。从雨,路聲。”

【釋形】

《説文》小篆爲形聲字,从雨,路聲。漢碑字形中,義符“雨”内部四短横或省簡爲一長横,如圖②③。聲符“路”所从之構件“足”末筆捺或向右延伸,承托構件“各”,使“路”呈半包圍結構,如圖③。

【釋義】

㊀露水:“有阿鄭之化,是以三葥符守,致黄龍、嘉禾、木連、甘露之瑞”(Q146);“白鹿、甘露降、承露人、嘉禾、黄龍、木連理”(Q147)。㊁在外面,在野外:“陟降山谷,經營拔涉,草止露宿,捄活食餐千有餘人”(Q161);“兄弟暴露在冢,不辟晨夏,負土成墓”(Q106)。

11155 **霜** shuāng 《廣韻》色莊切,山陽平。山陽。

① Q112

② Q095

《説文·雨部》:“霜,喪也。成物者。从雨,相聲。”

【釋形】

《説文》小篆爲形聲字,从雨,相聲。漢碑字形中,義符“雨”内部四短横或省簡爲一長横,如圖②。聲符“相”所从之構件“木”上弧線拉直爲横畫,下弧線分解爲撇和點,如圖①②。

【釋義】

㊀霜雪:“未秋截霜,稼苗夭殘”(Q095);“春宣聖恩,秋貶若霜”(Q095);“隕霜剿姦,振滯起舊”(Q137)。㊁通“相”:見“霜月”。

【釋詞】

[霜月]即“相月”。《爾雅·釋天》:“七月爲相。”相月即農曆七月:“霜月之靈,皇極之日”(Q112)。

11156 **霧** wù 《廣韻》亡遇切,明遇去。明侯。

Q114

《説文》作“霚”,《説文·雨部》:“霧,地气發,天不應。从雨,敄聲。雺,籀文省。”

【釋形】

《説文》小篆爲形聲字,从雨,敄聲。邵瑛《説文解字羣經正字》:“(霚)此即俗‘霧’字之正字。《五經文字》云:‘霚、雺、霧三同,并莫候反。上《説文》,中籀文,下經典相承隸變。下又音務。’《釋文》云:‘雺,或作霧,字同。’是也。”漢碑字形中,義符“雨”内部四短横省簡爲一長横;聲符“敄”改换爲“務”,如圖。

【釋義】

通“務”,致力,謀求:“恩情未及迫褾,有制財幣,霧隱藏魂靈”(Q114)。

11157 **雲** yún 《廣韻》王分切,雲文平。匣文。

① Q169　② Q129　③ Q061

《説文·雨部》:“，山川气也。从雨，云象雲回轉形。凡雲之屬皆从雲。，古文省雨。，亦古文雲。”

【釋形】

《説文》小篆爲會意字，从雨从云。按“云”甲骨文作（《合》21021）、（《合》14227），像雲朵之形，象形字，爲“雲”的初文，《説文》古文與之相承。後“云”假借表示説話等義，本義另加義符“雨”作“雲”，爲形聲字。漢碑文獻中“云、雲”用法有别。“雲”漢碑字形依據小篆線條轉寫隸定，義符“雨”内部四短横或省簡爲一長横，如圖③。聲符“云”有的末筆曲線隸定近似於三角形，如圖①③；有的隸定與後世通行寫法相近，如圖②。

【釋義】

㊀雲氣，雲霧：“能烝雲興雨，與三公、靈山、協德齊勳”（Q126）；“觸石興雲，雨我農桑”（Q129）；“上有雲氣與仙人，下有孝友賢仁”（Q114）；又見“雲布、雲集”。㊁聚集雲氣：“天雲雨注”（Q122）。㊂用於人名：“道史任雲、陳春主”（Q022）；“門生鉅鹿癭陶張雲，字子平”（Q127）。㊃用於地名：“敦煌大守雲中裴岑，將郡兵三千人，誅呼衍王等”（Q079）；“子君游，爲雲中大守”（Q169）。

【釋詞】

［雲布］形容衆多：“衆禽羣聚，萬狩雲布”（Q114）。

［雲集］像雲一樣聚集：“鴻漸衡門，羣英雲集”（Q066）。

11158 **云** yún 《廣韻》王分切，雲文平。匣文。

Q179

《説文》爲“雲”的古文，《説文·雨部》：“，山川气也。从雨，云象雲回轉形。凡雲之屬皆从雲。，古文省雨。，亦古文雲。”

【釋形】

“云”爲“雲”的初文，《説文》列爲“雲”的古文。後“云”假借表示説話等義，本義另加義符“雨”作“雲”。漢碑字形中，“云”下面的曲線隸定爲三角形，如圖。

【釋義】

説，表述：“卜云其吉，終然允臧”（Q174）；“《尚書》五教，君崇其寬；《詩》云愷悌，君隆其恩”（Q179）；“盖銘勒之云，所以彰洪烈，纂乃祖，繼舊先”（Q128）。

11159 **魚** yú 《廣韻》語居切，疑魚平。疑魚。

J237

《説文·魚部》：“，水蟲也。象形。魚尾與燕尾相似。凡魚之屬皆从魚。”

【釋形】

《説文》小篆爲象形字，像魚之形。“魚”甲骨文作（《合》10474）、（《合》10492），象形性更强。小篆線條化，象形性減弱，但整體上仍見魚之輪廓。漢碑字形徹底筆畫化，完全失去象形性。上端像魚頭的部分隸定作“⺈”；中部像魚身的部分隸定作“田”；下端像魚尾的部分隸定作“灬”，與“燕”字尾巴部分隸變規律相同，如圖。

【釋義】

㊀魚：“夾室上砄，五子轝偅女，隨後駕鯉魚”（Q100）；“利器不覿，魚不出淵”（Q179）。㊁用於人名：“故吏泰山費魚淵，字漢〖長〗”（Q127）；又見“臯魚”。又特指孔子的兒子孔鯉，其字伯魚：“顏路哭回孔尼魚，澹臺忿怒投流河”（Q113）。

11160 **鮪** wěi 《廣韻》榮美切，雲旨上。匣之。

Q022

《説文·魚部》："，鮥也。《周禮》：'春獻王鮪。' 从魚，有聲。"

【釋形】

《説文》小篆爲形聲字，从魚，有聲。"有" 上古音在匣母之部。漢碑字形中，義符 "魚" 的隸定情況參見 11159 魚；聲符 "有" 依據小篆線條轉寫隸定，如圖。

【釋義】

用於人名："蜀郡大守平陵何君，遣掾臨邛舒鮪，將徒治道"（Q022）。

11161 **鮌** gǔn 《廣韻》古本切，見混上。見文。

Q065

《説文》作 "鯀"，《説文·魚部》："，魚也。从魚，系聲。"

【釋形】

《説文》以 "鯀" 爲形聲字，从魚，系聲。按 "系" 上古音在匣母之部，與 "鯀" 相差較遠，應非聲符。"鯀" 甲骨文作 （《合》29376），金文作 （《史牆盤》），像手持絲線釣魚之形，應爲會意字。金文或省 "又" 作 （《鯀還鼎》）。裘錫圭（《史牆盤解釋》）認爲 "鯀應即釣繳的 '綸' 的初文"，可備一説。小篆字形魚與絲線離析爲兩部分。漢碑字形中，構件 "魚" 依據小篆轉寫隸定；構件 "系" 訛省作 "玄"，仍帶有明顯的篆意；整字隸定爲 "鮌"，如圖。

【釋義】

用於人名："昔者共工，範防百川。柏鮌稱遂，□□其原"（Q065）。

11162 **鰥（鱞）** guān 《廣韻》古頑切，見山平。見文。

① JB6　② Q178　③ Q088

《説文·魚部》："，魚也。从魚，眔聲。"

【釋形】

《説文》小篆爲形聲字，从魚，眔聲，本義爲魚名。漢碑字形中，義符 "魚" 的隸定情況參見 11159 魚，如圖①；有的混同爲 "角"，"角" 的中豎或出頭，或不出頭，如圖②③。聲符 "眔" 甲骨文作 （《合》20074）、（《合》27686），金文作 （《𤼈作周公簋》），（《令鼎》），郭沫若《金文叢考·臣辰盉銘考釋》認爲 "此當係涕之古字，象目垂涕之形"，其説可從；小篆與金文相承，只是構件 "目" 已不太象形；漢碑字形或據小篆線條轉寫隸定，如圖②③；或訛變混同作 "氺" 形，如圖①。

【釋義】

老而無妻曰鰥："元元鱞寡，蒙祐𦣻寧"（Q088）；"恤民之要，存慰高年，撫育鱞寡"（Q178）。

11163 **鱞**

"鰥" 的異體字（圖②③），見 11162 鰥。

11164 **鯉** lǐ 《廣韻》良士切，來止上。來之。

Q100

《説文·魚部》："，鱣也。从魚，里聲。"

【釋形】

《説文》小篆爲形聲字，从魚，里聲。漢碑字形中，義符 "魚" 的隸定情況參見 11159 魚；聲符 "里" 依據小篆線條轉寫隸定，如圖。

【釋義】

鯉魚："夾室上硤，五子轝偅女，隨後駕鯉魚"（Q100）。

11165 **鮦** zhòu 《廣韻》除柳切,澄有上。定幽。

Q133

《説文·魚部》:",魚名。从魚,同聲。一曰鱶也。讀若絝襱。"

【釋形】

《説文》小篆爲形聲字,从魚,同聲,義爲魚名。此義《廣韻》音徒紅切,今音 tóng;作地名"鮦陽"時今音 zhòu。漢碑字形中,義符"魚"的隸定情況參見 11159 魚;聲符"同"圓轉線條轉寫隸定爲平直筆畫,如圖。

【釋義】

用於地名:"州察茂才,遷鮦陽矦相、金城太守"(Q133)。

11166 **魴** fáng 《廣韻》符方切,並陽平。並陽。

Q039

《説文·魚部》:",赤尾魚。从魚,方聲。,魴或从旁。"

【釋形】

《説文》小篆爲形聲字,从魚,方聲。漢碑字形中,義符"魚"的隸定情況參見 11159 魚;聲符"方"發生離析重組,上部隸定爲"亠",下部近似於"刀",如圖。

【釋義】

用於人名:"於是君之孫魴、倉、九等,乃相與刊山取石"(Q128);"園陽當里公乘田魴萬歲神室"(Q039)。

11167 **鮮** (一)xiān 《廣韻》相然切,心仙平。心元。

① Q128 ② J321

《説文·魚部》:",魚名。出貉國。从魚,䲜省聲。"

【釋形】

《説文》小篆爲形聲字,从魚,䲜省聲。本爲魚名,常假借爲表示新鮮的"鱻"。漢碑字形中,有的基本據小篆線條轉寫隸定,只是魚腹部分隸定爲"田",如圖①;有的隸定與今之通行寫法相近,如圖②。

【釋義】

鮮艷:見"鮮晏"。

【釋詞】

[鮮晏] 鮮艷:"平阿湶泥,常蔭鮮晏"(Q095)。

(二)xiǎn 《廣韻》息淺切,心獮上。心元。

【釋義】

少:"故使聟鄉春夏毋蚊蚋,秋冬鮮繁霜"(Q199);"知德者鮮,歷世莫紀"(Q199)。

(三)xiàn 《廣韻》私箭切,心線去。心元。

【釋義】

用於複姓"鮮于":"漢故鴈門大守鮮于君碑"(Q128)。

11168 **鮑** bào 《廣韻》薄巧切,並巧上。並幽。

Q102

《説文·魚部》:",饐魚也。从魚,包聲。"

【釋形】

《説文》小篆爲形聲字,从魚,包聲。漢碑字形中,義符"魚"的隸定情況參見 11159 魚;聲符"包"所从之構件"勹"小篆中包蘊構件"巳",漢碑中"勹"隸定爲筆畫後線條縮短,與"巳"的位置關係發生改變,如圖。

【釋義】

姓氏:"父通,本治白孟易丁君章句,師事上黨鮑公,故郡掾史"(Q124);"令鮑疊,字文公,上黨屯留人"(Q102)。

11169 **鱻** xiǎn 《集韻》息淺切,心獮上。心元。

Q132

《説文·魚部》:“ ,新魚精也。从三魚。不變魚。”

【釋形】

《説文》小篆爲會意字,从三魚,乃表示新鮮義的本字。文獻中,常借本義爲魚名的“鮮”字表示。漢碑字形中,義符“魚”的隸定情況參見 11159 魚,如圖。

【釋義】

㊀數量少:“久斿大學,蘋然高厲,鱻〖於雙匹〗”(Q132)。㊁通“尠”,超過:見“鱻陽”。

【釋詞】

[鱻陽] 即“尠陽”,指有悖節令的暖冬:“故天無伏陰,地無鱻陽,水無沉氣,火無災燀,時無逆數,物無害生”(Q174)。

11170 **燕** (一)yàn 《廣韻》於甸切,影霰去。影元。

J398

《説文·燕部》:“ ,玄鳥也。籋口,布翄,枝尾,象形。凡燕之屬皆从燕。”

【釋形】

《説文》小篆爲象形字,像燕子之形。“燕”甲骨文作 (《合》5281)、 (《合》4879),象形性更强。小篆線條化之後,象形意味大减。漢碑字形完全筆畫化,上端像燕頭的部分隸定作“廿”;中部像燕身的部分隸定作“口”;兩側像雙翅的部分隸定作“北”;下端像燕尾的部分隸定作“灬”,與“魚”尾的隸變規律相同;整字已完全失去象形意味,如圖。

【釋義】

通“宴”,㊀宴請:見“賓燕”。㊁安樂:“積德勤約,燕于孫子”(Q144)。

(二)yān 《廣韻》烏前切,影先平。影元。

【釋詞】

[燕然] 古山名,今蒙古国境内的杭愛山:“遂踰涿邪,跨安侯,乘燕然”(H144)。

11171 **龍** lóng 《廣韻》力鐘切,來鐘平。來東。

① Q066

② Q104

③ Q139

④ J241

⑤ Q114

《説文·龍部》:“ ,鱗蟲之長。能幽,能明,能細,能巨,能短,能長;春分而登天,秋分而潛淵。从肉,飛之形,童省聲。凡龍之屬皆从龍。”

【釋形】

《説文》以爲形聲字,从肉从飛,童省聲。按“龍”甲骨文作 (《合》6631)、 (《合》9552),象形字。金文作 (《作龍母尊》)、 (《邵黛鐘》),戰國楚文字作 (《望》2.4),戰國秦文字作 (《睡·日甲》125),可以清晰看出其離析重組的過程。小篆與戰國秦文字結構相近,《説文》釋爲形聲字,與形源不符。漢碑字形圖①更接近於小篆;圖②③更接近於戰國秦文字;圖④⑤則將右側構件混同爲“尨”,其中圖⑤“尨”省簡一筆,爲簡化字“龙”的來源。

【釋義】

㊀傳説中的神獸:“交龍委虵,猛虎延視”(Q114);“神仙退泰,穆若潛龍”(Q142);“有阿鄭之化,是以三葥符守,致黄龍、嘉禾、木連、甘露之瑞”(Q146)。㊁古代常借指天子、君王:見“龍德、龍興”。㊂用於山名:“惟封龍山者,北岳之英援,三條之别神,分

體異處，在於邦内”（Q126）；“體連封龍，氣通北嶽，幽讚天地，長育萬物”（Q174）。㈣用於星宿名：“永壽元年乙未，青龍〖在協洽〗”（Q108）；“惟永壽二年，青龍在涒歎”（Q112）。㈤用於人名：“部勸農賊捕掾李龍”（Q104）；“南陽順陽徐升德龍千”（Q107）。㈥用於地名：“廿五日都水掾尹龍長陳壹造”（Q139）。

【釋詞】

[龍德] 語出《易·乾》：“龍德而隱者也。”指天子、聖人之德：“龍德而學，不至於穀”（Q148）。

[龍興] 古代比喻有王者興起：“高祖龍興，婁敬畫計，遷諸關東豪族英傑，都于咸陽”（Q153）。

11172 **飛** fēi《廣韻》甫微切，幫微平。幫微。

① Q065

② Q144

《說文·飛部》：“，鳥翥也。象形。凡飛之屬皆从飛。”

【釋形】

《說文》小篆爲象形字，像鳥飛翔之形。段玉裁《説文解字注》：“像舒頸展翄之狀。”漢碑字形圖①基本依據小篆線條轉寫隸定；圖②發生離析重組，左側翅膀與中間線條重組爲新的表義構件“升”，以强化飛升的構意，屬理據重構，爲後世通行字形之所本。

【釋義】

㈠飛翔：“翩彼飛雉，崪於其庭”（Q065）。㈡快速行進：見“飛躍”。

【釋詞】

[飛躍] 快速行進：“輶軒六轡，飛躍臨津”（Q144）。

11173 **翼** yì《廣韻》與職切，餘職入。餘職。

① Q137

② Q088

③ JB6

《說文·飛部》：“，翄也。从飛，異聲。，篆文龔从羽。”

【釋形】

段玉裁《説文解字注》認爲爲小篆，爲籀文。《説文》籀文从飛，異聲，小篆从羽，異聲，均爲形聲字。按“翼”甲骨文作（《合》423）、（《合》1633），像羽翼之形，本義爲翅膀。金文開始變爲形聲字，或寫作（《秦公鎛》），从飛，異聲，《説文》籀文與之結構相同；或寫作（《中山王譽方壺》），从羽，異聲，《説文》小篆與之相承。戰國秦文字作（《睡·日甲》94），與小篆結構相似。漢碑字形承襲《説文》小篆，義符“羽”或隸定爲兩个“彐”，如圖①②；或隸定與今之寫法相近，如圖③。聲符“異”下部隸定近似於“共”；上方隸定爲“田”形，中間豎畫向下延伸與“共”穿插，如圖①～③。

【釋義】

㈠翅膀：“紹巢許〖之絶〗軌，翔區外以舒翼”（S97）。㈡飛翔：“將天飛，翼紫宫，壽不永”（Q175）。㈢輔佐：“守攝百里，遺愛在民。佐翼牧伯，諸夏肅震”（Q166）。㈣維護：“邯及所識祖諱，欽顯後嗣，蓋《春秋》義，言不及尊，翼上也”（Q021）。㈤用於人名：“故書佐都昌張翼，字元翼”（Q088）。

【釋詞】

[翼翼] 恭敬謹慎的樣子：“翼翼聖慈，惠我黎蒸”（Q172）。

11174 **非** fēi《廣韻》甫微切，幫微平。幫微。

① Q133

② Q084

③ Q163

《説文·非部》：“，違也。从飛下翄，

取其相背。凡非之屬皆从非。”

【釋形】

《説文》以爲象形字，像翅膀左右相背之形，表示違背。按“非”甲骨文作（《合》31287）、（《合》34479）。季旭昇認爲“从二人相背之形，因而有違義”（參見《説文新證》）。金文形體變異，寫作（《班簋》）、（《毛公鼎》）；小篆進一步變異并線條化，《説文》據小篆形體説解，與初形不符。漢碑字形將小篆兩側的曲線拉直爲横畫，如圖①；中間兩豎或與左右最下面的横筆相接而不出頭，這種寫法應承自戰國秦文字（《睡·雜》12），如圖②③。

【釋義】

㊀否定副詞，不是：“力求天命，年壽非永”（S72）；“非其食，弗食；非其服，弗服”（Q084）；“音流管弦，非篇訓金石，孰能傳焉”（Q169）；又見“非任”。㊁通“飛”。見“非詳”。

【釋詞】

［非任］不稱職：“校尉空闇，典統非任，素無績勳”（Q163）。

［非詳］即“飛翔”：“堂三柱，中□□龍將非詳”（Q100）。

11175 **靡** mǐ 《廣韻》文彼切，明紙上。明歌。

① Q142

② Q126

③ Q066

《説文·非部》：“，披靡也。从非，麻聲。”

【釋形】

《説文》小篆爲形聲字，从非，麻聲。漢碑字形中，義符“非”有兩種隸定方式，參見11174非。聲符“麻”所从之構件“𣏟”或據小篆線條轉寫隸定，如圖①；或混同爲“林”，如圖②③。構件“广”左側筆畫或向上縮短，整字布局調整近似於上下結構，如圖③。

【釋義】

㊀無，没有：“婦孫〖敬請〗，靡不感悲”；（Q124）；“聖朝克睭，靡神不舉”（Q126）；“子孫企予，慕仰靡恃”（Q142）；又見“靡既、靡他”。㊁副詞，不：“悲《蓼莪》之不報，痛昊天之靡嘉”（Q154）；“慕君靡已，乃詠新詩”（Q150）。

【釋詞】

［靡既］没有窮盡：“當離墓側，永懷靡既”（Q088）。

［靡他］即“靡它”，没有二心：“永保靡他，芳魂千古”（H144）。

卷　十　二

12001 **孔** kǒng 《廣韻》康董切，溪董上。溪東。

① J124

② Q178

③ Q179

《説文·乙部》：“，通也。从乙从子。乙，請子之候鳥也。乙至而得子，嘉美之也。古人名嘉字子孔。”

【釋形】

《説文》以爲會意字，从乙从子，義爲通達。按“孔”金文作（《孔作父癸鼎》）、（《虢季子白盤》）。此字當爲指事字，上方曲筆爲指事符號，指向小兒頭上囟門處，以示有孔，本義爲孔穴。戰國文字指事符號離析爲“乙”形，如（《陳璋方壺》）。小篆與之相承，《説文》釋爲“从乙从子”，與原初構意不符。漢碑字形依據小篆線條轉寫隸定，構件“乙”有的分解爲兩筆，近似於“匕”形，如圖①②；有的則一筆寫成，隸定爲豎彎，與今之寫法相近，如圖③。構件“子”有的頭部線條隸定爲倒三角形，如圖①③；有的隸定與今之寫法相近，如圖②。

【釋義】

㊀洞穴：“八月一日始斷山石作孔”（Q116）。㊁盛，多：“南畝孔饁，山有夷行”（Q127）。㊂美好：“休嘉孔融”（Q123）。㊃副詞，甚，很：“而閨閾之行允恭，德音孔昭”（Q127）；“峨峨我君，懿烈孔純”（Q137）；“敬恭明祀，降福孔殷”（Q174）。㊄姓氏人名：“謹案文書，守文學掾魯孔龢，師孔憲，户曹史孔覽等，雜試”（Q102）；“孔謙，字德讓者，宣尼公廿世孫，都尉君之子也”（Q105）；“故從事尉曹史武都王尼，字孔光”（Q146）。㊅特指孔子：“該三五之藉，歇周孔之薁”（Q084）；“顔育空桒，孔制元孝”（Q112）。

【釋詞】

［孔寶］即孔子：“華胥生皇雄，顔□育孔寶”（Q112）。

［孔懷］語出《詩·小雅·常棣》：“死喪之威，兄弟孔懷。”代指兄弟：“感孔懷，赴喪紀”（Q178）。

［孔尼］即孔仲尼，孔子名丘，字仲尼：“顔路哭回孔尼魚，澹臺忿怒投流河”（Q113）。

12002 **不** bù 《廣韻》甫鳩切，幫尤平。又分勿切，幫物入。幫之。

① Q083

② Q021

③ Q125

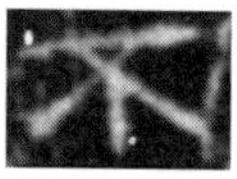
④ Q106

《説文·不部》：“，鳥飛上翔不下來也。从一，一猶天也。象形。凡不之屬皆从不。”

【釋形】

《説文》以爲會意字，像鳥上翔之形。按“不”甲骨文作（《合》22446）、（《合》21250）、（《合》28628），或謂像花萼底部之形，或謂像根荄之形，未有定論。小篆線條化，《説文》據之釋爲“鳥飛上翔不下來”，與初形不符。漢碑字形中，下弧線均分解爲一撇一捺；上弧線隸變形體多樣，尚未形成今天通行的寫法，如圖①～④。

【釋義】

㊀副詞，表示否定：“昭代不立，言之切

痛傷人心”（Q124）；“虔恭禮祀，不愆其德”（Q125）；“甘棠之愛，不是過矣”（Q161）；“豈夫仁哲，攸剋不遺”（Q088）。㈡通“丕”，大：“出王別胤，受爵列土，封侯載德，相繼不顯”（Q193）。

12003 **至** zhì 《廣韻》脂利切，章至去。章質。

① Q128

② Q169

③ Q185

④ Q066

《説文·至部》：“，鳥飛从高下至地也。从一，一猶地也。象形。不，上去；而至，下來也。凡至之屬皆从至。，古文至。”

【釋形】

《説文》以爲會意字，像鳥从高處飛下之形。按“至”甲骨文多作（《合》11595）形，像箭射落地面之形，義爲到達。小篆與甲骨文相承，《説文》釋爲“鳥飛从高下至地”，與初形不符。漢碑字形發生離析重組，表示箭頭的曲線拉直爲橫畫，與表示地面的橫線重組爲“土”，如圖①～④；表示箭尾的曲線或依小篆線條轉寫隸定，如圖①；或從中間離析，上面重組爲一横，下面重組近似於三角形，從圖②到圖④逐漸向現在通行的寫法演化。

【釋義】

㈠到，使…到來：“是以唐虞疇咨四嶽……親至其山，柴祭燔燎”（Q129）；“祗慎慶祀，一年再至”（Q125）；“上有虎龍銜利來，百鳥共侍至錢財”（Q100）。㈡到任：“州辟從事司徒楊公辟，以兄憂不至”（Q185）。㈢及，達到：“遂不加起，掩然至斯”（Q124）；“内外子孫，且至百人”（Q106）；“迄漢文、景，有仲況者，官至少府”（Q169）。㈣極，極點：“事親至孝，能奉先聖之禮”（Q102）；“孝弟之至，通於神明”（Q052）；“寵存贈亡，篤之至也”（Q150）。㈤最好的：“至孝通洞，克勤和顏”（Q128）；“至德通洞，天爵不應”（Q066）；“考積幽穸，表至〖貞〗兮”（Q088）。

12004 **到** dào 《廣韻》都導切，端号去。端宵。

① Q144

② Q163

③ Q102

④ Q129

《説文·至部》：“，至也。从至，刀聲。”

【釋形】

《説文》小篆爲形聲字，从至，刀聲。漢碑字形中，義符“至”圖②～④的隸定情況參見 12003 至；圖①像箭尾的曲線隸定比較特别，寫作圓圈上接兩點。聲符“刀”或隸定作提和豎鉤，如圖①；或隸定作短横和豎鉤，如圖②～④。

【釋義】

㈠到達：“驅馳相隨到都亭，游徼候見謝自便”（Q100）；“除書未到，不幸掊命喪身”（Q163）；“振威到此，立海祠以表萬世”（Q079）。㈡赴任，上任：“延熹四年九月乙酉，詔書遷衙令，五年正月到官”（Q123）；“會遷京兆尹，孫府君到，欽若嘉業，遵而成之”（Q129）。

12005 **臻** zhēn 《廣韻》側詵切，莊臻平。莊真。

① Q142

② JB4

《説文·至部》：“，至也。从至，秦聲。”

【釋形】

《説文》小篆爲形聲字，从至，秦聲。“秦”上古音在從母真部。漢碑字形中，義符“至”的隸定情況參見 12003 至。聲符“秦”圖①上方構件“午”曲線拉直爲“十”，中間構件“収”隸定作“六”，且上下相接；圖②“十”的豎筆和“六”的撇筆連作一長撇，使得兩個構件進一步粘合爲一體，寫作“夫”。

【釋義】

來到，到達："陟彼〖高〗岡，臻兹廟側"（Q125）；"君忠以衛上，翔然來臻"（Q142）；"八十有四，歲在汁洽，紀驗期臻，奄曶滅形"（Q187）；"由是之來，和氣不臻"（Q060）。

12006 **臺** tái 《廣韻》徒哀切，定咍平。定之。

① Q084

② Q179

《説文·至部》："，觀。四方而高者。从至从之，从高省。與室屋同意。"

【釋形】

《説文》以爲會意字，从至从之，从高省，義爲臺觀。按"臺"甲骨文作，下像臺觀之形，其上構件"之"應爲聲符。"之"上古音在章紐之部。小篆增添構件"至"，或爲强化登高之義；且於原來臺觀之上增添圓形，《説文》釋爲从"高"省，更强調了臺觀有高的特徵。小篆的這種形體變化應爲理據重構，但《説文》將"之"也解釋爲表義構件，值得商榷。漢碑字形中，上方構件"之(㞢)"曲線拉直，隸定混同爲"土"；中部"高"省形中的圓圈隸定作"口"，下弧線寫作"冖"；下方構件"至"的隸定情況參見12003至，其中圖②"至"與上方"冖"共用一横筆。

【釋義】

㈠臺觀："贊衛王臺，婁□搴"（Q135）；"臺閣条差，大興輿駕"（Q114）。㈡用於官職名："十辟外臺，常爲治中諸部從事"（Q187）；"復登憲臺，遷兖州刺史"（Q084）；"以永壽元年中，始觧大臺，政由其興"（Q110）；"蘭臺令史"（Q251）。㈢用於複姓；特指孔子的弟子澹臺滅明："顔路哭回孔尼魚，澹臺忿怒投流河"（Q113）。㈣用於人名："故脩行都昌張駿，字臺卿"（Q088）；"故督郵魯趙煇彦臺二百"（Q112）；"漢故属國都尉、楗爲属國趙君，諱儀，字臺公"（Q188）。㈤用於地名："梧臺里石社碑"（Q165）。

12007 **卤**

"西"的異體字（圖①②③），見12008西。

12008 **西(卤)** xī 《廣韻》先稽切，心齊平。心脂。

① Q129

② Q063

③ Q060

④ Q130

⑤ Q129

⑥ Q003

⑦ T154

《説文》作"卤"，《説文·卤部》："，鳥在巢上。象形。日在西方而鳥棲，故因以爲東西之西。凡西之屬皆从西。，西或从木、妻。，古文西。，籀文西。"

【釋形】

《説文》以爲象形字，像鳥在巢上棲息之形。按"西"甲骨文作（《合》11498）、（《合》5343），像鳥巢之形，本義指鳥兒棲息，常用作西方之西。金文作（《小臣逋鼎》）、（《多友鼎》）、（《國差罏》），與甲骨文相承，略有形變。《説文》古文和籀文與金文相承；小篆於鳥巢上方離析出一條蜿蜒的曲線，《説文》釋爲鳥形，表示鳥在巢上棲息，或爲理據重構。後來，正篆"西"專表西方之義，鳥棲息義則由或體"棲"表示。"西"戰國秦文字已經開始隸變，寫作（《睡·日乙》163）。漢碑字形中，有的爲碑額篆書，如圖①；有的爲碑文篆書，如圖②；有的據小篆線條轉寫隸定，只是鳥巢中比小篆省去一斜線，如圖③。多數則沿襲戰國秦文字的隸變形體，寫作"覀"，如圖④～⑥；圖⑦則已與現在通行的寫法相近。

【釋義】

㈠西方，西邊："十月癸卯，於塋西起〖墳〗"（Q113）；"卤嶽崋山廟碑"（Q129）。

㊁向西，往西："脩通大溝，西流里外，南注城池"（Q141）；"軍士被病，徊氣來西上"（Q114）；"自是以來，百有餘年，有事西巡，輒過亨祭"（Q129）。㊂用於官名："復應三公之招，辟大尉府，除西曹屬"（Q128）。㊃用於複姓："河東大陽西門儉元節二百"（Q112）。㊄用於地名："郡西狹中道，危難阻峻，緣崖俾閣，兩山壁立，隆崇造雲"（Q146）；"常山相隴鬲馮君到官，承饑衰之後，深惟三公御語山"（Q060）；又見"西域"。

【釋詞】

［西戎］古代西北少數民族的總稱："外定彊夷，即序西戎，內建籌策，協霍立宣"（Q169）。

［西域］漢代以來對玉門關、陽關以西地區的總稱："除西域之疢，蠲四郡之害，邊境艾安"（Q079）。

12009 **戶** hù 《廣韻》侯古切，匣姥上。匣魚。

① Q015　② Q083　③ Q130

《説文·戶部》："，護也。半門曰戶。象形。凡戶之屬皆从戶。，古文戶从木。"

【釋形】

《説文》小篆爲象形字，義爲單扇的門。《説文》釋爲"護"，是從"戶"的功用方面所做的聲訓。"戶"甲骨文作（《合》33098），更爲象形。小篆線條化，象形意味減弱。戰國秦文字即已開始隸變，寫作（《睡·日乙》33），上面離析出一橫筆。漢碑字形或依據小篆轉寫隸定，右側或封口，或不封口，如圖①②；或沿襲戰國秦文字的隸變趨勢并進一步筆畫化，如圖③。

【釋義】

㊀單扇的門："建和三年正月廿日造此冢，逮行十丈，□門三丈，川戶一丈"（Q096）。㊁民戶，人家："戶口既盈，禮樂皦如"（Q130）；"諸敢發我丘者，令絶毋戶後"（Q015）；"重義輕利，制戶六百"（Q172）；"其有物故，得傳後代戶者一人"（Q029）。

【釋詞】

［戶曹］漢代州郡設戶曹，下有掾及史，主管民戶："戶曹掾薛東門榮"（Q141）；"左戶曹史魯孔元"（Q269）。

12010 **房** fáng 《廣韻》符方切，並陽平。並陽。

① Q200　② Q172

《説文·戶部》："，室在旁也。从戶，方聲。"

【釋形】

《説文》小篆爲形聲字，从戶，方聲。漢碑字形中，義符"戶"移至聲符"方"左邊，最上面的一筆向右延伸，覆蓋於聲符"方"的上方，整體布局與小篆即小篆通行的寫法都有不同，如圖①②。

【釋義】

用於人名："公房乃先歸，於谷□呼其師，告以厄急"（Q199）；"左尉河內汲董竝，字公房"（Q172）；"魯周房伯臺百"（Q112）。

12011 **門** mén 《廣韻》莫奔切，明魂平。明文。

① Q106　② Q178　③ Q210

《説文·門部》："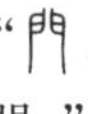，聞也。从二戶。象形。凡門之屬皆从門。"

【釋形】

《説文》小篆爲象形字，像房門之形。《説文》釋爲"聞"，屬於聲訓。"門"甲骨文作（《合》13606）、（《合》32718）等，更爲象形。戰國秦文字即已開始隸變，寫作（《睡·日甲》132）。漢碑字形在戰國秦文字的基礎上進一步筆畫化，如圖①～③。

【釋義】

㊀門，門户："開祐神門，立闕四達"（Q125）；"朱紫繽紛，寵禄盈門，皆猶夫人"（Q056）。㊁家户，家庭："内和九親，外睦遠鄰，免浣息隸，爲成其門"（Q128）；"孝萇爲君設便坐，朝莫舉門恂恂不敢解殆"（Q142）。㊂用於官名："次奉，黄門侍郎"（Q066）；"門下史吳訓、門下史吳翔、門下史時球"（Q172）。㊃用於複姓："晉陽珮瑋，西門帶弦，君之體素，能雙其勛"（Q179）；"户曹掾薛東門榮"（Q141）。㊄用於地名："史九門張瑋"（Q126）；"漢故鴈門大守鮮于君碑"（Q128）；"石門關段仲孟年八十一，以永和三年八月物故"（Q069）。

【釋詞】

［門人］弟子："永元六年九月下旬，王文康不禄，師友門人閔其行正，來饗厥功，傳曰嗛者"（Q041）。

［門童］年幼未冠的弟子、學生："門童安平下博張忠，字公〖直〗"（Q127）。

［門徒］弟子："門徒小子，喪兹師范"（Q134）。

12012 **閨** guī 《廣韻》古攜切，見齊平。見支。

Q128

《説文·門部》："，特立之户，上圜下方，有似圭。从門，圭聲。"

【釋形】

《説文》小篆爲形聲字，从門，圭聲。漢碑字形依小篆線條對應轉寫隸定，義符"門"中的部分線條發生分解重組，從而實現筆畫化，如圖。

【釋義】

家庭，家族："治禮小戴，閨族孝友，温故知機"（Q128）；又見"閨閾"。

【釋詞】

［閨閾］家庭："緝熙之業既就，而閨閾之行允恭"（Q127）。

12013 **閣** gé 《廣韻》古落切，見鐸入。見鐸。

① Q106

② Q178

③ Q114

《説文·門部》："，門旁户也。从門，合聲。"

【釋形】

《説文》小篆爲形聲字，从門，合聲。漢碑字形對小篆線條進行了分解重組，使之符合隸書的筆畫類型，如圖①～③。

【釋義】

㊀指官署："大子伯南，結偅在郡，五爲功曹書佐，設在門閣上計，守臨邑尉"（Q106）。㊁同"閣"，樓閣，廊閣："臺閣条差，大興輿駕"（Q114）；"廓廣聽事官舍、廷曹廊閣、升降揖讓朝覲之階"（Q178）。

12014 **閭** lǘ 《廣韻》力居切，來魚平。來魚。

Q099

《説文·門部》："，里門也。从門，吕聲。《周禮》：'五家爲比，五比爲閭。'閭，侣也。二十五家相羣侣也。"

【釋形】

《説文》小篆爲形聲字，从門，吕聲。漢碑字形依小篆線條對應轉寫隸定，部分線條發生分解重組，從而實現筆畫化，如圖。

【釋義】

里巷，鄉里："养疾閭里，又行褒義校尉。君仕不爲人，禄不爲己"（Q187）；又見"閭巷"。

【釋詞】

［閭巷］里巷，鄉里："退辟□□，執念閭

巷”（Q099）。

12015 **閻** yán 《廣韻》余廉切，餘鹽平。餘談。

Q060

《説文·門部》：“，里中門也。从門，臽聲。，閻或从土。”

【釋形】

《説文》小篆爲形聲字，从門，臽聲。漢碑字形中，義符“門”部分線條發生分解重組，從而實現筆畫化。聲符“臽”所从之構件“人”隸定作“⺈”；構件“臼”將小篆内部的四短横省簡爲一長横，如圖。

【釋義】

姓氏：“五官掾閻祐、户曹史紀受”（Q060）。

12016 **闕** （一）què 《廣韻》去月切，溪月入。溪月。

① Q178　② Q140　③ Q208

《説文·門部》：“，門觀也。从門，欮聲。”

【釋形】

《説文》小篆爲形聲字，从門，欮聲。漢碑字形中，義符“門”部分線條發生分解重組，從而實現筆畫化。聲符“欮”左側“屰”或與“羊”混同，如圖①②；或寫作“丯”，如圖③。右側聲符“欠”中的“⺈”向右下傾斜，“人”起筆寫作豎，與現在通行的寫法有明顯差異，如圖①～③。

【釋義】

㊀宫門、樓門兩側的高臺：“望見闕觀，式路虔跽”（Q141）；“闕嵯峨，望崋山”（Q178）。㊁石闕：“開祐神門，立闕四達”（Q125）；“袁府君肅恭明神，易碑飾闕”（Q129）；“卜擇吉土治東，就衡山起堂立壇，雙闕夾門，薦牲納禮，以寧其神”（Q060）。㊂通“闋”，指服喪期滿：“遭泰夫人憂，服闕還台”（Q173）。

（二）quē 《廣韻》去月切，溪月入。溪月。

【釋義】

缺少：“收養季祖母，供事繼母，先意承志，存亡之敬，禮無遺闕”（Q178）；“復禮之日，闕而不祀，誠朝廷聖恩所宜特加”（Q140）。

【釋詞】

［闕幘］幘是包頭髮的巾。古代男子二十而冠，故以“闕幘”代指未冠：“闕幘，傳〖講《孝經》《論語》《漢書》《史記》〗、左氏《國〖語〗》，廣學甄微，靡不貫綜”（Q132）。

12017 **闔** hé 《廣韻》胡臘切，匣盍入。匣葉。

Q188

《説文·門部》：“，門扇也。一曰：閉也。从門，盍聲。”

【釋形】

《説文》小篆爲形聲字，从門，盍聲。漢碑字形中，義符“門”部分線條發生分解重組，從而實現筆畫化。聲符“盍”所从之構件“大”與構件“血”上部的横畫粘連，訛混爲“羊”；“盍”整體隸定與“盖”混同，如圖。

【釋義】

㊀全部，所有：“休謁往徠，轉景即至。闔郡驚焉”（Q199）。㊁用於人名：“將主薄文堅、主記史邯伍、功曹同闔掾史許和”（Q188）。

12018 **閾** yù 《廣韻》況逼切，曉職入。曉職。

Q127

《説文·門部》：“，門梱也。从門，或聲。《論語》曰：‘行不履閾。’，古文閾从洫。”

【釋形】

《説文》小篆爲形聲字，从門，或聲，本義爲門檻。“或”上古音在匣母職部。漢碑字形依小篆線條對應轉寫隸定，部分線條發生分解重組，從而實現筆畫化，如圖。

【釋義】

門户，家庭：見“閨閾”。

12019 **閬** làng 《廣韻》來宕切，來宕去。來陽。

Q088

《説文·門部》：“，門高也。从門，良聲。巴郡有閬中縣。”

【釋形】

《説文》小篆爲形聲字，从門，良聲。漢碑字形中，義符“門”依據小篆轉寫隸定；聲符“良”甲骨文作（《合》10302）等，金文作（《季良父盉》），小篆在此類字形的基礎上進一步線條化。漢碑字形上下兩部分均粘合爲一體，上部形體省變爲“丶”，構件“亾”中的“人”也省作一點，如圖。

【釋義】

用於人名：“故書佐東安平閬廣，字廣宗”（Q088）。

12020 **闡** chǎn 《廣韻》昌善切，昌獮上。昌元。

Q128

《説文·門部》：“，開也。从門，單聲。《易》曰：‘闡幽。’”

【釋形】

《説文》小篆爲形聲字，从門，單聲。聲符“單”甲骨文作（《合》10615）、（《合》21729）、（《前》7.26.4）等，金文多作（《小臣單觶》），像一種捕獵的工具。小篆字形上面的兩個圈已經與下面分離。漢碑字形依據小篆轉寫隸定，如圖。

【釋義】

㊀闡明，表露：“闡君靈兮示後萌，神有識兮營壇場”（Q128）。㊁宣揚，弘揚：“不能闡弘德政，〖恢崇〗壹變，夙夜憂怖，累息屏營”（Q140）；“清聲美行，闡形遠近”（Q093）。

12021 **開** kāi 《廣韻》苦哀切，溪咍平。溪微。

① Q174 ② Q130

《説文·門部》：“，張也。从門从幵。，古文。”

【釋形】

《説文》以爲从門从幵，會意字。按“開”戰國文字作（《開方之鉩》），从収从門，以雙手拉門閂會開門之義，《説文》古文與之相承。小篆雙手和門閂之形合爲一體，并混同爲“幵”，故《説文》釋爲“从門从幵”，與形源不符。漢碑字形中，義符“幵”或粘合作“開”，如圖①；或與“井”混同，如圖②。

【釋義】

㊀打開：“率土普議，開倉振澹”（Q161）；“君乃閔縉紳之徒不濟，開南寺門”（Q178）；“開聰四聽，招賢與程”（Q149）。㊁開鑿，開通：“開袥神門，立闕四達”（Q125）；“嘉念高帝之開石門，元〖功不朽〗”（Q150）；“又開故道，銅官鑄作錢器，興利無極”（Q161）。㊂開闢，開拓：“孝武時有張騫，廣通風俗，開定畿寓，南苞八蠻，西羈六戎”（Q179）。㊃用於人名：“孝子武始公、弟綏宗、景興、開明，使石工孟季、季弟卯造此闕”（Q094）；“故督郵魯開煇景高二百”（Q112）。㊄用於地名：“時令琅邪開陽貴君，諱咸”（Q104）。

【釋詞】

［開母廟］原名“啟母廟”，避漢景帝名諱而改，啟即夏禹之子：“爲開母廟興□治神道闕”（Q065）。

［開示］展示，明示："牧伯張君，開示坐席，顧視忘宦，位不副德"（Q212）。

12022 **闓** kǎi 《廣韻》苦亥切，溪海上。溪微。

① Q157

② Q088

《説文·門部》："，開也。从門，豈聲。"

【釋形】

《説文》小篆爲形聲字，从門，豈聲。漢碑字形中，聲符"豈"上面傾斜的部分或依小篆線條轉寫隸定爲斜"山"，如圖①；圖②此處殘泐不清。

【釋義】

㊀開啟："前闓九頭，以什言教；後制百王，獲麟來吐"（Q112）。㊁通"愷"，和樂："府君君國，濟民以禮，闓風旌善"（Q157）。㊂用於人名："故書佐平壽淳于闓，字久宗"（Q088）。

12023 **閣** gé 《廣韻》古落切，見鐸入。見鐸。

① Q022

② Q146

《説文·門部》："，所以止扉也。从門，各聲。"

【釋形】

《説文》小篆爲形聲字，从門，各聲，本義是防止門自動閉合的長橛。漢碑字形依據小篆轉寫隸定，聲符"各"甲骨文作（《合》20985）、（《合》27310）等，金文作（《豆閉簋》），从止从口（凵）會意，表示走向或到達目的地；《説文》小篆變爲从口、夊；漢碑字形將小篆圓轉的線條轉寫爲筆畫，如圖①②。

【釋義】

㊀夾室："鬱平大尹馮君孺人藏閣"（Q016）。㊁指宫室："貢登王室，閣閣是虔"（Q127）。㊂棧道："郡西狹中道，危難阻峻，緣崖俾閣，兩山壁立，隆崇造雲"（Q146）；"蜀郡大守平陵何君，遣掾臨邛舒鮪，將徒治道，造尊楗閣"（Q022）。㊃用於人名："故吏五官掾博陵安國劉機，字□閣"（Q148）。

12024 **閒** （一）jiàn 《廣韻》古莧切，見襇去。見元。

① J449

② Q114

③ T154

《説文·門部》："，隙也。从門从月。，古文閒。"

【釋形】

《説文》小篆爲會意字，从門从月，本義爲縫隙。徐鍇曰："夫門夜閉，閉而見月光，是有閒隙也。"邵瑛《説文解字羣經正字》："閒爲閒隙，即可通爲閒暇之閒，經典亦多有之。然往往有作閑者，此俗誤也。《説文》門部：'閑，闌也。从門中有木。'此爲防閑字，借聲爲閑暇。"按"閒"金文作（《𤼈鐘》），月在門外，更爲形象。金文"月"或混爲"夕"，寫作（《兆域圖銅版》）；或从門，刖聲，寫作（《曾姬無卹壺》）；《説文》古文又將"刖"訛作"外"。漢碑字形依據小篆轉寫隸定爲筆畫，義符"月"逐漸混同爲"日"，如圖①～③。

【釋義】

病情好轉痊愈："卜問醫藥，不爲知閒"（Q114）。

（二）jiān 《廣韻》古閑切，見山平。見元。

【釋義】

㊀中間："九山甄旅，咸秩無文，爰納塗山，辛癸之閒"（Q065）；"文景之閒，有張釋之，建忠弼之謨"（Q179）；"以文脩之，旬月之閒，莫不解甲服辠"（Q127）。㊁量詞，計算房屋的單位："□遣景作治五駕瓦屋二閒"（Q119）。㊂用於地名："於是金鄉長河閒高陽史恢等，追惟昔日，同歲郎署"

（Q093）;“河閒東州齊伯宣二百”（Q112）。

12025 **閑** xián 《廣韻》户閒切,匣山平。匣元。

Q174

《説文·門部》:“閑,闌也。从門中有木。”

【釋形】

《説文》小篆爲會意字,从門从木,本義爲門口栅欄。文獻中多借作“閒”,參見12024閒。漢碑字形依據小篆轉寫隸定,如圖。

【釋義】

㊀閒雅:“發彼有的,雅容畁閑”（Q172）。㊁閒靜:“華殿清閑,肅雍顯相”（Q174）。

12026 **閉** bì 《廣韻》博計切,幫霽去。幫質。

① Q154

② Q179

③ Q100

《説文·門部》:“閉,闔門也。从門;才,所以歫門也。”

【釋形】

《説文》以爲會意字,从門从才,“才”爲閉門的工具,本義爲關門。按“閉”金文作閉(《豆閉簋》)、閉(《子禾子釜》),从門,内有十形,像以門栓或門杠閉門之狀。高鴻縉《中國字例》:“字倚門畫其已閉,自内見其門楨之形……十非文字,乃物形,後變爲才,意不可説。”小篆與金文相承,門内“十”形變爲“丰”,《説文》釋爲閉門的工具“才”（非才幹之“才”）。漢碑字形中,構件“才”或據小篆隸定,如圖①;或訛作“下”,如圖②;或訛作“大”,如圖③。

【釋義】

關閉,閉合:“樂於陵灌園之契,閉門靜居,琴書自娱”（Q154）;“長就幽冥則決絶,閉曠之後不復發”（Q100）;“蠶月之務,不閉四門”（Q179）。

12027 **闇** （一）àn 《廣韻》烏紺切,影勘去。影侵。

① Q137

② Q163

③ Q114

《説文·門部》:“闇,閉門也。从門,音聲。”

【釋形】

《説文》小篆爲形聲字,从門,音聲。聲符“音”本爲在構件“言”内加區别符號“一”而構成的指事字,漢碑字形中,構件“言”所从之“辛”省去了下面豎畫,隸定作“立”;所从之“口”與内部的指事符號粘合爲“日”,如圖①～③。

【釋義】

愚昧,糊塗:“校尉空闇,典統非任,素無績勳”（Q163）。

（二）yǎn 《集韻》鄔感切,影感上。影談。

【釋義】

通“奄”:見“闇忽”。

【釋詞】

[闇忽]又作“奄忽”,忽然:“闇忽離世,下歸黄滾”（Q114）。

（三）ān 《集韻》烏含切,影覃平。

即“諒闇”,居喪時住的地方:“會喪太夫人,感背人之《凱風》,悼〖《蓼儀》〗之劬勞,寢闇苫〖塊,仍留上言,倍榮向哀〗”（Q137）;參“諒闇”。

12028 **關** guān 《廣韻》古還切,見刪平。見元。

① Q256

② Q153

③ Q128

《説文·門部》:“關,以木横持門户也。从門,丱聲。”

【釋形】

《説文》小篆爲形聲字,从門,丱聲,本義爲門閂。按“關”金文作關(《子禾子釜》),

像以門栓或門杠閉門之狀。或改爲形聲字，寫作(《鄂君啟舟節》)，从門，串聲。戰國秦文字作(《睡·法》140)，改爲从門，𢍏聲，小篆與之相承。聲符“𢍏”上部小篆从“絲”省，其中的“幺”仍没有完全筆畫化，近似於兩個相疊的三角形，如圖①②；圖③則將兩個“幺”形省爲一個。下部或隸定作雙“十”形，如圖①；或隸定作“廾”，如圖②③。

【釋義】

㊀要塞，關隘：“高祖龍興，婁敬畫計，遷諸關東豪族英傑，都于咸陽”（Q153）；“又醳散關之嶃漯，從朝陽之平燉；減西□□高閣，就安寧之石道”（Q150）；“郡〖將〗察上，宿衛報關”（Q128）。㊁用於地名：“石門關段仲孟年八十一”（Q069）；“孫字翁仲，新城長，討暴有功，拜關內侯”（Q169）。

【釋詞】

［關關］鳥類雌雄相和的鳴聲：“爲夗爲央，關關對語”（H144）。

12029 **閽** hūn 《廣韻》呼昆切，曉魂平。曉文。

Q127

《説文·門部》：“，常以昏閉門隸也。从門从昏，昏亦聲。”

【釋形】

《説文》小篆爲會意兼形聲字，从門从昏，昏亦聲，本義爲守門人。漢碑字形中，聲符“昏”上方省形構件“氏”隸定近似於“民”，如圖。

【釋義】

宫室：“貢登王室，閽閣是虔”（Q127）。

12030 **闋** què 《廣韻》苦穴切，溪屑入。溪質。

① Q084　② Q128

《説文·門部》：“，事已，閉門也。从門，癸聲。”

【釋形】

《説文》小篆爲形聲字，从門，癸聲。“癸”上古音在見母脂部。聲符“癸”《説文》籀文作，从址从矢；漢碑字形中，構件“址”隸定近似於“癶”；構件“矢”隸定作“夫”，與今之寫法有别，如圖①②。

【釋義】

特指服喪期滿：“喪父去官，服終禮闋，復應三公之招”（Q128）；“遭公夫人憂，服闋，司空司隸並舉賢良方正”（Q084）。

12031 **閔(閔)** mǐn 《廣韻》眉殞切，明軫上。明文。

① Q129　② Q178　③ Q056

《説文·門部》：“，弔者在門也。从門，文聲。，古文閔。”

【釋形】

《説文》小篆爲形聲字，从門，文聲。“文”上古音在明母文部。漢碑字形中，聲符“文”或據小篆隸定爲筆畫，如圖①②；或改换作“汶”，形成“閔”的異體字，隸定作閿，如圖③。

【釋義】

㊀憐憫，憐惜：“永元六年九月下旬，王文康不禄，師友門人閔其行正，來饗厥功，傳曰嗛者”（Q041）；“閔其敦仁，爲問蜀郡何彦珍女，未娶”（Q113）；“皇上閔悼，兩宫賻贈，賜秘器，以禮殯”（Q056）。㊁擔心，憂慮：“王府君閔谷道危難，分置六部道橋”（Q095）；“君乃閔缙紳之徒不濟，開南寺門，承望華嶽”（Q178）。㊂姓氏，特指孔子學生閔損：“君幼□顔閔之懋質，長敷斿夏之文學”（Q093）。㊃用於人名：“故郵書掾姚閔升臺、故市掾王尊文意”（Q178）。

12032 **閔**

“閔” 的異體字(圖③),見 12031 閔。

12033 **耳** ěr 《廣韻》而止切,日止上。日之。

Q114

《説文·耳部》:“[seal],主聽也。象形。凡耳之屬皆从耳。”

【釋形】

《説文》小篆爲象形字,像耳朵之形。“耳” 甲骨文作 [glyph](《合》17563)、[glyph](《合》13631),金文作 [glyph](《耳壺》)、[glyph](《亞耳且丁尊》),更爲象形。金文或增添耳孔之形,寫作 [glyph](《耳尊》)。小篆線條化,象形意味減弱。漢碑字形依據小篆轉寫隸定,上方離析出一條横筆,如圖。

【釋義】

表示限止的語氣詞,而已,罷了:“牧馬牛羊諸僮,皆良家子,來入堂宅,但觀耳,無得涿畫”(Q114)。

12034 **耽** dān 《廣韻》丁含切,端覃平。端侵。

① Q141

② Q137

《説文·耳部》:“[seal],耳大垂也。从耳,冘聲。《詩》曰:‘士之耽兮。’”

【釋形】

《説文》小篆爲形聲字,从耳,冘聲。“冘” 上古音在餘母侵部。漢碑字形中,義符 “耳” 上方離析出一條横筆,如圖①;或下方增加一撇筆,與 “身” 混同,如圖②。聲符 “冘” 左側筆畫或省,近似於 “尢”,如圖①②。

【釋義】

㊀愛好,嗜好:“包蘿術藝,貫洞聖□,博兼□□,耽綜典籍”(Q093);“勞謙損益,耽古儉清”(Q187)。㊁用於人名:“部史仇誧、縣吏劉耽等,補完里中道之周左廧垣壞決”(Q141);“故脩行都昌張耽,字季遠”(Q088)。

【釋詞】

[耽思] 深入思考、研究:“每在選舉,遜讓匪石,鑽前忍後,遂耽思舊章”(Q173)。

12035 **耿** gěng 《廣韻》古幸切,見耿上。見耕。

① Q161

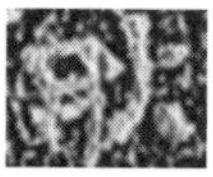
② Q212

③ Q140

《説文·耳部》:“[seal],耳箸頰也。从耳,烓省聲。杜林説:耿,光也。从光,聖省。凡字皆左形右聲。杜説非也。”

【釋形】

《説文》以爲形聲字,从耳,烓省聲。按《説文》“省聲” 之説多不足爲據,“耿” 从 “烓” 省聲尚無法證實。“耿” 金文作 (《禹鼎》)、(《毛公鼎》),右邊構件近似於 “火”,但第一個字形有殘泐,第二個字形與金文 “火” 的寫法有别,難以確定。小篆確定爲左 “耳” 右 “火”。漢碑字形中,義符 “耳” 或與今之寫法相近,如圖①;或形似於 “月”,如圖②;或於 “月” 形上面離析出一長横,向右延伸覆蓋構件 “火”,使整字布局發生變化,如圖③;構件 “火” 兩側對稱線條隸定爲點畫,如圖①～③。

【釋義】

㊀見 “耿耿”。㊁姓氏:“漢武都大守,右扶風茂陵耿君,諱勳,字伯瑋”(Q161);“乃與執金吾耿秉,述職巡御,理兵于朔方”(H26)。㊂用於人名:“故縣侯守丞楊卿耿伯,慎性清潔,丁時窈窕,才量休赫”(Q212)。

【釋詞】

[耿耿] 猶言 “耿耿於懷”,謂某事牽縈於心,不能釋懷:“臣寢息耿耿,情所思惟”(Q140)。

12036 **聖** shèng 《廣韻》式正切，書勁去。書耕。

① Q066

② Q102

③ Q117

《說文·耳部》："，通也。从耳，呈聲。"

【釋形】

《說文》以爲形聲字，从耳，呈聲，釋其義爲"通"。按"聖"甲骨文作（《合》14295），李孝定《甲骨文字集釋》認爲"象人上著大耳，从口，會意。聖之初誼爲聽覺官能之敏鋭，故引申訓'通'"。"聖"與"聽"義相通，"聽"甲骨文作（《合》5634），亦从耳从口，區别在於"聖"字耳下有人形。口所言，耳能聽之，故二字均强調耳之官能。金文"聖"中的人形訛變爲"壬"，寫作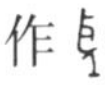（《師望鼎》）、（《中山王譽壺》）。小篆承襲金文字形，并將構件"耳"與"壬"離析開來，《說文》據小篆字形釋爲"从耳，呈聲"，與形源不符；或應釋作"从耳从口，壬聲"。漢碑字形中，義符"耳"或與今之寫法相近，如圖①；或於上面離析出一長横，向右延伸覆蓋構件"口"，使整字布局發生變化，如圖②③。聲符"壬"或混同爲"王"，如圖①；或混同爲"土"，如圖③。

【釋義】

㊀聖人："〚君淮則〛大聖，親之桐柏，奉見廟祠，奇嶇逼狹"（Q125）；"紹聖作儒，身立名彰"（Q127）；"天〚姿醇〛嘏，齊聖達道"（Q127）；"子無隨殁，聖人折中"（Q128）。㊁有關神明的，神聖的："後有羊車橡其䡟，上即聖鳥乘浮雲"（Q100）。㊂聰明叡智："服骨叡聖，允鍾厥醇"（Q193）。㊃對帝王的尊稱："〚而〛本國舊居，復禮之日，闕而不祀，誠朝廷聖恩所宜特加"（Q140）；"翼翼聖慈，惠我黎蒸。貽我潘君，平兹溧陽"（Q172）；"于時聖主諮諏，羣僚咸曰：'君哉！'"（Q178）。㊄對本朝的尊稱："聖漢禋亨，於兹馮神"（Q065）；"聖朝克明，靡神不舉"（Q126）。㊅用於人名："魯劉聖長二百"（Q112）。

12037 **聰** cōng 《廣韻》倉紅切，清東平。清東。

① Q084

② Q179

《說文·耳部》："，察也。从耳，悤聲。"

【釋形】

《說文》小篆爲形聲字，从耳，悤聲。聲符"悤"，金文作（《大克鼎》），从心，上有一點；點畫或變爲一豎，寫作（《㝬鐘》）；豎畫中間增繁一點作（《蔡侯盤》）。裘錫圭認爲（《說字小記·說"悤"、"聰"》）："其本義似與心之孔竅有關。'囱'、'悤'、'聰'古音同，蓋由一語分化。'囱'指房屋與外界相通之孔，'悤'和'聰'本來大概指心和耳的孔竅，引申而指心和耳的通徹。也有可能一開始就是指心和耳的通徹的，但由於通徹的意思比較虚，'囱'字初文的字形只能通過强調心有孔竅來表意……秦簡漢印和西漢前期簡帛上的'悤'字，猶多襲周人之舊，作'心'上加點形，較晚的漢簡和漢碑的隸書多變點爲'△'，有時還在中間空白處加交叉線而成形。从'囱'聲的'悤'雖然已見於《說文》，但是其出現很可能在'悤'字的上述那些寫法之後。"漢碑字形中，義符"耳"或隸定與今之寫法相同，如圖①；或下面增加撇筆，混同爲"身"，如圖②。聲符"悤"隸定爲"恖"，其中構件"囱"離析爲"䒑"和"公"，"公"的形成應與其讀音有關；構件"心"分解爲筆畫，失去象形意味，如圖①②。

【釋義】

㊀聽，聽覺："開聰四聽，招賢與程"（Q149）。㊁聰明，聰穎："聰叡廣淵，兼覽七□"（Q084）；"孝弟於家，中謇於朝，治京氏

《易》,聰麗權略,藝於從畋”(Q179)。

12038 **聽** tīng 《廣韻》他丁切,透青平。透耕。

① J241

② Q104

③ Q149

④ Q127

⑤ Q169

《説文·耳部》:“,聆也。从耳、㥁,壬聲。”

【釋形】

《説文》小篆爲形聲字,从耳从㥁,壬聲。按“聽”甲骨文作(《合》5634),从耳从口會意;或从二口,寫作(《合》5298)。“聽”與“聖”形義相通,參見12036聖。小篆變爲从耳从㥁、壬聲的形聲字,理據重構。漢碑字形與小篆相承,義符“耳”或隸定與今之寫法相同,如圖①~④;或於下方添加撇筆,與“身”混同,如圖⑤。義符“㥁”所从之構件“直”離析爲“亠”和“罒”,如圖①~③;“亠”或寫作“𠂉”,如圖④⑤;“罒”或與“襾”混同,如圖⑤;構件“心”分解爲筆畫,失去象形意味。聲符“壬”隸定爲“土”上加一短撇,其中“人”與“土”已粘合爲一個整體,且置於“耳”的左下角,如圖①②;“壬”或與“土”混同,如圖③;或省寫,如圖④⑤。

【釋義】

㊀聽覺,聽力:“開聰四聽,招賢與程”(Q149)。㊁聽信,允許:“忠告殷勤,屢省乃聽”(Q127);“乃依無極,聖朝見聽”(Q174);“……良王不聽,當□……”(Q041)。㊂審理案件:見“聽訟”。㊃古代官府的治所:“庚子詔書,聽轉示郡,爲安斯鄉有秩如書”(Q170);“詔書聽郡,則上諸安斯二鄉”(Q170);又見“聽事”。

【釋詞】

[聽事]古代官府的治所,也簡稱“聽”:“廓廣聽事官舍,廷曹廊閣,升降揖讓朝覲之階”(Q178)。

[聽訟]審案:“於是乃聽訟理怨,教誨後生百有餘人,皆成俊艾”(Q169)。

[聽許]允許:“戊寅詔書,應時聽許”(Q126);“乃具載本末上尚書,求依無極爲比,即見聽許”(Q174)。

12039 **聆** líng 《廣韻》郎丁切,來青平。來耕。

Q193

《説文·耳部》:“,聽也。从耳,令聲。”

【釋形】

《説文》小篆爲形聲字,从耳,令聲。漢碑字形與小篆相承,義符“耳”上方離析出一横畫;聲符“令”所从之構件“卪”隸定爲“卩”,如圖。

【釋義】

聽聞,傾聽:“於是遠人聆聲景附,樂受一廛”(Q172);“講禮習聆,匪徒豐學”(Q193)。

12040 **職** zhí 《廣韻》之翼切,章職入。章職。

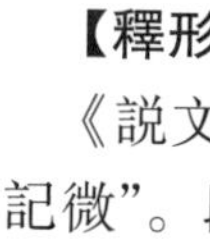
① Q194
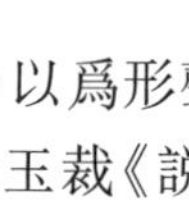
② Q129
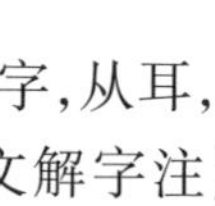
③ JB3
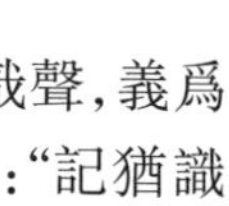
④ Q178

《説文·耳部》:“,記微也。从耳,戠聲。”

【釋形】

《説文》以爲形聲字,从耳,戠聲,義爲“記微”。段玉裁《説文解字注》:“記猶識也,纖微必識是曰職……凡言職者,謂其善聽也。”漢碑字形中,義符“耳”或依小篆線條轉寫隸定,仍基本保持小篆的格局,如圖①②;或隸定與今之寫法相同,如圖③;或混同爲“身”,如圖④。聲符“戠”所从之構件

"音"小篆从言含一,漢碑字形或離析重組爲上"立"下"日",如圖②④;或省去"日"内横畫,訛作"音",上面横畫與構件"戈"連寫,如圖①。

【釋義】

㊀官職:"授以部職,輒以疾讓"(Q083);"當遷緄職,爲國之椎"(Q154);"歷郡右職,上計掾史,仍辟涼州"(Q178)。㊁常,日常:見"職貢"。㊂用於官名:"《周禮·職方氏》:河南山鎮曰崋,謂之西嶽"(Q129)。

【釋詞】

[職貢]古代藩屬或外國向朝廷按時繳納的貢品:"時疏勒國王和德,弒父簒位,不供職貢"(Q178)。

12041 **聲** shēng 《廣韻》書盈切,書清平。書耕。

① Q130

② Q153

③ Q169

《説文·耳部》:"，音也。从耳,殸聲。殸,籒文磬。"

【釋形】

《説文》以爲形聲字,从耳,殸聲。按"聲"甲骨文作(《合》27632)、(《合》32926),或从耳从声("磬"的初文),或从耶(聽)从殸(磬),均應爲會意字。磬是古代打擊樂器的代表,故可充當"聲"的表義構件。戰國秦文字作(《睡·法》52),从耳从殸(磬),小篆與之結構基本相同。漢碑字形依小篆形體轉寫隸定,仍保持"殸"半包圍"耳"的結構布局,如圖③;或調整爲上下結構,如圖①②。義符"耳"圖①~③形體各異,均與現在通行的寫法不同。"殸"所从之構件"殳"上方"几"形訛混近似於"口"(下面一横向右延伸)。"殸"所从之構件"声"上方曲線拉直爲"土"形;下方或隸定似"尸",如圖③;或内部寫作兩竪,如圖①②。

【釋義】

㊀聲音:"煙火相望,四時不絶,深野曠澤,哀聲忉切"(Q153)。㊁贊譽,名聲:"强弱匪傾,邁去遺愛,民有謠聲"(Q138);"行成名立,聲布海内"(Q142);"三考絀勑,陟幽明矣。振華處實,暘遐聲矣"(Q153);"是以休聲播于遠近"(Q169)。㊂聲威:"下以安固後嗣,恢拓竟宇,振大漢之天聲"(H26)。㊃用於人名:"故吏五官掾博陵高陽史應,字子聲"(Q148);"充國弟,字子聲,爲侍中"(Q169)。

【釋詞】

[聲教]聲威教化:"折節清行,恭儉束脩,政崇無爲,聲教禁化,猷風之中"(Q128)。

[聲香]美好的名聲:"維明維允,燿此聲香"(Q137)。

12042 **聞** wén 《廣韻》無分切,明文平。明文。

① Q129

② J237

③ Q112

《説文·耳部》:"，知聞也。从耳,門聲。，古文从昏。"

【釋形】

《説文》小篆爲形聲字,从耳,門聲。按"聞"甲骨文作(《合》1075)、(《合》10936)、(《合》18089),像人側耳傾聽之狀,會意字,本義爲聽聞。金文作(《大盂鼎》)、(《利簋》),耳朵與身體發生離析,人上方增加飾筆。金文或改爲从耳、昏聲的形聲字,寫作(《中山王譽鼎》),《説文》古文與之相承。戰國秦文字作(《睡·日甲》148),从耳,門聲,小篆與此結構相同。漢碑字形中,義符"耳"或據小篆轉寫隸定,如圖①;或與今之通行寫法相近,如圖②;圖③此處有殘泐。

【釋義】

㊀聽見,聽聞:"煇光篤實,升而上聞"

（Q128）；“夏商則未聞所損益”（Q129）；“若兹不刊，後哲曷聞？故樹斯石”（Q134）；“頎甫班爵，方授銀苻，聞母氏疾病，孝烝内發”（Q134）。㊁聞名，有名望：“游居放言，在約思純。研機墳素，在國必聞”（Q169）；“功洽三邦，聞于帝京”（Q066）；“勳績著聞，百遼詠虞”（Q128）。㊂名聲：“初據百里，顯顯令聞，濟康下民”（Q137）。㊃用於地名：“漢循吏故聞憙長韓仁銘”（Q163）。

12043 **聘** pìn（舊讀 pìng）《廣韻》匹正切，滂勁去。滂耕。

① J321

② J282

③ Q128

《説文·耳部》：“，訪也。从耳，甹聲。”

【釋形】

《説文》小篆爲形聲字，从耳，甹聲。漢碑字形中，義符“耳”或依小篆轉寫隸定，如圖③；或上方離析出一横筆，如圖①；或與今之通行寫法相近，如圖②。聲符“甹”或據小篆轉寫隸定，如圖①；構件“由”中豎或向下出頭，與“丂”相接，如圖②；或上不出頭，混同爲“田”，如圖③。

【釋義】

聘任，聘請：“大尉聘取，上輔機衡。遂登漢室，出司邊方”（Q128）。

12044 **聝**（𦖘） guó《廣韻》古獲切，見麥入。見職。

① Q079

② Q169

《説文·耳部》：“，軍戰斷耳也。《春秋傳》曰：‘以爲俘聝。’从耳，或聲。，聝或从首。”

【釋形】

《説文》小篆爲形聲字，从耳，或聲。邵瑛《説文解字羣經正字》：“今經典竝从或體作馘，字又作聝。殺而獻其耳也。又引《字林》云：‘截耳則作耳傍，獻首則作首傍。’此《説文》所以从耳，而又或从首也。”按“聝”甲骨文作（《合》34631），像倒首之形，爲“聝”之初文。金文作（《䧹鼎》），从耳从戈，會意字，即《説文》所釋“軍戰斷耳也”；或在甲骨文基礎上增添聲符“或”，變爲从倒首、或聲的形聲字，寫作（《小盂鼎》）、（《多友鼎》），爲《説文》或體之所承。小篆改爲从耳或聲，突出其割取左耳以紀功之義。漢碑字形中，義符“耳”或受右側“或”影響，或受表音趨勢的驅動，被同化爲“國”，如圖②。

【釋義】

消滅，斬殺：“元子卬，爲右曹中郎將，與充國竝征，電震要荒，𦖘滅狂狡，讓不受封”（Q169）；又見“斬馘”。

12045 **𦖘**

“聝”的異體字（圖②），見 12044 聝。

12046 **耻**

“恥”的異體字（圖②），見 10231 恥。

12047 **頤** yí《廣韻》與之切，餘之平。餘之。

① Q172

② Q117

《説文》爲“臣”之篆文，《説文·臣部》：“，顄也。象形。凡臣之屬皆从臣。，篆文臣。，籀文从首。”

【釋形】

段玉裁《説文解字注》認爲“頤”爲篆文，則“臣”爲古文。“臣”爲象形，則“頤”爲形聲字，从頁，臣聲，本義爲面頰。漢碑字形與篆文相承，構件“臣”或嚴格依小篆線條轉寫隸定，如圖①；圖②此處有殘泐。構件“頁”隸定與今之通行寫法相近，如圖②。

【釋義】

㊀贍養:“矜孤頤老,表孝貞節”(Q172);“於惟郎中,寔天生德,頤親誨弟,虔恭〖竭力〗”(Q117)。㊁用於人名:“……文號張頤……”(Q192)。

12048 手　shǒu 《廣韻》書九切,書有上。書幽。

Q141

《説文·手部》:“,拳也。象形。凡手之屬皆从手。,古文手。”

【釋形】

《説文》以爲象形字,本義爲拳。按“手”金文作(《無㠱簋》),像人手五指之形;小篆與之相承,并進一步線條化。戰國楚文字變異作(《郭·五》45),《説文》古文與之相似。漢碑字形與小篆相承,將兩條向上的弧線拉直爲横,將中間線條上端曲折處分解爲一撇,完全筆畫化,已經看不出手的樣子,如圖。

【釋義】

手:見“拜手”。

12049 掌　zhǎng 《廣韻》諸兩切,章養上。章陽。

① Q129　② Q102

《説文·手部》:“,手中也。从手,尚聲。”

【釋形】

《説文》小篆爲形聲字,从手,尚聲,本義爲手掌。漢碑字形中,義符“手”隸定爲兩横加一豎撇,與作左偏旁時相似。聲符“尚”所从之構件“八”寫成左右兩點;構件“向”所从之“宀”兩側線條向上縮短,整字布局由半包圍結構調整爲上下結構,如圖①②。

【釋義】

掌管:“弘農大守、安國亭矦、汝南袁逢掌華嶽之主,位應古制”(Q129);“拜司隸校尉,董督京輦,掌察羣寮”(Q154);“廟有禮器,無常人掌領”(Q102)。

12050 指　zhǐ 《廣韻》職雉切,章旨上。章脂。

① Q134　② Q174

《説文·手部》:“,手指也。从手,旨聲。”

【釋形】

《説文》小篆爲形聲字,从手,旨聲。漢碑字形中,義符“手”作爲左偏旁,出於結體的需要,隸定爲“扌”,與獨立成字時有别。聲符“旨”所从之構件“匕”被分解爲平直的筆畫,或隸定近似於“上”,如圖①;或省簡作“亠”,如圖②。構件“甘”混同爲“日”。

【釋義】

㊀用手指:見“若指諸掌”。㊁指定:“《孝經》曰:□□宅作而□指之爲家廟”(Q091);“前後國縣,屢有祈請,指日刻期,應時有驗”(Q174)。㊂通“旨”,要旨,旨意:“〖特〗以儒學,詔書勑留,定經東觀,順玄丘之指,蠲歷世之疑”(Q134);“升堂講誦,深究聖指”(Q105)。

12051 攘　rǎng 《廣韻》如兩切,日養上。日陽。

Q153

《説文·手部》:“,推也。从手,襄聲。”

【釋形】

《説文》小篆爲形聲字,从手,襄聲。漢碑字形中,義符“手”隸定爲“扌”。聲符“襄”所从之構件“衣”,上面像衣領的部分隸定作“亠”,下面兩個線條分解爲四個筆畫。

“衣”中間包裹的部分局部發生粘合，寫作“丗”；其中“吅”寫成兩個三角形，如圖。

【釋義】

攘除，滌清：“受命北征，爲民父母。攘去寇〚殄〛,〚戎〛用无□”（Q171）；“高祖龍興，婁敬畫計，遷諸關東豪族英傑，都于咸陽，攘竟蕃衛”（Q153）。

12052 **捧**

“拜”的異體字（圖④），見12053拜。

12053 **拜（捧）** bài 《廣韻》博怪切，幫怪去。幫月。

① Q134

② Q084

③ Q142

④ Q106

《説文》爲“捧”之或體，《説文·手部》：“𢷎，首至地也。从手、𠦪。𠦪音忽。𢪔，楊雄說：拜从兩手下。𢯱，古文拜。”

【釋形】

《説文》以爲會意字，从手从𠦪，釋其義爲“首至地也”。按段玉裁《説文解字注》認爲，原本當作“首至手也”，指古代的一種“空首”禮，拜頭至手。“拜”金文作（《大鼎》）、（《師虎簋》），左邊像帶根的植物，右邊是手，表示將植物連根拔起，本義應爲拔，隸定作“捧”。假借表示拜頭至手的禮儀，故金文或將構件“手”改换爲“頁”，寫作（《𢉩簋》）；或改爲从頁从手，寫作（《友簋》），理據重構，成爲表示拜手禮的專用字。《説文》小篆仍沿用假借字“捧”，構件“𠦪”發生離析重組。《説文》古文改爲从二手，會雙手作揖之義，理據重構。《説文》或體在古文的基礎上右邊構件多加一横。漢碑字形來源不一，或據《説文》正篆轉寫隸定近似於“捧”，如圖①；或據《説文》或體隸定爲“拜”，如圖②③，其中圖③右邊構件豎畫没有貫通至最上面的横畫；或據《説文》古文隸定爲“拜”，如圖④。

【釋義】

㊀古代表示敬意或祝福的一種禮節：“歲臈拜賀，子孫懽喜”（Q106）。㊁任命官職：“以延平中拜安邊節使，銜命二州”（Q128）；“相河南史君諱晨，字伯時，從越騎校尉拜”（Q141）；“天子異焉，擢捧〚議〛郎，遷高陽令”（Q134）。㊂拜訪：“雖欲拜見，道徑無從”（Q142）。

【釋詞】

［拜手］古代表示敬意或祝福的一種禮節，俯頭至手，又稱“空首”：“既至升堂，屏氣拜手，祗肅屑僾”（Q141）。

［拜謁］禮拜，瞻仰：“復禮孔子宅，拜謁神坐，仰瞻榱桷，俯視几筵”（Q140）。

12054 **推** tuī 《廣韻》他回切，透灰平。透微。

① Q145

② Q260

《説文·手部》：“𢹎，排也。从手，隹聲。”

【釋形】

《説文》小篆爲形聲字，从手，隹聲，本義爲向前推。漢碑字形中，義符“手”隸定爲“扌”。聲符“隹”發生離析重組，并將線條全部轉寫爲筆畫，已看不出鳥的樣子了，如圖①②。

【釋義】

㊀向前推：“從者推車，平梩冤厨”（Q100）。㊁推舉，推選：“推賢〚達善，逡遁退讓，當〛世以此服之”（Q117）；“君稟資南霍之神，有天□德之絶操……衆推挈聖”（Q172）。㊂推尋，探求：“漢中大守楗爲武陽王升，字稚紀，涉歷山道，推序本原”（Q095）。

12055 **摧** cuī 《廣韻》昨回切，從灰平。從微。

① Q088

② Q144

《説文·手部》:“，擠也。从手,崔聲。一曰:擁也。一曰:折也。”

【釋形】

《説文》小篆爲形聲字,从手,崔聲。漢碑字形中,義符“手”隸定爲“扌”。聲符“崔”所从之構件“隹”或依小篆線條轉寫隸定,如圖①;或進一步離析重組,隸定與今之寫法相同,如圖②。

【釋義】

摧折,形容心情極度悲痛:“孝子憏懆,顛倒剥摧”(Q088);“咳孤憤泣,忉怛傷摧”(Q144)。

12056 **扶** fú 《廣韻》防無切,並虞平。並魚。

① Q110

② Q178

《説文·手部》:“，左也。从手,夫聲。，古文扶。”

【釋形】

《説文》以爲形聲字,从手,夫聲。按“扶”金文作(《鼎羴叔父辛卣》),像手扶人之狀,當爲會意兼形聲字,从又从夫,夫亦聲,本義爲攙扶;或訛从攴,(《技作旅鼎》),《説文》古文與此相承。《説文》小篆將構件“又”改换爲“手”,原來的形象性淡化,故《説文》釋爲形聲字,从手,夫聲,此爲漢字系統化的結果。漢碑字形中,義符“手”隸定爲“扌”;聲符“夫”隸定與今之寫法相同,如圖①②。

【釋義】

㊀攙扶:“望君輿〖駕〗,扶老攜息”(Q125)。㊁扶持,幫助:“扶助大和,萬民迺蒙”(Q093);“彬文赳武,扶弱抑彊”(Q172)。㊂用於人名:“功曹書佐頻陽成扶千”(Q123)。㊃用於地名:“漢武都大守,右扶風茂陵耿君,諱勳,字伯瑋”(Q161);“子孫遷于雍州之郊,分止右扶風,或在安定,或處武都”(Q178)。

【釋詞】

[扶疏]枝葉繁茂、疏密有致貌:“分原而流,枝葉扶疏,出王别胤,受爵列土”(Q193)。

[扶死]起死回生:“子無隨没壽,王無扶死之臣”(Q114)。

12057 **挈** qiè 《廣韻》苦結切,溪屑入。溪月。

① J009

② Q140

《説文·手部》:“，縣持也。从手,㓞聲。”

【釋形】

《説文》小篆爲形聲字,从手,㓞聲。聲符“㓞”甲骨文作(《合》31823),金文作(《師同鼎》),小篆與之相承。徐灝《説文解字注箋》:“戴氏侗曰:‘丯即契也。又作㓞,加刀;刀,所以契也。又作契,大聲。古未有書,先有契。契刻竹木以爲識,丯象所刻之齒。’灝按,戴説是。”漢碑字形將聲符“㓞”所从之構件“丯”寫作“龶”;構件“刀”或隸定近似於“ク”(分爲三筆),如圖①;或加一點畫作“刃”,如圖②。義符“手”隸定爲兩横加一豎撇,與作左偏旁時相似。

【釋義】

通“契”。㊀契合,合乎:“君稟資南霍之神,有天□德之絶操……衆推挈聖”(Q172)。㊁用於書名:“孔子,乾坤所挺,西狩獲麟,爲漢制作,故《〖孝〗經援神挈》曰:玄丘制命帝卯行。”(Q140)

12058 **操**(摻) cāo 《廣韻》七刀切,清豪平。清宵。

① Q175

② Q106

③ Q142

《説文·手部》:“，把持也。从手,喿聲。”

【釋形】

《説文》小篆爲形聲字，从手，喿聲。漢碑字形中，義符“手”隸定爲“扌”。聲符“喿”所从之構件“品”或據小篆線條轉寫隸定爲平直方折的筆畫，如圖①；或寫作封閉的三角形，如圖②③。構件“木”上弧線拉直爲横畫，下弧線寫作撇和捺，如圖②；或訛作“尒”，使得整個構件與“叅（參）”趨同，如圖①③。

【釋義】

㊀握着，拿着：“於是操繩墨以彈耶枉，援規柜以分方員”（Q084）。㊁品德，操守：“其少體自然之恣，長有殊俗之操”（Q142）；“體純龢之德，秉仁義之操，治《魯詩》，兼通《顔氏春秋》”（Q154）；“君禀資南霍之神，有天□德之絶操”（Q172）。㊂用於人名：“中子諱操，字仲經，郡孝，灌謁者”（Q128）；“使師操義、山陽蝦丘榮保，畫師高平代盛、邵强生等十餘人”（Q106）。

12059 摞

“操”的異體字（圖②③），見12058操。

12060 據（㨿） jù 《廣韻》居御切，見御去。見魚。

① Q088

② Q144

《説文·手部》：“，杖持也。从手，豦聲。”

【釋形】

《説文》小篆爲形聲字，从手，豦聲，本義爲抓持。漢碑字形中，義符“手”隸定爲“扌”。聲符“豦”訛作“豦”或“處”，如圖①②。“豦”與“處”上古音同在魚部，且形體相似，故作聲符時常混同。

【釋義】

㊀占據，管轄：“初㨿百里，顯顯令聞，濟康下民”（Q137）；又見“典㨿”。㊁就任，擔任：“璽追嘉錫，據北海相”（Q088）；“將㨿師輔，之紀之綱，而疾彌流”（Q148）。

12061 㨿

“據”的異體字（圖②），見12060據。

12062 攝 shè 《廣韻》書涉切，書葉入。書葉。

Q179

《説文·手部》：“，引持也。从手，聶聲。”

【釋形】

《説文》小篆爲形聲字，从手，聶聲。“聶”上古音在泥母葉部。漢碑字形中，義符“手”隸定爲“扌”；聲符“聶”所从之構件“耳”上面離析出一横，下面近似於“日”，如圖。

【釋義】

管轄，掌管：“守攝百里，遺愛在民”（Q166）。

【釋詞】

［攝提］“攝提格”的省稱。古代歲星紀年法中的十二辰之一，相當於干支紀年法中的寅年：“惟中平三年，歲在攝提”（Q179）。

12063 握 wò 《廣韻》於角切，影覺入。影屋。

J237

《説文·手部》：“，搤持也。从手，屋聲。，古文握。”

【釋形】

《説文》小篆爲形聲字，从手，屋聲。漢碑字形中，義符“手”隸定爲“扌”。聲符“屋”所从之構件“尸”依據小篆轉寫隸定。構件“至”發生離析重組（參見12003至），表示箭頭的曲線拉直爲横畫，與表示地面的横線重組爲“土”；表示箭尾的曲線從中間離析，上面重組爲一横，下面重組近似於三角形,如圖。

【釋義】

握持:見“握尺”。

【釋詞】

[握尺]合乎法度:“四時奉祀,黍稷〖陳〗兮。〖犧〗用握尺,□〖具〗□兮”(Q171)。

12064 **攜**

“携”的異體字(圖①②),見12065携。

【釋詞】

[攜貳]有貳心,離心:“武□攜貳,文懷假冥”(Q133)。

12065 **携(攜)**　xié《廣韻》户圭切,匣齊平。匣支。

① Q133

② Q125

③ Q171

《説文》作“攜”,《説文·手部》:“,提也。从手,巂聲。”

【釋形】

《説文》小篆爲形聲字,从手,巂聲,本義爲攜持。漢碑字形中,義符“手”隸定爲“扌”。聲符“巂”上方構件“屮”或寫作“山”,如圖①;或寫作“亠”,如圖②。構件“隹”和“冏”依小篆字形轉寫隸定,如圖①②。聲符“巂”或訛作“隽”,整字隸定作“携”,與今之通行寫法相同,如圖③。

【釋義】

㊀攙扶,牽着:“仁愛下下,民附親兮。遐邇携負,來若雲兮”;“老弱相携,攀援持車,千人以上”(Q135);“望君輿〖駕〗,扶老攜息”(Q125)。㊁懷有:見“攜貳”。

12066 **提**　tí《廣韻》杜奚切,定齊平。定支。

① Q021

② Q179

《説文·手部》:“,挈也。从手,是聲。”

【釋形】

《説文》小篆爲形聲字,从手,是聲。漢碑字形中,義符“手”隸定爲“扌”。聲符“是”所从之構件“日”與下面的“正”粘合,形似“且”;構件“正”所从“止”變形嚴重,形似“之”,如圖①②。

【釋義】

用於人名:“次子提餘,曰伯老”(Q021)。

12067 **按**　àn《廣韻》烏旰切,影翰去。影元。

Q137

《説文·手部》:“,下也。从手,安聲。”

【釋形】

《説文》小篆爲形聲字,从手,安聲,本義爲向下按。漢碑字形中,義符“手”隸定爲“扌”。聲符“安”所从之構件“宀”兩側線條向上縮短,位於“女”上方;構件“女”的三條曲線,分别據其所處的不同位置而轉寫爲不同的筆畫,如圖。

【釋義】

考察,查辦:“〖遵尹鐸〗之巢,保鄣二城,參國起按,斑叙□□,□本肇末,化速郵置”(Q137)。

12068 **掾**　yuàn《廣韻》以絹切,餘線去。餘元。

① Q178

② Q112

③ Q200

④ Q277

《説文·手部》:“,緣也。从手,彖聲。”

【釋形】

《説文》小篆爲形聲字,从手,彖聲。本義應爲佐助,故从手。後成爲歷代屬官的通稱,因爲屬官的職責在於輔佐府主。漢碑字形中,義符“手”隸定爲“扌”。聲符“彖”上方“彑”隸變形態不一,如圖①~④;下方“豕”或省簡一撇筆,如圖④。

【釋義】

官署屬員的通稱："衙主記掾楊綬子長三百"（Q123）；"主者掾華陰王萇，字德長"（Q129）；"京兆尹勑監都水掾霸陵杜遷市石"（Q129）；"會孝順皇帝西巡，以掾史召見"（Q133）。

12069 **掊** póu 《廣韻》薄侯切，並侯平。並之。

Q084

《説文·手部》："，把也。今鹽官入水取鹽爲掊。从手，咅聲。"

【釋形】

《説文》小篆爲形聲字，从手，咅聲，本義爲以手聚物。聲符"咅"本與"否"同字，金文作（《毛公鼎》），从口从不。後"否"借表唾而不受之義，小篆分爲、二形，表唾而不受義時上端加短豎線以示區别（《説文》"咅"字有或體"欧"，爲表示唾而不受義的後起專用字）。漢碑字形將聲符上面的構件"不"隸省混同爲"立"；義符"手"隸定爲"扌"，如圖。

【釋義】

聚斂：見"掊克"。

【釋詞】

［掊克］指搜括民財之人："刑政不濫，絀掊克，采儁桀，猶仲尼之相魯，悼公之入晉"（Q084）。

12070 **擇** zé 《廣韻》場伯切，澄陌入。定鐸。

Q174

《説文·手部》："，柬選也。从手，睪聲。"

【釋形】

《説文》小篆爲形聲字，从手，睪聲。按"擇"金文作（《沇兒鎛》），从収，睪聲。戰國秦文字作（《睡·日甲》64），改爲从手睪聲，小篆承襲此類字形。漢碑字形中，義符"手"隸定爲"扌"。聲符"睪"上部的横目之形寫作"罒"；下部構件"夲"隸定爲"幸"，如圖。

【釋義】

選擇，挑選："卜擇吉土治東，就衡山起堂立壇，雙闕夾門，薦牲納禮，以寧其神"（Q060）；"擇其令辰，進其馨香"（Q174）。

12071 **撮** cuō 《廣韻》倉括切，清末入。清月。

Q154

《説文·手部》："，四圭也。一曰：兩指撮也。从手，最聲。"

【釋形】

《説文》小篆爲形聲字，从手，最聲，本義爲以手指聚物。"最"上古音在精母月部。漢碑字形中，義符"手"隸定爲"扌"。聲符"最"依據小篆圓轉線條轉寫隸定爲平直方折的筆畫，尚未演化爲後世通行的寫法，如圖。

【釋義】

揪除，剷除："允文允武，厥姿烈逴。内懷温潤，外撮强虐"（Q154）。

12072 **抱** bào 《廣韻》薄浩切，並晧上。並幽。

① Q106

② Q113

③ Q202

《説文》爲"捊"的或體，《説文·手部》："，引取也。从手，孚聲。，捊或从包。"

【釋形】

《説文》小篆爲形聲字，正篆"捊"从手，孚聲，或體"抱"从手，包聲。漢碑字形與《説文》或體相承，義符"手"隸定爲"扌"。聲符"包"小篆爲包圍結構，漢碑字形"勹"右側筆畫縮短，只包蘊“巳”的上部。構件“巳”末筆或帶鉤，如圖②；或向右延展，帶有明顯波磔，如圖③。

【釋義】

㊀抱着，懷抱：“内外子孫，且至百人。抱持啼呼，不可奈何”（Q106）；“君却入室，須臾之頃，抱兩束葵出”（Q142）；“學中大主，晨以被抱，爲童冠講”（Q202）；“十一月□卯釆，下懷抱之恩”（Q113）。㊁懷藏，秉持：“夙世實祚，早喪懿寶。抱器幽潛，永歸蒿里”（Q144）；“抱不測之謀，秉高世之介，屈私趨公，即仕佐上”（Q172）；“孔子大聖，抱道不施，尚困於世”（Q113）；“孝弟淵懿，帥禮蹈仁。根道核藝，抱淑守真”（Q088）。

12073 **授** shòu 《廣韻》承呪切，禪宥去。禪幽。

① Q088 ② Q134 ③ Q084

《説文·手部》：“，予也。从手从受，受亦聲。”

【釋形】

《説文》以爲會意兼形聲字，从手从受，受亦聲。按“授、受”本同字，甲骨文作（《合》27421）、（《合》9806）等，像兩隻手在傳遞東西，既可以表示授予，也可以表示接受，會意字。小篆表示授予時另外添加構件“手”，變爲从手、受聲的形聲字，“受、授”分化爲兩個字；“授”有時也可以表示接受。漢碑字形承襲小篆，義符“手”隸定爲“扌”。聲符“受”所从之構件“𠬪”上方的“爪”或還保留有小篆的寫法，如圖①；或隸定爲“爫”，如圖②③；中間代表“舟”省形的下弧線隸定作“冖”，如圖①～③；構件或上面離析出一横筆，如圖①③。

【釋義】

㊀授予，給：“顔育空桑，孔制元孝。俱祖紫宫，大一所授”（Q112）；“布命授期，有生有死，天寔爲之”（Q088）。㊁傳授，教授：“司徒公汝南女陽袁安召公，授《易》孟氏〖學〗”（Q038）；“常以《易》《詩》《尚書》授，訓誨不倦”（Q084）。㊂授官，任命：“授以部職，輒以疾讓”（Q083）；“頎甫班爵，方授銀符，聞母氏疾病，孝烝内發”（Q134）；“處六師之帥，維時假階，將授緄職”（Q137）。㊃接受：“授命如毛，諾則不〖宿，美之至〗也，莫不歸服”（Q148）。㊄用於人名：“故賊曹史王授文博”（Q178）。

12074 **承** chéng 《廣韻》署陵切，禪蒸平。禪蒸。

① Q178 ② Q083 ③ Q129

《説文·手部》：“，奉也，受也。从手从卪从収。”

【釋形】

《説文》以爲會意字，从手从卪从収。按“承”甲骨文作（《合》9175）、（《合》11383），金文作（《匽侯簋》），像兩手托舉人之狀。小篆人形省變，另增構件“手”，以强化托舉、承接之義，亦可理解爲从手、承聲。漢碑字形中，義符“手”隸定爲三横一豎，如圖①～③。構件“卪”或寫作倒三角形，如圖①②；或隸定似“マ”形，如圖③。義符“収”隸定爲對稱的折筆，如圖①②；或分解爲四筆，如圖③。

【釋義】

㊀承接：“承露人”（Q147）。㊁承受，遭受：“承敝遭衰，黑不代倉”（Q140）。㊂承擔，承辦：“即上尚書，参以〖符〗驗，乃敢承祀，餘胙賦賜”（Q141）。㊃繼承，承襲：“大宗承循，各詔有司，其山川在諸侯者，以時祠之”（Q129）；“卿守將帥，爵位相承，以迄于君”（Q161）；“子子孫孫，秉承久長”（Q070）。㊄緊接着：“常山相隴西馮君到官，承饑衰之後，深惟三公御語山”（Q060）；

“朐與柜分高□爲界，東各承無極”（Q013）。㊅用於人名：“司徒雄、司空戒下魯相，承書從事下當用者”（Q102）；“君諱承，字仲究”（Q144）。

【釋詞】

［承事］侍奉：“兄弟相帥，承事母氏，世稱其□”（Q083）。

［承望］仰望：“君乃閔缙紳之徒不濟，開南寺門，承望華嶽，鄉明而治”（Q178）。

12075 **接** jiē 《廣韻》即葉切，精葉入。精葉。

① J282

② Q150

《説文·手部》：“，交也。从手，妾聲。”

【釋形】

《説文》小篆爲形聲字，从手，妾聲，本義爲承接。漢碑字形中，義符“手”隸定爲“扌”。聲符“妾”所从之構件“辛”隸定混同爲“立”，如圖①②。

【釋義】

㊀承接，承受：“擥英接秀，踵跡晏平”（Q137）；“厥祖天皇大帝，垂精接感，篤生聖明”（Q193）。㊁連接：“臨深長淵，三百餘丈。接木相連，號〚爲萬柱〛”（Q150）。

12076 **招** zhāo 《廣韻》止遙切，章宵平。章宵。

① Q066

② Q128

③ J322

《説文·手部》：“，手呼也。从手、召。”

【釋形】

《説文》大徐本釋爲會意字，从手从召；小徐本釋爲形聲字，从手，召聲。綜合兩種意見，可釋爲會意兼形聲字，从手从召，召亦聲，會以手相召之義。漢碑字形中，義符“手”隸定爲“扌”，如圖①②；“扌”或與“木”混同，如圖③。聲符“召”所从之構件“刀”或隸定與今之寫法相同，如圖①；或隸定爲“ク”，如圖②；或將“ク”分解爲三筆，如圖③。

【釋義】

㊀徵召，招納：“喪父去官，服終禮闋，復應三公之招，辟大尉府，除西曹屬”（Q128）；“脩清滌俗，招拔隱逸”（Q137）。㊁求，取：“宗懿招德，既安且寧”（Q172）。

12077 **𢺞**

“撫”的異體字（圖①），見12078撫。

12078 **撫（𢺞）** fǔ 《廣韻》芳武切，滂麌上。滂魚。

① Q145

② Q153

《説文》作“𢺞”，《説文·手部》：“，安也。从手，無聲。一曰：循也。，古文从辵、亡。”

【釋形】

《説文》小篆爲形聲字，从手，無聲，本義爲撫摸。漢碑字形中，義符“手”隸定爲“扌”。聲符“無”或據小篆線條隸定，仍保留有小篆的基本構件，整字隸定爲“𢺞”，如圖①；或構件發生粘合重組，整字寫作“撫”（“無”起筆處尚無短撇），爲今之寫法所承，如圖②。

【釋義】

㊀拂拭，擦拭：“行路撫涕，織婦喑咽”（Q153）。㊁安撫：“乃綏二縣，黎儀以康。於亓時廱，撫茲岱方”（Q127）；“羽衛藩屏，撫萬民兮”（Q088）；“匪皇啟處，東撫西征”（Q161）。㊂撫養，養育：“果於主分，𢺞育孤稚”（Q145）；“恤民之要，存慰高年，撫育鰥寡”（Q178）。㊃治理：見“撫業”。

【釋詞】

［撫業］操持家事，管理家業：“子尚叢撫業，世幼無親，賢者相之”（Q026）。

12079 **投** tóu 《廣韻》度侯切,定侯平。定侯。

① Q134 ② JB6

《説文·手部》:“,擿也。从手从殳。”

【釋形】

《説文》小篆爲會意字,从手从殳,本義爲投擲。漢碑字形中,義符“手”隸定爲“扌”。義符“殳”所从之構件“几”隸定近似於“口”,其下的横畫向右延伸;構件“又”隸定似“乂”,如圖①②。

【釋義】

㊀拋,擲:“聞母氏疾病,孝烝内發。醳榮投黻,步出城寺。衣不暇帶,車不俟駕”(Q134)。㊁投入,跳進:“顔路哭回孔尼魚,澹臺忿怒投流河”(Q113)。㊂花费:“贏劣瘦□,投財連篇”(Q143)。㊃用作:“或有薪采,投輻檀兮”(Q171)。㊄投遞:見“投核”。

【釋詞】

[投核]即“投劾”,投遞自我彈劾狀,表示棄官而去:“光和之中,京師擾穰;雄狐綏綏,冠履同囊。投核長驅,畢志枕丘”(Q187)。

12080 **擿** tī 《集韻》他歷切,透錫入。透錫。

① Q175 ② Q140

《説文·手部》:“,搔也。从手,適聲。一曰:投也。”

【釋形】

《説文》小篆爲形聲字,从手,適聲。漢碑字形中,義符“手”隸定爲“扌”。聲符“適”所从之構件“辵”隸定爲“辶”,“適”由小篆的左右結構調整爲半包圍結構;構件“啻”所从之“口”與上方“帝”粘連,簡寫作“商”,如圖①②。

【釋義】

剖析,揭示:“刪定《六藝》,象與天談。鈎《河》擿《雒》,却揆未然”(Q140);“作王臣,運天樞,釐三辰,擿裁吝”(Q175)。

12081 **擾** rǎo 《廣韻》而沼切,日小上。日幽。

① Q178 ② Q141 ③ Q187

《説文》作“擾”,《説文·手部》:“,煩也。从手,夒聲。”

【釋形】

《説文》“擾”爲形聲字,从手,夒聲,本義爲攪擾。邵瑛《説文解字羣經正字》:“此爲擾亂字,今經典竝从憂作擾,此隸轉寫之訛。《五經文字》以爲經典相承隸省。竊謂隸省,或如漢李翊、樊敏、周公禮殿記等碑,以擾爲擾則可。此乃隸訛,非隸省也。”此説甚是。漢碑字形中,義符“手”隸定爲“扌”。聲符“夒”或訛作“憂”,如圖①②,其中圖②下方“夊”與“心”粘合相交;或隸省混同爲“夏”,如圖③。

【釋義】

騷擾,擾亂:“恐縣吏斂民,侵擾百姓”(Q141)。

【釋詞】

[擾穰]混亂,騷亂:“光和之中,京師擾穰;雄狐綏綏,冠履同囊”(Q187)。

12082 **揫** jiū 《廣韻》即由切,精尤平。精幽。

Q129

《説文·手部》:“,束也。从手,秋聲。《詩》曰:‘百禄是揫。’”

【釋形】

《説文》小篆爲形聲字,从手,秋聲,本義爲揪。“束”當爲其引申義。漢碑字形中,義符“手”隸定爲兩横一竪撇；聲符“秋”所从之構件“禾”和“火”位置互换，爲後世字形之所承，如圖。

【釋義】

聚集：“遏穰凶札，揫斂吉祥”（Q129）。

12083 **披** pī 《廣韻》敷羈切，滂支平。滂歌。

J237

《説文·手部》：“，从旁持曰披。从手，皮聲。”

【釋形】

《説文》小篆爲形聲字，从手，皮聲。漢碑字形中，義符“手”隸定爲“扌”。聲符“皮”除“又”形之外，其他部分發生粘合，已看不出原有的構意，如圖。

【釋義】

翻閲：“披覽詩雅，焕知其祖”（Q179）。

12084 **搖** yáo 《廣韻》餘昭切，餘宵平。餘宵。

① Q065

② Q039

《説文·手部》：“，動也。从手，䍃聲。”

【釋形】

《説文》小篆爲形聲字，从手，䍃聲。漢碑字形中，聲符“䍃”改换作“䍃”，“䍃、䍃”古音同在以母宵部，且形體結構相似，故充當聲符時常互换，如圖①②。其中圖①爲碑文篆書，但已有明顯的隸意。圖②義符“手”因受上文“魂”字左側構件影響而被同化作“云”，且“䍃”上面的聲符“肉”隸省混同爲“夕”。

【釋義】

搖動，晃動：“精浮游而□□兮，魂飘搖而東西”（Q039）；又見“消搖”。

12085 **揚** yáng 《廣韻》與章切，餘陽平。餘陽。

① Q145

② Q127

《説文·手部》：“，飛舉也。从手，昜聲。，古文。”

【釋形】

《説文》小篆爲形聲字，从手，昜聲。按聲符“昜”甲骨文作（《合》3393）、（《合》8591），其構意説法不一。李孝定認爲其中爲“柯”之初文，日在上，會日初升之義，乃“陽”之初文（參見《甲骨文字集釋》）。金文作（《小臣簋》），與甲骨文相承；或增飾筆作（《量侯簋》）、（《沇兒鎛》）等。小篆與金文相承，《説文》釋爲“从日、一、勿”，與初形不合。“揚”金文形體十分複雜，繁簡多樣。或从丮，昜聲，寫作（《舍父鼎》）；“昜”下方形體或變爲“示”形，寫作（《耳尊》）；或省去“昜”下方形體，寫作（《令鼎》）；或將太陽之形改换爲“玉”，寫作（《乍丁揚卣》）；或將上述幾種字形交叉變化，寫作（《剌鼎》）、（《小臣守簋》）、（《静卣》）等。小篆“丮”改换爲“手”，成爲从手、昜聲的形聲字，《説文》訓爲“飛舉也”。朱駿聲《説文通訓定聲》云“舉者本義，飛者假借”，認爲此處乃以“飛、舉”分别釋“揚”，後人遂據以斷句爲“揚，飛、舉也”，不妥。仍應讀爲“揚，飛舉也”，與其後“舉，對舉也”“揭，高舉也”相類。漢碑字形中，義符“手”隸定爲“扌”。聲符“昜”所从之構件“日”與下面構件發生粘合，如圖①②。

【釋義】

㊀舉起：“奮旅揚旌，殄威醜類□”（Q149）。㊁奮飛：“鷹揚之校，螭虎之士，爰該六師”（H26）。㊂激揚，騰動：“涉秋霖漉，盆溢〖滔涌，濤〗波滂沛，激揚絶道”（Q150）；“恨不

伸志，翻揚隆洽”（Q113）。㈣傳播，頌揚：“永矢不刊，啻載揚聲”（Q127）；“正直是以揚名於州里”（Q196）；“刻石昭音，揚君靈譽”（Q199）。㈤古九州之一：“晉爲韓魏，魯分爲揚”（Q187）。㈥姓氏，特指揚雄：“吟咏成章，彈翰爲法，雖揚賈斑杜，弗或過也”（Q169）。㈦用於人名：“故吏外黄令博陵安國劉揚”（Q148）。

12086 **舉** jǔ 《廣韻》居許切，見語上。見魚。

① Q142

② Q128

《説文·手部》：“，對舉也。从手，與聲。”

【釋形】

《説文》小篆爲形聲字，从手，與聲。漢碑字形中，義符“手”隸定爲兩横一豎；聲符“與”所从之構件“舁”，下面的“収”隸變作“丌”，且與上面的構件“臼”粘連，如圖①②。

【釋義】

㈠手持，秉持：“舉衡以處事，清身以厲時”（Q166）；“建武之元，事舉其中，禮從其省”（Q129）。㈡推薦，選拔：“大子諱寬，字顏公，舉有道，辟大尉府掾”（Q128）；“大將軍辟舉茂才，除襄城令，遷荊州刺史、東萊涿郡太守”（Q066）；“邦后珍瑋，以爲儲舉，先屈〖計掾〗，奉我□貢”（Q117）；又見“舉將”等。㈢興起，興辦：“董督京輦，掌察羣寮，蠲細舉大，榷然疏發”（Q154）；“違内平外，成舉興遺”（Q247）。㈣閃動：“〖旌〗旗絳天，雷震電舉，敷燿赫〖然〗，陵惟哮〖虎〗”（Q132）。㈤祭祀：“聖朝克𠈍，靡神不舉”（Q126）。㈥全，整個：“百姓訢和，舉國蒙慶”（Q112）；“朝莫舉門恂恂不敢解殆”（Q142）；“而公房舉家俱濟，盛矣”（Q199）。㈦用於人名：“故門下議史平昌蔡規，字中舉”（Q088）；“門生魏郡館陶張上，字仲舉”（Q127）。

【釋詞】

［舉將］漢代察舉制中對推薦者的稱謂，也叫舉主：“舉將南陽冠軍君姓馮”（Q171）。

［舉直錯枉］采用正確的舉措，廢止錯誤的做法：“舉直錯枉，譚思舊制；彈饕糾貪，務鉏民穢”（Q187）。

12087 **抍** zhěng 《廣韻》《集韻》均無反切，章拯上。章蒸。

① J237

② Q148

《説文·手部》：“，上舉也。从手，升聲。《易》曰：‘抍馬，壯，吉。’，抍或从登。”

【釋形】

《説文》小篆爲形聲字，从手，升聲。漢碑字形中，義符“手”隸定爲“扌”；聲符“升”甲骨文作（《合》31119）、（《合》30359），金文作（《友簋》）、（《秦公簋》）等，在象形字“斗”的基礎上添加一點，以示區别；戰國秦文字大致承襲金文的字形結構，但已經開始隸變，寫作（《睡·秦》182）、（《睡·日甲》45）。小篆則將金文字形離析爲多個線條，已不再象形。漢碑字形延續了戰國秦文字的隸變趨勢，并徹底筆畫化，如圖①②。

【釋義】

義同“拯”，㈠上舉，拔升：“抍馬蠲害，醜類已殫”（Q148）。㈡救助：“勤恤民隱，抍厄捄傾”（Q161）。

12088 **振** zhèn 《廣韻》章刃切，章震去。章文。

① Q153

② Q137

《説文·手部》：“，舉救也。从手，辰

聲。一曰:奮也。”

【釋形】

《説文》小篆爲形聲字,从手,辰聲。邵瑛《説文解字羣經正字》:“按此即俗賑濟之本字,經典尚多不誤。《周禮·大司徒》‘三曰振窮’,《禮記·月令》‘振乏絶’……此皆明爲振濟之義,竝不作賑字也。賑只是殷賑義,《説文·貝部》:‘賑,富也。从貝,辰聲。’”後來賑濟義用“賑”,而“振”轉表振奮、振動義。漢碑文獻中“振”兩類意義兼表。漢碑字形義符“手”隸定爲“扌”。聲符“辰”或大致依據小篆線條轉寫隸定,只是上部三個横畫之間有一豎筆相連,如圖①;或將中間豎線與右下的線條連寫,上部豎線只連接於兩條豎線之間,如圖②。

【釋義】

㊀救濟:“率土普議,開倉振澹”(Q161);“更離元二,雍養孤寡,皆得相振”(Q106);“周無振匱,亦古晏、臧之次矣”(Q128)。㊁振興:“振滯起舊,存亡繼絶”(Q137)。㊂顯揚:“振威到此,立海祠以表萬世”(Q079);“下以安固後嗣,恢拓竟宇,振大漢之天聲”(H26);“三考絀勑,陟幽明矣。振華處實,暘遐聲矣。”(Q153)。㊃整肅:“還師振旅,諸國禮遺且二百萬,悉以簿官”(Q178)。㊄用於人名:“封弟叔振鐸于曹國,因氏焉”(Q178)。

12089 **擅**　shàn 《廣韻》時戰切,禪線去。禪元。

Q102

《説文·手部》:“,專也。从手,亶聲。”

【釋形】

《説文》小篆爲形聲字,从手,亶聲。漢碑字形中,義符“手”隸定爲“扌”;聲符“亶”將小篆圓轉線條轉寫隸定爲平直方折的筆畫,如圖。

【釋義】

用於人名:“魯相平、行長史事卞、守長擅,叩頭,死罪,敢言之司徒、司空府”(Q102)。

12090 **揆**　kuí 《廣韻》求癸切,羣旨上。羣脂。

① Q095

② Q140

《説文·手部》:“,葵也。从手,癸聲。”

【釋形】

《説文》小篆爲形聲字,从手,癸聲,本義爲揆度。漢碑字形中,義符“手”隸定爲“扌”。聲符“癸”上方構件“址”隸定爲“癶”。下方構件“矢”或依小篆轉寫隸定作上“土”下“八”,如圖①;或隸定近似於“天”,與今之寫法相近,如圖②。

【釋義】

度(duó),測度:“鈎《河》擿《雒》,却揆未然”(Q140);“揆往卓今,謀合朝情,醳艱即安,有勳有榮”(Q095)。

12091 **擬**　nǐ 《廣韻》魚紀切,疑止上。疑之。

Q178

《説文·手部》:“,度也。从手,疑聲。”

【釋形】

《説文》小篆爲形聲字,从手,疑聲。漢碑字形中,義符“手”隸定爲“扌”。聲符“疑”甲骨文作(《合》23590),或增“彳”作(《合》7398),像人走路時遲疑回顧之狀;小篆發生訛變,《説文》據小篆形體釋爲“从子、止、匕,矢聲”。漢碑字形中,構件“匕”隸定似“亡”形,構件“矢”混同爲“天”,構件“子、止”粘合省變,如圖。

【釋義】

相比,比得上:“易世載德,不隕其名,及其從政,清擬夷齊,直慕史魚”(Q178)。

12092 **損** sǔn 《廣韻》蘇本切,心混上。心文。

① Q129 ② Q074 ③ Q174 ④ Q129

《説文·手部》:“,減也。从手,員聲。”

【釋形】

《説文》小篆爲形聲字,从手,員聲。“員”上古音在匣母文部。漢碑字形中,義符“手”隸定爲“扌”。聲符“員”所从之構件“囗”或隸定爲封閉的三角形,如圖①②;或隸定作“厶”,如圖③④。

【釋義】

㊀減少,損抑:“顯有德,分損奉禄”(Q074);又見“損益”。㊁謙遜,貶抑:“猶自挹損,不求禮秩”(Q174)。

【釋詞】

[損益]㊀增減:“夏商則未聞所損益”(Q129)。㊁減削盈溢,自我貶抑:“勞謙損益,耽古儉清”(Q187)。

12093 **失** shī 《廣韻》式質切,書質入。書質。

① Q101 ② Q090 ③ Q088 ④ Q145

《説文·手部》:“,縱也。从手,乙聲。”

【釋形】

《説文》以爲形聲字,从手,乙聲。按金文有(《失鼎》)、(《諫簋》)等形,趙平安等(《新出土簡帛與古文字古文獻研究》)認爲乃“失”字,即“佚”之初文,从中从元,會隱遁之義。後來隱遁義用“佚”表示,“失”則表示引申義失去、丟失。“失”金文或省變作(《揚簋》);小篆在此基礎上進一步變異,《説文》據小篆釋爲“从手,乙聲”,或爲理據重構。戰國秦文字則已經開始隸變,寫作(《睡·秦》115)。漢碑字形進一步筆畫化,義符“手”中部的曲線或變爲斜長的撇筆,如圖①～③;或離析爲豎和短撇,如圖④;上面的弧線或隸定作豎折,如圖①～③;或分解爲兩筆,如圖④。末筆或變爲豎彎鉤,如圖①;或作捺筆,如圖②～④。

【釋義】

㊀失去:“漢亡新之際,失其典祀”(Q126);“國喪名臣,州里失覆”(Q152);“百姓心歡,官不失實”(Q172);又見“失疇”。㊁禁不住,放縱:見“失聲”。㊂違背:見“失俗”。

【釋詞】

[失疇]失去同道之人,也作“失儔”:“國〖維〗☐寶,英彦失疇”(Q088)。

[失聲]放聲痛哭:“百寮臨會,莫不失聲”(Q137)。

[失俗]違背常理的風尚:“惟泮宫之教,反失俗之禮,構脩學宫”(Q172)。

12094 **挹** yì 《廣韻》伊入切,影緝入。影緝。

Q174

《説文·手部》:“,抒也。从手,邑聲。”

【釋形】

《説文》小篆爲形聲字,从手,邑聲,本義爲舀取。漢碑字形中,義符“手”隸定爲“扌”。聲符“邑”所从之構件“囗”似寫作未封閉的三角形;構件“卩”隸定混同爲“巳”,如圖。

【釋義】

克制,收斂:“猶自挹損,不求禮秩”(Q174)。

12095 **抒** shū 《廣韻》神與切,船語上。船魚。

Q112

《説文·手部》:“,挹也。从手,予聲。”

【釋形】

《説文》小篆爲形聲字,从手,予聲,本義爲舀取。漢碑字形中,義符“手”隸定爲

"扌"。聲符"予"小篆上部兩個封閉三角形趨於分解,但尚未完全筆畫化,仍保留半封閉形態,如圖。

【釋義】

疏通,清除:"宣抒玄汙,以注水流"(Q112)。

12096 **拾** shí 《廣韻》是執切,禪緝入。禪緝。

① Q095

② Q191

③ Q119

《説文·手部》:",掇也。从手,合聲。"

【釋形】

《説文》小篆爲形聲字,从手,合聲。"合"上古音在匣母緝部。漢碑字形中,義符"手"隸定爲"扌"。聲符"合"所从之構件"亼"多隸定爲"人"下一短横,如圖①②;短横與"口"或粘合混同爲"日",如圖③。

【釋義】

㊀撿起,拾取:"路不拾遺,斯民以安"(Q148);"姦耶迸竄,道無拾遺"(Q171)。㊁通"十",數詞:"故上計史王暉伯昭,以建安拾六歲,在辛卯九月下旬卒。其拾七年六月甲戌塟"(Q191);"瓦屋二閒,周欄楯拾尺"(Q119)。

12097 **援** yuán 《廣韻》雨元切,雲元平。匣元。

① Q084

② Q140

《説文·手部》:"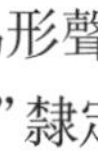,引也。从手,爰聲。"

【釋形】

《説文》小篆爲形聲字,从手,爰聲。漢碑字形中,義符"手"隸定爲"扌"。聲符"爰"所从之構件"受"上部的手形隸定作"爫",下部的手形隸定作"乂";"于"中彎曲的線條寫作長撇,如圖①②。

【釋義】

㊀拿,持:"於是操繩墨以彈耶枉,援規柜以分方員"(Q084)。㊁護衛,樊籬:"惟封龍山者,北岳之英援,三條之别神,分體異處,在於邦内"(Q126)。

【釋詞】

[援神挈]緯書名:"故《〖孝〗經援神挈》曰:'玄丘制命帝卯行。'"(Q140)

12098 **擢** zhuó 《廣韻》直角切,澄覺入。定藥。

Q127

《説文·手部》:",引也。从手,翟聲。"

【釋形】

《説文》小篆爲形聲字,从手,翟聲,本義爲拔。漢碑字形中,義符"手"隸定爲"扌"。聲符"翟"所从之構件"羽"隸定爲兩个"彐";構件"隹"依小篆線條隸定轉寫,已看不出鳥的樣子了,如圖。

【釋義】

選拔,提拔:"遺畔未寧,乃擢君典戎"(Q127)。

12099 **拔** bá 《廣韻》蒲八切,並黠入。並月。

Q137

《説文·手部》:",擢也。从手,犮聲。"

【釋形】

《説文》以爲形聲字,从手,犮聲。按"拔"戰國楚文字作(《上(1)·性》14)、(《郭·性》23),从臼从木,像雙手拔草木之形,本義爲拔。戰國秦文字改爲从手、犮聲的形聲字,寫作(《睡·法》81)。小篆與之結構相同。漢碑字形中,義符"手"隸定爲"扌",聲符"犮"隸定爲"犬"的末筆上添加一撇,如圖。

【釋義】

㊀選拔,提拔:"脩清滌俗,招拔隱逸"

(Q137)。㊁動搖:“蓬户茅宇,棬樞甕牖,樂天知命,榷乎其不可拔也”(S110)。㊂通“跋”:見“拔涉”。

【釋詞】

[拔涉]即“跋涉”:“陟降山谷,經營拔涉,草止露宿,捄活食餐千有餘人”(Q161)。

12100 **攣** luán 《廣韻》吕員切,來仙平。來元。

① J228

② Q088

③ Q199

《説文·手部》:“ ,係也。从手,䜌聲。”

【釋形】

《説文》以爲形聲字,从手,䜌聲,本義爲係聯。按“攣”甲骨文作 (《合》11028)、 (《合》13307)、 (《合》21818),从爪从䌛,爲“攣”之初文。小篆改“爪”爲“手”,改“䌛”爲“䜌”,成爲从手䜌聲的形聲字。漢碑字形中,義符“手”隸定近似於“于”。聲符“䜌”所从之構件“言”横筆延伸覆蓋於“絲”之上,中豎省寫,曲線拉直爲横畫;構件“絲”中的兩個“糸”上方仍保留圓轉的形態,下方省變爲三點,如圖①~③。

【釋義】

掛念,眷戀:“帝嘉厥功,授目符命,守郡益州,路遐攣親”(Q088);“妻子攣家,不忍去”(Q199)。

12101 **挺** tǐng 《廣韻》徒鼎切,定迥上。定耕。

① Q174

② Q140

③ Q083

④ Q144

《説文·手部》:“ ,拔也。从手,廷聲。”

【釋形】

《説文》小篆爲形聲字,从手,廷聲。漢碑字形中,義符“手”隸定爲“扌”。聲符“廷”所从之構件“廴”多混同作“辶”,如圖②~④;只有圖①隸定作“廴”。構件“壬”隸變後豎筆常向下延伸,如圖②~④。

【釋義】

滋育:“孔子,乾坤所挺,西狩獲麟,爲漢制作”(Q140);“昔在仲尼,汁光之精,大帝所挺,顔母毓靈”(Q140);“於穆皇祖,天挺應期”(Q144);又見“挺生”。

【釋詞】

[挺生]滋育而生:“惟山降神,髦士挺生”(Q174);“貞祥符瑞,靈支挺生”(Q065)。

12102 **探** tàn 《廣韻》他含切,透覃平。透侵。

Q175

《説文·手部》:“ ,遠取之也。从手,罙聲。”

【釋形】

《説文》小篆爲形聲字,从手,罙聲,本義爲從深處摸取。按“探”甲骨文或與深淺之“深”同字,寫作 (《合》18524)、 (《合》18260)、 (《合》6807)等,像手在穴中探取之狀。後深淺之“深”添加義符“氵”,探取之“探”則添加義符“扌”,分爲二字。小篆字形發生變異,探取之狀已不清晰。漢碑字形進一步省變,義符“手”隸定爲“扌”。聲符“罙”所从之構件“穴”上部省簡爲“冖”,原來像手形的部分與周圍的點畫粘合混同爲“木”,如圖。

【釋義】

探索:見“探嘖”。

【釋詞】

[探嘖]即“探賾”,探索奥秘:“念在探嘖索隱,窮道極術”(Q175)。

12103 **摩** mó 《廣韻》莫婆切,明戈平。明歌。

① Q129

② Q114

《説文·手部》:“,研也。从手,麻聲。”

【釋形】

《説文》小篆爲形聲字,从手,麻聲,本義爲研磨。漢碑字形中,義符“手”或隸定爲兩横一豎撇,如圖①;或於上方加一短撇,如圖②。聲符“麻”所从之構件“广”或與“疒”混同,如圖②;構件“𣏟”隸定混同爲“林”,如圖①②。

【釋義】

㊀打磨,研磨:“菜石縣西南小山陽山,涿癘摩治,規柜施張”(Q114)。㊁磨損:“然其所立碑石,刻紀時事,文字摩滅,莫能存識”(Q129)。

12104 **擗** bì 《廣韻》房益切,並錫入。並錫。

Q128

《説文·手部》:“,撝也。从手,辟聲。”

【釋形】

《説文》小篆爲形聲字,从手,辟聲。按“擗”與“擗”本同字,本義爲揮擊。表示大拇指時,《廣韻》博厄切,今音 bò,漢碑文獻中無此用例。漢碑字形中,義符“手”隸定與獨立成字時相近。聲符“辟”所从之構件“卩”隸定爲“尸”;構件“辛”隸定與今之寫法相近,如圖。

【釋義】

用手捶擊胸膛:“擗踊哭泣,見星而行”(Q128)。

12105 **捄** jiù 《集韻》居又切,見宥去。見幽。

Q161

《説文·手部》:“,盛土於梩中也。一曰:擾也。《詩》曰:‘捄之陾陾。’从手,求聲。”

【釋形】

《説文》小篆爲形聲字,从手,求聲。漢碑字形中,義符“手”隸定爲“扌”。聲符“求”將小篆上部的曲線分解爲横和點,如圖。

【釋義】

通“救”,拯救:“陟降山谷,經營拔涉,草止露宿,捄活食餐千有餘人”(Q161);“勤恤民隱,拯厄捄傾”(Q161)。

12106 **掩** yǎn 《廣韻》衣儉切,影琰上。影談。

① Q106

② Q212

《説文·手部》:“,斂也。小上曰掩。从手,奄聲。”

【釋形】

《説文》小篆爲形聲字,从手,奄聲,本義爲掩蓋。漢碑字形中,義符“手”隸定爲“扌”。聲符“奄”所从之構件“大”或省變爲“十”形,并與下方“申”相接,如圖②;構件“申”左右形體粘合,隸定爲“电”,如圖①②。

【釋義】

㊀覆蓋:“棺□掩身,衣服因故,□□□之物,亦不得塟”(Q111)。㊁通“奄”,❶氣息微弱的樣子:見“掩然”。❷死亡:見“掩忽”。

【釋詞】

[掩忽]即“奄忽”,死亡,去世:“年過知命,遭疾掩忽”(Q212);“歲時加寅,五月中,卒得病,飯食衰少,遂至掩忽不起”(Q106)。

[掩然]即“奄然”,氣息微弱的樣子:“遂不加起,掩然至斯”(Q124)。

12107 **播** bō 《廣韻》補過切,幫過去。幫歌。

① JB6

② Q169

③ Q149

《説文·手部》："，種也。一曰：布也。从手，番聲。，古文播。"

【釋形】

《説文》小篆爲形聲字，从手，番聲。"番"上古音又音幫紐歌部。按"播"金文作（《師旂鼎》），从攴，釆聲；戰國楚文字作（《信》1.024），从攴，番聲，《説文》古文與之結構相同。《説文》："釆，辨别也。象獸指爪分别也。""番，獸足謂之番。从釆，田象其掌。"有掌則爲"番"，無掌則爲"釆"，實爲一字。故"从攴，釆聲"與"从攴，番聲"讀音無别。小篆義符"攴"改换爲"手"。漢碑字形中，義符"手"隸定爲"扌"；聲符"番"所从之構件"釆"省簡爲"米"，下方像獸足的形體隸定與田地之"田"混同，如圖①～③。

【釋義】

㊀傳布，傳揚："生播高譽，〖殁垂令名〗"（Q127）；"宣仁播威，賞恭糾慢"（Q149）；"是以休聲播于遠近"（Q169）。㊁用於人名："故市掾成播曼舉"（Q178）。

12108 **扞** hàn 《廣韻》侯旰切，匣翰去。匣元。

Q171

《説文·手部》："，忮也。从手，干聲。"

【釋形】

《説文》小篆爲形聲字，从手，干聲，即捍衛之"捍"。漢碑字形中，義符"手"隸定爲"扌"；聲符"干"上弧線拉直爲横，如圖①。

【釋義】

抗拒，阻礙："姦耶迸竄，道無拾遺。消扞□難，路無怨讟"（Q171）。

12109 **抗** kàng 《廣韻》苦浪切，溪宕去。溪陽。

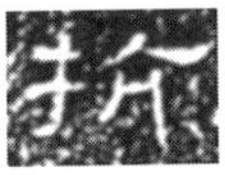

① Q169

② J081

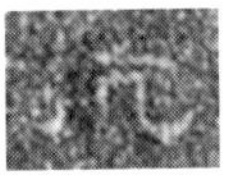

③ Q175

《説文·手部》："，扞也。从手，亢聲。，抗或从木。"

【釋形】

《説文》小篆爲形聲字，从手，亢聲，本義爲抵禦。漢碑字形中，義符"手"隸定爲"扌"。聲符"亢"本像人頸項之形，漢碑字形或將上部形體轉寫隸定爲"人"形，如圖①；或省變爲"亠"，如圖②③；下部形體或隸定近似於"冂"，如圖①②；或隸定爲"几"，如圖③。

【釋義】

㊀進獻，呈上："考異察變，輒抗疏陳表"（Q175）。㊁剛正不阿：見"抗介"。

【釋詞】

［抗介］即"亢介"，剛直耿介："辭榮抗介，追迹前勳。立德流范，作式後昆"（Q169）。

12110 **捕** bǔ 《廣韻》薄故切，並暮去。並魚。

① Q104

② Q127

③ Q043

《説文·手部》："，取也。从手，甫聲。"

【釋形】

《説文》小篆爲形聲字，从手，甫聲。漢碑字形中，義符"手"隸定爲"扌"。聲符"甫"所从之構件"用、父"發生粘合并筆畫化；構件"父"横向的曲線分解爲一横加一點；縱向的曲線拉直爲豎，并與構件"用"的豎畫貫通，如圖①～③。

【釋義】

㊀捉拿，逮捕："追捕盜賊"（Q043）。㊁用於官名："時賊捕掾李龍升高"（Q104）。㊂用於人名："門生鉅鹿廣宗捕〖巡〗，字升臺"（Q127）。

12111 **捐** juān 《廣韻》與專切，餘仙平。餘元。

① Q021

② Q187

《説文·手部》:“,棄也。从手,肙聲。”

【釋形】

《説文》小篆爲形聲字,从手,肙聲。漢碑字形中,義符“手”隸定爲“扌”。聲符“肙”所从之構件“口”隸定爲封閉的三角形;構件“肉”混同爲“月”,如圖①②。

【釋義】

㊀捨棄:“恒戢節足,輕寵賤榮。故□天選,而捐陪臣”(Q187)。㊁用於人名:“母諱捐,字謁君”(Q021)。

12112 **換** huàn 《廣韻》胡玩切,匣换去。匣元。

① Q130

② Q133

《説文·手部》:“,易也。从手,奐聲。”

【釋形】

《説文》小篆爲形聲字,从手,奐聲。漢碑字形中,義符“手”隸定爲“扌”。聲符“奐”《説文》从廾、敻省,漢碑字形依小篆線條轉寫隸定,構件“廾”省變作“大”形,如圖①②。

【釋義】

平級調任,改任:“遷常山長史,換楗爲府丞”(Q133);“領方郡户曹史張湛白:前換蘇示有秩馮佑,轉爲安斯有秩”(Q170);“君故〖授〗益州從事,再舉孝廉,尚付〖璽〗印,巴郡朐忍令,換漢中〖成〗固令,〖遷〗宜禾都尉”(Q110)。

12113 **掖** yè 《廣韻》羊益切,餘昔入。餘鐸。

① Q178

② Q178

《説文·手部》:“,以手持人臂投地也。从手,夜聲。一曰:臂下也。”

【釋形】

《説文》小篆爲形聲字,从手,夜聲。漢碑字形中,義符“手”隸定爲“扌”。聲符“夜”小篆从夕、亦省聲,漢碑字形或依小篆線條對應轉寫隸定,如圖①;或發生離析重組,聲符“亦”頭部及雙臂重組爲“亠”,左腿與左邊的指事符號重組爲“人”,右腿轉寫爲捺筆,“夕”省簡作“夕”,如圖②。

【釋義】

用於地名:“君高祖父敏,舉孝廉,武威長史、巴郡朐忍令、張掖居延都尉”(Q178)。

12114 **扯**

“僊”的異體字(圖④),見 8089 僊。

12115 **拒**

“短”的異體字(圖②),見 5126 短。

12116 **揔** zǒng 《廣韻》作孔切,精董上。精東。

Q259

《説文》無。

【釋形】

漢碑字形从手,忽聲,爲形聲字,同“總”。漢碑字形中,義符“手”寫作“扌”。聲符“忽”小篆作,上方構件“囪”隸定似“田”;下方構件“心”分解爲筆畫,失去象形意味,如圖。

【釋義】

同“總”,束髮:見“揔角”。

【釋詞】

[揔角]即“總角”,古時兒童束髮爲兩結,狀如兩角,故稱總角。常代指童年:“咨爾體之淑姣,嗟末命之何辜;方齔毀而揔角,遭□癘而逝徂”(Q259)。

12117 **撰** zhuàn 《廣韻》雛鯇切,崇潸上。崇元。

Q140

《説文》無。

【釋形】

漢碑字形从手，巽聲，形聲字。漢碑字形中，義符“手”寫作“扌”。聲符“巽”篆文作，構件“㔾”省變爲兩個“己”；“㔾”下面的兩短横與構件“丌”粘連重組爲“共”，如圖。

【釋義】

書寫：“綴紀撰書，脩定禮義”（Q140）。

12118 **女** （一）nǚ 《廣韻》尼吕切，泥語上。泥魚。

① Q038

② Q045

③ Q129

④ Q090

《説文·女部》：“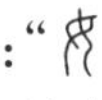，婦人也。象形。王育説。凡女之屬皆从女。”

【釋形】

《説文》小篆爲象形字，本義爲婦女。“女”甲骨文作（《合》3091）、（《合》28170），像女子屈膝跪坐斂手於胸前之形，更爲象形。小篆線條化，象形性減弱。戰國秦文字開始隸變，隸變結果與“母”的輪廓相近，寫作（《睡·封》86）、（《睡·秦》62）。漢碑字形中，有的爲碑文篆書，但寫法與小篆明顯有別，如圖①。多數則已經發生隸變，其中圖②變異特殊，是有意美術化所致；圖③基本承襲了戰國秦文字的結構，强化了隸書的筆勢和扁方格局；④則進一步筆畫化，上面不再呈封閉型，已經接近於現在通行的寫法。

【釋義】

㊀女子：“學夫喪師，士女淒愴”（Q093）；“倉府既盈，以穀士女”（Q171）。㊁侍女，婢女：“夾室上砄，五子轝偅女，隨後駕鯉魚”（Q100）；“玉女執尊杯桉柈，局秫檼梠好弱皃”（Q100）。㊂女兒：“遂升二女爲顯節園貴人”（Q056）；“閔其敦仁，爲問蜀郡何彥珍女，未娶”（Q113）；“大女桃婓等，合七首藥神明膏，親至離亭”（Q178）。㊃用於人名：“女年九歲字皇女，大尉公玄孫之子，孝廉君之女，司空宗公之外孫也”（Q259）。

【釋詞】

［女弟］妹妹：“叔陽，故曹史、行亭市掾、鄉嗇夫、廷掾、功曹、府文學掾，有立子三人，女寧，男弟叔明，女弟思”（Q090）。

（二）rǔ 《集韻》忍與切，日語上。日魚。

【釋義】

㊀用於人名：“故功曹王衡道興、故功曹楊休當女五百”（Q178）。㊁用於地名：“司徒公汝南女陽袁安召公，授《易》孟氏〖學〗”（Q038）；“袁府君諱逢，字周陽，汝南女陽人”（Q129）。

12119 **姓** xìng 《廣韻》息正切，心勁去。心耕。

① Q144

② Q146

③ Q141

《説文·女部》：“，人所生也。古之神聖母，感天而生子，故稱天子。从女从生，生亦聲。《春秋傳》曰：‘天子因生以賜姓。’”

【釋形】

《説文》小篆爲會意兼形聲字，从女从生，生亦聲，本義爲姓氏。按“姓”甲骨文作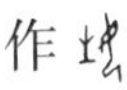（《合》18052），从女从生。金文作（《𪒠鎛》），从人，不从女。小篆承襲从女从生的寫法。漢碑字形中，義符”女”隸變情況參見12118女。聲符“生”或據小篆線條轉寫隸定，如圖①；或上弧線隸定爲豎折，如圖②；或隸定混同爲“主”，如圖③。

【釋義】

㊀用於“百姓”，平民，民眾：“史君念孔瀆顔母井去市遼遠，百姓酤買，不能得香酒美肉，於昌平亭下立會市，因彼左右，咸所願樂”（Q141）；“百姓繈負，反者如雲”（Q178）；“百姓訢和，舉國蒙慶”（Q112）。

㊁標示家族的稱號："舉將南陽冠軍君姓馮，諱巡，字季祖"（Q171）；"是後，舊姓及脩身之士，官位不登"（Q178）。

12120 **姜** jiāng 《廣韻》居良切，見陽平。見陽。

① J282 ② Q130

《說文·女部》："，神農居姜水，以爲姓。从女，羊聲。"

【釋形】

《說文》小篆爲形聲字，从女，羊聲。按"姜"甲骨文即作从女，羊聲，如（《合》20015）、（《合》32160）。金文或與甲骨文相承，如（《息伯卣》）、（《己侯簋》）；或改爲从母，羊聲，写作（《栿氏車父壺》）。小篆與漢碑字形均承襲从女的結構。義符"女"隸變情況參見 12118 女。聲符"羊"隸定爲"⺶"，如圖①②。

【釋義】

㊀姓氏："雖姜公樹迹，雚檀流稱，步騬愈否，君參其中"（Q130）；"彭城廣戚姜尋子長二百"（Q112）；"故從事功曹下辨姜納，字元嗣"（Q146）。㊁用於人名："夫人馬姜，伏波將軍新息忠成侯之女，明德皇后之姊也"（Q056）。

12121 **姬** jī 《廣韻》居之切，見之平。見之。

① Q117 ② Q045

《說文·女部》："，黄帝居姬水，以爲姓。从女，𦣝聲。"

【釋形】

《說文》小篆爲形聲字，从女，𦣝聲。漢碑字形中，義符"女"或隸定爲漢碑最常見的寫法，上面呈封閉狀，如圖①；或將横畫兩端下垂似"冂"，如圖②。聲符"𦣝"內部兩個線條或變爲兩豎，如圖②；圖①內部有殘泐。

【釋義】

㊀姓氏："昔姬公□〖武〗，弟述其兄"（Q117）。㊁古代稱帝王的妾，如樊姬爲楚莊王之姬，曾諫楚莊王勤政，并進賢相孫叔敖，使楚莊王成就霸業，事見劉向《列女傳》："覽樊姬，觀列女"（Q045）。

12122 **姚** yáo 《廣韻》餘昭切，餘宵平。餘宵。

① Q088 ② Q178

《說文·女部》："，虞舜居姚虚，因以爲姓。从女，兆聲。或爲：姚，嬈也。《史篇》以爲：姚，易也。"

【釋形】

《說文》小篆爲形聲字，从女，兆聲。漢碑字形中，義符"女"隸變情況參見 12118 女。聲符"兆"形體省變，與後世通行寫法有很大差異，如圖①②。

【釋義】

姓氏："故門下祭酒姚之辛卿五百"（Q178）；"故郵書掾姚閔升臺、故市掾王尊文意"（Q178）。

12123 **娶** qǔ 《廣韻》七句切，清遇去。清侯。

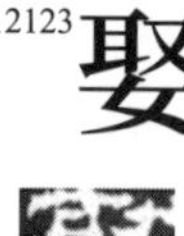

Q113

《說文·女部》："，取婦也。从女从取，取亦聲。"

【釋形】

《說文》小篆爲會意兼形聲字，从女从取，取亦聲。"娶"爲"取"之分化字。段玉裁《說文解字注》："取彼之女爲我之婦也，經典多叚取爲娶。"其實以"取"爲"娶"并非假借，而是本來就没有爲娶妻義造專用字,而是由取物之“取”引申而來,後來才分化出娶妻的專用字“娶”。漢碑字形中,義符”女”隸變情況參見 12118 女,聲符“取”所从之構件“耳”中的兩條曲線分解重組,與現在通行的寫法相同,如圖。

【釋義】

娶妻:“閔其敦仁,爲問蜀郡何彦珍女,未娶”(Q113)。

12124 **妻** qī 《廣韻》七稽切,清齊平。清脂。

Q158

《説文·女部》:“,婦,與夫齊者也。从女从中从又。又,持事,妻職也。,古文妻从肖、女,肖,古文貴字。”

【釋形】

《説文》以爲會意字,从女从中从又。按“妻”甲骨文作(《合》22049)、(《合》17382),像手抓女子頭髮之形,應爲古代搶妻習俗的寫照。金文或作(《冉父丁罍》),基本承襲了甲骨文的結構。小篆上方髮形變爲“中”形,構件“又”穿插於“中”和“女”中間。《説文》釋爲“从女从中从又”,與初形不符。漢碑字形中,構件“中”離析爲“亠”和一豎筆,構件“又”隸定爲“彐”;構件“女”隸定爲漢碑最常見的寫法,上面呈封閉狀,如圖。

【釋義】

妻子:“伯興妻陘,秉心塞淵,終温惠和”(Q158);“府君怒,勑尉部吏收公房妻子”(Q199)。

12125 **婦** fù 《廣韻》房九切,並有上。並之。

① Q153 ② Q178

《説文·女部》:“,服也。从女持帚,灑掃也。”

【釋形】

《説文》小篆爲會意字,从女持帚,本義爲婦女。《説文》訓爲“服”,屬於聲訓。按“婦”甲骨文或與“帚”同字,以灑掃的工具代替婦女,寫作(《合》32757),象形字;或添加構件“女”作(《合》14025),變爲會意字。小篆構件“帚”線條化,已不再象形,故《説文》釋爲“从又持巾埽冂内”。漢碑字形中,義符“女”隸定爲漢碑最常見的寫法,上面呈封閉狀,如圖①②。義符“帚”依據小篆線條轉寫隸定,上部或作“⺕”,或作“彐”;中部構件“冂”兩側或縮短,或仍包蘊“巾”,如圖①②。

【釋義】

㊀婦女:“行路撫涕,織婦喑咽”(Q153);“農夫織婦,百工戴恩”(Q178)。㊁出嫁的女子:“新婦主待給水將”(Q100)。㊂妻子:“初平四年,正月甲寅,北海太守爲盧氏婦□□□□”(H144)。㊃兒媳:“婦孫〖敬請〗,靡不感悲”(Q124)。

12126 **妃** fēi 《廣韻》芳非切,滂微平。滂微。

① Q112 ② Q234

《説文·女部》:“,匹也。从女,己聲。”

【釋形】

《説文》小篆爲形聲字,从女,己聲,本義爲配偶。漢碑字形中,義符”女”隸變情況參見 12118 女。聲符“己”或據小篆線條轉寫隸定,如圖①;或混同爲“巳”,如圖②。

【釋義】

㊀皇帝的妾,太子、王侯的妻子:“顔氏聖舅,家居魯親里,并官聖妃,在安樂里”(Q112)。㊁用於人名:“西河圜陽郭季妃之椁”(Q234)。

12127 **母** mǔ 《廣韻》莫厚切,明厚上。
明之。

① Q142

② Q015

③ Q114

④ Q128

⑤ Q143

⑥ Q134

《説文·女部》:“,牧也。从女,象褱子形。一曰:象乳子也。”

【釋形】

《説文》以爲像女子懷子或哺乳之形,本義爲母親,《説文》所釋爲聲訓。按“母”甲骨文作(《合》21095),在“女”字中間加二點,象徵乳房,表示女子乳房發育,可以爲人母。金文作(《十年陳侯午敦》)、(《静簋》)等。小篆將兩點變爲兩條短線,且與構件“女”的兩側線條交叉。戰國秦文字寫作,已經開始隸變;或將其中的兩點連爲一筆,寫作,後來這種寫法分化爲“毋”。漢碑字形承襲了戰國秦文字的兩種形體,“母、毋”二字尚未完全分化,如圖①～⑥。

【釋義】

㊀母親:“在母不瘽,在師不煩”(Q128);“愷悌父母,民賴以寧”(Q161);“昔在仲尼,汁光之精,大帝所挺,顔母毓靈”(Q140)。㊁女性長輩:“下有深水多魚者,從兒刺舟渡諸母”(Q100);“伯母憂,去官”(Q152);“收養季祖母,供事繼母”(Q178)。㊂指王母,神話傳説中一位地位很高的女神:“士仙者,大伍公見西王母崐崘之虚,受仙道”(Q142)。

【釋詞】

[母氏]母親:“承事母氏,世稱其□”(Q083);“傾甫班爵,方授銀符,聞母氏疾病,孝烝内發”(Q134)。

12128 **姑** gū 《廣韻》古胡切,見模平。
見魚。

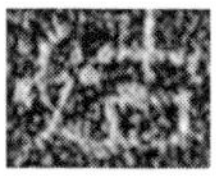
Q109

《説文·女部》:“,夫母也。从女,古聲。”

【釋形】

《説文》小篆爲形聲字,从女,古聲。漢碑字形依小篆字形轉寫隸定,與今之寫法相近,如圖。

【釋義】

丈夫的母親,婆婆:“束脩舅姑,絜己不廁”(Q109)。

12129 **威** wēi 《廣韻》於非切,影微平。
影微。

① Q066

② Q134

③ Q137

④ Q146

⑤ Q066

《説文·女部》:“,姑也。从女从戌。漢律曰:‘婦告威姑。’”

【釋形】

《説文》以爲會意字,从女从戌。按“威”金文作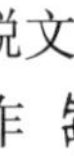(《㾓鐘》)、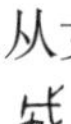(《㾓簋》)、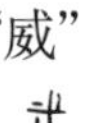(《鼄公華鐘》)等形,或从女从戌,或从女从戊,或从女从戈。戌、戊、戈均爲兵器,表示以武力威脅人,本義應爲威力。《説文》釋爲丈夫的母親,意謂婆婆很有威嚴,顯然是後起義。漢碑字形中,有的爲碑文篆書,但已經帶有明顯的隸意,如圖①。多數則已經發生隸變,下方構件“女”隸變情況參見12118女。構件“戌”内部横筆或與其捺筆相交,如圖④。構件“戌”或省去右上的點畫,如圖③。圖⑥與今之寫法同。

【釋義】

㊀威力,威嚴:“德以化圻民,威以懷殊俗”(Q133);“所在先陽春以布化,後秋

霜以宣威”（Q066）；“振威到此，立海祠以表萬世”（Q079）；“秩秩其威，娥娥厥頌”（Q128）；“朝中惟靜，威儀抑抑”（Q146）。㈡震懾：“德以柔民，刑以威姦”（Q134）。㈢用於人名：“使者持節，護烏桓校尉王君威府舍”（Q046）；“故書佐淳于孫晄，字威光”（Q088）；“故穎陽令文陽鮑宫元威千”（Q112）。㈣用於地名：“君高祖父敏，舉孝廉，武威長史、巴郡朐忍令、張掖居延都尉”（Q178）。

12130 **妣** bǐ 《廣韻》卑履切，幫旨上。幫脂。

① Q144

② Q153

《説文·女部》：“，殁母也。从女，比聲。，籀文妣省。”

【釋形】

《説文》小篆爲形聲字，从女，比聲。“妣”金文或作（《倗乍義丏妣鬲》），从女，匕聲，《説文》籀文與此相承。或从女，比聲，寫作（《鄘侯少子簋》），爲小篆字形之所承。漢碑字形中，義符“女”隸變情況參見12118女。聲符“比”或與今之寫法相近，如圖②；或最左側曲線分解爲兩筆，如圖①。

【釋義】

對已故母親的稱謂：“百姓號咷，若喪考妣”（Q144）；“如喪考妣，三載泣怛”（Q153）；“故建防共墳，配食斯壇，以慰考妣之心”（Q117）。

12131 **姊** zǐ 《廣韻》將几切，精旨上。精脂。

Q056

《説文·女部》：“，女兄也。从女，𠂔聲。”

【釋形】

《説文》小篆爲形聲字，从女，𠂔聲。漢碑字形中，義符“女”隸變情況參見12118女。聲符“𠂔”隸定作“市”，與“沛、肺、芾”等字的聲符“市”混同，如圖。“市”小篆字形作，與“𠂔”的小篆字形僅有一横線之别，二者常因形近而混用。

【釋義】

姐姐：“夫人馬姜，伏波將軍新息忠成侯之女，明德皇后之姊也”（Q056）。

12132 **婢** bì 《廣韻》便俾切，並紙上。並支。

① Q071

② Q071

《説文·女部》：“，女之卑者也。从女从卑，卑亦聲。”

【釋形】

《説文》小篆爲會意兼形聲字，从女从卑，卑亦聲。漢碑字形中，義符“女”隸變情況參見12118女。聲符“卑”依據小篆將“甲”上端的短豎離析爲短撇，其餘部分隸定近似於“曰”加一撇；構件“𠂇”隸定近似於“十”，如圖①②。

【釋義】

奴婢：“奴田、婢□、奴多、奴白、奴鼠并五人”（Q071）；“奴□□□□生、婢小、奴生并五人”（Q071）。

12133 **奴** nú 《廣韻》乃都切，泥模平。泥魚。

① Q125

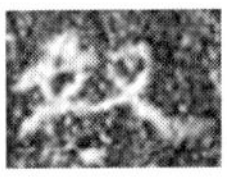
② Q071

③ Q240

《説文·女部》：“，奴婢，皆古之辠人也。《周禮》曰：‘其奴，男子入于辠隸，女子入于舂藁。’从女从又。，古文奴从人。”

【釋形】

《説文》小篆爲會意字，从女从又。漢

碑字形中，構件“女”隸變情況參見12118女。構件“又”或隸定與今之寫法相同；或訛作“叉”，如圖②；或在“叉”的基礎上進一步變異，如圖③。

【釋義】

㈠奴僕：“奴田、婢□、奴多、奴白、奴鼠并五人”（Q071）。㈡用於人名：“南陽大守中山盧奴”（Q125）；“緱氏蒿聚成奴作……雒陽中東門外劉漢所作師子一雙”（Q240–241）。

12134 **娥** é 《廣韻》五何切，疑歌平。疑歌。

Q128

《説文·女部》：“，帝堯之女，舜妻娥皇字也。秦晉謂好曰娙娥。从女，我聲。”

【釋形】

《説文》小篆爲形聲字，从女，我聲。按“我”上古音在疑母歌部。“娥”甲骨文本爲上下結構，寫作（《合》14779），上“我”下“女”。小篆變爲左右結構。漢碑字形中，義符”女”隸變情況參見12118女。聲符“我”甲骨文作（《合》14248），本像帶齒的兵器；小篆線條化，右側部分類化爲“戈”，左側部分已不像齒刃之形。漢碑字形中，左右兩部分發生離析，右側隸定爲“戈”，左側像齒刃的部分隸定爲“主”形，如圖。

【釋義】

用於“娥娥”，儀容美好貌：“秩秩其威，娥娥厥頌”（Q128）。

12135 **始** shǐ 《廣韻》詩止切，書止上。書之。

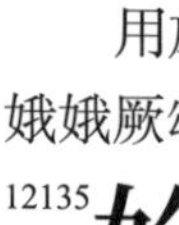
① Q063

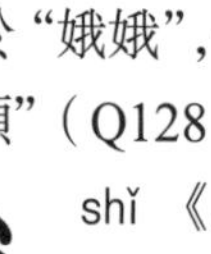
② Q066

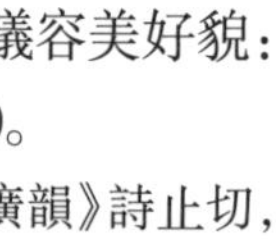
③ Q102

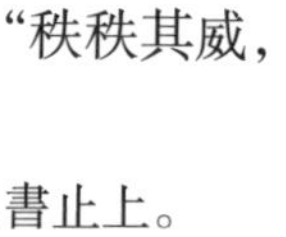
④ Q125

《説文·女部》：“，女之初也。从女，台聲。”

【釋形】

《説文》小篆爲形聲字，从女，台聲，本義爲開始，《説文》所釋爲字形構意，非本義。漢碑字形中，有的爲碑文篆書，如圖①。多數則已經發生隸變，其中義符”女”隸變情況參見12118女。聲符“台”或近似於“召”，如圖②；或上邊爲封閉的三角形，如圖③；或頂端開口，近於“厶”，如圖④。

【釋義】

㈠開始，開頭：“公侯之胄，必復其始”（Q066）；“永建三年六月始旬丁未造此石碑”（Q070）；“蓋觀德於始，述行於終”（Q132）。㈡副詞，才：“起石室，立墳，直萬五千泉，始得神道”（Q026）。㈢用於年號：“元始二年復封曾孫纂爲侯”（Q169）。㈣用於人名：“故塞曹史杜苗幼始”（Q178）；“孝子武始公、弟綏宗、景興、開明，使石工孟季、季弟卯造此闕，直錢十五萬”（Q094）。

【釋詞】

［始建國］是王莽所建新朝的第一個年號，共五年。也是歷史上第一個使用三個字的年號：“始建國天鳳三年二月十三日，萊子侯爲支人爲封，使偖子食等用百余人”（Q014）。

12136 **好** （一）hǎo 《廣韻》呼晧切，曉晧上。曉幽。

① Q088

② Q133

③ Q125

④ Q145

《説文·女部》：“，美也。从女、子。”

【釋形】

《説文》以爲會意字，从女、子。按“好”甲骨文作（《合》12788），金文作（《虘鐘》），从女从子，應爲女子哺乳之狀，以此表示美好之義，又可表示孔隙之義，會意字。漢碑字形中，義符”女”隸變情況參見12118女。義符“子”上方像嬰兒頭部的圓形線條逐漸被分解，像雙臂的上弧線被拉直爲一横筆，從圖①到圖④反映了“子”逐漸筆畫化的過程。

【釋義】

女子貌美:"玉女執尊杯桉柈,局秫檼枏好弱皃"(Q100)。

(二)hào 《廣韻》呼到切,曉号去。曉幽。

【釋義】

喜愛,喜好:"敦誠篤信,好樂施與"(Q145);"君童齔好學,甄極毖緯,無文不綜"(Q178);"會遭篤病,告困致仕,得從所好"(Q127);"凡我同好之〚人〛,永懷〚哀〛悼,靡〚所置念,乃相〛與惟先生〚之德〛,以謀不朽之事"(S97);"好不廢過,憎知其善"(Q202)。

【釋詞】

[好惡]喜好和憎惡:"先之以博愛,陳之以德義,示之以好惡,不肅而成,不嚴而治"(Q146);"君少履〚天姿自然之正〛,帥禮不爽,好惡不愆"(Q148);"分明好惡,先目敬讓"(Q088)。

12137 **姣** jiǎo 《廣韻》吉巧切,見巧上。見宵。

Q259

《説文·女部》:",好也。从女,交聲。"

【釋形】

《説文》小篆爲形聲字,从女,交聲,本義爲女子姣美。漢碑字形中,義符"女"隸變情況參見12118女。聲符"交"本像人雙腿交叉之狀,頭部和雙臂離析隸定爲"亠",下部像兩腿交叉之形的曲線離析爲四筆,近似於"父"形,如圖。

【釋義】

姣美:"咨爾體之淑姣,嗟末命之何辜;方齔毁而揔角,遭□癘而逝徂"(Q259)。

12138 **委** (一)wěi 《廣韻》於詭切,影紙上。影歌。

①Q127 ②Q133 ③Q193

《説文·女部》:",委隨也。从女从禾。"

【釋形】

《説文》小篆爲會意字,从女从禾,本義爲順從。徐鉉曰:"委,曲也。取其禾穀垂穗委曲之皃,故从禾。"漢碑字形中,構件"女"隸變情況參見12118女。構件"禾"將小篆彎曲的線條平直化,表穗下垂之形的線條隸變爲一撇,上弧線拉直爲一横畫,下弧線分解爲撇和捺,如圖①~③。

【釋義】

㊀順從:見"委隨"。㊁委任:"功顯不伐,委而復焉"(Q133)。㊂推辭,放棄:"台輔之任,明府宜之。目病被徵,委位致仕"(Q088)。㊃同"萎",萎謝,衰敗:"〚疾〛□□□,乃委其榮"(Q127)。

【釋詞】

[委隨]隨和,隨順:"既練州郡,卷舒委隨"(Q193)。

(二)wēi 《廣韻》於爲切,影支平。影歌。

【釋義】

用於"委虵":見"委虵"。

【釋詞】

[委虵]蜿蜒行進貌:"調文刻畫,交龍委虵,猛虎延視,玄蝯登高"(Q114)。

12139 **如** rú 《廣韻》人諸切,日魚平。日魚。

①Q144 ②Q083 ③Q113 ④Q154

《説文·女部》:",从隨也。从女从口。"

【釋形】

《説文》小篆爲會意字,从女从口。漢碑字形中,義符"女"隸變情況參見12118

女。構件“口”圖①仍保留篆書的寫法，其餘則隸定與今之寫法相近。

【釋義】

㊀按照，遵循：“元和三年三月七日，三十示□子侯世子豪行三年，如禮治家，石室直□萬五千”（Q033）；“行丞事常如掾”（Q170）；“庚子詔書，聽轉示郡，爲安斯鄉有秩如書，與五官掾司馬薦議，請属功曹定人應書”（Q170）。㊁像……一樣：“是以黎庶愛若冬日，畏如秋旻，恩洽化布，未基有成”（Q134）；“其德伊何，如玉如瑩”（Q134）；“庶同如蘭，意願未止”（Q144）。㊂連詞，表示轉折：“〖痛〗乎我君，仁如不壽，爵不〖副〗德，位不稱功”（Q132）。㊃形容詞詞尾，相當於“然”：“户口既盈，禮樂皦如”（Q130）。㊄用於人名：“門生北海劇如盧浮，字遺伯”（Q127）；“行義掾魯弓如叔都二百”（Q112）。

【釋詞】

［如何］爲什麼：“如何夙隕，丁此咎殃”（Q128）。

12140 **嬰** yīng 《廣韻》於盈切，影清平。影耕。

Q114

《説文·女部》：“，頸飾也。从女、賏。賏，其連也。”

【釋形】

《説文》小篆爲會意字，从女、賏。也可作動詞，表示佩戴頸飾。漢碑字形中，構件“女”隸變情況參見12118女；構件“賏”省簡作“䀠”，如圖。

【釋義】

用於人名：“其弟嬰、弟束、弟强與父母并力奉遺”（Q114）；“晏嬰㽞殿，留侯距齊，非辭福也，乃辟禍兮”（Q187）。

12141 **媛** yuàn 《廣韻》王眷切，雲線去。匣元。

Q056

《説文·女部》：“，美女也。人所援也。从女从爰。爰，引也。《詩》曰：‘邦之媛兮。’”

【釋形】

《説文》小篆爲會意字，从女从爰。漢碑字形中，構件“女”隸變情況參見12118女。構件“爰”所从之構件“于”離析爲“厂”下一短横；構件“受”上部手形隸定爲“爫”，下部手形隸定爲“又”，如圖。

【釋義】

美女：“夫人深守高節，劬勞歷載，育成幼媛，光耀祖先”（Q056）。

12142 **娉** pìn 《廣韻》匹正切，滂勁去。滂耕。

① Q187 ② Q142

《説文·女部》：“，問也。从女，甹聲。”

【釋形】

《説文》小篆爲形聲字，从女，甹聲，本義爲古代婚禮“六禮”之一的問名。聲符“甹”甲骨文作（《合》18842），構意不明。金文繁化作（《班簋》）、（《毛公鼎》）等。小篆與甲骨文結構相似，上部混同爲“由”，下部混同爲“丂”。漢碑字形中，義符“女”隸變情況參見12118女。聲符“甹”所从之構件“由”或變異爲“甲”形；構件“丂”或據小篆線條轉寫隸定，如圖①；或隸定作“丁”形，如圖②。

【釋義】

通“聘”，（用禮物）延請賢者：“詔聞梁棗樹上有道人，遣使者以禮娉君”（Q142）；“畢志枕丘，國復重察，辭病不就，再奉朝娉”（Q187）。

12143 **佞** nìng 《廣韻》乃定切，泥徑去。泥耕。

① Q154　② Q066

《説文·女部》:"[小篆],巧讇高材也。从女,信省。"

【釋形】

《説文》以爲形聲字,从女,信省,本義爲佞巧。徐鍇《説文解字繫傳》認爲从女,仁聲。邵瑛《説文解字羣經正字》:"'信省'小徐本作'仁聲',《五經文字》直以爲'佞'从'仁'。然'仁'非聲;从'仁',義亦未諦。徐鉉曰:'女子之信,近于佞也。'"其説可參。漢碑字形中,義符"女"隸變情況參見12118女。"信"省形中的構件"人"隸定爲"亻",如圖①②;構件"二"或作"亠"形,如圖②。

【釋義】

㊀邪佞,奸邪:"華夏祗肅,佞穢者遠"(Q154)。㊁奸邪之人:"王室感㝛,姦佞伏辜"(Q066)。

12144 **姿**　zī　《廣韻》即夷切,精脂平。精脂。

① Q128　③ Q146

《説文·女部》:"[小篆],態也。从女,次聲。"

【釋形】

《説文》小篆爲形聲字,从女,次聲,本義爲姿容。漢碑字形中,聲符"次"隸變後居於義符"女"上,整字布局調整爲上下結構。義符"女"隸變情況參見12118女。聲符"次"所从之構件"二"有的仍寫作兩橫筆,如圖①;有的則寫作"冫",如圖②;構件"欠"將小篆上部像氣之形的三條曲線粘合隸定作"⺈",失去象形性;下部"儿"隸定爲"人",如圖①②。

【釋義】

稟賦,天賦:"幼體蘭石自然之姿,長膺清少孝友之行"(Q105);"天姿明敏,敦《詩》悦《禮》,膺禄美厚,繼世郎吏"(Q146);"允文允武,厥姿烈逴"(Q154)。

12145 **妄**　wàng　《廣韻》巫放切,明漾去。明陽。

Q039

《説文·女部》:"[小篆],亂也。从女,亡聲。"

【釋形】

《説文》小篆爲形聲字,从女,亡聲,本義爲肆意妄爲。漢碑字形中,義符"女"隸變情況參見12118女。聲符"亡"所从之構件"入"隸定作"亠",置於構件"乚"之上,與今之寫法相同,如圖。

【釋義】

胡亂,肆意:"掾兮歸來無妄行。卒遭毒氣遇匈殃"(Q039)。

12146 **婁**　(一)lóu　《廣韻》落侯切,來侯平。來侯。

① Q153　② Q140

《説文·女部》:"[小篆],空也。从毌、中、女,空之意也。一曰:婁務也。[古文],古文。"

【釋形】

《説文》以爲會意字,从毋、中、女,義爲中空。按《説文》所釋形義均費解。"婁"當爲"摟"的初文,本義爲牽曳。《詩·唐風·山有樞》:"子有衣裳,弗曳弗婁。"毛傳:"婁,亦曳也。""婁"金文作[金文](《伯婁簋》)、[金文](《是婁簋》)、[金文](《是婁簋》)等,从臼从人,或从臼从女,像雙手牽曳人之狀;上部中間的構件應爲"甴",充當聲符。"甴"甲骨文作[甲骨文](《合》14128)、[甲骨文](《合》21189)等,正與金文"婁"上部中間的構件形近。且"甴"上古音在餘母幽部,與"婁"具有旁轉關係,故可充當"婁"的聲符。小篆省去雙手,且聲符“㐭”形變嚴重,《説文》據小篆字形强爲之解,迂曲難通。漢碑字形中,上部的構件進一步粘合省變,更看不出與原初構形的關係了,如圖①②。

【釋義】

㈠星名:見“奎婁”。㈡姓氏:“高祖龍興,婁敬畫計,遷諸關東豪族英傑,都于咸陽,攘竟蕃衛”(Q153)。

(二)lǚ 《集韻》龍主切,來麌上。來侯。

【釋義】

通“屢”,多次,常常:“贊衛王臺,婁□忠謇。上嘉其節,仍〖授命莢,匡其京輦〗”(Q135)。

12147 **婓** fēi 《廣韻》芳非切,滂微平。滂微。

Q178

《説文·女部》:“,往來婓婓也。一曰:醜皃。从女,非聲。”

【釋形】

《説文》小篆爲形聲字,从女,非聲。漢碑字形中,義符”女”隸變情況參見12118女;聲符“非”左右兩側的豎筆不出頭,近似於正反的連個“彐”,與後世通行的寫法不同,如圖。

【釋義】

用於人名:“大女桃婓等,合七首藥神明膏,親至離亭”(Q178)。

12148 **姦** jiān 《廣韻》古顔切,見刪平。見元。

① Q144 ② Q134 ③ Q066

《説文·女部》:“,私也。从三女。,古文姦。从心,旱聲。”

【釋形】

《説文》小篆爲會意字,从三女,本義爲奸邪。金文或三女并列,寫作(《婦姦觶》);或與小篆布局相同,寫作(《長囟盉》)。漢碑字形中,構件“女”隸變情況參見12118女。

【釋義】

奸邪之人:“德以柔民,刑以威姦”(Q134);“隕霜剿姦,振滯起舊”(Q137);“到官正席,流恩褒譱,糾姦示惡”(Q144)。

【釋詞】

[姦雄]指弄權欺世、竊取高位的人:“訪姦雄,除其蝥賊,曜德戢兵,怕然無爲”(Q202)。

12149 **妙** miào 《廣韻》彌笑切,明笑去。明宵。

① Q142 ② Q193

《説文》無。

【釋形】

漢碑字形从女,少聲,爲形聲字。其中義符“女”與漢碑最常見的寫法相同。聲符“少”小篆字形作,應爲在“小”的基礎上添加區别符號而成,區别性符號在小篆中是一條曲線,漢碑中拉直爲撇筆,如圖①。

【釋義】

精妙,精微:“君神明之驗,譏徹玄妙”(Q142);“君幼□顔閔之懋質,長敷斿夏之文學,慈惠寬□,孝友玄妙”(Q093);“孳孳臨川,闚見〖宮〗廧,庶仰箕首,微妙玄通”(Q093);“體聖心叡,敦五經之瑋,圖兼古業,覈其妙行”(Q193)。

12150 **毋** wú 《廣韻》武夫切,明虞平。明魚。

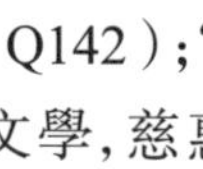 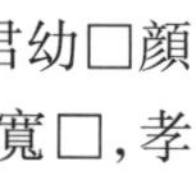 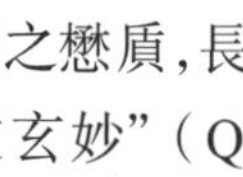

① Q014 ② Q015 ③ Q127

《説文·毋部》:“,止之也。从女,有奸之者。凡毋之屬皆从毋。”

【釋形】

《説文》以爲指事字，从女，“一”示有奸之形。按“毋、毌”本爲一字，早期文獻中常借“母”爲“毋”。戰國時期開始將“母”中兩點連作一筆以示區别，楚文字作（《信》1.04），秦文字作（《睡·雜》18），“母、毋”分化爲二字。漢碑字形中，“毋”沿襲戰國秦文字的寫法并進一步筆畫化，中間斜豎或向下出頭，如圖①；或不出頭，如圖②③。

【釋義】

㊀副詞，❶表示勸止，不能，不要：“令群臣已葬去服，毋金玉器”（Q006）；“後子孫毋壞敗”（Q014）；“身禮毛膚父母所生，慎毋毀傷，天利之”（Q015）；“毋諫賣入，毋效狸入”（Q015）。❷表示否定，没有：“諸敢發我丘者，令絶毋户後。疾設不詳者，使絶毋户後”（Q015）。㊁用於複姓“毋樓”：“故吏泰山費魚淵字漢〖長〗，故吏泰山華毋樓覬，字世〖光〗”（Q127）。

12151 **民** mín 《廣韻》彌鄰切，明真平。明真。

① Q154

② Q125

③ Q126

④ Q134

《説文·民部》：“民，衆氓也。从古文之象。凡民之屬皆从民。，古文民。”

【釋形】

《説文》以爲象形字，本義爲民衆。按“民”甲骨文作（《合》13629），像以刃刺目之形，多指奴隸。金文作（《大盂鼎》）、（《秦公簋》），“目”形簡寫。戰國文字作（《郭·緇》16），與金文相承；字形或有增繁，如（《九》56.41），蓋爲《説文》古文所本。小篆在金文的基礎上線條化，將金文中的點改爲横線。漢碑字形或據小篆線條嚴格轉寫隸定，保留曲筆，如圖①；更多的則將曲線隸定爲平直筆畫，如圖②～④，其中圖②右下的捺筆仍向上貫通，圖④左側的竪提上不封口。

【釋義】

百姓，民衆：“爲民祈福，靈祇報祐”（Q125）；“八月筭民，不煩於鄉”（Q179）；“每懷禹稷恤民飢溺之思，不忘百姓之病也”（Q084）。

12152 **氓** méng 《廣韻》莫耕切，明耕平。明陽。

Q150

《説文·民部》：“氓，民也。从民，亡聲。讀若盲。”

【釋形】

《説文》以爲形聲字，从民，亡聲。按“氓”常指從外地遷來的百姓，故其構形應爲从民从亡，亡亦聲。“亡”本義爲逃亡，上古音在明母陽部。漢碑字形中，構件“民”依據小篆線條轉寫隸定，左側的竪提上不封口。構件“亡”中的“入”隸定作“亠”，置於“乚”之上，與今之寫法相近，如圖。

【釋義】

平民百姓：“躬儉尚約，化流若神。愛氓如□，□□〖平〗均”（Q150）。

12153 **乂** yì 《廣韻》魚肺切，疑廢去。疑月。

Q174

《説文·丿部》：“乂，芟艸也。从丿、从乀相交。，乂或从刀。”

【釋形】

《説文》以爲會意字，从丿、从乀相交，本義爲割草。按“乂”甲骨文多作（《合》33378），裘錫圭認爲乃“乂”之初文，像割草的工具之形，象形字（《古文字論集》）。或變異作（《合》21305），省簡作（《合》3844），再省簡作（《合》10969）。小篆承襲後兩種字形,《説文》釋爲“从丿、从乀相交”,與初形不符。漢碑字形據小篆線條轉寫隸定爲“乂”,如圖。

【釋義】

才德過人的人:“濟濟俊乂,朝野充盈”(Q174)。

12154 **刈** yì 《廣韻》魚肺切,疑廢去。疑月。

Q172

《説文》爲“乂”之或體,《説文·丿部》:“,芟艸也。从丿、从乀相交。,乂或从刀。”

【釋形】

“刈”是在“乂”的基礎上添加義符“刀”而産生的分化字,从刀,乂聲,爲形聲字,表示“乂”的本義割草,引申爲消除等義。漢碑字形中,構件“乂”隸定作相交的撇、捺兩筆;構件“刀”隸定爲相接的横和豎鉤,是“刀”向“刂”演化的過渡形態,如圖。

【釋義】

消除,除掉:“彬文赳武,扶弱抑彊,□刈骾雄,流惡顯忠”(Q172)。

12155 **弗** fú 《廣韻》分勿切,幫物入。幫物。

① Q095

② Q084

③ Q088

《説文·丿部》:“,撟也。从丿从乀,从韋省。”

【釋形】

《説文》以爲會意字,从丿从乀,从韋省,義爲矯正。按“弗”甲骨文作(《合》6329)、(《合》31188),金文作(《旅鼎》),像繩索纏繞某物之形,構意不明,文獻中多借表否定義。小篆與甲骨文、金文相承,《説文》强爲之解,不足爲據。漢碑字形將其中的曲線隸定似“弓”形,如圖①~③。

【釋義】

副詞,表示否定,不:“非其食,弗食;非其服,弗服”(Q084);“卑者楚惡,尊者弗安”(Q095);“斯志顛仆,心懷弗寧”(Q109)。

12156 **也** yě 《廣韻》羊者切,餘馬上。餘歌。

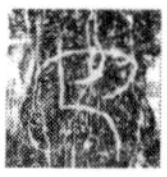
① Q244

② Q259

③ Q128

④ Q134

⑤ Q133

⑥ Q129

《説文·乀部》:“,女陰也。象形。,秦刻石也字。”

【釋形】

《説文》以爲象形字,義爲女陰。按“也”西周金文作(《欒書缶》),構意不明。徐在國認爲从口从乙,表示言語停頓之義,可備一説(參見《字源》)。戰國金文“口”形或訛作“廿”形,整字寫作(《坪安君鼎》);《説文》秦刻石字形與之結構相似。戰國秦文字或與戰國金文結構相同,如(《睡·甲》2);或筆畫發生離析重組,省變作(《睡·乙》190)。小篆形體變異嚴重,《説文》據小篆形體釋爲“女陰”,不足爲據。漢碑字形或仍保留篆意,如圖①。多數則在戰國秦文字第二個字形的基礎上進一步筆畫化,如圖②~⑥。

【釋義】

語氣詞,㊀用於句末,表示判斷或肯定語氣:“君諱宙,字季將,孔子十九世之孫也”(Q127);“漢膠東相之醇曜,而謁者君之曾,孝廉君之孫,從事君之元嗣也”(Q128);“惟銘勒之制,皆所已紀盛德傳無窮者也”(Q134);“晏嬰即殿,留侯距齊,非辭福也,乃辟禍兮”(Q187)。㊁用於句末,表示感歎語氣:"樂天知命,榷乎其不可拔也"(S110);"〖美之至〗也,莫不歸服"(Q148);"其於統系,寵存贈亡,篤之至也"(Q161)。㊂用於句中,表示句意未完,起舒緩語氣的作用:"其仕州郡也,躬素忠謇,犯而勿欺"(Q173)。

12157 **氏** shì 《廣韻》承紙切,禪紙上。禪支。

① Q127

② Q126

③ Q129

④ Q166

⑤ Q095

《說文·氏部》:",巴蜀山名岸脅之旁箸欲落墮者曰氏,氏崩,聲聞數百里。象形,乀聲。凡氏之屬皆从氏。楊雄賦:'響若氏隤。'"

【釋形】

《說文》以爲象形字,所釋之義過於牽强。按"氏"西周金文作(《𡌶氏鼎》),或增一飾點作(《師遽簋蓋》),其構意不確,或說像根柢之形,或說像匙之形。春秋金文飾點變作短横,如(《杕氏壺》);小篆與此相承,并進一步線條化。漢碑字形依據小篆轉寫隸定,如圖①~④。

【釋義】

㊀古時表示同姓的不同支脈:"君帝高陽之苗裔,封兹楚熊,氏以國别"(Q153);"其先出自有殷,迺迄于周,世作師尹,赫赫之盛,因以爲氏"(Q166);"官族分析,因以爲氏焉,武氏蓋其後也"(Q093)。㊁泛指姓氏:"其次適鬲侯朱氏,其次適陽泉侯劉氏"(Q056);"傳〖講《孝經》《論語》《漢書》《史記》〗、左氏《國〖語〗》"(Q132)。㊂特指命名國號:"高祖受命,興於漢中。道由子午,出散入秦。建定帝位,以漢詆焉"(Q095)。㊃用於地名:"元氏令京兆新豐王翊,字元輔"(Q174);"故吏乘氏令博陵安平王沛,字公豫"(Q148);"處士河東皮氏岐茂孝才二百"(Q178)。

12158 **戈** gē 《廣韻》古禾切,見戈平。見歌。

Q247

《說文·戈部》:",平頭戟也。从弋,一横之。象形。凡戈之屬皆从戈。"

【釋形】

《說文》小篆爲象形字,像戈類武器之形。"戈"甲骨文作(《合》33208)、(《合》8403),大致像戈之形。金文作(《戈鼎》),更爲象形;或省簡爲(《走馬休盤》);或在此基礎上添加義符"金",成爲从金、戈聲的形聲字,如(《陳卯造戈》)。小篆與金文的省簡形體相承,已不再象形。漢碑字形依據小篆線條轉寫隸定爲筆畫,如圖。

【釋義】

一種兵器:"彝戎賓服,干戈戢藏,施舍弗券,求善不厭"(Q173)。

12159 **肈**

"肈"的異體字(圖②),見3190肇。

12160 **戎** róng 《廣韻》如融切,日東平。日冬。

① Q128

② Q179

《說文·戈部》:",兵也。从戈从甲。"

【釋形】

《說文》以爲會意字,从戈从甲,本義爲軍事、戰爭。按"戎"甲骨文作(《合》07768),像人持戈與盾牌之形,以會打仗之義;或省去人形,并將盾牌與戈重疊,寫作(《合》21252)、(《合》20417)、(《合》1066)等;盾牌或省簡作"十",與甲殼、鎧甲之"甲"(甲骨文作或)混

同，整字寫作（《合》21897）、（《合》31811）。金文承襲後一種字形，寫作（《大盂鼎》）、（《史戎鼎》）；戰國秦文字在此基礎上進一步平直化，如（《睡·法》113）。小篆將盾牌的省形“十”直接替换爲鎧甲之“甲”，并線條化作，故《説文》以“从戈从甲”釋之，理據重構。漢碑字形没有承襲小篆的構形，而是在戰國秦文字的基礎上進一步筆畫化，與今之通行寫法相近，如圖①②。

【釋義】

㊀軍隊，軍事：“出典邊戎，民用永安”（Q128）；又見“典戎”。㊁泛指我國西部的少數民族：“南苞八蠻，西羈六戎，北震五狄，東勤九夷”（Q179）；“外定彊夷，即序西戎，内建籌策，協霍立宣”（Q169）；又見“和戎”。㊂兵車：“元戎輕武，長轂四分，雷輜蔽路，萬有三千餘乘”（H26）。㊃通“汝”：見“纘戎”（Q179）。

12161 **賊**　zéi　《廣韻》昨則切，從德入。從職。

① Q104

② Q178

③ Q100

④ Q202

⑤ Q192

《説文·戈部》：“，敗也。从戈，則聲。”

【釋形】

《説文》小篆爲形聲字，从戈，則聲，本義爲殺害。按“賊”金文作（《散氏盤》），聲符“則”整體居於“戈”的左下方；小篆調整布局，將聲符“則”的構件“貝”（“鼎”的變異形體）置於整字的左側，使得“从戈、則聲”的構意模糊不清。漢碑字形更是將聲符“則”的構件“刀”與“戈”視爲一個構件，聲符的示音作用完全喪失。其中構件“刀”形變多樣，多分解爲横、撇兩筆，或相接，或相交，其中撇筆或與“戈”交叉，如圖①～④；圖⑤“刀”的變體與“戈”重組爲“戎”，整字隸定爲“賊”，成爲後世通行字。

【釋義】

㊀亂賊，叛逆作亂之人：“訞賊張角，起兵幽冀，兖豫荊楊，同時竝動”（Q178）；“嗟逆賊，燔城市”（Q178）；“無爲賊禍，亂及孫子”（Q114）；又見“螯賊”。㊁用於官名：“故賊曹史趙福文祉”（Q178）；“中賊曹史薛苟瑤”（Q269）；“故門下督盜賊劇騰頌，字叔遠”（Q088）。

12162 **戍**　shù　《廣韻》傷遇切，書遇去。書侯。

Q026

《説文·戈部》：“，守邊也。从人持戈。”

【釋形】

《説文》小篆爲會意字，从人持戈。甲骨文、金文與小篆結構相同，寫作（《合》26888）、（《競卣》）。漢碑字形中構件“人”隸定爲撇與點，與構件“戈”的横畫左端粘連，整字隸定與今之寫法相同，如圖。

【釋義】

戍守，守衛：“永平十七年，十月十五日乙丑，淄丘戍守士史楊君德安，不幸遭疾”（Q026）。

12163 **戰**　zhàn　《廣韻》之膳切，章線去。章元。

① Q169

② Q178

《説文·戈部》：“，鬬也。从戈，單聲。”

【釋形】

《説文》以爲形聲字，从戈，單聲。按“戰”所从之構件“單”甲骨文作（《合》10615）、（《合》21729）、（《前》7.26.4），金文作（《小臣單觶》）、（《蔡侯匜》），像一種

捕獵的工具，兼做打仗的武器。“單”和“戈”均爲武器，故“戰”應爲从戈从單的會意字。“單”上古音在端紐元部，與“戰”音近，故亦可理解爲从戈从單，單亦聲。漢碑字形中，義符“戈”依據小篆線條轉寫隸定，如圖①；或省一撇筆，訛混作“弋”，如圖②。聲符“單”所从之構件“吅”或隸定作兩個三角形，如圖①。

【釋義】

戰鬥，作戰：“攻城野戰，謀若涌泉，威牟諸賁，和德面縛歸死”（Q178）。

【釋詞】

［戰鬥］作戰，打仗：“自上邽別徙破羌，爲護羌校尉假司馬，戰鬥第五，大軍敗績”（Q169）。

［戰慄］因恐懼、寒冷或激動而顫抖：“齋誡奉祀，戰慄盡懃。以頌功德，刻石紀文”（Q061）。

12164 **戲**　（一）xì　《廣韻》香義切，曉寘去。曉歌。

① Q185

② Q114

《説文·戈部》：“，三軍之偏也。一曰：兵也。从戈，𧆨聲。”

【釋形】

《説文》小篆爲形聲字，从戈，𧆨聲。漢碑字形中，聲符“𧆨”所从之構件“虍”依小篆線條轉寫隸定，其中右面的曲線分解爲兩段，上段隸定爲横鉤，下段與義符“戈”粘連混同爲“戊”；構件“豆”與構件“虍”隸定後共用一横筆，如圖①②。

【釋義】

㈠嬉戲，打鬧：“交龍委虵，猛虎延視，玄蝯登高，陏熊嗥戲”（Q114）。㈡用於人名，指伏羲：“皇戲統華胥，承天畫卦”（Q112）；“肇祖宓戲，遺苗后稷”（Q112）。

（二）hū　《廣韻》荒烏切，曉模平。

【釋義】

歎詞，嗚呼：“天寔高，唯聖同。戲我君，羡其縱”（Q185）；又見“於戲”。

12165 **或**　huò　《廣韻》胡國切，匣德入。匣職。

① Q088

② Q174

③ Q169

④ Q166

《説文·戈部》：“，邦也。从口从戈，以守一。一，地也。，或又从土。”

【釋形】

《説文》以爲會意字，从口、戈、一，本義爲邦國。按“或”金文作（《或乍父癸方鼎》），从口从戈，“口”像國之疆域形，“戈”表示有士兵戍守。爲“國、域”之初文。或於“口”之四周或上下添加短線，表示疆界，整字寫作（《保卣》）、（《明公簋》）；上面的短線或與“戈”的横筆粘連，整字粘合爲（《秦公鎛》），爲《説文》正篆之所承；《説文》釋爲从口、戈、一，爲不明形源所致。金文或添加義符“邑”，繁化作（《師寰簋》）。後因“或”常借表“或者、有的”等義，另外分化出“國、域”二字，分別成爲表示國家和疆域的專用字。《説文》或體即作“域”。漢碑字形承襲小篆的結構并逐漸筆畫化，其中圖①中構件“口”仍保留篆意，寫作封閉的圓圈形；圖②③則近似於三角形；圖④混同爲“口”，與今之寫法同。

【釋義】

㈠代詞，有的（人、地方等）：“自三五迭興，其奉山川，或在天子，或在諸侯”（Q129）；“秦兼天下，侵暴大族，支判流僊，或居三川，或徙趙地”（Q166）；“吟咏成章，彈翰爲法，雖揚賈斑杜，弗或過也”（Q169）；“楚漢之際，或居于楚，或集于梁”（Q187）。㈡連詞，或者：“祭有二義，或祈或報”（Q174）；“農夫執耜，或耘或芓”（Q171）。

12166 **域** yù 《廣韻》雨逼切,雲職入。匣職。

① Q095

② Q174

③ Q178

域,《說文》爲“或”之或體。《說文·戈部》:“,邦也。从口从戈,以守一。一,地也。,或又从土。”

【釋形】

从土,或聲,爲形聲字。參見12165或。

【釋義】

㊀邦國:“百姓賴之,邦域既寧”(Q093);“惠此邦域,以綏四方”(Q126)。㊁邊界,疆界:“建立兆域,脩設壇屏,所以昭孝息民,輯寧上下也”(Q174)。㊂地區,地域:“八方所達,益域爲充”(Q095);又見“西域、九域”。

12167 **截** jié 《廣韻》昨結切,從屑入。從月。

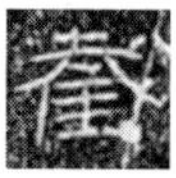
Q095

《說文·戈部》:“,斷也。从戈,雀聲。”

【釋形】

《說文》小篆爲形聲字,从戈,雀聲。漢碑字形中,聲符“雀”上方構件“小”與義符“戈”粘合重組成“𢦏”,與“哉、栽、裁”等字的聲符混同,整字構形理據喪失;下方構件“隹”發生離析重組,并將線條全部轉寫爲筆畫,已看不出鳥的樣子了,如圖。

【釋義】

中間橫出,以非正常的方式出現:“惡虫𦽃狩,虵蛭毒蟃,未秋截霜,稼苗夭殘”(Q095)。

12168 **武** wǔ 《廣韻》文甫切,明麌上。明魚。

① Q146

② Q129

③ Q088

④ Q083

⑤ Q095

⑥ Q132

《說文·戈部》:“,楚莊王曰:‘夫武,定功戢兵。故止戈爲武。’”

【釋形】

《說文》以爲會意字,从止、戈,會止戰之義。按“武”甲骨文作(《合》10229),从止从戈,表示人扛着武器去打仗,會征伐之義。金文或承襲甲骨文作(《作册大方鼎》),或增添構件“王”作(《德方鼎》),後者爲指稱周武王的專用字。小篆與金文前一種字形相承,《說文》釋其義爲“戢兵”(即收兵止戰),與初形構意不符,應爲當時儒家止戰思想的反映。漢碑字形中,構件“戈”或依據小篆轉寫隸定爲筆畫,如圖①~③;或將原有的撇筆變爲一長橫,如圖④~⑥。構件“止”或依據小篆轉寫隸定,如圖①②⑤⑥;或隸定混同爲“山”形,如圖③④。

【釋義】

㊀武力,與“文”相對:“允文允武,厥姿烈逴”(Q154);“文則作頌,武襄獫狁”(Q166);“武□攜貳,文懷假冥”(Q133);“曜武南會,邊民是鎮”(Q137);“壓難和戎,武慮慷慨”(Q161)。㊁雄壯,威武:“郡位既重,孔武赳著,疾惡義形,從風征暴,執訊獲首”(Q172);“高朗神武,歷世忠孝,馮隆鴻軌,不忝前人”(Q137);“元戎輕武,長轂四分,雷輜蔽路,萬有三千餘乘”(H26)。㊂用於年號:“建武十七年,歲在辛丑”(Q021);“建武之元,事舉其中,禮從其省”(Q129)。㊃用於謚號:“昔武王遭疾,賴有周公,爲王殘命,復得延年”(Q124);“馮于豳岐,文武克昌”(Q129);“昔殷王武丁,克伐鬼方,元功

章炳，勳臧王府”（Q093）。㊄姓氏：“敦煌長史武君諱斑，字宣張”（Q093）。㊅用於人名：“〖惟〗〖永〗平七年七月廿一日，漢左將軍、特進、〖膠東侯〗第五子賈武仲卒，時年廿九”（Q056）；“故吏朱虛孫徵，字武达”（Q088）。㊆用於地名：“司徒公河南原武吳雄，字季高”（Q102）；“嚴道君曾孫，武陽令之少息孟廣宗卒”（Q113）；“漢武都大守漢陽阿陽李君諱翕，字伯都”（Q146）。

12169 **戢** jí 《廣韻》阻力切，莊緝入。莊緝。

① Q202

② Q187

③ Q178

《說文·戈部》：“，藏兵也。从戈，咠聲。《詩》曰：‘載戢干戈。’”

【釋形】

《說文》小篆爲形聲字，从戈，咠聲。漢碑字形依小篆線條轉寫隸定，聲符“咠”所从之構件“耳”上方離析出一横畫，或與下方形體斷開，如圖①；或與下方形體相接，如圖③；或與構件“口”粘合共用横畫，如圖②。

【釋義】

㊀斂藏兵器：“彝戎賓服，干戈戢藏”（Q173）；“訪姦雄，除其蝥賊，曜德戢兵，怕然無爲”（Q202）。㊁收斂，不張揚：“恒戢節足，輕寵賤榮”（Q187）。㊂平息，平定：“尋李癀之在〖邊〗，恢魏〖絳〗之和戎，戎戢士佚”（Q137）。㊃通“葺”，修葺：“戢治廧屋，市肆列陳”（Q178）。

12170 **戔** （一）cán 《廣韻》昨干切，從寒平。從元。

Q172

《說文·戈部》：“，賊也。从二戈。《周書》曰：‘戔戔巧言。’”

【釋形】

《說文》小篆爲會意字，从二戈，本義爲殘殺。按“戔”甲骨文作（《合》4759），徐在國謂“从二戈，一正戈，一倒戈，會殘殺之義，‘殘’之初文”（參見《字源》）。段玉裁《說文解字注》：“此與殘音義皆同。故殘用以會意。今則殘行而戔廢矣。”可證徐説。戰國楚文字作（《信》1.01），二戈并列；或左右粘合，并增加一横畫，寫作（《郭·成》34）。小篆調整布局爲上下二戈。漢碑字形依小篆線條轉寫隸定，如圖。

【釋義】

剷除，消滅：“除曲阿尉，禽姦戔猾，寇息善歡”（Q172）。

（二）jiān 《集韻》將先切，精先平。精元。

【釋義】

用於“戔戔”，指數量或分量少：“理財正辭，束帛戔戔”（Q193）。

12171 **戚** qī 《廣韻》倉歷切，精錫入。清覺。

Q133

《說文·戉部》：“，戉也。从戉，尗聲。”

【釋形】

《說文》小篆爲形聲字，从戉，尗聲，本義爲斧鉞類的兵器。“尗”上古音在書母覺部。“戚”甲骨文作（《合》2194）、（《合》34400），像側邊有齒牙突出的斧鉞之形，象形字。金文改爲形聲字，寫作（《戚姬簋》），从戈，尗聲。小篆將金文中的構件“戈”改换作“戉”。“戉”甲骨文作（《合》22043），像圓斧之形，爲“鉞”之初文，與“戈”同爲兵器名，故作構件時可互换；金文或承襲甲骨文作（《戉葡卣》），或省變作（《虢季子白盤》）；小篆與金文後一種字形相承，《說文》釋爲“从戈，乚聲”，爲不明形源所致。漢碑字形中，義符“戉”離析爲

左“亻”右“戈”（右上省去點畫）；聲符“尗”省變似“卅”形，如圖。

【釋義】

㊀親族，親戚：“遭貴戚專權，不稱請求。考績不論，徵還議官”（Q133）。㊁憂愁，悲哀：“屯守玄武，戚哀悲惶，加遇害氣，遭疾〖隕靈〗”（Q132）。㊂用於地名：“彭城廣戚姜尋子長二百”（Q112）。

12172 **我** wǒ 《廣韻》五可切，疑哿上。疑歌。

① Q172

② Q129

③ Q134

④ Q088

⑤ Q145

⑥ Q128

《説文·我部》：“，施身自謂也。或説：我，頃頓也。从戈从𢦏，𢦏，或説古垂字。一曰：古殺字。凡我之屬皆从我。，古文我。”

【釋形】

《説文》以爲會意字，从戈从𢦏，用作自稱。按“我”甲骨文作（《合》14248），本像刃部帶齒的戈類兵器。金文作（《𣪕且丁卣》）、（《毛公旅方鼎》）、（《曶鼎》），刃部逐漸變異，已看不出原有的形象。小篆與金文相承，《説文》不明形源，徑以假借義釋之。漢碑字形與小篆相承，但多有變異。右側基本保持“戈”的構形，或與左側相連，如圖①～⑤；或離析爲兩部分，如圖⑥。左側刃部或依小篆線條轉寫隸定，如圖①；或近似於“禾”，如圖②；“禾”下或多加一横，如圖③；或在圖③的基礎上將撇、捺連寫爲一横，如圖④；或在圖④的基礎上進一步變異，近似於“主”形，如圖⑤⑥。

【釋義】

第一人稱代詞，指自己：“貽我三魚，以章懿德”（Q066）；“於鑠我祖，膺是懿德”（Q128）；“觸石興雲，雨我農桑”（Q129）；“年豐歲稔，分我稷黍”（Q171）；“戲我君，羡其縱”（Q185）；“三祀有成，來臻我邦”（Q193）。

12173 **義** yì 《廣韻》宜寄切，疑寘去。疑歌。

① Q174

② Q129

③ Q130

④ Q066

⑤ Q104

⑥ Q126

⑦ Q146

《説文·我部》：“，己之威儀也。从我、羊。，墨翟書義从弗。魏郡有羛陽鄉，讀若錡。今屬鄴，本内黄北二十里。”

【釋形】

《説文》以小篆爲會意字，从我从羊。按“義”甲骨文作（《合》17620）、（《合》36701），金文作（《師旂鼎》），應爲从羊、我聲的形聲字。金文或將“我”和“羊”逐漸分離，寫作（《瘭鐘》），《説文》正篆字形與之相承。《説文》另收或體“羛”，其中構件“弗”當爲“我”之訛變。漢碑字形承襲《説文》正篆，構件“羊”隸定爲“⺶”形；構件“我”隸變形體多様，參見12172我。

【釋義】

㊀言行合乎道義。爲儒家的道德規範之一：“傳告後生，勉脩孝義，無辱生□”（Q114）；“體純龢之德，秉仁義之操”（Q154）；“言必忠義，匪石厥章”（Q095）；“遭從兄沛相憂，篤義忘寵，飄然輕舉”（Q134）；“温然而恭，慨然而義”（S110）。㊁儀節，法則。後來寫作“儀”：“故作《春秋》，以〖明〗文命。綴紀撰書，脩定禮義”（Q140）。㊂道理，意義：“邯及所識祖諱，欽顯後嗣，蓋《春秋》義，言不及尊，翼上也”（Q021）；“深達和民事神之義，精通誠至礿祭之福”（Q129）；“乾坤定位，山澤通氣，雲行雨施，既成萬物，易之義也”（Q129）；“制作之義，

以俟知奧”（Q112）。㊃公益，義務：“允勑大吏郎巽等，與義民脩繕故祠”（Q126）；“願以家錢，義作土牛、上瓦屋、欗楯什物，歲歲作治”（Q119）。㊄用於官名：“行義劇張敏，字公輔”（Q088）；“行義掾魯弓如叔都二百”（Q112）；“秋老乞身，以助義都尉养疾閭里，又行褒義校尉”（Q187）。㊅用於人名：“使師操義、山陽蝦丘榮保，畫師高平代盛、邵强生等十餘人”（Q106）；“故吏騶叔義”（Q179）。

【釋詞】

［義士］指出錢贊助刻碑的人：“義士河東安邑劉政元方千，義士侯褒文憲五百，義士潁川臧就元就五百，義士安平祈博季長二百”（Q178）。

12174 **瑟** sè 《廣韻》所櫛切，山櫛入。山質。

Q112

《説文·琴部》：“，庖犧所作弦樂也。从琴，必聲。，古文瑟。”

【釋形】

《説文》小篆爲形聲字，从琴，必聲。“必”上古音在幫母質部。按“琴”即“琴”字，《説文》小篆作，古文作。小篆“瑟”从小篆“琴”，而古文“琴”从古文“瑟”，交互相从。徐灝《説文解字注箋》：“庖犧造瑟，在神農造琴之先，故古文琴从古文瑟。今瑟之小篆从琴者，後製之字耳。”漢碑字形中，義符“琴”省簡爲“玨”，聲符“必”隸定近似於在“乂”的三個交叉處各加一點，如圖。

【釋義】

一種似琴的樂器：“君於是造立禮器，樂之音苻，鍾磬瑟皷”（Q112）。

12175 **直** zhí 《廣韻》除力切，澄職入。定職。

① Q066

② Q146

③ Q024

④ Q073

《説文·乚部》：“，正見也。从乚从十从目。，古文直。”

【釋形】

《説文》以爲會意字，从乚从十从目，義爲正見。按“直”甲骨文作（《合》22050），从目，上加直線“丨”，表示直視前方之義。金文作（《恒簋蓋》），直線中間增一點畫，左側增“乚”形，構意不明。小篆與金文相承，直線上的點變爲横線。戰國楚文字或下方增添構件“木”，寫作（《郭·緇》3），《説文》古文與之結構相同。漢碑字形依小篆線條轉寫隸定，上方“十”形隸定爲“亠”；下方“乚”形拉直爲横；中間構件“目”或與“日”混同，如圖③④；“目”或“日”與下面横畫之間或有一點相連，如圖②④。

【釋義】

㊀不彎曲，與“斜、歪”相對：“鏶山浚瀆，路以安直”（Q146）。㊁義同“植”，樹立，豎起：“中直柱，隻結龍，主守中〖霤〗辟邪央”（Q100）。㊂對着，面臨：“東海郡朐與琅邪郡柜爲界，因諸山以南屬朐，水以北屬柜，西直况其”（Q013）。㊃適逢，遇到：“直南蠻蠢迪，天師出征”（Q133）。㊄正直：“而青蠅嫉正，醜直實繁”（Q066）；“惟許卒史安國，禮性方直，廉言敦篤，慈仁多恩”（Q114）。㊅正确：“舉直錯枉，譚思舊制；彈饕糾貪，務鉏民穢”（Q187）。㊆價值，價格相當於：“地節二年十月，巴州民楊量買山，直錢千百”（Q008）；“石室直五千泉”（Q024）；“魯相爲孔子廟置百石卒史一人，掌領禮器，出王家錢，給大酒直，他如故事”（Q102）。㊇正當什麽日子：見“直建”。

【釋詞】

［直建］正逢建日。古代術數家認爲天文曆法中的十二辰，分别象徵人事上的建、

除、滿、平、定、執、破、危、成、收、開、閉十二種情況，以此來確定某個時辰的宜忌和吉凶：“永壽四年八月甲戌朔，十二日□乙酉直建”（Q116）；“建寧二年，大歲在己酉，五月十五日丙午直建”（Q142）。

12176 **亡**　（一）wáng 《廣韻》武方切，明陽平。明陽。

①Q129　②Q178　③Q169　④Q082

《説文·亡部》：“，逃也。从入从乚。凡亡之屬皆从亡。”

【釋形】

《説文》以爲會意字，从入从乚，義爲逃跑。按“亡”甲骨文作（《合》13757）、（《合》30391），於刀尖處加一點，表示刀鋒，指事字，爲鋒芒之“芒”的初文。“亡”與“刃”同爲在“刀”的基礎上添加指事符號構成的指事字，“刃”的指事符號在刀刃處，寫作；而“亡”的指事符號在刀尖處，以位置相區别。“亡”金文作（《大保簋》）、（《辛鼎》），形體逐漸變異。小篆在此基礎上進一步線條化，原有理據盡失。《説文》所釋逃亡義應爲其假借義，其構形説解“从入从乚”可理解爲針對假借義的理據重構。漢碑字形中，構件“入”隸定作“亠”，從圖①到圖④逐漸由半包圍於構件“乚”的内部移至其上方。

【釋義】

㊀滅亡，消亡：“漢亡新之際，失其典祀”（Q126）；“振滯起舊，存亡繼絶”（Q137）。㊁死，去世：“永和四年四月丙申朔廿七日壬戌，桓孨終亡”（Q082）；“身殁而行明，體亡而名存”（Q088）；“次字子惠，護羌假司馬，含器早亡”（Q169）。

【釋詞】

［亡新］西漢末年王莽篡權，自立爲帝，國號爲“新”，在位僅十五年國滅身亡，故東漢蔑稱之爲“亡新”：“漢亡新之際，失其典祀”（Q126）；“後不承前，至于亡新，寖用丘虚，訖今垣趾營兆猶存”（Q129）。

（二）wú 《集韻》微夫切，虞微平。明陽。

【釋義】

通“無”，不：“三過亡入，寔勤斯民”（Q065）。

12177 **望（朢）**　wàng 《廣韻》巫放切，明漾去。明陽。

①Q129　②Q178　③Q153　④Q126

⑤Q125　⑥Q141

《説文·亡部》：“，出亡在外，望其還也。从亡，朢省聲。”《説文·壬部》：“，月滿與日相望，以朝君也。从月从臣从壬。壬，朝廷也。，古文朢省。”

【釋形】

《説文》以“望”爲望視之望，以“朢”爲朔望之望。按二字實爲一字之分化，今均作“望”。“望”甲骨文作（《合》4589），像人站在地面張大眼睛遠望之形。西周金文在朔望概念的影響下，添加義符“月”作（《舀鼎》）。其中像眼睛之形的“臣”在表音趨勢的驅動下形變作“亾（亡）”，起示音作用，而非《説文》所説的表義作用，整字寫作（《無叀鼎》）。《説文》小篆將金文的兩種結構分别對應不同的職能，區分爲二字。《説文》古文則與甲骨文字形相承。漢碑字形雖然繼承了小篆的兩種結構，但職能上并無分别。其中圖①～③从“亡”，圖④～⑥从“臣”。聲符“亡”所从之構件“入”隸定作“亠”，且由半包圍於構件“乚”之内移至其上方。構件“月”或依小篆斜置，如圖①②④。構件“壬”中的“人”與“土”粘合爲一體，已很難看出人的形象了，如圖

①②④;或混同爲“王”,如圖②③;或省變作“土”,如圖⑥。

【釋義】

㊀遠望:“朢君輿〖駕〗,扶老攜息”(Q125);“乃以令日拜〖謁孔〗子,朢見闕觀,式路虔跽”(Q141);“君乃閔缙紳之徒不濟,開南寺門,承望華嶽,鄉明而治”(Q178);“造立此冢,明堂之辛石也,家室天地相望”(Q111)。㊁盼望,期望:“望如父母,順如流水”(Q148);“表貢王庭,望極爵位。何辜穹倉,官寵不遂”(H105)。㊂望祀,古代遥祭山川、日月、星辰之禮:“古先哲王,類帝禋宗,望于山川,徧于羣神”(Q174);“在漢中葉,建設宇堂。山嶽之守,是秩是望”(Q129);“國舊秩而祭〖之,以〗爲三朢”(Q126)。㊃用於人名:“漢安三年二月戊辰朔,三日庚午,平莒男子宋伯朢、宋何、宋□□在山東禹亭西”(Q089)。

12178 **無(无)** wú 《廣韻》武夫切,明虞平。明魚。

① Q133

② Q146

③ Q202

④ Q134

⑤ Q142
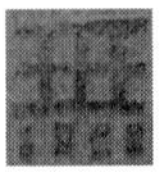
⑥ Q044

⑦ Q187

⑧ Q277

⑨ Q087

⑩ Q146

⑪ Q133

《説文》作“𣞤”,《説文·亡部》:“,亡也。从亡,無聲。,奇字无,通於元者。王育説,天屈西北爲无。”

【釋形】

甲骨文作(《合》16000)、(《合》21473)等,像人手持某物跳舞之形,象形字,爲“舞”之初文。金文作(《毛伯簋》)、(《弭伯匜》)、(《曾姬無卹壺》)等,形體逐漸發生變異。“無”西周以後假借爲“有無”之“無”,跳舞義便又添加雙腳作(《匽侯銅泡》),即後世“舞”字之所承。小篆爲了强化二字的區别,於有無之“無”下面又添加“亡”,突出其没有義,整字隸定作“𣞤”;將跳舞之“舞”下面的兩隻腳離析出來,重組爲“舛”,整字寫作;故《説文》以“从亡,無聲”釋“𣞤”,以“从舛,無聲”釋“舞”。漢碑字形中,圖①雖變異嚴重,仍大致可見“𣞤”之輪廓。多數情况下,整字各構件之間粘合離析重組,趨近於現在繁體的寫法,但形體變異多樣,上面的點或有或無,甚至上面的點與横皆省,豎畫或省爲三個,如圖⑥。或與《説文》奇字相承,隸定爲“无”,爲現在“無”的簡化字之所本,如圖⑩⑪。

【釋義】

㊀没有:“富貴無恙,傳于子孫”(Q124);“立言不朽,先民所臧。載名金石,詒于无疆”(Q133);“鮑君造作百石吏舍,功垂無窮”(Q102);“四方无雍,行人懽悀”(Q146);又見“無從、無由”等。㊁無論:“吏無大小,空府竭寺,咸俾來觀”(Q141)。㊂副詞,表示否定,不:“今不圖之,爲患無已”(Q146)。㊃通“毋”,不要:“掾兮歸來無妄行,卒遭毒氣遇匈殃”(Q039);“牧馬牛羊諸僮,皆良家子,來入堂宅,但觀耳,無得涿畫”(Q114);“明語賢仁四海士,唯省此書無忽矣”(Q114)。㊄用於人名:“孤子薌無患、弟奉宗頓首”(Q106)。㊅用於山名:“光和四年,三公守民盖高等,始爲無極山詣大常求法食”(Q174)。㊆用於地名:“徐無令樂君永元十年造作萬歲吉宅”(Q044)。

【釋詞】

[無從]找不到門徑:“雖欲拜見,道徑無從”(Q142)。

[無任]即無任徒。漢代刑徒分五種技能服勞役,稱爲五任,五任之外謂無任徒:“右無任汝南山桑髪鉗宣曉〖熹〗平元年十二月十九日物故”(Q151)。

[無由]没有辦法:“感秦人之哀,願從

贖其無由,庶考斯之頌儀”（Q133）。

12179 **无**

“無”的異體字(圖⑩⑪),見 12178 無。

12180 **區** qū 《廣韻》豈俱切,溪虞平。溪侯。

① Q071

② Q179

《説文·匸部》:“ ,踦區,藏匿也。从品在匸中;品,衆也。”

【釋形】

《説文》小篆爲會意字,从品在匸中,本義爲隱藏。“區”甲骨文作 (《合》34679)、 (《合》685),像物品藏於曲形容器中。金文容器發生變異,整字寫作 (《子禾子釜》),“品”與表示容器的曲線共用横畫;戰國楚文字作 (《包》2.3),“品”包含在容器之内,爲小篆字形之所本。《説文》將曲形容器篆定作 ,隸定作“匸”,釋爲“有所俠藏也”,并立爲部首,今音 xì,“匿、匽”等字从之。《説文》另有部首 ,隸定作“匚”,今音 fāng,表示方形容器,“匡、匱”等字从之。“匸”與“匚”形近,漢碑字形隸定後形體無别,“匸”均混同爲“匚”,如圖①②。

【釋義】

㊀地區,區域:“于是域滅區單,反旆而旋”（H26）。㊁區分,不同:見“區别”。㊂部落,部族:見“區落”。㊃量詞,用於計算建築物的數量:“牛一□,□□□□□舍六區,直卌四萬三千”（Q071）。

【釋詞】

[區别] 不同,有差别:“黄巾初起,燒平城市,斯縣獨全。子賤孔蔑,其道區别”（Q179）。

[區落] 部落,部族:“躡冒頓之區落,燌老上之龍庭”（H26）。

12181 **匿** nì 《廣韻》女力切,泥職入。泥職。

① Q177

② Q202

《説文·匸部》:“ ,亡也。从匸,若聲。讀如羊騶箠。”

【釋形】

《説文》小篆爲形聲字,从匸,若聲,本義爲逃匿。“若”上古音在日母鐸部。漢碑字形中,義符“匸”隸定混同作“匚”。聲符“若”所从之構件“艸”隸定爲“艹”,構件“右”中的手形隸定作“𠂇”,如圖①;圖②殘泐不清,但大致與圖①形體相近。

【釋義】

隱藏:“□□乘骨栗,莫敢藏匿君”（Q177）。

12182 **匽** yǎn 《廣韻》於幰切,影阮上。影元。

① Q112

② Q112

《説文·匸部》:“ ,匿也。从匸,妟聲。”

【釋形】

《説文》小篆爲形聲字,从匸,妟聲。按“匽”金文作 (《伯矩鬲》),从乚,妟聲;或作 (《子璋鐘》),从匸,妟聲,爲小篆字形之所本。漢碑字形中,義符“匸”隸定混同作“匚”;聲符“妟”所从之構件“女”隸定情況参見 12118 女,如圖①②。

【釋義】

用於地名:“河南匽師度徵漢賢二百”（Q112）;“河南匽師胥鄰通國三百”（Q112）。

12183 **匠** jiàng 《廣韻》疾亮切,從漾去。從陽。

① Q152

② Q119

《説文·匚部》:“ ,木工也。从匚从斤。

斤,所以作器也。”

【釋形】

《説文》小篆爲會意字,从匚从斤。義符“匚”甲骨文作(《合》557),像方形器側面之形;或簡化作(《合》27084),爲小篆所本,《説文》釋爲“受物之器”。金文作(《匚賓父癸鼎》),與甲骨文相承;或内增飾筆,作(《乃孫乍且己鼎》),爲《説文》籀文所本。漢碑字形中,構件“匚”被分解爲三筆。構件“斤”中兩個曲線各分解爲兩筆,重組爲後世通行的寫法,如圖①②。

【釋義】

㊀工匠:“明檢匠所作,務令嚴事”(Q119);“周欄楯拾尺,於匠務令功堅”(Q119)。㊁用於官名:見“將作大匠”。

12184 匡 kuāng 《廣韻》去王切,溪陽平。溪陽。

① Q135 ② Q066 ③ Q169 ④ Q144

《説文·匚部》:“,飯器,筥也。从匚,㞷聲。,匡或从竹。”

【釋形】

《説文》小篆爲形聲字,从匚,㞷聲,本義爲一種編製的容器。《説文》或體从竹,强調容器的材質。漢碑字形中,義符“匚”多被分解爲三筆。聲符“㞷”所从之構件“㞢”向上彎曲的線條被拉直爲横,與“土”粘合後省去一横,如圖①;或進一步省變混同爲“王”,如圖②③;或改爲向下出頭,如圖④。

【釋義】

輔助,輔佐:“匡國達賢,登善濟可”(Q135);“輔主匡君,循禮有常”(Q095);“匡陪州郡,流化二城”(Q169);又見“匡弼”。

【釋詞】

[匡弼]匡正輔佐:“周室衰微,霸伯匡弼”(Q187)。

12185 匪 fěi 《廣韻》府尾切,幫尾上。幫微。

① Q125 ② Q074 ③ Q138

《説文·匚部》:“,器。似竹筐。从匚,非聲。《逸周書》曰:‘實玄黄于匪。’”

【釋形】

《説文》小篆爲形聲字,从匚,非聲,乃“篚”之初文。漢碑字形中,義符“匚”或被分解爲横加豎折,如圖①②;或被分解爲三筆,如圖③。聲符“非”將小篆兩側的曲線拉直爲横畫,中間兩豎筆或上下出頭,或不出頭,如圖①~③。

【釋義】

㊀通“非”,不是:“匪愛力財,迫于制度”(Q052);“當遷緄職,爲國之榷。匪究南山,遐邇忉悼”(Q154)。㊁通“斐”:見“匪志”。

【釋詞】

[匪躬]語出《易·蹇》:“王臣蹇蹇,匪躬之故。”義謂忠心耿耿,不顧自身利害:“惟前廢弛,匪躬匪力”(Q125)。

[匪石]語出《詩·邶風·柏舟》:“我心匪石,不可轉也。”形容堅定不移:“言必忠義,匪石厥章”(Q095);“每在選舉,遜讓匪石”(Q173)。

[匪志]即“斐志”,宏偉志向:“先人伯況,匪志慷慨,术禹石紐、汶川之會”(Q153)。

12186 匱 kuì 《廣韻》求位切,羣至去。羣微。

Q095

《説文·匚部》:“,匣也。从匚,貴聲。”

【釋形】

《説文》小篆爲形聲字,从匚,貴聲,爲櫃子之“櫃”的初文。漢碑字形中,義符“匚”

被分解爲三筆；聲符“貴”上方的“臾”粘合爲“虫”，如圖。

【釋義】

貧窮，缺乏：“終年不登，匱餧之患”（Q095）；“周無振匱，亦古晏、臧之次矣”（Q128）；“身冒炎赫火星之熱，至屬縣，巡行窮匱”（Q161）。

12187 **曲** qū 《廣韻》丘玉切，溪燭入。溪屋。

① Q172

② Q196

③ Q146

④ Q095

《説文·曲部》：“，象器曲受物之形。或説，曲，蠶薄也。凡曲之屬皆从曲。，古文曲。”

【釋形】

《説文》小篆爲象形字，像器物彎曲之形。“曲”甲骨文作（《合》1022），金文作（《曲父丁爵》），象形。金文或省簡爲（《曾子斿鼎》），爲《説文》古之所承。戰國秦文字作（《睡·編》42），《説文》小篆與之形體相近。漢碑字形將小篆左右兩側粘合重組，或與今之寫法同，如圖①②；或兩豎畫上端用横畫連接，如圖③④。

【釋義】

㊀彎轉：“上則縣峻，屈曲流顛；下則入冥，廎寫輸淵”（Q095）。㊁彎曲的地方：“減高就埤，平夷正曲，柙致土石”（Q146）。㊂用於地名：“大道東鄉内東曲里人”（Q043）；“曲成侯王暠二百”（Q112）；“除曲阿尉，禽姦戔猾，寇息善歡”（Q172）。

12188 **瓦** wǎ 《廣韻》五寡切，疑馬上。疑歌。

① Q043

② Q119

《説文·瓦部》：“，土器已燒之總名。象形。凡瓦之屬皆从瓦。”

【釋形】

《説文》小篆爲象形字，本義爲陶製器物之總稱。“瓦”戰國秦文字作（《睡·日甲》74），漢碑字形與之相承，如圖①②。

【釋義】

陶製器物的總稱：“述葬棺郭，不布瓦鼎盛器，令群臣已葬，去服，毋金玉器”（Q006）；“願以家錢，義作土牛、上瓦屋、欄楯什物，歲歲作治”（Q119）。

12189 **甄** zhēn 《廣韻》職鄰切，章真平。章文。

① Q065

② Q149

③ Q066

④ Q132

⑤ Q178

《説文·瓦部》：“，匋也。从瓦，垔聲。”

【釋形】

《説文》小篆爲形聲字，从瓦，垔聲，本義爲製作陶器。“垔”上古音在影母文部。漢碑字形中，圖①爲碑文篆書，其中“垔”所从之構件“土”似訛爲“壬”形；構件“西”也與《説文》小篆不同，粘合爲“覀”。其他字形都已經發生隸變，構件“西”均隸定爲“覀”；構件“土”或添加一點畫作“圡”，如圖④⑤。義符“瓦”或在戰國秦文字（《睡·日甲》74）的基礎上進一步筆畫化，如圖②；或左側豎筆延長，隸定似“儿”内兩短横，如圖③～⑤。

【釋義】

㊀審察，辨别：“廣學甄微，靡不貫綜”（Q132）；“慱學甄微，靡道不該”（Q066）；“君童齔好學，甄極毖緯，無文不綜”（Q178）。㊁彰顯，表彰：“洪勛則甄，盛德惟□”（Q193）；“甄功者也”（Q149）。㊂通“桭”：見“甄旅”。

【釋詞】

［甄旅］即“桭旅”，語出《尚書·禹貢》：

“九山栞旅,九川滌原,九澤既陂,四海會同。”謂除木成道,旅祭九州名山:“九山甄旅,咸秩無文”(Q065)。

12190 **弓** gōng 《廣韻》居戎切,見東平。見蒸。

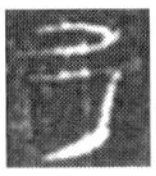
Q112

《説文・弓部》:“ ,以近窮遠。象形。古者揮作弓。《周禮》六弓:王弓、弧弓以射甲革甚質;夾弓、庾弓以射干矦鳥獸;唐弓、大弓以授學射者。凡弓之屬皆从弓。”

【釋形】

《説文》小篆爲象形字,像弓之形。“弓”甲骨文作 (《合》8867),金文作 (《弓父庚卣》),更爲象形。或省弓弦作 (《合》25216)、 (《同卣》)。小篆與後一種字形相承。漢碑字形將小篆線條轉寫隸定爲平直方折的筆畫,如圖。

【釋義】

用於人名:“薛弓奉高二百”(Q112);“行義掾魯弓如叔都二百”(Q112)。

12191 **弭** mǐ 《廣韻》綿婢切,明紙上。明支。

Q174

《説文・弓部》:“ ,弓無緣。可以解轡紛者。从弓,耳聲。 ,弭或从兒。”

【釋形】

《説文》小篆爲形聲字,从弓,耳聲,指兩端以獸骨裝飾而不加繫束的角弓。“耳”上古音在日母之部。漢碑字形依小篆線條轉寫隸定,構件“弓”和“耳”中的曲線均被分解爲不同筆畫的組合,如圖。

【釋義】

消除,除去:“祭有二義,或祈或報。報以章德,祈以弭害”(Q174)。

12192 **張** zhāng 《廣韻》陟良切,知陽平。端陽。

① Q063

② Q114

③ Q178

④ Q088

⑤ Q127

《説文・弓部》:“ ,施弓弦也。从弓,長聲。”

【釋形】

《説文》小篆爲形聲字,从弓,長聲。漢碑字形中,圖①爲碑文篆書;其他字形都已經發生隸變。聲符“長”甲骨文作 (《合》27641),像老人拄杖形;小篆變異嚴重,已看出原初的構意;漢碑字形在小篆的基礎上進一步省變重組,如圖②～⑤。

【釋義】

㊀張設,張掛:“干侯用張,籩豆用敶”(Q172)。㊁施用:“菜石縣西南小山陽山,涿癘摩治,規柜施張”(Q114)。㊂姓氏:“孝子張文思哭父而禮”(Q031);“故吏都昌張暢,字元暢”(Q088);“故從事魯張嵩眇高五百”(Q112)。㊃用於人名:“敦煌長史武君諱斑,字宣張”(Q093);“刻者潁川邯鄲公脩、蘇張”(Q129)。㊄用於地名:“張掖屬國都尉丞、右扶風隃麋侯相、金城西部都尉、北地大守”(Q178)。

12193 **彊(疆)** (一)qiáng 《廣韻》巨良切,羣陽平。羣陽。

① Q172

② Q179

③ Q153

④ Q095

⑤ Q095

《説文・弓部》:“ ,弓有力也。从弓,畺聲。”

【釋形】

《説文》小篆爲形聲字，从弓，畺聲，後來寫作“强”。聲符“畺”即“疆”之初文，本像田界之形。在甲骨文、金文中，“畺”充當“彊”的聲符時繁簡不一，表示田界的符號或有或省，或中或下，或一或二，如（《合》3019）、（《大盂鼎》）、（《師遽方彝》）、（《不嬰簋》）等。小篆字形中聲符“畺”上中下皆有田界符號。漢碑字形或依小篆字形轉寫隸定，如圖①②；或將兩個“田”中的豎筆上下貫通，如圖③；或在上端增加兩點作“畺”（即“畺”的形變），整字隸定作“彊”，如圖④⑤。

【釋義】

㊀强大，强盛：“彊不凌弱，威不猛害”（Q153）；“外定彊夷，即序西戎；内建籌策，協霍立宣”（Q169）；“奉魁承杓，綏億衙彊”（Q095）。㊁用於人名：“屬褒中晁彊，字産伯”（Q095）。

（二）jiāng 《廣韻》居良切，見陽平。見陽。

【釋義】

通“疆”，邊際，界限：“干禄无彊，子子孫孫”（Q179）。

12194 **彊**

“彊”的異體字（圖④⑤），見12193彊。

12195 **弘（引）** hóng 《廣韻》胡肱切，匣登平。匣蒸。

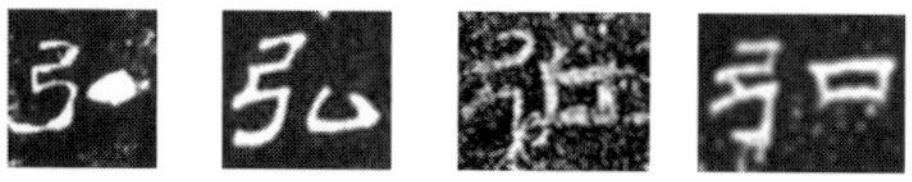

① Q127 ② Q129 ③ Q154 ④ Q125

⑤ Q128 ⑥ Q095

《説文·弓部》：“，弓聲也。从弓，厶聲。厶，古文肱字。”

【釋形】

《説文》以爲形聲字，从弓，厶聲。按“弘”甲骨文作（《合》667）、（《合》667）、（《合》3441）等，从弓从口會意，本義爲大弓發出的聲音，引申爲聲音洪大。金文多沿襲甲骨文省去弓弦的構形，如（《盟弘卣》）等；小篆則將構件“口”變異爲“厶”形，《説文》以“从弓，厶聲”釋之，與原初構意不符。漢碑字形或依小篆隸定爲“弘”，如圖①②；或依金文隸定爲引，如圖③～⑥。

【釋義】

㊀寬敞，寬大：“衢廷弘敞，官廟嵩峻”（Q125）。㊁宏大，宏偉：“體弘仁，蹈中庸，所臨歷，有休功，追景行，亦難雙”（Q185）；“永惟孝思，亦世弘業”（Q128）。㊂弘揚，推廣：“不能闡弘德政，〖恢崇〗壹變，夙夜憂怖，累息屏營”（Q140）；“瘯弘大節，讜而益明”（Q095）；“選其年卌以上，經通一藝，雜試通利，能奉弘先聖之禮，爲宗所歸者”（Q102）。㊃用於人名：“部掾冶級王弘、史荀茂、張宇、〖韓〗岑〖等典〗功作”（Q025）；“膠東君諱弘，字元譽”（Q128）。㊄用於地名：“弘農大守、安國亭矦、汝南袁逢掌華嶽之主”（Q129）。

12196 **引**

“弘”的異體字（圖③～⑥），見12195弘。

12197 **彌** mí 《廣韻》武移切，明支平。明脂。

① Q102 ② Q141 ③ Q095

彌，《説文》作“璽”。《説文·弓部》：“，弛弓也。从弓，璽聲。”

【釋形】

《説文》以“璽”爲形聲字，从弓，璽聲，本義爲放鬆弓弦，與“張”相對。按“璽”金文作（《長囟盉》），从弓，爾聲；或作（《蔡姞簋》），从弓，𤕦聲。小篆改爲从弓，璽聲（“璽”之聲符爲“爾”，二者上古音同在脂部）。漢碑字形承襲金文作从弓，爾聲，聲符“璽”或依據小篆線條轉寫隸定，如圖①；或將上方構件“尒”離析爲一横下加三點或數點，如圖②③。

【釋義】

㊀長久，久遠：“大漢延期，彌歷億萬”（Q141）。㊁副詞，表示程度加深：“□欲救民，德彌大兮”（Q187）；“君德明明，炳煥彌光”（Q095）；“巍巍大聖，赫赫彌章”（Q102）。

【釋詞】

［彌流］久病不愈：“將據師輔，之紀之綱，而疾彌流”（Q148）。

12198 **弛** chí 《廣韻》施是切，書紙上。書歌。

Q125

《説文·弓部》：“，弓解也。从弓从也。，弛或从虒。”

【釋形】

《説文》小篆爲會意字，从弓从也，本義爲放鬆弓弦，與“張”相對。漢碑字形因受“施”影響而訛混作“弛”（其中右上方的“𠂉”寫作“亠”），如圖。

【釋義】

荒廢，衰敗：“虔恭禮祀，不愆其德。惟前廢弛，匪躬匪力”（Q125）。

12199 **弩** nǔ 《廣韻》奴古切，泥姥上。泥魚。

Q100

《説文·弓部》：“，弓有臂者。《周禮》四弩：夾弩、庾弩、唐弩、大弩。从弓，奴聲。”

【釋形】

《説文》小篆爲形聲字，从弓，奴聲，本義爲一種利用機械裝置射箭的弓。漢碑字形中，聲符“奴”所从之構件“女”隸定情況參見12118女；構件“又”及義符“弓”依小篆字形轉寫隸定，如圖。

【釋義】

利用機械裝置射箭的弓：“前者功曹後主簿，亭長騎佐胡使弩”（Q100）。

12200 **彈** tán 《廣韻》徒干切，定寒平。定元。

① Q144 ② Q266 ③ Q084

《説文·弓部》：“，行丸也。从弓，單聲。，彈或从弓持丸。”

【釋形】

《説文》以爲形聲字，从弓，單聲。按“彈”甲骨文作（《合》18477）、（《合》4733），像弓上有彈丸之形。小篆變爲形聲字。漢碑字形中，義符“弓”依據小篆線條轉寫隸定；聲符“單”所从之構件“吅”或隸定爲兩個封閉的三角形，如圖②③。

【釋義】

㊀彈擊，撥動：“餘暇徲徠，彈琴擊磬”（Q148）；“所在執憲，彈繩糾枉，忠絜清肅”（Q144）。㊁彈劾：“銜命二州，受莢秉憲，彈貶貪枉，清風流射”（Q128）；“案奏□公，彈絀五卿，華夏祗肅，佞穢者遠”（Q154）；“出典諸郡，彈枉糾邪”（Q178）。㊂指街彈，漢代里官治事之所，其職責之一就是協調組織鄉民互助耕作：“愍念烝民，勞苦不均，爲作正彈，造設門更，富者不獨逸樂，貧者不獨□□”（Q193）。

【釋詞】

［彈翰］翰是長而硬的鳥羽，可以製筆，故常借指毛筆。“彈翰”即運筆作書：“吟咏成章，彈翰爲法”（Q169）。

12201 **發** fā 《廣韻》方伐切，幫月入。幫月。

① Q130 ② Q142 ③ Q134 ④ Q015

《説文·弓部》:"[篆],䠶發也。从弓,癹聲。"

【釋形】

《説文》以爲形聲字,从弓,癹聲。按"發"甲骨文作[甲](《合》19752),裘錫圭謂像發射之後弓弦不斷顫動之形(《古文字論集》);或增添構件"支",寫作[甲](《合》26909)、[甲](《合》5558),像手持工具撥弓之狀。春秋金文在此基礎上又增添示音構件"癶",變成形聲字,寫作[金](《姑發𦣞反劍》)。小篆改"支"爲"殳",并與示音構件"癶"重組爲"癹",故《説文》以"从弓,癹聲"釋之,理據重構。漢碑字形或依小篆構件轉寫隸定,如圖①②;或受理據的影響將構件"殳"改换爲"矢"(因爲"矢"與射箭有關);或沿襲春秋金文从弓从支、癶聲的構形,并將聲符"癶"粘合隸定爲"䒑",如圖④。

【釋義】

㊀發射,射箭:"發彼有的,雅容弗閑"(Q172)。㊁出發,離開:"龜兹左將軍劉平國,以七月廿六日發家,□從秦人孟伯山、狄虎賁、趙當卑、萬羌、□當卑、程阿羌等六人"(Q116)。㊂發表,表達:"時發雅論……"(Q201)。㊃發布,發出:"發號施憲,每合天心"(Q148);"應時發算,除去灾變"(Q142)。㊄傳播,傳揚:"□書悅樂,古今允通,聲稱爰發,牧守旌招"(Q130)。㊅弘揚,彰明:"乃發嘉教,躬損奉錢,倡率羣義,繕廣斯廟"(Q199)。㊆開啟,發掘:"始建國天鳳五年十月十七日癸巳葬,千歲不發"(Q016);"長就幽冥則決絶,閉曠之後不復發"(Q100)。㊇揭發,發現案情:"董督京輦,掌察羣寮,蠲細舉大,榷然疏發"(Q154)。㊈抒發,表露:"頎甫班爵,方授銀符,聞母氏疾病,孝烝内發"(Q134)。㊉顯示,顯現:"其在孩提,岐嶷發蹤"(Q093)。⑪徵發,徵調:"以十一月十五日平旦,赤車使者來發生葵兩束"(Q142);"乞不爲縣吏、列長、伍長、徵發小繇"(Q119);"復顔氏,并官氏邑中繇發,以尊孔心"(Q112)。⑫分配,給予:"發荒田耕種,賦與寡獨王佳小男楊孝等三百餘户"(Q161)。⑬用於人名;特指周武王姬發:"爲堯種樹,舍潛于岐,天顧亶甫,乃萌昌發"(Q187)。

【釋詞】

[發憤]奮發,努力:"發憤脩立,以顯光榮"(Q109)。

12202 弻

"弼"的異體字(圖③),見12203弼。

12203 弼(弻) bì 《廣韻》房密切,並質入。並質。

① Q152

② Q187

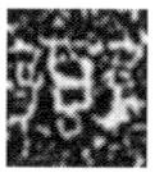
③ Q179

《説文》作"弻",《説文·弜部》:"[篆],輔也,重也。从弜,丙聲。[篆],弼或如此。[篆]、[篆],並古文弼。"

【釋形】

《説文》小篆爲形聲字,从弜,丙聲。義符"弜"《説文》釋爲"彊也。从二弓"。按甲骨文有[甲](《合》28110)、[甲](《合》39470)等形,金文作[金](《亞弜鼎》),羅振玉認爲乃"弼"之古文。"弼"像二弓并列之形,故有重、輔之義。金文增添構件"因",寫作[金](《毛公鼎》),以强化因依、輔助之義。戰國楚文字或作[楚](《包》2.51),从力,弗聲,與《説文》古文聲符相同。《説文》正篆將金文中的構件"因"訛作"丙",應該是受形聲化趨勢影響所致;《説文》或體改爲一"弓"二"丙",證明構件"丙"原來并非聲符。漢碑字形將構件"丙"混同爲"百",或依《説文》正篆置於"弜"的右側,如圖①;或置於"弜"的中間,如圖②③。

【釋義】

㊀輔助,輔佐:"文景之間,有張釋之,建忠弼之謨"(Q179);又見"匡弼"。㊁辅佐天子的大臣:"劉府君大漢枝族,應期作

弼”（Q123）。㊂用於人名：“伯邳從弟諱弼，字穎伯，舉孝廉，西鄂長”（Q152）。

12204 **弦** xián 《廣韻》胡田切，匣先平。匣真。

① Q169

② Q088

③ Q179

《説文·弦部》：“，弓弦也。从弓，象絲軫之形。凡弦之屬皆从弦。”

【釋形】

《説文》小篆爲合體象形字，从弓，像絲軫之形。按“弦”戰國秦文字作（《睡·日甲》27），从弓从糸會意。小篆改“糸”爲“𢆯”，“𢆯”即“玄”之初文，段玉裁《説文解字注》：“謂𢆯也，象古文絲而系於軫，軫者系弦之處。”“玄”甲骨文與“幺、糸”本同形，均作（《合》20948），像絲束之形，後分化爲三字。漢碑字形中，圖①在構件“𢆯”上部增添“亠”形，形成“𢆯”與“玄”兩種寫法的糅合；中間“幺”形尚未完全離析爲筆畫，仍寫作兩個相疊的三角形。圖②殘泐不清；圖③變異嚴重。

【釋義】

㊀弓弦，也代指弓：“晉陽珮瑋，西門帶弦，君之軆素，能雙其勛”（Q179）。㊁弦樂器的總稱：“音流管弦，非篇訓金石，孰能傳焉，乃刊碑勒銘，昭示來今”（Q169）；“或著形像於列圖，或數頌於管弦”（Q088）。

12205 **孫** sūn 《廣韻》思渾切，心魂平。心文。

① Q088

② Q021

《説文·系部》：“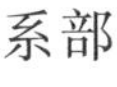，子之子曰孫。从子从系。系，續也。”

【釋形】

《説文》小篆爲會意字，从子从系，會子孫綿延相繼之義。按“孫”甲骨文作（《合》10554），从子从幺（像絲束之形）。金文或承襲甲骨文作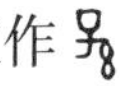（《舍父鼎》）；或變爲从子从糸，寫作（《乃孫乍且己鼎》）。小篆“糸”混同作“系”，故《説文》以“从子从系”釋之，理據重構。漢碑字形或承襲小篆作从子从系，如圖①；或形如金文作从子从糸，如圖②。其中像絲束的部分還没有完全筆畫化，仍寫作兩個相疊的三角形；像絲束端緒的部分分解爲三點，近似於“小”。

【釋義】

㊀孫子：“二君清□，約身自守，俱大司隸孟文之元孫也”（Q152）；“君則監營謁者之孫，脩武令之子”（Q154）；“封侯食邑，傳子孫兮”（Q171）。㊁姓氏：“故門下書佐營陵孫榮，字吉榮”（Q088）；“青州從事，北海高密孫仲隱，故主簿、督郵、五官掾、功曹、守長”（Q160）。㊂用於人名：“故吏齊□博陵安平崔恢，字行孫”（Q148）；“育生充國，字翁孫，該于威謀，爲漢名將”（Q169）。

12206 **緜**

“綿”的異體字（圖①），見12207綿。

12207 **綿（緜）** mián 《廣韻》武延切，明仙平。明元。

① Q063

② Q158

《説文》作“緜”，《説文·系部》：“，聯微也。从系从帛。”

【釋形】

《説文》小篆爲會意字，从系从帛，本義爲連綿不絶。段玉裁《説文解字注》：“聯者，連也。㣲者，眇也。其相連者甚㣲眇，是曰緜。引申爲凡聯屬之偁。”義符“系”甲骨文作（《合》24769），像以手繫絲之狀，義爲繫聯，《説文》籀文源於此；戰國楚文字省形作（《包》2.179），从爪从糸；小篆“爪”形省爲一撇，《説文》釋爲“从糸，厂

聲”，乃不明形源所致。漢碑字形中，圖①爲碑文篆書，與《説文》小篆形體相同。圖②發生隸變，兩個構件左右位置互换，其中構件“系”省作“糸”，構件“帛”依小篆線條轉寫隸定，整字隸定與現在“綿”之繁體相近。

【釋義】

㊀連綿不絶：“身歿聲鬯，千載作珍，緜之日月，與金石存”（Q063）。㊁姓氏：“盖聞立天之道，曰陰（闕），是以綿駒在高唐，而齊右善謳”（Q158）。

12208 **繇**　yáo　《廣韻》餘昭切，餘宵平。餘宵。

① Q119

② Q112

③ Q146

《説文·系部》：“，隨從也。从系，䚻聲。”

【釋形】

《説文》小篆爲形聲字，从系，䚻聲。按“繇”金文作 （《懋史繇鼎》）、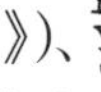（《師寰簋》），構意不明。《説文》小篆改爲从系，䚻聲，當爲理據重構。漢碑字形中，義符“系”依小篆線條轉寫隸定，中間像絲束的部分還没有完全筆畫化，仍寫作兩個相疊的三角形；像絲束端緒的部分分解爲三筆，近似於“小”。聲符“䚻”所从之構件“言”省變混同爲“音”，如圖①～③。“䚻”所从之構件“肉”或依小篆斜置，隸定作“⺼”，如圖①②；或省簡混同作“夕”，如圖③。

【釋義】

通“徭”，徭役：“願以家錢，義作土牛、上瓦屋、欄楯什物，歲歲作治。乞不爲縣吏、列長、伍長、徵發小繇”（Q119）；“復顔氏并官氏邑中繇發，以尊孔心”（Q112）；“重義輕利，制户六百。省無正繇，不責自畢”（Q172）。

卷 十 三

13001 **緒** xù 《廣韻》徐吕切，邪語上。邪魚。

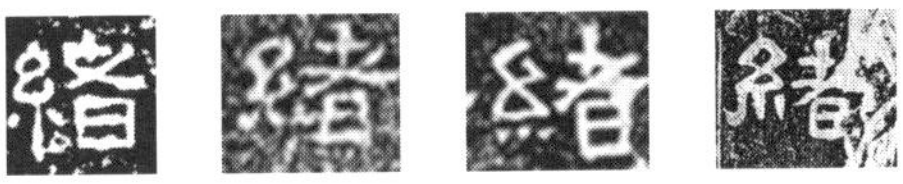

① Q185　② Q169　③ Q179　④ Q247

《説文·糸部》："緒，絲耑也。从糸，者聲。"

【釋形】

《説文》小篆爲形聲字，从糸、者聲，本義爲絲束的端緒。"者"上古音在章母魚部。按"糸"甲骨文作𢆯（《合》20948）、𢆯（《合》16983）等形，像束絲之形，與"幺、玄"同形；或作𢆯（《合》21306），突出上下端的端緒；小篆省上端的絲緒，寫作糸。漢碑字形中，義符"糸"上部像束絲之形的部分還没有完全筆畫化，近似於兩個相疊的圓形或三角形，如圖①～④；下部像絲緒的部分離析爲三筆，圖①④中近似於"小"，圖②③中省簡爲三點。在有些漢碑字形中，"糸"作左構件時已經筆畫化作糹，與後世通行的繁體寫法相同。聲符"者"上部或隸定爲"十"下加"乂"，如圖①～③；或省簡作"耂"，如圖④。"者"的詳細隸變情況參見4017者。

【釋義】

㊀次序："德配五岳，王公所緒。四時珪璧，月醮酒脯"（Q171）。㊁胤緒，後代："其先周文公之碩胄，□□伯禽之懿緒，以載于祖考之銘也"（Q154）。㊂事業："纂脩其緒，温良恭儉"（Q185）；"君纘其緒，華南西畺"（Q187）；又見"前緒"。㊃用於人名："故吏韋元緒錢四百"（Q179）。

13002 **純** chún 《廣韻》常倫切，禪諄平。禪文。

① Q154　② Q084　③ Q166

《説文·糸部》："純，絲也。从糸，屯聲。《論語》曰：'今也純，儉。'"

【釋形】

《説文》小篆爲形聲字，从糸，屯聲。義符"糸"隸定情況見13001緒。聲符"屯"所从之構件"屮"縱向曲線隸定爲竪彎；上弧線或依小篆線條隸定爲"凵"形，如圖①；或拉直爲横，如圖②；或變形分解爲"𠆢"形，如圖③。

【釋義】

㊀大："惟中嶽大室，崇高神君，處兹中夏，伐業最純"（Q061）。㊁純正，純粹："峨峨我君，懿烈孔純"（Q137）；"游居放言，在約思純"（Q169）；"巖巖繆君，禮性純淑"（Q099）。㊂質樸，敦厚："於穆我君，既敦既純。雪白之性，孝友之仁"（Q179）；"高位不以爲榮，卑官不以爲恥。含純履軌，秉心惟常"（Q166）。㊃用於人名："故午淳于董純，字元祖"（Q088）。

13003 **經** jīng 《廣韻》古靈切，見青平。見耕。

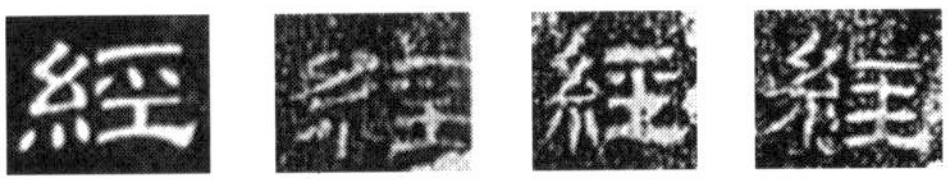

① Q129　② Q102　③ Q174　④ Q095

《説文·糸部》："經，織也。从糸，巠聲。"

【釋形】

《説文》小篆爲形聲字，从糸，巠聲，本義爲織布機上縱向的線。漢碑字形中，義符“糸”隸定情況見13001緒。聲符“巠”金文作（《大盂鼎》），像織布機上張設的經線之形，其中“工”像織布機上用以控制經線的裝置。《説文》小篆承襲金文字形作；《説文》古文下面構件改作“壬”，寫作，《説文》據此將“巠”釋爲从川从一、壬省聲，并釋其義爲“水脈”，乃不明其形源所致。漢碑字形將像經線之形的三個線條隸定轉寫爲三點，如圖①②；或將中間的線條轉寫爲豎，且與下面“工”的豎畫相連，左右兩個線條轉寫爲點，如圖③；或進一步將左右兩側的點連接爲一横畫，如圖④。構件“壬”或依小篆的省形而隸定作“工”，如圖①；或依古文隸定混同爲“壬”，如圖②；或與上方構件發生粘合，如圖③④。

【釋義】

㊀經線：見“經緯”。㊁經過，經由：“遂陵高闕，下雞簏，經磧鹵，絶大漠”（H26）。㊂奔走：見“經營”。㊃遵循，踐行：“於戲与考，經德炳明”（Q187）；“思純履勁，經德不回”（Q084）；㊄管理，治理：“仁前在聞憙，經國以禮，刑政得中”（Q163）；“階夷愍之貢，經常伯之寮，位左馮翊，先帝所尊，垂名竹帛”（Q137）；“經之營之，勿傷厥土”（H144）。㊅經常，日常：見“經用”。㊆常行的重要義理、法則等：“禮有五經，莫重於祭”（Q174）；“動順經古，先之以博愛，陳之以德義，示之以好惡”（Q146）；“廢子由斯，得其度經”（Q095）。㊇特指儒家經典著作：“選其年卌以上，經通一藝，雜試通利，能奉弘先聖之禮，爲宗所歸者”（Q102）；“不在朝廷，又無經學”（Q057）；“君諱榮，字含和，治魯詩經韋君章句”（Q132）；“〖特〗以儒學，詔書勑留，定經東觀”（Q134）。㊈用於人名：“中子諱操，字仲經，郡孝，灌謁者”（Q128）。

【釋詞】

［經緯］織物的縱線爲“經”，横線爲“緯”。引申爲規劃、治理：“演《易·繫辭》，經緯天地，幽讚神朙，故特立廟”（Q102）。

［經營］直行爲經，周行爲營。表示來回奔波：“陟降山谷，經營拔涉，草止露宿，捄活食餐千有餘人”（Q161）。

［經用］日常用度：“緜出經用，備其犧牲；奉其珪璧，絜其粢盛”（Q174）；“路當二州，經用衿沮”（Q150）。

13004 **織**　zhī　《廣韻》之翼切，章職入。章職。

① Q248

② Q178

③ Q153

《説文·糸部》：“，作布帛之總名也。从糸，戠聲。”

【釋形】

《説文》小篆爲形聲字，从糸，戠聲。漢碑字形中，有的爲碑文篆書，但已經帶有明顯的隸意，局部寫法與《説文》小篆有明顯差異，如圖①。多數則已經發生隸變，義符“糸”隸定情況見13001緒。聲符“戠”所从之構件“戈”和“音”或横畫相連，如圖③。構件“音”原本从言从一，漢碑重組爲上“立”下“日”，如圖②③。

【釋義】

紡織：“行路撫涕，織婦喑咽”（Q153）；“農夫織婦，百工戴恩”（Q178）；“公儀徹織庖園之節”（Q173）。

13005 **綜**　zōng　《廣韻》子宋切，精宋去。精冬。

① Q132

② Q178

《説文·糸部》：“，機縷也。从糸，宗聲。”

【釋形】

《説文》小篆爲形聲字，从糸，宗聲，本

義爲織布機上控制經線上下交錯以便穿梭的裝置。漢碑字形中,義符“糸”隸定情況見 13001 緒。聲符“宗”或依據小篆布局呈半包圍結構,如圖①;或將構件“宀”兩側線條縮短,使得“宗”調整爲上下結構,如圖②。

【釋義】

博通,通曉:“廣學甄微,靡不貫綜”(Q132);“躬素忠謇,犯而勿欺,兼綜憲法”(Q173);“君童齔好學,甄極毖緯,無文不綜”(Q178)。

13006 **緯** wěi 《集韻》羽鬼切,雲尾上。匣微。

① Q178

② Q066

《説文·糸部》:“[篆],織横絲也。从糸,韋聲。”

【釋形】

《説文》小篆爲形聲字,从糸,韋聲,本義爲織布機上横向的線。漢碑字形中,義符“糸”隸定情況見 13001 緒;聲符“韋”下方的“㐄”或省簡爲兩横一豎,如圖①。

【釋義】

㊀織布機上横向的線:見“經緯”。㊁緯書,與經書相對:“博學甄微,靡道不該,又明歐陽《尚書》、河洛緯度”(Q066);“君童齔好學,甄極毖緯,無文不綜”(Q178)。

13007 **統** tǒng 《廣韻》他綜切,透宋去。透東。

① Q066

② Q201

《説文·糸部》:“[篆],紀也。从糸,充聲。”

【釋形】

《説文》小篆爲形聲字,从糸,充聲,本義爲絲的頭緒。漢碑字形中,義符“糸”隸定情況見 13001 緒。聲符“充”本从儿、育省聲,其中“育”省聲的部分本像倒子之形,漢碑字形將其離析開來,上部隸定爲“亠”,下部像頭之形的部分隸定爲“厶”,如圖①②。

【釋義】

㊀統率,統領:“朝無秕政,直哉惟清。出統華夏,化以□成”(Q148);“〖亦〗世掌位,統國法度”(Q122);“統政□載,穆若清風”(Q154);又見“統御、典統”。㊁傳承血統:“皇戲統華胥,承天畫卦”(Q112)。㊂宗族系統:見“統系”。㊃用於人名:“牧子統,金城太守、沛相”(Q066)。

【釋詞】

[統系]宗族系統:“其於統系,寵存贈亡,篤之至也”(Q161)。

[統御]統率,統領:“上陟皇燿,統御陰陽,騰清躡浮,命壽無疆”(Q199)。

13008 **紀** jì 《廣韻》居理切,見止上。見之。

① Q123

② Q126

③ Q142

④ Q140

⑤ Q134

《説文·糸部》:“[篆],絲别也。从糸,己聲。”

【釋形】

《説文》小篆爲形聲字,从糸,己聲,本義爲絲線的條縷。漢碑字形中,義符“糸”隸定情況見 13001 緒;聲符“己”將小篆圓轉的線條離析轉寫爲平直方折的筆畫,如圖①～⑤。

【釋義】

㊀法度,準則:“咸曉地理,知世紀綱”(Q095);“將據師輔,之紀之綱”(Q148)。㊁治理:“龜銀之胄,弈世載勛,綱紀本朝,優劣殊分”(Q166);“紀綱萬里,朱紫不謬”(Q178)。㊂壽命,年紀:“中遭冤夭,不終其

紀”（Q144）。㊃通“記”，記載，記録：“綴紀撰書，脩定禮義”（Q140）；“於是紀功刊勒，以炤令問”（Q126）；“春秋記異，今而紀功”（Q095）。㊄姓氏：“故書佐劇紀政，字吉堅”（Q088）；“紀伯允書此碑”（Q093）。㊅用於人名：“漢中大守楗爲武陽王升，字稚紀，涉歷山道，推序本原”（Q095）。

13009 **繈**　qiǎng　《廣韻》居兩切，見養上。見陽。

Q178

《説文·糸部》：“　，觕纇也。从糸，强聲。”

【釋形】

《説文》小篆爲形聲字，从糸，强聲，本義爲絲線上的粗疙瘩。漢碑字形中，義符“糸”隸定情況見13001緒。聲符“强”本从虫弘聲，上下結構，構件“弘”中的“厶”隸定作“口”，并與下部“虫”粘連爲“虽”，結構布局調整，如圖。

【釋義】

通“襁”，用以背負嬰兒的布幅：見“繈負”。

【釋詞】

［繈負］即“襁負”，用布幅包裹着小孩背在背上：“百姓繈負，反者如雲”（Q178）。

13010 **納**　nà　《廣韻》奴答切，泥合入。泥緝。

① Q255

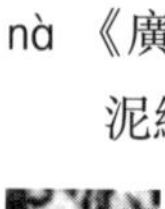

② Q065

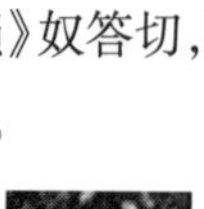

③ Q084

④ Q114

《説文·糸部》：“　，絲溼納納也。从糸，内聲。”

【釋形】

《説文》小篆爲形聲字，从糸，内聲。按“納”本與“内（内）”同字，戰國文字開始分化出从糸、内聲的　（《信》2.028），小篆線條化爲　。聲符“内”甲骨文、金文作　（《合》4529）、　（《合》5560）、　（《利鼎》）等，从冂从入，會從外入内之義；小篆“入”形穿過“冂”形上部；漢碑字形構件“入”或依小篆轉寫隸定，如圖①②；或分解作撇與點，如圖③④。

【釋義】

㊀進獻：“卜擇吉土治東，就衡山起堂立壇，雙闕夾門，薦牲納禮，以寧其神”（Q060）；“甘珍嗞味嗛設，隨時進納，省定若生時”（Q114）。㊁采納：“徵爲尚書，肅恭國命，傅納以言”（Q084）；“上納其謨，拜郎、上黨府丞，掌令”（Q161）。㊂接受，接納：“精通晧穹，三納苻銀”（Q150）；“車騎將軍竇憲，〖寅亮聖皇，登翼〗王室，納於大麓，惟清緝熙”（H26）。㊃娶妻：“九山甄旅，咸秩無文，爰納塗山，辛癸之間”（Q065）。㊄用於人名：“故從事功曹下辨姜納，字元嗣”（Q146）。

13011 **絶**　jué　《廣韻》情雪切，從薛入。從月。

① Q083

② Q150

③ Q153

《説文·糸部》：“　，斷絲也。从糸从刀从卩。　，古文絶。象不連體，絶二絲。”

【釋形】

《説文》以爲會意字，从糸从刀从卩。按“絶”甲骨文作　（《合》152）、　（《合》780），从糸从刀，會以刀斷絲之義。金文或承襲甲骨文作　（《倗生簋》）；或繁化作　（《中山王嚳壺》），將刀刃插於兩根斷絲之間，更爲形象；《説文》古文與之相承。戰國秦文字在金文第一種字形的基礎上繁化，在構件“刀”下面增添構件“卩”，寫作　（《睡·封》53）；小篆字形與之相承，故《説文》以“从糸从刀从卩”釋之，應爲理據重構。漢碑字形中，構件“糸”隸定情況見13001

緒;構件“刀”隸定作“⺈”;構件“卩”隸定作“巳”,如圖①～③。

【釋義】

㊀斷開,阻斷:“〚濤〛波滂沛,激揚絶道”(Q150)。㊁中止,間斷:“煙火相望,四時不絶,深野曠澤,哀聲忉切”(Q153)。㊂剷除,滅絶:“轉拜郃陽令,收合餘燼,芟夷殘迸,絶其本根”(Q178)。㊃消失,永遠離去:“去日日而下降兮,榮名絶而不信”(Q039);“長就幽冥則決絶,閉曠之後不復發”(Q100)。㊄滅絶、消失的東西:“振滯起舊,存亡繼絶”(Q137);“叔子諱璜,字文博,纘脩乃祖,多才多藝,能恢家袥業,興微繼絶,仁信明敏,壯勇果毅”(Q169)。㊅獨特的,特異的:“君稟資南霍之神,有天□德之絶操,髫髦克敏,〚志〛學典謨”(Q172);“復聖二族,逴越絶思”(Q112)。㊆表示程度深:“遺孤忉絶,于嗟想形”(Q148);“誕生照明,岐嶷踰絶”(Q193)。

13012 **繼** jì 《廣韻》古詣切,見霽去。見質。

① Q066

② Q146

③ Q095

④ Q128

《説文·糸部》:“,續也。从糸、㡭。一曰:反㡭爲繼。”

【釋形】

《説文》以爲會意字,从糸、㡭。按“繼”甲骨文作(《合》14959)、(《合》2940),像用幾條横線將兩束絲相連接之形,以此表示接續之義,可理解爲指事字。戰國楚文字將幾條連接線訛變作“刀”形,寫作(《包》2.249),成爲“㡭(絶)”的反體,即《説文》所説“反㡭爲繼”;戰國楚文字或省簡作(《郭·老甲》1)。小篆在戰國楚文字第一種字形的基礎上增添構件“糸”,應爲“㡭”的纍增字,而非从糸从㡭會意;其中“㡭”中的構件“刀”被離析爲兩條折線。漢碑字形中,構件“糸”隸定情況見13001緒。構件“㡭”或依小篆線條轉寫隸定,將其中的“刀”連爲一體,如圖①②;或改變“刀”的置向,并將原來的四個“幺”省簡爲兩個,如圖③;或粘合重組爲“乚”内加“米”形,爲後世民間俗字“継”和現代簡化字“继”之所本,如圖④。

【釋義】

承繼,延續:“追迹曾參,繼迹樂正”(Q134);“振滯起舊,存亡繼絶”(Q137);“繼禹之迹,亦世賴福”(Q146);“子孫以銀艾相繼”(Q166);“天姿明敏,敦《詩》悦《禮》,膺禄美厚,繼世郎吏”(Q146)。

【釋詞】

[繼母]父親在生母去世或離異後續娶的妻子:“收養季祖母,供事繼母,先意承志,存亡之敬,禮無遺闕”(Q178)。

13013 **續** xù 《廣韻》似足切,邪燭入。邪屋。

① Q178

② Q150

《説文·糸部》:“,連也。从糸,賣聲。,古文續从庚、貝。”

【釋形】

《説文》小篆爲形聲字,从糸,賣聲。“賣”與“賣”形近易混,小篆“賣”作,从貝,𡏳聲;“賣”作,从出从買;且二字《説文》隸定字形也有細微差異,“賣”中間爲“四”形,“賣”中間爲“罒”形。段玉裁《説文解字注》認爲“賣”當爲“鬻”的古字。“賣”今音yù,上古音在餘母藥部,與“續”音近,故可充當其聲符。漢碑字形中,義符“糸”隸定情況見13001緒;聲符“賣”隸定混同作“賣”,如圖①②。

【釋義】

㊀接着,又:“續遇禁冈,潛隱家巷七年”(Q178)。㊁“績”之訛,功績:“經記厥續,

艾康萬里”（Q150）。

13014 **纘** zuǎn 《廣韻》作管切，精緩上。精元。

① Q130

② Q066

③ Q166

《説文·糸部》：“，繼也。从糸，贊聲。”

【釋形】

《説文》小篆爲形聲字，从糸，贊聲。漢碑字形中，義符“糸”隸定情況見13001緒。聲符“贊”隸定作“賛”，上面的構件“兟”隸定混同爲兩個“夫”形，如圖①～③。

【釋義】

繼承：“寔能纘脩，復登上司，陪陵京師”（Q066）；“君纘其緒，華南西畺”（Q187）；又見“纘戎”。

【釋詞】

［纘戎］語出《詩·大雅·韓奕》：“王親命之，纘戎祖考，無廢朕命。”孔穎達疏：“王身親自命之云：汝當紹繼光大其祖考之舊職，復爲侯伯，以繼先祖，無得棄我之教命而不用之。”後以“纘戎”指繼承帝業：“爰暨於君，蓋其繵緾，纘戎鴻緒，牧守相係，不殞高問”（Q179）。

13015 **紹** shào 《廣韻》市沼切，禪小上。禪宵。

① Q144

② Q133

《説文·糸部》：“，繼也。从糸，召聲。一曰：紹，緊糾也。，古文紹从邵。”

【釋形】

《説文》小篆爲形聲字，从糸，召聲。漢碑字形中，義符“糸”隸定情況見13001緒。聲符“召”所从之構件“刀”訛混爲“夕”，“召”遂與“名”混同，如圖①②。

【釋義】

承繼，沿襲：“於顯我君，懿德惟光。紹聖作儒，身立名彰”（Q127）；“佐時理物，紹蹤先軌”（Q144）。

13016 **縱** （一）zòng 《廣韻》子用切，精用去。精東。

① Q185

② Q095

《説文·糸部》：“，緩也。一曰：舍也。从糸，從聲。”

【釋形】

《説文》小篆爲形聲字，从糸，從聲。漢碑字形義符“糸”隸定情況見13001緒。聲符“從”小篆爲左右結構，左“辵”右“从”，漢碑字形將“辵”拆分爲兩部分，其中“彳”居於左側，“止”移至“从”之下；且將“止”省簡似“之”，“从”省簡作“丷”，如圖①②。

【釋義】

㊀與“横”相對：“喪秦□益，功爍縱横”（Q070）。㊁縱容，放縱：“寬不宥姦，喜不縱慝，感不戮仁”（Q161）。

（二）zōng 《廣韻》即容切，精鍾平。精東。

【釋義】

通“蹤”，㊀蹤跡，事蹟：“禹鑿龍門，君其繼縱”（Q095）；“戲我君，羨其縱”（Q185）。㊁追隨，追蹤：“視事四年，比縱豹、産，化行如流”（Q154）。

13017 **紆** yū 《廣韻》億俱切，影虞平。影魚。

① Q021

② Q074

《説文·糸部》：“，詘也。从糸，于聲。一曰：縈也。”

【釋形】

《説文》小篆爲形聲字，从糸，于聲。漢碑字形中，義符“糸”隸定情況見13001緒；聲符“于”小篆作“亏”，漢碑隸定與今之寫法相同，如圖①②。

【釋義】

用於人名："次子紆，曰子淵"（Q021）；"君者諱紆，字季高"（Q111）。

13018 **綑**

"細"的異體字（圖①），見13019細。

13019 **細**（綑） xì 《廣韻》蘇計切，心霽去。心脂。

① Q154

② Q179

《説文》作"綑"，《説文·糸部》："　，微也。从糸，囟聲。"

【釋形】

《説文》小篆爲形聲字，从糸，囟聲。漢碑字形中，義符"糸"隸定情況見13001緒。聲符"囟"或嚴格依小篆線條轉寫隸定，如圖①；或省變混同作"田"，爲今之寫法所承，如圖②。

【釋義】

細微，微小："延熹七年二月丁卯，拜司隸校尉，董督京輦，掌察羣寮，蠲綑舉大，榷然疏發"（Q154）；"數爲從事，聲無細聞"（Q179）。

13020 **級** jí 《廣韻》居立切，見緝入。見緝。

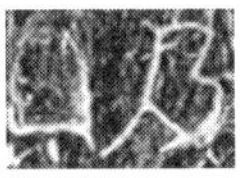
Q025

《説文·糸部》："　，絲次弟也。从糸，及聲。"

【釋形】

《説文》小篆爲形聲字，从糸，及聲。漢碑字形中，義符"糸"隸定情況見13001緒；聲符"及"所从之構件"人"与"又"連寫，已看不出原本的構意了，如圖。

【釋義】

用於官名："部掾冶級王弘、史荀茂、張宇、〖韓〗岑〖等典〗功作"（Q025）。

13021 **総** zǒng 《廣韻》作孔切，精董上。精東。

Q187

《説文》作"總"，《説文·糸部》："　，聚束也。从糸，悤聲。"

【釋形】

《説文》小篆爲形聲字，从糸，悤聲。漢碑字形中，義符"糸"隸定情況見13001緒。聲符"悤"上部構件"囱"變異爲上"丷"下"厶"；下部構件"心"分解爲筆畫，失去象形意味，如圖。

【釋義】

聚束，繫扎：見"総角"。

【釋詞】

［総角］古代兒童束髮爲兩結，向上分開，形狀如角，後借指童年："総角好學，治《春秋》嚴氏經，貫究道度，無文不睹"（Q187）。

13022 **約** yuē 《廣韻》於略切，影藥入。影藥。

① Q146

② Q029

③ Q043

④ Q169

⑤ Q150

《説文·糸部》："　，纏束也。从糸，勺聲。"

【釋形】

《説文》小篆爲形聲字，从糸，勺聲。"勺"上古音在禅母藥部。漢碑字形中，義符"糸"隸定情況見13001緒。聲符"勺"本像挹取東西的器物，中間短橫線象徵挹取之物；漢碑字形將像器物形的線條隸定爲"勹"，與"包"所从之"勹"混同；將象徵挹取之物的短横線隸定爲短横或點畫，如圖①～⑤。

【釋義】

㊀約束，節制："抑□□禮官，賞進厲頑，約之以禮，博之以文"（Q193）；又見"約身、約束"。㊁節儉，簡樸："積德勤约，燕于孫子"（Q144）；"清約節儉，進退應名"（Q070）；"克明俊德，允武允文，躬儉尚約，化流若神"（Q150）。㊂窮困："游居放言，在約思純"（Q169）。

【釋詞】

［約身］約束自身："二君清□，約身自守，俱大司隸孟文之元孫也"（Q152）。

［約束］條約，規章："侍廷里父老僤祭尊于季、主疏左巨等廿五人共爲約束石券"（Q029）。

13023 **結** jié 《廣韻》古屑切，見屑入。見質。

① Q172

② Q100

③ Q106

《説文·糸部》："，締也。从糸，吉聲。"

【釋形】

《説文》小篆爲形聲字，从糸，吉聲。漢碑字形中，義符"糸"隸定情況見13001緒；聲符"吉"上方構件"士"與"土"混同，如圖①～③。

【釋義】

㊀交結，盤結："中直柱，隻結龍主守，中〖霤〗辟邪"（Q100）。㊁心結，讓人煩心的事情："獄無呼嗟之冤，壄無叩匈之結"（Q172）。㊂鬱結，久病不愈："寢疾固結，大命催□魂靈歸"（Q109）。

【釋詞】

［結僤］猶言"接踵"，相繼，相從："大子伯南，結僤在郡，五爲功曹書佐，設在門閤上計，守臨邑尉"（Q106）。

13024 **縛** fù 《廣韻》符钁切，並藥入。並鐸。

① Q146

② Q178

《説文·糸部》："，束也。从糸，尃聲。"

【釋形】

《説文》小篆爲形聲字，从糸，尃聲。漢碑字形中，義符"糸"的隸定情況見13001緒；聲符"尃"省簡與"専"的漢碑字形混同，如圖①②。

【釋義】

捆綁：見"面縛"。

13025 **給** jǐ 《廣韻》居立切，見緝入。見緝。

① Q038

② Q100

③ Q178

④ Q141

《説文·糸部》："，相足也。从糸，合聲。"

【釋形】

《説文》小篆爲形聲字，从糸，合聲。"合"上古音在見母緝部。漢碑字形中，有的爲碑文篆書，但已經帶有明顯的隸意，如圖①。多數則已經發生隸變，義符"糸"的隸定情況見13001緒；聲符"合"所从之構件"亼"多隸定爲"人"下一短横，如圖②～④。

【釋義】

㊀給予，供給："大常丞監祠，河南尹給牛羊豕鷄□□各一，大司農給米祠"（Q102）；"出奉錢市□□作衣，賜給貧乏"（Q161）；"恐縣吏斂民，侵擾百姓，自以城池道濡麥，給令還所斂民錢材"（Q141）。㊁富足，充裕："百姓家給，國富殷兮"（Q171）；"吏樂政，民給足"（Q178）。㊂供事，奉事："僤中其有訾次當給爲里父老者，共以客田借與"（Q029）；"路當二州，經用衿沮。〖沮縣士民，

或〗給州府”（Q150）。㊃用於官名：見“給事”。

【釋詞】

［給事］官名，給事中的省稱：“四〖年〗，十一月庚午，除給事謁者”（Q038）。

13026 **終** zhōng 《廣韻》職戎切，章東平。章冬。

① Q127

② Q144

③ Q158

④ Q261

《説文·糸部》：“，絿絲也。从糸，冬聲。，古文終。”

【釋形】

《説文》小篆爲形聲字，从糸，冬聲。按“終”與“冬”本爲一字，甲骨文作（《合》916）、（《合》20726），像絲線兩端束結之形，本義爲終端，引申表示冬天。後來，表示冬天義時加“仌”（像冰凌之形）作“冬”，以突出其寒冷之義；表示終端義時加“糸”作“終”，以强調與絲線有關（參見11142冬）。漢碑字形中，“終”的義符“糸”隸定情況見13001緒。聲符“冬”上面本像絲結的部分或嚴格依小篆轉寫，仍帶有濃厚的篆意，如圖①；或逐漸筆畫化作“夊”或“久”，如圖②～④；下方構件“仌”隸定作兩短横或兩點，如圖①～④。

【釋義】

㊀終結，結束：“天命有終，不可復追”（Q114）；“喪父去官，服終禮闋，復應三公之招，辟大尉府，除西曹屬”（Q128）。㊁完畢，完成：“中遭冤夭，不終其紀”（Q144）；“老者得終其壽，幼者得以全育”（Q161）。㊂最終，結果：“卜云其吉，終然允臧”（Q174）。㊃自始至終，整個：“終年不登，匱餧之患”（Q095）；“奉爵稱壽，相樂終日，於穆肅廱，上下蒙福”（Q141）；“進退以禮，允道篤愛，先人後已，克讓有終”（Q144）。㊄人死亡：“年三歲却到五年四月三日終”（Q082）；“建寧三年十一□寅終于家”（Q145）；“坐席未竟，年卌二，不幸蚤終，不卒子道”（Q106）；“蓋觀德於始，述行於終”（Q132）；又見“慎終追遠”。㊅用於地名：“故下邳終郭鄉東石諫議”（Q237）。

【釋詞】

［終朝日］從早至晚，一整天：“觸石而出，膚寸而合。不終朝日，而澍雨沾洽”（Q174）。

13027 **繒** zēng 《廣韻》疾陵切，從蒸平。從蒸。

Q065

《説文·糸部》：“，帛也。从糸，曾聲。，籀文繒从宰省。楊雄以爲漢律祠宗廟丹書告。”

【釋形】

《説文》小篆爲形聲字，从糸，曾聲。漢碑字形出自篆文文本，但隸書的味道已經非常濃厚，特别是聲符“曾”已經明顯趨於筆畫化。

【釋義】

通“鄫”，古國名，姒姓，爲大禹之後：“杞繒漸替，又遭亂秦”（Q065）。

13028 **練** liàn 《廣韻》郎甸切，來霰去。來元。

Q179

《説文·糸部》：“，湅繒也。从糸，柬聲。”

【釋形】

《説文》小篆爲形聲字，从糸，柬聲，本義爲煮絲線使之軟熟。聲符“柬”金文作（《新邑鼎》），从束，内有兩點；兩點或變爲“八”形，寫作（《令狐君嗣子壺》）；小篆與之相承，《説文》釋“从束从八”，爲揀選之“揀”的初文。漢碑字形中，義符“糸”

的隸定情況見 13001 緒;聲符“柬”隸定混同爲“東”,如圖。

【釋義】

熟練,老練:“少爲郡吏,隱練職位,常在股肱”(Q179);“既練州郡,卷舒委隨”(Q193)。

13029 **繡** xiù 《廣韻》息救切,心宥去。心覺。

Q172

《説文·糸部》:“,五采備也。从糸,肅聲。”

【釋形】

《説文》小篆爲形聲字,从糸,肅聲,本義爲五彩具備的織物。漢碑字形有殘泐,大致依小篆線條轉寫隸定,如圖。

【釋義】

刺繡,比喻修煉美好的品質:“咨疑元老,師叡作朋。脩學童冠,琢質繡章”(Q172)。

13030 **絀** chù 《集韻》勑律切,徹術入。透物。

① Q083 ② Q153 ③ Q084

《説文·糸部》:“,絳也。从糸,出聲。”

【釋形】

《説文》小篆爲形聲字,从糸,出聲。漢碑字形中,義符“糸”的隸定情況見 13001 緒。聲符“出”甲骨文作(《合》10405),从止从凵會意;小篆線條化,“止”發生形變,與小篆中常見的“止”寫法不同;漢碑字形進一步將構件“止”省變爲“中”,與下面的“凵”相接,如圖①~③。

【釋義】

通“黜”,罷免,貶退:“刑政不濫,絀掊克,采儁桀,猶仲尼之相魯”(Q084);“案奏□公,彈絀五卿,華夏祗肅,佞穢者遠”(Q154);“三考絀勑,陟幽明矣。振華處實,暘遐聲矣”(Q153)。

13031 **絳** jiàng 《廣韻》古巷切,見絳去。見冬。

① Q132 ② Q138

《説文·糸部》:“,大赤也。从糸,夅聲。”

【釋形】

《説文》小篆爲形聲字,从糸,夅聲。聲符“夅”金文作(《朋父庚罍》),像兩足向下行走之形,爲下降之“降”的初文。《説文》釋“服也,相承不敢竝也”,段玉裁《説文解字注》:“上从夂,下从反夂。相承不敢並,夅服之意也。凡降服字當作此。降行而夅廢矣。”“服也”當爲引申義。漢碑字形中,義符“糸”的隸定情況見 13001 緒;聲符“夅”依小篆線條轉寫隸定爲上“夂”下“ 㐄”,如圖①②。

【釋義】

㊀把……染成紅色:“玄甲燿日,朱旗絳天”(H26)。㊁用於地名:“曹守絳邑長平陽□□”(Q138)。

13032 **縉** jìn 《廣韻》即刃切,精震去。精真。

① Q134 ② Q178

《説文·糸部》:“,帛赤色也。《春秋傳》曰‘縉雲氏’,《禮》有‘縉緣’。从糸,晉聲。”

【釋形】

《説文》小篆爲形聲字,从糸,晉聲。漢碑字形中,義符“糸”的隸定情況見 13001 緒;聲符“晉”所从之構件“臸”隸定爲兩橫間夾兩個“口”形,如圖①②。

【釋義】

通“搢”,插:見“縉紳”。

【釋詞】

[縉紳]古代官員常把笏插在腰帶上,故借以指代官員:“凡百隕涕,縉紳惟傷”(Q134);“君乃閔縉紳之徒不濟,開南寺門,承望華嶽,鄉明而治”(Q178)。

13033 **紫** zǐ 《廣韻》將此切,精紙上。精支。

① Q153
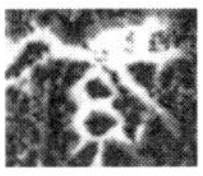
② Q056

③ Q137

《説文·糸部》:“,帛青赤色。从糸,此聲。”

【釋形】

《説文》小篆爲形聲字,从糸,此聲。漢碑字形中,義符“糸”的隸定情況見13001緒;聲符“此”所从之構件“止”與“匕”粘合在一起,已經看不出原有的結構了,如圖①~③。

【釋義】

㈠借指神仙居住的地方:見“華紫”。㈡借指不純正、邪惡的東西:見“朱紫”。

【釋詞】

[紫宫]紫微垣,天上星官名:“將天飛,翼紫宫,壽不永”(Q175);“俱祖紫宫,大一所授”(Q112)。

[紫臺]紫微垣,天上星官名,代指天:“上合紫臺,稽之中和;下合聖制,事得禮儀”(Q112)。

13034 **紅** hóng 《廣韻》户公切,匣東平。匣東。

Q100

《説文·糸部》:“,帛赤白色。从糸,工聲。”

【釋形】

《説文》小篆爲形聲字,从糸,工聲。漢碑字形左側殘泐,整字大致依小篆線條轉寫隸定,如圖。

【釋義】

紅色:“堂蓋总好中〚氏〛枼,紅□色末有盰”(Q100)。

13035 **繻** rú 《廣韻》人朱切,日虞平。日侯。

Q088

《説文·糸部》:“,繒采色。从糸,需聲。讀若《易》‘繻有衣’。”

【釋形】

《説文》小篆爲形聲字,从糸,需聲。聲符“需”金文作(《孟簋》)、(《伯公父簠》),从雨从正面之人,會淋雨之義,應爲濡溼之“濡”的初文;小篆將構件正面之人形訛混作“而”,故《説文》釋爲“从雨,而聲”。漢碑字形中,“繻”的義符“糸”隸定情況見13001緒。聲符“需”上下兩部分發生粘合,省變嚴重,如圖。

【釋義】

用於人名:“故午營陵繻良,字吉騰”(Q088)。

13036 **緄** gǔn 《廣韻》古本切,見混上。見文。

① Q137

② Q187

《説文·糸部》:“,織帶也。从糸,昆聲。”

【釋形】

《説文》小篆爲形聲字,从糸,昆聲。漢碑字形中,義符“糸”隸定情況見13001緒。聲符“昆”金文作(《昆疕王鐘》),其本義及構形分析均有待確證。《字源》以爲本像昆蟲之形,後其身形訛變爲日,足形訛變爲

比，可備一説。漢碑字形發生隸變，與今之寫法相近。

【釋義】

通“衮”，古代帝王及三公的禮服：“君仕不爲人，禄不爲己。桓桓大度，體蹈其首。當窮台緄，松僑協軌”（Q187）；又見“緄職”。

【釋詞】

［緄職］古代指三公的職位：“建寧初政，朝用舊臣，留拜步兵校尉，處六師之帥，維時假階，將授緄職”（Q137）。

13037 **紳** shēn 《廣韻》失人切，書真平。書真。

① Q178

② Q134

《説文·糸部》：“紳，大帶也。从糸，申聲。”

【釋形】

《説文》小篆爲形聲字，从糸，申聲。按“紳”甲骨文作（《合》18212）、（《合》05504），像纏絲之形；或下部突出紡磚之形，寫作（《英》2415）。金文改从“𤔔”，并將紡磚之形離析爲“田”，寫作（《伊簋》）；“田”的位置或移至上部，作（《史牆盤》）；或省去絲束形，作（《作册嗣卣》）；或將絲束形增爲四個，作（《蔡侯盤》）。戰國楚文字改作从“糸”；右部絲束及紡磚形逐漸簡省，寫作（《包》2.93）、（《包》2.93）、（《曾》18）等，其中後者與戰國楚文字（申）形體混同。小篆承襲後者，寫作从糸申聲。漢碑字形中，義符“糸”的隸定情況見13001緒。聲符“申”將小篆粘合爲一個整體，如圖①；中間的横畫或寫作兩點，如圖②。

【釋義】

地方上有權勢、地位的人物：“于時纓緌之徒，紳〖佩〗之士，望〖形表而景附〗”（S97）；“有朋自遠，冕紳莘莘，朝夕講習，樂以忘憂”（S110）；又見“縉紳”。

13038 **綬** shòu 《廣韻》殖酉切，禪有上。禪幽。

① Q100

② Q123

《説文·糸部》：“綬，韍維也。从糸，受聲。”

【釋形】

《説文》小篆爲形聲字，从糸，受聲。漢碑字形中，義符“糸”的隸定情況見13001緒。聲符“受”中間“舟”之省形隸定作“冖”下加一短横；構件“𠬪”上面的手形隸定爲“爫”，其中的三點或寫作一短豎兩側各一短横，如圖②；下面的手形隸定作“又”，如圖①②。

【釋義】

㊀印章上的絲帶：見“印綬”。㊁用於人名：“衙主記掾楊綬子長三百”（Q123）。

13039 **纂** zuǎn 《廣韻》作管切，精緩上。精元。

① Q169

② Q128

《説文·糸部》：“纂，似組而赤。从糸，算聲。”

【釋形】

《説文》小篆爲形聲字，从糸，算聲。漢碑字形中，義符“糸”的隸定情況見13001緒。聲符“算”所从之構件“竹”隸定爲“⺾”，構件“具”所从之“廾”隸定近似於“丌”形，如圖①②；其中圖①將中間的“目”形省簡爲“日”，使得“算”混同爲“莫”。

【釋義】

㊀通“纘”，繼承，承襲：“纂脩其緒，温良恭儉”（Q185）；“蓋銘勒之云，所以彰洪烈，纂乃祖，繼舊先，非夫盛德，惡可已哉”（Q128）。㊁用於人名：“元始二年復封曾孫

纂爲侯”（Q169）。

13040 **紐** niǔ 《廣韻》女久切，泥有上。泥幽。

Q153

《説文·糸部》：“，系也。一曰：結而可解。从糸，丑聲。”

【釋形】

《説文》小篆爲形聲字，从糸，丑聲。“丑”上古音在透母幽部。漢碑字形中，義符“糸”的隸定情況見13001緒；聲符“丑”嚴格依據小篆線條轉寫隸定，還没有形成後世通行的寫法，如圖。

【釋義】

用於地名：“先人伯況，匪志慷慨，術禹石紐、汶川之會”（Q153）。

13041 **緣** yuán 《廣韻》與專切，餘仙平。餘元。

① Q066 ② Q146

《説文·糸部》：“，衣純也。从糸，彖聲。”

【釋形】

《説文》小篆爲形聲字，从糸，彖聲。漢碑字形中，義符“糸”的隸定情況見13001緒。聲符“彖”上方所从“彑”或據小篆線條轉寫隸定，如圖①；或隸定作“⺕”，如圖②。

【釋義】

沿着，遵循：“郡西狹中道，危難阻峻，緣崖俾閣，兩山壁立，隆崇造雲，下有不測之谿，阨笮促迫”（Q146）；“統之門人汝南陳熾等，緣在三義一，頌有清廟，故敢慕奚斯之追述，樹玄石于墳道”（Q066）。

13042 **綱** gāng 《廣韻》古郎切，見唐平。見陽。

① Q095 ② Q095 ③ Q166 ④ Q088

《説文·糸部》：“，維紘繩也。从糸，岡聲。，古文綱。”

【釋形】

《説文》小篆爲形聲字，从糸，岡聲。漢碑字形中，義符“糸”的隸定情況見13001緒。聲符“岡”从山，网聲，漢碑字形或沿襲小篆的半包圍結構，所从之構件“网”内部線條隸定作“䒑”形，“网”半包蘊構件“山”，如圖①②；或將構件“网”兩邊的線條向上縮短，隸定作“罒”，使得聲符“岡”變爲上下結構，写作“罡”，如圖③④。

【釋義】

㊀法度，制度：“咸曉地理，知世紀綱”（Q095）；“將據師輔，之紀之綱，而疾彌流，乃碩乃□”（Q148）。㊁合乎法度：“守衛墳園，仁綱禮備”（Q088）。㊂治理，使合乎法度：“龜銀之胄，弈世載勛，綱紀本朝，優劣殊分”（Q166）；“紀綱萬里，朱紫不謬”（Q178）。㊃用於人名：“守廟〖百〗石孔讚，副掾孔綱”（Q141）。

13043 **繕** shàn 《廣韻》時戰切，禪線去。禪元。

① Q126 ② Q178

《説文·糸部》：“，補也。从糸，善聲。”

【釋形】

《説文》小篆爲形聲字，从糸，善聲。漢碑字形中，義符“糸”的隸定情況見13001緒。聲符“善”所从之構件“言”或省寫爲“䒑”和“口”，如圖①；或省寫作“口”，如圖②。構件“羊”或隸定作“⺶”，如圖①。

【釋義】

修繕，維修：“繕官寺，開南門”（Q178）；“乃發嘉教，躬損奉錢，倡率羣義，繕廣斯廟”（Q199）；“允勑大吏郎巽等，與義民脩繕故祠”（Q126）。

13044 **緱** gōu 《廣韻》古侯切，見侯平。見侯。

Q240

《説文·糸部》：“緱，刀劍緱也。从糸，矦聲。”

【釋形】

《説文》小篆爲形聲字，从糸，矦聲，本義爲纏在刀劍柄把上的繩子。漢碑字形中，義符“糸”的隸定情況見13001緒。聲符“矦”上方構件“人”省作一折筆，中部構件“厂”或省作一横，下方構件“矢”隸定近似於“夫”，如圖。

【釋義】

用於人名：“緱氏蒿聚成奴作”（Q240）。

13045 **徽** huī 《廣韻》許歸切，曉微平。曉微。

Q193

《説文·糸部》：“徽，衺幅也。一曰：三糾繩也。从糸，微省聲。”

【釋形】

《説文》小篆爲形聲字，从糸，微省聲。漢碑字形圖有殘泐，聲符“微”左右構件依小篆線條轉寫隸定，中間構件及義符“糸”模糊不清。

【釋義】

㊀標記，記載：“秦仙〚爰〛敢宣情，徽之斯石，示有表儀”（Q052）。㊁弘揚：“政教始初，慎徽五典”（Q193）。

13046 **繩** shéng 《廣韻》食陵切，船蒸平。船蒸。

① Q144

② Q084

《説文·糸部》：“繩，索也。从糸，蠅省聲。”

【釋形】

《説文》以爲形聲字，从糸，蠅省聲。按《説文》“省聲”多不可采信。“繩”當爲从糸，黽聲，“黽”上古音在明紐蒸部，與“繩”音近，故可充當其聲符。漢碑字形中，義符“糸”的隸定情況見13001緒。聲符“黽”或據小篆線條轉寫隸定，只是省去最上端的短豎，如圖①；或離析重組爲上“罒”下“电”，如圖②。

【釋義】

木工畫直線的工具，比喻準則、法度：“動履規繩，文彰彪繽”（Q193）；“所在執憲，彈繩糾枉，忠絜清肅”（Q144）；又見“繩墨”。

【釋詞】

［繩墨］原指木工畫直線的工具，常用以比喻法度、法律：“於是操繩墨以彈邪枉，援規柜以分方員”（Q084）。

13047 **維** wéi 《廣韻》以追切，餘脂平。餘微。

① Q060

② Q153

《説文·糸部》：“維，車蓋維也。从糸，隹聲。”

【釋形】

《説文》小篆爲形聲字，从糸，隹聲，本義爲繫東西的大繩子。“隹”上古音在章母微部。漢碑字形中，義符“糸”的隸定情況見13001緒；聲符“隹”發生離析重組，并將線條全部轉寫爲筆畫，已看不出鳥的樣子了，如圖①②。

【釋義】

㊀大繩子，古人認爲天圓地方，地的

四角有四根大繩子繫於天上，故稱東南、西南、東北、西北四隅爲“四維”：見“四維”。㊁助詞，用於句中或句首：“剋長剋君，不虞不陽。維明維允，燿此聲香”（Q137）；“維將蕩蕩，隆崇□”（Q070）；“百工維時，品流刑矣”（Q153）。

13048 **繁** fán 《廣韻》附袁切，並元平。並元。

① Q144

② Q066

③ Q083

《説文》作“緐”，《説文·糸部》：“，馬髦飾也。从糸，每聲。《春秋傳》曰：‘可以稱旌緐乎？’ ，緐或从㝅。㝅，籀文弁。”

【釋形】

《説文》小篆本从糸，每聲，與金文字形（《班簋》）、（《師虎簋》）相承。段玉裁《説文解字注》：“蓋集絲絛下垂爲飾曰緐。引申爲緐多。又俗改其字作繁。俗形行而本形廢。引申之義行而本義廢矣。”漢碑字形作“繁”，義符“糸”的隸定情況見13001緒。聲符由“每”繁化作“敏”，整字布局由小篆的左右結構調整爲上下結構。構件“每”隸定爲上“𠂉”下“毌”形，如圖①～③，其中圖③“𠂉”與“毌”粘合。

【釋義】

㊀衆多：“君之羣感，並時繁祉”（Q144）；“青蠅嫉正，醜直實繁”（Q066）。㊁繁榮，繁盛：“子孫繁昌，永不漫滅”（H105）。㊂濃厚的：“故使聟鄉春夏毋蚊蚋，秋冬鮮繁霜”（Q199）。㊃用於地名：“惟冀州從事魏郡繁陽馮通”（Q083）。

13049 **紛** fēn 《廣韻》撫文切，滂文平。滂文。

① Q088

② Q056

《説文·糸部》：“，馬尾韜也。从糸，分聲。”

【釋形】

《説文》小篆爲形聲字，从糸，分聲。漢碑字形中，義符“糸”的隸定情況見13001緒；聲符“分”依小篆線條轉寫隸定，如圖①②。

【釋義】

㊀通“彬”：見“紛紛”。㊁盛貌：“朱紫繽紛，寵禄盈門，皆猶夫人”（Q056）。

【釋詞】

［紛紛］即“彬彬”，文雅貌：“紛紛令儀，明府體之；仁義道術，明府膺之。”（Q088）。

13050 **繫** xì 《廣韻》胡計切，匣霽去。匣錫。

Q148

《説文·糸部》：“，繫繗也。一曰：惡絮。从糸，毄聲。”

【釋形】

《説文》小篆爲形聲字，从糸，毄聲。漢碑字形中，義符“糸”模糊不清；聲符“毄”構件“軎”和“殳”依小篆線條轉寫隸定，如圖。

【釋義】

繫屬：見“繫辭”。

【釋詞】

［繫辭］指《易傳·繫辭》，是《易傳》思想的主要代表作，相傳爲孔子所作。據孔穎達疏，“繫辭”即繫屬其辭於爻卦之下，故“繫”爲繫屬之義：“孔子作《春秋》，制《孝經》，删述五經，演《易·繫辭》，經緯天地，幽讚神眀，故特立廟”（Q102）。

13051 **緝** jī 《廣韻》七入切，清緝入。清緝。

Q127

《説文·糸部》:"緝,績也。从糸,咠聲。"

【釋形】

《説文》小篆爲形聲字,从糸,咠聲。漢碑字形中,義符"糸"上衍一撇,混同爲"系";聲符"咠"依小篆線條轉寫隸定,構件"耳"上部離析出一長横,如圖。

【釋義】

光明:見"緝熙"。

【釋詞】

[緝熙]光明貌:"緝熙之業既就,而閨閾之行允恭,德音孔昭"(Q127);"惟永元元年秋七月,有漢元舅,車騎將軍竇憲,〖寅亮聖皇,登翼〗王室,納於大麓,惟清緝熙"(H26)。

13052 **絜** jié 《廣韻》古屑切,見屑入。見月。

① Q144

② Q125

《説文·糸部》:"絜,麻一耑也。从糸,㓞聲。"

【釋形】

《説文》小篆爲形聲字,从糸,㓞聲。本義爲一束麻,文獻多用爲清潔之"潔"。聲符"㓞"甲骨文作(《合》31823),金文作(《師同鼎》),从刀从丯,會以刀契刻之義;小篆與之相承,《説文》釋爲"从刀,丯聲";徐灝《説文解字注箋》:"戴氏侗曰:'丯即契也。又作㓞,加刀;刀,所以契也。又作契,大聲。古未有書,先有契。契刻竹木以爲識,丯象所刻之齒。'灝按,戴説是。《後漢書·張衡傳》曰:'斯契船而求劍。'李注:'契,猶刻也。'契尚訓爲刻,㓞从刀,自是刻畫之義,而丯爲刻齒之形,可觸類而知。"漢碑字形中,義符"糸"的隸定情況見13001緒。聲符"㓞"所从之構件"丯"或隸定作"丯",如圖①;或隸定作"丰",如圖②。構件"刀"或作"刅"(即"創"之初文),如圖①;或作"刃",如圖②;从"刀"與从"刅、刃"構意相同。圖①整字保留明顯的篆意。

【釋義】

㊀清潔,乾淨:"大常定甲,郡守奉祀,禴絜沈祭"(Q125)。㊁使潔淨:"束脩舅姑,絜己不廁"(Q109);"奉其珪璧,絜其粢盛"(Q174)。㊂廉潔,清正:"所在執憲,彈繩糾枉,忠絜清肅"(Q144);"孝深《凱風》,志絜《羔羊》"(Q093);"履菰竹之廉,蹈公儀之絜"(Q172)。

13053 **繆** (一)miù 《廣韻》靡幼切,明幼去。明覺。

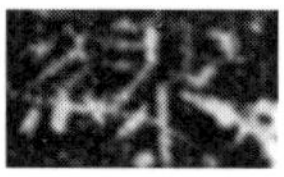
① Q099

② Q179

《説文·糸部》:"繆,枲之十絜也。一曰:綢繆。从糸,翏聲。"

【釋形】

《説文》小篆爲形聲字,从糸,翏聲。"翏"上古音在來母覺部。漢碑字形中,義符"糸"的隸定情況見13001緒;聲符"翏"所从之構件"羽"隸定爲兩个"彐",構件"㐱"隸定爲"尒",如圖①②。

【釋義】

通"謬",錯誤,胡亂:"乾道不繆,唯淑是親"(Q179);"國外浮訞,淡界繆動,氣泄狂□"(Q137)。

(二)mù 《廣韻》莫六切,明屋入。明覺。

【釋義】

通"穆",《廣韻》:"繆,《禮記》有繆公。又姓也。"姓氏:"故彭城相行長史事吕守長繆宇,字叔異"(Q099);"巖巖繆君,禮性純淑"(Q099)。

13054 **紼** fú 《廣韻》分勿切,幫物入。幫物。

Q099

《説文·糸部》:“,亂系也。从糸,弗聲。”

【釋形】

《説文》小篆爲形聲字,从糸,弗聲,本義爲亂麻。漢碑字形中,義符“糸”的隸定情況見13001 緒;聲符“弗”依小篆線條轉寫隸定,如圖。

【釋義】

通“韍”,即蔽膝,古代禮服前面的佩巾,起遮蓋腿部的作用:“復遇坐席,要舞黑紼”(Q099)。

13055 **綏** suí(又讀 suī)《廣韻》息遺切,心脂平。心微。

① Q126

② Q088

③ Q095

《説文·糸部》:“,車中把也。从糸从妥。”

【釋形】

《説文》小篆爲會意字,从糸从妥,表示車中用以把持的繩索。構件“妥”甲骨文作(《合》4912)、(《合》8621)、(《合》36181),从爪从女,會安撫之義;金文與甲骨文相承,作(《妥鼎》)、(《沈子它簋》),多用同“綏”;《説文》失收,段玉裁《説文解字注》:“安也。从爪、女。妥與安同意。《説文》失此字,偏旁用之,今補。”漢碑字形中,構件“糸”的隸定情況見13001 緒;構件“妥”上方的“爪”寫作“爫”,下方的“女”隸定情況見12118 女,如圖①～③。

【釋義】

㊀平定,安撫:“惠此邦域,以綏四方”(Q126);“慰綏朔狄,邊宇艾安”(Q128);“再命虎將,綏元元兮”(Q088)。㊁舒行貌,一曰匹行貌:“光和之中,京師擾穰,雄狐綏綏”(Q187)。㊂用於人名:“孝子武始公、弟綏宗、景興、開明”(Q094)。

13056 **紱** fú《廣韻》分勿切,幫物入。幫月。

Q144

《説文》無。

【釋形】

漢碑字形从糸,犮聲,爲形聲字,本義爲繫官印的絲帶。其中義符“糸”上部像束絲之形的部分還帶有明顯的篆意;下部已經分解爲三筆,近似於“小”形。聲符“犮”小篆作,於“犬”上加一標示構件而成,表示犬奔跑時腿部被牽絆之狀,隸變後標示構件寫作一撇,與“犬”的捺筆相交,如圖。

【釋義】

繫在官印上的絲帶:見“印紱”。

13057 **縺** lián《廣韻》落賢切,來先平。

Q179

《説文》無。

【釋形】

漢碑字形从糸,連聲,爲形聲字。其中義符“糸”小篆作,漢碑字形上部隸定爲“幺”,下弧線和豎線省簡爲三點。聲符“連”小篆作,漢碑字形隸定與今之繁體寫法相同,如圖。

【釋義】

用於“纏縺”,指連續不斷:“爰暨於君,蓋其纏縺,纘戎鴻緒,牧守相係,不殞高問”(Q179)。

13058 **纏** chán《集韻》澄延切,澄仙平。定元。

Q179

《説文》無。

【釋形】

漢碑字形从糸,亶聲,爲形聲字,義爲繩索、纏繞。其中義符“糸”上部“幺”近似於兩個菱形,下部寫作三豎畫。聲符“亶”小篆作 ,从㐭,旦聲,漢碑字形構件“㐭”省去“亠”作“回”;構件“旦”的“日”和“一”之間衍一點畫,如圖。

【釋義】

連結,纏繞:見“繵縺”。

【釋詞】

[繵縺]連續不斷:“爰暨於君,蓋其繵縺,纘戎鴻緒,牧守相係,不殞高問”(Q179)。

13059 **素** sù 《廣韻》桑故切,心暮去。心魚。

① Q174

② Q138

③ Q084

④ Q169

⑤ Q179

《説文·素部》:“ ,白緻繒也。从糸、𠂹,取其澤也。凡素之屬皆从素。”

【釋形】

《説文》小篆爲會意字,从糸、𠂹,本義爲未染色的絲織品。漢碑字形中,下方構件“糸”的隸定情況見13001緒;上方構件“𠂹”省變作“⺰”,如圖①~⑤。

【釋義】

㊀本色,不染色的:見“素絲羔羊”。㊁本質,本性:“皓皓素質,因體爲名”(Q174)。㊂徒有,有名無實:“得在中州,尸素食禄”(Q171)。㊃平素,舊時:“身滅名存,美稱脩飭;勉崇素意,□□□□”(Q113)。㊄既有的成法:“無〖偏無黨〗,遵王之素”(Q148)。㊅典籍,指《春秋》:見“素丘、墳素”。

【釋詞】

[素丘]即“索丘”,《八索》《九丘》的合稱,後泛指古代典籍:“墳典素丘,河雒運度”(Q084)。

[素絲羔羊]語出《詩·召南·羔羊》:“羔羊之皮,素絲五紽。”朱熹集傳:“南國化文王之政,在位皆節儉正直,故詩人美其衣服有常,而從容自得如此也。”後因以“素絲羔羊”贊譽官吏正直廉潔:“兢兢業業,素絲羔羊;誾誾侃侃,顒顒昂昂”(Q137)。

[素王]對孔子的尊稱:“臣以爲素王稽古”(Q140)。

13060 **綽** chuò 《廣韻》昌約切,昌藥入。昌藥。

Q154

《説文》爲“繛”之或體,《説文·素部》:“ ,緩也。从素,卓聲。 ,繛或省。”

【釋形】

《説文》以“繛”爲正篆,从素,卓聲,本義爲寬緩。以“綽”爲“繛”之省,實爲改换義符爲“糸”。漢碑字形與《説文》或體相承,从糸,卓聲,整字隸定與今之繁體寫法相近,如圖。

【釋義】

寬宏,宏闊:“命□時生,雅度弘綽”(Q154)。

13061 **轡** pèi 《廣韻》兵媚切,幫至去。幫質。

Q144

《説文·絲部》:“ ,馬轡也。从絲从軎。與連同意。《詩》曰:‘六轡如絲。’”

【釋形】

《説文》以爲會意字,从絲从軎,表示駕馭馬的籠頭和繮繩。按“轡”甲骨文作 (《合》33030)、 (《合》8177),應爲象形字,像套在馬頭上的籠頭及繮繩之形。金文上部近似於“車”形，寫作（《公貿鼎》）。小篆將金文中似“車”的部分與中間的繩形粘合訛變作“軎”，“軎”是古代套在車軸兩端的零件，與駕車有關，同時也與“轡”的讀音相近，整字可理解爲从絲从軎，軎亦聲，理據重構。漢碑字形又改爲从絲、惠聲。其中義符“絲”所从之二“糸”上部像絲束之形的部分寫法特别，下弧線和豎筆省簡爲三點；聲符“惠”上方的“叀”隸定省簡作“亩”；整字結構布局也較小篆有了明顯改變，如圖。

【釋義】

駕馭馬的繮繩：“輜軒六轡，飛躍臨津”（Q144）。

13062 **率** shuài 《廣韻》所類切，山至去。山物。

① Q174

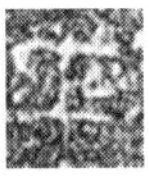
② Q109

③ Q015

《説文·率部》：“，捕鳥畢也。象絲罔，上下其竿柄也。凡率之屬皆从率。”

【釋形】

《説文》以爲象形字，像捕鳥用的長柄網之形。按“率”甲骨文作（《合》6346）、（《合》8828），金文作（《大盂鼎》），學者多以爲像大索之形，旁邊的點表示麻枲之餘。小篆在金文基礎上繁化。漢碑字形中，或依小篆線條轉寫隸定，上端離析爲“亠”，如圖①②；或整字離析重組并繁化爲由“亠、糸”和“行”三個構件構成，如圖③。

【釋義】

㊀帶領，率領：“居欲孝思貞廉，率衆爲善，天利之”（Q015）。㊁倡議，倡導：見“倡率”。㊂遵循，順着：“匪奢匪儉，率由舊章”（Q174）。㊃副詞，全，都：“周代造此冢，後子孫率來”（Q096）。㊄用於人名：“處土魯孔方廣率千”（Q112）；“永壽元年孟秋中旬己酉之日，王求夫人進趙率卒”（Q109）。

【釋詞】

［率土］語出《詩·小雅·北山》：“率土之濱，莫非王臣。”指境域之内：“歲在癸丑，厥運淫雨，傷害稼穡。率土普議，開倉振澹”（Q161）。

13063 **雖** suī 《廣韻》息遺切，心脂平。心微。

① Q150

② Q130

③ Q179

《説文·虫部》：“，似蜥蜴而大。从虫，唯聲。”

【釋形】

《説文》小篆爲形聲字，从虫，唯聲。義符“虫”上古音在曉母微部，今音 huǐ，本與表示蝮蛇的“它”（即“蛇”的初文）同字，甲骨文寫作（《合》19622）、（《合》22296），象形字，後分化爲二字。《説文·虫部》：“，一名蝮，博三寸，首大如擘指。象其臥形。物之微細，或行，或毛，或蠃，或介，或鱗，以虫爲象。凡虫之屬皆从虫。”“虫”與“蚰、蟲”讀音意義都不同，“蚰”上古音在見母文部，今音 kūn，是昆蟲之“蜫”（後借昆弟之“昆”表示）的初文，義爲蟲類的總稱；“蟲”上古音在定母冬部，今音 chóng，義爲有足動物的總稱。後來“蟲”簡化爲“虫”，“虫”的本義另造“虺”來表示。“雖”的義符“虫”乃音 huǐ 之“虫”，而非“蟲”的簡體。漢碑字形中，義符“虫”線條分解重組，已不再像蛇的樣子了；聲符“唯”所从之構件“隹”也發生離析重組，并將線條全部轉寫爲筆畫，如圖①～③。

【釋義】

連詞，㊀表示讓步關係，雖然：“堂雖小，俓日甚久”（Q106）；“君雖詘而就之，以順時政，非其好也，迺翻然輕舉”（Q133）；“雖欲拜見，道徑無從”（Q142）。㊁表示假設關係，縱使：“雖姜公樹迹，藿檀流稱，步驟愈否，君參其中”（Q130）；“雖昔魯斑，亦莫儗象”（Q150）；“雖二連居喪，孟獻加〖等〗，無以踰焉”（Q202）；“吟咏成章，彈翰爲法，雖揚賈斑杜，弗或過也”（Q169）。

13064 **蛭** zhì 《廣韻》之日切，章質入。章質。

Q095

《説文·虫部》：“，蟣也。从虫，至聲。”

【釋形】

《説文》小篆爲形聲字，从虫，至聲。漢碑字形中，義符“虫”的隸定情況見 13063 雖；聲符“至”將小篆下部彎曲的線條拉直爲横畫，變爲“土”；上部形體隸定爲“厷”，爲今之寫法所承，如圖。

【釋義】

蟲名，指螞蝗：“惡虫憋狩，虵蛭毒蟃，未秋截霜，稼苗夭殘”（Q095）。

13065 **强** （一）qiáng 《廣韻》巨良切，羣陽平。羣陽。

① Q088 ② Q138 ③ Q146

《説文·虫部》：“，蚚也。从虫，弘聲。，籀文强，从蚰从彊。”

【釋形】

《説文》小篆爲形聲字，从虫，弘聲，本義爲蚚，即米穀中的小黑甲蟲。段玉裁《説文解字注》：“下云‘蚚，强也’，二字爲轉注。《釋蟲》曰：‘强，醜捋。’郭曰：‘以腳自摩捋。’叚借爲彊弱之彊。”後“强”行而“彊”廢。漢碑字形中，義符“虫”的隸定情況見 13063 雖；聲符“弘”所从之構件“弓”下方或保留小篆的曲線，如圖①；右上方構件“厶”乃“厷”之省形，漢碑隸定爲“口”形，如圖①～③，其中圖③的“口”被義符“虫”的豎畫貫穿。

【釋義】

㊀强大，强盛：“弱而能强，仁而〖能武〗”（Q125）；“强弱匪傾，邁去遺愛，民有謠聲”（Q138）；“强不暴寡，知不詐愚”（Q146）。㊁强暴，强横：“内懷温潤，外撮强虐”（Q154）；“强衙改節，微弱蒙恩”（Q088）。㊂用於人名：“畫師高平代盛、邵强生等十餘人”（Q106）；“其弟嬰、弟東、弟强與父母并力奉遺”（Q114）。

（二）qiǎng 《集韻》巨兩切，羣養上。羣陽。

【釋義】

勉强，强加：“口之所惡，不以强人，義之所欲，不以□□”（Q148）。

13066 **蜀** shǔ 《廣韻》市玉切，禪燭入。禪屋。

① Q139 ② Q142 ③ Q025 ④ Q178

《説文·虫部》：“，葵中蠶也。从虫，上目象蜀頭形，中象其身蜎蜎。《詩》曰：‘蜎蜎者蜀。’”

【釋形】

“蜀”本義爲桑木中像蠶一樣的害蟲，小篆字形乃承襲金文（《班簋》）而來，从虫，罒像其眼身之形。漢碑字形中，原來像眼身之形的部分發生離析，其中像眼目的部分隸定作“罒”，像蟲身的部分隸定作“勹”；表義構件“虫”的隸定情況見 13063 雖，如圖①～④。

【釋義】

用於地名：“漢中郡以詔書受廣漢、蜀郡、巴郡徒二千六百九十人”（Q025）；“蜀故侍中楊公之闕”（Q208）；“長史蜀城佐石副垂、崇高亭長蘇重時監之”（Q061）。

13067 **蠲（蠲）** juān 《廣韻》古玄切，見先平。見元。

① Q134 ② Q079 ③ Q148

《説文·虫部》:"，馬蠲也。从虫、目,益聲。，象形。《明堂月令》曰:'腐艸爲蠲。'"

【釋形】

"蠲"本義爲一種多足蟲,其構形應爲从蜀,益聲,因《説文》未立"蜀部",出於系統性的考慮,《説文》將義符"蜀"又拆分作"虫、目"和一個表形構件。段玉裁《説文解字注》:"不云从蜀者,物非蜀類,又書無蜀部也。"王筠《説文句讀》:"當云從蜀益聲,因不立蜀部,故其詞如此。""益"上古音在影紐、錫部,與"蠲"爲旁對轉關係,故可充當其聲符。漢碑字形中,義符"蜀"中的表形構件或隸定作"勹",如圖①;或隸定作"丁",如圖②;或被省去,整字隸定作"蠲",如圖③。聲符"益"上方横置之構件"水"隸定後仍然横置,構件"皿"將小篆線條粘合爲一個整體,如圖①～③。

【釋義】

㊀消除,剷除:"除西域之疢,蠲四郡之害,邊境艾安"(Q079);"抍馬蠲害,醜類已殫"(Q148);"〖特〗以儒學,詔書勑留,定經東觀,順玄丘之指,蠲歷世之疑"(Q134)。㊁捨棄:"延熹七年二月丁卯,拜司隸校尉,董督京輦,掌察羣寮,蠲細舉大,榷然疏發"(Q154)。

13068 **蠲**

"蠲"的異體字(圖③),見 13067 蠲。

13069 **蝥**　máo 《廣韻》莫交切,明肴平。明幽。

Q202

《説文·虫部》:"，盤蝥也。从虫,敄聲。"《説文·蟲部》:"，蟊或从敄。，古文蟊从虫从牟。"

【釋形】

《説文》小篆爲形聲字,从虫,敄聲,是一種食苗根的害蟲。《説文·蟲部》"蝥"字重出,作爲"蟊"的或體,并引其古文形體作"蛑"。《説文·虫部》"蝥"下徐鉉等曰:"今俗作蟊,非是。蟊即蠿。蟊,蜘蛛之别名也。""蝥、蟊、蛑"三字文獻中常混用。聲符"敄"上古音在明母侯部。"敄"金文作(《乍册般甗》)、(《毛公鼎》),張世超等《金文形義通解》認爲"从攴、从，亦聲，當爲兜鍪古字,象人戴兜鍪形"。小篆形變爲"矛",《説文》釋"敄"爲"彊也。从攴,矛聲"。漢碑字形中,"蝥"的義符"虫"隸定情況見 13063 雖。聲符"敄"所从之構件"攴"隸定爲"攵";構件"矛"貫通於上下的曲線分解爲"乛"和豎畫,中間的曲線轉寫近似於豎折,下面的曲線轉寫爲撇,如圖。

【釋義】

食苗根的害蟲:見"蝥賊"。

【釋詞】

[蝥賊]食苗根的害蟲。多比喻危害國家和人民的壞人或災異:"訪姦雄,除其蝥賊,曜德戢兵,怕然無爲"(Q202)。

13070 **蝦**　há 《集韻》胡加切,匣麻平。匣魚。

Q106

《説文·虫部》:"，蝦蟆也。从虫,叚聲。"

【釋形】

《説文》小篆爲形聲字,从虫,叚聲。漢碑字形中,義符"虫"的隸變情況參見 13063 雖;聲符"叚"左側依小篆線條轉寫隸定,右側粘合爲"攵"形,如圖。

【釋義】

用於地名:"使師操義、山陽蝦丘榮保、

畫師高平代盛、邵强生等十餘人”（Q106）。

13071 **蝯** yuán 《廣韻》雨元切，雲元平。匣元。

Q114

《説文·虫部》：“，善援，禺屬。从虫，爰聲。”

【釋形】

《説文》小篆爲形聲字，从虫，爰聲，屬獮猴一類的動物。徐鉉等曰：“今俗别作猨，非是。”《干禄字書》云：“猿俗，猨通，蝯正。”漢碑字形中，義符“虫”的隸變情况參見13063 雖。聲符“爰”所从之構件“于”離析作“厂”下加一短横；構件“爰”將小篆的上部手形隸定爲“爫”，下部手形隸定近似於“又”，如圖。

【釋義】

獮猴一類的動物：“調文刻畫，交龍委虵，猛虎延視，玄蝯登高”（Q114）。

13072 **蠻** mán 《廣韻》莫還切，明删平。明元。

Q133

《説文·虫部》：“，南蠻，蛇穜。从虫，䜌聲。”

【釋形】

《説文》小篆爲形聲字，从虫，䜌聲。聲符“䜌”金文作（《七年趞曹鼎》）、（《頌簋》）、（《秦公簋》），裘錫圭認爲从言、𢆶，𢆶亦聲，𢆶像絲聯之形，爲“聯”之本字（參見《戰國璽印文字考釋三篇》）；小篆將“䜌”離析爲从言从絲。漢碑字形中，“蠻”的義符“虫”隸變情况參見13063 雖。聲符“䜌”構件“絲”所从之二“糸”均將小篆上部像束絲之形的部分隸定爲“幺”形，下弧線和豎筆省簡爲三點；構件“言”所从之構件“辛”中向上彎曲的兩曲線被拉直爲兩横畫，豎畫被省略，如圖。

【釋義】

古代泛指南方的少數民族：“直南蠻□迪，□師出征”（Q133）；“南苞八蠻，西羈六戎，北震五狄，東勤九夷”（Q179）。

13073 **蟃** wàn 《廣韻》無販切，明願去。明元。

Q095

《説文》無。

【釋形】

漢碑字形从虫，曼聲，爲形聲字。聲符“曼”小篆作，甲骨文作（《合》9337），像兩手張目之形，或謂即“曼”之初文（參見郭沫若《卜辭通纂》）。金文或承甲骨文作（《受鼎》），或增添聲符（冠冕之“冕”的初文）作（《曼龏父盨蓋》）（參見劉釗《古文字構形研究》）。小篆上方的聲符變異爲“冃”，“目”上面的手形省略；《説文》將形和“目”重組爲“冒”，并將“曼”的構形釋爲“从又，冒聲”，應爲理據重構。漢碑字形中，義符“虫”的隸變情况參見13063 雖。聲符“曼”所从之構件“冒”上部“冃”兩側豎線縮短，下部“目”依小篆轉寫隸定作“罒”；構件“又”改换爲“寸”，如圖。

【釋義】

桑蟲，即螟蛉：“惡虫𧄼狩，虵蛭毒蟃”（Q095）。

13074 **蠶** cán 《廣韻》昨含切，從覃平。從侵。

Q179

《説文·䖵部》：“，任絲也。从䖵，朁聲。”

【釋形】

《説文》小篆爲形聲字，从蚰，朁聲。義符“蚰”甲骨文作（《合》14703），金文作（《魚顛匕》），从二虫，爲昆蟲之“昆”的本字，其後起分化字作“蜫”；小篆與金文相承，《説文》釋其義爲“蟲之緫名也”。段玉裁《説文解字注》：“凡經傳言昆蟲即蚰蟲也。”徐灝《説文解字注箋》：“古言昆蟲者，謂眾蟲耳。”漢碑字形中，義符“蚰”省簡作“虫”。聲符“朁”殘泐不清，所从之構件“曰”似被省去。

【釋義】

養蠶：“蠶織帥勑”（Q248）。

【釋詞】

［蠶月］養蠶之月，指夏曆三月：“蠶月之務，不閉四門”（Q179）。

13075 **蚤** zǎo 《廣韻》子晧切，精晧上。精幽。

①Q106 ②Q114 ③Q120

《説文》爲“蝨”之或體，《説文·蚰部》：“，齧人跳蟲。从蚰，叉聲。叉，古爪字。，或从虫。”

【釋形】

“蚤”甲骨文作（《合》4890），从又从虫，像以手搔蟲之狀，當爲搔首之“搔”的初文。戰國秦文字於構件“又”的指尖處加一點，寫作（《睡·日乙》135）；小篆改爲“叉”；“叉”爲古“爪”字，金文作（《師克盨》），非常形象。《説文》將“蝨”釋爲“从蚰，叉聲”，應該是受形聲化趨勢的影響。漢碑字形與甲骨文結構相同，寫作从又从虫，其中構件“又”和“虫”均有不同程度的變異，如圖①～③。

【釋義】

通“早”，與“晚”相對：“蚤離春秋，永歸長夜”（Q124）；“何意被天災，蚤離父母”（Q072）；“坐席未竟，年卌二，不幸蚤終，不卒子道”（Q106）。

13076 **蠢** chǔn 《廣韻》尺尹切，昌準上。昌文。

 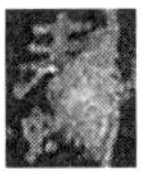

①Q128 ②133

《説文·蚰部》：“，蟲動也。从蚰，春聲。，古文蠢从𢦒。《周書》曰：‘我有𢧢于西。’”

【釋形】

《説文》小篆爲形聲字，从蚰，春聲。漢碑字形中，義符“虫”的隸變情況參見13063雖；聲符“春”所从之構件“艸”和“屯”粘合作“𡗗”，如圖①。

【釋義】

擾動，騷擾：“米巫汹瘧，續蠢青羌，姦狡竝起，陷附者眾”（Q187）；“直南蠻蠢迪，天師出征”（Q133）。

【釋詞】

［蠢爾］騷亂貌：“蠢爾葷育，萬邦作寇”（Q128）。

13077 **虫** chóng 《廣韻》直功切，澄東平。定冬。

Q095

“蟲”的簡化字，《説文·蟲部》：“，有足謂之蟲，無足謂之豸。从三虫。凡蟲之屬皆从蟲。”

【釋形】

《説文》“蟲”爲會意字，从三虫，用作有足動物的通稱。後省簡作“虫”，與蝮蛇之“虫（音huǐ）”同形（參見13063雖）。漢碑字形“虫”即爲“蟲”之簡寫，如圖。

【釋義】

泛指動物：“惡虫蔽狩，蚰蛭毒蟃，未秋截霜，稼苗夭殘”（Q095）。

13078 **風** fēng 《廣韻》方戎切，幫東平。幫冬。

① Q178

② Q146

③ Q157

④ Q128

⑤ Q144

⑥ Q113

《説文·風部》："，八風也。東方曰明庶風，東南曰清明風，南方曰景風，西南曰涼風，西方曰閶闔風，西北曰不周風，北方曰廣莫風，東北曰融風。風動蟲生。故蟲八日而化。从虫，凡聲。凡風之屬皆从風。，古文風。"

【釋形】

《説文》小篆爲形聲字，从虫，凡聲。按"風"甲骨文借"鳳"爲"風"，本像鳳鳥之形，寫作（《合》13339）、（《合》21013）；或加聲符"凡"作（《合》30234），成爲形聲字。戰國文字開始出現从虫、凡聲的"風"，寫作（《睡·效》42）、（《上〔1〕·孔》27），"風"與"鳳"分化爲二字。《説文》小篆與之相承。漢碑字形有的承襲《説文》正篆，如圖①～③，其中圖③"虫"變異明顯；或承襲《説文》古文，隸定作"凬"，如圖④；或將聲符"凡"和下方像鳳之形的部分重組爲"几"和"㐬"，如圖⑤⑥。

【釋義】

㊀風雨之風："民歌德惠，穆如清風"（Q146）；"將即幽都，歸于電丘，涼風滲淋，寒水北流"（Q113）；"其有風旱，禱請祈求，靡不報應"（Q129）。㊁風俗，教化："旬月化行，風俗改易"（Q144）；"孝武時有張騫，廣通風俗，開定畿寓，南苞八蠻，西羈六戎，北震五狄，東勤九夷"（Q179）；"賦仁義之風，脩□□之迹"（Q172）。㊂風度，風範："於是國君備禮招請，濯冕題剛，傑立忠謇，有夷史之直、卓密之風"（Q187）；"夙夜惟寅，褘隋在公，有單襄穆〖典謨之〗風"（Q137）。㊃《詩經》六義之一："文則作頌，武襄獫狁，二子著詩，列于風雅"（Q166）；又見"凱風"。㊄用於官名："子孫遷于雍州之郊，分止右扶風，或在安定，或處武都，或居隴西，或家敦煌"（Q178）；"張掖屬國都尉丞、右扶風隃麋侯相、金城西部都尉、北地大守"（Q178）；"時府丞右扶風陳倉吕國"（Q146）。

13079 **飄**(飃) piāo 《廣韻》撫招切，滂宵平。滂宵。

① Q134

② Q039

《説文·風部》："，回風也。从風，㶾聲。"

【釋形】

《説文》小篆爲形聲字，从風，㶾聲。聲符"㶾"《説文》釋爲"火飛也。从火䙴"；邵瑛《説文解字羣經正字》："㶾，隸定作票。而'火飛'之㶾，俗又加火旁作熛。"漢碑字形中，聲符"㶾"隸定爲"票"，如圖①。義符"風"因受到碑文上文"魂"字影響而被同化作"云"，聲符"㶾"由"票"改换作"麃"，如圖②。"麃"與"票"上古音同在宵部，且聲母同爲脣音，讀音相近，故作聲符時可互换，如"鑣"又寫作"鏢"。

【釋義】

浮蕩，飛揚："精浮游而□□兮，魂飃搖而東西"（Q039）。

【釋詞】

［飄然］高遠超脱貌："遭從兄沛相憂，篤義忘寵，飄然輕舉"（Q134）。

13080 **飃**

"飄"的異體字(圖②)，見 13079 飄。

13081 **它** tā 《廣韻》託何切，透歌平。透歌。

Q029

《説文·它部》:“，虫也。从虫而長，象冤曲垂尾形。上古艸居患它，故相問無它乎。凡它之屬皆从它。，它或从虫。”

【釋形】

《説文》正篆爲象形字，像蛇曲身垂尾之形，本義爲蛇。邵瑛《説文解字羣經正字》:“今經典凡它虫字，从或體作蛇，如《易·繫辭》‘龍蛇’，《詩·斯干》‘虺蛇’是也。而它則爲餘別義，如《易·比》‘終來有它，吉’，《中孚》‘有它不燕’，《國語·周語》‘不出於它矣’。又《儀禮·士虞禮記》‘他用剛日’鄭注‘今文他爲它’;《詩·鶴鳴》‘他山之石’陸氏本作‘它’，釋云‘古他字’;餘多作他。《説文》無他字，衹有佗字，見人部。篆文相似，故又因佗變作他。”按“它”甲骨文作(《合》672)、(《合》10063)、(《合》19622)等，或繁或簡，均像蛇之形，爲“蛇”之初文。金文作(《沈子它簋蓋》)、(《齊侯作孟姜敦》)，象形性減弱。小篆承襲金文并進一步線條化，象形性更弱。文獻中“它”常借用爲代詞，本義另外添加義符“虫”表示，變爲形聲字，《説文》以之爲或體。漢碑字形與《説文》正篆相承，尚未完全分解爲“宀”和“匕”，字形介於“它”和“也”之間，如圖。

【釋義】

指示代詞，其他的，別的:“季、巨等共假賃田，它如約束”(Q029)。

13082 **虵** (一)shé 《廣韻》食遮切，船麻平。船歌。

① Q095

② Q114

即“蛇”字，《説文》“蛇”爲“它”之或体。《説文·它部》:“，虫也。从虫而長，象冤曲垂尾形。上古艸居患它，故相問無它乎。凡它之屬皆从它。，它或从虫。”

【釋形】

“蛇”爲“它”的後起分化字，專門表示“它”的本義，《説文》收録爲“它”的或體，从虫，它聲，參見13081它。漢碑字形中，義符“虫”的隸定情況見13062雖。聲符“它”隸定混同爲“也”，如圖①②。“也、它”上古音同在歌部，且同爲舌頭音，二者的小篆字形也非常相似，故常發生混同。漢碑中“蛇”均作“虵”。

【釋義】

蛇:“惡虫蔽狩，虵蛭毒蟃”(Q095)。

(二)yí 《廣韻》弋支切，餘支平。餘歌。

【釋義】

用於“委虵”，形容曲折行進的樣子:“調文刻畫，交龍委虵，猛虎延視，玄蝯登高”(Q114)。

13083 **龜** (一)guī 《廣韻》居追切，見脂平。見之。

① Q166

② Q128

③ Q153

④ Q125

《説文·龜部》:“，舊也。外骨内肉者也。从它，龜頭與它頭同。天地之性，廣肩無雄;龜鼈之類，以它爲雄。象足甲尾之形。凡龜之屬皆从龜。，古文龜。”

【釋形】

《説文》小篆爲象形字，像龜之形，義爲烏龜。按“龜”甲骨文、金文作(《合》10076)、(《合》9184)、(《龜父丙鼎》)、(《龜父丁爵》)等，像龜正視或側視之形，其正視之形與“黽”的甲骨文金文字形(《合》17868)、(《父辛黽卣》)相似，差別爲龜有尾、後腿直伸，黽無尾、後腿回折(參見季旭昇《説文新證》)。小篆字形是對側視之龜的線條化。漢碑字形依小篆線條隸定轉寫，其中頭部、背部和爪部都發生了不同程度的離析變異，如圖①～④。

【釋義】

㊀龜：“石獸表道，靈龜十四”（Q125）㊁古代印紐多作龜形，故常借以指代官印及官位：見“龜艾、龜車”等。㊂用於人名：“處士南鄭祝龜字元靈”（Q199）。

【釋詞】

［龜艾］龜紐印章和印綬，常借指官位：“〖即〗此龜艾，遂尹三梁”（Q172）。

［龜車］指官員的車駕：“幃屋甲帳，龜車留遰，家于梓潼，九族布列，裳絻相襲，名右冠蓋”（Q153）。

［龜銀］又作“銀龜”，指古代官員用的龜紐銀印，常借指官位：“龜銀之胄，弈世載勛，綱紀本朝，優劣殊分”（Q166）；“莢書追下，銀龜史符”（Q128）。

（二）qiū 《集韻》祛尤切，溪尤平。溪之。

【釋義】

用於地名，龜茲，漢縣名：“龜茲左將軍劉平國”（Q116）。

13084 黽 miǎn 《廣韻》彌兖切，明獮上。又武盡切。

Q147

《說文·黽部》：“，鼃黽也。从它，象形。黽頭與它頭同。凡黽之屬皆从黽。，籀文黽。”

【釋形】

《說文》小篆爲象形字，像蛙之形，表示蛙類動物。“黽”甲骨文作（《合》17868）、（《合》7860），金文作（《黽父丁鼎》），更爲象形；金文或作（《師同鼎》），似離析爲“它”和兩爪之形；《說文》小篆與此金文字形相承；《說文》籀文在此基礎上繁化，增添兩個構件“又”。漢碑字形與小篆相承，頭部離析隸定爲“罒”形，身體粘合隸定爲“电”形，如圖。

【釋義】

用於地名：“君昔在黽池，脩崤嶔之道，德治精通，致黃龍、白鹿之瑞”（Q147）。

13085 蠅 yíng 《廣韻》余陵切，餘蒸平。餘蒸。

Q066

《說文·黽部》：“，營營青蠅，蟲之大腹者。从黽从虫。”

【釋形】

《說文》小篆爲會意字，从黽从虫。漢碑字形中，構件“虫”的隸定情況見13063雖；構件“黽”依小篆線條轉寫隸定，頭部上端豎線省去，如圖。

【釋義】

蒼蠅；多比喻讒佞之人：“而青蠅嫉正，醜直實繁，撗共構譖，慷慨暴薨”（Q066）。

13086 卵 luǎn 《廣韻》盧管切，來緩上。來元。

Q150

《說文·卵部》：“，凡物無乳者卵生。象形。凡卵之屬皆从卵。”

【釋形】

《說文》小篆爲象形字，像卵之形。王筠《說文釋例》：“卵即謂魚卵。魚本卵生，顧既生之卵如米，其自腹剖出者，則有膜裹之如袋，而兩袋相比，故作卵以象之。外象膜，內象子之圓也。凡卵皆圓，而獨取魚卵者，圓物多，惟魚之卵有異，故取之。”金文作（《次又缶》），戰國秦文字作（《睡·日乙》185），戰國楚文字作（《望》2.46），皆一脈相承。小篆線條化，象形性減弱。漢碑字形筆畫化，隸定爲“卵”左右各加一點，如圖。

【釋義】

動物的蛋:"危危累卵兮,聖朝閔憐"(Q150)。

13087 **二** èr 《廣韻》而至切,日至去。日脂。

① Q123

② Q124

③ Q074

④ Q106

《説文·二部》:"二,地之數也。从偶一。凡二之屬皆从二。弍,古文。"

【釋形】

《説文》小篆爲指事字,用兩横表示數目二。"二"甲骨文作二(《合》33933),金文作二(《我方鼎》),爲小篆字形之所承。金文或作弍(《𢑴窓窓君扁壺》),增添聲符"戈";"戈"上古音在見母歌部,與"二"具有旁轉關係,故可充當其聲符。戰國楚文字亦有作从二、戈聲者,如弍(《信》1.039)弍(《郭·語》3.67)等。《説文》古文將聲符"戈"訛作"弋"。漢碑字形承襲兩横的寫法,如圖①~④;其中圖④兩横上長下短。

【釋義】

數詞:"徼外來庭,面縛二千餘人"(Q146);"三陽吐圖,二陰出讖。制作之義,以俟知奧"(Q112);"索石,廣三尺,厚尺五寸二,長二尺"(Q097);"惟漢永和二年,歲在丁丑"(Q124)。

13088 **恒** héng 《廣韻》胡登切,匣登平。匣蒸。

① Q150

② Q187

《説文·二部》:"恆,常也。从心从舟,在二之間上下。心以舟施,恒也。亙,古文恒从月。《詩》曰:'如月之恒。'"

【釋形】

《説文》以爲會意字,从心从舟从二,表示恒久。按"恒"甲骨文作亙(《合14764》),學者多認爲从月在二之間,"二"指天地,月恒出於天地之間,故有永恒義。《説文》古文从月,但其字形繁複。段玉裁《説文解字注》云:"此篆轉寫訛舛。既云从月,則左當作月,不當作夕也。若《汗簡》則左作舟,而右亦同此,不可曉。又按門部之古文'閒'作'閖',蓋古文'月'字略似'外'字。古文'恒'直是二中月耳。"由此可見,"恒"初文只作"亙",又寫作"亘",與像水迴旋之形的"亘"同形。水迴旋之"亘"甲骨文作亘(《合》2985),上古音在心母、元部,今音 xuān,"洹、桓、垣"等字从之得聲;恒久之"亘"上古音在見母蒸部,今音 gèn,"恒、亙"等字从之得聲。"亙"本義爲恒久,引申表示恒心,"恒"就是爲恒心義所造的後起分化字,从心,亙聲。"恒"西周金文即已出現,寫作恒(《恒簋蓋》)。小篆將聲符"亙"中的構件"月"訛作"舟",《説文》據訛變字形釋爲"从心从舟从二",乃不明其形源所致。戰國秦文字作恒(《睡·秦》84)、恒(《睡·爲》12),構件"月"不訛。漢碑字形與戰國秦文字相承,義符"心"移至左側,隸定趨近於"忄";聲符"亙"隸定混同作"亘",其中構件"月"訛作"日",如圖①②。

【釋義】

㊀副詞,表示頻率,經常,常常:"休謁往還,恒失日晷"(Q150);"王路阪險,鬼方不庭;恒戢節足,輕寵賤榮"(Q187)。㊁用於人名:"處士南鄭祝恒,字仲華"(Q199)。

13089 **凡** fán 《廣韻》浮芝切,並凡平。並侵。

① Q154

② Q198

③ Q187

④ Q134

⑤ Q066

《説文·二部》:"凡,最括也。从二。二,偶也。从乃,乃,古文及。"

【釋形】

《説文》以爲會意字，从二从 乛，義爲舉凡、總括。按“凡”甲骨文作 （《合》33146），金文作 （《曶鼎》），像承盤之形，即“槃”之初文，“最括”應爲其假借義。小篆右側線條彎曲，《説文》據之釋爲从二从乛，乃不明其形源所致。漢碑字形隸定爲“几”内加一短横，如圖①～④；短横或變爲一點，爲今之字形所本，如圖⑤。

【釋義】

㊀總共，共有：“顔母开舍及魯公冢守吏凡四人”（Q141）；“行三年服者凡八十七人”（Q088）。㊁凡是，所有的：“凡我同好之〖人〗，永懷〖哀〗悼”（S97）；“凡此四道，垓鬲尤艱”（Q095）。

【釋詞】

［凡百］語出《詩·小雅·雨无正》：“凡百君子，各敬尔身。”㊀表示數量多，眾多的，所有的：“凡百君子，欽謚嘉樂；永傳啻齡，晚矣昀昀”（Q154）。㊁指代眾位君子：“凡百隕涕，縉紳惟傷”（Q134）；“凡百咸痛，士女涕泠；臣子褒述，刊石勒銘”（Q187）。

13090 **土** tǔ《廣韻》他魯切，透姥上。透魚。

① Q142

② Q074

③ Q146

④ Q140

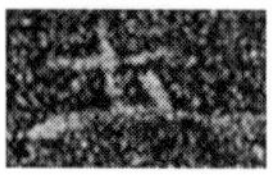
⑤ Q144

《説文·土部》：“土，地之吐生物者也。二象地之下、地之中，物出形也。凡土之屬皆从土。”

【釋形】

按“土”甲骨文作 （《合》32119），金文作 （《盠尊》），像地面上的土堆之形，而非《説文》所説像大地吐物之形。小篆線條化，已看不出土堆之形。漢碑字形或依小篆線條轉寫隸定，如圖①②；“土”右下方或加一點作“圡”，以强化與“士”的區别，如圖③～⑤。

【釋義】

㊀土地，泥土：“草盧因容，負土成墳”（Q114）；“夫封圡爲社，立稷而〖祀〗，皆爲百姓興利除害”（Q140）；“府願以家錢，義作土牛、上瓦屋、欄楯什物，歲歲作治”（Q119）。㊁疆域，地域：“冀土荒饉，道殣相望”（Q128）；“充曜封邑，厥土河東”（Q187）。㊂用於地名：“元氏左尉上郡白土樊瑋，字子儀”（Q171）。

13091 **地** dì《廣韻》徒四切，定至去。定歌。

① Q129

② Q102

③ Q174

④ Q125

⑤ Q120

⑥ Q171

《説文·土部》：“地，元气初分，輕清陽爲天，重濁陰爲地，萬物所陳列也。从土，也聲。墬，籀文地从隊。”

【釋形】

《説文》小篆爲形聲字，从土，也聲。“也”上古音在餘母歌部。漢碑字形中，義符“土”或在右下方加一點作“圡”，如圖⑤；或在左右各加一點，如圖⑥。聲符“也”或在小篆基礎上轉寫隸定，如圖①②⑤⑥；或進一步離析類似於“巾”下加“乚”，如圖③④。

【釋義】

㊀與“天”相對，大地：“天地清和，嘉祥昭格”（Q125）；“天子祭天地及山川，歲徧焉”（Q129）；“體連封龍，氣通北嶽，幽讚天地，長育萬物”（Q174）；又見“地理”。㊁土地，田地：“昆弟六人共買山地。建初元年，造此冢地，直三萬錢”（Q027）。㊂疆土，地

域："秦兼天下，侵暴大族，支判流僊，或居三川，或徙趙地"（Q166）；"漢興，以三川爲穎川，分趙地爲鉅鏕"（Q166）。㊃用於年號："地節二年十月，巴州民楊量買山，直錢千百"（Q008）。㊄用於地名："張掖屬國都尉丞、右扶風隃麋侯相、金城西部都尉、北地大守"（Q178）。

【釋詞】

［地紀］維繫大地的繩子。古代認爲天圓地方，天有九柱支撑，使天不下陷；地有大繩維繫四角，使地有定位："能絶地紀"（Q281）。

［地理］㊀與"天文"相對，指土地、山川等的狀貌態勢："咸曉地理，知世紀綱"（Q095）。㊁指土地："地理山川，所生殖也"（Q129）。

13092 **坤** kūn 《廣韻》苦昆切，溪魂平。溪文。

① Q065

② Q095

③ Q129

④ Q128

⑤ Q140

《説文·土部》："坤，地也；《易》之卦也。从土从申；土位在申。"

【釋形】

《説文》小篆爲會意字，从土从申，即八卦之中指代大地的卦象。漢碑字形中，或依小篆線條轉寫隸定，如圖①；或寫作"巛"形，如圖②～⑤。王引之《經義述聞·周易上》："乾坤字正當作坤，其作巛者，乃是借用川字。"其説可從。但漢碑中"巛"與"川"字形微别，三筆或末筆有右彎之勢，故將"巛"作爲"坤"的異體字附於川部之末。

【釋義】

㊀八卦之一："恩〖降《乾》〗《夳》，威肅《剥》《巛》"（Q137）；又見"乾坤"㊀。㊁因坤卦象徵地，故可借指地："上順斗極，下答巛皇"（Q095）；"惟乾動運，巛道静貞"（Q109）；又見"乾坤"㊁。㊂八卦中"坤"對應西南方，故亦借指西南方："慕君靡已，乃詠新詩：□□□□〖兮〗巛兑之間"（Q150）。

13093 **垓** gāi 《廣韻》古哀切，見咍平。見之。

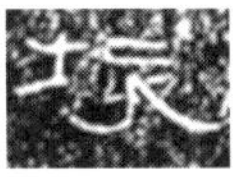
① Q095

② Q066

《説文·土部》："垓，兼垓八極地也。《國語》曰：'天子居九垓之田。'从土，亥聲。"

【釋形】

《説文》小篆爲形聲字，从土，亥聲。漢碑字形中，義符"土"或在右下方加一點作"圡"，如圖②。聲符"亥"甲骨文作亥（《合》522）、亥（《合》6834）、亥（《合》17375）等，或曰像豕之形，或曰即表示草根的"荄"的初文；金文變異作亥（《吳方彝》）亥（《陳侯鼎》）亥（《邾公華鐘》）等；小篆線條化，結構重組爲亥，《説文》據小篆字形釋爲从二、从二人、从乙，乃强爲之解；漢碑字形下部形體進一步變異，其構意更難以分析，如圖①②。

【釋義】

㊀通"閡"，阻隔，阻塞："凡此四道，垓鬲尤艱"（Q095）。㊁用於地名，即"垓下"："聖漢龍興，楊憙佐命，克項於垓"（Q066）。

13094 **均** jūn 《廣韻》居匀切，見諄平。見真。

Q150

《説文·土部》："均，平、徧也。从土从勻，勻亦聲。"

【釋形】

《説文》小篆爲會意兼形聲字，从土从勻，勻亦聲，本義爲平均。按"均"本與均匀之“匀”及表示時間的“旬”同字,甲骨文作（《合》9012）、（《合》10217）等,像陶匀之形。製陶時須通過旋轉陶匀而使陶泥均匀光滑,故其字有均匀的含義(即“匀”字),後來“匀”增添區別符號“二”作（《匀乍寶彝簋》)、（《多友鼎》),“均”又在此基礎上增添義符“土”作（《蔡侯紐鐘》);又由於陶匀製陶時有轉圈的特點,故可引申指每十天一個周期的“旬”,後增添構件“日”作（《新邑鼎》)、（《王孫遺者鐘》)等,“匀、均、旬”分化爲三字。漢碑字形中,義符“土”在右下方加一點作“圡”;聲符“匀”依小篆線條轉寫隸定,如圖。

【釋義】

平均,公平:“躬儉尚約,化流若神,愛氓如□,□□〖平〗均”(Q150);“愍念烝民,勞苦不均”(Q193)。

13095 **塙** què 《廣韻》苦角切,溪覺入。溪藥。

① Q279

② Q279

《説文·土部》:“,堅不可拔也。从土,高聲。”

【釋形】

《説文》小篆爲形聲字,从土,高聲。“高”上古音在見母宵部。漢碑字形中,義符“土”在右下方加一點作“圡”,如圖①②。聲符“高”或依小篆線條轉寫隸定,如圖①;或將中間的“冂”訛混爲“日”形,如圖②。

【釋義】

同“墧、橋”,橋梁:“天塙建立,靈燿主守”(Q279)。

13096 **基** jī 《廣韻》居之切,見之平。見之。

① Q129

② Q069

③ Q134

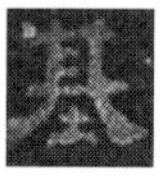
④ Q133

《説文·土部》:“,牆始也。从土,其聲。”

【釋形】

《説文》小篆爲形聲字,从土,其聲,本義爲牆基。漢碑字形中,義符“土”在右下方加一點作“圡”,如圖①②。聲符“其”所从之構件“甘”在圖①~④中均發生了不同程度的省變,其中圖④將左右兩邊的豎筆延長與構件“丌”相接,與後世通行的寫法相同;構件“丌”中的撇捺或向上延伸與“甘”相接,如圖②。

【釋義】

㊀建築物的底部:“造墓定基,魂零不寧,於斯革之”(Q069);“尊脩靈基,肅共壇場”(Q129)。㊁基業:“案察中曹卓行造作石積,萬世之基”(Q095);“乃刊斯石,欽銘洪基,昭示後昆,申錫鑒思”(Q148)。㊂通“朞”,一年:“恩洽化布,未基有成”(Q134);“流化八基,遷蕩陰令,吏民頡頏,隨逝如雲”(Q179)。

13097 **垣** yuán 《廣韻》雨元切,雲元平。匣元。

① Q129

② Q141

③ Q104

《説文·土部》:“,牆也。从土,亘聲。,籀文垣从𩫖。”

【釋形】

《説文》小篆爲形聲字,从土,亘聲。按聲符“亘”甲骨文作（《合》10229)。楊樹達《積微居小學述林》:“亘者,淀之初文也。《水部》云:‘淀,回泉也。从水,旋省聲。’今字皆作漩。亘从,爲古文回,字象回水,是形義與淀爲回泉者合也。二字之音皆在寒部心母,又相近也。”甲骨文或於回水之形上添加一横畫,如（《合》419),小篆又在下方添加一横畫,《説文》據小篆將兩横畫釋爲“上下,所求物也”,與形源不符。漢碑字形中，義符“土”或在右下方加一點作“圡”，如圖②；聲符“亘”中間的回水之形寫作“日”，如圖①～③。

【釋義】

牆，矮牆：“至于亡新，寖用丘虛，訖今垣趾營兆猶存”（Q129）；“補完里中道之周左廧垣壞決，作屋塗色，脩通大溝”（Q141）。

13098 **壁** bì 《廣韻》北激切，幫錫入。幫錫。

Q146

《説文·土部》：“壁，垣也。从土，辟聲。”

【釋形】

《説文》小篆爲形聲字，从土，辟聲。漢碑字形中，義符“土”在右下方加一點作“圡”。聲符“辟”所从之構件“卩”轉寫爲“尸”；構件“辛”隸定爲三横一竪，上加一短横，如圖。義符“土”夾於構件“尸”和“辛”的下部中間，整字布局有所調整。

【釋義】

牆壁：“郡西狹中道，危難阻峻，緣崖俾閣，兩山壁立，隆崇造雲，下有不測之谿，阨笮促迫”（Q146）。

13099 **堂** táng 《廣韻》徒郎切，定唐平。定陽。

① Q060　② Q129　③ Q106　④ Q082

《説文·土部》：“堂，殿也。从土，尚聲。坣，古文堂。𡔍，籀文堂，从高省。”

【釋形】

《説文》小篆爲形聲字，从土，尚聲。漢碑字形中，有的爲碑文篆書，但已經帶有明顯的隸意，如圖①。多數則已經發生隸變，義符“土”或在右下方加一點作“圡”，如圖③④。聲符“尚”所从之構件“八”隸定爲左右對稱的兩點；構件“向”依小篆線條轉寫隸定，如圖②～④。

【釋義】

㊀古代議事的場所：“既至升堂，屏氣拜手，祗肅屑僾，髣髴若在”（Q141）；“升堂講誦，深究聖指”（Q105）；“皆會廟堂，國縣員〖冗〗，吏無大小，空府竭寺，咸俾來觀”（Q141）。㊁用於祭祀神靈的房屋，祠堂：“在漢中葉，建設宇堂”（Q129）；“卜擇吉土治東，就衡山起堂立壇”（Q060）；“禮器升堂，天雨降澍”（Q112）；“息叡不才，弱冠而孤，承堂弗構，斦薪弗何”（Q154）。㊂用於地名：“門生安平堂陽張琦字子異”（Q127）。

13100 **在** zài 《廣韻》昨宰切，從海上。從之。

① Q167　② Q202　③ Q142　④ Q021

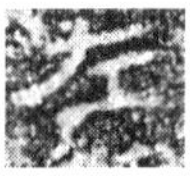 
⑤ Q080　⑥ Q128

《説文·土部》：“在，存也。从土，才聲。”

【釋形】

《説文》以“在”爲从土、才聲的形聲字。按甲骨文“在”本與“才”同字，甲骨文作（《合》131136）、（《合》52）、（《合》38237），像草木初生之形。草木出生即其所在，故又可表示存在義。金文開始出現添加聲符“士”的“在”，寫作（《大盂鼎》）、（《𢼄作且丁尊》），“才、在”分化爲二字。上古音“才、在”均在從母之部，“士”在崇母之部，三者音近。小篆字形聲符“士”訛作“土”，《説文》釋爲“从土，才聲”，理據重構。漢碑字形中，聲符“才”隸變後均位於義符“土”左上方，或寫作“𠂇”和一竪，如圖①；或寫作“𠂇”的撇畫上加一點，如圖②；或省寫爲“𠂇”，如圖③～⑥。義符“土”或與小篆基本一致，如圖①～④；或寫作“工”，整字混同爲“左”，如圖⑤；或在兩側各加一點，如圖⑥。

【釋義】

㊀活着，健在："兄弟共居，甚於親在"（Q106）；"衹肅屑僾，髣髴若在"（Q141）。㊁介詞，❶表示動作所涉及的對象："遂遷宰國，五教在仁，嗇民〖用〗彰，家用平康"（Q128）；"君務在〖寬，失〗順其文，舉已從政者，退就勑巾"（Q137）；"志在共養，子道未反"（Q057）。❷表示時間："在漢中葉，建設宇堂"（Q129）；"其在孩提，岐嶷發蹤"（Q093）；"建寧二年，大歲在己酉，五月十五日丙午直建"（Q142）。❸表示處所："枝分葉布，所在爲雄"（Q178）；"顔氏聖舅，家居魯親里，并官聖妃，在安樂里"（Q112）；"正月上旬，被病在床"（Q114）；"及其玄孫言多，世事景王，載在史典"（Q166）。

13101 **坐** zuò（一）《廣韻》徂果切，從果上。從歌。

① Q099

② Q084

③ Q142

④ Q140

⑤ Q212

⑥ Q268

《説文·土部》："，止也。从土，从畱省。土，所止也。此與畱同意。，古文坐。"

【釋形】

《説文》以爲會意字，从土、从畱省。按"坐"甲骨文作（《合》1779）、（《合》5357），像人跪坐在席上，爲"坐"之初文。戰國楚文字作（《信》2.018），席子之形改換爲"土"，上方人形變爲"卩"；或繁化作（《睡·效》20），上像二人相背之形，《説文》古文與之結構相似。小篆將二人相背之形訛變作"丣"，《説文》據小篆字形釋爲"从土，从畱省"，乃不明其形源所致。漢碑字形與戰國文字相承，上方二人相背之形或隸定近似於兩個三角形，如圖①～③；或進一步變爲"口"形，如圖④～⑥。下方構件"土"或混同爲"工"，如圖⑥。

【釋義】

坐："使坐上，小車軿，驅馳相隨到都亭，游徼候見謝自便"（Q100）。

（二）《廣韻》徂臥切，從過去。從歌。

【釋義】

㊀座位，席位："復禮孔子宅，拜謁神坐，仰瞻榱桷，俯視几筵，靈所馮依，肅肅猶存"（Q140）；"孝萇爲君設便坐，朝莫舉門恂恂不敢解殆"（Q142）；"牧伯張君，開示坐席，顧視忘宦，位不副德"（Q212）。㊁因爲，由於："……歌誦更郎□□坐□疾去"（Q268）。

13102 **封** fēng 《廣韻》府容切，幫鍾平。幫東。

① Q124

② Q126

③ Q174

《説文·土部》："，爵諸侯之土也。从之从土从寸，守其制度也。公侯，百里；伯，七十里；子男，五十里。，古文封省。，籀文从𡉚。"

【釋形】

《説文》以爲會意字，从之从土从寸，表示按爵位的等級賜予諸侯土地。按"封"金文作（《六年召伯虎簋》），像以手培土植樹之狀，本義爲植樹堆土爲界。《説文》所釋爲引申義。小篆右側構件"又"變爲"寸"，左上方像樹苗的表形構件變爲"之（㞢）"。漢碑字形中，構件"之（㞢）"和"土"粘合寫作"圭"，構件"寸"指示符號寫作一點，如圖①～③。

【釋義】

㊀堆土："夫封土爲社，立稷而〖祀〗，皆爲百姓興利除害"（Q140）。㊁坟墓："延〖熹〗六年，〖歲在癸卯〗，積廿七年，□爲父作封成"（Q124）；"追念父恩，不可稱陳。

將作□封,因序祖先”(Q124);“中平四年十二月廿四日李晝封”(Q183)。㊂地上隆起的墳狀物:“上有故千□紀冢,有北行車道,千封上下相属,南北八千,石界□受”(Q089)。㊃皇帝賜予的爵位和土地或名號:“雖有褒成世享之封,四時來祭,畢,即〖歸〗國”(Q140);“元始二年復封曾孫纂爲侯”(Q169);“封侯食邑,傳子孫兮”(Q171);“君帝高陽之苗裔,封兹楚熊,氏以國别”(Q153)。㊄祭祀山岳之神:“乃封山刊石,昭銘盛德”(H26)。㊅用於山名:“惟封龍山者,北岳之英援,三條之别神,分體異處,在於邦内”(Q126)。

【釋詞】

[封畿]指王都周圍地區:“饕餮改節,寇暴不作,封畿震駭”(Q084)。

[封禪]古時帝王舉行的一種築坛祭天地及四方山岳之神的活動:“孝武皇帝脩封禪之禮,思登假之道,巡省五嶽,禋祀豐備”(Q129)。

13103 **璽** xǐ 《廣韻》斯氏切,心紙上。心脂。

① Q128

② Q246

《説文·土部》:“,王者印也。所以主土。从土,爾聲。,籀文从玉。”

【釋形】

《説文》小篆爲形聲字,从土,爾聲。“爾”上古音在日母脂部,。漢碑字形中,義符“土”或省寫爲“二”,如圖②。聲符“爾”所从之構件“尒”省簡爲横畫下加三點,如圖①②。

【釋義】

皇帝的印章:“聖上珍操,璽符追假”(Q128);“璽追嘉錫,據北海相”(Q088)。

13104 **墨** mò 《廣韻》莫北切,明德入。明職。

Q084

《説文·土部》:“,書墨也。从土从黑,黑亦聲。”

【釋形】

《説文》小篆爲會意兼形聲字,从土从黑,黑亦聲。“黑”上古音在曉母職部。漢碑字形中,義符“土”或在右下方加一點作“圡”。聲符“黑”所从之構件“囪”與構件“炎”上方“火”重組爲“里”,構件“炎”下方“火”省變爲“灬”,如圖。

【釋義】

用於“繩墨”,原指木工畫直線的工具,這裡比喻法度、法律:“於是操繩墨以彈耶枉,援規柜以分方員”(Q084)。

13105 **城** chéng 《廣韻》是征切,禪清平。禪耕。

① Q066

② T154

③ Q066

④ Q178

⑤ Q088

《説文·土部》:“,以盛民也。从土从成,成亦聲。,籀文城从𩫖。”

【釋形】

《説文》以小篆“成”爲會意兼形聲字,从土从成,成亦聲,本義爲城墻。按“城”早期金文作(《班簋》),从𩫖,成聲,形聲字,爲《説文》籀文之所本;後將義符“𩫖”替換爲“土”,寫作(《驫羌鐘》)。小篆承襲金文後一種字形,并調整爲左右結構。“城”應爲一般的形聲字,而非《説文》所説的“从土从成,成亦聲”。漢碑字形中,構件“土”或在右下方加一點作“圡”,如圖④⑤;“土”或位於左上角,如圖②。構件“成”所从之構件“丁”或寫作“丅”形,如圖②;多

數則連作一折筆作“⺀”，如圖①③④⑤。

【釋義】

㊀城牆：見“城池”。㊁城邑，城市：“攻城野戰，謀若涌泉”（Q178）；“〖遵尹鐸〗之築，保鄣二城”（Q137）；“黄巾初起，燒平城市，斯縣獨全”（Q179）。㊂用於官名：見“典城”。㊃用於人名：“次子但，曰仲城”（Q021）。㊄用於地名：“長史蜀城佐石副垂”（Q061）；“故北海相任城景府君卒”（Q088）；“州察茂才，遷鮦陽矦相、金城太守”（Q133）。

【釋詞】

［城池］城牆和護城河：“脩通大溝，西流里外，南注城池”（Q141）；“恐縣吏斂民，侵擾百姓，自以城池道濡麥”（Q141）。

［城寺］官舍：“醳榮投黻，步出城寺”（Q134）；“而縣民郭家等復造逆亂，燔燒城寺”（Q178）。

13106 **增** zēng 《廣韻》作滕切，精登平。精蒸。

① Q143

② Q125

③ Q043

《説文·土部》：“，益也。从土，曾聲。”

【釋形】

《説文》小篆爲形聲字，从土，曾聲。漢碑字形中，義符“土”或在右下方加一點作“圡”，如圖①③。聲符“曾”所从之構件“八”或寫作左右對稱的兩點，如圖①③；或寫作平行的兩短横，如圖②。中間構件或寫作“田”，如圖①②；或寫作“曰”，如圖③。構件“曰”將小篆上部彎曲的線條拉直爲一横，如圖①～③。

【釋義】

㊀擴大，添加：“增廣壇場，餝治〖華蓋〗”（Q125）；徙土增道中”（Q043）。㊁用於地名：“三增仗人，皆往弔親”（Q143）。

13107 **埤** bèi 《集韻》部靡切，並紙上。並支。

Q146

《説文·土部》：“，增也。从土，卑聲。”

【釋形】

《説文》小篆爲形聲字，从土，卑聲。漢碑字形中，聲符“卑”所从之構件“甲”上部隸定似“田”，下部離析出一撇，與構件“𠂇”的隸定形體“十”交叉，如圖。

【釋義】

低洼處：“減高就埤，平夷正曲，柙致土石”（Q146）。

13108 **塞** （一）sāi（又讀 sè）《廣韻》蘇則切，心德入。心職。

① Q169

② Q178

《説文·土部》：“，隔也。从土从㡿。”

【釋形】

《説文》以爲會意字，从土从㡿，本義爲堵塞。按“塞”甲骨文作（《合》29365），像持物堵塞房屋孔隙之狀，爲“塞”之初文。金文繁化爲四個“工”，寫作（《塞公孫𣀀父匜》）。小篆又增添義符“土”作“塞”，强調堵塞房屋孔隙與土有關。漢碑字形中，中間像堵塞之物的部分與“廾”粘連，重組作“共”，使原有構形理據隱晦，如圖①②。

【釋義】

㊀堵塞：“王陵塞石，廣四尺”（Q010）。㊁通“思”：見“文塞”。

【釋詞】

［塞淵］誠實寬厚：“秉心塞淵，終温惠和”（Q158）；“猗余烈考，秉夷塞淵”（Q169）。

（二）sài 《廣韻》先代切，心代去。心職。

【釋義】

㊀邊塞：“疆易不爭，障塞〖無〗事”（Q133）。㊁用於官名：“故塞曹史杜苗幼始、故塞曹史吳産孔才五百”（Q178）。

13109 **圻** yín 《廣韻》語斤切,疑欣平。疑文。

Q133

《説文》爲“垠”的或體,《説文·土部》:“,地垠也。一曰:岸也。从土,艮聲。,垠或从斤。”

【釋形】

《説文》正篆和或體均爲形聲字,正篆从土,艮聲,或體从土,斤聲,本義爲土地的邊際。漢碑字形與《説文》或體相承,義符“土”與小篆一致,聲符“斤”由原來的兩個線條各自拆分爲兩筆,如圖。

【釋義】

轄境内的:“德以化圻民,威以懷殊俗”(Q133)。

13110 **圮(圯)** pǐ 《廣韻》符鄙切,並旨上。並之。

① Q178 ② Q201

《説文·土部》:“,毁也。《虞書》曰:‘方命圮族。’从土,己聲。,圮或从手从非,配省聲。”

【釋形】

《説文》小篆爲形聲字,从土,己聲。漢碑字形中,義符“土”在右下方加一點作“圡”。聲符“己”或依小篆線條轉寫隸定,如圖①;或混同爲“巳”,導致整字混同爲“圯”,如圖②。

【釋義】

㊀毁壞,坍塌:“又無統胤,堂構圮□”(Q201)。㊁坍塌的地方:“特受命,理殘圮”(Q178)。

13111 **圯**

“圮”的異體字(圖②),見13110圮。

13112 **毁(毀)** (一)huǐ 《廣韻》許委切,曉紙上。曉微。

① Q259 ② JB1 ③ Q202

《説文·土部》:“,缺也。从土,毇省聲。,古文毁从壬。”

【釋形】

《説文》以小篆爲从土,毇省聲。按“毁”戰國金文作(《鄂君啟車節》),从殳从兒,“兒”下爲“壬”,爲《説文》古文之所承;戰國楚文字改爲从支从兒,如(《郭·語》1.107),其構意似爲借敲擊人的頭部以會毁傷之義。《説文》正篆將構件“壬”訛作“土”。漢碑字形圖①②與《説文》正篆相承,其中圖②構件“臼”混同爲“臼”;圖③則與《説文》古文相承,其中構件“壬”似與“壬”混同。構件“殳”上部的“几”隸定近似於“口”,下面一横向右延伸;下部手形隸定爲“乂”,或介於“乂”和“又”之間,如圖①~③。

【釋義】

毁傷,毁損:“身禮毛膚父母所生,慎毋毁傷,天利之”(Q015);“終殁之日聲,形銷氣盡,遂以毁滅”(Q202)。

(二)huì 《廣韻》況僞切,曉寘去。

【釋義】

儿童乳齒脱换爲毁:“咨爾體之淑姣,嗟末命之何辜,方齔毁而揔角”(Q259)。

13113 **毀**

“毁”的異體字(圖③),見13112毁。

13114 **壓** yā 《廣韻》烏甲切,影狎入。影葉。

Q279

《説文·土部》:“,壞也。一曰:塞補。从土,厭聲。”

【釋形】

《説文》小篆爲形聲字，从土，厭聲。聲符“厭”金文作（《毛公鼎》），即“猒”字，不从厂。小篆增添構件“厂”作“厭”，《説文》釋爲“笮也。从厂，猒聲”。段玉裁《説文解字注》：“《竹部》曰：笮者，迫也。此義今人字作壓，乃古今字之殊。”徐灝《説文解字注箋》：“猒者，猒飫本字，引申爲猒足、猒惡之義。俗以厭爲厭惡，别製饜爲饜飫、饜足，又从厭加土爲覆壓字。”由此可見，“厭、饜、壓”三字都是漸次從“猒”字分化而來。漢碑字形中，義符“土”局部有殘泐，右下方添加一點。聲符“厭”所从之構件“厂”混同爲“广”；構件“猒”右側的“犬”捺筆上添加一撇，左上方的“甘”省變混同爲“口”，如圖。

【釋義】

㊀鎮守：“十二塙以山藉主壓□墓奎十二”（Q279）。㊁平抑：“壓難和戎，武慮慷慨”（Q161）。

13115 **壞**(壊)　huài　《廣韻》胡怪切，匣怪去。匣微。

① Q104

② Q141

《説文·土部》：“，敗也。从土，褱聲。，古文壞省。，籀文壞。”

【釋形】

《説文》小篆爲形聲字，从土，褱聲。漢碑字形中，有的依小篆線條轉寫隸定，如圖①。聲符“褱”或改换爲形音皆相近的“裹”，寫作“壊”，成爲“壞”的異體字；義符“土”或在右下方加一點作“圡”，如圖②。

【釋義】

㊀倒塌：“補完里中道之周左廧垣壞決”（Q141）。㊁損毁：“石直三千，王次作，勿敗□壞”（Q031）；“後子孫毋壞敗”（Q014）。

13116 **壊**

“壊”的異體字（圖②），見13115壞。

13117 **埃**　āi　《廣韻》烏開切，影咍平。影之。

Q148

《説文·土部》：“，塵也。从土，矣聲。”

【釋形】

《説文》小篆爲形聲字，从土，矣聲。“矣”上古音在匣母之部。漢碑字形中，聲符“矣”所从之構件“目”形變似“厶”，下方構件“矢”混同爲“夫”，如圖。

【釋義】

灰塵：“浮游塵埃之外，皭焉氾〖而不俗〗”（Q148）。

13118 **垢**　gòu　《廣韻》古厚切，見厚上。見侯。

Q124

《説文·土部》：“，濁也。从土，后聲。”

【釋形】

《説文》小篆爲形聲字，从土，后聲。漢碑字形中，義符“土”在右下方加一點作“圡”；聲符“后”依小篆線條轉寫隸定，如圖。

【釋義】

通“姤”，六十四卦之一：“改□易宫，震垢□兮”（Q124）。

13119 **塋**　yíng　《廣韻》余傾切，餘清平。餘耕。

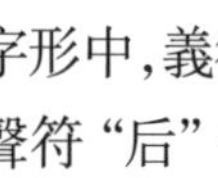
① Q131

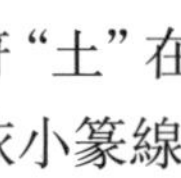
② Q113

《説文·土部》：“，墓也。从土，熒省聲。”

【釋形】

《説文》小篆爲形聲字，从土，焚省聲。按聲符“焚”金文作（《焚作周公簋》）、（《五祀衛鼎》）、（《強伯盤》），爲“焚”之初文。張世超等《金文形義通解》：“二燭相交，其義明也，交互也，盛也。”小篆將金文字形離析重組，并纍增義符“火”，寫作，《説文》釋爲“屋下鐙燭之光。从焱、冂”，屬於理據重構。徐鍇《説文解字繫傳》：“冂，猶室也。”段玉裁《説文解字注》：“以火華照屋會意。”漢碑字形中，聲符“焚”的省形依小篆線條轉寫隸定，其中構件“冂”或仍半包圍“土”，如圖①；或兩邊筆畫向上收縮，隸定爲“冖”，如圖②。

【釋義】

墓地：“延熹十年二月甲申，制地□中，脩塋造墳”（Q131）；“十月癸卯，於塋西起〖墳〗”（Q113）；“以九月十日葬于芒門舊塋”（Q056）。

13120 **墓（墳）** mù 《廣韻》莫故切，明暮去。明鐸。

① Q167

② Q207

③ Q069

④ Q106

《説文·土部》：“，丘也。从土，莫聲。”

【釋形】

《説文》小篆爲形聲字，从土，莫聲。漢碑字形中，“墓”或依小篆作上下結構，如圖①～③；或改爲左右結構，如圖④。義符“土”或在右下方加一點作“圡”，如圖③④。聲符“莫”所从之構件“茻”上部的“艸”或嚴格依小篆線條轉寫隸定，如圖①；或隸定作“艹”，如圖②；或粘連省簡爲“䒑”，如圖③④。下部的“艸”或隸定爲“大”，如圖①；或省變爲“丌”，如圖②～④。構件“日”或與下面的“丌”粘合，近似於“具”少寫一横，如圖④。

【釋義】

墳墓：“當離墓側，永懷靡既”（Q088）；“堂無文麗，墓無碑識”（H105）；“不辟晨夏，負土成墳，列種松柏”（Q106）；“紀厥行，表于墓門”（Q041）。

13121 **墳**

“墓”的異體字（圖④），見13120墓。

13122 **墳** fén 《廣韻》符分切，並文平。並文。

① J002

② Q114

③ Q101

《説文·土部》：“，墓也。从土，賁聲。”

【釋形】

《説文》小篆爲形聲字，从土，賁聲。漢碑字形中，義符“土”或在右下方加一點作“圡”，如圖②③。聲符“賁”所从之構件“卉”或依小篆線條轉寫隸定，如圖①；或下面兩個“屮”粘連，如圖②；或三個“屮”粘合省變近似於“立”，如圖③。

【釋義】

㊀墳墓：“延熹十年二月甲申，制地□中，脩塋造墳”（Q131）；“故敢慕奚斯之追述，樹玄石于墳道”（Q066）；“起石室墳”（Q091）。㊁指三墳；亦泛指古代典籍：見“墳典、墳素”。

【釋詞】

[墳典]《三墳》《五典》的合稱，後泛指古代典籍：“墳典素丘，河雒運度”（Q084）。

[墳素] 即“墳索”，《三墳》《八索》的合稱，後泛指古代典籍：“研機墳素，在國必聞”（Q169）。

[墳壇] 墳前的祭壇：“祝其卿墳壇，居攝二年二月造”（Q012）；“上谷府卿墳壇，居攝二年二月造”（Q012）；“故建防共墳，配食斯壇，以慰考妣之心”（Q117）。

[墳園] 陵园，墓地：“守衛墳園，仁綱禮

備”（Q088）。

13123 **壇**　tán　《廣韻》徒干切，定寒平。定元。

① Q129

② Q174

《説文·土部》：“壇，祭場也。从土，亶聲。”

【釋形】

《説文》小篆爲形聲字，从土，亶聲。漢碑字形中，或將小篆線條轉寫隸定爲平直方折的筆畫，如圖①；或將聲符“亶”最上面的點移至横畫下，構件“旦”中間添加一點，如圖②。

【釋義】

爲祭祀、盟會等而築的土臺：“故建防共墳，配食斯壇，以慰考妣之心”（Q117）；“卜擇吉土治東，就衡山起堂立壇”（Q060）；“建立兆域，脩設壇屏”（Q174）；又見“墳壇”。

【釋詞】

［壇場］古代舉行祭祀、繼位等大典的場所：“增廣壇場，餝治〖華蓋〗”（Q125）；“闡君靈兮示後萌，神有識兮營壇場”（Q128）；“尊脩靈基，肅共壇場”（Q129）。

13124 **場**　cháng　《廣韻》直良切，澄陽平。定陽。

① Q125

② Q129

③ Q128

《説文·土部》：“場，祭神道也。一曰：田不耕。一曰：治穀田也。从土，昜聲。”

【釋形】

《説文》小篆爲形聲字，从土，昜聲。漢碑字形中，義符“土”或在右下方加一點作“圡”，如圖③。聲符“昜”所从之構件“日”和“一”或發生粘連，如圖①②；或粘連訛變近似於“立”，如圖③。

【釋義】

用於祭神的場地：見“壇場”。

13125 **圭（珪）**　guī　《廣韻》古攜切，見齊平。見支。

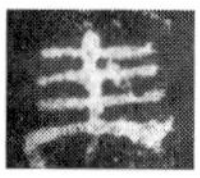
① Q129

② Q125

③ Q174

④ Q179

《説文·土部》：“圭，瑞玉也。上圜下方。公執桓圭，九寸；侯執信圭，伯執躬圭，皆七寸；子執穀璧，男執蒲璧，皆五寸：以封諸侯。从重土。楚爵有執圭。珪，古文圭从玉。”

【釋形】

《説文》以爲會意字，从重土。按“圭”甲骨文作（《合》11006）、（《合》21310），像珪玉之形。金文變爲从二土，寫作圭（《多友鼎》）。小篆與金文相承，故《説文》以“从重土”釋之。《説文》古文添加義符“玉”作“珪”，突出其材質。漢碑字形有的承襲小篆，如圖①；有的承襲《説文》古文，如圖②～④。

【釋義】

㊀玉器名，古代貴族朝聘、祭祀、喪葬時所用的一種禮器：見“珪璧、珪璋”。㊁古代封爵多賜珪，故可代指官爵：“〖聖〗漢所尊，受珪上帝”（Q125）；又見“析珪”。㊂用於人名：“〖黄〗門同郡卞玉，字子珪”（Q152）；“故功曹王衍文珪”（Q178）。

13126 **珪**

“圭”的異體字（圖②③④），見13125圭。

【釋詞】

［珪璧］漢碑中又作“圭璧”，古代祭祀、朝聘等活動所用的玉器：“上陳德潤，加於百姓，宜蒙珪璧，七牲法食”（Q126）；“祀以圭璧，樂奏六歌”（Q129）。

［珪璋］比喻高尚的品德：“珪璋其質，芳麗其華”（Q157）。

13127 **垂** chuí 《廣韻》是爲切,禪支平。禪歌。

① Q066

② Q066

③ Q144

④ Q129

⑤ Q179

⑥ Q179

⑦ Q102

⑧ Q088

《説文·土部》:",遠邊也。从土,𠂹聲。"

【釋形】

《説文》小篆爲形聲字,从土,𠂹聲,義爲邊疆。聲符"𠂹"本像華葉下垂的樣子,爲下垂的"垂"的初文。从土、𠂹聲的"垂"是在"𠂹"的基礎上增添義符"土"而産生的分化字,本義爲邊陲。後來,"垂"多用於表示下垂義,表示邊陲義時另外分化出添加義符"阝"的"陲"。漢碑字形中,"垂"的聲符"𠂹"或大致依小篆線條轉寫隸定,只是義符"土"變異近似於"凵"形,如圖①;圖②③在圖①的基礎上略有變異,或上部變爲一横,或中間多加一横。圖④~⑧則進一步發生粘合省變,完全看不出原有的結構了。

【釋義】

㊀流下,滴下:見"垂涕"。㊁流傳:"垂顯述異,以傳後賢"(Q061);"先帝所尊,垂名竹帛"(Q137);"黨魂有靈,垂後不朽"(Q144);又見"垂榮、垂芳"等。㊂敬辭,多用於上對下的動作行爲:"魂靈瑕顯,降垂嘉祐"(Q088);"東里潤色,君垂其仁"(Q179);"國之良幹,垂愛在民"(Q179);又見"垂恩"。㊃用於人名:"長史蜀城佐石副垂、崇高亭長蘇重時監之"(Q061)。

【釋詞】

[垂恩]施予恩澤:"哀閔垂恩,猛不殘義,寬不宥姦,喜不縱慝,慼不戮仁"(Q161);"賴明公垂恩网極,保我國君,羣黎百姓,〖永〗受元恩"(Q171)。

[垂芳]留傳美名:"莫不流光〖煇〗於無窮,垂芳耀於書篇"(Q088)。

[垂精]垂降精氣:"厥祖天皇大帝,垂精接感,篤生聖明"(Q193)。

[垂髦]義同"垂髫",指兒童垂在前額的短髮,常借指兒童或童年:"善性形〖於岐嶷,□□〗見〖於〗垂髦,年七歲而夭"(Q117)。

[垂榮]留傳榮耀:"懿矣盛德,萬世垂榮"(Q066)。

[垂涕]指哭泣:"群后卿士,凡百黎萌,靡不欷歔垂涕,悼其爲忠獲罪"(Q066)。

[垂勳]留下功勳:"所歷垂勳,香風有隣"(Q150)。

13128 **塗(𡍿)** tú 《廣韻》同都切,定模平。定魚。

① J237

② Q141

③ Q095

《説文·土部》(新附字):",泥也。从土,涂聲。"

【釋形】

《説文》从土,涂聲,爲形聲字。漢碑字形中,義符"土"或在右下方加一點作"圡",如圖②③。聲符"涂"所从之構件"水"隸定爲"氵";構件"余"依小篆線條轉寫隸定,如圖①~③,其中圖②結構布局有所調整,構件"氵"居於整字的左側;圖③則將聲符"涂"改换爲"荼"(其中構件"艸"隸定爲"䒑"),構成"塗"的異體字"𡍿"。

【釋義】

㊀泥濘,泥巴:"遭謝酉、張除反,爰傳碑在泥塗"(Q188)。㊁塗抹房屋:"作屋塗色,脩通大溝"(Q141);"於是乃以藥塗屋柱,飲牛馬六畜"(Q199)。㊂山名:"九山甄旅,咸秩無文,爰納塗山"(Q065)。㊃通"途",道路:"後以子午,𡍿路歮難"(Q095)。

13129 **塟**

“葬”的異體字(圖⑥～⑨),見1168葬。

13130 **塉**　jí 《廣韻》秦昔切,從昔入。從錫。

Q150

《説文》無。

【釋形】

漢碑字形从土,脊聲,爲形聲字。聲符“脊”小篆作，《説文》釋爲“背吕也。从巫从肉”;金文有字形(《子脊鼎》),李學勤、劉釗等認爲即“脊”字,像魚脊骨之形,其説可從;戰國秦文字作(《睡·法》75),上部應爲之省變,下部增添義符“肉”;小篆上部訛作“巫”,故《説文》以“从巫从肉”釋之,乃不明其形源所致。漢碑字形將小篆“脊”上部進一步省變,隸定與今之寫法相近,如圖。

【釋義】

貧瘠的土地:見“塉确”。

【釋詞】

[塉确]土地貧瘠多石:“地既塉确兮,與寇爲隣”(Q150)。

13131 **壂**　diàn 《廣韻》堂練切,定霰去。定文。

Q129

《説文》無。

【釋形】

漢碑字形从土,殿聲,爲形聲字。其聲符“殿”小篆作，从殳,屍聲,聲符“屍”所从之構件“丌、几”粘合作“共”,如圖。

【釋義】

同“殿”,殿堂:“故立宫其下,宫曰集靈宫,壂曰存僊壂,門曰望僊門”(Q129)。

13132 **堯**　yáo 《廣韻》五聊切,疑蕭平。疑宵。

Q137

《説文·垚部》:“,高也。从垚在兀上,高遠也。,古文堯。”

【釋形】

《説文》以爲會意字,从垚在兀上。按“堯”甲骨文作(《合》9379),从二土在人之上,以會高遠之義。金文作(《堯盉》)、(《堯作壺》),省作一土一人。戰國楚文字或與金文相承作(《郭·窮》3);或繁化作二土二人,寫作(《郭·六》7),《説文》古文與之相承。小篆變爲从三土在兀上,或爲理據重構。漢碑字形中,構件“垚”下方二“土”與構件“兀”共用横畫,如圖。

【釋義】

古代帝王陶唐氏之號:“府君諱方,字興祖,肇先蓋堯之苗”(Q137);“爲堯種樹,舍潛于岐”(Q187);“蓋帝堯之□□□”(Q199)。

13133 **艱**　jiān 《廣韻》古閑切,見山平。見文。

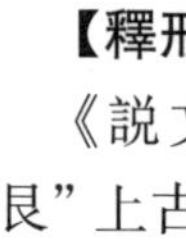
① JB6

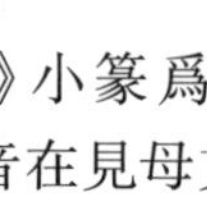
② Q095

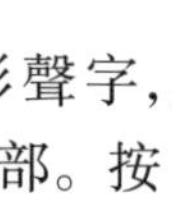
③ Q169

《説文·堇部》:“,土難治也。从堇,艮聲。,籀文艱从喜。”

【釋形】

《説文》小篆爲形聲字,从堇,艮聲。“艮”上古音在見母文部。按“艱”甲骨文作(《合》24150)、(《合》24147)、(《合》7100)等,構意不明。金文从喜作(《毛公鼎》),《説文》籀文與之相類。小篆變爲从堇、艮聲的形聲字。漢碑字形中,義符“堇”發生粘合、離析、重組,聲符“艮”中的兩個構件也粘合爲一體,如圖①～③。

【釋義】

困難，艱險："處幽道艱，存之者難"（Q060）；"凡此四道，垓鬲尤艱"（Q095）；"醳艱即安，有勳有榮"（Q095）。

【釋詞】

［艱難］困苦，困難："遭家不造，艱難之運"（Q169）。

13134 **里** lǐ 《廣韻》良士切，來止上。來之。

① Q112

② Q142

《說文·里部》："，居也。从田从土。凡里之屬皆从里。"

【釋形】

《說文》小篆爲會意字，从田从土，本義爲居住的地方。漢碑字形依小篆線條轉寫隸定，如圖①②。

【釋義】

㊀古代户籍管理的一級組織，二十五家爲一里："大道東鄉内東曲里人"（Q043）；"敬恪恭儉，州里歸稱"（Q154）；"脩通大溝，西流里外，南注城池"（Q141）。㊁故鄉：見"鄉里"。㊂長度單位："萬里同風，艾用照明"（Q128）；"行數萬里，不移日時"（Q142）；"山北人西，去地百餘里"（Q092）。㊃用於山名，相傳泰山南面有蒿里山，是死者埋葬之所，故常借指墓地、陰間："抱器幽潛，永歸蒿里"（Q144）。

13135 **釐** lí 《廣韻》里之切，來之平。來之。

Q065

《說文》作"釐"，《說文·里部》："，家福也。从里，𠩺聲。"

【釋形】

《說文》以"釐"爲从里、𠩺聲的形聲字。按"釐"本作"𠩺"，甲骨文作（《合》30515）、（《合》29683），从攴从又从來。李孝定《甲骨文字集釋》："契文象一手持麥攴擊而取之之形，乃穫麥之象形字。𠩺下小徐曰'攴擊取也'，是也。攴擊所以脱粒，故引申訓'坼'；手引而攴擊之，故亦訓'引'；兩者原爲一字，許書歧爲二耳。至卜辭言'延嫠'者，當讀爲'釐'。釐，許訓'家福'，引申爲凡福之偁，穫麥所以足食，引申自得有'福'義。"金文或與甲骨文相承，寫作（《師寰簋》）；或增添構件"貝"作（《多友鼎》）。小篆在金文第一種字形的基礎上將麥形訛變爲"未"，手形訛變爲"厂"，下面增添聲符"里"，變爲从𠩺、里聲的形聲字。《説文》釋爲"从里，𠩺聲"，與形源不符。漢碑字形中，義符"里"依小篆線條轉寫隸定；義符"𠩺"中的構件"未"又恢復爲"來"，構件"攴"隸定爲"攵"，如圖。

【釋義】

㊀理正，理順："運天樞，釐三辰，擿裁吝"（Q175）。㊁通"賚（lài）"，賜予："神禋享而飴格，釐我后以萬祺"（Q065）。

13136 **野（壄）** yě 《廣韻》羊者切，餘馬上。餘魚。

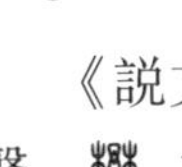
① Q174

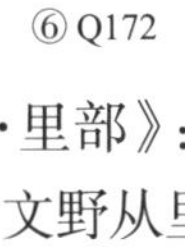
② Q153

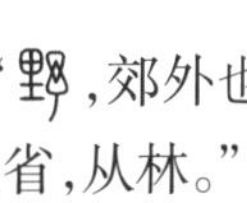
③ Q178

④ Q179

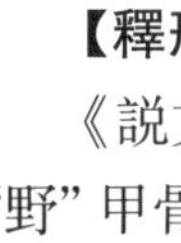
⑤ J005

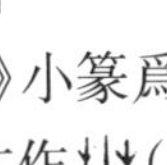
⑥ Q172

《說文·里部》："，郊外也。从里，予聲。，古文野从里省，从林。"

【釋形】

《說文》小篆爲形聲字，从里，予聲。按"野"甲骨文作（《合》30173），从林从土，會郊外之義。金文作（《大克鼎》），與甲骨文相承。戰國秦文字增添聲符"予"，寫作（《睡·日乙》178），變爲形聲字，从林从土，予聲，爲《說文》古文之所本；或將“林”改换爲“田”，寫作 壄（《十鐘》3.7）。小篆將構件“田”和“土”組合爲“里”，變爲从里，予聲。漢碑字形或承襲小篆作从里，予聲，如圖①；或承襲戰國文字的第二種字形，且將構件“土”置於“田”與“予”之下，整字布局由左右結構調整爲上下結構，如圖②～⑤。聲符“予”多省變爲兩個相疊的倒三角形，如圖②～⑤。

【釋義】

㊀野外，曠野：“路無拾遺，犁種宿墅”（Q179）；“攻城墅戰，謀若涌泉”（Q178）；“深墅曠澤，哀聲忉切”（Q153）；“蕭條萬里，野無遺寇”（H26）。㊁民間，與朝廷的“朝”相對：“濟濟俊乂，朝野充盈”（Q174）。

13137 **壄**

“野”的異體字（圖⑥），見13136野。

13138 **墅**

“野”的異體字（圖②③④⑤），見13136野。

13139 **田** tián 《廣韻》徒年切，定先平。定真。

① Q200

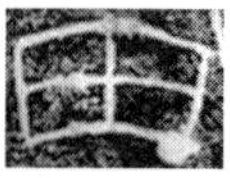
② Q232

《說文·田部》：“田，陳也。樹穀曰田。象四口；十，阡陌之制也。凡田之屬皆从田。”

【釋形】

《說文》小篆爲象形字，像田地阡陌縱横之形。《說文》以“陳”釋“田”，屬於聲訓。按“田”甲骨文作 田（《合》33213）、田（《合》33211）等，更爲象形；或簡化作 田（《合》37464），爲小篆字形之所承。漢碑字形依小篆線條轉寫隸定，如圖①②；其中圖②略呈曲形。

【釋義】

㊀田地，耕地：“買田八十二畝”（Q029）；“季、巨等共假賃田”（Q029）；“属叔長□田卅畝，質六萬”（Q071）。㊁姓氏：“西河大守掾圜陽榆里田文成萬年室”（Q055）；“西河大守都集掾、圜陽當里公乘田魴萬歲神室”（Q039）；“故功曹司空掾蓮勺田巴叔鸞”（Q200）；又見“田疆”。㊂用於人名：“奴田、婢□、奴多、奴白、奴鼠并五人”（Q071）。㊃用於地名：“藍田令楊子輿所處穴”（Q232）。

【釋詞】

［田疆］即田開疆，著名傳説“二桃殺三士”中的三士之一：“是誰家冢？田疆古冶”（Q281）。

［田畯］古代掌管農事的官吏：“田畯喜于荒圃，商旅交乎險路”（Q127）。

13140 **疇** chóu 《廣韻》直由切，澄尤平。定幽。

① Q065

② Q088

③ Q129

《說文》作“𤰫”，《說文·田部》：“𤰫，耕治之田也。从田，象耕屈之形。𠃬，𤰫或省。”

【釋形】

《說文》以“𤰫”爲合體象形字，从田，𠃬像田地耕作後的紋理，本義爲耕作過的田地。按“𤰫”本作“𠃬”，象形字，《說文》或體即保留這種結構，而非“𤰫”之省形；後添加義符“田”作“𤰫”，變爲形聲字。漢碑字形中，聲符“𠃬”改换爲“壽”，其中有的爲碑文篆書，與《說文》小篆的 壽 形體略異，如圖①；多數則據从老省、𠷎聲的寫法進行隸變，其中“老”的省形與“𠷎”中“𠃬”發生粘合，下面的“又”隸定爲“寸”，如圖②③。

【釋義】

㊀耕作過的田地：“芬兹楙于圃疇”（Q065）。㊁通“儔”，種類，同類：見“失疇”。㊂誰：見“疇咨”。㊃用於人名：“衙守丞臨晉張疇字元德五百”（Q123）。

【釋詞】

［疇咨］語出《尚書·堯典》:“帝曰:‘疇咨若時登庸。’”孔傳:“疇,誰;庸,用也。誰能咸熙庶績,順是事者,將登用之。”後因以“疇咨”表示巡訪、訪求之義:“是以唐虞疇咨四嶽,五歲壹巡狩”(Q129)。

13141 **畝** mǔ 《廣韻》莫厚切,明厚上。明之。

① Q071

② Q071

② Q127

《説文》爲“晦”之或體,《説文·田部》:“,六尺爲步,步百爲晦。从田,每聲。,晦或从田、十、久。”

【釋形】

《説文》以“晦”爲形聲字,从田,每聲;以“畝(畒)”爲會意字,从田、十、久。按段玉裁《説文解字注》云:“十者,阡陌之制。久,聲也。每、久古音皆在一部。今惟《周禮》作晦。《五經文字》曰:‘經典相承作畝。’《干禄字書》曰:‘畝通,畒正。’”漢碑字形與《説文》或體相承,其中構件“十”省簡爲“亠”,整字調整爲上下結構,如圖①②;或與“田”重組爲“亩”,整字變成左右結構,如圖③。構件“久”或隸定爲“攵”,如圖①②;或隸定爲“攵”,如圖③。

【釋義】

㈠土地面積單位:“斂錢共有六萬一千五百,買田八十二畝”(Q029);“屬叔長□田卅畝,質六萬”(Q071);“何廣周田八十畝,質□五千”(Q071)。㈡農田:見“南畝”。

13142 **畿** jī 《廣韻》渠希切,羣微平。羣微。

① Q084

② Q135

③ Q179

《説文·田部》:“,天子千里地。以遠近言之,則言畿也。从田,幾省聲。”

【釋形】

《説文》小篆爲形聲字,从田,幾省聲。聲符“幾”金文作(《幾父壺》)、(《幾父壺》)、(《伯幾父簋》)、(《𫊣伯簋》)等,構意不明;戰國秦文字作(《睡·法》135),下方組合爲“戍”,小篆與之相承。漢碑字形中,義符“田”依小篆線條轉寫隸定,如圖①～③。聲符“幾”上部像束絲之形的構件隸定作“𢆶”;構件“戍”圖①中省寫作“戈”,圖②③中訛作“弋”。

【釋義】

㈠王都所領轄的周邊地區:見“邦畿、封畿”。㈡疆界,邊際:“孝武時有張騫,廣通風俗,開定畿寓”(Q179)。

13143 **畔** pàn 《廣韻》薄半切,並换去。並元。

Q141

《説文·田部》:“,田界也。从田,半聲。”

【釋形】

《説文》小篆爲形聲字,从田,半聲。漢碑字形中,聲符“半”所从之構件“牛”的上曲線拉直爲横畫,構件“八”隸定爲左右對稱的兩點,如圖。

【釋義】

㈠通“叛”,❶違背:“倍道畔德,離敗聖輿食糧,亡于沙丘”(Q112)。❷叛亂:“□□祠兵,遺畔未寧,乃擢君典戎”(Q127)。㈡通“泮”,學宫:見“畔宫”。

【釋詞】

［畔宫］即泮宫,西周諸侯所設的學宫:“行秋饗,飲酒畔宫”(Q140);“并畔宫文學先生、執事諸弟子,合九百七人,雅歌吹笙”(Q141)。

13144 **界** jiè 《廣韻》古拜切,見怪去。見月。

① Q013

② Q174

③ Q174

《説文》作“畍”,《説文·田部》:“畍,境也。从田,介聲。”

【釋形】

《説文》小篆爲形聲字,从田,介聲。段玉裁《説文解字注》:“界之言介也。介者,畫也。畫者,介也。象田四界,聿所以畫之。介、界古今字。”邵瑛《説文解字羣經正字》:“今經典作界。”漢碑字形中,“畍”由左右結構調整爲上下結構,隸定作“界”。其中義符“田”依小篆線條轉寫隸定,如圖①~③。聲符“介”或變異近似於“分”,如圖①;或粘合近似於“个”,如圖②③。

【釋義】

㊀疆界,邊界:“報如景響,國界大豐”(Q060);“東海郡朐,與琅邪郡柜爲界”(Q013);“别界南以千爲界,千以東属莒”(Q089)。㊁疆域之内:“縣界有六名山”(Q174)。㊂用於地名:“先生諱太,〖字林〗宗,太原界〖休〗人也”(S97)。

13145 略

lüè 《廣韻》離灼切,來藥入。來鐸。

① JB1

② Q125

③ Q169

④ Q179

《説文·田部》:“略,經略土地也。从田,各聲。”

【釋形】

《説文》小篆爲形聲字,从田,各聲。“各”在見母鐸部。漢碑字形依小篆線條轉寫隸定,其中聲符“各”所从之構件“夂”或隸定爲“攵”,如圖④。

【釋義】

㊀謀略,方略:“博貫史略,彫篆六體”(Q169);又見“權略”。㊁大致,粗略:“博物多識,略涉傳記”(Q135);“□□悉厥緒爲識,略涉傳記”(Q247);又見“簡略”。

13146 當

dāng 《廣韻》都郎切,端唐平。端陽。

① Q185

② Q202

③ Q178

《説文·田部》:“當,田相值也。从田,尚聲。”

【釋形】

《説文》小篆爲形聲字,从田,尚聲。漢碑字形中,義符“田”和聲符“尚”均依小篆線條轉寫隸定,其中聲符“尚”所从之構件“八”或寫作左右對稱的兩點,如圖②;或近似於平行的兩短横,如圖③。

【釋義】

㊀向着,通着:“路當二州,經用衿沮”(Q150)。㊁應該,應當:“俾中其有訾次當給爲里父老者”(Q029);“久勞於外,當還本朝,以叙左右”(Q093);“仕入州府,當膺福報,克述前緒”(Q169)。㊂阻擋:“望恐有當王道”(Q089)。㊃當要:“其當飲食,就夫倉,飲江海”(Q100)。㊄用於人名:“薛公伯當”(Q049);“從秦人孟伯山、狄虎賁、趙當卑、萬羌”(Q116)。㊅用於地名:“西河大守都集掾、圜陽當里公乘田鲂萬歲神室”(Q039)。

13147 畯

jùn 《廣韻》子峻切,精稕去。精文。

Q127

《説文·田部》:“畯,農夫也。从田,夋聲。”

【釋形】

《説文》以爲形聲字,从田,夋聲。按“畯”甲骨文作（《合》3019),从田,允聲。金文或承襲甲骨文作（《大盂鼎》),或改爲从田、夋聲,寫作（《秦公鎛》)。小篆與金文後一類字形相承。漢碑字形依小篆線條轉寫隸定，其中聲符“夋”所从之構件“允”上部的“目”省變爲三角形，下部的“儿”省作“亠”，如圖。

【釋義】

古代掌管農事的官吏：見“田畯”。

13148 **留** liú 《廣韻》力求切，來尤平。來幽。

① Q179

② JB2

《説文·田部》：“，止也。从田，丣聲。”

【釋形】

《説文》小篆爲形聲字，从田，丣聲。按“留”金文作（《趞鼎》），从田，卯聲；“卯”上古音在明紐幽部，與“留”音近，故可充當其聲符。戰國秦文字承襲金文字形，寫作（《睡·秦》147）。小篆“卯”訛作“丣”；“丣”上古音在餘母幽部，與“卯”音近，故作聲符時可互换。漢碑字形與戰國秦文字相承，聲符“卯”或訛作兩個“口”形，如圖①；或進一步省變爲兩個三角形，如圖②。

【釋義】

㊀停留，停止：“〚特〛以儒學，詔書勑留，定經東觀”（Q134）；“幃屋甲帳，龜車留遰，家于梓湩，九族布列”（Q153）。㊁保留，存留：“儲偫〚非法，悉無〛所留”（Q135）。㊂特指留在人世間：“臣子欲養，明府弗留”（Q088）；“惟倅刑傷，去留有分”（Q114）。㊃姓氏：“故脩行營陵留赤，字漢興”（Q088）；“故午營陵留敏，字元成”（Q088）。㊄用於地名：“君諱遷，字公方，陳留己吾人也”（Q179）；“令鮑疊，字文公，上黨屯留人”（Q102）；“晏嬰卽殿，留侯距齊”（Q187）。

13149 **暘** chàng 《廣韻》丑亮切，徹漾去。透陽。

① J241

② Q141

③ Q171

④ Q142

⑤ Q178

《説文·田部》：“，不生也。从田，昜聲。”

【釋形】

《説文》小篆爲形聲字，从田，昜聲。漢碑字形中，義符“田”或訛爲“由”，如圖②。聲符“昜”所从之構件“日”和“一”或發生粘連，如圖①②；或進一步省去“一”，混同爲“易”，如圖③～⑤。

【釋義】

㊀旺盛：“草木暘茂，巨仞不數”（Q171）。㊁表達：“謹立斯石，以暘虔恭”（Q142）。㊂通“暢”，暢通，通達：“治《詩》《尚書》，兼覽群藝，靡不尋暘”（Q144）。㊃用於人名：“五官掾魯孔暘，功曹史孔淮”（Q141）；“故吏都昌張暘，字元暘”（Q088）；“爲司空王暘所舉，徵拜議郎”（Q154）。

13150 **由** yóu 《廣韻》以周切，餘尤平。餘幽。

① J082

② Q133

《説文》無。

【釋形】

“由”的構形各家説法不一，或以爲即《説文》“甾”字，甲骨文作（《合》36535），像缶之形；或以爲即甲胄之“胄”的初文，甲骨文作（《合》557）。“由”字《説文》未收，但作爲“甹”（表示木生條）和“胄”（表示甲胄）、“胄”（表示胤胄）等字的聲符出現，写作。漢碑字形依小篆線條轉寫隸定，如圖①②。

【釋義】

㊀途徑：“感秦人之哀，願從贖其無由，庶考斯之頌儀”（Q133）。㊁遵從，沿着：“匪奢匪儉，率由舊章”（Q174）。㊂經由，經過：

"道由子午,出散入秦"(Q095)。㈣介詞,❶引進動作行爲憑藉的條件,大致相當於"自、從":"由斯言之,命有〖短長〗"(Q124);"遠近由是知爲亦世繼明而出者矣"(Q066);"以永壽元年中,始觧大臺,政由其興"(Q110)。❷引進時間的起點:"由是之來,和氣不臻"(Q060)。㈤通"猶",又,尚且:"脩習典藝,既敦《詩》《書》,悅志《禮》《樂》,由復研機篇籍"(Q169)。㈥用於人名,指孔子弟子仲由,字子路,又字季路:"履該顏原,兼脩季由,聞斯行諸"(Q137)。

13151 **畕**

《説文》小篆作 ,从二田。漢碑中爲3152 疆。

【釋詞】

[畕界]即"疆界",國界,地界:"後有畕界以立石"(Q089)。

13152 **疆(畕畺)** jiāng 《廣韻》居良切,見陽平。見陽。

① JB6

② Q126

③ Q089

④ Q174

《説文》爲"畺"之或體,《説文·畕部》:" ,界也。从畕,三,其界畫也。 ,畺或从彊、土。"《説文·畕部》:" ,比田也。从二田。凡畕之屬皆从畕。"

【釋形】

《説文》小篆"畕、畺"均爲會意字,或从二田,或增加三條分界線,以强調其疆界之義;"畺"的或體"疆"爲形聲字,从土,彊聲(從徐鍇《説文解字繫傳》)。按甲骨文有 (《合》40021),从二田,爲"畺、疆"的初文。西周金文與甲骨文相承作 (《奚子丙車鼎》);或於中間增添一横畫以示分界,寫作 (《奚子丙車鼎》);或增三横畫作 (《毛伯簋》),爲小篆"畺"字所本,實爲"畕"之繁化。春秋金文作 (《秦公簋》),从土,彊聲,爲《説文》或體所本。漢碑字形中,或承襲甲骨文作"畕",如圖③;或承襲金文作"畺",如圖④;或承襲《説文》或體作"疆",如圖①②。

【釋義】

㈠邊界,邊境:"君纘其緒,華南西畺"(Q187);又見"畕界"。㈡邊際,止境:"歲其有年,民説無疆"(Q129);"載名金石,詒于无疆"(Q133);"神降嘉祉,萬壽無畺"(Q174)。㈢用於人名,田疆,即田開疆,著名傳説"二桃殺三士"中的三士之一:"是誰家冢?田疆古冶"(Q281)。

【釋詞】

[疆易]即"疆埸",國界、邊境:"疆易不爭,障塞〖無〗事"(Q133)。

13153 **畺**

"疆"的異體字(圖④),見13152 疆。

13154 **黃** huáng 《廣韻》胡光切,匣唐平。匣陽。

① J241

② Q114

③ Q066

④ Q003

⑤ Q142

《説文·黃部》:" ,地之色也。从田从炗,炗亦聲。炗,古文光。凡黃之屬皆从黃。 ,古文黃。"

【釋形】

《説文》爲會意兼形聲字。甲骨文作 (《合》14210)、 (《合》29687),金文作 (《耳尊》)、 (《刺鼎》)等,構意不明。小篆與金文相承而略有變異,《説文》釋爲"从田从炗,炗亦聲",或爲理據重構。漢碑字形多與今之簡體寫法相同,寫作"黄",如圖①~④;圖⑤則最上面的横畫中間斷開。

【釋義】

㊀黄色："致黄龍、嘉禾、木連、甘露之瑞"（Q146）；"致黄龍、白鹿之瑞"（Q147）；"黄龍白虎，伏在山所"（Q171）。㊁通"廣"，寬："厚十寸，黄三尺五寸"（Q003）。㊂用於官名：見"黄門侍郎"。㊃姓氏："齋晏子、海上黄淵、赤松子與爲友"（Q142）；"有黄霸、召信臣在潁南之歌"（Q154）；"書佐黄羊，字仲興"（Q113）。㊄用於地名："故吏外黄令博陵安國劉揚，字子長"（Q148）。

【釋詞】

［黄巾］指黄巾軍："黄巾初起，燒平城市，斯縣獨全"（Q179）。

［黄門侍郎］秦漢時給事於宫門之内的郎官："次秦，黄門侍郎"（Q066）。

［黄淚］即"黄泉"，指陰間："闇忽離世，下歸黄淚"（Q114）。

［黄邵］漢代名臣黄霸、召信臣的合稱："黄邵朱龔兮，盖不□□"（Q150）。

［黄玉］黄色的玉飾，常爲古代天子珮飾："自衛反〖魯〗，養徒三千，獲麟趣作，端門見徵，血書著紀，黄玉韻應"（Q140）。

［黄朱］漢代名臣黄霸、朱邑的合稱："仁義道術，明府膺之。黄朱邵父，明府三之"（Q088）。

13155 **男** nán 《廣韻》那含切，泥覃平。泥侵。

① J282

② Q142

③ Q090

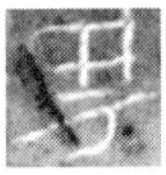
④ Q077

⑤ Q080

《説文·男部》："，丈夫也。从田从力，言男用力於田也。凡男之屬皆从男。"

【釋形】

《説文》小篆爲會意字，从田从力。按"男"甲骨文作（《合》21954）、（《合》3457），徐中舒謂"男从田力，力字即象耒形"（參見《耒耜考》），用耒在田中耕作者多爲男子，故"男"字从田从力。金文與甲骨文相承，寫作（《師寰簋》）。小篆在金文的基礎上線條化，并調整爲上下結構。漢碑字形中，構件"力"多斜置於"田"之下，如圖①～⑤；其中圖①～③依小篆線條轉寫隸定；圖④⑤則省去左側的曲筆，與今之寫法接近。

【釋義】

㊀男性："□昆弟男女四人"（Q080）；"有立子三人，女寧，男弟叔明，女弟思"（Q090）；"〖府告宛〗，男子張景記言，府南門外勸農土牛"（Q119）。㊁兒子："幼子男建，字孝萇"（Q142）；"有一子男，伯志，年三歲却到五年四月三日終"（Q082）；"君大男孟子有楊烏之才"（Q117）。㊂用於人名："魯孔巡伯男二百"（Q112）。

【釋詞】

［男子］古代對無官爵成年男人的稱謂："漢安三年二月戊辰朔，三日庚午，平莒男子宋伯朢、宋何、宋□□，在山東禺亭西□□有田"（Q089）；"府宛告，言男子張景以家錢義於南門外守□□□"（Q119）。

13156 **舅** jiù 《廣韻》其九切，羣有上。羣幽。

Q112

《説文·男部》："，母之兄弟爲舅，妻之父爲外舅。从男，臼聲。"

【釋形】

《説文》小篆爲形聲字，从男，臼聲。漢碑字形中，義符"男"所从之構件"力"斜置於"田"之下，聲符"臼"内部減少兩筆，如圖。

【釋義】

㊀母親的兄或弟："顔氏聖舅，家居魯親里"（Q112）；"惟永元元年秋七月，有漢

元朙,車騎將軍竇憲”(H26)。㊁丈夫的父親:“□□□瑛,束脩朙姑,絜己不廎”(Q109)。

13157 **力** lì 《廣韻》林直切,來職入。來職。

① J377

② Q158

③ Q114

《説文·力部》:“,筋也。象人筋之形。治功曰力,能圉大災。凡力之屬皆从力。”

【釋形】

《説文》以爲小篆“力”像人的筋脈之形。按“力”甲骨文本與“耒”同字,寫作(《合》22370)、(《合》22460),像耒耜之形,爲“耒”之初文;由於用耒耜耕地很費力氣,故同時又作力氣之“力”字。金文與甲骨文相承,寫作(《厵羌鐘》)。小篆在金文的基礎上線條化,已不太像耒耜之形,故《説文》誤釋爲“象人筋之形”。漢碑字形中,中間曲線變爲了長撇,且省去了左側的曲筆,與今之寫法相同,如圖①～③。

【釋義】

㊀力氣,力量:“匪愛力財,迫于制度”(Q052);“脩治狹道,分子效力”(Q161);“惟前廢弛,匪躬匪力”(Q125);“蚤離父母三弟,其弟嬰、弟枲、弟强與父母并力奉遺,悲哀慘怛”(Q114)。㊁盡力:“力求天命,年壽非永,百身莫贖”(S72)。㊂致力於:“漫漫庶幾,復焉所力”(Q148)。㊃强劲,有力:“日月虧代,猶元風力射”(Q021)。㊄功勞:見“勳力”。㊅姓氏:“故脩行營陵力暹,字武平”(Q088)。㊆用於人名:“左巨、單力、于稚、錡初卿、左伯”(Q029)。

13158 **勳(勛)** xūn 《廣韻》許云切,曉文平。曉文。

① Q083

② Q128

③ JB2

④ Q169

⑤ Q128

⑥ Q166

《説文·力部》:“,能成王功也。从力,熏聲。,古文勳从員。”

【釋形】

《説文》小篆爲形聲字,从力,熏聲。邵瑛《説文解字羣經正字》:“今經典俱作勳,惟《孟子·萬章》‘放勛乃徂落’作勛……據《説文》勛、勳古今字,實一字也。”按聲符“熏”金文作(《吳方彝蓋》),《金文形義通解》認爲“从東(橐),上畫四點以象熏染之意”;或省寫作(《師克盨》);或增添構件“火”作(《番生簋蓋》),以强調與火有關;小篆形體變異,《説文》釋爲“从中从黑”,理據重構。漢碑字形或與小篆相承作“勳”,其中義符“力”中間曲線寫作一長撇,且省去左側曲筆,與今之寫法相同。聲符“熏”所从之構件“黑”下方的“火”隸定爲“灬”,且托於整字之下;其餘部分與“中”粘合重組爲“重”,如圖①～⑤;其中圖①“重”上端無短撇,圖④⑤“重”的豎畫没有上下貫通。漢碑字形或與《説文》古文相承作“勛”,“熏”上古音在曉母文部,“員”上古音在匣母文部,二者音近换用;構件“員”上方的“口”寫作三角形,如圖⑥。

【釋義】

㊀功勳,功勞:“勳績著聞,百遼詠虞”(Q128);“龜銀之胄,弈世載勛,綱紀本朝,優劣殊分”(Q166);“□□□皓,流惠後昆;四時祭祀,煙火連延;萬歲不絶,勛于後人”(Q113);又見“策勳、勳力”。㊁用於官名:見“司勳”。㊂用於人名:“門生東平寧陽韋勳,字幼昌”(Q127);“漢武都大守、右扶風茂陵耿君諱勳,字伯瑋”(Q161);“丞沛國銍趙勳,字蔓伯”(Q172)。

【釋詞】

[勳力] 漢碑中又作“勛力”,功勞:“勳

力有成”（Q083）;“吉甫相周宣,勛力有章”（Q166）。

13159 **勛**

“勳”的異體字(圖⑥),見13158勳。

13160 **功**　gōng 《廣韻》古紅切,見東平。見東。

① Q200

② Q114

《說文·力部》:“𠨐,以勞定國也。从力从工,工亦聲。”

【釋形】

《說文》小篆爲會意兼形聲字,从力从工,工亦聲。漢碑字形中,構件“力”中間曲線寫作一長撇,且省去左側的曲筆,如圖①;或省變混同爲“刀”,如圖②。

【釋義】

㊀功勞,功業:“於是紀功刊勒,以炤令問”（Q126）;“爵不〖副〗德,位不稱功”（Q132）;“功顯不伐,委而復焉”（Q133）;“夙夜是力,功成匪解”（Q074）;“功加於民,祀以報之”（Q129）;又見“筴功、功譽”。㊁通“工”,工時,工作量:“袤五十五丈,用功千一百九十八日”（Q022）;“相賦斂作治,并土人、犁、耒、艸、蓎、屋,功費六七十萬,重勞人功,吏正患苦”（Q119）;又見“功夫”。㊂精善:“□遣景作治五駕瓦屋二間,周欄楯拾尺,於匠務令功堅”（Q119）。㊃用於官名:見“功曹”。㊄用於人名:“衙門下游徼許愔功上三百”（Q123）;“錡季卿、尹太孫、于伯和、尹明功”（Q029）。

【釋詞】

［功曹］官名,漢代郡守有功曹史,簡稱功曹:“衙門下功曹裴篤伯安三百”（Q123）;“功曹書佐頻陽成扶千”（Q123）;“北海高密孫仲隱,故主簿、督郵、五官掾、功曹、守長”（Q160）。

［功夫］工時,工作量:“功夫費□并直萬七千”（Q124）。

［功譽］功績與聲譽:“其功譽恒□示好”（Q067）。

［功作］指土木營造之事:“大守鉅鹿鄐君,部掾冶級王弘、史荀茂、張宇、〖韓〗岑〖等典〗功作”（Q025）。

13161 **助**　zhù 《廣韻》牀據切,崇御去。崇魚。

① Q187

② T154

《說文·力部》:“𦕊,左也。从力,且聲。”

【釋形】

《說文》小篆爲形聲字,从力,且聲。漢碑字形中,義符“力”中間曲線寫作一長撇,且省去左側的曲筆,如圖①②。其中圖②聲符“且”下方横畫或向右延長,承托義符“力”。

【釋義】

幫助:“扶助大和,萬民迺蒙”（Q093）。

13162 **勑**　（一）lài 《廣韻》洛代切,來代去。來之。

① Q248

② Q141

③ Q146

《說文·力部》:“勑,勞也。从力,來聲。”

【釋形】

《說文》小篆爲形聲字,从力,來聲。漢碑字形中,有的爲碑文篆書,但已經帶有明顯的隸意,上端曲線拉直爲横畫,如圖①。多數則已經發生隸變,其中義符“力”中間曲線寫作一長撇,且省去左側的曲筆,如圖②③。聲符“來”的豎線上端似分解出一點,兩側像麥穗形狀的部分隸定爲兩個“人”形,如圖②;兩個“人”形或進一步省變爲兩點加一横,隸定近似於今之簡化字“来”,如圖③。

【釋義】

勞動:“蠶織帥勑”（Q248）。

（二）chì 《集韻》蓄力切,徹職入。透職。

㊀同“敕”,❶命令:“允勑大吏郎巽等,與義民脩繕故祠”（Q126）;“京兆尹勑監都水掾霸陵杜遷市石”（Q129）;“特以儒學,詔書勑留,定經東觀”（Q134）。❷任命官職:“三考絀勑,陟幽明矣”（Q153）。❸言行謹慎:“内脩家,事親順勑,兄弟和同相事”（Q114）。❹整飭,管束:“敦□孝以勑内”（Q133）。㊁用於人名:“韓明府名勑,字叔節”（Q112）。

13163 **務** wù 《廣韻》亡遇切,明遇去。明侯。

① Q119

② Q137

《説文·力部》:“,趣也。从力,敄聲。”

【釋形】

《説文》小篆爲形聲字,从力,敄聲。漢碑字形中,義符“力”中間曲線寫作一長撇,且省去左側的曲筆,如圖①;或省變混同爲“刀”,如圖②。聲符“敄”所从之構件“矛”依小篆線條轉寫隸定;構件“攴”隸定作“攵”或“文”,如圖①②。

【釋義】

㊀致力於:“詔選賢良,招先逸民,君務在寬”（Q137）;“彈饕糾貪,務鉏民穢”（Q187）。㊁工作,事務:“蠶月之務,不閉四門”（Q179）。㊂務必:“明檢匠所作,務令嚴事”（Q119）;“周欄楯拾尺,於匠務令功堅”（Q119）。

13164 **勁** jìng 《廣韻》居正切,見勁去。見耕。

Q084

《説文·力部》:“,彊也。从力,巠聲。”

【釋形】

《説文》小篆爲形聲字,从力,巠聲。漢碑字形中,義符“力”中間曲線寫作一長撇,且省去左側的曲筆;聲符“巠”粘合隸定爲“𢀖”,如圖。

【釋義】

强健,有力:“思純履勁,經德不回”（Q084）。

13165 **勉** miǎn 《廣韻》亡辨切,明獮上。明元。

① Q153

② Q114

《説文·力部》:“,彊也。从力,免聲。”

【釋形】

《説文》小篆爲形聲字,从力,免聲。漢碑字形中,義符“力”中間曲線寫作一長撇,且省去左側的曲筆,如圖①;或省變混同爲“刀”,如圖②。聲符“免”依小篆線條轉寫隸定,末筆延長以承托義符“力”,整字布局由小篆的左右結構調整爲半包圍結構,如圖①②。

【釋義】

㊀鞭策,勉勵:“冀勉來嗣,示後昆兮”（Q153）;“傳告後生,勉脩孝義,無辱生□”（Q114）。㊁通“免”,避開,避免:“闇忽離世,下歸黄淥。古聖所不勉,壽命不可諍”（Q114）。

13166 **勖** xù 《廣韻》許玉切,曉燭入。曉覺。

① Q163

② Q117

《説文·力部》:“,勉也。《周書》曰:‘勖哉,夫子!’从力,冒聲。”

【釋形】

《説文》小篆爲形聲字,从力,冒聲。“冒”上古音在明母覺部。漢碑字形中,義符“力”中間曲線寫作一長撇，且省去左側的曲筆；聲符“冒”所从之構件“冃”省作“冂”，如圖①②。

【釋義】

勸勉：“從政事上，忠以自勖”（Q117）；又見“勖厲”。

【釋詞】

［勖厲］勉勵：“勖厲清惠，以旌其美”（Q163）。

13167 **勸** quàn 《廣韻》去願切，溪願去。溪元。

① Q104

② Q142

③ Q153

④ Q161

⑤ Q170

《説文·力部》：“，勉也。从力，雚聲。”

【釋形】

《説文》小篆爲形聲字，从力，雚聲。漢碑字形中，義符“力”中間曲線寫作一長撇，且省去左側的曲筆。聲符“雚”所从之構件“萑”，有的上端還保留小篆像毛角之形的“丫”，如圖①；多數則隸定爲“亠”，如圖②～④。“雚”所从之構件“吅”或寫作兩個三角形，如圖②；或粘合在一起，如圖④。圖⑤殘泐不清。

【釋義】

㊀勸勉，勉勵：“表述前列，啟勸偅蒙”（Q142）；“善勸惡懼，物咸寧矣”（Q153）；“勸課趨時，百姓樂業”（Q161）；“□禮崇樂，以化末〖造〗，勸詣璧廱”（Q123）。㊁用於官名：見“勸農”。

【釋詞】

［勸農］負責督促農業生産的官吏：“勸農督郵書掾李仁，邛都奉行”（Q170）；“部勸農督郵書掾李仁”（Q170）；“部勸農賊捕掾李龍”（Q104）。

13168 **勝** （一）shēng 《廣韻》識蒸切，書蒸平。書蒸。

① JB7

② Q088

③ Q179

《説文·力部》：“，任也。从力，朕聲。”

【釋形】

《説文》小篆爲形聲字，从力，朕聲。按“勝”戰國金文作（《十三年上官鼎》），楚文字作（《郭·成》9），从力，乘聲；秦文字作（《睡·語》6），改爲从力，朕聲。小篆與秦文字相承并線條化。漢碑字形中，聲符“朕”所从之構件“舟”訛混爲“月”；構件“𠔏”粘連重組爲“关”。義符“力”混同爲“刀”，如圖①～③。

【釋義】

㊀承擔得起，禁得住：“〖悲〗不可勝，目義割志”（Q088）。㊁窮盡，完全：“悲不勝言，慘不忍覩”（H144）。

（二）shèng 《廣韻》詩證切，書證去。書蒸。

㊀取勝：“决勝負千里之外，析珪於留”（Q179）。㊁遏制，壓制：見“勝殘”。㊂用於人名：“門生北海劇薛顓字勝輔”（Q127）。

【釋詞】

［勝殘］遏制殘暴之人：“君下車之初，□五教以博□，削四凶以勝殘”（Q148）。

13169 **動** dòng 《廣韻》徒揔切，定董上。定東。

① Q144

② Q178

③ Q178

《説文·力部》：“，作也。从力，重聲。，古文動从辵。”

【釋形】

《説文》小篆爲形聲字，从力，重聲；古文从辵，重聲。張舜徽《説文解字約注》：“凡人起身必行走，故動之古文从辵；行動必用力，故動又从力。”漢碑字形承襲《説文》小篆,義符“力”中間曲線寫作一長撇,且省去左側的曲筆。聲符“重”依小篆線條轉寫隸定,所从之構件“壬”和“東”進一步粘合,已完全看不出原有的構意,如圖①～③。

【釋義】

㊀言行舉止:“動順經古,先之以博愛,陳之以德義”(Q146)。㊁與“靜”相對,運動:“惟乾動運,坤道靜貞”(Q109)。㊂動蕩,動亂:“西羌放動,餘類未輯”(Q173);“訞賊張角,起兵幽冀,兖豫荊楊,同時竝動”(Q178)。㊃感動:“臣隸辟踊,悲動左右”(Q144);“痛矣如之,行路感動”(Q144)。㊄打動,動搖:“高位厚祿,固不動心”(S110)。㊅用於人名:“故督郵楊動子豪千”(Q178)。

【釋詞】

[動履]日常起居作息:“動履規繩,文彰彪繽”(Q193)。

13170 **劣** liè 《廣韻》力輟切,來薛入。來月。

① Q166

② Q143

《説文·力部》:“ ,弱也。从力,少聲。”

【釋形】

《説文》以爲形聲字,从力,少聲。上古音“少”在宵部,“劣”在月部,二字古音較遠,故徐鍇《説文解字繫傳》釋爲“从力、少”。段玉裁《説文解字注》:“弱也。弱者,橈也。从力、少。會意。”漢碑字形中,義符“少”的區別性符號“丿”由曲笔拉直爲撇筆;構件“力”中間曲線寫作一長撇,且省去左側的曲筆,如圖①②。

【釋義】

㊀孱弱無力:“嬴劣瘦□,投財連篇”(Q143)。㊁不好的,差的:“綱紀本朝,優劣殊分”(Q166)。

13171 **勞(憥)** láo 《廣韻》魯刀切,來豪平。來宵。

① Q119

② J241

③ Q113

《説文·力部》:“ ,劇也。从力,熒省。熒,火燒冂,用力者勞。 ,古文勞从悉。”

【釋形】

《説文》以爲會意字,从力,熒省,表示辛勞。按“勞”甲骨文作 (《合》24293)、 (《合》24302)等,从二火、从衣,二火爲“炎”的甲骨文 (《合》36512)的布局變體,衣上的幾點似爲汗水之形,整字構意爲人在炎熱的天氣勞作以致衣服被汗水浸透,本義爲辛勞。戰國楚文字省去“衣”中的幾點,寫作 (《包》2.16)、 (《上〔1〕·緇》4);構件“衣”下面或添加標示符號,混同爲“卒”,整字寫作 (《郭·緇衣》6)。戰國秦文字“衣”省簡爲“冖”,另加義符“力”,以强調辛勞與力氣有關,寫作 (《睡·爲》12),《説文》小篆與此相承;或从“心”,表示心理之煩勞,如 (《中山王礜鼎》)、 (《郭·六》16),《説文》古文與此相承,(參見季旭昇《説文新證》)。小篆與秦文字相承,《説文》釋爲“从力,熒省”,蓋爲理據重構。漢碑字形中,有的與《説文》小篆結構相承,如圖①②;有的則在《説文》古文基礎上省去構件“悉”中的“釆”,如圖③。

【釋義】

㊀犒勞,慰勞:“策書慰勞,賻賵有加”(Q066)。㊁勤苦,勞累:“久勞於外,當還本朝,以叙左右”(Q093);“□□□憥,忽然遠游”(Q113);又見“勞苦、劬勞”等。㊂犒勞:見“慰勞”。

【釋詞】

[勞苦]勤勞辛苦:“愍念烝民,勞苦不均,爲作正彈,造設門更”(Q193)。

［勞謙］勤勞謙恭："勞謙損益，耽古儉清"（Q187）。

13172 **勤(懃)**　qín 《廣韻》巨斤切，羣欣平。羣文。

① Q144

② JB6

③ Q066

④ Q169

⑤ Q128

⑥ Q112

⑦ Q061

《説文·力部》："勤，勞也。从力，堇聲。"

【釋形】

《説文》小篆爲形聲字，从力，堇聲。漢碑字形中，"勤"或依小篆線條轉寫隸定，其中義符"力"中間曲線寫作一長撇，且省去左側的曲筆；聲符"堇"粘合省變多樣，如圖①～⑦；其中圖⑤義符"力"省變混同爲"刀"。"勤"或添加義符"心"作"懃"，形成"勤"的異體字，如圖⑥；"心"或省變爲"灬"，整字隸定作"勲"，如圖⑦。

【釋義】

㊀勤勞，做事盡心："立朝正色，恪勤竭忠"（Q066）；"□柴守約履勤，體聖心叡，敦五經之瑋"（Q193）；"學兼游夏，服勤體□，德儉而度"（Q202）；"勤止厥身，帥□靡革"（Q133）；"齋誠奉祀，戰慄盡勲"（Q061）。㊁勞頓，辛勞："自東徂西，再離隘勤"（Q169）。㊂勤於，致力於："北震五狄，東勤九夷"（Q179）；"三過亡入，寔勤斯民"（Q065）。㊃殷勤，懇切："慇懃宅廟，朝車威熹"（Q112）；又見"勤勤"㊁。㊄用於人名："衙鄉三老時勤伯秋三百"（Q123）。

【釋詞】

［勤勤］㊀努力不倦貌："劬勞日稷兮，惟惠勤勤"（Q150）。㊁懇切至誠貌："勤勤竭誠，榮名休麗"（Q095）。

［勤恤］憂憫，關心："勤恤民隱，拯厄捄傾"（Q161）；"勤恤民殷，□心顧下"（Q193）。

［勤約］勤勞儉約："積德勤约，燕于孫子"（Q144）。

13173 **加**　jiā 《廣韻》古牙切，見麻平。見歌。

① Q038
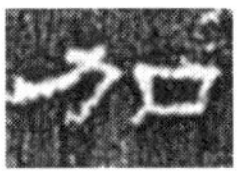
② Q140

③ Q126

④ Q114

《説文·力部》："加，語相增加也。从力从口。"

【釋形】

《説文》小篆爲會意字，从力从口，本義爲言辭虛誇。漢碑字形中，有的爲碑文篆書，如圖①。多數則已經發生隸變，構件"力"中間曲線寫作一長撇，且省去左側的曲筆，如圖②～④。

【釋義】

㊀增加，增益："策書慰勞，賻賵有加"（Q066）；"竭（闕）不見，雖二連居喪，孟獻加〖等〗，無以踰焉"（Q202）；"兄長奠，年加伯仲，立子三人"（Q124）。㊁再加上，又加上："屯守玄武，〖戚〗哀悲 惟，加遇害氣，遭疾〖隕靈〗"（Q132）。㊂施及，施給："上陳德潤，加於百姓"（Q126）；"功加於民，祀以報之"（Q129）；"唯諸觀者，深加哀憐，壽如金石，子孫萬年"（Q114）。㊃穿戴：見"加元服"。㊄逢遇時辰："歲時加寅，五月中，卒得病"（Q106）；"延熹三年十二月六日丙申上旬，時加辛"（Q120）。㊅副詞，更，再："遂不加起，掩然至斯"（Q124）。㊆用於人名："故豫州從事蕃加進子高千"（Q112）。

【釋詞】

［加元服］行加冠禮："孝和皇帝加元服，詔公爲賓"（Q038）。

13174 **勇**　yǒng 《廣韻》余隴切，餘腫上。餘東。

① Q148

② Q169

《説文·力部》:“，气也。从力，甬聲。，勇或从戈、用。，古文勇从心。”

【釋形】

《説文》小篆爲形聲字，从力，甬聲。段玉裁《説文解字注》:“力者，筋也；勇者，气也。气之所至，力亦至焉；心之所至，气乃至焉，故古文勇从心。”按“勇”金文作（《攻敔王光劍》），从戈，用聲，乃《説文》或體所本。戰國文字作（《郭·尊》33）、（《睡·爲》34），从心，甬聲，《説文》古文同之。小篆改爲从力，甬聲。“用、甬”上古音相同。漢碑字形整字布局由左右結構調整爲上下結構。義符“力”依小篆線條轉寫隸定，并斜置於“甬”之下，如圖①②。聲符“甬”本像懸鐘之形，金文作（《毛公鼎》），上面用以懸掛的部分或隸定作“マ”，如圖①；或隸定爲倒三角形，如圖②。像鐘身的部分或省變作“田”形，如圖②。

【釋義】

㊀古代儒家所謂三達德之一:“仁必有勇，〖可〗以托六”（Q148）。㊁勇敢，勇武:“仁信明敏，壯勇果毅”（Q169）。

13175 **勃**　bó 《廣韻》蒲没切，並没入。並物。

① T154

② Q107

《説文·力部》:“，排也。从力，孛聲。”

【釋形】

《説文》小篆爲形聲字，从力，孛聲。按聲符“孛”甲骨文作（《金》474），金文作（《散氏盤》）、（《大㓻馬簠》），構意不明，蓋爲“勃”之初文。戰國楚文字作（《郭·老乙》10），上方形體省變；小篆進一步訛作从米从子。漢碑字形中，義符“力”中間曲線寫作一長撇，且省去左側的曲筆，如圖①②。聲符“孛”上面的構件隸定爲“十”下加“冖”形，如圖①；或將“十”形進一步變異爲“丷”，如圖②。

【釋義】

㊀用於人名:“勃詔□詔州郡□□□死罪，敢言之”（Q170）。㊁用於地名，後作“渤”:見“勃海”。

【釋詞】

［勃海］即渤海，漢高帝五年始置勃海郡，屬幽州，東漢改屬冀州:“□□勃海相督郵高成長孫理□□千”（Q107）；“勃海吕圖，任城吴盛”（Q154）。

13176 **飭**　chì 《廣韻》恥力切，徹職入。透職。

① Q113

② Q095

《説文·力部》:“，致堅也。从人从力，食聲。讀若敇。”

【釋形】

《説文》以爲形聲字，从人从力，食聲，或應爲从力，飾省聲。“飾”上古音在書紐職部，與“飭”音近，故可充當其聲符。漢碑字形中，義符“力”訛變爲“万”形；聲符“飾”所从之構件“人”省變爲“亠”；構件“食”隸變情況參見5095食，如圖①②。

【釋義】

整頓，修治:“身滅名存，美稱脩飭”（Q113）；“不攸廉隅，不飭小行”（S110）。

13177 **募**　mù 《廣韻》莫故切，明暮去。明鐸。

Q114

《説文·力部》:“，廣求也。从力，莫聲。”

【釋形】

《説文》小篆爲形聲字，从力，莫聲。漢碑字形中，聲符“莫”所从之構件“茻”上方的“艸”隸定爲“丷”，下方的“艸”隸定爲

“大”形;義符“力”混同爲“刀”,如圖。

【釋義】

招募:“募使名工高平王叔、王堅、江胡戀石連車”(Q114)。

13178 **劬** qú 《廣韻》其俱切,羣虞平。羣侯。

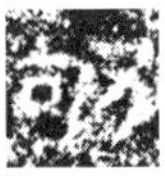

① J011

② Q056

《説文·力部》(新附字):“,勞也。从力,句聲。”

【釋形】

《説文》爲形聲字,从力,句聲。漢碑字形中,義符“力”中間曲線寫作一長撇,且省去左側的曲筆,如圖①②。聲符“句”所从之構件“丩”兩條相互糾纏的線條隸定作“勹”,與的隸定形體“勹”混同,如圖①②。

【釋義】

辛勞:見“劬勞”。

【釋詞】

[劬勞]勞累,勞苦:“夫人深守高節,劬勞歷載,育成幼媛,光耀祖先”(Q056);“劬勞日稷兮,惟惠勤勤”(Q150)。

13179 **恊**

《説文》小篆作,从劦从心。漢碑中爲“協”的異體字(圖③),見13180協。

13180 **協(恊)** xié 《廣韻》胡頰切,匣帖入。匣葉。

① Q169

② Q126

③ Q070

《説文·劦部》:“,眾之同和也。从劦从十。,古文協,从曰、十。,或从口。”“,同心之和。从劦从心。”

【釋形】

《説文》小篆有多種形體。按“協”初文作“劦”,甲骨文寫作(《合》27641)、(《合》34615),从三力,像三耒并耕之形,以會協同、協力之義。或增添構件“口”,寫作(《合》23042),强調用言語口令相協調。金文承襲甲骨文後一種字形,寫作(《𦘔作父乙簋》)。小篆或與甲骨文第一種字形相承,从三力;或添加義符“十”作“協”,以强調多人協作;或添加義符“心”作“恊”,以强調全心全力。“協”與“恊”均爲後起分化字,屬形聲字,《説文》分立兩個正篆,并均以會意釋之,未能體現其演化關係。《説文》另有或體“旪”和“叶”,均爲會意字,其中構件“曰”與“口”構意相同。漢碑文獻中只見“協、恊”二形,用法無别。漢碑字形均依小篆線條轉寫隸定,聲符“劦”所从之三“力”中間曲線寫作一長撇,左側的曲筆多省去,如圖①~③。

【釋義】

㊀共同,協作:見“協同”。㊁協助,輔助:“外定彊夷,即序西戎;内建籌策,協霍立宣”(Q169)。㊂符合,合乎:“誕生岐嶷,言協□墳”(Q193)。㊃相同,同等:“能烝雲興雨,與三公、靈山協德齊勳”(Q126)。㊄用於人名:“典大君諱協,字季度”(Q164)。

【釋詞】

[協洽]未年的别稱:“永壽元年乙未,青龍在協洽”(Q108)。

[協同]共同,協作:“協同建石,立碑顯□”(Q070)。

卷 十 四

14001 **金** jīn 《廣韻》居吟切,見侵平。見侵。

① Q153

② Q179

③ Q114

④ Q169

⑤ Q178

《説文·金部》:"金,五色金也。黄爲之長。久薶不生衣,百鍊不輕,从革不違。西方之行。生於土,从土;左右注,象金在土中形;今聲。凡金之屬皆从金。金,古文金。"

【釋形】

《説文》以爲形聲字,从土,左右注,今聲。按"金"金文作金(《利簋》)、金(《舍父鼎》),一般認爲兩點即構件"吕",像鉼狀的青銅原料,表示與金屬有關;上部像三角形的構件爲聲符"今";但"今"下面的形體多有爭議,《説文》從五行相生的角度釋爲"土"。其中像青銅餅的點或增至三個或四個,整字繁化作金(《史頌簋》)、金(《師寰簋》)等,《説文》古文承襲三點的寫法。或將兩點分布於左右兩側,寫作金(《屓敖簋》);戰國秦文字在此基礎上演化爲金(《睡·日乙》81),《説文》小篆與之結構相同。漢碑字形或與金文字形金相似,如圖①;或將兩點上移,如圖②;或在圖②的基礎上離析重組,整字近似於上"人"下"圭",如圖③。圖④⑤則下部變異更爲嚴重。

【釋義】

㊀金屬總稱:見"金鉉"。㊁黄金:見"金玉"。㊂五行之一:"金精火佐,寔生賢兮"(Q187)。㊃用於官名:見"執金吾、金曹史"。㊄用於人名:"故吏韋金石錢二□"(Q179)。㊅用於地名:"州察茂才,遷鮦陽矦相、金城太守"(Q133);"牧子統,金城太守、沛相"(Q066);"於是金鄉長河間高陽史恢等"(Q093)。

【釋詞】

[金曹史]漢代郡府屬吏,分管財政事務:"故金曹史精暢文亮"(Q178)。

[金石]指古代鐫刻文字、紀事頌功的鐘鼎碑碣等物:"載名金石,詒于无疆"(Q133);"旌表金石,令問不忘"(Q093);"壽如金石,子孫萬年"(Q114)。

[金鉉]語出《周易·鼎》:"鼎黄耳,金鉉,利貞。"金鉉指金屬製的用以提鼎的横桿,常喻指三公等重臣:"宜乎三事,金鉉利貞"(Q148)。

[金玉]黄金與珠玉,泛指珍寶,也比喻事物珍貴和美好:"令群臣已葬,去服,毋金玉器"(Q006);"蹈規履榘,金玉其相"(Q137)。

14002 **銀** yín 《廣韻》語巾切,疑真平。疑文。

① Q166

② Q128

《説文·金部》:"銀,白金也。从金,艮聲。"

【釋形】

《説文》小篆爲形聲字,从金,艮聲。"艮"上古音在見母文部。漢碑字形中,義符"金"或依小篆線條轉寫隸定,上部省去一短横,如圖①;或與後世通行寫法相近,如圖②。

聲符“艮”所从之構件“目”和“匕”或分離，其中構件“目”訛混爲“日”，構件“匕”繁化爲“人”加“乚”，如圖①；“日”和“匕”或粘合爲一體，如圖②。

【釋義】

㊀銀印的代稱：見“銀艾、銀符”等。㊁用於人名：“故江陽守長南鄭楊銀字伯慎”（Q199）。

【釋詞】

［銀艾］指銀印和艾綬。漢制，吏秩比二千石以上皆銀印緑綬。泛指高官：“子孫以銀艾相繼”（Q166）。

［銀符］漢碑中又作“符銀”，指銀印和符牌：“頎甫班爵，方授銀符，聞母氏疾病，孝烝内發”（Q134）；“精通晧穹，三納苻銀”（Q150）。

［銀龜］漢碑中又作“龜銀”，指古代官員用的龜鈕銀印，也借指官職或官員：“莢書追下，銀龜史符”（Q128）；“龜銀之胄，弈世載勛”（Q166）。

14003 **錫** xī 《廣韻》先擊切，心錫入。心錫。

① Q066

② J228

③ Q088

《説文·金部》：“錫，銀鉛之間也。从金，易聲。”

【釋形】

《説文》小篆爲形聲字，从金，易聲。漢碑字形中，義符“金”的隸定情況參見14001金。聲符“易”據小篆線條轉寫隸定，如圖①～③。

【釋義】

通“賜”，賜予：“璽追嘉錫，據北海相”（Q088）；“昭示後昆，申錫鑒思”（Q148）；“嘉錫來撫，潛化如神”（Q193）。

14004 **録** lù 《廣韻》力玉切，來燭入。來屋。

① J384

② Q178

③ Q123

《説文·金部》：“鍒，金色也。从金，录聲。”

【釋形】

《説文》小篆爲形聲字，从金，录聲。漢碑字形中，義符“金”的隸定情況參見14001金。聲符“录”甲骨文作录（《合》28800），金文作录（《大保簋》）、录（《录伯㦽簋》）、录（《录簋》）、录（《諫簋》）等，像用轆轤汲水之形。小篆字形發生訛變，已看不出原有的構意。漢碑字形在小篆基礎上進一步筆畫化，如圖①～③，其中圖①與現在通行的寫法相近。

【釋義】

㊀記録，登記：“本朝録功，入〖登衛〗□，□翼紫宫”（Q137）；“宏功乃伸，追録元勳，策書慰勞，賻賵有加”（Q066）。㊁用於官名：見“録事史”。

【釋詞】

［録事史］古代縣衙屬吏名：“録事史楊禽孟布百”（Q123）。

14005 **銷** xiāo 《廣韻》相邀切，心宵平。心宵。

Q202

《説文·金部》：“銷，鑠金也。从金，肖聲。”

【釋形】

《説文》小篆爲形聲字，从金，肖聲。漢碑字形與小篆相承，義符“金”與後世通行寫法相同；聲符“肖”所从之構件“肉”混同爲“月”，如圖。

【釋義】

消耗，耗損：“終歿之日聲，形銷氣盡，遂以毀滅”（Q202）。

14006 **鑠(鑠)**　shuò　《廣韻》書藥切，書藥入。書藥。

① Q166

② Q133

③ Q128

《説文·金部》："鑠，銷金也。从金，樂聲。"

【釋形】

《説文》小篆爲形聲字，从金，樂聲。漢碑字形中，義符"金"的隸定情況參見 14001 金。聲符"樂"或依小篆線條轉寫隸定，其中像調弦之器或打擊樂器的部分隸定爲"白"；所从之構件"絲"，圖①還保留篆意，圖②則省變爲四點。聲符"樂"或添加構件"艹"，整字隸定爲"鑠"，形成"鑠"的異體字，如圖③。

【釋義】

美盛貌："於鑠我祖，膺是懿德"（Q128）；"明明楊君，懿鑠其德"（Q133）；"於鑠明德，于我尹君"（Q166）。

14007 **鑠**

"鑠"的異體字（圖③），見 14006 鑠。

14008 **鏡**　jìng　《廣韻》居慶切，見映去。見陽。

Q112

《説文·金部》："鏡，景也。从金，竟聲。"

【釋形】

《説文》小篆爲形聲字，从金，竟聲。漢碑字形中，義符"金"的隸定情況參見 14001 金。聲符"竟"所从之構件"音"上方的"辛"隸定作"立"；構件"人"隸定爲"儿"，如圖。

【釋義】

用於"師鏡"，指作爲世人的典範、表率："自天王以下，至于初學，莫不驓思，嘆印師鏡"（Q112）。

14009 **鍾**　zhōng　《廣韻》職容切，章鍾平。章東。

① Q142

② Q117

③ Q088

④ Q088

⑤ Q112

《説文·金部》："鍾，酒器也。从金，重聲。"

【釋形】

《説文》以"鍾"爲酒器，形聲字，从金，重聲。按"鍾"金文作鍾（《鼄公牼鍾》），其用法與"鐘"完全相同，亦可表示樂器，或云二字本爲同字異體。《説文》區分爲二字，以"鍾"爲酒器，以"鐘"爲樂器。但漢碑文獻中二字通用無别。漢碑字形中，義符"金"的隸定情況參見 14001 金；聲符"重"所从之"壬"和"東"在小篆基礎上進一步粘合，接近後世通行的寫法，如圖①～⑤。

【釋義】

㊀匯集，匯聚："君鍾其美，受性淵懿，含和履仁"（Q144）；"時有赤氣，著鍾連天"（Q142）；"天鍾嘉礿，永世罔極"（Q066）。㊁姓氏："故書佐營陵鍾顯，字槐寶"（Q088）。㊂用於人名："故書佐劇郱鍾，字元鍾"（Q088）。㊃通"鐘"，一種敲擊樂器："鍾磬縣矣，于胥樂焉"（Q172）；"君於是造立禮器，樂之音苻，鍾磬瑟皷，雷洗觴觚"（Q112）。

【釋詞】

［鍾鼎］即"鐘鼎"，鐘和鼎在古時都用作禮器，上面多銘刻記事表功的文字："至〖德不紀，則〗鍾鼎奚銘"（Q117）。

［鍾靈］匯聚靈氣："爲其辭曰：大造鍾靈，㒷生□女"（H144）。

14010 **鑒**　jiàn　《廣韻》格懺切，見鑑去。見談。

① Q148

② JB1

③ Q129

《説文·金部》:“鑑,大盆也。一曰:監諸,可以取明水於月。从金,監聲。”

【釋形】

《説文》小篆爲形聲字,从金,監聲。林義光《文源》:“監即鑒之本字,上世未製銅時,以水爲鑒。”漢碑字形中,義符“金”移至下方,整字布局由左右結構調整爲上下結構,隸定爲“鑒”。義符“金”的隸定情況參見 14001 金。聲符“監”的形變過程與單獨成字時一致,參見 8122 監;其中構件“皿”變異爲“罒”,構件“人”變異爲“𠂉”,結構布局也有顯著調整,如圖①～③。

【釋義】

㊀察,見:“神祇可鑒,公姑弗許”(H144)。㊁借鑒:“周鑒於二代,十有二歲,王巡狩殷國,亦有事于方嶽”(Q129)。㊂儆戒:“昭示後昆,申錫鑒思”(Q148)。

14011 **鉉** xuàn 《廣韻》胡畎切,匣銑上。匣真。

Q148

《説文·金部》:“鉉,舉鼎也。《易》謂之鉉,《禮》謂之鼏。从金,玄聲。”

【釋形】

《説文》小篆爲形聲字,从金,玄聲。漢碑字形中,義符“金”的隸定情況參見 14001 金;聲符“玄”將小篆線條轉寫隸定爲筆畫,與後世通行的寫法相近,如圖。

【釋義】

㊀穿鼎兩耳以舉鼎的横桿:見“金鉉”。㊁比喻三公等重臣:見“鼎鉉”。

14012 **錯** cuò 《廣韻》倉各切,清鐸入。清鐸。

① Q148

② Q235

《説文·金部》:“錯,金涂也。从金,昔聲。”

【釋形】

《説文》小篆爲形聲字,从金,昔聲。“昔”上古音在心母鐸部。漢碑字形中,義符“金”的隸定情況參見 14001 金;聲符“昔”上部交錯的線條粘合重組,隸定爲“𦥑”,如圖①②。

【釋義】

㊀差錯:“天時錯謬,□□□此百殃”(Q175)。㊁通“措”,❶放置,擺放:“十二月廿七日庚申安錯於斯”(Q235)。❷棄置,捨棄不用:“舉直錯枉,譚思舊制;彈饕糾貪,務鉏民穢”(Q187)。

【釋詞】

[錯置]交叉放置,羅列:“惟君之軌迹兮,如列宿之錯置”(Q148)。

14013 **錡** qí 《廣韻》渠羈切,羣支平。羣歌。

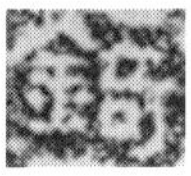

① Q029

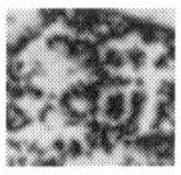

② Q029

《説文·金部》:“錡,鉏鋤也。从金,奇聲。江淮之間謂釜曰錡。”

【釋形】

《説文》小篆爲形聲字,从金,奇聲。漢碑字形中,義符“金”的隸定情況參見 14001 金;聲符“奇”所从之構件“大”發生離析,與“可”的一横重組近似於“立”,隸定作“竒”,如圖①②。

【釋義】

姓氏:“錡中都、周平、周蘭、父老周偉”(Q029);“錡初卿、左伯、文□、王思、錡季卿”(Q029)。

14014 **鐫** juān 《廣韻》子泉切,精仙平。精元。

① Q137

② Q133

《說文·金部》:"鐫,穿木鐫也。从金,雋聲。一曰:琢石也。讀若瀸。"

【釋形】

《說文》小篆爲形聲字,从金,雋聲。漢碑字形中,義符"金"的隸定情況參見14001金。聲符"雋"所从之構件"隹"發生離析重組,并將線條全部轉寫爲筆畫,已看不出鳥的樣子了;構件"弓"或依據小篆轉寫隸定,如圖①;或形變近似於"乃",如圖②。

【釋義】

雕刻,刻寫:"迺鐫石立碑,勒銘鴻烈,光于億載,俾永不滅"(Q133);"采嘉石,樹靈碑。鐫茂伐,祕將來"(Q137)。

14015 **鏨** záo 《廣韻》在各切,從鐸入。從藥。

① Q095

② Q150

《說文·金部》:"鏨,穿木也。从金,糳省聲。"

【釋形】

《說文》小篆以爲从金,糳省聲。按"鏨"甲骨文作(《合》13444),劉釗等認爲乃"鏨"之初文,像錘擊鏨具之形,从殳从辛,會意字。戰國楚文字作(《九》56.27),下面添加構件"臼",表示所鏨之坑穴;戰國晉文字作(《侯馬盟書》)、(《侯馬盟書》)等,又添加構件"金",表示鏨具爲金屬所製;戰國秦文字作(《睡·封》76),鏨具和臼形發生變異。小篆鏨具繁化爲"丵",與"臼"相接。漢碑字形中,構件"金"的隸定情況參見14001金;構件"丵"與"臼"進一步省變粘連;構件"殳"上部的"几"形變近似於"口"(下面一横向右延伸),下部手形隸定爲"乂",如圖①②。

【釋義】

開鏨:"詔書開余,鏨通石門"(Q095);"禹鏨龍門,君其繼縱"(Q095);"〖緣〗崖鏨石,處隱定柱"(Q150)。

14016 **錢** qián 《廣韻》昨仙切,從仙平。從元。

① Q142

② Q179

③ Q146

④ Q114

⑤ Q106

⑥ Q179

⑦ Q102

⑧ J148

⑨ Q100

《說文·金部》:"錢,銚也,古田器。从金,戔聲。《詩》曰:'庤乃錢鎛。'"

【釋形】

《說文》小篆爲形聲字,从金,戔聲。漢碑字形中,義符"金"隸變形體多樣;聲符"戔"依小篆線條轉寫隸定,上方"戈"偶或省去點畫,下方"戈"大多省去點畫,如圖①~⑨。

【釋義】

錢幣:"賜錢千萬,君讓不受"(Q142);"斂錢共有六萬一千五百"(Q029);"故吏范世節錢八百"(Q179);"地節二年十月,巴州民楊量買山,直錢千百"(Q008);"建初元年,造此冢地,直三萬錢"(Q027)。

【釋詞】

[錢財]貨幣,財物。漢碑中又作"錢材":"上有虎龍銜利來,百鳥共侍至錢財"(Q100);"給令還所斂民錢材"(Q141)。

[錢刀]貨幣,財物:"時經有錢刀自足,思念父母弟兄"(Q080)。

14017 **鈐** qián 《廣韻》巨淹切,羣鹽平。羣侵。

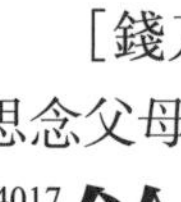
Q113

《說文·金部》:"鈐,鈐鏅,大犂也。一

曰:類相。从金,今聲。”

【釋形】

《說文》小篆爲形聲字,从金,今聲。漢碑字形中,義符“金”變異嚴重;聲符“今”隸定與今之寫法相近,如圖。

【釋義】

管轄:見“鈐下”。

【釋詞】

[鈐下]所管轄的部下:“□記李㬊,字輔謀。鈐下任繆”(Q113)。

14018 **鉏** chú 《廣韻》士魚切,崇魚平。崇魚。

Q187

《說文·金部》:“鉏,立薅所用也。从金,且聲。”

【釋形】

《說文》小篆爲形聲字,从金,且聲。漢碑字形中,義符“金”有殘泐,大致與今之寫法相近;聲符“且”將小篆圓轉線條轉寫隸定爲平直方折的筆畫,如圖。

【釋義】

除去:“彈饕糾貪,務鉏民穢”(Q187)。

14019 **銍** zhì 《廣韻》陟栗切,知質入。端質。

Q172

《說文·金部》:“銍,穫禾短鎌也。从金,至聲。”

【釋形】

《說文》小篆爲形聲字,从金,至聲。漢碑字形中,義符“金”有殘泐,大致與今之寫法相近。聲符“至”發生離析重組,表示箭頭的曲線拉直爲橫畫,與表示地面的橫線重組爲“土”;表示箭尾的曲線隸定爲“厶”,如圖。

【釋義】

用於地名:“丞沛國銍趙勳,字蔓伯”(Q172)。

14020 **鎮** zhèn 《廣韻》陟刃切,知震去。端真。

① Q153 ② Q137 ③ Q129 ④ Q127

《說文·金部》:“鎮,博壓也。从金,真聲。”

【釋形】

《說文》小篆爲形聲字,从金,真聲。漢碑字形中,義符“金”的隸定情況參見14001金。聲符“真”形體演變過程大致與其單獨成字時一致,參見8101真。

【釋義】

㊀安撫,安定:“曜武南會,邊民是鎮”(Q137);“大業既定,鎮安海内”(Q153)。㊁古稱一方的主山爲鎮:見“山鎮”。㊂用於人名:“門生魏郡魏李鎮,字世君”(Q127);“故吏郎中汝南許鎮長秋”(Q285)。

14021 **鉗** qián 《廣韻》巨淹切,羣鹽平。羣談。

Q151

《說文·金部》:“鉗,以鐵有所劫束也。从金,甘聲。”

【釋形】

《說文》小篆爲形聲字,从金,甘聲。漢碑字形與小篆基本一致,義符“金”與後世通行寫法相近;聲符“甘”將小篆圓轉線條轉寫隸定爲平直方折的筆畫,如圖。

【釋義】

用於人名:“右無任,汝南山桑髮鉗宣曉,〖熹〗平元年十二月十九日物故”(Q151)。

14022 **鑽** zuān 《廣韻》借官切,精桓平。精元。

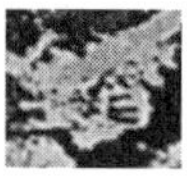
① Q132

② Q173

《説文·金部》:"鑽,所以穿也。从金,贊聲。"

【釋形】

《説文》小篆爲形聲字,从金,贊聲。漢碑字形中,義符"金"的隸定情況參見14001金;聲符"贊"所从之構件"兟"省變作"扶",如圖①②。

【釋義】

鑽,鑽研:"天〖降〗雄彦,〖資〗才卓茂,仰高鑽堅,允〖文〗允武"(Q132);又見"鑽前忽後"。

【釋詞】

[鑽前忽後]語出《論語·子罕》:"仰之彌高,鑽之彌堅,瞻之在前,忽焉在後。"形容道德修養高深莫測:"每在選舉,遜讓匪石,鑽前忽後"(Q173)。

14023 **銖** zhū 《廣韻》市朱切,禪虞平。禪侯。

① Q210

② Q265

《説文·金部》:"銖,權十分黍之重也。从金,朱聲。"

【釋形】

《説文》小篆爲形聲字,从金,朱聲。漢碑字形中,義符"金"的隸定情況參見14001金。聲符"朱"將小篆的上弧線隸定爲折筆,以與"未"相區别,如圖①②。後來又將折筆離析爲短撇加一横,形成現在通行的寫法。

【釋義】

㊀比喻精細、微小:見"分銖"。㊁通"株":"日月。桂銖"(Q210)。

14024 **鐸** duó 《廣韻》徒落切,定鐸入。定鐸。

Q178

《説文·金部》:"鐸,大鈴也。軍法:五人爲伍,五伍爲兩,兩司馬執鐸。从金,睪聲。"

【釋形】

《説文》小篆爲形聲字,从金,睪聲。漢碑字形中,義符"金"變異較爲特别,隸定爲"亼"、兩點和"王"。聲符"睪"上方横目隸定爲"罒",構件"幸"省變爲三横一豎,如圖。

【釋義】

用於人名:"封弟叔振鐸于曹國,因氏焉"(Q178)。

14025 **鐘** zhōng 《廣韻》職容切,章鍾平。章東。

Q134

《説文·金部》:"鐘,樂鐘也。秋分之音,物穜成。从金,童聲。古者垂作鐘。銿,鐘或从甬。"

【釋形】

《説文》小篆爲形聲字,从金,童聲。按"鐘"金文作鐘(《𠭯鐘》)、鐘(《大克鼎》)、鐘(《多友鼎》)等,本與"鍾"用法無别,或云本爲同字異體。《説文》將"鐘、鍾"區分爲二字,"鐘"爲樂器,"鍾"爲酒器。然漢碑文獻中二字用法無别(參見14008鍾)。漢碑字形中,義符"金"依小篆線條轉寫隸定,上部省去一短横;聲符"童"發生離析重組,上部重組爲"立",下部重組爲"里",如圖。

【釋義】

通"鍾",匯集,匯聚:"玄乾鐘德,于我楊君"(Q134)。

14026 **鏠** fēng 《廣韻》敷容切,滂鍾平。滂東。

Q169

《説文·金部》:“，兵耑也。从金，逢聲。”

【釋形】

《説文》小篆爲形聲字，从金，逢聲。漢碑字形中，義符“金”的隸定參見14001金。聲符“逢”由小篆的左右結構調整爲半包圍結構，所从之構件“辵”隸定爲“辶”，如圖。

【釋義】

兵器的尖端，後省簡作“鋒”：“冒突鏠刃，收葬尸死”（Q169）。

14027 **鉞**　yuè《廣韻》王伐切，雲月入。匣月。

Q174

《説文·金部》:“，車鑾聲也。从金，戉聲。《詩》曰：‘鑾聲鉞鉞。’”《説文·戉部》：“，大斧也。从戈，乚聲。”

【釋形】

《説文》小篆爲形聲字，从金，戉聲。初文作“戉”，甲骨文作（《合》22043）、（《合》8615），金文作（《葡戉父癸甗》）、（《師克盨》），象形字，像鉞之形。小篆增加義符“金”，分化出形聲字“鉞”。《説文》“車鑾聲”非“鉞”之本義。漢碑字形大致依小篆線條轉寫隸定，如圖。

【釋義】

古代一種似斧而較大的兵器：“兼將軍之號，秉斧鉞之威”（Q174）。

14028 **銜**　xián《廣韻》户監切，匣銜平。匣談。

Q128

《説文·金部》:“，馬勒口中。从金从行。銜，行馬者也。”

【釋形】

《説文》小篆爲會意字，从金从行，義爲馬嚼子。漢碑字形依小篆線條轉寫隸定，如圖。

【釋義】

領受，擔任：“帝咨君謀，以延平中拜安邊節使，銜命二州”（Q128）。

14029 **鐉**　quān《廣韻》此緣切，清仙平。清元。

① Q146

② Q146

《説文·金部》:“，所以鉤門户樞也。一曰：治門户器也。从金，巺聲。”

【釋形】

《説文》小篆爲形聲字，从金，巺聲。漢碑字形中，義符“金”上方形體粘合爲三角形，兩點移至中横上方；聲符“巺”的隸定情況參見5028巺，如圖①②。

【釋義】

通“鑽”，鑽鑿：“鐉燒破析，刻臽磪嵬”（Q146）；“鐉山浚瀆，路以安直”（Q146）。

14030 **鉅**　jù《廣韻》其吕切，羣語上。羣魚。

① Q084

② Q166

③ Q127

《説文·金部》:“，大剛也。从金，巨聲。”

【釋形】

《説文》小篆爲形聲字，从金，巨聲。漢碑字形中，義符“金”的隸定情況參見14001金；聲符“巨”中的“工”混同爲“匚”，如圖①～③。

【釋義】

用於地名：“泰山鉅平韋仲元二百，蕃

王狼子二百”（Q112）；又見“鉅鹿”。

【釋詞】

［鉅鹿］原爲古湖澤名，秦時置郡，漢因之：“門生鉅鹿瘿陶張雲，字子平”（Q127）；“轉拜僕射令，三辰明，王衡平，休徵集，皇道著，拜鉅鹿大守”（Q084）。漢碑中又作“鉅鏕”：“漢興，以三川爲潁川，分趙地爲鉅鏕”（Q166）。

14031 **鈍** dùn 《廣韻》徒困切，定慁去。定文。

Q263

《説文·金部》：“，錭也。从金，屯聲。”

【釋形】

《説文》小篆爲形聲字，从金，屯聲。漢碑字形中，義符“金”大致依小篆線條轉寫隸定。聲符“屯”將小篆彎曲的豎線隸定爲豎彎鈎（乚），向上彎曲的線條則拉直爲横畫，如圖。

【釋義】

原指刀劍不鋒利，喻指資質魯鈍：見“秖鈍”。

14032 **銘** míng 《廣韻》莫經切，明青平。明耕。

① Q163

② Q166

③ Q065

④ Q153

⑤ Q169

⑥ Q117

《説文·金部》（新附字）：“，記也。从金，名聲。”

【釋形】

《説文》从金，名聲，爲形聲字。漢碑字形中，有的爲碑額篆書，但已經帶有明顯的隸意，如圖①②。有的爲碑文篆書，聲符“名”上方構件“夕”訛混爲“刀”，如圖③。多數則已經發生隸變，義符“金”的隸定情況參見14001金。聲符“名”依小篆線條轉寫隸定，如圖④⑤；上方構件“夕”的横撇或省減爲撇，如圖⑥。

【釋義】

㊀記載，銘刻：“乃刊斯石，欽銘洪基”（Q148）；“故〖立〗石銘碑，以旌明德焉”（Q093）；“表碣銘功，昭眡後昆”（Q065）；又見“銘勒”。㊁指刻在器物上的銘文：“漢故益州太守北海相景君銘”（Q088）；“刊石表銘，與乾運燿”（Q112）；“刻石紀銘，令德不忘”（Q126）；又見“勒銘”。

【釋詞】

［銘勒］鐫刻，特指在金石上鐫刻文字：“感三成之義，惟銘勒之制”（Q134）。

14033 **鏕** lù 《廣韻》盧谷切，來屋入。

Q166

《説文》無。

【釋形】

漢碑字形从金，鹿聲，爲形聲字。其中義符“金”小篆作，《説文》古文作，漢碑字形與《説文》古文相近。聲符“鹿”小篆作，漢碑字形將小篆像足的部分與身體離析隸定作“比”，剩餘部分粘合重組，失去象形意味，如圖。

【釋義】

用於地名：見“鉅鹿”。

14034 **勺** sháo 《廣韻》市若切，禪藥入。禪藥。

① Q123

② Q123

《説文·勺部》：“，挹取也。象形。中有實，與包同意。凡勺之屬皆从勺。”

【釋形】

《説文》小篆爲象形字,像勺子之形,一横表示勺中舀取之物。"勺" 甲骨文作(《佚》887),金文作(《勺方鼎》),更爲象形。小篆線條化。漢碑字形將小篆像勺子的的線條分解爲兩筆,隸定作 "勹",與字的隸定形體 "勹" 混同;中間的横線變爲提畫,如圖①②。

【釋義】

用於地名:"蓮勺左鄉有秩杜〖衡〗千五百,池陽左鄉有秩何博千五百"(Q123);"騎吏蓮勺任參六百"(Q123)。

14035 **与** yǔ 《廣韻》余吕切,餘語上。餘魚。

Q187

《説文·勺部》:",賜予也。一勺爲与。此与與同。"

【釋形】

《説文》以爲會意字,从一从勺,表示賜給。按 "与" 乃 "與" 之簡體。"與" 春秋金文作(《無者俞鉦鋮》),本从舁,牙聲,本義爲給予;小篆字形聲符 "牙" 省變作 "与",寫作;或省去構件 "舁",寫作,非《説文》所謂 "一勺爲与"。漢碑字形依小篆線條轉寫隸定,如圖。

【釋義】

通 "余",我:"於戲与考,經德炳明"(Q187)。

14036 **几** jī 《廣韻》居履切,見旨上。見脂。

Q140

《説文·几部》:",踞几也。象形。《周禮》五几:玉几、雕几、彤几、鬃几、素几。凡几之屬皆从几。"

【釋形】

《説文》小篆爲象形字,像几案正面兩側之形。漢碑字形將小篆圓轉的線條分解爲筆畫,如圖。

【釋義】

几案:見 "几筵"。

【釋詞】

[几筵] 几席,祭祀的席位:"復禮孔子宅,拜謁神坐,仰瞻榱桷,俯視几筵"(Q140)。

14037 **處** (一)chǔ 《廣韻》敞吕切,昌語上。昌魚。

① Q181

② JB1

③ J373

④ Q178

⑤ Q125

⑥ Q069

⑦ Q232

⑧ Q178

⑨ Q153

《説文》爲 "処" 的或體,《説文·几部》:",止也。得几而止。从几从夂。,処或从虍聲。"

【釋形】

《説文》以 "処" 爲會意字,从几从夂,訓爲 "止";以 "處" 爲 "処" 之或體,形聲字,从処,虍聲。按 "處" 金文作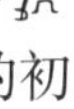(《瘐鐘》)、(《曶鼎》)等,从凥("居" 的初文),虍聲。或省去構件 "几",寫作(《㝬鐘》)。《説文》小篆或體與金文相承,其中構件 "人" 與 "止" 粘合省變作 "夂",整字隸定作 "處"。《説文》正篆爲或體的省體,省去了聲符 "虍"。漢碑字形與《説文》或體相承,但變異多樣。有的爲碑額篆書,其中構件 "几" 與 "夂" 位置發生互换,如圖①。多數則已經發生隸變,聲符 "虍" 或據《説文》或體轉寫隸定,如圖②③;或省變作 "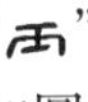" 形,如圖④~⑦;或訛混近似於 "雨",如圖⑧⑨。義

符“処”所从之構件“夂”末筆或拉長承托構件“几”,如圖②～④;構件“几”或受“夂”的影響同化爲“夂”,如圖⑤⑧⑨;有的則將兩個“夂”粘連爲一體,訛混近似於“册”形,如圖⑥⑦。

【釋義】

㊀停留,休息:見“敀處”。㊁居住,居處:“艮兑咸亨,爰居爰處”(H144);“神靈獨處,下歸窈冥”(Q143);“祖考徠西,乃徙于㴋,因處廣漢”(Q069);“藍田令楊子輿所處穴”(Q232)。㊂處於,在:“處幽道艱,存之者難”(Q060);“惟中嶽大室,崇高神君,處兹中夏,伐業最純”(Q061);“惟斯析里,處漢之右”(Q150)。㊃置辦:“建宅處業,汶山之陽”(Q070)。㊄辦理,處理:“舉衡以處事,清身以厲時”(Q166)。㊅留存:“三考絀勑,陟幽明矣。振華處實,暘遐聲矣”(Q153)。

(二)chù 《廣韻》昌據切,昌御去。昌魚。

【釋義】

處所,地方:“惟封龍山者,北岳之英援,三條之别神,分體異處,在於邦内”(Q126);“以永壽元年中,始觧大臺,政由其興,安平之處,萬民懽喜,行人蒙福”(Q110)。

【釋詞】

[處士]指有才德而隱居不仕的人,後亦泛指未做过官的士人:“處士孔褒文禮”(Q141);“處士南鄭祝朗字德靈”(Q199);“處士河東皮氏岐茂孝才二百”(Q178)。

14038 **凱** kǎi 《廣韻》苦亥切,溪海上。溪微。

① Q112

② Q137

《説文》無。

【釋形】

漢碑字形从豈,几聲,爲形聲字。《説文·豈部》:“豈,還師振樂也。”可見,凱歌之“凱”初文當作“豈”,後加聲符“几”分化作“凱”。“几”上古音在見母脂部,脂微旁轉,故“几”與“凱”音近,可充當其聲符。義符“豈”小篆作,漢碑字形將上部傾斜的部分隸定作“山”,與下部構件“豆”有一短豎相連;聲符“几”小篆作,漢碑字形將小篆圓轉的線條分解爲筆畫,如圖①②。

【釋義】

用於人名:“大尉掾魯孔凱仲弟千”(Q112)。

【釋詞】

[凱風]《詩經》篇名,其主旨是贊美孝子,故後常借指感念母恩的孝心:“孝深凱風,志絜羔羊”(Q093)。

14039 **且** qiě 《廣韻》七也切,清馬上。清魚。

① J237

② Q066

《説文·且部》:“,薦也。从几,足有二横,一其下地也。凡且之屬皆从且。”

【釋形】

《説文》以爲象形字,像有足的薦物之器。按“且”甲骨文作(《合》21106)、(《合》20576),金文作(《己且乙尊》)、(《大盂鼎》),其構形説法不一。郭沫若《甲骨文字研究·釋祖妣》認爲乃“牡器之象形”;部分學者認爲像神主之形;也有不少學者認爲乃“俎”之古文,像俎之形。甲骨文、金文多用作“祖”;後假借爲虚詞,表示將要、尚且等義。漢碑字形依小篆線條轉寫隸定,中間兩横與兩側豎筆或相接,如圖①;或相離,如圖②。

【釋義】

㊀副詞,將近,幾乎:“諸國禮遺且二百萬”(Q178);“内外子孫,且至百人”(Q106)。㊁連詞,表并列關係,相當於“又、而且”:“班化黎元,既清且寧”(Q133);“實履忠貞,恂美且仁”(Q066);“育兹令德,既喆且明”(Q161)。㊂用於人名:見“且溺”。

【釋詞】

［且溺］即《論語》中的長沮、桀溺兩位隱者，後常以“沮溺”借指避世隱士：“榮且溺之耦耕，甘山林之杳藹”（S110）。

14040 **俎** zǔ 《廣韻》側吕切，莊語上。莊魚。

Q171

《説文·且部》：“，禮俎也。从半肉在且上。”

【釋形】

《説文》以爲會意字，从半肉在且上，義爲祭祀或宴享時擺放牲體的禮器。按“俎”金文作（《三年瘋壺》），伍仕謙等認爲乃俎之側面象形字，左側是俎足，右側是俎面，其説可從（参《字源》）。《説文》小篆將俎足訛變爲“半肉”，或爲理據重構。漢碑字形將像“半肉”的兩條曲線各分解爲兩筆，近似於兩個上下重疊的“人”形，構件“且”依小篆線條轉寫隸定，整字與現在通行的寫法相近，如圖。

【釋義】

古代祭祀或宴享時擺放牲體的禮器：“〖髦儁〗得進，陳其鼎俎”（Q171）。

14041 **斧** fǔ 《廣韻》方矩切，幫麌上。幫魚。

① J237 ② Q174

《説文·斤部》：“，斫也。从斤，父聲。”

【釋形】

《説文》小篆爲形聲字，从斤，父聲。甲骨文作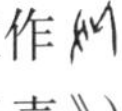（《合》18456），金文作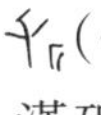（《公子土折壺》），均與小篆結構相同。漢碑字形中，義符“斤”中兩個曲線分别分解爲兩筆，重組爲後世通行的寫法；聲符“父”依小篆線條轉寫隸定，已經看不出原有的構意，如圖①②。

【釋義】

一種砍斫類工具，古代也可用作兵器：“兼將軍之號，秉斧鉞之威”（Q174）。

14042 **所** suǒ 《廣韻》踈舉切，山語上。山魚。

① Q232 ② Q179 ③ Q146 ④ J241

⑤ Q178 ⑥ Q174 ⑦ Q102 ⑧ Q066

⑨ Q144

《説文·斤部》：“，伐木聲也。从斤，户聲。《詩》曰：‘伐木所所。’”

【釋形】

《説文》小篆爲形聲字，从斤，户聲。“户”上古音在匣母魚部。段玉裁《説文解字注》：“伐木聲乃此字本義，用爲處所者叚借爲処字也。”漢碑字形中，聲符“户”依小篆線條轉寫隸定，仍帶有一定的篆意。義符“斤”中兩個曲線分别分解爲兩筆，重組爲後世通行的寫法。義符“斤”和聲符“户”上面的一筆多連寫爲一長横，如圖①～⑦；或將“户”的第一筆向右延長，覆蓋構件“斤”。如圖⑧⑨。

【釋義】

㊀處所：“上問君於何所得之”（Q142）。㊁量詞：“郵亭驛置徒司空，褒中縣官寺并六十四所”（Q025）。㊂虚詞，與後面的動詞結合，構成名詞性結構：“泫泫淮源，聖禹所導”（Q125）；“會遭篤病，告困致仕，得從所好”（Q127）；“夏商則未聞所損益”（Q129）；“起立石祠堂，冀二親魂零有所依止”（Q106）。

14043 **斯** sī 《廣韻》息移切,心支平。心支。

① Q202

② Q129

③ Q137

④ Q117

⑤ Q153

《説文·斤部》:",析也。从斤,其聲。《詩》曰:'斧以斯之。'"

【釋形】

《説文》小篆爲形聲字,从斤,其聲。漢碑字形中,義符"斤"中兩個曲線分别分解爲兩筆,重組爲後世通行的寫法,如圖①~⑤。聲符"其"形體變異複雜,像簸箕之形的構件"𠀠"内部的"乂"或寫作"十",如圖①②;或省寫作"丁"字形,如圖③;或進一步省寫作一横,如圖④⑤。其中圖①②④構件"𠀠"與"丌"相離;圖③⑤則將"𠀠"左右兩邊的豎筆延長,與構件"丌"的横畫相接。

【釋義】

㊀代詞,❶表示近指,相當於"這、這樣":"遂不加起,掩然至斯"(Q124);"矦惟安國,兼命斯章"(Q129);"百行之主,於斯爲盛"(Q134)。❷相當於"其":"三過亡入,寔勤斯民"(Q065)。㊁副詞,表承接上文,相當於"則、就":"遠人斯服,介士充庭"(Q133);"聞斯行諸,砥仁〖癘〗□"(Q137);"帝賴其勳,民斯是皇"(Q127)。㊂用於人名:見"考斯、奚斯"。㊃用於地名:"前換蘇示有秩馮佑,轉爲安斯有秩"(Q170);"爲安斯鄉有秩如書"(Q170)。

14044 **斷** duàn 《廣韻》徒管切,定緩上。定元。

① J134

② Q095

《説文·斤部》:",截也。从斤从㡭。㡭,古文絶。,古文斷从㠪;㠪,古文叀字。《周書》曰:'詔詔猗無他技。',亦古文。"

【釋形】

《説文》小篆爲會意字,从斤从㡭,表示斷絶之義。"㡭"即"絶"之初文,金文作(《中山王嚳壺》),像刀刃插於兩根斷絲之間,表示以刀斷絲。漢碑字形中,義符"㡭"反寫作"𢇍",如圖①;或在此基礎上,省寫横畫,增加一豎筆,如圖②。構件"幺"仍保留圓轉的篆意,尚未分解爲筆畫,且繁簡不一,或从四"幺",如圖①;或省爲二"幺",如圖②。義符"斤"中兩個曲線分别分解爲兩筆,重組爲後世通行的寫法,如圖①②。

【釋義】

㊀折斷:"橋梁斷絶,子午復循"(Q095)。㊁鑿開:"八月一日始斷山石作孔"(Q116)。㊂終止:"布化三載,遭離母憂。五五斷仁,大將軍辟"(Q187)。

14045 **新** xīn 《廣韻》息鄰切,心真平。心真。

① Q065

② Q137

③ JB1

④ Q129

⑤ Q100

⑥ Q056

《説文·斤部》:",取木也。从斤,亲聲。"

【釋形】

《説文》小篆爲形聲字,从斤,亲聲。"亲"上古音在莊母真部。按"新"甲骨文作(《合》11503),从斤,辛聲;或作(《合》18597)形,添加構件"木",變成从斤从木、辛聲的形聲字。小篆承襲甲骨文後一種字形,段玉裁《説文解字注》釋爲"从斤木,辛聲",其説可從。《説文》則釋爲"从斤,亲聲"。漢碑字形中,有的爲碑文篆書,如圖

①。多數則已經發生隸變,義符"斤"中兩個曲線分別分解爲兩筆,重組爲後世通行的寫法。義符"木"和聲符"辛"粘合作"亲",如圖②～⑤,其中圖②"亲"下方多了一横畫;義符"木"或省去,與甲骨文第一種字形結構相同,如圖⑥。

【釋義】

㊀與"舊"相對:"胙日新而累熹"(Q065);"慕君靡已,乃詠新詩"(Q150);"悦誨日新,砥□頑□素"(Q193);"新婦主待給水將"(Q100)。㊁用於地名:"遣書佐新豐郭香察書"(Q129);"元氏令京兆新豐王翊,字元輔"(Q174);"伏波將軍新息忠成侯之女"(Q056)。

14046 **斯**

"析"的異體字(圖②),見6080析。

14047 **斗** dǒu 《廣韻》當口切,端厚上。端侯。

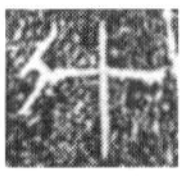

① Q095

② Q174

《説文·斗部》:"，十升也。象形,有柄。凡斗之屬皆从斗。"

【釋形】

《説文》小篆爲象形字,像有柄的勺子形。甲骨文作(《合》21346)、(《合》21344)等,春秋金文作(《秦公簋》),均像有柄的斗之形。李孝定《甲骨文字集釋》:"古升、斗均如此,於文無以爲别,但以點之有無别之,無點者爲斗字,有點者爲升字。"小篆字形訛變嚴重,象形性盡失。漢碑字形承襲金文,斗柄隸定爲"十"形,斗勺隸定似"人",如圖①②。

【釋義】

㊀舊時容量單位,十升爲一斗,十斗爲一石:"國界大豐,穀斗三錢"(Q060)。㊁星宿名,二十八宿之一,因組合形狀似斗而得名:見"斗極"。

【釋詞】

[斗極]北斗星:"上順斗極,下答坤皇"(Q095)。

14048 **魁** kuí 《廣韻》苦回切,溪灰平。溪微。

Q095

《説文·斗部》:"，羹斗也。从斗,鬼聲。"

【釋形】

《説文》小篆爲形聲字,从斗,鬼聲。漢碑字形中,義符"斗"與"升"形近而混。聲符"鬼"像鬼頭的形體隸定作"田"上一短撇;像人體的部分隸定作"儿"形;"厶"寫作"口"形,如圖。

【釋義】

星名,北斗七星之一:"奉魁承杓,綏億衙彊"(Q095)。

14049 **斟** zhēn 《廣韻》職深切,章侵平。章侵。

Q084

《説文·斗部》:"，勺也。从斗,甚聲。"

【釋形】

《説文》小篆爲形聲字,从斗,甚聲。漢碑字形中,義符"斗"離析近似於"人"和"十"形;聲符"甚"大致依小篆線條轉寫隸定,構件"甘"和"匹"還没有粘合在一起,如圖。

【釋義】

考慮,忖度:見"斟酌"。

【釋詞】

[斟酌]"斟、酌"皆爲倒酒,古代禮儀倒酒貴在深淺適中,故可引申指遇事反復考慮,以求至善:"悼公之入晉,斟酌仁義"(Q084)。

14050 **升** shēng 《廣韻》識蒸切,書蒸平。書蒸。

① Q127

② Q178

③ Q142

④ Q056

《説文·斗部》:“,十龠也。从斗,亦象形。”

【釋形】

《説文》以爲象形字,釋其義爲“十龠”(桂馥《説文解字義證》認爲“當爲二十龠”,古代二十龠爲一升)。按“升”甲骨文作(《合》31119)、(《合》30359)、(《合》30365)等,金文作(《友簋》)、(《秦公簋》)等,像用斗挹取酒漿以敬獻神靈之形。李孝定《甲骨文字集釋》:“古升、斗均如此,於文無以爲别,但以點之有無别之,無點者爲斗字,有點者爲升字。”戰國秦文字作(《睡·秦》100)、(《睡·效》4),後者象形性淡化。小篆徹底線條化,象形性盡失。漢碑字形與“斗”的區别在於,右側構件“十”穿插於左側構件之中,如圖①～④。

【釋義】

㊀上揚:“煇光篤實,升而上聞”(Q128)。㊁登上:“升車下征,赴黄□兮”(Q124);又見“升堂”。㊂升遷,晉升:“未升卿尹,中失年兮”(Q153);“位不超等,當升難老,輔國濟民”(Q175);“君高升,極鼎足”(Q178);“遂升二女爲顯節園貴人”(Q056)。㊃用於人名:“門生鉅鹿廣宗捕〚巡〛,字升臺”(Q127);“門生濟南東平陵吴進,字升臺”(Q127);“故吏孫升高錢五百”(Q179)。

【釋詞】

[升堂]㊀登上廳堂:“既至升堂,屏氣拜手”(Q141);“禮器升堂,天雨降澍”(Q112)。㊁比喻學問造詣已達到一定水平:“升堂講誦,深究聖指”(Q105)。

[升遐]指升天:“又有鴻稱,升遐見紀”(Q142)。

14051 **矜** jīn 《廣韻》居陵切,見蒸平。見真。

Q172

《説文·矛部》:“,矛柄也。从矛,今聲。”

【釋形】

《説文》小篆爲形聲字,从矛,今聲。義符“矛”金文作(《㦿簋》),象形;小篆變異嚴重,象形性盡失;漢碑字形依小篆線條轉寫隸定;聲符“今”似有殘泐,如圖。

【釋義】

憐憫:“矜孤頤老,表孝貞節”(Q172)。

14052 **車** chē 《廣韻》尺奢切,昌麻平。昌魚。

① Q142

② Q153

《説文·車部》:“,輿輪之總名。夏后時奚仲所造。象形。凡車之屬皆从車。,籀文車。”

【釋形】

《説文》小篆爲象形字,像車輪及車轄之形。按“車”甲骨文作(《合》11450)、(《合》10405)、(《合》11446)、(《合》11449)、(《合》10405)、(《合》13634),商代金文作(《父己車鼎》)、(《買車卣》)、(《買車觚》),西周金文作(《大盂鼎》)、(《小臣宅簋》)、(《獻簋》)、(《同卣》)等,繁簡不一。小篆承襲金文後一種字形。漢碑字形將小篆圓轉線條轉寫隸定爲平直方折的筆畫,如圖①②。

【釋義】

㊀車輛:“升車下征,赴黄□兮”(Q124);“衣不暇帶,車不俟駕”(Q134);“復民餝治,桐車馬於瀆上”(Q141)。㊁用於人名:

"募使名工高平王叔、王堅、江胡戀石連車"（Q114）。

【釋詞】

［車騎］㊀指车馬："財容車騎，進不能濟，息不得駐"（Q146）。㊁用於官名"車騎將軍"："廟勝□□戰，拜車騎將軍從事"（Q133）；"有漢元舅，車騎將軍竇憲"（H26）。

14053 **軒** xuān 《廣韻》虛言切，曉元平。曉元。

Q144

《説文·車部》："軒，曲輈藩車。从車，干聲。"

【釋形】

《説文》小篆爲形聲字，从車，干聲。漢碑字形中，義符"車"依小篆線條轉寫隸定，聲符"干"上弧線拉直，如圖。

【釋義】

高大的車：見"轓軒"。

14054 **輧** píng 《廣韻》薄經切，並青平。並耕。

Q100

《説文·車部》："輧，輜車也。从車，并聲。"

【釋形】

《説文》小篆爲形聲字，从車，并聲。義符"車"依小篆線條轉寫隸定。聲符"并"甲骨文作𠂤（《合》6055）、𠂤（《合》33570），像兩人相并之形；戰國秦文字作并（《睡·法》12）；小篆離析爲上"从"下"幵"，寫作并。漢碑字形上面的兩個"人"形省減爲兩點，下面的部分粘合爲"开"，與今之通行寫法相近，如圖。

【釋義】

古代一種有帷幕的車："使坐上，小車輧，驅馳相隨到都亭"（Q100）。

14055 **輕** qīng 《廣韻》去盈切，溪清平。溪耕。

① Q133　② Q095

《説文·車部》："輕，輕車也。从車，巠聲。"

【釋形】

《説文》小篆爲形聲字，从車，巠聲。漢碑字形中，義符"車"依小篆線條轉寫隸定。聲符"巠"金文作巠（《大盂鼎》），像織布機上張設的經線之形；《説文》小篆承襲金文字形作巠。漢碑字形或將像經線的三條曲線變爲三點，如圖①；或將中間的點與下面豎筆連爲一長豎，使得上下粘合爲一體，如圖②。

【釋義】

㊀輕便："空輿輕騎，遰导弗前"（Q095）。㊁輕疾迅猛："元戎輕武，長轂四分，雷輜蔽路，萬有三千餘乘"（H26）。㊂不看重："重義輕利，制户六百"（Q172）；"王路阪險，鬼方不庭，恒戢節足，輕寵賤榮"（Q187）。㊃輕狂：見"輕黠"。

【釋詞】

［輕舉］棄官遠遁："君雖詘而就之，以順時政，非其好也，迺翻然輕舉"（Q133）；"遭從兄沛相憂，篤義忘寵，飄然輕舉"（Q134）。

［輕黠］輕狂狡黠："殘僞易心，輕黠踰竟，鴟梟不鳴，分子還養"（Q088）。

14056 **輿（轝）** yú 《廣韻》以諸切，餘魚平。餘魚。

① Q232　② J228　③ Q114　④ Q100

《説文·車部》："輿，車輿也。从車，舁聲。"

【釋形】

《説文》以爲形聲字，从車，舁聲。按“輿”甲骨文作（《掇》2.62），像兩人共抬一物之狀，本義當爲抬，會意字。戰國文字將所抬之物改换爲“車”，寫作（《睡·雜》27）、（《曾》164）。小篆與之結構相同，《説文》以形聲字釋之。漢碑字形中，構件“車”依小篆線條轉寫隸定。構件“舁”有的保留篆意，如圖①；多數則已經發生隸變，上面的兩隻手隸定爲“臼”，左右竪筆向下延伸；下面的兩隻手粘合變異作“丌”，如圖②③。圖④則將構件“舁”改换爲聲符“與”，整字變爲形聲字；構件“車”移至下方，整字布局調整爲上下結構。

【釋義】

㊀用轎子抬：“夾室上硤，五子轝偅女，隨後駕鯉魚”（Q100）。㊁車輛：“空輿輕騎，遰导弗前”（Q095）；“脩飾宅廟，更作二輿，朝車威熹”（Q112）；“臺閣条差，大興輿駕”（Q114）。㊂用於人名：“藍田令楊子輿所處穴”（Q232）。㊃用於地名：“弟子汝南平輿謝洋，字子〖讓〗”（Q127）。

14057 **轝**

“輿”的異體字（圖④），見 14056 輿。

14058 **輯** jí 《廣韻》秦入切，從緝入。從緝。

Q174

《説文·車部》：“輯，車和輯也。从車，咠聲。”

【釋形】

《説文》小篆爲形聲字，从車，咠聲。漢碑字形中，義符“車”依小篆線條轉寫隸定；聲符“咠”所从之構件“耳”訛變爲上“十”下“月”，如圖。

【釋義】

㊀安定，安寧：“西羌放動，餘類未輯，訓咨羣寮，惟德□□是與”（Q173）；“建立兆域，脩設壇屏，所以昭孝息民，輯寧上下也”（Q174）。㊁用於人名：“□□門生平原安德張輯”（Q107）。

14059 **輒（輙）** zhé 《廣韻》陟葉切，知葉入。端葉。

① Q083 ② Q129 ③ JB1

《説文·車部》：“輒，車兩輢也。从車，耴聲。”

【釋形】

《説文》小篆爲形聲字，从車，耴聲。漢碑字形中，義符“車”依小篆線條轉寫隸定。聲符“耴”右邊的線條“乚”或隸定爲短撇和捺兩筆，如圖①②；或隸定爲“又”，使得“耴”混同爲“取”，整字隸定爲“輙”，如圖③。

【釋義】

㊀副詞，每每，總是：“自是以來，百有餘年，有事西巡，輙過亨祭”（Q129）；“考異察變，輙抗疏陳表”（Q175）。㊁承接連詞，則：“授以部職，輒以疾讓”（Q083）。

14060 **輙**

“輒”的異體字（圖②），見 14059 輒。

14061 **軨** líng 《廣韻》郎丁切，來青平。來耕。

Q083

《説文·車部》：“軨，車轖間横木。从車，令聲。轜，軨或从霝。司馬相如説。”

【釋形】

《説文》小篆爲形聲字，从車，令聲。漢碑字形中，義符“車”依小篆線條轉寫隸定，聲符“令”下方像屈膝人形的構件隸定作

“卩”,如圖。

【釋義】

通“齡”,年,年歲:“以造兹漢安元軨”(Q083);“書洪勳,昭萬軨”(Q175)。

14062 **軸** zhóu 《廣韻》直六切,澄屋入。定覺。

Q247

《説文·車部》:“軸,持輪也。从車,由聲。”

【釋形】

《説文》小篆爲形聲字,从車,由聲。漢碑字形依小篆線條轉寫隸定,如圖。

【釋義】

織布機上用以承經線的筘:見“杼軸”。

14063 **輻** fú 《廣韻》方六切,幫屋入。幫職。

Q171

《説文·車部》:“輻,輪轑也。从車,畐聲。”

【釋形】

《説文》小篆爲形聲字,从車,畐聲。漢碑字形依小篆線條轉寫隸定,如圖。

【釋義】

車輪中的輻條:“或有薪采,投輻檀兮”(Q171)。

14064 **載** (一)zài 《廣韻》作代切,精代去。精之。

① Q166

② J398

③ Q179

④ Q153

⑤ JB1

《説文·車部》:“載,乘也。从車,𢦏聲。”

【釋形】

《説文》小篆爲形聲字,从車,𢦏聲。漢碑字形中,義符“車”依小篆線條轉寫隸定。聲符“𢦏”所从之構件“才”多寫作“十”形,如圖②~⑤;圖①則訛寫作“木”形。構件“戈”右上曲線多寫作一點,如圖①~③;點或省寫,如圖④;圖⑤“戈”有殘泐。

【釋義】

㊀安放,安置:“遏勿八音,百姓流淚,魂靈既載,農夫慁結,行路撫涕,織婦喑咽”(Q153)。㊁車、船等交通工具:“〖過者栗栗〗,載乘爲下”(Q150)。㊂助詞,用在句首或句中,起加强語氣的作用:“載歌載揚,□騰齊舞”(H144);“載馳□□,躬親嘗禱”(Q134)。

(二)zǎi 《廣韻》作亥切,精海上。精之。

【釋義】

㊀記録:“載名金石,詒于无疆”(Q133);“張是輔漢,世載其德”(Q179);“受爵列土,封侯載德,相繼不顯”(Q193)。㊁歲,年:“迺鐫石立碑,勒銘鴻烈,光于億載,俾永不滅”(Q133);“夫人深守高節,劬勞歷載,育成幼媛,光耀祖先”(Q056);“垂流億載,世世嘆誦”(Q095)。

14065 **軍** jūn 《廣韻》舉云切,見文平。見文。

① Q066

② Q114

《説文·車部》:“軍,圜圍也。四千人爲軍。从車,从包省。軍,兵車也。”

【釋形】

《説文》以爲會意字,从車,从包省,義爲兵車環圍。按“軍”春秋戰國金文作軍(《燕右軍矛》)、軍(《庚壺》),从車从旬,旬亦聲。“旬”或改换爲“勻”,如軍(《中山王𠨘鼎》)。“旬”與“勻”本同字,甲骨文作旬

（《合》9012）、（《合》10217）等，像陶勻旋轉之形。朱芳圃《殷周文字釋叢》：“古者車戰，止則以車自圍。”小篆變从車从勹。漢碑字形中，構件“車”依小篆線條轉寫隸定。構件“勹”多寫作“冖”，如圖①；或混同爲“宀”，如圖②。

【釋義】

㊀軍隊：“軍還策勳，復以疾辭”（Q133）；“爲護羌校尉假司馬，戰鬥第五，大軍敗績”（Q169）；“君敦《詩》説《禮》，家仍典軍”（Q161）。㊁士兵：“軍士被病，徊氣來西上”（Q114）。㊂用於官名：“拜車騎將軍從事”（Q133）；“參三條之壹，兼將軍之號，秉斧鉞之威”（Q174）；“故吏軍議掾陳郡趙洪文敬”（Q171）；“故吏軍謀掾梁國王丞顯宗”（Q285）。㊃用於地名：“舉將南陽冠軍君姓馮，諱巡，字季祖”（Q285）。

【釋詞】

［軍假司馬］官職名，漢代副官名常冠以“假”字：“軍假司馬衙……從掾位衙”（Q123）。

14066 **轉** zhuǎn 《廣韻》陟兖切，知獮上。端元。

Q084

《説文·車部》：“轉，運也。从車，專聲。”

【釋形】

《説文》小篆爲形聲字，从車，專聲。漢碑字形中，義符“車”依小篆線條轉寫隸定；聲符“專”所从之構件“叀”下方封閉線條省略，豎畫向下延伸與“寸”相接；構件“寸”，上不出頭，如圖。

【釋義】

㊀轉動：見“轉景”。㊁遷調官職：“徵爲尚書，肅恭國命，傅納以言。轉拜僕射”（Q084）；“轉拜郃陽令，收合餘燼，芟夷殘迸”（Q178）；“前換蘇示有秩馮佑，轉爲安斯有秩”（Q170）。㊂轉達：“還田轉與當爲父老者”（Q029）。

【釋詞】

［轉景］即“轉影”，指日影轉動，形容時間極快：“休謁往徠，轉景即至”（Q199）

14067 **輸** shū 《廣韻》式朱切，書虞平。書侯。

Q095

《説文·車部》：“輸，委輸也。从車，俞聲。”

【釋形】

《説文》小篆爲形聲字，从車，俞聲。聲符“俞”金文作（《小臣艅犀尊》），學者多以爲从舟，余聲；“余”旁或增添飾筆，如（《魯白俞父簠》）；小篆將“余”形離析爲上下兩部分，結構布局也發生調整。漢碑字形中，聲符“俞”所从之構件“舟”隸定爲“月”形；右側的“巜”隸定爲兩豎畫。義符“車”依小篆線條轉寫隸定，如圖。

【釋義】

輸送，注入：“上則縣峻，屈曲流顛；下則入冥，廎寫輸淵”（Q095）。

14068 **軌** guǐ 《廣韻》居洧切，見旨上。見幽。

① Q137 ② Q166 ③ Q144

《説文·車部》：“軌，車徹也。从車，九聲。”

【釋形】

《説文》小篆爲形聲字，从車，九聲。按“九”上古音在見母幽部。漢碑字形中，義符“車”依小篆線條轉寫隸定。聲符“九”或依小篆轉寫隸定爲筆畫，如圖①；或訛寫爲“凡”形，如圖②；或訛寫近似於“丸”形，如圖③。

【釋義】

㊀法度，規矩：“高朗神武，歷世忠孝，

馮隆鴻軌，不忝前人”（Q137）；“佐時理物，紹蹤先軌”（Q144）；“含純履軌，秉心惟常”（Q166）。㊁遵循，依照：“有四子焉，□□□學問，競軌往德”（Q111）。㊂值得世人效仿的足跡：“慕君塵軌，奔走忘食”（Q125）；“惟君之軌迹兮，如列宿之錯置”（Q148）。

14069 **軻** kē 《廣韻》苦何切，溪歌平。溪歌。

Q260

《説文·車部》：“軻，接軸車也。从車，可聲。”

【釋形】

《説文》小篆爲形聲字，从車，可聲。漢碑字形依小篆線條轉寫隸定，如圖。

【釋義】

用於人名：“孟化成軻啟推□”（Q260）。

14070 **輪** lún 《集韻》力迍切，來諄平。來文。

Q100

《説文·車部》：“輪，有輻曰輪，無輻曰輇。从車，侖聲。”

【釋形】

《説文》小篆爲形聲字，从車，侖聲。漢碑字形依小篆線條轉寫隸定，其中聲符“侖”所从之構件𠕁省變作“冊”。如圖。

【釋義】

本義爲車輪，也可指代車：“前有白虎青龍車，後即被輪雷公君”（Q100）。

14071 **輦** niǎn 《廣韻》力展切，來獮上。來元。

Q112

《説文·車部》：“輦，輓車也。从車，从扶在車前引之。”

【釋形】

《説文》以爲从車从扶會意，表示人力輓車。按“輦”甲骨文作（《合》29693），金文作（《輦卣》）、（《輦作妣癸卣》），像二人引車之形，會意字。小篆將二人變爲二“夫”，并置於構件“車”之上，結構布局發生調整。漢碑字形中，義符“車”依小篆線條轉寫隸定，兩個“夫”均隸定爲“六”形，如圖。

【釋義】

㊀指代京城：“拜司隸校尉，董督京輦，掌察羣寮”（Q154）。㊁通“璉”：見“瑚璉”。

14072 **斬** zhǎn 《廣韻》側減切，莊豏上。莊談。

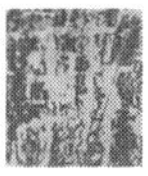

Q079

《説文·車部》：“斬，截也。从車从斤。斬法車裂也。”

【釋形】

《説文》小篆爲會意字，从車从斤，表示車裂刑罰。漢碑字形中，義符“車”依小篆線條轉寫隸定，義符“斤”將小篆的兩個線條各自拆分爲兩筆，成爲後世通行的寫法，如圖。

【釋義】

斬殺：“斬昷禺以釁鼓，血屍逐以染鍔”（H26）；又見“斬馘”。

【釋詞】

［斬馘］本指殺敵後割下左耳以計功，後亦泛指作戰殺敵：“將郡兵三千人，誅呼衍王等，斬馘部眾，克敵全師”（Q079）。

14073 **輔** fǔ 《廣韻》扶雨切，並麌上。並魚。

① Q179

② Q166

③ Q095

《說文·車部》:",人頰車也。从車,甫聲。"

【釋形】

《說文》小篆爲形聲字,从車,甫聲。漢碑字形中,義符"車"依小篆線條轉寫隸定。聲符"甫"上方彎曲的線條分解爲一横和一點,其他部分依小篆線條對應轉寫隸定,如圖①②;右上的點畫或省去,如圖③。

【釋義】

㊀輔佐:"大尉聘取,上輔機衡"(Q128);"輔主匡君,循禮有常"(Q095);"當漸鴻羽,爲漢輔臣"(Q166)。㊁指朋友:"將據師輔,之紀之綱,而疾彌流"(Q148)。㊂用於官名,帝王左右大臣的通稱:"台輔之任,明府宜之"(Q088)。㊃用於人名:"門生北海劇薛顗,字勝輔"(Q127);"故吏韋輔節錢四百,故吏韋輔世錢三百"(Q179);"行義劇張敏,字公輔"(Q088)。

【釋詞】

[輔翼]輔佐:"或在王庭,輔翼聖主"(Q171)。

14074 **轓** fān 《廣韻》甫煩切,幫元平。幫元。

Q144

《說文》無。

【釋形】

漢碑字形从車,番聲,爲形聲字。義符"車"小篆作,漢碑字形多依小篆線條轉寫隸定;聲符"番"小篆作,其中構件"釆"漢碑省變近似於"未",下方形體混同爲"田",如圖。

【釋義】

車蔽,古代車廂兩旁如耳的部分,用以遮蔽塵土:見"轓軒"。

【釋詞】

[轓軒]有帷帳的車:"轓軒六轡,飛躍臨津"(Q144)。

14075 **官** guān 《廣韻》古丸切,見桓平。見元。

① Q166

② JB3

③ Q128

④ Q025

⑤ Q128

⑥ Q152

《說文·𠂤部》:",史,事君也。从宀从𠂤。𠂤猶眾也,此與師同意。"

【釋形】

《說文》以爲會意字,从宀从𠂤,義爲官吏。按"官"甲骨文作(《合》14228),从宀从𠂤,學者多以爲乃"館"之初文。漢碑字形中,義符"宀"或依小篆線條轉寫隸定,如圖④;或將兩側線條向上縮短,整字變爲上下結構,如①②⑤⑥;或形近混同爲"冖",如圖③。義符"𠂤"或依小篆線條轉寫隸定,上端離析出一短撇,如圖①;或隸省作"𠃊",如圖②⑤;或訛寫作"吕",整字混同爲"宫",如圖③;或訛寫近似於"且"和"目",如圖⑤⑥。

【釋義】

㊀官署,衙門:"衢廷弘敞,官廟嵩峻"(Q125);"褒中縣官寺并六十四所"(Q025);"繕官寺,開南門"(Q178)。㊁官吏,官府:"百姓心歡,官不失實"(Q172);"還師振旅,諸國禮遺且二百萬,悉以簿官"(Q178)。㊂官職,職位:"六月癸巳,淹疾卒官"(Q144);"高位不以爲榮,卑官不以爲恥"(Q166);"有仲況者,官至少府"(Q169)。㊃居官,做官:"羊吉萬歲,子孫官貴"(Q070)。㊄用於官名:"五官掾魯孔暘"(Q141);"又開故道銅官鑄作錢器"(Q161);"衡官有秩下辨李瑾,字瑋甫"(Q146)。㊅姓氏:"衙縣三老上官鳳季方三百"(Q123);"復顏氏并官氏邑中繇發,以尊孔心"(Q112)。

【釋詞】

［官族］以功名顯赫的先祖職官爲族姓："文武之盛，唐叔□世勳，則有官族，邑亦如之"（Q083）；"官族分析，因以爲氏焉"（Q093）。

14076 **阜**　fù 《廣韻》房九切，並有上。並幽。

① T154

② T154

《説文·𠂤部》："，大陸，山無石者。象形。凡𠂤之屬皆从𠂤。，古文。"

【釋形】

《説文》以爲象形字，像無石之山。按"阜"甲骨文作（《合》10405），像層層高地之形。王筠《説文釋例》："蓋如畫坡陀者然，層層相重累也。"漢碑字形中，最下面的方框省變爲一横，如圖①②。

【釋義】

用於地名："千北行至侯阜，北東流水"（Q089）。

14077 **陵**　líng 《廣韻》力膺切，來蒸平。來蒸。

① Q063

② Q084

③ Q088

④ Q169

⑤ Q171

《説文·𠂤部》："，大𠂤也。从𠂤，夌聲。"

【釋形】

《説文》小篆爲形聲字，从𠂤，夌聲。漢碑字形中，有的爲碑文篆書，如圖①。有的爲碑額篆書，但帶有明顯的隸意，如圖②。多數則已經發生隸變，義符"𠂤"或省簡近似於"目"，左側豎筆向下延長，如圖③；或進一步省變爲"阝"，如圖④⑤。聲符"夌"或省變作"麦"，如圖③～⑤。

【釋義】

㊀丘陵：見"陵谷"。㊁墳墓，陵園："守衛墳園，仁綱禮備。陵成宇立，樹列既就"（Q088）。㊂登上，越過："遂陵高闕，下雞簏，經磧鹵，絶大漠"（H26）。㊃威勢："敷燿赫〖然〗，陵惟哮〖虎〗"（Q132）。㊄衰敗，衰微：見"陵遲"。㊅用於人名："孫府君諱璆，字山陵"（Q129）；"故從事魯王陵少初二百"（Q112）。㊆用於地名："時令朱頡，字宣得，甘陵鄃人"（Q129）；"故門下書佐營陵孫榮，字吉榮"（Q088）；"以病遜位，守疏廣止足之計，樂於陵灌園之契"（Q154）。

【釋詞】

［陵遲］又作"陵迟"，敗壞，衰敗："禮樂陵遲，秦項作亂"（Q112）；"愍俗陵迟，訓諮□□"（Q171）。

［陵谷］丘陵和山谷，泛指天下："陵谷鬻化，陰陽穌清"（Q065）。

14078 **陰**　yīn 《廣韻》於金切，影侵平。影侵。

① Q038

② Q179

③ Q281

④ Q112

⑤ Q169

⑥ Q234

⑦ JB2

《説文·𠂤部》："，闇也；水之南、山之北也。从𠂤，侌聲。"

【釋形】

《説文》小篆爲形聲字，从𠂤，侌聲。按"陰"金文作（《异白子窒盨》），从𠂤从云（"雲"之初文），今聲。"𠂤"與"云"均與陰影有關，故"陰"字从之。漢碑字形中，有的爲碑文篆書，如圖①。有的爲碑額篆書，但帶有明顯的隸意，如圖②。多數則已經發生隸變，義符"𠂤"多省變作"阝"，如圖③～⑦。聲符"侌"所从之構件"云"下方曲線多近似於三角形，如圖③～⑥；或寫似“厶”形，爲今之寫法所承，如圖⑦。所从之構件“今”與“云”組合形式多樣，如圖③～⑦。

【釋義】

㊀指天地間化生萬物的二氣之一，與“陽”相對：見“陰陽”。㊁地，大地：“三陽吐圖，二陰出讖”（Q112）㊂姓氏：“五官□掾陰林”（Q065）；“大守陰嵩，貪嘉功懿”（Q169）。㊃用於地名：“門生魏郡陰安張典，字少高”（Q127）；“流化八基，遷蕩陰令”（Q179）；“漢故益州太守，陰平都尉武陽”（Q189）。

【釋詞】

［陰陽］㊀指天地間化生萬物的二氣：“陰陽變化，四時分兮”（Q124）；“灾眚以興，陰陽以忒”（Q125）；“□吉日令辰，欽謁鴻基之曠，蕩觀林木之窈，和陰陽以興雨”（Q103）。㊁泛指世間：“上陟皇燿，統御陰陽，騰清躡浮，命壽無疆”（Q199）；“陵谷鬻化，陰陽穌清”（Q065）。㊂人間和陰間：“陰陽喪度，三剻離道”（Q109）。

14079 **陽** yáng 《廣韻》與章切，餘陽平。餘陽。

① Q038

② Q134

③ Q234

④ Q179

⑤ Q234

⑥ Q146

⑦ Q112

⑧ Q178

《說文·𨸏部》：“，高、明也。从𨸏，昜聲。”

【釋形】

《說文》小篆爲形聲字，从𨸏，昜聲。聲符“昜”甲骨文作（《合》3393）、（《合》8592），爲“陽”之初文；金文添加義符“𨸏”作（《農卣》），即後起之“陽”字。小篆與之結構相同。漢碑字形中，圖①爲碑文篆書，圖②爲碑額篆書，均與《說文》小篆形體有別。其他漢碑字形均已發生隸變。義符“𨸏”或依小篆線條嚴格隸定，左側曲線拉直爲豎筆，如圖③；或省變爲“𠂤”，左側豎筆向下延長，如圖④；其他則進一步省變爲“阝”，如圖⑤～⑧。聲符“昜”或依小篆線條轉寫隸定，如圖③⑤；或將構件“日”與下面構件共用一横畫，如圖④⑥；或將下面構件的一横省去，與“易”混同，如圖⑦⑧。

【釋義】

㊀山之南、水之北爲陽，與“陰”相對：“建宅處業，汶山之陽”（Q070）；“遂興靈宮，于山之陽，營宇之制，是度是量”（Q174）；“奄有河朔，遂荒𡸁陽”（Q129）。㊁温暖：“所在先陽春以布化，後秋霜以宣威”（Q066）。㊂假裝，僞飾：“剋長剋君，不虞不陽”（Q137）。㊃指天地間化生萬物的二氣之一，與“陰”相對：見“陰陽”。㊄東漢順帝的年號：“陽嘉四年三月造作延年石室”（Q076）。㊅用於複姓；特指漢代歐陽生所傳的《尚書》：“又明歐陽《尚書》、河洛緯度”（Q066）；“治尚書歐陽，躭思□□□□若指諸掌”（Q175）；“初受業於歐陽，遂窮究于典〖籍〗”（Q117）。㊆用於人名：“孫仲陽仲升父物故”（Q032）；“右尉豫章南昌程陽”（Q172）。㊇用於地名：“功曹書佐頻陽成扶千”（Q123）；“池陽左鄉有秩何博千五百”（Q123）；“延熹六年正月八日乙酉，南陽大守中山盧奴”（Q125）。

【釋詞】

［陽九］道家稱天厄爲陽九，地虧爲百六。泛指自然災害：“遭偶陽九，百六會兮”（Q187）。

14080 **陸** lù 《廣韻》力竹切，來屋入。來覺。

① Q137

② Q127

《説文·阜部》:“,高平也。从阜从坴,坴亦聲。,籀文陸。”

【釋形】

《説文》以爲會意兼形聲字,从阜从坴,坴亦聲。按“陸”西周金文作(《陸册父乙卣》)、(《陸婦簋》)、(《陸册父甲卣》)等,从𨸏或阜,𡿭聲;聲符或繁化作𡕝,《説文》籀文與之相近。春秋金文增添構件“土”作(《邾公釛鐘》),《説文》小篆與之相承,𡕝省寫作𡿭。漢碑字形中,義符“阜”隸省爲“阝”;聲符“坴”隸定與今之寫法相近,如圖①②。

【釋義】

㊀姓氏:“弟子北海劇陸暹,字〖孟輔〗”(Q127)。㊁用於地名:“家于平陸”(Q137);“故下邳令東平陸王褒文博千”(Q112)。

14081 **阿** (一)ē 《廣韻》烏何切,影歌平。影歌。

① Q146

② Q095

③ Q137

《説文·阜部》:“,大陵也。一曰:曲阜也。从阜,可聲。”

【釋形】

《説文》小篆爲形聲字,从阜,可聲。漢碑字形中,義符“阜”省變作“阝”。聲符“可”依小篆線條轉寫隸定,所从之構件“丂”省簡爲“丁”,如圖①～③。

【釋義】

㊀大土山:“平阿湶泥,常蔭鮮晏”(Q095)。㊁用於官名:見“阿衡”。

【釋詞】

[阿衡]商代官名,師保之官。伊尹曾任此職,故借以代指伊尹:“則有伊尹,在殷之世,號稱阿衡”(Q137)。

(二)ā 《廣韻》烏何切,影歌平。影歌。

【釋義】

㊀助詞,用於人名或姓氏前面:“□當卑、程阿羌等六人”(Q116);“痛哉可哀,許阿瞿〖身〗”(Q143)。㊁用於地名:“漢武都大守漢陽阿陽李君諱翕”(Q146);“於是大守漢陽阿陽李君”(Q150)。

【釋詞】

[阿鄭之化]事見劉向《説苑·政理》。子奇治東阿,子産相鄭,均能使當地大化,後因以阿鄭之化代指化育之功:“有阿鄭之化,是以三莂符守,致黄龍、嘉禾、木連、甘露之瑞”(Q146)。

14082 **隅** yú 《廣韻》遇俱切,疑虞平。疑侯。

Q065

《説文·阜部》:“,陬也。从阜,禺聲。”

【釋形】

《説文》小篆爲形聲字,从阜,禺聲。漢碑字形中,有的爲碑文篆書,但已經帶有明顯的隸意,如圖。

【釋義】

㊀山角:“□□□□祈福,祀聖母虖山隅”(Q065)。㊁廉隅,方正:見“廉隅”。

14083 **險** xiǎn 《廣韻》虚檢切,曉琰上。曉談。

① Q127

② Q146

《説文·阜部》:“,阻,難也。从阜,僉聲。”

【釋形】

《説文》小篆爲形聲字,从阜,僉聲。漢碑字形中,義符“阜”省變作“阝”。聲符“僉”中的兩個“人”省簡爲“灬”,如圖①②;兩個“口”或寫作閉合的三角形,如圖②。

【釋義】

㊀道路艱險:“田畯喜于荒圃,商旅交乎險路”(Q127);“王路阪險,鬼方不庭,恒

戢節足,輕寵賤榮”(Q187)。㊁艱辛,困難:“乃堅乃貞,履兹險阻”(H144)。㊂危險的地方:“君踐其險,若涉淵冰”(Q146)。

14084 **限** xiàn 《廣韻》胡簡切,匣産上。匣文。

Q117

《説文·𨸏部》:“,阻也。一曰:門榍。从𨸏,艮聲。”

【釋形】

《説文》以爲形聲字,从𨸏,艮聲。按“限”金文作(《伯限爵》)、(《曶鼎》),小篆與之結構相同。漢碑字形中,義符“𨸏”省變作“阝”。聲符“艮”所从之構件“目”與“匕”發生粘合,如圖。

【釋義】

指定的時間範圍:“〖未〗滿期限,從其本規”(Q117)。

14085 **阻** zǔ 《廣韻》側吕切,莊語上。莊魚。

① Q148 ② Q171

《説文·𨸏部》:“,險也。从𨸏,且聲。”

【釋形】

《説文》小篆爲形聲字,从𨸏,且聲。漢碑字形中,義符“𨸏”省變作“阝”。聲符“且”依小篆線條轉寫隸定,如圖①②。

【釋義】

㊀險阻:“郡西狹中道,危難阻峻,緣崖俾閣,兩山壁立”(Q146);“北嶽之山,連□陘阻”(Q171)。㊁阻礙:“或有薪采,投輻檀兮。或有□鬼,阻出□兮”(Q171)。㊂艱辛,困難:“乃堅乃貞,履兹險阻”(H144)。㊃受阻:“郡阻山□,□□以飢饉,斯多草竊,罔不□賊”(Q148)。

14086 **陋** lòu 《廣韻》盧候切,來候去。來侯。

① Q117 ② Q171

《説文·𨸏部》:“,阨陜也。从𨸏,㔷聲。”

【釋形】

《説文》小篆爲形聲字,从𨸏,㔷聲。邵瑛《説文解字羣經正字》:“按,㔷,从匸,丙聲,見匸部,則陋當作陃,不當作陋。今經典多作陋。似㔷从匸从内,爲會意字。此徐鉉及周伯琦之説,與《説文》不合。漢《鄭固碑》‘行於蔑陃’,尚依《説文》作陃,不省。”漢碑字形中,義符“𨸏”省變作“阝”。聲符“㔷”所从之構件“丙”,内部的“入”或隸定爲一豎一横,如圖①;圖②此處有殘泐。

【釋義】

㊀荒遠地區或尚未顯達的賢者:見“側陋”。㊁簡陋:“君清節儉約,厲風子孫,固窮守陋”(H105)。㊂鄙小:“综□□□□,行於蔑陋,獨曷敢〖忘〗”(Q117)。

14087 **陟** zhì 《廣韻》竹力切,知職入。端職。

① J131 ② Q153

《説文·𨸏部》:“,登也。从𨸏从步。,古文陟。”

【釋形】

《説文》小篆爲會意字,从𨸏从步,會登升之義。按“陟”甲骨文作(《合》22912),像雙足登山之狀。金文作(《班簋》)、(《𤼈鐘》),二足形逐漸線條化,小篆與之相承。漢碑字形中,構件“𨸏”省變作“阝”。構件“步”下方之反“止”隸定混同爲“少”(較後世通行字形多一點),上方構件“止”

右側曲線拉直爲一短横，如圖①；“止”或形變近似於“山”，與下方“少”共用豎筆，如圖②。

【釋義】

㊀登，登高：“陟彼〖高〗岡，臻兹廟側”（Q125）；“陟降山谷，經營拔涉”（Q161）；“上陟皇燿，統御陰陽，騰清躡浮，命壽無疆”（Q199）。㊁晉升：見“陟幽明”。㊂用於人名：“朐忍令梓潼雍君，諱陟，字伯曼”（Q153）。

【釋詞】

［陟幽明］即“黜陟幽明”。語出《尚書·舜典》：“三載考績，三考黜陟幽明。”意謂黜退昏愚，晉升賢明：“三考絀勑，陟幽明矣”（Q153）。

14088 **隤**　tuí　《廣韻》杜回切，定灰平。定微。

Q150

《説文·𠂤部》：“隤，下隊也。从𠂤，貴聲。”

【釋形】

《説文》小篆爲形聲字，从𠂤，貴聲。漢碑字形中，義符“𠂤”省變爲“阝”；聲符“貴”所从之構件“臾”粘合隸定爲“虫”，如圖。

【釋義】

崩頹，墜落：見“隤納”。

【釋詞】

［隤納］墜入深淵：“常車迎布，歲數千兩，遭遇隤納，人物俱隋”（Q150）。

14089 **降**　（一）jiàng　《廣韻》古巷切，見絳去。見冬。

① Q065

② Q060

③ Q066

④ Q088

⑤ J207

⑥ Q157

⑦ Q174

《説文·𠂤部》：“降，下也。从𠂤，夅聲。”

【釋形】

《説文》以爲形聲字，从𠂤，夅聲。按“降”甲骨文作降（《合》19829），金文作降（《天亡簋》），像雙足下山之狀，與“陟”相對。小篆與金文相承，《説文》以形聲字釋之。漢碑字形中，有的爲碑文篆書，但帶有明顯的隸意，如圖①。多數則已經發生隸變，義符“𠂤”有的嚴格依小篆線條轉寫隸定，左側曲線變爲一豎筆，如圖②；有的右側三個方框連寫在一起，形似三個半圓弧形，如圖③；有的隸省作“目”，只是左側豎筆向下延長，如圖④；有的省變爲“阝”，如圖⑤～⑦。聲符“夅”所从之構件“夂”或混同爲“夊”，如圖⑥；構件“𠀤”多寫作“牛”，如圖③～⑥；構件“牛”左側短豎或省去，如圖⑦。

【釋義】

㊀從高處走下來，與“陟”相對：“陟降山谷，經營拔涉”（Q161）。㊁降落，降臨：“昊天上帝，降兹鞠凶”（Q093）；“飅雨時降，和其寒暑”（Q171）；“神熹其位，甘雨屢降”（Q060）。㊂賜給，給予：“肅肅其敬，靈祇降福”（Q125）；“是以神祇降祚，乃生于公”（Q066）；“神降嘉祉，萬壽無畺”（Q174）；“魂靈瑕顯，降垂嘉祐”（Q088）。

（二）xiáng　《廣韻》下江切，匣江平。匣冬。

【釋義】

投降，降服：“興利無極，外羌且□等，怖威悔惡，重譯乞降”（Q161）。

14090 **隕**　yǔn　《廣韻》于敏切，雲軫上。匣文。

① Q167

② Q195

③ Q137

④ Q152

⑤ Q178

《説文·𠂤部》:“，從高下也。从𠂤,員聲。《易》:‘有隕自天。’”

【釋形】

《説文》小篆爲形聲字,从𠂤,員聲。漢碑字形中,義符“𠂤”左側曲線隸定爲一竪筆,右側或寫爲三折筆,如圖①;或隸省作“𠮛”,只是左側竪筆向下延長,如圖②;或省變作“阝”,如圖③～⑤。聲符“員”上方構件“囗”有的寫作三角形,如圖③～⑤,其中圖④上方三角形與下方構件“貝”之間有短竪相接。

【釋義】

㊀降落,隕落:“世濟其美,不隕其烈”(Q083);“隕霜剿姦,振滯起舊”(Q137)。㊁死亡:“年卌,大命隕殁”(Q175);“兄弟功德牟盛,當究三事,不幸早隕”(Q152);“夙罹凶災,嘘噏不反,大隕精晃”(Q167);“如何夙隕,丁此咎殉”(Q128)。

【釋詞】

[隕涕]落淚:“萬民徦爾,莫不隕涕”(Q133);“凡百隕涕,縉紳惟傷”(Q134)。

14091 **防**　fáng　《廣韻》符方切,並陽平。並陽。

① Q065

② JB3

《説文·𠂤部》:“，隄也。从𠂤,方聲。，防或从土。”

【釋形】

《説文》小篆爲形聲字,从𠂤,方聲,義爲堤壩。漢碑字形中,圖①爲碑文篆書,但已經帶有明顯的隸意。圖②則發生隸變,其中義符“𠂤”隸定爲“阝”;聲符“方”離析爲兩部分,上方重組隸定爲“亠”,下方重組隸定爲“刀”形,如圖②。

【釋義】

㊀堤壩:“防東長齊國臨淄□”(Q093)。㊁築土成堆:“故建防共墳,配食斯壇”(Q117)。㊂堵塞,防禦:“昔者共工,範防百川”(Q065)。㊃用於人名:“陽嘉二年,王防作,直四萬”(Q073)。

14092 **阯**　zhǐ　《廣韻》諸市切,章止上。章之。

Q205

《説文·𠂤部》:“，基也。从𠂤,止聲。，阯或从土。”

【釋形】

《説文》小篆爲形聲字,从𠂤,止聲。漢碑字形中,義符“𠂤”隸省作“𠮛”,左側竪筆向下延長;聲符“止”右側曲線寫作一短撇,左側線條轉寫隸定爲折筆,如圖。

【釋義】

用於地名:“漢新豐令交阯都尉沈府君神道”(Q205)。

14093 **陘**　xíng　《廣韻》户經切,匣青平。匣耕。

① Q158

② Q171

《説文·𠂤部》:“，山絶坎也。从𠂤,巠聲。”

【釋形】

《説文》小篆爲形聲字,从𠂤,巠聲,義爲山脈中斷的地方。漢碑字形中,義符“𠂤”省變爲“阝”。聲符“巠”金文作(《大盂鼎》),像織布機上張設的經線之形;《説文》小篆承襲金文字形作。漢碑字形將中間的曲線與下面竪筆連爲一長竪,使得上下粘合爲一體,左右兩側的曲線省簡爲點畫,如圖①。圖②字形殘泐較爲嚴重。

【釋義】

㊀斷崖險阻:“北嶽之山,連□陘阻”(Q171)。㊁用於人名:“伯興妻陘,秉心塞淵,終温惠和”(Q158)。

14094 **附**　fù《廣韻》符遇切，並遇去。並侯。

Q172

《説文·𨸏部》："，附婁，小土山也。从𨸏，付聲。《春秋傳》曰：'附婁無松柏。'"

【釋形】

《説文》小篆爲形聲字，从𨸏，付聲。段玉裁《説文解字注》："《説文》以'坿'爲坿益字，从土；此'附'作步口切，小土山也。玉裁謂：土部：坿，益也。增益之義宜用之，相近之義亦宜用之。今則盡用'附'，而'附'之本義廢矣。"按聲符"付"金文作（《𪒠鼎》），从人从又，會手持物與人之義。"又"或替换爲"寸"，并多增一飾筆，寫作（《曶鼎》）。小篆承襲金文从寸的結構。漢碑字形中，義符"𨸏"省變爲"阝"。聲符"付"所从之構件"人"隸定爲"亻"；構件"寸"依小篆線條轉寫隸定，指示符號寫作一點，如圖。

【釋義】

依附，歸附："直姦狡竝起，陷附者眾"（Q187）；"仁愛下下，民附親兮"（Q171）；"於是遠人聆聲景附"（Q172）。

14095 **障**(鄣)　zhàng《廣韻》之亮切，章漾去。章陽。

① Q133

② Q130

③ Q137

《説文·𨸏部》："，隔也。从𨸏，章聲。"

【釋形】

《説文》小篆爲形聲字，从𨸏，章聲。漢碑字形中，義符"𨸏"有的右側三個方框連寫在一起，形似三個三角形，如圖①；或省變爲"阝"，如圖②；或將"阝"置於聲符右側，如圖③，整字可隸定爲"鄣"。聲符"章"所从之構件"十"的豎畫向上延伸，穿插於構件"音"之中，如圖①～③。

【釋義】

㊀邊塞上的防禦建築："疆易不爭，障塞〖無〗事"（Q133）。㊁護衛：供〖遵尹鐸〗之𣫮，保鄣二城"（Q137）；"□□復换征羌，崇保障之治，建勿剗之化"（Q130）。

14096 **鄣**

"障"的異體字(圖②)，見14095障。

14097 **隱**(隠)　yǐn《廣韻》於謹切，影隱上。影文。

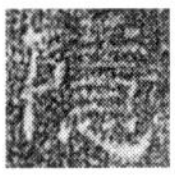
① Q175

② Q160

③ Q142

《説文·𨸏部》："，蔽也。从𨸏，㥯聲。"

【釋形】

《説文》小篆爲形聲字，从𨸏，㥯聲。漢碑字形中，義符"𨸏"省變爲"阝"。聲符"㥯"所从之構件"心"分解爲筆畫，失去象形意味；構件"𢀩"所从之"𠬪"，上方"爪"隸定爲"爫"，中間横畫右不出頭，寫作"彐"，如圖①；"𢀩"中間的"工"或省，如圖②③，整字隸定爲"隠"。

【釋義】

㊀掩藏，埋葬："隱藏魂靈，悲癭奈何，涕泣雙并"（Q114）。㊁隱遁，隱居："其少體自然之恣，長有殊俗之操，常隱居養志"（Q142）；"或有隱遁，辟語言兮"（Q171）。㊂隱士："脩清滌俗，招拔隱逸"（Q137）；"山無隱士，藪無逸民"（Q171）。㊃精深，隱微："念在探嘖索隱，窮道極術"（Q175）。㊄精煉："少爲郡吏，隱練職位，常在股肱"（Q179）。㊅窮困，困苦："勤恤民隱，拯厄捄傾"（Q161）。㊆用於人名："青州從事，北海高密孫仲隱"（Q160）。㊇通"穩"，❶穩固，穩定："〖緣〗崖鑿石，處隱定柱"（Q150）。❷安穩，安全："改解危殆，即便求隱"（Q150）。

【釋詞】

［隱括］本指用以矯正邪曲的器具，引申爲標準、規範："貞〖固〗足〖以〗幹事，隱括足以矯〖時〗"（S97）。

14098 **隠**

"隱" 的異體字（圖②③），見 14097 隱。

14099 **隴** lǒng 《廣韻》力踵切，來腫上。來東。

① Q169

② Q178

《説文·𠂤部》："，天水大阪也。从𠂤，龍聲。"

【釋形】

《説文》小篆爲形聲字，从𠂤，龍聲。漢碑字形中，義符"𠂤"省變爲"阝"。聲符"龍"甲骨文作（《合》6631），像龍之形；金文或作（《邵黛鐘》），龍身有離析的趨勢。小篆進一步訛變，離析爲左右兩部分；漢碑字形將小篆線條轉寫隸定爲筆畫，右上部的短横被省去，如圖①；右側部分或混同爲"龙"，如圖②。

【釋義】

用於地名："元初四年，常山相隴西馮君到官"（Q060）；"密靖内侍，報怨禁中，徙隴西上邽"（Q169）；"或居隴西，或家敦煌"（Q178）。

14100 **陜** shǎn 《廣韻》失冉切，書琰上。書談。

Q179

《説文·𠂤部》："，弘農陜也。古虢國，王季之子所封也。从𠂤，夾聲。"

【釋形】

《説文》小篆爲形聲字，从𠂤，夾聲。漢碑字形中，義符"𠂤"省變爲"阝"，聲符"夾"隸省作"夹"，如圖。

【釋義】

古地名，在今河南省陜縣："邵伯分陜，君懿于棠"（Q179）。

14101 **隃** yú 《廣韻》羊朱切，餘虞平。餘侯。

Q178

《説文·𠂤部》："，北陵西隃，鴈門是也。从𠂤，俞聲。"

【釋形】

《説文》小篆爲形聲字，从𠂤，俞聲。漢碑字形中，義符"𠂤"省變爲"阝"。聲符"俞"所从之構件"舟"與"月"相混；右下的"巜"省變爲兩點，如圖。

【釋義】

用於地名："祖父鳳，孝廉、張掖屬國都尉丞、右扶風隃麋侯相、金城西部都尉、北地大守"（Q178）。

14102 **陳（敶）** chén 《廣韻》植鄰切，禪真平。定真。

① Q065

② Q179

③ J282

④ Q112

⑤ Q066

⑥ Q127

《説文·𠂤部》："，宛丘，舜後嬀滿之所封。从𠂤从木，申聲。，古文陳。"《説文·攴部》："，列也。从攴，陳聲。"

【釋形】

《説文》以"陳"爲形聲字，从𠂤从木，申聲；亦以"敶"爲形聲字，从攴，陳聲。按"陳、敶"本爲一字，金文作（《九年衛鼎》）、（《陳侯鬲》），从𠂤从東，《説文》小篆與之相承，非"从𠂤从木，申聲"。或增添構件"土"作（《齊陳曼簠》），或增添構件“攴”作(《敶生寉鼎》),後者爲《説文》小篆之所承。“陳”本義當爲陳列,引申爲軍隊的陣列,又借指國名及姓氏,本義另分化出“敶”字。《説文》分列爲二字,但在漢碑文獻中,二者通用無别,尚未完全分化,故“敶”可視爲“陳”的異體字。漢碑字形中,有的爲碑文篆書,如圖①。多數則已經發生隸變,構件“𠂤”或隸省作“⾩”,如圖②;或省變爲“阝”,如圖③～⑥。構件“東”小篆離析爲“木”和“申”,漢碑字形又粘合在一起,如圖②③;上部或又離析爲“亠”,如圖④。中間一横或訛寫爲兩點,使得“東”混同爲“柬”,如圖⑤。“陳”或增添構件“攵”作“敶”,如圖⑥。

【釋義】

㊀陳列,陳設:“〖髦儁〗得進,陳其鼎俎”(Q171);“恭儉自終,簠簋不敶”(Q127);“干侯用張,籩豆用敶”(Q172)。㊁布施:“上陳德潤,加於百姓,宜蒙珪璧,七牲法食”(Q126);“動順經古,先之以博愛,陳之以德義”(Q146)。㊂述説:“追念父恩,不可稱陳”(Q124);“壓難和戎,武慮慷慨,以得奉貢上計,廷陳惠康安遏之謀”(Q161);“考異察變,輙抗疏陳表”(Q175)。㊃姓氏:“統之門人汝南陳熾等,緣在三義一”(Q022);“汝南宋公國陳漢方二百,山陽南平陽陳漢甫二百”(Q127);“建安十五年二月十日陳元盛塟”(Q190)。㊄用於地名:“溧陽長潘君諱乾,字元卓,陳國長平人”(Q172);“門生陳留〖平〗丘司馬規,字伯昌”(Q127);“故吏軍議掾陳郡趙洪文敬”(Q285)。

14103 **陶**　táo 《廣韻》徒刀切,定豪平。定幽。

① Q127　② Q127　③ Q148

《説文·𠂤部》:“,再成丘也,在濟陰。从𠂤,匋聲。《夏書》曰:‘東至于陶丘。’陶丘有堯城,堯嘗所居,故堯號陶唐氏。”

【釋形】

《説文》小篆爲形聲字,从𠂤,匋聲。漢碑字形中,義符“𠂤”省變爲“阝”。聲符“匋”外部線條或隸定爲“勹”,如圖①;或省去“勹”的首筆短撇,如圖②③。構件“缶”依小篆線條轉寫隸定,上方線條拉直爲横畫,如圖①～③。

【釋義】

㊀用於人名:“拜治書御史,膺皋陶之廉恕”(Q148);“相主簿魯薛陶元方三百”(Q112)。㊁用於地名:“門生鉅鹿癭陶張雲,字子平”(Q127)。

14104 **除**　chú 《廣韻》直魚切,澄魚平。定魚。

① Q066　② Q137　③ Q202　④ Q178

《説文·𠂤部》:“,殿陛也。从𠂤,余聲。”

【釋形】

《説文》小篆爲形聲字,从𠂤,余聲。漢碑字形中,義符“𠂤”或將右側三個方框連寫在一起,形似三個半圓弧形,如圖①;或省變爲“阝”,如圖②～④。聲符“余”中間的豎筆有的向上出頭,如圖③;有的與上方兩横畫相離,使得“余”混同爲“佘”,如圖④。

【釋義】

㊀清除,消除:“除西域之疢,蠲四郡之害,邊境艾安”(Q079);“興雲致雨,除民患兮”(Q171);“訪姦雄,除其蝥賊,曜德戢兵,怕然無爲”(Q202)。㊁免除:“施行復除,傳後子孫”(Q119)。㊂任命:“永平三年二月庚午,以孝廉除郎中”(Q038);“大將軍辟舉茂才,除襄城令”(Q066);“朔方太守上郡仇君,察孝,除郎中”(Q123)。㊃用於人名:“遭謝西、張除反”(Q188)。

14105 **階**　jiē 《廣韻》古諧切,見皆平。見脂。

① Q088

② Q137

《説文·𨸏部》:“階,陛也。从𨸏,皆聲。”

【釋形】

《説文》小篆爲形聲字,从𨸏,皆聲。漢碑字形中,義符“𨸏”或隸省作“𠰩”,左側豎筆向下延伸,如圖①;或省變作“阝”,如圖②。聲符“皆”所从之構件“白”與“日”相混,如圖①②。

【釋義】

㊀臺階:“廓廣聽事官舍,廷曹廊閤,升降揖讓朝覲之階”(Q178)。㊁爲……作臺階:“階夷愍之貢,經常伯之寮”(Q137)。㊂官階:“處六師之帥,維時假階,將授緄職”(Q137);“遵考孝謁,假階司農”(Q088)。

14106 **陛** bì 《廣韻》傍禮切,並薺上。並脂。

Q002

《説文·𨸏部》:“陛,升高階也。从𨸏,坒聲。”

【釋形】

《説文》小篆爲形聲字,从𨸏,坒聲。聲符“坒”金文作□(《𩏂卣》),从𩫏,比聲,乃“陛”之初文;“𩫏”即城郭,與臺階有關,故“坒”字从之;小篆改爲从土,構意亦相關。漢碑字形依小篆線條轉寫隸定,構件“𨸏”左側曲線拉直爲豎畫,如圖。

【釋義】

宫殿的臺階:“魯六年九月,所造北陛”(Q002)。

14107 **際** jì 《廣韻》子例切,精祭去。精月。

① Q126

② Q178

《説文·𨸏部》:“際,壁會也。从𨸏,祭聲。”

【釋形】

《説文》小篆爲形聲字,从𨸏,祭聲,表示兩墻合縫之處。段玉裁《説文解字注》:“兩墻相合之縫也,引申之凡兩合皆曰際。際取壁之兩合,猶間取兩門之兩合也。”漢碑字形中,義符“𨸏”省變爲“阝”,如圖①②。聲符“祭”所从之構件“肉”隸省近似於“夕”形,如圖②。

【釋義】

時機,時刻:“漢亡新之際,失其典祀”(Q126);“楚漢之際,或居于楚,或集于梁”(Q187);“又《尚書考靈燿》曰:‘丘生倉際,觸期稽度,爲赤制’”(Q140)。

14108 **陪** péi 《廣韻》蒲回切,並灰平。並之。

Q169

《説文·𨸏部》:“陪,重土也。一曰:滿也。从𨸏,咅聲。”

【釋形】

《説文》小篆爲形聲字,从𨸏,咅聲。漢碑字形中,義符“𨸏”省變爲“阝”。聲符“咅”本與是否之“否”同字,从口从不,不亦聲,金文作□(《毛公鼎》),或上面添加飾筆作□(《中山王䰍鼎》);前者後來隸定爲“否”,即是否之“否”;後者隸定爲“咅”,即“陪”之聲符,如圖。

【釋義】

㊀輔佐:“匡陪州郡,流化二城,今長陵令”(Q169)。㊁陪葬:“卬陪葬杜陵,孫豐,字叔奇,監度遼營謁者”(Q169);又見“陪陵”。

【釋詞】

[陪臣]古代天子以諸侯爲臣,諸侯以大夫爲臣,大夫對於天子來説是隔了一

層的臣,故稱陪臣:“故□天選,而捐陪臣”(Q187)。

［陪陵］古代指臣子的靈柩葬於帝王墓的近旁:“次秉,寔能纘脩,復登上司,陪陵京師”(Q066)。

［陪葬］義同“陪陵”:“印陪葬杜陵”(Q169)。

14109 **陌** mò 《廣韻》莫白切,明陌入。明鐸。

Q120

《説文》無。

【釋形】

漢碑字形从𨸏,百聲,爲形聲字。“百”上古音在幫母鐸部。義符“𨸏”小篆作，漢碑字形多作“阝”;聲符“百”小篆作，从“白”上加區别性符號“一”,漢碑依小篆線條轉寫隸定,如圖。

【釋義】

道路:“蚤失天年,下歸蒿里,遠若舍陌,諸君看老,孰念蒿里”(Q120)。

14110 **陣** zhèn 《廣韻》直刃切,澄震去。定真。

Q158

《説文》無。

【釋形】

“陣”爲“陳”的分化字,表示其引申義軍隊的行列等。戰國文字“陣”已經分化出來,寫作（《璽彙》1541）、（《璽彙》3113)等,《説文》失收。漢碑字形从阝从車,如圖。

【釋義】

陣列:“勒以八陣,莅以威神”(H26)。

14111 **隧** suì 《廣韻》徐醉切,邪至去。邪物。

Q146

《説文》無。

【釋形】

漢碑字形从𨸏,遂聲,爲形聲字。義符“𨸏”小篆作，漢碑字形多作“阝”;聲符“遂”小篆作，漢碑字形由小篆的左右結構調整爲半包圍結構,所从之構件“辵”漢碑字形多作“辶”(其上爲兩點),構件“㒸”與今之通行寫法相近,如圖。

【釋義】

墜落:“財容車騎,進不能濟,息不得駐,數有顛覆霣隧之害”(Q146)。

14112 **𨽌**

“隘”的異體字(圖①),見14113隘。

14113 **隘(𨽌)** ài 《廣韻》烏懈切,影卦去。影錫。

① Q065

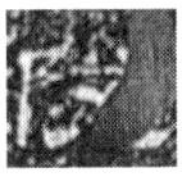

② Q169

《説文》爲“𨽌”之籀文,《説文·𨺅部》:“𨽌,陋也。从𨺅,𦬼聲。𦬼,籀文嗌字。隘,籀文𨽌从𨸏益。”

【釋形】

《説文》籀文爲形聲字,从𨸏,益聲。漢碑字形中,圖①爲碑文篆書,其形體大致相當於《説文》小篆𨽌省去右側構件。圖②爲隸變字形,但殘泐不清。

【釋義】

通“阨”(è),厄制,困厄:“同心濟𩐑,百川是正”(Q065);“自東徂西,再離隘勤。窮逼不憫,淑慎其身”(Q169)。

14114 **累** (一)lěi 《廣韻》力委切,來紙上。來微。

① Q144

② Q140

③ Q133

《説文·厽部》:“，增也。从厽从糸。絫，十黍之重也。”《説文·糸部》:“，綴得理也。一曰大索也。从糸，畾聲。”

【釋形】

《説文》以爲會意字，从厽从糸，義爲纍積。按“絫”應爲“厽”的分化字，从糸，厽聲。馬敘倫《説文解字六書疏證》“倫按增也者，厽之引申義。絫从糸，厽聲，與纍一字，當入糸部，爲纍或體。”《説文》分列“絫、纍”二字，實爲一字異體。段玉裁《説文解字注》:“凡增益謂之積絫。絫之隸變作累。累行而絫廢。”蓋其字由“厽”分化出“絫”，又由“絫”變異爲“纍”，再由“纍”省簡爲“累”。漢碑字形皆作“累”。其中圖①義符“糸”仍帶有篆意，保留上部束絲之狀。

【釋義】

㊀堆積，纍積:“危危累卵兮，聖朝閔憐”(Q150)。㊁多次，屢次:“皋司累辟，應于司徒”(Q133);“累葉牧守，印紱典據，十有餘人，皆德任其位，名豐其爵”(Q144);“胙日新而累熹”(Q065)。㊂用於地名:“東烏累關城”(Q116)。

(二)lèi 《廣韻》良僞切，來寘去。來微。

【釋義】

見“累息”。

【釋詞】

[累息]屏氣，因恐懼而不敢喘息:“不能闡弘德政，〖恢崇〗壹變，夙夜憂怖，累息屏營”(Q140)。

14115 **四** sì 《廣韻》息利切，心至去。心質。

① Q160

② Q102

③ Q086

《説文·四部》:“，陰數也。象四分之形。凡四之屬皆从四。，古文四。亖，籀文四。”

【釋形】

《説文》以陰陽五行解析其字形，以爲像四分之形。按“四”甲骨文作亖(《合》32471)，指事字，積四畫而成，《説文》籀文與此相同。金文或承襲甲骨文作亖(《大盂鼎》);或重構爲(《徐王子旃鐘》)、(《郘黛鐘》)等，爲《説文》小篆之所本，《説文》古文則進一步變異作。漢碑字形或依小篆線條轉寫隸定爲不同形體，如圖①②，其中圖②與後世通行的寫法相同;或依《説文》古文轉寫隸定，如圖③。

【釋義】

㊀數詞:“凡此四道，垓鬲尤艱”(Q095);“于時，四子孟長、仲寶、叔寶皆并覆没，唯寬存焉”(Q169);“第四。永建三年四月省”(Q097);“延熹四年九月乙酉，詔書遷衙令”(Q123)。㊁用於人名:“延熹二年二月廿七日謝王四”(Q115)。

【釋詞】

[四瀆]語出《禮記·王制》:“天子祭天下名山大川，五嶽視三公，四瀆視諸侯。”《爾雅·釋水》:“江、河、淮、濟爲四瀆。”長江、黄河、淮河、濟水四條河流合稱“四瀆”:“五嶽四瀆，與天合德”(Q125);“寔爲四瀆，與河合矩”(Q125)。

[四方]泛指天下、各地:“四方无雍，行人懽悀”(Q146);“惠此邦域，以綏四方”(Q126)。

[四海]泛指天下、各地:“竝天四海，莫不蒙恩”(Q061);“雖王公之尊，四海之富”(Q199)。

[四維]指天下:“吏民禱祀，興雲膚寸，徧雨四維”(Q060)。

[四嶽]語出《書·堯典》:“帝曰:‘咨，四岳。’”孔傳:“四岳，即上羲、和之四子，分掌四岳之諸侯，故稱焉。”“四岳”即“四嶽”:“是以唐虞疇咨四嶽，五歲壹巡狩”(Q129)。

14116 **綴** zhuì 《廣韻》陟衛切，知祭去。端月。

① Q140

② Q137

《説文·叕部》:"綴,合箸也。从叕从糸。"

【釋形】

《説文》以爲會意字,从叕从糸。按"綴"初文當作"叕",金文作叕(《交君子叕簠》)、叕(《交君子叕簠》),戰國秦文字作叕(《睡·日乙》145),像多物聯綴之狀。小篆線條化作叕,連綴之狀仍很明顯;或增添構件"糸",以强化用絲線連綴之義,寫作綴,成爲从糸、叕聲的形聲字。漢碑字形中,義符"糸"仍帶有篆意,上部保留束絲之狀,下部形體隸定近似於三點,如圖①;聲符"叕"交叉線條分解隸定爲四個"又",如圖①②。

【釋義】

編輯,纂集:"綴紀撰書,脩定禮義"(Q140);"故仲尼既殁,諸子綴《論》,《斯干》作歌,用昭于宣"(Q137)。

14117 **亞** yà 《廣韻》衣嫁切,影禡去。影鐸。

Q166

《説文·亞部》:"亞,醜也。象人局背之形。賈侍中説,以爲次弟也。凡亞之屬皆从亞。"

【釋形】

《説文》以爲象形字,像人駝背雞胸之形。按"亞"甲骨文作亞(《合》26953)、亞(《合》22086),金文作亞(《臣諫簋》),其構意尚無定論,或曰像王室墓道之形,或曰像古代聚居的建築之形。小篆與金文相承,并完全線條化。漢碑字形依小篆線條轉寫隸定,中間增添一飾筆,如圖。

【釋義】

㊀相次,比併:"在穎川者,家于傿陵,克纘祖業,牧守相亞"(Q166)。㊁僅次於:"臣以爲素王稽古,德亞皇代"(Q140)。

14118 **五** wǔ 《廣韻》疑古切,疑姥上。疑魚。

① Q106

② Q038

③ Q185

④ Q179

⑤ Q179

⑥ Q178

⑦ Q084

《説文·五部》:"五,五行也。从二,陰陽在天地間交午也。凡五之屬皆从五。㐅,古文五省。"

【釋形】

《説文》以陰陽五行解析其字形,以爲像陰陽在天地間交午之形。按"五"本爲陰陽交會之本字,故其字像交會之形,甲骨文作㐅(《合》10969);或添加表示天地陰陽的兩横,寫作五(《合》29436),《説文》小篆與之相承,漢碑字形亦承之。表示五個的數目字甲骨文作三(《合》15662),積五畫而成,後因其字筆道太多,不宜識别,故借陰陽交會之"五"表示。而陰陽交會的"五"被借去表示數目字之後,其本義另借舂米工具的"午"(即"杵"的初文)表示。漢碑字形中,"五"中間兩個交叉的筆畫有多種變異,如圖①~⑦。

【釋義】

㊀數詞:"索石,廣三尺,厚尺五寸二,長二尺"(Q097);"起石室,立墳,直萬五千泉,始得神道"(Q026);"鬱平大尹馮君孺人,始建國天鳳五年十月十七日癸巳葬,千歲不發"(Q016);"漢左將軍、特進、〖膠東侯〗第五子賈武仲卒,時年廿九"(Q056)㊁用於紀年:"五鳳二年,魯卅四年六月四日成"(Q009);"延熹四年九月乙酉,詔書遷衙令,五年正月到官"(Q123)。㊂用於地名:"戰門第五,大軍敗績"(Q169)。

【釋詞】

[五大夫] 爵位名,秦漢時爲二十等爵

中的第九級："功臣五大夫雒陽東鄉許幼仙師事肥君，恭敬烝烝"（Q142）。

［五典］㊀指父義、母慈、兄友、弟恭、子孝等五種倫理道德："政教始初，慎徽五典"（Q193）；㊁指《詩》《書》《易》《禮》《春秋》五經："六籍五典，如源如泉"（Q193）。

［五官掾］漢代州郡的屬官："中子諱黼，字景公，郡五官掾"（Q128）；"仕郡，歷五官掾功曹，司隸從事"（Q134）。

［五官中郎將］古代官職名，與左、右中郎將并稱爲三署："曾祖父，攸春秋，以大夫侍講，至五官中郎將"（S110）。

［五教］五常之教，指父義、母慈、兄友、弟恭、子孝五種倫理道德的教育："祗傅五教，尊賢養老"（Q127）；"遂遷宰國，五教在仁"（Q128）；"寬猛惟中，五教時序"（Q066）。

［五經］㊀五部儒家經典，即《詩》《書》《易》《禮》《春秋》："刪述五經，演《易·繫辭》"（Q102）。㊁古代的五種禮制，謂吉禮、凶禮、賓禮、軍禮、嘉禮："蓋聞經國序民，莫急於禮，禮有五經，莫重於祭"（Q174）。

［五内］五臟："旦夕思慕沍心，長罔五内，力求天命"（Q052）。

［五五］依古制，父母之喪必須服滿二十五個月，因以"五五"代稱三年之喪："遭離母憂，五五斷仁"（Q187）；"五五之月，令丞解喪"（Q128）。

14119 **六** liù 《廣韻》力竹切，來屋入。來覺。

① Q038

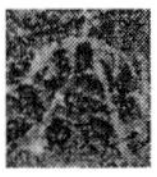
② Q002

③ Q025

④ Q129

⑤ Q025

⑥ J233

《説文·六部》："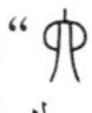，《易》之數，陰變於六，正於八。从入从八。凡六之屬皆从六。"

【釋形】

《説文》以陰陽五行解析其字形，以爲从入从八會意。按"六"甲骨文作（《合》5825）、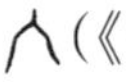（《合》19454）、（《合》6057），金文作（《靜簋》），戰國楚文字作（《包》2.130），其構意尚無定論。小篆進一步線條化，上方兩筆連成向内彎曲的弧形。漢碑字形中，有的爲碑文篆書，與《説文》小篆略異，如圖①②。多數則依小篆線條轉寫隸定，上面或離析出一點，如圖③④；或作一短横，如圖⑤；或與下方的撇連寫，整字近似於"大"形，如圖⑥。

【釋義】

㊀數詞："王府君閔谷道危難，分置六部道橋"（Q095）；"騎吏蓮勺任參六百"（Q123）；"母年八十六，歲移在卯"（Q106）；"延熹三年十二月六日丙申上旬"（Q120）。㊁"六尺之孤"的簡稱，語出《論語·泰伯》："可以託六尺之孤。"指未成年的孤兒："仁必有勇，〖可〗以托六"（Q148）。

【釋詞】

［六柄］舊謂統治者所掌握的生、殺、貴、賤、貧、富六種權力："□六柄，强弱匪傾，邁去遺愛，民有謠聲"（Q138）。

［六歌］指大吕、應鐘、南吕、函鐘、小吕、夾鐘六種古樂歌："祀以圭璧，樂奏《六歌》"（Q129）。

［六合］指上下和四方，泛指天地宇宙："冥冥六合，實公是光"（Q066）。

［六籍］指《詩》《書》《易》《禮》《春秋》《樂》六經："六籍五典，如源如泉"（Q193）。

［六轡］轡，轡繩。古代一車四馬，馬各二轡，其兩邊驂馬之内轡繫於軾前，御者只執六轡："輶軒六轡，飛躍臨津"（Q144）。

［六師］天子統領的軍隊："處六師之帥，維時假階，將授緄職"（Q137）；"鷹揚之校，螭虎之士，爰該六師"（H26）。

［六體］指古文、奇字、篆書、隸書、繆篆、蟲書六種字體："研機篇籍，博貫史略，彫篆六體，稽呈前人"（Q169）。

［六藝］古代學校教育的六種科目，或

指儒家經典“六經”：“兼綜六藝，博物多識”（Q135）；“删定《六藝》，象與天談”（Q140）。

［六樂］語出《周禮·地官·大司徒》：“以六樂防萬民之情，而教之和。”鄭玄注引鄭司農曰：“六樂，謂《雲門》《咸池》《大韶》《大夏》《大濩》《大武》。”相傳《雲門》《咸池》《大韶》《大夏》《大濩》《大武》分别爲黄帝、堯、舜、禹、湯、周武王六代的古樂：“六樂之變，舞以致康”（Q129）。

14120 **七**　qī　《廣韻》親吉切，清質入。清質。

① Q038　② Q084　③ Q193

《説文·七部》：“，陽之正也。从一，微陰从中衺出也。凡七之屬皆从七。”

【釋形】

《説文》以陰陽五行解析其字形，以爲像微陰穿越地面上出之形。按“七”甲骨文作（《合》11503），金文作（《宜侯夨簋》），原本與數字“十”有明顯區别。“十”甲骨文多寫作（《合》1445）；金文豎筆中間加粗作（《無曩簋》）；春秋以後逐漸變爲横豎交叉的“十”字形，開始與“七”混同。爲示區别，“十”横短豎長，如（《曾》140）；“七”横長豎短，如（《曾》210）。但如此區别仍不明顯，於是將“七”的豎筆改爲曲折，寫作（《貨系》2901）、（《貨系》1636）等。《説文》小篆與之相承，略有變異。《説文》以陰陽五行釋之，與初形不符。漢碑字形中，有的爲碑文篆書，但其形體與《説文》小篆有别，而與戰國貨幣文相同，如圖①。多數則發生隸變，將小篆縱向的曲線隸定爲豎折，如圖②③。

【釋義】

數詞：“蘇伯翔謁舍買十七萬”（Q071）；“行三年服者凡八十七人”（Q088）；“到官視事，七年有餘”（Q128）；“君以和平元年七月七日物故”（Q099）。

【釋詞】

［七道］即七經，一般指《易》《詩》《書》《禮》《樂》《春秋》《論語》等七種儒家經典：“□□□之情，窮七道之奧”（Q134）。

［七業］七代：“七業勃然而興，咸居今而好古，雖未盡道善，必有所由處”（Q193）。

14121 **九**　jiǔ　《廣韻》舉有切，見有上。見幽。

① Q059　② Q138　③ Q179

《説文·九部》：“，陽之變也。象其屈曲究盡之形。凡九之屬皆从九。”

【釋形】

《説文》以陰陽五行解析其字形，以爲像屈曲窮盡之形。按“九”甲骨文作（《合》14880）、（《合》36487），金文作（《作册夨令簋》）、（《十三年壺》），構意尚無定論。小篆與金文相承，《説文》以陰陽五行釋之，非其本義。漢碑字形中，圖①爲碑文篆書；圖②將小篆線條轉寫隸定爲筆畫，與今之通行寫法相同；圖③則將小篆的縱向曲線隸定爲豎筆。

【釋義】

㊀數詞：“部城十九，鄰邦歸向”（Q088）；“山陽瑕丘九百，元臺三百”（Q112）；“魯六年九月，所造北陛”（Q002）；“其年九月十七日辛酉葬”（Q137）。㊁用於人名：“於是君之孫魴、倉、九等，乃相與刊山取石”（Q128）。㊂用於地名：“史九門張瑋”（Q126）；“小子諱晏，字魯公，舉孝廉、謁者、鴈門長史、九原令”（Q128）；“遷九江大守，□殘酷之刑，行循吏之道”（Q154）。

【釋詞】

［九部］傳説天上所劃分的九個區域：“天有九部，地有八柱”（Q171）。

［九親］九族：“内和九親，外睦遠鄰”（Q128）。

［九山］九州的大山："九山甄旅，咸秩無文"（Q065）；"州有九山，丘〚曰〛成土"（Q171）。

［九頭］代指人皇，傳説爲遠古部落的酋長，蛇身九首："前闓九頭，以什言教"（Q112）。

［九夷］古代稱東方的九個部族，亦用作少數民族的統稱："北震五狄，東勤九夷"（Q179）。

［九域］九州："九域尐其脩治"（Q065）。

［九族］以自己爲本位，上下各推四代，稱爲九族："家于梓潼，九族布列"（Q153）；"篤親於九族，恂恂于鄉黨"（Q166）。

14122 **馗** kuí 《廣韻》渠追切，羣脂平。羣幽。

Q285

《説文·九部》："，九達道也。似龜背，故謂之馗。馗，高也。从九从首。，馗或从辵从坴。"

【釋形】

《説文》小篆爲會意字，从九从首，義爲四通八達的道路。邵瑛《説文解字羣經正字》："今經典从或體作逵。"漢碑字形與小篆相承，將其彎曲線條轉寫隸定爲筆畫。構件"九"右側筆畫延伸，整字布局由左右結構調整爲半包圍結構；構件"首"上部像頭髮之形的"巛"省簡爲兩點，下部像頭臉的部分隸定作"百"，如圖。

【釋義】

用於人名："故吏郎中穎川唐馗休仲"（Q285）。

14123 **禽** qín 《廣韻》巨金切，羣侵平。羣侵。

① Q125

② Q123

③ Q179

《説文·厹部》："，走獸總名。从厹，象形，今聲。禽、离、兕頭相似。"

【釋形】

《説文》以爲形聲字，从厹，今聲。按"禽"與"擒"本爲一字，甲骨文作（《合》33375）、（《合》20776），像一種捕捉禽獸的長柄網；金文添加聲符"今"，寫作（《禽簋》）、（《多友鼎》）。小篆下部繁化作"内"（厹），故《説文》以从厹今聲釋之。後"禽"與"擒"分化爲二字，前者表示名詞義，後者表示動詞義。漢碑字形或依小篆線條轉寫隸定，如圖①；或上下發生不同程度的粘合，如圖②③，其中圖③受成字化趨勢的影響，重組近似於"人"下加"禹"。

【釋義】

㊀捕獲，捉拿："除曲阿尉，禽姦戔猾，寇息善歡"（Q172）。㊁鳥類總稱："交龍委虵，猛虎延視，玄蝯登高，陎熊嗥戲，眾禽羣聚，萬狩雲布"（Q114）；"禽獸碩茂，草木芬〚芳〛"（Q125）；"帝遊上林，問禽狩所有，苑令不對"（Q179）。㊂用於人名："其先周文公之顔胄，□□伯禽之懿緒"（Q154）；"録事史楊禽孟布百"（Q123）。

14124 **萬** wàn 《廣韻》無販切，明願去。明元。

① Q065

② Q178

③ Q178

④ J241

⑤ Q123

⑥ Q091

⑦ Q100

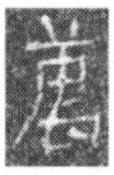

⑧ Q114

⑨ Q071

《説文·厹部》："，蟲也。从厹，象形。"

【釋形】

《説文》小篆爲象形字，像蝎子之形。甲骨文作（《合》9812），商代金文作（《萬卣》)、(《萬爵》)、(《萬爵》),更爲象形。西周金文或繁化作(《史宜父鼎》)、(《姬鼎》),下部漸與“禽、禹”形近。戰國秦文字作(《睡·效》27),蝎子的雙螯與身體發生離析,近似於“艸”。小篆承襲金文字形并線條化,下部形體受類化趨勢的影響變得與“禽、禹”等字完全相同。漢碑字形中,有的爲碑文篆書,如圖①。多數則承襲戰國秦文字的隸變趨勢,上部蝎螯之形與構件“艸”完全混同,或寫作“艸”,如圖②③;或寫作“艹”,如圖④;或寫作“卝”,如圖⑤;或進一步省變爲“䒑”,如圖⑥～⑨。蝎子的身體和尾巴重組混同爲“禺”,且變異多樣,如圖②～⑨。“禺”春秋金文亦像爬蟲之形,寫作(《趙孟庎壺》)。蝎子下部混同爲“禺”,也是類化趨勢的表現。

【釋義】

㊀數詞,千的十倍:“斂錢共有六萬一千五百”(Q029);“雷輜蔽路,萬有三千餘乘”(H26);“贈送禮賻五百萬已上,君皆不受”(Q202)。㊁虛指,極言其多、其廣、其長遠:“然後四校横徂,星流彗埽,蕭條萬里,野無遺寇”(H26);“神降嘉祉,萬壽無畺”(Q174)。㊂姓氏:“從秦人孟伯山、狄虎賁、趙當卑、萬羌”(Q116)。㊃用於人名:“有畢萬者,僊去仕晉,逄勛封魏”(Q173);“上黨長子楊萬子三百”(Q112)。

【釋詞】

[萬年]㊀同“萬歲”:“壽如金石,子孫萬年”(Q114)。㊁地名:“守左尉萬年長沙瑗字君平五百”(Q123);“萬年左鄉有秩游智千”(Q123)。

[萬歲]萬年,萬代。亦用作祝頌之詞:“四時祭祀,煙火連延,萬歲不絶,勖于後人”(Q113);“西河大守都集掾、圜陽當里公乘田魴萬歲神室”(Q039);“永建三年八月,段仲孟造此萬歲之宅”(Q069);“羊吉萬歲,子孫官貴”(Q070)。

14125 **禹**　yǔ 《廣韻》王矩切,雲麌上。匣魚。

① Q146

② Q153

③ Q155

④ Q095

《説文·厹部》:“,蟲也。从厹,象形。,古文禹。”

【釋形】

《説文》小篆爲象形字,像爬蟲之形。商代金文作(《且辛禹方鼎》),更爲象形。西周金文形變作(《叔向父禹簋》)、(《秦公簋》),戰國秦文字作(《睡·日乙》104),象形性逐漸淡化,并逐漸與“禺、禽、萬”等字局部類化。小篆承襲金文後一種字形,并進一步線條化。漢碑字形承襲戰國秦文字的隸變趨勢,上部多添加一撇,如圖①～③;或形變近似於“⺈”形,如圖④。下部形體隸定情況與“禺、禽、萬”等字相似,如圖①～④。

【釋義】

㊀夏禹:“泫泫淮源,聖禹所導”(Q125);“禹鑿龍門,君其繼縱”(Q095);“繼禹之迹,亦世賴福”(Q146)。㊁姓氏:“故吏泰山南城禹規,字世〖舉〗”(Q127)。㊂用於人名:“故書佐劇乘禹,字佰度”(Q088);“右扶風丞楗〖爲〗武〖陽〗李君,諱禹,字季士”(Q110)。㊃用於地名:“平莒男子宋伯朢、宋何、宋□□,在山東禹亭西□有田”(Q089)。㊄通“與”:“東方青帝禹青龍患禍欲來;南方赤帝禹朱雀患禍欲來;西方白帝禹白虎患禍欲來;北方黑帝禹玄武患禍欲來”(Q155)。

14126 **獸**　shòu 《廣韻》舒救切,書宥去。書幽。

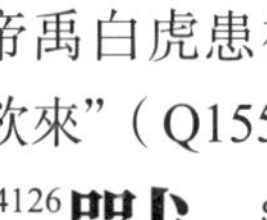
Q125

《説文·嘼部》:“,守備者。从嘼从犬。”

【釋形】

《説文》以爲从嘼从犬會意，表示犬等可用於守禦的獸類。按"獸"與"狩"甲骨文本同字，寫作（《合》3121）、（《合》10619），从犬，左側爲獵具之形，既可表示狩獵，又可表示所獵之獸，會意字。獵具之形或繁化，寫作（《合》28341）。小篆另造形聲字"狩"，多表打獵之義；"獸"則多表野獸義。參見10040狩。金文或於"單"下增添"口"形，寫作（《曾侯乙鐘》），小篆承襲此類字形。漢碑字形中，構件"嘼"受"禺、禽、萬"等字的類化影響，訛變爲"嘼"。構件"犬"將小篆線條轉寫隸定爲筆畫，如圖。

【釋義】

獸類："石獸表道，靈龜十四"（Q125）；"禽獸〖碩大〗，億兩爲耦"（Q171）；"服藥以後，當移意萬里，知鳥獸言語"（Q199）。

14127 **甲** jiǎ 《廣韻》古狎切，見狎入。見葉。

① Q059 ② Q102 ③ Q129

《説文·甲部》："，東方之孟，陽气萌動，从木戴孚甲之象。一曰：人頭宜爲甲，甲象人頭。凡甲之屬皆从甲。，古文甲，始於十、見於千、成於木之象。"

【釋形】

《説文》以陰陽五行解析其字形，以爲像木戴孚甲之形。按"甲"甲骨文作（《合》32871）、（《合》28581）二形，學者多認爲像鱗甲之形。金文兩種字形皆有承襲，如（《矢令方彝》）、（《戜方鼎》）。戰國楚文字或混同爲"田"，寫作（《包》2.185）；戰國秦文字又將其中的豎筆向下延伸，寫作（《睡·雜》26）。小篆字形與此相近但又有明顯變異，《説文》以"从木戴孚甲之象"釋之，或爲理據重構。漢碑字形有的爲碑文篆書，與《説文》小篆形體相同，如圖①；多數則承襲戰國秦文字并徹底筆畫化，如圖②③。

【釋義】

㊀鎧甲："以文脩之，旬月之間，莫不解甲服皋"（Q127）；"玄甲燿日，朱旗絳天"（H26）。㊁天干的第一位，與地支相配，用以紀年、月、日："延平元年，十二月甲辰朔，十四日，石堂畢成"（Q057）；"永興二年七月戊辰朔，廿七日甲午，孤子薌無患、弟奉宗頓首"（Q106）；"〖永〗壽四年八月甲戌朔，十二日□乙酉直建，紀此"（Q116）。㊂等级，次第："大常定甲，郡守奉祀"（Q125）。

【釋詞】

［甲帳］帳幕："幃屋甲帳，龜車留遰。家于梓湩，九族布列"（Q153）。

14128 **乙** yǐ 《廣韻》於筆切，影質入。影質。

① Q038 ② Q013 ③ J282 ④ Q163

⑤ Q157

《説文·乙部》："，象春艸木冤曲而出，陰气尚彊，其出乙乙也。與丨同意。乙承甲，象人頸。凡乙之屬皆从乙。"

【釋形】

《説文》以陰陽五行解析其字形，以爲像春天艸木屈曲而出之形。按"乙"甲骨文作（《合》1517），金文作（《矢令方彝》），構意不明，天干之"乙"應爲假借用法。小篆與甲骨文、金文形體相承。漢碑字形有的爲碑文篆書，如圖①；多數則將小篆線條轉寫隸定爲筆畫，由圖②至圖④逐漸省簡。

【釋義】

㊀天干的第二位，與地支相配，用以紀年、月、日："永平十七年，十月十五日乙丑"

（Q026）；“〖永〗壽四年八月甲戌朔，十二日□乙酉直建，紀此”（Q116）。㊁姓氏：“相乙瑛，字少卿，平原高唐人”（Q102）；“乙君察舉守宅，除吏孔子十九世孫麟廉，請置百石卒史一人”（Q102）。

14129 **乾** qián 《廣韻》渠焉切，羣仙平。羣元。

① Q065

② J242

③ Q102

④ Q095

⑤ Q128

⑥ Q178

《説文·乙部》：“，上出也。从乙，乙，物之達也，倝聲。，籀文乾。”

【釋形】

《説文》小篆爲形聲字，从乙，倝聲。漢碑字形中，有的爲碑文篆書，如圖①。多數則已經發生隸變。義符“乙”或分解爲兩筆，其上寫作一横，如圖③～⑥。聲符“倝”金文作，从早，㫃聲；小篆離析重組爲；漢碑字形左上的“中”形省變作“亠”，如圖②～⑤；右上的“人”形省變作“亠”或“𠆢”，如圖②～⑥；圖⑥則將左側部分粘合混同爲“車”。

【釋義】

㊀八卦之一，也是六十四卦之一：“恩降乾𡗗，威肅剥坤”（Q137）。㊁天：“魏魏蕩蕩，與乾比崇”（Q140）；“乾監孔昭，神鳥送葬”（Q066）；“惟乾動運，坤道静貞”（Q109）。㊂用於人名：“溧陽長潘君諱乾，字元卓，陳國長平人”（Q172）；“相史魯周乾伯德三百”（Q112）。

【釋詞】

［乾坤］漢碑中又作“乾巛”，㊀乾卦和坤卦：“建立乾巛，乾爲物父，巛爲物母，連生六子，〖八卦〗爲〖主〗”（Q171）。㊁天地：“乾巛定位，山澤通氣，雲行雨施”（Q129）；“孔子，乾巛所挺，西狩獲麟，爲漢制作”（Q140）；“守□不歇，比性乾坤”（Q065）。

14130 **亂** luàn 《廣韻》郎段切，來换去。來元。

① Q112

② Q178

《説文·乙部》：“，治也。从乙，乙，治之也。从𤔔。”

【釋形】

《説文》以爲从乙从𤔔會意，表示治理。按“亂”初文作“𤔔”，金文作（《琱生簋》），从受从幺从冂（纏絲的工具），像整理亂絲之狀，以此表示治理義。後添加構件“乙”，分化出“亂”。漢碑字形中，義符“𤔔”所从之構件“受”上面的手形隸定爲“爫”，下面的手形隸定爲“寸”；構件“冂”隸定混同爲“冂”；構件“幺”或寫作兩個相對的三角形，或省去上面的一半。構件“乙”隸定作“乚”上端加一短横，如圖①②。

【釋義】

㊀動蕩，禍亂：“令人壽，無爲賊禍，亂及孫子”（Q114）。㊁叛亂，造反：“而縣民郭家等復造逆亂，燔燒城寺”（Q178）；“秦項作亂，不尊圖書，倍道畔德”（Q112）。㊂凶暴無道：“杞繒漸替，又遭亂秦”（Q065）。㊃辭賦結尾概括全文要旨的部分：“亂曰：考積幽穸，表至〖貞〗兮”（Q088）；“亂曰：渾元垂象，岳瀆□□兮”（Q187）。

14131 **尤** yóu 《廣韻》羽求切，雲尤平。匣之。

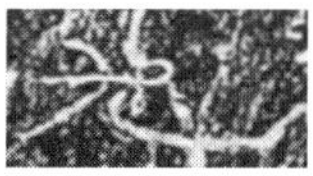
① Q095

② Q137

《説文·乙部》：“，異也。从乙，又聲。”

【釋形】

《説文》以爲形聲字，从乙，又聲。按“尤”當爲在構件“又”上添加區别性符號而成，構意不明，《說文》所釋應爲其假借義。朱芳圃等認爲乃贅疣之“疣”的初文，可備一説。漢碑字形將小篆線條轉寫隸定爲筆畫，上部左弧線分解爲一横和一點，如圖①②。其中圖②右側中部或繁增一點。

【釋義】

㈠不平常的，突出的：見“尤異”。㈡副詞，表示程度，相當於“尤其、更加”：“以三公德廣，其靈尤神”（Q060）；“凡此四道，垓鬲尤艱”（Q095）。㈢用於人名：“南陽平氏王自子尤二百”（Q112）。

【釋詞】

［尤異］指政績卓越：“州舉尤異，遷會稽東部都尉”（Q137）。

14132 **丙** bǐng 《廣韻》兵永切，幫梗上。幫陽。

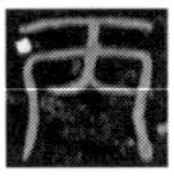
① Q038

② Q102

③ Q178

《說文·丙部》：“，位南方，萬物成，炳然。陰气初起，陽气將虧。从一入冂。一者，陽也。丙承乙，象人肩。凡丙之屬皆从丙。”

【釋形】

《說文》以陰陽五行解析其字形，以爲从一入冂會意。按“丙”甲骨文作（《合》20846）、（《合》35514），構意不明，假借爲天干名。于省吾認爲像器物底座之形，可備一説。金文或與甲骨文相承，寫作（《𤔲尊》）；或填實作（《冉父丙鼎》）。小篆在甲骨文、金文的基礎上增添横畫，并完全線條化。漢碑字形中，有的爲碑文篆書，如圖①；其餘則依小篆線條轉寫隸定，與今之通行寫法相近，如圖②③。

【釋義】

㈠天干的第三位，與地支相配，用以紀年、月、日：“建寧二年，大歲在己酉，五月十五日丙午直建”（Q142）；“永和四年四月丙申朔廿七日壬戌，桓孨終亡”（Q082）；“時太歲在丙午，魯北鄉侯□自思省居鄉里”（Q057）。㈡用於人名：“劉曼、張丙等白日攻剽”（Q148）。

14133 **丁** dīng 《廣韻》當經切，端青平。端耕。

① Q128

② Q011

《說文·丁部》：“，夏時萬物皆丁實。象形。丁承丙，象人心。凡丁之屬皆从丁。”

【釋形】

《說文》以陰陽五行解析其字形，以爲像夏時萬物丁實之形。按“丁”甲骨文作（《合》32640）、（《合》20646），有中空和填實兩種寫法，一般認爲像釘帽之形，爲“釘”之初文。金文多填實，寫作（《作册大方鼎》）、（《虢季子白盤》）；偶或中空作（《王孫壽甗》）。戰國楚文字作（《九》56.40），戰國秦文字作（《睡·日乙》110）、（《睡·日乙》33）。小篆形變并線條化。漢碑字形承襲戰國秦文字，下方或寫作豎撇，如圖①；或寫作豎鈎，如圖②。

【釋義】

㈠天干的第四位，與地支相配，用以紀年、月、日：“惟漢永和二年，歲在丁丑，七月下旬”（Q124）；“河平三年八月丁亥，平邑侯里麃孝禹”（Q011）；“建康元年八月己丑朔十九日丁未，壽貴里文叔陽食堂”（Q090）。㈡遭逢，遇上：“如何夙隕，丁此咎殉”（Q128）。㈢姓氏：“弟子山陽瑕丘丁瑤，字〖實堅〗”（Q127）；“故丞魏令河南京丁琮叔舉五百”（Q112）；“故吏軍謀掾梁國丁隆仕宗”（Q285）。㈣商王的廟號：“昔殷王武丁，克伐鬼方”（Q093）。

【釋詞】

［丁寧］即“叮嚀”，囑咐，告誡：“丁寧夫人勿□□□瓦爲藏器”（Q111）。

［丁時］順時應勢：“故縣侯守丞楊卿耿

伯,慣性清潔,丁時窈窕,才量休赫”(Q212)。

14134 **戊** wù 《廣韻》莫候切,明候去。明幽。

① J264

② Q178

③ Q160

④ Q114

《説文·戊部》:“,中宫也。象六甲五龍相拘絞也。戊承丁,象人脅。凡戊之屬皆从戊。”

【釋形】

《説文》以陰陽五行解析其字形,以爲像六甲五龍相拘絞之形。按“戊”甲骨文作(《合》34615)、(《合》36534),金文作(《司母戊方鼎》)、(《父戊尊》),像斧鉞類兵器之形,假借爲天干名。小篆線條化,已經看不出斧鉞的樣子。戰國秦文字已開始隸變,寫作(《睡·日乙》119);漢碑字形與之相承,如圖①~④。

【釋義】

㊀天干的第五位,與地支相配,用以紀年、月、日:“永興二年七月戊辰朔,廿七日甲午,孤子薌無患、弟奉宗頓首”(Q106);“戊寅詔書,應時聽許”(Q126);“建寧元年,閏月戊申朔廿五日,都水掾尹龍長陳壹造”(Q139)。㊁用於官名:“建寧二年,舉孝廉,除郎中,拜西域戊部司馬”(Q178)。

14135 **成** chéng 《廣韻》是征切,禪清平。禪耕。

① Q157

② JB1

③ Q179

④ Q119

⑤ Q106

《説文·戊部》:“,就也。从戊,丁聲。,古文成从午。”

【釋形】

《説文》小篆爲形聲字,从戊,丁聲。“丁”上古音在端母耕部。按“成”甲骨文作(《合》231),从戌,丁聲;聲符“丁”或省作一豎筆,寫作(《合》11439)。金文與甲骨文相承,作(《作册䣄卣》)、(《沇兒鎛》)等。《説文》古文承襲後一種字形。《説文》小篆則將構件“戌”混同爲“戊”。漢碑字形中,聲符“丁”或將上方線條拉直爲一横,如圖①;或在此基礎上寫作横折,與左側撇畫相接,如圖②;或形變爲一鋭角折筆,并與右側捺筆相交或相接,如圖③~⑤。構件“戊”依小篆線條轉寫隸定,右上角曲線寫作一點,如圖①~⑤。

【釋義】

㊀落成,完成:“延平元年,十二月甲辰朔,十〖四〗日,石堂畢成”(Q057);“陵成宇立,樹列既就”(Q088);“孫府君到,欽若嘉業,遵而成之”(Q129)。㊁成爲,形成:“夫人深守高節,劬勞歷載,育成幼媛,光耀祖先”(Q056);“兄弟暴露在冢,不辟晨夏,負土成塻”(Q106);“吟咏成章,彈翰爲法”(Q169)。㊂生長,成熟:“山澤通氣,雲行雨施,既成萬物,易之義也”(Q129);“灾害不起,五穀熟成”(Q174)。㊃成功,實現:“遷贛榆令,經國帥下,政以禮成”(Q128);“孫府君到,欽若嘉業,遵而成之”(Q129)。㊄成績,成就:“觀朝廷,考德成”(Q035);“十六適配,教誨有成”(Q109);“是以黎庶愛若冬日,畏如秋旻,恩洽化布,未基有成”(Q134)。㊅用於爵名:“夫人馬姜,伏波將軍新息忠成侯之女,明德皇后之姊也”(Q056);“褒成侯魯孔建壽千”(Q112);“雖有褒成世享之封”(Q140)。㊆姓氏:“功曹書佐頻陽成扶千”(Q123);“故市掾成播曼舉”(Q178)。㊇用於人名:“西河大守掾圜陽榆里田文成萬年室”(Q055);“故脩行營陵淳于登,字登成”(Q088);“故吏范成錢三百”(Q179)。㊈用於地名:“特遣行丞事西成韓朖,字顯公”(Q095);“司空公蜀郡成都趙戒,字意伯”(Q102);“曲成侯王暠

二百”（Q112）。

14136 **己** jǐ 《廣韻》居理切，見止上。見之。

  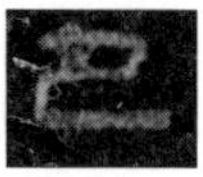

① Q038 ② Q153 ③ Q142

《説文·己部》：“，中宫也。象萬物辟藏詘形也。己承戊，象人腹。凡己之屬皆从己。，古文己。”

【釋形】

《説文》以陰陽五行解析其字形，以爲像萬物避藏詘形之狀。按“己”甲骨文作（《合》13399）、（《合》1853），置向左右無别。西周金文置向漸趨固定，多作（《我方鼎》）。其構意説法不一，暫無確解。假借爲天干名。小篆字形主體無明顯變化，只是右側線條向右下延伸。漢碑字形中，圖①爲碑文篆書，其餘則依小篆線條轉寫隸定。

【釋義】

㊀天干的第六位，與地支相配，用以紀年、月、日：“延熹八年，十一月十八日己酉造”（Q128）；“漢巴郡朐忍令，廣漢景雲叔于，以永元十五年季夏仲旬己亥卒”（Q153）；“四年六月己卯，拜司徒”（Q038）。㊁己稱代詞，自己：“州郡更請，屈己匡君”（Q144）；“先人後己，克讓有終”（Q144）；“皛白清方，剋己治身”（Q021）。㊂用於人名：“故功曹司空掾蓮勺田己叔鸞”（Q200）。㊃用於地名：“君諱遷，字公方，陳留己吾人也”（Q179）。

14137 **巴** bā 《廣韻》伯加切，幫麻平。幫魚。

① Q153 ② Q178

《説文·巴部》：“，蟲也。或曰：食象蛇。象形。凡巴之屬皆从巴。”

【釋形】

《説文》小篆爲象形字，像蟲蛇之形。漢碑字形依小篆線條轉寫隸定，内部横線隸定爲短豎，與隸定爲“卩”有别，如圖①②。

【釋義】

用於地名：“地節二年十月，巴州民楊量買山，直錢千百”（Q008）；“漢巴郡朐忍令，廣漢景雲叔于”（Q153）；“漢故領校巴郡大守樊府君碑”（Q187）。

14138 **庚** gēng 《廣韻》古行切，見庚平。見陽。

① Q038 ② J301 ③ Q235

《説文·庚部》：“，位西方，象秋時萬物庚庚有實也。庚承己，象人齎。凡庚之屬皆从庚。”

【釋形】

《説文》以陰陽五行解析其字形，以爲像秋時萬物果實有成之形。按“庚”甲骨文作（《合》1474）、（《合》6319）、（《合》38034）、（《合》30771），金文作（《商尊》）、（《師趛鼎》），構形不明，郭沫若認爲像“有耳可搖之樂器”，可備一説。假借爲天干名。戰國秦文字或作（《睡·日乙》76）。小篆受成字化趨勢的影響，在金文字形的基礎上離析爲雙手持“干”。漢碑字形中，圖①爲碑文篆書，但其字形不同於《説文》小篆，而是承襲金文字形。圖②則承襲戰國秦文字字形，圖③在圖②的基礎上右下角繁增一點。

【釋義】

天干的第七位，與地支相配，用以紀年、月、日等：“永平三年二月庚午，以孝廉除郎中”（Q038）；“庚子詔書，聽轉示郡”（Q170）；“十二月廿七日庚申安錯於斯”（Q235）。

14139 **辛** xīn 《廣韻》息鄰切，心真平。心真。

① Q038

② Q063

③ Q138

④ Q198

⑤ Q178

《説文·辛部》："辛，秋時萬物成而孰；金剛；味辛，辛痛即泣出。从一从辛，辛，辠也。辛承庚，象人股。凡辛之屬皆从辛。"

【釋形】

《説文》以陰陽五行解析其字形，以爲从一从辛會意。按"辛"甲骨文作辛（《合》357），商代金文作辛（《鬳且辛卣》）、辛（《父辛竝觚》），或謂像剞劂之形，即施黥的工具；或謂像鑿之類的工具。假借爲天干名。甲骨文或於上方增添飾筆，寫作辛（《合》32385）；西周金文多承襲此類字形，如辛（《舍父鼎》）、辛（《利簋》）等。或於下面再添加一點或一横，寫作辛（《仲辛父簋》）、辛（《宗婦鄁嬰簋》）。《説文》小篆與此類字形相承，《説文》以"从一从辛"釋之，與原初構意不符。漢碑字形中，有的爲碑文篆書，如圖①②。多數則已經發生隸變，其中圖③與今之寫法相近；圖④⑤則下面多加一横，隸定爲"辛"。

【釋義】

㊀天干的第八位，與地支相配，用以紀年、月、日："掾諱忽，字子儀，建武十七年，歲在辛丑"（Q021）；"九山甄旅，咸秩無文，爰納塗山，辛癸之閒"（Q065）；"建和元年，大歲在丁亥，二月辛巳朔廿三日癸卯"（Q093）。㊁姓氏："監廟□掾辛述"（Q063）。㊂用於人名："故門下祭酒姚之辛卿五百"（Q178）。

14140 **辠** zuì 《廣韻》徂賄切，從賄上。從微。

Q127

《説文·辛部》："辠，犯法也。从辛从自，言辠人蹙鼻苦辛之憂。秦以辠似皇字，改爲罪。"

【釋形】

《説文》小篆爲會意字，从辛从自，"辛"爲刑具，"自"爲鼻子，組合起來表示犯法受刑之義。邵瑛《説文解字羣經正字》："今經典作罪。按罪字《説文》見网部，云捕鱼竹网，从网、非。秦以罪爲辠字。"漢碑字形依小篆線條隸定轉寫，如圖。

【釋義】

㊀罪過，罪行："旬月之閒，莫不解甲服辠"（Q127）。㊁歸罪於："躬忠恕以及人，兼禹湯之辠己"（Q127）。

14141 **辜** gū 《廣韻》古胡切，見模平。見魚。

① Q066

② Q133

③ Q259

《説文·辛部》："辜，辠也。从辛，古聲。𣦻，古文辜从死。"

【釋形】

《説文》小篆爲形聲字，从辛，古聲。漢碑字形中，聲符"古"依小篆線條轉寫隸定。義符"辛"隸定情況多樣，或轉寫隸定爲"辛"，如圖①；或隸定似"亠"下加"丰"，如圖②；或省變作"羊"，如圖③。

【釋義】

㊀罪，罪過："王室感㾓，姦佞伏辜"（Q066）。㊁過錯："嗟命何辜，獨遭斯疾"（Q113）；"嗟末命之何辜，方齔毁而揔角"（Q259）。

【釋詞】

［辜戮］刑戮，杀戮："晞嚴霜，則畏辜戮"（Q133）。

14142 **辤** cí 《廣韻》似茲切，邪之平。邪之。

① Q102

② Q142

③ Q117

《説文·辛部》："，不受也。从辛从受。受辛宜辤之。，籒文辤从台。"

【釋形】

《説文》以爲从辛从受會意，表示不接受。按"辤"爲"辭"的分化字，金文作（《𪇛鎛》），从辛，台聲，《説文》籒文與之結構相同。小篆从辛从受，乃"辭"之省體。漢碑文獻"辤、辭"仍通用。漢碑字形中，構件"受"上方"爪"隸定爲"爫"，中間的下弧線或隸定爲"冖"，如圖①；或隸定爲"冂"，如圖②③；下方"又"上均增添一短横。構件"辛"或隸定爲"辛"，如圖①；或訛變近似於"亲"，如圖②；或隸定似"亠"下加"丰"，如圖③。

【釋義】

㊀文辭，言辭："其辤曰："赫赫休哉，故神君皇"（Q142）；"其辤曰：於惟郎中，寔天生德"（Q117）；"乃著遺辤，目明厥意"（Q088）；"辤對：故事，辟雍禮未行，祠先聖師侍祠者"（Q102）。㊁用於文章篇名："演《易·繫辤》，經緯天地，幽讚神眀"（Q102）。

14143 **辭** cí 《廣韻》似茲切，邪之平。邪之。

① JB1

② Q202

③ Q083

④ Q134

⑤ Q196

⑥ Q145

《説文·辛部》："，訟也。从𤔔。𤔔猶理辜也。𤔔，理也。，籒文辭从司。"

【釋形】

《説文解字繫傳》以爲"从𤔔、辛"會意，義爲訟辭。按"辭"金文作（《師虎簋》）、（《兮甲盤》）、（《𠑹匜》）。或从𤔔从司，司亦聲，"𤔔"與"司"均有治理義，故可組合表示訴訟；《説文》籒文與之結構相同。或从𤔔从辛从口會意，"辛"爲刑具，"口"表示言辭，均與訴訟有關。或將"辛"改换爲"辛"，將"口"改换爲"言"，構意不變。小篆省去"口"或"言"，只作从𤔔从辛。漢碑字形與小篆相承，構件"辛"多隸定爲"辛"，如圖①～④；或隸定似"亠"下加"丰"，如圖⑤⑥。構件"𤔔"隸定形體多樣，如圖①～⑥。其中"冂"均隸定混同爲"冂"（其中圖⑤疑爲刻碑時漏刻了横畫）；上面的手形均隸定作"爫"；下面的手形圖①中隸定作"又"，圖②③⑤中隸定作"寸"，圖⑥中訛變作"干"形；"幺"圖①②⑤⑥中隸定爲兩個相對的三角形，圖③中省去上面的一半，圖④中下面一半與"冂、又"粘合爲"冊"形。

【釋義】

㊀文辭，言辭："辭曰：於穆我君，敦誠篤信"（Q145）；"理財正辭，束帛戔戔"（Q193）。㊁推辭，不接受："召署督郵，辭疾遜退"（Q169）；"國復重察，辭病不就，再奉朝娉"（Q187）；"軍還策勳，復以疾辭"（Q133）。㊂用於官名：見"辭曹史"。

【釋詞】

［辭曹史］漢代主管辭訟的屬吏："辭曹史文陽□□"（Q269）。

14144 **辯** biàn 《廣韻》符蹇切，並獮上。並元。

① Q148

② J237

《説文·辡部》："，治也。从言在辡之間。"

【釋形】

《説文》小篆爲會意字，从言从辡，會爭

辩之義。漢碑字形中，構件“言”中的“辛”向上彎曲的兩曲線被拉直爲兩横畫，竪畫被省略，如圖①②。構件“辡”中的“辛”或隸定作“幸”，如圖①；或隸定似“亠”下加“丰”，如圖②。

【釋義】

通“辨”，辨别：“克明王道，辯物居方”（Q148）。

14145 **壬** rén 《廣韻》如林切，日侵平。日侵。

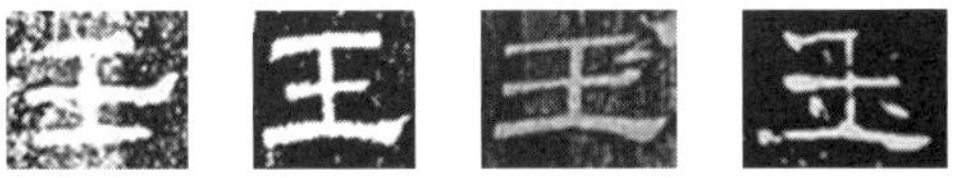

① T154　② J282　③ Q102　④ Q185

《説文·壬部》：“，位北方也。陰極陽生，故《易》曰：‘龍戰于野。’戰者，接也。象人褢妊之形。承亥壬以子，生之敘也。與巫同意。壬承辛，象人脛。脛，任體也。凡壬之屬皆从壬。”

【釋形】

《説文》以陰陽五行解析其字形，以爲像人懷孕之形。按“壬”甲骨文作（《合》13952）、（《合》20831），金文作（《十五年趞曹鼎》）、（《湯叔盤》），初爲“工”形，後中間加點或短横，其構意尚無定論。林義光認爲“即縢之古文，機持經者也，象形”，可備一説（參《文源》）。假借爲天干名。小篆將中間的短横延長。漢碑字形或依小篆線條轉寫隸定，上面的横線隸定爲撇，如圖①；或與“王、壬”相混，如圖②③；圖④有殘泐。

【釋義】

天干的第九位，與地支相配，用以紀年、月、日：“建寧四年六月十三日壬寅造”（Q146）；“年六十有八，以中平五年冬十一月壬寅卒”（Q185）；“壬寅詔書，爲孔子廟置百石卒史一人”（Q102）。

14146 **癸** guǐ 《廣韻》居誄切，見旨上。見脂。

① Q038　② Q144　③ Q113

《説文·癸部》：“，冬時，水土平，可揆度也。象水從四方流入地中之形。癸承壬，象人足。凡癸之屬皆从癸。，籀文从癶从矢。”

【釋形】

《説文》以陰陽五行解析其字形，以爲像水從四方流入地中之形。按“癸”甲骨文作（《合》13131）、（《合》37846），金文亦作（《父癸方鼎》）、（《癸歙卣》），像古代丈量土地的工具之形，乃揆度之“揆”的初文。假借爲天干名。籀文从癶从矢，理據重構。漢碑字形與《説文》籀文相承，其中圖①爲碑文篆書，圖②③爲隸變字形。

【釋義】

天干的末位，與地支相配，用以紀年、月、日：“年五十六，建寧元年三月癸丑遘疾而卒”（Q133）；“歲在癸丑，厥運淫雨，傷害稼穡”（Q161）；“建和元年，大歲在丁亥，二月辛巳朔廿三日癸卯”（Q093）。

14147 **子** zǐ 《廣韻》即里切，精止上。精之。

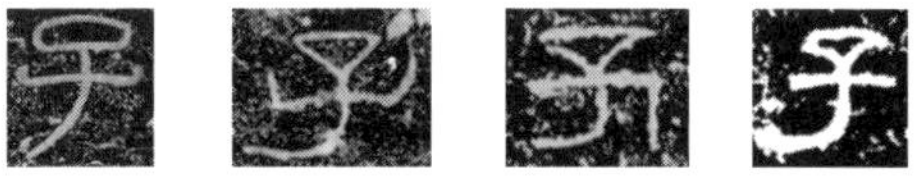

① Q038　② Q232　③ Q021　④ J322

⑤ J282　⑥ Q102

《説文·子部》：“，十一月，陽气動，萬物滋，人以爲偁。象形。凡子之屬皆从子。，古文子，从巛，象髮也。，籀文子，囟有髮，臂脛在几上也。”

【釋形】

《説文》以陰陽五行解析其字形，以爲像幼子之形。按“子”甲骨文、金文確像幼子之形，并有多種構形。或作（《合》20576）、（《合》3248）、（《子爵》）、（《曶鼎》），爲《説文》小篆之所承；或作（《英》1915），爲《説文》古文之所承；或作（《合》19820）、（《合》35546）、（《利簋》），爲《説文》籀文之所承，此類字形甲骨文多省作（《合》137）。假借爲地支名。漢碑字形中，有的爲碑文篆書，如圖①；多數則已經發生隸變，從圖②到圖⑥逐漸形成今天通行的寫法。

【釋義】

㊀兒女，後代："富貴無恙，傳于子孫"（Q124）；"子無隨没壽，王無扶死之臣"（Q114）；"財立小堂，示有子道，差於路食"（Q106）；"有立子三人，女寧，男弟叔明，女弟思"（Q090）。㊁兒童："室上碘，五子轝，僮女隨後駕鯉魚"（Q100）。㊂專指兒子："次子邯，曰子南；次子士，曰元士；次子富，曰少元；子女曰無名；次女反，曰君明"（Q021）。㊃對男子的敬稱："齋晏子、海上黄淵、赤松子與爲友"（Q142）；"文則作頌，武襄獫狁，二子著詩，列于風雅"（Q166）；"有孫若此，孝及曾子"（Q101）。㊄地支的第一位，與天干相配，用以紀年、月、日等："延熹八年四月廿九日甲子就"（Q129）；"建武廿八年，歲在壬子"（Q021）；"建武十八年臘月子日死"（Q024）。㊅用於人名："衙主記掾楊綬子長三百"（Q123）；"故督郵楊動子豪千"（Q178）；"藍田令楊子輿所處穴"（Q232）。

【釋詞】

［子男］兒子："有一子男伯志，年三歲却到五年四月三日終"（Q082）；"國子男，字伯孝，年〖適〗六歲，在東道邊。孝有小弟，字閏得，夭年俱去"（Q114）；"延熹二年三月十日，佐孟機爲子男石造此冢"（Q118）。

［子午］古隧道名。漢平帝元始五年開辟的關中到漢中的南北通道："道由子午，出散入秦"（Q095）。

14148 **字** zì 《廣韻》疾置切，從志去。從之。

① Q128

② Q179

③ Q129

《説文·子部》："，乳也。从子在宀下，子亦聲。"

【釋形】

《説文》小篆爲會意兼形聲字，从宀从子，子亦聲，表示生育。金文作（《字父己觶》），象形性更强。漢碑字形依小篆線條轉寫隸定，構件"宀"兩側線條向上縮短，整字布局由半包蘊結構調整爲上下結構，從圖①到圖③逐漸演變爲後世通行的寫法。

【釋義】

人的表字："衙守丞臨晉張疇字元德五百，守左尉萬年長沙瑗字君平五百"（Q123）；"門生鉅鹿癭陶張雲，字子平"（Q127）；"故司隸校尉楗爲武陽楊君，厥字孟文"（Q095）。

14149 **孺** rù 《廣韻》而遇切，日遇去。日侯。

① JB1

② Q016

《説文·子部》："，乳子也。一曰：輸也。輸尚小也。从子，需聲。"

【釋形】

《説文》小篆爲形聲字，从子，需聲。"需"上古音在心母侯部。漢碑字形中，圖①依小篆線條轉寫隸定，義符"子"像頭部的圓形線條轉寫隸定爲倒三角形；圖②則發生嚴重變異。

【釋義】

㊀年幼的，年輕的：見"孺子"。㊁用於人名："鬱平大尹馮君孺人"（Q016）。

【釋詞】

［孺子］古代稱天子、諸侯、世卿的繼承人："孺子來相，宅其大惇"（JB1）。

14150 **季** jì 《廣韻》居悸切，見至去。
見質。

① Q179 ② Q234 ③ J282 ④ Q178

《説文·子部》：“，少偁也。从子，从稚省，稚亦聲。”

【釋形】

《説文》以爲會意兼形聲字，从子、从稚省，稚亦聲，義爲年少的。按“季”甲骨文作（《合》14720），从子从禾會意，并非从稚省。漢碑字形依小篆線條轉寫隸定，構件“禾”像禾穗下垂之形的線條隸變爲一撇，上弧線拉直爲一横畫，下弧線分解爲撇、捺或撇、點兩筆，如圖①～④。構件“子”像頭部的圓形線條圖①②中還寫作倒三角形，圖③④中逐漸分解開來。

【釋義】

㊀年幼的，同輩中排行最小的：“□□從事君之季弟也”（Q175）；“廣陵王之孫，俞鄉侯之季子也”（Q193）；“收養季祖母，供事繼母，先意承志”（Q178）。㊁農曆四季中每季的最後一個月：“季春三月，建立石□長□□□遺□興立”（Q131）；“以永元十五年季夏仲旬己亥卒”（Q153）。㊂末期：見“季世”。㊃姓氏：見“季文”（Q171）。㊄用於人名：“西河圜陽郭季妃之椁”（Q234）；“君諱宙，字季將，孔子十九世之孫也”（Q127）。

【釋詞】

［季世］末代，衰敗時期：“季世不祥，米巫洶瘧，續蠢青羌，姦狡竝起，陷附者眾”（Q187）。

［季文］即季文子，春秋時魯國人：“君姿前喆，喬杫季文”（Q171）；“志樂季文粟帛之分，公儀徹織庖園之節”（Q173）。

［季由］即季路，孔子弟子仲由字子路，又字季路：“履該顔原，兼脩季由，聞斯行諸”（Q137）。

14151 **孟** mèng 《廣韻》莫更切，明映去。
明陽。

① Q038 ② JB1 ③ Q202 ④ Q169

⑤ Q088 ⑥ Q116

《説文·子部》：“，長也。从子，皿聲。，古文孟。”

【釋形】

《説文》以爲形聲字，从子，皿聲。按“孟”商代金文作（《父乙孟觚》），西周金文作（《孟簋》），从子在皿中，構意不明，排行的用法應爲假借義。春秋金文或增飾筆作（《嫩子匜》）。《説文》小篆與西周金文相承，《説文》古文乃春秋金文之省變。漢碑字形中，有的爲碑文篆書，但與《説文》小篆有明顯差異，如圖①。多數則已經發生隸變，圖②③承襲西周金文；圖④⑤則承襲春秋金文。

【釋義】

㊀同輩中排行最大的：“于時，四子孟長、仲寶、叔寶皆并覆没，唯寬存焉”（Q169）。㊁農曆四季中每季的第一個月：“永壽元年孟秋中旬己酉之日，王求夫人進趙率卒”（Q109）；“倉龍庚午，孟春之月”（Q268）。㊂姓氏：“司徒公汝南女陽袁安召公，授《易》孟氏〖學〗”（Q038）；“故吏五官掾博陵安平孟循，字敬節”（Q148）。㊃用於人名：“石門關段仲孟年八十一，以永和三年八月物故”（Q069）；“故午朱虚炅詩，字孟道”（Q088）；“故司隸校尉楗爲武陽楊君，厥字孟文”（Q095）。

14152 **孳** zī 《廣韻》子之切，精之平。
精之。

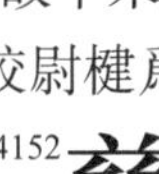

Q178

《説文·子部》:“,汲汲生也。从子,兹聲。,籀文孶从絲。”

【釋形】

《説文》小篆爲形聲字,从子,兹聲。義符“子”在小篆和籀文中形體有較大差異,參見 14147 子。漢碑字形承襲《説文》小篆,聲符“兹”上方粘合隸定作“丷”,下方尚未完全分解爲筆畫,還帶有一定的篆意,如圖。

【釋義】

用於人名:“故郡曹史守丞楊榮長孶”(Q178)。

【釋詞】

[孶孶]勤勉,不懈怠:“孶孶臨川,闚見〖宫〗廧,庶仰箕首,微妙玄通”(Q093)。

14153 **孤** gū 《廣韻》古胡切,見模平。見魚。

① Q251

② Q106

③ Q145

《説文·子部》:“,無父也。从子,瓜聲。”

【釋形】

《説文》小篆爲形聲字,从子,瓜聲。漢碑字形中,義符“子”圖①中還保留篆意,圖②到圖③逐漸分解爲筆畫。聲符“瓜”或隸定作“瓜”形,如圖①②;或省變混同爲“爪”,如圖③。

【釋義】

幼年喪父或父母雙亡:“順孫弟弟,二親薨没,孤悲惻怛”(Q052);“孤子薌無患、弟奉宗頓首”(Q106);“息叡不才,弱冠而孤”(Q154)。

【釋詞】

[孤稚]無父或無父母的幼兒:“果於主分,撫育孤稚”(Q145)。

[孤竹]又作“菰竹”,語出《莊子·讓王》:“昔周之興,有士二人,處于孤竹,曰伯夷、叔齊。”用於諸侯國名,借指伯夷、叔齊:“履菰竹之廉,蹈公儀之絜”(Q172);“悔往脩令德,清越孤竹,德牟產奇”(Q193)。

14154 **存** cún 《廣韻》徂尊切,從魂平。從文。

① Q129

② Q169

③ Q178

《説文·子部》:“,恤問也。从子,才聲。”

【釋形】

《説文》小篆爲形聲字,从子,才聲。漢碑字形中,整字布局由小篆的左右結構調整爲半包圍結構。聲符“才”或斜置,豎線變爲起筆帶折的撇,下面的横線變爲點,如圖①;或省變混同爲“ナ”,如圖②③。義符“子”像頭部的圓形線條轉寫隸定爲横撇,像雙臂之形的上弧線拉直爲横,像身體的豎線轉寫隸定爲豎鉤。

【釋義】

㊀慰问,撫恤:“存慰高年,撫育鰥寡”(Q178);“隨就虛落,存恤高年”(Q179)。㊁存在,生存:“靈所馮依,肅肅猶存”(Q140);“或有呼吸,求長存兮”(Q171);“存亡之敬,禮無遺闕”(Q178)。㊂保存,保全:“文字摩滅,莫能存識”(Q129);“脩造禮樂,胡輦器用,存古舊宇”(Q112);“身殁而行明,體亡而名存”(Q088)。㊃用於宫殿名:“故立宫其下,宫曰集靈宫,殿曰存僊殿,門曰望僊門”(Q129)。㊄用於人名:“故安德侯相彭城劉彪伯存五百”(Q112)。

14155 **疑** yí 《廣韻》語其切,疑之平。疑之。

① J241

② Q134

《説文·子部》:“,惑也。从子、止、匕,矢聲。”

【釋形】

《説文》以爲形聲字，从子、止、匕，矢聲。按"疑"甲骨文作(《合》23590)，或增"彳"作(《合》7398)，像人回首旁顧遲疑之狀。葉玉森謂"殆狀一人扶杖，行行卻顧，疑象愈顯"，其説可從。金文改"彳"爲"辵"，省去杖形，添加聲符"牛"，寫作(《疑觶》)、(《伯疑父簋蓋》)。"牛"上古音在疑母之部，與"疑"音同，故可充當其聲符。小篆聲符"牛"訛變爲"子"，"辵"省簡爲"止"，像人回首旁顧之狀的部分也被離析爲反"匕"和"矢"，《説文》據小篆形體釋爲"从子、止、匕，矢聲"，乃不明其形源所致。漢碑字形依小篆線條轉寫隸定，構件"匕"或隸定爲"匚"形，如圖①；或隸定近似於"上"，如圖②。構件"矢"上方線條拉直，如圖①；或訛作"天"形，如圖②。構件"子"省去豎筆，與下面的"止"或相接，或相離，如圖①②。

【釋義】

疑問，疑惑："定經東觀，順玄丘之指，蠲歷世之疑"（Q134）；"咨疑元老，師眖作朋"（Q172）。

14156 **孨** zhuǎn 《廣韻》旨兖切，章獮上。章元。

Q082

《説文·孨部》："，謹也。从三子。凡孨之屬皆从孨。讀若翦。"

【釋形】

《説文》小篆爲會意字，从三子，義爲謹慎。漢碑字形中，三"子"像頭部的圓形線條隸定爲倒三角形，三者的兩臂均連寫爲一横，如圖。

【釋義】

用於人名："永和四年四月丙申朔廿七日壬戌，桓孨終亡"（Q082）。

14157 **育(毓)** yù 《廣韻》余六切，餘屋入。餘覺。

① Q128

② Q174

③ Q145

④ Q140

⑤ Q133

《説文·𠫓部》："，養子使作善也。从𠫓，肉聲。《虞書》曰：'教育子。'，育或从每。"

【釋形】

《説文》以爲形聲字，从𠫓，肉聲。按"育"甲骨文作(《合》27320)，像母産子之狀，子頭朝下表示順産，子旁的點兒象徵生産時的羊水，《説文》或體與之相承；甲骨文或省去像羊水的點兒，寫作(《合》8251)；或从"人"作(《合》14126)。金文承襲甲骨文字形。《説文》小篆重構爲"育"，从𠫓从肉，肉亦聲。"𠫓"爲倒子形所變，"肉"表示與肉體有關，故"育"字可从𠫓从肉；"肉"上古音在日母覺部，與"育"音近，故又可表示其聲音。漢碑字形圖①～③承襲《説文》小篆，圖④⑤承襲《説文》或體。

【釋義】

㊀生育，孕育："育生充國，字翁孫，該于威謀，爲漢名將"（Q169）；"昔在仲尼，汁光之精，大帝所挺，顔母毓靈"（Q140）；"顔育空桑，孔制元孝"（Q112）。㊁撫育，養育："果於主分，撫育孤稚"（Q145）；"存慰高年，撫育鰥寡"（Q178）；"劬勞歷載，育成幼媛"（Q056）；"體連封龍，氣通北嶽，幽讚天地，長育萬物"（Q174）。㊂成長，發育："老者得終其壽，幼者得以全育"（Q161）；"嗟嗟孟子，苗而弗毓"（Q117）。㊃培養，教育："育兹令德，既喆且明"（Q161）。㊄用於人名："故兖州從事任城吕育季華三千"（Q112）；"故吏韋毓，故吏趙訪"（Q074）。

14158 **毓**

“育”的異體字(圖④⑤),見14157育。

14159 **疏(踈)** shū 《廣韻》所葅切,山魚平。山魚。

① Q065

② Q154

③ Q178

④ Q280

《説文·㐬部》:“,通也。从㐬从疋,疋亦聲。”

【釋形】

《説文》以爲會意兼形聲字,从㐬从疋,疋亦聲,義爲疏通。漢碑字形中,有的爲碑文篆書,如圖①。多數則已經發生隸變,其中構件“疋”與“足”本爲一字分化,故圖②依小篆線條轉寫隸定爲“疋”,圖③④則隸定爲“足”字旁。圖④重構爲从足束聲,整字可隸定爲“踈”,與“疏”構成異體關係。

【釋義】

㊀疏浚,疏通:“禹□大功,疏河寫玄”(Q065)。㊁清理,清除:“疏穢濟遠,柔順其道”(Q125)。㊂布列:“薄踈郭中,畫觀後當”(Q100)。㊃奏章:“考異察變,輙抗疏陳表”(Q175)。㊄姓氏:見“疏廣”。㊅通“搜”,搜查:“拜司隸校尉,董督京輦,掌察羣寮,蠲細舉大,榷然疏發”(Q154)。

【釋詞】

[疏廣]漢代人,官至太傅,《漢書·疏廣傳》:“廣謂受曰:吾聞‘知足不辱,知止不殆’‘功遂身退,天之道’也。今仕官至二千石,宦成名立,如此不去,懼有後悔,豈如父子相隨出關,歸老故鄉,以壽命終,不亦善乎?”故後以疏廣爲知足知止的典範:“守疏廣止足之計,樂於陵灌園之契”(Q154)。

[疏勒]古西域國名,其治所在疏勒城,即今新疆維吾爾自治區喀什市疏勒縣:“時疏勒國王和德,弒父篡位,不供職貢”(Q178)。

14160 **丑** chǒu 《廣韻》敕久切,徹有上。透幽。

① Q038

② J282

③ Q090

④ Q124

⑤ Q042

⑥ Q133

《説文·丑部》:“,紐也。十二月,萬物動,用事。象手之形。時加丑,亦舉手時也。凡丑之屬皆从丑。”

【釋形】

《説文》以陰陽五行解析其字形,以爲像手之形。按“丑”甲骨文作(《合》10405),金文作(《作册大方鼎》),郭沫若謂“實象爪之形”(參《古文字詁林》),其説可從。假借爲地支名。金文或將爪形連寫作(《同簋蓋》),《説文》小篆與此相承。漢碑字形中,有的爲碑文篆書,如圖①。多數則已經發生隸變,其中圖②承襲《説文》小篆,圖④~⑥則承襲金文第一個字形。

【釋義】

地支的第二位,與天干相配,用以紀年、月、日:“惟漢永和二年,歲在丁丑”(Q124);“建寧元年三月癸丑遘疾而卒”(Q133);“建和元年,大歲在丁亥,三月庚戌朔四日癸丑”(Q094)。

14161 **寅** yín 《廣韻》翼真切,餘真平。餘真。

① Q178

② J301

③ Q102

《説文·寅部》:“,髕也。正月,陽气動,去黄泉,欲上出,陰尚彊,象宀不達,髕寅於下也。凡寅之屬皆从寅。,古文寅。”

【釋形】

《説文》以陰陽五行解析其構形。按“寅”甲骨文作(《合》9968),本爲弓矢之

“矢”,假借爲地支名;爲了與弓矢之“矢”相區别,作地支名時往往添加方框,寫作（《合》37997)。後甲骨文、金文逐漸繁化,寫作（《存》2735)、（《獻簋》)、（《師𡚱父鼎》)、（《陳純釜》)等。《説文》小篆在金文的基礎上規整并線條化,已無法看出原有的結構。漢碑字形依小篆線條轉寫隸定,中間部分發生離析和重組,如圖①～③,其中圖①與後世通行寫法相同。

【釋義】

㊀地支的第三位,與天干相配,用以紀年、月、日:“年五十有三,年十月廿八日壬寅卒”(Q134);“惟漢建寧號政三年三月戊午甲寅中旬”(Q143);“建寧四年六月十三日壬寅造”(Q146)。㊁恭敬:“夙夜惟寅,禕隋在公”(Q137)。㊂用於人名:“元嘉三年二月廿五日,趙寅大子植卿爲王公□和吏立”(Q101)。

14162 **卯** mǎo 《廣韻》莫飽切,明巧上。明幽。

① Q038　② Q166　③ Q140

《説文·卯部》:“,冒也。二月,萬物冒地而出,象開門之形。故二月爲天門。凡卯之屬皆从卯。,古文卯。”

【釋形】

《説文》以陰陽五行解析其字形,以爲像開門之形。按“卯”甲骨文作（《合》549),金文作（《旂鼎》),構意尚無定論。或謂像斷物之形,乃“劉”之初文;或謂像將物體一分爲二,乃“剖”之初文。假借爲地支名。小篆略有形變,《説文》據之釋爲像開門之形,與形源不符。戰國秦文字已開始隸變,寫作（《睡·日甲》26)。漢碑字形中,圖①爲碑文篆書,與《説文》小篆略異;圖②③則在戰國秦文字的基礎上進一步筆畫化,其中圖③與今之通行寫法相近。

【釋義】

㊀地支的第四位,與天干相配,用以紀年、月、日等:“建和元年,大歲在丁亥,二月辛巳朔廿三日癸卯”(Q093);“延熹七年二月丁卯,拜司隸校尉”(Q154)。㊁用於人名:“使石工孟李、李弟卯造此闕”(Q094)。㊂代指“劉”姓:“故《〖孝〗經援神挈》曰:‘玄丘制命帝卯行’”(Q140)。

14163 **辰** chén 《廣韻》植鄰切,禪真平。禪文。

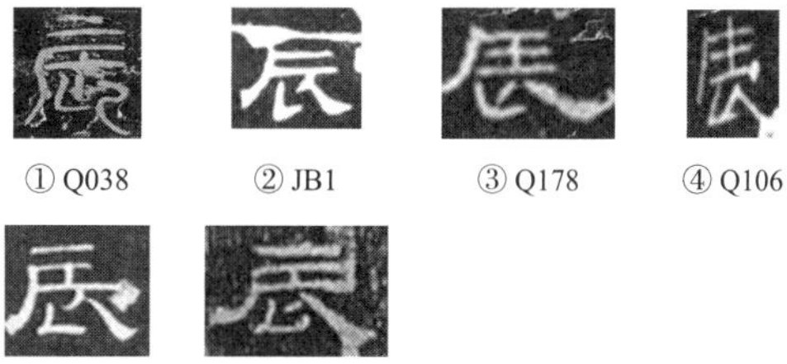

① Q038　② JB1　③ Q178　④ Q106　⑤ Q139　⑥ Q102

《説文·辰部》:“,震也。三月,陽气動,靁電振,民農時也。物皆生,从乙、匕,象芒達;厂聲也。辰,房星,天時也。从二,二,古文上字。凡辰之屬皆从辰。,古文辰。”

【釋形】

《説文》以陰陽五行解析其字形。按“辰”甲骨文作（《合》137)、（《合》19957)、（《合》36516),像蜃蛤之形,乃“蜃”之初文。小篆形體變異,已看不出蜃蛤的形象。漢碑字形中,圖①爲碑文篆書,與《説文》小篆略異;其他均爲隸變字形,隸定情況各異,如圖②～⑥。

【釋義】

㊀地支的第五位,與天干相配以紀年、月、日:“漢安三年二月戊辰朔,三日庚午”(Q089);“中平二年十月丙辰造”(Q178);“永興元年六月甲辰朔,十八日辛酉”(Q102)。㊁日子,時辰:“吉地既遷,良辰既卜”(H144)。㊂日、月、星的統稱,也泛指衆星:“作王臣,運天樞,釐三辰,擿裁吝”(Q175);“三辰明,王衡平,休徵集,皇道著”(Q084);“祀典曰:‘日月星辰,所昭卬也’”(Q129)。

14164 **辱** rǔ 《廣韻》而蜀切,日燭入。日屋。

J420

《説文·辰部》:“,耻也。从寸在辰下。失耕時,於封畺上戮之也。辰者,農之時也。故房星爲辰,田候也。”

【釋形】

《説文》以爲从寸从辰會意,義爲耻辱。按“辱”應爲“槈”之初文。楊樹達《積微居小學述林》云:“辱字从辰从寸,寸謂手,蓋上古之世,尚無金鐵,故手持摩鋭之蜃以芸除穢草,所謂槈也。”其説可從。漢碑字形依小篆線條轉寫隸定,結構布局由半包圍結構調整爲上下結構,如圖。

【釋義】

辜負,辱没:“傳告後生,勉脩孝義,無辱生生”(Q114)。

14165 **巳** sì 《廣韻》詳里切,邪止上。邪之。

① Q038

② J282

③ Q144

《説文·巳部》:“,已也。四月,陽气已出,陰气已藏,萬物見,成文章,故巳爲蛇,象形。凡巳之屬皆从巳。”

【釋形】

《説文》以陰陽五行解析其字形,以爲像蟲蛇之形。按“巳”甲骨文作(《合》17736)、(《合》15192),其構意尚無定論。或謂像蟲蛇之形;或謂像胎兒未成形之狀,爲“胎”之初文。假借爲地支名。漢碑字形中,圖①爲碑文篆書,與《説文》小篆有明顯差異;圖②③依小篆線條轉寫隸定,其中圖③左側歧出部分或爲誤刻所致。

【釋義】

地支的第六位,與天干相配,用以紀年、月、日:“始建國天鳳五年十月十七日癸巳葬”(Q016);“本初元年二月丁巳朔八日甲子”(Q092);“建和元年,大歲在丁亥,二月辛巳朔廿三日癸卯”(Q093)。

14166 **目**

“以”的異體字(圖①②),見14167以。

14167 **以(目)** yǐ 《廣韻》羊已切,餘止上。餘之。

① Q088

② Q175

③ Q127

④ Q083

⑤ Q153

⑥ Q141

⑦ Q178

⑧ Q179

⑨ Q185

《説文》作“目”,《説文·巳部》:“,用也。从反巳。賈侍中説:‘巳,意巳實也。象形。’”

【釋形】

《説文》以爲从反“巳”會意,義爲用。按“以”甲骨文作(《合》838),像人手提物之形;或省去人形,只突出提物之形,寫作(《合》26900)、(《合》26902),而非《説文》所説的“从反巳”。金文承襲後一種字形。戰國秦文字重新加上構件“人”,寫作(《睡·日甲》2)。漢碑字形或與小篆相承,隸定作“目”,如圖①②;或在小篆字形的基礎上增加構件“人”,構件“人”隸定近似於“几”,如圖③;或在戰國秦文字的基礎上將“目”隸定爲三角形或“口”形,如圖④～⑧,其中圖⑧將右側構件“人”兩筆連寫;或將“目”省變爲豎提加一點,如圖⑨,爲後世所沿用。

【釋義】

㊀認爲,以爲:“臣以爲素王稽古”(Q140);“高位不以爲榮,卑官不以爲耻”(Q166)。㊁

當作,作爲:“官族分析,因以爲氏焉,武氏蓋其後也”(Q093)。㊂介詞,❶引進動作行爲的工具、憑藉,相當於“用、憑”:“祀以圭璧,樂奏六歌”(Q129);“祠孔子以大牢,長吏備爵”(Q140);“以文脩之,旬月之閒,莫不解甲服辠”(Q127)。❷引進動作行爲的時間,相當於“在”:“帝咨君謀,以延平中拜安邊節使”(Q128);“五歲壹巡狩,皆以四時之中月”(Q129);“乃以令日拜〖謁孔〗子,望見闕觀”(Q141)。❸引進動作行爲的對象,相當於“用、把”:“授以部職,輒以疾讓”(Q083);“以三川爲潁川,分趙地爲鉅鏕”(Q166);“帝嘉厥功,授目符命”(Q088)。❹引進動作行爲的原因:“以病去官,廿有餘”(Q128);“以三公德廣,其靈尤神”(Q060);“是以鄉人爲之諺曰:‘重親致歡曹景完’”(Q178)。㊂連詞。❶表示目的,相當於“用來”:“表章大聖之遺靈,以示來世之未生”(Q123);“脩上案食醊具,以叙小節”(Q140);“惠此邦域,以綏四方”(Q126)。❷表原因,相當於“因爲”:“以能典藝,〖講〗演韓詩”(Q122)。❸連接狀語和謂語中心詞,相當於“而”:“〖躬進三〗牲,執玉以沈”(Q125);“少以文塞,敦庬允元,長以欽明,躭詩悦書”(Q137)。❹用於方位詞或趨向動詞前,表示時間或方位等的界限:“從郭君以來,廿餘年不復〖身至〗”(Q125);“及公卿百遼以下,無能消者”(Q142);“服藥以後,當移意萬里,知鳥獸言語”(Q199)。㊃助詞,用在句中表示語氣的舒緩:“剛柔攸得,以和以平”(Q133)。

14168 **午**　wǔ 《廣韻》疑古切,疑姥上。疑魚。

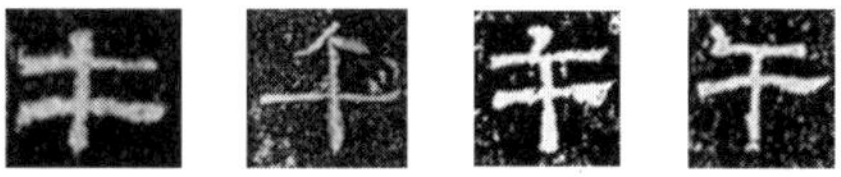

①Q142　②Q160　③J282　④Q088

《説文·午部》:“,啎也。五月,陰气午逆陽,冒地而出。此與矢同意。凡午之屬皆从午。”

【釋形】

《説文》以陰陽五行解析其字形。按“午”甲骨文作(《合》17681)、(《合》34621),西周金文作(《效卣》)、(《四祀邲卣三》)、(《十五年趞曹鼎》),春秋金文作(《浮公之孫公父宅匜》),像杵之形,乃“杵”之初文。後假借爲中午的“午”。小篆承襲西周金文并進一步線條化。漢碑字形依小篆線條轉寫隸定,圖①中上部曲線直接拉直爲横線;由於圖①的隸定字形易於與其他字或構件混同,圖②~④便將上部曲線分解爲兩筆,或轉寫隸定爲折筆。

【釋義】

㊀地支的第七位,與天干相配,用以紀年、月、日、時等:“大歲在己酉,五月十五日丙午直建”(Q142);“永平三年二月庚午,以孝廉除郎中”(Q038)。㊁用於人名:“故功曹任午子流、故功曹曹屯定吉、故功曹王河孔達”(Q178)。㊂通“伍”,即伍長,漢代編户五家爲一伍:“故午營陵留敏字元成,故午須于董純字元祖,故午營陵繻良字世騰”(Q088)。

14169 **未**　wèi 《廣韻》無沸切,明未去。明物。

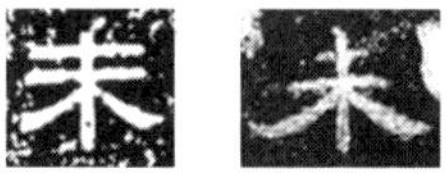

①JB1　②Q148

《説文·未部》:“,味也,六月,滋味也。五行,木老於未。象木重枝葉也。凡未之屬皆从未。”

【釋形】

《説文》以陰陽五行解析其字形,以爲像枝葉繁盛之形。甲骨文作(《合》6157)、(《合》37986)、(《合》34436)等,金文作(《利簋》),確像枝葉繁盛之形。假借爲地支名。漢碑字形依小篆線條轉寫隸定,兩個向上的曲線拉直爲横畫,下方的曲線分解爲撇與捺，象形性盡失，如圖①②。

【釋義】

㊀地支的第八位，與天干相配，用以紀年、月、日、時等：“永建三年六月始旬丁未造此石碑”（Q070）；“光和三年十一月丁未造”（Q169）。㊁副詞，表示否定，相當於“没有、不曾”：“表章大聖之遺靈，以示來世之未生”（Q123）；“遺畔未寧，乃擢君典戎”（Q127）；“志在共養，子道未反”（Q057）。

【釋詞】

[未然]尚未發生的事：“鈎《河》擿《雒》，却揆未然”（Q140）。

14170 **申** shēn 《廣韻》失人切，書真平。書真。

J282

《説文·申部》：“，神也。七月，陰气成，體自申束。从臼，自持也。吏臣餔時聽事，申旦政也。凡申之屬皆从申。，古文申。，籀文申。”

【釋形】

《説文》以陰陽五行解析其字形。按“申”甲骨文作（《合》4035）、（《合》5651）、（《合》27459）等，像閃電之形，爲“電、神、申”等字的初文。假借爲地支名。金文作（《子申父己鼎》）、（《此鼎》）等；戰國楚文字多作（《信》1.053）；戰國秦文字作（《睡·日甲》146）、（《睡·日乙》35）、（《睡·日乙》10），象形性漸失。小篆與戰國秦文字前兩個字形結構相近。漢碑字形延續戰國秦文字的隸變趨勢，完全筆畫化，如圖。

【釋義】

㊀地支的第九位，與天干相配，用以紀年、月、日、時等：“建寧元年，閏月戊申朔”（Q139）；“十七年八月庚申，徵拜河南尹”（Q038）；“永和四年四月丙申朔廿七日壬戌，桓孨終亡”（Q082）。㊁重複，一再：“昭示後昆，申錫鑒思”（Q148）。㊂姓氏：“長史潁川申屠熊”（Q174）。㊃用於人名：“河南雒陽李申伯百”（Q112）。

14171 **臾** yú 《廣韻》羊朱切，餘虞平。餘侯。

Q142

《説文·申部》：“，束縛捽抴爲臾。从申从乙。”

【釋形】

《説文》以爲从申从乙會意，表示拖拽人。按“臾”甲骨文作（《合》32509），金文作（《師臾鐘》），確像雙手拽人之狀。戰國秦文字隸變作（《睡·日甲》135），小篆線條化作，仍大致可見雙手和人之形。《説文》據小篆字形釋爲“从申从乙”，乃不明其形源所致。漢碑字形完全筆畫化，隸定爲“申”右下加一點，象形性盡失，如圖。

【釋義】

用於“須臾”，指片刻，很短的時間：“須臾之頃，抱兩束葵出”（Q142）。

14172 **酉** yǒu 《廣韻》與久切，餘有上。餘幽。

① Q163

② Q102

③ Q169

④ Q158

⑤ Q114

《説文·酉部》：“，就也。八月，黍成，可爲酎酒。象古文酉之形。凡酉之屬皆从酉。，古文酉。从卯，卯爲春門，萬物已出。酉爲秋門，萬物已入，一，閉門象也。”

【釋形】

《説文》以陰陽五行解析其字形。按“酉”甲骨文作（《合》7075）、（《合》38028）、

(《合》19946)、(《合》32907),金文作(《士上卣》)、(《永盂》)、(《三年㾓壺》)等,像盛酒器之形,爲“酒”之初文。戰國秦文字隸變作(《睡·日乙》225)、(《睡·日乙》113)。小篆線條化,象形性淡化。漢碑字形或依小篆線條轉寫隸定,如圖①;或承襲戰國秦文字,如圖②～④;圖⑤則進一步省變爲上“一”下“目”。

【釋義】

㊀地支的第十位,與天干相配,用以紀年、月、日、時等:“延熹四年九月乙酉,詔書遷衙令”(Q123);“建寧二年,大歲在己酉”(Q142);“熹平二年三月癸酉,郎官奉宣詔書”(Q161)。㊁用於人名:“遭謝酉、張除反,爰傅碑在泥塗”(Q188)。

14173 **酒** jiǔ 《廣韻》子酉切,精有上。精幽。

① Q141

② J103

③ Q178

④ Q140

《説文·酉部》:“,就也。所以就人性之善惡。从水从酉,酉亦聲。一曰:造也,吉凶所造也。古者儀狄作酒醪,禹嘗之而美,遂疏儀狄。杜康作秫酒。”

【釋形】

《説文》小篆爲會意兼形聲字,从水从酉,酉亦聲。“酉”爲“酒”之初文,象形字。甲骨文“酉”常借用爲地支名,其本義另添加構件“水”作(《合》9560)、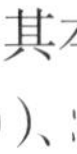(《合》28231)等,分化出“酒”字。戰國秦文字隸變作(《睡·日乙》113)。漢碑字形或依小篆線條轉寫隸定,如圖①;或承襲戰國秦文字,如圖②～④。

【釋義】

㊀酒:“臣以建寧元年到官,行秋饗,飲酒畔宫”(Q140);“百姓酤買,不能得香酒美肉”(Q141);“掌領禮器,出王家錢,給大酒直,他如故事”(Q102)。㊁用於官名:見“祭酒”。㊂用於地名:“七年三月,除郎中,拜酒泉禄福長”(Q178)。

【釋詞】

[酒脯]酒和乾肉,後亦泛指菜肴:“而無公出酒脯之祠,臣即〖自〗以奉錢”(Q140);“四時珪璧,月醮酒脯”(Q171)。

14174 **醪** láo 《廣韻》魯刀切,來豪平。來幽。

Q178

《説文·酉部》:“,汁滓酒也。从酉,翏聲。”

【釋形】

《説文》小篆爲形聲字,从酉,翏聲。漢碑字形中,聲符“翏”所从之構件“羽”隸定爲兩個“彐”;構件“㐱”隸定作“尒”,該寫法還見於“參、珍、軫”等字。義符“酉”與“酉”字的第二個隸定字形相同(參見14172酉),如圖。

【釋義】

本指濁酒,也用作酒的總稱:“君興師征討,有吮膿之仁,分醪之惠”(Q178)。

14175 **醇** chún 《廣韻》常倫切,禪諄平。禪文。

Q128

《説文·酉部》:“,不澆酒也。从酉,𦎫聲。”

【釋形】

《説文》小篆爲形聲字,从酉,𦎫聲。漢碑字形中,聲符“𦎫”隸定混同爲“享”;義符“酉”與“酉”字的第四個隸定字形相同(參見14172酉),如圖。

【釋義】

㊀精純,醇厚:“服骨叡聖,允鍾厥醇”(Q193)。㊁敦厚,淳樸:“或黄或白,繆君性

清儉醇”（Q111）。

【釋詞】

［醇曜］即“淳耀”，語出《國語》：“史伯對鄭桓公曰：‘夫黎爲高辛氏火正，以淳耀敦大，光照四海。夫成天地之大功者，其子孫未嘗不章。’”後喻指光耀先祖的後代：“漢膠東相之醇曜，而謁者君之曾”（Q128）。

14176 **酤** gū 《廣韻》古胡切，見模平。見魚。

Q141

《說文·酉部》：“酤，一宿酒也。一曰：買酒也。从酉，古聲。”

【釋形】

《說文》小篆爲形聲字，从酉，古聲。此“酤酒”之正字，文獻多作“沽酒”。漢碑字形依小篆線條轉寫隸定，義符“酉”與“西”字的第二個隸定字形相同（參見14172酉），如圖。

【釋義】

買酒：“百姓酤買，不能得香酒美肉”（Q141）。

14177 **酷** kù 《廣韻》苦沃切，溪沃入。溪覺。

Q154

《說文·酉部》：“酷，酒厚味也。从酉，告聲。”

【釋形】

《說文》小篆爲形聲字，从酉，告聲。“告”上古音在見母覺部。漢碑字形依小篆線條轉寫隸定，聲符“告”所从之構件“牛”上弧線分解出一短撇，如圖。

【釋義】

殘酷：“□殘酷之刑，行循吏之道”（Q154）。

14178 **配** pèi 《廣韻》滂佩切，滂隊去。滂微。

① Q171 ② Q129

《說文·酉部》：“配，酒色也。从酉，己聲。”

【釋形】

《說文》以爲形聲字，从酉，己聲。按“配”甲骨文作（《合》5007）、（《合》31841）、（《合》14238），金文作（《㝬鐘》）、（《南宫乎鐘》），从酉从卩，像人配酒之狀，本義爲調配。小篆中“卩”訛變爲“己”，《說文》以“从酉，己聲”釋之，乃不明其形源所致。漢碑字形中，圖①依小篆線條轉寫隸定；圖②構件“酉”與“西”字的第二個隸定字形相同（參見14172酉）。

【釋義】

㊀婚配：“十六適配，教誨有成”（Q109）。㊁配享，配祀：“春秋傳曰：‘山嶽則配天’”（Q129）；“故建防共墳，配食斯壇”（Q117）。㊂匹敵，媲美：“學兼游夏，德配臧文”（Q164）；“德配五岳，王公所緒”（Q171）。

14179 **酌** zhuó 《廣韻》之若切，章藥入。章藥。

① Q066 ② J237

《說文·酉部》：“酌，盛酒行觴也。从酉，勺聲。”

【釋形】

《說文》小篆爲形聲字，从酉，勺聲。漢碑字形中，圖①依小篆線條轉寫隸定；圖②構件“酉”與“西”字的第二個隸定字形相同（參見14172酉）。

【釋義】

㊀飲酒：“鴻漸衡門，群英雲集。咸共飲酌，其流者有踰三千”（Q066）。㊁考慮，

忖度:見“斟酌”。

14180 **醮** jiào 《廣韻》子肖切,精笑去。精宵。

Q060

《説文·酉部》:“醮,冠娶禮;祭。从酉,焦聲。𨡕,醮或从示。”

【釋形】

《説文》小篆爲形聲字,从酉,焦聲。漢碑字形中,聲符“焦”所从之構件“隹”發生離析重組,并將線條全部轉寫爲筆畫,已看不出鳥的樣子了;所从之構件“火”隸定爲“灬”。義符“酉”與“酉”字的第二個隸定字形相同(參見14172酉),如圖。

【釋義】

祭祀:“四時珪璧,月醮酒脯”(Q171);“醮祠希罕,徹奠不行”(Q060)。

14181 **醻(酬)** chóu 《廣韻》市流切,禪尤平。禪幽。

① Q001

② J420

③ Q127

《説文·酉部》:“醻,主人進客也。从酉,𠷎聲。酬,醻或从州。”

【釋形】

《説文》小篆爲形聲字,从酉,𠷎聲。邵瑛《説文解字羣經正字》:“今經典惟《毛詩》多作醻,如《小弁》‘如或醻之’、《楚茨》‘獻醻交錯’、《瓠葉》‘酌言醻之’之類,餘多从或體作酬。”漢碑字形中,圖①爲碑文篆書,但聲符“壽”不作《説文》小篆的“𠷎”,而寫作戰國秦文字的𠷎(《睡·日乙》75);圖②③則與《説文》或體相承,義符“酉”與“酉”字的第二個隸定字形相同(參見14172酉);聲符“州”將小篆的六個線條連通爲三筆,中間交接處離析出三點。

【釋義】

㊀古代宴飲時的禮節。常“酬酢”連用:“會《鹿鳴》於樂崩,復長幼於酬〖酢〗”(Q127)。㊁通“壽”,祝壽:“八月丙寅,群臣上醻”(Q001)。

14182 **酬**

“醻”的異體字(圖②③),見14181醻。

14183 **醫** yī 《廣韻》於其切,影之平。影之。

① J103

② Q137

③ Q114

《説文·酉部》:“醫,治病工也。殹,惡姿也;醫之性然。得酒而使,从酉。王育説。一曰:殹,病聲。酒所以治病也。《周禮》有醫酒。古者巫彭初作醫。”

【釋形】

《説文》以爲从殹从酉會意,表示醫生。按“醫”當爲形聲字,从酉,殹聲。酒可以治病,故“醫”字从酉。漢碑字形中,聲符“殹”所从之構件“殳”或省作“又”,如圖②③;構件“医”圖①依小篆線條轉寫隸定,圖②③則省變嚴重。義符“酉”隸定字形或繁或簡,均與小篆結構差異較大,如圖①~③。

【釋義】

㊀醫治:“卜問醫藥,不爲知閒”(Q114)。㊁用於官名:“徵拜議郎,遷大醫令”(Q137)。

14184 **醊** zhuì 《廣韻》陟衛切,知祭去。端月。

Q140

《説文》無。

【釋形】

漢碑字形从酉,叕聲,形聲字,義爲酹酒而祭。其中義符“酉”小篆作酉,漢碑字形與“酉”字的第五個隸定字形相同,省變爲上“一”下“目”(參見14172酉)。聲符“叕”小篆作，漢碑字形將小篆交錯的線條離析重組爲四個“又”，如圖。

【釋義】

祭祀，祭奠：“臣即〖自〗以奉錢，脩上案食醊具”（Q140）。

14185 **醳** yì 《廣韻》羊益切，餘昔入。餘鐸。

① Q134

② Q095

③ Q150

《説文》無。

【釋形】

漢碑字形从酉，睪聲，形聲字，義爲醇酒。聲符“睪”小篆作，从横目从㚔，漢碑字形將横目之形隸定作“罒”，構件“㚔”訛省作“羊”，如圖①②；義符“酉”小篆作，漢碑字形圖①與“酉”字的第二個隸定字形相同，圖②與“酉”字的第五個隸定字形相同(參見14172酉)。圖③則殘泐不清。

【釋義】

通“釋”，㊀消除，排除：“又醳散關之嶃漯，從朝陽之平燥；減西□之高閣，就安寧之石道”（Q150）；“謀合朝情，醳艱即安”（Q095）。㊁放棄，捨棄：見“醳榮投黻”。

【釋詞】

［醳榮投黻］指辭官：“醳榮投黻，步出城寺”（Q134）。

14186 **尊** zūn 《廣韻》祖昆切，精魂平。精文。

① Q125

② Q095

③ Q129

④ Q100

⑤ Q127

⑥ Q137

《説文·酋部》：“，酒器也。从酋，廾以奉之。《周禮》六尊：犧尊、象尊、著尊、壺尊、太尊、山尊，以待祭祀賓客之禮。，尊或从寸。”

【釋形】

《説文》小篆爲會意字，像雙手捧酒器之狀。甲骨文作（《合》15476）、（《合》32125），金文作（《作父辛方鼎》）、（《束獒簋》）等，更爲形象。金文或改“酉”爲“酋”，寫作（《衛父卣》）、（《仲義父鼎》），構意不變。《説文》小篆與之相承。戰國秦文字作（《睡·日甲》67），改雙手爲“寸”，爲《説文》或體之所本。“廾、寸”都可表示捧持之義，義近可通。漢碑字形承襲《説文》或體，均从酋从寸，隸定情況有細微差異，如圖①～⑥。

【釋義】

㊀盛酒的器皿：“玉女執尊杯桉柈，局秫檈柎好弱皃”(Q100)。㊁尊敬，敬重：“祗傅五教，尊賢養老”（Q127）；“所以尊先師，重教化也”（Q140）；“秦項作亂，不尊圖書”（Q112）；“先帝所尊，垂名竹帛”（Q137）。㊂恭敬地：“尊脩靈基，肅共壇場”（Q129）。㊃尊貴，高貴：“卑者楚惡，尊者弗安”（Q095）；“雖王公之尊，四海之富”（Q199）。㊄尊者，長者：“言不及尊，翼上也”（Q021）；“不忘春秋之義，改諱辟尊，字可□”（Q111）。㊅用於官名：見“祭尊”。㊆用於人名：“故市掾王尊文意”（Q178）。

14187 **戌** xū 《廣韻》辛聿切，心術入。心物。

① Q059

② J312

③ Q191

《説文·戌部》：“，滅也。九月，陽气微，萬物畢成，陽下入地也。五行，土生於戊，盛於戌。从戊含一。凡戌之屬皆从戌。”

【釋形】

《説文》以陰陽五行解析其字形。按“戌”甲骨文作（《合》20983）、（《合》

33841）、（《合》30063），像斧鉞類兵器之形。金文作（《五祀衛鼎》）、（《頌簋》）。小篆承襲金文前一種字形并線條化，已失去象形性。漢碑字形中，圖①爲碑文篆書，但其字形結構與金文後一種字形相似，近似於“成”字；圖②③則爲隸變字形，其中小篆内部的短横與“戈”的一撇連寫成折筆。

【釋義】

地支的第十一位，與天干相配用以紀年、月、日、時等：“〖元〗初二年，十二月庚戌，〖拜司空〗”（Q059）；“建武廿八年，歲在壬子，五月十日甲戌忌日”（Q021）；“其拾七年六月甲戌塟”（Q191）。

14188 **亥** hài 《廣韻》胡改切，匣海上。匣之。

① Q011

② J282

③ Q153

《説文·亥部》：“，荄也。十月，微陽起，接盛陰。从二，二，古文上字。一人男，一人女也。从乙，象裹子咳咳之形。《春秋傳》曰：‘亥有二首六身。’凡亥之屬皆从亥。，古文亥，爲豕，與豕同。亥而生子，復從一起。”

【釋形】

《説文》以陰陽五行解析其字形。按“亥”甲骨文作（《合》522）、（《合》6834）、（《合》17375）等，或曰像豕之形，或曰乃表示草根的“荄”的初文。西周金文作（《夨令方彝》），春秋金文作。小篆與之相承，并將其中的部分線條成字化，離析出兩個“人”形，《説文》據小篆字形比附爲“一人男，一人女”，與其形源不符。漢碑字形或保留篆意，如圖①；或進一步粘合變異，如圖②③。

【釋義】

十二地支的末位，與天干相配用以紀年、月、日、時等：“建和元年，大歲在丁亥”（Q093）；“永興二年六月己亥朔”（Q104）；“害退，於戌亥之間，興造城郭”（Q178）。

漢碑文獻及漢石經代碼表

代　碼	題　名	著録文獻
H105	柳敏墓碑	漢魏六朝碑刻校注(上)P300
H144	北海太守爲盧氏婦刻石	漢魏六朝碑刻校注(下)P79
H26	燕然山銘	漢魏六朝碑刻校注(上)P54
J001—520	漢石經殘字	漢石經集存 P1—80
JB1	漢石經公羊傳殘石	北京圖書館藏中國歷代石刻拓本彙編第一册 P163
JB2	漢石經後記殘石 1	北京圖書館藏中國歷代石刻拓本彙編第一册 P165
JB3	漢石經後記殘石 2	日本京都大學人文科學研究所藏石刻拓本编号 KAN0061B
JB4	漢石經魯詩殘石	北京圖書館藏中國歷代石刻拓本彙編第一册 P162
JB5	漢石經論語殘石	北京圖書館藏中國歷代石刻拓本彙編第一册 P164
JB6	漢石經尚書殘石	北京圖書館藏中國歷代石刻拓本彙編第一册 P161
JB7	漢石經周易殘石	北京圖書館藏中國歷代石刻拓本彙編第一册 P160
Q001	羣臣上壽刻石	漢碑全集 P1
Q002	魯北陛石題字	漢碑全集 P6
Q003	永城梁孝王李后墓塞石	漢碑全集 P9
Q004	廣陵中殿石題字	漢碑全集 P12
Q005	霍去病墓前石題字	漢碑全集 P15

代　碼	題　名	著録文獻
Q006	徐州龜山楚王墓塞石刻銘	漢碑全集 P18
Q007	巨野紅土山西漢墓黄腸石	漢碑全集 P30
Q008	巴州楊量買山地記	漢碑全集 P33
Q009	五鳳二年刻石	漢碑全集 P35
Q010	王陵塞石	漢碑全集 P37
Q011	麃孝禹碑	漢碑全集 P39
Q012	孔林墳壇刻石	漢碑全集 P47
Q013	連雲港界域刻石	漢碑全集 P50
Q014	萊子侯刻石	漢碑全集 P62
Q015	禳盜刻石	漢碑全集 P67
Q016	鬱平大尹馮君孺人畫像石墓題記	漢碑全集 P73
Q017	曲阜舞雩臺刻石	漢碑全集 P79
Q018	食齋祠園畫像石題記	漢碑全集 P81
Q019	石牆村刻石	漢碑全集 P83
Q020	侍御史李公闕	漢碑全集 P87
Q021	三老諱字忌日刻石	漢碑全集 P89
Q022	何君閣道銘	漢碑全集 P99
Q023	樂山蕭壩永平元年崖墓題記	漢碑全集 P101
Q024	徐州銅山永平四年畫像石題記	漢碑全集 P103
Q025	開通褒斜道摩崖刻石	漢碑全集 P106
Q026	楊德安墓石題記	漢碑全集 P128
Q027	大吉山買地券摩崖刻石	漢碑全集 P130
Q028	青神大芸坳建初元年崖墓題記	漢碑全集 P132
Q029	侍平里父老單買田約束石券	漢碑全集 P134
Q030	司馬長元石門題記	漢碑全集 P141
Q031	張文思爲父造石闕題記	漢碑全集 P143
Q032	孫仲陽爲父建石闕題記	漢碑全集 P147
Q033	徐州銅山元和三年畫像石題記	漢碑全集 P154

代　碼	題　名	著録文獻
Q034	南武陽皇聖卿闕銘記	漢碑全集 P157
Q035	南武陽功曹闕銘記	漢碑全集 P160
Q036	路公食堂畫像石題記	漢碑全集 P162
Q037	綏德黄家塔永元二年畫像石墓題記	漢碑全集 P164
Q038	司徒袁安碑	漢碑全集 P167
Q039	公乘田魴畫像石墓題記	漢碑全集 P187
Q040	郭夫人畫像石墓題記	漢碑全集 P193
Q041	成都永元六年闕題記	漢碑全集 P196
Q042	成都永元九年闕題記	漢碑全集 P204
Q043	張仲有修通利水大道刻石	漢碑全集 P206
Q044	徐無令畫像石墓題記	漢碑全集 P208
Q045	嗚咽泉畫像石墓題記	漢碑全集 P211
Q046	王威畫像石墓題記	漢碑全集 P214
Q047	滕州永元十年畫像石題記	漢碑全集 P217
Q048	王得元畫像石墓題記	漢碑全集 P220
Q049	濟寧任城王墓黄腸石	漢碑全集 P223
Q050	諸掾造冢刻石	漢碑全集 P239
Q051	郭稚文畫像石墓題記	漢碑全集 P241
Q052	幽州書佐秦君神道石闕刻字	漢碑全集 P246
Q053	兗州刺史洛陽令王稚子闕	漢碑全集 P250
Q054	延平元年刻石	漢碑全集 P252
Q055	田文成畫像石墓題記	漢碑全集 P263
Q056	賈仲武妻馬姜墓記	漢碑全集 P266
Q057	陽三老食堂畫像石題記	漢碑全集 P274
Q058	建初四年畫像石題記	漢碑全集 P277
Q059	司徒袁敞殘碑	漢碑全集 P280
Q060	祀三公山碑	漢碑全集 P288
Q061	嵩山太室石闕銘	漢碑全集 P309

代　碼	題　名	著録文獻
Q062	青神大芸坳元初五年崖墓題記	漢碑全集 P321
Q063	嵩山少室石闕銘	漢碑全集 P323
Q064	嵩山少室石闕題名	漢碑全集 P335
Q065	嵩山開母廟石闕銘	漢碑全集 P337
Q066	太尉楊震碑	漢碑全集 P363
Q067	都官是吾殘碑	漢碑全集 P370
Q068	延光四年殘碑	漢碑全集 P376
Q069	石門關銘	漢碑全集 P384
Q070	王孝淵碑	漢碑全集 P386
Q071	簿書殘碑	漢碑全集 P398
Q072	永建五年食堂畫像石題記	漢碑全集 P412
Q073	南川陽嘉二年崖墓題記	漢碑全集 P415
Q074	陽嘉殘碑	漢碑全集 P417
Q075	樂山虎頭灣陽嘉三年崖墓題記	漢碑全集 P424
Q076	四川陽嘉四年崖墓題記	漢碑全集 P426
Q077	樂山蕭壩永和一年崖墓題記	漢碑全集 P428
Q078	微山永和元年食堂畫像石題記	漢碑全集 P430
Q079	敦煌太守裴岑紀功碑	漢碑全集 P433
Q080	微山永和二年畫像石題記	漢碑全集 P443
Q081	沙南侯碑	漢碑全集 P446
Q082	微山桓孨食堂畫像石題記	漢碑全集 P451
Q083	冀州從事馮君碑	漢碑全集 P455
Q084	甘陵相尚博殘碑	漢碑全集 P465
Q085	孫琮畫像石墓題記	漢碑全集 P476
Q086	會仙友題刻	漢碑全集 P478
Q087	善言者無題刻	漢碑全集 P480
Q088	北海相景君碑	漢碑全集 P482
Q089	莒州宋伯望買田刻石	漢碑全集 P531

代　碼	題　名	著録文獻
Q090	文叔陽食堂畫像石題記	漢碑全集 P547
Q091	銅山大廟鎮畫像石題記	漢碑全集 P549
Q092	三公山神碑	漢碑全集 P552
Q093	敦煌長史武斑碑	漢碑全集 P558
Q094	武梁祠石闕銘	漢碑全集 P568
Q095	石門頌	漢碑全集 P570
Q096	樂山建和三年崖墓題記	漢碑全集 P643
Q097	洛陽黄腸石	漢碑全集 P645
Q098	中陽和平元年畫像石墓題記	漢碑全集 P654
Q099	邳州青龍山元嘉元年畫像石墓題記	漢碑全集 P659
Q100	蒼山元嘉元年畫像石墓題記	漢碑全集 P663
Q101	滕州元嘉三年畫像石題記	漢碑全集 P672
Q102	魯相乙瑛請置孔廟百石卒史碑	漢碑全集 P677
Q103	謁孔子廟殘碑	漢碑全集 P710
Q104	李孟初神祠碑	漢碑全集 P719
Q105	孔謙墓碣	漢碑全集 P729
Q106	薌他君祠堂石柱題記	漢碑全集 P735
Q107	陶洛殘碑	漢碑全集 P741
Q108	孔少垂墓碣	漢碑全集 P756
Q109	成都永壽元年畫像石闕銘	漢碑全集 P760
Q110	右扶風丞李禹通閣道記	漢碑全集 P767
Q111	邳州燕子埠永壽元年畫像石墓題記	漢碑全集 P773
Q112	魯相韓敕造孔廟禮器碑	漢碑全集 P777
Q113	孟孝琚碑	漢碑全集 P833
Q114	許安國墓祠題記	漢碑全集 P852
Q115	江津延熹二年崖墓題記	漢碑全集 P858
Q116	劉平國摩崖刻石	漢碑全集 P860
Q117	郎中鄭固碑	漢碑全集 P865

代　碼	題　名	著録文獻
Q118	樂山蕭壩佐孟機崖墓題記	漢碑全集 P886
Q119	張景造土牛碑	漢碑全集 P888
Q120	浚縣延熹三年畫像石題記	漢碑全集 P901
Q121	江津延熹三年崖墓題記	漢碑全集 P904
Q122	行事渡君碑	漢碑全集 P906
Q123	倉頡廟碑	漢碑全集 P917
Q124	爲父通作封記刻石	漢碑全集 P941
Q125	桐柏淮源廟碑	漢碑全集 P952
Q126	封龍山頌	漢碑全集 P975
Q127	泰山都尉孔宙碑	漢碑全集 P1001
Q128	雁門太守鮮于璜碑	漢碑全集 P1061
Q129	西嶽華山廟碑	漢碑全集 P1103
Q130	池陽令張君殘碑	漢碑全集 P1133
Q131	温江延熹畫像石墓門題記	漢碑全集 P1141
Q132	執金吾丞武榮碑	漢碑全集 P1144
Q133	沛相楊統碑	漢碑全集 P1154
Q134	高陽令楊著碑	漢碑全集 P1173
Q135	竹邑侯相張壽殘碑	漢碑全集 P1179
Q136	曹掾史等字殘碑	漢碑全集 P1190
Q137	衛尉卿衡方碑	漢碑全集 P1192
Q138	建寧元年殘碑	漢碑全集 P1220
Q139	李冰石像銘	漢碑全集 P1224
Q140	史晨前碑	漢碑全集 P1228
Q141	史晨後碑	漢碑全集 P1251
Q142	肥致碑	漢碑全集 P1273
Q143	許阿瞿畫像石題記	漢碑全集 P1287
Q144	淳于長夏承碑	漢碑全集 P1291
Q145	建寧三年殘碑	漢碑全集 P1320

代　碼	題　名	著録文獻
Q146	西峽頌	漢碑全集 P1326
Q147	五瑞圖摩崖	漢碑全集 P1370
Q148	博陵太守孔彪碑	漢碑全集 P1377
Q149	兗州刺史楊叔恭殘碑	漢碑全集 P1404
Q150	析里橋郙閣頌	漢碑全集 P1412
Q151	熹平元年墓石	漢碑全集 P1448
Q152	司隸校尉楊淮表記	漢碑全集 P1450
Q153	朐忍令景君碑	漢碑全集 P1475
Q154	司隸校尉魯峻碑	漢碑全集 P1493
Q155	四神刻石	漢碑全集 P1520
Q156	漢石經易殘石	漢碑全集 P1522
Q157	熹平殘碑	漢碑全集 P1542
Q158	伯興妻殘碑	漢碑全集 P1549
Q159	漢石經殘石	漢碑全集 P1556
Q160	高密孫仲隱墓刻石	漢碑全集 P1560
Q161	武都太守耿勳碑	漢碑全集 P1564
Q162	牛公産畫像石墓題記	漢碑全集 P1581
Q163	聞憙長韓仁銘	漢碑全集 P1583
Q164	堂溪典嵩高山請雨銘	漢碑全集 P1599
Q165	梧台里石社碑碑額	漢碑全集 P1604
Q166	豫州從事尹宙碑	漢碑全集 P1606
Q167	沛郡故吏吳岐子根畫像石墓題記	漢碑全集 P1638
Q168	光和元年孫熹畫像石墓題記	漢碑全集 P1640
Q169	三老趙掾碑	漢碑全集 P1643
Q170	昭覺石表	漢碑全集 P1656
Q171	三公山碑	漢碑全集 P1662
Q172	校官潘乾碑	漢碑全集 P1686
Q173	涼州刺史魏元丕碑	漢碑全集 P1704

代　碼	題　名	著録文獻
Q174	白石神君碑	漢碑全集 P1720
Q175	王舍人碑	漢碑全集 P1740
Q176	張表造虎函題記	漢碑全集 P1753
Q177	豫州從事孔褒碑	漢碑全集 P1755
Q178	郃陽令曹全碑	漢碑全集 P1771
Q179	蕩陰令張遷碑	漢碑全集 P1813
Q180	徐州□□三年七月刻石	漢碑全集 P1859
Q181	尉氏令鄭季宣碑陰	漢碑全集 P1861
Q182	中平三年摩崖題記	漢碑全集 P1869
Q183	江津中平四年崖墓題記	漢碑全集 P1871
Q184	成都中平四年墓門題記	漢碑全集 P1873
Q185	圉令趙君碑	漢碑全集 P1875
Q186	吹角壩崖墓題記	漢碑全集 P1894
Q187	巴郡太守樊敏碑	漢碑全集 P1896
Q188	趙儀碑	漢碑全集 P1928
Q189	高頤闕銘	漢碑全集 P1942
Q190	綦江建安十五年崖墓題記	漢碑全集 P1945
Q191	上計史王暉石棺銘	漢碑全集 P1947
Q192	漢建安殘石	漢碑全集 P1952
Q193	酸棗令劉熊碑	漢碑全集 P1954
Q194	賢良方正殘碑	漢碑全集 P1972
Q195	子游殘碑	漢碑全集 P1980
Q196	正直殘碑	漢碑全集 P1985
Q197	元孫殘碑	漢碑全集 P1987
Q198	劉君殘碑	漢碑全集 P1989
Q199	仙人唐公房碑	漢碑全集 P1994
Q200	武都太守殘碑陰	漢碑全集 P2008
Q201	趙菿殘碑	漢碑全集 P2013

代　碼	題　名	著録文獻
Q202	朝侯小子殘碑	漢碑全集 P2020
Q203	居巢劉君墓石羊題字	漢碑全集 P2034
Q204	居巢劉君墓鎮石題記	漢碑全集 P2036
Q205	沈府君神道闕	漢碑全集 P2038
Q206	馮使君神道闕	漢碑全集 P2041
Q207	益州牧楊宗闕	漢碑全集 P2043
Q208	故侍中楊公闕	漢碑全集 P2045
Q209	蜀中賈公闕	漢碑全集 P2047
Q210	簡陽畫像石棺題榜	漢碑全集 P2049
Q211	合江畫像石棺題榜	漢碑全集 P2058
Q212	楊耿伯畫像石墓門題記	漢碑全集 P2060
Q213	樂山麻浩冢西左申崖墓題記	漢碑全集 P2065
Q214	樂山麻浩王中冢崖墓題記	漢碑全集 P2067
Q215	樂山麻浩尹武孫崖墓題記	漢碑全集 P2069
Q216	樂山麻浩鄧景達崖墓題記	漢碑全集 P2071
Q217	樂山麻浩王景信崖墓題記	漢碑全集 P2073
Q218	樂山車子王倩崖墓題記	漢碑全集 P2075
Q219	樂山麻浩武陽趙國華崖墓題記	漢碑全集 P2077
Q220	樂山蕭壩十五年二月崖墓題記	漢碑全集 P2079
Q221	樂山蕭壩楊元昭崖墓題記	漢碑全集 P2081
Q222	樂山蕭壩王升崖墓題記	漢碑全集 P2083
Q223	樂山蕭壩趙進崖墓題記	漢碑全集 P2085
Q224	樂山蕭壩顔威山崖墓題記	漢碑全集 P2087
Q225	樂山蕭壩張君神舍崖墓題記	漢碑全集 P2089
Q226	樂山蕭壩張君崖墓題記	漢碑全集 P2091
Q227	樂山烏尤張陽張明崖墓題記	漢碑全集 P2093
Q228	樂山平興許伯令崖墓題記	漢碑全集 P2096
Q229	樂山平興王進紀崖墓題記	漢碑全集 P2098

代　碼	題　名	著録文獻
Q230	樂山柿子灣王誠興崖墓題記	漢碑全集 P2100
Q231	樂山柿子灣政泉三光崖墓題記	漢碑全集 P2103
Q232	雙流楊子輿崖墓題記	漢碑全集 P2105
Q233	新津崖墓題記	漢碑全集 P2107
Q234	郭仲理與郭季妃畫像石墓題記	漢碑全集 P2109
Q235	離石十九號畫像石題記	漢碑全集 P2112
Q236	銅山蔡丘畫像石題記	漢碑全集 P2114
Q237	徐州下邳終郭鄉畫像石題記	漢碑全集 P2117
Q238	徐州銅山元年畫像石題記	漢碑全集 P2120
Q239	太尉府門畫像石題記	漢碑全集 P2123
Q240	蒿聚成奴作石獅題字	漢碑全集 P2125
Q241	劉漢作石獅題記	漢碑全集 P2127
Q242	魯共王墓石人胸前題字	漢碑全集 P2129
Q243	琅琊相劉君石柱殘石	漢碑全集 P2131
Q244	魯市東安漢里刻石	漢碑全集 P2133
Q245	朱君長刻石	漢碑全集 P2136
Q246	觀音廟漢墓殘碑	漢碑全集 P2139
Q247	舉孝廉等字殘碑	漢碑全集 P2142
Q248	應遷等字殘碑	漢碑全集 P2148
Q249	履和純等字殘碑	漢碑全集 P2150
Q250	毗上等字殘碑	漢碑全集 P2152
Q251	蘭台令史等字殘碑	漢碑全集 P2154
Q252	張角等字殘碑	漢碑全集 P2156
Q253	司勳等字殘碑	漢碑全集 P2158
Q254	僙用等字残碑	漢碑全集 P2161
Q255	平原相陳元等字殘碑	漢碑全集 P2163
Q256	振武將軍等字殘碑	漢碑全集 P2165
Q257	寬以濟猛等字殘碑	漢碑全集 P2167

代　碼	題　名	著録文獻
Q258	劉曜等字殘碑	漢碑全集 P2169
Q259	皇女殘碑	漢碑全集 P2171
Q260	虔恭等字殘碑	漢碑全集 P2177
Q261	靜仁等字殘碑	漢碑全集 P2179
Q262	卓異等倫等字殘碑	漢碑全集 P2181
Q263	立朝等字殘碑	漢碑全集 P2183
Q264	樂安利等字殘碑	漢碑全集 P2186
Q265	餘草等字殘碑	漢碑全集 P2188
Q266	黨錮殘碑	漢碑全集 P2190
Q267	門生等字殘碑陰	漢碑全集 P2193
Q268	倉龍庚武等字殘碑	漢碑全集 P2199
Q269	竹葉碑	漢碑全集 P2202
Q270	孫大壽碑碑額	漢碑全集 P2204
Q271	殷比干墓前刻石	漢碑全集 P2206
Q272	禹陵窆石題字	漢碑全集 P2208
Q273	吕仲左郎刻石	漢碑全集 P2210
Q274	著懿勳等字殘碑	漢碑全集 P2212
Q275	上庸長等字刻石	漢碑全集 P2214
Q276	懷君等字殘石	漢碑全集 P2216
Q277	鞏義詩説七言摩崖題記	漢碑全集 P2218
Q278	隆命刻石	漢碑全集 P2224
Q279	建塙刻石	漢碑全集 P2226
Q280	蒼山竦夫規冢刻石	漢碑全集 P2228
Q281	蕩陰里等字殘碑	漢碑全集 P2230
Q282	成陽田界石	漢碑全集 P2235
Q283	君郎家等字刻石	漢碑全集 P2238
Q284	鳳凰刻石	漢碑全集 P2240
Q285	南陽冠軍城石柱題名	漢碑全集 P2242

代　碼	題　名	著録文獻
S110	婁壽碑	漢代石刻集成 P204
S32	秦君墓刻辭	漢代石刻集成 P23
S64	武氏石闕銘	漢代石刻集成 P68
S97	郭泰碑	漢代石刻集成 P161
T154	魯峻碑碑陰	北京圖書館藏中國歷代石刻拓本彙編第一册 P154

引用文獻簡稱表

簡　稱	全　稱	作　者	出版信息
《包》	包山楚墓	湖北省荆沙鐵路考古隊	文物出版社 1991
《帛甲》	楚帛書·甲篇	饒宗頤、曾憲通	中華書局香港分局 1985
《帛乙》	楚帛書·乙篇	饒宗頤、曾憲通	中華書局香港分局 1985
《曾》	曾侯乙墓	湖北省博物馆	文物出版社 1989
《粹》	殷契粹編（二卷）	郭沫若	日本文求堂 1937
《存》	甲骨續存（三卷）	胡厚宣	羣聯出版社 1955
《掇》1	殷契拾掇一集	郭若愚	來薰閣書店 1951
《掇》2	殷契拾掇二集	郭若愚	來薰閣書店 1953
《古陶》	古陶文字徵	高明、葛英會	中華書局 1991
《郭·成》	郭店楚墓竹簡·成之聞之	荊門市博物館	文物出版社 1998
《郭·老丙》	郭店楚墓竹簡·老子丙	荊門市博物館	文物出版社 1998
《郭·老甲》	郭店楚墓竹簡·老子甲	荊門市博物館	文物出版社 1998
《郭·老乙》	郭店楚墓竹簡·老子乙	荊門市博物館	文物出版社 1998
《郭·六》	郭店楚墓竹簡·六德	荊門市博物館	文物出版社 1998
《郭·窮》	郭店楚墓竹簡·窮達以時	荊門市博物館	文物出版社 1998
《郭·唐》	郭店楚墓竹簡·唐虞之道	荊門市博物館	文物出版社 1998
《郭·五》	郭店楚墓竹簡·五行	荊門市博物館	文物出版社 1998
《郭·性》	郭店楚墓竹簡·性自命出	荊門市博物館	文物出版社 1998
《郭·尊》	郭店楚墓竹簡·尊德義	荊門市博物館	文物出版社 1998

簡　稱	全　稱	作　者	出版信息
《郭·語》	郭店楚墓竹簡·語叢	荊門市博物館	文物出版社 1998
《郭·緇》	郭店楚墓竹簡·緇衣	荊門市博物館	文物出版社 1998
《合》	甲骨文合集	郭沫若	中華書局 1978—1982
《後》	殷虛書契後編(二卷)	羅振玉	珂羅版影印本 1916
《花東》	殷墟花園莊東地甲骨	中國社會科學院考古研究所	雲南人民出版社 2003
《貨系》	中國歷代貨幣大系 (1) 先秦貨幣	汪慶正	上海人民出版社 1988
《輯佚》	殷墟甲骨輯佚	段振美等	文物出版社 2008
《甲》	殷虛文字甲編(一册)	董作賓	商務印書館 1948
《金》	金璋所藏甲骨卜辭(一册)	方法斂摹,白瑞華校	藝文印書館 1966
《京都》	京都大學人文科學研究所藏甲骨文字(二册)	貝塚茂樹	日本珂羅版影印本 1959
《京津》	戰後京津新獲甲骨集(四卷)	胡厚宣	羣聯出版社 1954
《菁》	殷虛書契菁華(一卷)	羅振玉	實物照像影印本 1914
《九》	九店楚簡	湖北省文物考古研究所	中華書局 2000
《林》	龜甲獸骨文字(二卷)	林泰輔	日本三省堂石印本 1917
《録》	甲骨文録(一卷)	孫海波	珂羅版影印本 1937
《明》	殷虛卜辭(一册)	明義士	藝文印書館 1972
《明藏》	明義士收藏甲骨文集	許進雄	加拿大皇家安大略博物館 1972
《寧滬》	戰後寧滬新獲甲骨集(三卷)	胡厚宣	來薰閣書店 1951
《前》	殷虛書契前編(八卷)	羅振玉	珂羅版影印本 1913
《上(1)·孔》	上海博物館藏戰國楚竹書 (1) 孔之詩論	馬承源	上海古籍出版社 2001

簡　稱	全　稱	作　者	出版信息
《上(1)·性》	上海博物館藏戰國楚竹書(1)性情論	馬承源	上海古籍出版社 2001
《上(1)·緇》	上海博物館藏戰國楚竹書(1)緇衣	馬承源	上海古籍出版社 2001
《上(2)·魯》	上海博物館藏戰國楚竹書(2)魯邦大旱	馬承源	上海古籍出版社 2002
《十鐘》	十鐘山房印舉	陳介祺	中國書店 1985
《拾》	鐵雲藏龜拾遺(一卷)	葉玉森	珂羅版影印本 1925
《睡·编》	睡虎地秦墓竹簡·編年紀	睡虎地秦墓竹簡整理小组	文物出版社 1990
《睡·法》	睡虎地秦墓竹簡·法律答問	睡虎地秦墓竹簡整理小组	文物出版社 1990
《睡·封》	睡虎地秦墓竹簡·封診式	睡虎地秦墓竹簡整理小组	文物出版社 1990
《睡·秦》	睡虎地秦墓竹簡·秦律十八種	睡虎地秦墓竹簡整理小组	文物出版社 1990
《睡·日甲》	睡虎地秦墓竹簡·日書甲種	睡虎地秦墓竹簡整理小组	文物出版社 1990
《睡·日乙》	睡虎地秦墓竹簡·日書乙種	睡虎地秦墓竹簡整理小组	文物出版社 1990
《睡·爲》	睡虎地秦墓竹簡·爲吏之道	睡虎地秦墓竹簡整理小组	文物出版社 1990
《睡·效》	睡虎地秦墓竹簡·效律	睡虎地秦墓竹簡整理小组	文物出版社 1990
《睡·雜》	睡虎地秦墓竹簡·秦律雜抄	睡虎地秦墓竹簡整理小组	文物出版社 1990
《鐵》	鐵雲藏龜(六册)	劉鶚	抱殘守缺齋石印本 1903
《屯》	小屯南地甲骨	社科院考古所	中華書局 1980
《望》	望山楚簡	湖北省文物考古研究所北京大學中文系	中華書局 1995

簡　稱	全　稱	作　者	出版信息
《璽彙》	古璽彙編	羅福頤	文物出版社 1990
《新》	新蔡葛陵楚墓	河南省文物考古研究所	大象出版社 2003
《信》	信陽楚墓	河南省文物研究所	文物出版社 1986
《燕》	殷契卜辭(一卷)	容庚、瞿潤緡	中華書局 2011
《鄴三下》	鄴中片羽三集	黄濬	北京尊古齋 1942
《乙》	殷虚文字乙編(三册)	董作賓	科學出版社 1949—1953
《佚》	殷契佚存(一卷)	商承祚	金陵大學中國文化研究所 1933
《英》	英國所藏甲骨集	李學勤等	中華書局 1985
《嶽占》	嶽麓書院藏秦簡(貳)·占夢書	陳松長	上海辭書出版社 2011
《摭續》	殷契摭拾續編(一卷)	李亞農	中國科學院 1950
《周原》	周原甲骨文	曹瑋	世界圖書出版公司 2002

參考文獻

［漢］班　固　《漢書》，中華書局 2005
［漢］許　慎　《説文解字》，中華書局 1963
［南朝·宋］范　曄　《後漢書》，中華書局 2000
［宋］郭忠恕、夏竦　《汗簡　古文四聲韻》（含通檢），中華書局 1983
［宋］洪　适　《隸釋　隸續》，中華書局 1986
［宋］劉　球　《隸韻》，中華書局 1989
［宋］趙明誠撰，金文銘校正　《金石録校正》，上海書畫出版社 1982
［清］段玉裁　《説文解字注》，上海古籍出版社 1988
［清］顧藹吉　《隸辨》，中國書店 1982
［清］顧炎武　《金石文字記》，中華書局 1985
［清］桂　馥　《繆篆分韻》，上海書店 1986
［清］劉　鶚　《鐵雲藏龜》，抱殘守缺齋石印本，1903
［清］陸增祥　《八瓊室金石補正》，文物出版社 1985
［清］錢　泳　《漢碑大觀》，中國書店 1984
［清］王引之　《經義述聞》，清嘉慶刻本
［清］王念孫　《漢隸拾遺》，清徐子遠手抄本
［清］王兆芳　《文章釋》，清光緒二十九年刻本，1903
［清］邢澍著，時建國校釋　《金石文字辨異校釋》，甘肅人民出版社 2000
［清］嚴可均　《全上古三代秦漢三國六朝文》，中華書局 1958
［清］葉昌熾　《語石》，中華書局 1994
［清］俞　樾　《兒笘録》，清刻宏達堂叢書本
［清］翟雲升　《隸篇》，北京出版社 1997
［清］張延奐　《漢碑古字通訓》，北京圖書館出版社 2003
［日］貝塚茂樹　《京都大學人文科學研究所藏甲骨文字》，日本珂羅版影印本，1959
［日］小木太法　《漢代隸書的研究》，《成都大學學報》（社科版）1989(1)
［日］永田英正　《漢代石刻集成》，京都同朋書舍 1994
［日］永田英正著，周長山譯　《漢代石刻概説》（上），《文物春秋》2002(5)
［日］———　《漢代石刻概説》（下），《文物春秋》2002(6)
安作璋　《秦漢官制史稿》，齊魯書社 1985
北京圖書館金石組　《北京圖書館藏中國歷代石刻拓本彙編·戰國秦漢卷》，中州古籍出版

社 1989
曹　瑋 《周原甲骨文》,世界圖書出版公司 2002
岑仲勉 《金石論叢》,中華書局 2004
陳建貢、徐敏 《簡牘帛書字典》,上海書畫出版社 1991
陳夢家 《漢簡綴述》,中華書局 1980
陳淑梅 《東漢碑隸構形系統研究》,上海教育出版社 2005
陳松長 《馬王堆簡帛文字編》,文物出版社 2001
——— 《嶽麓書院藏秦簡》,上海辭書出版社 2011
陳顯遠 《漢"仙人唐公房碑"考》,《文博》1996(2)
陳振濂 《書法美學》,山東人民出版社 2006
陳振濂等 《中國隸書大字典》,浙江古籍出版社 2007
程湘清 《兩漢漢語研究》,山東教育出版社 1992
程章燦 《石刻刻工研究》,上海古籍出版社 2008
程志强 《古代隸書的發展與鼎盛時期》,《西南民族大學學報》(社科版)2004(9)
楚保玲、趙振乾 《漢碑概説》,《史學月刊》1997(5)
叢彩雲 《兩漢碑刻中的篆隸研究》,南昌大學學位論文,2007
叢文俊 《隸書研究》,吉林大學學位論文,1991
丁佛言 《説文古籀補補》,中華書局 1988
丁福保 《説文解字詁林》,中華書局 1988
丁　山 《甲骨文所見氏族及其制度》,中華書局 1988
丁彦磊 《兩漢石刻文字研究》,南昌大學學位論文,2007
董蓮池 《新金文編》,作家出版社 2011
董憲臣 《東漢碑隸文字研究》,西南大學學位論文,2012.
董作賓 《殷虚文字甲編》,商務印書館 1948
——— 《殷虚文字乙編》,科學出版社 1949—1953
范淑婧 《東漢碑刻異體字研究》,北京師範大學學位論文,2004.
甘肅省文物考古研究所等 《居延新簡》,中華書局 1994
高　明 《中國古文字學通論》,北京大學出版社 1996
高明、葛英會 《古陶文字徵》,中華書局 1991
高　文 《漢碑集釋》,河南大學出版社 1997
高文、何莉 《四川新出土一批漢代碑刻》,《成都文物》2007(4)
宫萬瑜 《鞏縣大力山漢代摩崖初探》,《中國書法》2019(12)
郭沫若 《金文叢考》,求文堂 1932
——— 《殷契粹編》,日本文求堂 1937
——— 《卜辭通纂》,科學出版社 1983
——— 《古代文字之辯證發展》,《考古學報》1972(1)
——— 《甲骨文合集》,中華書局 1978—1982
——— 《兩周金文辭大系圖録考釋》,上海書店出版社 1999
郭榮章 《石門摩崖刻石研究》,陝西人民美術出版社 1985

韓國河 《秦漢魏晉喪葬制度研究》,陝西人民出版社 1999
漢語大字典編輯委員會 《漢語大字典》,四川辭書出版社 2001
何琳儀 《戰國古文字典》,中華書局 1998
——— 《戰國文字通論》,江蘇教育出版社 2003
何如月 《漢碑文學研究》,商務印書館 2010
何 峙 《〈肥致碑〉爲真漢碑考》,《國學》2014 創刊號
河南偃師縣文物管理委員會 《偃師縣南蔡莊鄉漢肥致墓發掘簡報》,《文物》1992(9)
胡厚宣 《戰後寧滬新獲甲骨集》,來薰閣書店 1951
——— 《戰後京津新獲甲骨集》,羣聯出版社 1954
——— 《甲骨續存》,羣聯出版社 1955
湖北省博物館 《曾侯乙墓》,文物出版社 1989
湖北省荊沙鐵路考古隊 《包山楚墓》,文物出版社 1991
湖北省文物考古研究所 《九店楚簡》,中華書局 2000
湖北省文物考古研究所、北京大學中文系 《望山楚簡》,中華書局 1995
許進雄 《明義士收藏甲骨文集》,加拿大皇家安大略博物館 1972
華人德 《中國書法史·兩漢卷》,江蘇教育出版社 1999
華學誠 《揚雄方言校釋匯證》,中華书局 2006
黄大榮 《試論“隸變”及其對漢字發展的作用》,《貴州文史叢刊》1992(4)
黄德寬 《古漢字發展論》,中華書局 2014
——— 《漢語文字學史》,安徽教育出版社 2014
——— 《古文字學》,上海古籍出版社 2015
黄金明 《漢魏晉南北朝誄碑文研究》,人民文學出版社 2005
黄 靜 《1949 年以來巴蜀地區漢代石刻文字的發現與研究》,《四川文物》2014(6)
黄侃述,黄焯編 《文字聲韻訓詁筆記》,上海古籍出版社 1983
黄 綺 《漢隸表音向形體結構的衝擊》(上),《河北大學學報》(哲社版)1994(2)
——— 《漢隸表音向形體結構的衝擊》(下),《河北大學學報》(哲社版)1999(4)
黄天樹 《黄天樹古文字論集》,學苑出版社 2006
黄文傑 《睡虎地秦簡文字形體的特點》,《中山大學學報》(社科版)1994(2)
——— 《秦至漢初簡帛文字研究》,商務印書館 2008
黄永年 《碑刻學》,《新美學》1999(3)
黄展嶽 《肥致碑碑額字釋讀平議》,《中國文物報》2010.1.20
——— 《肥致碑及相關問題》,《考古》2012(5)
季旭昇 《説文新證》,藝文印書館 2002
賈貴榮 《歷代石經研究資料輯刊》,北京圖書館出版社 2005
蔣善國 《漢字形體學》,文字改革出版社 1959
——— 《漢字學》,上海教育出版社 1987
蔣英炬 《中國畫像石全集》,河南美術出版社 2000
蔣英炬等 《漢代武氏墓羣石刻研究》,山東美術出版社 1995
金其楨 《中國古代碑刻的文字語言價值》,《尋根》1999(3)

——— 《中國碑文化》,重慶出版社 2002
荊門市博物館 《郭店楚墓竹簡》,文物出版社 1998
賴　非 《齊魯碑刻墓誌研究》,齊魯書社 2004
李德品 《東漢碑銘文研究》,貴州大學學位論文,2008
李　發 《漢魏六朝墓誌人物品評詞研究》,西南大學學位論文,2006
李發林 《中國古代石刻叢話》,山東教育出版社 1988
李國英 《論漢字形聲字的義符系統》,《中國社會科學》1996(3)
——— 《小篆形聲字研究》,北京師範大學出版社 1996
李　圃 《古文字詁林》,上海教育出版社 2005
李　檣 《秦漢刻石選譯》,文物出版社 2009
——— 《漢碑新考》(一),《東方藝術》2011(4)
李守奎 《包山楚墓文字全編》,上海古籍出版社 2012
李孝定 《甲骨文字集釋》,史語所 1982
李學勤等 《英國所藏甲骨集》,中華書局 1985
李學勤、謝桂華 《簡帛研究》,廣西師範大學出版社 2005
李學勤 《字源》,天津古籍出版社 2013
李訓祥 《讀“肥致碑”札記》,《大陸雜誌》1997(6)
李亞農 《殷契摭拾續編》,中國科學院 1950
李運富 《楚國簡帛文字構形系統研究》,岳麓書社 1997
李宗焜 《甲骨文字編》,中華書局 2010
連雲港市博物館等 《尹灣漢墓簡牘》,中華書局 1997
林甘泉 《“侍廷裡父老僤”與古代公社組織殘餘問題》,《文物》1991(7)
林榮華等 《石刻史料新編》,臺灣新文豐出版公司 1979、1982、1986
林　向 《都江堰渠首外江新出土漢碑的初步考察》,《成都文物》2007(3)
林義光 《文源》,中西書局 2012
劉鳳山 《隸變研究》,首都師範大學學位論文,2006
劉複、李家瑞 《宋元以來俗字譜》,《史語所單刊》之三,1920
劉　桓 《説肥致碑碑首文字的釋讀》,《中國文物報》2009.7.22
——— 《讀〈肥致碑碑額字釋讀平議〉》,《中國文物報》2010.3.17
劉曦蔚 《漢碑用字考察》,西南大學學位論文,2012
劉昭瑞 《論肥致碑的立碑者及碑的性質》,《中原文物》2002(3)
劉　釗 《古文字構形學》,福建人民出版社 2006
劉釗等 《新甲骨文編》,福建人民出版社 2009
劉志基 《漢字體態論》,廣西教育出版社 1999
劉志生 《東漢碑刻複音詞研究》,巴蜀書社 2007
陸和九 《中國金石學講義》,北京圖書館出版社 2003
陸明君 《魏晉南北朝碑別字研究》,文化藝術出版社 2009
陸宗達 《説文解字通論》,北京出版社 1981
陸宗達、王寧 《訓詁與訓詁學》,山西教育出版社 1994

羅維明 《中古墓誌詞語研究》,暨南大學出版社 2003
羅振玉 《殷虚書契前編》,珂羅版影印本,1913
——— 《殷虚書契菁華》,實物照像影印本,1914
——— 《殷虚書契後編》,珂羅版影印本,1916
——— 《殷墟書契考釋》,藝文印書館 1975
——— 《增訂殷墟書契考釋》,藝文印書館 1981
羅振玉、王國維 《流沙墜簡》,中華書局 1993
羅竹風 《漢語大詞典》,漢語大詞典出版社 1986—1993
吕名軍 《漢碑新訪録》,《中原文物》2000(5)
——— 《河南漢碑保存現狀》,《鄭州工業大學學報》(社科版)2000(9)
馬承源 《上海博物館藏戰國楚竹書》,上海古籍出版社 2001
馬　衡 《漢石經集存》,藝文印書館 1976
——— 《凡將齋金石叢稿》,中華書局 1977
馬健中 《鞏縣"詩説七言漢摩崖題記"考》,《中國書法》2016(7)
馬子雲 《秦代篆書與隸書淺説》,《故宫博物院院刊》1980(4)
毛遠明 《漢魏南北朝墓誌彙編校理》,《漳州師範學院學報》(哲社版)2004(3)
——— 《漢魏六朝碑刻文獻語言研究的思考》,《南京師範大學文學院學報》2005(3)
——— 《漢魏六朝碑刻校注》,綫裝書局 2007
——— 《碑刻文獻學通論》,中華書局 2009
——— 《漢魏六朝碑刻異體字研究》,商務印書館 2011
——— 《漢魏六朝碑刻異體字典》,中華書局 2014
明義士 《殷虚卜辭》,藝文印書館 1972
歐昌俊、李海霞 《六朝唐五代石刻俗字研究》,巴蜀書社 2004
駢宇騫 《銀雀山漢簡文字編》,文物出版社 2001
齊沖天 《書法文字學》,北京出版社 1981
齊元濤 《隋唐五代碑誌楷書構形系統研究》,上海教育出版社 2007
啟　功 《古代字體論稿》,文物出版社 1964
——— 《書法概論》,北京師範大學出版社 1986
——— 《啟功叢稿》,中華書局 1999
秦　公 《碑別字新編》,文物出版社 1985
秦公、劉大新 《廣碑別字》,國際文化出版公司 1995
秦永龍、李洪智 《隸變過程中字形的歧異與優化選擇》,《民俗典籍文字研究》2003(1)
裘錫圭 《文字學概要》,商務印書館 1988
——— 《古文字論集》,中華書局 1992
——— 《中國出土古文獻十講》,復旦大學出版社 2004
饒宗頤、曾憲通 《楚帛書》,中華書局香港分局 1985
任繼愈 《中國哲學史》,人民出版社 1963
任　平 《説隸》,杭州大學出版社 1997
容　庚 《金文編》,中華書局 1985

容庚、瞿潤緡 《殷契卜辭》,中華書局 2011
容　媛 《秦漢石刻題跋輯録》,上海古籍出版社 2009
山東省濟寧市文物局 《漢任城王墓刻石精選》,山東美術出版社 1998
單育辰 《東漢東鄉通利水大道約束刻石考》,《吉林大學社會科學學報》2019(4)
商承祚 《殷虚文字類編》,民國十二年刻本
——— 《殷契佚存》,金陵大學中國文化研究所 1933
社科院考古所 《小屯南地甲骨》,中華書局 1980
沈道榮 《隸書辨異字典》,文物出版社 2003
施安昌 《漢熹平石經與八分書》,《故宫博物院院刊》1989(4)
睡虎地秦墓竹簡整理小組 《睡虎地秦墓竹簡》,文物出版社 1990
宋開羅 《釋""》,《書法導報》2008.11.26
宋　英 《碑誌别體字淺析》,《人文雜誌》1989(2)
宋永培 《〈説文〉與上古漢語詞義研究》,巴蜀書社 2001
孫伯濤 《兩漢刻石碑額》,中國青年出版社 2005
孫海波 《甲骨文録》(一卷),珂羅版影印本,1937
孫濤、張再興 《漢碑文字校讀八則》,《出土文獻》2019(14)
唐　蘭 《古文字學導論》,齊魯書社 1981
唐吟方、夏冰 《漢代刻石隸書》,知識出版社 1992
仝晰綱 《中國古代鄉里制度研究》,山東人民出版社 1999
晚　晴 《漢碑中的通假字》,《淮北師院學報》(社科版)1990(4)
汪桂海 《漢代官文書制度》,廣西教育出版社 1999
汪維輝 《東漢—隋常用詞演變研究》,南京大學出版社 2000
王　昶 《金石萃編》,中國書店 1985
王鳳陽 《漢字學》,吉林文史出版社 1992
王貴元 《馬王堆帛書漢字構形系統研究》,廣西教育出版社 1996
王國維 《觀堂集林》,中華書局 1956
王　輝 《秦文字編》,中華書局 2014
王家葵 《漢肥致碑考疑》,《道教研究》2001(2)
王立軍 《中國古代碑刻文獻綜論》,北京師範大學博士後研究工作報告,2003
——— 《宋代雕版楷書構形系統研究》,上海教育出版社 2003
——— 《中國古代碑刻論略》,《民俗典籍文字研究》2003(1)
——— 《談碑刻文獻的語言文字學價值》,《古漢語研究》2004(4)
——— 《談碑刻的文獻性質分類法》,《河北大學學報》(哲社版)2005(1)
王夢歐 《漢簡文字類編》,藝文印書館 1974
王　寧 《漢字的優化與簡化》,《中國社會科學》1991(1)
——— 《再論漢字簡化的優化原則》,《語文建設》1992(2)
——— 《訓詁學原理》,中國國際廣播出版社 1996
——— 《系統論與漢字構形學的創建》,《暨南學報》(哲社版)2000(2)
——— 《漢字構形學導論》,商務印書館 2015

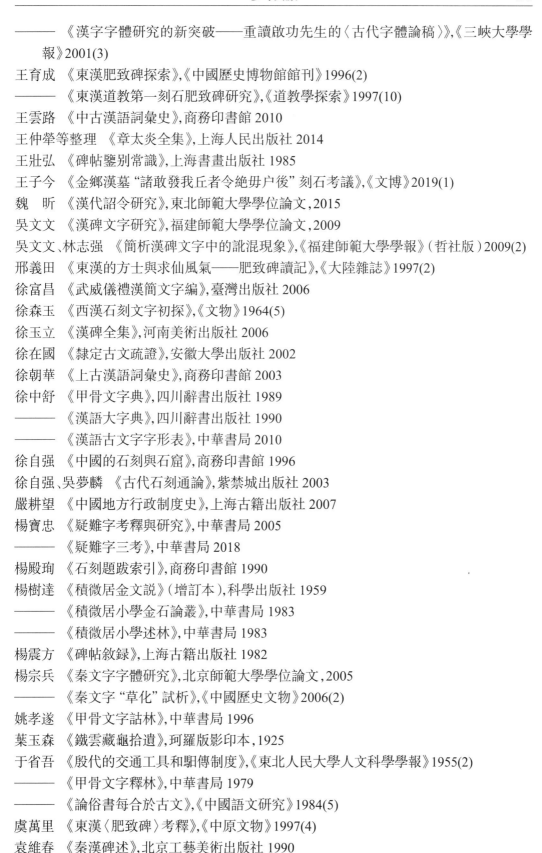

——— 《漢字字體研究的新突破——重讀啟功先生的〈古代字體論稿〉》,《三峽大學學報》2001(3)
王育成 《東漢肥致碑探索》,《中國歷史博物館館刊》1996(2)
——— 《東漢道教第一刻石肥致碑研究》,《道教學探索》1997(10)
王雲路 《中古漢語詞彙史》,商務印書館 2010
王仲犖等整理 《章太炎全集》,上海人民出版社 2014
王壯弘 《碑帖鑒别常識》,上海書畫出版社 1985
王子今 《金鄉漢墓"諸敢發我丘者令絶毋户後"刻石考議》,《文博》2019(1)
魏　昕 《漢代詔令研究》,東北師範大學學位論文,2015
吳文文 《漢碑文字研究》,福建師範大學學位論文,2009
吳文文、林志强 《簡析漢碑文字中的訛混現象》,《福建師範大學學報》(哲社版)2009(2)
邢義田 《東漢的方士與求仙風氣——肥致碑讀記》,《大陸雜誌》1997(2)
徐富昌 《武威儀禮漢簡文字編》,臺灣出版社 2006
徐森玉 《西漢石刻文字初探》,《文物》1964(5)
徐玉立 《漢碑全集》,河南美術出版社 2006
徐在國 《隸定古文疏證》,安徽大學出版社 2002
徐朝華 《上古漢語詞彙史》,商務印書館 2003
徐中舒 《甲骨文字典》,四川辭書出版社 1989
——— 《漢語大字典》,四川辭書出版社 1990
——— 《漢語古文字字形表》,中華書局 2010
徐自强 《中國的石刻與石窟》,商務印書館 1996
徐自强、吳夢麟 《古代石刻通論》,紫禁城出版社 2003
嚴耕望 《中國地方行政制度史》,上海古籍出版社 2007
楊寶忠 《疑難字考釋與研究》,中華書局 2005
——— 《疑難字三考》,中華書局 2018
楊殿珣 《石刻題跋索引》,商務印書館 1990
楊樹達 《積微居金文説》(增訂本),科學出版社 1959
——— 《積微居小學金石論叢》,中華書局 1983
——— 《積微居小學述林》,中華書局 1983
楊震方 《碑帖敘録》,上海古籍出版社 1982
楊宗兵 《秦文字字體研究》,北京師範大學學位論文,2005
——— 《秦文字"草化"試析》,《中國歷史文物》2006(2)
姚孝遂 《甲骨文字詁林》,中華書局 1996
葉玉森 《鐵雲藏龜拾遺》,珂羅版影印本,1925
于省吾 《殷代的交通工具和馹傳制度》,《東北人民大學人文科學學報》1955(2)
——— 《甲骨文字釋林》,中華書局 1979
——— 《論俗書每合於古文》,《中國語文研究》1984(5)
虞萬里 《東漢〈肥致碑〉考釋》,《中原文物》1997(4)
袁維春 《秦漢碑述》,北京工藝美術出版社 1990

詹鄞鑫 《漢字説略》,遼寧教育出版社 1991
章紅梅 《漢魏晉南北朝碑刻同形字辨識》,《四川理工學院學報》(社科版)2005(6)
張福林 《漢刻石圖輯》,山西人民出版社 2001
張金光 《有關東漢侍廷裡父老僤的幾個問題》,《史學月刊》2003(10)
張世超、孫淩安等 《金文形義通解》,[日]中文出版社 1996
張守中 《睡虎地秦簡文字編》,文物出版社 1994
張 雙 《兩漢魏晉碑刻簡體字研究》,西南大學學位論文,2008
張同標 《隸書異體字字典》,河南美術出版社 2006
張顯成 《秦簡逐字索引》,四川大學出版社 2010
——— 《楚簡帛逐字索引》,四川大學出版社 2013
張曉旭 《秦漢碑刻研究》(上篇),《南方文物》2000(1)
——— 《秦漢碑刻研究》(下篇),《南方文物》2000(2)
張翼飛 《漢碑隸書文字整理與研究》,中州古籍出版社 2016
張涌泉 《漢語俗字叢考》,中華書局 2000
——— 《漢語俗字研究》,商務印書館 2010
張站立 《兩漢石刻隸書形變研究》,首都師範大學學位論文,2008
張志毅、張慶雲 《詞彙語義學》,商務印書館 2001
趙 超 《漢魏南北朝墓誌彙編》,天津古籍出版社 1992
——— 《中國古代的石刻著録情況》,《中國典籍與文化》1995(2)
——— 《中國古代石刻概論》,文物出版社 1997
——— 《東漢肥致碑與方士的騙術》,《中國典籍與文化》1999(1)
——— 《古代墓誌通論》,紫禁城出版社 2003
——— 《石刻古文字》,文物出版社 2006
趙平安 《從漢碑隸看形聲字聲符的繁化》,《中山大學研究生學刊》1991(4)
——— 《秦漢簡帛通假字的文字學研究》,《河北大學學報》1991(4)
——— 《隸變研究》,河北大學出版社 1993
——— 《説文小篆研究》,廣西教育出版社 1999
——— 《新出土簡帛與古文字古文獻研究》,商務印書館 2009
趙萬里 《漢魏南北朝墓誌集釋》,科學出版社 1956
趙秀玲 《中國鄉里制度》,社會科學文獻出版社 1998
趙振華 《洛陽東漢黄腸石題名研究》,國家圖書館出版社 2008
鄭海峰 《中國古代官制研究》,天津人民出版社 2007
中國社會科學院考古研究所 《甲骨文編》,中華書局 1956
——— 《殷周金文集成》,中華書局 1988
——— 《殷墟花園莊東地甲骨》,雲南人民出版社 2003
中國書法家協會山東分會 《漢碑研究》,齊魯書社 1990
鍾明善 《中國書法史》,河北美術出版社 1991
周阿根 《五代墓誌詞彙研究》,中國社會科學出版社 2015
周法高 《金文詁林》,香港中文大學 1975

周光子 《東漢隸書異體字研究》,四川大學學位論文,2009
朱芳圃 《殷周文字釋叢》,中華書局 1962
朱家縉 《漢魏晉唐隸書之演變》,《故宫博物院院刊》1998(2)
朱劍心 《金石學》,文物出版社 1981
朱傑勤 《秦漢美術史》,商務印書館 1957
宗福邦 《故訓匯纂》,商務印書館 2003
鄒德祥 《〈肥致碑〉碑首并不神秘》,《中國書畫報》2009.2.19

後 記

當初決定做這項工作時，未曾料想，這竟是一次如此漫長的馬拉松。

2001 年 3 月，博士畢業將近一年後，在恩師王寧先生的督促下，我又重回北師大，進入中文系博士後流動站工作，合作導師是啟功先生。當時，正值教育部首批人文社科重点研究基地民俗典籍文字研究中心成立伊始，中心由鍾敬文先生、啟功先生、王寧先生三位前輩聯袂創建，開啟了民俗學、古典文獻學、傳統語言文字學三個學科交叉融合的新模式。基於三個學科在文化傳承方面的共同取向和優勢，中心設計了"近世碑刻數字化典藏及碑刻文獻研究"系列課題，對唐代至民國期間的碑刻文獻與文字進行多角度的斷代整理與研究。出於課題開展的需要，啟功先生和王寧先生爲我確定了博士後出站報告題目"中國古代碑刻文獻綜論"，希望我從宏觀上對中國古代碑刻文獻及相關研究狀況進行全面梳理和總結，爲中心碑刻系列項目的啟動做前期研究。從此，碑刻文字便成爲我的一個重要研究方向。在站期間，我還獲批了國家社科基金青年項目"宋金房山石經漢字整理與研究"（02CYY006），該項目選取北京房山石經中宋譯金刻部分的漢字字形爲研究對象，通過與我博士論文所研究的宋代雕版楷書構形系统的比較，觀察宋代石刻文字與雕版文字構形之間的異同。2003 年 5 月博士後出站時，正逢國内 SARS 肆虐之時，無法正常舉行出站報告會，只好采取書面評審的方式。至今還清晰記得，啟功先生在評語表的職業一欄中，填寫的是"教古代文學的"，先生的幽默風趣確實事事可見，先生在評語中對我的勉勵也時刻促我奮進。

出站後，我留在了古代漢語研究所，當時中文系剛剛改名爲文學院，學院下面不再分系，而是把原來的教研室都改成了研究所，所以當時老師們都戲稱北師大文學院"没系了"，事實上，改院之後，文學院各個方面都有了快速的發展。留校以後，我更多地參與了中心的科研與建設工作，并於 2006 年開始主持系列課題中的"民國以來碑刻及手寫文獻電子典藏及屬性描述"項目（06JJD740003）。當時我還處在援藏期間，在西藏大學渡過了兩年半艱辛而又難忘的歲月，碑刻研究工作也跟隨我來到了雪域高原，在分析字形的間隙，不時可以眺望拉薩河畔神山上飄動的經幡。其實，在赴西藏之前，我正在安陽市掛職，負責中國文字博物館布展文本的溝通協調工作，如果不是因援藏而中斷，可能會在中國文字博物館的建設過程中留下更多的印記。但人生總是會面對許多不得已的抉擇，西藏之行雖然飽受高原反應之苦，但那種特别的體驗以及所收穫的藏族師生的珍貴友誼，是無法用任何經歷來交换的。

把碑刻研究的目光轉向漢代，起因於 2006 年河南美術出版社贈送我們中心一部《漢碑全集》，并希望我們據此對漢碑文字進行整理和研究。《漢碑全集》是國内第一部全面收録兩漢碑刻文字的資料總集，基本上囊括了兩漢時期存世的石刻拓本，共收録功德碑、祠廟碑、闕銘墓表、墳壇題記、畫像石、黄腸石等石刻拓本 285 種 360 件。該書圖像清晰，著録翔實，其中所保存的大量複雜而真實的漢代文字現象深深吸引了我們，我們當即表示要立項開展專題研究。但由於當時其他碑刻系列課題尚在進展過程中，直到 2008 年我才指導博士生張翼飛以漢碑字形整理爲博士論文選題，隨後又指導其他研究生對漢碑複音詞進行專題研究。也就是從那時起，我開始將全面闡釋漢碑文獻中的字詞作爲科研的重心，并於 2014 年以“漢碑文字通釋”爲題正式獲立教育部基地重大項目（14JJD740005）。只是當時没有想到，雖然漢碑文本總量并不算多，但要逐字逐詞地進行全面闡釋，其工作量之大完全超乎預期。開弓没有回頭箭，既然已經上馬，也只能策鞭在泥塗中蹣跚。

期間唯一讓我動摇過的，是 2015 年獲贈毛遠明先生的《漢魏六朝碑刻異體字典》。初看毛遠明先生的著作時，發現在體例上與我們有很多不謀而合之處，所以我曾一度猶豫還有没有繼續寫下去的必要。後來仔細拜讀這部著作，覺得我們在關注點上還是有本質的不同，而且在材料的選取上毛遠明先生更側重於魏晉南北朝時期，而我們則是對漢碑文獻字詞的窮盡性整理，於是我還是堅定了繼續做下去的信心。2018 年某專業獎項評獎時，我有幸應邀擔任《漢魏六朝碑刻異體字典》一書的主審評委，在評語中我對該書的學術成就給予了高度評價，并對作者執著於學術的治學精神表達了由衷敬意。後來該書如願獲獎，這應該是對英年早逝的毛遠明先生最好的追思。

由於日常工作頭緒繁多，書稿的寫作往往時斷時續，更多的時候只能靠“以夜繼日”的方式來推進。在這十多年慢跑馬拉松的路途中，我的研究生温英明、張翼飛、吴菲菲、程少峰、王相帥、侯文博、吴巍、張琳、左葉、馬英、熊晨晨、田一，訪問學者張濱，漢字實驗室的張林、王竹勳，先後以不同方式給予我很多幫助，在此一併致謝！

特别感謝恩師王寧先生，在百忙之中抽時間給本書寫序。在某種意義上，王寧先生序中所闡釋的理論，完全可以成爲本書寫作的指導思想。比如，本書釋形部分關於漢碑文字泛時性特徵的挖掘，其實就是對王寧先生語言泛時性理論在漢字研究方面的實踐應用；本書釋詞部分對於“詞”的界劃，也正體現了她對漢語書面語中雙音詞和詞組糾葛的論述。

王先生充分肯定了本書所遵循的文獻文字學原則，以及將個體字詞放在整個漢碑文本所構成的話語體系中去考查的方法，這對我來説是極大的鼓舞。

非常感謝中華書局對本書出版的大力支持，特别是語言文字編輯室主任秦淑華編審爲此書付出的辛勤勞動。可以説，能夠遇到經驗如此豐富且嚴謹敬業的編審，是本書最大的幸運。秦淑華老師的編輯水平讓人歎服，書稿中的問題很難逃脱她的“火眼金睛”，而她和悦耐心的工作態度，更是令人感動。由於書稿篇幅較大，體例上須要逐漸完善，常常牽一髮而動全身，修改稿真正成了“花臉稿”，圈劃交錯，五顔六色，連我自己都覺得很難爲情，但秦淑華老師始終欣然受之，悉心校理，著實讓人感佩不已。

人間最美四月天，但蔓延全球的新冠疫霾，讓這個春天枉費了色彩。本應爲到達馬拉松終點而放鬆的心境，又深陷於對遠方家人的掛念。此刻願燃一盞心燭，祈望世界一切安好！

2020 年 4 月 10 日於京師園

音序索引

本索引根據字頭所有音項的現代讀音順序排列。字頭後面對應的數字爲該字頭在本書中的字序號。其中後三位表示該字頭在卷中的位次,剩餘的一位或兩位表示該字頭所在卷次。

慟 10235
癋 10253
tóu
投 12079
～核
頭 9002
tū
突 7165
tú
徒 2117
涂 11007
屠 8162
塗 13128
圖 6114
～書
蒤 1163
tǔ
土 13090
吐 2065
～圖
tuī
推 12054
tuí
隤 14088
～納
tuì
退 2194
～身
tūn
涒 11100
～歎
tún
屯 1086
tuò
祏 8133
袥 8134
W
wǎ
瓦 12188
wài
外 7063
～黄
～臺
wán
完 7133
頑 9014
～凶
wǎn
宛 7125
晚 7016
～學
wàn
萬 14124
～年
～歲
蟃 13073
wáng
亡 12176
～新
王 1039
～公
～季
～母
～室
～制
wǎng
网 7188
枉 6034
罔 7189
～極
往 2185
～人
wàng
妄 12145
忘 10191
望 12177
朢 8118
wēi
危 9120
～殆
～難
～危
委 12138
～虵
威 12129
微 2189
～妙
～言
巍 9071
～巍
wéi
韋 5156
唯 2054
帷 7201
～幕
惟 10168
～倅
～以告哀
嵬 9070
圍 6120
幃 7206
爲 3140
違 2154
維 13047
wěi
尾 8167
委 12138
～隨
偉 8018
瑋 1075
～圖
僞 8070
緯 13006
鮪 11160
wèi
未 14169
～然
位 8034
～號
～佇
味 2039
畏 9066
尉 10065
爲 3140
尉 10066
遺 2160
衛 2210
～鼎
慰 10177
～勞
衞 2209
謂 3020
魏 9065
蘬 1165
wēn
温 11005
～故知機
～疾
～温
wén
文 9036
～命
～塞
～學掾
聞 12042
wèn
汶 11031
問 2053
～索
wēng
翁 4024
wǒ
我 12172
wò
握 12063
～尺
渥 11089
wū
汙 11094
巫 5038
於 4068
～穆
～戲
～鑠
屋 8163
洿 11093
～恥
烏 4067
～呼
惡 10201
嗚 2083
～呼
歍 8205
～呼哀哉
～歔
wú
亡 12176
无 12179
毋 12150
吾 2045
吳 10107
無 12178
～從
～任
～由
wǔ
五 14118
～大夫
～典
～官掾
～官中郎將
～教
～經
～內
～五
午 14168
伍 8046
～長
武 12168
舞 5155
wù
勿 9138
戊 14134
物 2027
～故
務 13163
惡 10201
寤 7156
寤 7173
霧 11156
X
xī
夕 7061
兮 5051
西 12008
～戎
～域
吸 2041
希 7209
昔 7025
㭊 6081
～珪
析 6080
～里
斯 14046
卥 12007
息 10139
奚 10126
～斯
悉 2015
惜 10213
晞 7024
欷 8209
～歔
犀 2026
翕 4025
熙 10087
噏 2084
膝 9047
熹 10064
錫 14003
徯 11139
谿 11138
犧 2028
～牲
xí
席 7207
～坐
習 4020
檄 6073
襲 8130
xǐ
洗 11105
～心
徙 2138
喜 5060
憙 5061
壐 13103
憘 10257
xì
卌 3014
係 8079
細 13019
䌌 13018
戲 12164
繫 13050
～辭
xiá
俠 8044
柙 6084
狹 10052
狹 10051
遐 2177
～邇
瑕 1060
暇 7020
黠 10093
xià
下 1008

～郪
雉 4034
滯 11091
銍 14019
晢 4018
質 6139
贄 6155
識 3041
zhōng
中 1084
～和
～書
～尉
～興
～夜
忠 10147
～弼
～讜
～謇
～良
～恕
～孝
～信
～義
～貞
衷 8141
終 13026
～朝日
鍾 14009
～鼎
～靈
鐘 14025
zhǒng
冢 9058
～地
zhòng
仲 8014
～春
～尼
～秋
～旬
重 8119
～勞
眾 8115
～兆
種 7079
zhōu
舟 8172
州 11132
～郡
～里
周 2063
～公
～孔
zhóu
軸 14062
zhòu
宙 7155
胄 4112
晝 3168
鯛 11165
驟 10009
zhū
朱 6026
～龔
～紫
洙 11028
～泗
珠 1066
誅 3088
銖 14023
諸 3026
～賁
～侯
～生
～夏
zhú
竹 5001
逐 2163
燭 10068
zhǔ
主 5084
～簿
～記
～吏
～疏
屬 8169
屬 8168
zhù
佇 8092
助 13161
杼 6066
～軸
注 11080
柱 6045
祝 1029
著 1161
～鐘
註 3096
駐 10016
zhuān
專 3184
顓 9017
zhuǎn
孨 14156
轉 14066
～景
zhuàn
傳 8064
～館
撰 12117
篆 5003
zhuàng
壯 1083
狀 10035
戆 10187
zhuī
追 2162
～念
～述
～惟
～省
zhuì
惴 10218
～惴其慄
綴 14116
醊 14184
餟 5110
zhuó
灼 10067
卓 8105
～密
～異
酌 14179
涿 11087
琢 1061
噣 2031
擢 12098
濯 11110
～冕
zī
孜 3198
～孜
咨 2051
～度
～嗟
姿 12144
兹 4077
孳 14152
～孳
滋 11075
訾 3075
資 6126
～糧
諮 3097
zǐ
子 14147
～男
～午
姊 12131
梓 6011
紫 13033
～宫
～臺
zì
芓 1093
自 4014
～得
～給
～然
字 14148
恣 10192
zōng
宗 7154
～奉
～族
綜 13005
縱 13016
zǒng
揔 12116
～角
総 13021
～角
zòng
縱 13016
zōu
諏 3037
騶 10018
zǒu
走 2090
zòu
奏 10123
～請
zū
租 7095
zú
足 2214
卒 8146
～史
族 7044
zǔ
阻 14085
柤 6051
組 14040
祖 1026
～考
～述
zuān
鑽 14022
～前忽後
zuǎn
纂 13039
纘 13014
～戎
zuì
最 7186
罪 7191
辠 14140
zūn
尊 14186
遵 2123
zuǒ
左 5031
～丞
～尉
～右
佐 8094
～命
zuò
作 8049
坐 13101
胙 4113
祚 1037